EUROPA-FACHBUCHREIHE
für Chemieberufe

Fachwissen Chemie 1

Kernqualifikationen für Laborberufe

4. Auflage

VERLAG EUROPA-LEHRMITTEL . Nourney, Vollmer GmbH & Co. KG
Düsselberger Straße 23 . 42781 Haan-Gruiten
Europa-Nr.: 69913

Autoren:

Dr. Henrik Althaus	StR, Dipl.-Chem.	Stade
Peter Brackmann	Ausbildungsleiter Chemie- u. Biologielaboranten	Bremen
Helmut Keim	OStR, Dipl.-Ing.	Mülheim a. d. R.
Frank Kretschmer	OStR	Duisburg
Dr. Thomas Meyer	StD, Dipl.-Chem.	Holzminden

Bei früheren Auflagen unter Mitwirkung von:
Wolfgang Reiser
Dr. Patrick Scheidhauer
Michael Wächter

Leitung des Arbeitskreises:
Dr. Thomas Meyer

Verlagslektorat:
Dr. Astrid Grote-Wolff

Bildbearbeitung:
Grafische Produktionen Jürgen Neumann, 97222 Rimpar
Zeichenbüro des Verlags Europa-Lehrmittel, 73760 Ostfildern

Umschlaggestaltung:
Grafische Produktionen Jürgen Neumann, 97222 Rimpar, nach dem Entwurf von Dr. Thomas Meyer unter Verwendung eines Bildes von © psdesign1 - Fotolia.com

4. Auflage 2017
Druck 5 4 3 2 1

Alle Drucke derselben Auflage sind parallel einsetzbar, da sie bis auf die Behebung von Druckfehlern untereinander unverändert sind.

ISBN 978-3-8085-6997-9

Satz: Grafische Produktionen Jürgen Neumann, 97222 Rimpar
Druck: Tutte Druckerei & Verlagsservice, 94121 Salzweg/Passau

Vorwort

Mit der rasanten Entwicklung der chemischen Industrie wandelt sich auch der Arbeitsplatz im chemischen Labor. Den stetig steigenden Ansprüchen in ihrem Beruf können die Mitarbeiter nur dann gerecht werden, wenn sie auf einem fundierten chemischen Grundwissen aufbauen können.

Das Lehrbuch **„Fachwissen Chemie 1: Kernqualifikationen für Laborberufe"** vermittelt diese grundlegenden Kenntnisse auf einem modernen und hohen, auf die Zielgruppen des Buches abgestimmten Niveau. Es richtet sich insbesondere an **Auszubildende zum Chemielaboranten/zur Chemielaborantin** und zum **Chemisch-technischen Assistent/zur Chemisch-technischen Assistentin**. Es ist an die Lernfelder des Rahmenlehrplans angelehnt und vermittelt die Grundlagen der Chemie für die Grundstufe und Fachstufe bis zum Teil 1 der gestreckten Abschlussprüfung. In Band 2 des „Fachwissen Chemie" wird auf diesen Grundlagen aufgebaut, insbesondere die Kenntnisse in den Bereichen **Analytik** und **Organische Chemie** werden deutlich erweitert. Das fachliche Niveau des „Fachwissens Chemie" orientiert sich an der bundeseinheitlichen Prüfung der Chemielaboranten. Aufgrund seiner Ausrichtung eignet sich das Buch auch für **Pharmazeutisch-technische Assistenten** sowie für **Studierende naturwissenschaftlicher und technischer Studiengänge an Fachhochschulen** und **Universitäten** für den strukturierten Aufbau ihres Grundwissens.

Inhalte:

Dieses Lehrbuch besitzt eine fachsystematische Struktur mit engem Lernfeld- und Praxisbezug. Schrittweise werden Grundlagen der **Allgemeinen** und **Anorganischen Chemie** vermittelt: Ausgehend vom Atombau und Periodensystem der Elemente werden die wesentlichen Bindungstypen und zwischenmolekularen Kräfte erläutert sowie die grundlegenden Gesetzmäßigkeiten der Chemie verdeutlicht. Das **stöchiometrische Rechnen** wird anhand zahlreicher Beispiele aus der Laborpraxis vermittelt. Die Grundlagen der **Physikalischen Chemie** mit den Schwerpunkten Gleichgewichte, Geschwindigkeit und Energie sind genauso verständlich dargestellt wie die Systematik der **Organischen Chemie** sowie die Grundlagen der **Instrumentellen Analytik. Mechanische** und **thermische Trennverfahren** werden exemplarisch an wichtigen Geräten und Apparaten dargestellt. Darüber hinaus wird auf den **sicheren Umgang mit Gefahrstoffen am Arbeitsplatz** eingehend eingegangen. Die weltweit verbindlich gültigen **Gefahrensymbole nach GHS** und Hintergründe werden ausführlich erklärt.

Didaktische Besonderheiten:

Das „Fachwissen Chemie 1" ist aufgrund seiner unter didaktischen Aspekten entwickelten Struktur sowohl für den **Einsatz als den Unterricht begleitendes Werk** als auch zum **Selbststudium** geeignet. Das Verständnis wird durch eine **reichhaltige Bebilderung** gefördert, wobei Text und Bild stets eine Einheit bilden. **Übersichtliche Tabellen** verdeutlichen auch komplizierte Zusammenhänge. Wichtige **Formeln** sind mit einer Legende versehen, die die Formelzeichen mit ihren Einheiten angibt. Zahlreiche **Merksätze** tragen zum Lernerfolg bei. Aufgrund seines **umfangreichen Sachwortverzeichnisses** kann das Buch während der **Ausbildung** bzw. des **Studiums**, zur **Prüfungsvorbereitung**, aber auch in der beruflichen Praxis als **Wissensspeicher** zum Nachschlagen chemischer Grundlagen und Fachbegriffe genutzt werden.

Hinweise zur 4. Auflage:

Die Fachtexte sind noch prägnanter formuliert, Bilder und Tabellen sind optimiert und aktuelle Neuerungen mit aufgenommen, die Gegenstand der Abschlussprüfung Teil 1 sind. Im Bereich der Organischen Chemie sind einfache Grundreaktionen enthalten, im Kapitel zur Herstellung von Grundchemikalien ist die Auswahl erweitert. Das Sachwortverzeichnis ist durch zusätzliche Schlagwörter deutlich umfangreicher.

Allen unseren aufmerksamen Leserinnen und Lesern danken wir für die wertvollen Verbesserungsvorschläge, die wir gerne berücksichtigt haben. Wir wünschen weiterhin viel Freude und Erfolg beim Erwerben der chemischen Grundlagen für Theorie und Praxis. Hinweise und Ergänzungen, die zur Verbesserung und Weiterentwicklung des Buches beitragen, werden unter der Verlagsadresse oder per E-Mail (lektorat@europa-lehrmittel.de) dankbar entgegen genommen.

Herbst 2017 Autoren und Verlag

1 Stoffe und Stoffsysteme

Die Naturwissenschaften befassen sich mit dem systematischen Erforschen von Gesetzmäßigkeiten der Natur. Die Chemie gehört zu den Naturwissenschaften ebenso wie die Physik und die Biologie.

Biologie: Die Biologie ist die Wissenschaft vom Leben des Menschen, der Tiere, der Pflanzen und der Mikroorganismen.

Physik: Die Physik ist die Wissenschaft, die sich mit den grundlegenden Gesetzen der unbelebten Natur, ihren elementaren Bausteinen und deren Eigenschaften befasst. Physikalische Vorgänge zeichnen sich dadurch aus, dass sich der Zustand eines Stoffes verändert, jedoch nicht seine Zusammensetzung.

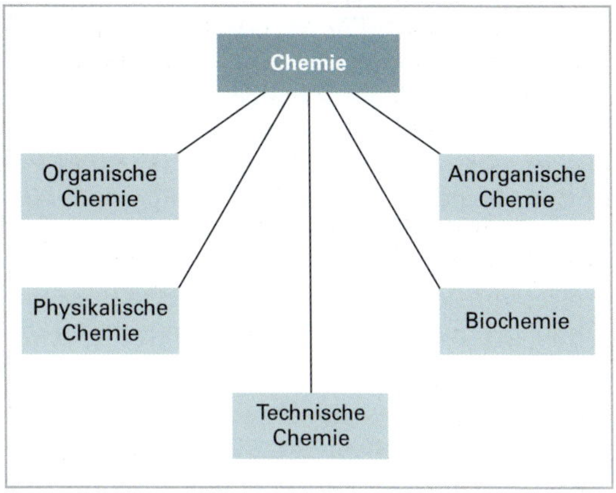

Bild 1: Gebiete der Chemie

Chemie: Die Chemie ist die Wissenschaft von den Stoffen. Chemische Vorgänge gehen immer mit einer Stoffumwandlung (chemische Reaktion) und damit einer Änderung der Zusammensetzung und der Eigenschaften eines Stoffes einher.

Im Besonderen geht es dabei um:

- ihre Eigenschaften,
- ihren Aufbau,
- ihre Umwandlung,
- ihre Zusammensetzung,
- ihre Herstellung,
- ihre Wechselwirkung mit anderen Stoffen.

Die Chemie lässt sich zur groben Differenzierung in folgende Hauptgebiete gliedern (Bild 1):

- Die **Organische Chemie** befasst sich mit der Chemie der Kohlenstoffverbindungen. Durch die Kombinationsmöglichkeit des Kohlenstoffs mit fast allen Elementen ist die Anzahl der möglichen Verbindungen nahezu unbegrenzt.
- Die **Anorganische Chemie** befasst sich mit den chemischen Elementen und deren Verbindungen, ausgenommen ist dabei die Chemie der organischen Kohlenstoffverbindungen. Zu den anorganischen Kohlenstoffverbindungen zählen z. B. die Oxide des Kohlenstoffs Kohlenstoffmonoxid CO und Kohlenstoffdioxid CO_2, die Kohlensäure H_2CO_3 sowie ihre Salze, z. B. Natriumcarbonat Na_2CO_3.
- Die **Physikalische Chemie** befasst sich mit dem Grenzgebiet zwischen Chemie und Physik. Von Interesse sind hierbei z. B. die bei chemischen Reaktionen auftretenden physikalischen Erscheinungen sowie die Möglichkeiten, diese durch physikalische Methoden zu beeinflussen. Hierbei geht es beispielsweise um die Fragestellung, unter welchen Bedingungen und mit welcher Geschwindigkeit eine Reaktion abläuft.
- Die **Technische Chemie** befasst sich mit chemischen Prozessen im großtechnischen Maßstab. Sie hat zum Ziel, bestehende Produktionsverfahren zu verbessern und neue zu entwickeln. Chemische Reaktionen werden hier aus dem Labormaßstab in großtechnische Verfahren umgesetzt.
- Die **Biochemie** ist ein Grenzgebiet zwischen Chemie, Biologie und Medizin. Sie befasst sich mit den am Stoffwechsel und am Aufbau von Lebewesen beteiligten chemischen Verbindungen.

1

Chemie ist die Lehre von den Stoffen und deren Eigenschaften, Aufbau, Umwandlung, Zusammensetzung, Herstellung und Wechselwirkung mit anderen Stoffen.

Bei näherer Betrachtung begegnet uns Chemie überall. Viele der bekannten alltäglichen Erscheinungen beruhen auf einer chemischen Reaktion, z. B. Verbrennungsreaktionen oder das Rosten von Eisen. Aber auch unzählige für uns selbstverständliche Gegenstände und Verbrauchsstoffe, wie Kunststoffe oder Pharmazeutika, sind Produkte der chemischen Industrie. In der Industrie und in Hochschulen macht man sich dabei insbesondere die Erkenntnisse des 20. und 21. Jahrhunderts zunutze, um Stoffe mit neuen gewünschten Eigenschaften zu entwickeln und zu produzieren. Dabei finden ausgebildete Fachkräfte der Chemie zahlreiche Einsatzmöglichkeiten. Diese erstrecken sich über die Planung und Entwicklung neuer Stoffe, die Qualitätskontrolle im Waren-Eingang und -Ausgang, die Überwachung von Produktionsprozessen, die Umweltanalytik und vieles mehr.

Um in einem Labor der chemischen Industrie oder in einem Forschungslabor sicher arbeiten zu können, ist es notwendig, sich mit Stoffen und Stoffsystemen auszukennen. Detaillierte Kenntnisse werden benötigt über die Methoden, mit denen Stoffe umgesetzt (Synthese) und nach Qualität (Art) und Quantität (Menge) untersucht werden können (Analyse), einschließlich der dazu unter Umständen notwendigen Trennverfahren.

Was unter den Begriffen Stoff und Stoffsystem zu verstehen ist, soll dieses Kapitel klären. Weiterhin geht es um Stoffcharakteristika, die Eigenschaften von Stoffen.

1.1 Stoffe

Wir leben in einer materiellen Welt, d. h. wir selbst bestehen aus **Materie** und sind von ihr umgeben. Materie, im chemischen Zusammenhang als **Stoff** oder **Substanz** bezeichnet, ist auch vorhanden, wenn diese nicht direkt erfahrbar ist, z. B. als Gas oder im mikroskopisch kleinen Bereich. Ein abgegrenzter Bereich eines oder mehrerer Stoffe wird als **Stoffportion** bezeichnet (z. B. ein Löffel Kochsalz). Stoffe können in unterschiedlichen Aggregatzuständen auftreten, d. h. in Abhängigkeit von Temperatur und Druck sind sie fest, flüssig oder gasförmig. Stoffe zeichnen sich dadurch aus, dass sie:

- eine bestimmte Masse besitzen,
- einen bestimmten Raum einnehmen.

Jeder Stoff hat außerdem bestimmte physikalische und chemische Eigenschaften, die wir zum Teil mit unseren Sinnen wahrnehmen können.

Physikalische Eigenschaften sind z. B. Masse, Volumen, Dichte, Schmelz- und Siedetemperatur (Bild 1). Diese Eigenschaften von Stoffen ermöglichen es, ein durch Mischen von zwei oder mehreren Stoffen entstandenes **Stoffgemisch** bzw. **Stoffsystem** durch einen **physikalischen Vorgang** voneinander zu trennen. Die jeweiligen Stoffeigenschaften der einzelnen Stoffe bleiben erhalten. Durch einen physikalischen Vorgang lassen sich nur die äußere Form eines Stoffes oder sein Aggregatzustand verändern.

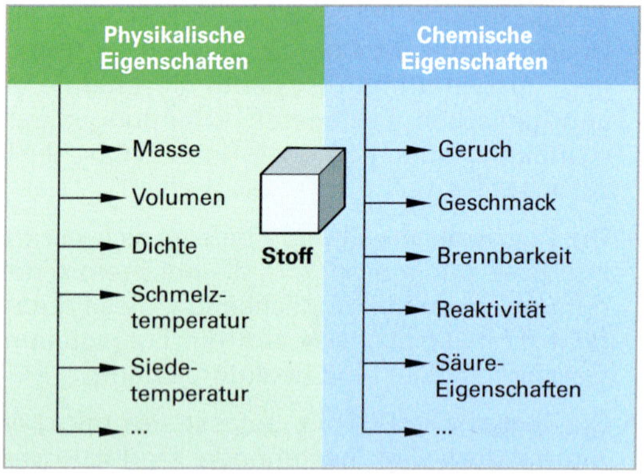

Bild 1: Physikalische und chemische Eigenschaften

Beispiele für physikalische Vorgänge sind:

- Zerkleinern: Mahlen eines Feststoffes, Zerstäuben einer Flüssigkeit usw.,
- Mischen: Verrühren von Feststoffen oder Flüssigkeiten,
- Destillieren: Auftrennung von Stoffen aufgrund ihrer unterschiedlichen Siedetemperatur.

Die **chemischen Eigenschaften** beschreiben die Zusammensetzung und Umwandlungsfähigkeit eines Stoffes, d. h. das Reaktionsverhalten gegenüber anderen Stoffen. Chemische Eigenschaften sind z. B. Geruch, Geschmack, Brennbarkeit, Korrosionsbeständigkeit oder Säure-Eigenschaft (Azidität).

Unter einem **Stoff** versteht man jede Art von Materie, die gekennzeichnet ist durch gleich bleibende charakteristische physikalische und chemische Eigenschaften, unabhängig von ihrer äußeren Gestalt.

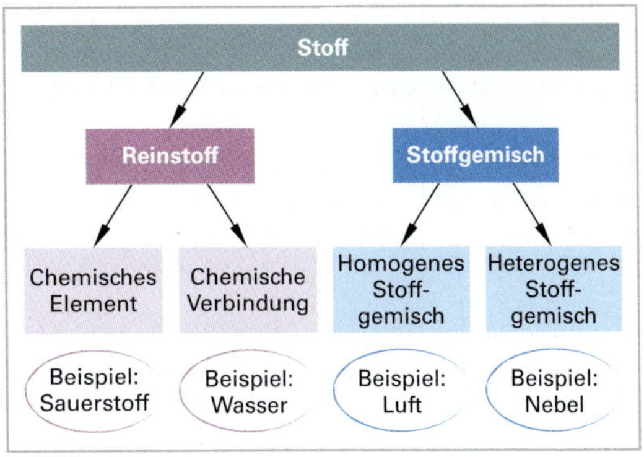

Bild 1: Unterteilung von Stoffen

Anhand der Darstellung in **Bild 1** wird die Unterteilung von Stoffen im Folgenden erläutert.

1.1.1 Chemische Elemente

Alle Stoffe bestehen aus chemischen Grundstoffen, den **chemischen Elementen.** Chemische Elemente zeichnen sich dadurch aus, dass sie durch chemische Verfahren nicht weiter aufzutrennen sind. Die kleinsten Teilchen der Elemente sind die **Atome.** Alle Atome der verschiedenen Elemente wiederum bestehen aus den in **Tabelle 1** aufgeführten **Elementarteilchen** in unterschiedlicher Anzahl:

- **Protonen** (positiv geladen, Symbol p^+),
- **Neutronen** (neutral, Symbol n^0),
- **Elektronen** (negativ geladen, Symbol e^-).

Während sich die **Nukleonen** (Protonen und Neutronen) im Kern des Atoms befinden, sind die Elektronen in ständiger Bewegung und bilden eine Hülle um den Atomkern (**Bild 2**).

Atome mit der gleichen **Kernladungszahl,** d. h. mit der gleichen Anzahl Protonen, gehören zu einem Element.

Tabelle 1: Elementarteilchen

Teilchen	Symbol	Ort im Atom	Masse in kg	Ladung
Proton	p^+	Kern	$1{,}673 \cdot 10^{-27}$	+ 1
Neutron	n^0	Kern	$1{,}675 \cdot 10^{-27}$	± 0
Elektron	e^-	Hülle	$9{,}109 \cdot 10^{-31}$	– 1

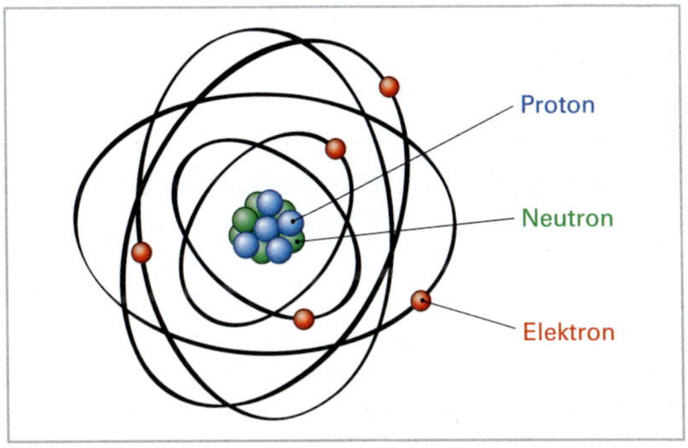

Bild 2: Schematisch dargestelltes Atom

Chemische Elemente sind Stoffe, die durch chemische Verfahren nicht weiter zerlegbar sind.

Die Atome eines Elements besitzen im Atomkern die gleiche Anzahl an Protonen. Sie haben die **gleiche Kernladungszahl.**

Die Anzahl der **Protonen** in einem Atomkern wird auch als die **Ordnungszahl OZ** eines Elements bezeichnet. Zusammen mit den **Neutronen** ergeben die Protonen die Masse eines Atoms, die **Massenzahl *A*** bzw. **Nukleonenzahl.** Die Masse der Elektronen ist vergleichsweise gering, so dass diese bei der Masse des Atoms zu vernachlässigen ist. Die Anzahl der Neutronen im Atomkern kann variieren, so dass die Masse der Atome eines Elements unterschiedlich sein kann. Die Atome eines Elements mit unterschiedlicher Massenzahl werden als **Isotope** eines Elements bezeichnet.

Massenzahl und Ordnungszahl können direkt am Symbol eines Elements angegeben werden. Beispielsweise ist das Symbol des Elements Kohlenstoff das C. Die Ordnungszahl wird meist unten links und die Massenzahl oben links angefügt (Bild 1). Ein Kohlenstoffatom mit der Massenzahl 12 und der Ordnungszahl 6 hat folgende Schreibweise: ${}^{12}_{6}C$. Es gibt noch zwei weitere Kohlenstoffisotope. Das Kohlenstoffisotop mit einem zusätzlichen Neutron ist das ${}^{13}_{6}C$, mit zwei zusätzlichen Neutronen das ${}^{14}_{6}C$.

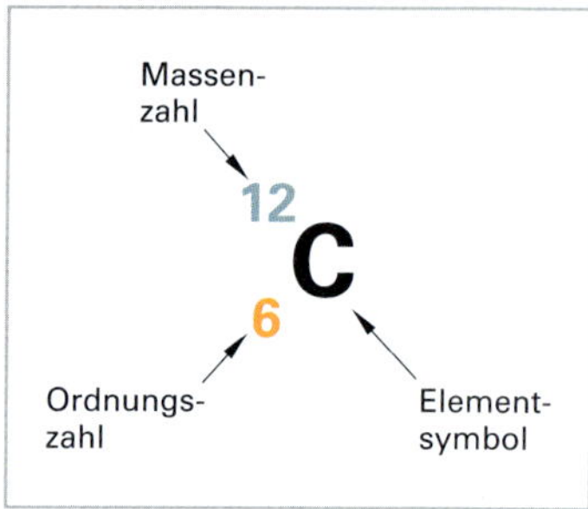

Bild 1: Das häufigste Kohlenstoffisotop ${}^{12}C$

Atomarten, die dieselbe Massenzahl und Ordnungszahl besitzen, bezeichnet man als **Nuklide.** Beispielsweise ist das Nuklid ${}^{12}_{6}C$ ein Isotop des Kohlenstoffs. Der Aufbau von Atomen wird im Kapitel 5 erläutert.

> Die **Ordnungszahl OZ** bzw. **Kernladungszahl** entspricht der Anzahl der Protonen im Kern.
>
> Die **Massenzahl *A*** entspricht der Anzahl der **Protonen** und **Neutronen (Nukleonen)** im Kern.
>
> Atome eines Elements mit der gleichen Ordnungszahl OZ und unterschiedlicher Massenzahl *A* werden als **Isotope** bezeichnet.
>
> Atomarten mit der gleichen Ordnungszahl OZ und der gleichen Massenzahl *A* werden als **Nuklide** bezeichnet.

Jedes Atom besitzt eine Masse, die als absolute Masse oder als relative Masse angegeben werden kann. Die tatsächliche Masse einzelner Atome eines Nuklids wird als **absolute Atommasse** (Formelzeichen *A*) in Kilogramm oder **atomaren Masseneinheiten** (Einheit u) angegeben. Eine atomare Masseneinheit (1u) ist definiert als der zwölfte Teil der Masse eines Atoms des Nuklids ${}^{12}_{6}C$ und entspricht einer Masse von $1{,}6605402 \cdot 10^{-27}$ kg.

Die **relative Atommasse RAM,** mit dem Formelzeichen A_r (früher **Atomgewicht**), ist eine Vergleichsgröße und gibt das Verhältnis der Masse eines Nuklids im Vergleich zum Kohlenstoffisotop ${}^{12}_{6}C$ an, dessen relative Masse mit 12,000000 festgelegt wurde. Die relative Atommasse A_r ist ein Verhältniswert und besitzt deshalb keine Einheit. Da die absolute Atommasse *A* und die relative Atommasse A_r das Kohlenstoffnuklid als ${}^{12}_{6}C$ Bezugswert haben, sind beide Angaben in ihrem Wert gleich (s. Kap. 5.3.2, S. 142).

Elemente, bei denen keine Atome mit unterschiedlicher Anzahl von Neutronen im Kern vorkommen (Isotope), sind **Reinelemente.** Bestehen Elemente aus verschiedenen Isotopen, so spricht man von **Mischelementen.**

Derzeit sind mehr als 116 Elemente bekannt, von denen 92 natürlich vorkommen. Durch neu gefundene, künstlich erzeugte Elemente erhöht sich die Anzahl von Zeit zu Zeit. Alle künstlichen Elemente sind instabil und zerfallen unterschiedlich schnell in andere Elemente, manchmal in Bruchteilen einer Sekunde.

1869 wurden die damals bekannten chemischen Elemente von *Dmitri Iwanowitsch Mendelejew* (russischer Chemiker, 1834-1907) und *Julius Lothar Meyer* (deutscher Chemiker, 1830-1895) unabhängig voneinander im **Periodensystem der Elemente PSE** zusammengefasst (s. PSE im Umschlag vorne). Dabei sortierten sie die Elemente zeilenweise nach periodisch wiederkehrenden Eigenschaften, den **Perioden,** wobei die Elemente mit ähnlichen Eigenschaften untereinander in einer Spalte, den **Gruppen,** stehen. Die Anordnung der Elemente erfolgt jedoch heute nicht nur nach den Eigenschaften, sondern nach der Anzahl der Protonen, der Ordnungszahl OZ. Die Erläuterung zum Aufbau des PSE erfolgt in Kapitel 5.

Die chemischen Elemente unterscheidet man ihren Eigenschaften nach in:

- **Nichtmetalle**: wie die Edelgase Helium, Neon, Argon, Krypton, Xenon, Radon, die Halogene Fluor, Chlor, Brom, Iod und die Elemente Sauerstoff, Schwefel, Stickstoff, Phosphor, Kohlenstoff, Wasserstoff.
- **Halbmetalle:** Bor, Silicium, Germanium, Arsen, Antimon, Selen, Tellur.
- **Metalle:** alle anderen Elemente.

Unter **Normbedingungen,** d. h. bei einer Temperatur von 273,15 K (0 °C) und einem Druck von 1013,25 hPa sind:

- 11 Elemente Gase (z. B. Chlor, Fluor, Sauerstoff, Stickstoff, Wasserstoff, Edelgase),
- 2 Elemente Flüssigkeiten (Brom, Quecksilber),
- alle anderen Elemente Feststoffe.

Die **chemischen Elemente** werden nach ihren Eigenschaften eingeteilt in **Nichtmetalle, Halbmetalle** und **Metalle.**

Bei **Normbedingungen,** einer Temperatur von 273,15 K (0 °C) und einem Druck von 1013 hPa, sind 11 Elemente Gase, 2 Elemente Flüssigkeiten und alle anderen Elemente Feststoffe.

Tabelle 1: Häufigkeit der Elemente in der Erdkruste

Elementname	Symbol	*w* in %
Sauerstoff	O	49,2
Silicium	Si	25,7
Aluminium	Al	7,5
Eisen	Fe	4,7
Calcium	Ca	3,4
Natrium	Na	2,6
Kalium	K	2,4
Magnesium	Mg	1,9
Wasserstoff	H	0,9
Titan	Ti	0,6
Chlor	Cl	0,2
Phosphor	P	0,1
Mangan	Mn	0,1
Kohlenstoff	C	0,09
Rest		0,61

Betrachtet man die Elemente nach dem Anteil ihrer Masse an der Gesamtmasse *w* ihres Vorkommens in der Erdkruste (Schichtdicke 16 km), den Weltmeeren und der Atmosphäre, so sind die fünf häufigsten Elemente an etwa 91 %, die zwölf häufigsten sogar an fast 99,5 % der Gesamtmasse der Elemente und Verbindungen beteiligt (**Tabelle 1**).

Nachdem die ersten Elemente entdeckt und beschrieben wurden, war es notwendig, diese sinnvoll zu benennen. Anfangs geschah dies willkürlich. So haben viele Namen einen mythologischen Ursprung, z. B. Cer, Niob, Tantal. Andere wiederum wurden nach dem Entdeckungsland benannt, z. B. Gallium und Germanium. Meistens jedoch haben die Namen ihren Ursprung in einem griechischen oder lateinischen Wort, das eine wesentliche Eigenschaft des Stoffes beschreibt, z. B. Brom von griech. *bromos*: der Gestank. Viele dieser Namen sind durch landessprachliche Begriffe ersetzt worden, z. B. Kohlenstoff für *Carboneum* (lat.: Kohle), Silicium für *silex* (lat.: Kieselstein) oder Phosphor für *phosphorus* (griech.: Lichtträger).

1813 wurde vom schwedischen Chemiker *Jöns Jacob Berzelius* (1779–1848) eine **einheitliche Symbolik zur Kennzeichnung der Elemente** vorgeschlagen. Dazu wurden alle Elemente mit ihrem Anfangsbuchstaben gekennzeichnet. Bei gleichen Anfangsbuchstaben kommt ein zweiter Buchstabe des Namens dazu, der nicht immer der zweite Buchstabe des Wortes sein muss. Durch die Variationen der ursprünglichen Namen mit landessprachlichen Begriffen entsprechen diese Abkürzungen nicht immer den Anfangsbuchstaben der deutschen Begriffe. So hat Sauerstoff das Symbol O (Oxygenium) und Stickstoff das Symbol N (Nitrogenium). Natrium hingegen ist mit Na abgekürzt und Neon mit Ne.

Werden heutzutage neue Elemente entdeckt, erfolgen die Festlegung der Symbole sowie die Bestätigung der Benennung, die oft nach den Namen bekannter Wissenschaftler erfolgt, durch die **Internationale Vereinigung für Reine und Angewandte Chemie IUPAC** (***I****nternational* ***U****nion of* ***P****ure and* ***A****pplied* ***C****hemistry*).

Die allermeisten Elemente liegen in der Natur jedoch nicht in elementarer Form vor, sondern in Verbindung mit anderen Elementen, den chemischen Verbindungen.

1.1.2 Chemische Verbindungen

Nur die wenigsten Atomarten sind reaktionsträge und bleiben dauerhaft unverändert. Die Atome der meisten Elemente haben die Eigenschaft, sich mit anderen Atomen zu verbinden.

Chemische Verbindungen entstehen, wenn sich zwei oder mehrere ungleichartige Elemente miteinander verbinden. Stoffe aus Atomen gleicher Elemente gelten nicht als chemische Verbindungen, sondern als chemisches Element. Dazu zählt z. B. Sauerstoff, bei dem sich zwei Sauerstoff-Atome O zu einem Sauerstoff-Molekül O_2 bzw. drei Sauerstoff-Atome zu einem Sauerstoff-Molekül O_3 (Ozon) verbinden. Gleiches gilt beispielsweise für Fluor F_2, Stickstoff N_2 und Phosphor P_4. Für solche Moleküle aus gleichartigen Atomen wird der Begriff des **Elementmoleküls** verwendet. Die geschätzte Anzahl aller bekannten chemischen Verbindungen liegt insgesamt bei über 17 Millionen.

> **Chemische Verbindungen** sind aus mindestens zwei unterschiedlichen Atomsorten zusammengesetzt.

Unterscheiden lassen sich chemische Verbindungen in:

- **Molekulare Verbindungen** (Moleküle). Sie sind meist elektrische Nichtleiter und häufig flüchtig.
- **Salzartige Verbindungen.** Sie sind spröde sowie in Lösung oder Schmelze elektrisch leitend.
- **Intermetallische Verbindungen.** Sie sind glänzend, elektrische Leiter und verformbar.

Eine **chemische Reaktion** ist ein Vorgang, bei dem neue Stoffe entstehen. Dabei kann eine chemische Verbindung gebildet oder zerlegt werden. Bei der Reaktion gehen die Eigenschaften der eingesetzten Stoffe verloren und es entstehen neue Stoffe mit anderen Eigenschaften.

Ein Beispiel ist die Reaktion von Natrium Na mit Chlor Cl_2 zu Natriumchlorid NaCl (Kochsalz). Bei dieser Reaktion entsteht aus den Stoffen Natrium und Chlor der neue Stoff Natriumchlorid (**Bild 1**).

Außerdem finden bei chemischen Reaktionen immer physikalische Vorgänge statt, d. h. Energie wird in Form von Wärme abgegeben oder aufgenommen. Auch die Aggregatzustände (gasförmig, flüssig oder fest) der an der Reaktion beteiligten Stoffe können sich ändern. Ausgangsstoffe werden **Edukte** bzw. **Reaktanden** genannt, der neue Stoff ist das **Produkt** bzw. **Reaktionsprodukt.**

Natrium + Chlor → Natriumchlorid

$$2\,Na + Cl_2 \rightarrow 2\,NaCl$$

Edukte (Natrium, Chlor) — Produkt (Natriumchlorid)

Bild 1: Beispiel für eine chemische Reaktion

> Bei einer **chemischen Reaktion** verlieren einzelne beteiligte Stoffe ihre Eigenschaften. Es entstehen andere Stoffe mit anderen Eigenschaften.

Entsprechend zu den auf S. 14 erläuterten relativen Atommassen A_r ergibt sich die **relative Molekülmasse M_r** durch Addition der an einer chemischen Verbindung beteiligten Atome in entsprechender Anzahl. Beispielsweise ist die relative Molekülmasse von Natriumchlorid NaCl gleich der Summe der relativen Atommassen von Natrium A_r (Na) = 22,990 und Chlor A_r (Cl) = 35,453, also 58,443.

Die Reaktion von Kohlenstoff und Sauerstoff kann zu unterschiedlichen Verbindungen führen, zu Kohlenstoffmonoxid CO oder Kohlenstoffdioxid CO_2. An diesem Beispiel wird deutlich, dass in Verbindungen die gleichen Atome in unterschiedlichen **stöchiometrischen Verhältnissen** vorkommen können. Unter **Stöchiometrie** versteht man die Lehre von der Zusammensetzung chemischer Verbindungen sowie den Stoffverhältnissen bei chemischen Reaktionen (s. Kap. 8, S. 236).

1.2 Reinstoffe

Reinstoffe bestehen aus einem einzigen Stoff, Stoffgemische hingegen aus mehreren Stoffen. Das bedeutet, dass sowohl Elemente als auch chemische Verbindungen Reinstoffe sein können (**Bild 1**, S. 13).

Beispiele für Reinstoffe:

- Sind in einem Gefäß nur Argon-Atome vorhanden, so ist es der reine Stoff Argon (Element).
- Liegen nur Sauerstoff-Atome vor, die sich miteinander zu O_2 verbunden haben, dann liegt der reine Stoff Sauerstoff vor (Elementmolekül).

Bild 1: Reinstoff Schwefel S_8

- Besteht ein Stoff nur aus Calcium-Atomen, dann liegt der reine Stoff Calcium Ca vor (Element).
- Besteht der Stoff aus Schwefel S, so ist bekannt, dass dieser in unterschiedlichen Formen existieren kann. Am bekanntesten ist der elementare Schwefel, in dem sich acht Schwefel-Atome zu einem Ring zusammengefunden haben. Hierbei handelt es sich dann um das Elementmolekül S_8 (Cyclooctaschwefel, gelber Schwefel, **Bild 1**).
- Besteht ein Stoff ausschließlich aus der chemischen Verbindung H_2O, also aus Wasserstoff H und Sauerstoff O, dann liegt nur eine Art von Teilchen vor: Es handelt sich um den Reinstoff Wasser H_2O (chemische Verbindung).

Reinstoffe können nicht durch physikalische Verfahren aufgetrennt werden. Reinstoffe besitzen charakteristische und gleich bleibende Eigenschaften. Diese sind in Tabellenwerken aufgelistet und können zur Identifizierung der Stoffe herangezogen werden, z. B. die Schmelztemperatur.

> Ein **Reinstoff** besteht nur aus einem Stoff. Dies können einzelne Atome oder Verbindungen von gleichen oder unterschiedlichen Atomen sein.
>
> Reinstoffe besitzen gleichbleibende Stoffeigenschaften.
>
> Reinstoffe lassen sich durch physikalische Verfahren nicht weiter zerlegen.

Besteht ein Material jedoch nur in seinem Kern beispielsweise aus reinem Magnesium Mg, an seiner Oberfläche befindet sich aber Magnesiumoxid MgO, dann handelt es sich um keinen reinen Stoff. Dieses Material besteht aus zwei Stoffen: aus Mg und MgO. Es handelt sich um ein Gemisch aus mehreren Stoffen, um ein Stoffgemisch oder Stoffsystem.

1.3 Stoffgemische

Das beim Mischen von zwei oder mehreren reinen Stoffen entstehende **Stoffsystem** bezeichnet man als **Gemisch** oder speziell bei Feststoffen als **Gemenge** (**Bild 1**, S. 13). Je nach den Eigenschaften der reinen Stoffe können dies homogene oder heterogene Gemische sein.

Stoffsysteme zeichnen sich dadurch aus, dass sie durch physikalische oder mechanische Trennverfahren wieder voneinander zu trennen sind (s. Kap 2, S. 54).

1.3.1 Homogene Gemische

Unter einem **Gemisch** versteht man zwei oder mehr zusammengefügte Reinstoffe in einem beliebigen Mengenverhältnis. **Homogene Gemische** (griech: *homogenos*: von gleicher Beschaffenheit, gleichartig, einheitlich) bilden eine Phase unabhängig davon, aus wie vielen Einzelkomponenten das Gemisch besteht.

Unter einer **Phase** versteht man einen einheitlichen bzw. gleichmäßigen Teil von Materie, der durch eine **Grenzfläche** von einer anderen Phase getrennt ist. Eine Phase weist an jeder Stelle die gleichen makroskopischen (mit bloßem Auge erkennbare) Eigenschaften wie Dichte oder Konzentration und die gleiche Zusammensetzung auf. Das Gemisch erscheint wie ein einheitlicher Stoff. Die einzelnen Gemischkomponenten sind bis in den molekularen Bereich hinein fein verteilt, so dass es nicht möglich ist, zwischen den einzelnen Komponenten zu differenzieren.

Die einzelnen Komponenten in einem **homogenen Gemisch** bilden eine Phase.

Beispiele für homogene Gemische sind Gasgemische. Alle Gase sind in jedem Verhältnis miteinander mischbar. Zu den homogenen Gemischen gehören auch **Lösungen,** wie z. B. eine Lösung von Zucker in Wasser oder Kochsalz in Wasser. Allgemein versteht man unter Lösungen homogene Gemische von festen, flüssigen oder gasförmigen Stoffen, die selbst im kleinsten Anteil die gleiche Zusammensetzung aufweisen. Meistens wird der Begriff Lösung für eine Flüssigkeit verwendet, in der Feststoffe gelöst sind. Weitere Beispiele homogener Gemische sind in Tabelle 1, S. 19 aufgeführt.

1.3.2 Heterogene Gemische

Ein **heterogenes Gemisch** besteht aus mehreren Phasen. Die Einzelkomponenten besitzen, wenn auch manchmal nur im mikroskopisch kleinen Bereich, eine erkennbare Grenzfläche zueinander. Heterogene Stoffgemische bestehen sichtbar aus mehreren unterschiedlichen Bestandteilen. Heterogene Gemische von Feststoffen werden auch als **Gemenge** bezeichnet.

Heterogene Gemische bestehen aus mehreren Phasen.

Zu den heterogenen Gemischen zählen auch **disperse Systeme (Dispersionen,** von lat. *dispersio*: Zerteilung). Bei einer Dispersion ist mindestens ein Stoff, die **disperse Phase**, in einem anderen Stoff, dem **Dispersionsmittel**, fein verteilt (**dispergiert**). Ein Beispiel ist eine Creme-Lotion. Die disperse Phase Öl ist im Dispersionsmittel Wasser fein verteilt.

Wie in Tabelle 1 dargestellt, lassen sich Dispersionen nach ihrer Teilchengröße in unterschiedliche disperse Systeme einteilen.

Die hinsichtlich ihrer Größe zwischen den **grobdispersen** und **molekulardispersen Systemen** liegenden Teilchen werden als **Kolloide** bezeichnet. Bei Dispersionen im molekulardispersen Bereich sind die Teilchen so fein verteilt, dass man von homogenen Gemischen spricht. Zu den molekulardispersen Systemen zählen Lösungen.

Tabelle 1: Unterteilung von Dispersionen

Bezeichnung	Teilchengröße	Beispiel
Grobdisperse Systeme	$> 10^{-6}$ m	Milch
Kolloiddisperse Systeme	10^{-9} bis 10^{-6} m	Lösung von Proteinen
Molekulardisperse Systeme	$< 10^{-9}$ m	Kochsalzlösung

Gemische lassen sich folgendermaßen beschreiben:

- Sie bestehen aus mindestens zwei verschiedenen Stoffen.
- Gemische können homogen oder heterogen sein.
- Die Eigenschaften der Einzelkomponenten des Gemisches bleiben erhalten.
- Gemische sind mit verschiedenen Trennverfahren wieder zu trennen.
- Sie können grundsätzlich in jedem beliebigen Mischungsverhältnis vorliegen.

In Tabelle 1 sind für alle Aggregatzustände Beispiele für homogene und heterogene Gemische aufgeführt.

Tabelle 1: Beispiele für heterogene und homogene Gemische

Aggregatzustände	Beispiel homogenes Gemisch	Beispiel heterogenes Gemisch
fest in fest	Metalllegierungen wie Bronze	Pulvermischungen
fest in flüssig	Vollständig gelöstes Kochsalz in Wasser	Suspensionen, z. B. aufgewirbelter Sand in Wasser
fest in gasförmig	–	Rauch (Aerosole)
flüssig in fest	–	Schlamm
flüssig in flüssig	Ethanol in Wasser	Emulsionen, z. B. Milch
flüssig in gasförmig	Luftfeuchtigkeit	Nebel (Aerosole)
gasförmig in fest	Legierungsartige Hydride (Wasserstoffspeicher)	Bimsstein, in Gestein eingeschlossenes Gas, Styropor
gasförmig in flüssig	In Wasser gelöster Sauerstoff	Schaum
gasförmig in gasförmig	Alle Gase sind in jedem Verhältnis miteinander mischbar	–

1.4 Aggregatzustände

Alle Stoffe können grundsätzlich in einem festen, flüssigen oder gasförmigen Zustand vorliegen. Man bezeichnet diese Zustandsformen als **Aggregatzustände.** Der Aggregatzustand eines Stoffes hängt von den äußeren Bedingungen Druck und Temperatur ab sowie von der Stärke der Wechselwirkungen zwischen den einzelnen Teilchen, aus denen er besteht. Mit zunehmender Temperatur nimmt die Bewegung der Teilchen zu, weshalb die Aggregatzustände auch als verschiedene Ordnungsgrade der Teilchen beschrieben werden können, die vom gasförmigen bis zum festen Zustand zunehmen.

1.4.1 Gasförmiger Zustand

Im gasförmigen Zustand sind die Teilchen eines Stoffes (Atome, Moleküle) in ständiger freier, ungeordneter Bewegung mit **hoher Bewegungsenergie** (kinetische Energie), die mit steigender Temperatur weiter zunimmt. Aufgrund der hohen Bewegungsenergie und des großen Teilchenabstands treten die Teilchen nur wenig miteinander in Wechselwirkung. Durch ständige Stöße aneinander und an die Wandung des einschließenden Gefäßes ändern sie permanent ihre Bewegungsrichtung und Geschwindigkeit. Der **Ordnungsgrad** der Teilchen ist im Vergleich zu flüssigen und festen Zuständen am geringsten (Bild 1, S. 20).

Durch die freie Beweglichkeit der Teilchen passen sich Gase den einschließenden Gefäßen in ihrer Form an und füllen sie gleichmäßig aus. Aufgrund des großen Teilchenabstands sind Gase **komprimierbar**, d. h., dass sie unter einem von allen Seiten wirkenden Druck ihr Volumen verkleinern.

Der Übergang von gasförmig zu flüssig wird als **Kondensieren** bezeichnet, von flüssig zu gasförmig als **Verdampfen** oder unterhalb der Siedetemperatur als **Verdunsten**. Der direkte Übergang vom gasförmigen zum festen Zustand ist das **Resublimieren**, vom festen zum gasförmigen Zustand ist das **Sublimieren** (Bild 1, S. 20).

Im **gasförmigen Zustand** sind die Teilchen in schneller, freier Bewegung, mit großen Abständen zueinander und geringen Wechselwirkungen untereinander.

Gase nehmen jeden zur Verfügung stehenden Raum ein und sind leicht zu komprimieren.

1

1.4.2 Flüssiger Zustand

Die Teilchen flüssiger Stoffe sind ebenso wie die Teilchen der gasförmigen Stoffe in ständiger freier Bewegung. Im Vergleich zu Gasen haben die Teilchen in Flüssigkeiten einen geringeren Abstand zueinander und dadurch eine gewisse örtlich und zeitlich begrenzte Nahordnung (Bild 1). Der **Ordnungsgrad** ist höher als in Gasen, aber geringer als in kristallinen Feststoffen. Aufgrund der geringen Teilchenabstände sind Flüssigkeiten wenig komprimierbar. Wie Gase passen sich Flüssigkeiten aufgrund der freien Beweglichkeit ihrer Teilchen mehr oder weniger schnell der Form ihres einschließenden Gefäßes an und bilden nach oben eine Oberfläche aus. Der Übergang vom flüssigen zum festen Zustand ist das **Erstarren,** vom festen zum flüssigen Zustand ist das **Schmelzen.**

Die durch die Wechselwirkung der Teilchen entstehende innere Reibung ist entscheidend für das Fließverhalten einer Flüssigkeit, der sogenannten **Viskosität.** Die Viskosität ist ein Maß für die Zähigkeit eines Stoffes. Vornehmlich ist die Viskosität eine Eigenschaft flüssiger Stoffe, jedoch weisen auch Gase und Feststoffe eine bestimmte Viskosität auf. Auf die Viskosität wird im Kap. 1.6.4, S. 49, näher eingegangen.

> Im **flüssigen Zustand** sind die Teilchen in freier Bewegung, jedoch mit geringerer Geschwindigkeit, geringerem Abstand und stärkeren Wechselwirkungen zueinander als im gasförmigen Zustand.
>
> Flüssigkeiten nehmen jeden zur Verfügung stehenden Raum ein und sind schwer zu komprimieren.

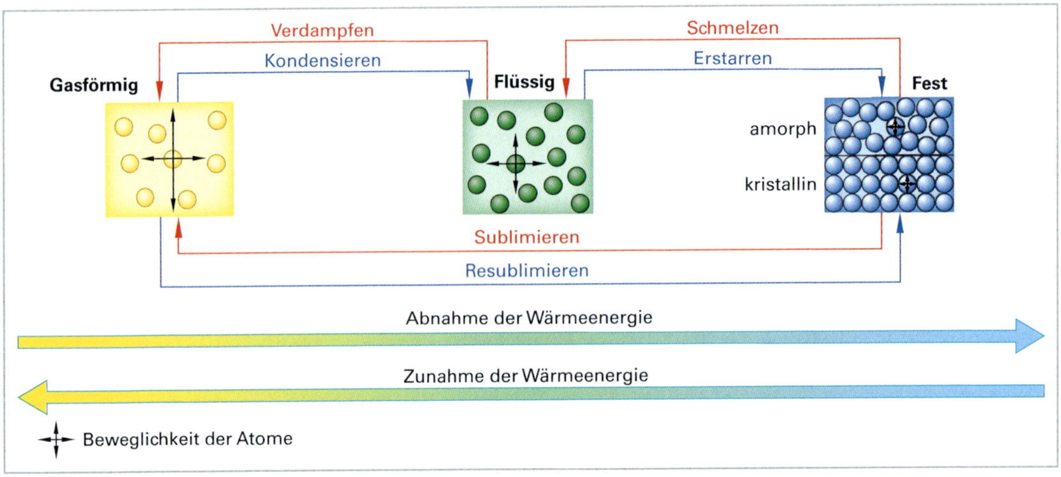

Bild 1: Teilchenverteilung im gasförmigen, flüssigen und festen Zustand

1.4.3 Fester Zustand

Im festen Zustand sind die Teilchen eines Stoffes fixiert und infolgedessen nicht frei in ihrer Bewegung. Feststoffe sind dadurch mehr oder weniger formstabil. Bewegungsenergie ist nur noch in Form von Schwingungen der Atome um ihre Ruhelage vorhanden. Sie nimmt mit steigender Temperatur zu. Der Abstand der Teilchen in Feststoffen ist geringer als in Flüssigkeiten und Gasen. Deshalb sind Feststoffe kaum komprimierbar.

> Im **festen Zustand** sind die Teilchen ortsfest, nur geringe Bewegungen (Schwingungen) finden statt. Die Teilchen haben einen geringen Abstand zueinander, zwischen ihnen bestehen starke Wechselwirkungen.
>
> Feststoffe sind in der Regel schwer verformbar sowie schwer zu komprimieren.

Je nach Anordnung der Teilchen unterscheidet man zwischen kristallinen und amorphen Feststoffen.

In **kristallinen Feststoffen** (griech. *krystallos*: Eis) sind die Teilchen über den gesamten Kristall systematisch und mit wiederkehrender Gleichmäßigkeit in alle drei Raumrichtungen in Form eines Kristallgitters angeordnet. Kristalline Feststoffe besitzen durch die gleichmäßige Anordnung der Teilchen eine bestimmte äußere Kristallform. Mögliche Formen sind z. B. Rauten, Quader oder Prismen. Beim Reinstoff Pyrit FeS_2 ist die regelmäßige Anordnung im Kristall auch von außen gut erkennbar (**Bild 1**).

Bild 1: Kristalle des Reinstoffs Pyrit FeS_2 („Katzengold")

Einige Stoffe können bei gleicher chemischer Zusammensetzung in zumindest einigen ihrer kleinsten Einheiten unterschiedliche Zustandsformen aufweisen, z. B. verschiedene Kristallgitter. Diese werden als die **Modifikationen** eines Stoffes bezeichnet. In Bezug auf chemische Elemente wird dies als **Allotropie**, bei chemischen Verbindungen als **Polymorphie**, bezeichnet. Ein Beispiel für einen allotropen Stoff ist Kohlenstoff, der in Form von Diamant, Graphit, Fulleren oder Kohlenstoff-Nanoröhren vorliegen kann. Schwefel besitzt ebenfalls eine Vielzahl allotroper Modifikationen

Die kleinste sich wiederholende dreidimensionale Einheit im Kristallgitter, durch die die Zusammensetzung des ganzen Kristalls beschrieben werden kann, ist die **Elementarzelle.**

Die Teilchenanordnung kristalliner Stoffe weist den **höchsten Ordnungsgrad** aller Aggregatzustände auf (**Bild 1**, S. 20). Kristalline Feststoffe haben außerdem grundsätzlich eine charakteristische Temperatur, bei der sie in den flüssigen Zustand übergehen (Schmelztemperatur). Kristalle müssen nicht immer eine makroskopische (mit dem Auge erkennbare) Größe haben, viele Pulver bestehen aus Mikrokristallen.

In **amorphen Feststoffen** (griech. *amorphos*: ungestaltet; z. B. Glas) besitzen die Teilchen nur eine örtlich begrenzte systematische Anordnung (**Bild 1**, S. 20), ähnlich wie bei Flüssigkeiten. Man kann sie deshalb auch als unterkühlte erstarrte Flüssigkeiten bezeichnen. Amorphe Feststoffe haben keine definierte Schmelztemperatur, sondern einen Schmelzbereich, d. h. sie gehen unter lang-samem Erweichen in den flüssigen Zustand über.

Der Ordnungsgrad von **kristallinen Feststoffen** ist durch die regelmäßige Struktur der Teilchen am größten. Kristalline Feststoffe haben eine charakteristische Schmelztemperatur.

Die Teilchen in **amorphen Feststoffen** weisen eine örtlich begrenzte Nahordnung auf. Amorphe Feststoffe haben einen Schmelzbereich.

1.4.4 Weitere Zustandsformen

Neben den drei „klassischen" Aggregatzuständen fest, flüssig, gasförmig kann man auch die Zustandsformen Plasma und Flüssigkristalle zu den Aggregatzuständen zählen.

Ein **Plasma** ist ein überhitztes Gas, in dem die Atome und Moleküle getrennt von ihren Ladungsträgern als Ionen und Elektronen vorliegen. Natürlich vorkommende Plasmen gibt es z. B. auf der Sonne, bei Gewitterblitzen oder bei Polarlichtern. Praktische Anwendungen finden Plasmen in Gasentladungslampen (Leuchtstoffröhren, Energiesparlampen) oder Plasmabildschirmen.

Der Ordnungsgrad in **Flüssigkristallen** liegt zwischen dem von Flüssigkeiten und kristallinen Feststoffen. Die Teilchen weisen ähnlich wie kristalline Feststoffe eine Fernordnung auf. Flüssigkristalle haben spezielle optische Eigenschaften, so dass sie z. B. Anwendung in Flüssigkeitskristallanzeigen (LCD, *liquid crystal display*) Anwendung finden.

Die folgende Tabelle 1 fasst noch einmal die Eigenschaften der unterschiedlichen Aggregatzustände gasförmig, flüssig und fest zusammen.

Tabelle 1: Aggregatzustände

Aggregatzustand	Eigenschaften der Teilchen	Beschreibung
gasförmig	• freie, sich schnell bewegende Teilchen • große Abstände zwischen den Teilchen • praktisch keine Anziehungskräfte zwischen den Teilchen	• nimmt den zur Verfügung stehenden Raum ein • leicht zu komprimieren
flüssig	• frei bewegliche Teilchen mit geringerer Bewegungsenergie als beim Gas • kleinerer Teilchenabstand als bei Gasen • größerer Teilchenabstand als bei Feststoffen • geringere Wechselwirkungen als im Feststoff	• passt sich der Form des einschließenden Gefäßes an und bildet eine Oberfläche aus • schwer komprimierbar
fest	• ortsfeste Teilchen mit geringen Bewegungen (Schwingung) • kleiner Teilchenabstand • starke Anziehungskräfte der Teilchen	• schwer verformbar • schwer komprimierbar

1.5 Physikalisch messbare Stoffgrößen

Unter **physikalischen Stoffgrößen** versteht man die messbaren Eigenschaften eines Stoffs, wie Masse, Länge und Volumen. Um eine quantitative Aussage treffen zu können, erfolgt die Angabe in einem relativen Bezug zu einer bekannten festgelegten Größe, der **Einheit.** Dies geschieht durch die Angabe des Produktes eines Zahlenwerts und einer Einheit bzw. einer Kombination von Einheiten. Beispielsweise erfolgt eine Massenangabe mit der Einheit Kilogramm (kg), die Angabe der Dichte mit der Einheit Kilogramm pro Kubikmeter ($kg \cdot m^{-3}$).

Physikalische Stoffgrößen sind die messbaren Eigenschaften von Stoffen, die durch Angabe eines Produkts aus **Zahlenwert** und **Einheit** quantifiziert werden können.

Die quantitative Bestimmung einer physikalischen Größe erfolgt durch eine **Messung.** Die unbekannte Menge wird dabei mit einer bekannten Menge der gleichen physikalischen Größe verglichen und zu ihrer Einheit ins Verhältnis gesetzt. Für die Bestimmung einer Länge kann z. B. ein Lineal, dessen Länge bekannt ist, verwendet werden.

1.5.1 Internatonales Einheitensystem

Weltweit gibt es für gleiche physikalische Größen verschiedene Einheitensysteme. Für die direkte Vergleichbarkeit war es daher notwendig, ein einheitliches Einheitensystem zu schaffen. Aus diesem Grund wurde 1960 das **internationale Einheitensystem SI** eingeführt (von frz.: ***s**ystème **i**nternational d'unités*).

Seit 1978 ist in der Bundesrepublik Deutschland als Maßsystem das SI-Einheitensystem festgelegt, es wird durch die DIN ISO 1000 geregelt. International zuständig für das SI-Einheitensystem ist das internationale Maß- und Gewichtsbüro in Sèvres bei Paris, Frankreich (franz.: *Bureau International des Poids et Mesures*, BIPM).

Das SI ist ein **metrisches** (auf der Längeneinheit Meter beruhend) und **dezimales** (Zahlensystem mit der Grundzahl 10) **Einheitensystem.**

Im SI-Einheitensystem sind die in Tabelle 1 aufgeführten sieben Basiseinheiten festgelegt. Die Definition erfolgt in Bezug auf möglichst unveränderliche natürliche oder künstliche Konstanten. Jeder Einheit wurde ein Einheitenzeichen (aufrechte Schreibweise) und als Kurzschreibweise ein Formelzeichen zugewiesen (kursive Schreibweise).

Tabelle 1: SI-Basiseinheiten			
Größe	**Formelzeichen**	**Einheitenzeichen**	**Einheit**
Masse	m	kg	Kilogramm
Stoffmenge	n	mol	Mol
Temperatur	T	K	Kelvin
Länge	l	m	Meter
Zeit	t	s	Sekunde
Stromstärke	I	A	Ampere
Lichtstärke	I_V	cd	Candela

> Das **internationale Einheitensystem SI** ist ein metrisches und dezimales Einheitensystem, das auf sieben Basiseinheiten aufbaut.

Alle weiteren Maßeinheiten sind von den Basiseinheiten abgeleitete (kohärente) SI-Einheiten. Sie werden als Potenz der Basiseinheit dargestellt. Kohärent bedeutet, dass die abgeleiteten Einheiten direkt, ohne Verwendung von Faktoren, umgerechnet werden können. Beispielsweise ist die Fläche die Potenz der Basiseinheit Meter m, ausgedrückt in Quadratmeter m^2.

Es gibt auch die Möglichkeit zusammengesetzter Basiseinheiten, z. B. ist die Einheit des Drucks das Pascal (Pa). Ausgedrückt in Basiseinheiten ist $1\ Pa = 1\ kg \cdot m^{-1} \cdot s^{-2}$.

Unterschieden werden muss zwischen einer Dimension im physikalischen Sinne und ihrer Einheit. Eine **Dimension** ist eine physikalische Größe, die sich durch ein bestimmtes Ausmaß, wie Masse, Zeit oder Länge, darstellt. Eine Dimension kann durch eine Einheit quantifiziert werden. So lässt sich beispielsweise eine Längenausdehnung durch die Einheit Meter quantifizieren.

Im naturwissenschaftlichen Bereich hat man es oft mit besonders großen oder kleinen Zahlenwerten zu tun. Um solche Zahlen besser darstellen und handhaben zu können, ist es möglich, diese mit einem Vorsatz des dezimalen Teils oder des dezimalen Vielfachen zu versehen oder diese als Potenz bzw. als Logarithmus zur Basis 10 ($\log_{10}$) darzustellen (Tabelle 2).

Tabelle 2: Vorsätze und Vorsatzzeichen dezimaler Teile bzw. Vielfache					
Vorsatz	**Vorsatzzeichen**	**Zehnerpotenz**	**$\log_{10}$**	**Dezimalzahl**	**Faktor**
Dezimale Vielfache					
Peta	P	10^{15}	15	1000000000000000	Billiarde
Tera	T	10^{12}	12	1000000000000	Billion
Giga	G	10^{9}	9	1000000000	Milliarde
Mega	M	10^{6}	6	1000000	Million
Kilo	k	10^{3}	3	1000	Tausend
Hekto	h	10^{2}	2	100	Hundert
Deka	da	10^{1}	1	10	Zehn
Dezimale Teile					
Dezi	d	10^{-1}	– 1	0,1	Zehntel
Zenti	c	10^{-2}	– 2	0,01	Hundertstel
Milli	m	10^{-3}	– 3	0,001	Tausendstel
Mikro	µ	10^{-6}	– 6	0,000001	Millionstel
Nano	n	10^{-9}	– 9	0,000000001	Milliardstel
Piko	p	10^{-12}	– 12	0,000000000001	Billionstel
Femto	f	10^{-15}	– 15	0,000000000000001	Billiardstel
Atto	a	10^{-18}	– 18	0,000000000000000001	Trillionstel

1.5.2 Wärme

Alle Teilchen (Atome, Moleküle, Ionen) eines Stoffes sind in ständiger Bewegung. Dies kann wie bei Flüssigkeiten oder Gasen eine freie Beweglichkeit oder wie bei Feststoffen eine ortsfeste Bewegung, z. B. Schwingung oder Rotation, sein.

Die **Wärme** ist eine spezielle Energieform, die durch die Bewegung der einzelnen Teilchen eines Stoffes verursacht wird. Wärme ist ein Teil des gesamten Energievorrats eines Systems, der als die **innere Energie** bezeichnet und als Temperatur gemessen wird. Die Temperatur, bei der keine Teilchenbewegung, d. h. keine innere Teilchenbewegung mehr vorhanden ist, wird als **absoluter Nullpunkt** bezeichnet.

> **Wärme** ist eine Form von Energie. Sie ist die Summe der Bewegungsenergien aller Teilchen eines Stoffes. Sie ist ein Teil der **inneren Energie** eines Systems.

Das Formelzeichen der Wärme ist Q, die SI-Einheit der Wärmemenge ist das **Joule J.** Eine Wärmemenge kann auch umgerechnet werden in Wattsekunde (Ws; 1 Ws = 1 J) bzw. in Kilowattstunde (kWh; 1 kWh = $3{,}6 \cdot 10^6$ J). Früher wurde die Einheit **Kalorie cal** verwendet, wobei 1 cal genau 4,187 J entspricht.

Die Wärmemenge, die ein Stoff aufnehmen kann, ist für ihn charakteristisch. Das bedeutet, dass gleiche Mengen verschiedener Stoffe unterschiedliche Wärmemengen enthalten können. Die Wärmemenge, die benötigt wird, um 1 kg eines Stoffes um 1 °C zu erwärmen bei konstantem Druck oder konstantem Volumen, wird als **spezifische Wärmekapazität** bezeichnet. Beispielsweise beträgt die spezifische Wärmekapazität bei 20 °C von Wasser $4{,}187\ kJ \cdot kg^{-1} \cdot K^{-1}$.

1.5.3 Temperatureinheiten

Die Wärme eines Stoffes ist die Summe der Bewegungsenergien aller Teilchen. Ein Maß für die durchschnittliche Bewegungsenergie pro Teilchen ist die Temperatur (griech. *thermos*, Wärme). International gibt es unterschiedliche Temperatureinheiten, die sich über unterschiedliche Bezugssysteme definieren (**Bild 1**).

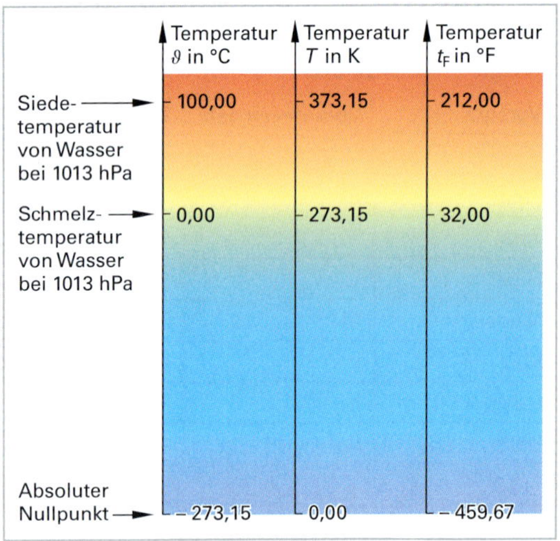

Bild 1: Temperatureinheiten

Grad Celsius

Die Einheit Grad Celsius (Einheitenzeichen: °C; nach *Anders Celsius*, schwedischer Astronom, 1701-1744) ist definiert über den hundertsten Teil der Differenz zwischen der Schmelz- und Siedetemperatur von Wasser bei einem Druck von 1013 hPa (**Bild 1**).

Formelzeichen: ϑ Einheit: °C

> Ein **Grad Celsius °C** ist der hundertste Teil der Differenz von Schmelz- und Siedetemperatur des Wassers bei einem Umgebungsdruck von 1013 hPa.

Kelvin

Die Temperaturskala nach *Kelvin* (Einheitenzeichen: K; nach *Lord William Kelvin*, englischer Physiker, 1824-1907) beginnt am **absoluten Nullpunkt** und enthält dieselben Abstufungen wie die Celsius-Skala (**Bild 1**).

Formelzeichen: T Einheit: K

> Die **Kelvin-Skala** beginnt am **absoluten Nullpunkt** und hat dieselben Abstufungen wie die Celsius-Skala.

Das Kelvin ist die Maßeinheit für Temperaturen im SI-Einheitensystem und ist vorwiegend im naturwissenschaftlichen Bereich gebräuchlich.

Da die Abstufungen der Skalen nach Kelvin und Grad Celsius gleich sind, entspricht eine Temperaturdifferenz von einem Kelvin auch einer Temperaturdifferenz von einem Grad Celsius. Die Temperaturangaben Kelvin und Grad Celsius lassen sich relativ leicht ineinander umrechen.

Die Differenz zweier Kelvin-Temperaturen T_1 und T_2 ist gleich der Differenz der entsprechenden Temperaturen ϑ_1 und ϑ_2 auf der Celsius-Skala. Der Zahlenwert einer Temperatur ϑ in °C wird mit $\{\vartheta\}$ bezeichnet.

Umrechnung von Kelvin nach Grad Celsius:

$$T = \left[\frac{\vartheta}{°C} + 273{,}15\right] K$$

T	ϑ
K	°C

Gl. 1.1

Umrechnung von Grad Celsius nach Kelvin:

$$\vartheta = \left[\frac{T}{K} - 273{,}15\right] °C$$

T	ϑ
K	°C

Gl. 1.2

Beispiel 1.1: Umrechnung von *Kelvin* und Grad *Celsius*

a) Wie viel *Kelvin* entspricht einer Temperatur von 20 °C?

b) Wie viel *Kelvin* entspricht einer Temperatur von – 50 °C?

c) Wie viel Grad *Celsius* entspricht einer Temperatur von 211 K?

d) Wie viel Grad *Celsius* entspricht einer Temperatur von 316 K?

Lösung:

a) Nach **Gleichung 1.1** gilt: $T = \left[\frac{\vartheta}{°C} + 273{,}15\right] K$

$T = \left[\frac{20\ °C}{°C} + 273{,}15\right] K = 293{,}15\ K$ 20 °C entsprechen 293,15 K.

b) $T = \left[\frac{-50\ °C}{°C} + 273{,}15\right] K = 223{,}15\ K$ – 50 °C entsprechen 223,15 K.

c) Nach **Gleichung 1.2** gilt: $\vartheta = \left[\frac{T}{K} - 273{,}15\right] °C$

$\vartheta = \left[\frac{211\ K}{K} - 273{,}15\right] °C = -62{,}15\ °C$ 211 K entsprechen – 62,15 °C.

d) $\vartheta = \left[\frac{316\ K}{K} - 273{,}15\right] °C = 42{,}85\ °C$ 316 K entsprechen 42,85 °C.

Grad Fahrenheit

Die Temperaturskala nach *Fahrenheit* (Einheitenzeichen: °F; nach *Gabriel Daniel Fahrenheit*, deutscher Physiker, 1686–1736) ist in Deutschland, im Gegensatz zu vielen angelsächsischen Ländern (z. B. USA), eher unüblich. Die Schmelztemperatur von Wasser bei 1013 hPa beträgt 32 °F und die Siedetemperatur von Wasser bei 1013 hPa beträgt 212 °F (**Bild 1**, S. 24).

Formelzeichen: t_F Einheit: °F

Nach der Skala von **Fahrenheit** liegt die Schmelztemperatur von Wasser bei 32 °F und die Siedetemperatur von Wasser bei 212 °F (jeweils unter Normdruck).

Die Skala von Fahrenheit besitzt eine andere Abstufung als die Skalen von Kelvin und Celsius. Eine Umrechnung ist folgendermaßen möglich:

Umrechnung von Fahrenheit t_F nach Grad Celsius ϑ

$$\vartheta = \frac{5}{9} \cdot \left[\frac{t_F}{°F} - 32\right] °C$$

t_F	ϑ
°F	°C

Gl. 1.3

Umrechnung von Grad Celsius ϑ nach Grad Fahrenheit t_F

$$t_F = \left[\frac{9}{5} \cdot \frac{\vartheta}{°C} + 32\right] °F$$

t_F	ϑ
°F	°C

Gl. 1.4

Beispiel 1.2: Umrechnung von Grad Celsius und Grad Fahrenheit.

a) Wie viel Grad Celsius entspricht einer Temperatur von 152 °F?

b) Wie viel Grad Fahrenheit entspricht einer Temperatur von 20 °C?

Lösung:

a) Nach Gleichung 1.3 gilt:

$$\vartheta = \frac{5}{9} \cdot \left[\frac{t_F}{°F} - 32\right] °C = \frac{5}{9} \cdot \left[\frac{152\ °F}{°F} - 32\right] °C = 66{,}7\ °C$$

152 °F entsprechen 66,7 °C.

b) Nach Gleichung 1.4 gilt:

$$t_F = \left[\frac{9}{5} \cdot \frac{\vartheta}{°C} + 32\right] °F = \left[\frac{9}{5} \cdot \frac{20\ °C}{°C} + 32\right] °F = 68\ °F$$

20 °C entsprechen 68 °F.

1.5.4 Messgeräte zur Temperaturbestimmung

Zur Temperaturmessung können u. a. folgende temperaturabhängigen physikalischen Eigenschaften ausgenutzt werden:

- Volumenausdehnung
- Längenausdehnung
- Änderung des elektrischen Widerstands
- Änderung der elektrischen Spannung
- Messung der Wärmestrahlung

Tabelle 1: Größenordnung der Messbereiche von Volumenausdehnungsthermometern

Eingesetzte Flüssigkeit	Temperaturbereich in °C
Quecksilber ohne Überdruckfüllung	ca. – 30 ... 350
Quecksilber mit Überdruckfüllung	ca. – 30 ... 600
Ethanol	ca. – 100 ... 78
Toluol	ca. – 90 ... 110
Pentan	ca. – 200 ... 35

Volumenausdehnungsthermometer

Das Volumen der meisten Stoffe nimmt mit steigender Temperatur zu. Bei einer Flüssigkeit in einer Kapillare führt die Volumenausdehnung zu einem Anstieg der Flüssigkeitssäule. Nach dem Auftragen und Eichen einer Skala ist so eine Temperaturbestimmung möglich. Durch Einsatz verschiedener Flüssigkeiten mit einer möglichst konstanten Wärmemausdehnung in **Flüssigkeitsthermometern** ist eine Messung in verschiedenen Temperaturbereichen möglich (Tabelle 1). Oft befindet sich in der Kapillare oberhalb der Flüssigkeit ein Gas (z. B. Stickstoff) unter Überdruck, wodurch der Messbereich erweitert werden kann.

Flüssigkeitsthermometer werden nach der Art ihres Aufbaus unterschieden in:

- **Stabthermometer,** sie bestehen aus einer dickwandigen Kapillare mit einer außen angebrachten Skala (**Bild 1**).
- **Einschlussthermometer,** bei ihnen sind Skala und Kapillare in einem Glasrohr eingeschlossen. Durch die Verschiebbarkeit der Skala sind diese Thermometer eichfähig (**Bild 1**).

Diese beiden Konstruktionsarten findet man auch im Labor wieder. Hier unterscheidet man zusätzlich zwischen:

- **Laborthermometer,** dies sind Stab- oder Einschlussthermometer.
- **Stockthermometer** besitzen einen unskalierten, meist dünneren unteren Teil und sind ausschließlich Einschlussthermometer (**Bild 1**).

Eine besondere Art eines Flüssigkeitsthermometers ist das **Beckmann-Thermometer**, mit dem keine absoluten Temperaturen, sondern ausschließlich Temperaturdifferenzen gemessen werden können, dies jedoch mit einer Genauigkeit von 10^{-3} K.

Ein **Gasthermometer** nutzt das bei Gasen proportionale Verhältnis von Druck und Volumen. Bei konstantem Druck wird die temperaturabhängige Volumenänderung gemessen oder bei konstantem Volumen die temperaturabhängige Druckänderung. Der Messbereich von Gasthermometern liegt ca. zwischen – 270 und 1100 °C.

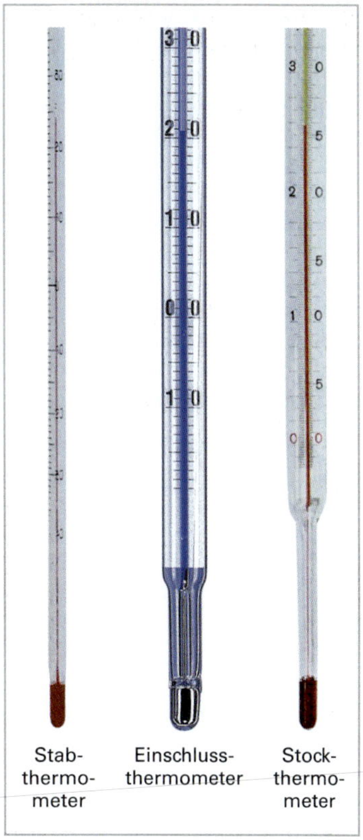

Bild 1: Beispiele für Flüssigkeitsthermometer

Längenausdehnungsthermometer

Beim **Bimetallthermometer** werden zwei verschiedene Metallstreifen in Längsrichtung (Bimetall) fest miteinander verbunden. Eine Temperaturänderung führt durch die unterschiedliche Längenausdehnung zu einer Krümmung des Bimetallstreifens, die auf eine Temperaturskala übertragen werden kann. Um lange Bimetallstreifen benutzen zu können, werden diese zu einer Spirale aufgerollt (**Bild 2**). Der Messbereich von Bimetallthermometern liegt im Bereich von ca. – 50 bis 500 °C.

Bei dem **Stabausdehnungsthermometer** wird die temperaturabhängige Längenausdehnung eines Metallrohres auf eine Anzeige übertragen. Der Messbereich liegt ca. zwischen 0 und 1000 °C.

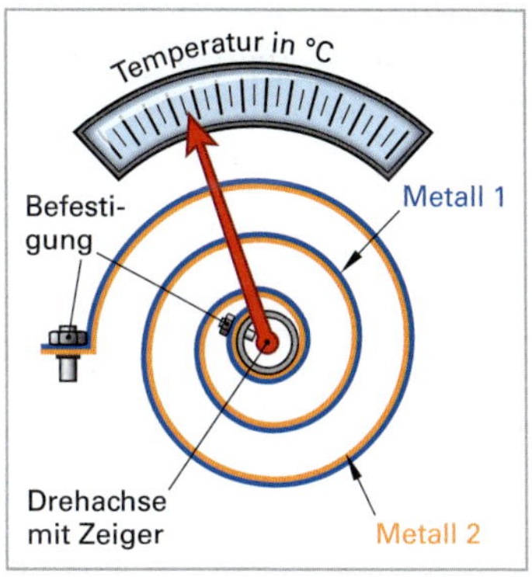

Bild 2: Bimetallthermometer

Elektrische Thermometer

Zwischen den Enden zweier miteinander verbundener unterschiedlicher Metalle herrscht eine zur Temperaturdifferenz proportionale Spannung. Die Spannungsänderung wird auf eine Temperaturskala übertragen und direkt als Temperaturwert angezeigt (**Bild 1**, S. 28). Das Messverfahren der Spannungsänderung findet Anwendung beim **Thermoelement**, das auch **thermoelektrisches Pyrometer** (griech. *pyros*: Feuer; *metron*: Maß) genannt wird. Von den eingesetzten Metallen hängt es ab, in welchem Messbereich das Thermoelement arbeitet.

Elektrische Widerstandsthermometer nutzen die Temperaturabhängigkeit eines durch Anlegen einer elektrischen Spannung messbaren elektrischen Widerstands. Der Messbereich liegt ca. zwischen –200 und 1000 °C. Häufig werden Widerstandsthermometer mit der Bezeichnung Pt100 oder Pt1000 eingesetzt. Diese Widerstandsthermometer enthalten Platin Pt und besitzen bei 0 °C einen Nennwiderstand von 100 Ω bzw. 1000 Ω. Thermoelemente und Widerstandsthermometer werden häufig in Apparaturen und Anlagen als Messfühler eingesetzt, da sie sehr klein zu konstruieren sind und außerdem eine Fernanzeige ermöglichen.

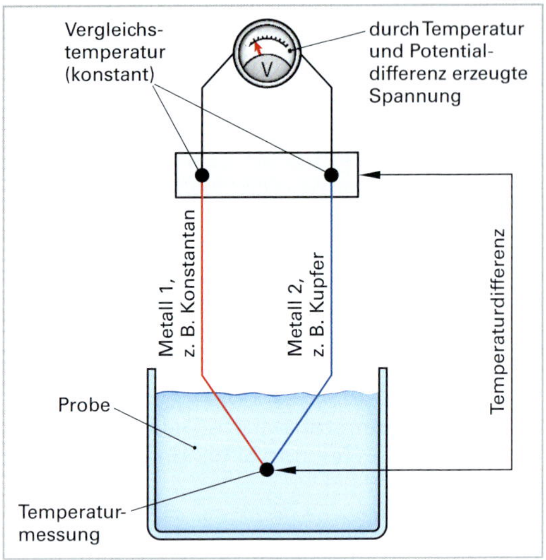

Bild 1: Prinzip des Thermoelements

Bei allen bisher erläuterten Messverfahren ist ein direkter Wärmekontakt notwendig. Es ist aber auch möglich, mit einem **optischen Pyrometer** (Strahlungsthermometer) Temperaturen kontaktlos zu messen. Wärme wird in Form von elektromagnetischer Strahlung (Wärmestrahlung, infrarote Strahlung) abgegeben. Die Intensität der abgegebenen Strahlung ist charakteristisch für eine bestimmte Temperatur, unabhängig davon, um welchen Stoff es sich handelt. Mit dieser Methode sind mit einer Wärmebildkamera auch verschiedene Temperaturen in Form eines Wärmetönungsbilds simultan zu erfassen. Temperaturmessungen von ca. –50 bis 3000 °C sind möglich.

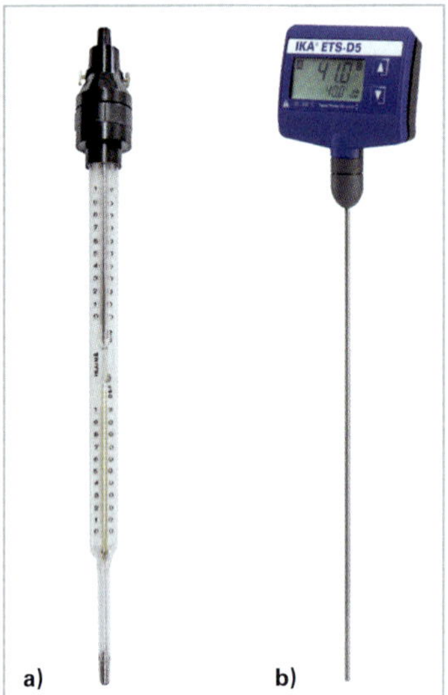

Bild 2: a) Quecksilber-Flüssigkeitsthermometer
b) elektronisches Kontaktthermometer

Eine besondere Art elektrischer Thermometer sind **Kontaktthermometer**. Mit ihnen können Temperaturen nicht nur gemessen, sondern auch geregelt werden. Am Kontaktthermometer ist eine gewünschte Temperatur einzustellen, wodurch dann ein angeschlossenes Heizgerät auf die gewünschte Temperatur eingestellt wird. Kontaktthermometer gibt es als Quecksilber-Flüssigkeitsthermometer (Bild 2a) oder als elektronische Kontaktthermometer (Bild 2b).

1.5.5 Masse *m*

Jeder Stoff, ob gasförmig, flüssig oder fest, besitzt eine **Masse *m***. Die Masse gibt die in einem Körper enthaltene Materiemenge an. Bemerkbar macht sich die Masse eines Körpers durch die aufzuwendende Kraft, um eine Ortsveränderung oder Geschwindigkeitsänderung des Körpers vorzunehmen. Hier spielen die Trägheit und die Gravitation eine wichtige Rolle.

Die Masse eines Körpers kann erfahren werden, indem der Körper:

- in Bewegung gesetzt wird, man spricht dann von der **trägen Masse**. Für kleine Massen wird hierzu nur ein kleiner Kraftaufwand benötigt, für große Massen hingegen ist mehr Kraft aufzuwenden.
- von einem anderem Körper entfernt wird. Man spricht dann von der **schweren Masse**. Ein Anheben eines Körpers entspricht beispielsweise einer Abstandsänderung des Körpers zum „Körper Erde". Es muss der Gravitation (lat. *gravitas*: Schwere; gegenseitige Anziehung von Körpern) eine Kraft entgegengesetzt werden.

Die Masse ist eine ortsunabhängige Größe. Das bedeutet, dass eine Masse unabhängig davon ist, ob sie sich auf der Erde, auf dem Mond, in der Schwerelosigkeit oder anderswo befindet.

Die Einheit der Masse *m* ist die SI-Basiseinheit **Kilogramm** mit dem Einheitenzeichen **kg.**

Definiert ist 1 Kilogramm durch einen Platin-Iridium-Zylinder mit einer Höhe und einem Durchmesser von 39 mm, dem „Urkilogramm". Aufbewahrt wird das Urkilogramm seit 1872 im *Bureau International des Poids et Mesures* (BIPM) in Sèvres bei Paris.

Die Masse *m* als Eigenschaft eines Körpers zeigt sich durch

- die **Trägheit eines Körpers** gegenüber einer Geschwindigkeitsänderung (träge Masse).
- die **Anziehungskraft eines Körpers** auf andere Körper (schwere Masse).

Die Einheit für die Masse ist die SI-Basiseinheit **Kilogramm kg.**

Weil sich zwei Massen infolge von Gravitation gegenseitig anziehen (Massenanziehung), wirkt auf jeden Körper eine gerichtete Kraft, die **Fallbeschleunigung** g. Die Erde übt deshalb auf alle Stoffe eine Beschleunigung aus, die sogenannte **Erdbeschleunigung** oder **Normalbeschleunigung** g_n (allgemein Fallbeschleunigung). Diese durch die Beschleunigung ausgehende gerichtete Kraft wird als **Gewichtskraft** F_G bezeichnet und hat die aus SI-Basiseinheiten abgeleitete Einheit **Newton N.** Sie ist folgendermaßen definiert:

$$F_G = m \cdot g$$

F_G: Gewichtkraft
m: Masse des Stoffes
g: Fallbeschleunigung

F_G	m	g
$N = kg \cdot m \cdot s^{-2}$	kg	$m \cdot s^{-2}$

Gl. 1.5

Beispiel 1.3.1: Berechnung der Gewichtskraft an unterschiedlichen Standorten der Erde

Da die Fallbeschleunigung g je nach Standort variiert, ist die Gewichtskraft F_G im Gegensatz zur Masse ortsabhängig. Die durchschnittliche Erdbeschleunigung am Äquator beträgt $9{,}81\ m \cdot s^{-2}$, an den Polen dagegen ist sie durchschnittlich $9{,}83\ m \cdot s^{-2}$. Welche Gewichtskraft hat ein Eisenwürfel der Masse $m = 1{,}00$ kg am Äquator bzw. an den Polen?

Lösung:

F_G (Äquator) $= m \cdot g_{(\text{Äquator})} = 1{,}00\ kg \cdot 9{,}81\ m \cdot s^{-2} = 9{,}81\ kg \cdot m \cdot s^{-2} = 9{,}81\ N$

F_G (Pol) $= m \cdot g_{(\text{Pol})} = 1{,}00\ kg \cdot 9{,}83\ m \cdot s^{-2} = 9{,}83\ kg \cdot m \cdot s^{-2} = 9{,}83\ N$

Für einen Eisenwürfel der Masse $m = 1{,}00$ kg beträgt die Gewichtskraft am Äquator 9,81 N und an den Polen 9,83 N.

Beispiel 1.3.2: Berechnung der Gewichtskraft auf dem Mond und auf der Sonne

a) Welchen Wert hat die Gewichtskraft eines Menschen mit der Masse $m = 75{,}0$ kg auf der Erde, auf der Sonne und auf dem Mond?

Fallbeschleunigungen $g_{\text{Sonne}} = 273\ m \cdot s^{-2}$, $g_{\text{Mond}} = 1{,}60\ m \cdot s^{-2}$

b) Welche Masse wäre notwendig, um auf der Erde die gleiche Gewichtskraft zu erzeugen wie auf der Sonne bzw. auf dem Mond?

Lösung:

a) Berechnet man die Gewichtskraft nach Gleichung 1.5, erhält man:

$F_{G(\text{Erde})} = m \cdot g_{\text{Erde}} = 75{,}0\ kg \cdot 9{,}81\ m \cdot s^{-2} = 735{,}75\ N \approx 0{,}736\ kN$

$F_{G(\text{Sonne})} = m \cdot g_{\text{Sonne}} = 75{,}0\ kg \cdot 273\ m \cdot s^{-2} = 20\,475\ N \approx 20{,}5\ kN$

$F_{G(\text{Mond})} = m \cdot g_{\text{Mond}} = 75{,}0\ kg \cdot 1{,}60\ m \cdot s^{-2} = 120\ N = 0{,}120\ kN$

Die Gewichtskraft auf der Sonne würde rund 20,5 kN und auf dem Mond etwa 0,120 kN betragen, auf der Erde hingegen beträgt die Gewichtskraft ca. 0,736 kN.

Beispiel 1.3.2: Berechnung der erforderlichen Masse auf dem Mond und auf der Sonne

Lösung:

b) Durch Umstellen der **Gleichung 1.5** nach der Masse m und Einsetzen der Erdbeschleunigung g, erhält man die zur Erzeugung der Gewichtskraft notwendige Masse:

$$m = \frac{F_{G(Sonne)}}{g_{(Erde)}} = \frac{20475\ \text{N}}{9{,}81\ \text{m} \cdot \text{s}^{-2}} \approx 2087\ \text{kg}$$

$$m = \frac{F_{G(Mond)}}{g_{(Erde)}} = \frac{120\ \text{N}}{9{,}81\ \text{m} \cdot \text{s}^{-2}} \approx 12{,}0\ \text{kg}$$

Zur Erzeugung der gleichen Gewichtskraft wäre im Vergleich zum Mond eine Masse von 12 kg und im Vergleich zur Sonne eine Masse von 2087 kg notwendig. Im Umkehrschluss bedeutet dies, dass ein Mensch mit einer Masse von 75 kg sich auf der Sonne fühlen würde, als hätte er auf der Erde eine Masse von 2087 kg, während er sich auf dem Mond fühlte, als hätte er auf der Erde eine Masse von nur 12 kg.

Die Möglichkeiten der **Massebestimmung,** die im Labor zur Verfügung stehen, werden auf den folgenden Seiten erläutert.

Methoden und Grundprinzipien der Massebestimmung

Die Massebestimmung ist häufig Teil der Laborarbeit. Sie erfolgt mithilfe von Waagen, die auf zwei unterschiedlichen Prinzipien beruhen, dem Masse-Masse-Vergleich und dem Masse-Kraft-Vergleich:

- Der **Masse-Masse-Vergleich.** Dazu wird die unbekannte Masse einer Stoffportion mit einer bekannten Masse verglichen. Diese Methode ist unabhängig von der Stärke der Erdbeschleunigung, da diese auf beide Massen gleichermaßen wirkt.
- Der **Masse-Kraft-Vergleich.** Die Massebestimmung erfolgt hierbei über die Bestimmung der Gewichtskraft. Diese Methode ist von der Schwerkraft abhängig. Waagen, die nach dem Masse-Kraft-Vergleich arbeiten und sehr genaue Ergebnisse liefern sollen, müssen deshalb am jeweiligen Standort auf die herrschende Erdbeschleunigung g eingestellt werden.

Das Prinzip des Masse-Masse-Vergleiches wird bei **Balkenwaagen** angewandt. Hierbei wird die zu bestimmende Masse über einen gleicharmigen Hebel (Wippe) mit einer bekannten Masse verglichen. Bei ungleicharmigen Hebelwaagen ist aufgrund der Hebelwirkung des längeren Arm weniger Masse entgegenzusetzen. Bei einer **Substitutionswaage** ist der Wägebalken bereits beidseitig mit Massen belegt. Während der Massebestimmung wird eine dem Wägegut entsprechende Masse entnommen.

Elektronische Waagen arbeiten nach dem Masse-Kraft-Vergleich, d. h. die aus der Masse und Fallbeschleunigung resultierende Gewichtskraft wird bestimmt. Das kann dadurch erfolgen, dass der zu bestimmenden Gewichtskraft eine messbare Gegenkraft (z. B. elektromagnetisch) entgegen gestellt wird.

Eine andere Möglichkeit ist der Einsatz eines **Dehnungsmessstreifen DMS**. Die aus einer Belastung mit einer Gewichtskraft resultierende Längenänderung des DMS führt zu einer Änderung des elektrischen Widerstandes, der proportional zur einwirkenden Gewichtskraft ist. Digital ausgegebene Messwerte einer elektronischen Waage können direkt an einen Computer weitergeben werden, z. B. um diese in die Steuerung von Prozessabläufen einzubinden oder die Wägeergebnisse automatisch zu dokumentieren.

Eine weitere Möglichkeit der Massebestimmung durch einen Masse-Kraft-Vergleich ist die Messung mit der **Federwaage** (Bild 1). Die Gewichtskraft der unbekannten Masse wirkt gegen die Kraft einer elastischen Schraubfeder. Die Längenausdehnung der Schraubfeder wird auf eine Messskala übertragen und kann direkt abgelesen werden. Da Federwaagen sehr robust sind, werden sie gelegentlich im Außenbereich eingesetzt (z. B. zur Analyse von Umweltproben).

Die **Qualität einer Waage** lässt sich im Wesentlichen mit den vier folgenden Eigenschaften beschreiben:

- Die **Richtigkeit** (umgangssprachlich: Genauigkeit) macht eine Angabe darüber, wie genau die angezeigte Masse mit der tatsächlichen Masse übereinstimmt.
- Die **Reproduzierbarkeit/Präzision** macht eine Angabe darüber, wie groß bei wiederholten Messungen derselben Masse die Abweichungen sind.
- Die **Empfindlichkeit** ist das Verhältnis der Änderung der angezeigten Masse, zur tatsächlichen Änderung der Masse. Die Empfindlichkeit sollte über den gesamten Messbereich einer Waage gleich sein.
- Die **Ablesbarkeit** bezieht sich auf die kleinste noch ablesbare Massendifferenz.

Bild 1: Federwaage

Waagen und ihre Anwendung

Die Auswahl einer Waage richtet sich nach dem gewünschten Einsatzbereich. Soll die Masse eines synthetisierten Stoffes bestimmt werden, ist eine Waage mit großem Wägebereich sinnvoll. Hierbei ist es jedoch meist nicht notwendig, die Masse auf Tausendstel Gramm genau zu bestimmen. Für Wägungen im Rahmen der Analytik hingegen ist eine möglichst feine Abstufung der Wägeskala erforderlich. Im Labor kommen die in Tabelle 1 aufgeführten Waagenarten zum Einsatz.

Tabelle 1: Waagearten

Waageart	Wägebereich	Genauigkeit
Technische Waagen	10 kg ... 50 t	1 g ... 5 kg
Präzisionswaagen	100 g ... 20 kg	1 mg ... 2 g
Analysenwaagen	100 g ... 200 g	0,01 mg ... 1 mg
Mikrowaagen	2 mg ... 20 g	0,1 µg ... 10 µg

Die meisten Laborwaagen bieten die Möglichkeit des **Tarierens**. Das bedeutet, dass eine Waage bei aufgelegtem Wägegut (z. B. ein Becherglas) auf „Null" zu stellen ist, so dass beim Abwiegen eines Stoffes das Nettogewicht (ohne Gefäß) direkt bestimmt wird. Als **Tara** wird die Differenz zwischen Brutto- und Nettogewicht bezeichnet.

Die aufgeführten Waagearten lassen sich grundsätzlich in zwei Waagetypen unterscheiden:

- **Präparative Waagen mit einem Wägefehler von 1 ‰ bis 1 %**

  Zu den präparativen Waagen zählen die mechanischen und elektronischen **Präzisionswaagen**. Die nach dem Substitutionsprinzip arbeitenden **mechanischen Präzisionswaagen** sind im Labor nur noch selten anzutreffenden.

  Eine moderne **elektronische Präzisionswaage** ist in ihrer Anwendung wesentlich einfacher und schneller. Sie ist für Wägungen im präparativen Maßstab geeignet (Bild 1, S. 32).

- **Analytische Waagen mit einem Wägefehler kleiner als 1 ‰**

  Mechanische Analysenwaagen, die nach dem gleichen Prinzip arbeiten wie mechanische Präzisionswaagen, sind im Labor ebenfalls immer seltener anzutreffen.

  Stand der Technik sind **elektronische Analysenwaagen** (Bild 2). Einige elektronische Analysenwaagen besitzen interne Eichgewichte, mit denen automatisch eine Kalibrierung der Waage durchgeführt werden kann, um eine exakte Umrechnung der Gewichtskraft zu gewährleisten. Bei analytischen Waagen ist zur Vermeidung störender äußerlicher Einflüsse, wie z. B. Luftzug oder Staub, die Waagschale in einem verschließbaren Gehäuse angebracht.

  Mikrowaagen sind analytische Waagen mit einer Ablesbarkeit von 0,001 mg oder kleiner. Um Störungen beim Abwiegen zu vermeiden (Luftzug), sind an der Waage Hilfssysteme angebracht, die das Einwiegen erleichtern (z. B. ausschwenkbare Waagschalen).

  Um einen gewünschten Stoff zu wiegen bedarf es jedoch nicht nur einer Waage, sondern unter Umständen auch bestimmter geeigneter Gefäße, sogenannter Wägehilfsmittel.

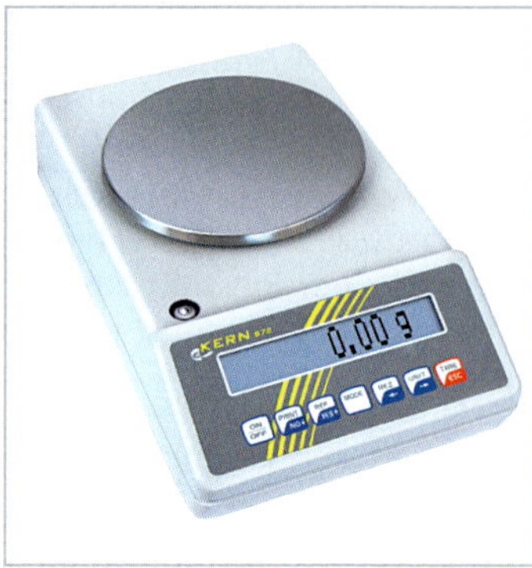

Bild 1: Elektronische Präzisionswaage

Bild 2: Elektronische Analysenwaage

Wägehilfsmittel

Als Wägegefäß ist grundsätzlich jedes geeignete Laborgefäß verwendbar. Das Abwiegen direkt auf der Waagschale ist zu vermeiden. Wenn möglich, ist es meist sinnvoll, abzuwiegende Stoffe direkt in das Gefäß einzuwiegen, in dem sie weiterverarbeitet werden, um Wägeverluste durch Umfüllen zu vermeiden.

Es gibt aber auch spezielle Gefäße für das Abwiegen von Stoffen aller Aggregatzustände:

- Zum Abwiegen von Feststoffen sind **Wägeschiffchen** bzw. **Wägeschalen** (Bild 3) zweckmäßig, da der Feststoff aus diesem Gefäß gut in andere Gefäße umzufüllen ist. Wägeschiffchen sind in den unterschiedlichsten Ausführungen aus Kunststoff, Glas oder Metall erhältlich.
- Zur Massebestimmung von Flüssigkeiten, hygroskopischen (wasseranziehenden), luftempfindlichen oder flüchtigen Stoffen können verschließbare **Wägegläschen** verwendet werden.
- Für flüssige und gasförmige Stoffe sind außerdem **Einwegspritzen** geeignet.
- Die Masse von Gasportionen ist mit einem an beiden Enden mit Ventilen verschlossenen Glaszylinder, einer **Gasmaus,** zu bestimmen (Bild 4). Diese **Gassammelrohre** oder Doppelhahnrohre besitzen ein geeichtes Volumen und werden auch zum Sammeln von Gasproben eingesetzt.

Bild 3: Wägeschalen

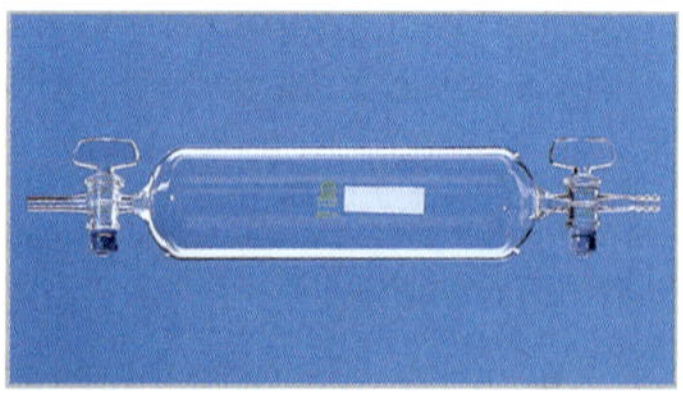

Bild 4: Gasmaus

1

1.5.6 Volumen V

Neben der Masse ist das **Volumen** eine der wichtigsten Messgrößen im Labor. Es kommt in erster Linie bei flüssigen und gasförmigen Stoffen zur Anwendung.

Das Volumen V (Rauminhalt) ist über die SI-Basiseinheit Meter m definiert. Ein Würfel mit einer Kantenlänge von 1 m besitzt einen Rauminhalt von einem Kubikmeter m^3: 1 m · 1 m · 1 m = 1 m^3. Dieser Rauminhalt ist die Grundeinheit zur Beschreibung von Volumina. Andere gängige Volumenangaben sind Liter L (entspricht einem dm^3) oder Milliliter mL (entspricht einem cm^3). Beispiele für die Umrechnung von Länge, Fläche und Volumen sind in Tabelle 1 enthalten.

Tabelle 1: Umrechnung von Einheiten in dezimale Teile am Beispiel der Basiseinheit Meter

1 m	**1 dm = 10^{-1} m**	**1 cm = 10^{-2} m**	**1 mm = 10^{-3} m**
1 m	**10 dm**	**100 cm**	**1000 mm**
1 m^2 = 1 m · 1 m	**100 dm^2** = 10 dm · 10 dm	**10 000 cm^2** = 100 cm · 100 cm	**1 000 000 mm^2** = 1000 mm · 1000 mm
1 m^3 = 1 m · 1 m · 1 m	**1000 dm^3** = 10 dm · 10 dm · 10 dm	**100 000 cm^3** = 100 cm · 100 cm · 100 cm	**1 000 000 000 mm^3** = 1000 mm · 1000 mm · 1000 mm

Das **Volumen V** beschreibt einen Rauminhalt. Es besitzt die Einheit Kubikmeter m^3, die von der SI-Basiseinheit Meter m abgeleitet ist.

Das Volumen eines Stoffes ist keine feste Größe, sondern abhängig von dem Druck und der Temperatur, dem der Stoff ausgesetzt ist. Wird an einem kalten Tag ein mit Luft gefüllter Ballon in einen warmen Raum gebracht, wird der Ballon mit der Zeit größer. Das Volumen eines Gases vergrößert sich demnach mit steigender Temperatur. Wie Tabelle 2 zeigt, macht sich diese Temperaturabhängigkeit des Volumens bei Feststoffen kaum, bei Flüssigkeiten nur wenig und bei Gasen stark bemerkbar.

Tabelle 2: Volumenänderung in Abhängigkeit von der Temperatur

Stoff	**Volumen bei 0 °C in dm^3**	**Volumen bei 25 °C in dm^3**
Eisen (fest)	1,0000	1,0008
Ethanol (flüssig)	1,0000	1,0350
Wasserstoff (gasförmig)	1,0000	1,0911

Bei Gasen spielt für das Volumen eines Stoffes neben der Temperatur auch der Druck eine signifikante Rolle. Verdoppelt sich bei konstanter Temperatur der Druck, dann halbiert sich das Volumen (vertieft wird dieser Sachverhalt im Kap. 8.2.4, S. 250).

Das Volumen eines flüssigen oder gasförmigen Stoffes kann abgemessen werden, indem er in ein Gefäß gefüllt wird, welches bei einer bestimmten Temperatur auf ein bestimmtes Volumen geeicht wurde. Eine Volumenbestimmung von unregelmäßig geformten Feststoffen kann über die Ermittlung der Dichte und der Masse erfolgen (s. Kap. 1.5.7, S. 43).

Viele im Labor gebräuchliche Gefäße haben eine **Volumenskalierung**. Davon sind einige, wie Bechergläser, Erlenmeyerkolben oder ähnliches, aufgrund der sehr groben Graduierung nur zur ungefähren Volumenabschätzung geeignet (Bild 1). Um exakte Volumina zu ermitteln, gibt es spezielle Laborgefäße mit unterschiedlicher Genauigkeit.

Bild 1: a) Becherglas, b) Erlenmeyerkolben

1

Folgende **Qualitätsklassen** werden unterschieden (**Bild 1**):

Qualitätsklasse A: Die Abweichung vom angegebenen Volumen ist kleiner als 0,2 % (relativer Fehler).

Qualitätsklasse AS: Wie bei der Qualitätsklasse A. S steht für Schnellablauf.

Qualitätsklasse B: Die Abweichung vom angegebenen Volumen ist größer als 0,2 %, aber kleiner als 2 %.

Volumenmessgeräte sind u. a. gekennzeichnet mit Angaben zum abmessbaren Volumen, zur Genauigkeit und zur Handhabung (**Bild 1**):

In: Das angegebene Volumen befindet sich im Gefäß. Es kann nicht ganz entnommen werden, da ein Rest immer an der Wandung zurück bleibt.

Ex: Das angegebene Volumen entspricht dem aus dem Gefäß abgelaufenen Volumen.

50: Gibt das Nennvolumen eines Gefäßes an.

mL: Angabe über die verwendete Maßeinheit.

0,10: Gibt die Skaleneinteilung eines Gefäßes an.

20 °C: Gibt die einzuhaltende Messtemperatur an.

± 0,05: Ist der Toleranzbereich in der angegebenen Maßeinheit.

15 s: Gibt die Wartezeit in Sekunden an, die nach Entleeren des Gefäßes eingehalten werden muss.

Markenname
A
Ex
50
ml
0,10
20 °C
± 0,05 ml
15s

Bild 1: Kennzeichnung von Volumenmessgeräten

Volumenmessung von Flüssigkeiten

Zum Abmessen von Flüssigkeiten sind im Labor eine Reihe unterschiedlicher auf „In" oder „Ex" justierten Volumenmessgeräte mit unterschiedlicher Genauigkeit im Einsatz. Im Folgenden ist eine Auswahl an labortypischen Volumenmessgeräten aufgeführt.

Messpipetten (**Bild 2a**) sind auf „Ex" geeichte und fortlaufend graduierte Röhrchen aus Glas oder Kunststoff, mit denen beliebige Volumina im angegebenen Messbereich abzumessen sind. Durch die schlanke Form lassen sich geringe Volumenänderungen gut erkennen und die Toleranz ist mit ca. 0,5 bis 1,5 % relativ gering. Anwendung finden Messpipetten z. B. bei präparativen Arbeiten. Für analytische Arbeiten sind sie nur bedingt geeignet.

Die auf „Ex" geeichten **Vollpipetten** sind ausschließlich für das Abmessen des auf der Pipette angegebenen Volumens geeignet. Das Hauptvolumen der abzumessenden Flüssigkeit wird dabei durch die „bauchige" Form aufgenommen (**Bild 2b**). Die Eichmarke befindet sich im oberen schlanken Teil der Pipette, der geringe Abweichungen vom Nennvolumen an der Markierung gut erkennen lässt. Je nach Nennvolumen der Pipette ergibt sich dadurch eine Toleranz von ca. 0,1 bis 0,6 %. Eingesetzt werden Vollpipetten z. B. bei analytischen Arbeiten.

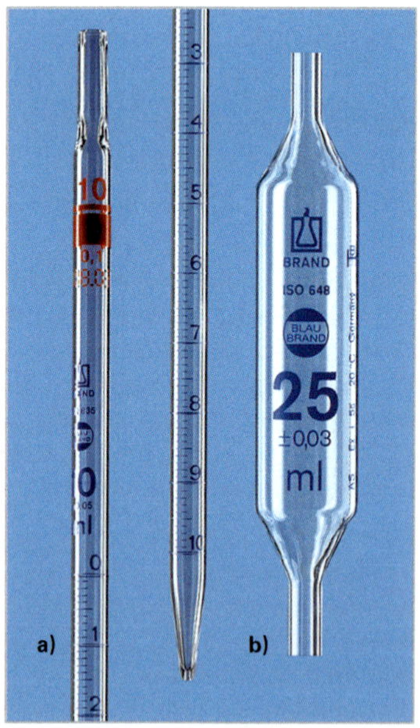

Bild 2: a) Messpipetten, b) Teil einer Vollpipette

Mit Hilfe von Pipettierhilfen, wie dem **Peleusball** (Bild 1) oder kleinen elektrischen Pumpen, wird die Flüssigkeit in die Pipetten gesaugt. Bei **Saugkolbenpipetten** ist bereits ein beweglicher Glaskolben angebracht, um die Flüssigkeit in die Pipette zu saugen.

Bild 1: Peleusball

Eine manuelle **Bürette** (Bild 2) ähnelt einer Messpipette mit einem an der Ablaufspitze angebrachten Dosierhahn, über den dosiert Flüssigkeit abgegeben werden kann. Büretten sind auf „Ex" geeicht mit einer Toleranz von 0,1 bis 0,5 %. An vielen Büretten ist auf der Rückseite ein ca. 1 mm breiter farbiger Längsstreifen, der **Schellbachstreifen,** angebracht (Bild 2). Die gewölbte Flüssigkeitsoberfläche, der sog. Meniskus, lässt am Schellbachstreifen den Eindruck zweier aufeinander stehender Spitzen erscheinen. An den aufeinanderstehenden Spitzen des Schellbachstreifens kann das Flüssigkeitsmaximum genau abgelesen werden. Bei **Kolbenbüretten** ist zur Dosierung ein Hubkolben angebracht. Als **digitale Bürette** können diese auch mit einem Schrittmotor und digitaler Anzeige versehen sein (Bild 3c).

Oftmals steht im Labor nur eine geringe Substanzmenge zur Verfügung, oder es wird nur ein sehr kleines Volumen benötigt. Dann ist es notwendig, Mengen im Bereich von wenigen Mikrolitern abzumessen. Sehr gut geeignet sind hierfür **Mikroliterpipetten** (Bild 3a). Es gibt sie mit festen und variablen Volumina z. B. 10 µL, 50 µL, 100 µL, 100 bis 1000 µL.

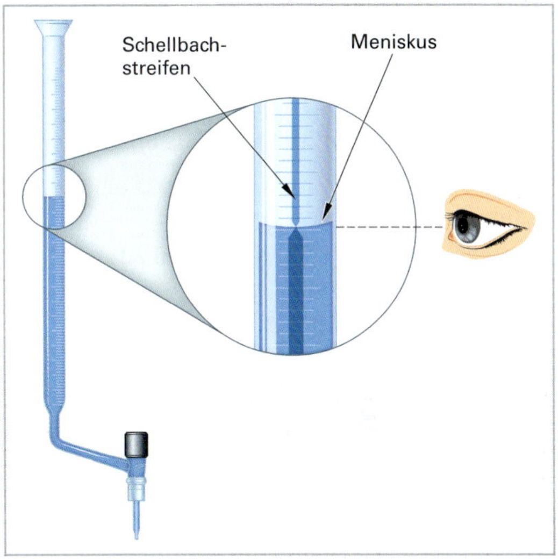

Bild 2: Bürette

Mikroliterpipetten arbeiten nach einem Hubkolbenprinzip. Nach dem Herunterdrücken, gibt der Hubkolben bei seiner Zurückbewegung ein bestimmtes Volumen frei und an der Pipettenspitze wird einen Unterdruck erzeugt. Dadurch wird ein definiertes Volumen an Flüssigkeit angesaugt. Die Einwegpipettenspitze kann nach der Dosierung durch eine mechanische Einrichtung abgestoßen werden.

Mikroliterpipetten gibt es auch mit Mehrfachaufsätzen, diese nennt man **Multichannelpipetten** oder **Mehrkanalpipetten** (Bild 3b). Mit ihnen können gleiche Volumina parallel pipettiert werden. Die Toleranz liegt je nach Volumen zwischen ca. 0,5 und 2,0 %.

Einige Arbeiten im Labor erfordern ein häufiges Abmessen von gleichen Volumina. Analoge oder elektronische **Dispenser** mit festem oder variablem Volumen oder auch Flaschenaufsatzbüretten (Bild 3c) werden hierfür verwendet. Sie werden direkt auf die Vorratsflasche montiert und saugen die Flüssigkeit mit einem Hubkolben an. Je nach Qualität des Dispensers liegt ihre Toleranz mit ca. 0,5 bis 1,0 % im Toleranzbereich von Messpipetten. Die Reproduzierbarkeit beträgt ca. 0,1 bis 0,2 %.

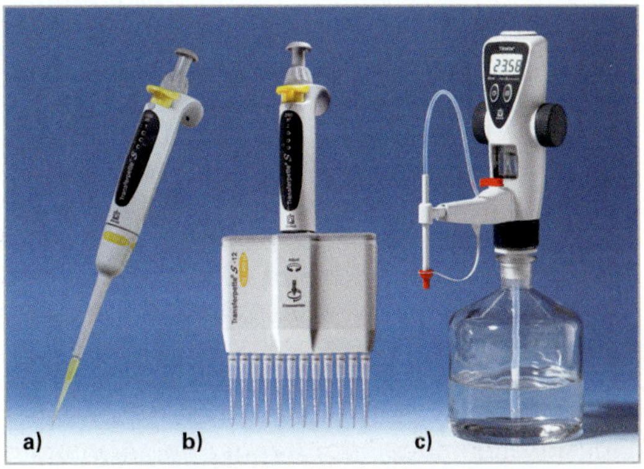

Bild 3: a) Mikroliterpipette, b) Multichannelpipette, c) Flaschenaufsatzbürette

Messzylinder sind auf „In" geeichte schlanke, zylindrische und graduierte Gefäße (**Bild 1**). Sie haben eine durchgehende Skalierung, wodurch sich mit ihnen variable Volumina im Bereich von wenigen Millilitern bis zu einigen Litern abmessen lassen. Mit Messzylindern ist durch den relativ großen Gefäßdurchmesser ein sehr genaues Abmessen nicht möglich, da sich kleine Volumenänderungen kaum bemerkbar machen. Der Messfehler liegt bei bis zu 3 %. Zum Abmessen und anschließendem Vermischen von Flüssigkeiten ist es möglich, einen mit einem Stopfen zu verschließenden **Mischzylinder** zu benutzen.

Bild 1: Messzylinder

Ein **Messkolben** (**Maßkolben**, **Bild 2a**), ist ein bauchiges Standgefäß zum Abmessen fester Volumina von wenigen Millilitern bis zu einigen Litern. Wie bei einer Vollpipette haben Messkolben einen „Bauch" zur Aufnahme der Hauptmenge und einen schmalen Hals, in dem sich der Eichstrich befindet. Die Toleranz liegt zwischen ca. 0,1 und 0,5 %. Messkolben sind auf „In" justiert. Sie eignen sich daher z. B. gut zum exakten Verdünnen von Flüssigkeiten.

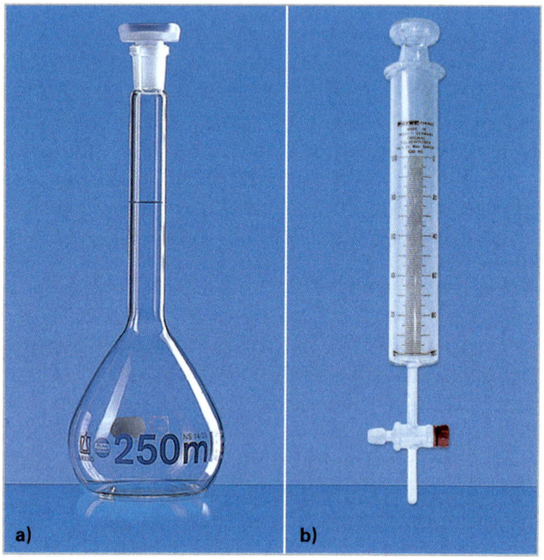

Bild 2: a) Messkolben
b) Kolbenprober

Volumenmessung von Gasen

Eine sehr einfache Möglichkeit zur Abmessung kleiner Gasvolumina ist eine Glas- oder Kunststoffspritze. Das gewünschte Volumen kann darin aufgezogen und an eine gewünschte Stelle wieder abgegeben werden. Leicht gängige Glasspritzen eignen sich außerdem gut dazu, das Volumen ausströmender Gase zu bestimmen. Im Labor wird hierzu ein **Kolbenprober** verwendet, dessen leichtgängiger Glasstempel bei entsprechendem Druck durch das einströmende Gas herausgedrückt wird (**Bild 2b**).

Nach dem einfachen Prinzip der Verdrängung einer Flüssigkeit funktioniert eine **pneumatische Wanne** (**Bild 3**). Dazu wird ein ausreichend großes Gefäß mit einer Flüssigkeit gefüllt. Ein Messzylinder wird in diesem Gefäß vollständig mit Flüssigkeit gefüllt und mit der Öffnung nach unten aufgerichtet, ohne dass diese die Flüssigkeitsoberfläche verlässt und so der Messzylinder gefüllt bleibt. Das Gas, dessen Volumen bestimmt werden soll, wird von unten in den Messzylinder geleitet. Wenn das Gas mit der Flüssigkeit weder reagiert noch sich hierin löst, wird eine dem Gasvolumen äquivalente Flüssigkeitsmenge verdrängt. In Abhängigkeit von der Zeit kann so auch die Strömungsgeschwindigkeit eines Gases bestimmt werden.

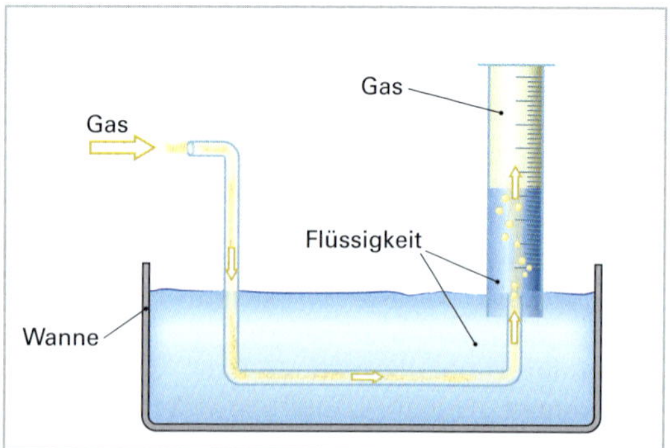

Bild 3: Pneumatische Wanne

Mit einem **Schwebekörper-Durchflussmesser** (Rotameter, **Bild 1**) ist es möglich, den Durchfluss von Gasen zu bestimmen. Unter Berücksichtigung der Strömungszeit sind somit auch Strömungsgeschwindigkeiten und Gasvolumina zu ermitteln. Ein Rotameter besteht aus einem an beiden Seiten offenen, skalierten, konischen Glasrohr, in dem sich ein Schwebekörper (bewegliche Kugel oder Kegel) befindet. In senkrechter Position wird der Schwebekörper durch das von unten durchströmende Gas je nach Strömungsgeschwindigkeit entgegen der Schwerkraft mehr oder weniger weit angehoben.

Zudem gibt es elektronische Volumenstrommessgeräte, bei denen die Gasbewegung einen Kolben oder ein Flügelrad antreibt und das Signal elektronisch ausgegeben wird.

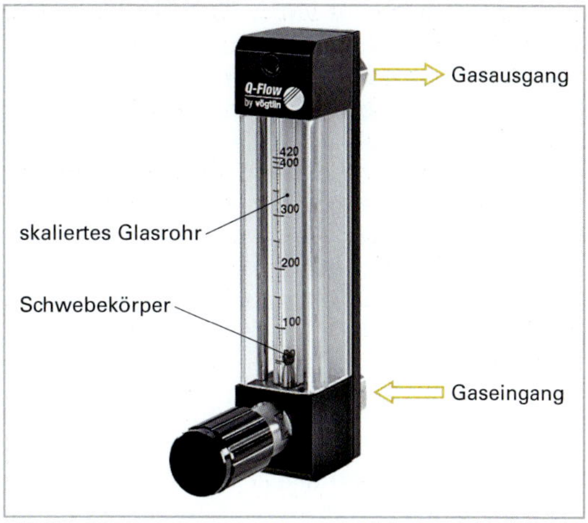

Bild 1: Schwebekörper-Durchflussmesser

1.5.7 Dichte ϱ

Ein Vergleich von 50 mL konzentrierter Schwefelsäure mit 50 mL Wasser bei 25 °C zeigt, dass die Schwefelsäure eine Masse *m* von 91,7 g und das Wasser eine Masse *m* von nur 49,9 g besitzt. Bei gleichem Volumen hat die Schwefelsäure also eine fast doppelt so große Masse.

Verschiedene Stoffe haben demnach unterschiedliche Masse-Volumen-Verhältnisse. Dieses Verhältnis, d. h. der Quotient aus Masse *m* und Volumen *V* eines Stoffes, wird als **Dichte** (Stoffdichte) bezeichnet. Das Formelzeichen für die Dichte ist der griechische Buchstabe ϱ (rho). Die Einheit der Dichte ist $g \cdot cm^{-3}$ (bzw. $g \cdot mL^{-1}$) oder $kg \cdot dm^{-3}$ (bzw. $kg \cdot L^{-1}$). Bei Gasen wird die Dichte meist in $g \cdot dm^{-3}$ (bzw. $g \cdot L^{-1}$) angegeben. Es gilt also:

$$\varrho = \frac{m}{V}$$

ϱ	m	V
$g \cdot cm^{-3}$	g	cm^3

Gl. 1.6

Die **Dichte** ϱ ist ein Maß für das Masse-Volumen-Verhältnis eines Stoffes. Die Dichte ist definiert über den Quotienten aus Masse und Volumen. Die Einheit der Dichte ist $g \cdot cm^{-3}$.

Bei fast allen Stoffen nimmt die Dichte mit steigender Temperatur ab, da das Volumen eines Stoffes mit steigender Temperatur zunimmt, die Masse jedoch unverändert bleibt. Dieselbe Masse befindet sich in einem größeren Volumen. Bezogen auf die **Gleichung 1.6** bedeutet dies: Wird das Volumen größer, so muss der Quotient aus Masse und Volumen und demnach die Dichte kleiner werden (**Bild 2**). Bei Gasen macht sich die Temperaturabhängigkeit der Dichte stark, bei Flüssigkeiten mäßig und bei Feststoffen kaum bemerkbar. Bei Angabe der Dichte eines Stoffes ist daher die Angabe der Temperatur unerlässlich, bei der die Dichte bestimmt wurde, was die folgenden Vergleichswerte zeigen: Die Bestimmung der Dichte von Wasser bei 10 °C führt zu einem Wert von 0,9997 $g \cdot cm^{-3}$. Bei 34 °C hingegen beträgt die Dichte nur 0,9944 $g \cdot cm^{-3}$.

Einige wenige Stoffe bilden dabei eine Ausnahme (z. B. Silizium, Germanium, Wasser), man spricht von einer **Dichteanomalie**. So hat Wasser bei rund 4 °C seine größte Dichte ($\varrho_{Wasser} \approx$ 1,0000 $g \cdot cm^{-3}$). Eis hat also eine geringere Dichte als Wasser

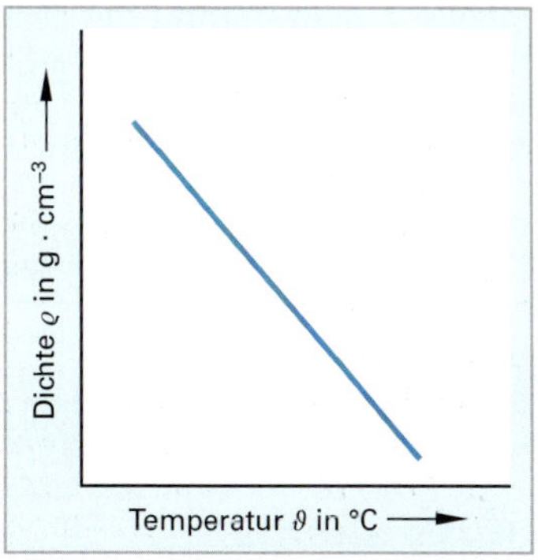

Bild 2: Temperaturabhängigkeit der Dichte

1

mit einer Temperatur von 4 °C. Ursache hierfür ist, dass die Moleküle bei unterschiedlichen Temperaturen unterschiedliche Orientierungen zueinander haben und sich dadurch die Packdichte und somit das Volumen ändern. Dies ist der Grund, weshalb Eis auf Wasser schwimmt und die Ursache für Rohrbrüche, wenn Wasser gefriert (s. Kap. 3.5.2, S. 79).

Da Gase komprimierbar sind, ist die Dichte von Gasen neben der Temperatur auch vom Umgebungsdruck abhängig. Beispielsweise hat Luft bei einer Temperatur von 0 °C (273,15 K) und einem Druck von $1{,}013 \cdot 10^3$ hPa (Normzustand, Normbedingungen) eine Dichte von $1{,}29 \text{ kg} \cdot \text{m}^{-3}$. Bei gleicher Temperatur und einem Druck von $1{,}013 \cdot 10^4$ hPa beträgt die Dichte $12{,}9 \text{ kg} \cdot \text{m}^{-3}$.

Aufgrund der starken Abhängigkeit des Gasvolumens vom Druck nimmt die Dichte gasförmiger Stoffe mit steigendem Druck zu (**Bild 1**). Bei gleich bleibender Temperatur hat eine Verdoppelung des Drucks auch eine Verdoppelung der Dichte zur Folge. Bei Feststoffen und Flüssigkeiten ändert sich die Dichte in Abhängigkeit vom Druck nur sehr wenig und kann praktisch außer Acht gelassen werden.

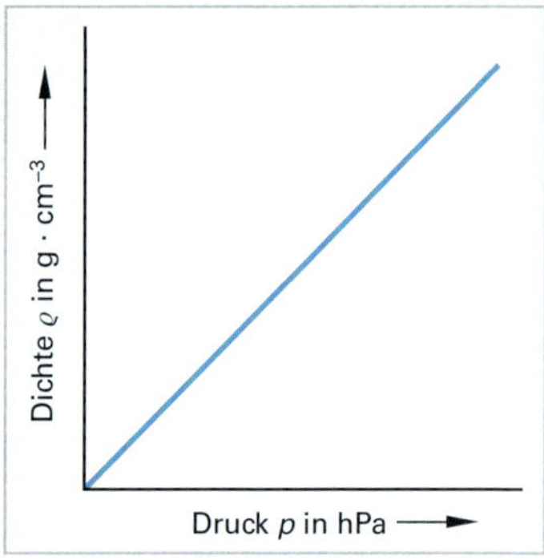

Bild 1: Druckabhängigkeit der Dichte bei Gasen

> Steigt die Temperatur, so wird die Dichte bei fast allen Stoffen aller Aggregatzustände geringer. Bei Gasen nimmt bei gleichbleibender Temperatur die Dichte mit steigendem Druck zu.

Bei der Veränderung der Dichte in Abhängigkeit von Temperatur und Druck wurde bisher nur das sich ändernde Volumen betrachtet. Der Einfluss der Masse auf die Dichte wird im Beispiel von Natriumcarbonat-Lösungen Na_2CO_3 (aq) deutlich. Die Angabe **(aq)** beschreibt, dass es sich um einen in Wasser (lat. *aqua*: Wasser) gelösten Stoff handelt. Wird bei einer Reihe von Lösungen mit verschiedenen Massenanteilen an Na_2CO_3 (aq) die Dichte bestimmt, werden die in **Tabelle 1** angegebenen Dichtewerte erhalten. Zu erkennen ist, dass die Dichte mit steigendem Massenanteil zunimmt. Durch die Zugabe des Feststoffs nimmt die Gesamtmasse der Lösung zu, das Volumen der Lösung vergrößert sich hingegen nur wenig oder gar nicht.

> Bei steigendem Gehalt eines gelösten Feststoffs in einer Flüssigkeit nimmt die Dichte der Lösung zu.

Wird der Massenanteil eines Gases in einer Lösung erhöht, so kann dies je nach Gas und zu einer Vergrößerung oder zu einer Erniedrigung der Dichte führen. Wie **Tabelle 2** zeigt, nimmt die Dichte z. B. bei Schwefelsäure H_2SO_4 (aq) und Salzsäure HCl (aq) mit steigendem Massenanteil zu, bei einer Ammoniumhydroxid-Lösung NH_4OH (aq) hingegen nimmt die Dichte ab.

Tabelle 1: Dichte von Na_2CO_3 (aq)

Massenanteil *w* (%)	**Dichte ϱ bei 20 °C in $\text{g} \cdot \text{cm}^{-3}$**
5	1,05
10	1,10
15	1,16

Tabelle 2: Dichte einiger wässriger Lösungen mit gelöstem Gas bei unterschiedlichen Massenanteilen

Massenanteil *w* (%)	**Schwefelsäure-Lösung H_2SO_4 (aq)** (Lösen von SO_3)	**Salzsäure HCl (aq)** (Lösen von HCl)	**Ammoniumhydroxid-Lösung NH_4OH (aq)** (Lösen von NH_3)
10	$1{,}066 \text{ g} \cdot \text{cm}^{-3}$	$1{,}047 \text{ g} \cdot \text{cm}^{-3}$	$0{,}958 \text{ g} \cdot \text{cm}^{-3}$
20	$1{,}139 \text{ g} \cdot \text{cm}^{-3}$	$1{,}098 \text{ g} \cdot \text{cm}^{-3}$	$0{,}923 \text{ g} \cdot \text{cm}^{-3}$
30	$1{,}219 \text{ g} \cdot \text{cm}^{-3}$	$1{,}149 \text{ g} \cdot \text{cm}^{-3}$	$0{,}892 \text{ g} \cdot \text{cm}^{-3}$

Beim Lösen eines Gases in einer Flüssigkeit kann die Dichte der Lösung bei steigendem Gehalt des gelösten Gases, in Abhängigkeit vom Gas und vom Lösemittel, zunehmen oder abnehmen.

Da die Zu- oder Abnahme der Dichte einer Lösung zum steigenden Massenanteil grundsätzlich proportional ist, können unbekannte Massenanteile von Lösungen im Vergleich mit Lösungen bekannten Massenanteils bestimmt werden. Dies erfolgt über die Ermittlung der Dichte und einem anschließenden Vergleich mit bekannten Dichte-Massenanteil-Werten.

Dichtebestimmung durch Auftrieb

Die Eintauchtiefe eines in Salzwasser schwimmenden Gegenstandes verringert sich mit zunehmendem Salzgehalt des Wassers. Der Salzgehalt bestimmt die Dichte der Lösung und ändert somit den **Auftrieb** des schwimmenden Körpers. Die Reduzierung der Gewichtskraft durch die Auftriebskraft in einer Flüssigkeit oder einem Gas wird als **Archimedisches Prinzip** bezeichnet (nach dem griech. Mathematiker *Archimedes,* 287 – 212 v. Chr.).

Befindet sich ein Körper in einer Flüssigkeit oder einem Gas, wirkt auf diesen eine gegen die Gewichtskraft gerichtete Kraft, der **Auftrieb**.

Beim Eintauchen eines Körpers in eine Flüssigkeit oder ein Gas verdrängt dieser ein seinem eingetauchten Volumen entsprechendes Volumen an Flüssigkeit oder Gas (im weiteren Medium genannt). Der Körper erfährt dadurch einen Verlust an Gewichtskraft, die der Gewichtskraft des verdrängten Mediums entspricht (Gleichung 1.7). Je größer die Dichte des Mediums, desto größer ist demnach der scheinbare Verlust an Gewichtskraft des Körpers. Der Auftrieb ist also eine der Gewichtskraft entgegengesetzte Kraft. Grundsätzlich gilt:

- Ist die Dichte des Körpers geringer als die Dichte des Mediums, schwimmt der Körper.
- Sind die Dichten gleich, dann schwebt der Körper.
- Ist die Dichte des Körpers größer als die Dichte des Mediums, sinkt der Körper.

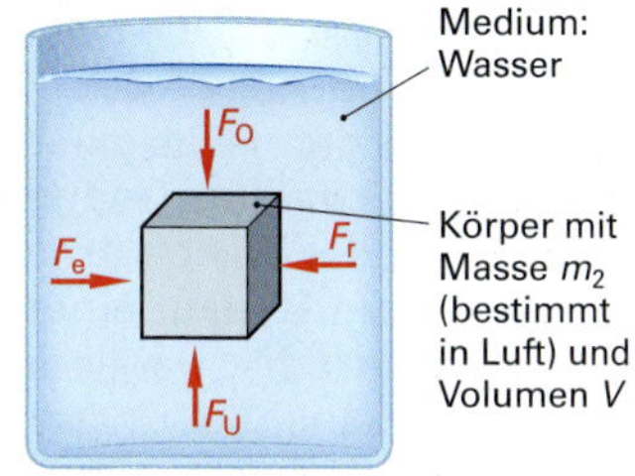

Bild 1: Auftriebskraft

Dass ein Körper jedoch nicht nur in Flüssigkeiten, sondern auch in Gasen einen Auftrieb erfährt, wird am Beispiel von Heißluftballons deutlich. Heiße Luft hat durch das vergrößerte Volumen eine geringere Dichte als kühlere Luft. Der Heißluftballon „schwimmt" praktisch auf der kühleren Luft.

Der Auftrieb, den ein Körper erfährt, resultiert aus dem Volumen der Flüssigkeit oder des Gases, das er verdrängt, da die Flüssigkeit oder das Gas einen **hydrostatischen Druck** ausübt. Je tiefer der Körper sich in der Flüssigkeit befindet, desto größer ist der Druck. Der Druck auf die Seiten des Körpers bei gleicher Eintauchtiefe ist jeweils gleich. Aufgrund der größeren Eintauchtiefe ist der hydrostatische Druck an der Unterseite F_U dagegen größer als an der Oberseite F_O (**Bild 1**). Die Differenz beider Kräfte ist der Auftrieb F_A, den ein Körper erfährt.

$$F_A = F_U - F_O \qquad \text{Gl. 1.7}$$

F_A	F_U	F_O
$kg \cdot m \cdot s^{-2}$	$kg \cdot m \cdot s^{-2}$	$kg \cdot m \cdot s^{-2}$

Diese der Gewichtskraft entgegen gesetzte Kraft vermindert scheinbar die Gewichtskraft. Wie groß der Auftrieb ist, hängt zum einen von der Dichte des Körpers und zum anderen von der Dichte der Flüssigkeit oder des Gases ab. Die Bestimmung des Auftriebs ist demnach zur Dichtebestimmung eines Stoffes geeignet.

1

Die Auftriebskraft F_A errechnet sich nach folgender Gleichung:

$F_A = (m_L - m_{Fl}) \cdot g$	F_A	m	g	Gl. 1.8
	$kg \cdot m \cdot s^{-2}$	kg	$m \cdot s^{-2}$	

F_A ist dabei die Gewichtskraftreduzierung des Körpers; m_L: gewogene Masse des Körpers in der Luft; m_{Fl}: gewogene Masse des Körpers in der Flüssigkeit; g: Erdbeschleunigung mit 9,81 $m \cdot s^{-2}$

Die Masse der verdrängten Flüssigkeit $m_{\text{verdrängte Fl}}$ ist somit:

$m_{\text{verdrängte Fl}} = m_L - m_{Fl}$	$m_{\text{verdrängte Fl}}$	m_L	m_{Fl}	Gl. 1.9
	g	g	g	

Für die Dichtebestimmung einer Flüssigkeit kann bei bekanntem Volumen eines vollständig eingetauchten Körpers (= Volumen der verdrängten Flüssigkeit) die scheinbare Massenabnahme des Körpers über die Gewichtskraftreduzierung beim Eintauchen in eine Flüssigkeit bestimmt werden (= Masse der verdrängten Flüssigkeit).

Zu bestimmen ist die Gewichtskraftreduzierung durch Abwiegen des Festkörpers in der Luft und in der Flüssigkeit. Dabei wird die den Gewichtskräften entsprechenden Massenangaben der Waage erhalten. Im **Bild 1** ist ein einfacher Aufbau einer **hydrostatischen Waage** dargestellt. Dabei ist der Festkörper hängend an einem auf der Waage stehendem Galgen befestigt. Eine speziell für die Dichtebestimmung konstruierte Balkenwaage ist die ***Mohr-Westphal*sche Waage**, an der die Dichte von Flüssigkeiten direkt abgelesen werden kann (**Bild 2**). Hierzu werden die aufgelegten Gewichte (Reiter) verschoben, entnommen oder hinzugehängt. Ein Gerät zur Dichtebestimmung von Flüssigkeiten und Gasen ist der **Biegeschwinger**.

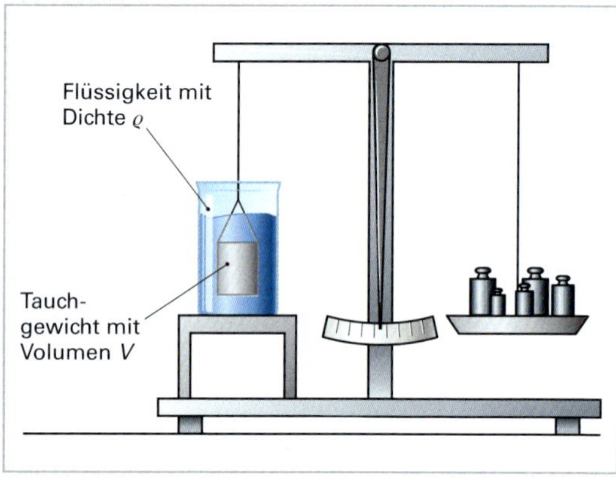

Bild 1: Einfache hydrostatische Waage

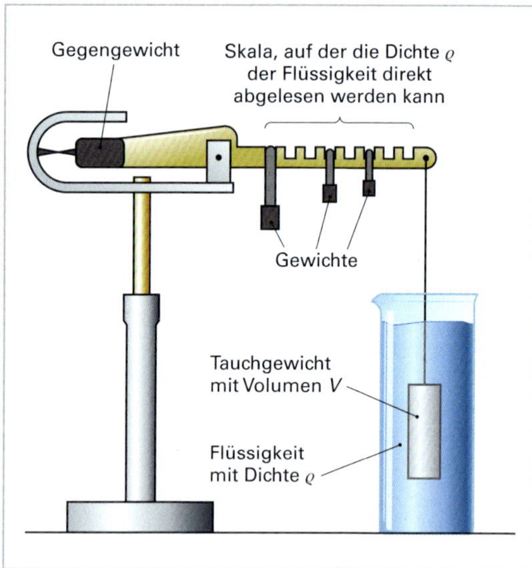

Bild 2: *Mohr*-Westphalsche Waage

Beispiel 1.4: Bestimmung der Dichte einer Flüssigkeit

Ein Glaskörper hat ein Volumen von 25,000 cm^3 und eine Masse von 78,3125 g in der Luft. Die durch Abwiegen bestimmte Masse in einer unbekannten Flüssigkeit beträgt 41,5175 g. Wie groß ist die Dichte der Flüssigkeit?

Lösung:

Zwischen Dichte, Volumen und Masse besteht nach **Gleichung 1.6** folgender mathematischer Zusammenhang: $V = \frac{m}{\varrho}$

Wird die Masse m durch die berechnete Massenabnahme des Körpers nach **Gleichung 1.9** ersetzt folgt für das Volumen des Körpers V_K:

$$\mathbf{V_K = \frac{m_L - m_{Fl}}{\rho_{Fl}}}$$

V_K	m	ρ
cm^3	g	$g \cdot cm^{-3}$

Gl. 1.10

wobei V_K: Volumen des Körpers; m_L: Masse des Körpers in der Luft; m_{Fl}: Masse des Körpers in der Flüssigkeit und ρ_{Fl}: Dichte der Flüssigkeit.

Aus der **Gleichung 1.10** $V_K = \frac{m_L - m_{Fl}}{\rho_{Fl}}$ ergibt sich durch Umstellen:

$$\rho_{Fl} = \frac{m_L - m_{Fl}}{V_K} = \frac{78{,}3125\ g - 41{,}5175\ g}{25{,}000\ cm^3} = 1{,}4718\ g \cdot cm^{-3}$$

Die Dichte der Flüssigkeit beträgt 1,4778 $g \cdot cm^{-3}$.

Auch die Dichtebestimmung eines Körpers ist möglich.

Beispiel 1.5: Bestimmung der Dichte eines Körpers

Ein Stück Eisen hat eine Masse von 6,2348 g. Die durch Wiegen bestimmte Masse des Eisenkörpers in Wasser ($\rho_{(Wasser)}$ = 0,9980 $g \cdot cm^{-3}$) beträgt 5,4446 g. Wie groß ist die Dichte des Eisenkörpers?

Lösung:

Aus **Gleichung 1.6** und **Gleichung 1.10** folgt $\rho_{Körper} = \frac{m_L}{V_K} = \frac{m_L}{\frac{m_L - m_{Fl}}{\rho_{Fl}}} = \frac{m_L}{m_L - m_{Fl}} \cdot \rho_{Fl}$

mit V_K: Volumen des Körpers; m_L: Masse des Körpers in der Luft; m_{Fl}: Masse des Körpers in der Flüssigkeit; ρ_{Fl}: Dichte der Flüssigkeit.

$$\rho_{Eisen} = \frac{6{,}2348\ g}{(6{,}2348\ g - 5{,}4446\ g)} \cdot 0{,}9980\ g \cdot cm^{-3} \approx 7{,}874\ g \cdot cm^{-3}$$

Die Dichte des Eisenkörpers beträgt rund 7,874 $g \cdot cm^{-3}$.

Für die Dichtebestimmung einer Flüssigkeit, die in ausreichender Menge vorhanden ist (mindestens ca. 200 mL), ist eine einfache und schnelle Methode das **Aräometer,** das auch **Spindel** genannt wird (**Bild 1**). Das Aräometer nutzt ebenfalls das Prinzip des Auftriebs und besteht aus einem mit Gewichten gefüllten, hohlen Glaskörper, an dem eine Dichteskala angebracht ist.

Durch den Auftrieb taucht die Spindel mit zunehmender Dichte der Flüssigkeit weniger tief ein. Das Aräometer schwimmt in der Flüssigkeit und an der Flüssigkeitsoberfläche kann die Dichte an der herausragenden Skala direkt abgelesen werden. Da die Dichte temperaturabhängig ist, und Aräometer auf eine bestimmte Temperatur kalibriert sind, ist die Flüssigkeit vor der Dichtebestimmung entsprechend zu temperieren. Zur exakten Dichtebestimmung gibt es Spindelsätze mit verschiedenen Dichtebereichen. Diese bestehen aus einer Spindel zur groben Dichtebestimmung und einigen Spindeln zur Exaktbestimmung.

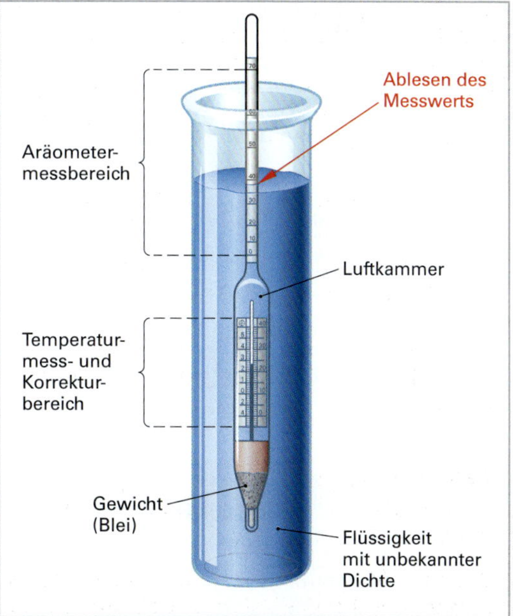

Bild 1: Aräometer

1

Dichtebestimmung durch Wiegen

Neben der Auftriebsmethode ist das Wiegen eines exakten Volumens eine einfache Möglichkeit zur Dichtebestimmung. Ein speziell für die Dichtebestimmung von Flüssigkeiten und Feststoffen geeignetes Gefäß ist das **Pyknometer** (griech. *pyknos*: dicht, fest, stark, groß; Bild 1).

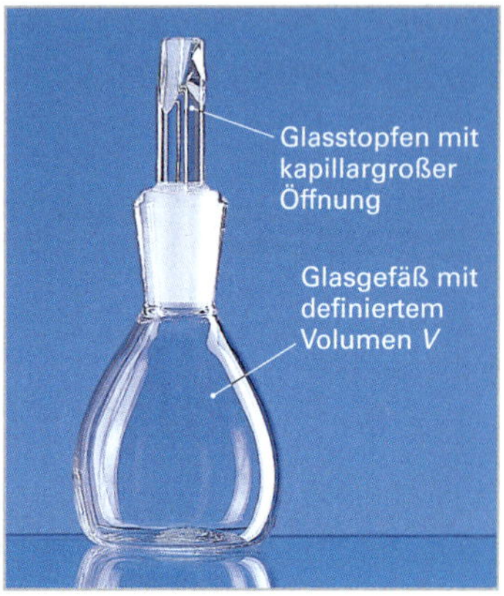

Bild 1: Pyknometer

Pyknometer sind bauchige Glasgefäße mit einer oder zwei Schlifföffnungen und einem definierten Volumen. Eine Öffnung ist mit einem Glasstopfen zu verschließen, in dem sich eine kapillargroße Öffnung befindet. Diese Öffnung dient dazu, die durch Volumenausdehnung beim Temperieren austretende Flüssigkeit zu entfernen. Das Messgefäß ist so exakt zu füllen, wodurch das notwendige genaue Volumen erhalten wird. Einige Pyknometer besitzen eine zweite Öffnung, die zur Aufnahme eines Thermometers dient.

Für eine genaue Dichtebestimmung ist es notwendig, das exakte Volumen des Pyknometers zu kennen. Hierzu wird häufig Wasser verwendet. Das mit Wasser gefüllte Pyknometer ist bei definierter Temperatur zu wiegen (m_{Wasser}). Die exakte Temperatureinstellung erfolgt z. B. mit einem thermostatisierten Wasserbad.

Tabelle 1: Variablen für Dichteberechnungen

Formelzeichen	Wägung
$m_{Pyk\ leer}$	Pyknometer leer
$m_{Pyk\ +\ Flüssigkeit}$	Pyknometer mit Flüssigkeit
$m_{Pyk\ +\ Feststoff}$	Pyknometer mit Feststoff
$m_{Pyk\ +\ Feststoff\ +\ Flüssigkeit}$	Pyknometer mit Feststoff und Flüssigkeit

Die für die folgenden Berechnungen benutzten Variablen sind in Tabelle 1 zusammengefasst.

Die Berechnung der Masse des Wassers im Pyknometer erfolgt nach der Gleichung:

$$m_{Wasser} = m_{Pyk+Wasser} - m_{Pyk\ leer}$$

m
g

Gl. 1.11

Weil für das Volumen des Pyknometers V_{Pyk} gilt: $V_{Pyk} = \frac{m_{Flüssigkeit}}{\varrho_{Flüssigkeit}}$ folgt hieraus:

$$V_{Pyk} = \frac{m_{Pyk+Wasser} - m_{Pyk\ leer}}{\varrho_{Flüssigkeit}}$$

V	m	ϱ
cm^3	g	$g \cdot cm^{-3}$

Gl. 1.12

Beispiel 1.6: Bestimmung eines Pyknometervolumens

Zur Bestimmung des exakten Volumens eines 25 mL Pyknometers wurden bei 20 °C folgende Werte bestimmt: $m_{Pyk+Wasser} = 45{,}0797$ g; $m_{Pyk\ leer} = 20{,}0983$ g. Die Dichte von Wasser beträgt bei 20 °C $\varrho_{Wasser} = 0{,}9980\ g \cdot cm^{-3}$.

Lösung:

Durch Einsetzen in die Gleichung 1.12 ergibt sich:

$$V_{Pyk} = \frac{45{,}0797\ g - 20{,}0983\ g}{0{,}9980\ g \cdot cm^{-3}} \approx 25{,}032\ cm^3$$

Das Volumen des Pyknometers beträgt rund 25,032 cm^3.

Die Dichte von Wasser in Abhängigkeit von der Temperatur ist Tabellenwerken zu entnehmen.

Für die **Dichtebestimmung einer Flüssigkeit** bei bekanntem Pyknometervolumen sind das leere und das mit der Flüssigkeit gefüllte Pyknometer zu wiegen.

Die Masse der im Pyknometer befindlichen Flüssigkeit ($m_{Flüssigkeit}$) lässt sich nach **Gleichung 1.11** über die Masse des Pyknometers berechnen:

$m_{Flüssigkeit} = m_{Pyk + Flüssigkeit} - m_{Pyk\ leer}$	m / g	**Gl. 1.13**

Aus der so berechneten Masse und dem durch das Pyknometervolumen bekannten Flüssigkeitsvolumen **(Gleichung 1.12)** lässt sich die Dichte nach **Gleichung 1.6** berechnen:

$$\rho_{Flüssigkeit} = \frac{m_{Flüssigkeit}}{V_{Pyk}}$$

bzw. zusammengefasst aus **Gleichung 1.6** und **Gleichung 1.13**

$\rho_{Flüssigkeit} = \dfrac{m_{Pyk + Flüssigkeit} - m_{Pyk\ leer}}{V_{Pyk}}$	V / cm^3	m / g	ρ / $g \cdot cm^{-3}$	**Gl. 1.14**

Beispiel 1.7: Dichtebestimmung einer Flüssigkeit mit Pyknometer

Für die Dichtebestimmung einer verdünnten wässrigen Schwefelsäure H_2SO_4 (aq) wurde das Pyknometer aus dem **Beispiel 1.6**, S. 42, mit einem Leergewicht von 20,0983 g und einem Volumen von 25,0315 cm^3 verwendet. Die Wägung des Pyknometers mit der Schwefelsäure ergab eine Masse von 46,7233 g. Welche Dichte hat die Schwefelsäure?

Lösung:

Durch Einsetzen in die Gleichung 1.14 ergibt sich:

$$\rho_{Schwefelsäure} = \frac{46{,}7233\ g - 20{,}0983\ g}{25{,}0315\ cm^3} = 1{,}0637\ g \cdot cm^{-3}$$

Die Dichte Schwefelsäure beträgt 1,0637 $g \cdot cm^{-3}$.

Für die **Dichtebestimmung eines Feststoffs** mit einem Pyknometer sind die Masse des Feststoffs aus der Massendifferenz des Pyknometers mit Feststoff und dem leeren Pyknometer sowie das Volumen des Feststoffs berechnet aus der Differenz des Pyknometervolumens und dem Volumen der eingesetzten Flüssigkeit neben dem Feststoff zu bestimmen.

Der Feststoff darf hierfür weder in der gewählten Flüssigkeit löslich sein, noch mit dieser reagieren.

Nach den erforderlichen Wägungen lässt sich die Dichte des Feststoffs wie folgt berechnen:

$m_{Feststoff} = m_{Pyk + Feststoff} - m_{Pyk\ leer}$	m / g	**Gl. 1.15**

Über **Gleichung 1.12** zur Berechnung des Pyknometervolumens:

$$V_{Pyk} = \frac{m_{Pyk + Flüssigkeit} - m_{Pyk\ leer}}{\rho_{Flüssigkeit}}$$

und das Volumen der Flüssigkeit mit dem Feststoff ($V_{\text{Flüssigkeit mit Feststoff}}$):

$$V_{\text{Flüssigkeit mit Feststoff}} = \frac{m_{\text{Pyk + Feststoff + Flüssigkeit}} - m_{\text{Pyk + Feststoff}}}{\varrho_{\text{Flüssigkeit}}} \quad \text{Gl. 1.16}$$

lässt sich das Feststoffvolumen $V_{\text{Feststoff}}$ berechnen:

$$V_{\text{Feststoff}} = V_{\text{Pyk}} - V_{\text{Flüssigkeit mit Feststoff}} \quad \text{Gl. 1.17}$$

Als Gesamtgleichung aus **Gleichung 1.12** und **Gleichung 1.16** ergibt sich:

$$V_{\text{Feststoff}} = \frac{m_{\text{Pyk + Flüssigkeit}} - m_{\text{Pyk leer}}}{\varrho_{\text{Flüssigkeit}}} - \frac{m_{\text{Pyk + Feststoff + Flüssigkeit}} - m_{\text{Pyk + Feststoff}}}{\varrho_{\text{Flüssigkeit}}} \quad \text{Gl. 1.18}$$

Die Berechnung der Dichte des Feststoffs ergibt sich nach **Gleichung 1.6**: $\varrho_{\text{Feststoff}} = \frac{m_{\text{Feststoff}}}{V_{\text{Feststoff}}}$

oder als Gesamtgleichung aus **Gleichung 1.15** und **Gleichung 1.18**:

$$\varrho_{\text{Feststoff}} = \frac{m_{\text{Pyk + Feststoff}} - m_{\text{Pyk leer}}}{\frac{m_{\text{Pyk + Flüssigkeit}} - m_{\text{Pyk leer}}}{\varrho_{\text{Flüssigkeit}}} - \frac{m_{\text{Pyk + Feststoff + Flüssigkeit}} - m_{\text{Pyk + Feststoff}}}{\varrho_{\text{Flüssigkeit}}}} \quad \text{Gl. 1.19}$$

Diese Formel kann verwendet werden, wenn die Flüssigkeit zur Bestimmung des Pyknometervolumens ungleich ist zu der, die zusammen mit dem Feststoff in das Pyknometer gefüllt wird. Dies kann beispielsweise dann der Fall sein, wenn der Feststoff in der entsprechenden Flüssigkeit löslich ist. **Gleichung 1.19** lässt sich folgendermaßen vereinfachen:

$$\varrho_{\text{Feststoff}} = \frac{m_{\text{Pyk+Feststoff}} - m_{\text{Pyk leer}}}{(m_{\text{Pyk+Flüssigkeit}} - m_{\text{Pyk leer}}) - (m_{\text{Pyk+Feststoff+Flüssigkeit}} - m_{\text{Pyk+Feststoff}})} \cdot \varrho_{\text{Flüssigkeit}} \quad \text{Gl. 1.20}$$

Beispiel 1.8: Dichtebestimmung eines Feststoffs mit einem Pyknometer

Für die Dichtebestimmung einer Bronze-Legierung wurden bei 20 °C folgende Messwerte erhalten: Das leere Pyknometer $m_{\text{Pyk leer}} = 20{,}0983$ g, das Pyknometer mit Wasser $m_{\text{Pyk + Flüssigkeit}} = 45{,}0797$ g, das Pyknometer mit Bronze-Legierung $m_{\text{Pyk + Feststoff}} = 35{,}3538$ g und das Pyknometer mit Bronze und aufgefüllt mit Wasser $m_{\text{Pyk + Feststoff + Flüssigkeit}} = 58{,}6129$ g. Bei 20 °C beträgt die Dichte von Wasser $\varrho_{\text{Wasser}} = 0{,}9980 \text{ g} \cdot \text{cm}^{-3}$

Lösung:

Durch Einsetzen in die **Gleichung 1.20** ergibt sich:

$$\varrho_{\text{Bronze}} = \frac{35{,}3538 \text{ g} - 20{,}0983 \text{ g}}{(45{,}0797 \text{ g} - 20{,}0983 \text{ g}) - (58{,}6129 \text{ g} - 35{,}3538 \text{ g})} \cdot 0{,}9980 \text{ g} \cdot \text{cm}^{-3}$$

$$\varrho_{\text{Bronze}} = 8{,}8399 \text{ g} \cdot \text{cm}^{-3} \approx 8{,}840 \text{ g} \cdot \text{cm}^{-3}$$

Die Dichte der Bronzelegierung beträgt rund 8,840 g · cm^{-3}.

1

1.5.8 Stoffmenge *n*

Sollen zwei miteinander reagierende Stoffe eine chemische Verbindung im Verhältnis 1:1 eingehen, ist es notwendig, jeweils die gleiche Menge an Teilchen abzumessen. Dies ist durch das Abwiegen gleicher Massen nicht möglich, da die Atome der einzelnen Elemente eine unterschiedliche Masse besitzen. Das würde dazu führen, dass ein Stoff mit einer großen Atommasse bei gleicher abgewogener Masse weniger Teilchen enthält als ein Stoff mit vergleichsweise geringer Atommasse.

Eine einfache Möglichkeit, um eine gleiche Menge von Stoffen einzusetzen, ist es, diese abzuzählen. Um das praktikabel zu machen, wurde die **Stoffmenge** (Formelzeichen *n*) als Basiseinheit im SI-Einheitensystem mit der Einheit **Mol** eingeführt.

Dazu wurde festgelegt, dass die Anzahl der in 12,000000 g des Kohlenstoffisotops $^{12}_{6}C$ enthaltenen Teilchen, nämlich $6{,}02214 \cdot 10^{23}$, einem Mol entspricht. Diese Zahl wird als ***Avogadro*-Konstante (N_A)** oder ***Loschmidt*sche Zahl (N_L)** bezeichnet. Zum Vergleich: Genauso wie 1 Dutzend eine Anzahl von 12 beschreibt, entspricht ein Mol einer Anzahl von $6{,}02214 \cdot 10^{23}$.

Da die relative Atommasse A_r ebenfalls über das Kohlenstoffisotop $^{12}_{6}C$ definiert ist, sind in einer der relativen Atommasse entsprechenden Masse eines Elements genau $6{,}02214 \cdot 10^{23}$ Teilchen, entsprechend einem Mol, enthalten. Beispielsweise würde 1 Mol Natrium mit einer relativen Atommasse von 22,9898 eine Masse von 22,9898 g besitzen.

Die Masse von einem Mol eines Stoffes wird als die **molare Masse *M*** bezeichnet. Über folgende Gleichung lassen sich die Größen Masse *m*, molare Masse *M* und Stoffmenge *n* ineinander umrechnen:

$$n = \frac{m}{M}$$

n	*m*	*M*
mol	g	$g \cdot mol^{-1}$

Gl. 1.21

Die **Stoffmenge** mit dem Formelzeichen *n* steht für eine definierte Anzahl von Teilchen. Sie hat die SI-Basiseinheit Mol mit dem Einheitenzeichen mol. Ein Mol ist gleichbedeutend mit $6{,}02214 \cdot 10^{23}$ Teilchen. Diese Teilchenanzahl der Stoffmenge von $n = 1$ mol wird als ***Avogadro*-Konstante** oder ***Loschmidt*sche Zahl** bezeichnet.

Ein Mol eines Stoffes entspricht der relativen Atommasse in Gramm.

Die Masse von einem Mol eines Stoffes wird als **molare Masse (*M*)** bezeichnet.

Beispiel 1.9: Berechnung der Stoffmenge *n*

Welcher Stoffmenge *n* entsprechen 548 g Eisen mit einer molaren Masse von $M_{Eisen} = 55{,}85\ g \cdot mol^{-1}$?

Lösung:

$$n_{Eisen} = \frac{m_{Eisen}}{M_{Eisen}} = \frac{548\ g}{55{,}85\ g \cdot mol^{-1}} = 9{,}81\ mol$$

Die Stoffmenge des Eisens beträgt 9,81 mol.

1

1.6 Stoffeigenschaften

Jeder Stoff hat bestimmte Eigenschaften, durch die er sich von anderen Stoffen unterscheidet. Die für einen Stoff charakteristischen Eigenschaften werden auch als Stoffcharakteristika bezeichnet. Sie sind u. a. die Schmelztemperatur, die Siedetemperatur, die Löslichkeit, die Viskosität und die Oberflächenspannung.

1.6.1 Schmelztemperatur

Unter **Schmelzen** versteht man den Übergang eines Stoffes vom festen in den flüssigen Aggregatzustand. Die Temperatur, bei der dieser Übergang abläuft, ist die Schmelztemperatur ϑ_m (*melting temperature*). Da die Schmelztemperatur druckabhängig ist, muss der zugehörige Druck angegeben werden. Eine Angabe der Schmelztemperatur ohne eine Druckangabe bezieht sich auf den Normdruck von 1013 hPa. Wie Tabelle 1 zeigt, können die Schmelztemperaturen verschiedener Stoffe sehr unterschiedlich sein.

Tabelle 1: Beispiele für Schmelztemperaturen verschiedener Stoffe

Stoff	Schmelztemperatur ϑ_m in °C
Wasserstoff	– 259
Stickstoff	– 210
Ethanol	– 115
Quecksilber	– 39
Wolfram	ca. 3415
Hafniumcarbid	ca. 4160

Die Temperatur, bei der ein Stoff bei einem gegebenen Druck vom festen in den flüssigen Aggregatzustand übergeht, ist die **Schmelztemperatur**.

Beim Schmelzen eines kristallinen Stoffes gehen die Teilchen vom geordneten festen Zustand in einen ungeordneteren Zustand, den flüssigen Aggregatzustand über. Durch Erwärmen wird den Teilchen Energie zugeführt. Dies führt zu einer Zunahme der Bewegungsenergie der Teilchen. Die einzelnen Teilchen lösen sich aus dem vorherigen Ordnungssystem und bewegen sich freier. Die zugeführte Wärme wird ausschließlich für den Aggregatszustandswechsel verwendet, so dass trotz weiter zugeführter Wärmeenergie die Temperatur konstant bleibt.

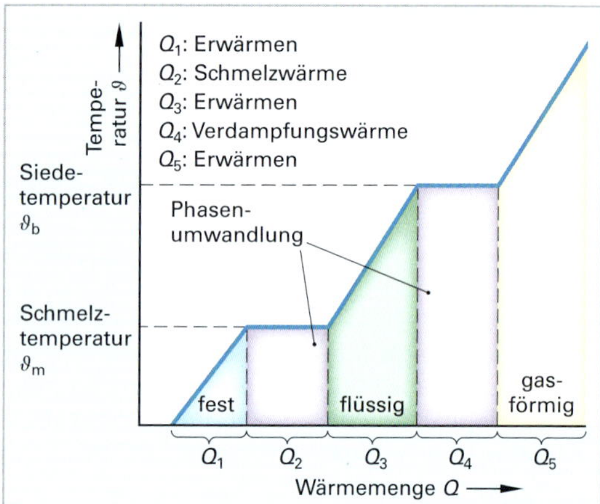

Bild 1: Temperatur-Wärmemengen-Diagramm für das Schmelzen und Verdampfen eines Stoffes

Anhand des im Bild 1 dargestellten Diagramms, in dem die Temperatur als Funktion der zugeführten Wärmemenge aufgetragen ist, lässt sich dieser Zusammenhang verdeutlichen. In den Bereichen, in denen die Temperatur konstant bleibt (waagerechter Verlauf der Temperatur-Wärmemengen-Kurve), findet bei fortgesetzter Wärmezufuhr die Phasenumwandlung statt. Ist ein Stoff vollständig geschmolzen, steigt im Temperatur-Wärmemengen-Diagramm die Temperatur des Systems weiter an. Die zum Schmelzen notwendige Wärmemenge ist die **Schmelzwärme** oder **Schmelzenthalpie**. Näher beschrieben ist dies in Kapitel 14.2.4, S. 420.

Im Gegensatz zu kristallinen Stoffen weisen **amorphe Feststoffe** keine genaue Schmelztemperatur auf, sondern einen Schmelzbereich (Schmelzintervall). Der Aufbau amorpher Feststoffe ist nicht so regelmäßig wie der Aufbau kristalliner Feststoffe, so dass einige Bereiche bei Wärmezufuhr früher schmelzen als andere.

Der entgegengesetzte Übergang, d. h. die Temperatur, bei der ein Stoff vom flüssigen zum festen Zustand übergeht, ist die **Erstarrungstemperatur** (Gefriertemperatur).

Die Wärmemenge für diesen Übergang vom festen in den flüssigen Aggregatzustand entspricht dem Energieaufwand für das Schmelzen des Stoffes. Die Energiemenge ist in ihrem Betrag genau gleich, nur das Vorzeichen ist entgegengesetzt, da beim Erstarren dem Stoff die Energie entzogen wird.

$$Q_{Schmelzen} = -Q_{Erstarren}$$

Schmelzwärme = – Erstarrungswärme

Genau wie beim Schmelzen bleibt beim Abkühlen eines Stoffes die Temperatur beim Erreichen der Erstarrungstemperatur vorübergehend konstant (**Bild 1**). Die freiwerdende Wärmemenge ist die **Erstarrungswärme** oder **Erstarrungsenthalpie**.

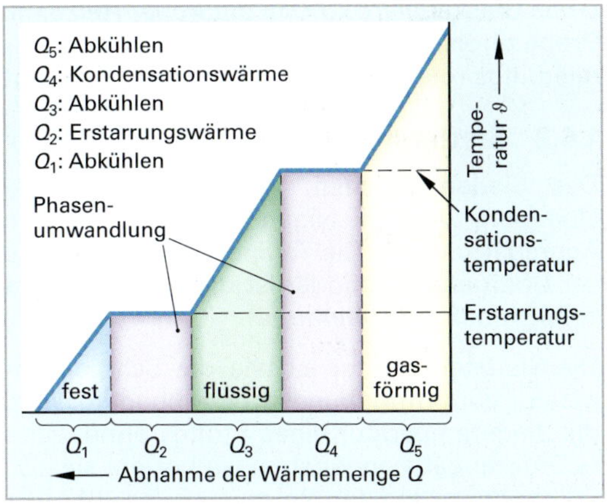

Bild 1: Temperatur-Wärmemengen-Diagramm für das Kondensieren und Erstarren eines Stoffes

> Die Energiemenge, die notwendig ist, um 1 Mol eines Feststoffes bei unverändertem äußeren Druck zu schmelzen, wird als **molare Schmelzwärme** bzw. als **molare Schmelzenthalpie** bezeichnet. Dieselbe Wärmemenge wird beim Erstarren der Flüssigkeit frei. Die Einheit ist $kJ \cdot mol^{-1}$. Sie wird als **Erstarrungswärme** bzw. **Erstarrungsenthalpie** bezeichnet.

Schmelztemperatur von Stoffgemischen

Feststoffe, die im geschmolzenen Zustand ineinander löslich sind, besitzen eine Schmelztemperatur, die im Vergleich zur reinen Schmelztemperatur erniedrigt ist. Diese Tatsache wird als **Schmelztemperaturerniedrigung**, **Gefriertemperaturerniedrigung** oder auch als **Schmelztemperaturdepression** bezeichnet (vgl. Kap. 9.2.2, S. 277).

So hat z. B. ein Gemisch aus Acetylsalicylsäure und Phenacetin eine Mischschmelztemperatur von 97 bis 100 °C, obwohl die Schmelztemperaturen der reinen Substanzen jeweils 135 °C betragen. Der Effekt der Mischschmelztemperatur kann auch zur Identifizierung eines Stoffes dienen. Chemisch gleiche Substanzen beeinflussen ihre Schmelztemperatur nicht. So kann man beispielsweise nach einer Synthese das Produkt mit einer vorhandenen gleichen Substanz mischen. Sind die Stoffe identisch, findet keine Schmelztemperaturdepression statt.

Nach der Synthese eines neuen Stoffes wird zur Identifizierung und Reinheitskontrolle häufig eine Schmelztemperaturbestimmung durchgeführt. Erhält man eine Schmelztemperatur, die dem Literaturwert des gewünschten Stoffes entspricht, so ist dies ein Hinweis darauf, dass es sich um den gewünschten Stoff handelt. Außerdem gibt die Schmelztemperatur einen Hinweis auf die Reinheit des Stoffes. In den meisten Fällen sinkt die Schmelztemperatur mit zunehmender Verunreinigung.

Der Grad der Schmelztemperaturerniedrigung von Feststoffgemischen ist abhängig von dem Mischungsverhältnis, in dem sie vorliegen. Bei Reinstoffen, die sich beim Erwärmen zersetzen, verringert sich ebenfalls die Schmelztemperatur. Nachdem sich ein Teil zersetzt hat, liegt ein Stoffgemisch vor (reiner Stoff und Zersetzungsprodukt). Feststoffe, deren Schmelzen ineinander nicht löslich sind, besitzen keine Mischschmelztemperatur. Es handelt sich hierbei um 2-Phasen-Systeme, in denen zwei Stoffe nebeneinander vorliegen, die sich gegenseitig nicht beeinflussen.

Schmelztemperaturbestimmung

Für die meisten Schmelztemperaturbestimmungen wird der zu bestimmende Stoff in Schmelztemperaturröhrchen gefüllt. Dies sind einseitige zugeschmolzene Glaskapillaren mit ca. 1 mm Durchmesser.

In vielen Geräten wird zur Wärmeerzeugung ein elektrischer Heizblock eingesetzt, bei denen die Heizrate elektronisch oder manuell zu variieren ist. Der Schmelzvorgang wird elektronisch erfasst oder kann durch eine Lupe beobachtet werden. Solche Systeme gibt es auch automatisiert.

Ohne Glaskapillare kommt die ***Kofler*-Heizbank** aus. Hier wird auf einer Metallschiene, auf der die Probe direkt platziert wird, elektrisch ein Temperaturgefälle erzeugt. Bei diesem Verfahren wird allerdings relativ viel Probensubstanz benötigt.

1.6.2 Siedetemperatur

Das **Sieden (Kochen, Verdampfen)** ist der Übergang vom flüssigen zum gasförmigen Aggregatzustand. Die Temperatur bei der dieser Übergang stattfindet ist die **Siedetemperatur ϑ_b** (*boiling temperature*).

Die Siedetemperatur ist wie die Schmelztemperatur vom Umgebungsdruck abhängig. Wird die Siedetemperatur eines Stoffes ohne weitere Druckangabe angegeben, so bezieht sie sich üblicherweise auf den Normdruck von 1013 hPa. Tabelle 1 zeigt die Abhängigkeit der Siedetemperatur vom Umgebungsdruck am Beispiel von Wasser (s. dazu auch Kap. 3.5, S. 77).

Tabelle 1: Druckabhängige Siedetemperatur von Wasser

Siedetemperatur ϑ_b in °C	Umgebungsdruck in hPa
100	1013
93,5	800
83	533
60,2	150
11,3	13,3

Auch in der Flüssigkeit gelöste Stoffe beeinflussen den Dampfdruck der Flüssigkeit und führen zu einer Siedetemperaturerhöhung (s. dazu auch Kap. 9.2.1, S. 276).

Das Element mit der niedrigsten Siedetemperatur bei Normdruck ist Helium. Es siedet bei einer Temperatur von – 269 °C, also bei rund 4 K. Ein Element mit einer sehr hohen Siedetemperatur ist Wolfram mit 5555 °C.

> Die Temperatur, bei der ein Stoff bei einem gegebenen Druck vom flüssigen in den gasförmigen Aggregatzustand übergeht, ist die **Siedetemperatur**.

Verfolgt man den Temperaturverlauf einer Flüssigkeit beim Erhitzen anhand eines Temperatur-Energie-Diagramms (Bild 1, S. 46), so ist ein stetiger Anstieg der Temperatur zu erkennen. Ist die Siedetemperatur erreicht, beobachtet man eine konstante Temperatur bis die Flüssigkeit vollständig verdampft ist. Die gesamte zugeführte Wärme ist in diesem Bereich erforderlich, um den Stoff in den gasförmigen Zustand zu überführen. Die dafür notwendige Wärmemenge ist die **Verdampfungswärme** bzw. **-enthalpie.** Näher beschrieben ist dies in Kapitel 14.2, S. 421.

Die abgegebene Wärme beim entgegengesetzten Übergang vom gasförmigen zum flüssigen Zustand ist die **Kondensationswärme** bzw. **-enthalpie.** Die Verdampfungs- und Kondensationswärmen sind in Ihrem Betrag gleich. Genau wie beim Sieden bleibt beim Abkühlen eines Stoffes die Temperatur beim Erreichen der Kondensationstemperatur vorübergehend konstant (Bild 1, S. 47).

> Die Energiemenge, die notwendig ist, um 1 Mol eines Feststoffes bei unverändertem äußerem Druck vom flüssigen in den gasförmigen Aggregatzustand zu überführen, wird als **molare Verdampfungswärme** oder **molare Verdampfungsenthalpie** bezeichnet.
> Die Einheit ist $kJ \cdot mol^{-1}$.
>
> Dieselbe Wärmemenge wird beim Kondensieren des Dampfes frei. Sie wird als **Kondensationswärme** bzw. **Kondensationsenthalpie** bezeichnet.

Reinstoffe besitzen eine bestimmte Siedetemperatur, die sich mit großer Genauigkeit bestimmen lässt. Bei Flüssigkeitsgemischen hingegen verändert sich die Zusammensetzung beim Sieden durch das unterschiedlich schnelle Verdampfen der Einzelkomponenten und somit auch die Siedetemperatur. Bestimmen lässt sich die Siedetemperatur z. B. durch eine Destillation (s. Kap. 3.2, S. 73).

1.6.3 Löslichkeit L^*

Unter **Löslichkeit L^*** versteht man die Möglichkeit eines Stoffes (Solvat) mit einem Lösemittel (Solvens) ein homogenes Stoffgemisch zu bilden. Die Löslichkeit ist eine physikalische Stoffeigenschaft. Es gibt allerdings Grenzfälle, bei denen mit dem Lösungsvorgang eine reversible chemische Reaktion stattfindet (Beispiel: Lösung von Kohlenstoffdioxid in Wasser).

Die Löslichkeit eines Stoffes ist temperaturabhängig. Im Allgemeinen nimmt die Löslichkeit von Feststoffen mit steigender Temperatur zu (**Bild 1**) und die Löslichkeit von Gasen ab. Die Löslichkeit von Gasen ist zusätzlich stark druckabhängig und nimmt mit steigendem Druck zu. Außerdem hängt die Löslichkeit stark von den Eigenschaften des zu lösenden Stoffes sowie dem Lösemittel ab.

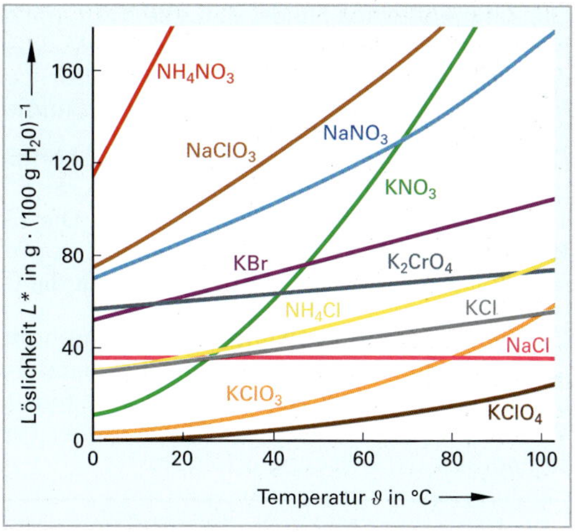

Bild 1: Temperaturabhängigkeit der Löslichkeit L^* von Salzen

> Die **Löslichkeit L^*** gibt an, in welchem Umfang ein Stoff mit einem Lösemittel homogen gemischt werden kann.

Eine quantitative Angabe der Löslichkeit erfolgt über die Masse eines Stoffes, die sich in 100 g eines Lösemittels bei gegebenen Temperatur- und Druckbedingungen maximal löst (Sättigungskonzentration). Für die Löslichkeit gilt:

$$L^*(X, \vartheta) = \frac{m_{\text{gelöster Stoff}}}{\text{100 g Lösemittel}} \qquad \textbf{Gl. 1.22}$$

L^*	m
g · (100 g)$^{-1}$	g

Aber auch andere Einheiten, wie g · L^{-1} oder mol · L^{-1} sind möglich.

Grundsätzlich können Stoffe ihrer Löslichkeit L^* nach unterteilt werden in:

- **Schwerlösliche Stoffe:** mit einer Löslichkeit von unter 0,1 mol · L^{-1}
- **Mäßig lösliche Stoffe:** mit einer Löslichkeit zwischen 0,1 mol · L^{-1} und 1 mol · L^{-1}
- **Leicht lösliche Stoffe:** mit einer Löslichkeit über 1 mol · L^{-1}

Die entstandenen Lösungen werden in Abhängigkeit davon, ob die Löslichkeit eines Stoffes noch nicht erreicht, bereits erreicht oder überschritten wurde, unterteilt in:

- **Ungesättigte Lösungen:** Das Lösemittel ist in der Lage, noch mehr vom gleichen Stoff zu lösen.
- **Gesättigte Lösung:** Die maximale Löslichkeit eines Stoffes ist erreicht.
- **Übersättigte Lösung:** Die Löslichkeit eines Stoffes ist überschritten. Dies ist z. B. möglich, wenn eine heiße Lösung langsam abkühlt.

Bemerkenswert ist, dass eine Flüssigkeit, die mit einem Stoff gesättigt ist, in der Lage ist, einen anderen Stoff zu lösen. So ist es z. B. möglich, in 100 g einer gesättigten Kochsalzlösung noch ca. 22 g Zucker zu lösen. Auf die Löslichkeit wird in Kapitel 9.1.4, S. 272 weiter eingegangen.

1.6.4 Viskosität η

Flüssigkeiten weisen zum Teil erhebliche Unterschiede in ihrem Fließverhalten auf. Beispielsweise sind viele Öle sehr viel zäher als Wasser. Auch Gase sind durch eine Scherung verformbar (Scherung: Kraft, die parallel zu einer Fläche des Körpers verläuft, den die Substanz ausfüllt). Aufgrund ihres Fließverhaltens werden Gase und Flüssigkeiten unter dem Begriff **Fluid** zusammengefasst.

1

Die Zähigkeit eines Fluids, d. h. die Kraft, die es der Scherkraft bzw. Schubspannung τ entgegensetzt, wird als **Viskosität** bezeichnet. Die Viskosität ist ein Maß für die innere Reibung eines Fluids. Je dickflüssiger ein Fluid ist, desto größer ist die Viskosität (Tabelle 1). Die Fließfähigkeit eines Fluids wird als **Fluidität** bezeichnet. Die Fluidität entspricht dem Kehrwert der Viskosität.

Die **dynamischen Viskosität** η ist unabhängig von der Dichte ϱ des Fluids. Sie hat die Einheit Pa · s (Pascalsekunde, $1\ Pa \cdot s = 1\ N \cdot s \cdot m^{-2} = 1\ kg \cdot m^{-1} \cdot s^{-1}$). Die **kinematische Viskosität** ν ist definiert als der Quotient aus dynamischer Viskosität η und Dichte ϱ des Stoffes. Sie hat die Einheit $m^2 \cdot s^{-1}$.

Die Viskosität bzw. die Fluidität sind temperaturabhängig. Mit steigender Temperatur nimmt die Viskosität von Flüssigkeiten ab und von Gasen zu. Aus diesem Grund muss die Angabe von Viskosität bzw. Fluidität eines Fluids immer zusammen mit der Temperatur der Messung erfolgen.

Tabelle 1: Beispiele für die dynamische Viskosität η

Fluid	η in Pa · s bei 20 °C
Luft	$1{,}81 \cdot 10^{-5}$
Wasser	$1{,}00 \cdot 10^{-3}$
Glycerin	1,5

Die **Viskosität** (Zähigkeit eines Fluids) nimmt bei Flüssigkeiten mit steigender Temperatur ab und bei Gasen mit steigender Temperatur zu.

Die **Fluidität** (Fließverhalten eines Fluids) nimmt bei Flüssigkeiten mit steigender Temperatur zu und bei Gasen mit steigender Temperatur ab.

Bild 1 zeigt das Prinzip der Bestimmung der Viskosität eines Fluids. Das Fluid wird als ineinander verzahnte, wechselwirkende Molekülschichten betrachtet. Es befindet sich zwischen zwei gleichgroßen Platten. Die untere Platte ist unbeweglich (stationär), die obere wird aufgrund der **Schubspannung** τ mit der **Geschwindigkeit** v parallel zu den Schichten des Fluids verschoben.

Die obere Schicht des Fluids bewegt sich mit der gleichen Geschwindigkeit wie die obere Platte. Die untere Schicht des Fluids bewegt sich nicht, ihre Geschwindigkeit ist genauso groß wie die Geschwindigkeit der unteren Platte: $v = 0$. Die Geschwindigkeit der Schichten des Fluids nimmt somit von oben nach unten ab: Ein **Geschwindigkeitsgefälle** D senkrecht zur Fließrichtung des Fluid tritt auf. Je größer die Viskosität des Fluids ist, desto mehr **Schubspannung** τ muss für die Bewegung der Platte aufgewendet werden.

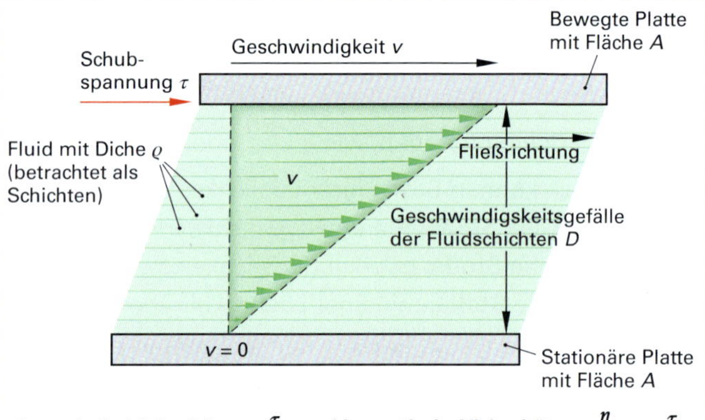

dynamische Viskosität $\eta = \frac{\tau}{D}$ kinematische Viskosität $\nu = \frac{\eta}{\varrho} = \frac{\tau}{\varrho \cdot D}$

Bild 1: Prinzip der Bestimmung der Viskosität

Die **dynamische Viskosität** η ist definiert als der Quotient von Schubspannung τ und Geschwindigkeitsgefälle D (**Newtonsche Gleichung**):

$$\eta = \frac{\tau}{D}$$

η	τ	D
Pa · s	Pa	s^{-1}

Gl. 1.23

Für die **kinematische Viskosität** ν gilt:

$$\nu = \frac{\eta}{\varrho}$$

ν	η	ϱ
$m^2 \cdot s^{-1}$	Pa · s	$kg \cdot m^{-3}$

Gl. 1.24

Fluide werden nach der Abhängigkeit ihrer dynamischen Viskosität η von der Schubspannung τ unterschieden in:

- *Newton*sche Fluide,
- Nicht-*Newton*sche Fluide.

***Newton*sche Fluide** werden durch die *Newton*sche Gleichung (**Gleichung 1.23**, S. 50) beschrieben. Diese besagt, dass beim Fließen eines Fluids bei konstanter Temperatur das Verhältnis von Schubspannung τ und Geschwindigkeitsgefälle D konstant ist. Für *Newton*sche Flüssigkeiten ist die dynamische Viskosität η eine Stoffkonstante (**Bild 1a**).

Nicht-*Newton*sche Fluide weisen keine Proportionalität von Schubspannung τ und Geschwindigkeitsgefälle D auf. Die dynamische Viskosität η ändert sich in Abhängigkeit von der einwirkenden Schubspannung τ. Nicht-*Newton*sche Fluide sind z. B. Stoffe, bei denen sich die dynamische Viskosität η durch eine mechanische Krafteinwirkung wie Rühren oder Schütteln verändert und deren dynamische Viskosität η ohne Krafteinwirkung wieder in den Urzustand zurückkehrt. Beispiele sind Blut, Treibsand oder Ketchup.

Eine Abnahme der dynamischen Viskosität η mit zunehmender Schubspannung τ wird als **Strukturviskosität** bezeichnet (**Bild 1b**), eine Zunahme der dynamischen Viskosität η als **Dilatanz** (**Bild 1c**).

Bild 1 zeigt verschiedene **Viskositätskurven.** Die dynamische Viskosität η ist als Funktion der Schubspannung τ aufgetragen:

- Die dynamische Viskosität η des ***Newton*schen Fluids** (a) ändert sich nicht mit zunehmender Schubspannung τ.
- Nimmt die dynamische Viskosität η des **Nicht-*Newton*schen Fluids** mit zunehmender Schubspannung τ ab, handelt es sich somit um ein **strukturviskoses Fluid** (b).
- Nimmt die dynamische Viskosität η des **Nicht-*Newton*schen Fluids** mit zunehmender Schubspannung τ zu, handelt es sich um ein **dilatantes Fluid** (c).

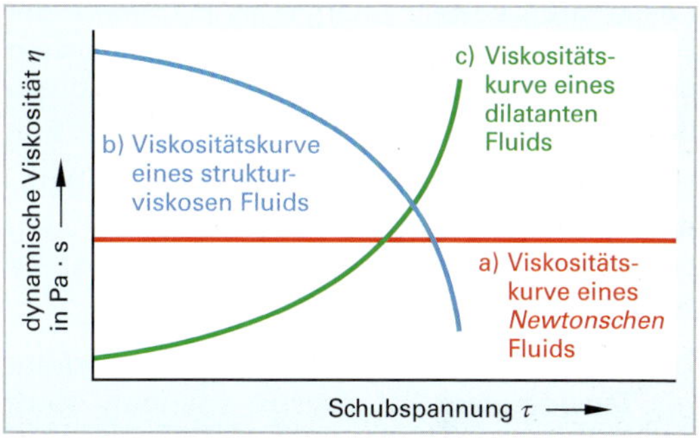

Bild 1: Viskositätskurve

Die zeitabhängige Abnahme der dynamischen Viskosität η bei einer konstanten Schubspannung τ wird als **Thixotropie** bezeichnet: Je länger ein thixotropes Fluid umgerührt wird, desto dünnflüssiger wird es. Die zeitabhängige Zunahme der dynamischen Viskosität η heißt **Rheopexie**.

Folgende Geräte werden zur **Viskosimetrie** (Bestimmung der Viskosität) eingesetzt:

- **Kapillarviskosimeter.** Bestimmung der Durchlaufzeit eines Fluidvolumens durch eine Kapillare (z. B. nach *Ubbelohde*, **Bild 2**).
- **Fallkörperviskosimeter**. Bestimmung der Dauer, die ein Körper benötigt, um durch einen mit einem Fluid gefüllten Zylinder zu gleiten (z. B. Kugelfallviskosimeter nach *Höppler*).
- **Rotationsviskosimeter**. Bestimmung des Drehmoments eines Drehkörpers in einem Fluid.
- **Schwingungsviskosimeter**. Messung der Dämpfung eines schwingenden Stabs in einem Fluid.

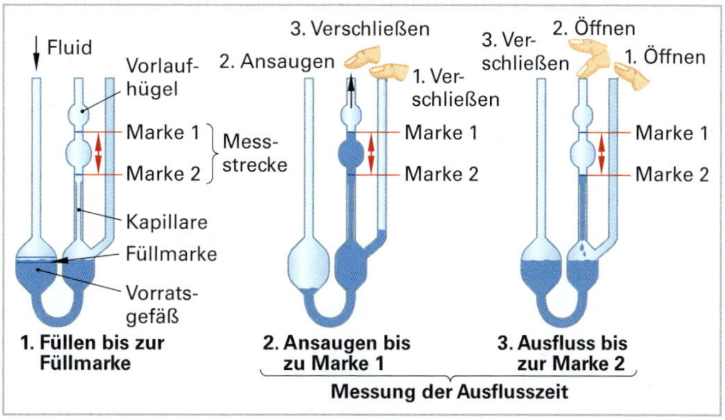

Bild 2: Kapillarviskosimeter nach *Ubbelohde*

1

1.6.5 Oberflächenspannung σ

Die an der Grenzfläche zwischen zwei verschiedenen Phasen wirkenden Kräfte werden als **Grenzflächenspannung** bezeichnet. Die Grenzflächenspannung zwischen Feststoffen bzw. Flüssigkeiten und deren Dampfphase bzw. einer Gasphase ist die **Oberflächenspannung**. Die Oberflächenspannung hat das Formelzeichen σ und wird in der SI-Einheit $kg \cdot s^{-2}$ gemessen.

Die **Oberflächenspannung** σ beschreibt die Grenzflächenspannung zwischen einem Feststoff bzw. einer Flüssigkeit und der Dampfphase oder einem Gas.

Um eine Grenzfläche zu vergrößern, muss Arbeit aufgewendet werden. Verkleinert sich die Grenzfläche, wird Energie frei. Ein Zwei-Phasen-System strebt einen möglichst energiearmen Zustand an, d. h., eine möglichst kleine Grenzfläche. Deshalb bildet ein Wassertropfen in der Luft an der Grenzfläche eine Kugelform, da dies die kleinste Grenzfläche bei größtem Volumen darstellt.

Der Grund dafür besteht darin, dass die Kräfte zwischen den gleichen Teilchen einer Phase in alle Raumrichtungen einheitlich wirken. An der Grenzfläche fehlen jedoch gleichartige Teilchen als Nachbarn. Am Beispiel von Wasser erfordert die Bewegung der Teilchen in Richtung Phasengrenze mehr Energie als ins Innere der Phase (Bild 1). Je größer die Kräfte zwischen den Teilchen im Innern einer Phase sind, desto größer ist die Oberflächenspannung.

Die Oberflächenspannung ist der Grund dafür, dass Flüssigkeiten in Gefäßen eine Wölbung aufweisen und dass Flüssigkeiten in einer Kapillare aufsteigen (Kapillarkräfte).

Die Messung der Oberflächenspannung erfolgt mit **Tensiometern** (lat. *tensus*: spannen, straff anziehen) u. a. mit folgenden Methoden:

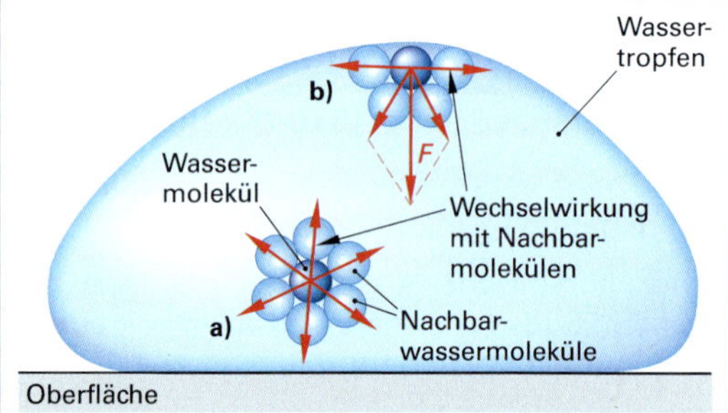

a) Wechselwirkungen mit den Nachbarmolekülen in alle Richtungen, sie heben sich gegenseitig auf.

b) Wechselwirkungen nur zur Seite und nach unten möglich, daraus resultiert eine Kraft senkrecht zur Oberfläche.

Bild 1: Wechselwirkung von Teilchen innerhalb eines Wassertropfes und an der Grenzfläche

- Bei der **Bügelmethode** wird die Kraft gemessen, die erforderlich ist, um einen in eine Flüssigkeit eintauchenden Bügel mit einem dünnen Draht entgegen der Oberflächenspannung herauszuziehen bis der Flüssigkeitsfilm abreißt.
- Bei der **Kapillarmethode** wird die Steighöhe einer Flüssigkeit in einer Kapillare gemessen.
- Bei der ***Du-Noüy*-Ringmethode** wird die aufzuwendende Kraft zum Hochziehen einer Flüssigkeitslamelle an einem Ring gemessen.
- Mit einem **Stalagmometer** wird die Tropfenzahl eines definierten Flüssigkeitsvolumens bestimmt.

Aufgaben:

1. Erläutern Sie den Begriff Chemie.
2. Nennen Sie die Arten von Stoffgemischen. Geben Sie jeweils zwei Beispiele an.
3. Nennen Sie Einflussgrößen auf den Aggregatzustand eines Stoffes.
4. Beschreiben Sie die Aggregatzustände gasförmig, flüssig und fest anhand des Teilchenmodells.
5. Nennen Sie drei Temperatureinheiten und definieren Sie diese!
6. Für eine Synthese soll laut Literatur eine Temperatur von 358 K eingehalten werden. Geben Sie die einzuhaltende Temperatur in der Einheit °C an.
7. Erklären Sie den Unterschied zwischen Masse und Gewichtskraft.

8. Was bedeuten auf Volumenmessgeräten die Angaben „Ex" und „In"? Geben Sie jeweils zwei Beispiele von Volumenmessgeräten, bei denen diese Angabe Anwendung findet.

9. Die Bestimmung des Massenanteils *w* einer Natriumhydroxidlösung NaOH (aq) bei 20 °C soll über die Bestimmung der Dichte durch die Auftriebsmethode durchgeführt werden. Das Wiegen eines Glaskörpers mit einem Volumen von 25,325 cm^3 ergab in der Luft eine Masse von 81,5283 g und in der Lösung eine Masse von 53,1643 g. Bestimmen Sie die Konzentration aus der erhaltenen Dichte und der aufgeführten **Massenanteil-Dichte-Tabelle** (**Tabelle 1**).

Tabelle 1: Zusammenhang von Dichte und Massenanteil einer NaOH-Lösung

Dichte ρ in $g \cdot cm^{-3}$	Massenanteil *w* in %
1,110	10,10
1,120	11,01
1,130	11,92
1,140	12,83
1,150	13,73

10. Die Dichte eines Eisenerzes Limonit soll mit Hilfe der Auftriebsmethode bestimmt werden. Die Dichtebestimmung wurde mit Wasser bei 20 °C durchgeführt, hierbei wurde eine Dichte von 0,9980 $g \cdot cm^{-3}$ bestimmt. Ein Wiegen in der Luft ergab eine Masse von 30,1256 g. Die Masse in der Flüssigkeit betrug 21,8756 g. Berechnen Sie die Dichte des Eisenerzes.

11. Anhand einer Dichtebestimmung bei 20 °C mittels eines Pyknometers einer unbekannten organischen Flüssigkeit soll ein Hinweis auf den Stoff erhalten werden. Das Pyknometer hat ein Volumen von 25,298 cm^3 und eine Masse von 21,3769 g. Ein Wiegen des Pyknometers mit der organischen Flüssigkeit ergab eine Masse von 41,2864 g. Durch Vergleich des Ergebnisses mit den Dichten einiger organischer Flüssigkeiten in **Tabelle 2** soll die Identität ermittelt werden.

Tabelle 2: Dichte organischer Flüssigkeiten

Dichte ρ in $g \cdot cm^{-3}$	Stoff
0,794	Ethanol
0,791	Aceton
0,787	Methanol
0,659	Hexan

12. Die Dichte einer Steinkohleprobe soll bei 20 °C mittels eines Pyknometers bestimmt werden. Folgende Messwerte wurden ermittelt: Die Masse des leeren Pyknometers betrug 21,2214 g, das Pyknometer mit Wasser (Dichte = 0,9980 $g \cdot cm^{-3}$) hat eine Masse von 46,3412 g, die gewogene Masse des Pyknometers mit der Steinkohleprobe beträgt 28,1965 g. Das Pyknometer mit der Steinkohle und aufgefüllt mit Wasser hat eine Masse von 48,4548 g.

13. Beschreiben Sie den Begriff der Stoffmenge und definieren Sie diese.

14. Für eine Synthese sollen 2,50 mol von Stoff A und 5,00 mol von Stoff B eingesetzt werden. Die molaren Massen sind $M_{\text{Stoff A}} = 56{,}48 \ g \cdot mol^{-1}$ und $M_{\text{Stoff B}} = 22{,}23 \ g \cdot mol^{-1}$. Berechnen Sie die jeweils einzusetzende Masse.

15. Stellen Sie in einem Diagramm, in dem die Temperatur als Funktion der zugeführten Energie dargestellt ist, den Temperaturverlauf vom festen über den flüssigen bis zum gasförmigen Zustand dar. Benennen Sie weiterhin die einzelnen Abschnitte.

16. Im Zusammenhang mit der Löslichkeit von Stoffen spricht man von ungesättigten Lösungen, gesättigten Lösungen und übersättigten Lösungen. Nennen Sie den Unterschied.

17. Nennen Sie zwei Geräte für die Bestimmung der Viskosität und beschreiben Sie das Messprinzip.

18. Die unterschiedliche Wechselwirkung der Teilchen einer Flüssigkeit im Innern und an deren Oberfläche ist verantwortlich für die Oberflächenspannung. Erläutern Sie diesen Zusammenhang anhand einer Skizze.

2 Stofftrennverfahren

Keine Substanz in der Natur kommt in vollständig reiner Form vor. Natürliche Substanzen sind stets **Stoffgemische** aus zwei oder mehreren **Reinstoffen**. In Abhängigkeit von den Eigenschaften der Gemischbestandteile kann es sich um ein **homogenes Gemisch** oder um ein **heterogenes Gemisch** handeln (Kap. 1, S. 17 und 18). Heterogene Feststoffgemische werden auch als **Gemenge** bezeichnet.

Heterogene Gemische besitzen als mehrphasige Systeme die Eigenschaften der reinen Einzelkomponenten. Diese sind u. a. abhängig vom Mischungsverhältnis der Gemischbestandteile. Reinstoffe haben stets stoffeigene und gleichbleibende Stoffeigenschaften. Zur Auftrennung eines Stoffgemisches in seine Einzelkomponenten können daher diese Stoffeigenschaften genutzt werden. Homogene Gemische allerdings sind einphasige Systeme und besitzen andere Eigenschaften als die reinen Gemischkomponenten, so dass homogene Gemische vor einer Stofftrennung durch Änderung der physikalischen Bedingungen (Druck, Temperatur etc.) in heterogene Gemische überführt werden.

Verfahren zur Auftrennung von Stoffgemischen werden als **Stofftrennverfahren** bezeichnet.

Trennverfahren, die die physikalischen Stoffeigenschaften zur Auftrennung eines Gemisches nutzen, sind **physikalische Stofftrennverfahren** oder **Separationstechniken**. Hierzu zählen u. a. mechanische, magnetische, elektrische und thermische Verfahren. Bei einem rein physikalischen Stofftrennverfahren bleiben die einzelnen Stoffe mit ihren Eigenschaften erhalten und es findet keine Stoffumwandlung statt. Zur Stofftrennung werden zum Beispiel folgende spezifische Stoffeigenschaften genutzt:

- **Dichte**
- **Löslichkeit**
- **Siede-** und **Schmelztemperatur**

Bei einem **chemischen Stofftrennverfahren** erfolgt die Trennung hingegen über eine **chemische Reaktion** (Stoffumwandlung). Soll z. B. ein Gemisch aus Kupfer-Pulver Cu und Magnesium-Pulver Mg aufgetrennt werden, kann hierzu Salzsäure HCl (aq) eingesetzt werden (Bild 1). Das Magnesium Mg reagiert mit der Säure:

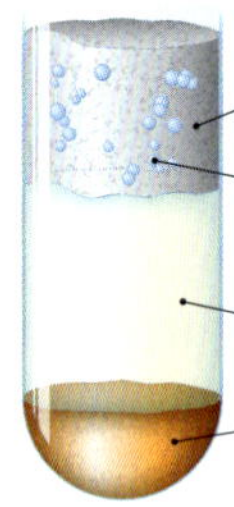

Bild 1: Kupfer- und Magnesium-Pulver in Salzsäure

Magnesium + Salzsäure → Magnesiumchlorid + Wasserstoff

$$Mg\,(s) + 2\,HCl\,(aq) \rightarrow MgCl_2\,(aq) + H_2\,(g)$$

Das gebildete Magnesiumchlorid $MgCl_2$ geht in Lösung, das gleichzeitig entstehende Wasserstoffgas H_2 entweicht. Da das Metall Kupfer nicht mit Salzsäure reagiert, bleibt es als Feststoff zurück und kann z. B. durch Filtration abgetrennt werden.

In diesem Beispiel erfolgt die Stofftrennung anfangs mit Hilfe einer chemischen Reaktion. Zur Auftrennung des Mg/Cu-Gemisches wird somit die unterschiedliche chemische Reaktivität der beiden Metalle gegenüber Salzsäure HCl (aq) genutzt. Diesem chemischen Stofftrennverfahren folgt mit der Filtration ein physikalisches Stofftrennverfahren.

Bei **physikalischen Stofftrennverfahren** werden Stoffgemische in ihre Reinstoffe aufgetrennt. Hierzu werden die physikalischen Eigenschaften der Stoffe genutzt.

Bei **chemischen Stofftrennverfahren** werden Stoffe in andere Stoffe umgewandelt, die sich dann aufgrund ihrer physikalischen Eigenschaften trennen lassen. Die Trennung basiert somit auf den unterschiedlichen chemischen Stoffeigenschaften.

Unabhängig von der Gemischart können Stoffgemische mit den im folgenden Bild 1 (S. 55) rechts aufgelisteten Stofftrennverfahren in Reinstoffe aufgetrennt werden. Hierzu können unterschiedliche, im Bild links aufgeführte Stoffeigenschaften der Gemischkomponenten genutzt werden.

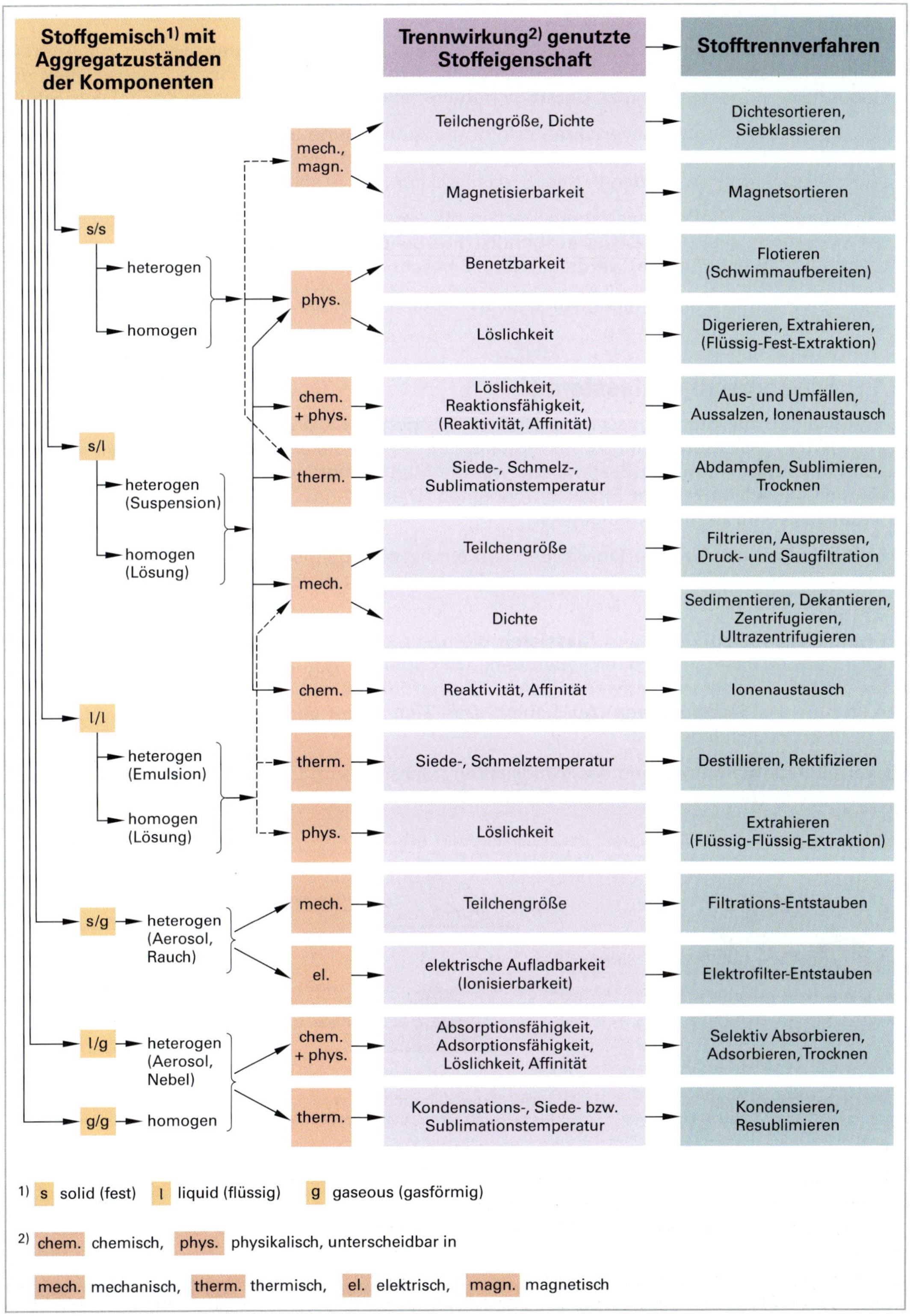

Bild 1: Überblick über Stofftrennverfahren und hierzu verwendete Stoffeigenschaften

In den folgenden Kapiteln werden verschiedene Arten von Stofftrennverfahren vorgestellt:

- Bei **mechanischen, magnetischen** und **elektrischen Stofftrennverfahren** werden zur Auftrennung in Reinstoffe z. B. Größen- und Dichteunterschiede oder magnetische Eigenschaften der Gemischkomponenten genutzt. Derartige Trennverfahren werden in diesem Kapitel vorgestellt.
- Bei **thermischen Stofftrennverfahren** erfolgt die Auftrennung aufgrund der unterschiedlichen Schmelz- und Siedetemperaturen der Einzelkomponenten. Hierzu wird Wärme zu- oder abgeführt. Diese Verfahren werden in Kap. 3, das Trocknen von Stoffen in Kap. 4 behandelt.
- Bei **chemischen Stofftrennverfahren** werden die unterschiedlichen chemischen Eigenschaften der Einzelstoffe eines Gemisches ausgenutzt. Hierbei entstehen neue Stoffe. Chemische Reaktionen (Stoffumwandlungen) werden ab Kap. 5 beschrieben.

Stofftrennverfahren zur **Reinigung von Stoffen** finden sich in Kap. 4.

2.1 Sortieren und Klassieren

Trennverfahren für Stoffgemische aus festen Komponenten sind beispielsweise das **Magnetscheiden**, das **Dichtesortieren** und das **Flotieren**. Sie nutzen die unterschiedlichen physikalischen Eigenschaften der einzelnen Bestandteile wie die Magnetisierbarkeit, die Dichte oder die unterschiedliche Benetzbarkeit der Einzelkomponenten. Diese Trennverfahren werden unter dem Begriff **Sortierverfahren** zusammengefasst.

Das **Sortieren** ist ein Trennverfahren, bei dem ein Feststoffgemisch aus Feststoffen unterschiedlicher stofflicher Merkmale in Portionen von Feststoffen mit gleichen stofflichen Merkmalen aufgeteilt wird (**Bild 1**).

Im Gegensatz hierzu wird beim **Klassieren** die unterschiedliche Korngröße von Stoffen ausgenutzt. Beim Klassieren wird ein **Haufwerk** (Anhäufung) mit unterschiedlichen Korngrößen oder -formen in mehrere Haufwerke gleicher Korngrößenbereiche aufgeteilt. Ein solches Verfahren ist z. B. das **Siebklassieren** (Aussieben). Das Sieb trennt verschiedene Stoffe, wenn deren Korngröße unterschiedlich ist.

Weitere Klassierverfahren sind das **Windsichten** (Klassieren im Luftstrom), das **Hydroklassieren** (Klassieren im Wasserstrom) und das **Sedimentieren**.

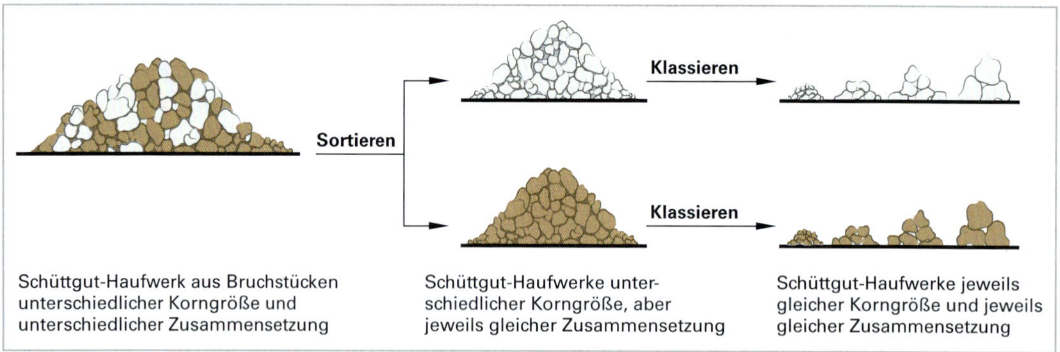

Bild 1: Sortieren und Klassieren

> **Sortieren** nennt man ein Stofftrennverfahren, bei dem Stoffgemische nach den physikalischen Stoffeigenschaften der Bestandteile aufgetrennt werden.
>
> Beim **Klassieren** erfolgt eine Trennung aufgrund unterschiedlicher Korngröße oder unterschiedlicher Masse.

2.1.1 Magnetsortieren

Beim **Magnetsortieren** bzw. **Magnetscheiden** wird die magnetische Eigenschaft einer Komponente des Stoffgemisches zur Trennung ausgenutzt. Beispielsweise kann ein Gemisch von Eisen und Schwefel (**Bild 1**) im Labor mit Hilfe eines kleinen Magneten getrennt werden. Eisen wird vom Magneten angezogen und so vom Schwefel getrennt. Auch in der Technik wird das Magnetsortieren häufig angewendet.

> Das Auftrennen eines Stoffgemisches mit Hilfe eines Magneten wird **Magnetsortieren** oder **Magnetscheiden** genannt.

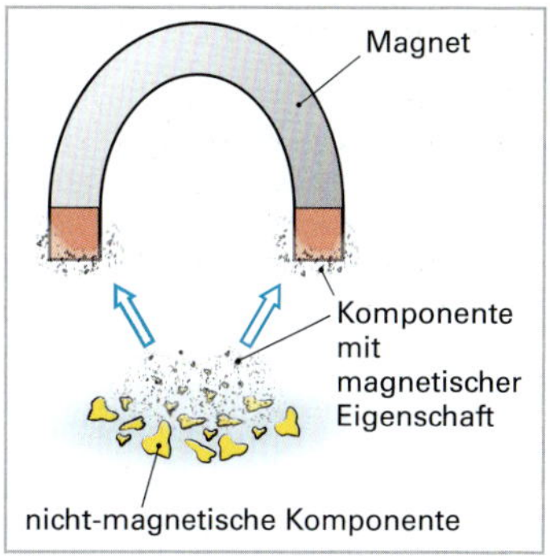

Bild 1: Magnetsortieren

2.1.2 Dichtesortieren

Ein Gemisch aus zwei Feststoffen lässt sich mit Hilfe einer Flüssigkeit trennen, in der diese Stoffe unlöslich sind und deren **Dichte** zwischen den Dichten der Feststoffe liegt (**Bild 2**). Ein nicht allzu feiner Feststoff mit größerer Dichte sedimentiert, der Feststoff mit geringerer Dichte schwimmt oben auf. Dieses Verfahren wird als **Dichtesortieren** bezeichnet.

Zum Dichtesortieren einer Mischung aus Holz- und Kupferpulver wird diese z. B. in Wasser gegeben. Kupfer hat eine Dichte von $\varrho = 8{,}96 \text{ g} \cdot \text{cm}^{-3}$ und schwimmt daher im Wasser nicht. Das Holzpulver hingegen kann als schwimmender Bestandteil abgeschöpft werden, da die Dichte von Holz kleiner ist als die Dichte von Wasser.

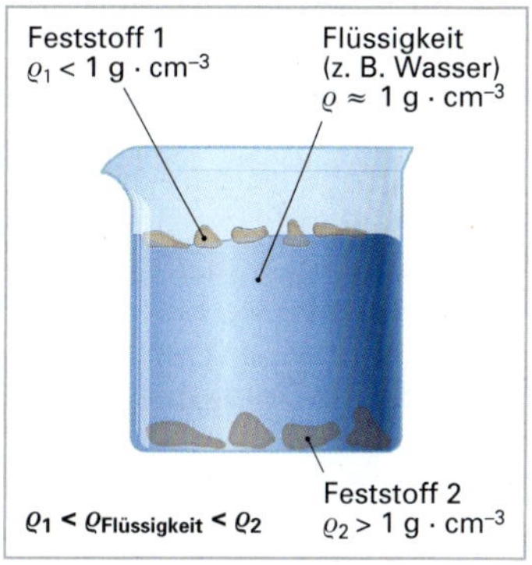

Bild 2: Dichtesortieren

2.1.3 Flotieren

Unterscheiden sich zwei Stoffe aufgrund ihrer Benetzbarkeit, können sie durch **Flotieren** (engl. *float*: schwimmen) getrennt werden. Das Verfahren der **Flotation** ist somit den Sortierverfahren zuzuordnen. Das Stoffgemisch wird hierzu üblicherweise in Wasser suspendiert (**Bild 3**). Von unten wird Luft in das wässrige System eingeblasen. Die einströmenden Luftbläschen setzen sich an die durch Wasser nicht-benetzbare Komponente und treiben diese an die Oberfläche. Dort kann sie als Schaum abgeschöpft werden. Die benetzbare Komponente sammelt sich als Schlamm am Boden des Gefäßes. Die Benetzbarkeit einzelner Komponenten des Gemisches kann durch Zusatz von **Sammlern** (Flotationsmittel, Flotationschemikalie) verringert werden, so dass die Flotation optimiert wird.

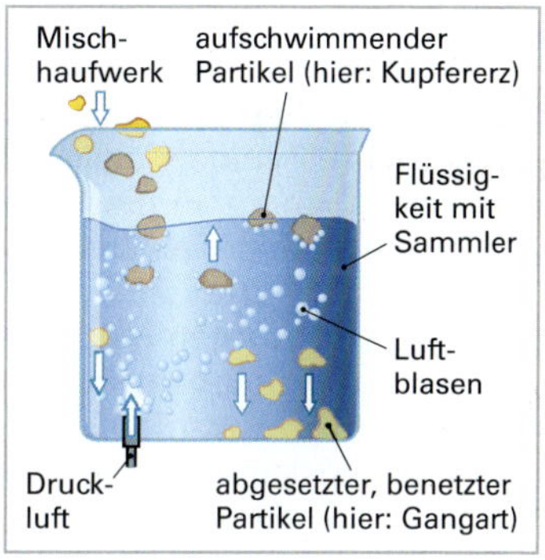

Bild 3: Flotation eines Gemisches von Kupfererz und Gangart

Angewendet wird dieses Verfahren in der Technik beispielsweise zur Erzaufbereitung, wobei ein Gemisch von Gangart (nicht verwertbares Gestein) und Erzen aufgetrennt oder verschiedene Erze voneinander getrennt werden. Auch in der Kläranlage werden mithilfe der Flotation Stoffe abgetrennt.

> Sind die Stoffe eines Gemisches durch die zur Trennung verwendete Flüssigkeit unterschiedlich benetzbar, so können diese Stoffe durch **Flotieren** getrennt werden.
>
> Die Benetzbarkeit von Einzelkomponenten eines Gemisches kann durch den Zusatz von **Sammlern** (Flotationsmittel, Floationschemikalien) verringert werden.

2.1.4 Siebklassieren

Ein Verfahren zum Auftrennen eines Haufwerks nach Korngröße ist das **Siebklassieren** (Aussieben). Ein **Sieb** trennt das **Aufgabegut** nach unterschiedlicher Korngröße und -form. Die Siebfläche besitzt eine Vielzahl von gleich großen Sieböffnungen, die als **Maschen** bezeichnet werden. Die Größe der Maschen ist die **Maschenweite** (Bild 1).

Das Sieb wird bei der **Plansiebung** in eine **horizontal-kreisende Schwingbewegung** oder bei der **Wurfsiebung** in eine **dreidimensionale Auf-/Ab-/Seitwärts-Bewegung** gebracht (Bild 2).

Unabhängig von der Siebungsart bleiben beim Sieben die Teilchen mit einem größeren Durchmesser als die Maschen auf dem Sieb zurück. Dieser grobkörnigere Stoff (z. B. Kies) bildet den **Rückstand** bzw. das **Grobkorn**. Der feinkörnigere Stoff (z. B. Sand) passiert als **Durchgang** bzw. **Feinkorn** das Sieb. Diese **Körnungsstufen** oder **Kornklassenbreiten** $\boldsymbol{\Delta d}$ werden manchmal auch als **Über-** oder **Unterkorn** bezeichnet.

Das Misch-Haufwerk ist durch den einen Siebvorgang in zwei Haufwerke mit unterschiedlichen **Kornklassen** (Kornklassenbreiten) aufgeteilt worden. Jedes Haufwerk bildet jeweils eine **Fraktion** (Bereich von Partikelgrößen), die durch weitere Siebe mit anderen Maschenweiten weiter aufgetrennt werden kann. Für die Auftrennung in mehrere Haufwerke existieren Siebmaschinen, bei denen Siebe mit von oben nach unten immer kleiner werdenden Maschenweiten in einem **Siebturm** angeordnet sind (Bild 3). Das Aufgabegut wird auf dem Sieb mit der größten Maschenweite oben aufgegeben. Die Siebbewegung des Turms kann über einen Unwuchtmotor erfolgen. Nach dem Siebvorgang kann von jedem Sieb des Siebturms die Fraktion bestimmter Kornklassenbreite Δd abgenommen und gewogen werden.

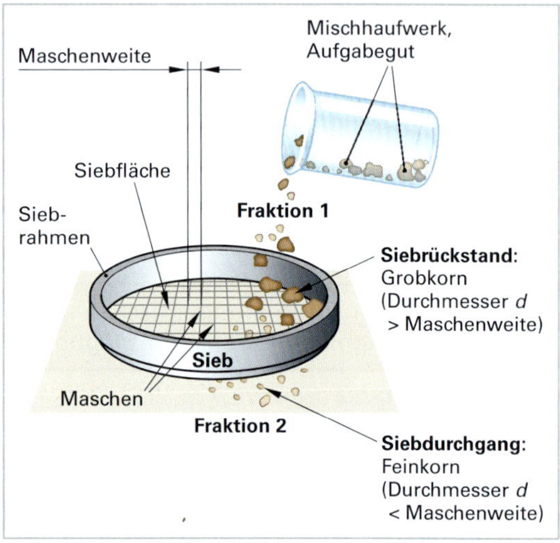

Bild 1: Siebklassieren

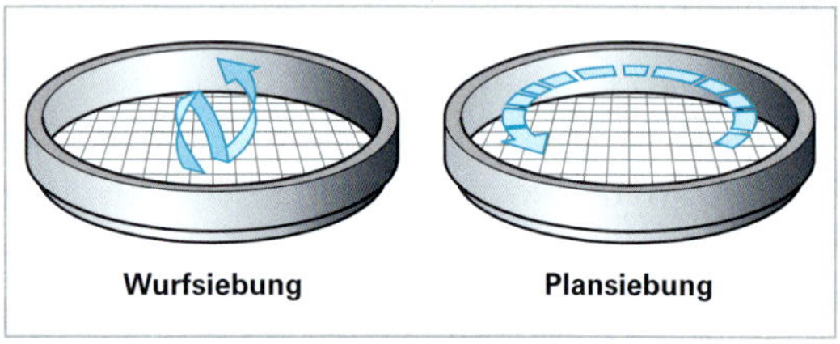

Bild 2: Bewegungen beim Sieben

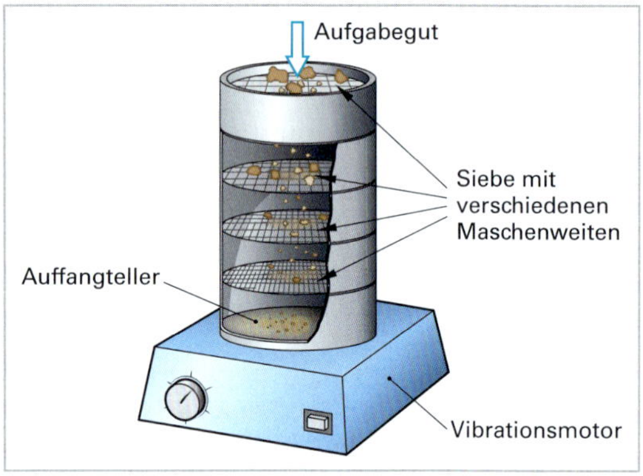

Bild 3: Siebturm zur Siebanalyse

> Das **Siebklassieren** ist ein mechanisches Trennverfahren, bei dem ein Gemisch nach der Teilchengröße oder -geometrie in mehrere Haufwerke unterschiedlicher **Kornklassenbreiten** $\boldsymbol{\Delta d}$ bzw. Kornklassen aufgetrennt wird.

Der Siebbelag ist abhängig von der Trennaufgabe. Zum Einsatz kommen z. B. Siebroste, Spaltsiebe, Lochbleche und Siebgewebe. Diese können aus Draht-, Kunststoff- oder Textilgewebe sowie aus einer Lochplatte bestehen. Die Maschengeometrie kann hierbei quadratisch, rund, spaltenförmig oder oval sein.

In den meisten Fällen wird ein Schüttgut im trockenen Zustand gesiebt, aber auch Nasssiebverfahren werden angewendet. Unterschieden wird beim Sieben außerdem in:

- **Präparatives Sieben:** Gewinnung einer bestimmten Korngrößenfraktion
- **Analytisches Sieben:** Bestimmung der Korngrößenverteilung

Verwendet wird das Siebklassieren z. B. bei der Feintrennung von Schleifmitteln oder zur Korngrößen-Untersuchung bei der Herstellung von Holzkohle.

Der Einsatz von **Siebhilfsmitteln** (wie z. B. kleine, abriebfeste Kügelchen, Sägespäne, Gummiwürfel oder Pressluft) verhindert das **Agglomerieren** (Zusammenballen) der Siebgutteilchen und somit das Verstopfen der Sieböffnungen.

2.1.5 Sichten

Das **Sichten** ist ein Klassierverfahren. Hierbei wird ein Gemisch mit Hilfe eines Stroms von Luft oder von Wasser aufgetrennt, wobei die Schwerkraft oder die Fliehkraft gegen die Luft- bzw. Wasserwiderstandskraft wirken. Beim **Windsichten** erfolgt die Auftrennung eines Haufwerks mit Hilfe eines Luftstroms. Verschieden große Partikel besitzen einen unterschiedlich großen Luftwiderstand, so dass sie in einem Luftstrom unterschiedlich stark getragen werden. Feine Partikel werden leicht mitgetragen, bei großen Partikeln überwiegt die Gewichtskraft gegenüber der Luftströmungskraft, so dass diese wenig oder gar nicht vom Luftstrom mitgenommen werden.

Das **Sichten** ist ein Klassierverfahren. Es wird zwischen **Schwerkraftklassieren** und **Fliehkraftklassieren** unterschieden.

Durch Windsichten kann ein Haufwerk in Feingut und Grobgut aufgetrennt werden. Die Auftrennung erfolgt in einem **Windsichter**. Die verschiedenen Bauarten dieser Trennapparate unterscheiden sich im Wesentlichen in der Trenngenauigkeit und in den Korngrößen, die voneinander getrennt werden können.

Ein **Zickzacksichter** gehört zu den **Schwerkraftsichtern** (Bild 1). Die Zickzack-Anordnung der einzelnen Zickzack-Kanäle bewirkt Sichtluftwirbel und somit eine bessere Trennwirkung. Außerdem können sich die großen, schweren Partikel durch die Zickzack-Einbauten leichter und schneller absetzen, da der Absetzweg der Partikel klein ist. Sie werden nach unten ausgeführt. Die leichten Partikel werden mit dem Sichtluftstrom nach oben ausgetragen.

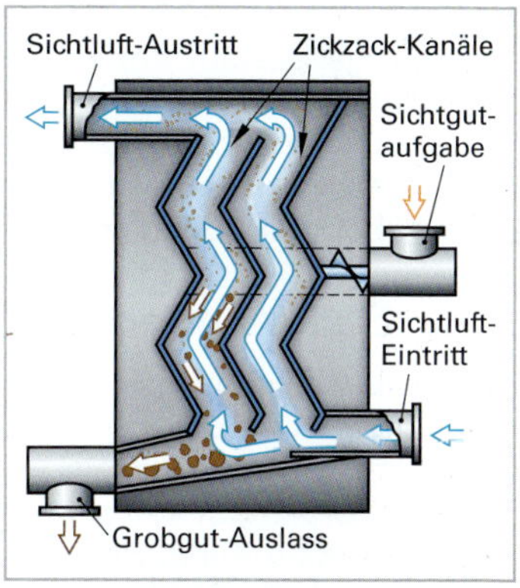

Bild 1: Zickzacksichter

Bei einem **Zyklon** wirken hingegen Fliehkräfte, die die Abtrennung von groben Partikeln aus einem Gemisch ermöglichen. Daher wird ein Zyklon auch als **Fliehkraftabscheider** bezeichnet.

Ein Zyklon ist zylinderförmig, nach unten konisch zulaufend aufgebaut (Bild 2). Tangential zur Zylinderwand wird ein Gemisch in einem Luftstrom aufgegeben. Der Luftstrom läuft an der Zylinderwand entlang und bildet einen rotierenden Außenwirbel, der sich im Apparat nach unten fortsetzt. Da sich der Zyklon nach unten verjüngt, wird die Rotationsgeschwindigkeit des Wirbels ständig größer. Gleichzeitig erhöhen sich die Fliehkräfte (Zentrifugalkräfte), die auf grobe Partikel besonders stark wirken, so dass sich diese an der Wand des Zyklons absetzen, teilweise agglomerieren und an der Wand nach unten rutschen.

Am Boden des Zyklons wird der Wirbel nach oben umgelenkt und bildet einen Innenwirbel, der nur noch feine Partikel mit sich trägt. Die feinen Partikel verlassen schließlich über das Tauchrohr den Zyklon. Die schweren Partikel können am Boden über eine Zellenradschleuse dem Apparat entnommen werden.

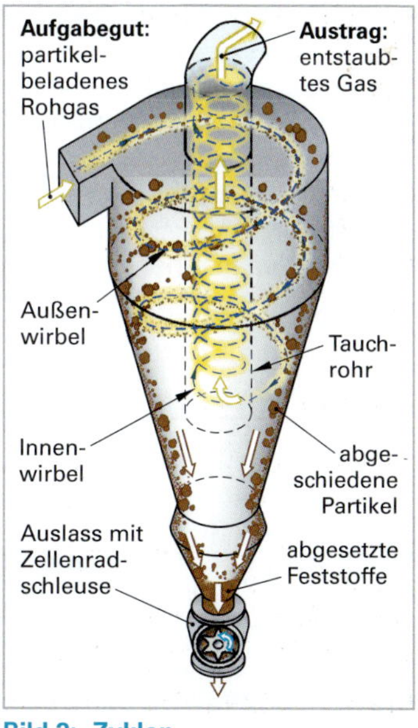

Bild 2: Zyklon

Das Klassierverfahren mit Hilfe eines Wasserstroms wird als **Hydroklassieren** bezeichnet. Verwendet wird zum Hydroklassieren beispielsweise ein **Hydrozyklon**. Der Aufbau eines Hydrozyklons ist ähnlich dem eines Zyklons zum Sichten mit einem Luftstrom (**Bild 2**, S. 59). Als Transportmedium für das Gemisch wird hier allerdings ein Wasserstrom eingesetzt. Es wirken ebenfalls Fliehkräfte, die eine Auftrennung des Gemisches in Grobgut und Feingut ermöglichen, so dass ein Hydrozyklon zu den Fliehkraftabscheidern zählt.

Beim Hydroklassieren werden auch Schwerkraftklassierer eingesetzt, die die unterschiedliche Absinkgeschwindigkeit unterschiedlich großer Partikel zur Gemischtrennung nutzen. Beim **Absetzklassierer** (**Bild 1**) wird ein Gemisch aus unterschiedlich großen Teilchen, deren Dichte größer als die des Wassers ist, in einem Wasserstrom über eine Absinkstrecke geführt. Die großen Partikel sinken schneller ab. Sie sammeln sich im vorderen Bereich der Absinkstrecke und können dort in einem Trichter aufgefangen werden. Die feineren Partikel sinken langsamer ab und werden in weiter vom Aufgabezulauf entfernteren Trichtern gesammelt. So können verschiedene Fraktionen getrennt voneinander aufgefangen werden. Die feinsten Teilchen werden mit dem Klassierstrom über den Ablauf ausgetragen.

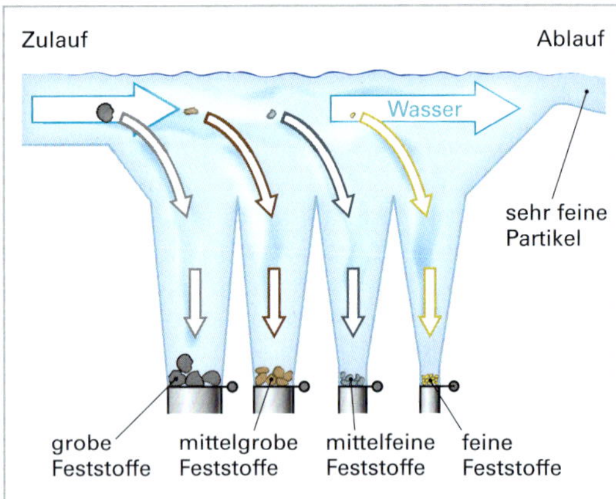

Bild 1: Hydroklassieren mit einem Absetzklassierer

2.2 Sedimentieren und Dekantieren

Setzt sich ein in einer Flüssigkeit aufgeschlämmter, unlöslicher Feststoff durch Schwerkraftwirkung am Gefäßboden ab, wird der sedimentierte Stoff als **Bodensatz** oder **Sediment** bezeichnet. Der Vorgang des Absetzens ist das **Sedimentieren** oder die **Sedimentation durch Schwerkraft F_G**. Es ist ein Klassierverfahren, bei dem die Dichte der Sedimentationsflüssigkeit ϱ_{Fl}, dem **Dispersionsmittel** oder **Dispersionsmedium**, kleiner sein muss als die Dichte des dispergierten Feststoffs ϱ_F (lat. *dispergere*: zerstreuen, verteilen). Es gilt: $\varrho_{Fl} < \varrho_F$

Der dispergierte Feststoff wird auch als **dispergierte Phase** oder **disperse Phase** bezeichnet.

> Das **Sedimentieren** ist ein Klassierverfahren, bei dem ein Stoff durch Absetzen aus einer Suspension (Gemisch eines Feststoffes in einer Flüssigkeit) abgetrennt wird.
>
> Die Dichte des **dispergierten Stoffes** muss deutlich größer sein als die Dichte des **Dispersionsmittels** (Sedimentationsflüssigkeit).

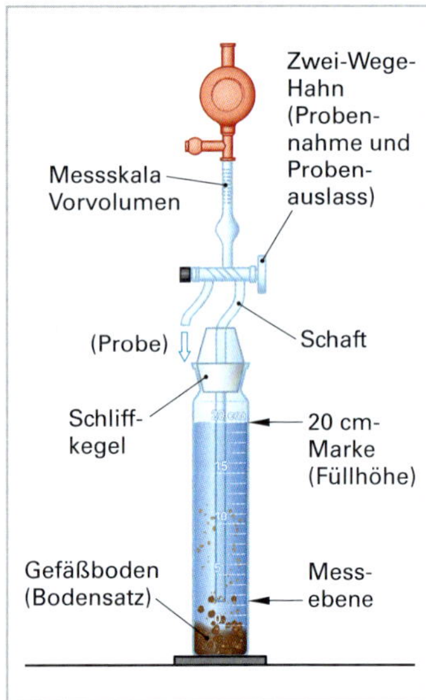

Bild 2: *Andreasen*-Pipette

Je größer die ungelösten Feststoffpartikel sind, desto schneller sinken sie in der Flüssigkeit ab. Bei einer **Sedimentationsanalyse** wird dieser Effekt zur Untersuchung der Partikelgrößenverteilung in einer Suspension genutzt. Im Labor wird die Partikelgrößenverteilung wie z. B. in Proben von Wattboden oder Quarzsand nach einer Sedimentationsanalyse von *Andreasen* untersucht. Der Zylinder der ***Andreasen*-Pipette** wird zunächst bis zur 20-cm-Marke mit einer Suspension gefüllt und vollständig gemischt (**Bild 2**). Aus dem sedimentierenden Gemisch werden in bestimmten Zeitabständen kurz über dem Boden des Zylinders Proben entnommen, aus denen die Menge der Partikel zu diesem Zeitpunkt ermittelt wird. Somit kann die Zusammensetzung des Feststoffgemisches unterschiedlicher Partikelgrößen bestimmt werden.

Nach einer Sedimentation kann die Abtrennung des Bodensatzes von der überstehenden Flüssigkeit im einfachsten Fall durch Abgießen erfolgen. Das Abgießen der überstehenden Flüssigkeit über die Kante des Gefäßes heißt **Dekantieren** oder **Dekantation**. Die abgegossene Flüssigkeit ist das **Dekantat**.

Im Labor wird das Dekantieren oft auch dann angewendet, wenn ein Feststoffgemisch aus einem löslichen und einem unlöslichen Feststoff zu trennen ist (**Bild 1**). Man übergießt das Feststoffgemisch mit einem Lösemittel wie z. B. Wasser und rührt um. Hierbei lösen sich die löslichen Komponenten. Nach dem Sedimentieren der unlöslichen Komponenten wird die überstehende Lösung dekantiert.

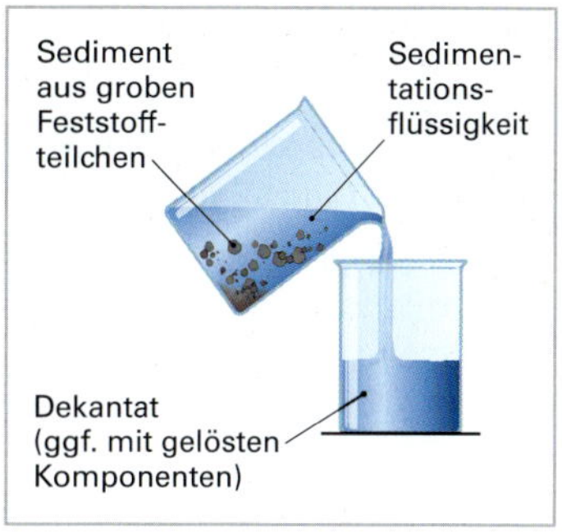

Bild 1: Dekantieren

2

Dekantieren ist das Abgießen der Flüssigkeit über einem Bodensatz über die Kante eines Gefäßes. Die abgegossene Flüssigkeit wird **Dekantat** genannt.

2.3 Zentrifugieren

Das **Zentrifugieren** bzw. die **Zentrifugation** wird zur Auftrennung von Suspensionen, Emulsionen und Gasgemischen eingesetzt. Im Gegensatz zur einfachen Schwerkraft-Sedimentation wirkt bei der Zentrifugation außer der Schwerkraft zusätzlich die **Zentrifugalkraft** (Fliehkraft), die das Absetzen eines Stoffes beschleunigt oder sogar erst ermöglicht. Die Zentrifugation wird daher auch als **Fliehkraft-Sedimentation** bezeichnet.

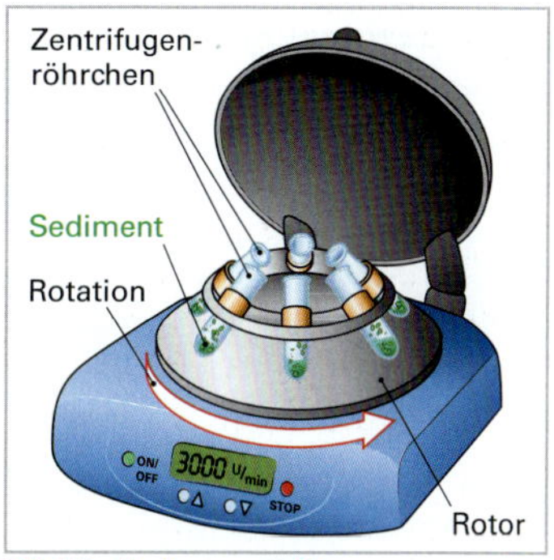

Bild 2: Laborzentrifuge

Für die Zentrifugation werden **Zentrifugen** eingesetzt. Eine Zentrifuge (**Bild 2**) besteht in der Regel aus einem Elektromotor, einem möglichst stabilen Gehäuse und einem Rotor (Trommel). In die Trommel werden **Zentrifugierröhrchen** mit der zu trennenden Suspension genau tariert (gleiche Masse) gegenüberliegend paarig eingesetzt, um eine Unwucht des Rotors beim Zentrifugieren zu verhindern. Zentrifugierröhrchen sind dickwandiger und stabiler als Reagenzgläser. Die Trommel wird durch den Elektromotor in Rotation gebracht, so dass die Sedimentationsgeschwindigkeit des Feststoffs in der Flüssigkeit durch die zusätzliche Fliehkraft erhöht wird.

Die auftretende Zentrifugalkraft F_Z übersteigt die Schwerkraft F_G (Erdbeschleunigung g) um ein Vielfaches. Die auf die Teilchen in der Flüssigkeit wirkenden Kräfte lassen sich im Kräfteparallelogramm darstellen (**Bild 3**). Eine Angabe auf der Zentrifuge von z. B. 1000 g bedeutet, dass hier eine resultierende Kraft F_{res} auf die Teilchen wirkt, die der 1000-fachen Erdbeschleunigung entspricht.

Beim Zentrifugieren wird die Sedimentationsgeschwindigkeit u. a. durch folgende Faktoren positiv beeinflusst:

- größere Differenz der Dichten der zu trennenden Stoffe
- größere Drehzahl n des Zentrifugenrotors
- größerer Durchmesser r des Zentrifugenrotors

Es gilt: $F_Z = 4\pi^2 \cdot \varrho \cdot V \cdot r \cdot n^2$

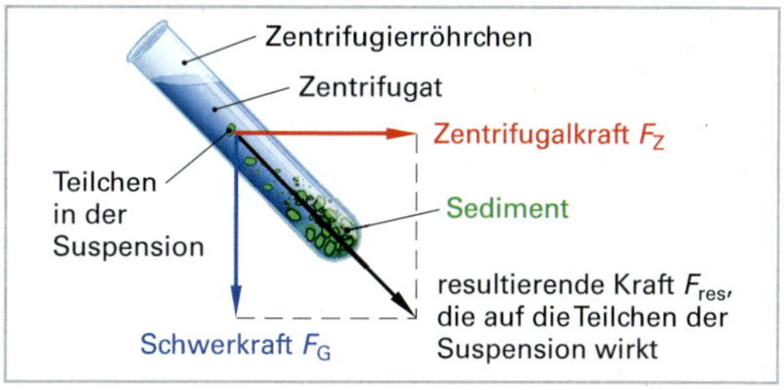

Bild 3: Kräfteparallelogramm

Das **Zentrifugat** (die nach dem Zentrifugieren überstehende Lösung) wird wie beim Dekantieren durch anschließendes Abgießen vom Sediment getrennt.

Zentrifugieren ist eine durch Einwirkung der **Zentrifugalkraft** (Fliehkraft) beschleunigte Sedimentation. Die zusätzlich wirkende Zentrifugalkraft macht eine Sedimentation in vielen Fällen erst möglich. Die nach dem Zentrifugieren überstehende Flüssigkeit wird **Zentrifugat** genannt.

2.4 Filtrieren

Filtrieren ist das Abtrennen eines ungelösten Feststoffs von einer Flüssigkeit (Bild 1) oder eines Gases mit Hilfe eines **Filters**.

Zur Trennung einer Suspension (Gemisch eines Feststoffs und einer Flüssigkeit, Fest-Flüssig-Gemisch) wird das Gemisch als Aufgabegut auf den Filter aufgegeben. Die Feststoffteilchen werden vom Filter zurückgehalten, wenn sie größer als der Porendurchmesser des Filters sind. Sie bilden den **Filterrückstand** bzw. **Filterkuchen**. Die nicht zurückgehaltenen Komponenten bilden das **Filtrat**.

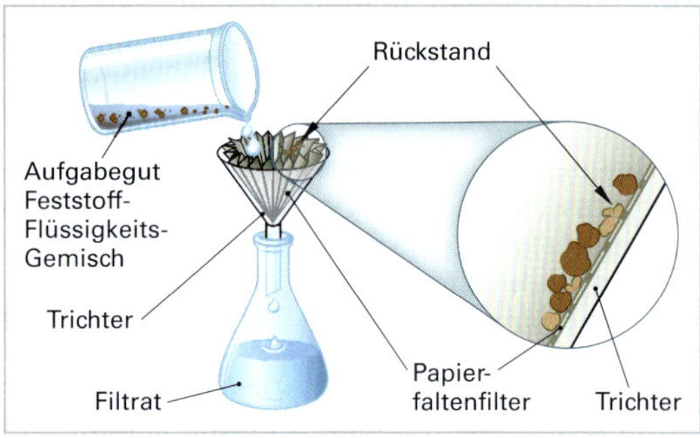

Bild 1: Filtration mit einem Papierfilter

Das Verfahren der kann unterschiedliche Ziele verfolgen:

- die Gewinnung des Filterrückstands,
- die Gewinnung des Filtrats,
- die Gewinnung des Filterrückstands und des Filtrats.

Nach dem Mechanismus des Abscheidens werden drei **Filtrationsverfahren** unterschieden (Bild 2).

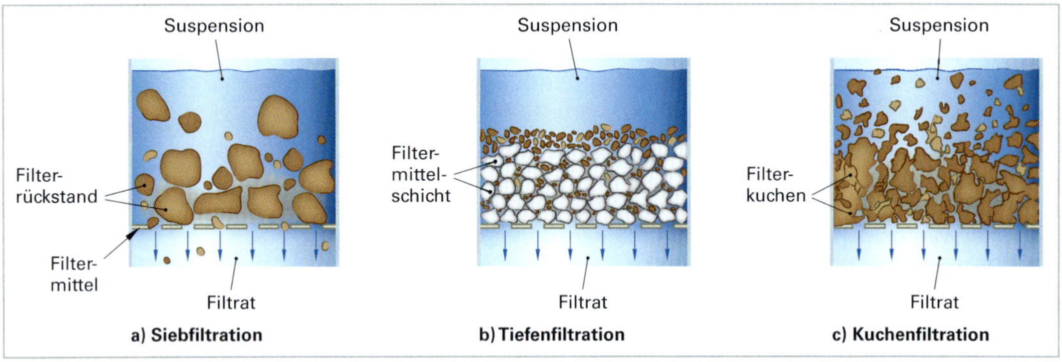

Bild 2: Filtrationsverfahren

Bei der **Siebfiltration** ist das Filtermittel ein Sieb. Es hält alle Feststoffteilchen zurück, die größer als die Filtermittelöffnungen sind.

Bei der **Tiefenfiltration** werden die Feststoffteilchen in den Zwischenräumen einer Filtermittelschicht zurückgehalten, die auf einem Rost (Sieb o. ä.) liegt. Bei der Kiesfiltration besteht diese Filtermittelschicht aus einer Kiesschicht.

Während eines Filtrationsvorgangs baut sich aus dem Filterrückstand ein **Filterkuchen** auf. Dieser Filterkuchen verbessert die Auftrennung des Gemischs, da er als zusätzliches Filtermittel wirkt. Beim Filtrationsverfahren der **Kuchenfiltration** wird dies zur Trennung ausgenutzt. Der Filterkuchen sollte während der Filtration ständig mit Suspension bedeckt sein, da sich sonst Risse im Filterkuchen bilden können. Diese beeinflussen die Filtrationseigenschaften negativ. Das anfangs noch ohne Filterkuchen gewonnene Filtrat kann nochmals durch den Filter gegeben werden.

Während der Kuchenfiltration muss die Mächtigkeit des Filterkuchens von Zeit zu Zeit durch Rütteln, Rückspülen oder Druck entgegen der Strömungsrichtung verringert werden, insbesondere dann, wenn der Strömungswiderstand durch den Filterkuchen zu groß wird.

Der Filterkuchen wird in der Regel nachgereinigt, indem man ihn nach der Filtration nochmals mit Waschflüssigkeit übergießt. Diese wäscht Fremdstoffe und Fällungsmittelreste aus dem Filterkuchen.

Als **Filtermittel** dienen poröse Stoffe, wie Papier, Stoff-, Metall- und Kunststoffgewebe, Kies, Sand, poröse Keramiken oder Aktivkohle. Die Leistungsfähigkeit und Filtrationsgeschwindigkeit des Filters hängt von seiner **Porengröße** (Porenweite) ab. Auch bei genormten Filterpapieren gilt:

- Je kleiner die Poren sind, desto kleinere Teilchen können zurückgehalten werden und desto langsamer ist die Filtration.
- Je schneller eine Flüssigkeit den Filter passiert, desto größer ist die Gefahr, dass auch feinere Niederschläge den Filter passieren.

Im Fachhandel werden Filterpapiere mit entsprechenden Eigenschaften und herstellerspezifischen Benennungen angeboten. Tabelle 1 gibt hierzu einen Überblick.

Tabelle 1: Beispiele für Filtermittel

Porengröße	Anwendung	Filtrationsgeschwindigkeit	Filterpapiertypen gängiger Hersteller		
			Fa. Schleicher & Schüll	Fa. Macherey-Nagel & Co.	Fa. Whatman
grobporig	grobe, flockige Niederschläge	schnell	Schwarzband, Sorte 589/1	Graupackung, Sorte MN 640w	Sorte Nr. 41
mittelporig	feine Niederschläge	langsam	Weißband, Sorte 589/2	Weißpackung, Sorte 640m	Sorte Nr. 40
feinporig	feinste Niederschläge	sehr langsam	Blauband, Sorte 589/3	Grünpackung, Sorte 640d	Sorte Nr. 43

Zu den in Tabelle 1 genannten Filterpapieren gibt es außerdem auch Kohlefilter (Papierfilter mit Aktivkohle), die zusätzlich zur Filtrationswirkung auch absorbieren. **Aschefreie (quantitative) Papierfilter**, die sich rückstandsfrei veraschen lassen, finden Verwendung beim Verbrennen und Verglühen von Filterrückständen für gewichtsanalytische Verfahren (Gravimetrie), bei denen Aschereste die Produktauswaage verfälschen würden.

Bild 1: Nutsche

Zur schnelleren Filtration feiner Niederschläge werden im Labor die zu filtrierenden Lösungen oft mit Hilfe einer Wasserstrahl- oder Vakuumpumpe durch den Filter gesaugt. Dieses Verfahren heißt **Saugfiltration** oder **Vakuumfiltration** (Filtration bei vermindertem Druck, „Abnutschen", Bild 1). Hierzu wird eine Saugflasche verwendet, auf die ein Büchnertrichter (Nutsche) aufgesetzt ist. Ein Gukoring dichtet den Zwischenraum ab, damit über eine Saugpumpe ein Unterdruck angelegt werden kann.

Auch eine **Druckfiltration**, d. h. ein Pressen der zu filtrierenden Lösung durch den Filter, ist möglich. **Drucknutschen** sind flache, zylindrische Filterapparate mit horizontalen Filterflächen, in denen Überdruck als Filtertriebkraft eingesetzt wird. In der Technik werden zur Druckfiltration auch **Filterpressen** angewendet.

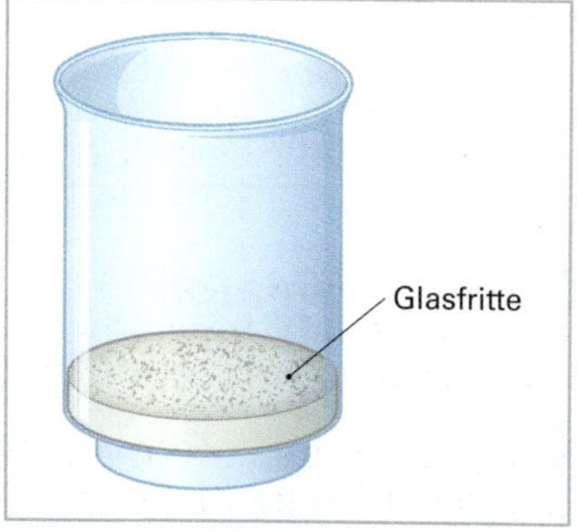

Bild 2: Glasfiltertiegel mit Fritte

Häufig werden neben Papierfiltern auch **Glas-** und **Porzellan-Filtertiegel** eingesetzt (Bild 2). Sie haben den Vorteil, dass sie auch bei einer Saugfiltration nicht zerfasern. **Glasfiltertiegel** enthalten **Glasfritten** als Filtermittel. Sie haben ähnlich den Papierfiltern genormte **Porositäten** (Porenweiten) und werden nach Porenweite bzw. Verwendungszweck eingeteilt (Tabelle 1, S. 64).

2

Tabelle 1: Porosität von Glasfritten		
Porosität	**Porenweite in µm**	**Verwendungsbeispiel**
0	200 … 150	Abtrennung sehr grober Niederschläge
1	150 … 90	Abtrennung grober Niederschläge
2	90 … 40	Abtrennung feiner Niederschläge
3	40 … 15	Analytische Filtration mittelfeiner Niederschläge
4	15 … 9	Analytische Filtration sehr feiner Niederschläge
5	1,7 … 1,0	Bakterienfiltration, Sterilfiltration

Bilden sich bei der Filtration feiner, schlammartiger Suspensionen flüssigkeitsundurchlässige Filterkuchen, die die Filtration behindern, werden **Filterhilfsmittel** eingesetzt. Filterhilfsmittel sind faserige bis körnige Partikel, die den Filterkuchen stützen sowie locker und durchlässig halten. So können z. B. Kieselgur, Faserschnitzel oder grobes Sägemehl als Filterhilfsmittel eingesetzt werden. Die Filterhilfsmittel dürfen die Verarbeitung des Filterkuchens nicht stören.

Neben Suspensionen (Fest-Flüssig-Gemisch) können auch Gemische aus festen und gasförmigen Stoffen wie Rauch oder Staub (Fest-Gasförmig-Gemisch, Aerosole) durch Filtration getrennt werden. Dieses Trennverfahren trägt auch die Bezeichnung **Filtrationsentstaubung**; bei Einsatz von Hochspannung zur elektrischen Aufladung der Feststoffpartikel wird von **Elektrofiltration**, **Elektroabscheidung** oder **Elektrofilterentstaubung** gesprochen.

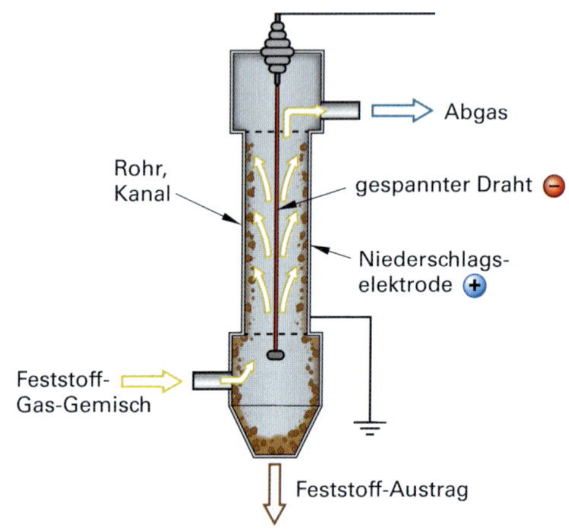

Bild 1: Elektrofilterzelle

Elektrofilterzellen (Bild 1) bestehen aus einem Rohr oder Kanal, in dem ein Draht gespannt ist, der an eine Gleichspannungsquelle angeschlossen ist. Die Feststoffteilchen des aufgegebenen Fest-Gasförmig-Gemisches werden an dem Draht elektrisch negativ geladen und werden daraufhin von der positiv geladenen Niederschlagselektrode angezogen. Hier kommt es zur Entladung der Feststoffteilchen, die anschließend zum Austrag nach unten fallen.

> **Filtrieren** ist das Abtrennen eines ungelösten Feststoffs von einer Flüssigkeit oder einem Gas mit Hilfe eines Filters.
>
> Der Durchgang durch den Filter wird **Filtrat** genannt, der im Filter zurückgebliebene Feststoff heißt **Filtrationsrückstand** oder **Filterrückstand**.
>
> **Filterhilfsmittel** stützen den Filterkuchen und halten diesen locker und durchlässig.

2.5 Extrahieren

Die Löslichkeit von Feststoffen in Lösemitteln ist unterschiedlich. Lösemittel, in denen insbesondere eine Gemischkomponente löslich ist, werden als **selektiv wirkende Lösemittel** bezeichnet. Die Löslichkeit einer Gemischkomponente ist Grundlage des Stofftrennverfahrens **Extraktion** (lat. *extrahere*: herausziehen). Beim **Extrahieren** muss zwischen einer **Fest-Flüssig-Extraktion** und einer **Flüssig-Flüssig-Extraktion** unterschieden werden.

Das Herauslösen eines Stoffes aus einem Stoffgemisch mit Hilfe eines Lösemittels wird **Extrahieren** genannt.

2.5.1 Fest-Flüssig-Extraktion

Die Extraktion eines Feststoffs mit Hilfe einer Flüssigkeit kann am Alltagsbeispiel Kaffeekochen verdeutlicht werden (Tabelle 1). Bei dieser **Fest-Flüssig-Extraktion** werden Aromastoffe und Farbstoffe des Kaffeepulvers herausgelöst und in das Lösemittel aufgenommen. Notwendig für einen guten Stoffaustausch ist hierbei eine große Feststoffoberfläche, die durch Zerkleinern des Feststoffs erreicht wird.

Tabelle 1: Begriffe der Extraktion am Beispiel des Kaffeekochens

Begriff	Erklärung	Beispiel
Extraktionsgut	der zu extrahierende Stoff	Kaffeepulver
Extraktionsmittel (Lösemittel)	das zum Herauslösen eingesetzte Lösemittel	heißes Wasser
Extraktionsrückstand (Raffinat)	das ausgelaugte Extraktionsgut	Kaffeesatz
Extraktionslösung	das Extraktionsmittel mit den herausgelösten Stoffen	Kaffee
Extrakt	die herausgelösten Stoffe (ohne Lösemittel)	Aromastoffe, Farbstoffe (ohne Lösemittel)
Extraktor (Extrakteur)	Extraktionsapparat	Kaffeemaschine

Neben dem Extrahieren wird zur Abtrennung eines Stoffes aus einem Feststoffgemisch häufig auch das **Digerieren** verwendet (lat. *digere*: trennen, abteilen, verteilen). Hierbei wird ein Feststoffgemisch mit einem Extraktionsmittel versetzt, es wird umgerührt und eine Komponente löst sich im Lösemittel. Anschließend kann die Lösung vom Rückstand durch Dekantieren oder Filtrieren abgetrennt werden.

Beim Digerieren wird die gute Löslichkeit einer Komponente gegenüber den anderen Komponenten in dem verwendeten Lösemittel ausgenutzt. Das Lösemittel wirkt als **selektives Lösemittel**.

Zur **kontinuierlichen Extraktion** von Feststoffen nutzt man folgende Geräte:

- die **Extraktionsapparatur nach *Soxhlet*** (Bild 1a),
- den **Durchflussextraktor nach *Hagen-Thielepape*** (Bild 1b).

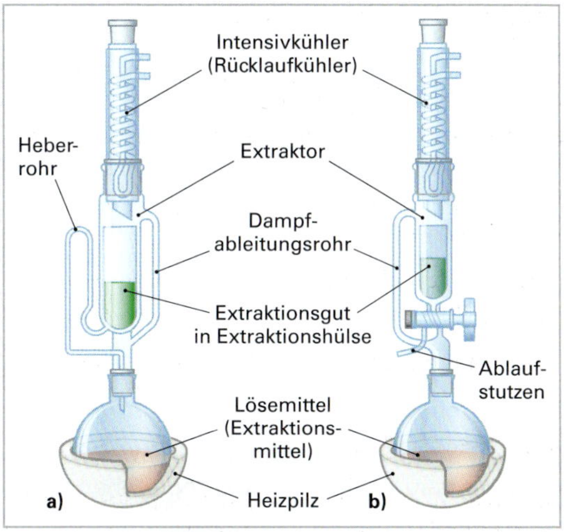

Bild 1: Extraktionsapparatur nach a) *Soxhlet* b) *Hagen-Thielepape*

Beide Apparaturen dienen der Extraktion von Stoffen aus einem Feststoffgemisch durch ein Lösemittel. Hierzu wird das Lösemittel zum Sieden erhitzt, es kondensiert im aufgesetzten Rückflusskühler und sammelt sich in der Extraktionshülse, in der sich das Extraktionsgut befindet. Das Lösemittel löst aus dem Feststoff die löslichen Bestandteile heraus. Hat das Lösemittel im *Soxhlet*-Extraktor einen bestimmten Füllstand erreicht, läuft es mit den gelösten Substanzen über das Heberrohr in den Rundkolben zurück. Durchflussextraktoren wie nach *Hagen-Thielepape* arbeiten ohne Heberrohre und gestatten kürzere Arbeitszeiten, während Extraktionen nach *Soxhlet* mehrere Stunden dauern.

2.5.2 Flüssig-Flüssig-Extraktion

Bei der **Flüssig-Flüssig-Extraktion** wird ein gelöster Stoff mit Hilfe eines anderen Lösemittels herausgelöst, das mit dem ersten Lösemittel zwei Phasen bildet. Voraussetzung ist, dass der zu extrahierende Stoff im Extraktionsmittel besser löslich ist.

Beispielsweise löst sich der Stoff Iod I_2 nur mäßig in Wasser H_2O. Das Iodwasser ist schwach gelb gefärbt. Die Extraktion von Iod aus dem Iodwasser kann mit organischen Lösemitteln wie Hexan C_6H_{14} oder Tetrachlorkohlenstoff CCl_4 erfolgen. Hierin löst sich Iod wesentlich besser als in Wasser (**Bild 1**).

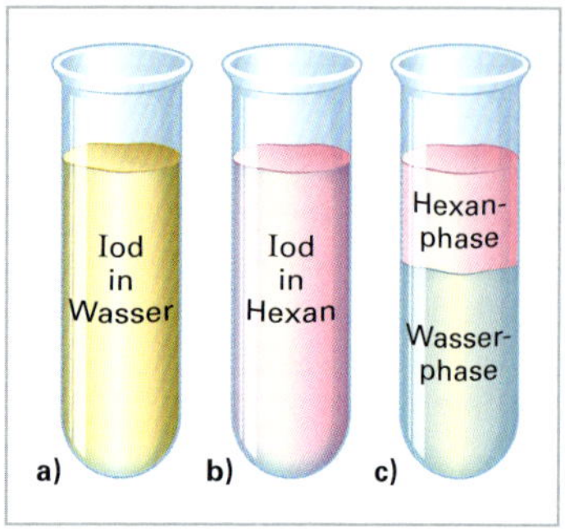

Bild 1: Iod a) in Wasser, b) in *n*-Hexan und c) in beiden Lösemitteln

Zur Flüssig-Flüssig-Extraktion wird im Labor ein **Scheidetrichter** eingesetzt (**Bild 2**). Das Iodwasser aus dem Beispiel wird zusammen mit dem Extraktionsmittel in den Scheidetrichter gegeben. Hierbei bilden sich zwei Phasen aus. Durch Schütteln des Scheidetrichters werden diese beiden Phasen innig vermischt, so dass das Iod aufgrund seiner Löslichkeit zum Teil von der einen Phase in die andere Phase übergeht (**Bild 1c**). Dieses Verfahren wird als **Ausschütteln** bezeichnet.

Das Ausschütteln mit dem Scheidetrichter erfolgt in fünf Schritten:

1. Zum Extraktionsgut wird das Extraktionsmittel gegeben.
2. Der Scheidetrichter wird zur innigen Vermischung kräftig geschüttelt. Zum Druckausgleich wird der umgedrehte Scheidetrichter durch Öffnen des Hahns vorsichtig und kurz belüftet.
3. Die Phasentrennung wird abgewartet.
4. Je nach Dichte der verwendeten Flüssigkeiten wird die untere oder obere Phase aufgefangen und das Extraktionsgut ggf. neu extrahiert.
5. Der Extrakt kann durch Verdampfen des Extraktionsmittels gewonnen werden.

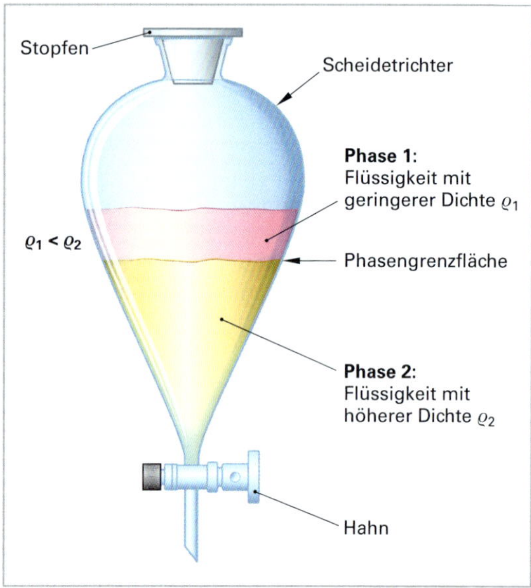

Bild 2: Scheidetrichter

Der Extraktionsvorgang nutzt die physikalische Gesetzmäßigkeit der Verteilung eines gelösten Stoffes zwischen zwei Flüssigkeitsphasen. Die zu extrahierende Substanz verteilt sich auf beide Phasen in einem ganz bestimmten Verhältnis. Hierbei stellt sich ein Gleichgewicht ein, das **Verteilungsgleichgewicht**. Die Gleichgewichtseinstellung geschieht unabhängig davon, in welchem der beiden Lösemittel die zu extrahierende Substanz zuvor gelöst war und unabhängig von der Gesamtmenge der einzelnen Stoffe. Abhängig ist das Verteilungsgleichgewicht nur von den eingesetzten Lösemitteln, von der Löslichkeit des zu extrahierenden Stoffs in den Lösemitteln und von der Temperatur.

Die Konzentration c in der jeweiligen Phase wird als Quotient aus der Basisgröße Stoffmenge n in mol und dem Volumen V in L angegeben und als **Stoffmengenkonzentration *c*** bezeichnet.

Das Verhältnis der Stoffmengenkonzentrationen c des Stoffes X in den beiden Phasen ist konstant. Mathematisch beschrieben wird dieser Zusammenhang für vollständige Unlöslichkeit der Lösemittel ineinander im **Verteilungsgesetz von *Nernst*** (*Walther Nernst,* 1864 – 1941, deutscher Physiker und Chemiker):

$$K = \frac{c\,(X) \text{ im Lösemittel}}{c\,(X) \text{ im Extraktionsgut}}$$

K	c
1	$mol \cdot L^{-1}$

Gl. 2.1

K ist eine temperaturabhängige und dimensionslose Konstante. Sie wird als ***Nernst*****scher Verteilungskoeffizient *K*** bezeichnet (Symbole auch: a oder α).

Ein zu extrahierender Stoff verteilt sich in einem ganz bestimmten Verhältnis auf zwei Flüssigkeitsphasen. Es stellt sich ein **Verteilungsgleichgewicht** ein.

Die Verteilung eines zu extrahierenden Stoffs zwischen der Lösung und dem Extraktionsmittel wird durch den ***Nernst*****schen Verteilungssatz** beschrieben.

Das Verhältnis der Stoffmengenkonzentration des zu extrahierenden Stoffs im Lösemittel und der Stoffmengenkonzentration des zu extrahierenden Stoffs im Extraktionsgut ist konstant.

2

Da die Größe K eine Verhältniszahl ist, kann sie auch mit anderen Konzentrationsangaben wie z. B. in $g \cdot L^{-1}$ oder $mg \cdot mL^{-1}$ berechnet werden, solange im Zähler und Nenner gleiche Einheiten verwendet werden. Das *Nernst*sche Verteilungsgesetz gilt nicht, wenn sich die Gesamtanzahl der Teilchen z. B. durch Dissoziation (Spaltung) verändert. Streng genommen gilt der Verteilungssatz nach *Nernst* nur für ausreichend verdünnte Lösungen.

Beispiel 2.1: Berechnung und Effektivität von Extraktionsvorgängen

Eine Stoffmenge Iod I_2 von n(Iod) = 4 mmol ist in Wasser gelöst. Das Volumen des Iodwassers beträgt V(Iodwasser) = 50 mL. Das gelöste Iod I_2 soll mit $V(CCl_4)$ = 5,0 mL Tetrachlorkohlenstoff CCl_4 extrahiert werden, in welchem es 85-mal besser löslich ist als in Wasser.

a) Welche Stoffmenge an Iod $n(I_2)$ bleibt nach einmaliger Extraktion in der wässrigen Phase?

b) Wie viel Iod verbleibt im Wasser, wenn der Extraktionsvorgang nochmals wiederholt wird?

c) Wie viel Iod verbleibt, wenn der Extraktionsvorgang einmalig mit 10 mL durchgeführt wird?

Lösung:

a) Die Stoffmenge n an Iod im Wasser, die nach dem Ausschütteln vorliegt, wird hier mit x bezeichnet.

n (Iod in Wasser) = x

Für die Stoffmengenkonzentration c von Iod in Wasser gilt:

$$c\,(\text{Iod in } H_2O) = \frac{x}{50\text{ mL}}$$

Die nach dem Ausschütteln im Tetrachlorkohlenstoff CCl_4 verbliebene Stoffmenge n an Iod beträgt:

$n\,(\text{Iod in } CCl_4) = (4\text{ mmol} - x)$

Für die Stoffmengenkonzentration c von Iod im Extraktionsmittel Tetrachlorkohlenstoff CCl_4 gilt:

$$c\,(\text{Iod in } CCl_4) = \frac{(4\text{ mmol} - x)}{5\text{ mL}}$$

Nach dem *Nernst*schen Verteilungsgesetz gilt somit folgender Zusammenhang:

$$K = \frac{c\,(\text{Iod in } CCl_4)}{c\,(\text{Iod in } H_2O)} = \frac{\frac{(4\text{ mmol} - x)}{5\text{ mL}}}{\frac{x}{50\text{ mL}}} = 85$$

2

Über die Multiplikation mit dem Kehrwert des Bruchs im Nenner folgt:

$$\frac{(4\text{ mmol} - x)}{5\text{ mL}} \cdot \frac{50\text{ mL}}{x} = 85 \quad \Rightarrow \quad \frac{(4\text{ mmol} - x)}{1} \cdot \frac{10}{x} = 85$$

$$\Rightarrow \quad \frac{(4\text{ mmol} - x)}{x} = \frac{85}{10}$$

$$\Rightarrow \quad \frac{(4\text{ mmol} - x)}{x} = 8{,}5$$

$$\Rightarrow \quad 4\text{ mmol} - x = 8{,}5 \cdot x$$

Auflösen nach x: $4\text{ mmol} = 8{,}5\,x + x \quad \Rightarrow \quad 4\text{ mmol} = 9{,}5\,x \quad \Rightarrow \quad x \approx 0{,}421\text{ mmol}$

Die im Wasser verbliebene Stoffmenge an Iod beträgt rund 0,421 mmol.

b) Die Stoffmenge n an Iod im Wasser, die nach dem nochmaligen Ausschütteln vorliegt, wird hier mit y bezeichnet.

$n\,(\text{Iod in Wasser}) = y$

Für die Stoffmengenkonzentration c von Iod in Wasser gilt:

$$c\,(\text{Iod in } H_2O) = \frac{y}{50\text{ mL}}$$

Die nach dem Ausschütteln im Tetrachlorkohlenstoff CCl_4 verbliebene Stoffmenge n an Iod beträgt:

$$n\,(\text{Iod in } CCl_4) = (0{,}421\text{ mmol} - y)$$

Für die Stoffmengenkonzentration c von Iod im Extraktionsmittel Tetrachlorkohlenstoff CCl_4 gilt beim 2. Extraktionsvorgang:

$$c\,(\text{Iod in } CCl_4) = \frac{(0{,}421\text{ mmol} - y)}{5\text{ mL}}$$

Nach dem *Nernst*schen Verteilungsgesetz gilt somit analog folgender Zusammenhang:

$$K = \frac{c\,(\text{Iod in } CCl_4)}{c\,(\text{Iod in } H_2O)} = \frac{\frac{(0{,}421\text{ mmol} - y)}{5\text{ mL}}}{\frac{y}{50\text{ mL}}} = 85 \quad \Rightarrow \quad \frac{(0{,}421\text{ mmol} - y)}{5\text{ mL}} \cdot \frac{50\text{ mL}}{y} = 85$$

Durch Umformen analog der Teilaufgabe a) berechnet sich die nach der 2. Extraktion im Wasser verbliebene Stoffmenge an Iod zu $y \approx 0{,}044$ mmol.

c) Die Stoffmenge n an Iod, die nach einmaliger Extraktion mit 10 mL Tetrachlorkohlenstoff im Wasser verbleibt, wird hier mit z bezeichnet.

Analog zu den beiden ersten Berechnungen gilt:

$n\,(\text{Iod in Wasser}) = z$

Für die Stoffmengenkonzentration c von Iod in Wasser gilt:

$$c\,(\text{Iod in } H_2O) = \frac{z}{50\text{ mL}}$$

Die nach dem Ausschütteln in Tetrachlorkohlenstoff CCl_4 verbliebene Stoffmenge n an Iod beträgt:

$$n\,(\text{Iod in } CCl_4) = (4\text{ mmol} - z)$$

Für die Stoffmengenkonzentration *c* von Iod im Extraktionsmittel Tetrachlorkohlenstoff CCl_4 folgt:

$$c\,(\text{Iod in } CCl_4) = \frac{(4\text{ mmol} - z)}{10\text{mL}}$$

Analog gilt nach dem *Nernst*schen Verteilungsgesetz:

$$K = \frac{c\,(\text{Iod in } CCl_4)}{c\,(\text{Iod in } H_2O)} = \frac{\frac{(4\text{ mmol} - z)}{10\text{ mL}}}{\frac{z}{50\text{ mL}}} = 85 \Rightarrow \qquad \frac{(4\text{ mmol} - z)}{10\text{ mL}} \cdot \frac{50\text{ mL}}{z} = 85$$

Die verbliebene Stoffmenge an Iod im Wasser beträgt rund 0,222 mmol.

Aus dem **Beispiel 2.1** wird deutlich, dass bei einmaliger Extraktion mit 10 mL die verbliebene Stoffmenge an Iod deutlich größer ist als bei zweimaliger Extraktion mit jeweils der Hälfte an Extraktionsmittel. Eine mehrmalige Extraktion mit kleinen Mengen eines Extraktionsmittels ist effektiver, als wenn nur einmalig mit einem großen Lösemittelvolumen extrahiert wird. Bei jedem Extraktionsvorgang stellt sich zwischen den Phasen das Verteilungsgleichgewicht ein.

Die mehrmalige Extraktion mit kleinen Mengen an Extraktionsmittel ist effektiver als die einmalige Extraktion mit der Gesamtmenge an Extraktionsmittel.

Die **Extraktionsleistung** wird außerdem durch folgende Faktoren bestimmt.

- **Größe der Phasengrenzfläche**. Für einen guten Stoffaustausch zwischen Lösemittel und Extraktionsmittel muss eine große Phasengrenzfläche vorhanden sein. Bei Flüssig-Flüssig-Extraktionen wird dies durch intensives Rühren bzw. Schütteln erreicht. Hierbei werden die beiden Flüssigphasen in kleine Tröpfchen zerteilt.
- **Konzentrationsunterschied an Extrakt**. Ist der Konzentrationsunterschied zwischen dem Extraktionsgut und Extraktionsmittel groß, so ist auch die treibende Kraft beim Extraktionsvorgang stark. Erreicht werden kann ein großer Konzentrationsunterschied durch häufiges Austauschen des beladenen Extraktionsmittels durch frisches Extraktionsmittel bzw. durch schnelles Wegführen der Extraktlösung von der Oberfläche des Extraktionsguts.
- **Temperatur**. Die Erhöhung der Temperatur begünstigt die Extraktion, da hieraus eine stärkere Wärmebewegung sowie eine geringere Viskosität der Flüssigphasen und somit eine schnellere Einstellung des Gleichgewichts resultiert.
- **Extraktionsmittel**. Selektiv wirkende Extraktionsmittel lösen nur den gewünschten Extrakt aus dem Extraktionsgut, so dass eine weitere Auftrennung der Extraktlösung nicht erforderlich ist. In der Praxis werden oft mehrere Bestandteile aus dem Extraktionsgut herausgelöst, somit müssen der Extraktion weitere Trennverfahren nachgeschaltet werden.

An das Extraktionsmittel werden weitere Anforderungen gestellt, die ebenfalls die Extraktionsleistung beeinflussen. Extraktionsmittel müssen in der Lage sein, den Extrakt schnell zu lösen, und die Fähigkeit besitzen, eine große Extraktmenge aufnehmen zu können. Das Extraktionsmittel muss zusätzlich gegenüber dem Extrakt **inert** sein, d. h., es darf mit dem Extrakt nicht in Reaktion treten. Eine niedrige Siedetemperatur des Lösemittels begünstigt außerdem dessen Rückgewinnung aus der Extraktlösung und der Energieaufwand wird gering gehalten.

Ein genügend hoher Dichteunterschied zwischen dem Extraktionsmittel und dem Extraktionsgut führt bei der Flüssig-Flüssig-Extraktion zu einer schnellen Phasenbildung. Ist die Dichte des Extraktionsmittels kleiner als die des zu extrahierenden Gemisches, können Flüssig-Flüssig-Extraktionen in Form von **Perforationen** durchgeführt werden.

Ein **Perforator**, z. B. in der Ausführung nach *Kutscher* und *Steudel*, ist eine Extraktionsapparatur wie in **Bild 1** dargestellt. Das Extraktionsmittel wird im Siedegefäß verdampft, kondensiert im Kühler und tropft in das Einleitungsrohr. Von dort aus gelangt es auf den Boden des Extraktors.

Da das Extraktionsmittel im ***Kutscher-Steudel*-Perforator** eine geringere Dichte als das Extraktionsgut aufweist, steigt das Extraktionsmittel auf, durchdringt das Extraktionsgut und nimmt den herauszulösenden Stoff auf. Die Extraktionslösung sammelt sich an der Oberfläche des Extraktionsguts und läuft in das Siedegefäß zurück.

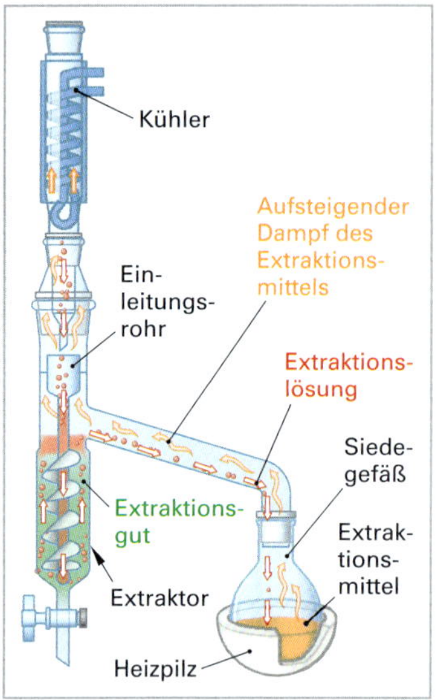

Bild 1: *Kutscher-Steudel*-Perforator

2.6 Absorbieren, Adsorbieren, Desorbieren

Flüssige und gasförmige Stoffgemische lassen sich auch auftrennen, indem der abzutrennende Stoff an einen anderen Stoff gebunden oder angelagert wird. Bei der **Absorption** (lat. *absorbere*: verschlingen) wird der abzutrennende Stoff von einem Absorbens oder Absorptionsmittel aufgenommen. Der Stoff wird **absorbiert**. Bei einer **Adsorption** (lat. *adsorbere*: anlagern) findet eine Anhaftung an der Oberfläche eines Feststoffs statt. Der abzutrennende Stoff wird **adsorbiert**.

Absorption

Ein **Absorptionsmittel**, auch **Absorbens** genannt, ist ein Stoff, der andere, gasförmige Stoffe in sich aufnehmen und binden kann (**Bild 2**). Bei der **chemischen Absorption** werden mehr oder weniger starke chemische Bindungen zwischen den Teilchen des Absorptionsmittels und denen des aufgenommenen Stoffes, dem **Absorbat** gebildet. Bei der **physikalischen Absorption** erfolgt die Aufnahme des Absorbats durch physikalische Vorgänge wie z. B. Lösen.

Ist der zu absorbierende Stoff ein Lösemittel, liegt ein Trocknungsverfahren vor (s. Kap. 4, S. 107).

> **Absorptionsmittel** sind Stoffe, die gasförmige Stoffe in sich aufnehmen und binden können. Dieser Vorgang wird als **Absorption** bezeichnet.

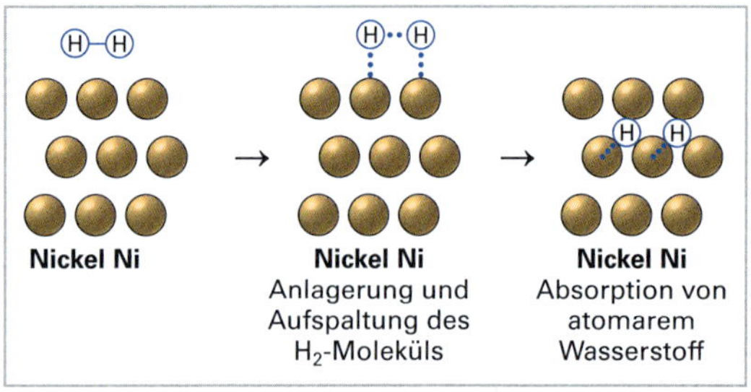

Bild 2: Absorption von Wasserstoff H_2 durch Nickel Ni

Adsorption

Eine Anlagerung und Bindung von Stoffen an der aktiven Oberfläche bestimmter Feststoffe wird Adsorption genannt. Sie ist durch chemische Bindungskräfte oder durch physikalische Bindungskräfte möglich. Entsprechend wird zwischen **chemischer Adsorption** und **physikalischer Adsorption** unterschieden.

Adsorptionsmittel bzw. **Adsorbentien** müssen eine große, adsorptionsaktive Oberfläche aufweisen, die durch eine poröse Struktur erreicht werden kann. Ein wichtiges Adsorptionsmittel ist Aktivkohle (**Bild 3**). Wird Aktivkohle beispielsweise in einen Behälter mit Bromdampf gegeben, verschwindet die Braunfärbung im Behälter langsam. Das Brom wird durch Adhäsionskräfte in den Poren der Aktivkohle festgehalten. Aktivkohle besitzt winzige Poren mit Durchmessern von 0,5 bis 1 nm. Aufgrund dieses porösen Aufbaus hat ein Teelöffel Aktivkohle eine aktive Oberfläche, die größer ist als die Fläche eines Fußballfeldes. Die spezifische Oberfläche von Aktivkohle beträgt ca. 1000 bis 1500 $m^2 \cdot g^{-1}$.

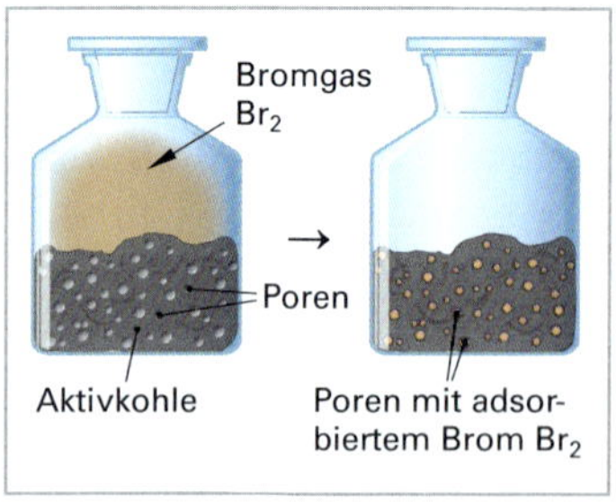

Bild 3: Adsorption von Brom Br_2 durch Aktivkohle

Weitere wichtige Adsorptionsmittel sind Kieselgel (Silicagel) und Zeolithe. Zeolithe werden auch als zeolithisches Molekularsieb bezeichnet. Die Adsorption ist druck- und temperaturabhängig. Eine Erwärmung setzt die Adsorptionswirkung herab, eine Abkühlung verbessert sie.

Adsorption ist die Anlagerung von gelösten Stoffen oder Gasen an die Oberfläche fester Körper. **Adsorptionsmittel** sind Feststoffe, die andere Stoffe an ihre Oberfläche anlagern oder chemisch binden können.

Anwendung findet die Adsorption u. a. in der Chromatografie (griech. *chroma*: Farbe; *graphein*: schreiben). Hierbei wandert eine Flüssigkeit oder ein Gas mit verschiedenen Inhaltsstoffen als **mobile Phase** an einer **stationären Phase** (Adsorbens) entlang. Wird einer der Inhaltsstoffe der mobilen Phase leichter oder stärker an der Oberfläche der stationären Phase adsorbiert, kommt es entlang der stationären Phase zu einer Verteilung der Inhaltsstoffe und somit zu einer chromatischen Trennung durch Adsorption (Adsorptionschromatografie).

Desorption

Unter **Desorption** (lat. *desorbere*: abreißen) wird eine Umkehrung der Absorption oder Adsorption verstanden. Hierbei werden absorbierte oder adsorbierte Stoffe wieder freigesetzt. Sie besteht in der Trennung eines Absorbats von einem Absorbens bzw. der Trennung eines Adsorbats von einem Adsorbens. Das **Desorbieren** ist von der Art der Bindung zwischen dem absorbierten bzw. adsorbierten Stoff und dem entsprechenden Ab- bzw. Adsorbens abhängig. Wirken als Bindungskräfte physikalische Wechselwirkungen, wird die Bindung allgemein auch als **Physisorption** bezeichnet. Sie ist leichter umzukehren als die **Chemisorption**, bei der chemische Bindungskräfte für das Haften der Teilchen an der Oberfläche verantwortlich sind und die die chemische Absorption und chemische Adsorption umfasst.

Das **Desorbieren** ist die Freisetzung von absorbierten oder adsorbierten Stoffen. Der Vorgang des Desorbierens ist die **Desorption**.

Desorptive Vorgänge und deren Umkehrung laufen immer gleichzeitig ab, so dass sich zwischen Desorption und Absorption bzw. Desorption und Adsorption ein Gleichgewicht ausbildet.

Ein Beispiel für die Reversibilität von Desorption und Adsorption ist die Behandlung von farbstoffhaltigen Lösungen mit Aktivkohle. Wird z. B. Rotwein mit Aktivkohlepulver versetzt und geschüttelt, entsteht eine Suspension, die durch Filtration getrennt werden kann. Das Filtrat ist farblos. Die Farb- und Aromastoffe des Weins werden von der Aktivkohle an der Oberfläche angelagert, also adsorbiert. Wird der Filterrückstand anschließend in ein Lösemittelgemisch aus verschiedenen Alkoholen gegeben, lösen sich die Farb- und viele Aromastoffe in diesem Lösemittelgemisch. Die Adhäsionskräfte sind hier geringer als die Tendenz, sich in dem Alkoholgemisch zu lösen. Die vorher adsorbierten Stoffe werden desorbiert.

Aufgaben:

1. Erklären Sie den Unterschied zwischen Sortieren und Klassieren.
2. Entwickeln Sie Vorschläge, welche mechanischen Stofftrennverfahren geeignet sind, um folgende Stoffgemische in Reinstoffe aufzutrennen.
   a) Mischung aus Eisen- und Schwefelpulver
   b) Mischung aus Kupfer- und Schwefelpulver
   c) Mischung aus Kupferpulver und Holzmehl
   d) Suspension aus Kalkpulver und Wasser
   e) Lösung von Iod in Wasser
3. Zählen Sie fünf physikalische Stofftrennverfahren auf und geben Sie zu jedem der Verfahren an, welche Stoffeigenschaft zur Auftrennung der Komponenten genutzt wird.

2

Aufgaben:

4. Geben Sie an, in welchem der folgenden Fälle keine Erhöhung der Filtrationsgeschwindigkeit bei einer Saugnutsche auftritt:

1	Über dem Filterkuchen bildet sich eine möglichst hohe Flüssigkeitsschicht.
2	Auf dem Filter befindet sich eine möglichst dicke Filterkuchenschicht.
3	In der Saugvorlage bildet sich ein möglichst großer Unterdruck.
4	Die abzusaugende Flüssigkeit hat eine geringe Viskosität und der Filter ist grobporig.

5. Geben Sie an, welche Anforderung an das Lösemittel bei einer Feststoffextraktion gestellt werden muss.

6. Erläutern Sie an einem Beispiel den *Nernst*schen Verteilungssatz.

7. Iod soll aus einer wässrigen Lösung mit Petrolether extrahiert werden. Hierbei sind 0,2 g Iod in 0,5 L Wasser gelöst. Der Verteilungskoeffizient von Iod zwischen Wasser und Petrolether beträgt $K = 34{,}1$ bei $\vartheta = 20\ °C$.

a) Berechnen Sie die im Wasser verbleibende Masse an Iod, wenn einmal mit 90 mL Petrolether ausgeschüttelt wird.

b) Berechnen Sie die Masse an Iod, die im Wasser verbleibt, wenn das Iodwasser dreimal mit je 30 mL Petrolether ausgeschüttelt wird.

c) Erläutern Sie, weshalb bei den beiden Extraktionsvorgängen der vorherigen Teilaufgaben ein Unterschied besteht.

8. Geben Sie an, welche der folgenden Aussagen über eine Extraktion richtig ist:

1	Die beiden eingesetzten Lösemittel müssen exakt die gleiche Dichte aufweisen.
2	Die beiden Lösemittel sollten sich möglichst schnell voneinander trennen.
3	Die beiden Lösemittel müssen unbedingt miteinander mischbar sein.
4	Bei Zugabe des zweiten Lösemittels muss der zu extrahierende Stoff sofort einen Niederschlag bilden.

9. Geben Sie an, welches der folgenden Verfahren am besten geeignet ist, um einen in Salzwasser extrem fein verteilten Feststoff mit einer Dichte von unter $0{,}98\ g \cdot cm^{-3}$ abzutrennen:

1	Einfache Filtration mit einem Papierfilter von nicht zu geringer Porengröße.
2	Saugfiltration mit einer Porzellan- oder Glasfritte.
3	Zentrifugation mit einer möglichst hohen Rotationsgeschwindigkeit.
4	Fest-Flüssig-Extraktion mit destilliertem Wasser.

10. Erläutern Sie die Grundlagen folgender Stofftrennverfahren.

a) Klassieren b) Digerieren c) Flotieren

d) Extrahieren e) Absorbieren f) Adsorbieren

3 Thermische Trennverfahren

Die thermischen Trennverfahren werden zur Reinigung oder zur Auftrennung von Stoffen verwendet (griech. *thermos*: Wärme). Das Trennprinzip beruht auf dem Unterschied der Siedetemperaturen verschiedener Stoffe. Hierbei wird ein Stoffgemisch so weit erhitzt, bis Komponenten dieses Gemischs in den gasförmigen Zustand übergehen. Feste Stoffe **sublimieren**, flüssige Stoffe **verdampfen**, wenn sie gasförmig werden.

3.1 Abdampfen und Eindampfen

Beim Erhitzen eines flüssigen Systems verdampfen die leichter flüchtigen Komponenten aus dem Gemisch und gehen in die Gasphase über. Es wird von **Abdampfen** gesprochen. Die schwerer flüchtigen Komponenten bleiben zurück und ihre Konzentration in der Ausgangsflüssigkeit wird größer. Diese Art von Aufkonzentrieren wird auch als **Einengen** bezeichnet.

Wird ein Stoffsystem mit gelösten Feststoffen (Lösung) so weit und so lange erhitzt, bis die gesamte Flüssigkeit verdampft ist und ein trockener Feststoff zurückbleibt, wird von **Eindampfen** gesprochen. 3

Das Ziel der beiden thermischen Trennverfahren Abdampfen und Eindampfen besteht darin, die leichter flüchtigen Komponenten vom Ausgangsgemisch abzutrennen und die schwerer flüchtigen Bestandteile zu gewinnen. Ähnlich verhält es sich beim thermischen Trennverfahren des **Trocknens**, das in Kapitel 4 beschrieben wird (s. S. 109).

Soll die flüchtigere Komponente eines homogenen Flüssigkeitsgemischs gewonnen werden, so muss die gasförmige Komponente aufgefangen werden. Durch Kühlen werden diese gasförmigen Komponenten des Systems wieder verflüssigt, d. h. sie **kondensieren**. Die vorher verdampften Stoffe können so als Flüssigkeit aufgefangen werden. Dieses Vorgehen wird als **Destillation** bezeichnet.

3.2 Destillation

Die Destillation (lat. *destillare:* herabtröpfeln) ist ein thermisches Trennverfahren, das dazu dient, aus homogenen Flüssigkeitsgemischen leichter flüchtige Komponenten abzutrennen. Bei der Destillation gehen die leichtflüchtigen Komponenten in die Gasphase über und werden anschließend durch Kühlen kondensiert und als Flüssigkeit separiert von der Ausgangslösung aufgefangen. Auch Gemische von gelösten Feststoffen und Lösemitteln können durch Destillation getrennt werden.

Destillation ist das Abtrennen flüchtiger Stoffe durch einmaliges Verdampfen und anschließendes Kondensieren dieser Stoffe aus einem Flüssigkeitsgemisch. Das Trennprinzip beruht auf den unterschiedlichen Siedetemperaturen.

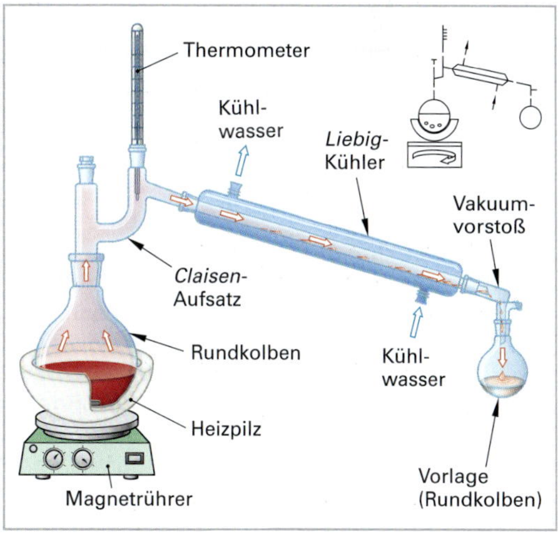

Bild 1: Aufbau einer Destillationsanlage (Gleichstromdestillation)

Ein Vorteil der Destillation gegenüber anderen Trennverfahren ist, dass in der Regel zur Ausgangsflüssigkeit keine weiteren Hilfsstoffe zur Trennung zugeführt werden müssen. Als Trennhilfsmittel wird nur **Energie in Form von Wärme** eingesetzt, die dem System zugeführt und anschließend wieder entzogen wird.

Mit einer Standard-Destillationsanlage können Flüssigkeitsgemische getrennt werden, deren Siedetemperaturen (engl. *boiling temperature,* T_b) mindestens etwa 80 °C weit auseinander liegen. Eine vollständige Trennung ist in diesem Fall durch einmaliges Destillieren möglich.

3.3 Aufbau einer Destillationsanlage

Der Aufbau einer Destillationsanlage ist zusammen mit einer symbolisierten Apparatedarstellung in Bild 1, S. 73, dargestellt. Die aufzutrennende Ausgangslösung wird in einem Kolben (Destillier- oder Siedekolben) eingesetzt. Beim Erwärmen steigen die erzeugten Dämpfe in der Anlage auf und gelangen in den Aufsatz (***Claisen*-Aufsatz**) mit anschließendem Kühler (**Kondensator**), Vorstoß und Auffangkolben (**Destillatkolben, Vorlage**). Ein anderer Aufsatz ist der ***Hempel*-Aufsatz**, der nur eine senkrechte Hülse für die Aufnahme des Thermometers besitzt. Die Kombination aus Aufsatz und Kühler wird auch als ***Claisen*-Brücke** bezeichnet. Die im Kühler kondensierenden Dämpfe werden am anderen Ende des Kühlers als Flüssigkeit in einem Auffangkolben, der **Vorlage** aufgefangen.

3

Der aufsteigende Dampf aus dem Siedekolben und das abfließende Kondensat fließen bei der einfachen Destillation in die gleiche Richtung. Die einfache Destillation wird daher auch als **Gleichstromdestillation** bezeichnet.

3.3.1 Bauteile der Destillationsanlage

Abhängig von der Menge der Ausgangslösung und der Heizquelle wird ein entsprechend großer Rundkolben als **Siedekolben** eingesetzt. Dieser darf nur zu maximal zwei Dritteln gefüllt sein, damit die Flüssigkeit beim Sieden nicht in den Destillationsaufsatz gelangt.

Beim Erhitzen eines Gemisches entstehen neben partiellen Überhitzungen insbesondere am heißesten Punkt des Siedekolbens große Gasblasen. Beim schnellen Aufsteigen dieser Gasblasen reißen diese Flüssigkeit mit und das Gemisch schießt in den Aufsatz. Derartige **Siedeverzüge** können durch Zugabe von **Siedesteinen** (z. B. Bimsstein mit großer poröser Oberfläche und vielen Hohlräumen), **Siedekapillaren** (gezogenes Glasrohr mit sehr kleinem Durchmesser) oder auch kleinen **Glaskugeln** (Glasperlen) in den Siedekolben verhindert werden. An diesen Steinen oder Kugeln bilden sich kleine Dampfblasen, die schnell nach oben steigen und so das Flüssigkeitsgemisch kontrolliert sieden lassen.

Auch ständiges Rühren hilft durch eine gute Wärmeverteilung und Ablösen kleiner Dampfblasen von der Kolbenwand, Siedeverzüge zu vermeiden. Eingesetzt werden heutzutage **Magnetrührer**, bei denen ein **Magnetrührstäbchen** (kunststoffumhüllter Eisenkern), auch als **Rührfisch** bezeichnet, in der Mischung mit Hilfe eines rotierenden Magneten von außen bewegt wird (Bild 1). Bei sehr viskosen Mischungen oder großen Volumina sind im Labor auch **KPG-Rührer** (KPG: **k**erngezogenes **P**räzision**sg**lasgerät) unterschiedlicher Bauarten im Einsatz (Bild 2).

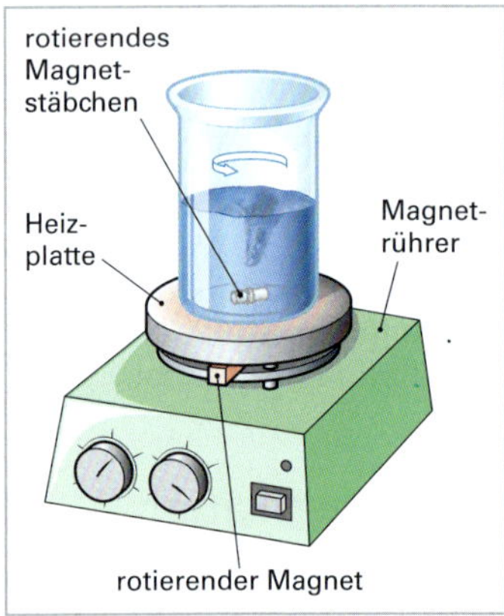

Bild 1: Magnetrührer

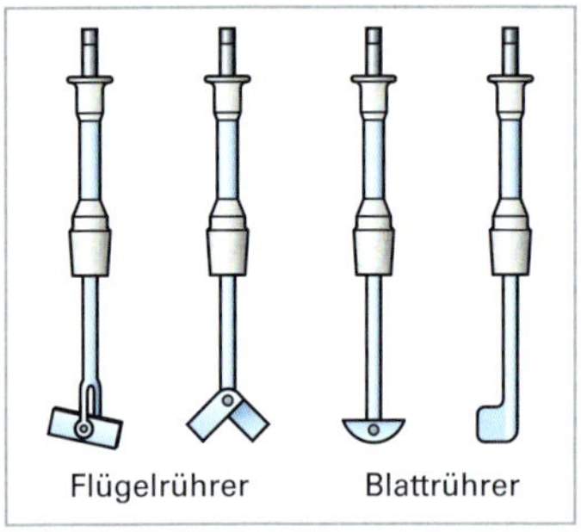

Bild 2: KPG-Rührer

Am Kopf der Destillationsanlage, am Destillationsaufsatz, kann die Temperatur des übergehenden Dampfes, die **Kopftemperatur** ϑ (gesprochen: *theta*), abgelesen werden. Diese Temperatur stellt die Siedetemperatur des übergehenden Stoffes dar. Anhand dieser Siedetemperatur kann der flüchtige Stoff bereits näher identifiziert werden. Die Temperatur im Siedekolben wird als **Sumpftemperatur** bezeichnet.

Der bei der Destillation aufsteigende Dampf wird in einem Kondensator abgekühlt. Im Labor wird hierzu ein ***Liebig*-Kühler** verwendet. Wasser durchströmt den äußeren Mantel des Kühlers und dient somit als Kühlmittel. Die kondensierte Flüssigkeit tropft in eine Vorlage, von der zur Bestimmung der aufgefangenen Masse zuvor das Leergewicht bestimmt wurde. Der **Vorstoß** am Ende des Kondensators besitzt häufig einen seitlichen Ansatz, über den die gesamte Anlage evakuiert werden kann, um die Destillation unter vermindertem Druck durchführen zu können. Wird unter vermindertem Druck destilliert, wird von einer **Vakuumdestillation** gesprochen (Kap. 3.7.1, S. 99).

3.3.2 Vorrichtungen zum Heizen

Der Siedekolben kann durch verschiedene Heizmedien erwärmt werden. Die einfachste Methode ist der Einsatz eines **Brenners mit offener Flamme**, der den Siedekolben schnell erhitzt. Noch heute wird daher beim Verarbeiten von Wein oder Trester zu Branntwein von ***Brennen*** gesprochen.

Bei vorgelegten brennbaren Flüssigkeiten ist der Einsatz von offenen Flammen jedoch nicht ungefährlich, so dass insbesondere im Labor **Heizhauben (Heizpilze)** zum Einsatz kommen. Heizpilze umschließen den Siedekolben und geben auf der gesamten Fläche über eine elektrische Heizung Wärme ab (**Bild 1**, S. 73). In der Technik sind auch elektrisch beheizte Heizstäbe im Einsatz. Die Wärmezufuhr kann in beiden Fällen über Regler gut und schnell eingestellt werden.

3

Heizbäder sind eine weitere Alternative für das Beheizen des Siedekolbens. Die Wärme wird auch hier gleichmäßig über die gesamte Austauschfläche abgegeben. Mit Bädern aus Öl oder Silikon können wesentlich höhere Temperaturen erreicht werden als mit einem Wasserbad. Die Wärmeregelung verläuft allerdings träger als bei der direkten elektrischen Heizung. Insbesondere bei alten, verunreinigten Ölbädern ist die Gefahr des Rauchens und Überhitzens gegeben. Anteile von Wasser in Ölbädern können aufgrund der schlagartigen Verdampfung des Wassers zu schweren Unfällen führen.

In der Technik wird zum Heizen häufig **Wasserdampf** eingesetzt, der unabhängig von der Destillationsapparatur erzeugt und über weite Strecken durch Rohre zum Siedekolben geführt werden kann. Die Verwendung von Wasserdampf stellt eine sowohl relativ ungefährliche (ungiftig, nicht brennbar) als auch saubere Methode zum Erhitzen eines Flüssigkeitsgemischs im Siedekolben dar. Die verschiedenen Heizdampfarten, wie **Niederdruck-**, **Hochdruck-** und **Höchstdruckdampf**, besitzen unterschiedliche Eigenschaften.

3.3.3 Vorrichtungen zum Kühlen

Die Kondensation der entstandenen Dämpfe erfolgt durch Kühlen. Den gasförmigen Stoffen wird hierbei Wärme entzogen, so dass sie in den flüssigen Zustand übergehen. Das eingesetzte Kühlmittel nimmt die Wärme auf und wird aus der Anlage abgeführt.

Für die Wärmeabführung ist bei einer Destillation eine Luftkühlung am Kondensator häufig nicht ausreichend, daher werden statt eines **Luftkühlers** (**Bild 1a**) andere Kühlerbauformen vorgezogen, die das meist eingesetzte Kühlmittel Wasser verwenden. Neben seiner Verfügbarkeit und seiner Ungefährlichkeit besitzt Wasser auch eine große **Kondensationswärme** bzw. **spezifische Wärmekapazität**. Dies bedeutet, dass das Wasser eine große Wärmemenge aufnehmen kann, bevor es selbst durch Verdampfen in den gasförmigen Zustand übergeht.

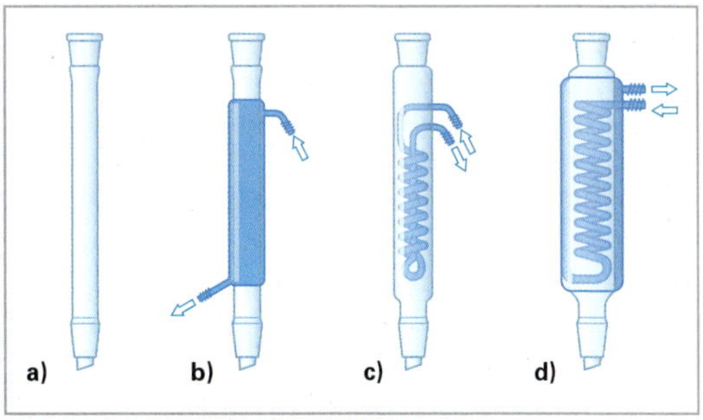

Bild 1: Bauformen von Kühlern, a) Luftkühler, b) *Liebig*-Kühler, c) *Dimroth*-Kühler, d) Intensivkühler

Bild 1 zeigt verschiedene Arten von Kühlern, die teilweise nicht nur in der Destillation eingesetzt werden. Der *Liebig*-Kühler wird meistens beim Destillieren eingesetzt (**Bild 1b**). Da im *Liebig*-Kühler keine Kühlschlange vorhanden ist, kann das Destillat gut in die Vorlage abfließen. Der ***Dimroth*-Kühler** wird oft als Rückflusskühler eingesetzt, ist jedoch auch für den Einsatz bei der Destillation geeignet (**Bild 1c**). Eine besonders starke Kühlleistung wird beim **Intensivkühler** (Kombination aus *Liebig*- und *Dimroth*-Kühler) durch das Verhältnis des Kühlflüssigkeitsvolumens zum

Flüssigkeit-Dampf-Volumen im Bereich der Kühlwendel erreicht (**Bild 1d**, S. 75). Durch die Kühlwendel ist die Kühlstrecke hier außerdem länger als die gesamte Länge des Kühlers (größere Wärmeaustauschfläche).

Eine optimale Wärmeabfuhr durch das Kühlmittel wird durch den Betrieb des Kühlers im Gegenstrom erreicht: Das Kühlmittel strömt durch den Mantel des Kondensators gegen den Fluss des zu kondensierenden Stoffstroms. Somit ist im optimalen Fall über die gesamte Kühlstrecke ein ausreichend großer Temperaturunterschied zwischen dem zu kühlenden Stoffstrom und dem Kühlmittelstrom gewährleistet. Parameter für eine optimale Kühlung sind einerseits die Geschwindigkeit der beiden Stoffströme und andererseits die Temperaturunterschiede zwischen diesen.

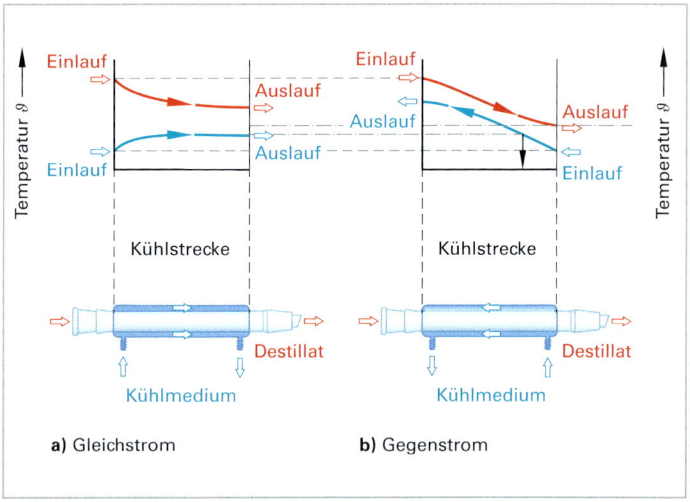

Bild 1: Temperaturänderung von Kühlmedium und Destillat in einem Kondensator

Bild 1 zeigt die Temperaturänderungen des Kühlmittels und des Destillatstroms in einem Kondensator bei gleichströmendem und gegenströmendem Kühlmedium. Während sich die Temperatur des zu kondensierenden Stoffes verringert, nimmt die Temperatur des Kühlmittels stetig zu. Die Kühlleistung ist im Gegenstromsystem im Vergleich zum Gleichstromsystem höher. Die Wärme muss über die Kondensatorwand an das Kühlmittel weitergegeben werden. Der Wärmeaustausch ist somit auch von der Wärmeaustauschfläche und dem Wandmaterial abhängig. Für eine optimale Temperaturführung sind diese Parameter bei der Wärmeabfuhr zu beachten (s. Kap. 45, S. 411).

3.4 Fraktionierte Destillation

Homogene Stoffgemische aus mehr als zwei Komponenten mit ausreichend großem Siedetemperaturunterschied können ebenfalls durch Destillation getrennt werden. Beim Erwärmen werden die enthaltenen Stoffe in Abhängigkeit von den Siedetemperaturen nacheinander in den gasförmigen Zustand überführt, sie steigen auf und werden im Kondensator wieder verflüssigt. Nacheinander können so die einzelnen reinen Stoffe getrennt und in einzelnen **Fraktionen** aufgefangen werden (lat. *fractio*: Bruch, Bruchteil). Diese Art der Destillation wird daher als **fraktionierte Destillation** oder **fraktionierende Destillation** bezeichnet.

3.4.1 Zeitlicher Temperaturverlauf

Beim Erhitzen eines homogenen Flüssigkeitsgemischs bis zum Sieden steigen die einzelnen Stoffe nacheinander in den **Anlagenkopf** (Destillationsaufsatz) auf. Hier wird die **Kopftemperatur** ϑ durch das Thermometer angezeigt. Solange der reine Stoff übergeht, bleibt die Kopftemperatur konstant. Erst wenn dieser Stoff verdampft ist, steigt die Kopftemperatur weiter an, bis der nächst höher siedende Stoff den Kopf der Anlage erreicht.

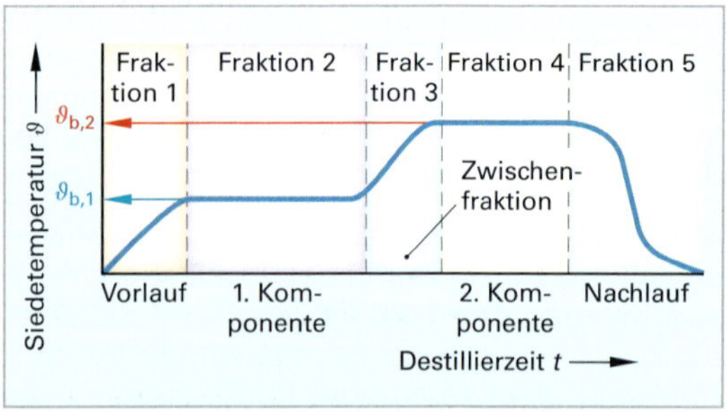

Bild 2: Temperaturprofil in Abhängigkeit von der Destillierzeit t (ϑ/t-Diagramm)

Der Temperaturverlauf am Anlagenkopf ergibt für ein Mehrkomponentensystem in Abhängigkeit von der Destillierzeit *t* das in **Bild 2**, S. 76, dargestellte Temperaturprofil (ϑ/t-Diagramm).

Die einzelnen Fraktionen sind hier deutlich im zeitlichen Verlauf erkennbar. Zwischen den **Hauptfraktionen** mit reinen Stoffen, bei denen die Kopftemperatur konstant bleibt, ergeben sich **Zwischenfraktionen**, die aus Gemischen der vorherigen und nachfolgenden Hauptfraktion bestehen. Fraktionen zu Beginn und am Ende der fraktionierten Destillation werden als **Vorlauf** bzw. als **Nachlauf** bezeichnet. Sie enthalten wie die Zwischenfraktionen keine reinen Stoffe und sollten deshalb ebenfalls separiert von den Hauptfraktionen aufgefangen werden.

3.4.2 Aufbau einer Apparatur zur fraktionierten Destillation

Bei der fraktionierten Destillation wird anhand der abgelesenen Temperatur am Anlagenkopf der übergehende Stoff identifiziert. Er kann am Ende des Kondensators in einem neuen Kolben aufgefangen werden.

Neben den Hauptfraktionen aus reinen Stoffen können auch die Zwischenfraktionen jeweils in einem neuen Kolben aufgefangen werden. Bei der fraktionierten Destillation ist hierzu der einfache Auffangkolben am Vorstoß durch eine so genannte **Spinne (Destillationsspinne, -euter)** mit mehreren Kolben ersetzt (**Bild 1**). Der Vorstoß selbst hat einen gebogenen Auslauf und wird als **Vorstoß nach *Bredt*** bezeichnet.

Ist eine neue Fraktion durch die abgelesene Kopftemperatur identifiziert, wird die Spinne um einen Kolben weiter gedreht. Die neue Fraktion tropft dann über den Auslauf des Vorstoßes in den neuen Kolben, und der übergegangene Stoff ist von den anderen Stoffen separiert.

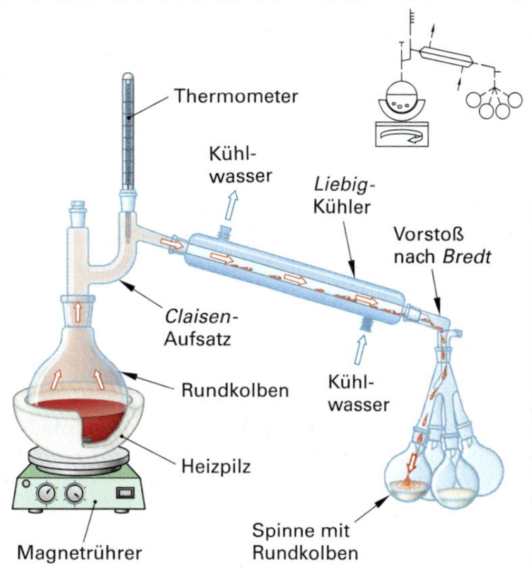

Bild 1: Anlage für eine fraktionierte Destillation mit einer Destillationsvorlage nach *Bredt*

Bei kleinen Stoffmengen werden statt Rundkolben an dieser Stelle auch **Spitzkolben** eingesetzt, aus denen kleine Stoffmengen im Anschluss an die Destillation einfacher mit einer Pipette entnommen werden können.

3.5 Siedediagramme

Jeder Stoff hat eine bestimmte, vom Druck abhängige Siedetemperatur. Anhand dieser Temperatur kann der Stoff identifiziert werden. Liegt ein homogenes Stoffgemisch aus mehreren Einzelkomponenten vor, ist die Siedetemperatur dieses Gemischs von der Gemischzusammensetzung abhängig. Die Teilchenvorstellung veranschaulicht diese Zusammenhänge.

3.5.1 Dampfdruck

Alle Teilchen (Atome, Moleküle, Ionen) in einem System sind unabhängig von ihrem Aggregatzustand in ständiger Bewegung. Eine Ausnahme bilden nur die Systeme am absoluten Temperaturnullpunkt bei Null Kelvin (0 K; s. Kap. 1, S. 24).

In Feststoffen ist die Lage der einzelnen Teilchen ortsfest, sie schwingen jedoch abhängig von der Temperatur stärker oder geringer um ihre Ruhelage. In Flüssigkeiten und Gasen sind die Teilchen frei beweglich. Ihre Bewegung ist auch temperaturabhängig.

Für Feststoffe, Flüssigkeiten und Gase gilt:
Je wärmer ein Stoff ist, desto stärker sind seine Teilchenbewegungen.

Die im System vorhandene **kinetische Energie** (griech. *kinesis*: Bewegung; Bewegungsenergie) ist die Summe der Bewegungsenergien aller Teilchen des Systems. Diese Summe der Bewegungsenergien entspricht der Wärme bzw. der Wärmemenge des Systems.

Die Beweglichkeit der einzelnen Teilchen in **fluiden Systemen** (flüssige und gasförmige Systeme) hängt jedoch auch von den Wechselwirkungen zwischen den Teilchen ab. Diese zwischenmolekularen Kräfte, wie z. B. **Dipolwechselwirkungen** (s. S. 198), **Wasserstoffbrückenbindungen** (s. S. 194) und ***Van-der-Waals*-Kräfte** (s. S. 200) wirken der freien Bewegung der einzelnen Teilchen entgegen.

Wird einem flüssigen System immer mehr Wärmeenergie zugeführt, besitzen einzelne Moleküle so viel Bewegungsenergie, dass sie von der flüssigen Phase in die Gasphase übergehen können (**Bild 1**).

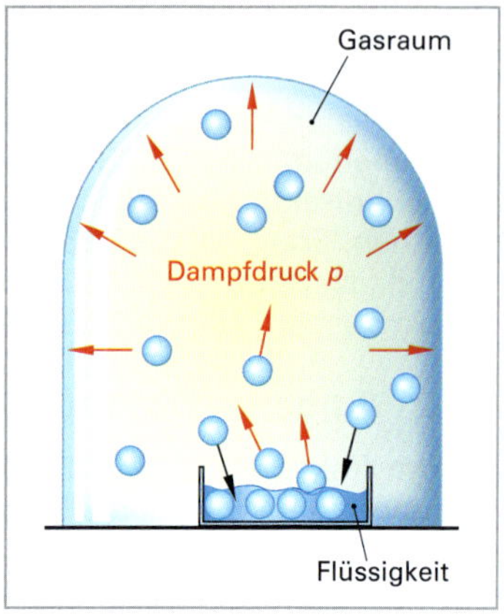

Bild 1: Dynamisches Gleichgewicht

Andererseits gelangen Teilchen von der Gasphase in die flüssige Phase, wenn ihre Energie abnimmt. In einem **abgeschlossenen System** (kein Austausch mit der Umgebung) stellt sich somit bei konstanter Temperatur (**isotherm**, griech. *isos*: gleich; *thermós*: warm) und konstantem Druck (**isobar**, griech. *isos*: gleich; *barýs*: schwer) zwischen der Gasphase und der flüssigen Phase ein **dynamisches Gleichgewicht** ein. Die Anzahl der aus der flüssigen Phase austretenden und in die flüssige Phase eintretenden Teilchen ist gleich (**Bild 1**).

Auch bei Feststoffen existiert dieses Gleichgewicht zwischen den austretenden und eintretenden Teilchen. Die Zahl der Teilchen, die diesen Phasenübergang erfahren, ist verglichen mit einem flüssigen System allerdings meist sehr klein.

Der Druck, der durch das Austreten von Teilchen einer Flüssigkeit (oder eines Feststoffs) an der Oberfläche einer Phase entsteht, wird als **Dampfdruck *p*** bezeichnet. Der Dampfdruck reiner Komponenten wird mit p^0 gekennzeichnet.

Die Teilchen einer Flüssigkeit oder eines Feststoffes, die aus der Phase in eine andere Phase übergehen, erzeugen einen Druck, den **Dampfdruck *p***.

Der Dampfdruck eines Stoffes ist temperaturabhängig (**Bild 2**). Er nimmt mit steigender Temperatur zu und ist stoffspezifisch. Die zum Übergang von Teilchen in die Dampfphase benötigte Energie wird der Umgebung entnommen, wodurch sich diese abkühlt.

Anwendungsbeispiel: Erfrischungstücher enthalten Stoffe, die einen hohen Dampfdruck besitzen. Diese Stoffe nehmen die Energie zum Verdampfen von der Hautoberfläche auf und rufen so die kühlende Wirkung hervor.

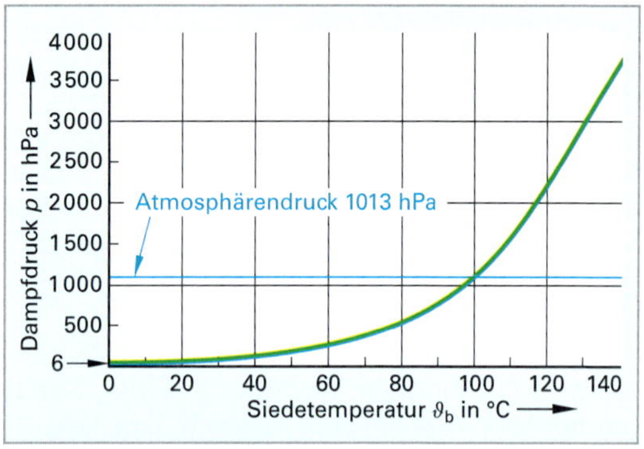

Bild 2: Dampfdruckkurve von Wasser (p-ϑ_b-Diagramm)

Wird die Wärmezufuhr zu einem System erhöht, steigt der Dampfdruck an. An dem Punkt, an dem der Dampfdruck den Umgebungsdruck erreicht, siedet die Flüssigkeit. Die Flüssigkeit **verdampft**. Gehen Teilchen unterhalb der Siedetemperatur in die Dampfphase über, wird von **Verdunstung** gesprochen.

Eine Flüssigkeit **siedet**, wenn der Dampfdruck der Flüssigkeit gleich dem Umgebungsdruck ist.

Die Siedetemperatur von Wasser beträgt bei einem Normdruck von p = 1013,25 hPa genau ϑ_b = 100 °C. Mit abnehmendem Umgebungsdruck p sinkt auch die Siedetemperatur ϑ_b (**Bild 2**, S. 78). Auf der Zugspitze in einer Höhe von 2962 m über NHN (Normalhöhennull) herrscht ein Druck von ungefähr p = 700 hPa. Die Siedetemperatur von Wasser beträgt hier nur noch ϑ_b = 90 °C. Auf dem *Mont Blanc* (4810 m über NHN) siedet Wasser bereits bei etwa ϑ_b = 84 °C.

Erhöht sich der Umgebungsdruck, steigt die Siedetemperatur an. In einem Dampfdruckkochtopf mit einem Druck von ca. p = 4000 hPa beträgt die Siedetemperatur des Wassers etwa ϑ_b = 135 °C.

Bei hohem Umgebungsdruck ist es für die Stoffteilchen schwerer, in die Gasphase zu treten bzw. sich dort zu halten. Die Siedetemperatur ist dann erhöht. Umgekehrt reicht bei niedrigem Umgebungsdruck bereits wenig Energie aus, Stoffteilchen von der Flüssigphase in die Gasphase zu überführen. Die Siedetemperatur ist somit erniedrigt. Dies wird bei der Vakuumdestillation ausgenutzt (Kap. 3.7.1, S.99).

Je geringer der äußere Druck ist, desto leichter können Teilchen von der Flüssigphase in die Gasphase übergehen.

Niedrigsiedende Flüssigkeiten besitzen einen hohen Dampfdruck und sind infolgedessen leicht flüchtig. Sie besitzen eine niedrige Siedetemperatur ϑ_b. Beispiele sind Aceton und Diethylether.

Hochsiedende Flüssigkeiten besitzen einen niedrigen Dampfdruck und sind daher schwer flüchtig. Sie besitzen eine hohe Siedetemperatur ϑ_b. Beispiele sind Silikonöl und Paraffine.

Die Druckabhängigkeit des Dampfdrucks wird im Labor für die Arbeit bei erhöhtem Druck und somit bei höherer Temperatur ausgenutzt. Hochdruckreaktionen oder auch Sterilisationsreaktionen werden daher in einem **Autoklav** (Dampfdrucktopf) durchgeführt.

Im Diagramm lässt sich die druckabhängige Siedetemperatur eines Stoffes in Form der **Dampfdruckkurve** darstellen (p-ϑ_b-Diagramm, **Bild 2**, S. 78). Wegen dieser starken Druckabhängigkeit der Siedetemperatur muss die Siedetemperatur eines Stoffes zusammen mit dem dazugehörigen Druck angegeben werden. Ist kein Druck angegeben, bezieht sich die Angabe der Siedetemperatur auf den Normdruck von 1013,25 hPa.

Aus Dampfdruckkurven lässt sich ungefähr abschätzen, dass die Siedetemperatur einer Flüssigkeit jeweils um ca. 15 °C sinkt, wenn sich der äußere Druck um die Hälfte verringert. Eine Druckerniedrigung vom Normdruck auf 25 hPa ergibt somit bei hochsiedenden Stoffen eine Erniedrigung der Siedetemperatur von etwa 80 °C. Durch eine Erniedrigung des Drucks wird somit eine **Siedetemperaturerniedrigung** erreicht.

Die Dampfdruckkurve ist nur ein Ausschnitt aus einem komplexen Diagramm, dem **Zustandsdiagramm**.

3.5.2 Zustandsdiagramme

Für jeden Stoff lassen sich Zustandsdiagramme erstellen. Zustandsdiagramme zeigen, bei welcher Temperatur und bei welchem Druck Stoffe in einem bestimmten Zustand vorliegen (**Bild 1**). Wichtige Zustände sind die **Aggregatzustände** (s. Kap. 1, S. 19).

Die Kurven in einem Zustandsdiagramm geben die Übergänge von einem Zustand in einen anderen an bzw. kennzeichnen die Stellen, an denen die beiden benachbarten Zustände im **Gleichgewicht** stehen. Zustandsdiagramme werden daher auch als **Gleichgewichtsschaubilder** bezeichnet.

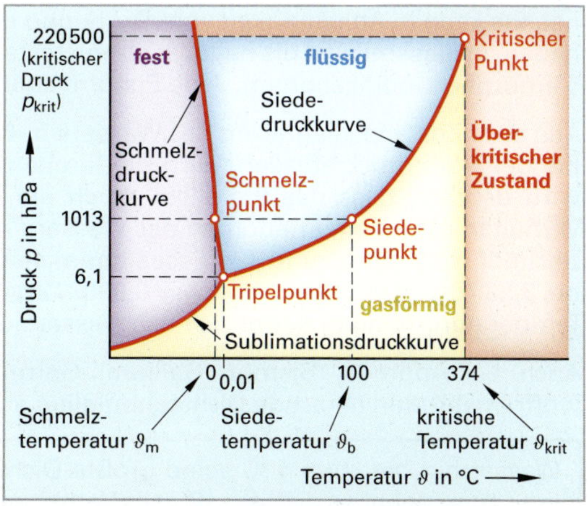

Bild 1: Zustandsdiagramm von Wasser H_2O

3

Entsprechend den Übergängen zu anderen Aggregatzuständen werden die Kurven im Zustandsdiagramm als **Schmelzdruckkurve** (Übergang fest – flüssig), **Siededruckkurve** (Übergang flüssig – gasförmig) und **Sublimationsdruckkurve** (Übergang fest – gasförmig) bezeichnet. Die Siededruckkurve und die Sublimationsdruckkurve tragen auch die gemeinsame Bezeichnung **Dampfdruckkurve**. An dem Punkt, an dem sich die drei Kurvenabschnitte treffen, liegen alle Aggregatzustände (fest, flüssig, gasförmig) nebeneinander im Gleichgewicht vor. Dieser Punkt wird als **Tripelpunkt** bezeichnet.

Die Kurve für den Übergang vom flüssigen zum gasförmigen Aggregatzustand endet am **kritischen Punkt**. Die zugehörigen Parameter sind die **kritische Temperatur (ϑ_{krit})** und der **kritische Druck (p_{krit})**. Oberhalb dieser kritischen Größen gleichen sich die Dichte der Flüssigkeit und des Gases an, so dass jenseits des kritischen Punkts kein Unterschied zwischen flüssiger und gasförmiger Phase existiert. Flüssigkeit und Gas können nicht mehr unterschieden werden. Deshalb wird allgemein von einem **überkritischen Fluid**, gesprochen. Der zugehörige Zustand wird als **überkritischer Zustand** bezeichnet.

Stoffe im **überkritischen Zustand** können allein durch Druckänderung nicht in einen anderen Aggregatzustand überführt werden.

Beispiel 3.1: Änderungen von Aggregatzuständen

Verwenden Sie das Zustandsdiagramm für Wasser von S. 79.

a) Wasser wird bei einem Druck von 500 hPa von 10 °C auf 90 °C erwärmt, anschließend wird der Druck erhöht. Welche Aggregatzustandsänderungen finden statt?

b) Wasser wird bei einem Druck von 1013 hPa auf 380 °C erwärmt, anschließend wird der Druck erhöht. Welche Aggregatzustandsübergänge finden hier statt?

Lösung:

a) Flüssiges Wasser wird durch Temperaturerhöhung in den gasförmigen Zustand überführt, anschließend erfolgt durch die Druckerhöhung wieder die Verflüssigung zu Wasser. Die Aggregatzustände ändern sich von flüssig zu gasförmig und von gasförmig zu flüssig.

b) Flüssiges Wasser wird durch Temperaturerhöhung in den gasförmigen Zustand überführt. Die anschließende Druckerhöhung führt zu keiner Aggregatzustandsänderung, da die Druckerhöhung oberhalb der kritischen Temperatur erfolgt.

Auch innerhalb eines bestimmten Aggregatzustands können Änderungen in der Anordnung der Teilchen auftreten, so dass hier unterschiedliche **Phasen** vorliegen. Die Übergänge werden als Phasenübergänge, die zugehörigen Zustandsdiagramme daher oft auch als **Phasendiagramme** bezeichnet. Eis kann in Abhängigkeit vom Druck und der Temperatur verschiedene Teilchenanordnungen haben. Insgesamt sind bis heute achtzehn feste Modifikationen von Eis bekannt (13 kristalline und 5 amorphe Modifikationen). Jede Eisform stellt eine spezifische Phase des Feststoffs dar.

Aus dem Zustandsdiagramm des Wassers in **Bild 1**, S. 79, lässt sich die Schmelztemperatur von Eis bei Normdruck ablesen. Wird die Temperatur konstant gehalten und nur der Druck erhöht, wird deutlich, dass das Eis allein durch die Druckerhöhung verflüssigt werden kann. Dieses Verhalten ist auf ein Phänomen des Wassers zurückzuführen, das als **Anomalie des Wassers** bezeichnet wird. Der Grund für dieses **anomale Verhalten** des Wassers besteht darin, dass Wasser bei 3,98 °C seine größte Dichte (ϱ = 0,999972 g · cm^{-3}) besitzt. Bei Temperaturerniedrigung und bei Temperaturerhöhung dehnt sich das Wasser aus.

Auch bei Antimon, Bismut, Gallium, Germanium, Plutonium, Silizium und bei Zirkoniumwolframat treten derartige Dichteanomalien auf (s. Kap. 1.5.7, S. 37).

Wasser hat bei etwa 4 °C seine größte Dichte. Bei Temperaturerniedrigung und Temperaturerhöhung dehnt es sich aus. Dieses Verhalten wird als **Anomalie des Wassers** bezeichnet.

Die meisten anderen Stoffe hingegen zeigen diese Anomalie nicht. Sie zeigen **normales Verhalten**. Für dieses normale Verhalten sehen die Zustandsdiagramme im Bereich des Übergangs von fest zu flüssig deutlich anders aus, wie für Kohlenstoffdioxid CO_2 in **Bild 1** beispielhaft dargestellt ist. Beim Feststoff führt eine Druckerhöhung nicht zu einer Änderung des Aggregatzustands.

Für die Destillation ist der Phasenübergang von flüssig zu gasförmig relevant. Daher kann nur in einem bestimmten Temperatur- und Druckbereich gearbeitet werden und die Zustandsdiagramme sind auf die Siededruckkurve (Dampfdruckkurve) reduziert.

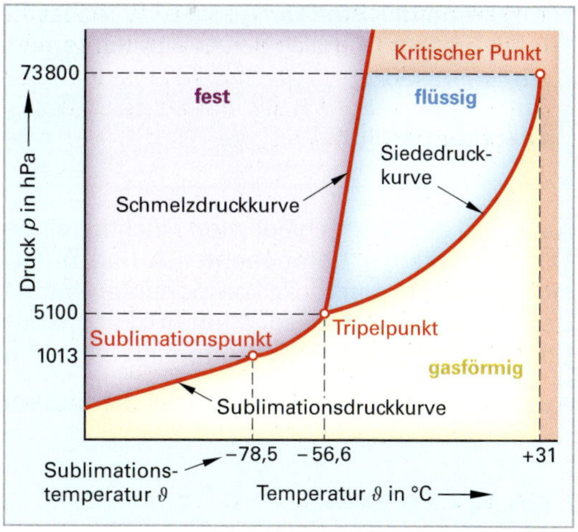

Bild 1: Zustandsdiagramm von Kohlenstoffdioxid CO_2

3.5.3 Dampfdruckdiagramme

Die Dampfdruckkurve gibt den Druck in Abhängigkeit von der Temperatur an, bei der ein Stoff siedet. **Bild 2** zeigt die Dampfdruckkurven für verschiedene Stoffe. Mit zunehmendem Umgebungsdruck steigt die Siedetemperatur, während sie bei abnehmendem Druck fällt.

Beispiel 3.2: Druckabhängigkeit von Siedetemperaturen

Wie hoch ist nach **Bild 2** die Siedetemperatur von Nitrobenzol bei Normdruck und bei $p = 400$ hPa?

Lösung:

Beim Normdruck von $p = 1013{,}25$ hPa kann aus dem Dampfdruckdiagramm eine Siedetemperatur ϑ_b von etwa 211 °C abgelesen werden. Bei einem Druck von $p = 400$ hPa ist $\vartheta_b \approx 170$ °C.

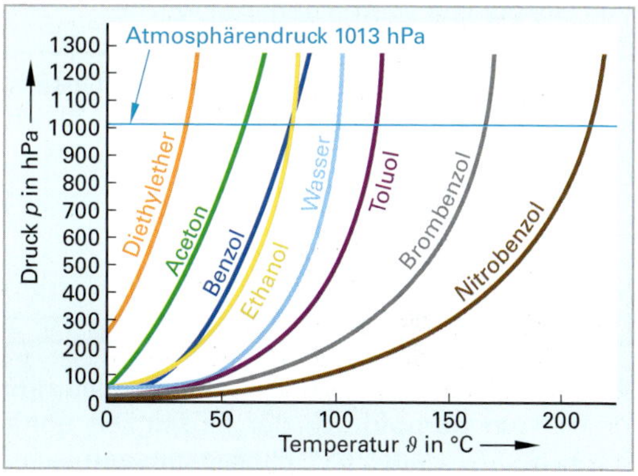

Bild 2: Dampfdruckkurven verschiedener Stoffe

3.5.4 Homogene Flüssigkeitsgemische

Ein homogenes Stoffgemisch besteht aus zwei oder mehr Einzelkomponenten, die eine einheitliche **Mischphase** bilden. Im einfachsten Fall besteht ein System aus zwei Komponenten, d. h. es handelt sich um ein **binäres Gemisch**.

Im Gemisch sind die Komponenten mit einem bestimmten Anteil vorhanden, dem **Stoffmengenanteil** χ (gesprochen: chi). Definiert ist der Stoffmengenanteil einer Komponente des Gemischs als die Anzahl von Teilchen einer Komponente (Stoffmenge $n_{\text{Komponente}}$) an der Gesamteilchenzahl des Gemischs ($n_{\text{Stoffgemisch}}$):

$$\chi_{\text{Komponente}} = \frac{n_{\text{Komponente}}}{n_{\text{Stoffgemisch}}}$$

$n_{\text{Komponente}}$	n_{Gemisch}	$\chi_{\text{Komponente}}$
mol	mol	1

Gl. 3.1

Früher wurde der Stoffmengenanteil χ aufgrund des Verhältnisses der Stoffmengen n auch als **Molenbruch** bezeichnet. Der Stoffmengenanteil ist eine Zahl zwischen 0 und 1, so dass χ häufig als prozentuale Größe zwischen 0 % und 100 % angegeben wird. Als Formelzeichen wird auch vereinfacht $\boldsymbol{x}$ verwendet.

Die Summe der Stoffmengenanteile x aller Komponenten eines Gemischs ergibt immer 100 %. Für ein binäres Gemisch der Komponenten A und B mit den Stoffmengenanteilen x_A und x_B gilt:

$x_A + x_B = 1 = 100\ \%$	x_A	x_B	**Gl. 3.2**
	1	1	

Aufgrund der unterschiedlichen Flüchtigkeit der beiden Komponenten des Systems sind auch die Dampfdrücke der Komponenten A und B unterschiedlich. Die Dampfphase des Gemischs setzt sich somit aus den Einzelkomponenten mit den Stoffmengenanteilen y_A und y_B zusammen. Bei der Trennung durch Destillation wird ausgenutzt, dass sich die Stoffmengenanteile in der Dampfphase y_A und y_B von den Stoffmengenanteilen in der Flüssigphase x_A und x_B unterscheiden.

Auch für die Dampfphase gilt, dass die Summe der Stoffmengenanteile der Dampfphase 1 ist:

$y_A + y_B = 1 = 100\ \%$	y_A	y_B	**Gl. 3.3**
	1	1	

Der **Gesamtdampfdruck p_{ges}** des siedenden Gemischs ergibt sich aus den Dampfdrücken der Einzelkomponenten p_A und p_B. Die Dampfdrücke p_A und p_B werden auch als **Partialdrücke** bezeichnet. Die Summe aller Partialdrücke ergibt den Gesamtdampfdruck p_{ges} (**Bild 1**).

Der englische Chemiker *John Dalton* (1766 – 1844) entdeckte diese Beziehung, die nach ihm als das **Gesetz von *Dalton*** benannt wurde.

Partialdruckgesetz von *Dalton*: Der **Gesamtdampfdruck p_{ges}** eines homogenen Gemischs zweier oder mehrerer Flüssigkeiten ist gleich der Summe der Partialdampfdrücke p_A, p_B, p_C ... der Komponenten A, B, C... des Gemischs:

$p_{ges} = p_A + p_B + p_C + p_D + \ldots$	p_{ges}	$p_{A, B, C, D, \ldots}$	**Gl. 3.4**
	Pa	Pa	

Da die Siedetemperatur bei einem bestimmten Umgebungsdruck vom Dampfdruck der Flüssigkeit abhängig ist (s. Kap. 3.5.1, S. 77), siedet das Flüssigkeitsgemisch bei der Temperatur ϑ_b. Diese Siedetemperatur ϑ_b des Gemischs unterscheidet sich von den Siedetemperaturen der reinen Einzelkomponenten. In Abhängigkeit von der Art und Zusammensetzung der Flüssigkeitsgemische lässt sich somit die Siedetemperatur ϑ_b aus dem Gesamtdampfdruck p_{ges} des Gemischs bestimmen.

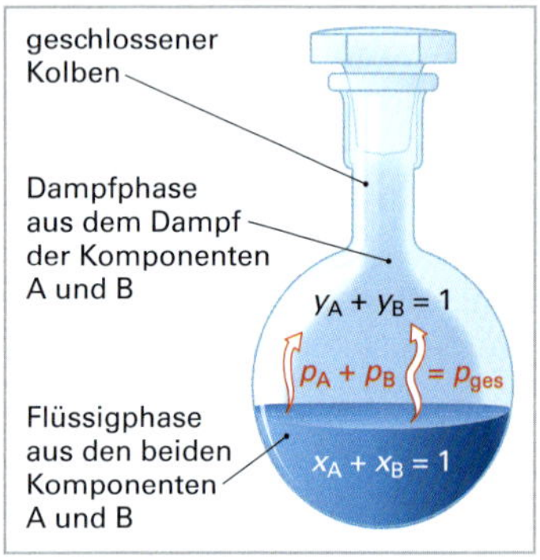

Bild 1: Flüssigphase und Dampfphase eines binären Gemischs

3.5.5 Ideale Flüssigkeitsgemische

Zwischen Flüssigkeitsteilchen wirken bestimmte Kräfte. Sind die Kräfte zwischen den Teilchen der Sorte A gleich oder annähernd gleich den Kräften zwischen den Teilchen A und B, handelt es sich um ideale oder annähernd **ideale Flüssigkeitsgemische**. Ideale Flüssigkeitsgemische oder annähernd ideale Gemische bestehen aus Flüssigkeiten, die sich chemisch sehr ähnlich sind, z. B. Methanol und Ethanol.

Der Partialdruck p_A der Komponente A im Gemisch hängt vom Dampfdruck der reinen Komponente p_A^0 und ihrem Stoffmengenanteil im Gemisch x_A ab. Das Gleiche gilt für eine Komponente B. Diesen Zusammenhang fand der französische Chemiker *Francois Marie Raoult* (1830 – 1901). Mit dem **Gesetz von *Raoult*** lässt sich für **ideales Verhalten** der Partialdruck einer Komponente berechnen.

Gesetz von *Raoult*: Die **Partialdrücke im Gemischdampf** idealer Gemische p_A bzw. p_B sind dem Stoffmengenanteil x_A bzw. x_B und dem Dampfdruck der einzelnen reinen Komponenten p_A^0 bzw. p_B^0 direkt proportional.

$$p_A = x_A \cdot p_A^0$$

p_A	x_A	p_A^0
Pa	1	Pa

Gl. 3.5

$$p_B = x_B \cdot p_B^0$$

p_B	x_B	p_B^0
Pa	1	Pa

Gl. 3.6

Beispiel 3.3: Partialdampfdrücke

Ein Gemisch aus Toluol und Benzol mit einem Stoffmengenanteil von jeweils 50 % hat bei Normdruck eine Siedetemperatur von 92,2 °C (**Bild 1**). Wie hoch sind die Partialdampfdrücke der beiden Komponenten?

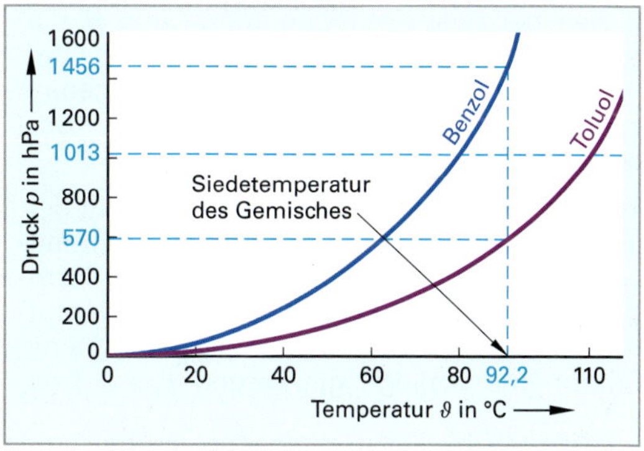

Bild 1: Dampfdruckkurven von Toluol und Benzol

Lösung:

Aus dem Diagramm kann abgelesen werden, dass die reinen Komponenten bei der Siedetemperatur des Gemischs folgende Partialdampfdrücke besitzen:

$p^0_{Benzol} = 1456$ hPa; $p^0_{Toluol} = 570$ hPa

Hieraus lassen sich mit dem *Raoult*schen Gesetz folgende Partialdampfdrücke berechnen:

$p_{Benzol} = x_{Benzol} \cdot p^0_{Benzol} = 0{,}5 \cdot 1456 \text{ hPa} = 728 \text{ hPa}$

$p_{Toluol} = x_{Toluol} \cdot p^0_{Toluol} = 0{,}5 \cdot 570 \text{ hPa} = 285 \text{ hPa}$

Der Gesamtdampfdruck des siedenden Gemischs ist nach dem Gesetz von *Dalton* die Summe der Partialdampfdrücke. Als Ergebnis muss sich für diesen Fall der Normdruck ergeben:

$p_{ges} = p_{Benzol} + p_{Toluol} = 728 \text{ hPa} + 285 \text{ hPa} = 1013 \text{ hPa}$

Aus der Kombination der Gesetze von *Dalton* und *Raoult* wird folgende Beziehung erhalten:

$$p_{ges} = x_A \cdot p_A^0 + x_B \cdot p_B^0$$

p_{ges}	x_A	p_A^0	x_B	p_B^0
Pa	1	Pa	1	Pa

Gl. 3.7

Liegt nur eine Komponente vor, so vereinfacht sich diese Beziehung wieder zum Gesetz von *Raoult*. Für den Fall, dass nur Komponente A vorliegt, ist der Dampfdruck nur von Komponente A abhängig:

$$p_{ges} = x_A \cdot p_A^0$$

p_{ges}	x_A	p_A^0
Pa	1	Pa

Gl. 3.8

Die reinen Komponenten haben bei Normdruck (1013,25 hPa) Siedetemperaturen, die oberhalb bzw. unterhalb der Siedetemperatur ϑ_b des Flüssigkeitsgemischs liegen (**Bild 1**). Die Lage der Siedetemperatur des Gemischs ϑ_b ist abhängig vom Partialdruck p und dem Stoffmengenanteil x der einzelnen Komponenten, so dass die Siedetemperatur des Gemisches näher bei der Siedetemperatur der einen oder anderen reinen Komponente liegt.

Die Zusammensetzung des Dampfes eines siedenden Flüssigkeitsgemisches errechnet sich aus dem Verhältnis der Partialdampfdrücke p_A bzw. p_B zum Gesamtdampfdruck p_{ges}:

$$y_A = \frac{p_A}{p_{ges}} = \frac{x_A \cdot p_A^0}{p_{ges}} \qquad y_B = \frac{p_B}{p_{ges}} = \frac{x_B \cdot p_B^0}{p_{ges}}$$

y	x	p^0	p_{ges}
1	1	Pa	Pa

Gl. 3.9

3

In einem Dampfdruckdiagramm wie in **Bild 1** wird der Dampfdruck gegen den Stoffmengenanteil der Komponenten aufgetragen. Hier stellt die Komponente A die leichter siedende Komponente (rote Linie), die Komponente B die schwerer siedende Komponente dar (blaue Linie).

Da sich bei zwei Komponenten A und B die Stoffmengenanteile zu 1 ergänzen, ist der Stoffmengenanteil der Komponente B genau gegenläufig zum Stoffmengenanteil der Komponente A.

Liegt die reine Komponente vor, entspricht der aufzutragende Dampfdruck p beim Stoffmengenanteil 1 dem Partialdruck der reinen Komponente p^0. Für die beiden Stellen im Dampfdruckdiagramm, an denen jeweils die reine Komponente vorliegt, gilt wegen $\chi = 1$ bzw. $x = 1$:

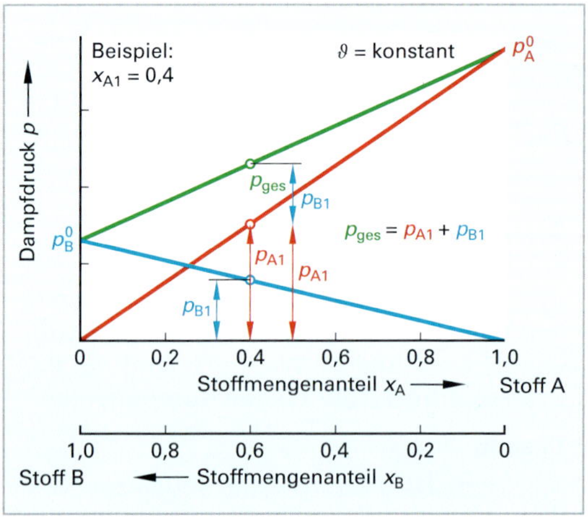

Bild 1: Dampfdruckdiagramm für ein ideales Flüssigkeitsgemisch

$$p = 1 \cdot p^0 = p^0$$

p	p^0
Pa	Pa

Gl. 3.10

Ist eine Komponente A nicht vorhanden (Stoffmengenanteil $x = 0$), liegt nur die andere Komponente B vor (Stoffmengenanteil $x = 1$). Dann trägt nur diese Komponente B zum Gesamtdampfdruck bei. Der Partialdruck der Komponente mit dem Stoffmengenanteil $x = 0$ ist Null.

Für den Partialdruck der reinen Komponenten A oder B ergibt sich jeweils eine Gerade, die die beiden beschriebenen Extrempunkte miteinander verbindet (**Bild 1**). Nach dem Gesetz von *Dalton* errechnet sich der Gesamtdruck p_{ges} aus der Summe der Partialdrücke, so dass auch p_{ges} im Diagramm durch eine Gerade darstellt wird, die p_B^0 und p_A^0 miteinander verbindet .

Konstruktiv lässt sich diese Summengerade der Partialdrücke additiv aus beiden Einzelhöhen p_{A1} und p_{B1} erstellen. Es ergibt sich die in **Bild 1** grün dargestellte Gerade.

Beispiel 3.4: Berechnung der Stoffmengenanteile in der Dampfphase

Wie groß sind die Stoffmengenanteile von Ethanol und Methanol in der Dampfphase bei 20 °C, wenn die Flüssigkeit einen Stoffmengenanteil an Methanol von $x = 0{,}30$ aufweist?

Bei 20 °C beträgt der Dampfdruck von reinem Ethanol $p^0_{Ethanol}$ 59 hPa, der Dampfdruck von reinem Methanol $p^0_{Methanol}$ beträgt 128 hPa.

Lösung:

Nach den Raoultschen Gesetz errechnen sich die Partialdampfdrücke aus dem Produkt des Dampfdrucks der reinen Komponente (p^0) und dem Stoffmengenanteil im Gemisch (x).

$$p_{Methanol} = x_{Methanol} \cdot p^0_{Methanol} = 0{,}30 \cdot 128\ \text{hPa} = 38{,}4\ \text{hPa}$$

$$p_{Ethanol} = x_{Ethanol} \cdot p^0_{Ethanol} = 0{,}70 \cdot 59\ \text{hPa} = 41{,}3\ \text{hPa}$$

Nach dem Gesetz von *Dalton* ergibt sich für den Gesamtdampfdruck:

$p_{ges} = p_{Methanol} + p_{Ethanol} = 38{,}4 \text{ hPa} + 41{,}3 \text{ hPa} = 79{,}7 \text{ hPa}$

Nach **Gleichung 3.9** lassen sich die Stoffmengenanteile in der Dampfphase wie folgt berechnen:

$$y_{Methanol} = x_{Methanol} \cdot \frac{p^0_{Methanol}}{p_{ges}} = 0{,}30 \cdot \frac{128 \text{ hPa}}{79{,}7 \text{ hPa}} \approx 0{,}48 = 48\ \%$$

$$y_{Ethanol} = x_{Ethanol} \cdot \frac{p^0_{Ethanol}}{p_{ges}} = 0{,}70 \cdot \frac{59 \text{ hPa}}{79{,}7 \text{ hPa}} \approx 0{,}52 = 52\ \%$$

Der Stoffmengenanteil in der Dampfphase von Ethanol beträgt 52 %, der von Methanol 48 %.

3.5.6 Reale Flüssigkeitsgemische

Die Mehrzahl der Flüssigkeitsgemische verhält sich nicht ideal, sondern **real**. Zwischen den verschiedenen Teilchen der Flüssigkeitsgemische wirken unterschiedliche Kräfte, die den Dampfdruck und damit die Siedetemperatur der Mischung beeinflussen. Das Verhalten realer Flüssigkeitsgemische weicht vom idealen Verhalten mehr oder weniger stark ab, so dass diese Fälle vom Gesetz von *Raoult* nicht gut beschrieben werden.

Im Dampfdruckdiagramm ergeben sich bei realen Flüssigkeiten für die Dampfdruckkurven keine Geraden, sondern Kurven, die oberhalb oder unterhalb der Geraden für das Idealverhalten liegen (**Bild 1**). Der Verlauf dieser Kurven ist abhängig von den Wechselwirkungen der Teilchen untereinander.

Sind die Wechselwirkungen zwischen gleichartigen Teilchen größer als zwischen verschiedenartigen Teilchen, ergibt sich ein höherer Dampfdruck und im Dampfdruckdiagramm wird eine Kurve mit einem **Maximum** erhalten (**Bild 1a**). Es handelt sich um eine positive Abweichung vom Gesetz von *Raoult*.

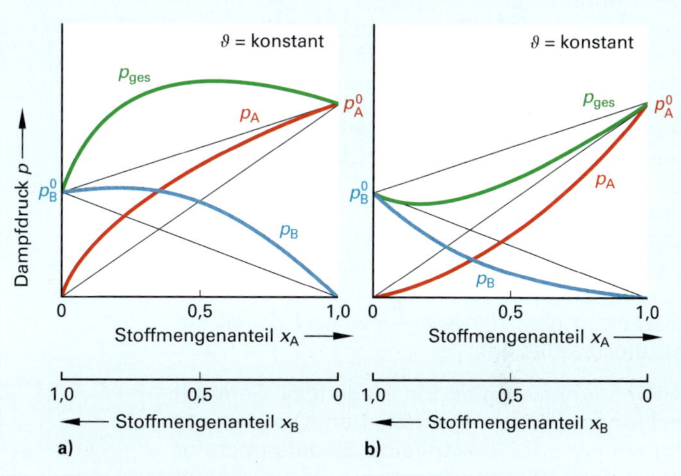

Bild 1: Dampfdruckdiagramm für reale Flüssigkeitsgemische, a) mit positiver Abweichung vom *Raoult*-Gesetz, b) mit negativer Abweichung vom *Raoult*-Gesetz

Im anderen Fall, wenn die unterschiedlichen Teilchenarten stärkere Wechselwirkungen erfahren, lassen sie sich schwieriger in die Dampfphase überführen als die reinen Einzelkomponenten. Der Dampfdruck der Flüssigkeit ist somit geringer und im Dampfdruckdiagramm ergibt sich ein **Minimum** (**Bild 1b**). Die Kurven liegen unterhalb der Geraden für das Idealverhalten; es handelt sich um eine negative Abweichung vom *Raoult*schen Gesetz.

Bei realen Flüssigkeitsgemischen enthält die Dampfdruckkurve ein **Maximum**, wenn die Wechselwirkungen zwischen verschiedenartigen Teilchen im Flüssigkeitsgemisch geringer sind.

Ein **Minimum** wird erhalten, wenn die Wechselwirkungen zwischen verschiedenartigen Teilchen im Flüssigkeitsgemisch stärker sind als zwischen den gleichartigen Teilchen.

Nach dem Gesetz von *Dalton* ist auch der Verlauf des Graphen für den Gesamtdruck p_{ges} in Abhängigkeit von der Gemischzusammensetzung nicht linear (**Bild 1**). Ein Maximum in der Dampfdruckkurve bedeutet, dass bei diesen Mischungsanteilen die Siedetemperatur des Gemischs ein Minimum aufweist.

3.5.7 Siedediagramme und Taudiagramme

Die Siedetemperatur eines Gemischs ist von dessen Zusammensetzung abhängig. Wird die Siedetemperatur bei konstantem Druck (isobar) in Abhängigkeit von der Gemischzusammensetzung in ein Diagramm eingetragen, ergibt sich ein **Siedediagramm** mit der **Siedelinie** (**Bild 1a**, rote Linie). Die Siedelinie beginnt jeweils bei der Siedetemperatur der reinen Komponente ϑ_A^0 bzw. ϑ_B^0.

Anwendungsbeispiel: Die Siedetemperatur eines binären Flüssigkeitsgemisches aus den Komponenten A und B mit einem Stoffmengenanteil von 60 % an Komponente A beträgt 119 °C (**Bild 1a**).

Die Analyse des Dampfs über einem siedenden Flüssigkeitsgemisch mit bestimmter Zusammensetzung (x_A, x_B) ergibt die zugehörigen Stoffmengenanteile der Einzelkomponenten im Dampf (y_A, y_B).

Die Zusammensetzung des Dampfes ist u. a. abhängig von den Partialdrücken der Einzelkomponenten sowie der Gemischzusammensetzung. Wird die Kondensationstemperatur des Dampfes in Abhängigkeit von dessen Zusammensetzung aufgetragen, ergibt sich im Siedediagramm (**Bild 1a**) die **Kondensationslinie**, die auch als **Taulinie** bezeichnet wird.

Aus dem vollständigen Siedediagramm kann für ein Flüssigkeitsgemisch bestimmter Zusammensetzung neben der Siedetemperatur des Gemischs auch die Zusammensetzung des Dampfs entnommen werden. Die im Gleichgewicht stehenden Flüssigkeits- und Dampfzusammensetzungen sind aus dem Siedediagramm über die waagerechten **Isothermen** abzulesen (**Bild 1a**).

Anwendungsbeispiel: Ein siedendes Gemisch mit einem Stoffmengenanteil an Komponente A von x_{A1} = 0,2 besitzt eine Siedetemperatur von 138 °C (**Bild 1a**). Der dazugehörige Dampf bei dieser Temperatur hat eine Zusammensetzung von etwa 52 % Komponente A bzw. 48 % Komponente B.

Die Siedekurve und die Kondensationslinie unterteilen das Siedediagramm in einzelne Teilgebiete: Oberhalb der Kondensationslinie ist nur der Dampf als Phase existent und unterhalb der Siedelinie ist nur die Flüssigkeit beständig.

In dem von der Siede- und der Kondensationslinie eingeschlossenen Bereich liegen Dampf und Flüssigkeit nebeneinander vor.

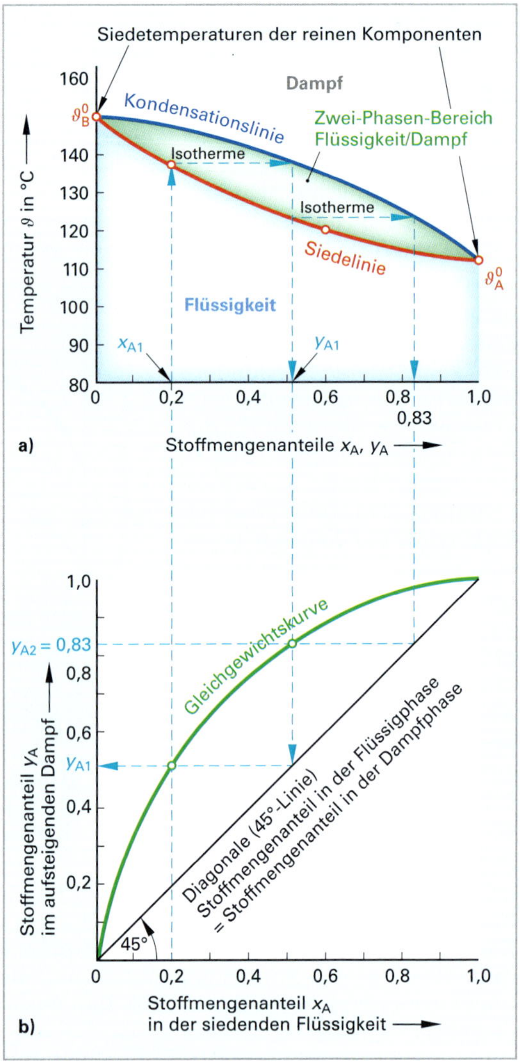

Bild 1: a) Siedediagramm, b) Gleichgewichtsdiagramm

> Ein **Siedediagramm** beschreibt die Phasenumwandlung eines Stoffsystems, das vom flüssigen in den gasförmigen oder vom gasförmigen in den flüssigen Aggregatzustand übergeht. Dampf und Kondensat sind von der Temperatur und dem Druck sowie bei Mischungen auch von der Zusammensetzung abhängig.

Anwendungsbeispiel: Aus dem binären System der Flüssigkeiten A und B mit der Zusammensetzung 20 % an Komponente A (x_{A1} = 0,2) und 80 % Komponente B (Siedediagramm in **Bild 1a**, S. 86) entweicht durch Erhitzen bis zur Siedetemperatur ein Dampf der Zusammensetzung von 50 % an Komponente A (y_{A1} = 0,5) und 50 % Komponente B. Wird dieser Dampf kondensiert und das Kondensat erneut zum Sieden erhitzt, enthält der Dampf einen Stoffmengenanteil an Komponente A von rund 0,83 (y_{A2}) bzw. 0,17 an Komponente B.

Durch Wiederholung dieser Vorgänge durch mehrfaches Destillieren nacheinander wird schließlich ein Destillat erhalten, das aus der reinen Komponente des niedriger siedenden Stoffes besteht. Hierfür können mehrere Destillationsanlagen hintereinander geschaltet werden. Alternativ wird in der Praxis die im Kap. 3.6, S. 89, beschriebene Rektifikation (Gegenstromdestillation) verwendet.

3.5.8 Gleichgewichtsdiagramme

Flüssigkeits- und Dampfphase stehen miteinander im Gleichgewicht. Aufgrund der unterschiedlichen Partialdrücke sind die Stoffmengen der verschiedenen Einzelkomponenten in der Flüssigkeit und im Dampf meist nicht gleich: Der aus einer Flüssigkeit aufsteigende Dampf hat eine andere Zusammensetzung als die Flüssigkeit.

Die Auftragung dieser zusammengehörigen Stoffmengen von Dampf und Flüssigkeit ergibt bei konstantem Druck ein **Gleichgewichtsdiagramm**, das auch schrittweise aus dem Siedediagramm abgeleitet werden kann (**Bild 1**, S. 86).

> Das bei einer Destillation gewonnene **Destillat** ist die **kondensierte Dampfphase** mit entsprechender Zusammensetzung.

Für das binäre Gemisch von Ethanol und Wasser ergibt sich die Gleichgewichtskurve in **Bild 1**. Aus dieser Kurve lässt sich bei bekannter Zusammensetzung der flüssigen Phase durch Anlegen einer Senkrechten die Zusammensetzung der Dampfphase ablesen.

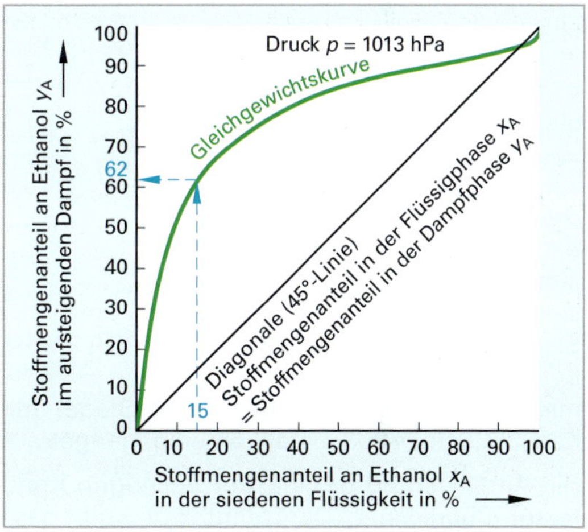

Bild 1: Gleichgewichtsdiagramm des binären Gemisches von Ethanol und Wasser

Die 45°-Linie dient als Hilfsgerade im Gleichgewichtsdiagramm. Auf dieser Geraden sind die Stoffmengenanteile in der Flüssigphase identisch mit den Stoffmengenanteilen der Dampfphase ($x = y$). Die Kondensation der Dampfphase ergibt somit eine Flüssigphase gleicher Zusammensetzung. Dies bedeutet, dass bei der Kondensation der Dampfphase keine Komponente angereichert werden kann.

Anwendungsbeispiel: In **Bild 1** kann bei einem Stoffmengenanteil von 15 % in der flüssigen Phase ein Stoffmengenanteil von 62 % in der Dampfphase abgelesen werden. Wenn der Stoffmengenanteil x_A von 15 % den Alkoholgehalt eines Weins darstellte, dann erhielte man im Destillat einen Branntwein mit 62 % Alkoholgehalt.

Der Verlauf von Gleichgewichtskurven kann sehr unterschiedlich sein. **Bild 1**, S. 88, zeigt den Verlauf verschiedener Gleichgewichtskurven. Verläuft die Gleichgewichtskurve nahe der 45°-Linie wie in **Bild 1a**, unterscheiden sich die Flüssig- und die Dampfzusammensetzung nur wenig. In der Dampfphase findet zwar eine Stoffanreicherung statt, der Unterschied in der Zusammensetzung beider Phasen unterscheidet sich jedoch nur geringfügig. Eine destillative Trennung des Stoffgemischs ist somit sehr schwierig.

In **Bild 1b** nähert sich die Gleichgewichtskurve an den Endpunkten der 45°-Linie, so dass eine Anreicherung eines Stoffes im mittleren Bereich der Kurve gut möglich ist.

Flüssigkeitsgemische, die gut trennbar sind, haben einen Kurvenverlauf weit von der Diagonalen entfernt (**Bild 1c**). Hier ist die Trennung auch dann noch gut, wenn die Stoffmengenunterschiede im Gemisch sehr groß sind.

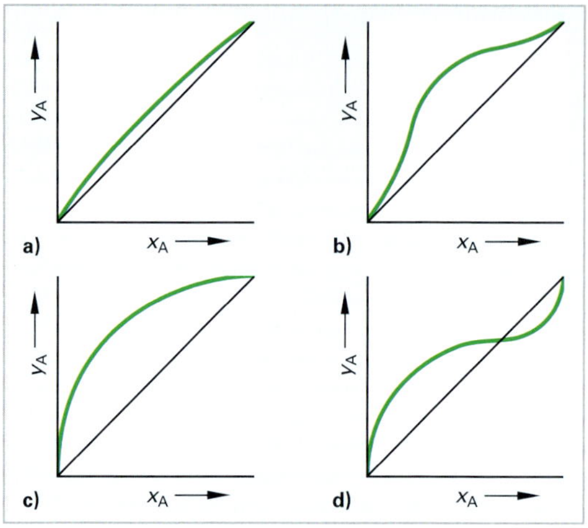

Bild 1: Verlauf von Gleichgewichtskurven

> Je flacher eine Gleichgewichtskurve verläuft, desto schwerer ist das Gemisch destillativ zu trennen.

Schneidet die Gleichgewichtskurve die 45°-Linie wie in **Bild 1d** oder auch in **Bild 1**, S. 87, ist eine destillative Trennung bei den gegebenen Bedingungen nicht möglich, da im Schnittpunkt die Zusammensetzung von Flüssigphase und Dampfphase gleich ist. Das zugehörige Siedediagramm (**Bild 2**) zeigt an dieser Stelle der Flüssigkeitszusammensetzung entweder ein **Minimum** (positive Abweichung vom *Raoult*schen Gesetz, Kap. 3.5.6, S. 85) oder ein **Maximum** (negative Abweichung vom *Raoult*schen Gesetz). Die Siedekurven fallen hier mit den Kondensationskurven zusammen. Auf die Zusammenhänge von Siede- und Gleichgewichtsdiagramm bei Azeotropen wird in Kap. 3.7.3, Seite 103, detailliert eingegangen.

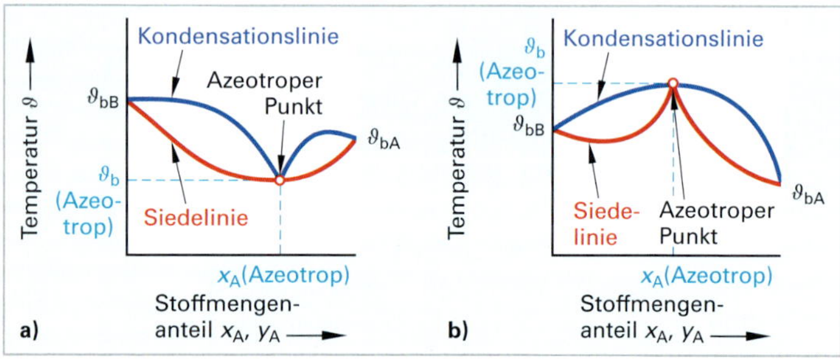

Bild 2: Siedediagramme, a) mit positiver, b) mit negativer Abweichung vom *Raoult*-Gesetz

Die Anreicherung der leichter flüchtigen Komponente lässt sich über den so genannten **Trennfaktor** α berechnen. Der Trennfaktor α gibt das Verhältnis der Dampfdrücke der leichter flüchtigen reinen Komponente p_1^0 zur schwerer flüchtigen reinen Komponente p_2^0 an.

$$\alpha = \frac{p_1^0}{p_2^0}$$

a	p
1	Pa

Gl. 3.11

Bei gleichen Dampfdrücken ist der Trennfaktor $\alpha = 1$. Ein solches Gemisch ist durch Destillation nicht zu trennen. Die Gleichgewichtskurve ist mit der 45°-Linie identisch. Derartige Gemische werden als **Azeotrope** (griech. *a*: nicht; *zein*: sieden; *tropos*: verändert) oder **azeotrope Gemische** bezeichnet. Der Schnittpunkt der Gleichgewichtskurve mit der 45°-Linie ist der **azeotrope Punkt**. Beim Sieden verhalten sich azeotrope Gemische wie Reinstoffe, so dass für die Trennung besondere Verfahren angewendet werden müssen (Kap. 3.7.3, S. 103). Je größer der Trennfaktor α, desto besser ist ein Flüssigkeitsgemisch destillativ zu trennen. Da sich der Dampfdruck eines Stoffes mit der Temperatur ändert, ist auch der Trennfaktor temperaturabhängig.

> Am **azeotropen Punkt** ist die Zusammensetzung von Flüssigkeit und Dampf gleich. Eine destillative Trennung des Flüssigkeitsgemischs in die beiden reinen Komponenten ist hier nicht möglich.

Bei **Azeotropen** fallen Siedelinie und Kondensationslinie zusammen und das Siedediagramm zeigt ein Minimum oder ein Maximum, während die Gleichgewichtskurve im Gleichgewichtsdiagramm die 45°-Linie schneidet.

Die einfache Destillation (Gleichstromdestillation) wird für einfach zu trennende Gemische verwendet. Die Siedetemperaturen der Einzelkomponenten des Gemischs liegen mit $\Delta\vartheta_b > 80$ °C weit auseinander und die Gleichgewichtszusammensetzung von Flüssigkeit und Dampf unterscheidet sich stark.

Liegen die Siedetemperaturen der einzelnen Komponenten eines Gemischs mehr als 80 °C auseinander, kann für die Gemischtrennung eine einfache Destillation (Gleichstromdestillation) verwendet werden.

Häufig ist die Trennung eines homogenen Flüssigkeitsgemischs durch eine einmalige Destillation nicht vollständig. Eine mehrfache Destillation nacheinander liefert eine bessere Trennung in Einzelkomponenten. Alternativ kann für diese Art von Trennproblemen auch die **Rektifikation** (Gegenstromdestillation) verwendet werden.

3.6 Rektifikation

Bei homogenen Flüssigkeitsgemischen, deren Komponenten nahe beieinander liegende Siedetemperaturen haben, kann zur Trennung die **Gegenstromdestillation** (Rektifikation, lat. *recte*: ordentlich, richtig; *facere*: machen) eingesetzt werden. Hierbei wird zwischen dem Siedekolben und dem Aufsatz mit Kondensationsstrecke eine **Kolonne** eingesetzt (**Bild 1**). Als Bezeichnungen für die Kolonne werden auch die Begriffe **Rektifizierkolonne**, **Trennsäule** oder **Austauschsäule** verwendet.

Der Dampf angereichert mit der leichter siedenden Gemischkomponente kondensiert bis zum Kolonnenkopf mehrfach in der Kolonne und fließt dem aufsteigenden Dampf entgegen. Das herabtropfende Dampfkondensat, der **Rücklauf**, wird vom aufsteigenden Dampf durchströmt und wieder erwärmt. Von diesem gegenläufigen Strom von Dampf und Flüssigkeit hat die Gegenstromdestillation ihren Namen.

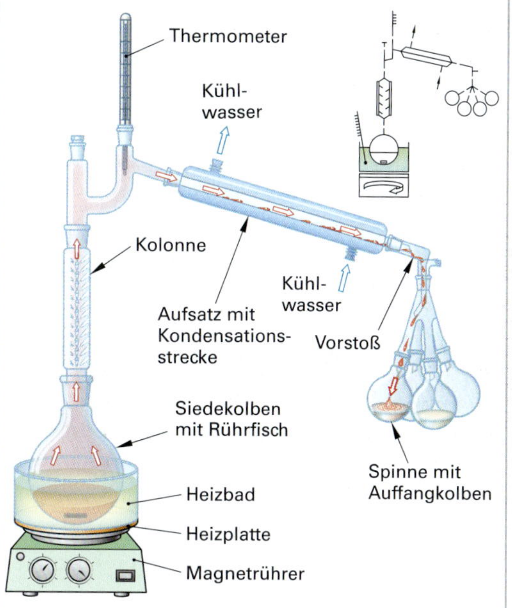

Bild 1: Aufbau einer Rektifikationsanlage

Bei diesem **Gegenstromverfahren** findet zwischen beiden entgegenströmenden Phasen ein Wärmeaustausch statt, wobei die Temperatur zum Kopf der Kolonne hin abnimmt. Der aufsteigende Dampf erwärmt die zurücklaufende Flüssigkeit und kühlt sich selbst dabei ab. Die höhersiedende Gemischkomponente kondensiert dabei und reichert sich im Rücklauf an. Die niedrigsiedende Stoffkomponente geht aus dem zurücklaufenden Dampfkondensat in den aufsteigenden Dampf über. Neben dem Wärmeaustausch existiert so auch ein Stoffaustausch zwischen den Phasen.

Die **Rektifikation** entspricht einer mehrfach wiederholten Destillation. Herabtropfendes Dampfkondensat strömt dem aufsteigenden Dampf entgegen (Gegenstromdestillation).

Verwendet werden hierzu **Kolonnen**, in denen es zwischen aufsteigendem Dampf und rückfließender Flüssigkeit zu einem Wärme- und Stoffaustausch kommt.

3.6.1 Kolonnentypen

Je intensiver der aufsteigende Dampf im Gegenstrom mit der rücklaufenden Flüssigkeit in Kontakt kommt, desto besser reichert sich die niedrigsiedende Komponente im aufsteigenden Dampf an.

Die flüssige Phase stellt allerdings für den aufsteigenden Dampf einen Widerstand dar, der beim Durchdringen überwunden werden muss. Dies führt zum Absinken des Drucks in der Kolonne. Dieser **Druckabfall** zwischen dem Verdampfungs- und dem Kondensationsteil der Kolonne wird auch als **Druckverlust** einer Kolonne bezeichnet.

> Der **Druckverlust** einer Kolonne entsteht beim aufsteigenden Dampf durch das Überwinden des Widerstands beim Durchströmen der flüssigen Phase.

Einbauten in die Kolonne erhöhen den Druckverlust und vergrößern gleichzeitig die Austauschfläche in der Kolonne pro Längeneinheit. Der Stoff- und Wärmeaustausch wird intensiver, so dass die Trennleistung der Kolonne zunimmt. Kolonnen mit Einbauten erfordern daher weniger Platz und nutzen die im System enthaltene Energie effektiver.

> Im Vergleich zur Hintereinanderschaltung mehrerer Einfachdestillationen arbeitet die **Gegenstromdestillation** aufgrund der Kolonneneinbauten energetisch günstiger und ist Platz sparender.

Nach den Einbauten werden drei Kolonnentypen unterschieden:

- **Bodenkolonnen** enthalten Sieb-, Glocken- oder Ventilböden, über die die Flüssigkeit strömt (Bild 1). Der Dampf wird durch Schlitze oder Löcher nach oben geleitet, so dass eine **Sprudelschicht** entsteht. Auf jedem Boden stellt sich zwischen der Dampfphase und der Flüssigphase ein neues Gleichgewicht ein. Die entsprechenden Laborgeräte in Bild 2 zeigen im Aufbau das gleiche Prinzip.
- **Füllkörperkolonnen** (Bild 3) sind mit Füllkörpern unterschiedlicher Größe und Form befüllt. Dabei können die etwa 5 bis 15 mm großen Partikel aus Glas, Keramik, Metall oder Kunststoff geordnet oder als regellose

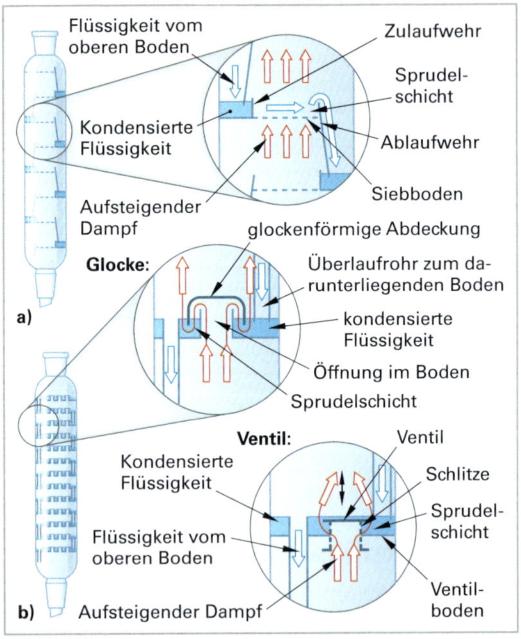

Bild 1: Bodenkolonnen, a) mit Siebboden, b) mit Glocken- und Ventilboden

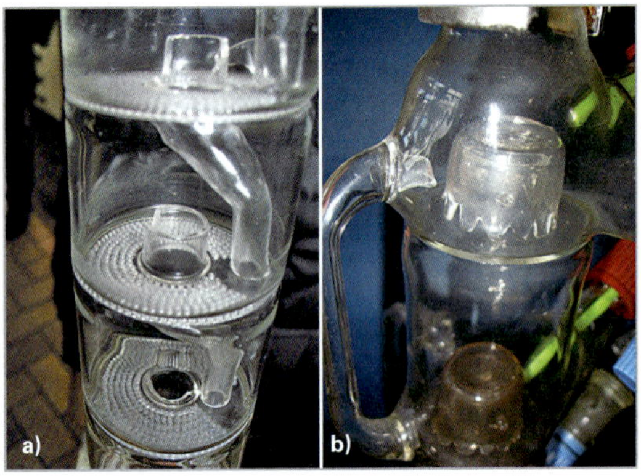

Bild 2: Laborkolonnen, a) mit Siebböden, b) mit Glockenböden

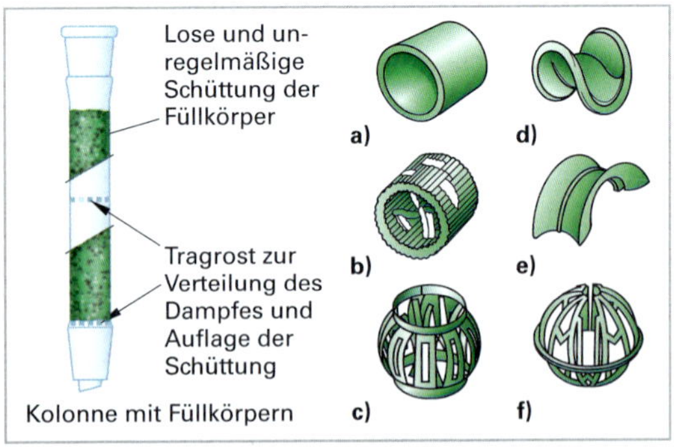

Bild 3: Füllkörperkolonne und verschiedene Füllkörpertypen (Benennung im Text)

Schüttung in der Kolonne auf Tragrosten vorliegen. Die Füllkörper ergeben so ein Haufwerk mit großer innerer Oberfläche und Porosität. Bei großen Kolonnen steht die Größe der Füllkörper im Verhältnis von 1/10 bis 1/30 zum Kolonnendurchmesser.

Bekannte Füllkörper sind in **Bild 3**, S. 90 dargestellt. Die Sattelkörper (**Bild 3d**: *Berl*-Sattel; **3e**: *Intalox*-Sattel) besitzen im Vergleich zu den ringförmigen Füllkörpern (**Bild 3a**: *Raschig*-Ring; **3b**: *Pall*-Ring) weniger Toträume und somit eine noch größere Oberfläche. Hochleistungsfüllkörper wie der Hiflow-Ring (**Bild 3c**: *Top-Pack*) oder die Hackette (**Bild 3f**) verringern den Druckverlust. Für eine gute Wirkung der Füllkörperschüttungen müssen in der Kolonne die Bildung von Bächen sowie die Randgängigkeit für die Dampf- und Flüssigphase ausgeschlossen werden.

- **Packungskolonnen** sind eine Weiterentwicklung der geordneten Füllkörper. Packungen aus Gewebe oder Blech (**Bild 1**) weisen eine regelmäßig geformte Struktur auf und enthalten daher weniger Einengungen für eine ungehinderte Gasströmung. Hierdurch kommt es zu einer Verminderung des Druckverlusts. Eine deutlich bessere Trennwirkung besitzen Packungen mit schräg zur Kolonnenachse verlaufenden Kanälen.

  Als Material für die Packungen können je nach Benetzbarkeit Metall, Kunststoff, Glas oder Keramik eingesetzt werden. Die Auswahl des richtigen Materials für eine Packung wird wie bei den Füllkörpern durch die Benetzbarkeit, die Korrosionsanfälligkeit und den Temperatureinsatzbereich bestimmt.

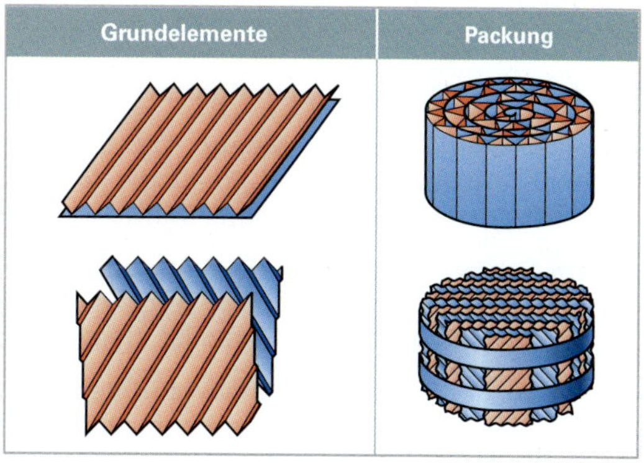

Bild 1: Gewickelte und gepackte Füllkörperpackungen

Innerhalb der Füllungen und Packungen findet der Stoffaustausch kontinuierlich statt. Er hängt von vielen Effekten ab, z. B.:

- Art und Größe der Füllung bzw. Packung,
- Druck,
- Eigenschaften der zu trennenden Komponenten (Viskosität usw.),
- Menge des Dampf- und Flüssigkeitsstroms (Belastung der Kolonne).

Ein weiteres Unterscheidungsmerkmal der verschiedenen Kolonnentypen ist der **Betriebsinhalt**. Der Betriebsinhalt einer Kolonne bezeichnet die Substanzmenge an Dampf und Flüssigkeit, die sich in der arbeitenden Kolonne befindet. Je größer der Betriebsinhalt ist, desto mehr Stoffgemisch kann pro Zeiteinheit getrennt werden.

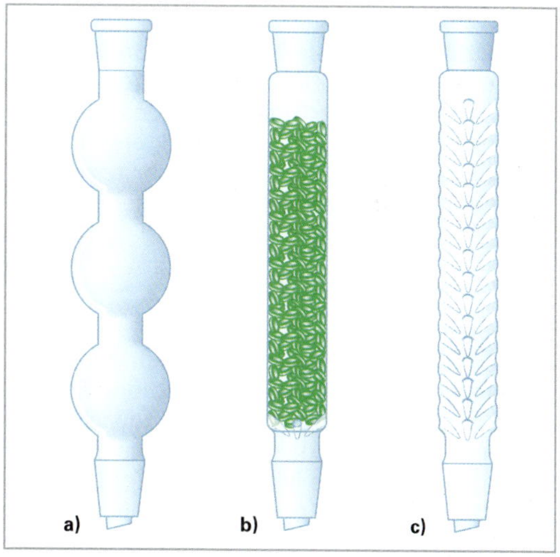

Bild 2: a) Kugel-, b) *Hempel*-, c) *Vigreux*kolonne

Im Labor werden meist Kolonnen aus Glas, wie die **Kugel**-, die ***Hempel***- oder die ***Vigreux*-Destillierkolonne**, eingesetzt (**Bild 2**). Während die *Hempel*-Kolonne mit Füllkörpern wie *Raschig*-Ringen befüllt wird, ist die innere Oberfläche der *Vigreux*-Kolonne durch nach innen ragende Glasspitzen vergrößert.

Die Trennleistung von *Vigreux*-Kolonnen ist gegenüber den Füllkörperkolonnen gering. Sie zeichnen sich jedoch durch einen großen Betriebsinhalt und einen geringen Druckabfall aus.

Tabelle 1 auf der folgenden Seite gibt einen Überblick über verschiedene Kolonnentypen und ihre Parameter.

Tabelle 1: Parameter verschiedener Kolonnentypen			
Parameter / Kolonnentyp	**Austauschoberfläche pro Längeneinheit**	**Trennwirkung pro Längeneinheit**	**Druckabfall**
Leeres Rohr	gering	gering	gering
Vigreux	klein	klein	gering bis klein
Glockenboden	klein bis mittel	klein bis mittel	klein bis mittel
Füllkörper	groß	groß	mittel

Die **Auswahl der geeigneten Kolonne** für ein Trennproblem richtet sich nach folgenden Kriterien:

- **Der zu destillierenden Menge.** Die Größe der Kolonne muss hierzu im richtigen Verhältnis stehen. Als Faustregel gilt, dass die Menge jeder Komponente im Gemisch mindestens das Zehnfache des Betriebsinhalts betragen soll.
- **Dem Schwierigkeitsgrad der Trennung.** Je kleiner die Siedetemperaturdifferenz zwischen den zu trennenden Komponenten, je geringer die Konzentration einer Komponente und je höher der gewünschte Reinheitsgrad ist, desto schwieriger ist die Trennaufgabe.
- **Dem bei der Destillation angewendeten Druck.** Da die Siedetemperatur vom Umgebungsdruck abhängig ist, kann beim Arbeiten unter vermindertem Druck die Aufheiztemperatur gesenkt werden. Dies ist insbesondere bei temperaturempfindlichen Stoffen vorteilhaft (s. Kap. 3.7.2, S. 99). Der Vorteil des verminderten Drucks wird jedoch nur dann vollkommen genutzt, wenn der Druckabfall in der Kolonne möglichst gering ist. Ein kleiner Druckabfall in der Kolonne lässt sich meist nur auf Kosten der Trennwirkung realisieren.

Anwendungsbeispiel: Wird am Kolonnenkopf ein Druck von 100 Pa gemessen und beträgt in der Kolonne der Druckabfall 1000 Pa, herrscht im Destillierkolben ein Druck von 1100 Pa. Nach der Regel, dass bei einer Halbierung des Drucks die Siedetemperatur einer Flüssigkeit um ca. 15 °C sinkt (s. Kap. 3.5.1, S. 77), kann abgeleitet werden, dass sich bei diesem Druckabfall die Siedetemperatur um etwa 50 °C erhöht. Sehr temperaturempfindliche Substanzen können sich bei dieser Destillationstemperatur bereits zersetzen.

3.6.2 Rücklaufverhältnis

Die Einstellung des Gleichgewichts zwischen Dampf und Flüssigkeit in einer Kolonne ist ideal, wenn am Kopf der Kolonne kein kondensierter Dampf (Destillat) entnommen wird. Die gesamte Flüssigkeit fließt zurück in die Kolonne, d. h. ein **totaler Rücklauf** findet statt. Bei der Entnahme von Destillat wird das Gleichgewicht zwischen Dampf und Flüssigkeit gestört. Während einer Destillation soll daher nur so viel Destillat entnommen werden, wie sich laufend in der Kolonne anreichert. Die Menge an entnommenem kondensierten Dampf (Destillat) und Flüssigkeit (Rücklauf) kann am Kopf der Kolonne durch eine Vorrichtung, den **Dampf-Flüssigkeits-Teiler** oder **Rücklaufteiler**, verändert werden.

Zu Beginn einer Rektifikation wird kein kondensierter Dampf entnommen und die gesamte Flüssigkeit läuft zurück (totaler Rücklauf). Erst wenn die Kopftemperatur sich eingeregelt hat und konstant bleibt, hat sich in der Kolonne ein Gleichgewicht eingestellt und ein Teil des Kopfkondensats wird abgenommen. Der andere Teil wird als Rücklauf in den Kolonnenkopf zurückgeführt.

Das Verhältnis von Volumenstrom des flüssigen Rücklaufs L pro Zeit t (lat. *liquid*: flüssig) und Volumenstrom des Destillats D pro Zeit t ist das **Rücklaufverhältnis** v (Gleichung 3.12). In Kurzschreibweise wird für einen **Strom pro Zeit** auch häufig über den Parameter ein Punkt gesetzt: Die Bezeichnung $\dot{n}$ bezeichnet einen Stoffmengenstrom n pro Zeit t. Entsprechend wird für die Rückflussmenge L pro Zeit t die Bezeichnung $\dot{L}$ und für den Volumenstrom des Destillats D pro Zeit t die Bezeichnung $\dot{D}$ verwendet.

$$\nu = \frac{\dot{L}}{\dot{D}}$$

$\dot{L}$	$\dot{D}$	ν
$mol \cdot s^{-1}$	$mol \cdot s^{-1}$	1

Gl. 3.12

Bei totalem Rücklauf ist das Rücklaufverhältnis $\nu = \infty$ und die Trennwirkung der Kolonne ist maximal. Am Kopf der Kolonne wird jedoch kein Produkt gewonnen.

Der andere Extremfall tritt ein, wenn das gesamte Kopfkondensat entnommen wird. In diesem Fall fließt kein Rücklauf in die Kolonne. Das Rücklaufverhältnis ν ist $\nu = 0$ und die Trennwirkung der Rektifizierkolonne sehr gering. Die Wirkung der Kolonne kann dann mit der Wirkung eines Verdampfers gleichgesetzt werden.

Rektifizierkolonnen werden in der Praxis mit einem Rücklaufverhältnis betrieben, das zwischen einem minimalen Rücklauf ν_{min} und dem totalen Rücklauf ν_{∞} liegt.

Die Einstellung des Rücklaufverhältnisses und damit der Regelung der Destillatentnahme erfolgt in den Kolonnenköpfen. Nach der Art der Rücklauferzeugung werden zwei Möglichkeiten unterschieden:

1. Am Kolonnenkopf findet eine **Teilkondensation** statt, so dass nur ein Teil des Dampfes vor der eigentlichen Kondensation im Kondensator durch den **Dampfteiler (Dephlegmator)** kondensiert wird (**Bild 1**). Der Dephlegmator wird hierzu knapp über die Siedetemperatur der leichter siedenden Komponente erwärmt. Die leichter siedende Komponente des Dampfes kann den Kolonnenkopf passieren, während die schwerer siedende kondensiert und wieder in die Kolonne zurückläuft. Der Dephlegmator erhöht so die Trennleistung der Apparatur.
2. Am Kolonnenkopf findet in einem Rücklaufkühler eine **Totalkondensation** des aufgestiegenen Dampfes statt. Das Kondensat wird durch einen **Rücklaufteiler** nach dem eingestellten Verhältnis in einen Rücklauf und das Destillat aufgeteilt. Der Rücklauf fließt in die Kolonne zurück, während das Destillat in verschiedenen Fraktionen gesammelt werden kann (**Bild 2**).

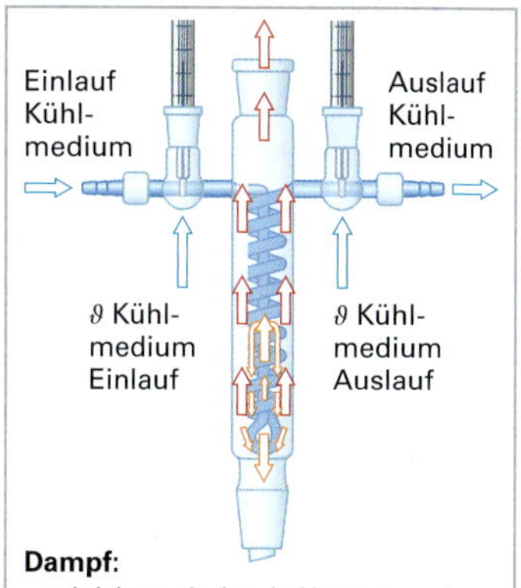

Bild 1: Aufbau eines Dampfteilers (Dephlegmator)

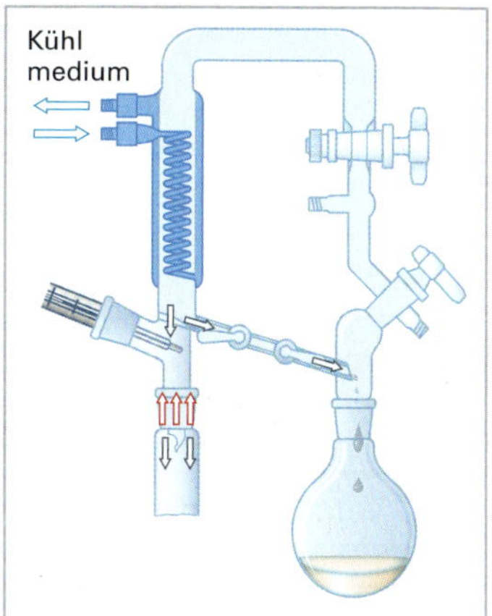

Bild 2: Aufbau eines Rücklaufteilers

3.6.3 Theoretische Trennstufen

In einer Rektifikationskolonne wie in einer Glockenbodenkolonne (**Bild 1**, S. 90) stellt sich zwischen entgegenströmendem Dampf und Flüssigkeit bei genügend langem Kontakt auf jedem **Boden** das Gleichgewicht ein, das aus der Gleichgewichtskurve ermittelt werden kann. Auf jeder Ebene einer Kolonne kondensiert ein Teil des Dampfes. Nachströmender heißer Dampf erwärmt die entstandene Flüssigphase und lässt die leichter siedende Komponente wieder verdampfen. Jeder Boden der Kolonne entspricht somit einer einfachen Destillation und stellt eine **Trennstufe** dar.

Bei der Gegenstromdestillation laufen das Kondensieren und das erneute Verdampfen in einer Kolonne mehrfach hintereinander ab. Hierbei ändert sich bei Mehrstoffgemischen ohne Azeotrop die Gleichgewichtszusammensetzung von Dampf- und Flüssigphase mit jeder Trennstufe. Auf jeder höheren Trennstufe stellt sich ein neues Gleichgewicht ein (s. Kap. 3.5.8, S. 87).

Der Dampf einer **Trennstufe *j*** (Boden *j* der Kolonne) bildet somit das Ausgangsgemisch für die nächste **Trennstufe *j* + 1**. Der Stoffmengenanteil an niedrig siedender Gemischkomponente ist auf dem höheren Boden größer.

Für eine Gemischtrennung in einer Kolonne reicht die Betrachtung von Stoffmengenanteilen für ein Trennproblem nicht aus. Die Trennkolonne muss richtig ausgelegt werden, d. h. neben den Stoffströmen sind auch Wärmeströme und Gleichgewichtsbeziehungen in der Kolonne richtig zu bilanzieren. Hierfür wurde das **Trennstufenkonzept** entwickelt, an dem die Komplexität der ablaufenden Vorgänge deutlich wird.

Für einen Vergleich unterschiedlicher Kolonnen werden bei Füllkörperkolonnen die Schütt- oder Packungshöhen in **theoretische Stufen** bzw. **theoretische Böden** umgerechnet (Details hierzu in Kap 3.6.5, S. 98).

Jeder Boden einer Kolonne bildet eine Trennstufe, auf der sich ein Phasengleichgewicht zwischen Dampf und Flüssigkeit einstellt.

3

Bild 1 zeigt schematisch die Stoff- und Wärmebilanz für einen theoretischen Boden einer Kolonne.

Jedem theoretischen Boden *j* wird ein Dampfstrom $\dot{V}_{j-1}$ (engl. ***vapour***: Dampf) von dem darunter liegenden Boden *j* – 1 und ein Flüssigkeitsstrom $\dot{L}_{j+1}$ vom darüber liegenden Boden *j* + 1 zugeführt. Abgeführt werden an den darüber liegenden Boden ein Dampfstrom $\dot{V}_j$ sowie an den darunter liegenden Boden ein Flüssigkeitsstrom $\dot{L}_j$. Das Gleiche gilt auch für die Stoffmengen an Flüssigkeit *x* und an Dampf *y* sowie die Wärmemengen der verschiedenen Ströme *h* (engl. ***heat***: Wärme).

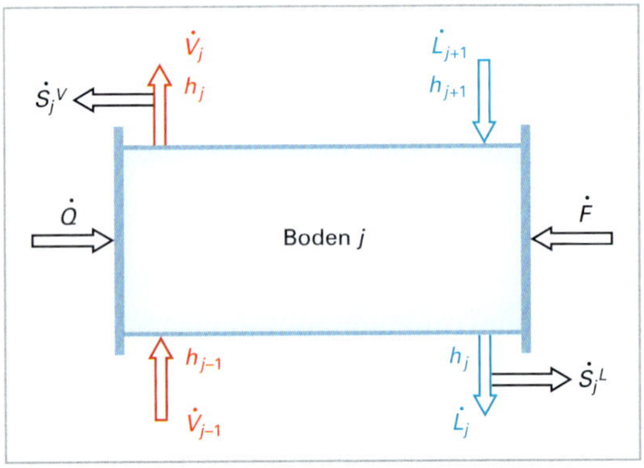

Bild 1: Zuführende und abführende Ströme von einem Boden *j* einer Kolonne

Zur Verringerung der Wärmeabgabe an die Umgebung sind Kolonnen häufig mit einem Vakuummantel oder einer Verspiegelung versehen. Trotzdem wird eine bestimmte Wärmemenge pro Zeit $\dot{Q}$ von der Kolonne abgegeben oder aufgenommen, die für eine umfassende Auslegung der Kolonne mit bilanziert werden muss.

Eine Verspiegelung der Kolonne oder ein Vakuummantel vermindern den Wärmeverlust, verbessern aber nicht die Trennung.

Bei Kolonnen kann auch seitlich Produkt abgenommen werden ($\dot{S}$: Mengenstrom der Seitenabnahme) oder Ausgangsgemisch einem Boden zugeführt werden ($\dot{F}$: Mengenstrom der Zuführung). Der vom obersten Boden abgeführte Dampfstrom $\dot{V}_{\text{obersterBoden}}$ wird schließlich kondensiert und dann als Destillatstrom $\dot{D}$ bezeichnet.

Es wird deutlich, dass die Auslegung von Trennkolonnen mit der Lösung von komplexen Algorithmen verbunden ist. Vereinfachte Verfahren wie das weit verbreitete und im Folgenden erläuterte ***McCabe-Thiele*-Verfahren** betrachten lediglich die Mengenbilanz (engl.: *material balance*).

Im Gleichgewichtsdiagramm (**Bild 1**, S. 95) lässt sich zwischen der Gleichgewichtskurve und der Diagonalen beginnend bei x_F (Stoffmengenanteil *x* im Zulaufstrom, engl. *feed*: Zuführung, Einspeisung) und endend bei x_D (Stoffmengenanteil *x* des Leichtsieders im Destillat) eine Stufenfunktion einzeichnen. Jede Stufe entspricht einer theoretischen Trennstufe, so dass aus der Stufenfunktion die **Anzahl der theoretischen Trennstufen *NTS*** (**n**iedrigste **t**heoretische **S**tufenzahl, engl.: ***n**umber of **t**heoretical **s**tages*) abgelesen werden kann. Die *NTS* gibt die Anzahl der zur Trennung mindestens notwendigen Trennstufen an. Das Diagramm wird als ***McCabe-Thiele*-Diagramm** bezeichnet.

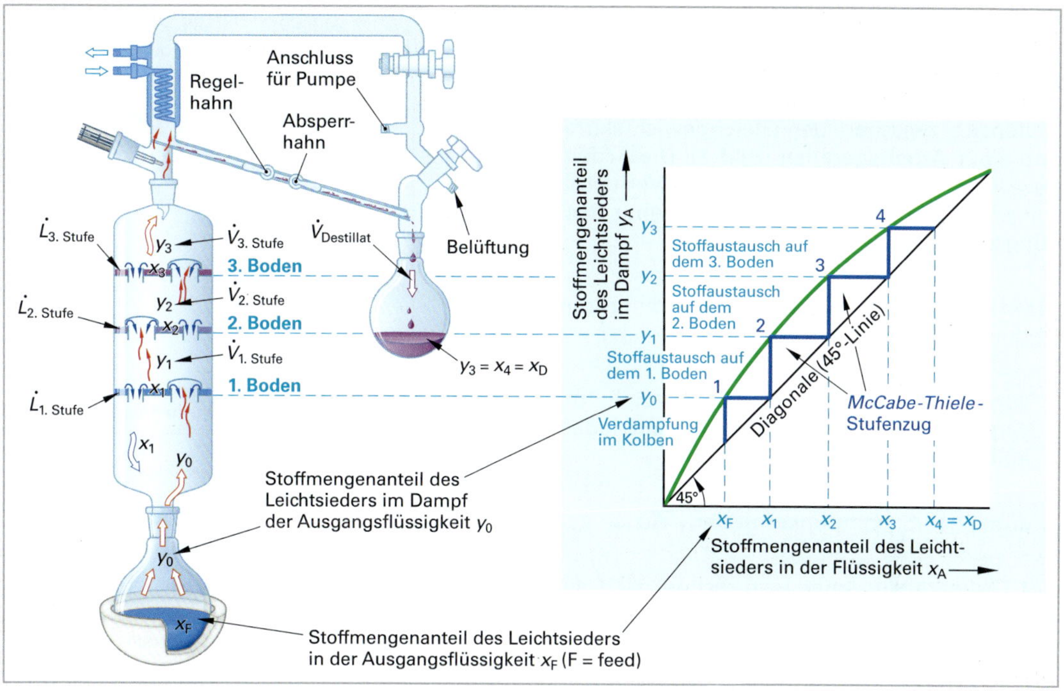

Bild 1: Ermittlung der theoretischen Trennstufenzahl im Gleichgewichtsdiagramm bei totalem Rücklauf $v = \infty$, *McCabe-Thiele*-Diagramm

Mit Hilfe des *McCabe-Thiele*-Diagramms lässt sich die Anzahl der theoretischen Böden einer Kolonne bestimmen. Außerdem ist es möglich, die erforderliche Anzahl theoretischer Böden für ein bestimmtes Trennproblem zu ermitteln, allerdings nur unter der Voraussetzung, dass

1. sich auf jeder Stufe j das Gleichgewicht einstellen kann,
2. am Kolonnenkopf der gesamte kondensierte Dampf in die Kolonne zurückfließt (**totaler Rücklauf**, $v = \infty$).

Da bei totalem Rücklauf $v = \infty$ kein Destillat abgezogen wird, sind in der Praxis immer mehr Trennstufen erforderlich als die ermittelte Zahl an theoretischen Trennstufen. Die *NTS*-Zahl gibt jedoch einen Eindruck von der Anzahl der benötigten theoretischen Trennstufen und damit Hinweise über den erforderlichen Trennaufwand.

Da es auch bei einer Kolonne ohne Einbauten (einfaches Rohr) zu einem Kontakt von Dampf- und Flüssigkeitsphase kommt, lassen sich auch hier einige theoretische Böden ermitteln. Die **Trennleistung** bei einer Rektifikation ist deshalb wesentlich höher als bei einer einfachen Destillation.

> Bei genügend langem Kontakt stellt sich zwischen aufsteigender und rücklaufender Phase ein **Gleichgewicht** ein.
>
> Aufgrund der mehrfachen Wiederholung von Verdampfen und Kondensieren mit ständig anderen Zusammensetzungen von Dampf- und Flüssigphase ist die **Trennleistung einer Rektifikation** um ein Vielfaches höher als bei einer einfachen Destillation.

Bei einer Rektifikation ist das Rücklaufverhältnis nicht unendlich ($v \neq \infty$), da Destillat (Produkt) entnommen wird. Somit ist die Anzahl der erforderlichen Böden der Kolonne höher als die ermittelte minimale Anzahl der theoretischen Trennstufen *NTS*.

Die theoretische Trennstufenzahl für $v \neq \infty$ ergibt sich nach dem ***McCabe-Thiele*-Verfahren** als Stufenzug nicht zwischen der Gleichgewichtskurve und der 45°-Linie, sondern als Stufenzug zwischen der Gleichgewichtskurve und einer **Arbeitsgeraden** (**Bild 1**). Die Arbeitsgerade ist eine Hilfslinie, um realen Verhältnissen wie der Entnahme von Destillat eher Rechnung zu tragen.

Die Arbeitsgerade im Gleichgewichtsdiagramm ist durch zwei Punkte festgelegt:

1. durch den Schnittpunkt der 45°-Linie mit dem Stoffmengenanteil des Leichtsieders im Destillat x_D,
2. durch den Schnittpunkt mit der y-Achse y_0.

Der Ordinatenabschnitt y_0 errechnet sich aus dem Rücklaufverhältnis v nach der Gleichung:

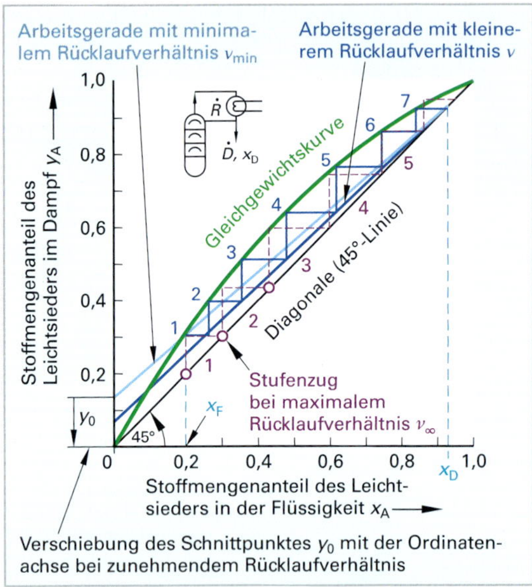

Bild 1: Bestimmung der theoretischen Trennstufenzahl *NTS* bei realem Rücklauf zwischen Arbeitsgerade und Gleichgewichtskurve

Ordinatenabschnitt: $y_0 = \dfrac{x_D}{v + 1}$ **Gl. 3.13**

y_0	x_D	v
1	1	1

Die in der Praxis erforderliche Anzahl theoretischer Trennstufen *NTS* entspricht der Anzahl der Treppenstufen zwischen der Arbeitsgeraden und der Gleichgewichtskurve, beginnend bei x_F, dem Stoffmengenanteil x der leichter siedenden Komponenten im Zulaufstrom $\dot{F}$ der Mischung (**Bild 1**). Im Fall eines minimalen Rücklaufs v_{min} schneidet die Arbeitsgerade die Gleichgewichtskurve an der Stelle x_F.

Beispiel 3.5: Bestimmung der Trennstufenzahl mit Hilfe einer Arbeitsgeraden

a) Berechnen Sie den Schnittpunkt der Arbeitsgeraden mit der Ordinate y_0, wenn der Volumenstrom des flüssigen Rücklaufs $\dot{L} = 4{,}55\ \text{mol} \cdot \text{min}^{-1}$, der Destillatstrom $\dot{D} = 0{,}70\ \text{mol} \cdot \text{min}^{-1}$ und der Stoffmengenanteil des Leichtsieders am Kopf der Kolonne $x_D = 0{,}96$ beträgt.

b) Bestimmen Sie mit Hilfe von **Bild 1**, S. 97 die erforderliche theoretische Trennstufenzahl *NTS*.

Lösung:

a) Mit $v = \dfrac{\dot{L}}{\dot{D}} = \dfrac{4{,}55\ \text{mol} \cdot \text{L}^{-1}}{0{,}70\ \text{mol} \cdot \text{L}^{-1}} = 6{,}5$ folgt: $y_0 = \dfrac{0{,}96}{6{,}5 + 1} = 0{,}128$

b) Zwischen der Arbeitsgeraden und der Gleichgewichtskurve wird ein *McCabe-Thiele*-Stufenzug eingezeichnet. Die Anzahl der Treppenstufen ergibt die theoretische Trennstufenzahl *NTS* mit *NTS* = 8, die für ein konstantes Rücklaufverhältnis gilt.

Erfolgt der Zulauf des Gemisches im Sumpf der Kolonne, so erfolgt mit der Höhe der Trennsäule eine Anreicherung (Verstärkung) des Leichtsieders. Die Arbeitsgerade wird daher auch als **Verstärkungsgerade** bezeichnet. Die Trennsäule wirkt als **Verstärkungssäule**.

Die Materialbilanz wird komplizierter, wenn der Zustrom des Ausgangsgemischs nicht am Sumpf der Kolonne, sondern im mittleren Kolonnenbereich erfolgt (**Bild 1**). Dies wird dann bevorzugt, wenn das Gemisch sowohl in den Leichtsieder mit dem Stoffmengenanteil x_D im **Kopfprodukt** als auch in den Schwersieder mit dem Stoffmengenanteil x_B im **Sumpfprodukt** (Produkt aus der Blase) getrennt und beide Produktströme kontinuierlich abgenommen werden sollen.

Unterhalb des Zulaufstroms $\dot{F}$ wird im unteren Kolonnenabschnitt der Schwersieder angereichert, während es oberhalb des Zulaufstroms im oberen Kolonnenabschnitt zur Anreicherung des Leichtsieders kommt (Verstärkungssäule).

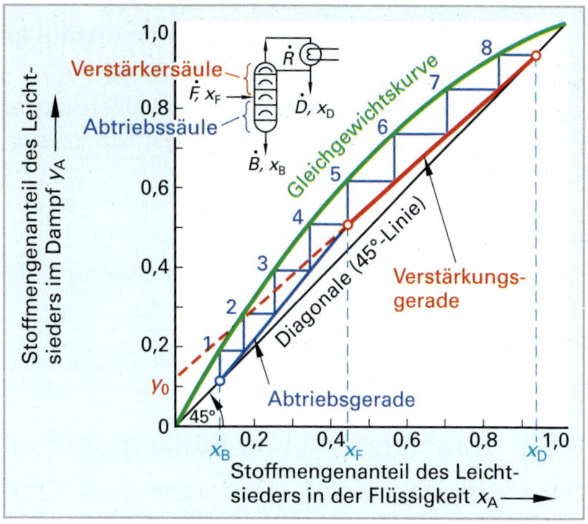

Bild 1: Bestimmung der Trennstufenzahl bei mittigem Zulaufstrom

Im Gleichgewichtsdiagramm wird in diesem Fall mit zwei Arbeitsgeraden gearbeitet. Oberhalb des Zulaufstroms $\dot{F}$ ist die Arbeitsgerade die bereits eingeführte Verstärkungsgerade, während die Arbeitsgerade unterhalb des Gemischzulaufs als **Abtriebsgerade** bezeichnet wird. Der Abschnitt der Kolonne unterhalb des Zulaufstroms heißt daher auch **Abtriebssäule**.

Der Schnittpunkt der beiden Arbeitsgeraden liegt an der Stelle des Zulaufstroms $\dot{F}$, wobei der Zulaufstrom $\dot{F}$ flüssig siedend in die Kolonne eingebracht wird. Die Abtriebsgerade beginnt an der Stelle des Stoffmengenanteils x_B in der Blase bzw. im Sumpf der Kolonne. Die Ermittlung der Trennstufenzahl erfolgt durch das Einzeichnen einer Stufenfunktion zwischen den Arbeitsgeraden und der Gleichgewichtskurve, wobei der Beginn der Stufenfunktion an der Stelle des Stoffmengenanteils x_F des Zulaufstroms liegt und nach links unten bzw. rechts oben fortgeführt wird.

3.6.4 Verstärkungsverhältnis (Bodenwirkungsgrad)

Bei realen Verhältnissen stellt sich aufgrund der begrenzten Kontaktzeit zwischen Dampf- und Flüssigphase der Gleichgewichtszustand auf einem Boden nicht vollkommen ein. Die erreichte Konzentration an Leichtsieder in der Dampfphase liegt damit immer unterhalb der Gleichgewichtskonzentration. Die tatsächlich benötigte Anzahl an Trennstufen N einer technischen Anlage ist daher immer größer als die ermittelte niedrigste theoretische Stufenzahl NTS.

Für die Berechnung der tatsächlich erforderlichen **Anzahl an Austauschböden *N*** aus der niedrigsten theoretischen Stufenzahl NTS wird eine Kennzahl für den Bodenwirkungsgrad verwendet, das **Verstärkungsverhältnis *s***:

$$N = \frac{NTS}{s}$$

N	NTS	s
1	1	1

Gl. 3.14

Das Verstärkungsverhältnis s wiederum ergibt sich aus dem Verhältnis der tatsächlichen Trennwirkung TW_w zur theoretisch optimalen Trennwirkung TW_{th} eines Austauschbodens:

$$s = \frac{TW_w}{TW_{th}}$$

s	TW_w	TW_{th}
1	1	1

Gl. 3.15

Die tatsächliche Trennwirkung wird in experimentellen Untersuchungen bestimmt, so dass für reale Austauschböden Verstärkungsverhältnisse s im Bereich von 0,5 bis 0,9 erhalten werden.

Beispiel 3.6: Berechnung der realen Anzahl an Austauschböden

Als niedrigste theoretische Stufenzahl *NTS* wird aus dem Gleichgewichtsdiagramm für ein Trennproblem *NTS* = 6 ermittelt. Nach experimentellen Untersuchungen berechnet sich die Kennzahl für den Bodenwirkungsgrad zu *s* = 0,8. Berechnen Sie die real erforderliche Anzahl an Austauschböden *N*.

Lösung:

Die real erforderliche Anzahl an Austauschböden *N* berechnet sich nach Gleichung 3.14 als $N = \frac{6}{0{,}8} = 7{,}5 \approx 8$.

Für das Lösen der Trennaufgabe sind demnach rund acht reale Austauschböden notwendig.

3

3.6.5 Trennleistung von Füllkörperkolonnen und Packungskolonnen

Die Trennleistung von Füllkörper- und Packungskolonnen richtet sich nach der Höhe der Schüttungen oder Packungen. Für einen Vergleich der unterschiedlichsten Kolonnen werden die Schütt- oder Packungshöhen in **theoretische Stufen** bzw. **theoretische Böden** umgerechnet. Hierzu wurde der ***HETP*-Wert** (engl. ***h**eight **e**quivalent to a **t**heoretical **p**late*: Höhenäquivalent für einen theoretischen Boden) definiert:

$$HETP = \frac{\text{Länge der Füllkörperschicht } h_F}{\text{Anzahl der theoretischen Böden } NTS}$$

HETP	h_F	*NTS*
m	m	1

Gl. 3.16

Der *HETP*-Wert in der Einheit Meter beschreibt die Höhe einer Füllkörper- oder Packungsschicht, die einer theoretischen Trennstufe entspricht. Bei technischen Kolonnenfüllungen bzw. -packungen liegt die *HETP*-Zahl im Bereich von mehreren Dezimetern, im Labormaßstab können bei effektiven Füllungen und Packungen *HETP*-Werte im Zentimeter-Bereich und damit kleine Füllkörperschüttungs- bzw. Packungshöhen vorkommen.

Je kleiner der ***HETP*-Wert** ist, desto besser ist die Trennleistung der Füllkörper bzw. Packung.

Tabelle 1: Beispiele für *HETP*-Werte

Füllkörper	**HETP in m**
Pall-Ringe 25 × 25 × 0,6 mm^3	0,33
Pall-Ringe 50 × 50 × 50 mm^3	0,45
Packung	**HETP in m**
Interpack 20 × 20 × 0,4 mm^3	0,48
Karo-Grid	0,78

HETP-Werte hängen von vielen Variablen ab. Beispiele für *HETP*-Werte verschiedener Füllkörper und Packungen sind Tabelle 1 angegeben. Die Höhe der Füllkörper- oder Packungsschicht errechnet sich damit aus dem Produkt der *HETP*-Zahl und der Anzahl der theoretischen Trennstufen *NTS*.

Beispiel 3.7: Berechnung der Schütthöhe

Für ein Trennproblem soll eine Schüttung von *Pall*-Ringen verwendet werden. Es stehen die in Tabelle 1 angegebenen Füllkörper zur Verfügung. Wie hoch muss die entsprechende Schüttung sein, wenn die berechnete theoretische Trennstufenzahl 8 Austauschböden ergeben hat?

Lösung:

Gegeben ist die theoretische Trennstufenzahl *NTS* = 8.

Für die *Pall*-Ringe 25 × 25 × 0,6 mm^3 folgt: $h_F = 0{,}33\ m \cdot 8 = 2{,}64\ m$

Für die *Pall*-Ringe 50 × 50 × 50 mm^3 folgt: $h_F = 0{,}45 m \cdot 8 = 3{,}60\ m$

Die Füllhöhe ist für die großen Pall-Ringe mit 3,60 m etwa einen Meter höher als für die kleinen *Pall*-Ringe, bei denen eine 2,64 m hohe Schüttung für dieses Trennproblem ausreicht.

Die Vergrößerung der Füllkörperschütthöhe bzw. der Packungshöhe in einer Kolonne vergrößert deren Trennleistung. Allgemein kann die Trennleistung durch folgende Punkte beeinflusst werden:

- Vergrößerung der Kolonnenhöhe bzw. Vergrößerng der Schütthöhe oder Packungshöhe, da sich hierdurch die Anzahl der Trennstufen erhöht.
- Verwendung einer anderen Art von Füllkörpern oder effektiveren Einbauten, da sich hierdurch die Höhe eines theoretischen Bodens verringern kann.
- Erhöhung des Rücklaufs, da dies die Trennstufenzahl positiv beeinflusst. Hierdurch vergrößert sich allerdings der zeitliche Aufwand, da in einer bestimmten Zeit weniger Destillat abgenommen werden kann.

Die Verbesserung der Wärmeisolierung einer Kolonne verbessert die Trennleistung hingegen nicht.

3.7 Spezielle thermische Trennverfahren

Für die Trennung komplexer Stoffgemische und Stoffgemischen mit besonderen Eigenschaften existieren spezielle thermische Trennverfahren.

3.7.1 Vakuumdestillation

Organische Verbindungen sind meist temperaturempfindlich, bereits oberhalb von 150 °C zersetzen sich viele Substanzen. In einer gewöhnlichen Apparatur können diese Substanzen nicht mehr ohne Verluste destilliert werden. Für die Auftrennung temperaturempfindlicher Gemische müssen daher schonende Verfahren eingesetzt werden.

Die Siedetemperatur eines Stoffes ist abhängig vom Umgebungsdruck (s. Kap. 3.5.1, S. 77). Wird der Umgebungsdruck reduziert, verringert sich entsprechend auch die Siedetemperatur (Tabelle 1). Temperaturempfindliche Flüssigkeiten mit hoher Siedetemperatur werden daher schonend, meist ohne thermische Schädigung oder auch Zersetzung bei vermindertem Druck bzw. im Vakuum in einer **Vakuumdestillation** destilliert oder in einer **Vakuumrektifikation** rektifiziert. Hierzu wird der Druck in der Apparatur erniedrigt bzw. ein Vakuum angelegt.

Tabelle 1: Siedetemperaturen bei Normaldruck und vermindertem Druck

Stoff	Siedetemperatur bei 1013 hPa	Siedetemperatur bei 200 hPa
Wasser	100 °C	60 °C
Ethanol	78 °C	42 °C
Propanon	56 °C	17 °C
Toluol	111 °C	62 °C

In den meisten Fällen ist das Vakuum einer Wasserstrahlpumpe (ca. 13 bis 20 hPa) oder einer Drehschieberölpumpe (0,01 bis 1,3 hPa) ausreichend.

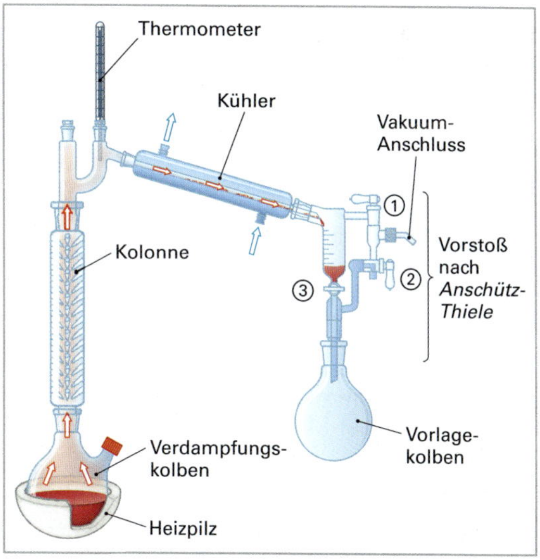

Bild 1: Anlage für eine Vakuumrektifikation mit einem Vorstoß nach *Anschütz-Thiele*

Ein Zusatz, der bei einer Vakuumdestillation eingesetzt wird, ist ein **Vorstoß nach *Anschütz-Thiele*** (Bild 1). Benannt ist dieser Vorstoß nach den beiden Chemikern Richard Anschütz (1852 – 1937) und Johannes Thiele (1865 – 1918). Mit einem *Anschütz-Thiele*-Vorstoß ist es trotz eines angelegten Vakuums möglich, während der laufenden Destillation beliebig viele Fraktionen zu entnehmen. Realisiert wird dies über drei Vakuumhähne. Über Hahn (1) in Bild 1 wird die Apparatur während der Derstillation evakuiert. Hahn (2) und Hahn (3) sind geschlossen, so dass sich der Vorlagekolben unter Normaldruck befindet und auch in diesem Zustand gewechselt werden kann. Das Destillat läuft in den Auffangbehälter oberhalb von Hahn (3).

Vor dem Auslassen des Destillats ist der Vorlagekolben zu evakuieren. Hierzu wird die Destillationsapparatur durch Schließen von Hahn (1) kurzzeitig von der Vakuumleitung getrennt. Das Öffnen von Hahn (2) evakuiert den Vorlagekolben. Erst danach wird die Apparatur durch das Öffnen von Hahn (1) wieder mit der Vakuumleitung verbunden und das Destillat kann durch Öffnen des Ablasshahns (3) ohne Druckdifferenzen ablaufen. Anschließend lässt sich bei geschlossenen Hähnen (1) und (3) der Kolben separat belüften und entnehmen.

Der *Anschütz-Thiele*-Vorstoß stellt eine Alternative für den Einsatz einer Spinne (s. Kap. 3.4.2, S. 77) dar, mit der nur eine bestimmte Anzahl von Fraktionen gesammelt werden kann. Aufgrund dieses Vorteils hat der *Anschütz-Thiele*-Vorstoß in der präparativen organischen Chemie eine große Bedeutung bei der destillativen Trennung hochsiedender Gemische.

> Ein Vorstoß nach *Anschütz-Thiele* eignet sich trotz angelegtem Vakuum zur Entnahme von beliebig vielen Fraktionen bei der Destillation.

Im Labor wird häufig ein weiteres, spezielles Vakuumgerät verwendet: der **Rotationsverdampfer**, im Laborjargon kurz als „Roti" bezeichnet. Insbesondere für das Einengen oder Abtrennen von Lösemitteln eignet sich der Rotationsverdampfer, der aus einer Anlage mit einem Heizbad, einem Verdampferkolben sowie einem Dampfrohr mit angeschlossenem Kühler mit Vakuumansatz und Auffangkolben besteht (**Bild 1**). Das Dampfrohr ist drehbar gelagert und wird zusammen mit dem Vorlagekolben durch einen Motor in Längsrotation versetzt.

Über eine Höhenverstellung ist der Verdampferkolben in das Heizbad absenkbar. Als Heizmedium wird meist Wasser verwendet, da aufgrund des Vakuumanschlusses am Roti der Innendruck gesenkt und somit eine geringe Arbeitstemperatur zum Verdampfen hochsiedender Stoffe ausreicht. Temperaturempfindliche Stoffe werden hierdurch weniger stark thermisch belastet und es wird einer Zersetzung entgegengewirkt.

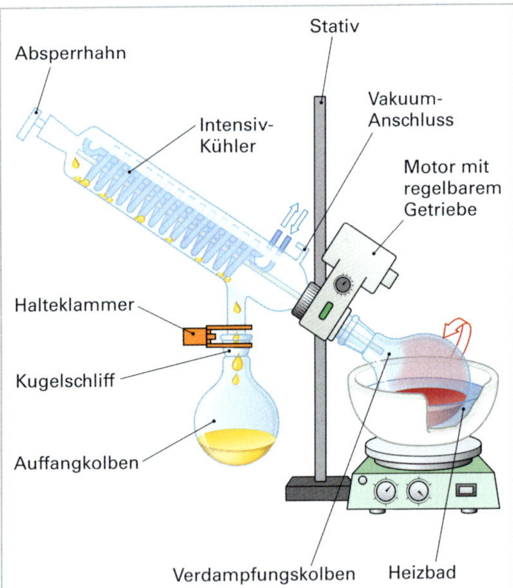

Bild 1: Vakuum-Rotationsverdampfer

Das Heizbad erwärmt den Verdampferkolben, so dass der zu destillierende Stoff verdampft. Der Dampf strömt durch das Dampfrohr, kondensiert an der Kühlfläche des Kühlers und fließt anschließend in den Auffangkolben.

Ein Rotationsverdampfer ist aufgrund seiner Bauweise für Trennprobleme mit nahe beieinander liegenden Siedetemperaturen nicht geeignet (s. Kap. 3.5.8, S. 89). Eine Grenze liegt beim Verwenden einer Membranpumpe bei einem Minimaldruck von rund 10 hPa und beim Einsatz eines Ölbades bei einer Maximaltemperatur von etwa 180 °C bis 200 °C.

Durch die Rotation des Vorlagekolbens hat das Gemisch im Kolben keine gleichmäßige Temperatur, da der Kolbeninhalt bei einer langsamen Rotationsgeschwindigkeit wenig durchmischt wird. An der Kolbenwand wird hingegen eine Flüssigkeitsschicht durch Adhäsionskräfte festgehalten und dieser dünne Film mit der Wand des Vorlagekolbens aus dem Flüssigkeitsvolumen herausgezogen. Über die warme Kolbenwand wird die zum Verdampfen notwendige Wärme auf den Flüssigkeitsfilm übertragen. Dem Flüssigkeitsvolumen im Kolben wird somit nur wenig Wärme zugeführt, so dass dieses sowohl deutlich kühler als der Flüssigkeitsfilm ist als auch insgesamt weniger zum Dampfdruck in der Apparatur beiträgt. Das Flüssigkeitsvolumen siedet daher im Gegensatz zum Flüssigkeitsfilm nicht. Siedeverzüge werden somit vermieden.

Durch die Rotation des Verdampferkolbens wird die Oberfläche vergrößert, die Verdampfungsgeschwindigkeit gesteigert und in einer Linie der Flüssigkeitsfilm an der Kolbenwand verdampft.

Wird der Rotationsverdampfer nicht unter vermindertem Druck betrieben, ist das Vakuumventil der Apparatur zu öffnen, so dass es im System nicht zu einem Überdruck kommt.

3.7.2 Trägerdampfdestillation

Ein Verfahren für die schonende Auftrennung temperaturempfindlicher Flüssigkeitsgemische wird beispielsweise in der Lebensmittelanalytik für die Gewinnung von etherischen Ölen aus Gewürzen angewendet: die **Trägerdampfrektifikation** oder das **Strippen** bzw. bei einer einfachen Destillation die **Trägerdampfdestillation**.

In das hochsiedende Gemisch wird am Fuß der Apparatur ein Trägerdampf eingeblasen (**Bild 1**). Wird als Trägerdampf überhitzter Wasserdampf verwendet, wird diese Trägerdampfdestillation als **Wasserdampfdestillation** bezeichnet.

Bei einer Trägerdampfdestillation setzt sich der Gesamtdampfdruck p_{ges} nach **Gleichung 3.7** additiv aus dem Dampfdruck des Gemisches $p^0_{Gemisch}$ und dem Dampfdruck des Trägergases p^0_{Gas} zusammen:

$$p_{ges} = p^0_{Gemisch} + p^0_{Gas}$$

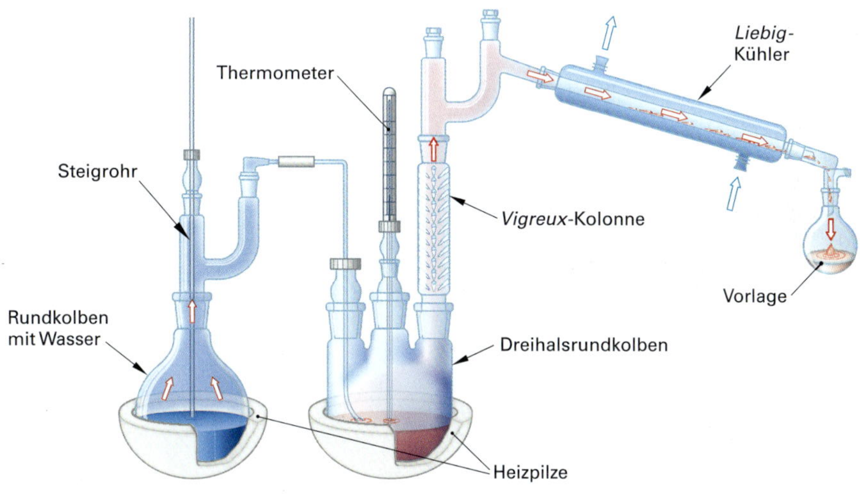

Bild 1: Anlage zur Wasserdampfrektifikation

Somit wird die Siedetemperatur des Gemisches stark herabgesetzt, so dass es eher zu sieden beginnt. Die Trägerdampfrektifikation läuft auf einem wesentlich niedrigeren Temperaturniveau ab. Die Einzelkomponenten verdampfen hierbei im Stoffmengenverhältnis ihrer Dampfdrücke. Über den Kolonnenkopf werden die leichter siedenden Gemischbestandteile abgetrennt, im Sumpf der Kolonne bleiben schwerer siedende Bestandteile zurück.

Voraussetzung für die Trägerdampfrektifikation ist jedoch, dass Trägerdampf und hochsiedendes Gemisch ineinander unlöslich sind, so dass nach der Kondensation der Trägerstoff aus dem Destillat durch einfaches Absetzenlassen (Phasentrennung) abgetrennt werden kann.

Bei nicht-mischbaren Flüssigkeiten entspricht der Gesamtdampfdruck der Summe der Einzeldampfdrücke der reinen Einzelkomponenten: $p_{ges} = p_1^0 + p_2^0 + ... + p_n^0$

Die Siedetemperatur eines Systems aus nicht-mischbaren Flüssigkeiten ist dadurch immer kleiner als die Siedetemperatur der leichter flüchtigen Einzelkomponente.

Anwendungsbeispiel: Berechnung des Dampfdruckes nicht-mischbarer Flüssigkeiten

Anilin besitzt bei einem Umgebungsdruck von 1013 hPa eine Siedetemperatur von 184,7 °C. Die Siedetemperatur von Wasser liegt bei diesem Druck bekanntermaßen bei 100 °C. Das nicht mischbare Stoffgemisch Anilin/Wasser hat bei gleichen Bedingungen eine Siedetemperatur von 98,5 °C. Der Dampfdruck des Anilins beträgt bei dieser Temperatur 57,3 hPa, der Dampfdruck des Wassers ist 955,7 hPa. Die Summe der beiden Dampfdrücke beträgt entsprechend dem Umgebungsdruck 1013 hPa: $p_{ges} = p^0_{Anilin} + p^0_{Wasser} = 57{,}3\ hPa + 955{,}7\ hPa = 1013\ hPa$. Die Einzelkomponenten verdampfen im Stoffmengenverhältnis ihrer Dampfdrücke.

3

Bei der Gewinnung von etherischen Ölen durch Wasserdampfdestillation haben die Öle aufgrund ihres geringen Dampfdrucks nur einen kleinen Einfluss auf den Gesamtdampfdruck. Die Siedetemperatur des Gemisches liegt daher knapp unter 100 °C.

Eine Variante dieses schonenden Verfahrens ist die gemeinsame Vorlage von hochsiedendem Gemisch und flüssigem Schleppmittel wie z. B. Wasser. Beides wird gemeinsam in der Destillationsblase erhitzt. Der aufsteigende Wasserdampf schleppt die leichter siedenden Gemischbestandteile mit. Am Kopf der Anlage erfolgt die Kondensation des aufgestiegenen Dampfes aus Wasserdampf und leichter siedenden Gemischanteilen.

Die nicht-mischbaren Komponenten (mitgeschleppte Gemischinhaltsstoffe und Wasser) werden in einem Absetzbehälter voneinander getrennt. Eine thermische Schädigung wird bei dieser Verfahrensvariante vermieden.

3.7.3 Rektifikation von Mehrstoffgemischen

In der Praxis liegen häufig mehr als zwei Komponenten im Gemisch vor, die getrennt werden sollen. Für eine Trennung dieser Mehrstoffgemische werden am besten mehrere Trennkolonnen eingesetzt. Entsprechend des Aufbaus werden zwei Verfahren unterschieden:

- **Trennung in reine Komponenten**

  Das Mehrkomponentengemisch wird der ersten Kolonne zugeführt (**Bild 1**). Die erste Komponente wird beispielsweise über den Kopf der Kolonne abgetrennt, während alle restlichen Bestandteile die Trennkolonne über den Sumpf verlassen und der nächsten Kolonne zugeführt werden, in der die nächste Komponente abgetrennt wird. Dieser Vorgang wird wiederholt, bis alle Komponenten voneinander getrennt sind. Für die Trennung eines n-Komponenten-Gemisches werden somit $n - 1$ Kolonnen benötigt.

  Die Anordnung der Kolonnen zur Trennung des Mehrstoffgemisches kann in Abhängigkeit der enthaltenen Komponenten sehr unterschiedlich sein. Schon bei einem ternären Gemisch (3-Komponenten-Gemisch) können über den Kopf der 1. Trennsäule beispielsweise zwei Komponenten abgetrennt werden, die dann in einer weiteren Trennsäule voneinanander getrennt werden müssen.

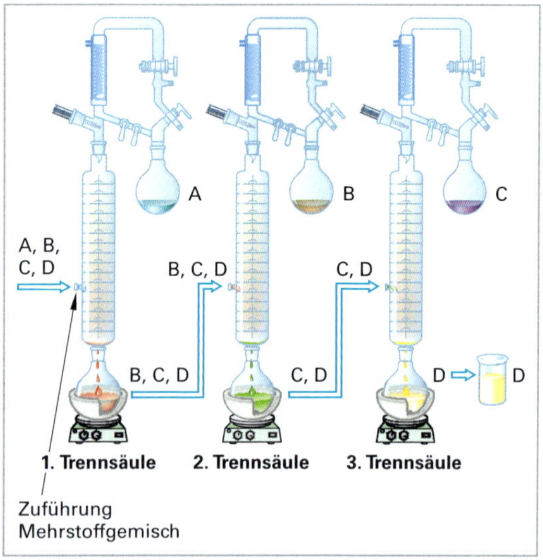

Bild 1: Trennung eines Mehrstoffgemisches in reine Komponenten

- **Trennung in Fraktionen**

  Die Entnahme von Seitenströmen kann hierbei den Gesamtaufwand des Trennproblems und damit die Kosten erheblich verringern. Die entnommenen Seitenströme von verschiedenen Kolonnenböden bestehen in diesem Fall nicht aus Einzelkomponenten, sondern aus Fraktionen eines bestimmten Siedebereichs (**Bild 1**).

  Die weitere Auftrennung dieser Fraktionen in Einzelbestandteile erfolgt dann in anderen Trennkolonnen, die für das spezielle Trennproblem besonders ausgelegt sind.

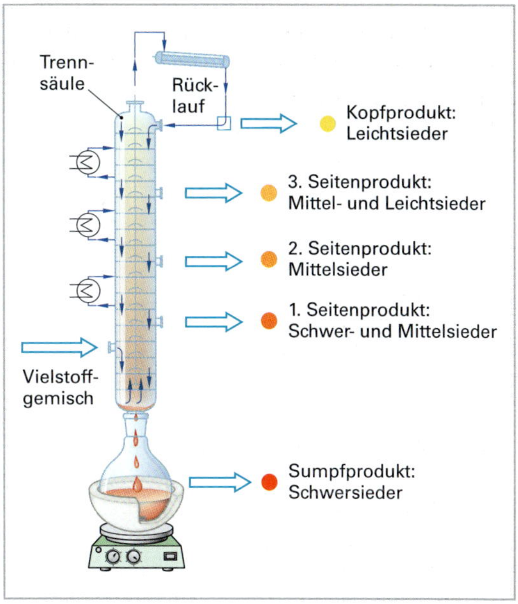

Bild 1: Trennung eines Mehrstoffgemisches in Fraktionen

Eine Anwendung der Trennung in Fraktionen ist die Erdölrektifikation. Erdöl besteht aus Tausenden von organischen Einzelbestandteilen, die ineinander gelöst sind und deren Siedetemperaturen zwischen 50 °C und 500 °C liegen.

Das Kopf- und das Sumpfprodukt sowie die einzelnen entnommenen Seitenfraktionen, wie Benzine (Leichtsieder), Petroleum, Dieselöl und leichtes Heizöl (Mittelsieder) sowie schweres Heizöl und Schmieröl (Schwersieder), werden in nachfolgenden Prozessschritten weiter aufgetrennt.

Entsprechend den Eigenschaften der verschiedenen Fraktionen sind auch die nachfolgenden Trennkolonnen sehr unterschiedlich. Neben Normaldruck-Rektifikationskolonnen werden auch Kolonnen bei Überdruck oder unter Vakuum betrieben.

3.7.4 Rektifikation azeotroper Gemische

Flüssigkeitsgemische aus zwei oder mehreren Komponenten, bei denen bei einer bestimmten Zusammensetzung der aufsteigende Dampf den gleichen Stoffmengenanteil der Komponenten besitzt wie die Flüssigkeit, heißen Azeotrope oder azeotrope Gemische (vgl. Kap. 3.5.8, S. 88).

Im Gleichgewichtsdiagramm schneidet die Gleichgewichtskurve die 45°-Linie. Der Schnittpunkt dieser beiden Linien ist der **azeotrope Punkt**. **Bild 2** zeigt das Gleichgewichtsdiagramm des Zweikomponentengemisches Ethanol/Wasser. Bei einem Stoffmengenanteil von rund 96 % Ethanol im Gemisch ist der azeotrope Punkt erreicht.

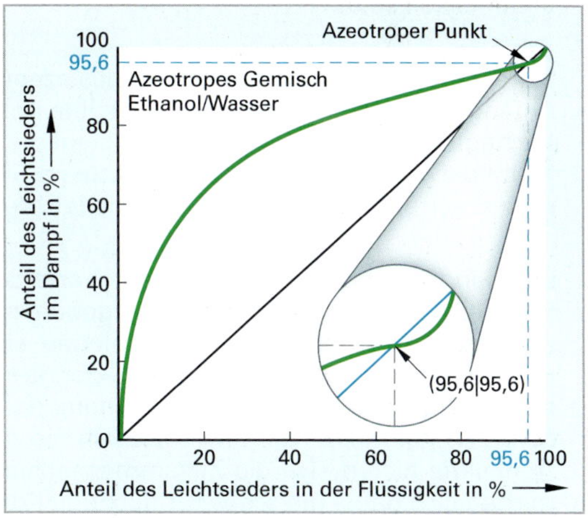

Bild 2: Gleichgewichtskurve des azeotropen Gemischs Ethanol/Wasser

> Bei der **azeotropen Zusammensetzung** eines Gemisches (azeotroper Punkt) schneidet die Gleichgewichtskurve die 45°-Linie des isobaren Gleichgewichtsdiagramms.

Die Komponenten eines azeotropen Gemisches können durch eine Rektifikation höchstens bis zur azeotropen Zusammensetzung voneinander getrennt werden. Bei Annäherung an den azeotropen Punkt werden sich die Zusammensetzung der Flüssigphase und der Dampfphase immer ähnlicher. Die Trennung der Komponenten wird gleichzeitig immer aufwändiger.

Am azeotropen Punkt ist trotz noch so intensiver Rektifikation keine weitere Anreicherung des Leichtsieders in der Dampfphase mehr möglich. Die eingezeichnete Stufenfunktion nach dem *McCabe-Thiele*-Verfahren lässt sich nur bis zum azeotropen Punkt zeichnen. Ein Überschreiten des azeotropen Punkts ist nicht möglich.

Azeotrope Gemische verdampfen mit konstanter Zusammensetzung und konstanter Siedetemperatur. Bei einer Destillation verhalten sie sich daher wie reine Stoffe.

Zwei Arten von azeotropen Gemischen sind zu unterscheiden:

- **Positive Azeotrope**

Bei **positiven Azeotropen** (sog. **positive Azeotropie**) liegt eine positive Abweichung des realen Gemischs vom *Raoult*schen Gesetz vor. Die Dampfdruckkurve zeigt an dieser Stelle ein Dampfdruckmaximum. Die Abweichung des Gemischs vom idealen Verhalten ist so stark, dass im **Minimum der Siedetemperatur** die Siedekurve und die Taukurve zusammentreffen (**Bild 1a**, Seite 105). Aufgrund des Minimums der Siedetemperatur wird dieses azeotrope Gemisch auch als **niedrigsiedendes Azeotrop** oder **Minimum-Azeotrop** bezeichnet. Im Flüssigkeitsgemisch sind hier die Wechselwirkungen zwischen gleichartigen Molekülen größer als zwischen ungleich artigen Molekülen (s. Kap. 3.5.8, S. 88). Die Siedetemperatur des azeotropen Gemischs liegt unterhalb der Siedetemperaturen der Einzelkomponenten.

Das dazugehörige isobare Gleichgewichtsdiagramm ist in **Bild 1b** auf Seite 105 dargestellt. Es zeigt für den Stoffmengenanteil x_A, an dem Siede- und Taukurve zusammentreffen, einen Schnittpunkt von 45°-Linie und Gleichgewichtskurve. Dieser Schnittpunkt besitzt die Koordinaten (95,6 | 95,6).

Bei einer Destillation befindet sich das azeotrope Gemisch in diesem Fall im Destillat. Je nach Anfangskonzentration bleibt im Destillationskolben (Sumpf) die reine leichter oder schwerer flüchtige Einzelkomponente zurück. Liegt die Ausgangsstoffmenge links vom azeotropen Punkt, bleibt die höher siedende Komponente im Sumpf zurück. Liegt die Ausgangsstoffmenge rechts vom azeotropen Punkt, wird die reine leichter flüchtige Komponente im Sumpf erhalten.

Erklären lässt sich diese Tatsache anhand der Siede- und Gleichgewichtsdiagramme (**Bild 1a**, S. 105). Ausgehend von einem gegebenen Stoffmengenanteil links vom azeotropen Punkt am Punkt (1) erhält man durch Anlegen einer Senkrechten die Siedetemperatur dieses Gemisches (2). Der auf gleicher Höhe liegende Punkt an der Taukurve (3) entspricht der Zusammensetzung im Kondensat und entsprechend dem Ausgangsstoffmengenanteil für ein erneutes Verdampfen (4). Dieser Vorgang setzt sich bis zum azeotropen Punkt fort. Mit jeder theoretischen Trennstufe nähert sich die Zusammensetzung immer mehr dem azeotropen Punkt. Im Sumpf reichert sich dabei die schwerer flüchtige Komponente B an, bis sie rein zurückbleibt. Im Destillat liegt das azeotrope Gemisch vor.

Ausgehend von einer Gemischzusammensetzung (a), die im **Bild 1a**, S. 105, rechts vom azeotropen Punkt liegt, erhält man entsprechend über die Punkte (b), (c) und (d) die azeotrope Zusammensetzung im Kondensat. Im Destillationskolben liegt entsprechend die Komponente A rein vor. Da das azeotrope Gemisch die geringste Siedetemperatur bei einem Minimum-Azeotrop besitzt, erhält man dies als Destillat.

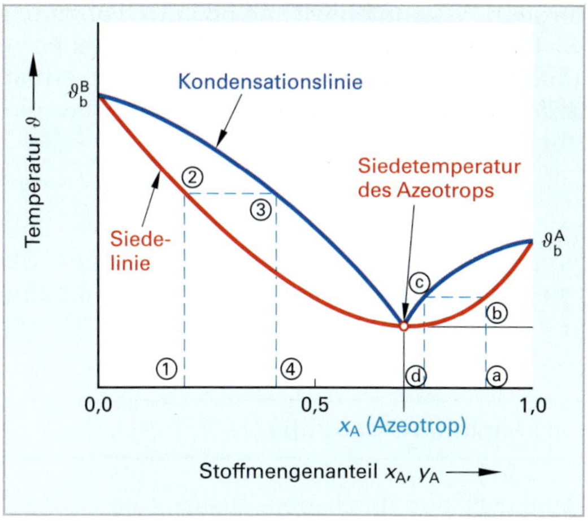

Bild 1a: **Siedediagramm eines Minimum-Azeotrops (positive Azeotropie)**

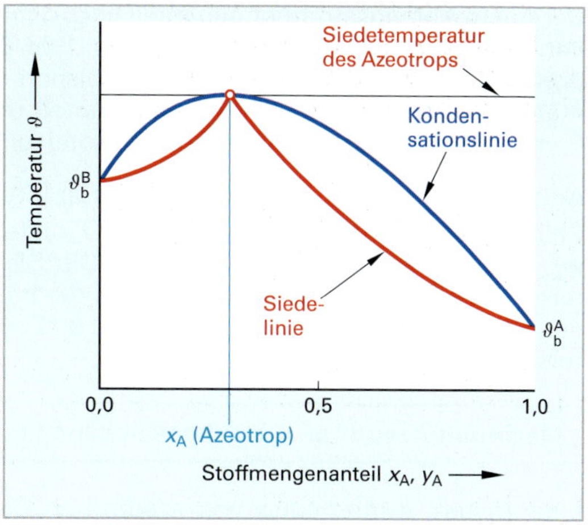

Bild 2a: **Siedediagramm eines Maximum-Azeotrops (negative Azeotropie)**

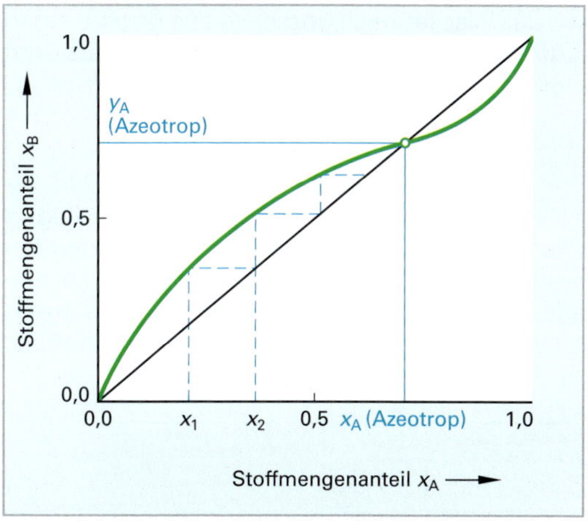

Bild 1b: **Isobare Gleichgewichtskurve azeotroper Gemische (Siedediagramm mit Minimum)**

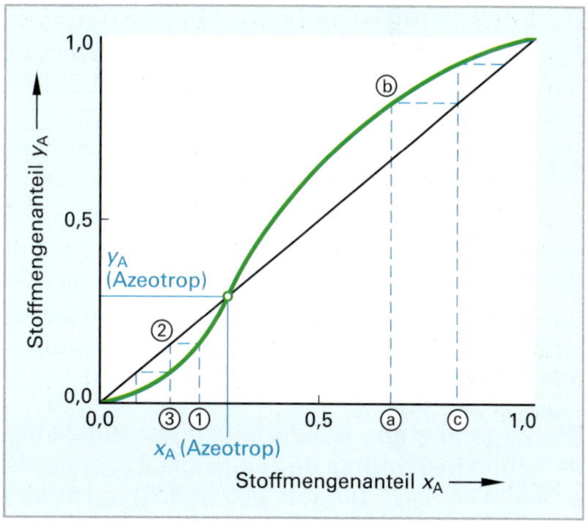

Bild 2b: **Isobare Gleichgewichtskurve azeotroper Gemische (Siedediagramm mit Maximum)**

Anwendungsbeispiel: Minimum-Azeotrop (Siedetemperatur-Minimum)

Ein binäres Gemisch aus Ethanol C_2H_5OH mit $w_{Ethanol} = 95{,}6\ \%$ und Wasser H_2O mit $w_{H_2O} = 4{,}4\ \%$ hat bei dieser Zusammensetzung seinen azeotropen Punkt. Die Siedetemperatur beträgt 78,2 °C. Die Siedetemperatur des abdestillierten azeotropen Gemisches ist kleiner als die Siedetemperatur der reinen tiefer siedenden Komponente. Reines Ethanol siedet bei 78,5 °C, reines Wasser bei 100 °C.

- **Negative Azeotrope**

Bei **negativen Azeotropen** (sog. **negative Azeotropie**) liegt eine negative Abweichung des realen Gemischs vom *Raoult*schen Gesetz vor. Die Wechselwirkungskräfte zwischen ungleichen Molekülen sind größer als bei gleichen Molekülen. Wie die Dampfdruckkurve zeigt, besitzt das Gemisch durch die Abweichung vom idealen Verhalten nach unten eine negative Abweichung vom *Raoult*schen Gesetz. Die Dampfdruckkurve zeigt ein Dampfdruckminimum. Die Siedetemperatur des azeotropen Gemischs hingegen liegt in diesem Fall oberhalb der Siedetemperaturen der Einzelkomponenten. Die Siedekurve enthält ein **Maximum** (**Bild 2a**) und fällt mit der Taukurve zusammen: Es liegt ein **hochsiedendes Azeotrop** oder **Maximum-Azeotrop** vor. Das dazugehörige isobare Gleichgewichtsdiagramm ist in **Bild 2b** dargestellt.

Bei einem Anfangsstoffmengenanteil links der azeotropen Zusammensetzung erkennt man durch Verfolgen der Punkte (1), (2) und (3) in **Bild 2b**, S. 105, dass sich die schwerer flüchtige Komponente B im Kondensat (Destillat) anreichert bis diese rein vorliegt. Im Gegensatz hierzu erhält man bei einem Ausgangsstoffmengenanteil rechts der azeotropen Zusammensetzung über die Punkte (a), (b) und (c) einen größeren Anteil an Komponente A im Destillat.

Anwendungsbeispiel: Maximum-Azeotrop (Siedetemperatur-Maximum)

Chlorwasserstoff HCl und Wasser H_2O bilden bei der Zusammensetzung w_{HCl} = 11 % und w_{H_2O} = 89 % ein Maximum-Azeotrop. Die Siedetemperatur des abdestillierten azeotropen Gemisches liegt über der Siedetemperatur der höher siedenden Komponente. Die Siedetemperatur des HCl/Wasser-Azeotrops liegt bei 110,0 °C. Reiner Chlorwasserstoff siedet bei – 84,9 °C und reines Wasser bei 100,0 °C.

Maximum-Azeotrope kommen weit häufiger vor als Minimum-Azeotrope.

3

Eine weitere Auftrennung von azeotropen Gemischen ist nur durch den Zusatz einer dritten Komponente oder durch Rektifikation bei verändertem Druck möglich. Das Minimum-Azeotrop Ethanol/Wasser kann beispielsweise durch Zugabe von Benzol weiter aufgetrennt werden. Dieses **ternäre Gemisch** (3-Komponenten-Gemisch) bildet ein anderes Azeotrop, das bei 64,9 °C siedet. Beim Destillieren des ternären Gemischs wird das Wasser nach und nach aus der flüssigen Phase ausgeschleppt. Zurück bleibt im Sumpf der Kolonne ein Benzol/Ethanol-Gemisch, aus dem durch einfache Destillation wasserfreies Ethanol abgetrennt werden kann.

3.7.5 Extraktiv-Rektifikation

Komponenten von Flüssigkeitsgemischen, deren Siedetemperaturen eng beieinander liegen, werden als engsiedende Gemische bezeichnet. Die Gleichgewichtskurve eines engsiedenden Gemisches liegt dicht an der 45°-Linie des Gleichgewichtsdiagramms, so dass sich durch den nach dem *McCabe-Thiele*-Verfahren eingezeichneten Stufenzug eine große Anzahl an Trennstufen ergibt. Eine Trennung eines engsiedenden Gemisches ist in der Praxis unwirtschaftlich oder sogar unmöglich.

Die Zugabe eines schwerflüchtigen Hilfsstoffs, der einen Bestandteil des Flüssigkeitsgemischs selektiv an sich bindet, ermöglicht auch die Trennung eng siedender Gemische. Das Verfahren wird als **Extraktiv-Rektifikation** bezeichnet. Auch azeotrop siedende Gemische lassen sich wirtschaftlich durch Extraktiv-Rektifikation trennen.

Anwendungsbeispiel: Thermische Trennung von Cyclohexan und Benzol

Das engsiedende Gemisch Benzol/Cyclohexan (Siedetemperaturen bei 80,12 °C und 80,80 °C) kann mit dem Hilfsstoff Anilin in einer ersten Trennsäule I rektifiziert werden. Das Anilin wirkt als Schleppmittel für das Benzol, so dass die Flüchtigkeit des Cyclohexans erhöht wird. Cyclohexan wird als Kopfprodukt der ersten Kolonne abgezogen (**Bild 1**).

Das Sumpfprodukt Benzol/Anilin wird in einer zweiten Trennsäule II rektifiziert, so dass der Hilfsstoff Anilin wieder in der ersten Kolonne eingesetzt werden kann (Kreislaufführung).

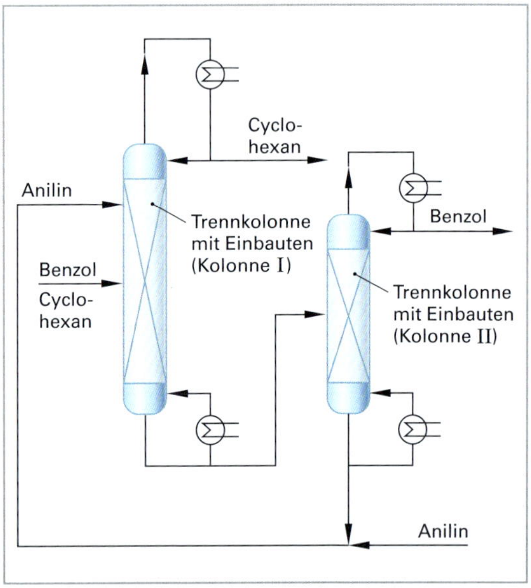

Bild 1: Extraktiv-Rektifikation am Beispiel des engsiedenden Gemisches Benzol/Cyclohexan mit dem Hilfsstoff Anilin

Aufgaben:

1. Skizzieren Sie die Änderung der Temperatur entlang eines Kondensators für das Destillat und das Kühlmedium.
2. Benennen Sie die Bereiche, die Kurven und die markanten Punkte des Zustandsdiagramms in **Bild 1**.
3. Erklären Sie den unterschiedlichen Verlauf der Gleichgewichtskurven im Zustandsdiagramm für Wasser und Kohlenstoffdioxid (**Bild 1** und **Bild 2**).
4. **Bild 2** zeigt das Zustandsdiagramm von Kohlenstoffdioxid. Geben Sie anhand dieses Zustandsdiagramms die Aggregatzustandsänderungen an, wenn...
   a) ... der Druck bei konstanter Temperatur von – 60 °C erhöht wird.
   b) ... der Druck bei konstanter Temperatur von 0 °C erhöht wird.
   c) ... die Temperatur bei konstantem Druck von 100 kPa von – 80 °C auf 20 °C erhöht wird.
   d) ... die Temperatur bei konstantem Druck von 560 kPa von 20 °C auf – 80 °C erniedrigt wird.
5. **a)** In drei Reagenzgläser wird jeweils genau die gleiche Menge Wasser gefüllt. Reagenzglas *A* wird auf 1 °C, Reagenzglas *B* auf 4 °C und Reagenzglas *C* auf 7 °C gebracht. Wie hoch steht jeweils das Wasser in den drei Reagenzgläsern?
   b) Die Anziehung der einzelnen Wassermoleküle untereinander ist dafür verantwortlich, dass Wasser bei normalen Bedingungen flüssig ist und ein anomales Verhalten zeigt. Recherchieren Sie, weshalb diese „Anomalie des Wassers“ für das Überleben von Lebewesen in einem Gewässer von größter Wichtigkeit ist.
6. Beim Einfrieren einer Wasserflasche kommt es plötzlich zum Platzen der Flasche. Auf welcher Eigenschaft des Wassers beruht dieses Phänomen? Beschreiben Sie dies anhand des Zustandsdiagramms.
7. In **Bild 3** sind zwei Kolben mit einer Flüssigkeit bei verschiedenen Temperaturen dargestellt. Beschreiben Sie, was in der Abbildung dargestellt ist und welcher Kolben bei der niedrigeren Temperatur gehalten wird.

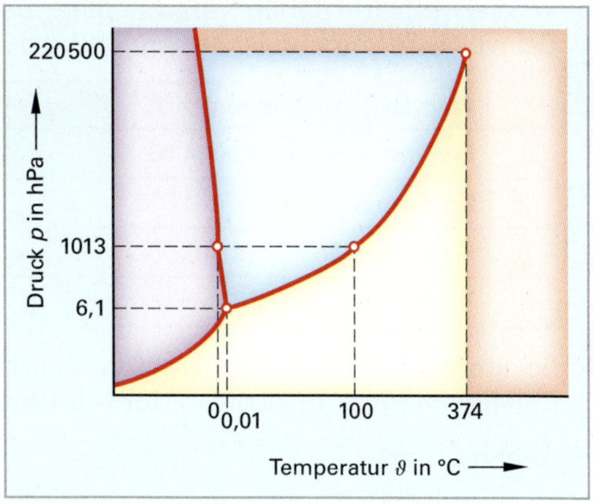

Bild 1: Zustandsdiagramm von Wasser

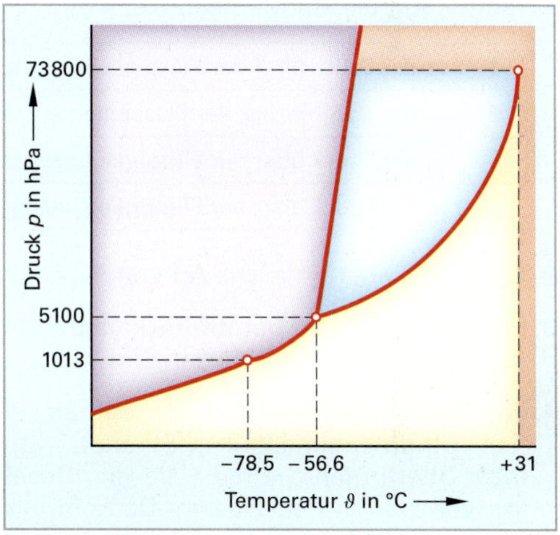

Bild 2: Zustandsdiagramm von Kohlenstoffdioxid

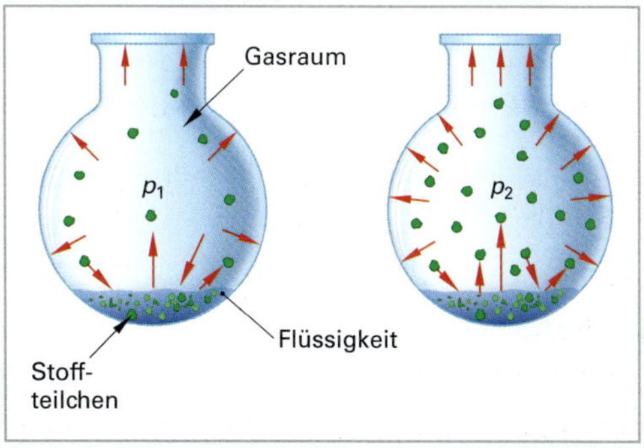

Bild 3: Flüssigkeitsgemische bei verschiedenen Temperaturen

8. Wasser erfährt durch verschiedene physikalische Vorgänge eine Volumenänderung. Bei welchem Vorgang ist die Änderung des Volumens richtig angegeben?

	Physikalischer Vorgang	Volumenänderung
1	Erwärmen von 0 °C auf 4 °C	Volumenzunahme
2	Erwärmen von 4 °C auf 12 °C	Volumenabnahme
3	Gefrieren von Wasser	Volumenzunahme
4	Schmelzen von Eis	Volumenzunahme

9. Bestimmen Sie aus den Dampfdruckkurven in **Bild 2** auf S. 81 die Siedetemperatur von Ethanol und Brombenzol bei Normdruck und bei 500 mbar.

10. Geben Sie an...

a) ... wovon die Siedetemperatur einer Flüssigkeit abhängig ist.

b) ... wodurch die Siedetemperatur einer Flüssigkeit herabgesetzt werden kann.

11. Eine Flüssigkeit siedet in einem offenen Gefäß auf einem hohen Berg bei niedrigerer Temperatur als auf Meereshöhe, weil...

1	... der Druck über der Flüssigkeit auf dem Berg kleiner ist.
2	... der Dampfdruck der Flüssigkeit auf dem Berg kleiner ist.
3	... der Druck über der Flüssigkeit und der Dampfdruck kleiner sind.
4	... der Druck über der Flüssigkeit kleiner und der Dampfdruck größer ist.

12. Geben Sie an, für welche Art von Flüssigkeitsgemischen das Gesetz von *Raoult* gilt.

13. Erläutern Sie das Dampfdruckdiagramm des Flüssigkeitsgemisches in **Bild 1**.

14. Ein Wasser/Ethanol-Gemisch enthält einen Stoffmengenanteil x(Ethanol) von 0,20. Überprüfen Sie mit Hilfe des Gesetzes von *Dalton* den Gesamt-Dampfdruck. ($p^0_{Ethanol}$ = 1350 mbar, p^0_{Wasser} = 450 mbar).

15. Skizzieren Sie den Temperaturverlauf am Kolonnenkopf für ein Zweikomponentengemisch in Abhängigkeit von der Destillierzeit und beschriften Sie Ihre Skizze.

16. Wozu dient die Wasserdampfdestillation? Nennen Sie Anwendungsbereiche und beschreiben Sie den Prozess der Wasserdampfdestillation bzw. Wasserdampfrektifikation.

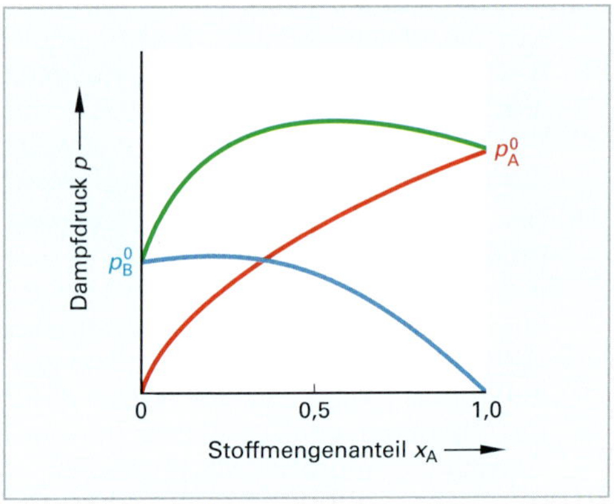

Bild 1: Dampfdruckdiagramm eines Flüssigkeitsgemisches

17. Erklären Sie den Unterschied zwischen Destillation und Rektifikation.

18. Die Trennwirkung bei einer Rektifikation lässt sich in der Regel durch unterschiedliche Maßnahmen verbessern. Geben Sie an, welche beiden Maßnahmen zu einem besseren Trennergebnis führen.

19. Erläutern Sie den Begriff „Azeotrop“ und erklären Sie anhand der Siedediagramme dieses Kapitels den Unterschied zwischen Minimum- und Maximum-Azeotropen.

4 Reinigen von Stoffen

Nachdem die Bestandteile eines Gemisches nach einem der in Kapitel 2 oder 3 beschriebenen Verfahren getrennt wurden, müssen diese Stoffe vor ihrer weiteren Verwendung unter Umständen noch weiter gereinigt werden. Für die Synthese eines Stoffes kann es beispielsweise notwendig sein, möglichst reine Stoffe einzusetzen, damit keine unerwünschten Nebenprodukte entstehen. Auch die in der Analytik eingesetzten Stoffe, mit deren Hilfe andere Stoffe untersucht werden, sollten möglichst rein sein, um eine größtmögliche Genauigkeit der Ergebnisse zu erreichen. Allgemein kann man sagen: aus Rohstoffen sollen durch Reinigung Reinstoffe werden.

Unter **Reinigen** versteht man alle Verfahren, die dazu dienen, einen Stoff zu erhalten, der frei von andersartigen Bestandteilen ist.

Hierzu können u. a. die in diesem Kapitel erläuterten Verfahren angewendet werden:

- Trocknen von Stoffen (Entfernen von Feuchtigkeit mittels Trockenmittel, Temperatur- oder Druckänderung),
- Enthärten und Entsalzen (vollständiges oder teilweises Entfernen von gelösten Ionen),
- Umkristallisation und Umfällen (Reinigung aufgrund unterschiedlicher Löslichkeiten),
- Sublimation (direkter Übergang vom festen in den gasförmigen Zustand).

4

4.1 Trocknen von Stoffen

Bevor die Möglichkeiten zur Trocknung von Stoffen und Stoffgemischen erläutert werden, ist es vorab erforderlich zu wissen, in welchen Formen Feuchtigkeit vorhanden sein kann.

4.1.1 Feuchtigkeit

Unter **Feuchtigkeit** versteht man in Stoffen enthaltene Flüssigkeitsreste (zumeist Wasser). Bei weiteren Umsetzungen eines feuchten Stoffes kann es zu heftigen ungewollten chemischen Reaktionen kommen. Wird beispielsweise elementares Natrium Na in nicht-wasserfreiem Petrolether gelagert, wird das Natrium mit der Feuchtigkeit heftig unter starker Hitzeentwicklung zu Natriumhydroxid NaOH reagieren. Auch Gase können störende Feuchtigkeit enthalten. So kann z. B. in 1 m^3 Luft bei 20 °C 17,3 g Wasserdampf vorhanden sein. **Hygroskopische** (wasseranziehende) Flüssigkeiten wie z. B. konzentrierte Schwefelsäure H_2SO_4 (aq) können sich durch Aufnahme von Luftfeuchtigkeit verdünnen, so dass sich deren tatsächliche Konzentration verändert.

Unter **Feuchtigkeit** versteht man den Wassergehalt oder allgemein Flüssigkeitsgehalt von Stoffen oder Stoffgemischen.

Feuchtigkeit kann in Stoffen abhängig von deren Aggregatzustand in verschiedenen Formen vorliegen:

Bei Feststoffen:

Als oberflächlich anhaftende Feuchtigkeit. Die Feuchtigkeit wird dabei durch Adhäsion (Oberflächenkräfte) festgehalten. Dabei kann die Feuchtigkeit je nach Material auch in die Poren eines Materials eingedrungen sein und wird dort durch Oberflächenkräfte gehalten. Beispielsweise ist Aktivkohle ein Stoff mit poröser Struktur. Aktivkohle wird häufig eingesetzt, um andere Stoffe durch Adhäsion zu binden. Der Feuchtigkeitsgehalt kann z. B. durch den Massenanteil w, also als Masse der Feuchtigkeit pro Gesamtmasse, angegeben werden.

In Flüssigkeiten:

- Die Feuchtigkeit ist in einer Flüssigkeit gelöst. Es liegt ein homogenes Gemisch vor.
- Die Feuchtigkeit ist Bestandteil einer Emulsion. Es liegt ein heterogenes Gemisch vor.

Der Feuchtigkeitsgehalt kann bei Flüssigkeiten sowohl durch den Massenanteil w als auch durch den Volumenanteil φ (gesprochen: *phi*; Volumen der Feuchtigkeit pro Gesamtvolumen) angegeben werden.

In Gasen:

- Die Feuchtigkeit liegt gasförmig homogen verteilt vor. Handelt es sich um Feuchtigkeit in der Luft, wird von Luftfeuchtigkeit gesprochen.
- Die Feuchtigkeit liegt heterogen in Tröpfchenform als Aerosol vor. Beispiele hierfür sind Nebel, Dunst oder Nassdampf.

Der Feuchtigkeitsgrad kann bei Gasen angegeben werden in absoluter Feuchtigkeit (Gramm Feuchtigkeit pro Kubikmeter Gas) oder als relative Feuchtigkeit (prozentualer Anteil an der maximal möglichen Konzentration bei gegebener Temperatur).

Das Entfernen von Feuchtigkeit aus Feststoffen, Flüssigkeiten oder Gasen wird als **Trocknung** oder **Trocknen** bezeichnet. Die im Labor angewandten Trocknungsmethoden sind Thema dieses Abschnitts.

> Unter **Trocknung** oder **Trocknen** versteht man das Entfernen von Feuchtigkeit aus einem Stoff oder Stoffgemisch.

Im Labor gibt es verschiedene Möglichkeiten, einem Stoff, dem **Trockengut,** Feuchtigkeit zu entziehen:

- durch den Einsatz von Trockenmitteln,
- durch Temperaturänderung,
- durch Absenken des Drucks,
- durch eine Kombination der Verfahren.

4

4.1.2 Trocknungsmethoden

Eine Trocknung kann mit speziellen **Trockenmitteln** (Trocknungsmittel) (Tabelle 1, S. 111), mit speziellen Geräten oder in kombinierter Anwendung erfolgen. Trockenmittel können Feuchtigkeit durch **Adsorption**, durch **Absorption** oder durch **Reaktion** des Trockenmittels mit der Feuchtigkeit binden. Eine apparative Trocknung erfolgt durch Temperaturerhöhung, Temperaturerniedrigung und/oder Druckverminderung und dies zum Teil in Verbindung mit Trockenmitteln. Alle genannten Möglichkeiten sind im Folgenden erläutert.

Trocknung durch Adsorption oder Absorption

Zur Trocknung können Stoffe eingesetzt werden, die die vom Trockengut abgegebene Feuchtigkeit durch Adsorption oder Absorption (s. Kap. 2.6, S. 70) binden können.

Ein Trockenmittel, das Feuchtigkeit durch Adsorption aufnimmt, ist **Molekularsieb**, kurz auch Molsieb. Molekularsiebe sind kristalline Alumosilikate (Zeolithe), deren Struktur „Hohlräume" aufweist. Abhängig von der Porenweite können Moleküle einer bestimmten Größe in diese Poren eindringen und dort adsorbiert werden. Größere Moleküle können nicht eindringen, kleinere hingegen werden schnell wieder desorbiert. Molekularsiebe gibt es mit verschiedener Porengröße angegeben in der Längenmaßeinheit Ångström ($1\ \text{Å} = 1 \cdot 10^{-10}$ m). Molekularsiebe mit 2,4 Å sind aufgrund ihrer Porengröße zur Adsorption von Wasser geeignet, da der Moleküldurchmesser von Wasser ca. 1,5 Å beträgt. Durch die Vielzahl der die Molekularsiebe durchdringenden Kanäle besitzen diese mit 600 bis 850 $m^2 \cdot g^{-1}$ eine sehr große Gesamtoberfläche. Zum Vergleich: Ein Fußballfeld hat eine Fläche von ca. 7000 m^2. Eine Regeneration (lat. *regeneratio*: Neuentstehung) von Molekularsieben ist durch Erhitzen evtl. bei gleichzeitiger Druckerniedrigung möglich.

Ein Beispiel für ein Trockenmittel, das Feuchtigkeit durch Absorption aufnimmt, ist konzentrierte Schwefelsäure H_2SO_4 (aq). Schwefelsäure ist stark hygroskopisch und nimmt Wasser durch Lösen auf. Die Säure wird hierdurch verdünnt.

Einige Trockenmittel zeigen je nach Zustand eine unterschiedliche Färbung. **Kieselgel** (Silicagel) mit orangefarbenem Feuchtigkeitsindikator kann Feuchtigkeit aufnehmen. Eine erschöpfte Aufnahmekapazität wird durch Farblosigkeit angezeigt. Eine Regeneration ist durch Erhitzen möglich.

Trocknung durch chemisch reagierende Trockenmittel

Bei dieser Art der Trocknung geht das Trockenmittel durch eine chemische Reaktion mit dem Wasser eine chemische Verbindung ein. Dabei kann sich das Wasser entweder an das Trockenmittel binden (Hydratbildung) oder mit dem Trockenmittel zu einer neuen Verbindung reagieren (Tabelle 1). Im ersten Fall ist das Trockenmittel fast immer zu regenerieren, im zweiten jedoch meist nicht.

Tabelle 1: Chemisch wirkende Trockenmittel

Trockenmittel	Wirkungsweise
Natriumsulfat Na_2SO_4	Hydratbildend $Na_2SO_4 \cdot n\,H_2O$ (n = 7, 10)
Calciumchlorid $CaCl_2$	Hydratbildend $CaCl_2 \cdot n\,H_2O$ (n = 1, 2, 4, 6)
Calciumsulfat $CaSO_4$	Hydratbildend $CaSO_4 \cdot n\,H_2O$ ($n = \frac{1}{2}$, 2)
Schwefelsäure H_2SO_4	Absorption, Verdünnung
Phosphorpentoxid P_2O_5	Reaktion zu *ortho*-Phosphorsäure H_3PO_4
Calciumoxid CaO	Reaktion zu Calciumhydroxid $Ca(OH)_2$
Natrium Na	Reaktion zu Natriumhydroxid NaOH

Bei der **Hydratbildung** wird das Wasser als so genanntes **Kristallwasser**, wie in Bild 1 dargestellt, gebunden. Typische Trockenmittel dieser Art sind Natriumsulfat Na_2SO_4 oder Calciumchlorid $CaCl_2$ (Tabelle 1). Das Wasser wird dabei in das Kristallgitter mit eingebunden. Da das Trockenmittel nicht zersetzt wird, kann aus einigen Komplexen das Kristallwasser durch Erhitzen wieder ausgetrieben werden, so dass das Trockenmittel erneut einsetzbar ist.

Im Gegensatz dazu reagiert Calciumoxid CaO mit Wasser zu dem neuen Stoff Calciumhydroxid $Ca(OH)_2$:

$$CaO + H_2O \rightarrow Ca(OH)_2$$

Phosphorpentoxid P_4O_{10} reagiert mit Wasser zu *ortho*-Phosphorsäure H_3PO_4:

$$P_4O_{10} + 6\,H_2O \rightarrow 4\,H_3PO_4$$

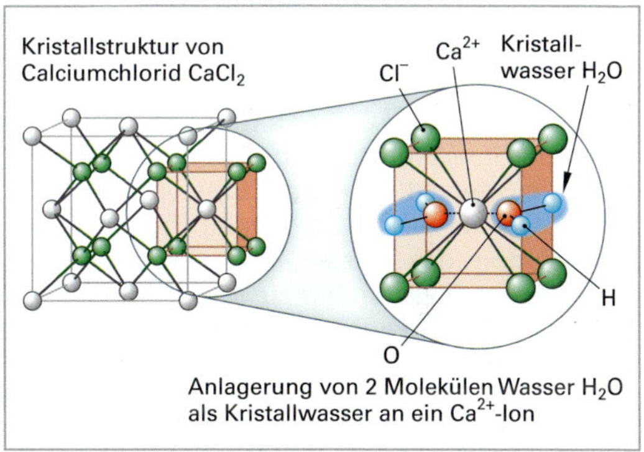

Bild 1: Calciumchlorid mit 2 Kristallwasser $CaCl_2 \cdot 2\,H_2O$

Auch einige Metalle wie z. B. Natrium Na können zur Trocknung eingesetzt werden. Da Natrium mit Wasser und anderen Stoffen sehr heftig reagiert, ist äußerste Vorsicht geboten. Halogenhaltige organische Lösemittel dürfen nicht mit Natrium getrocknet werden. Angewendet wird Natrium z. B. zur Trocknung organischer Lösemittel wie z. B. Diethylether. Das Natrium reagiert mit Wasser zu Natriumhydroxid NaOH und Wasserstoff H_2:

$$2\,Na + 2\,H_2O \rightarrow 2\,NaOH + H_2$$

Trocknung durch Temperaturerhöhung und/oder Druckerniedrigung

Grundsätzlich lässt sich eine Trocknung durch Temperaturerhöhung in **Verdunstungstrocknung** und **Verdampfungstrocknung** unterscheiden.

Eine Verdunstungstrocknung findet bei Temperaturen unterhalb der Siedetemperatur der Feuchtigkeit statt. Bei einer Verdampfungstrocknung erfolgt die Trocknung bei bzw. oberhalb der Siedetemperatur der Feuchtigkeit.

Zur Beschleunigung der Verdunstung bzw. der Verdampfung der Feuchtigkeit kann der Umgebungsdruck vermindert werden, da hierdurch die Siedetemperatur der Feuchtigkeit herabgesetzt wird.

Für die Trocknung durch Temperaturerhöhung stehen im Besonderen folgende Möglichkeiten zur Verfügung:

- In einem elektrisch beheizten **Trockenschrank** können große Mengen, auch unterschiedliche Stoffe gleichzeitig, bei einstellbaren Temperaturen getrocknet werden. Wenn der Trockenschrank dazu geeignet ist, kann dies zur Beschleunigung der Trocknung zusätzlich bei vermindertem Druck geschehen. Die Feuchtigkeit wird durch eine Lüftung nach außen abgeführt.
- Wird zum Erwärmen des Stoffes und zum Abtransportieren der Feuchtigkeit einen Gasstrom verwendet, wie z. B. heiße trockene Luft, so wird die Trocknung weiter intensiviert, weil sich durch das Entfernen der Feuchtigkeit kein Gleichgewicht mit der Umgebung einstellen kann. Ein Verfahren hierzu ist die **Konvektionstrocknung,** die in **Bild 1** schematisch dargestellt ist. Angewendet wird dieses Verfahren beispielsweise in **Umlufttrockenschränken** (Konvektionstrockenschrank).
- Zur Trocknung von kleineren Stoffportionen (einige Gramm) unter vermindertem Druck und unter definierten Trocknungstemperaturen kann im Labor eine **Trockenpistole** eingesetzt werden (**Bild 2**). Die jeweilige Trocknungstemperatur kann durch eine siedende Flüssigkeit, deren Siedetemperatur der Trocknungstemperatur entspricht, oder mittels eines elektrischen Heizelements eingestellt werden. Die ausgetriebene Feuchtigkeit wird dabei an ein Trockenmittel im „Pistolengriff“ abgegeben.
- In einem **Exsikkator** (von lateinisch *exsiccare:* austrocknen; **Bild 3**) ist es möglich, Stoffe bei Raumtemperatur zu trocknen und geschützt vor Luftfeuchtigkeit aufzubewahren. Die Feuchtigkeit wird von einem Trockenmittel im Boden des Exsikkators aufgenommen. Eingesetzt werden hierzu häufig Phosphorpentoxid P_2O_5, konzentrierte Schwefelsäure $H_2SO_4(aq)$ oder Kieselgel. Beschleunigt werden kann der Trocknungsvorgang durch die Evakuierung des Exsikkators.

Bild 1: Konvektionstrocknung

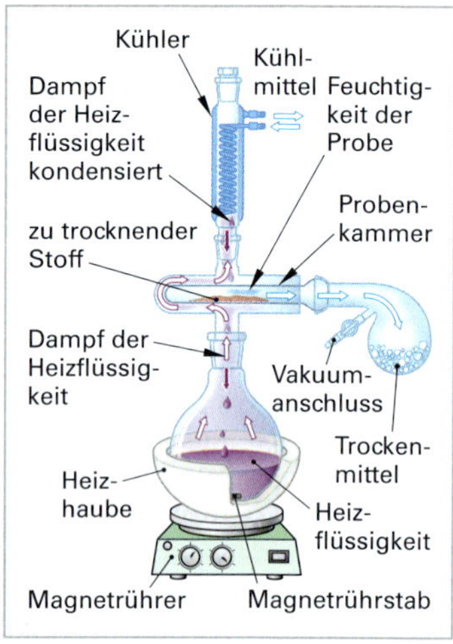

Bild 2: Trockenpistole

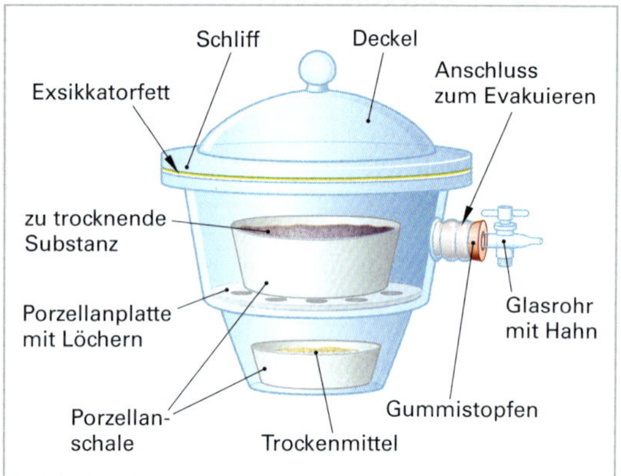

Bild 3: Exsikkator

Trocknung durch Temperaturerniedrigung

Eine Trocknung durch Temperaturerniedrigung wird als **Ausfrieren** bezeichnet. Angewendet wird diese Methode primär zum Trocknen von Gasen. Dazu wird das Gas so weit abgekühlt, dass die enthaltene Feuchtigkeit kondensiert.

Das Ausfrieren ist z. B. mit Hilfe einer **Kühlfalle** möglich. Bei der im **Bild 4** links dargestellten Kühlfalle müssen sich die unteren zwei Drittel in einem Gefäß mit Kühlmittel befinden, dessen Temperatur unterhalb der Kondensations- bzw. Erstarrungstemperatur der Feuchtigkeit liegt. Bei der rechts im Bild dargestellten Methode wird das Kühlmittel in die Mitte der Kühlfalle gegeben. Zum Trocknen wird das Gas durch die Kühlfalle geleitet, wodurch sich die Feuchtigkeit in flüssiger oder fester Form abscheidet.

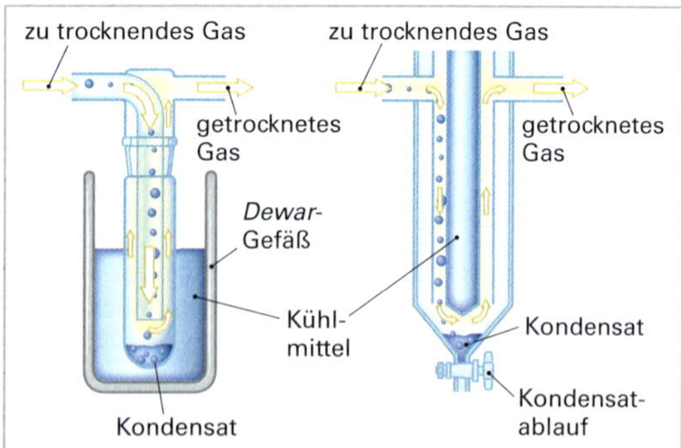

Bild 4: Kühlfallen

Gefriertrocknung

Gefrorenes Wasser geht unter Umgehung des flüssigen Zustands unterhalb eines Drucks von 610,6 Pa direkt vom festen in den gasförmigen Zustand über (Sublimation, s. Kap. 3.5.2, S. 79). Diese Eigenschaft des Wassers wird bei der **Gefriertrocknung**, auch als **Sublimationstrocknung** oder **Lyophilisation** bezeichnet, ausgenutzt.

Der zu trocknende Stoff wird bei diesem Verfahren erst eingefroren und anschließend einem verminderten Umgebungsdruck ausgesetzt. Dabei sublimiert die eingefrorene Feuchtigkeit und scheidet sich dann an einem Kondensator (Kühlschlange, Kühlfalle) als Resublimat ab (**Bild 1**). Die zurückbleibende Trockensubstanz, das **Instantgranulat**, zeichnet sich durch eine schnelle Wasserlöslichkeit und lange Haltbarkeit aus.

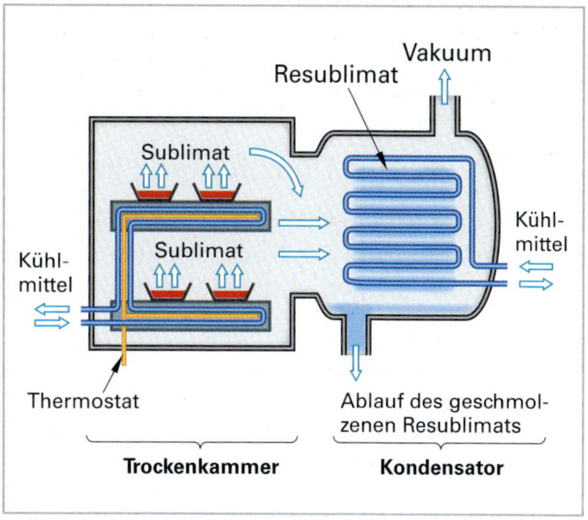

Bild 1: Gefriertrocknung (schematisch)

> Bei der **Gefriertrocknung** wird einem Stoff das gefrorene Wasser durch Sublimation entzogen.

Die Gefriertrocknung ist ein sehr schonendes Verfahren z. B. zum Trocknen und Konservieren empfindlicher Stoffe (Blutserum, Pharmazeutika, Kaffee- oder Teeextrakt). Beispielsweise werden durch Lyophilisation löslicher Kaffee aus Kaffeeaufguss oder Milchpulver aus Milch als **Instantprodukte** gewonnen.

Die Methode der Gefriertrocknung fand auch bei der Trocknung wertvoller Bücherbestände Anwendung, als durch verschiedene Hochwasser in Deutschland erhebliche Schäden verursacht wurden. In Kapitel 4.4, S. 126, wird ausführlicher auf das Thema Sublimation als Reinigungsverfahren eingegangen.

4.1.3 Wahl der geeigneten Trocknungsmethode

Auf welche Weise ein Stoff getrocknet werden kann, hängt unter anderem von seinem Aggregatzustand und seinen physikalischen und chemischen Eigenschaften ab. Beispielsweise ist Calciumchlorid $CaCl_2$ für eine Trocknung von Alkoholen ungeeignet, da neben Wasser auch Alkoholmoleküle aufgenommen werden. Vor dem Trocknen ist es deshalb notwendig, sich über die Eigenschaften der einzelnen Stoffe zu informieren.

Entscheidende Eigenschaften können Siedetemperatur, Schmelztemperatur, Dampfdruck, Sublimierbarkeit, Brennbarkeit, Hygroskopie, Luftempfindlichkeit oder auch der pH-Wert sein. Außerdem sind ggf. die Herstellerangaben für ein zu benutzendes Trockenmittel zu beachten.

Für die Wahl der geeigneten Trocknungsmethode sind u. a. folgende Aspekte entscheidend:

- Die Empfindlichkeit der zu trocknenden Substanz gegenüber Temperatur- oder Druckänderungen. Liegt die Trockentemperatur zu hoch, kann die zu trocknende Substanz schmelzen, sublimieren oder sich möglicherweise völlig zersetzen, dies unter Umständen auch mit einer heftigen Reaktion (Brand, Explosion). Bei Gasen können zu tiefe Temperaturen zu einer Verflüssigung des zu trocknenden Gases führen. Auch die Anwendung von Druckänderungen kann zu einer Änderung des Aggregatzustands der zu trocknenden Substanz führen.
- Die Reaktivität der zu trocknenden Substanz gegenüber einem Trockenmittel. Ein Wechselwirken des Trockenmittels mit der zu trocknenden Substanz kann zu einer Umsetzung oder zu einer Zersetzung mit sehr heftiger Reaktion führen.

- Der Aggregatzustand des zu trocknenden Stoffes. Die Trocknungsmethode sollte dem Aggregatzustand angepasst sein. Flüssigkeiten sind z. B. nicht in einem Trockenschrank zu trocknen.
- Die Menge an Trockengut.
- Der Zeitraum, in dem die Trocknung abgeschlossen sein soll.

4.1.4 Praktische Durchführung von Trocknungen

Bei einer Trocknung sind mehrere Faktoren zu berücksichtigen. Hierzu gehören u. a. folgende:

- Die **Partikelgröße** des Trockenmittels. Je kleiner die Partikel eines breit verteilten Trockenmittels sind, desto größer ist die Gesamtoberfläche. Dadurch kann Feuchtigkeit schneller aufgenommen werden.
- Die **Trocknungskapazität**. Im Verlauf der Trocknung nimmt die Aufnahmemöglichkeit des Trockenmittels ab, so dass sich die Trocknungszeit und Trocknungseffektivität verändern.
- Die **Trocknungsintensität** bzw. der **Trocknungsgrad** eines Trockenmittels, d. h. wie gut die Feuchtigkeit aufgenommen werden kann. Von einer anfänglich hohen Trocknungsintensität eines Trockenmittels nimmt diese allmählich bis zur Sättigungsbeladung mit dem Trocknungsgrad Null ab.
- Die **Trocknungsgeschwindigkeit**. Die Geschwindigkeit einer Trocknung ist abhängig von der Adsorptionsgeschwindigkeit der Feuchtigkeit durch das Trockenmittel. Zwar führt eine höhere Temperatur zu einer niedrigeren Adsorptionskapazität des Trockenmittels, grundsätzlich gilt jedoch: je höher die Temperatur und je geringer der Druck, desto schneller ist eine Trocknung abgeschlossen.

In Abhängigkeit vom Aggregatzustand der zu trocknenden Substanz werden unterschiedliche Methoden angewendet. In der Praxis sind insbesondere die folgenden von Bedeutung.

Trocknen von Feststoffen

Vor einer intensiven Trocknung können größere Feuchtigkeitsmengen z. B. durch Filtration (s. Kap. 2.4, S. 62), oder durch Schwerkraftsedimentieren bzw. Zentrifugieren und anschließendes Dekantieren (s. Kap. 2.2, S. 60) entfernt werden.

Für die Feststofftrocknung durch Temperaturerhöhung und/oder Druckerniedrigung stehen insbesondere folgende Möglichkeiten zur Verfügung:

- Trocknen im Trockenschrank (Konvektionstrockenschrank, s. S. 112),
- Trocknen im Exsikkator (ggf. mit Druckerniedrigung, s. S. 112),
- Gefriertrocknung (s. S. 113).

Zu beachten sind bei der Trocknung von Feststoffen durch Temperaturerhöhung und Druckerniedrigung u. a. folgende Punkte:

- Die Trocknungstemperatur sollte min. 20 bis 30 °C unter der Schmelztemperatur des Feststoffs liegen, um ein Schmelzen des Stoffes zu verhindern.
- Für eine effektive Trocknung ist eine große Oberfläche des zu trocknenden Stoffes vorteilhaft. Dazu kann der Stoff z. B. fein verteilt als dünne Schicht aufgetragen werden.
- Ein Bewegen (Umschichten, Umwälzen) des zu trocknenden Stoffes beschleunigt die Trocknung.
- Bei Trocknungen unter vermindertem Druck sind die Apparate nach Abschluss des Trocknungsvorgangs vorsichtig zu belüften, um ein Verwirbeln des Feststoffs durch einströmende Luft zu vermeiden.

Das Ende einer Trocknung eines Feststoffs kann über die Konstanz der Masse des zu trocknenden Stoffes bestimmt werden. Hierzu wird der Feststoff vor und nach einem Trocknungsvorgang gewogen. Bleibt die Masse konstant, kann unter diesen Bedingungen keine weitere Feuchtigkeit entfernt werden.

Trocknen von Flüssigkeiten

Bei Flüssigkeiten können größere Mengen an Wasser vor der eigentlichen Trocknung unter Umständen durch eine Destillation (s. Kap. 3.2, S. 73) entfernt werden. Ein weiteres destillatives Verfahren zum Abtrennen von geringen Wassermengen ist die azeotrope Destillation (s. Kap. 3.7.4, S. 103).

Unter Beachtung der möglichen Reaktivität können Flüssigkeiten auch getrocknet werden, indem sie direkt mit einem Trockenmittel in Kontakt gebracht werden. Dazu ist es beispielsweise möglich, eine unten mit einem Hahn versehene Glassäule mit Trockenmittel zu füllen und die zu trocknende Flüssigkeit langsam hindurch fließen zu lassen. Man bezeichnet dieses Verfahren als **dynamische Trocknung** (**Bild 1**).

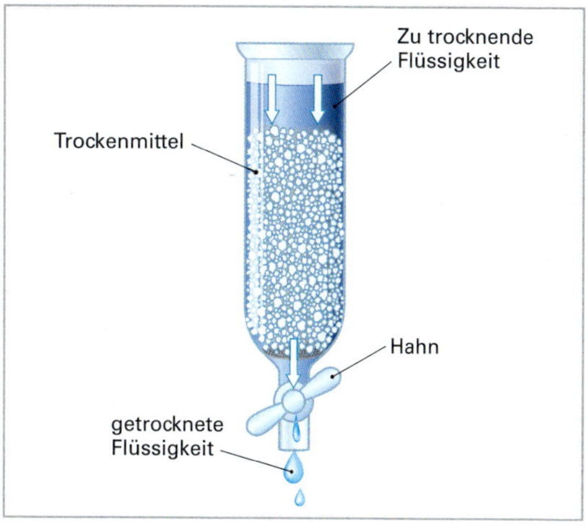

Bild 1: Dynamische Trocknung

Zur anhaltenden Trocknung einer Flüssigkeit kann eine nicht zu feuchte oder vorgetrocknete Flüssigkeit über dem Trockenmittel gelagert werden. Für eine solche **statische Trocknung** ist es möglich, das Trockenmittel direkt in die Vorratsflasche zu geben oder die Flüssigkeit in ein geeignetes verschließbares Gefäß umzufüllen. Hierbei sollte die Menge des Trockenmittels auf die zu erwartende Feuchtigkeitsmenge abgestimmt werden. Ein intensives Durchmischen des Lösemittels mit dem Trockenmittel durch Rühren beschleunigt die Trocknung.

4

Anwendungsbeispiele für das Trocknen von Flüssigkeiten

Ein geeignetes Trockenmittel zur **Absolutierung** von Ethanol (vollständiges Entfernen von Wasser) ist Calciumoxid CaO. Für die Trocknung von Ether sind Molekularsiebe sehr gut geeignet. Für die Trocknung des aus einer Reaktion aus Butan-1-ol und Natriumbromid in schwefelsaurer Lösung hergestellten flüssigen 1-Brombutan eignen sich z. B. Natriumsulfat Na_2SO_4, Calciumchlorid $CaCl_2$ oder Molekularsieb.

Es gibt aber auch Kombinationen, die auf keinen Fall angewendet werden dürfen. Eine wichtige Grundregel ist, dass halogenierte Kohlenwasserstoffe wie Trichlormethan $CHCl_3$ (Chloroform) aufgrund der Explosionsgefahr nie mit Natrium getrocknet werden dürfen.

Trocknen von Gasen

Eine sehr intensive Methode zum Trocknen von tiefsiedenden Gasen ist das Ausfrieren der Feuchtigkeit in einer Kühlfalle (s. S. 112). **Bild 2** zeigt einen möglichen Aufbau, bei dem zur Aufbewahrung des Kühlmittels ein ***Dewar*-Gefäß** eingesetzt wird. Als Kühlmittel in einer Kühlfalle können Gemische aus **Trockeneis** (gefrorenes Kohlenstoffdioxid CO_2) und Lösemitteln oder flüssiger Stickstoff N_2 eingesetzt werden. Bei einem hintereinander geschalteten Aufbau wie in **Bild 2** können auch unterschiedliche Feuchtigkeiten nacheinander entfernt werden. Hierbei darf die Strömungsgeschwindigkeit des zu trocknenden Gases nicht zu hoch sein, da ansonsten die Feuchtigkeit möglicherweise nicht vollständig entfernt wird.

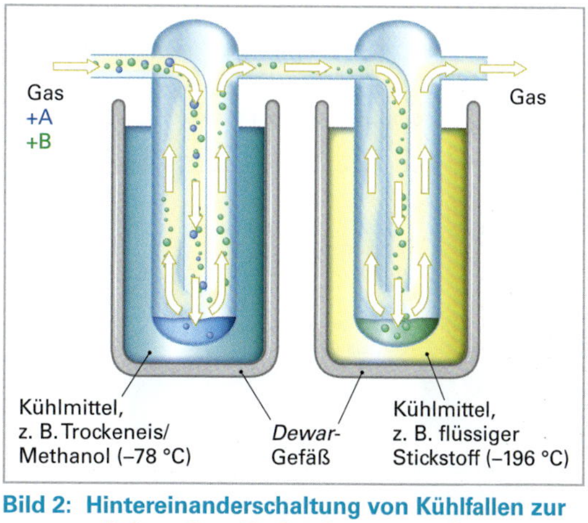

Bild 2: Hintereinanderschaltung von Kühlfallen zur schrittweisen Entfeuchtung von Gasen

Ein Gas kann auch direkt getrocknet werden, indem es durch oder entlang eines Trockenmittels geführt wird (dynamische Trocknung). Soll beispielsweise das Eindringen von Feuchtigkeit in eine Apparatur (z. B. zur Destillation oder Rektifikation) verhindert werden, so ist diese durch die Anwendung eines mit festem Trockenmittel gefüllten **Trockenrohres** (Bild 1) von der Umgebung abzuschließen. Zum Trocknen größerer Gasmengen ist ein mit festem grobkörnigem Trockenmittel befüllter **Trockenturm** (Bild 2) geeignet. Soll ein im Labor selbst hergestelltes Gas durch den Einsatz von festen oder flüssigen Trockenmitteln in Kombination mit einer **Gaswaschflasche** getrocknet werden, so ist dies durch einen in Bild 3a dargestellten Aufbau möglich. Sehr wirkungsvoll ist dabei der Einsatz einer Fritte in der Waschflasche, da das Gas aufgesprudelt wird und mit einer vergrößerten Oberfläche in Form kleiner Bläschen das flüssige Trockenmittel passiert.

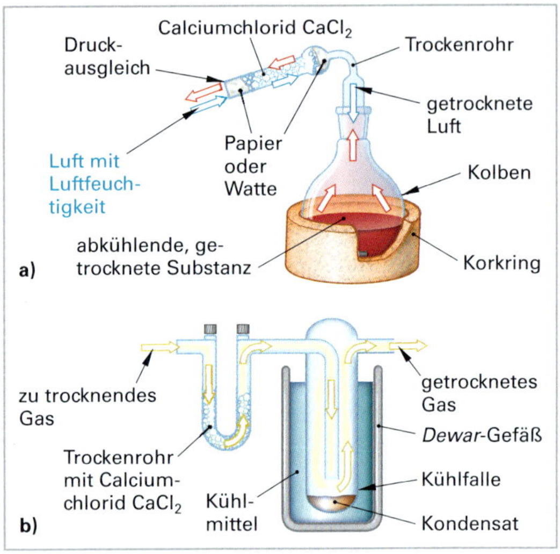

Bild 1: Trockenrohre, a) zum Druckausgleich, b) zur Trocknung eines Gases vor der Kondensation

4

Sicherheitswaschflaschen (Bild 3b) vor oder gegebenenfalls hinter dem Gefäß mit Trockenmittel dienen dazu, flüssige oder feste Stoffe aufzufangen und so vom Eindringen in die Apparatur oder die Umgebung abzuhalten. Die dem Trockenmittel nachgeschaltete Sicherheitswaschflasche dient zum Auffangen von evtl. mitgerissenem Trockenmittel.

Anwendungsbeispiel zum Trocknen von Gasen

Es sind nicht alle Trockenmittel für jedes Gas geeignet. Calciumoxid CaO darf z. B. nicht zum Trocknen von Kohlenstoffdioxid CO_2 benutzt werden, da dies von dem Trockenmittel aufgenommen wird, beide Stoffe reagieren miteinander.

Ammoniak NH_3 darf nicht mit Schwefelsäure H_2SO_4 (aq) getrocknet werden, da dabei nach folgender Reaktionsgleichung Ammoniumsulfat $(NH_4)_2SO_4$ gebildet wird:

$$2\,NH_3 + H_2SO_4 \rightarrow (NH_4)_2SO_4$$

Hydrogensulfid H_2S (Schwefelwasserstoff) darf zum Trocknen nicht durch konzentrierte Schwefelsäure H_2SO_4 (aq) geleitet werden, weil hierbei Schwefel S und Schwefeldioxid SO_2 entstehen: $H_2SO_4 + H_2S \rightarrow S + SO_2 + 2\,H_2O$

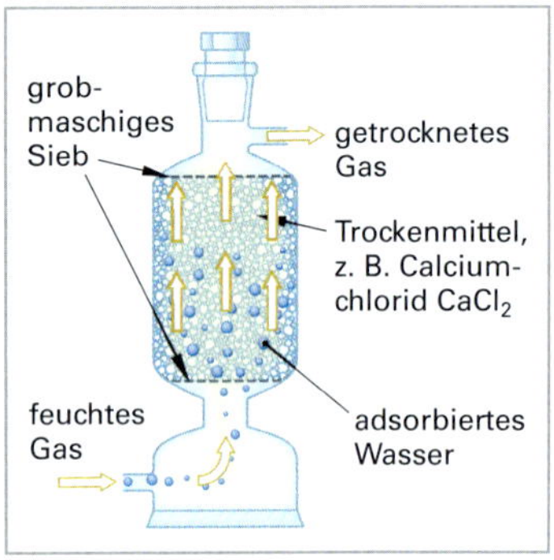

Bild 2: Trockenturm

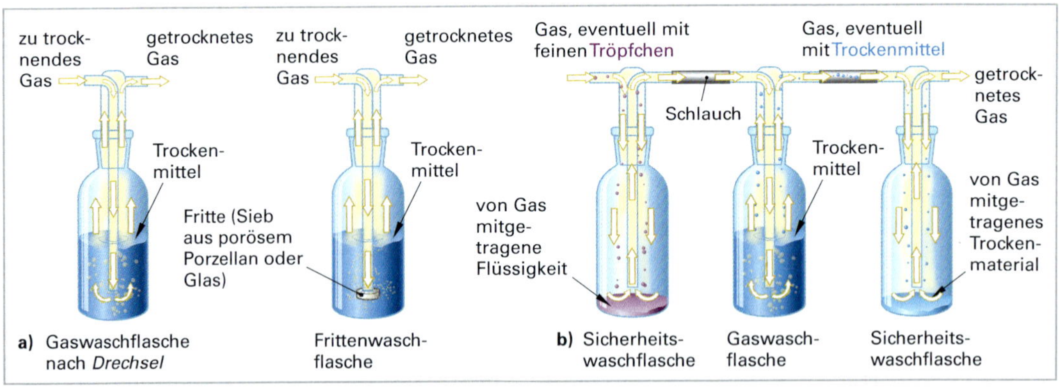

Bild 3: a) Gaswaschflaschen, b) Gastrocknung

4.2 Entsalzen und Enthärten

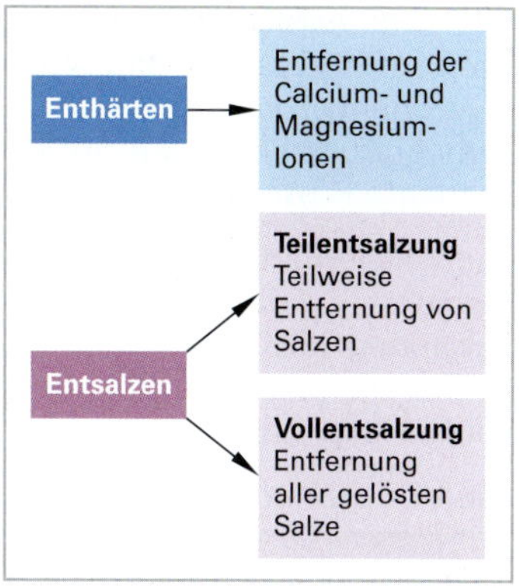

Bild 1: Enthärten und Entsalzen

Ein weiteres wichtiges Beispiel für die im Labor eingesetzten Reinigungsverfahren ist die ganz oder teilweise Entfernung gelöster Salze aus Rohwasser (z. B. Grund- oder Trinkwasser), das sogenannte **Enthärten** oder **Entsalzen**.

Entsalzen ist das vollständige oder teilweise Entfernen von gelösten Salzen (Ionen) beispielsweise zur Gewinnung von Trink- und Betriebswasser (industrielles, betriebliches oder zu ähnlichen Zwecken gebräuchliches Wasser). Wie im **Bild 1** dargestellt, handelt es sich um eine **Vollentsalzung**, wenn alle Ionen aus dem Wasser entfernt werden. Die Vollentsalzung wird auch als **Demineralisation** oder **Deionisation** bezeichnet. Wird dem Wasser nur ein Teil der Ionen entzogen, so spricht man von einer **Teilentsalzung** (z. B. Meerwasserentsalzung zur Trinkwassergewinnung). Da der Gehalt an Ionen maßgeblich ist für die elektrische Leitfähigkeit der Flüssigkeit, kann der Entsalzungsgrad mit dem **Leitwert** in der Einheit Siemens pro cm ($S \cdot cm^{-1}$) angegeben werden. Der Leitwert ist der reziproke Wert des elektrischen Widerstands ($1\ S = 1\ \Omega^{-1}$).

Unter **Entsalzen** versteht man das vollständige (Vollentsalzung) oder teilweise (Teilentsalzung) Entfernen von gelösten Salzen.

Natürliches Wasser (Quell-, Fluss- oder Seewasser), aber auch Leitungswasser, enthalten gelöste Gase (N_2, O_2, CO_2), feine Feststoffe und auch gelöste Salze (Mineralien). Verantwortlich für die **Wasserhärte** sind Salze der Erdalkalimetalle. Hierzu zählen in erster Linie die Erdalkalimetall-Salze mit den Anionen Sulfat SO_4^{2-}, Chlorid Cl^- und Hydrogencarbonat HCO_3^- (sogenannte **Härtebildner**). Insbesondere sind dies die Erdalkalikationen Calcium Ca^{2+} und Magnesium Mg^{2+}. Unter **Enthärten** wird somit das Entfernen dieser härtebildenden Calcium- und Magnesium-Ionen verstanden (**Bild 1**).

Im Labor ist bei analytischen und präparativen Arbeiten für reproduzierbare Ergebnisse grundsätzlich entsalztes Wasser einzusetzen. In der Großanwendung wird Kesselspeisewasser zuvor entsalzt, da sich sonst eine in erster Linie aus schwerlöslichen Sulfat- und Carbonat-Salzen bestehende steinartige Kruste bilden kann, der so genannte **Kesselstein**.

Die **Gesamthärte** des Wassers ist definiert als die Summe aller im Wasser gelösten Erdalkalimetall-Ionen. In erster Linie sind dies Calcium-Ionen Ca^{2+} und Magnesium-Ionen Mg^{2+}. Das Entfernen der Calcium- und Magnesium-Ionen wird als **Enthärten** bezeichnet.

Wie in **Bild 2** dargestellt, wird die Gesamthärte des Wassers unterteilt in die **Carbonathärte** und die **Nichtcarbonathärte**.

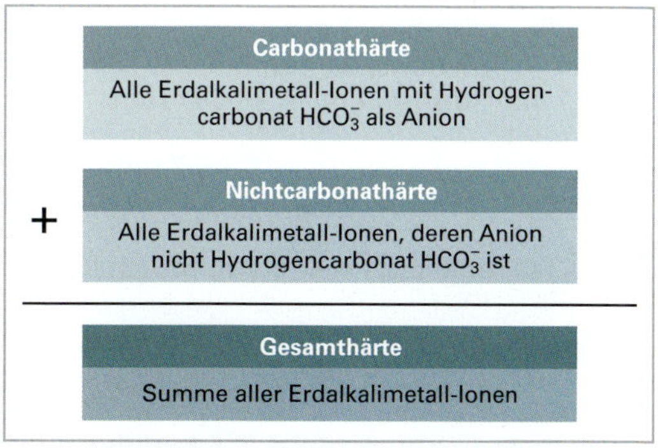

Bild 2: Gesamthärte, Carbonathärte und Nichtcarbonathärte

Die **Carbonathärte** umfasst die Stoffmenge *n* an Erdalkalimetall-Ionen mit Hydrogencarbonat-Ionen HCO_3^- als Gegen-Ion. Da diese Härte durch Temperaturerhöhung verringert werden kann, wird die Carbonathärte auch als **temporäre Härte** (vorübergehende Härte) bezeichnet. Beim Kochen von Wasser entweicht Kohlenstoffdioxid CO_2, das aus dem Hydrogencarbonat HCO_3^- gebildet wird, und schwerlösliches Calciumcarbonat $CaCO_3$ bzw. Magnesiumcarbonat $MgCO_3$ fällt nach folgender Reaktionsgleichung aus:

$$Ca(HCO_3)_2 \xrightarrow{\text{Hitze}} CaCO_3\downarrow + H_2O + CO_2\uparrow$$

Die **Nichtcarbonathärte** entspricht der Differenz zwischen Gesamthärte und Carbonathärte. Sie umfasst die Stoffmenge der Erdalkalimetall-Ionen mit einem anderen Gegen-Ion als das Hydrogencarbonat-Ion (z. B. Chlorid Cl^- oder Sulfat SO_4^{2-}). Dieser Anteil der Härte kann durch Temperaturerhöhung nicht beeinflusst werden. Daher wird die Nichtcarbonathärte auch als **permanente Härte** (bleibende Härte) bezeichnet.

Die Wasserhärte wird angegeben als Stoffmengenkonzentration *c* der Erdalkalimetall-Ionen in mmol · L^{-1}. Früher galt in Deutschland die Einheit **Grad Deutscher Härte** (°d oder als ältere Bezeichnung °dH). Dabei ist festgelegt, dass eine Stoffmengenkonzentration der Summe der Erdalkalimetall-Ionen von 0,179 mmol · L^{-1} oder umgerechnet 10 mg CaO · L^{-1} einem Grad deutscher Härte entspricht.

Die Umrechnung der Wasserhärte in andere nationale Härteangaben zeigt Tabelle 1.

Tabelle 1: Umrechnung von Härteangaben

	Erdalkalimetall-Ionen in mmol · L^{-1}	Grad Deutscher Härte (°d)	Grad Englischer Härte (°e)	Grad Französischer Härte (°f)	Grad Amerikanischer Härte in mg · L^{-1} $CaCO_3$ (°US)
1 mmol · L^{-1} Erdalkalimetall-Ionen	1	5,6	7,02	10,00	100,0

Dem europäischen Standard entsprechend wird die Wasserhärte in die Härtebereiche weich (< 1,5 mmol $CaCO_3$ · L^{-1}), mittel (1,5 bis 2,5 mmol $CaCO_3$ · L^{-1}) und hart (> 2,5 mmol $CaCO_3$ · L^{-1}) unterteilt (Tabelle 2). Die Einheit °d ist durch die Angabe mmol $CaCO_3$ · L^{-1} ersetzt worden.

Tabelle 2: Härtebereiche

Härtebereich	Stoffmengenkonzentration *c* in mmol $CaCO_3$ · L^{-1}	°d
weich	< 1,5	< 8,4
mittel	1,5 ... 2,5	8,4 ... 14
hart	> 2,5	> 14

Die Bestimmung der Gesamtwasserhärte erfolgt über die quantitative Bestimmung der Calcium- und Magnesium-Ionen. Dazu steht u. a. die komplexometrische Titration zur Verfügung, bei der die Menge an Kationen bestimmt wird.

Beispiel 4.1: Berechnung der Gesamthärte und des Härtebereichs einer Trinkwasserprobe

Bei der Analyse von 100 mL einer Trinkwasserprobe wurde eine Stoffmenge an Erdalkalimetall-Ionen von 0,1557 mmol bestimmt. Welcher Gesamthärte entspricht dieser Wert, angegeben in mmol · L^{-1} und in Grad deutscher Härte? In welchen Härtebereich ist die bestimmte Wasserhärte einzuordnen?

Lösung:

Wenn in 100 mL 0,1557 mmol enthalten sind, berechnet sich die Stoffmenge in einem Liter (1000 mL) nach: 100 mL ≙ 0,1557 mmol

$$1\ \text{mL} \triangleq \frac{0{,}1557\ \text{mmol}}{100\ \text{mL}} \Rightarrow 1000\ \text{mL} \triangleq \frac{0{,}1557\ \text{mmol} \cdot 1000\ \text{mL}}{100\ \text{mL}} = 1{,}557\ \text{mmol}$$

Da 0,179 mmol · L^{-1} = 1 °d, ergibt sich für den Grad Deutscher Härte dieser Probe

ein Wert von $\frac{1{,}557\ \text{mmol} \cdot L^{-1}}{0{,}179\ \text{mmol} \cdot L^{-1}} \approx 8{,}7\ °\text{d}$

Die Gesamthärte beträgt 1,557 mmol · L^{-1}. Dies entspricht einem Wert von 8,7 °d. Die Gesamthärte liegt nach Tabelle 2 im Härtebereich 2 (mittelhartes Wasser).

4.2.1 Methoden zur Entsalzung

Häufig zur Wasserentsalzung angewandte Methoden sind der Ionenaustausch, die Elektrodialyse und die Umkehrosmose.

Ionenaustausch

Bei diesem Verfahren werden im Lösemittel gelöste positiv geladene Ionen (Kationen) und/oder negativ geladene Ionen (Anionen) durch die an einem Ionenaustauscher gebundenen Ionen ausgetauscht. Das Grundgerüst von Ionentauschern besteht aus Kunstharzen wie **Polystyrol** (aus vielen Styrol-Molekülen aufgebautes Riesenmolekül, **Bild 1**), an denen sich **Ankergruppen** befinden (**Tabelle 1**, S. 121). Die Art der eingesetzten Ankergruppen ist maßgeblich für die Bindungsstärke der leicht ablösbaren Kationen oder Anionen, die gegen die im Lösemittel gelösten Ionen ausgetauscht werden.

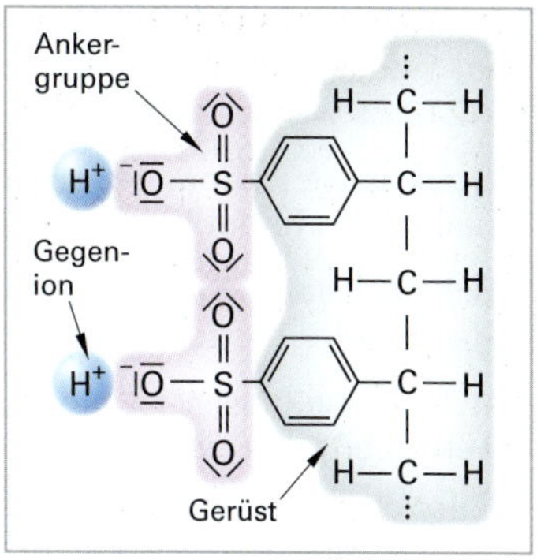

Bild 1: Polystyrol-Gerüst mit Ankergruppen und Gegen-Ion

Grundlage des Ionenaustauscherverfahrens ist, dass die verschiedenen gelösten Ionen je nach eingesetzter Ankergruppe stärker gebunden werden als die zuvor gebundenen Austauschgruppen. Der Austausch erfolgt durch **Diffusion** der gelösten Ionen in die Poren des Ionenaustauschers und Verdrängung der gebundenen Ionen, die dann wiederum in die Lösung übergehen. Diffusion (lat.: *diffundere*, ausbreiten, sich zerstreuen) ist die freiwillige Verteilung eines Stoffes in einem anderen Stoff bis zum Konzentrationsausgleich und somit hier das Bestreben, den Konzentrationsunterschied auszugleichen. Die Menge der ausgetauschten Ionen ist abhängig von deren Ladung. Für die Aufnahme eines zweiwertigen Ions müssen entsprechend zwei einwertige Ionen abgegeben werden. Bei einwertigen Ionen erfolgt der Austausch entsprechend eins zu eins.

> **Ionenaustauscher** sind Stoffe, die positiv oder negativ geladene Ionen aus einer Lösung aufnehmen und gleichzeitig entsprechend geladene Austausch-Ionen abgeben.

Ionenaustauscher werden unterschieden in:

- **Kationenaustauscher** (Austausch positiv geladener Ionen),
- **Anionenaustauscher** (Austausch negativ geladener Ionen),
- **Mischbettaustauscher** (Kombination von Kationen- und Anionenaustauschern).

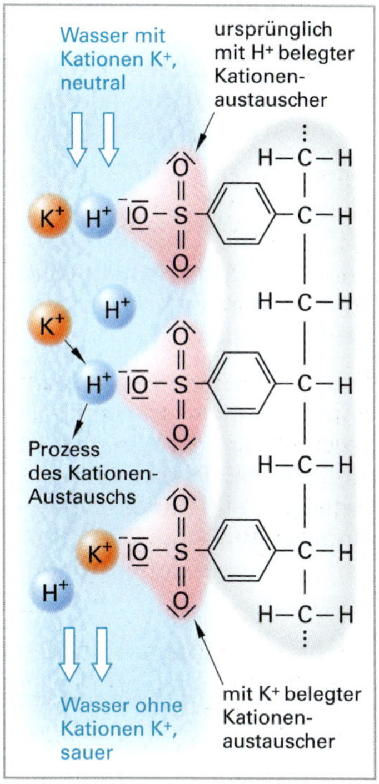

Bild 2: Kationenaustauscher

Bei **Kationenaustauschern** sind die austauschbaren Ionen entweder Hydrogenium-Ionen H^+ (Protonen) oder Natrium-Ionen Na^+. Zur Wasserentsalzung werden H^+-belegte Ionenaustauscher eingesetzt, um alle Kationen gegen Hydrogenium-Ionen auszutauschen. Bei der Wasserenthärtung kommen Na^+-beladene Ionenaustauscher zum Einsatz, so dass die härtebildenden Ionen Ca^{2+} und Mg^{2+} durch Natrium-Ionen Na^+ ausgetauscht werden.

Der Austausch des Kations einer wässrigen Kaliumchlorid-Lösung mit einem H^+-belegten Ionenaustauscher läuft demnach folgendermaßen ab:

$$Q\text{–}SO_3H + K^+ + Cl^- \rightarrow Q\text{–}SO_3K + H^+ + Cl^- \qquad \text{(Q: Austauschergerüst)}$$

Wie in **Bild 2** dargestellt, wird das Kalium-Ion K^+ vom Kationenaustauscher gebunden. Gleichzeitig wird das Hydrogenium-Ion H^+ abgegeben. Hierbei ist zu beachten, dass sich in wässriger Lösung Salzsäure HCl (aq) bildet und somit die Lösung saurer wird.

Es gibt verschiedene Kationenaustauscher mit unterschiedlich starkem Bestreben, die Ionen aus dem Wasser aufzunehmen. Abhängig ist dies von den eingesetzten Ankergruppen (**Tabelle 1**, S. 121). Es wird unterschieden in:

- **Stark saure Kationenaustauscher**, bei denen das Gegen-Ion relativ leicht abgegeben wird. Am häufigsten findet hierfür als Ankergruppe die Sulfonsäure-Gruppe $-HSO_3$ Anwendung.
- **Schwach saure Kationenaustauscher**, bei denen das Gegen-Ion relativ schwer abgegeben wird. Häufig wird hierfür als Ankergruppe die Carboxyl-Gruppe –COOH verwendet.

Der Ionenaustausch ist eine Gleichgewichtsreaktion, d. h., welche und wie viele der gelösten Ionen gebunden werden, hängt von verschiedenen Faktoren ab. Unter anderem ist dies zum einen von der eingesetzten Ankergruppe und zum anderen von den Eigenschaften der Ionen wie z. B. der Ladung abhängig.

Bei **Anionenaustauschern** sind die austauschbaren Gruppen in erster Linie Hydroxid-Ionen OH^- oder Chlorid-Ionen Cl^-. Zur Wasserentsalzung unter Verwendung eines mit Hydroxid-Ionen-belegten Ionenaustauschers findet ein Austausch aller Anionen mit den Hydroxid-Ionen statt. Als Ankergruppen dienen bei Anionenaustauschern verschiedene Aminogruppen (Stickstoffhaltige Gruppe, **Tabelle 1**, S. 121). Der Austausch von Chlorid-Ionen einer Kaliumchlorid-Lösung läuft folgendermaßen ab:

$$Q{-}N(CH_3)_3OH + K^+ + Cl^- \rightarrow Q{-}N(CH_3)_3Cl + K^+ + OH^-$$

(Q: Austauschergerüst)

Wie in **Bild 1** dargestellt, wird ein Chlorid-Ion Cl^- vom Anionenaustauscher unter gleichzeitiger Abgabe eines Hydroxid-Ions OH^- gebunden.

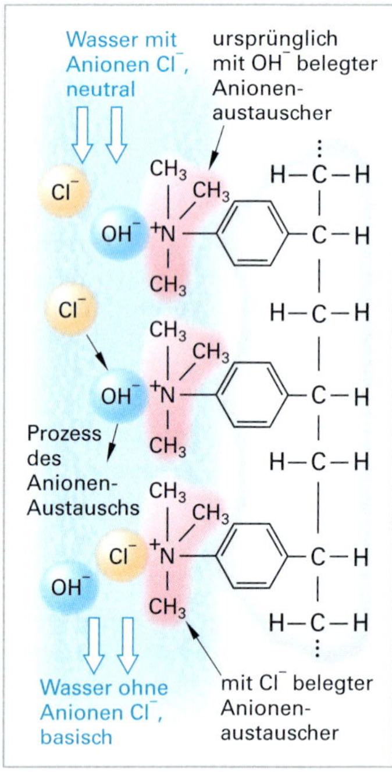

Bild 1: Anionenaustauscher

Auch bei den verschiedenen Anionenaustauschern gibt es ein unterschiedlich starkes Bestreben, die im Wasser gelösten Ionen zu binden. Wie stark oder schwach dieses Bestreben ist, hängt ebenfalls von der eingesetzten Ankergruppe ab. Je höher die Anzahl der gebundenen Methyl-Gruppen ($-CH_3$) an der eingesetzten Ammoniumverbindung ist, desto leichter werden die gebundenen Ionen abgegeben (steigende Basizität, **Tabelle 1**, S. 121).

Hierbei wird unterschieden in:

- **stark basische Anionenaustauscher**, bei denen das Gegen-Ion relativ leicht abgegeben wird,
- **schwach basische Anionenaustauscher**, bei denen das Gegen-Ion relativ schwer abgegeben wird.

Bild 2 zeigt in einer Übersicht die Funktionsweise von Kationen- und Anionenaustauschern. Zur Vollentsalzung von Wasser wird dieses zuerst über einen Kationenaustauscher und dann über einen Anionenaustauscher gegeben. Bei dem Austausch neutralisieren sich die dabei vom Kationenaustauscher abgegebenen Protonen H^+ (Hydrogenium-Ionen) und die vom Anionenaustauscher abgegebenen Hydroxid-Ionen OH^- gegenseitig unter Bildung von Wasser ($H^+ + OH^- \rightarrow H_2O$, **Bild 2**).

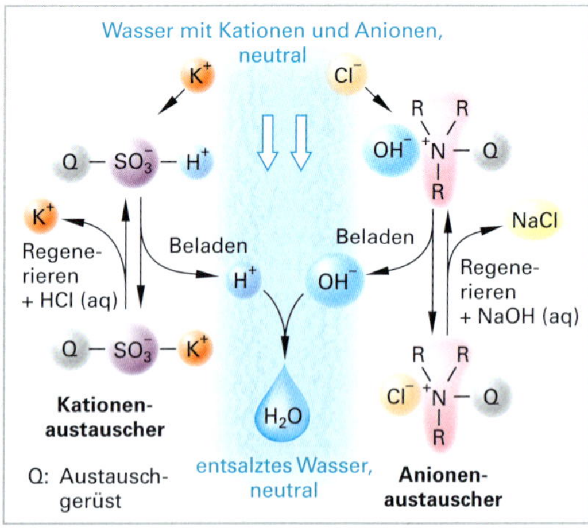

Bild 2: Funktion von Ionenaustauschern

Mischbettaustauscher sind in der Lage, Kationen und Anionen in einem Schritt auszutauschen, da das Mischbett sowohl Ankergruppen zum Anionen- als auch zum Kationenaustausch enthält.

Die folgende Tabelle 1 zeigt die verschiedenen Ankergruppen der Kationen- und Anionenaustauscher im Überblick.

Tabelle 1: Ionenaustauscherarten

Ionenaustauscher	Ankergruppe	Struktur Ankergruppe	Austauschbares Ion
Kationenaustauscher stark sauer	Q–SO_3^- (Sulfonat)	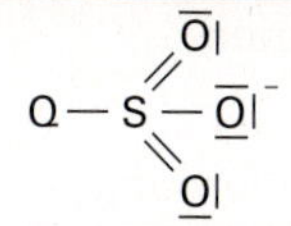	H^+ (Proton)
Kationenaustauscher schwach sauer	Q–COO^- (Carboxylat)	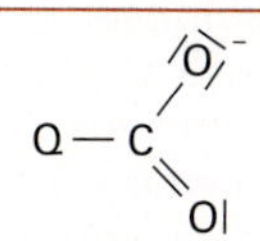	H^+ oder Na^+ (Proton oder Natrium-Ion)
Anionenaustauscher stark alkalisch	Q–$N(CH_3)_3^+$ (quartäre Ammoniumgruppe)	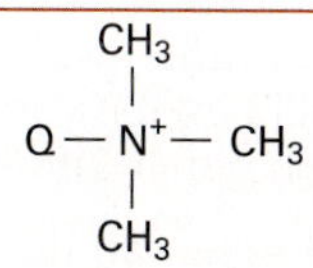	OH^- oder Cl^- (Hydroxid- oder Chlorid-Ion)
Anionenaustauscher schwach alkalisch	Q–$NH_{1-2}(CH_3)_{1-2}^+$ (primäre, sekundäre, tertiäre Ammoniumgruppe)	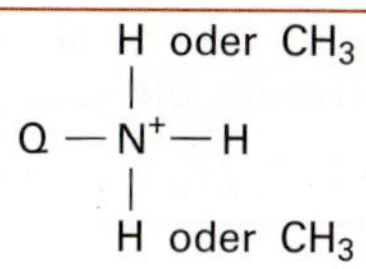	OH^- oder Cl^- (Hydroxid- oder Chlorid-Ion)

Die Ionenaustauscher können nach dem Beladen mit den zu entfernenden Ionen wieder regeneriert werden. Zum Regenerieren werden einem z. B. mit Natrium-Ionen beladenen Kationenaustauscher Hydrogenium-Ionen H^+ (Protonen) in konzentrierter Form zugeführt (z. B. eine Salzsäure-Lösung $c(HCl\ (aq)) = 2\ mol \cdot L^{-1}$). Dabei werden diese Protonen angelagert und die gebundenen Natrium-Ionen abgegeben. Anionenaustauscher können entsprechend mit einer Natronlauge NaOH (aq) regeneriert werden. In Bild 2, S. 120, ist dieser Schritt mit „Regenerieren" beschrieben. Der so regenerierte Ionenaustauscher kann anschließend für den Ionenaustausch wieder eingesetzt werden. Dieser Vorgang zeigt, dass das Verteilungsgleichgewicht der Ionen konzentrationsabhängig ist.

Elektrodialyse

Ein weiteres Verfahren für die Entsalzung bzw. Enthärtung von Wasser ist die **Elektrodialyse**. Bei dieser Methode werden die im Wasser gelösten Ionen durch eine **semipermeable Membran** (halbdurchlässige, lat. *semi*: halb; *permeabel*: durchlässig) von der Ausgangslösung abgetrennt. Semipermeable Membranen bestehen z. B. aus Kunststoffen wie Polyamid und sind nur für bestimmte Moleküle oder Ionen durchlässig. Dies wird als **permselektiv** oder **selektiv permeabel** bezeichnet. Die Wanderung von Ionen durch die Membran wird durch das Anlegen einer elektrischen Gleichspannung initiiert (Bild 1). Im Beispiel der Wasserenthärtung ist die Membran nur für geladene Teilchen (Ionen) durchlässig. Für Wassermoleküle ist sie undurchlässig.

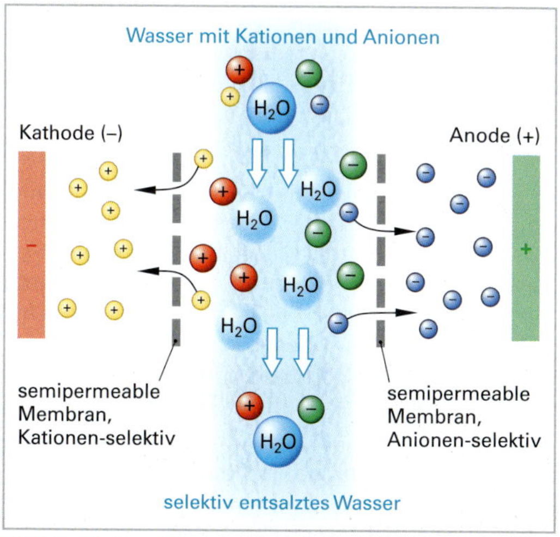

Bild 1: Elektrodialyse

Bei der **Elektrodialyse** erfolgt die Abtrennung bestimmter Ionen durch eine permselektive Membran mit Hilfe einer angelegten elektrischen Spannung.

Das Funktionsprinzip einer Membran ist in Bild 1, S. 121, dargestellt. Nur die kleineren Anionen (in Bild 1 blau), nicht aber die größeren Anionen (grün), bzw. nur die kleinen Kationen (in Bild 1, gelb), nicht jedoch die größeren Kationen (rot) können durch die Membran wandern. Die Membran ist für die hellblau dargestellten ungeladenen Wasserteilchen unpassierbar. Das Verfahren führt somit zu einer Teilentsalzung. Für eine Vollentsalzung können verschiedene Membranen hintereinander geschaltet werden.

Umkehrosmose

Ein anderes Verfahren zur Entfernung von im Wasser gelösten Salzen ist die **Umkehrosmose**, **negative Osmose** oder **Reversosmose**. Zum Verständnis der Umkehrosmose ist es notwendig, die Begriffe Diffusion und Osmose zu klären. **Diffusion** ist definiert als die freiwillige Verteilung eines Stoffes in einem anderen bis zum Konzentrationsausgleich. Ein Beispiel aus dem Alltag verdeutlicht dies: Wird Zucker in einen Becher Tee gegeben, sammelt sich der Zucker am Boden und löst sich auf. Zu Beginn dieses Vorgangs schmeckt der Tee im oberen Bereich des Bechers ungesüßt, unten im Becher besonders süß. Nach einiger Zeit ist der Tee überall im Becher gleich süß, da sich der Zucker freiwillig im Tee verteilt hat, bis überall die gleiche Konzentration vorliegt. Die Zuckermoleküle haben sich durch Diffusion im gesamten Tee verteilt.

4

Wird der Zucker im Tee von Beginn an durch eine semipermeable Membran (halbdurchlässige Trennwand) vom übrigen Tee im Becher abgegrenzt, können nur bestimmte Teilchen durch diese Trennwand diffundieren, entweder die Zucker- oder die Wassermoleküle. In diesem Fall spricht man von **Osmose**.

Diffusion ist die freiwillige Verteilung eines Stoffes in einem anderen Stoff bis zum Konzentrationsausgleich. **Osmose** ist die Diffusion durch eine semipermeable Membran.

Bild 1 zeigt links zwei unterschiedlich konzentrierte Salzlösungen getrennt durch eine **semipermeable Membran**, die in diesem Fall selektiv permeabel wirkt und nur für ungeladene Teilchen passierbar ist. Da Salz-Ionen nicht hindurch gelangen, wandern Wassermoleküle von der geringer konzentrierten Salzlösung durch die Trennwand zur höher konzentrierten Salzlösung bis zum Ausgleich der beiden Konzentrationen. Die Flüssigkeitssäule im rechten Bereich steigt und der Druck dieser überstehenden Säule ist ein Maß für den vorliegenden **osmotischen Druck**.

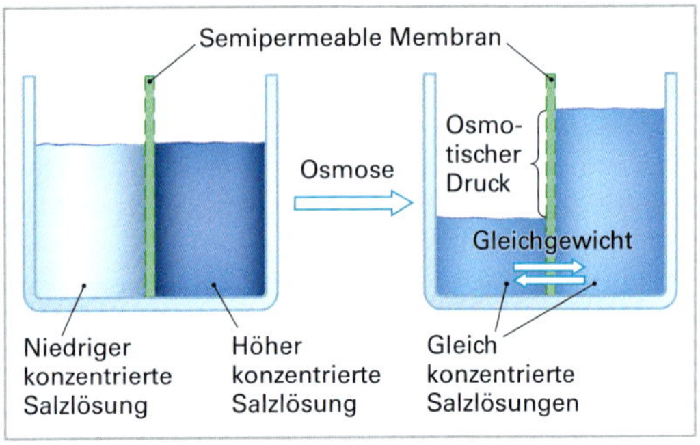

Bild 1: Osmose

Bei der Entsalzung über Umkehrosmose wird der entgegengesetzte Effekt genutzt. Durch Ausüben eines Drucks auf eine Seite des Systems findet die Umkehrung der Osmose durch die semipermeable Membran statt, die **Umkehrosmose**. Das Wasser wird somit aus der konzentrierteren Salzlösung entfernt bzw. von den gelösten Salzen befreit (Bild 2).

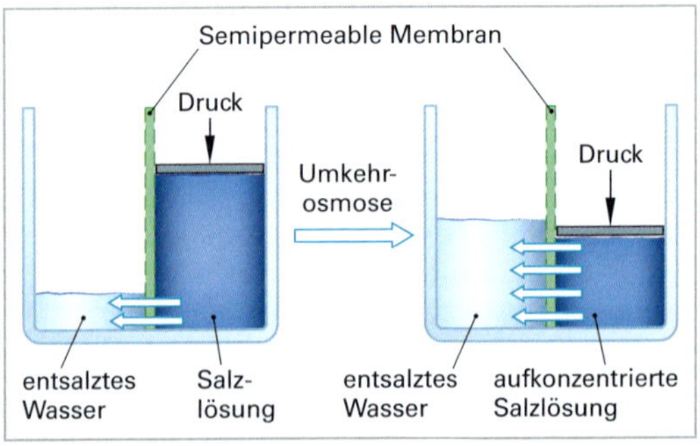

Bild 2: Umkehrosmose

Die **Umkehrosmose** ist ein Verfahren zur Entsalzung unter Umkehrung der Osmose durch Ausübung eines Druckes.

Für die Umkehrosmose muss der ausgeübte Druck größer sein als der osmotische Druck. Erst dann findet ein Durchtritt von Wassermolekülen durch die Membran und somit eine Abtrennung von den Ionen statt. **Bild 2**, S. 122, zeigt, dass die Salzkonzentration auf der rechten Seite zunimmt, wohingegen sich auf der linken Seite entsalztes Wasser sammelt. Ein Anwendungsbeispiel für die umgekehrte Osmose ist die Meerwasserentsalzung oder die Herstellung von vollentsalztem Wasser (entionisiertes Wasser).

4.2.2 Methoden zur Enthärtung

Eine Möglichkeit der Wasserenthärtung bis zu einer Ionenkonzentration von ca. 0,18 $mmol \cdot L^{-1}$, ist die Ausfällung der Hydrogencarbonate HCO_3^- mit Hilfe von Calciumhydroxid $Ca(OH)_2$ unter Bildung von Calciumcarbonat $CaCO_3$ (Gleichung 1) bzw. Magnesiumhydroxid $Mg(OH)_2$ (Gleichung 2). Die Verursacher der Permanenthärte lassen sich mit Natriumcarbonat Na_2CO_3 zu Calciumcarbonat $CaCO_3$ umsetzen und ausfällen (Gleichung 3). Die nach unten zeigenden Pfeile bedeuten, dass der Stoff schwer löslich ist und ausfällt.

Bild 1: Eutrophierung

- **Gleichung 1**

$$Ca(HCO_3)_2 + Ca(OH)_2 \rightarrow 2\,CaCO_3\downarrow + 2\,H_2O$$

- **Gleichung 2**

$$Mg(HCO_3)_2 + 2\,Ca(OH)_2 \rightarrow Mg(OH)_2\downarrow + 2\,CaCO_3\downarrow + 2\,H_2O$$

- **Gleichung 3**

$$CaSO_4 + Na_2CO_3 \rightarrow CaCO_3\downarrow + Na_2SO_4$$

Oftmals ist es nicht unbedingt notwendig, Wasser zu enthärten. Häufig reicht es, die Ausfällung durch Zusatz bestimmter Stoffe zu verhindern bzw. zu verzögern. Auch die Änderung der Struktur von einem kristallinen zu einem amorphen Feststoff kann dazu führen, dass es nicht zu Ablagerungen kommt (Verhinderung der Kesselsteinbildung).

Dieser Effekt kann bei den härtebildenden Ionen durch Zusatz geringer Mengen (wenige $mg \cdot L^{-1}$) unterschiedlicher Phosphate erreicht werden. Früher enthielten Waschmittel zur Verringerung der Wasserhärte Phosphate. Da diese Phosphate bei der Abwasserreinigung damals jedoch nicht entfernt werden konnten, kam es zu einer **Eutrophierung** (Überdüngung) der Gewässer und damit zu verstärktem Pflanzenwachstum (**Bild 1**).

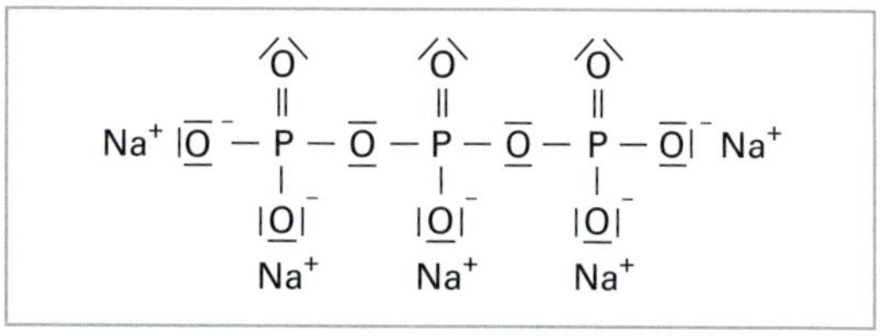

Bild 2: Pentanatriumtriphosphat $Na_5P_3O_{10}$

Am häufigsten fand dabei das in **Bild 2** gezeigte **Pentanatriumtriphosphat** (auch Natriumtripolyphosphat) $Na_5P_3O_{10}$ für die Bindung der Härtebildner Anwendung. Moderne Waschmittel enthalten zur Wasserenthärtung Molekularsiebe (s. S. 110). Ähnlich wie bei Ionenaustauschern werden die Ionen bei geeigneter Porenweite von dem Molekularsieb adsorbiert und gegen andere Ionen, wie z. B. Natrium-Ionen, ausgetauscht (**Bild 3**).

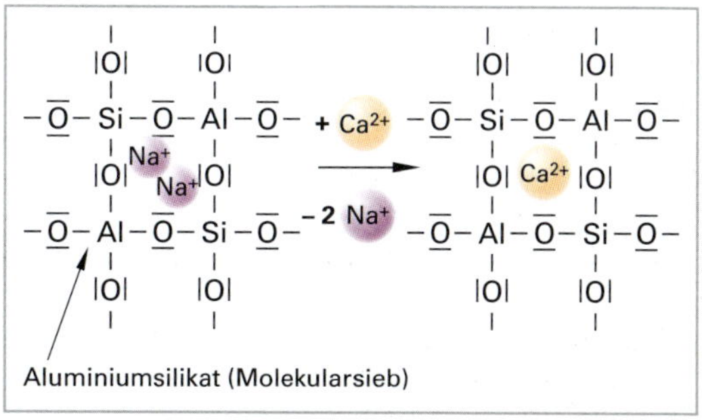

Bild 3: Molekularsieb

4.3 Umkristallisation und Umfällen

Direkt nach der Synthese eines Stoffes liegt dieser meist in verunreinigter Form vor. Beim Auskristallisieren werden im kristallinen Produkt Reste von Ausgangsstoffen, Nebenprodukte oder Lösemittelmoleküle mit eingeschlossen. Zur Reinigung des synthetisierten Stoffes kann die **Umkristallisation** oder das **Umfällen** eingesetzt werden.

4.3.1 Umkristallisation

Die **Umkristallisation** ist ein Verfahren zum Reinigen von Feststoffen, bei dem die temperaturabhängige Löslichkeit ausgenutzt wird. Dazu wird der Feststoff in so viel siedendem Lösemittel gelöst, dass eine **gesättigte Lösung** entsteht. Nicht gelöste Stoffe werden anschließend durch Filtration von der noch heißen Lösung abgetrennt. Das **Auskristallisieren** des Feststoffs erfolgt durch das Abkühlen der Lösung. Die Kristalle des Produktes werden danach durch Filtration vom Lösemittel abgetrennt. Da bei dieser Methode das unterschiedliche Löslichkeitsverhalten der einzelnen Stoffe ausgenutzt wird, bei dem die Stoffe sich nicht verändern, handelt es sich bei der Umkristallisation um einen rein physikalischen Vorgang.

> Die **Umkristallisation** ist ein auf das Lösen und anschließendes Ausfällen eines Feststoffs beruhendes Reinigungsverfahren, bei dem die temperaturabhängige Löslichkeit eines Stoffes ausgenutzt wird.

4

Bei der Umkristallisation spielen mehrere Reinigungseffekte eine Rolle:

- Verunreinigungen sind u. U. nicht löslich und können abfiltriert werden.
- Verunreinigungen bleiben wegen ihrer geringeren Konzentration oder guten Löslichkeit nach dem Auskristallisieren des gewünschten Stoffes weiterhin gelöst und werden somit abgetrennt.
- Der gewünschte Stoff kann in reiner Form unter geringem Einschluss von Verunreinigungen langsam auskristallisieren.

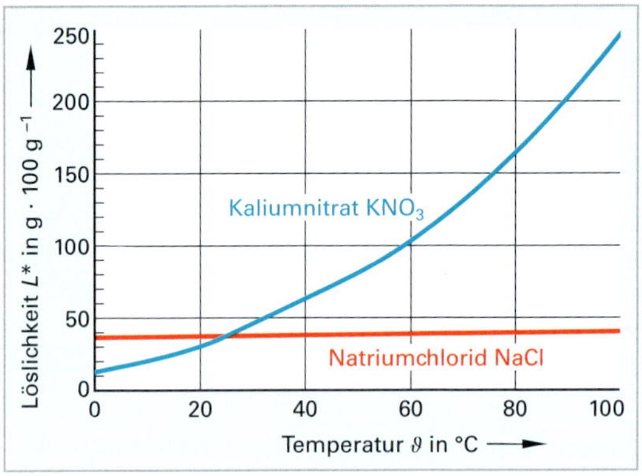

Bild 1: Temperaturabhängige Löslichkeit L^*

Wie unterschiedlich das Löslichkeitsverhalten von Stoffen in Abhängigkeit von der Temperatur sein kann, zeigt **Bild 1**. Bei 20 °C lösen sich in 100 g Wasser etwa gleich viel Kaliumnitrat KNO_3 und Natriumchlorid NaCl. Wird die Temperatur erhöht, ist zu erkennen, dass die Löslichkeit von Kaliumnitrat erheblich zunimmt. Die Löslichkeit von Natriumchlorid hingegen verändert sich mit der Temperaturerhöhung kaum.

Auch das Lösemittel spielt bei der Umkristallisation eine entscheidende Rolle. Stoffe können in einem Lösemittel nahezu überhaupt nicht, wenig oder aber auch sehr gut löslich sein. Anhand dieses Kriteriums sollte das Lösemittel so ausgewählt werden, dass

- der gewünschte Stoff im heißen Lösemittel gut und bei niedrigeren Temperaturen hingegen möglichst wenig löslich ist, so dass im kalten Lösemittel möglichst viel Feststoff wieder ausfällt,
- die Verunreinigungen in dem Lösemittel möglichst gut löslich oder unlöslich sind.

Um diese Eigenschaften zu erreichen, ist es daher manchmal sinnvoll, Lösemittelgemische einzusetzen. Ist ein ideales Lösemittel für den entsprechenden Stoff nicht aus Literatur oder Arbeitsvorschriften ersichtlich, müssen Löslichkeitsversuche mit verschiedenen Lösemitteln durchgeführt werden.

Zur Bestimmung der idealen Menge an Lösemittel gibt es zwei Möglichkeiten:

1. Die gesamte Substanzmenge wird in ein Gefäß gegeben und es werden so lange Lösemittelportionen zugegeben und zum Sieden erhitzt, bis der gesamte Stoff gelöst ist.
2. Eine definierte Menge des zu reinigenden Stoffes (z. B. 1 g) wird in ein Gefäß gegeben. Es wird dann das entsprechende Lösemittel in definierten Volumenschritten zugegeben (z. B. jeweils 0,5 mL) und zum Sieden erhitzt. Ist der Stoff vollständig gelöst, wird auf die Gesamtmenge an umzukristallisierendem Stoff hochgerechnet.

Am folgenden Beispiel ist die Berechnung der notwendigen Lösemittelmenge nach einer durchgeführten Vorbestimmung exemplarisch dargestellt.

Beispiel 4.2: Berechnung der Lösemittelmenge für eine Umkristallisation

Bei der Vorbestimmung der notwendigen Lösemittelmenge wurden für 0,5 g des Stoffes 5,5 mL Lösemittel verwendet. Wie viel Lösemittel ist zum Lösen von 37 g notwendig?

Lösung:

Durch Umstellen ergibt sich:

$$0{,}5\text{ g} \mathrel{\hat{=}} 5{,}5\text{ mL};\ 1\text{ g} \mathrel{\hat{=}} \frac{5{,}5\text{ mL}}{0{,}5};\ 37\text{ g} \mathrel{\hat{=}} \frac{5{,}5\text{ mL} \cdot 37}{0{,}5} = 407\text{ mL}$$

Zum Umkristallisieren von 37 g sind 407 mL Lösemittel notwendig.

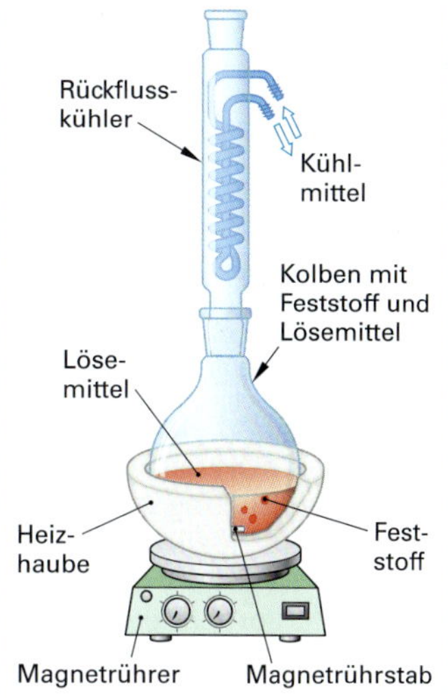

Bild 1: Rückflussapparatur

In manchen Fällen ist nach einer Synthese der gewünschte Stoff gefärbt oder er enthält so genannte **Kolloide**. Dies sind besonders fein verteilte Feststoffteilchen mit einer Größe von 10^{-9} bis 10^{-7} m, die durch Filtration kaum abzutrennen sind. In solchen Fällen kann es hilfreich sein, bei der Durchführung der Umkristallisation ein **Adsorptionsmittel** (Adsorbens, z. B. Aktivkohle; s. Kap. 2.6, S. 70) einzusetzen. Adsorptionsmittel nehmen derartige Verunreinigungen auf und werden anschließend zusammen mit den aufgenommenen Teilchen abfiltriert. Adsorbentien besitzen durch ihre poröse Struktur eine große Gesamtoberfläche und reichern die Verunreinigungen selektiv durch Oberflächenkräfte (Adhäsion) an. Beispielsweise besitzt 1 g Aktivkohle eine Gesamtoberfläche von 500 bis 1500 m^2. Zum Vergleich: Ein Fußballfeld hat eine Größe von ca. 7000 m^2.

Bei der Durchführung einer Umkristallisation kann folgendermaßen vorgegangen werden:

- Den Feststoff in ein Gefäß geben (z. B. Becherglas) und mit der idealen Lösemittelmenge erhitzen. Bei leicht flüchtigen oder brennbaren Lösemitteln sollte eine **Rückflussapparatur** mit Kühler, wie in **Bild 1** dargestellt, verwendet werden.
- Ist der Zusatz von Adsorptionsmittel notwendig, sollte die Zugabe nicht in der Siedehitze erfolgen, um Siedeverzüge (schlagartiges Verdampfen) zu vermeiden.
- Enthält die heiße Lösung noch ungelöste Verunreinigungen oder Adsorptionsmittel, so müssen diese vor dem Abkühlen abfiltriert werden. Anschließend lässt man die Lösung langsam auf Raumtemperatur abkühlen und filtriert den auskristallisierten Feststoff ab. Wird die gesättigte Lösung schnell abgekühlt, werden viele kleine Kristalle erhalten. Im Gegensatz hierzu bilden sich bei langsamem Abkühlen große Kristalle mit regelmäßiger Ordnung.
- In einigen Fällen kann es vorkommen, dass der Feststoff nicht auskristallisiert, obwohl die maximale Löslichkeit überschritten wurde. Dieser metastabile Zustand wird als **übersättigte Lösung** bezeichnet. Eine Fällung kann in diesem Fall z. B. durch Kratzen an der Gefäßwandung oder durch das **Impfen** der Lösung erreicht werden. Beim Impfen werden einige kleine Kristalle des gleichen oder eines anderen Stoffes zugegeben. Ein Auskristallisieren kann auch durch weiteres Verdunsten oder Verdampfen des Lösemittels erreicht werden.

4.3.2 Umfällen

Unter **Umfällen** versteht man ein Reinigungsverfahren, bei dem ein Stoff ähnlich wie bei der Umkristallisation gelöst und anschließend wieder ausgefällt wird. Im Gegensatz zur Umkristallisation wird beim Umfällen die Löslichkeit durch zwei Möglichkeiten verändert:

- Ist der zu reinigende Stoff schwer löslich, wird er chemisch zu einem anderen Stoff umgesetzt, der sich dann in einem entsprechenden Lösemittel gut löst. Das Ausfällen des Stoffes erfolgt anschließend durch Zugabe eines Fällungsreagenzes, wodurch der gelöste Stoff in einen schwerlöslichen Stoff überführt wird. Der Unterschied zur Umkristallisation besteht darin, dass beim Umfällen der zu reinigende Stoff chemisch umgesetzt wird, so dass für den Reinigungsprozess ein löslicher oder ein schwerlöslicher Stoff vorliegt.

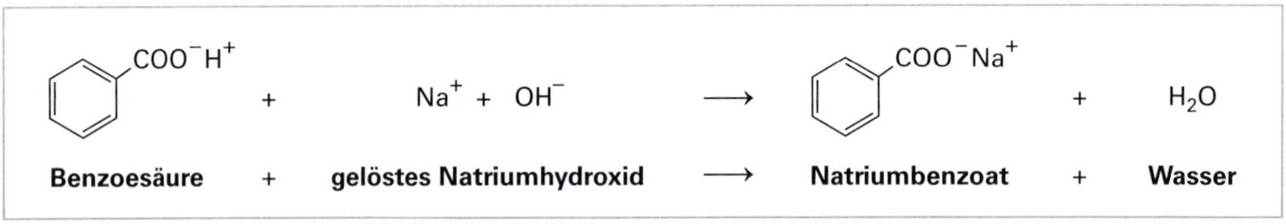

Bild 1: Reaktion von Benzoesäure zu Natriumbenzoat

Benzoesäure beispielsweise ist in Wasser schwer löslich. Durch Zugabe von Natriumhydroxid-Lösung NaOH (aq) wird das Hydrogenium-Ion H^+ an der COO^--Gruppe durch ein Natrium-Ion Na^+ unter Bildung von Natriumbenzoat ersetzt (Bild 1). Dieses Natriumsalz der Benzoesäure ist in Wasser gut löslich. Zur Verbesserung des Reinigungsprozesses kann zusätzlich ein Adsorptionsmittel zugesetzt und die Lösung erwärmt werden. Nach Abtrennung des Natriumbenzoats von evtl. vorhandenen Verunreinigungen durch Filtration kann das Natriumbenzoat durch Zugabe einer verdünnten Salzsäure HCl (aq) wieder ausgefällt werden: Das Natrium-Ion Na^+ wird wieder durch ein Hydrogenium-Ion H^+ ersetzt und so die Benzoesäure zurückgebildet.

- Dem gelösten Feststoff wird ein Lösemittel zugegeben, in dem der zu reinigende Stoff schwer löslich ist und ausfällt. Oder es wird ein leicht lösliches Salz zugegeben, das die Löslichkeit des zu reinigenden Stoffes verringert. Dieser Effekt wird als **Aussalz-Effekt** oder **Aussalzen** bezeichnet. Der gewünschte Stoff fällt aus und kann durch Filtration abgetrennt werden.

  Beispielsweise kann in Wasser gelöstes Natriumchlorid durch Zugabe von Ethanol ausgefällt werden, da das Natriumchlorid in Ethanol schwerlöslich ist. Das Aussalzen findet u. a. Anwendung bei der Fällung von Proteinen oder Farbstoffen beispielsweise durch die Zugabe von Natriumchlorid.

Das **Umfällen** ist ein auf das Lösen und anschließende Ausfällen eines Stoffes beruhendes Reinigungsverfahren, bei dem

- die Löslichkeit eines Stoffes durch einer chemische Umsetzung verändert wird oder
- die Löslichkeit eines Stoffes durch Zugabe eines anderen Stoffes verringert wird (Aussalzen).

4.4 Sublimation

Das **Sublimieren** ist der direkte Phasenübergang eines Stoffes vom festen in den gasförmigen Zustand unter Umgehung des flüssigen Zustands. Der gegenläufige Prozess, d. h. der Übergang vom gasförmigen zum festen Zustand, ist das **Resublimieren**. Ein resublimierter Feststoff wird als **Sublimat** bezeichnet.

Der Übergang vom festen zum gasförmigen Zustand ist das **Sublimieren**. Der Übergang vom gasförmigen zum festen Zustand ist das **Resublimieren**. Der dabei erhaltene Feststoff wird als **Sublimat** bezeichnet.

Grundsätzlich kann jeder Stoff dann sublimieren, wenn die Druck- und Temperaturwerte unterhalb der Werte des Tripelpunktes (Kap. 3.5.5, S. 79) liegen. Beim Tripelpunkt eines Stoffes liegen alle drei Aggregatzustände (gasförmig, flüssig, fest) nebeneinander im Gleichgewicht vor.

In **Bild 1** ist das Zustandsdiagramm von Wasser dargestellt, an dem zu erkennen ist, dass der Tripelpunkt von Wasser bei 273,16 K und 6,11 hPa liegt. D. h. unterhalb dieses Druckes liegt Wasser je nach Temperatur und Druck fest oder gasförmig vor. Eine flüssige Phase ist bei diesen Bedingungen nicht existent. Anders ausgedrückt sublimiert ein Stoff dann, wenn der Dampfdruck eines Feststoffs noch vor Erreichen der Schmelztemperatur den Druck der äußeren Umgebung erreicht.

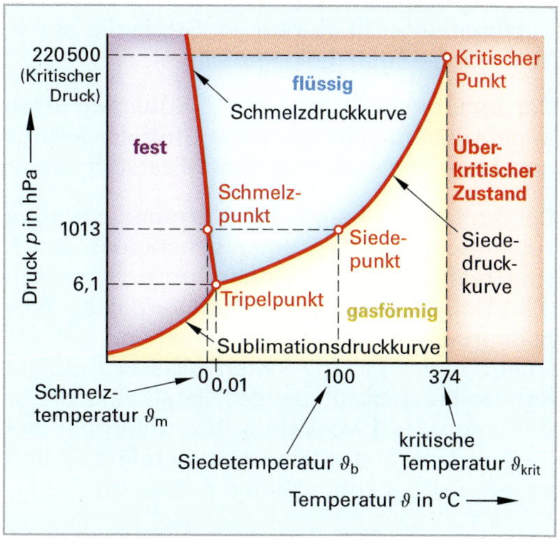

Bild 1: Zustandsdiagramm von Wasser

Ein Stoff, der bereits bei Normdruck sublimiert, ist gefrorenes Kohlenstoffdioxid CO_2, das so genannte Trockeneis. Das im **Bild 2** dargestellte Zustandsdiagramm zeigt, dass gefrorenes Kohlenstoffdioxid mit einer Temperatur von 195 K (–78 °C) direkt in den gasförmigen Zustand übergeht, da der flüssige Zustand bei Normdruck nicht möglich ist.

Die Bedingungen, bei denen eine Sublimation möglich ist, werden als **Sublimationsdruck** und **Sublimationstemperatur** bezeichnet.

Die Sublimation selbst ist ein endothermer Prozess, bei dem Wärme von der Umgebung aufgenommen wird. Die zur Sublimation einer Stoffmenge von einem Mol notwendige Wärmemenge wird als molare **Sublimationswärme** bzw. **Sublimationsenthalpie** bezeichnet. Dieser Wert entspricht der Summe aus Schmelzwärme und Verdampfungswärme (s. Kap. 1, S. 46).

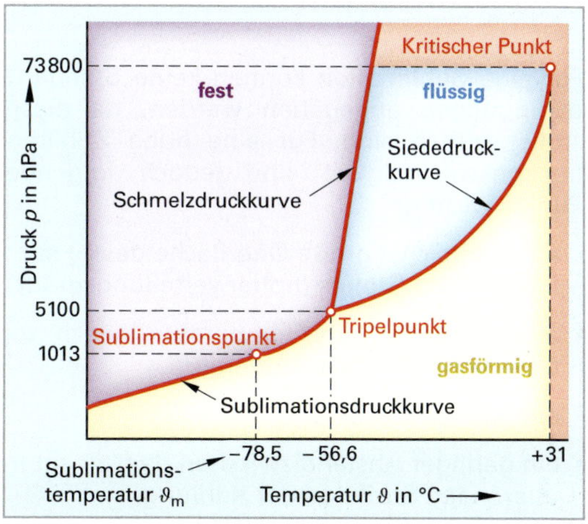

Bild 2: Zustandsdiagramm von Kohlenstoffdioxid

Es gibt eine Vielzahl von Feststoffen, die bereits bei Raumtemperatur oder bei leicht erhöhten Temperaturen einen sehr hohen Dampfdruck besitzen und deshalb bereits bei Atmosphärendruck (1013 hPa) sublimieren. Beispiele für Stoffe, die bei Raumtemperatur sublimieren, sind Iod, Naphthalin und Quecksilber-(II)-chlorid. Benzoesäure z. B. sublimiert unter Normdruck bereits bei Temperaturen ab 100 °C. Aber auch Wassereis kann bei relativ „normalen“ Bedingungen sublimieren. Dies ist der Grund dafür, warum gefrorene nasse Kleidung bei Temperaturen unter 0 °C trocknet. Der gegenläufige Vorgang hierzu ist die Bildung von Raureif.

Die Sublimation gehört zu den thermischen Trennverfahren, wird jedoch insbesondere zum Reinigen von Stoffen eingesetzt. Durch Sublimation und anschließendes Resublimieren eines Stoffes kann dieser in einer hohen Reinheit gewonnen werden. Auch kleine Mengen (wenige Gramm) lassen sich durch Sublimation relativ verlustfrei reinigen. Bei entsprechenden Bedingungen sublimiert nur der gewünschte Stoff und Verunreinigungen bleiben zurück. Voraussetzung hierfür ist allerdings, dass die Verunreinigungen einen vergleichsweise geringen Dampfdruck besitzen. Verunreinigungen mit ähnlichen Dampfdrücken wie der des gewünschten Stoffs lassen sich durch Sublimation nicht abtrennen. Stoffe die durch Sublimation gereinigt wurden, werden durch die Abkürzung „Subl." gekennzeichnet.

Der apparative Aufbau einer Sublimationsanlage besteht aus einem geschlossenen System, in dem der zu sublimierende Stoff erwärmt wird, wenn nötig unter Vakuum, und sich an einer gekühlten Stelle als kristalliner Feststoff wieder abscheidet.

Bei Stoffen, die bereits bei Normbedingungen sublimieren, ist dies unter Umständen durch eine relativ einfache Apparatur zu erreichen (**Bild 1**). Der zu reinigende Stoff wird in ein temperaturbeständiges Gefäß gegeben. Auf die Öffnung wird ein mit kaltem Wasser gefüllter Rundkolben gestellt, der das Gefäß verschließt. Wird der Stoff vorsichtig bis unterhalb der Schmelztemperatur erhitzt, sublimiert er und scheidet sich an dem kühlen Kolben ab.

4

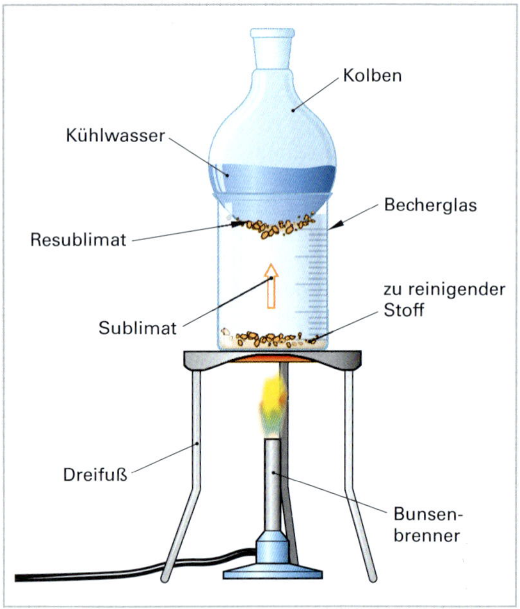

Bild 1: Einfache Sublimation

Für eine Sublimation unter Vakuum kann ein **Sublimationsfinger** eingesetzt werden (**Bild 2**). Die Apparatur lässt sich evakuieren, um die für eine Sublimation erforderlichen Bedingungen einzustellen. Am Kühlfinger, der durch Kühlwasser gekühlt wird, scheidet sich der Stoff unter Resublimation ab.

Ein weiteres Anwendungsbeispiel der Sublimation ist die Gefriertrocknung (Lyophilisation, S. 113).

Für eine Sublimation können keine Standardbedingungen angegeben werden, da diese stoffspezifisch sind. Für eine hohe Sublimationsgeschwindigkeit sind jedoch folgende Punkte wichtig:

- eine möglichst große Oberfläche des zu sublimierenden Stoffes (hoher Verteilungsgrad),
- eine möglichst hohe Temperatur, jedoch unterhalb der Schmelztemperatur,
- ein geringer Druck,
- ein geringer Abstand zwischen dem zu sublimierenden Stoff und der Kühlung,
- eine möglichst tiefe Temperatur der Kühlung.

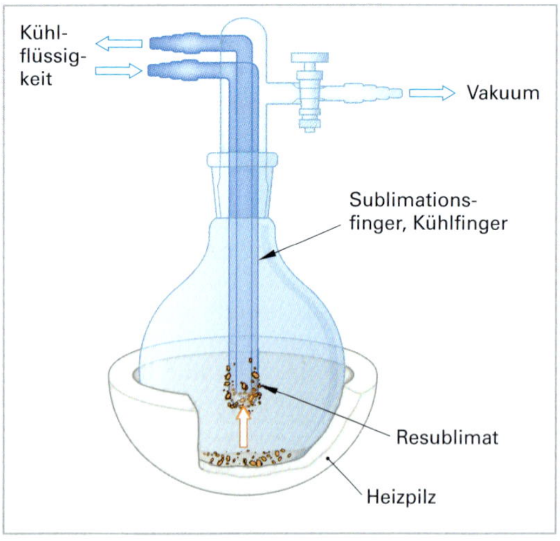

Bild 2: Vakuumsublimation

Aufgaben:

1. Erläutern Sie den Begriff Feuchtigkeit und die Formen, in denen diese vorhanden sein kann.

2. Nennen Sie Beispiele von Trockenmitteln, die aufgrund einer chemischen Reaktion mit der Feuchtigkeit wirken.

3. Bei der Trocknung eines Stoffes durch Temperaturerhöhung wird zwischen Verdunstungstrocknung und Verdampfungstrocknung unterschieden. Erklären Sie den Unterschied.

4. Nach einer Synthese sind 250 g Feuchtausbeute eines Feststoffs erhalten worden. Welches Trocknungsverfahren könnten Sie anwenden? Welche technischen Möglichkeiten gibt es, eine Trocknung zu beschleunigen?

5. Auf welchem Prinzip beruht die Gefriertrocknung? Beschreiben Sie diesen Vorgang anhand des Phasendiagramms von Wasser.

6. Eine Synthese soll unter einer Stickstoffatmosphäre (Inertbedingung) durchgeführt werden. Welche Möglichkeiten gibt es, das Gas vor bzw. beim Einleiten zu trocknen?

7. Zum Trocknen von Flüssigkeiten gibt es die Möglichkeiten der dynamischen und statischen Trocknung. Erklären Sie den Unterschied zwischen diesen beiden Trocknungsarten.

8. Definieren Sie den Begriff der Gesamthärte und erläutern Sie den Unterschied zwischen der Carbonathärte und der Nichtcarbonathärte.

9. Bei einer Wasserprobe wurde eine Stoffmengenkonzentration an Erdalkalimetall-Ionen von 1,34 mmol $\cdot$ L^{-1} bestimmt. Berechnen Sie die Wasserhärte und ordnen Sie diese den entsprechenden Härtebereichen zu.

10. Welche Stoffmengenkonzentration an Erdalkalimetall-Ionen besitzt mittelhartes Wasser?

11. Zur Wasserentsalzung bzw. Wasserenthärtung kommen häufig sog. Mischbettaustauscher zum Einsatz. Worin liegt der Unterschied zwischen Mischbettaustauschern zur Entsalzung und Mischbettaustauschern zur Enthärtung? Erläutern Sie die Funktionsweisen anhand einer Skizze.

12. Bei der Wasserenthärtung bzw. Wasserentsalzung durch Osmose bzw. Elektrodialyse kommen semipermeable Membranen zum Einsatz. Erklären Sie den Begriff „semipermeable Membran".

13. Erläutern Sie die Löslichkeitseigenschaften eines Stoffes, die beim Umkristallisieren und beim Umfällen ausgenutzt werden.

14. Nach der Synthese eines Stoffes wurden 25,6 g Feuchtausbeute erhalten. Eine Reinigung soll mittels Umkristallisation erfolgen. Eine Löslichkeitsvorprobe mit 1,00 g des Stoffes ergab ein notwendiges Lösemittelvolumen von 8,3 mL. Wie viel Lösemittel ist für die Umkristallisation der gesamten Ausbeute erforderlich?

15. Nach dem Umkristallisieren eines Stoffes fällt dieser auch nach Abkühlung nicht aus. Mit welchen Maßnahmen ist unter Umständen ein Kristallisieren zu erreichen?

16. Erläutern Sie die äußeren Bedingungen, die erforderlich sind, damit ein Stoff sublimiert.

17. Jeder Stoff hat spezifische Bedingungen, bei denen er sublimiert. Gibt es außerdem Faktoren, die grundsätzlich beachtet werden können, um die Sublimationsbedingungen zum Reinigen eines Stoffes zu verbessern?

5 Atombau und Periodensystem

Chemische Verbindungen lassen sich durch chemische Methoden in Elemente zerlegen. Die Bausteine der Elemente werden **Atome** genannt. Dieses Kapitel beschreibt die Vorstellungen vom Aufbau der Atome, es geht darauf ein, wie man mit Hilfe von Hypothesen und Experimenten zum modernen **Atommodell** gekommen ist. Die Zusammenhänge zwischen **Atombau, Stoffeigenschaften** und dem **Periodensystem der Elemente (PSE)** werden hierbei erläutert.

5.1 Wichtige Atommodelle

Bereits in der Antike hatte man gewisse Vorstellungen vom Aufbau der Materie. Erste wissenschaftlich begründete Atommodelle wurden sehr viel später, im 18. und 19. Jahrhundert, von *Dalton* und *Thomson* entwickelt. Im frühen 20. Jahrhundert wurden diese teilweise widerlegt. Auf den Atommodellen von *Rutherford* und *Bohr* sowie auf dem wellen- oder quantenmechanischen Atommodell beruhen die heutigen Vorstellungen vom Aufbau der Materie.

5.1.1 *Demokrits* Atomvorstellung

Demokrit von Abdera (400 – 325 v. Chr.) zufolge bestehen alle Stoffe aus unteilbar kleinsten Stoffportionen. Die kleinstmögliche Stoffmenge nannte er das Unteilbare oder auch **Atom** (griech. *atomos*: unteilbar). Diese Vorstellung von Materie und Natur wurde als „Atomismus" bezeichnet.

5.1.2 Daltons Atommodell

John Dalton (1766–1844) arbeitete auf dem Gebiet der Wärmeausdehnung von Gasen. Mit dem *Dalton*-Gesetz legte er die Grundlage für das Verständnis des Gasaustauschs von Sauerstoff und Kohlenstoffdioxid in der Lunge.

In seinem 1808 veröffentlichten Werk *„A New System Of Chemical Philosophy"* legte *Dalton* seine **Atomhypothese** dar. Im Rückgriff auf *Demokrit*s antike Atomvorstellung nennt *Dalton* die kleinste Einheit der Materie **Atom**. Bei seinen Experimenten mit Gasen stellte er fest, dass sich die Atome der unterschiedlichen **Elemente** in ihrer Masse voneinander unterscheiden. Darin besteht der wesentliche Unterschied zu *Demokrit*s Atomvorstellung.

Nach *Dalton* können Atome bei Stoffumwandlungen miteinander zu Atomverbänden vereinigt werden, sie können auch wieder voneinander getrennt werden (Bild 1). Bei einer **chemischen Reaktion** werden die Atome der Ausgangsstoffe neu angeordnet, sie können weder vernichtet, noch neu erzeugt werden.

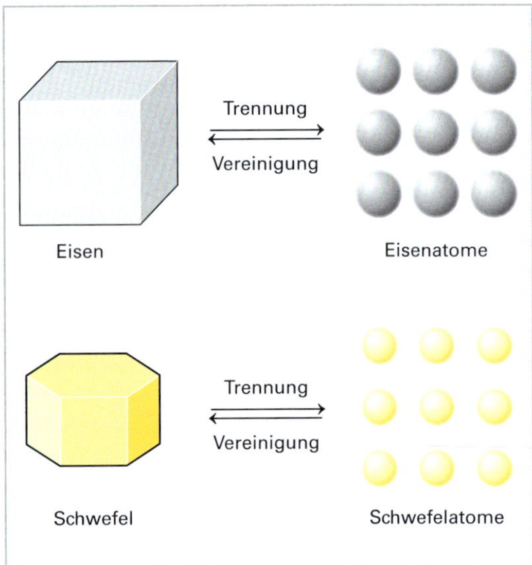

Bild 1: Atome und Atomverbände nach der Vorstellung *Daltons*

Dalton nannte seine Erkenntnisse „Atomhypothese". Unter **Hypothese** (griech. *hypothesis*: Voraussetzung) wird eine Aussage verstanden, die nur vermutet wird, die aber im Gegensatz zur Spekulation wissenschaftlich begründet werden kann. Viele Experimente mussten folgen, damit auf der Grundlage der Atomhypothese ***Daltons* Atommodell** entwickelt werden konnte. Dies ist das erste wissenschaftlich begründete Atommodell, mit dem sich bereits viele Vorgänge der Chemie erklären lassen. Bei jedem **Modell** muss aber berücksichtigt werden, dass es sich um ein vereinfachtes, abstraktes Bild der Realität handelt.

Ein Schlüsselbegriff in *Daltons* Atommodell ist das **chemische Element.** Es besteht aus für das jeweilige Element charakteristischen, in sich gleichen, unteilbaren **Atomen.**

Eisen Fe besteht nach *Dalton* aus Atomen nur einer Sorte. Alle Eisen-Atome sind identisch und besitzen die gleiche Masse. Sie unterscheiden sich aber hinsichtlich ihrer Eigenschaften und Masse von den Atomen aller anderen Elemente.

Auch Schwefel S ist ein Element. Alle Schwefel-Atome sind untereinander gleich, sie unterscheiden sich von den Atomen aller anderen Elemente.

Eisen- und Schwefelpulver können in beliebigen Verhältnissen gemischt werden. Bei einer Zündung findet eine **chemische Reaktion** statt.

Wenn Eisen Fe und Schwefel S miteinander reagieren, lösen sich die Verbände aus Eisen-Atomen und die Verbände aus Schwefel-Atomen auf (**Bild 1**). Die Einzelatome bilden in einem ganz bestimmten Zahlenverhältnis gemischte Verbände aus Eisen- und Schwefel-Atomen, der Stoff Eisensulfid FeS entsteht:

Eisen + Schwefel → Eisensulfid

Fe + S → FeS

Experimente beweisen, dass diese **Synthese** (Stoffvereinigung) immer in einem bestimmten Teilchenverhältnis geschieht.

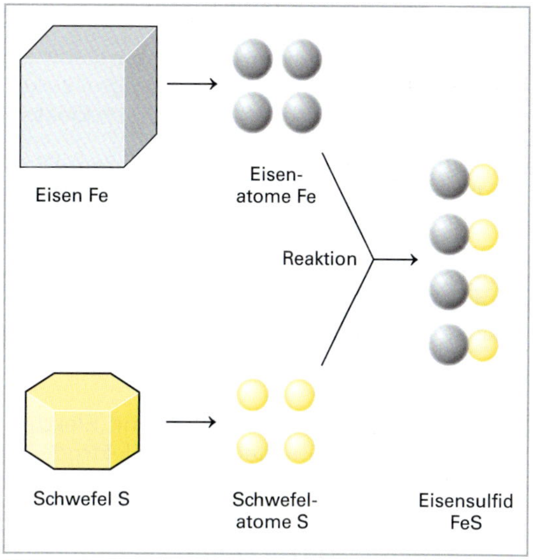

Bild 1: Teilchenumgruppierung bei der Reaktion von Eisen mit Schwefel

Bei einer **chemischen Reaktion** werden Atome voneinander getrennt oder miteinander verbunden.

Chemische Verbindungen sind, so folgerte *Dalton*, aus kleinsten Teilchen zusammengesetzt, aus Atomverbänden, genauso wie Fliesenmuster aus einzelnen Kacheln bestehen (**Bild 2**).

Er untersuchte chemische Verbindungen, die aus zwei verschiedenen Elementen bestehen und bestimmte die Mengenverhältnisse der Elemente in den Verbindungen. Die Ergebnisse seiner Untersuchungen zeigten, dass sich Atome in ganz bestimmten **ganzzahligen Verhältnissen** miteinander verbinden.

Dalton erstellte erstmals eine Tabelle, in der er die ihm bekannten Elemente auflistete. Die Atomgewichte (engl. *atomic weights*) bezog er auf das leichteste Atom, das Wasserstoff-Atom H. Heute wird die **r**elative **A**tom**m**asse (**RAM**) auf das Kohlenstoff-Atom mit der relativen Atommasse 12 (Symbol: ^{12}C) bezogen (s. Kap. 1.1.1, S. 14).

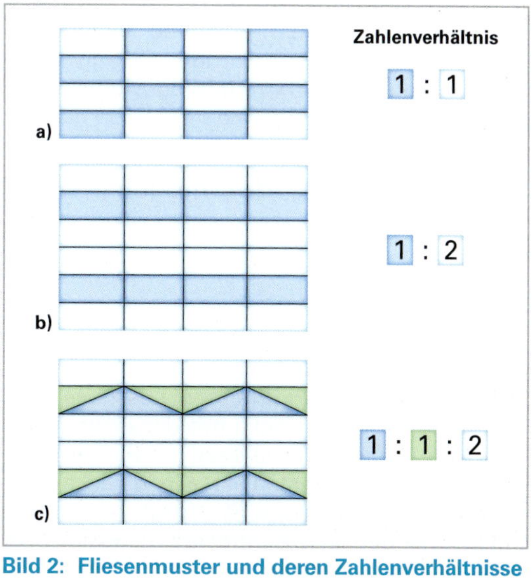

Bild 2: Fliesenmuster und deren Zahlenverhältnisse

5.1.3 *Thomsons* Atommodell (Kugelmodell)

Sir Joseph J. Thomson (1856 – 1940) untersuchte Erscheinungen beim Durchgang elektrischer Ladungen durch evakuierte Röhren und durch Gase. Dabei entdeckte er, dass Atome aus positiv und negativ geladenen Elementarteilchen bestehen.

Bild 1 zeigt das Prinzip einer mit Wasserstoff H_2 gefüllten **Kanalstrahlröhre**. In der Röhre befinden sich eine Anode und eine durchlöcherte Kathode.

Von der Kathode gehen **Kathodenstrahlen** aus (im **Bild 1** rot). Dabei handelt es sich um beschleunigte, elektrisch negativ geladenen Teilchen. Diese nannte *Thomson* **Elektronen** (Symbol: e^-).

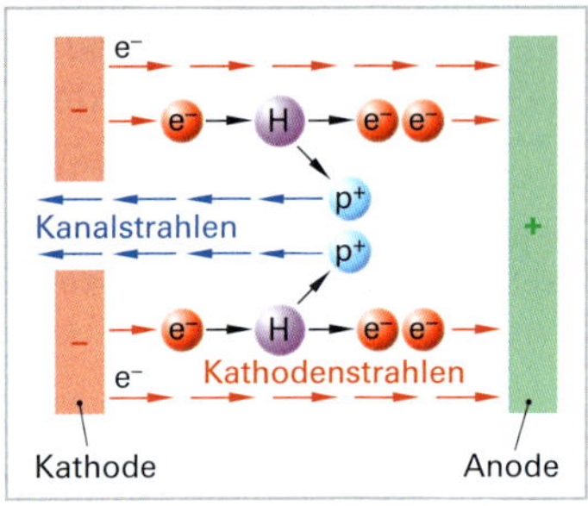

Bild 1: Prinzip einer mit Wasserstoff gefüllten Kanalstrahlröhre

Die Kathodenstrahlen treffen auf ihrem Weg zur Anode auf die neutralen Atome des Gases (im **Bild 1** violett) in der Röhre. Sie schlagen Elektronen aus den Atomen heraus, dadurch entstehen positiv geladene Ionen (im **Bild 1** blau) sowie weitere Elektronen (im **Bild 1** rot).

Thomson folgerte, dass sich ein Wasserstoff-Atom H durch das Elektron eines Kathodenstrahls in ein positives Teilchen und ein weiteres Elektron zerlegen lässt. Das aus Wasserstoff entstandene positive Teilchen nannte er **Proton** (Symbol: p^+):

$$H + e^- \rightarrow p^+ + 2e^-$$

Diesen Beschuss der Gas-Atome mit Elektronen nennt man Stoßionisation. Die Elektronen bewegen sich zur positiv geladenen Elektrode, der Anode. Die positiv geladenen Ionen werden zur negativ geladenen Elektrode, also zur Kathode beschleunigt. Weil die Kathode durchlöchert ist (Kanäle), fliegen die positiv geladenen Ionen hindurch und können hinter der Kathode nachgewiesen werden. Sie werden **Kanalstrahlen** genannt.

5

Kanalstrahlen sind positiv geladene Ionen, die in einer Kathodenstrahlröhre durch Stoßionisation der neutralen Atome mit beschleunigten Elektronen (Kathodenstrahlen) entstehen.

Nach ***Thomsons* Atommodell** besteht das Atom aus einer gleichmäßig verteilten positiven Ladung und negativ geladenen Elektronen, die sich darin bewegen (**Bild 2**). Dieses Modell wird auch als Plumpudding-Modell (engl. *plumpudding*: Rosinenkuchen) bezeichnet.

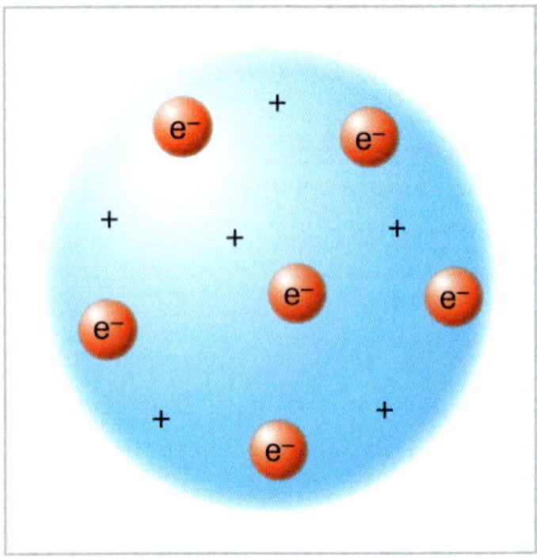

Bild 2: *Thomsons* Atommodell

5.1.4 *Rutherfords* Atommodell (Kern-Hülle-Modell)

Thomsons Atommodell wurde 1913 durch ein Experiment präzisiert, das als **Streuexperiment von *Rutherford*** bekannt geworden ist (**Bild 3**).

Sir Ernest Rutherford (1871 – 1937) und *Hans Geiger* (1882 – 1945) untersuchten die Wirkung von radioaktiver Strahlung auf Materie. *Rutherford* beschoss eine Blattgold-Folie von nur 0,0004 mm Dicke mit der α-Strahlung (Protonenstrahlung), die von einem radioaktiven Radiumpräparat ausgesandt wurde. Er stellte fest: Fast alle α-Teilchen durchdringen die Folie auf geradem Wege. Sie durchfliegen den scheinbar leeren Innenraum der Atome mühelos. Einige wenige werden jedoch abgelenkt, d. h. gestreut.

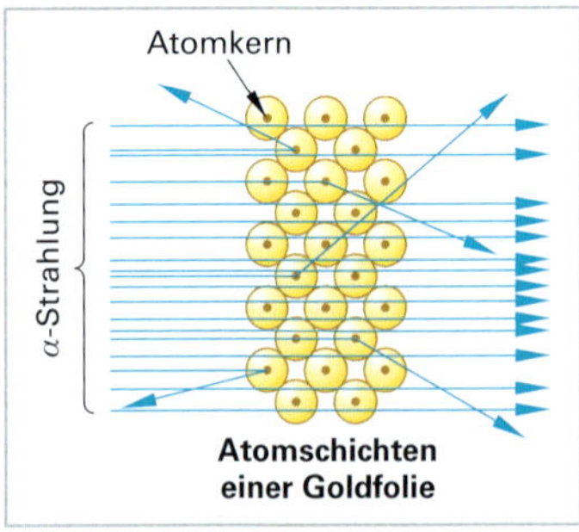

Bild 3: Deutung des Streuexperiments nach *Rutherford*

Rutherford schloss daraus, dass Atome aus zwei Komponenten bestehen:

- einem massiven, extrem kleinen, positiv geladenen **Atomkern,**
- einer im Vergleich dazu 10000-mal größeren, fast leeren, negativ geladenen **Atomhülle.**

Er folgerte, dass die Atomhülle der kugelförmige Aufenthaltsraum der Elektronen im Atom sein muss. Der Atomkern, Träger der Atommasse, kann nur positiv geladen sein, da er die positiv geladenen α-Teilchen ablenkt

Atome haben einen kleinen, positiv geladenen **Atomkern** und eine fast leere, negativ geladene **Atomhülle**. Das Größenverhältnis von Atomkern zu Atomhülle beträgt 1 : 10000.

***Rutherfords* Atommodell** erklärt das Verhalten der Goldfolie im Streuexperiment wesentlich besser als *Thomson*s Kugelmodell. Die bei Gasentladungen auftretende Abstrahlung elektromagnetischer Wellen konnte das Modell von *Rutherford* nicht erklären.

5.1.5 Atommodell nach *Bohr* (Schalenmodell)

Erhitzt man Wasserstoff-Atome H, so strahlen sie elektromagnetische Wellen mit einer ganz bestimmten Wellenlänge ab. *Niels Bohr* (1885 – 1963) deutete diese Erscheinung, indem er annahm, dass die Elektronen e^- den Atomkern in ganz bestimmten Abständen umkreisen. Diese Aufenthaltsräume von Elektronen werden **Schalen** genannt. Sie werden ausgehend vom Atomkern als K-, L-, M-, N-Schale usw. bezeichnet, jede Schale stellt ein bestimmtes **Energieniveau** dar. *Bohr* stellte fest, dass für die Schalen nur bestimmte Radien erlaubt sind. Den zwischen den Schalen liegenden leeren Raum bezeichnete er als für das Elektron „verbotene Zone".

Elektronen e^- befinden sich im Atom in ganz bestimmten Abständen vom Atomkern auf **Schalen.** Zwischen diesen Schalen liegt leerer Raum. Elektronen können und dürfen sich nur auf den Schalen und nicht in den „verbotenen Zonen" aufhalten.

Wenn ein Elektron im Wasserstoff-Atom durch **Absorption** (Aufnahme) einer ganz bestimmten Energiemenge angeregt wird, so *Bohr*, dann wird das Elektron dadurch in eine ganz bestimmte, weiter vom Atomkern entfernte Schale gehoben, d. h. auf ein höheres Energieniveau. Es findet ein **Quantensprung** über die „verbotene Zone" hinweg statt.

Durch die Anregung des Elektrons entsteht auf der ursprünglichen Schale eine Lücke. Diese wird zur Stabilisierung gefüllt, indem ein Elektron einer höheren Schale auf das niedrigere Energieniveau fällt. Hierbei wird die Energiedifferenz zwischen der höher und der niedriger gelegenen Schale als elektromagnetische **Kugelwelle** in alle Richtungen abgegeben. Da die Abstände zwischen den Schalen festgelegt sind, kann nur Energie bestimmter Wellenlängen abgegeben werden. Der Vorgang der Abgabe von Energie in Form von Licht wird als **Emission** bezeichnet (**Bild 1**).

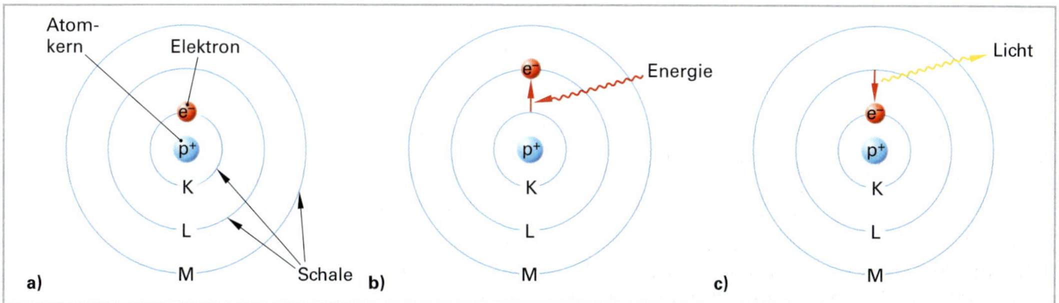

Bild 1: a) Grundzustand des Wasserstoff-Atoms, b) Anregung, c) Emission von Licht

Das Elektron des Wasserstoff-Atoms H befindet sich im Grundzustand in der dem Atomkern nächsten Umlaufbahn, der **K-Schale** (**Bild 1a**, S. 131). Es nimmt einen bestimmten Energiebetrag auf (Absorption), dadurch wird das Elektron aus der K-Schale auf die nächst höhere **L-Schale** angehoben (**Bild 1b**, S. 131). Der absorbierte Energiebetrag entspricht nach *Bohr* der Differenz des Energieniveaus des Atoms im Grundzustand und des Energieniveaus im angeregten Zustand. Die Gründe hierfür werden im Kap. 17.3.1, S. 497, näher erläutert.

Wenn das Elektron von der L-Schale in die energetisch ärmere K-Schale zurückfällt, wird dieser Betrag an Energie wieder frei. Er wird in Form von elektromagnetischer Strahlung als Kugelwelle emittiert (in **Bild 1c**, S. 131, als Strahl dargestellt). Die Wellenlänge des Lichts entspricht der **Energiedifferenz** der beiden Energieniveaus des Elektrons.

Ein auf eine noch höhere Schale angehobenes Elektron kann durch Abstrahlung von bestimmten Energiebeträgen auch auf das Energieniveau einer der niedrigeren Schalen zurückfallen. So erzeugt z. B. der Bahnsprung eines Elektrons von der Umlaufbahn der M-Schale zurück in die Umlaufbahn der L-Schale Strahlung der Wellenlänge $\lambda = 656{,}7$ nm (sichtbarer Bereich, Farbe Rot), von der N- in die L-Schale von $\lambda = 486{,}1$ nm (Blaugrün) und von der O- in die L-Schale von $\lambda = 434{,}5$ nm (Blau, **Bild 1**).

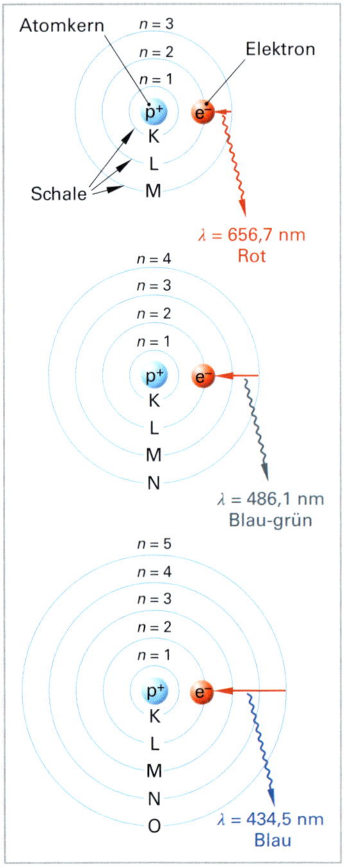

Bild 1: Weitere mögliche Emissionen beim Wasserstoff-Atom

Bohr erklärte auf diese Weise alle Wellenlängen der von Wasserstoff-Atomen H emittierten Strahlung (**Bild 2**). Diese treten in Gruppen auf, die als *Lyman-*, *Balmer-*, *Paschen-* und *Brackett-*Serie bezeichnet werden. *Bohr* berechnete aus den Wellenlängen λ die jeweiligen **Energieniveaus** der verschiedenen Schalen bzw. Elektronenbahnen im Wasserstoff-Atom. Dem ***Bohr*schen Atommodell** zufolge besteht die Atomhülle aus den Schalen K, L, M, N usw., also ganz bestimmten, diskreten Umlaufbahnen, die *Bohr* beginnend bei der K-Schale mit $n = 1$ fortlaufend durchnummerierte. Für die Bahnen existieren nur bestimmte Energieniveaus, die **Quanten** genannt werden. Dieses Merkmal wird daher auch als **Quantelung der Energie** bezeichnet.

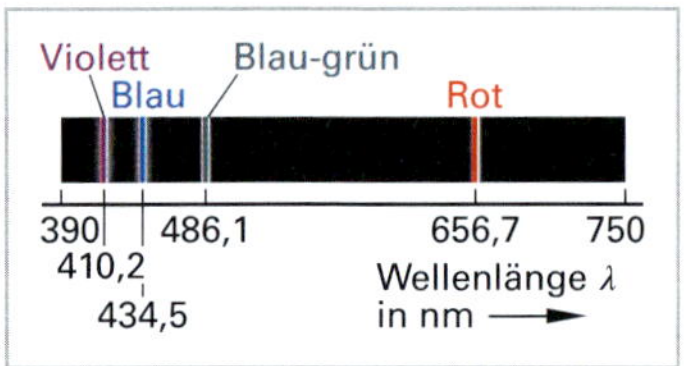

Bild 2: Emittierte Strahlung des Wasserstoffs im sichtbaren Bereich (*Balmer*-Serie)

Zwischen den Umlaufbahnen liegt leerer Raum. Aus diesem Grund, so folgerte *Bohr*, können und dürfen sich Elektronen in diesen „verbotenen Zonen" nicht aufhalten. Er konnte diese Behauptung jedoch nicht weiter erklären, daher wird sie als *Bohr*sches Postulat (lat. *postulatum*: das Eingeforderte) bezeichnet.

Bei einem **Quantensprung** wird ein Atom durch **Absorption** einer bestimmten Energiemenge angeregt. Hierbei geht ein Elektron durch Aufnahme einer bestimmten Energiemenge von einer Schale in eine höhere Schale bzw. von einem Energieniveau in ein höheres Energieniveau über.

Bei Rückkehr in den Grundzustand strahlt das Atom diese aufgenommene Energiemenge wieder ab. Es kommt zur **Emission** von Strahlung einer bestimmten Wellenlänge, das Elektron fällt zurück in die energieärmere Schale.

Die **Wellenlänge des emittierten Lichts** entspricht der Differenz der Energie des Elektrons in der höheren und der niedrigeren Schale.

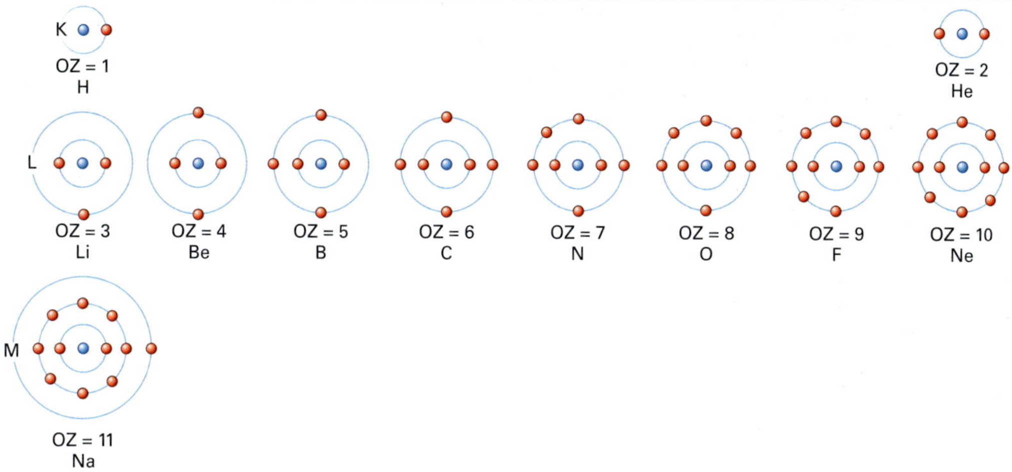

Bild 1: Schalenstruktur der Atomhülle der ersten 11 Elemente

Das Elektron des Wasserstoffs H befindet sich im Grundzustand in der K-Schale. Sind wie bei anderen Atomen mehrere Elektronen im Atom vorhanden, so vermittelt das *Bohr*sche Atommodell auch eine Vorstellung von der Position dieser Elektronen: Sie besetzen die Schalen in der Abfolge ansteigender Energie.

Bild 1 zeigt die Atomhülle der Atome mit bis zu 11 Elektronen (Ordnungszahl OZ 1 bis 11, d. h. Wasserstoff H bis Natrium Na). In der K-Schale finden immer nur 2 Elektronen Platz (**Bild 1**, 1. Zeile). Das 3. Elektron (OZ 3, Lithium Li) kommt auf die 2. Schale, die L-Schale. Hier finden insgesamt 8 Elektronen Platz (**Bild 1**, 2. Zeile). Das 11. Elektron (OZ 11, Natrium Na) wird auf der 3. Schale, der M-Schale, platziert (**Bild 1**, 3. Zeile).

Nach *Bohr* finden auf der *n*. Schale maximal $2 \cdot n^2$ Elektronen Platz. Die 3. Schale kann demnach maximal $2 \cdot 3^2 = 18$ Elektronen aufnehmen. Sie wird jedoch zunächst nur mit 8 Elektronen besetzt, das 19. und 20. Elektron kommen auf die 4. Schale, erst dann wird die 3. Schale mit weiteren 10 Elektronen besetzt (Ausnahmen s. S. 149). Diese Tatsache lässt sich mit dem Schalenmodell von *Bohr* nicht erklären.

Die **Schalen** werden von innen nach außen mit den Buchstaben K, L, M, N usw. bzw. den Nummern $n = 1, 2, 3, 4$ usw. benannt. Sie werden von innen nach außen in einer bestimmten Reihenfolge mit Elektronen besetzt.

Die **maximale Anzahl an Elektronen pro Schale** errechnet sich aus der Formel: $2 \cdot n^2$ mit n = Schalennummer.

Beispiel 5.1: : Aufbau von Atomen nach dem *Bohr*schen Atommodell

Ein Atom des Elements mit der Ordnungszahl OZ = 17 besitzt 17 positive Ladungen im Atomkern. Wie viele Elektronen befinden sich auf der äußersten Schale des Atoms?

Lösung:

Das Element mit OZ = 17 weist im Atomkern 17 positive Ladungen auf (Kernladungszahl), es hat somit 17 Elektronen. Aus OZ = 17 und der maximalen Elektronenzahl $2 \cdot n^2$ Elektronen auf der *n*. Schale folgt:

$OZ = 2 \cdot 1^2 + 2 \cdot 2^2 + x$ $\quad x = OZ - (2 \cdot 1^2 + 2 \cdot 2^2) = 17 - (2 + 8) = 17 - 10 = 7$

Das Element mit der Ordnungszahl 17 hat auf der äußersten, d. h. auf der 3. Schale, 7 Elektronen.

5.1.6 Wellenmechanisches Atommodell (Orbitalmodell)

Das Atommodell nach *Bohr* erklärt nur die Spektrallinien sehr kleiner Atome. In den zwanziger Jahren des 20. Jahrhunderts wurde das *Bohr*sche Atommodell vom wellenmechanischen Atommodell abgelöst. Es wird aber auch heute noch für Erklärungen herangezogen.

Elektronen können sich je nach Versuchsbedingung wie Teilchen, aber auch gleichzeitig wie Wellen verhalten (**Welle-Teilchen-Dualismus**). Im **wellenmechanischen Atommodell** wird das Elektron im Atom als eine stehende **Elektronenwelle** aufgefasst (nach *Louis V. de Broglie*, 1892–1987). Seine Welleneigenschaft kann durch eine von *Erwin Schrödinger* (1887–1961) aufgestellte Gleichung beschrieben werden, die ***Schrödinger*-Gleichung**.

Die mathematische Lösung der *Schrödinger*-Gleichung ergibt für das Wasserstoff-Atom H eine begrenzte Anzahl von Schwingungszuständen der Elektronenwelle. Diese Energiezustände entsprechen **Quantenzahlen**. Die durch die Quantenzahlen *n*, *l* und *m* charakterisierten Zustände der stehenden Elektronenwelle werden auch als **Atomorbitale (AO)** bezeichnet. Daher wird das wellenmechanische Atommodell auch **Orbitalmodell** genannt. Die Quantenzahlen charakterisieren Größe, Aussehen und räumliche Orientierung der Atomorbitale.

Als **Atomorbital (AO)** bezeichnet man den durch die **Quantenzahlen *n*, *l*** und ***m*** beschriebenen Zustand der stehenden Elektronenwelle im Atom.

5.2 Quantenzahlen und Orbitale

Orbitale sind die Bereiche im Atom, in denen sich Elektronen mit einer großen Wahrscheinlichkeit aufhalten. Die mathematischen Lösungen der *Schrödinger*-Gleichung zeigen, wie sich diese Aufenthaltsbereiche in alle drei Raumrichtungen (Koordinaten *x*, *y* und *z*) ausdehnen. Orbitale können somit graphisch dargestellt werden (Bild 1, S. 138).

5

Der Zustand der Elektronen in der Hülle der Atome wird nach dem wellenmechanischen Atommodell mit **Quantenzahlen** angegeben. Quantenzahlen sind halbe oder ganze Zahlen, die die nach der Wellenmechanik möglichen Zustände der stehenden Elektronenwelle beschreiben.

5.2.1 Quantenzahlen und *Pauli*-Verbot

Der Zustand eines Elektrons wird durch folgende vier Quantenzahlen beschrieben:

- Die **Hauptquantenzahl *n*** = 1, 2, 3..., sie entspricht der Schale im *Bohr*schen Atommodell und gibt die Größe eines Orbitals bzw. das Hauptenergieniveau des Elektrons an.
- Die **Nebenquantenzahl *l*** = 0 ... *n* – 1, sie wird auch Bahndrehimpuls-Quantenzahl genannt und gibt die Form des Orbitals an. Man unterscheidet aufgrund ihrer Form s-, p-, d- und f-Orbitale (Tabelle 1).
- Die **Magnetquantenzahl *m*** = – *l* ... 0 ... + *l*, sie gibt Auskunft über die räumliche Orientierung des Orbitals im Raum, bezogen auf die drei Raumkoordinaten *x*, *y* und *z* im Magnetfeld.
- Die **Spinquantenzahl *s*** = + ½ oder – ½, sie gibt die Rotationsrichtung des Elektrons im oder entgegen des Uhrzeigersinns an.

Tabelle 1: Atomorbitale

Name	Bedeutung des Namens	*l*	Aussehen
s-Orbital	engl. *sharp*: begrenzt	0	kugelförmig
p-Orbital	engl. *principal*: hauptsächlich	1	hantelförmig
d-Orbital	engl. *diffuse*: weit verbreitet, zerstreut	2	gekreuzt Doppelhantel-förmig
f-Orbital	engl. *fundamental*: grundlegend	3	rosettenförmig

Tabelle 1: Mögliche Quantenzustände und -zahlen für ein Elektron im H-Atom

Schale	*n*	*l*	*m*	*s*	Anzahl der Quantenzustände pro ...		Orbitale	
					Unterschale	Schale	Anzahl	Typ
K	1	0	0	+½, −½	2	2	1	1 s
L	2	0 1	0 −1, 0, +1	+½, −½ +½, −½	2 6	8	1 3	2 s 2 p
M	3	0 1 2	0 −1, 0, +1 −2, −1, 0, +1, +2	+½, −½ +½, −½ +½, −½	2 6 10	18	1 3 5	3 s 3 p 3 d
N	4	0 1 2 3	0 −1, 0, +1, −2, −1, 0, +1, +2 −3, −2, −1, 0, +1, +2, +3	+½, −½ +½, −½ +½, −½ +½, −½	2 6 10 14	32	1 3 5 7	4 s 4 p 4 d 4 f

Tabelle 1 zeigt die möglichen Quantenzustände und -zahlen für das Elektron im Wasserstoff-Atom H von $n = 1$ bis $n = 4$. Bei Elementen mit einer höheren Ordnungszahl als Wasserstoff sind im Atom mehrere Elektronen vorhanden. Diese müssen sich in mindestens einer Quantenzahlen n, l, m oder s unterscheiden. Wenn sich zwei Elektronen in einem gleichen Atomorbital (Gleichheit von n, l und m) befinden, besitzen diese Elektronen auf jeden Fall einen unterschiedlichen **Spin**. Dieses von *Wolfgang Pauli* (1900 – 1958) experimentell entdeckte Prinzip der Quantenmechanik wird als ***Pauli*-Verbot** bezeichnet.

Nach dem ***Pauli*-Verbot** kann es im Atom keine zwei Elektronen geben, die miteinander in allen vier Quantenzahlen n, l, m und s übereinstimmen.

5

5.2.2 Atomorbitale

Atomorbitale werden bezeichnet, indem man die Hauptquantenzahl n sowie einen der vier Buchstaben s, p, d und f für die Nebenquantenzahl l angibt (Tabelle 1, rechte Spalte).

Die Buchstaben s, p, d und f geben Auskunft über die **Gestalt des Orbitals** (Tabelle 1, S. 136, sowie Bild 1, S. 138). Streng genommen gelten diese Formen nur für **Ein-Elektronen-Systeme**. Bei Mehr-Elektronen-Systemen bleibt die grundlegende Form jedoch erhalten, so dass trotzdem viele Fragen realer Mehr-Elektronen-Systeme, beispielsweise bei Bindungen in chemischen Verbindungen, geklärt werden können.

Die s-Orbitale unterschiedlicher Hauptquantenzahl n eines Atoms unterscheiden sich in ihrer **Größe**, d. h. das s-Orbital mit $n = 2$ ist größer als das s-Orbital mit $n = 1$ (Bild 1).

Das s-Orbital mit $n = 1$ ($l = 0$ und $m = 0$) erhält die Bezeichnung **1s-Orbital**. Es fasst maximal zwei Elektronen, die sich im Spin durch $s = +½$ und $s = -½$ unterscheiden. Bei den Elementen mit den Ordnungszahlen 1 und 2 (Wasserstoff H und Helium He) wird das 1s-Orbital aufgefüllt.

Das s-Orbital bei $n = 2$ erhält die Bezeichnung **2s-Orbital**. Es wird bei den Elementen mit der Ordnungszahl 3 und 4 (Lithium Li und Beryllium Be) aufgefüllt.

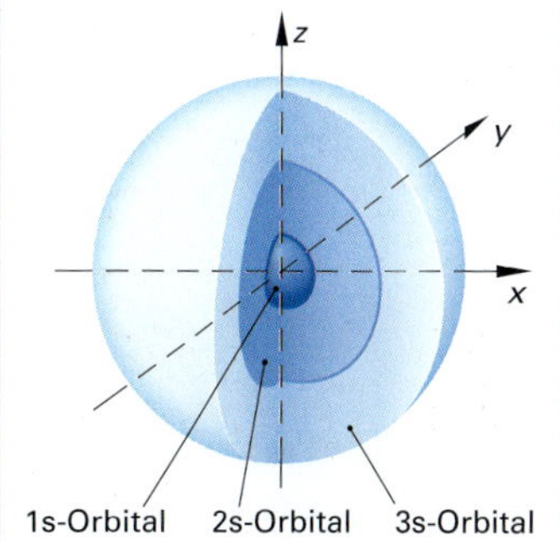

Bild 1: 1s-, 2s- und 3s-Orbital

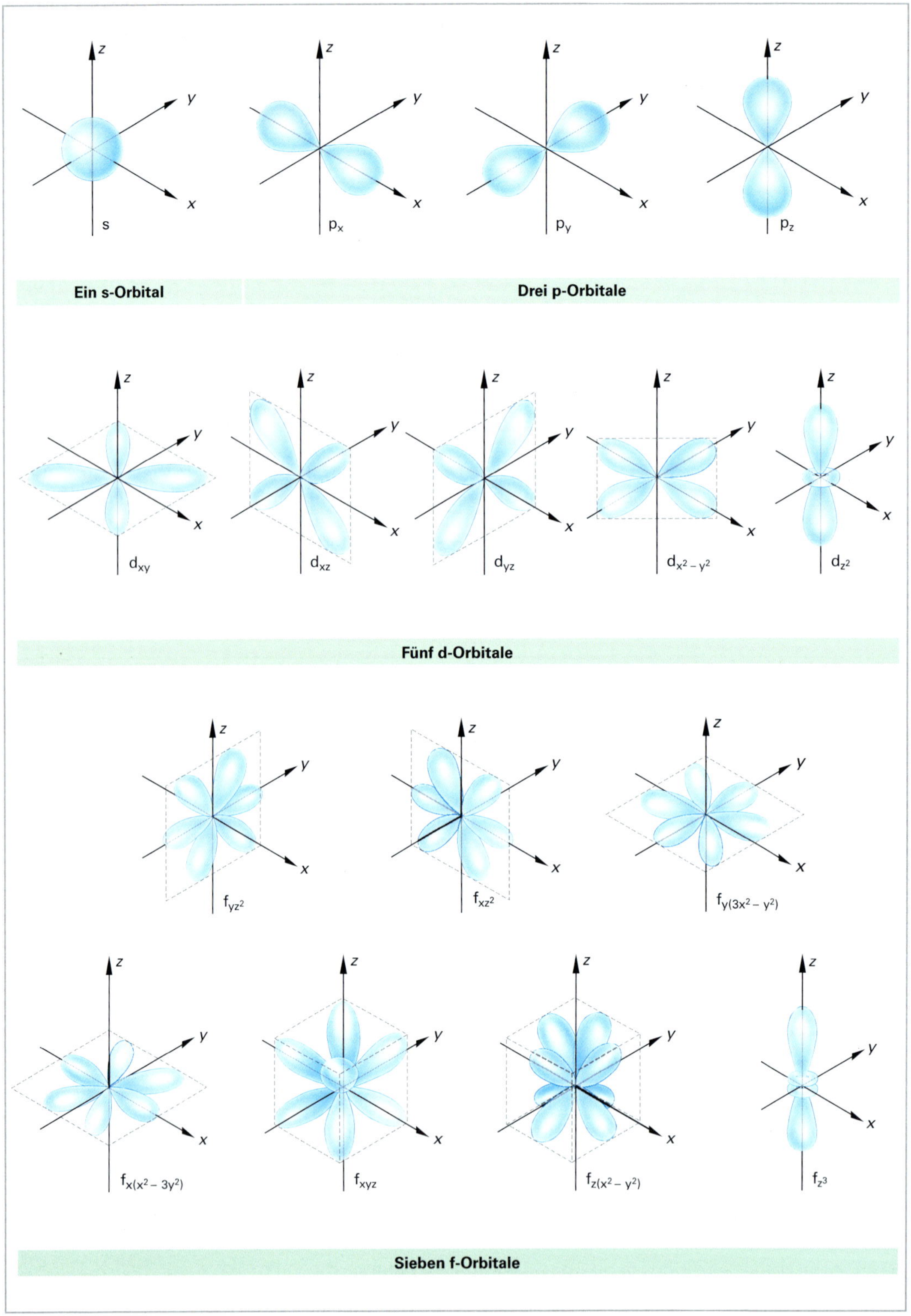

Bild 1: s-, p- d- und f-Orbitale

Die drei hantelförmigen **p-Orbitale** ($l = 1$) sind ab $n = 2$ entlang der x-, y- oder z-Achse im Raum orientiert. **Bild 1**, S. 136, zeigt die drei p-Orbitale p_x, p_y und p_z. Die Größe der p-Orbitale nimmt mit steigender Hauptquantenzahl zu, die Form bleibt jedoch gleich.

Fünf doppelhantelförmige **d-Orbitale** ($l = 2$) sind ab $n = 3$ in den drei Raumrichtungen x, y und z möglich: drei zwischen den Achsen, d_{xy}, d_{yz} und d_{zx}, sowie zwei in Richtung der Achsen, $d_{x^2-y^2}$ und d_{z^2}.

f-Orbitale ($l = 3$) existieren erst ab $n = 4$. Sie sehen wie Rosetten aus (**Bild 1**, S. 138).

5.2.3 Orbitalbesetzung und *Hund*sche Regel

Beim Auffüllen der Atomorbitale mit Elektronen werden zuerst die Orbitale mit den niedrigeren Energieniveaus besetzt. Stehen für zwei Elektronen mehrere gleichartige Orbitale zu Verfügung, werden diese zuerst mit je einem Elektron mit gleichem Spin besetzt. Dieses Prinzip wird als ***Hund*sche Regel** bezeichnet.

Der ***Hund*schen Regel** entsprechend werden die p-Orbitale p_x, p_y, p_z in willkürlicher Reihenfolge zuerst mit jeweils einem Elektron gleichen Spins besetzt. Erst dann werden sie mit weiteren Elektronen umgekehrten Spins aufgefüllt. Die Anordnung von Elektronen in den Orbitalen eines Atoms wird **Elektronenkonfiguration** genannt.

Die Besetzung der Orbitale mit Elektronen wird als **Elektronenkonfiguration** bezeichnet.

Nach *Linus Pauling* wird die Elektronenkonfiguration der Elemente in der **Kästchen-Schreibweise** dargestellt (**Bild 1**). Jedes Kästchen stellt ein Orbital dar, es kann maximal zwei Elektronen mit unterschiedlichem Spin $s = \pm \frac{1}{2}$ aufnehmen. Elektronen mit unterschiedlichem Spin werden als entgegengesetzt ausgerichtete Pfeile ↑↓ dargestellt.

Die Orbitale werden in der **Reihenfolge ihres zunehmenden Energieniveaus** mit Elektronen besetzt:

1. Zuerst werden das 1s- und das 2s-Orbital mit je 2 Elektronen besetzt.
2. Die drei 2p-Orbitale werden zunächst einfach besetzt und dann jeweils mit einem zweiten Elektron aufgefüllt.
3. Das 3s-Orbital wird mit 2 Elektronen besetzt, anschließend die drei 3p-Orbitale zunächst mit einem, dann mit dem zweiten Elektron.
4. Das 4s-Orbital wird mit 2 Elektronen besetzt.
5. Erst im Anschluss werden die fünf 3d-Orbitale mit je einem, dann mit dem zweiten Elektron aufgefüllt.

Element		K	L				M									N
	OZ	1s	2s	2p			3s	3p			3d					4s
H	1	↑														
He	2	↑↓														
Li	3	↑↓	↑													
Be	4	↑↓	↑↓													
B	5	↑↓	↑↓	↑												
C	6	↑↓	↑↓	↑	↑											
N	7	↑↓	↑↓	↑	↑	↑										
O	8	↑↓	↑↓	↑↓	↑	↑										
F	9	↑↓	↑↓	↑↓	↑↓	↑										
Ne	10	↑↓	↑↓	↑↓	↑↓	↑↓										
Na	11	↑↓	↑↓	↑↓	↑↓	↑↓	↑									
Mg	12	↑↓	↑↓	↑↓	↑↓	↑↓	↑↓									
Al	13	↑↓	↑↓	↑↓	↑↓	↑↓	↑↓	↑								
Ar	18	↑↓	↑↓	↑↓	↑↓	↑↓	↑↓	↑↓	↑↓	↑↓						
K	19	↑↓	↑↓	↑↓	↑↓	↑↓	↑↓	↑↓	↑↓	↑↓						↑
Ca	20	↑↓	↑↓	↑↓	↑↓	↑↓	↑↓	↑↓	↑↓	↑↓						↑↓
Sc	21	↑↓	↑↓	↑↓	↑↓	↑↓	↑↓	↑↓	↑↓	↑↓	↑					↑↓
Ti	22	↑↓	↑↓	↑↓	↑↓	↑↓	↑↓	↑↓	↑↓	↑↓	↑	↑				↑↓
V	23	↑↓	↑↓	↑↓	↑↓	↑↓	↑↓	↑↓	↑↓	↑↓	↑	↑	↑			↑↓
Cr*	24	↑↓	↑↓	↑↓	↑↓	↑↓	↑↓	↑↓	↑↓	↑↓	↑	↑	↑	↑	↑	↑
Mn	25	↑↓	↑↓	↑↓	↑↓	↑↓	↑↓	↑↓	↑↓	↑↓	↑	↑	↑	↑	↑	↑↓
Fe	26	↑↓	↑↓	↑↓	↑↓	↑↓	↑↓	↑↓	↑↓	↑↓	↑↓	↑	↑	↑	↑	↑↓
Co	27	↑↓	↑↓	↑↓	↑↓	↑↓	↑↓	↑↓	↑↓	↑↓	↑↓	↑↓	↑	↑	↑	↑↓
Ni	28	↑↓	↑↓	↑↓	↑↓	↑↓	↑↓	↑↓	↑↓	↑↓	↑↓	↑↓	↑↓	↑	↑	↑↓
Cu*	29	↑↓	↑↓	↑↓	↑↓	↑↓	↑↓	↑↓	↑↓	↑↓	↑↓	↑↓	↑↓	↑↓	↑↓	↑
Zn	30	↑↓	↑↓	↑↓	↑↓	↑↓	↑↓	↑↓	↑↓	↑↓	↑↓	↑↓	↑↓	↑↓	↑↓	↑↓

*Besonderheit

Bild 1: Besetzung der Orbitale nach *Pauling*

Das Auffüllen der sieben f-Orbitale erfolgt erst bei den Elementen mit den Ordnungszahlen 58 bis 71 (Lanthanoide) und 90 bis 103 (Actinoide).

In der **Orbitalschreibweise** lautet die Reihenfolge der Besetzung der Orbitale: 1s 2s 2p 3s 3p 4s 3d 4p 5s 4d 5p 6s usw. Diese Reihenfolge wird in **Bild 1** in Form eines **Energieniveau-Diagramms** dargestellt.

Einprägsamer lässt sich diese Reihenfolge der Besetzung der Orbitale mit Elektronen nach *Friedrich Seel* (1915–1987) in Form der **Schachbrettmuster-Schreibweise** darstellen. In **Bild 2** stehen von oben links an die weißen Felder für die jeweiligen Orbitale, beginnend mit 1s. Sie werden so aufgetragen, dass sich für die s-Orbitale, also für jede neu beginnende Hauptquantenzahl, die Diagonale ergibt. Die Schachbrett-Hälfte rechts oben von der Diagonale bleibt frei. Parallel zur Diagonalen links unten stehen die Linien für die Orbitale p, d und f. Von oben nach unten „gelesen" ergibt sich die Reihenfolge, in der die Orbitale schrittweise mit den Elektronen besetzt werden.

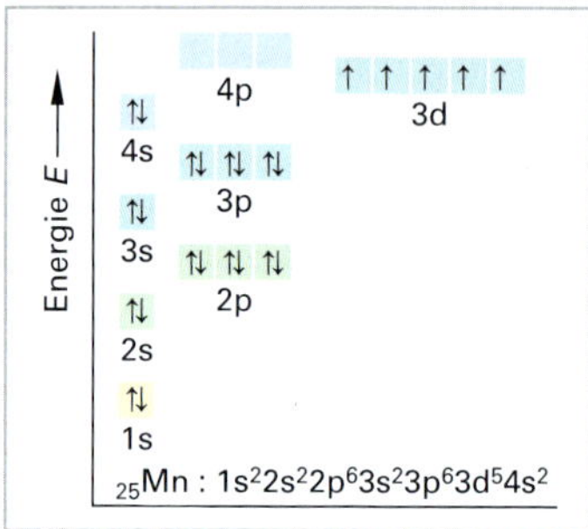

Bild 1: Energieniveau-Diagramm am Beispiel von Mangan Mn

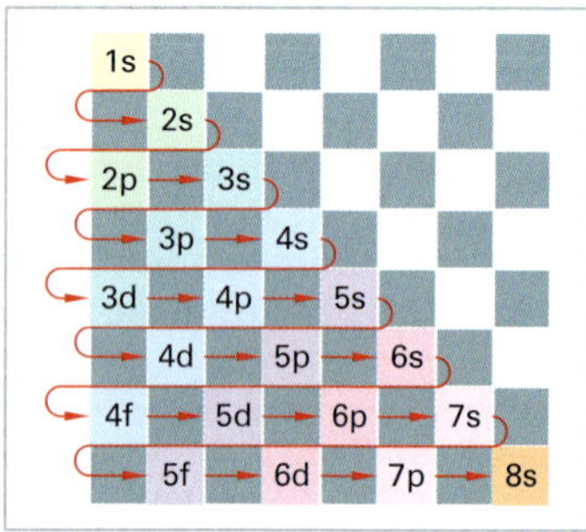

Bild 2: Schachbrettmuster nach *Seel*

Die Elektronenkonfiguration eines Elements wird in der **Orbitalschreibweise** angegeben. Hierin steht die Anzahl der Elektronen in einem Orbital als hochgestellte Zahl hinter dem jeweiligen Orbital. $1s^2$ bedeutet demnach, dass das s-Orbital mit der Hauptquantenzahl n = 1 zwei Elektronen enthält; dies ist die Elektronenkonfiguration eines Helium-Atoms He. $2s^1$ bedeutet, dass das s-Orbital mit der Hauptquantenzahl $n = 2$ ein Elektron enthält.

In der Orbitalschreibweise müssen die vorher aufgefüllten Orbitale mit aufgeführt werden. $1s^2\ 2s^1$ ist die Elektronenkonfiguration eines Lithium-Atoms. Lithium Li besitzt drei Elektronen. Zwei Elektronen befinden sich im 1s-Orbital und ein weiteres im 2s-Orbital. In **verkürzter Schreibweise** werden die Elektronen der inneren Orbitale in Form des entsprechenden Edelgases in eckigen Klammern wiedergegeben, dann folgen die Elektronen der äußeren Orbitale, die **Valenzelektronen**. Für Lithium Li ist dies: [He] $2s^1$

Die Elektronenkonfiguration von Kohlenstoff, Argon und Arsen lautet in der Orbitalschreibweise:

$_6$C: $1s^2\ 2s^2\ 2p^2$ — verkürzt: [He] $2s^2\ 2p^2$

$_{18}$Ar: $1s^2\ 2s^2\ 2p^6\ 3s^2\ 3p^6$ — verkürzt: [Ne] $3s^2\ 3p^6$

$_{33}$As: $1s^2\ 2s^2\ 2p^6\ 3s^2\ 3p^6\ 3d^{10}\ 4s^2\ 4p^3$ — verkürzt: [Ar] $3d^{10}\ 4s^2\ 4p^3$

5.3 Periodensystem der Elemente

Elemente, deren Atome eine ähnliche Elektronenkonfiguration aufweisen, besitzen auch ähnliche Eigenschaften. Alle bekannten Elemente sind im **Periodensystem der Elemente (PSE)** nach einer bestimmten Systematik geordnet (s. PSE im Umschlag vorne).

5.3.1 Ordnungskriterien des Periodensystems der Elemente

Die für ein Element charakteristische Protonenzahl wird als **Ordnungszahl (OZ)** bezeichnet. Die Ordnungszahl ist ein wesentliches Kriterium für die Anordnung der Elemente im PSE. Die Elemente werden entsprechend ihrer Ordnungszahl der Reihe nach aufgelistet.

> Im **Periodensystem der Elemente (PSE)** werden die Elemente entsprechend ihrer **Ordnungszahl (OZ)** angeordnet. Die Ordnungszahl ist gleichbedeutend mit der **Zahl der Protonen** im Kern.

Als die Chemiker *Dimitri I. Mendelejew* und *Lothar Meyer* um 1868 unabhängig voneinander die damals bekannten Elemente in der Reihenfolge zunehmender Masse untersuchten, stellten sie fest, dass jedes achte Element ähnliche chemische Eigenschaften aufweist. Sie ordneten die Elemente tabellarisch so an, dass die Elemente mit chemisch ähnlichen Eigenschaften in Spalten untereinander stehen. Mit der Ordnungszahl der Elemente steigt im Allgemeinen die Masse der Atome an, es gibt aber Ausnahmen.

Im heute gebräuchlichen PSE sind die Elemente in der Reihenfolge ihrer Ordnungszahl in **Spalten** und **Zeilen** geordnet (**Bild 1**):

- Die Spalten im PSE werden **Gruppen** genannt. Die Elemente einer Gruppe weisen ähnliche Eigenschaften auf.
- Die Zeilen werden **Perioden** genannt. Innerhalb der Zeile des PSE ändern sich bestimmte Eigenschaften der Elemente periodisch.

> Die Elemente werden im PSE in Spalten und Zeilen geordnet. Die Spalten werden **Gruppen** genannt, die Zeilen werden als **Perioden** bezeichnet.
>
> Die Elemente einer **Gruppe** haben ähnliche Eigenschaften.
>
> Innerhalb einer **Periode** ändern sich die Eigenschaften der Elemente.

Perioden	Gruppen																	
	Hauptgruppen		Nebengruppen										Hauptgruppen					
	1	2	3	4	5	6	7	8	9	10	11	12	13	14	15	16	17	18
	Ia	IIa	IIIb	IVb	Vb	VIb	VIIb	VIIIb			Ib	IIb	IIIa	IVa	Va	VIa	VIIa	VIIIa
1	1 **H** Wasserstoff																	2 **He** Helium
2	3 **Li** Lithium	4 **Be** Beryllium											5 **B** Bor	6 **C** Kohlenstoff	7 **N** Stickstoff	8 **O** Sauerstoff	9 **F** Fluor	10 **Ne** Neon
3	11 **Na** Natrium	12 **Mg** Magnesium											13 **Al** Aluminium	14 **Si** Silicium	15 **P** Phosphor	16 **S** Schwefel	17 **Cl** Chlor	18 **Ar** Argon
4	19 **K** Kalium	20 **Ca** Calcium	21 **Sc** Scandium	22 **Ti** Titan	23 **V** Vanadium	24 **Cr** Chrom	25 **Mn** Mangan	26 **Fe** Eisen	27 **Co** Cobalt	28 **Ni** Nickel	29 **Cu** Kupfer	30 **Zn** Zink	31 **Ga** Gallium	32 **Ge** Germanium	33 **As** Arsen	34 **Se** Selen	35 **Br** Brom	36 **Kr** Krypton
5	37 **Rb** Rubidium	38 **Sr** Strontium	39 **Y** Yttrium	40 **Zr** Zirkonium	41 **Nb** Niob	42 **Mo** Molybdän	43 **Tc** Technetium	44 **Ru** Ruthenium	45 **Rh** Rhodium	46 **Pd** Palladium	47 **Ag** Silber	48 **Cd** Cadmium	49 **In** Indium	50 **Sn** Zinn	51 **Sb** Antimon	52 **Te** Tellur	53 **I** Iod	54 **Xe** Xenon
6	55 **Cs** Cäsium	56 **Ba** Barium	57 **La** Lanthan	72 **Hf** Hafnium	73 **Ta** Tantal	74 **W** Wolfram	75 **Re** Rhenium	76 **Os** Osmium	77 **Ir** Iridium	78 **Pt** Platin	79 **Au** Gold	80 **Hg** Quecksilber	81 **Tl** Thallium	82 **Pb** Blei	83 **Bi** Bismut	84 **Po** Polonium	85 **At** Astat	86 **Rn** Radon
7	87 **Fr** Francium	88 **Ra** Radium	89 **Ac** Actinium	104 **Rf** Rutherfordium	105 **Db** Dubnium	106 **Sg** Seaborgium	107 **Bh** Bohrium	108 **Hs** Hassium	109 **Mt** Meitnerium	110 **Ds** Darmstadtium	111 **Rg** Roentgenium	112 **Cn** Copernicium	113 **Nh** Nihonium	114 **Fl** Flerovium	115 **Mc** Moscovium	116 **Lv** Livermorium	117 **Ts** Tennessine	118 **Og** Oganesson
			Lanthanoiden-Elemente		58 **Ce** Cer	59 **Pr** Praseodym	60 **Nd** Neodym	61 **Pm** Promethium	62 **Sm** Samarium	63 **Eu** Europium	64 **Gd** Gadolinium	65 **Tb** Terbium	66 **Dy** Dysprosium	67 **Ho** Holmium	68 **Er** Erbium	69 **Tm** Thulium	70 **Yb** Ytterbium	71 **Lu** Lutetium
			Actinoiden-Elemente		90 **Th** Thorium	91 **Pa** Protactinium	92 **U** Uran	93 **Np** Neptunium	94 **Pu** Plutonium	95 **Am** Americium	96 **Cm** Curium	97 **Bk** Berkelium	98 **Cf** Californium	99 **Es** Einsteinium	100 **Fm** Fermium	101 **Md** Mendelevium	102 **No** Nobelium	103 **Lr** Lawrencium

1 — Ordnungszahl
H — Elementsymbol
Wasserstoff — Elementname

Bild 1: Periodensystem der Elemente (PSE)

5.3.2 Relative Atommasse

Die **absolute Atommasse** wird in Kilogramm kg oder in **atomaren Masseneinheiten u** (von engl. *unit*: Einheit) angegeben. Eine atomare Masseneinheit ist festgelegt als ein Zwölftel der Masse eines Kohlenstoff-Atoms $^{12}_{6}C$ (s. Kap. 1.1.1, S. 14).

1 u = $1{,}6605402 \cdot 10^{-27}$ kg

Das **Formelzeichen der absoluten Atommasse** ist *A*, alternativ wird auch *m* (Masse) verwendet.

In der Chemie wird unter dem Begriff „Atommasse“ meistens die **relative Atommasse** (RAM) verstanden. Sie ergibt sich, indem man die absolute Atommasse ins Verhältnis zu einem Zwölftel der Masse eines Kohlenstoff-Atoms $^{12}_{6}C$ setzt. Hierbei kürzt sich die Einheit heraus, daher ist die relative Atommasse eine dimensionslose Zahl. Das **Formelzeichen der relativen Atommasse** ist A_r, alternativ wird auch m_{rel} verwendet.

Die relative Atommasse wird im PSE meist rechts oberhalb des Elementsymbols angegeben (s. PSE im Umschlag vorne).

> Die **absolute Atommasse *A*** wird in der **atomaren Masseneinheit u** angegeben.
> 1 u ist ein Zwölftel der Masse eines Kohlenstoff-Atoms $^{12}_{6}C$.
>
> Die **relative Atommasse** (RAM) mit dem Formelzeichen A_r ist eine dimensionslose Zahl.
> Die relative Atommasse A_r jedes Elements ist im PSE mit angegeben.

5.3.3 Isotope

5

Atome bestehen aus elektrisch positiv geladenen **Protonen p^+**, elektrisch neutralen **Neutronen n^0** und elektrisch negativ geladenen **Elektronen e^-** (s. Kap. 1.1.1, S. 13, und Tabelle 1).

Protonen und Neutronen wiegen jeweils etwa 1 u, sie bilden den **Atomkern** und werden deshalb **Nukleonen** (Kernbausteine, von lat. *nucleus*: Kern) genannt.

Tabelle 1: Wichtigste Elementarteilchen

Teilchen	**Symbol**	**Ort im Atom**	***m* in u**	**Ladung**
Elektron	e^-	Hülle	0,00055	– 1
Proton	p^+	Kern	1,00814	+ 1
Neutron	n^0	Kern	1,00898	± 0

Die **Masse eines Elektrons** ist 1836 Mal kleiner als die Masse von Proton bzw. Neutron. Die Elektronen bilden die **Atomhülle**.

In einem elektrisch neutral geladenen Atom ist die Anzahl der Elektronen $N(e^-)$ gleich der Anzahl der Protonen $N(p^+)$:

$N(e^-) = N(p^+)$

> Im **Atomkern** ist fast die gesamte Masse des Atoms vereint. Er ist positiv geladen und besteht aus den Nukleonen: **Protonen p^+** und **Neutronen n^0**.
>
> In der **Atomhülle** befinden sich die Elektronen e^-, sie sind negativ geladene Elementarteilchen.
>
> Die **Masse *m*** eines Protons p^+ bzw. Neutrons n^0 beträgt etwa 1 u. Die Masse eines Elektrons ist 1836 Mal kleiner als die Masse eines Protons bzw. Neutrons.

Die Anzahl der Protonen $N(p^+)$ im Atomkern ist gleich der Anzahl seiner positiven Ladungen. Sie wird als **Kernladungszahl** bezeichnet.

Die Kernladungszahl entspricht der Ordnungszahl OZ im PSE. Die Elemente im PSE sind nach der Ordnungszahl, d. h. nach steigender Kernladungszahl geordnet.

Ein **chemisches Element** besteht aus Atomen mit gleicher Protonenzahl.

Die **Protonenzahl** wird auch als **Kernladungszahl** oder als **Ordnungszahl** bezeichnet.

Die Gesamtzahl der Protonen und Neutronen im Atomkern ist die **Nukleonenzahl *N*.** Da sich die Masse eines Atoms fast ausschließlich aus den Massen der Protonen und Neutronen zusammensetzt, kann die relative Atommasse A_r somit aus der Nukleonenzahl berechnet werden:

$$A_r \approx N = N(p^+) + N(n^0) = OZ + N(n^0)$$

A_r	N	OZ
1	1	1

Gl. 5.1

Eine Atomsorte mit einer bestimmten Protonen- und Neutronenzahl wird als **Nuklid** bezeichnet. Die wesentlichen Informationen zu einem Nuklid werden in folgender Weise angegeben:

$^{\text{Nukleonenzahl}}_{\text{Protonenzahl}}\text{Elementsymbol}$ Beispiel: $^{4}_{2}He$

Untersuchungen mit modernen Analysegeräten führen zu dem Ergebnis, dass die meisten Elemente mehrere Nuklide aufweisen. Zwar besitzen alle Atome eines Elements die gleiche Protonenzahl, sie können sich aber in der Neutronenzahl und somit auch in der Masse voneinander unterscheiden. Wenn Atome des gleichen Elements unterschiedliche Massen aufweisen, werden sie **Isotope** genannt (griech. *isos*: gleich, *topos*: Platz; da sie wegen gleicher Ordnungszahl am gleichen Platz im PSE stehen).

Nuklide sind Atome, die die gleiche Ordnungszahl und die gleiche Massenzahl aufweisen.

Isotope sind Atome, die die gleiche Ordnungszahl, aber unterschiedliche Massenzahl aufweisen.

Isotope haben somit die gleiche **Protonenzahl** (Kernladungszahl), besitzen aber eine unterschiedliche **Neutronenzahl** und dadurch eine unterschiedliche relative Atommasse A_r

Das leichteste und im Wasserstoff-Gas am häufigsten vorkommende Atom ist das Wasserstoff-Nuklid $^{1}_{1}H$ (Tabelle 1). Es hat die relative Atommasse 1 und die Kernladungszahl 1. Alle **$^{1}_{1}$H-Nuklide** bestehen folglich aus einem Proton p^+ im Kern und einem Elektron e^- in der Atomhülle: $p^+ + e^- \rightarrow {}^{1}_{1}H$

0,015 % aller H-Atome besitzen die relative Atommasse 2. Diese **$^{2}_{1}$H-Isotope** werden „Schwerer Wasserstoff" oder **Deuterium** $^{2}_{1}H$ genannt (griech. *deuteron*: das Zweite). Deuterium wird oft durch das Symbol D gekennzeichnet.

Tabelle 1: Isotope des Wasserstoffs und des Kohlenstoffs

Nuklid-symbol	Nukleonen-zahl	Protonen-zahl	Neutronen-zahl
$^{1}_{1}H$	1	1	0
$^{2}_{1}H$	2	1	1
$^{3}_{1}H$	3	1	2
$^{12}_{6}C$	12	6	6
$^{13}_{6}C$	13	6	7
$^{14}_{6}C$	14	6	8

Daneben existiert ein künstlich hergestelltes, instabiles und radioaktives Wasserstoff-Isotop $^{3}_{1}H$ mit der relativen Atommasse 3. Es wird „Überschwerer Wasserstoff" oder **Tritium** genannt (Symbol T).

Kohlenstoff besteht aus den Isotopen $^{12}_{6}C$, $^{13}_{6}C$ und $^{14}_{6}C$ (Tabelle 1). 98,89 % aller C-Atome haben die relative Atommasse 12, es handelt sich um das Nuklid $^{12}_{6}C$. Nur 1,11 % des Kohlenstoffs sind $^{13}_{6}C$-Atome. Das Nuklid $^{14}_{6}C$ ist radioaktiv und sehr selten. Aufgrund der Anteile der Isotope beträgt die relative Atommasse des natürlichen Isotopengemisches des Kohlenstoffs 12,011.

Elemente, die fast ausschließlich aus einem einzigen natürlichen Nuklid bestehen, werden **Reinelemente** oder **anisotope Elemente** genannt. Beispiele sind: Natrium Na, Aluminium Al, Phosphor P, Iod I, Gold Au und Bismut Bi.

Die meisten Elemente sind **Mischelemente**, sie bestehen aus einem Gemisch unterschiedlicher Isotope.

> **Reinelemente** bestehen aus einer Nuklidsorte.
>
> **Mischelemente** bestehen aus mehreren Nuklidsorten, sie sind ein Isotopengemisch.

Beispiel 5.2: Berechnung der durchschnittlichen relativen Atommasse

Chlor besteht aus zwei Isotopen:

- $^{35}_{17}Cl$ mit 18 Neutronen, der relativen Atommasse 34,97 und der Häufigkeit 75,77 % im natürlichen Isotopengemisch,
- $^{37}_{17}C$ mit 20 Neutronen, der Atommasse 36,97 und der Häufigkeit 24,23 %.

Wie groß ist die relative atomare Masse von Chlor $A_r(Cl)$?

Lösung:

Die durchschnittliche relative Atommasse wird berechnet, indem man die relative Atommasse der Isotope mit ihrer Häufigkeit multipliziert und die Ergebnisse addiert.

$$A_r(Cl) = \frac{75{,}77}{100} \cdot A_r(^{35}_{17}Cl) + \frac{24{,}23}{100} \cdot A_r(^{37}_{17}Cl) = \frac{75{,}77}{100} \cdot 34{,}97 + \frac{24{,}23}{100} \cdot 36{,}97 = 35{,}45$$

Die relative Atommasse von Chlor beträgt $A_r(Cl) = 35{,}45$

5.3.4 Perioden und Gruppen im Periodensystem der Elemente

Die Zeilen im Periodensystem werden als **Perioden** bezeichnet. Innerhalb jeder Periode nimmt die Ordnungszahl der Elemente von links nach rechts zu, d. h. die Protonenzahl und damit auch die Elektronenzahl des Atoms nehmen zu.

Im Periodensystem der Elemente gibt es 7 Perioden, die den Hauptenergieniveaus bzw. den Hauptquantenzahlen n entsprechen (vgl. PSE **Bild 1**, S. 141, und im Umschlag vorne):

- Die **1. Periode** ($n = 1$) umfasst die beiden Elemente Wasserstoff H und Helium He (OZ 1 und 2). Das eine bzw. die beiden Elektronen der Atome befinden sich im 1s-Orbital.
- Die **2. Periode** ($n = 2$) umfasst 8 Elemente (OZ 3 bis 10). In dieser Periode sind die Elemente zu finden, deren Außenelektronen sich im 2s- oder den drei 2p-Orbitalen befinden. Nach der Formel zur Berechnung der maximalen Elektronenzahl bei der Hauptquantenzahl $n = 2$ finden $2 \cdot 2^2 = 8$ Elektronen auf dieser Schale Platz. Die Anzahl der Elemente der 2. Periode beträgt daher 8 Elemente: Das 2s-Orbital kann mit 2 Elektronen und die 2p-Orbitale können mit insgesamt 6 Elektronen aufgefüllt werden.
- Die **3. Periode** ($n = 3$) umfasst 8 Elemente (OZ 11 bis 18). Zwar können in der dritten Schale nach der Besetzungsformel insgesamt $2 \cdot 3^2 = 18$ Elektronen aufgenommen werden. Da aber das Energieniveau der 3d-Orbitale energetisch über dem der 4s-Orbitalen liegt, werden hier nur die 3s- und 3p-Orbitale mit maximal 8 Elektronen aufgefüllt. Die fünf 3d-Orbitale gehören mit zur 4. Periode.

  Bei den Elementen der 3. Periode ist das zuletzt besetzte Orbital das 3s- oder eines der drei 3p-Orbitale.
- Die **4. Periode** ($n = 4$) umfasst 18 Elemente (OZ 19 bis 36). In der vierten Schale können insgesamt $2 \cdot 4^2 = 32$ Elektronen aufgenommen werden. Die fünf 4d-Orbitale liegen aufgrund ihres hohen Energieniveaus über den 5s-Orbitalen und werden daher in der Regel erst in der 5. Periode aufgefüllt. Die Auffüllung der 4f-Orbitale erfolgt aus dem gleichen Grund erst in der 6. Periode. Somit ist das letzte besetzte Orbital der 4. Periode das 4s-Orbital, eines der fünf 3d-Orbitale oder eines der drei 4p-Orbitale.

- Die **5. Periode** ($n = 5$) umfasst 18 Elemente (OZ 37 bis 54). Das zuletzt besetzte Orbital dieser Elemente ist das 5s-Orbital, eines der fünf 4d-Orbitale oder eines der drei 5p-Orbitale. Die 5d- und die 5f-Orbitale werden in der Regel erst in der 6. bzw. 7. Periode mit Elektronen besetzt.
- Die **6. Periode** ($n = 6$) umfasst 32 Elemente (OZ 55 bis 86). Hier wird zuletzt das 6s-Orbital, eines der fünf 5d-Orbitale, eines der sieben 4f-Orbitale oder eines der drei 6p-Orbitale mit einem Elektron besetzt. Ab der 6. Periode erfolgt die Auffüllung der f-Orbitale, daher ist die Anzahl der Elemente um 14 größer als in der 5. Periode.
- Die **7. Periode** ($n = 7$) umfasst theoretisch 32 Elemente. Hier sind die Elemente mit den Ordnungszahlen OZ 87 bis 118 angeordnet. An dieser Stelle endet derzeit das PSE. Das letzte besetzte Orbital der Elemente der 7. Periode ist das 7s-Orbital, eines der fünf 6d-Orbitale, eines der 5f-Orbitale und theoretisch eines der drei 7p-Orbitale.

Im PSE gibt es **7 Perioden**, die von oben nach unten durchnummeriert werden.

Die **Nummer der Periode** entspricht:

- der Anzahl der mit Elektronen besetzten Schalen im *Bohr*schen Atommodell,
- der Hauptquantenzahl *n* im wellenmechanischen Atommodell (Orbital-Modell).

Die Spalten im Periodensystem der Elemente werden als **Gruppen** bezeichnet. Nach der modernen ***IUPAC*-Empfehlung** werden die Gruppen von links nach rechts mit 1 bis 18 durchnummeriert (**Bild 1**). Folgende Gruppen werden unterschieden:

- Die Gruppen 1, 2 und 13 bis 18 werden **Hauptgruppen** genannt. Ist das letzte besetzte Orbital eines Elements ein s- oder ein p-Orbital, handelt es sich um ein Element einer Hauptgruppe. Entsprechend werden die Gruppen **s-Block**- bzw. **p-Block-Elemente** genannt.
- Die Gruppen 3 bis 12 heißen **Nebengruppen**. Besetzt das letzte aufzufüllende Elektron ein d-Orbital, spricht man von einem **d-Block-Element** oder einem **äußeren Übergangselement** bzw. **äußeren Übergangsmetall**.
- Alle Elemente, die auf das Element Lanthan folgen, heißen **Lanthanoide**. Bei diesen Elementen wird zuletzt ein 4f-Orbital mit einem Elektron besetzt. Alle Elemente, die auf das Übergangselement Actinium folgen, werden als **Actinoide** bezeichnet. Bei ihnen besetzt das äußerste Elektron ein 5f-Orbital. Lanthanoide und Actinoide werden auch als **f-Block-Elemente** oder **innere Übergangselemente** bzw. **innere Übergangsmetalle** bezeichnet.

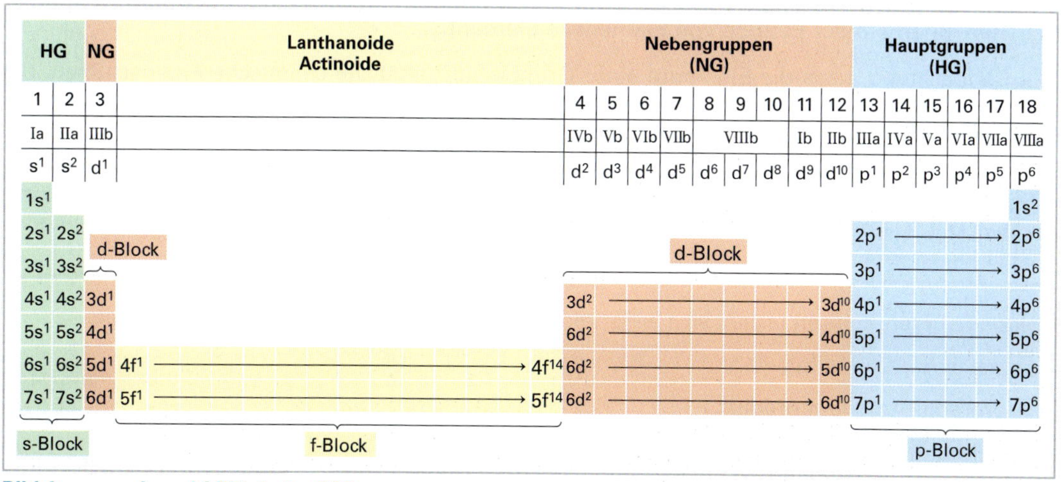

Bild 1: s-, p-, d- und f-Blöcke im PSE

In vielen Periodensystemen ist unterhalb der modernen Nummerierung der Gruppen die Kennzeichnung nach einer **älteren *IUPAC*-Empfehlung** angegeben (s. Bild 1, S. 145). Hiernach werden die Hauptgruppen mit einer römischen Ziffer und einem „a" (oder A), die Nebengruppen mit einer römischen Ziffer und einem „b" (oder B) gekennzeichnet.

Die Hauptgruppen-Nummerierung umfasst die Bezeichnungen Ia bis VIIIa. An die mit IIa gekennzeichnete Hauptgruppe schließen sich die Nebengruppen an. Die ersten fünf Spalten der Nebengruppen werden mit IIIb bis VIIb nummeriert. Die sich anschließenden drei Spalten bilden die Nebengruppe VIIIb, die folgenden beiden Spalten werden als Nebengruppen Ib und IIb bezeichnet.

Diese ältere Nummerierung der Gruppen ist bei der Nebengruppe VIIIb komplizierter als das „einfache" Durchzählen, sie hat aber den wesentlichen Vorteil, dass nach diesem alten System die Nummer der Hauptgruppe die **Anzahl der Valenzelektronen** angibt. Zwei Beispiele hierzu sind:

- Bor B steht in der Gruppe 13 bzw. IIIa. Die Elektronenkonfiguration eines Bor-Atoms ist [He] $2s^2$ $2p^1$. Bor hat somit 3 Valenzelektronen.
- Brom Br steht in der Gruppe 17 bzw. VIIa. Die Elektronenkonfiguration eines Brom-Atoms ist [Ar] $2s^2$ $2p^5$. Bei Brom sind somit 7 Elektronen auf der äußersten Schale, Brom hat 7 Valenzelektronen.

Die **Gruppen** im PSE werden von links nach rechts mit den Zahlen von 1 bis 18 durchnummeriert.

Man unterscheidet **Hauptgruppen** und **Nebengruppen** sowie die **Lanthanoide** und **Actinoide**.

Die **Position eines Elements im PSE** gibt Aufschluss über seine **Elektronenkonfiguration**.

5.3.5 Periodizität der Eigenschaften der Elemente

Die chemischen Eigenschaften eines Elements werden maßgeblich durch die Anzahl der Außenelektronen bestimmt. Sie werden auch als **Valenzelektronen** bezeichnet (lat. *valere*: wert sein). Die Konfiguration der Valenzelektronen wird als **Valenzelektronenkonfiguration** bezeichnet.

Die **Elemente einer Gruppe** haben die gleiche Valenzelektronenkonfiguration. Aus diesem Grund weisen sie eine große chemische Ähnlichkeit auf.

Die **Elemente einer Periode** besitzen von links nach rechts, von Gruppe zu Gruppe, ein weiteres Proton und damit auch ein weiteres Elektron. Die Valenzelektronenkonfiguration ändert sich von Element zu Element demnach um ein Elektron. Aus diesem Grund ändern sich auch die Eigenschaften innerhalb der Periode von Element zu Element.

Die Beobachtung, dass die Elemente einer Gruppe sehr ähnliche chemische Eigenschaften, die Elemente einer Periode aber sich kontinuierlich ändernde Eigenschaften aufweisen, wird als **Periodizität der Eigenschaften** der Elemente bezeichnet.

Das Periodensystem der Elemente wurde nach dem Prinzip der **Periodizität der Eigenschaften** entwickelt. Daher kann man viele wichtige Eigenschaften eines Elements aufgrund seiner **Stellung im PSE** ableiten.

Folgende Eigenschaften lassen sich aufgrund der Stellung eines Elements im PSE voraussagen:

- metallischer Charakter,
- Atomradius und Ionenradius,
- Ionisierungsenergie (Ionisationsenergie),
- Elektronenaffinität.

Metallischer Charakter

Vier Fünftel aller Elemente sind **Metalle.** Sie stehen links im PSE (**Bild 1**) und sie weisen folgende typische Eigenschaften auf: Metalle sind bei Normbedingungen in der Regel Feststoffe (Ausnahme: Quecksilber), sie besitzen ein hohes Absorptions- und Reflexionsvermögen für sichtbares Licht, mit dem der typische Metallglanz zusammenhängt. Sie sind meist relativ leicht dehnbar, schneidbar und verformbar. Metalle leiten gut den elektrischen Strom, ebenso die Wärme. Ihre elektrische Leitfähigkeit nimmt mit zunehmender Temperatur ab. Diese Eigenschaften beruhen auf einem relativ großen Abstand der Valenzelektronen vom Atomkern und der hierdurch praktisch freien Beweglichkeit innerhalb der Metall-Atomverbände.

Metalle werden in **Leichtmetalle** und **Schwermetalle** unterschieden, wobei keine eindeutige Abgrenzung dieser beiden Untergruppen besteht. Häufig wird die Dichte zur Unterscheidung herangezogen: Metalle mit einer Dichte $\varrho < 4{,}5\ \text{g} \cdot \text{cm}^{-1}$ sind Leichtmetalle, oberhalb dieser Grenze wird von Schwermetallen gesprochen.

Metalle stehen links im PSE. Der **metallische Charakter** nimmt innerhalb der Periode ab, denn von Element zu Element kommen ein Valenzelektron und ein Proton hinzu, so dass die Schale der Valenzelektronen aufgrund der größer werdenden Anzahl an positiver Ladung immer stärker vom Atomkern angezogen wird. Der Durchmesser der Schale mit den Valenzelektronen verringert sich somit innerhalb einer Periode.

Innerhalb der Gruppe nimmt der metallische Charakter von oben nach unten zu. Der positiv geladene Atomkern hat bei den Elementen der höheren Perioden einen geringen Einfluss auf die Außenelektronen, daher zeigen die Elemente typisch metallische Eigenschaften (zu Metallbindung s. Kap. 6.4, S. 203).

> Der **metallische Charakter** der Elemente nimmt innerhalb der Periode von links nach rechts ab und innerhalb der Gruppe von oben nach unten zu.

Auch **Nichtmetalle**, die ausschließlich in den Hauptgruppen des PSE auftreten, haben charakteristische Eigenschaften: Die gasförmigen (Wasserstoff, Stickstoff, Sauerstoff, Fluor, Chlor, Edelgase), flüssigen (Brom) oder festen (Bor, Kohlenstoff, Phosphor, Schwefel, Iod, Astat u. a.) Nichtmetalle sind im Normzustand schlechte Wärme- und schlechte elektrische Leiter. Nichtmetalle sind im festen Zustand spröde und schwer verformbar, in organischen Lösemitteln löslich und neigen zur Bildung von Verbänden aus mehreren Atomen. Außerdem besitzen sie keinen metallischen Glanz. Alle diese Eigenschaften sind auf eine hohe Anzahl von Valenzelektronen zurückzuführen, deren Schale aufgrund der großen Anzahl an Ladungen stark vom Atomkern angezogen wird.

Entsprechend stehen die Nichtmetalle rechts im PSE (**Bild 1**). Der **nichtmetallische Charakter** nimmt innerhalb der Periode von links nach rechts zu, weil von Element zu Element ein Valenzelektron hinzukommt. Innerhalb der Gruppe nimmt allerdings der nichtmetallische Charakter von oben nach unten ab, weil die Valenzelektronen von Periode zu Periode weiter vom Atomkern entfernt liegen; sein Einfluss nimmt ab und somit auch der nichtmetallische Charakter.

Wasserstoff H ist zwar ganz links im PSE platziert, sein 1s-Orbital ist aber mit einem Elektron halb besetzt. Der nah liegende, positiv geladene Atomkern übt einen großen Einfluss auf das Elektron aus. Aus diesem Grund ist Wasserstoff ein Nichtmetall.

	Hauptgruppen							
	1 Ia	2 IIa	13 IIIa	14 IVa	15 Va	16 VIa	17 VIIa	18 VIIIa
1	1 H							2 He
2	3 Li	4 Be	5 B	6 C	7 N	8 O	9 F	10 Ne
3	11 Na	12 Mg	13 Al	14 Si	15 P	16 S	17 Cl	18 Ar
4	19 K	20 Ca	31 Ga	32 Ge	33 As	34 Se	35 Br	36 Kr
5	37 Rb	38 Sr	49 In	50 Sn	51 Sb	52 Te	53 I	54 Xe
6	55 Cs	56 Ba	81 Tl	82 Pb	83 Bi	84 Po	85 At	86 Rn
7	87 Fr	88 Ra	113 Nh	114 Fl	115 Mc	116 Lv	117 Ts	118 Og

↓ metallischer Charakter

← metallischer Charakter

Metalle, Halbmetalle, Nichtmetalle

Bild 1: Metalle, Halb- und Nichtmetalle im PSE

Eine besondere Gruppe der nichtmetallischen Elemente steht im PSE ganz rechts: Diese Elemente sind gasförmig, farblos und chemisch nicht reaktiv. Sie werden als **Edelgase** bezeichnet. Das 1s-Orbital des Heliums He ist mit zwei Elektronen voll besetzt. Die anderen Edelgase haben acht Valenzelektronen, d. h. das s- und die drei p-Orbitale der äußeren Schale sind voll besetzt. Diese volle Besetzung der Außenschale mit Elektronen wird als **Edelgaskonfiguration** bezeichnet. Sie ist der Grund dafür, dass Edelgas-Atome nur unter extremen Bedingungen chemische Verbindungen eingehen.

Die Grenze zwischen den Metallen und den Nichtmetallen verläuft auf oder nahe einer Diagonalen von dem Element Bor B zum Element Astat At. Die Elemente an der Grenze zwischen Metallen und Nichtmetallen weisen weniger typisch metallische Eigenschaften auf, so dass diese Elemente auch heute noch oft als **Halbmetalle** bezeichnet werden. Aufgrund ihrer elektrischen Leitfähigkeit, die mit steigender Temperatur zunimmt, gehören viele dieser Elemente zu den **Halbleitern**. Bei Raumtemperatur liegt die Leitfähigkeit von Halbleitern zwischen der von gut-leitenden Metallen und der von schlecht-leitenden Nichtmetallen.

Atomradius und Ionenradius

Der **Radius von Atomen** wird in **Pikometer pm** angegeben: 1 pm = 10^{-12} m

Häufig trifft man auch noch die ältere Einheit **Ångström Å** an: 1 Å = 10^{-10} m = 100 pm

Bild 1 zeigt ein PSE, in dem die Atomradien der Hauptgruppenelemente angegeben und grafisch dargestellt sind.

Der **Atomradius** der Elemente einer Gruppe im PSE wird mit steigender Ordnungszahl, d. h. von oben nach unten im PSE, größer, denn von Element zu Element kommt eine weitere Schale hinzu.

Hauptgruppen							
1 Ia	2 IIa	13 IIIa	14 IVa	15 Va	16 VIa	17 VIIa	18 VIIIa
1 H 30							2 He 93
3 Li 123	4 Be 89	5 B 81	6 C 77	7 N 70	8 O 73	9 F 64	10 Ne 112
11 Na 157	12 Mg 136	13 Al 125	14 Si 117	15 P 110	16 S 102	17 Cl 99	18 Ar 192
19 K 203	20 Ca 174	31 Ga 125	32 Ge 122	33 As 121	34 Se 117	35 Br 114	36 Kr –
37 Rb 216	38 Sr 191	49 In 150	50 Sn 140	51 Sb 141	52 Te 137	53 I 133	54 Xe –
55 Cs 235	56 Ba 198	81 Tl 137	82 Pb 154	83 Bi 146	84 Po 146	85 At 145	86 Rn –
87 Fr –	88 Ra –	113 Nh –	114 Fl –	115 Mc –	116 Lv –	117 Ts –	118 Og –

Atomradius grafisch dargestellt; Atomradius in pm

Bild 1: PSE mit Atomradien in pm

Der **Atomradius** der Elemente innerhalb einer Periode wird von links nach rechts kleiner. Von Element zu Element kommt ein Elektron hinzu, es wird aber bei allen Elementen der Periode auf der gleichen äußeren Schale platziert. Mit der Elektronenzahl steigt von Element zu Element auch die Ordnungszahl und somit die Kernladungszahl (Protonenzahl). Je höher die positive Ladung im Kern ist, desto stärker werden die Schalen an den Kern herangezogen, so dass der Atomradius innerhalb der Periode abnimmt. Eine Ausnahme bilden die Edelgase.

Der **Atomradius** nimmt innerhalb der Gruppe zu und innerhalb der Periode ab.

Die Stellung des Elements im PSE lässt auch Rückschlüsse auf die **Größe der Ionen**, der geladenen Teilchen eines Elements, zu. **Ionen** sind elektrisch geladene Teilchen (griech. *ienai*: gehen, wandern). Sie entstehen, weil jedes Atom das Bestreben nach einer voll besetzten Außenschale hat. Diese Edelgaskonfiguration kann durch Abgabe oder durch Aufnahme von Elektronen erreicht werden.

Elektrisch geladene Atome werden als **Ionen** bezeichnet:

- Durch Abgabe von Elektronen entstehen positiv geladene Ionen, die **Kationen**.
- Durch Aufnahme von Elektronen entstehen negativ geladene Ionen, die **Anionen**.

Atome mit wenigen Valenzelektronen stehen links im Periodensystem. Sie geben bevorzugt Elektronen ab und bilden Kationen. Atome mit vielen Valenzelektronen stehen rechts im PSE. Sie nehmen bevorzugt Elektronen auf und bilden Anionen.

Aufgrund des Radius des ungeladenen Atoms lässt sich auf die Größe des entstehenden Kations bzw. Anions schließen (**Bild 1**):

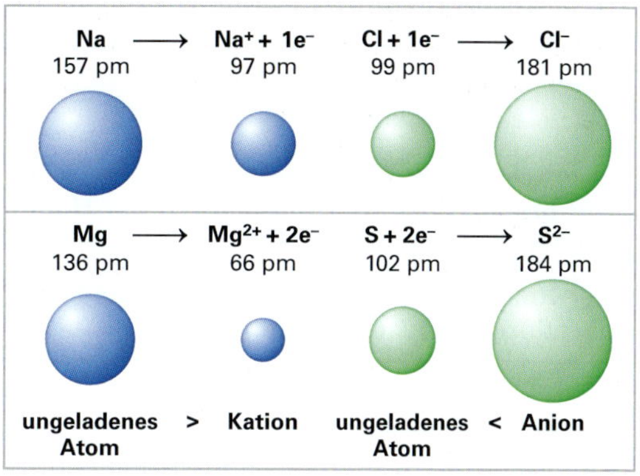

Bild 1: Beispiele für Atom- und Ionenradien

- Magnesium Mg steht in der zweiten Hauptgruppe, es besitzt also zwei Valenzelektronen. In Orbitalschreibweise ist seine Elektronenkonfiguration: $1s^2\ 2s^2\ 2p^6\ 3s^2$ bzw. in Kurzschreibweise [Ne] $3s^2$.

  Gibt Magnesium Mg seine beiden Valenzelektronen ab, ist das 3s-Orbital leer. Das 2s- und die drei 2p-Orbitale sind jedoch voll besetzt. Magnesium erreicht durch die Abgabe der beiden Valenzelektronen die gleiche Elektronenkonfiguration wie das Edelgas Neon Ne. Durch die Abgabe der negativen Ladung der beiden Elektronen kommt es zu einem Überschuss an positiver Ladung im Kern, Magnesium wird zu einem zweifach positiv geladenen Kation Mg^{2+}. Das Kation ist kleiner als das ursprüngliche Atom, weil es eine Schale weniger aufweist.

- Chlor besitzt die Elektronenkonfiguration [Ne] $3s^2\ 3p^5$ und hat somit sieben Valenzelektronen. Wenn es ein weiteres Elektron aufnimmt, sind das 3s- und die drei 3p-Orbitale voll besetzt. Das Chlor-Atom erreicht durch die Aufnahme des Elektrons die gleiche Elektronenkonfiguration wie das Edelgas Argon Ar.

  Gleichzeitig kommt es zu einem Überschuss an negativer Ladung, Chlor wird zum negativ geladenen Anion Cl^-. Das Anion ist größer als das ursprüngliche Atom. Die Anzahl der Elektronen ist im Anion höher als die Anzahl der Protonen. Deshalb wird die äußere Schale nicht so stark angezogen wie im ungeladenen Atom.

> Für die **Größe der Ionen** im Vergleich zum ungeladenen Atom gilt:
> - Ein **Kation** ist kleiner als das ungeladene Atom.
> - Ein **Anion** ist größer als das ungeladene Atom.

Innerhalb der **Hauptgruppen** nimmt der Ionenradius mit steigender Ordnungszahl zu, denn von Element zu Element kommt eine Schale hinzu (**Bild 2a**). Diese Regel gilt nur für Ionen mit gleicher Ladung.

Innerhalb der **Periode** kann man nur Ionen mit gleicher Elektronenkonfiguration vergleichen. Der Ionenradius nimmt innerhalb der Periode mit zunehmender Ordnungszahl ab, weil von Element zu Element die Kernladungszahl steigt und somit der Kern die Schalen stärker anzieht (**Bild 2b**).

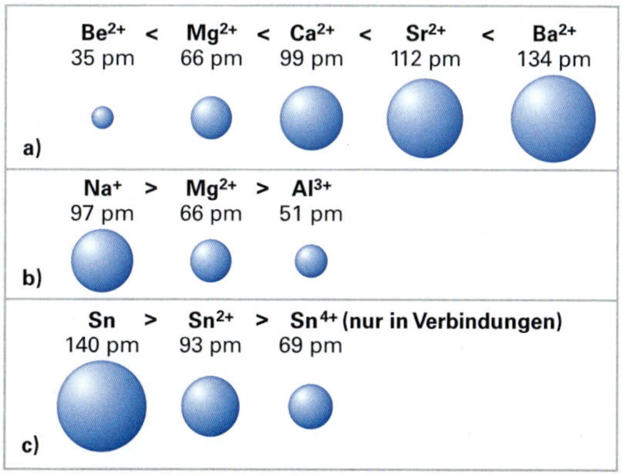

Bild 2: Ionenradien: a) innerhalb einer Hauptgruppe, b) innerhalb einer Periode, c) bei mehreren Ionen eines Elements

Gibt es von einem Element mehrere positive Ionen, nimmt der Radius mit zunehmender Ladung ab. Ein gutes Beispiel sind die Kationen Sn^{2+} und Sn^{4+} (**Bild 2c**). Zinn-Kationen haben in den meisten Verbindungen eine zweifach positive Ladung, die Ladung 4+ gibt es nur unter ganz bestimmten Bedingungen. Sn^{2+} ist größer als Sn^{4+}, weil Sn^{2+} zwei Valenzelektronen im 5s-Orbital aufweist. Das Kation Sn^{4+} besitzt hingegen die Edelgaskonfiguration des Kryptons Kr, da alle Valenzelektronen abgegeben wurden.

Der **Ionenradius** nimmt innerhalb der **Hauptgruppe** zu, wenn Ionen mit gleicher Ladung verglichen werden.

Der **Ionenradius** nimmt innerhalb der **Periode** ab, wenn Ionen mit gleicher Elektronenkonfiguration verglichen werden.

Ionisierungsenergie

Die **Ionisierungsenergie** bzw. Ionisationsenergie I ist die Energie, die erforderlich ist, um ein Elektron vollständig aus einem Atom bzw. Ion zu entfernen. Die Höhe der Ionisierungsenergie ist somit ein Maß für die Festigkeit, mit der ein Elektron im Atom bzw. Ion gebunden ist.

Die Ionisierungsenergie ist sowohl von der Kernladungszahl als auch vom Abstand zwischen dem Atomkern und dem zu entfernenden Elektron abhängig.

Für ein Atom oder Molekül wird sie in der Einheit Elektronenvolt eV angegeben:

1 eV = 1,6 · 10^{-19} J

Besitzt ein Element mehrere Elektronen, können auch mehrere Ionisierungsenergien bestimmt werden: Die **1. Ionisierungsenergie** I_1 ist die Energie, die notwendig ist, um das am schwächsten gebundene Elektron (1. Elektron) zu entfernen (**Bild 1**). Die **2. Ionisierungsenergie** I_2 betrifft die Entfernung des 2. Elektrons usw.

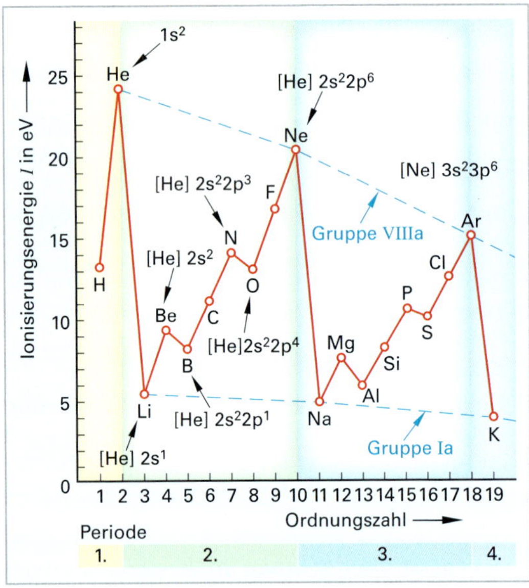

Bild 1: Ionisierungsenergie der Hauptgruppen in eV

Die 1. und 2. Ionisierungsenergie des Natrium Na sind sehr unterschiedlich:

$Na \rightarrow Na^{+} + 1\,e^{-}$ $\qquad I_1 = 5{,}1$ eV

$Na^{+} \rightarrow Na^{2+} + 1\,e^{-}$ (unter Extrembedingungen) $\qquad I_2 = 47{,}3$ eV

Die Elektronenkonfiguration des Natriums ist [Ne] $3s^1$. Das 1. Elektron ist aus dem 3s-Orbital leicht zu entfernen, weil Natrium hierdurch den stabilen und bevorzugten Zustand der Edelgaskonfiguration des Neons erreicht. Na^{+} hat die Elektronenkonfiguration [He] $2s^2$ $2p^6$.

Mit der Entfernung eines 2. Elektrons ist die Elektronenkonfiguration des entstandenen Na^{2+}-Kations [He] $2s^2$ $2p^5$, die Edelgaskonfiguration ist nicht mehr vorhanden. Dieser Zustand ist nicht stabil und nicht bevorzugt, so dass für die Entfernung dieses zweiten Elektrons eine große Energiemenge aufzuwenden ist. Dieses Kation kann nur unter Extrembedingungen hergestellt werden, es entsteht niemals bei einer chemischen Reaktion.

Die **1. Ionisierungsenergie** I_1 ist die Energie, die zum Entfernen des am schwächsten gebundenen 1. Elektrons aus dem Atom erforderlich ist.

Bei der ***n*. Ionisierungsenergie** I_n handelt es sich um die Energie, die benötigt wird, um das *n*-te Elektron aus einem Atom bzw. Ion zu entfernen.

Beim Vergleich der Ionisierungsenergien der Hauptgruppenelemente wird in der Regel die 1. Ionisierungsenergie betrachtet. Diese nimmt innerhalb der Gruppe ab, weil die Anzahl der Schalen von Element zu Element zunimmt und somit die äußeren Elektronen aufgrund der Entfernung vom Atomkern leichter entfernt werden können.

Innerhalb der Periode nimmt die Ionisierungsenergie insgesamt gesehen zu, weil mit zunehmender Ordnungszahl ein Proton hinzu kommt, der Kern übt eine höhere Anziehungskraft auf die äußere Schale aus.

In **Bild 1** sind innerhalb jeder Periode zwei Unregelmäßigkeiten zwischen den Gruppen IIa (2) und IIIa (13) sowie zwischen Va (15) und VIa (16) zu erkennen.

	Hauptgruppen							
	1	2	13	14	15	16	17	18
	Ia	IIa	IIIa	IVa	Va	VIa	VIIa	VIIIa
1	1 13,6 **H**							2 24,5 **He**
2	3 5,39 **Li**	4 9,32 **Be**	5 8,30 **B**	6 11,26 **C**	7 14,53 **N**	8 13,62 **O**	9 17,42 **F**	10 21,56 **Ne**
3	11 5,14 **Na**	12 7,65 **Mg**	13 5,97 **Al**	14 8,15 **Si**	15 10,49 **P**	16 10,36 **S**	17 12,97 **Cl**	18 15,76 **Ar**
4	19 4,34 **K**	20 6,11 **Ca**	31 6,0 **Ga**	32 7,90 **Ge**	33 9,81 **As**	34 9,75 **Se**	35 11,81 **Br**	36 14,0 **Kr**
5	37 4,18 **Rb**	38 5,70 **Sr**	49 5,79 **In**	50 7,34 **Sn**	51 8,64 **Sb**	52 9,01 **Te**	53 10,45 **I**	54 12,13 **Xe**
6	55 3,89 **Cs**	56 5,21 **Ba**	81 6,11 **Tl**	82 7,42 **Pb**	83 7,29 **Bi**	84 8,42 **Po**	85 9,5 **At**	86 10,75 **Rn**
7	87 4,0 **Fr**	88 5,28 **Ra**	113 – **Nh**	114 – **Fl**	115 – **Mc**	116 – **Lv**	117 – **Ts**	118 – **Og**

OZ → 1; 13,6 ← 1. Ionisierungsenergie in eV; H ← Elementsymbol

Ionisierungsenergie ↑ (Perioden); Ionisierungsenergie → (Gruppen)

Bild 1: 1. Ionisierungsenergie der Hauptgruppenelemente

Diese lassen sich in folgender Weise erklären:

- Die Elemente der Gruppe IIa haben 2 Valenzelektronen auf dem s-Orbital der äußeren Schale. Die Elektronenkonfiguration s^2 ist stabiler als die Elektronenkonfiguration s^2p^1 der Gruppe IIIa. Aus diesem Grund nimmt die Ionisierungsenergie von der Gruppe IIa zur Gruppe IIIa ab.

- Die Elemente der Gruppe Va haben 5 Valenzelektronen. Ihre Elektronenkonfiguration ist $s^2p_x^1p_y^1p_z^1$, d. h. jedes p-Orbital ist mit einem Elektron besetzt. Die Halbbesetzung der drei p-Orbitale mit je einem Elektron ist stabiler als die Elektronenkonfiguration der Gruppe VIa $s^2p_x^2p_y^1p_z^1$, bei der ein p-Orbital mit 2 Elektronen voll besetzt ist.

  Aus diesem Grund nimmt die Ionisierungsenergie von der Gruppe Va zur Gruppe VIa ab. Elemente der Gruppe VIa erreichen durch das Entfernen eines Elektrons die Halbbesetzung der p-Orbitale, dieser Zustand ist stabiler.

Der **Verlauf der 1. Ionisierungsenergie innerhalb einer Periode** gibt Aufschluss über die Valenzelektronenkonfiguration der Elemente sowie über die Stabilität bestimmter Konfigurationen:

- Am stabilsten sind die **Edelgaskonfigurationen** $1s^2$ bzw. bei höheren Schalen $s^2p_x^2p_y^2p_z^2$.
- Eine etwas geringere Stabilität als die Edelgaskonfiguration hat die **Halbbesetzung der drei p-Orbitale** mit je einem Elektron $s^2p_x^1p_y^1p_z^1$.
- Eine im Vergleich zu allen weiteren Zuständen leicht erhöhte Stabilität besitzt die **volle Besetzung des s-Orbitals** mit 2 Elektronen.

Das gleiche Verhalten ist auch bei den Elementen des d-Blocks und f-Blocks zu beobachten: Die volle Besetzung und auch die halbe Besetzung eines Orbitals stellen relativ stabile Zustände dar.

Dies wird beispielsweise an der Elektronenkonfiguration des Elements Chrom Cr deutlich (vgl. **Bild 1**, S. 139). Nach der Konfiguration des vorhergehenden Elements Vanadium mit [Ar] $3d^34s^2$ wäre für Chrom die weitere Auffüllung des 3d-Orbitals zu erwarten: [Ar] $3d^44s^2$.

Tatsächlich aber ist der Zustand eines halb-besetzten 3d-Orbitals so stabil, dass ein Elektron aus dem 4s-Orbital zur Halbbesetzung des 3d-Orbitals verwendet wird: [Ar] $3d^54s^1$.

Das Element Chrom besitzt durch Halbbesetzung beider Orbitale einen stabileren Zustand.

Elektronenaffinität

Die 1. **Elektronenaffinität** E_{ea} eines Atoms ist die Energie, die frei wird oder verbraucht wird, um ein zusätzliches Elektron an das Atom anzulagern. Der Zahlenwert von E_{ea} ist negativ, wenn Energie frei wird, er ist positiv, wenn Energie zugeführt werden muss (**Bild 1**). Die Einheit der Elektronenaffinität ist Elektronenvolt eV: 1 eV = $1{,}6 \cdot 10^{-19}$ J

Mit dem allgemeinen Begriff Elektronenaffinität ist immer die 1. Elektronenaffinität gemeint. E_{ea} ist experimentell schwierig zu bestimmen. In der Literatur werden unterschiedliche Werte angegeben, von manchen Elementen ist keine Elektronenaffinität bekannt.

Von einigen Elementen wurde zusätzlich zur 1. auch die 2. **Elektronenaffinität** bestimmt. Hierbei handelt es sich um die Energie, die verbraucht wird, um ein zweites Elektron an das einfach negativ geladene Ion anzulagern. Die 2. Elektronenaffinität hat immer einen positiven Zahlenwert.

Trotz der Ungenauigkeit der Werte lässt die Änderung der 1. Elektronenaffinität innerhalb des Periodensystems gewisse Rückschlüsse auf die Elektronenkonfiguration der Elemente zu.

Die Elektronenaffinität der Gruppen Ia (1), IVa (14) und VIIa (17) ist vergleichsweise gering. Der Grund wird deutlich, wenn man die E_{ea}-Werte und die Elektronenkonfiguration der Elemente der 2. Periode vergleicht (**Tabelle 1**):

OZ	Hauptgruppen 1 Ia	2 IIa	13 IIIa	14 IVa	15 Va	16 VIa	17 VIIa	18 VIIIa
1	1 -0,75 H	(1 -0,75 ← 1. Elektronenaffinität in eV; H ← Elementsymbol)						2 >0 He
2	3 -0,62 Li	4 +0,19 Be	5 -0,28 B	6 -1,26 C	7 +0,07 N	8 -1,46 O	9 -3,40 F	10 +0,30 Ne
3	11 -0,55 Na	12 +0,29 Mg	13 -0,44 Al	14 -1,38 Si	15 -0,75 P	16 -2,08 S	17 -3,62 Cl	18 +0,36 Ar
4	19 -0,50 K	20 +1,93 Ca	31 -0,3 Ga	32 -1,2 Ge	33 -1,81 As	34 -2,02 Se	35 -3,26 Br	36 +0,40 Kr
5	37 -0,49 Rb	38 +1,51 Sr	49 -0,3 In	50 -1,2 Sn	51 -1,07 Sb	52 -1,97 Te	53 -3,06 I	54 +0,42 Xe
6	55 -0,47 Cs	56 +0,48 Ba	81 -0,2 Tl	82 -0,36 Pb	83 -0,95 Bi	84 Po	85 At	86 +0,42 Rn

1. Elektronenaffinität →

Bild 1: 1. Elektronenaffinität der Hauptgruppenelemente

Tabelle 1: 1. Elektronenaffinität der Elemente der 2. Periode

Element	E_{ea} in eV	Elektronenkonfiguration
Li	– 0,62	$1s^2\ 2s^1\ 2p_x^0\ 2p_y^0\ 2p_z^0$
Be	+ 0,19	$1s^2\ 2s^2\ 2p_x^0\ 2p_y^0\ 2p_z^0$
B	– 0,28	$1s^2\ 2s^2\ 2p_x^1\ 2p_y^0\ 2p_z^0$
C	– 1,26	$1s^2\ 2s^2\ 2p_x^1\ 2p_y^1\ 2p_z^0$
N	+ 0,07	$1s^2\ 2s^2\ 2p_x^1\ 2p_y^1\ 2p_z^1$
O	– 1,46	$1s^2\ 2s^2\ 2p_x^2\ 2p_y^1\ 2p_z^1$
F	– 3,40	$1s^2\ 2s^2\ 2p_x^2\ 2p_y^2\ 2p_z^1$
Ne	+ 0,30	$1s^2\ 2s^2\ 2p_x^2\ 2p_y^2\ 2p_z^2$

- Beim Lithium Li (Gruppe Ia) führt ein zusätzliches Elektron zur stabileren Konfiguration $1s^2\ 2s^2$, daher wird Energie frei.
- Durch das Anlagern eines Elektrons an das Beryllium-Atom Be wird die stabile Konfiguration $1s^2\ 2s^2$ zerstört. Aus diesem Grund ist Energie erforderlich, E_{ea} ist positiv.
- Beim Bor B wird beim Hinzufügen eines Elektrons weniger Energie frei als beim Lithium Li, denn weder eine stabilere noch eine instabilere Konfiguration ist die Folge.
- Beim Kohlenstoff C nimmt E_{ea} im Vergleich zum Bor erheblich zu, denn durch das Anlagern eines Elektrons entsteht die stabilere Halbbesetzung der 2p-Orbitale.
- Durch das Hinzufügen eines Elektrons zu einem Stickstoff-Atom N wird die Halbbesetzung der 2p-Orbitale zerstört, daher muss Energie zugeführt werden, E_{ea} ist positiv.
- Sauerstoff O kommt durch das Anlagern eines Elektrons der Edelgaskonfiguration näher, daher wird Energie frei.
- Fluor F erreicht durch das Hinzufügen eines Elektrons die Edelgaskonfiguration, daher wird viel Energie frei.
- Beim Neon Ne wird durch ein zusätzliches Elektron die Edelgaskonfiguration zerstört, aus diesem Grund muss vergleichsweise viel Energie zugeführt werden.

Die Elektronenaffinität nimmt somit insgesamt gesehen innerhalb der Periode von links nach rechts zu, sie unterliegt jedoch erheblichen Schwankungen. Die größte Elektronenaffinität hat Chlor.

Bei den **Gruppen** Ia (1), IIa (2), IIIa (13), VIa (14), VIIa (17) und VIIIa (18) nimmt die Elektronenaffinität von oben nach unten zu, bei den Gruppen Va (15) und VIa (17) nimmt sie hingegen von oben nach unten ab.

Die **1. Elektronenaffinität E_{ea}** eines Atoms ist die Energie, die frei oder benötigt wird, um ein zusätzliches Elektron anzulagern. Dabei entsteht ein einfach negativ geladenes Ion.

Die Elemente der Gruppe VIIa (17) haben die höchste Elektronenaffinität, die Elemente der Gruppe VIIIa (18) die geringste. Die Elektronenaffinität nimmt innerhalb der Periode zu, sie unterliegt jedoch großen Schwankungen.

Eine weitere wichtige Eigenschaft der Elemente, die sich periodisch ändert, ist die **Elektronegativität**. Sie wird nur dann deutlich, wenn Atome miteinander gebunden sind. In Kap. 6.2.9, S. 188, wird die Elektronegativität erläutert.

5.3.6 Hauptgruppenelemente und ihre Eigenschaften

Die Hauptgruppen werden entsprechend ihrer Nummerierung benannt. Für einige Hauptgruppen existieren zusätzliche spezielle Gruppennamen, die mit den in dieser Gruppe enthaltenen Elementen zusammenhängen (**Tabelle 1**).

Tabelle 1: Benennung der Hauptgruppen

1 (Ia)	2 (IIa)	13 (IIIa)	14 (IVa)	15 (Va)	16 (VIa)	17 (VIIa)	18 (VIIIa)
Alkalimetalle	Erdalkalimetalle	Borgruppe	Kohlenstoffgruppe	Stickstoffgruppe	Chalkogene	Halogene	Edelgase
(H)							He
Li	Be	B	C	N	O	F	Ne
...	...	...	...	...	...	...	...

Wasserstoff

Elementname	Elementsymbol	OZ	Relative Atommasse A_r
Wasserstoff	H	1	1,008

Der Wasserstoff H lässt sich nicht eindeutig in das PSE einordnen: Zum einen enthält er wie die Alkalimetalle (Hauptgruppe 1 (Ia)) ein Valenzelektron und bildet einfach positiv geladene Ionen (Protonen), zum anderen steht er wie die Halogene (Hauptgruppe 17 (VIIa)) kurz vor dem Erreichen der Edelgaskonfiguration. Deshalb kommt dem Wasserstoff eine Sonderstellung zu, er steht im PSE oberhalb der Gruppe 1 (Ia).

Weil sich das Elektron des Wasserstoffs sehr nah am Atomkern befindet, hat Wasserstoff eine doppelt so hohe Ionisierungsenergie als die im PSE darunter stehenden Elemente.

Wasserstoff ist das kleinste der Atome und ein typisches Nichtmetall. Unter Normbedingungen liegt Wasserstoff als farbloses, geruchloses, geschmackloses, ungiftiges sowie brennfähiges Gas vor (Siedetemperatur: – 253 °C). Er verbrennt mit kaum sichtbarer, schwach bläulicher Flamme mit Sauerstoff O_2 zu Wasserdampf H_2O. Unkontrolliert läuft diese Reaktion so heftig ab, dass ein Gemisch aus Wasserstoff und Sauerstoff als **Knallgas** bezeichnet wird.

Mit den Elementen der 14. bis 17. Gruppe des PSE sowie mit den Elementen Bor B und Gallium Ga verbindet sich Wasserstoff zu flüchtigen oder gasförmigen Wasserstoffverbindungen, wie z. B. mit Schwefel S zu Schwefelwasserstoff H_2S, mit Stickstoff N zu Ammoniak NH_3, mit Kohlenstoff C zu Methan CH_4 und mit Halogenen zu den entsprechenden Halogenwasserstoffen wie Fluorwasserstoff HF (Hydrogenfluorid) oder Chlorwasserstoff HCl (Hydrogenchlorid).

Viele Übergangselemente können Wasserstoff zum Teil in beträchtlicher Menge aufnehmen. Insbesondere die Metalle Platin Pt und Palladium Pd sind hierfür bekannt (s. Kap. 2.6, S. 70).

Gruppe 1 (Ia): Alkalimetalle

Die Elemente der Gruppe 1 bzw. Ia sind u. a. Lithium Li, Natrium Na, Kalium K, Rubidium Rb und Caesium Cs. Lithium, Natrium, Kalium und Rubidium sind silberweiß, Cäsium ist goldgelb. Die Alkalimetalle sind weiche **Leichtmetalle**, deren **Dichte** gering ist und mit zunehmender Ordnungszahl zunimmt. Lithium, Natrium und Kalium sind leichter als Wasser ($\varrho < 1\ g \cdot cm^{-1}$).

1 Elementname	Elementsymbol	OZ	Relative Atommasse A_r
Lithium	Li	3	6,941
Natrium	Na	11	22,990
Kalium	K	19	39,098
Rubidium	Rb	37	85,468
Cäsium	Cs	55	132,905
Francium[1]	Fr	87	(223)

[1] kein stabiles Isotop bekannt

Die **Schmelz-** und **Siedetemperaturen** sind niedrig, sie nehmen mit zunehmender Ordnungszahl ab.

Die **Valenzelektronenfiguration** ist s^1. Das Elektron wird leicht unter Bildung eines einfach positiv geladenen Kations abgegeben, daher sind die Alkalimetalle die reaktivsten Metalle. Die **Ionisierungsenergie** nimmt vom Lithium zum Cäsium ab. Daher nimmt die **Reaktivität** innerhalb der Gruppe zu. Lithium, Natrium und Kalium werden zum Schutz vor Feuchtigkeit und Sauerstoff unter Petroleum aufbewahrt. Rubidium und Caesium werden in luftdichten Ampullen unter Schutzgas (Argon) oder im Vakuum gelagert.

Gruppe 2 (IIa): Erdalkalimetalle

Zu den Erdalkalimetallen gehören u. a. Beryllium Be, Magnesium Mg, Calcium Ca, Strontium Sr und Barium Ba. Beryllium Be ist stahlgrau und hart, Magnesium ist silberglänzend und mittelhart. Calcium Ca, Strontium Sr und Barium Ba sind silberweiß und weich. Alle Erdalkalimetalle sind Leichtmetalle, wobei die **Dichte** größer ist als die der Alkalimetalle, sie nimmt mit zunehmender Ordnungszahl zu.

2 Elementname	Elementsymbol	OZ	Relative Atommasse A_r
Beryllium	Be	4	9,012
Magnesium	Mg	12	24,305
Calcium	Ca	20	40,078
Strontium	Sr	38	87,620
Barium	Ba	56	137,327
Radium[1]	Ra	88	(226)

[1] kein stabiles Isotop bekannt

Auch die **Schmelz-** und **Siedetemperaturen** der Erdalkalimetalle liegen höher als die der Alkalimetalle, sie nehmen mit zunehmender Ordnungszahl ab.

Die **Valenzelektronenkonfiguration** der Erdalkalimetalle ist s^2. Die beiden Elektronen werden leicht unter Bildung eines zweifach positiv geladenen Kations abgegeben. Die 1. und 2. **Ionisierungsenergie** ist etwas höher als die entsprechenden Werte der Alkalimetalle, sie nimmt mit steigender Ordnungszahl ab. Die **Reaktivität** ist etwas geringer als die der Alkalimetalle, sie nimmt mit steigender Ordnungszahl zu.

Beryllium und Magnesium bilden an trockener Luft zusammen mit Sauerstoff eine schützende Oxidschicht. Diese Reaktion wird **Passivierung** genannt. Sie können daher in grober Form in geschlossenen Behältern aufbewahrt werden. Dünne Magnesiumfolien entzünden sich leicht. Alle anderen Erdalkalimetalle sollten zum Schutz vor Feuchtigkeit und Luftsauerstoff unter Petroleum oder in Ampullen unter Schutzgas gelagert werden.

Gruppe 13 (IIIa): Borgruppe

Zur Gruppe 13 (IIIa) gehören u. a. die Elemente Bor B, Aluminium Al, Gallium Ga, Indium In und Thallium.

Bor B nimmt innerhalb der Gruppe eine Sonderstellung ein, es ist ein sehr hartes, hoch schmelzendes Halbmetall, seine elektrische Leitfähigkeit nimmt bei zunehmender Temperatur stark zu. Nach dem Diamant ist Bor das härteste Element.

Aluminium Al ist ein silberweißes Leichtmetall, es ist weich und dehnbar. Gallium Ga, Indium In und Thallium Tl sind weiß glänzende, sehr weiche Metalle. Indium wird daher auch als gasdichte, metallene Dichtung verwendet.

13 Elementname	Elementsymbol	OZ	Relative Atommasse A_r
Bor	B	5	10,811
Aluminium	Al	13	26,982
Gallium	Ga	31	69,723
Indium	In	49	114,818
Thallium	Tl	81	204,383
Nihonium[1)]	Nh	113	(287)

1) kein stabiles Isotop bekannt

Die **Dichte** der Elemente der Borgruppe ist größer als die der Elemente der Gruppe 2 (IIa), sie nimmt mit zunehmender Ordnungszahl zu.

Auch die **Schmelz**- und **Siedetemperaturen** liegen meist über denen der Elemente in der Gruppe 2 (IIa).

Die **Valenzelektronenkonfiguration** ist $s^2p_x^1p_y^0p_z^0$, wobei es willkürlich ist, auf welchem der drei p-Orbitale sich das Elektron befindet.

Bor bildet aufgrund seiner hohen Ionisierungsenergien keine Ionen, sondern erreicht die Edelgaskonfiguration auf anderem Wege: durch Mitnutzen von Elektronen anderer Atome über die Ausbildung von speziellen Elektronenpaarbindungen (s. Kap. 6.2.2, S. 173).

Aluminium, Gallium, Indium und Thallium hingegen geben die drei Valenzelektronen ab und bilden dreifach positiv geladenene Kationen. Auch die Abgabe eines Elektrons unter Bildung eines einfach positiv geladenen Kations ist möglich.

Mit zunehmender Ordnungszahl nimmt die Beständigkeit dieses einfach positiv geladenen Kations zu: Das Aluminium-Kation Al^{3+} ist beständiger als Al^+, Tl^+ hingegen ist das beständigste Ion des Thalliums.

Die **Ionisierungsenergie** liegt etwas höher als bei den Elementen der Gruppe 2 (IIa). Sie ändert sich jedoch nicht regelmäßig mit steigender Ordnungszahl. Der metallische Charakter nimmt vom Aluminium zum Thallium sogar ab. Der Grund besteht darin, dass ab der 4. Periode die 3d-Orbitale aufgefüllt werden. Bei Aluminium (OZ 13) mit der Elektronenkonfiguration [Ne] $3s^2\,3p^1$ wird die 3. Schale von den 13 Protonen im Kern angezogen.

Bei Gallium mit der Ordnungszahl 31 und der Elektronenkonfiguration [Ar] $3d^{10}\,4s^2\,4p^1$ wirkt auf die s- und p-Elektronen der 4. Schale durch die 31 Protonen eine relativ hohe Kernladung. Daher ist mehr Energie erforderlich, um Elektronen aus dem Gallium zu entfernen.

Die **Reaktivität** der Elemente der Gruppe 13 (IIIa) ist geringer als bei der Gruppe 12 (IIa). Das Reaktionsverhalten wird beim Aluminium, Gallium und Thallium durch die Passivierung, d. h. die Ausbildung einer Oxidschicht als Schutzschicht, beeinflusst. Die Reaktivität der Elemente nimmt von Bor zum Aluminium zu, dann bis zum Gallium ab und beim Thallium wieder zu.

Aufgrund der Passivierung können die Elemente der Gruppe 13 (IIIa) in geschlossenen Behältern aufbewahrt werden. Nur Thallium wird unter Glycerin gelagert.

Gruppe 14 (IVa): Kohlenstoffgruppe

14 Elementname	Elementsymbol	OZ	Relative Atommasse A_r
Kohlenstoff	C	6	12,011
Silicium	Si	14	28,086
Germanium	Ge	32	72,640
Zinn	Sn	50	118,710
Blei	Pb	82	207,200
Flerovium[1]	Fl	114	(289)

[1] kein stabiles Isotop bekannt

Die Elemente Kohlenstoff C, Silicium Si, Germanium Ge, Zinn Sn und Blei Pb gehören zur Gruppe 14 (IVa). Am Beispiel dieser Gruppe wird die Zunahme des metallischen Charakters mit zunehmender Ordnungszahl besonders deutlich: Kohlenstoff ist ein Nichtmetall, Silicium und Germanium sind Halbmetalle, Zinn und Blei sind Metalle.

Kohlenstoff C kommt in elementarer Form in verschiedenen Modifikationen (Erscheinungsformen) vor. Die beiden häufigsten sind farbloser, durchsichtiger Diamant und grauschwarzer, metallisch glänzender Graphit. Als weitere Modifikation ist die Gruppe der Fullerene bereits gut untersucht (s. Kap. 6.2.8, S. 187). Interessante industrielle Anwendungen versprechen auch die Kohlenstoff-Nanoröhren.

Silicium ist ein grauer, spröder Feststoff, ebenso wie Germanium und graues Zinn. Weißes Zinn weist hingegen typische metallische Eigenschaften auf. Blei ist ein blau-graues, weiches und dehnbares Metall. An frischen Schnittstellen sieht man den metallischen Glanz. Ebenso wie Aluminium bildet Blei mit dem Luftsauerstoff eine schützende Oxidschicht.

Die **Dichte** der Elemente der Gruppe 14 (IVa) hängt von der Modifikation ab. Sie ist allgemein gesehen größer als die Dichte der Elemente der Gruppe 13 (IIIa) und nimmt mit zunehmender Ordnungszahl zu. Allerdings bildet die Kohlenstoff-Modifikation Diamant eine Ausnahme: seine Dichte ist größer als die Dichte des elementaren Siliciums ($\varrho_{\text{Diamant}} = 3{,}51\ \text{g} \cdot \text{cm}^{-3}$; $\varrho_{\text{Si}} = 2{,}33\ \text{g} \cdot \text{cm}^{-3}$).

Die **Schmelz-** und **Siedetemperaturen** nehmen vom Kohlenstoff zum Zinn hin ab, zum Blei hin zu.

Die **Valenzelektronenkonfiguration** der Elemente der Gruppe 13 (IIIa) ist $s^2p_x{}^1p_y{}^1p_z{}^0$. Durch die Abgabe der 4 Elektronen kann die Edelgaskonfiguration erreicht werden, dabei entsteht ein vierfach positiv geladenes Kation. Durch Abgabe von 2 Elektronen kann die relativ stabile Valenzkonfiguration s^2 erreicht werden, das Kation trägt in diesem Fall eine zweifach positive Ladung. Kohlenstoff und Silicium geben jedoch keine Elektronen unter Bildung von Kationen ab, sie erreichen eine Edelgaskonfiguration durch Auffüllen der eigenen p-Orbitale über die Mitnutzung vorhandener Elektronen eines anderen Atoms (Elektronenpaarbindungen). Beispiele hierfür sind die Kohlenstoff-Wasserstoff- und die homologe Silicium-Wasserstoff-Verbindung Methan CH_4 und Silan SiH_4. Sowohl Methan als auch Silan sind stabile Verbindungen. Germanium und Zinn geben bevorzugt 4 Elektronen ab und reagieren zu den vierfach positiv geladenen Kationen Ge^{4+} bzw. Sn^{4+}. Blei Pb kommt hingegen in der Natur nur als zweifach positiv geladenes Kation vor. Zwar existieren Pb^{4+}-Verbindungen, sie sind aber instabiler als Pb^{2+}-Verbindungen.

Gruppe 15 (Va): Stickstoffgruppe

15 Elementname	Elementsymbol	OZ	Relative Atommasse A_r
Stickstoff	N	7	14,007
Phosphor	P	15	30,974
Arsen	As	33	74,922
Antimon	Sb	51	121,760
Bismut	Bi	83	208,980
Moscovium[1]	Mc	115	(288)

[1] kein stabiles Isotop bekannt

Zur Gruppe 15 (Va) zählen u. a. die Elemente Stickstoff N, Phosphor P, Arsen As, Antimon Sb und Bismut Bi. Der metallische Charakter der Elemente nimmt mit steigender Ordnungszahl zu.

Stickstoff N ist ein typisches Nichtmetall, das als farbloses und geruchloses Gas N_2 vorliegt. Phosphor P ist unter Normbedingungen ein Feststoff, es gibt ihn in drei Modifikationen: roter Phosphor mit typisch nichtmetallischen Eigenschafen, violetter Phosphor und schwarzer Phosphor, ein metallisch glänzender Halbleiter.

Graues Arsen As ist ein spröder und metallisch glänzender Feststoff, der den elektrischen Strom leitet. Graues Antimon Sb ist ebenfalls metallisch glänzend und elektrisch leitend. Es gibt aber auch eine nichtmetallische Modifikation des Antimons, das schwarze Antimon. Bismut Bi ist in elementarer Form ein silberweißer Feststoff mit typischen Metalleigenschaften.

Die **Dichte** nimmt innerhalb der Gruppe mit zunehmender Ordnungszahl zu. Sie ist allerdings abhängig von der jeweils vorliegenden Modifikation, die metallische Modifikation eines Stoffes hat eine höhere Dichte als die nicht-metallische Modifikation.

Die **Schmelz-** und **Siedetemperatur** nehmen von Stickstoff bis Arsen zu, bei Bismut wieder ab.

Die **Valenzelektronenkonfiguration** der Elemente ist $s^2p_x{}^1p_y{}^1p_z{}^1$. Die Atome dieser Gruppe haben verschiedene Möglichkeiten, um die Edelgaskonfiguration zu erreichen. Neben der Möglichkeit, fünffach positiv geladene Kationen zu bilden, nimmt mit steigender Ordnungszahl die Stabilität des dreifach positiv geladenen Kations zu: Bi^{3+}-Verbindungen sind beispielsweise stabiler als Bi^{5+}-Verbindungen.

Gruppe 16 (VIa): Chalkogene

Zu den Chalkogenen zählen u. a. die Elemente Sauerstoff O, Schwefel S, Selen Se, Tellur Te und Polonium Po. Die Hauptgruppe der Chalkogene wird nach dem ersten Element auch als Sauerstoff-Gruppe bezeichnet.

Die Elemente dieser Gruppe werden auch **Erzbildner** genannt, denn sie kommen sehr häufig als Verbindungspartner der Metalle in Erzen vor. Insbesondere die Elemente Sauerstoff und Schwefel bilden mit Metallen die Metalloxide wie Aluminiumoxid Al_2O_3 oder Bleioxid PbO_2, die Metallsulfate wie Kupfersulfat Cu_2SO_4 oder die Metallsulfide wie das Eisensulfid Pyrit FeS_2 (**Bild 1**, S. 21).

> Ein **Erz** ist ein metallhaltiges Mineral, das mit wirtschaftlichem Gewinn abgebaut und weiter verarbeitet werden kann. Es ist oft von Gestein (z. B. Kalkspat $CaCO_3$ oder Quarz SiO_2) durchsetzt.

16 Elementname	Elementsymbol	OZ	Relative Atommasse A_r
Sauerstoff	O	8	15,999
Schwefel	S	16	32,065
Selen	Se	34	78,960
Tellur	Te	52	127,600
Polonium[1)]	Po	84	(209)
Livermorium[1)]	Lv	116	(289)
[1)] kein stabiles Isotop bekannt			

Sauerstoff und Schwefel sind typische Nichtmetalle, die beiden folgenden Vertreter Selen und Tellur Halbmetalle, das radioaktive Polonium zeigt typisch metallische Eigenschaften.

Sauerstoff liegt als farbloses und geruchloses Gas O_2 vor. Schwefel ist ein hellgelber, spröder Feststoff, dessen stabilste Grundstruktur S_8-Ringe sind (**Bild 1**, S. 17). Selen kommt in sechs unterschiedlichen Modifikationen vor. Rotes Selen hat eher nichtmetallische Eigenschaften, graues Selen weist die Eigenschaften eines Halbmetalls auf, schwarzes Selen hat metallische Eigenschaften. Tellur ist ein silberweißer, metallisch glänzender und spröder Feststoff, Tellur-Dämpfe hingegen sind goldgelb.

Die **Dichte** der einzelnen Elemente dieser Gruppe hängt von der Modifikation ab, sie nimmt mit zunehmender Ordnungszahl zu. Die metallische Modifikation eines Stoffes hat jeweils eine höhere Dichte als die nichtmetallische Modifikation).

Die **Siedetemperatur** nimmt ebenso wie die **Schmelztemperatur** mit zunehmender Ordnungszahl zu.

Die **Valenzelektronenkonfiguration** der Elemente ist $s^2p_x{}^2p_y{}^1p_z{}^1$. Es fehlen noch 2 Elektronen bis zum Erreichen der Edelgaskonfiguration.

5

Gruppe 17 (VIIa): Halogene

17 Elementname	Elementsymbol	OZ	Relative Atommasse A_r
Fluor	F	9	18,998
Chlor	Cl	17	35,453
Brom	Br	35	79,904
Iod	I	53	126,904
Astat[1]	At	85	(210)
Tennessine[1]	Ts	117	(293)

[1] kein stabiles Isotop bekannt

Zu den Halogenen (Salzbildner) zählen u. a. die Elemente Fluor F, Chlor Cl, Brom Br, Iod I und Astat At.

Sie sind ausgeprägte Nichtmetalle und weisen sehr ähnliche Eigenschaften auf.

Fluor ist bei Raumtemperatur ein gelbliches, ätzendes und giftiges Gas F_2. Chlor ist ein gelbgrünes Gas Cl_2, ebenfalls ätzend und giftig. Brom Br_2 ist bei Normbedingungen eine braune Flüssigkeit, dessen Dämpfe die Schleimhäute reizen. Am Beispiel des Iods sieht man, dass der metallische Charakter auch innerhalb dieser Gruppe zunimmt: Iodkristalle I_2 sind bei Raumtemperatur schwarz, metallisch glänzend. Iod ist ein Halbleiter. Astat At ist radioaktiv und instabil.

Wie bei allen anderen Gruppen wird deutlich, dass die **Dichte** mit zunehmender Ordnungszahl von Fluor F mit 1,70 g · cm^{-3} bis zu Iod I mit 4,94 g · cm^{-3} zunimmt.

Auch die **Siede-** und **Schmelztemperaturen** nehmen mit zunehmender Ordnungszahl zu.

Die **Valenzelektronenkonfiguration** der Halogene ist $s^2p_x^2p_y^2p_z^1$. Es fehlt noch 1 Elektron bis zum Erreichen der Edelgaskonfiguration. Dies hat zur Folge, dass diese Elemente sehr reaktionsfreudig sind. Mit Metallen reagieren die Halogene zu Salzen. Die Reaktion mit Wasserstoff führt zur Bildung der Halogenwasserstoff-Verbindungen wie dem gasförmigen Fluorwasserstoff HF oder dem gasförmigen Chlorwasserstoff HCl, die nach neuer *IUPAC*-Richtlinie als Hydrogenfluorid bzw. Hydrogenchlorid bezeichnet werden.

Gruppe 18 (VIIIa): Edelgase

18 Elementname	Elementsymbol	OZ	Relative Atommasse A_r
Helium	He	2	4,003
Neon	Ne	10	20,180
Argon	Ar	18	39,948
Krypton	Kr	36	83,798
Xenon	Xe	54	131,293
Radon[1]	Rn	86	(222)
Oganesson[1]	Og	118	(294)

[1] kein stabiles Isotop bekannt

Zur Gruppe der Edelgase zählen u. a. die Elemente Helium He, Neon Ne, Argon Ar, Krypton Kr, Xenon Xe und Radon Rn.

Alle Edelgase sind farblose und geruchslose Gase.

Ihre **Siede-** und **Schmelztemperatur** nehmen mit zunehmender Ordnungszahl zu.

Die **Valenzelektronenkonfiguration** der Edelgase ist $s^2p_x^2p_y^2p_z$. Aufgrund ihrer stabilen Edelgaskonfiguration sind sie chemisch nicht sehr reaktiv und liegen als einatomige Gase vor.

Die Edelgase besitzen untereinander und im Vergleich zu den anderen Elementgruppen relativ einheitliche chemische Eigenschaften. Argon ist das häufigste Edelgas auf der Erde und ist mit den anderen Vertretern dieser Gruppe ein Bestandteil der Luft. Verwendet werden sie im chemischen Labor als **Schutzgas (Inertgas)**.

5.3.7 Nebengruppenelemente und ihre Eigenschaften

Die Nebengruppen befinden sich im Periodensystem der Elemente zwischen den Gruppen 2 (IIa) und 13 (IIIa). Sie werden nach der neuen *IUPAC*-Empfehlung mit 3 bis 12 durchnummeriert.

Nach der älteren Vorgehensweise werden die ersten fünf Spalten mit IIIb bis VIIb nummeriert, die sich anschließenden drei Spalten bilden die Nebengruppe VIIIb, die nächsten beiden Spalten sind die Nebengruppen Ib und IIb.

Gruppe 11 (Ib): Kupfergruppe

Zur Kupfergruppe, die auch Gruppe der **Münzmetalle** genannt wird, gehören u. a. Kupfer Cu, Silber Ag und Gold Au.

11 Elementname	Elementsymbol	OZ	Relative Atommasse A_r
Kupfer	Cu	29	63,546
Silber	Ag	47	107,868
Gold	Au	79	196,970
Roentgenium[1)]	Rg	111	(272)

[1)] kein stabiles Isotop bekannt

Die drei Metalle kommen elementar vor, Kupfer und Silber sind jedoch vorwiegend in Form von Verbindungen mit Sauerstoff oder Schwefel (Erze) zu finden. Die Münzmetalle sind im Vergleich zu anderen Metallen recht korrosionsbeständig und mechanisch gut zu bearbeiten. Daher wurden sie trotz ihrer hohen Schmelztemperatur schon von den alten Kulturvölkern zur Herstellung von Münzen verwendet.

Kupfer Cu ist ein hellrotes, dehnbares Metall. Es bildet mit dem Sauerstoff der Luft auf seiner Oberfläche eine feste Oxidschicht, die das Metall vor einer weiteren Reaktion schützt. Kristalline Metallmischverbindungen mit Metallbindung von Kupfer und Zinn bzw. Zink (Legierungen) sind die Werkstoffe Bronze und Messing, die schon 3000 vor Christus Verwendung fanden.

Metallische Legierungen sind Mischungen aus mindestens zwei unterschiedlichen Metallen, die einen kristallinen Aufbau mit Metallbindungen besitzen.

Silber Ag ist ein weiß glänzendes, sehr weiches und dehnbares Metall. Es reagiert nicht mit Sauerstoff O_2, reagiert jedoch in Gegenwart von Sauerstoff mit Schwefelwasserstoff H_2S zu schwarzem Silbersulfid Ag_2S. Aus diesem Grund laufen Silberschmuck und Silbermünzen mit der Zeit schwarz an. Es kommt zu einer Reaktion des Silbers mit dem Schwefel der Umgebung. Silber besitzt die höchste **elektrische Leitfähigkeit** aller Metalle, Kupfer die zweithöchste.

Gold Au besitzt immerhin 70 % der Leitfähigkeit des Silbers. Es ist „goldgelb" und metallisch glänzend. Weil es reaktionsträge ist, kommt es in der Natur hauptsächlich elementar vor (Berggold innerhalb von Quarzschichten oder Goldkörner bzw. Goldstaub im Sediment von Flüssen).

Die Elemente der Kupfergruppe haben die **Valenzelektronenkonfiguration** s^1d^{10}. Das Elektron des s-Orbitals wird jedoch nicht so leicht abgegeben wie bei den Alkalimetallen, weil die große Zahl an Protonen (hohe Kernladung) auf die äußere Schale wirkt. Ihre **Ionisierungsenergie** ist daher höher als die der Alkalimetalle, sie nimmt tendenziell vom Kupfer zum Gold hin zu.

Gruppe 12 (IIb): Zinkgruppe

Zur Gruppe 12 gehören u. a. Zink Zn, Cadmium Cd und Quecksilber Hg.

12 Elementname	Elementsymbol	OZ	Relative Atommasse A_r
Zink	Zn	30	65,409
Cadmium	Cd	48	112,411
Quecksilber	Hg	80	200,590
Copernicium[1)]	Cn	112	(277)

[1)] kein stabiles Isotop bekannt

Die Metalle kommen in der Natur nicht elementar, sondern in Form von Erzen vor. Sie haben im Vergleich zu den Münzmetallen niedrige Siede- und Schmelztemperaturen.

Zink Zn ist ein bläulich-weißes Metall, das im hochreinen Zustand innerhalb eines engen Temperaturbereichs dehnbar, sonst aber spröde ist. Zink ist ein unedles Metall, d. h. es ist ziemlich reaktionsfähig, wird jedoch durch die Bildung einer Schutzschicht (Passivierung) vor der Reaktion mit Sauerstoff oder Wasser geschützt.

Cadmium Cd ist ein silberweißes Metall, das etwas weniger reaktionsfähig als Zink ist.

Quecksilber Hg ist ein silberweißes Metall, das bei Raumtemperatur flüssig ist. Es ist ein edles Metall, das sich in seinem Reaktionsverhalten erheblich von Zink und Cadmium unterscheidet. Quecksilberdampf ist sehr giftig, er reagiert mit organischen Molekülen zu Organo-Hg-Verbindungen.

Die Elemente der Gruppe 12 haben die **Valenzelektronenkonfiguration** s^2d^{10}. Sie geben die beiden s-Elektronen jedoch nicht so leicht ab wie die Erdalkalimetalle, weil die hohe Kernladung auf die äußere Schale wirkt. Ihre **Ionisierungsenergie** ist daher höher als die der Alkalimetalle, sie nimmt vom Zink zum Cadmium ab und zum Quecksilber wieder zu.

Gruppe 3 (IIIb): Scandiumgruppe

Scandium Sc, Yttrium Y und Lanthan La, werden zusammen mit den Lanthanoiden als Seltenerdmetalle bezeichnet. Es handelt sich um unedle, reaktionsfreudige Metalle.

3	Elementname	Elementsymbol	OZ	Relative Atommasse A_r
	Scandium	Sc	21	44,956
	Yttrium	Y	39	88,906
	Lanthan	La	57	138,906
	Actinium[1]	Ac	89	(227)

[1] kein stabiles Isotop bekannt

Gruppe 4 (IVb): Titangruppe

Zur Gruppe 4 gehören u. a. Titan Ti, Zirkonium Zr und Hafnium Hf.

Es handelt sich um hochschmelzende, unedle Metalle mit einer hohen Korrosionsbeständigkeit.

Titan Ti ist das bedeutendste Element dieser Gruppe, es handelt sich um ein silberweißes Leichtmetall, das sich durch eine hohe Festigkeit auszeichnet. Titanlegierungen werden aufgrund ihrer besonderen Eigenschaften als Werkstoff eingesetzt. Titandioxid TiO_2 (Weißpigment) kommt in vielen Substanzen vor, z. B. häufig in Zahnpasta oder Wandfarbe.

4	Elementname	Elementsymbol	OZ	Relative Atommasse A_r
	Titan	Ti	22	47,867
	Zirkonium	Zr	40	91,224
	Hafnium	Hf	72	178,490
	Rutherfordium[1]	Rf	104	(261)

[1] kein stabiles Isotop bekannt

Gruppe 5 (Vb): Vanadiumgruppe

Vanadium V, Niob Nb und Tantal Ta sind unedle Metalle, die an der Luft aufgrund der Bildung einer Schutzschicht blank bleiben.

Die Metalle sind weich und dehnbar.

5	Elementname	Elementsymbol	OZ	Relative Atommasse A_r
	Vanadium	V	23	50,942
	Niob	Nb	41	92,906
	Tantal	Ta	73	180,948
	Dubnium[1]	Db	105	(262)

[1] kein stabiles Isotop bekannt

Gruppe 6 (VIb): Chromgruppe

Chrom Cr, Molybdän Mo und Wolfram W weisen ähnliche chemische Eigenschaften auf. Chrom ist silberweiß, Molybdän silberweiß bis stahlgrau und Wolfram weißglänzend. Wolfram hat die höchste Schmelztemperatur aller Kristalle, nach dem Kohlenstoff sogar aller Elemente.

Die Metalle der Chromgruppe sind unedel, sind aber durch die Ausbildung einer dünnen Oxidschicht an der Luft und im Wasser stabil.

Aufgrund ihrer hohen Schmelz- und Siedetemperatur sowie ihrer mechanischen Festigkeit sind die Elemente der Chromgruppe wichtige Legierungsbestandteile. Chrom ist in den meisten nichtrostenden und hitzebeständigen Stählen enthalten.

6	Elementname	Elementsymbol	OZ	Relative Atommasse A_r
	Chrom	Cr	24	52,996
	Molybdän	Mo	42	95,940
	Wolfram	W	74	183,840
	Seaborgium[1]	Sg	106	(266)

[1] kein stabiles Isotop bekannt

Gruppe 7 (VIIb): Mangangruppe

Mangan Mn ist nach dem Eisen Fe das am häufigsten vorkommende Schwermetall. Es handelt sich um ein unedles Metall, in der Natur kommt es in mineralischer Form vor (z. B. Prysolit MnO_2 oder Hausmannit Mn_2O_3). Elementares Mangan ist silbergrau und spröde. Es ist in fast allen Stählen als Legierungsbestandteil enthalten. Technetium Tc kann nur künstlich hergestellt werden. Rhenium Re kommt hingegen in Spuren in der Erdkruste vor. Es wird zur Herstellung von Elektroden oder Katalysatoren verwendet und ist aufgrund seiner Härte ein Legierungselement.

7 Elementname	Elementsymbol	OZ	Relative Atommasse A_r
Mangan	Mn	25	54,938
Technetium[1)]	Tc	43	(98)
Rhenium	Re	75	186,207
Bohrium[1)]	Bh	107	(264)

[1)] kein stabiles Isotop bekannt

Gruppen 8, 9 und 10 (VIIIb): Eisen-Platin-Gruppe

Nach der aktuellen *IUPAC*-Empfehlung wird die Gruppe 8 als **Eisengruppe**, die Gruppe 9 als **Cobaltgruppe** und die Gruppe 10 als **Nickelgruppe** bezeichnet (s. Tabellen rechts).

Die Gruppen 8 bis 10 werden nach der älteren *IUPAC*-Empfehlung zusammengefasst, sie werden Gruppe VIIIb oder Eisen-Platin-Gruppe genannt. Die Benennung ist auch heute noch üblich, wodurch es leicht zu Verwechslungen kommen kann. Die Eisen-Platin-Gruppe (VIIIb) wird weiter unterteilt in:

- die **Eisengruppe**. Dazu zählen die im PSE nebeneinander stehenden Elemente Eisen Fe, Cobalt Co und Nickel Ni, sie weisen große Ähnlichkeit auf.
- die **Gruppe der Platinmetalle**. Sie umfasst alle weiteren Elemente der Eisen-Platin-Gruppe und wird weiter aufgeteilt in:
  - die Osmium-Gruppe, dazu gehören Ruthenium Rh und Osmium Os,
  - die Iridiumgruppe mit Rhodium Rh und Iridium Ir,
  - die Platingruppe, hierzu zählen Palladium Pd und Platin Pt.

8 Elementname	Elementsymbol	OZ	Relative Atommasse A_r
Eisen	Fe	26	55,845
Ruthenium	Ru	44	101,070
Osmium	Os	76	190,230
Hassium[1)]	Hs	108	(277)

[1)] kein stabiles Isotop bekannt

9 Elementname	Elementsymbol	OZ	Relative Atommasse A_r
Cobalt	Co	27	58,933
Rhodium	Rh	45	102,906
Iridium	Ir	77	192,217
Meitnerium[1)]	Mt	109	(268)

[1)] kein stabiles Isotop bekannt

10 Elementname	Elementsymbol	OZ	Relative Atommasse A_r
Nickel	Ni	28	58,693
Palladium	Pd	46	106,420
Platin	Pt	78	195,084
Darmstadtium[1)]	Ds	110	(271)

[1)] kein stabiles Isotop bekannt

Eisen Fe ist das vierthäufigste Element in der Erdkruste, es kommt in Form von Erzen vor. In elementarer Form ist es ein silberweißes, weiches und reaktives Schwermetall. An trockener Luft wird Eisen passiviert, eine dünne Oxidschicht schützt es vor weiteren Reaktionen. In Gegenwart von Sauerstoff und Wasser rostet Eisen, es bildet sich FeO(OH). Zum Schutz vor Korrosion wird Eisen beispielsweise mit einem Schutzanstrich versehen oder verzinkt.

Eisen ist der wichtigste metallische Werkstoff, es ist Hauptbestandteil des **Stahls**. Roheisen wird durch die Reaktion sauerstoffhaltiger Eisenerze mit Koks erzeugt (s. Kap. 16.8.2, S. 493). Bei der Stahlerzeugung wird der Kohlenstoffgehalt des Roheisens gesenkt, außerdem werden störende Bestandteile entfernt. Durch die Zugabe von Legierungsbestandteilen und eine ganz bestimmte

Wärmebehandlung bekommt der Stahl seine besonderen Eigenschaften, wie Härte, Festigkeit und Korrosionsbeständigkeit (s. Kap. 16.8.2, S. 493).

Eisen ist auch ein wichtiges Element für den menschlichen Organismus, denn es ist Bestandteil des roten Blutfarbstoffs, des Hämoglobins. Dieses transportiert den Sauerstoff von der Lunge zu den Körperzellen.

Cobalt Co ist ein stahlgraues Metall, das härter und weniger reaktiv als Eisen ist. Es wird zur Herstellung von hochtemperaturbeständigen Legierungen verwendet. Nickel Ni ist ein silberweißes, zähes, dehnbares Metall, das sich durch eine besondere Korrosionsbeständigkeit auszeichnet. Es erhöht als Legierungselement die Härte, Zähigkeit und Korrosionsbeständigkeit von Stählen.

Die Platinmetalle sind silberweiß bis stahlgrau, sie besitzen hohe Schmelz- und Siedetemperaturen.

Aufgaben:

1. a) Stellen Sie die wesentlichen Aussagen der Atommodelle von *Dalton*, *Thomson* und *Rutherford* zusammen.

b) Erklären Sie das Ergebnis von *Rutherford*s Streuversuch anhand der Atommodelle von *Thomson* bzw. *Rutherford*.

2. Wasserstoff H emittiert bei thermischer Anregung eine charakteristische elektromagnetische Strahlung. Erläutern Sie die Entstehung der Spektrallinien des Wasserstoffs auf der Grundlage des *Bohr*schen Atommodells.

3. Was ist unter dem *Pauli*-Verbot zu verstehen? Was besagt die *Hund*sche Regel?

4. Geben Sie die Elektronenkonfiguration folgender Elemente in der Orbitalschreibweise an.
a) N **b)** F **c)** Al **d)** S **e)** Ca **f)** V **g)** Ni **h)** Cu

5. Nennen und erläutern Sie die drei Ordnungskriterien, nach denen das Periodensystem der Elemente aufgebaut ist.

6. Worin besteht der Unterschied zwischen der absoluten und der relativen Atommasse? Erläutern Sie und geben Sie an, welche Atommasse im PSE angegeben ist.

7. a) Geben Sie den Namen, die Ladung sowie den Ort der wichtigsten Elementarteilchen an.

b) In welchem Verhältnis steht die Masse des leichteren Elementarteilchens im Vergleich zur Masse der schwereren Nukleonen?

8. Geben Sie folgende Größen für das neutrale Atom der drei Nuklide $^{12}_{6}C$, $^{14}_{6}C$ und $^{23}_{11}Na$ an:

a) die Neutronenanzahl und die Nukleonenzahl,

b) die Ordnungszahl und die Kernladungszahl,

c) die Massenzahl und die Anzahl der Elektronen.

9. Berechnen Sie die Anzahl der Neutronen $N(n)$ sowie der Nukleonen in einem Atomkern der beiden Sauerstoff-Isotope $^{16}_{8}O$ und $^{14}_{8}O$.

10. Das Element Magnesium Mg besitzt folgende Ionisierungsenergien:
1. Ionisierungsenergie $I_1 = 7{,}646$ eV
2. Ionisierungsenergie $I_2 = 15{,}0$ eV
3. Ionisierungsenergie $I_3 = 80{,}2$ eV
Erklären Sie, aus welchem Grund diese drei Energiebeträge so verschieden sind.

11. Welche Elementsymbole sind einem Nuklid *A* aus 80 Protonen und 122 Neutronen sowie einem Nuklid *B* aus 79 Protonen, 79 Elektronen und 118 Neutronen zuzuordnen?

12. Das Element mit OZ = 47 kommt in der Natur in zwei Isotopen vor: Ein leichteres mit $A_r = 106{,}906$ und ein schwereres Isotop mit $A_r = 108{,}905$. Seine mittlere relative Atommasse beträgt laut PSE 107,868. Berechnen Sie den prozentualen Anteil jedes der beiden Isotope im natürlich vorkommenden Gemisch dieses Metalls.

6 Chemische Bindung

Die Eigenschaften von Stoffen werden meistens durch die Art der chemischen Bindung, die ihre Atome zusammenhalten, bestimmt.

Wird Natrium Na mit Chlor Cl_2 erhitzt, findet eine heftige, chemische Reaktion statt:

Natrium + Chlor → Natriumchlorid

$$2\,Na + Cl_2 \rightarrow 2\,NaCl$$

Aus dem äußerst reaktionsfähigen Metall Natrium Na und dem gasförmigen, giftigen Nichtmetall Chlor Cl_2 entsteht Natriumchlorid NaCl, ein farbloser, kristalliner, wenig reaktiver Feststoff, der auch in der Küche Verwendung findet (**Bild 1**).

Die Natrium-Atome werden durch eine **Metallbindung** zusammengehalten. In dem Metall Natrium Na ist jedes Natrium-Atom mit mehreren Nachbaratomen verbunden. Dadurch entsteht eine räumliche Gitterstruktur, die von den Metall-Atomen gebildet wird. Frei bewegliche Elektronen halten die Gitterstruktur zusammen.

Einzelne Chlor-Atome Cl verbinden sich über eine **Atombindung** (kovalente Bindung) zu einem zweiatomigen Chlor-Molekül Cl_2. Diese Atombindung besteht aus einem gemeinsamen Bindungselektronenpaar. Atombindungen findet man im Allgemeinen zwischen Nichtmetall-Atomen.

Im Natriumchlorid NaCl besteht eine **Ionenbindung**. Ionen entstehen durch Elektronenübergang zwischen Atomen. Ionen tragen elektrische Ladungen. Dabei ziehen sich entgegengesetzt geladene Ionen an und bilden ein räumliches Ionengitter. Ionenbindungen verbinden Metalle und Nichtmetalle miteinander.

Die Ursache, warum sich die Atome verschiedener Elemente, aber auch Atome des gleichen Elements miteinander verbinden, liegt an ihrem Bestreben, Edelgaskonfiguration zu erhalten. Hierbei kommt die **Oktettregel („Edelgasregel")** zur Anwendung, die besagt, dass eine vollbesetzte Außenschale, wie sie bei den Edelgasen zu finden ist, einen besonders stabilen Zustand darstellt. Dieses Elektronenoktett können Atome durch die Aufnahme, die Abgabe oder gemeinsame Beanspruchung von Elektronen erreichen.

Bei der chemischen Bindung von gleichen oder verschiedenen Atomen sind vor allem die Außenelektronen, auch **Valenzelektronen** genannt, beteiligt. Der amerikanische Chemiker *G. N. Lewis* (1875–1946) schlug eine vereinfachte Symbolisierung vor, in welcher ein Atom nur mit seinen Valenzelektronen dargestellt wird. Diese Schreibweise für ein Element besteht aus dem Elementsymbol, um das Elektronenpaare als Strich und einzelne Elektronen als Punkt geschrieben sind. Im **Bild 1**, S. 164, erkennt man das Chlor-Atom, dessen sieben Valenzelektronen aus drei Elektronenpaaren und einem Einzelelektron bestehen. Von den sechs Außenelektronen eines Sauerstoff-Atoms sind vier Elektronen gepaart und zwei Elektronen ungepaart.

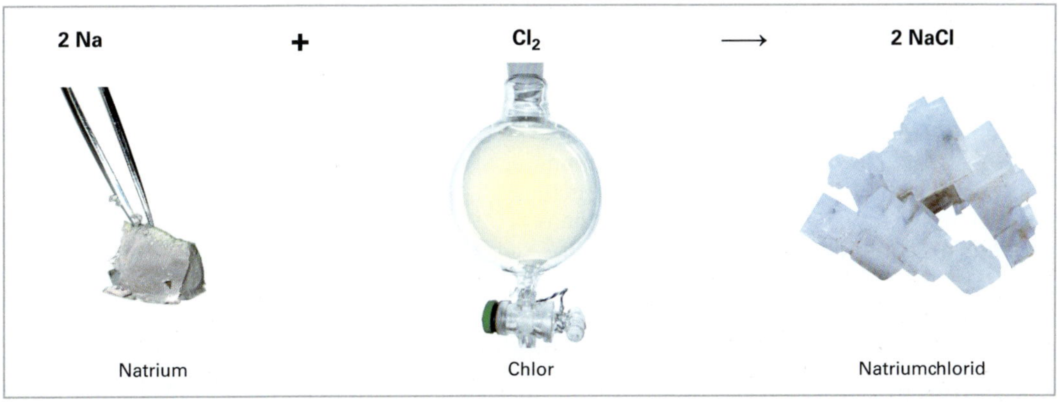

Bild 1: Natrium Na, Chlor Cl_2 und Natriumchlorid NaCl

Die Atome der verschiedenen Elemente gehen mit anderen Atomen Bindungen ein. Hierbei gibt es verschiedene Möglichkeiten, die zu einem stabilen Zustand führen.

Dieses Kapitel beschreibt, wie die Atome der Elemente chemische Bindungen ausbilden. Zusätzlich werden in diesem Kapitel koordinative Bindungen und zwischenmolekulare Kräfte erläutert.

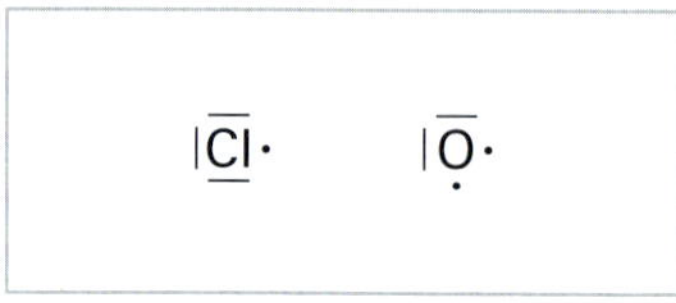

Bild 1: ***Lewis*-Symbole eines Chlor-Atoms Cl und Sauerstoff-Atoms O**

6.1 Ionenbindung

Natriumchlorid besteht aus einem Kristallgitter, in welchem sich positiv geladene Natrium-Ionen, die **Natrium-Kationen Na^+**, und negativ geladene Chlorid-Ionen, die **Chlorid-Anionen Cl^-**, gegenseitig anziehen. Ein Natrium-Ion entsteht durch den vollständigen Übergang eines Außenelektrons von einem Natrium-Atom zu einem Chlor-Atom. Dabei bildet sich ein negativ geladenes Chlorid-Ion (**Bild 2**).

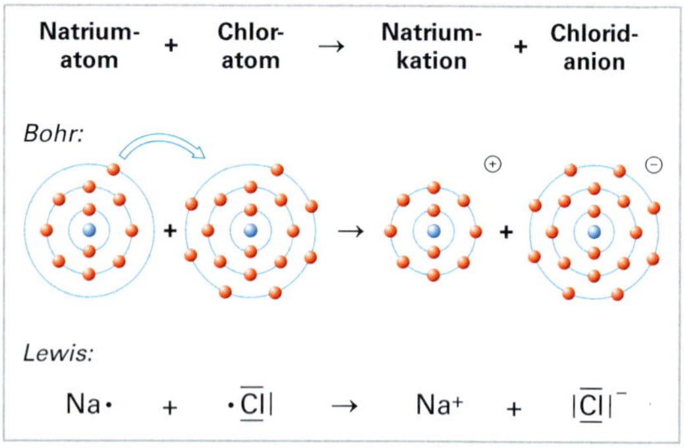

Bild 2: NaCl-Synthese nach *Bohr* und *Lewis*

In der Darstellung des *Bohr*schen Atommodells sowie in der *Lewis*-Schreibweise (**Bild 2**) zeigt sich, dass sowohl das Natrium-Atom als auch das Chlor-Atom durch den Elektronenübergang jeweils ein Elektronenoktett erreicht. Beide Atome erreichen durch Umwandlung in Ionen eine vollbesetzte Außenschale und ziehen einander aufgrund ihrer unterschiedlichen elektrischen Ladung an.

Diese Art der chemischen Bindung wird **Ionenbindung** genannt. Sie tritt bei der Bindung von Metallen mit Nichtmetallen auf. Eine Metall-Nichtmetall-Verbindung wird als **Salz** bezeichnet. Dabei geben Metall-Atome aufgrund ihrer niedrigen Ionisierungsenergie der Außenelektronen diese leicht ab (s. Kap. 5.3.5, S. 150). Nichtmetalle, welche eine hohe Elektronenaffinität besitzen (s. Kap. 5.3.5, S. 152) nehmen abgegebene Elektronen leicht auf.

> Die **Ionenbindung** wird zwischen Metall-Atomen und Nichtmetall-Atomen ausgebildet durch Abgabe und Aufnahme von Elektronen. Hierbei bilden sich die **positiv geladenen Kationen** und die **negativ geladenen Anionen**.

Die Darstellung dieses Vorganges in der ***Pauling*-Schreibweise** (**Bild 3**) zeigt, dass die Änderung der Elektronenkonfiguration beim Natrium-Atom von $1s^2\,2s^2\,2p^6\,3s^1$ zu $1s^2\,2s^2\,2p^6$ energetisch günstig ist, da das Natrium-Ion Na^+ mit $1s^2\,2s^2\,2p^6$ die Edelgaskonfiguration des Elements Neon Ne erreicht hat (s. Kap. 5.2.3, S. 140). Das Chlor-Atom mit der Elektronen-Konfiguration $1s^2\,2s^2\,2p^6\,3s^2\,3p^5$ erreicht durch die Elektronenaufnahme im Chlorid-Ion ebenfalls Edelgaskonfiguration ($1s^2\,2s^2\,2p^6\,3s^2\,3p^6$ = [Ar]).

Na:	$1s^2\,2s^2\,2p^6\,\mathbf{3s^1}$	**Cl:**	$1s^2\,2s^2\,2p^6\,3s^2\,\mathbf{3p^5}$
	↓ $-1e^-$		↓ $+1e^-$
Na^+:	$1s^2\,2s^2\,\mathbf{2p^6}$	**Cl^-:**	$1s^2\,2s^2\,2p^6\,3s^2\,\mathbf{3p^6}$
	= [Ne]		= [Ar]

Bild 3: NaCl-Synthese in der *Pauling*-Schreibweise

6.1.1 Energetische Prozesse der Ionenbindung

Die Bildung der Natrium- und Chlorid-Ionen aus den Atomen bzw. Molekülen der Elemente erfolgt in mehreren Einzelschritten, sobald das Reaktionsgemisch kräftig erwärmt wird.

Das Natrium-Metall muss zunächst **atomisiert** werden, d. h. in einzelne Atome aufgespalten werden. Um das Natrium-Metall zu verdampfen (Sublimation) und einzelne Atome herauszulösen, muss Energie zugeführt werden.

Auch das in Form von Cl_2-Molekülen vorkommende Gas wird zunächst durch Zufuhr von Wärmeenergie atomisiert. Den Natrium-Atomen müssen anschließend die Außenelektronen entrissen werden. Diese werden dabei zu positiv geladenen Ionen, den Kationen. Auch hierzu ist Energie notwendig.

Die Chlor-Atome nehmen diese Elektronen auf. So werden sie negativ geladen (Ionisierung der Chlor-Atome) und es werden Chlorid-Anionen gebildet: $Cl + e^- \rightarrow Cl^-$. Dieser Vorgang ist meistens mit einer Energieabgabe verbunden.

Die elektrischen Anziehungskräfte der entgegengesetzt geladenen, gasförmigen Ionen führen dazu, dass diese sich zu einem festen **Ionengitter** vereinigen. Die Energie, die bei diesem Vorgang frei wird, nennt man **Gitterenergie**. Umgekehrt muss man, um eine feste Ionenverbindung in ihre einzelnen Ionen zu trennen, diese Gitterenergie aufwenden.

Zur Bildung einer Ionenverbindung muss einem Reaktionssystem **Energie zur Ionisierung** zugeführt werden, bei der Bildung des Ionengitters wird **Gitterenergie** frei.

6.1.2 Ionen der Hauptgruppenmetalle und mehratomige Ionen

Die Metalle der Gruppe Ia (Gruppe 1, Alkalimetalle) besitzen die Valenzelektronenkonfiguration s^1, dies bedeutet, dass die Atome dieser Metalle ein Außenelektron besitzen. Ein Metall dieser Gruppe ist das Natrium. Die Atome dieses Elements geben, wie alle anderen Alkalimetall-Atome auch, ihre Außenelektronen relativ leicht ab. Ein Grund hierfür ist, dass zum Ablösen von Außenelektronen wenig Energie (Ionisierungsenergie) benötigt wird. Außerdem erreicht jedes Alkalimetall-Atom durch die Abgabe eines Elektrons und somit die Bildung eines Kations der Ionenladung 1+ die Edelgaskonfiguration s^2p^6, die einen besonders stabilen Zustand darstellt.

Diese Überlegungen gelten auch für die Hauptgruppen-Metalle der Gruppen IIa und IIIa, welche Kationen mit den Ionenladungen 2+ und 3+ bilden.

Die Nichtmetalle der Hauptgruppen Va, VIa und VIa bzw. 15, 16 und 17 können Anionen bilden, die dreifach, zweifach und einfach negativ geladen sind. Die Anionen kommen durch Elektronenaufnahme zustande und besitzen eine stabile, abgeschlossene Außenschale mit der Valenzelektronenkonfiguration s^2p^6, die der Edelgaskonfiguration entspricht.

Einige Kationen und viele Anionen bestehen aus mehr als einem Atom. Beispiele hierfür sind das Ammonium-Ion NH_4^+ und das Nitrat-Ion NO_3^-. In diesen Ionen sind Stickstoff- und Wasserstoff-Atome bzw. Stickstoff- und Sauerstoff-Atome durch überwiegend kovalente Bindungen aneinander gebunden, so dass sich positiv bzw. negativ geladene **Molekül-Ionen** ergeben.

Das Salz Ammoniumnitrat NH_4NO_3 ist aus Molekül-Ionen aufgebaut. Im festen Zustand besetzen die Ammonium-Ionen und die Nitrat-Ionen die Gitterplätze im Ionengitter.

6

6.1.3 Ionen der Übergangsmetalle

Viele Ionen der Übergangsmetalle sind nur einfach oder zweifach positiv geladen. So treten die Metalle der Kupfergruppe (Cu, Ag, Au) oft einfach positiv geladen auf. Zum Beispiel hat Silber die Elektronenkonfiguration $[Kr]4d^{10}5s^1$. Bei der Bildung von Ag^+ wird das 5s-Elektron abgegeben, so dass eine stabile, vollständig gefüllte 4d-Unterschale vorliegt. Im vorliegenden Beispiel bilden Übergangsmetalle im Allgemeinen keine Ionen mit Edelgaskonfiguration.

Auch die Halbbesetzung von Orbitalen stellt einen stabilisierenden Faktor dar (s. Kap. 5.3.5, S. 151). Beispielsweise gibt es vom Element Eisen zweifach und dreifach geladene Eisen-Ionen: Fe^{2+} und Fe^{3+}, wobei die Eisen-III-Ionen stabiler sind als die Eisen-II-Ionen.

In **Bild 1**, S 166, ist die Elektronenkonfiguration $[Ar]\,3d^6 4s^2$ von Eisen-Atomen dargestellt. Bei der Bildung eines Fe^{2+}-Ions werden die beiden 4s-Elektronen abgegeben. Dies führt zur Elektronenkonfiguration $[Ar]3d^6$.

Von den fünf d-Orbitalen sind vier einfach und eines doppelt besetzt. Die Abgabe eines weiteren d-Elektrons, eines Elektrons des doppelt besetzten d-Orbitals, führt zur einfachen Besetzung (Halbbesetzung) aller fünf d-Orbitale und damit zur stabileren Elektronenkonfiguration [Ar] $3d^5$. Aus dem Eisen-II-Ion ist ein Eisen-III-Ion geworden (Bild 1).

Fe: [Ar] $3d^6$ $4s^2$

↓ $-2e^-$

Fe^{2+}: [Ar] $3d^6$

↓ $-e^-$

Fe^{3+}: [Ar] $3d^5$

Bild 1: Elektronenkonfiguration des Eisens und seiner Ionen

6.1.4 Namen und Formeln ionischer Verbindungen

Binäre Verbindungen bestehen nur aus zwei verschiedenen chemischen Elementen. Möglich sind hierbei Kombinationen aus zwei verschiedenen Nichtmetallen (z. B. H_2O, CO_2), zwei verschiedenen Metallen (z. B. AgZn, CuAu) oder einem Metall und einem Nichtmetall (z. B. NaCl, $FeCl_3$).

Zur Benennung dieser Verbindungen wird der **stöchiometrische Name** verwendet. Hierzu wird die Verbindung in einen (elektro-)positiv geladenen Bestandteil und einen (elektro-)negativ geladenen Bestandteil aufgeteilt. Die Zuordnung erfolgt im Wesentlichen nach den Werten der Elektronegativität (s. Kap. 6.2.9, S. 188). Im Periodensystem der Elemente lassen sich die Elemente wie in Bild 2 dargestellt aufreihen. Diese Reihenfolge beginnt beim elektronegativsten Element Fluor F in der Gruppe VIIa bzw. 17 und endet nach der Gruppe Ia bzw. 1 in der vorangestellten Gruppe der Edelgase. Die Benennung einer Verbindung beginnt mit dem positiv geladenen Bestandteil, der in der dargestellten Reihenfolge am weitesten hinten, also in Bild 2 auf der linken Seite steht. Der Name dieses Teils der Verbindung wird unverändert übernommen. Der Name des negativ geladenen Verbindungsbestandteils wird aus dem latinisierten Elementnamen und dem **Suffix** (angehängter Zusatz, Endung) **-id** zusammengesetzt. Somit besitzt die Verbindung Li_3N den stöchiometrischen Namen Lithiumnitrid, die Verbindung CO ist das Kohlenstoffmonoxid bzw. Kohlenstoffmonooxid und SiO_2 heißt entsprechend Siliciumdioxid. Der stöchiometrische Name liefert keine Information über die Struktur der Verbindung.

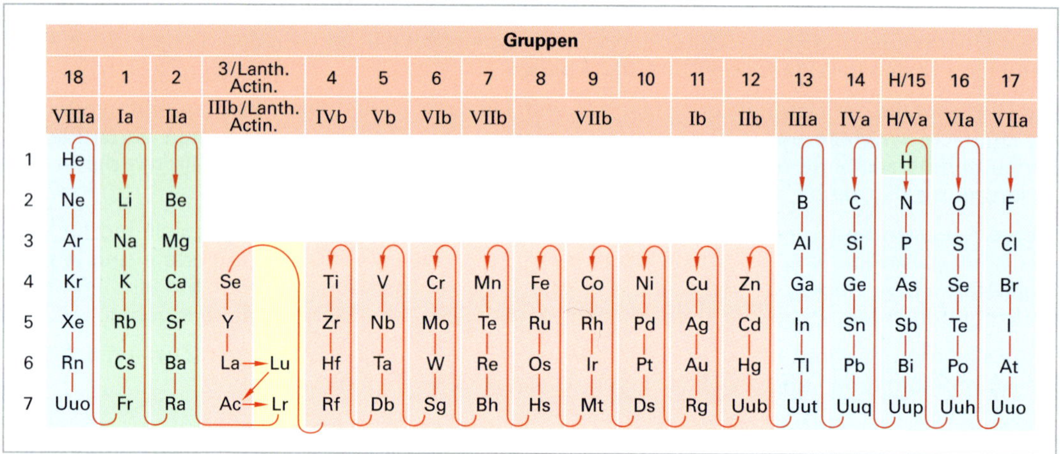

Bild 2: Reihenfolge der Elemente für die Benennung von binären Verbindungen

Binäre ionische Verbindungen sind Verbindungen, die aus den Ionen von nur zwei Elementen, einem Metall und einem Nichtmetall, bestehen. Auch sie werden benannt, indem man hinter den Namen des Metalls die latinisierte Form des Nichtmetalls mit dem Suffix **-id** stellt. Beispiele sind die binären Salze Natriumchlorid NaCl, Magnesiumoxid MgO und Magnesiumchlorid $MgCl_2$.

Die **Ladungszahl** des Ions wird von der Stellung des Atoms im PSE mitbestimmt. Elemente der Hauptgruppen Ia, IIa, VIa und VIIa erreichen durch Elektronenaufnahme bzw. -abgabe leicht die energetisch günstige Edelgaskonfiguration s^2 des Heliums bzw. s^2p^6 bei allen anderen.

Die Ladungszahl z eines Teilchens multipliziert mit der elektrischen Elementladung e ergibt die elektrische Ladung Q dieses Teilchens. Die Ladungszahl z ist dimensionslos.

Kommt ein Element in der Verbindung mehrfach vor, werden hierfür die griechischen Zahlwörter als **Präfix** (Vorsilbe) verwendet (Tabelle 1). Die Vorsilbe *„mono"* wird nur verwendet, um eine Verwechselung zu vermeiden, wenn zwei Elemente in verschiedenen Zahlenverhältnissen in einer Verbindung vorliegen können. Beispiele hierfür sind die binären ionischen Verbindungen Trieisentetraoxid Fe_3O_4 und Hg_2Cl_2 Diquecksilberdichlorid.

Ergänzend zur Verwendung von Zahlwörtern kann bei Metallen, deren Kationen verschiedene Ladungen aufweisen können, die Kationenladung in Klammern und in Form römischer Zahlen hinter dem Metall eingefügt werden. Das positive Ladungszeichen (+) entfällt und der nachfolgende Wortteil beginnt mit einem Bindestrich. Beispiele hierfür sind die Salze Eisen(II)-oxid FeO und Eisen(III)-oxid Fe_2O_3, Eisen(II)-chlorid $FeCl_2$ und Eisen(III)-chlorid $FeCl_3$, Quecksilber(I)-chlorid Hg_2Cl_2 und Quecksilber(II)-chlorid $HgCl_2$, Kupfer(I)-oxid Cu_2O und Kupfer(II)-oxid CuO.

Tabelle 2 zeigt beispielhaft die Benennung der Anionen binärer ionischer Verbindungen.

Tabelle 1: Griechische Zahlwörter

Zahl	Griechisches Zahlwort
1	mono
2	di
3	tri
4	tetra
5	penta
6	hexa
7	hepta
8	okta
9	nona
10	deka

Tabelle 2: Benennung von Anionen und Beispiele für binäre ionische Verbindungen

Elementname (Elementsymbol)	Endsilbe und Anion	Beispiele binärer ionischer Verbindungen	Summenformeln
Fluor F Chlor Cl Brom Br Iod I	-fluorid F^- -chlorid Cl^- -bromid Br^- -iodid I^-	Calciumfluorid Natriumchlorid, Eisen(III)-chlorid Kupfer(II)-bromid, Kaliumbromid Bismut(III)-iodid	CaF_2 NaCl, $FeCl_3$ $CuBr_2$, KBr BiI_3
Sauerstoff O	-oxid O^{2-}	Magnesiumoxid Eisen(II)-oxid, Eisen(III)-oxid	MgO FeO, Fe_2O_3
Schwefel S	-sulfid S^{2-}	Eisen(II)-sulfid Silber(I)-sulfid	FeS Ag_2S

Binäre Verbindungen lassen sich nach den elektronegativeren Bestandteilen in bestimmte Stoffklassen einteilen (Tabelle 3).

Ionische Verbindungen aus drei und mehr Elementen werden ähnlich wie die binären ionischen Verbindungen benannt. Allerdings werden bestimmte Atomgruppen, die aus zwei oder mehreren verschiedenen Elementen zusammengesetzt sind, wie Einzelbestandteile gesehen. Die Verbindungen können wie binäre Verbindungen behandelt werden.

Tabelle 3: Einteilung binärer Verbindungen der Hauptgruppenelemente in Stoffklassen

	1	2	13	14	15	16	17
	Ia	IIa	IIIa	IVa	Va	VIa	VIIa
1	H Hydride						
2			B Boride	C Carbide	N Nitride	O Oxide	F Fluoride
3				Si Silicide	P Phosphide	S Sulfide	Cl Chloride
4					As Arsenide	Se Selenide	Br Bromide
5					Sb Antimonide	Te Telluride	I Iodide

Zu einer solchen Atomgruppierung zählt beispielsweise das Molekül-Ion Ammonium NH_4^+. Es wird einem elektropositiven Metall (der 1. Hauptgruppe) gleichgesetzt. Auch anionische Atomgruppierungen können als Einzelbestandteil behandelt werden. Hierzu zählen u. a. das Hydroxid-Ion OH^- wie in der Verbindung Natriumhydroxid NaOH oder das Cyanid-Ion CN^- im Kaliumcyanid KCN. Atomgruppierungen besitzen häufig auch Trivialnamen, die beispielsweise wie beim Rhodanid-Ion SCN^- (Thiocyanat-Ion) keine Rückschlüsse auf die Zusammensetzung der Molekül-Ionen zulassen.

Anionische Molekül-Ionen mit Sauerstoff und einem weiteren Nichtmetall erhalten in der Regel das Suffix **-at**. Hierzu zählen Carbonat CO_3^{2-}, Nitrat NO_3^- und Sulfat SO_4^{2-}. Existieren ähnliche Molekül-Ionen, die jedoch weniger Sauerstoff-Atome am zentralen Nichtmetall-Atom enthalten, so lautet die Endung **-it**. Alle diese Anionen leiten sich in der Regel von wichtigen Säuren ab (Tabelle 1).

Zur genaueren, systematischen Bezeichnung derartiger Anionen nach IUPAC werden die Oxidationszahlen des zentralen, von den Sauerstoff-Atomen umgebenen Nichtmetall-Atoms hinter die Endung **-at** gesetzt. Beispiele dafür sind Nitrat-(V) für das NO_3^--Ion bzw. Nitrat-(III) für das NO_2^--Ion (althergebrachter Name für das NO_2^--Ion: Nitrit-Ion).

Tabelle 1: Benennung wichtiger Molekül-Anionen

Anion	Summenformel	Trivialname der zugehörigen Säure	Summenformel der Säure
Carbonat	CO_3^{2-}	Kohlensäure	H_2CO_3
Nitrit	NO^{2-}	Salpetrige Säure	HNO_2
Nitrat	NO^{3-}	Salpetersäure	HNO_3
Phosphit	PO_3^{3-}	Phosphorige Säure	H_3PO_3
Phosphat	PO_4^{3-}	Phosphorsäure	H_3PO_4
Sulfit	SO_3^{2-}	Schweflige Säure	H_2SO_3
Sulfat	SO_4^{2-}	Schwefelsäure	H_2SO_4
Hypochlorit	ClO^-	Hypochlorige Säure	HOCl
Chlorit	ClO_2^-	Chlorige Säure	$HClO_2$
Chlorat	ClO_3^-	Chlorsäure	$HClO_3$
Perchlorat	ClO_4^-	Perchlorsäure	$HClO_4$

6.1.5 Eigenschaften ionischer Verbindungen

Ionische Verbindungen bilden als Feststoffe kristalline **Ionengitter** oder **Kristallgitter**. Die Form und der Aufbau dieser Ionengitter bestimmen die Eigenschaften des jeweiligen Salzes mit.

Die Kristallgitter bilden sich in Abhängigkeit von den jeweiligen Ladungs- und Radienverhältnissen r(Kation) : r(Anion). Innerhalb des Kristallgitters berühren sich die Ionen einander. Daher ist durch die Größe der Ionen ein bestimmter Aufbau des Gitters festgelegt. Das Verhältnis der Kationen- und Anionenradien wird als **Grenzradienverhältnis** bezeichnet.

Ein Gitter kann in lauter identische kleinste Einheiten, die **Elementarzellen** zerlegt werden. Die symmetrische Aneinanderreihung von Elementarzellen in alle drei Raumrichtungen führt zur Bildung unterschiedlicher Gittertypen, die nach typischen Vertretern benannt werden (Bild 1).

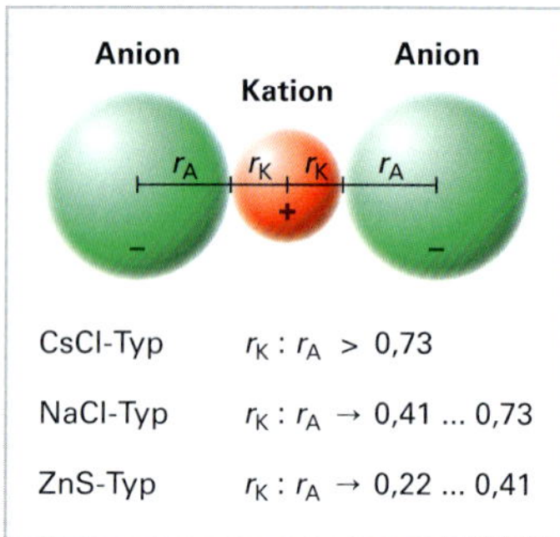

Bild 1: Gittertypen und Ionenradien

> Ionenverbindungen bilden im festen Aggregatzustand **Ionengitter** bzw. **Kristallgitter** aus. Die kleinsten Einheiten dieser Gitter sind die **Elementarzellen**. Der **Gittertyp** des Ionengitters ist von den Ionenradien der beteiligten Anionen und Kationen abhängig.

Die einfachsten Gitter-Typen leiten sich von der Grundstruktur eines Würfels (lat. *kubus*: Würfel) ab. Sie werden daher als **kubische Gittertypen** bezeichnet.

Zu den kubischen Gittertypen gehören z. B.

- die NaCl-Struktur (Bild 2)
- die CsCl-Struktur (Bild 1, S. 169)
- die ZnS-Struktur oder Zinkblende-Struktur (Bild 2, S. 169)

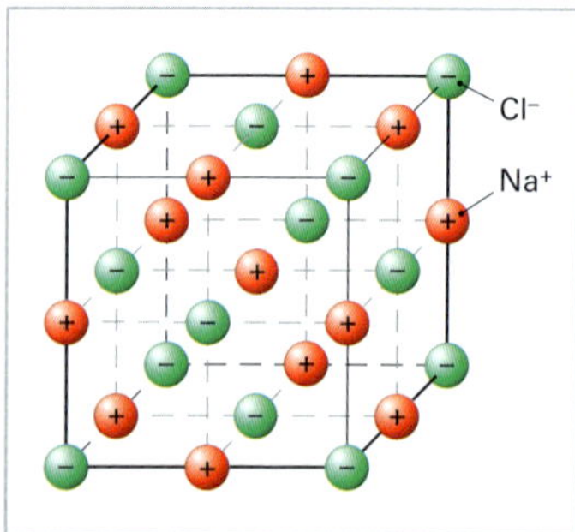

Bild 2: NaCl-Struktur

Im **kubisch-primitiven Typ** (NaCl-Typ, **Bild 2**, S. 168) ist jedes Ion von oben und unten, rechts und links sowie vorne und hinten von je einem Gegen-Ion umgeben. Diese Anzahl, mit der sich ein Ion mit entgegengesetzt geladenen Ionen im Kristallgitter umgibt, ist die **Koordinationszahl**. Für den Aufbau von Kristallgittern ist sie eine wichtige Kenngröße. Beim Natriumchlorid-Gitter ist die Koordinationszahl gleich sechs.

Die **kubisch-raumzentrierte Elementarzelle** (CsCl-Typ, **Bild 1**) weist z. B. ein Kation inmitten des Würfels aus Anionen auf (und umgekehrt). Jedes Ion ist somit kubisch von acht Gegenionen umgeben. Die Koordinationszahl der Kationen und der Anionen ist somit jeweils acht.

Eine **kubisch-flächenzentrierte Elementarzelle** (ZnS-Typ, **Bild 2**) hingegen weist in jeder zweiten, aus Anionen gebildeten Würfelfläche ein Kation auf (und umgekehrt). Die Koordinationszahl beträgt in diesem Fall vier.

> Die Anzahl an entgegengesetzt geladenen Ionen, mit der sich ein Ion im Ionengitter umgibt, heißt **Koordinationszahl**.

Tabelle 1: Eigenschaften der Natriumhalogenide

Salz	ϑ_m in °C	Härtegrad nach *Mohs*	Löslichkeit L^* bei 20 °C in g · (100 g $H_2O)^{-1}$
NaF	988	3,2	4,1
NaCl	801	2,5	36,0
NaBr	755	2,2	90,6
NaI	651	< 2	177,8

Unabhängig vom Strukturtyp werden alle Ionengitter durch starke elektrische Anziehungskräfte zwischen den Ionen zusammengehalten. Diese Kräfte sind die ***Coulomb*-Kräfte**. Sie sind dafür verantwortlich, dass alle ionischen Verbindungen ähnliche Stoffeigenschaften aufweisen.

Die Ionen im Kristallgitter sind nahezu unbeweglich fest an ihren Gitterplätzen. Eine Beweglichkeit einzelner Ionen kann erst dann erreicht werden, wenn die *Coulomb*-Kräfte überwunden werden. Hierzu ist eine große Menge an Wärmeenergie erforderlich. Ionische Verbindungen weisen daher oft extrem hohe Schmelztemperaturen ϑ_m auf (**Tabelle 1** und **2**) und sind im Allgemeinen **Isolatoren** (Nichtleiter). Auch die Dichte, Härte und Löslichkeit werden von der Stärke der Anziehungskraft zwischen den Ionen mitbestimmt.

Tabelle 2: Eigenschaften ausgewählter ionischer Verbindungen

Salz	ϑ_m in °C	Löslichkeit L^* bei 20 °C in g · (100 g $H_2O)^{-1}$
LiF	870	0,15
NaF	988	4,1
KF	857	94,2
RbF	775	75
CsF	683	78,6
BeO	2570	9,0
MgO	2831	6,5
CaO	2957	4,5
SrO	2430	3,5
BaO	2012	3,3

In der Schmelze und in wässriger Lösung sind ionische Verbindungen allerdings leitfähig. In diesen Zuständen sind die Ionen nicht auf Gitterplätze festgelegt, sondern beweglich. Fließt durch eine Salzlösung Gleichstrom (**Bild 3**), bewegen sich die Ionen im elektrischen Feld zum entgegengesetzt geladenen Pol (griech. *ionos*: gehend). Mit dem Teilchentransport ist auch ein Ladungstransport verbunden.

Ionenkristalle sind spröde und brüchig. Wird eine der **Gitterschichten** um nur eine Ionenschicht verschoben, führt dies dazu, dass sich gleichartig geladene Ionen berühren. Diese gleichen Ladungen stoßen sich ab (s. Kap. 6.4.3, **Bild 1**, S. 210).

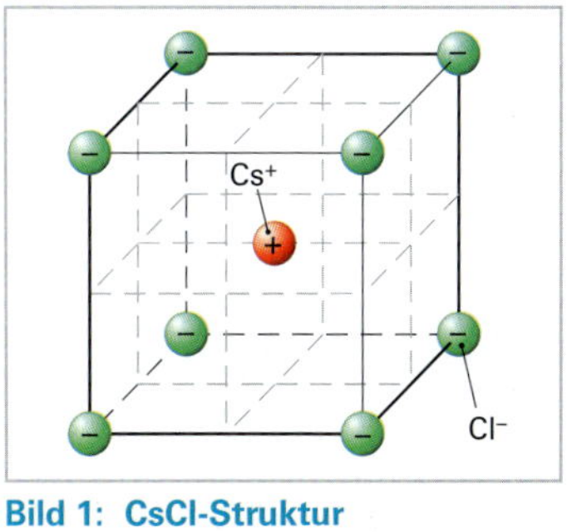

Bild 1: CsCl-Struktur

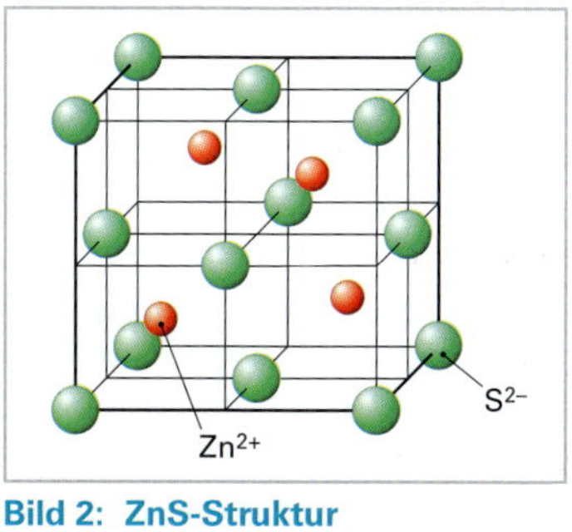

Bild 2: ZnS-Struktur

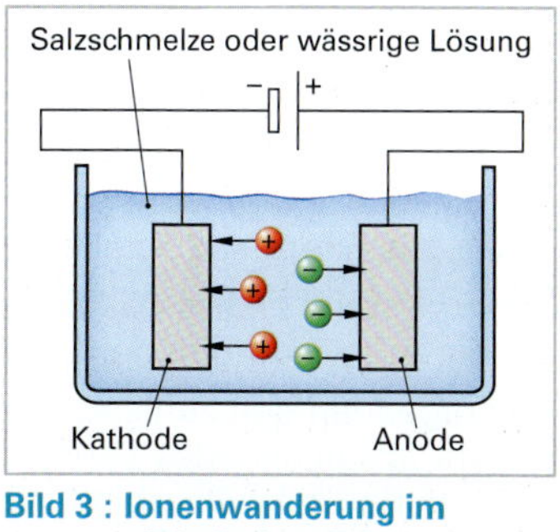

Bild 3 : Ionenwanderung im elektrischen Feld

Die *Coulomb*-Kräfte sind bei Ionen mit hoher **Ladungsdichte** besonders groß. Hierzu gehören Ionen, die entweder sehr klein sind (Li^+, F^- usw.) oder mehrfache Ladungen tragen (z. B. O^{2-}, Al^{3+}). Ihre Verbindungen sind oft schwer löslich oder schwer schmelzbar. Die Tabellen 1 und 2, S. 169, zeigen die Zusammenhänge von Ladungsdichte und Stoffeigenschaften. Die Schmelztemperatur ϑ_m sowie der Härtegrad der Salze nach der Skala von *F. Mohs* (1773–1839; Härtegrad 1 für Talk bis 10 für Diamant) nehmen in den Reihen zunehmender Ionenradien von NaF bis NaI und von LiF bis CsF periodisch ab. Die Löslichkeit *L* hingegen nimmt zu.

Große Ionen (Beispiele: Cs^+, I^-) können durch die starken *Coulomb*-Kräfte kleiner Ionen (mit hoher Ladungsdichte, Beispiele: F^-, O^{2-}, Li^+) verformt werden. Denn je kleiner das Halogen-Anion bzw. das Alkali- oder Erdalkali-Kation ist, desto höher sind die *Coulomb*-Anziehungskräfte zwischen Kation und Anion. Große Ionen lassen sich leicht deformieren und werden daher als **polarisierbar** bezeichnet. Diese **Polarisiation** beeinflusst Löslichkeit und Härte von Ionenkristallen.

Entsprechende Zusammenhänge von Löslichkeit und Härtegrad zeigen sich z. B. im Vergleich der Alkalimetallhalogenide und Erdalkalimetalloxide untereinander: die Wasserlöslichkeit der Alkalifluoride steigt von Lithium- zum Cäsiumfluorid stark an (Tabelle 2, S. 169).

> Je höher die **Ladungsdichte** ist, desto weniger löslich, desto schwerer schmelzbar und desto härter ist der Ionenkristall.
>
> Je größer und je leichter **polarisierbar** eines der Ionen ist, desto höher ist die **Wasserlöslichkeit** der ionischen Verbindung.
>
> Der **Härtegrad von Kristallen** nimmt mit der Ionengröße und der Polarisierbarkeit der Ionen ab.

Sind in ionischen Verbindungen das Kation und das Anion mehrfach geladen, nehmen die Anziehungskräfte zu. Mit ihnen steigt die Schmelztemperatur ϑ_m wie am Beispiel von Natriumchlorid (ϑ_m = 801 °C) und Magnesiumoxid (ϑ_m = 2831 °C) deutlich zu erkennen ist.

6.2 Atombindung

6

Die Bildung von Ionen ist eine Möglichkeit für Atome, energetisch stabile Zustände zu erreichen. Eine weitere wichtige Art der chemischen Bindung ist die **Atombindung**, die auch als **kovalente Bindung, Elektronenpaarbindung** oder **homöopolare Bindung** bezeichnet wird. Anders als die Ionenbindung kommt die Atombindung allerdings nicht durch vollständigen Elektronenübergang zustande. Bei der Atombindung wird mindestens ein **Elektronenpaar** gemeinsam von zwei Atomen genutzt und sie ist typisch für die Bindung zwischen Nichtmetall-Atomen. Die auf diese Art entstandenen Verbindungen sind aus Atomverbänden von oft nur wenigen Atomen aufgebaut. Sie werden als **Moleküle** bezeichnet. Moleküle, die aus deutlich mehr Atomen (1000 bis mehrere Millionen) aufgebaut sind, heißen **Makromoleküle**.

> Die **Elektronenpaarbindung** wird zwischen Nichtmetall-Atomen ausgebildet. Die entstehenden Atomverbände heißen **Moleküle**.

Aus Molekülen aufgebaute Verbindungen haben meist grundlegend andere Eigenschaften als aus Ionen aufgebaute Verbindungen:

- Molekular aufgebaute Verbindungen sind bei Raumtemperatur oft Gase oder Flüssigkeiten mit niedrigen Schmelz- und Siedetemperaturen.
- Molekular aufgebaute Verbindungen sind oft reaktiver als ionisch aufgebaute Verbindungen, d. h. die Energie, die zur Spaltung der Bindung benötigt wird, ist geringer.

Dieses Kapitel erklärt das Zustandekommen der Bindung nach den gängigen Theorien und geht auf die Auswirkungen der Bindungsart auf die chemischen Eigenschaften ein.

Im Folgenden soll zunächst die Bindungstheorie von *Gilbert Lewis* (1875–1946) erklärt werden, die ein grundlegendes Verständnis der kovalenten Bindung und das Aufstellen von Valenzstrichformeln für Molekülverbindungen ermöglicht. Anschließend wird genauer auf die Vorgänge in der Elektronenhülle eingegangen, die beim Entstehen einer kovalenten Bindung eine Rolle spielen.

6.2.1 Prinzipien der kovalenten Bindung und *Lewis*-Formeln

Bereits 1916 erklärte *Gilbert Lewis* (1875–1946) das Zustandekommen der chemischen Bindung zwischen Nichtmetall-Atomen durch das Ausbilden eines gemeinsamen Elektronenpaares. Als Beispiel hierzu sei das einfachste denkbare Molekül, das Wasserstoff-Molekül, genannt. Wasserstoff hat als Atom nur ein Außenelektron. Zum Erreichen der Edelgaskonfiguration des Heliums benötigt das Wasserstoff-Atom demzufolge ein weiteres Elektron. Bei einer Ionenbindung würde die Helium-Konfiguration durch die Aufnahme eines Elektrons erreicht werden. Es würde sich ein H^-- oder Hydrid-Ion bilden. Ein anderes Wasserstoff-Atom müsste dann sein einziges Elektron abgeben. Bei der Bildung eines Wasserstoff-Moleküls wird aber weder ein Elektron ganz abgegeben noch ganz aufgenommen, sondern die beiden einzelnen Elektronen der Wasserstoff-Atome werden von beiden Atomen gemeinsam genutzt. Es entsteht ein **bindendes Elektronenpaar**, das zwischen den beiden H-Atomen lokalisiert ist. Beide Wasserstoff-Atome erhalten so die Elektronenkonfiguration des Heliums. **Bild 1** zeigt diesen Zusammenhang.

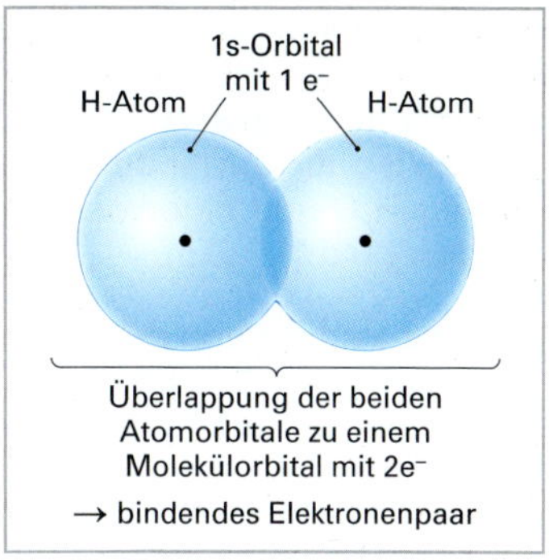

Bild 1: Entstehung eines H_2-Moleküls

Soll ein Molekül mit Elektronenpaarbindung als Formel dargestellt werden, so wird das bindende Elektronenpaar zwischen beiden Atomen angeordnet. Das Bindungselektronenpaar kann hierbei durch zwei Punkte oder durch einen Bindungsstrich dargestellt werden. Eine solche Darstellung wird ***Lewis*-Formel** genannt.

H:H   oder   H – H

Einfachbindungen

Wird zwischen zwei Atomen genau ein bindendes Elektronenpaar gemeinsam genutzt, spricht man von einer **Einfachbindung**. Wie viele Einfachbindungen ausgebildet werden können, ist direkt abhängig von der Anzahl der Außenelektronen eines Atoms. Als Beispiel hierzu ist die Elektronen-Konfiguration von Stickstoff N, Sauerstoff O und Fluor F in **Bild 2** dargestellt.

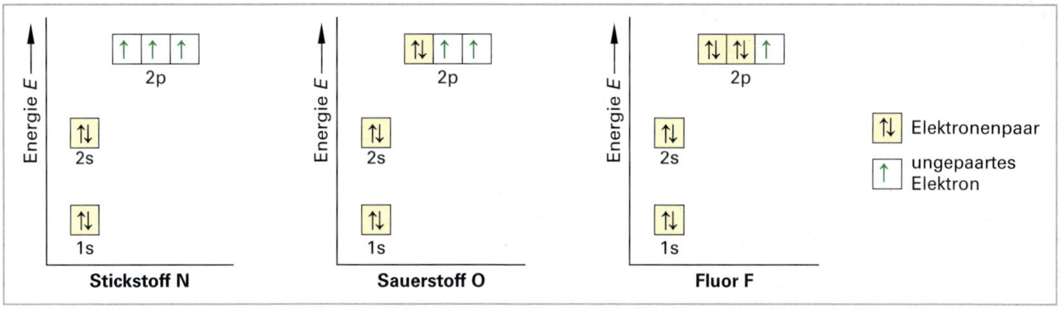

Bild 2: Elektronen-Konfigurationen von Stickstoff N, Sauerstoff O und Fluor F

In **Bild 2** befinden sich die in schwarz dargestellten Elektronen in Orbitalen, die bereits im ungebundenen Atom vollbesetzt sind. Diese Elektronen bilden im ungebundenen Atom ein Elektronenpaar, sie stehen hier nicht für eine chemische Bindung zur Verfügung. Die halbbesetzten Orbitale (Elektronen dargestellt in Grün) können hingegen ein zweites Elektron eines anderen Atoms aufnehmen. In diesem Fall entsteht eine Einfachbindung zwischen den beiden Atomen.

Die **Anzahl der möglichen Elektronenpaarbindungen** eines Atoms ergibt sich aus der Anzahl der ungepaarten Elektronen dieses Atoms.

6

Stickstoff besitzt drei ungepaarte Außenelektronen und kann daher drei Elektronenpaarbindungen ausbilden. Bei Sauerstoff sind zwei und bei Fluor nur eine kovalente Bindung möglich. Mit Wasserstoff als Bindungspartner können so die Verbindungen Ammoniak NH_3, Wasser H_2O und Fluorwasserstoff HF gebildet werden (**Bild 1**).

In **Bild 1** sind die von den Bindungspartnern gemeinsam genutzten Elektronen rot dargestellt, die nicht an der Bindung beteiligten Elektronenpaare sind schwarz gekennzeichnet. Elektronenpaare, die nicht an einer Bindung beteiligt sind, werden auch als **einsame Elektronenpaare** oder **freie Elektronenpaare** bezeichnet. Durch das gemeinsam genutzte Elektronenpaar bzw. die gemeinsam genutzten Elektronenpaare erhalten alle an den Verbindungen beteiligten Atome die Edelgaskonfiguration.

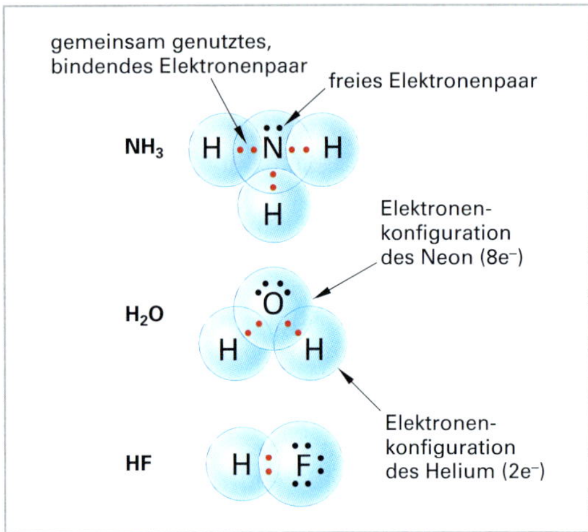

Bild 1: Wasserstoffverbindungen von Stickstoff N, Sauerstoff O und Fluor F in *Lewis*-Schreibweise und erreichte Edelgaskonfiguration

Die Anzahl der möglichen kovalenten Bindungen eines Atoms nennt man **Bindigkeit**. Bei Sauerstoff, Stickstoff und Fluor ist die Bindigkeit gleich der Anzahl der ungepaarten Elektronen im Atom. Das Atom Kohlenstoff besitzt im Grundzustand zwei ungepaarte Elektronen im 2p-Orbital, so dass Kohlenstoff-Atome demnach nur zwei Wasserstoff-Atome binden könnten. Tatsächlich wird aber die Verbindung Methan CH_4 gebildet. Der Ansatz von *Lewis* reicht zur Erklärung der Vier-Bindigkeit des Kohlenstoff-Atoms nicht aus. Weitergehende Modellvorstellungen sind zur Klärung des Aufbaus notwendig und werden in Kap. 6.2.6 angeführt.

Mehrfachbindungen

Bei den bisher besprochenen Verbindungen wurde zwischen zwei Atomen nur ein bindendes Elektronenpaar ausgebildet. Besteht zwischen zwei Atomen mehr als ein bindendes Elektronenpaar, wird von einer **Mehrfachbindung** gesprochen.

Sauerstoff besitzt nach der *Lewis*-Schreibweise zwei ungepaarte Außenelektronen. Verbinden sich zwei Sauerstoff-Atome O miteinander, so bildet sich ein Sauerstoff-Molekül O_2. In der *Lewis*-Schreibweise sieht dies folgendermaßen aus:

Zwischen den beiden Sauerstoff-Atomen ist eine **Doppelbindung** entstanden.

Bei der Bildung eines Stickstoff-Moleküls N_2 wird aus den drei ungepaarten Elektronen der Stickstoff-Atome N eine **Dreifachbindung** gebildet.

Durch die Ausbildung von kovalenten Bindungen erreichen alle Atome auch bei der Ausbildung von Mehrfachbindungen jeweils die Edelgaskonfiguration. Die Atome sind von vier Elektronenpaaren (freien und bindenden) umgeben. Sie besitzen ein **Elektronenoktett**. Dieses Oktett ist ein stabiler Zustand, da alle Orbitale der jeweiligen Atome im Molekül voll besetzt sind.

Für die Elemente der zweiten Periode gilt, dass sie keine weiteren kovalenten Bindungen über das Elektronenoktett hinaus ausbilden können. Für diese Elemente gilt die Oktett-Regel streng.

Elemente der 2. Periode können maximal vier kovalente Bindungen ausbilden, sie sind also maximal vierbindig. Die Oktett-Regel gilt hier streng.

Beispiel 6.1: Aufstellen von *Lewis*-Formeln

Wie lauten die *Lewis*-Formeln von Phosphortrichlorid PCl_3 und Hydrogencarbonat HCO_3^-?

Lösung:

		PCl_3	HCO_3^-
1.	Zusammenzählen aller Valenzelektronen und Ladungen	$5 + 3 \cdot 7 = 26$	$1 + 4 + 3 \cdot 6 + 1 = 24$
2.	Berechnung der Zahl der Elektronenpaare	13	12
3.	Anordnung der Atome	Cl P Cl Cl	H O C O]⁻ O
4.	Einfügen von Einfachbindungen	Cl | P — Cl | Cl	H — O — C — O]⁻ | O
5.	Ergänzung von freien Elektronenpaaren und Doppelbindungen zur Erreichung des Oktetts	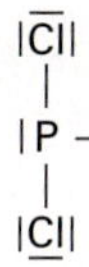	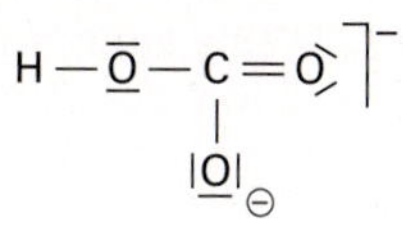
6.	Kontrollieren der Formel: Überprüfung, ob alle Atome ein Elektronenoktett erreichen und ob die Anzahl der Elektronen in der Formel mit Schritt 1 übereinstimmt.		

6.2.2 Hypervalente Verbindungen, Elektronenmangelverbindungen, Radikale und koordinative Bindung

Elemente der dritten Periode und höheren Perioden können mehr als vier kovalente Bindungen ausbilden. Typische Beispiele hierfür sind das Schwefel-Atom in der Schwefelsäure H_2SO_4 oder im Schwefelhexafluorid SF_6. Bei diesen Verbindungen können die 3d-Orbitale des Schwefel-Atoms mit zur Bindungsbildung genutzt werden. Die *Lewis*-Formeln lassen demzufolge für den Schwefel mehr als vier Elektronenpaare zu. Derartige Verbindungen werden als **hypervalente Verbindungen** bezeichnet (**Bild 1**).

Hypervalente Verbindungen werden nur mit sehr elektronegativen Reaktionspartnern wie z. B. den Halogenen oder Sauerstoff gebildet, eine Verbindung SH_6 ist hingegen nicht möglich.

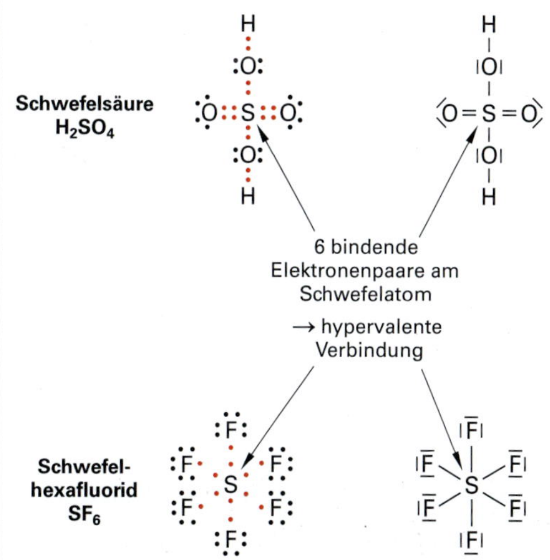

Bild 1: ***Lewis*-Formeln der hypervalenten Verbindungen Schwefelsäure H_2SO_4 und Schwefelhexafluorid SF_6**

Neben hypervalenten Verbindungen gibt es auch Verbindungen, in denen Atome das Elektronenoktett nicht erreichen. Elementares Bor reagiert beispielsweise mit Fluor zu Bortrifluorid BF_3. Hierbei verbinden sich die drei Außenelektronen des Bor-Atoms mit den ungepaarten Elektronen der Fluor-Atome. Es werden drei kovalente Bindungen gebildet.

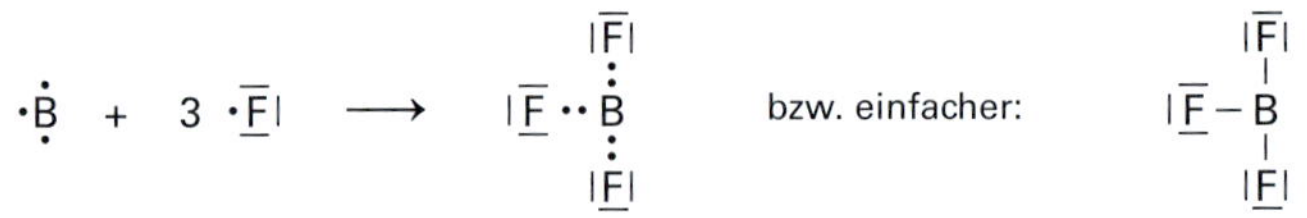

Die Fluor-Atome erreichen zwar in der Verbindung BF_3 das Elektronen-Oktett, die Bor-Atome hingegen sind nur von sechs Elektronen umgeben. Solche Verbindungen werden als **Elektronenmangelverbindungen** bezeichnet, sie besitzen eine **Elektronenpaarlücke**.

Bei einer kovalenten Verbindung müssen darüberhinaus die beiden Elektronen des bindenden Elektronenpaars nicht immer von beiden Reaktionspartnern zur Hälfte gestellt werden, wie es bei den bisherigen Beispielen der Fall war. Die Elektronenmangelverbindung BF_3 kann mit Stoffen reagieren, die ein freies Elektronenpaar besitzen und dies für eine Bindung zur Verfügung stellen. Das Stickstoff-Atom im Ammoniak-Molekül NH_3 besitzt ein freies Elektronenpaar und bindet in folgender Weise an das BF_3-Molekül:

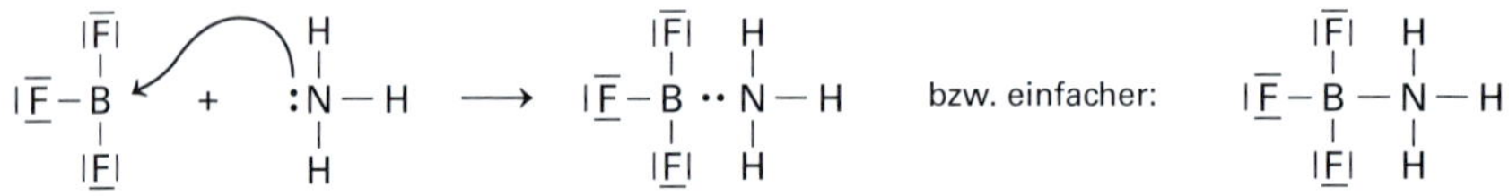

Auf diese Weise kann auch das Bor-Atom ein Elektronenoktett erreichen. Ein weiteres Beispiel ist die Reaktion des Ammoniaks NH_3 mit einem Proton H^+, also einem positiven geladenen Wasserstoff-Ion, zu Ammonium NH_4^+

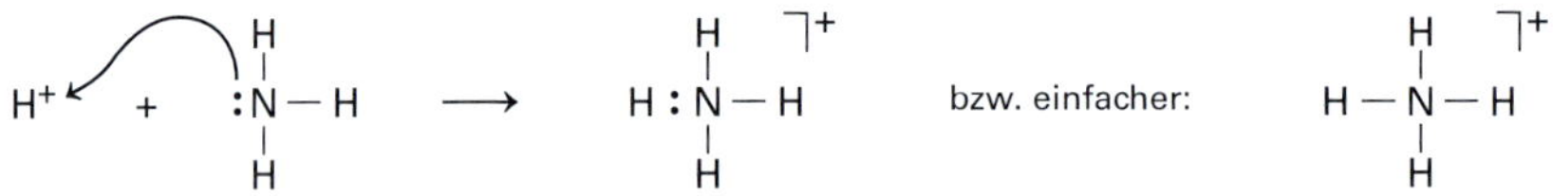

In beiden Fällen wird eine kovalente Bindung ausgebildet, bei der das Elektronenpaar nur von einem Reaktionspartner gestellt wird und nicht jeweils zur Hälfte von beiden Partnern. Solche chemischen Bindungen heißen **koordinative Bindung** oder **dative Bindung** (lat. *dare*: geben).

Nicht alle Verbindungen bilden ausschließlich Elektronenpaare aus. Es gibt Verbindungen mit einer ungeraden Elektronenzahl wie beispielsweise das Molekül Stickstoffmonoxid NO. Sauerstoff stellt 6, Stickstoff 5 Elektronen, insgesamt stehen also 11 Elektronen zur Verfügung. Beim Aufstellen der *Lewis*-Formel für das NO-Molekül können demzufolge sechs Elektronenpaare gebildet werden. Ein Elektron bleibt ungepaart. Das ungepaarte Elektron wird in der *Lewis*-Formel als Punkt dargestellt:

Moleküle oder Atome mit mindestens einem ungepaarten Elektron werden als **Radikal** bezeichnet. Radikale sind sehr reaktive Verbindungen, die auch als reaktive Zwischenstufen in chemischen Reaktionen auftreten und als so genannte ***Starter*** weitere chemische Reaktionen einleiten. Radikale, wie das Stickstoffmonoxid NO, neigen bei tiefen Temperaturen dazu, mit sich selbst zu reagieren: Sie bilden **Dimere**.

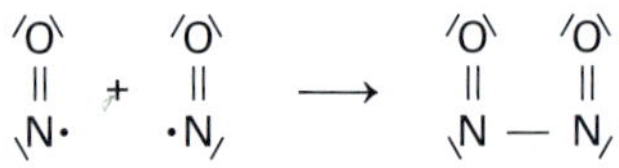

6.2.3 Formale Ladung und Mesomerie (Resonanz)

Ein wichtiges Hilfsmittel zur Erstellung einer *Lewis*-Formel ist die so genannte **formale Ladung**. In **Bild 1** ist das Molekül-Ion NH_4^+ dargestellt. Werden die bindenden Elektronenpaare zu gleichen Teilen zwischen den Atomen aufgeteilt, erhalten die Wasserstoff-Atome je ein Elektron und das Stickstoff-Atom vier Elektronen. Im Vergleich zum Stickstoff im unverbundenen Atom hat der Stickstoff im Molekül-Ion NH_4^+ somit formal ein Elektron weniger, er trägt **formal** eine **positive Ladung**.

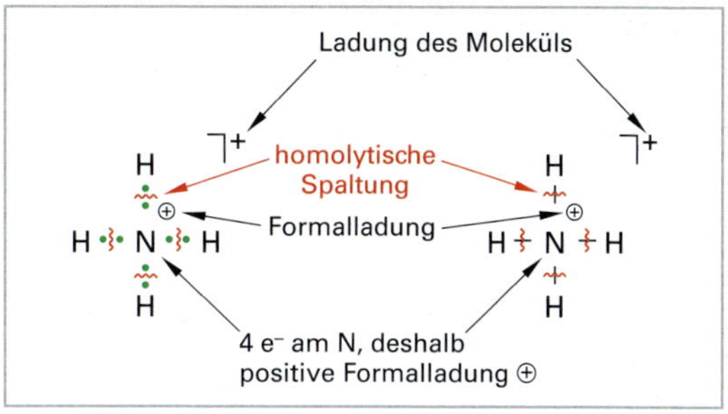

Bild 1: Formel des Ammonium-Ions NH_4^+

Um diese **Formalladung** von der tatsächlichen Ladung eines Ions in der *Lewis*-Formel zu unterscheiden, wird sie in einen Kreis gesetzt (**Bild 1**). Die Ladung des Moleküls muss dabei der Summe aller formalen Ladungen im Molekül entsprechen.

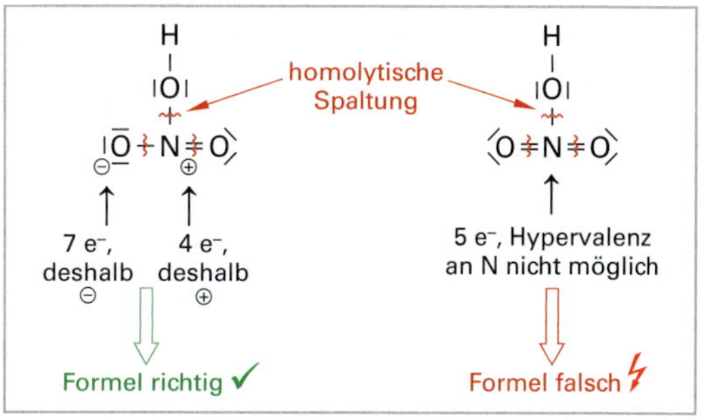

Bild 2: Formel der Salpetersäure HNO_3

Auch bei der *Lewis*-Formel der Salpetersäure HNO_3 ist es notwendig, formale Ladungen einzuführen. In **Bild 2** sind mögliche Formen der *Lewis*-Formel für Salpetersäure dargestellt. Die rechte Darstellung ist allerdings nicht zulässig, da in ihr der Stickstoff fünf-bindig wäre und gegen die Oktett-Regel verstößt. Die linke Formel folgt hingegen der Oktett-Regel. Allerdings besitzt der Sauerstoff im Vergleich zum unverbundenen Atom ein Elektron mehr und trägt deshalb eine negative Formalladung. Der Stickstoff hingegen hat ein Elektron weniger und trägt deshalb eine positive Formalladung. Die Summe aller Ladungen ist Null; das Salpetersäuremolekül ist ungeladen. Die korrekte Aufstellung einer *Lewis*-Formel für das Salpetersäure-Molekül ist daher nur unter Verwendung von Formalladungen möglich.

Für das Carbonat-Ion CO_3^{2-} gibt es unter Verwendung von Formalladungen drei mögliche Formen, die alle gleichwertig sind:

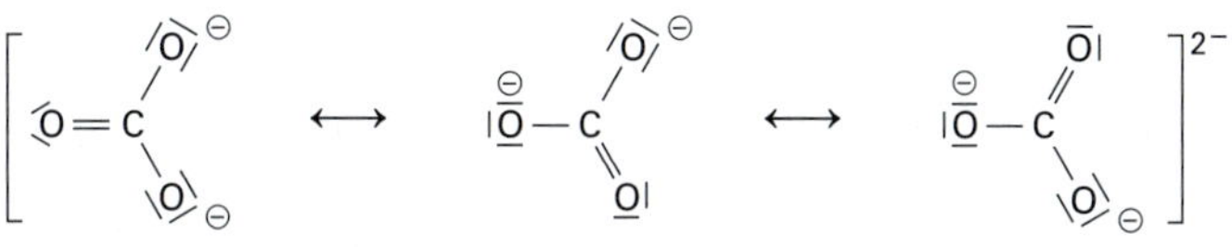

Dieses Phänomen wird als **Mesomerie** bzw. nach dem englischen Fachbegriff als **Resonanz** bezeichnet. Der Pfeil mit der Doppelspitze ⟷ deutet an, dass diese Formeln bzw. **Resonanzstrukturen** gleichwertig sind, aber keine der Formeln den tatsächlichen Zustand darstellt. Mesomere Grenzformen bilden Extremzustände ab. Der tatsächliche Zustand kann über die *Lewis*-Formel höchstens angedeutet werden, wie die nebenstehende Schreibweise zeigt.

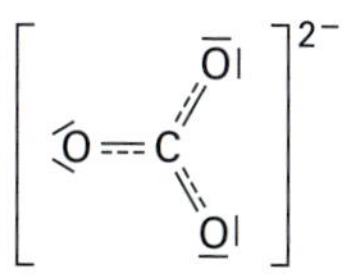

Es gibt aber auch Strukturen, die nicht gleichwertige Formen darstellen. Für die Bewertung dieser Formen ist wiederum das Einführen von formalen Ladungen ein wichtiges Hilfsmittel. Für das Isothiocyanat- bzw. Thiocyanat-Ion SCN^- (Rhodanid) sind drei mögliche *Lewis*-Formeln denkbar, bei denen die Oktett-Regel erfüllt wird:

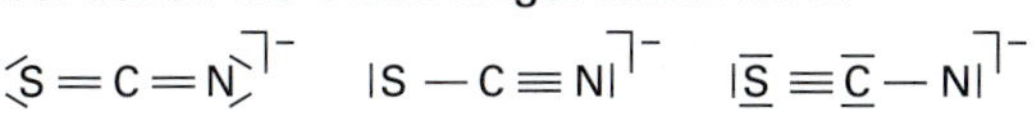

(eckige Klammer ⏋⁻: Ladung des gesamten Molekül-Ions)

Erst durch das Einfügen formaler Ladungen zeigen sich Unterschiede zwischen den drei Grenzstrukturen:

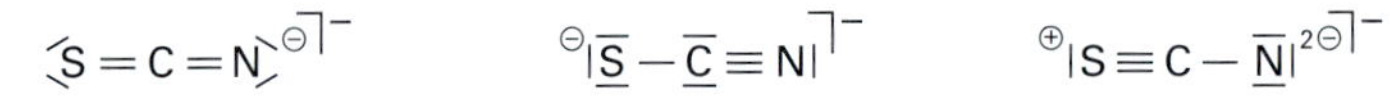

Isothiocyanat **Thiocyanat**

Zur Beurteilung der Richtigkeit einer Formel durch Formalladungen, müssen folgende Grundregeln beachtet werden. Eine *Lewis*-Formel ist dann am wahrscheinlichsten, wenn

- die Anzahl der formalen Ladungen möglichst klein ist,
- eine negative formale Ladung am elektronegativeren Atom ist,
- keine gleichen formalen Ladungen nebeneinander liegen.

Nach diesen Überlegungen ist die erste Form des SCN^--Ions die wahrscheinlichere Struktur. Die zweite Form ist möglich, aber aufgrund der negativen formalen Ladung am Schwefel unwahrscheinlicher, da Stickstoff eine höhere Tendenz als Schwefel besitzt, Bindungselektronen an sich zu ziehen (größere Elektronegativität; Kap. 6.2.9, S. 187). Die dritte Form ist aufgrund der hohen formalen Ladungen zu verwerfen. Tatsächlich zeigen Messungen der Bindungslängen in diesem Molekül, dass die erste Form die häufigste Form darstellt.

6.2.4 VSEPR-Modell

Eine einfache Methode, die Struktur eines Moleküls mit Hilfe der *Lewis*-Formel vorherzusagen, bietet das **VSEPR-Modell** (engl. ***v**alence **s**hell **e**lectron **p**air **r**epulsion*) bzw. das **Elektronenpaar-Abstoßungs-Modell**, kurz **EPA-Modell**. Es stammt von *R. J. Gillespie* (*1924) und *R. S. Nyholm* (1917–1971) und wird daher auch als ***Gillespie-Nyholm*-Theorie** bezeichnet. Grundlage dieses Modells ist, dass Elektronenpaare, egal ob bindende oder freie, sich gegenseitig abstoßen. Sie sind somit bestrebt, immer den größtmöglichen Abstand zueinander einzunehmen. Mehrfachbindungen werden im VSEPR-Modell wie Einfachbindungen behandelt.

> Das **VSEPR-Modell** bzw. **EPA-Modell** geht von der gegenseitigen Abstoßung der Außenelektronenpaare aus.

Aus dieser sehr einfachen Überlegung ergeben sich Grundformen der Molekülgeometrie. Tabelle 1 zeigt die Strukturen, die sich im VSEPR-Modell für die Bindungspartner mit ihren Elektronenpaaren B am Zentralatom A ergeben. Zwei Elektronenpaare an einem Zentralatom erreichen den größtmöglichen Abstand zueinander, wenn sie ein lineares Molekül bilden. Bei drei Elektronenpaaren entsteht ein gleichseitiges Dreieck bzw. **Trigon** (griech. *tri*: drei; *gonia*: Winkel), bei dem alle Bindungspartner in einer Ebene liegen. Bei vier Elektronenpaaren liegt ein **Tetraeder** vor (griech. *tetra*: vier; *edron*: Fläche; Vierflächner), bei sechs Elektronenpaaren ein **Oktaeder** (griech. *okta*: acht; *edron*: Fläche; Achtflächner).

Tabelle 1: Grundlegende Molekülstrukturen nach dem VSEPR-Modell

Anzahl der Zentralatome A	Anzahl der Bindungspartner B	Typ der Verbindung	Molekülstruktur
1	2	AB_2	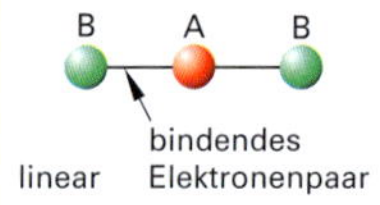
1	3	AB_3	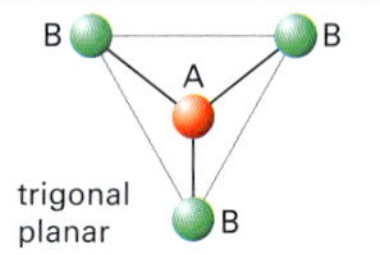
1	4	AB_4	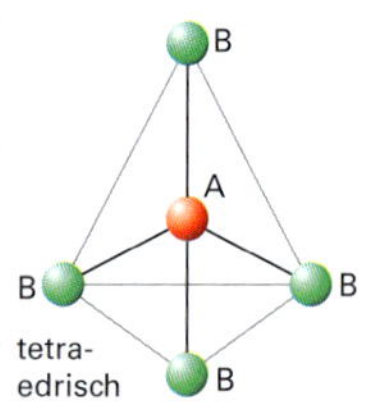
1	6	AB_6	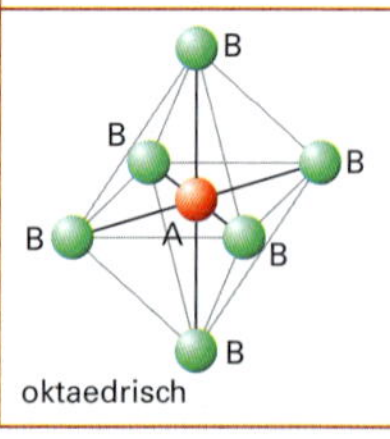

Bei der Ermittlung der Molekülgeometrie nach dem VSEPR-Modell werden neben den bindenden Elektronenpaaren auch weitere, freie Elektronenpaare des Zentralatoms berücksichtigt. **Tabelle 1** bietet hier eine Übersicht über wichtige Molekülstrukturen.

Tabelle 1: Molekülstrukturen nach dem VSEPR-Modell ohne und mit freien Elektronenpaaren E

Anzahl der freien Elektronenpaare E am Zentralatom								
0			1			2		
Typ	**Form**	**Beispiel**	**Typ**	**Form**	**Beispiel**	**Typ**	**Form**	**Beispiel**
AB_2	 linear	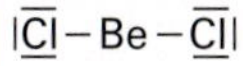 $BeCl_2$						
AB_3	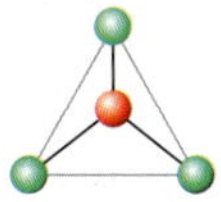 trigonal planar	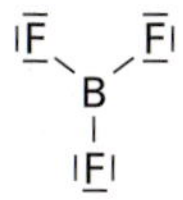 BF_3	AB_2E	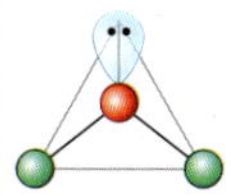 gewinkelt	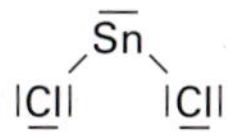 $SnCl_2$			
AB_4	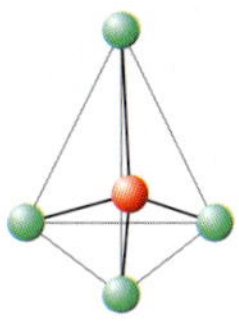 tetraedrisch	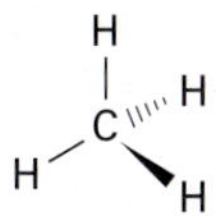 CH_4	AB_3E	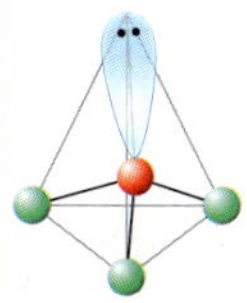 trigonal pyramidal	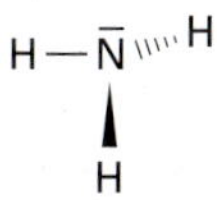 NH_3	AB_2E_2	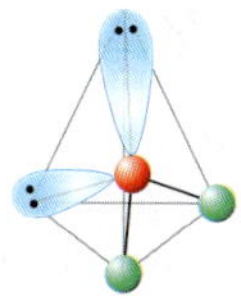 gewinkelt	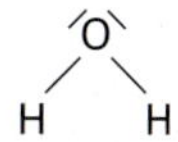 H_2O
AB_6	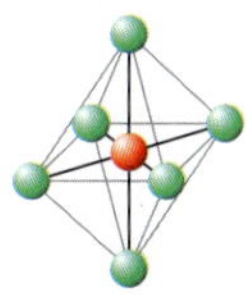 oktaedrisch	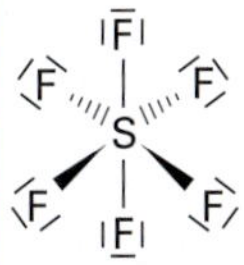 SF_6	AB_5E	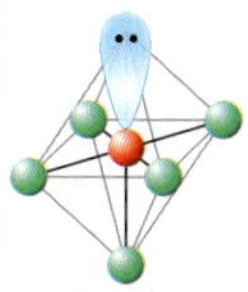 quadratisch pyramidal	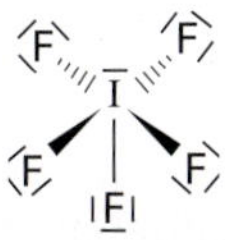 IF_5	AB_4E_2	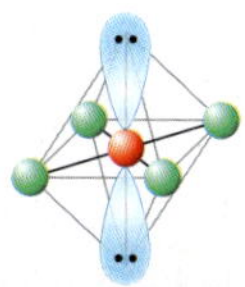 quadratisch	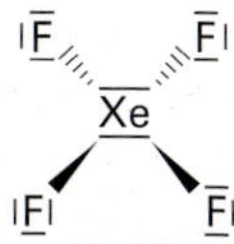 XeF_4

Beim H_2O-Molekül besitzt z. B. der Sauerstoff nach dem VSEPR-Modell vier Elektronenpaare. Diese ordnen sich tetraedrisch an. Nur zwei von ihnen sind die bindenden Elektronenpaare der Wasserstoff-Sauerstoff-Bindung. Die beiden freien Elektronenpaare sind in **Tabelle 1** in Form von Wolken angedeutet und nicht direkt sichtbar, sie müssen aber bei der Struktur des Moleküls berücksichtigt werden. Als Molekülgeometrie entsteht ein gewinkeltes Molekül vom Typ AB_2E_2. Eine Verbindung des AB_2-Typs stellt das zumindest anteilig kovalent gebunden vorliegende Berylliumchlorid $BeCl_2$ dar, weil in einer Verbindung am Zentralatom Beryllium keine freien Elektronenpaare vorliegen. Das Molekül ist somit linear gebaut.

Bei drei Elektronenpaaren (Typ AB_3, Beispiel: BF_3) bildet sich ein ebenes Dreieck mit Winkeln von 120°. Wenn eines der drei Elektronenpaare ein freies Elektronenpaar ist (Typ AB_2E_1, Beispiel: molekular vorliegendes Zinnchlorid $SnCl_2$ im gasförmigen Zustand), ergibt sich eine gewinkelte Molekülgeometrie.

Moleküle wie Xenontetrafluorid XeF_4 sind quadratisch-planar aufgebaut, d. h. die vier Fluor-Atome liegen in einer Ebene mit dem Zentralatom Xenon in der Mitte. XeF_4 gehört zum Typ AB_4E_2, da das Xenon zwei freie Elektronenpaare aufweist. Die Grundstruktur ist ein Oktaeder, wobei die freien Elektronenpaare die Oktaeder-Spitzen besetzen. Generell gilt, dass sich freie Elektronenpaare in einer Struktur so anordnen, dass sie den größtmöglichen Raum einnehmen können. Im Oktaeder ordnen sie sich deshalb nie in der Ebene, sondern immer an den Spitzen an, wie die Molekülstrukturen des Typs AB_5E und AB_4E_2 zeigen.

Beispiel 6.2: Bestimmung von Molekülgeometrien mit dem VSEPR-Modell

Wie sind Phosphortrichlorid PCl_3 und das Carbonat-Ion CO_3^{2-} räumlich aufgebaut?

Lösung:

		PCl_3	CO_3^{2-}
1.	Aufstellen der *Lewis*-Formel	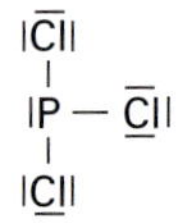	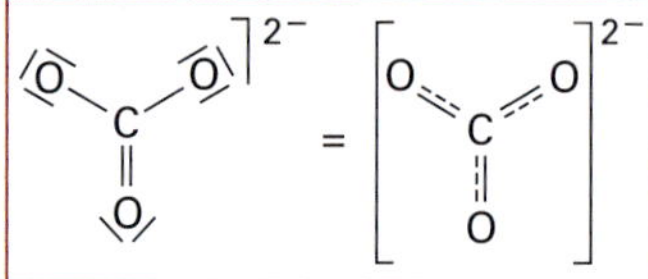
2.	Festlegen des Grundtyps	AX_3E tetraedrisch	AX_3 trigonal planar
3.	Zeichnen der Struktur, so dass alle Elektronenpaare den maximalen Abstand zueinander haben	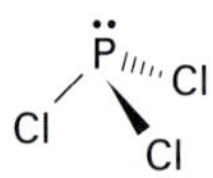	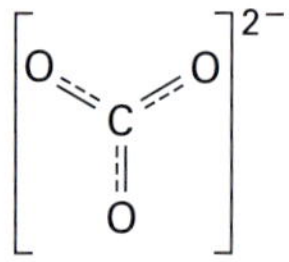
4.	Benennung der sichtbaren Struktur	trigonal pyramidal	trigonal planar

6.2.5 Valence-Bond-Theorie

Durch die Theorie von *Lewis* ist es möglich, Vorhersagen zur Bindigkeit eines Atoms zu machen und Formeln eines Moleküls aufzustellen. Es sind jedoch weder Aussagen darüber möglich, wie die Bindung zustande kommt, noch können ihre Eigenschaften näher erläutert werden.

Die Theorie der Überlappung von Atomorbitalen, auch **Valenzelektronen-Bindungs-Theorie** bzw. **Valence-Bond-Theorie** (VB-Theorie) genannt, gibt hier Aufschluss.

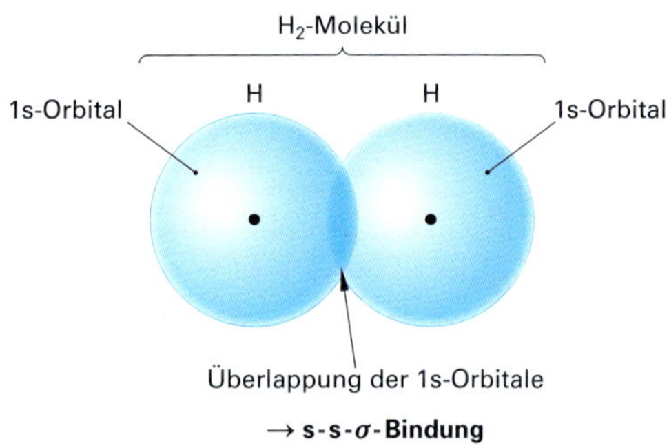

Bild 1: σ-Bindung aus zwei s-Orbitalen

Nähern sich zwei Nichtmetall-Atome bis zu einem gewissen Grad an, so überlappen mindestens zwei Atomorbitale und bilden ein neues Orbital aus, das sich zwischen beiden Atomen befindet. Dieses kann nun nach dem *Pauli*-Prinzip mit zwei Elektronen besetzt werden. Es bildet sich somit ein bindendes Elektronenpaar aus. Bild 1 zeigt die Überlappung der beiden s-Orbitale von zwei Wasserstoff-Atomen.

Nach der **Valence-Bond-Theorie** entstehen Atombindungen durch das Überlappen von Orbitalen.

Die Einfachbindung

Die durch die Überlappung von zwei s-Obitalen entstandene Einfachbindung kann in Richtung der direkten Kern-Kern-Verbindungsachse gedreht werden, ohne dass der Beobachter eine Änderung erkennt. Sie ist **rotationssymmetrisch** um die Kern-Kern-Verbindungsachse. Die Wahrscheinlichkeit, Elektronen anzutreffen, ist zwischen den beiden Atomen am größten. Eine solche Bindung wird **Sigma-Bindung** bzw. **σ-Bindung** genannt. Aufgrund der Entstehung aus zwei sich überlappenden s-Orbitalen handelt es sich um eine s-s-σ-Bindung.

Die Überlappung von zwei s-Orbitalen, wie im H_2-Molekül, ist nicht die einzige Möglichkeit, Sigma-Bindungen auszubilden. Dies wird bei der Bildung der Moleküle Fluorwasserstoff HF und Fluor F_2 deutlich (**Bild 1**). Beim Fluorwasserstoff-Molekül stellt der Wasserstoff sein halbbesetztes s-Orbital, das Fluor aber das halbbesetzte p-Orbital für die Bindung zur Verfügung. Die entstandene Bindung ist ebenfalls eine Sigma-Bindung. Beim Fluormolekül schließlich überlappen zwei p-Orbitale zur Sigma-Bindung. **Bild 1** zeigt diese Bindungen im Vergleich.

Generell können zwei kugelsymmetrische s-Orbitale zu einer **s-s-σ-Bindung** überlappen, p-Orbitale können sowohl mit einem s-Orbital zu einer **s-p-σ-Bindung** überlappen als auch mit einem anderen p-Orbital gleicher räumlicher Ausrichtung p-p-σ-Bindungen ausbilden. So entsteht eine **p-p-σ-Bindung** durch die Überlappung eines p_x-Orbitals mit einem zweiten p_x-Orbital (**Bild 1**).

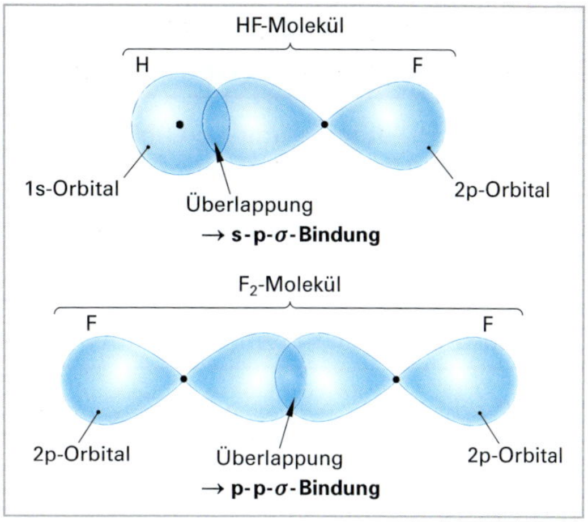

Bild 1: σ-Bindungen aus s- und p-Orbitalen

> **Einfachbindungen** sind immer **rotationssymmetisch um die Kern-Kern-Verbindungsachse**. Sie werden als **Sigma-Bindungen** bezeichnet. Die Ladungsdichte ist zwischen den beiden beteiligten Atomen am größten.

Die Mehrfachbindung

Nicht nur die Ausbildung von Einfachbindungen, sondern auch die Bildung von Mehrfachbindungen kann durch das Überlappen von Orbitalen erklärt werden. Bei der Bildung des Stickstoff-Moleküls N_2 sind alle drei halbbesetzten p-Orbitale der Stickstoff-Atome an der Bindung beteiligt. Allerdings sind die entstehenden Bindungen nicht gleichwertig. **Bild 2** zeigt die beteiligten p-Orbitale und ihre Ausrichtung zueinander.

Die beiden p_x-Orbitale überlappen zunächst zur σ-Bindung. Die zu dieser entstandenen Bindung senkrecht stehenden p_y- und p_z-Orbitale können mit den jeweiligen p_y- bzw. p_z-Orbitalen des zweiten Atoms überlappen. Die hierbei gebildeten Bindungen haben im Vergleich zu der aus den p_x-Orbitalen entstandenen σ-Bindung andere Eigenschaften. Da die Orbitale senkrecht zur Achse der σ-Bindung stehen und dabei die beiden Hanteln der p-Orbitale oberhalb und unterhalb der Bindungsebene überlappen, sind sie jeweils nicht rotationssymmetrisch zur Kern-Kern-Verbindungsachse. In der Ebene der σ-Bindung ist die Überlappung der p_y-p_y- und p_z-p_z-Orbitale gleich Null. Es liegt bei der p_y-p_y-Bindung bzw. p_z-p_z-Bindung in der direkten Kern-Kern-Verbindungslinie eine Knotenebene vor (**Bild 3**).

Derartige nicht-rotationssymmetrische Überlappungen werden **π-Bindungen** genannt. π-Bindungen können nicht mehr den von den σ-Bindungen besetzten Raum zwischen den Atomkernen besetzen. Sie liegen daher außerhalb der direkten Kern-Kern-Verbindungsachse und sind somit bei chemischen Reaktionen leichter anzugreifen als die σ-Bindung.

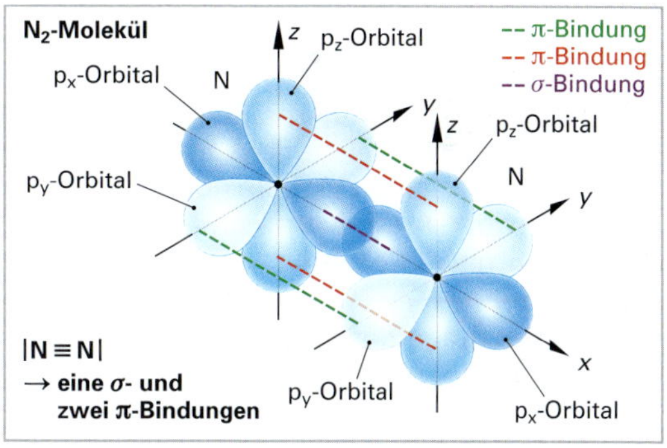

Bild 2: π- und σ-Bindungen im N_2-Molekül

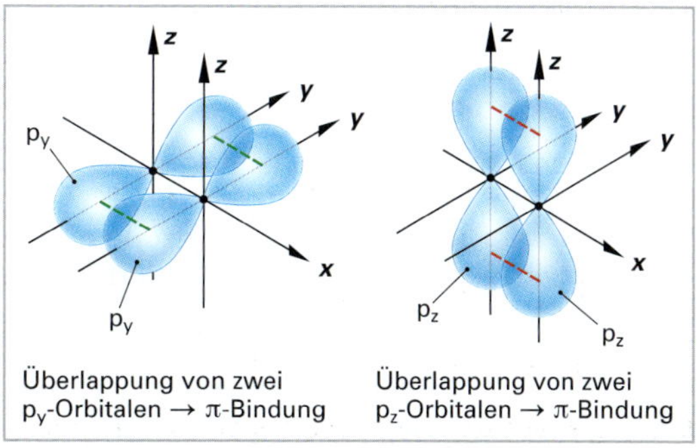

Bild 3: π-Bindungen im N_2-Molekül

> **π-Bindungen** sind **nicht-rotationssymmetrisch um die Kern-Kern-Verbindungsachse**. Sie besitzen eine Knotenebene in der Bindungsachse.

Allgemein gilt, dass es unter p-Orbital-Beteiligung zwischen zwei Atomen bis zu drei Atombindungen geben kann: eine p_x-p_x-σ-Bindung, eine p_y-p_y-π-Bindung und eine p_z-p_z-π-Bindung. Vereinigen sich zwei p-Orbitale zu einer **σ-Bindung**, können die beiden übrigen p-Atomorbitale jeweils eine **π-Bindung** ober- und unterhalb bzw. vor und hinter der Bindungsachse der σ-Bindung bilden.

> **Doppelbindungen** bestehen aus einer σ-Bindung und einer π-Bindung.
> **Dreifachbindungen** bestehen aus einer σ-Bindung und zwei π-Bindungen.

p-p-π-Bindungen sind typisch für die Elemente Kohlenstoff C, Sauerstoff O und Stickstoff N, also für Elemente der zweiten Periode (Tabelle 1). Bei Elementen der höheren Perioden ist die Neigung zur Ausbildung von p-p-π-Bindungen weitaus geringer. Dieser Sachverhalt wird als **Doppelbindungsregel** bezeichnet.

Tabelle 1: Beispiele für die Doppelbindungsregel

Periode	Hauptgruppen			Tendenz zu p-p-π-Bindungen
	14 IVa	15 Va	16 VIa	
2	^{6}C ⟨O=C=O⟩ Kohlenstoffdioxid CO_2	^{7}N |N≡N| Stickstoff N_2	^{8}O ⟨O=O⟩ Sauerstoff O_2	hoch, weil energetisch begünstigt
3	^{14}Si 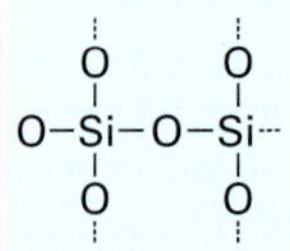 Siliciumdioxid SiO_2 (Sand)	^{15}P 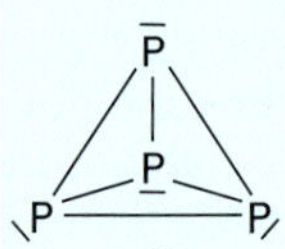 weißer Phosphor P_4	^{16}S 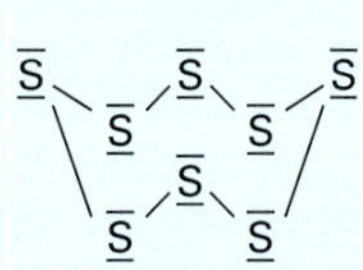 Schwefel S_8	gering, Verbindungen mit p-p-π-Bindung wenig stabil

Weißer Phosphor besteht z. B. nicht wie der homologe Stickstoff N_2 aus dreifachgebundenen P_2-Molekülen, sondern aus einem P_4-Tetraeder. In diesem Tetraeder sind die Phosphor-Atome jeweils mit drei σ-Bindungen an die anderen Phosphor-Atome des P_4-Moleküls gebunden. Ein weiteres Beispiel ist der Grundstoff von z. B. Sand, das Siliciumdioxid SiO_2. Anders als das Kohlenstoffdioxid CO_2 bildet Siliciumdioxid nicht einzelne Moleküle, in denen Sauerstoff über eine Doppelbindung an das Silicium gebunden ist, sondern ein dreidimensionales Netzwerk aus Silicium- und Sauerstoff-Atomen (Tabelle 1). Schwefel bildet ein Molekül, in dem acht Schwefel-Atome zu einem S_8-Ring verknüpft sind.

> **Doppelbindungsregel:** Die Tendenz für die Bildung von p-p-π-Bindungen ist in der 2. Periode besonders ausgeprägt.

Bei Elementen höherer Perioden können sowohl p-Orbitale als auch d-Orbitale an der Bildung von Doppelbindungen beteiligt sein. Derartige Systeme sind meist mesomeriestabilisiert (s. Kap. 6.2.3, S. 173) und somit thermodynamisch stabil.

6.2.6 Hybridisierung

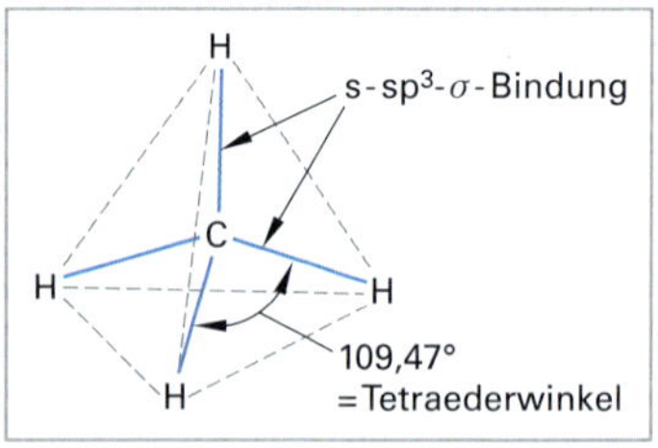

Bild 1: Struktur des Methan CH_4

Das Kohlenstoff-Atom C besitzt insgesamt vier Außenelektronen und weist im Grundzustand mit der Elektronenkonfiguration $1s^2 2s^2 2p^2$ zwei ungepaarte 2p-Elektronen auf. Mit Wasserstoff-Atomen wird jedoch die stabile Verbindung Methan CH_4 gebildet (Bild 1). In dieser Verbindung ist das Kohlenstoff-Atom vierbindig und bildet zu allen vier Wasserstoff-Atomen vier gleichartige σ-Bindungen aus. Die Untersuchung der Struktur zeigt einen regelmäßigen Tetraeder mit Bindungswinkeln von jeweils $\alpha = 109{,}47°$ zwischen den einzelnen Kohlenstoff-Wasserstoff-Bindungen. Dieser Bindungswinkel wird als **Tetraederwinkel** bezeichnet.

Nicht jede Bildung von Verbindungen lässt sich alleine über die Überlappung von Atomorbitalen hinreichend erklären. Das Kohlenstoff-Atom im Methan-Molekül CH_4 muss zur Ausbildung der vier σ-Bindungen vier halbbesetzte Orbitale aufweisen, die auf gleiche Art mit den vier s-Orbitalen der Wasserstoff-Atome überlappen können.

Das Kohlenstoff-Atom kann einen Zustand mit vier halbbesetzten Orbitalen leicht erreichen, da das Kohlenstoff-Atom ein unbesetztes 2p-Orbital besitzt (**Bild 1**). Ein Elektron des doppeltbesetzten 2s-Orbitals kann in das freie 2p-Orbital übergehen. Für dieses **Promovieren** (Anheben) eines Elektrons aus dem energetisch niedrigeren 2s-Orbital in ein 2p-Orbital ist eine geringe Energie erforderlich. Daher wird ein solcher Zustand als **angeregter Zustand** bezeichnet. Das Kohlenstoff-Atom besitzt im angeregten Zustand die zur Vier-Bindigkeit erforderlichen vier ungepaarten Elektronen.

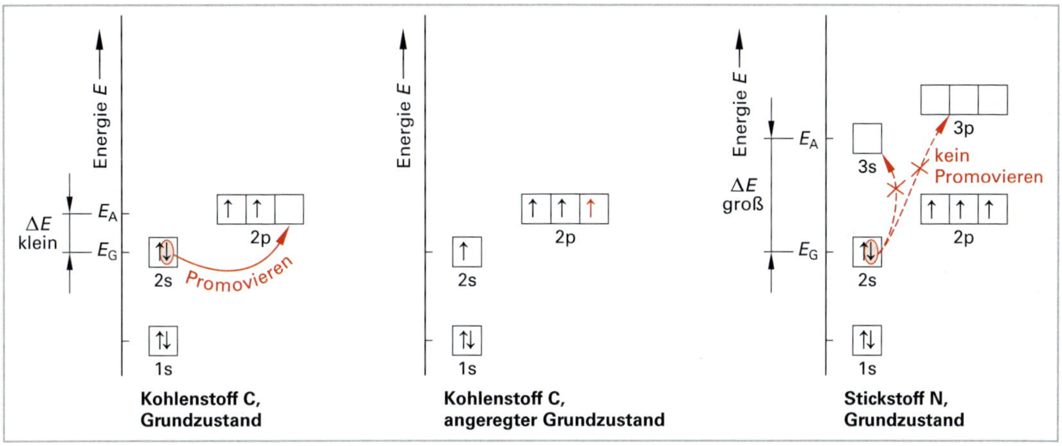

Bild 1: Anregung des Kohlenstoff-Atom und theoretische Anregung des N-Atoms

Die analoge Bildung eines NH_5-Moleküls ist nicht möglich, da das Stickstoff-Atom N im Grundzustand kein freies 2p-Orbital besitzt. Ein Elektron des 2s-Orbitals müsste in diesem Fall in die energetisch nächst höheren 3s- oder 3p-Orbitale promoviert werden. Der hierzu notwendige Energiebetrag ist allerdings zu hoch, so dass Stickstoff nur drei-bindig ist (**Bild 1**).

Die Anregung eines Elektrons in ein unbesetztes Orbital ist ein erster Schritt zur Erklärung der vier Einfachbindungen im Methan-Molekül CH_4.

Im angeregten Zustand stehen zur Bindung ein s-Orbital und drei p-Orbitale zur Verfügung. Nach der VB-Theorie entstünden im Molekül eine s-s-σ-Bindung und drei s-p-σ-Bindungen, die aufgrund der Geometrie der verschiedenen Orbitale nicht gleich sein können. Da jedoch im Molekül vier gleich große Bindungswinkel von 109,47° vorliegen, muss das Kohlenstoff-Atom vier gleiche Orbitale zur Ausbildung der vier σ-Bindungen zur Verfügung stellen können.

Auch bei der in der Gasphase kovalenten Verbindung Berylliumchlorid $BeCl_2$ müssten nach Anregung eines Elektrons des Berylliums eine s-p-σ- und eine p-p-σ-Bindung ausgebildet werden. Tatsächlich sind auch hier beide Bindungen völlig gleich.

Für diese Erklärungsprobleme wird die **Theorie der Hybridisierung** herangezogen, die eine Ergänzung des VB-Modells darstellt. Unter Hybridisierung (griech. *hybrid*: Mischling) wird die Mischung von Orbitalen unterschiedlicher Form und Energie zu neuen, gleichartigen Orbitalen verstanden.

Zur Bildung des Moleküls Berylliumchlorid $BeCl_2$ muss das Beryllium für die Ausbildung von zwei Bindungen tatsächlich in einen angeregten Zustand übergehen. Ein Elektron muss in ein freies p-Orbital promoviert werden (**Bild 1**, S. 182). Bei der Entstehung der chemischen Bindung interagieren zunächst die beiden Orbitale des Beryllium untereinander, bevor es zur Überlappung der Orbitale des Berylliums und des Chlors kommt.

6

Aus den beiden halbbesetzten unterschiedlich geformten s- und p-Orbitalen des Beryllium-Atoms im angeregten Zustand werden zwei neue, gleichartige Orbitale gebildet. Energetisch liegen diese beiden Mischorbitale zwischen den beiden Ausgangsorbitalen. Nach den ursprünglichen Orbitalen werden sie als **sp-Hybridorbitale** bezeichnet (**Bild 1**).

Die Anzahl der Hybridorbitale ist immer gleich der Anzahl der ursprünglichen Orbitale. Aus einem s-Orbital und einem p-Orbital werden hier zwei sp-Hybridorbitale gebildet. Diese neu entstandenen Orbitale können mit den p-Orbitalen der Chlor-Atome zu gleichen Bindungen überlappen.

Auch bei der Bildung des Methan CH_4 werden ausgehend vom angeregten Zustand des Kohlenstoff-Atoms Hybridorbitale gebildet. Aus dem s-Orbital und den drei p-Orbitalen des Kohlenstoff-Atoms entstehen vier Hybridorbitale, die als **sp^3-Hybridorbitale** bezeichnet werden (**Bild 2**). Beim Bor-Atom entstehen nach dem gleichen Schema aus einem s-Orbital und zwei p-Orbitalen insgesamt drei sp^2-Hybridorbitale, wie sie beispielsweise im Bortrifluorid BF_3 vorliegen.

Die Hybridorbitale können jeweils zur Ausbildung von σ-Bindungen genutzt werden. So kann das Kohlenstoff-Atom über die vier sp^3-Hybridorbitale unter Ausbildung von vier gleichartigen s-sp^3-σ-Bindungen vier Wasserstoff-Atome binden (**Bild 1**, S. 180).

> Die Bildung von Mischorbitalen aus Atomorbitalen wird **Hybridisierung** genannt.

Orbitale ähnlicher Energie können Hybridorbitale bilden. Die **Tabelle 1** zeigt wichtige Arten der Hybridisierung.

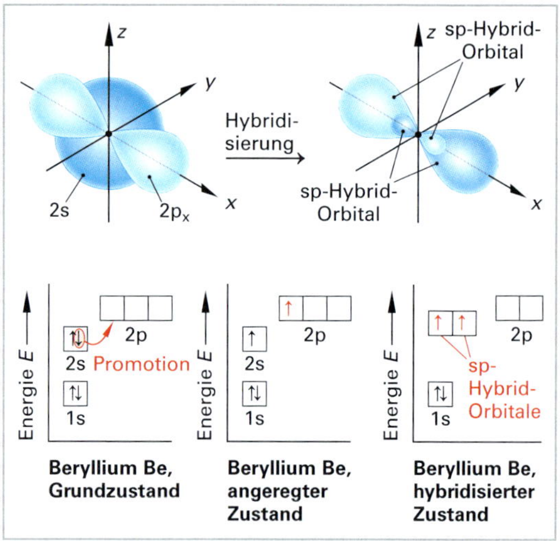

Bild 1: Bildung von sp-Hybridorbitalen

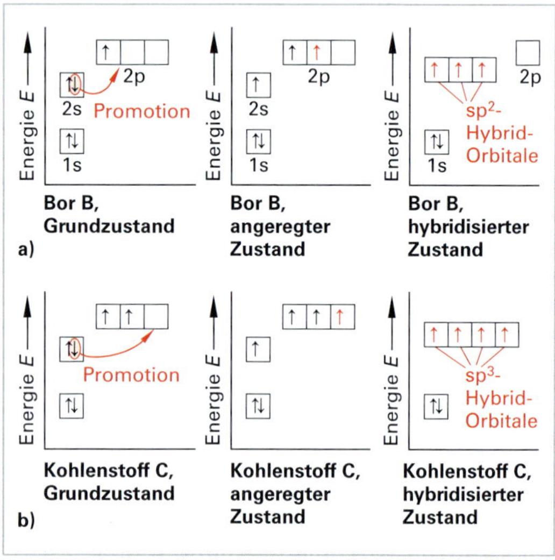

Bild 2: Bildung von a) sp^2-Hybridorbitalen und b) sp^3-Hybridorbitalen

Tabelle 1: Arten der Hybridisierung

Art der Hybridorbitale	Anzahl gleicher Hybridorbitale	Ursprüngliche Orbitale	Beispiel-Verbindung
sp-Hybridorbitale	2	ein s-Orbital und ein p-Orbital	BeF_2 Berylliumfluorid
sp^2-Hybridorbitale	3	ein s-Orbital und zwei p-Orbitale	BF_3 Borfluorid
sp^3-Hybridorbitale	4	ein s-Orbital und drei p-Orbitale	CH_4 Methan
sp^3d^2-Hybridorbitale*	6	ein s-Orbital, drei p- und zwei d-Orbitale	SF_6 Schwefelfluorid

* Die Beteiligung von d-Orbitalen an der Hybridisierung wird aktuell kritisch diskutiert.

Hybridisierung kommt grundsätzlich nur in Verbindungen vor, ein unverbundenes Atom ist nie hybridisiert. Es gilt, dass nur Orbitale ähnlicher Energie Hybridorbitale ausbilden können und dass Hybridorbitale immer zur Ausbildung von σ-Bindungen genutzt werden. π-Bindungen entstehen durch nicht-hybridisierte p-Orbitale am gleichen Atom.

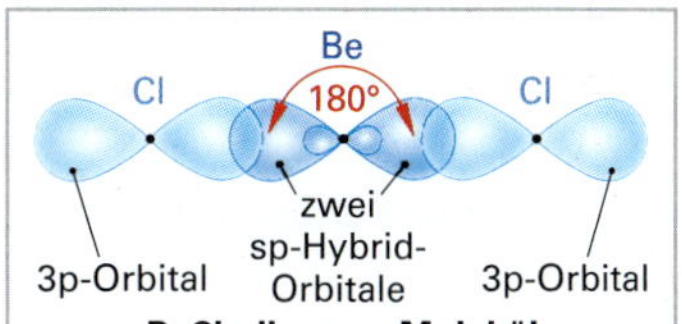

$BeCl_2$: lineares Molekül

Bild 1: Beispiel für sp-Hybridisierung

> **Hybridorbitale** werden nach den Atomorbitalen bezeichnet, aus denen sie sich gebildet haben.
>
> **sp-Hybridorbitale** bestehen aus einem s- und einem p-Atomorbital,
>
> **sp^2-Hybridorbitale** aus einem s- und zwei p-Atomorbitalen,
> **sp^3-Hybridorbitale** aus einem s- und drei p-Atomorbitalen.

Die Theorie der Hybridisierung gibt neben der VSEPR-Theorie ebenfalls Aufschluss über die räumliche Struktur einer Verbindung. Strukturen sind wiederum grundlegend für ihr chemisches Verhalten und somit auch für Ihre Wirksamkeit, z. B. als Arzneimittel. Genau wie die Atomorbitale ordnen sich sp-, sp^2- und sp^3-Hybridorbitale in charakteristischen Bindungswinkeln zueinander an:

- Moleküle mit **sp-hybridisierten Orbitalen** in den Außenschalen der Zentralatome, wie Berylliumchlorid $BeCl_2$, weisen lineare Strukturen auf (Bindungswinkel 180°, **Bild 1**).
- Moleküle mit **sp^2-hybridisierten Orbitalen,** wie Bortrifluorid BF_3, weisen Dreiecksstrukturen auf (Bindungswinkel 120°, **Bild 2**)
- Moleküle mit **sp^3-hybridisierten Orbitalen**, wie Methan CH_4 oder Molekül-Ionen wie Ammonium NH_4^+, weisen Tetraederstruktur auf (**Bild 3**)

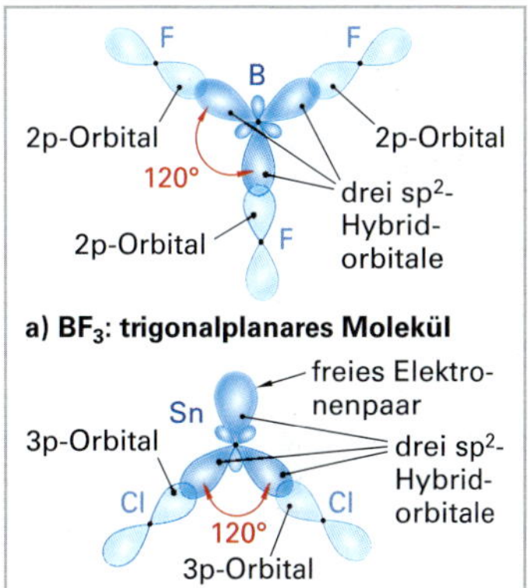

a) BF_3: trigonalplanares Molekül

b) $SnCl_2$: gewinkeltes Molekül

Bild 2: Beispiele für sp^2-Hybridisierung

Freie Elektronenpaare können ebenfalls in eine Hybridisierung von Orbitalen mit eingebunden werden (**Bild 2b**). Am Beispiel des Wasser-Moleküls H_2O kann dies verdeutlicht werden (**Bild 3c**). Ausgehend von der Elektronenkonfiguration des Sauerstoff-Atoms wären Bindungen im Wasser durch Ausbildung von zwei s-p-σ-Bindungen möglich. Die beiden Sauerstoff-Wasserstoff-Bindungen stehen jedoch nicht in einem Winkel von 90° zueinander ausgerichtet, sondern tatsächlich liegt im Wasser ein Bindungswinkel von 104,5° vor. Dies entspricht ungefähr dem Tetraederwinkel von 109,47° und somit einer sp^3-Hybridisierung.

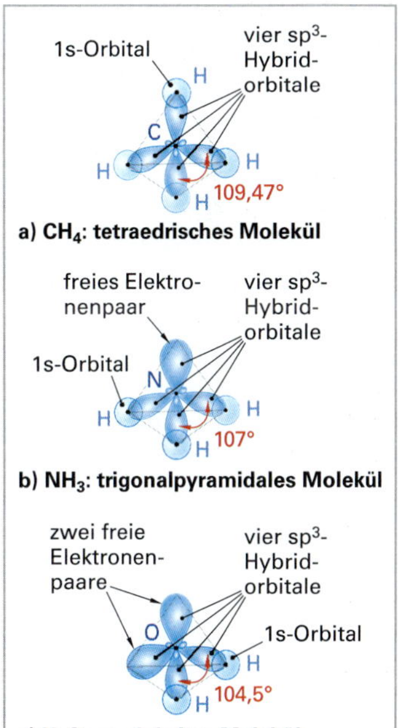

a) CH_4: tetraedrisches Molekül

b) NH_3: trigonalpyramidales Molekül

c) H_2O: gewinkeltes Molekül

Bild 3: Beispiele für sp^3-Hybridisierung

Im Wasser-Molekül liegt tatsächlich eine sp^3-Hybridisierung vor, bei der zwei der vier Hybridorbitale des Sauerstoff durch die beiden freien Elektronenpaare besetzt werden. Die vier Elektronenpaare bilden einen Tetraeder, die freien Elektronenpaare bleiben allerdings in der Molekülgeometrie „unsichtbar", so dass ein gewinkeltes Molekül mit ungefähren Tetraederwinkeln vorliegt.

Ähnliches gilt für das Ammoniak-Molekül NH_3. Ammoniak bildet als Struktur eine Pyramide mit dreieckiger Grundfläche. Das Stickstoff-Atom besetzt die Pyramidenspitze. Auch dieser Struktur liegt eine sp^3-Hybridisierung zugrunde, bei der ein Hybridorbital des Stickstoffs durch ein freies Elektronenpaar besetzt ist. Die freien Elektronenpaare nehmen mehr Platz ein als bindende Elektronenpaare, deshalb ist der Winkel in beiden Fällen etwas kleiner als 109,47°, der Tetraederwinkel ist gestaucht (**Bild 3b**).

Trotz eines völlig unterschiedlichen Ansatzes kommen die VSEPR-Theorie und das Modell der Hybridisierung als Ergänzung zur VB-Theorie für die Molekülstruktur zum gleichen Ergebnis.

Delokalisierte Doppelbindungen

Auch Moleküle, die in der *Lewis*-Schreibweise mehrere mesomere Grenzstrukturen aufweisen, können durch die VB-Theorie unter Zuhilfenahme der Hybridisierung zufriedenstellend erklärt werden. Das Carbonat-Ion (Kap. 6.2.3, S. 175) kann durch folgende gleichwertige Strukturen dargestellt werden:

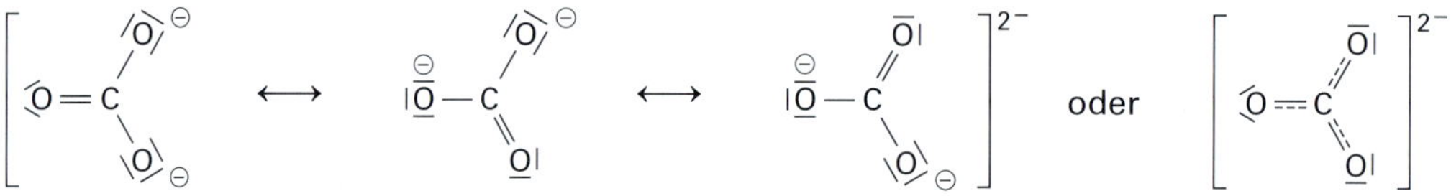

Das zentrale Kohlenstoff-Atom muss zur Ausbildung von drei σ-Bindungen zu den Sauerstoff-Atomen sp^2-hybridisiert sein (**Bild 1a**).

Das verbleibende p-Orbital kann die π-Bindung zum Sauerstoff bilden. Es erfolgt jedoch nicht nur eine Überlappung des p-Atomorbitals des Kohlenstoff-Atoms mit dem p-Orbital eines Sauerstoff-Atoms, sondern das p-Orbital des Kohlenstoff-Atoms überlappt mit den p-Orbitalen aller drei Sauerstoff-Atome. Man spricht von einem **delokalisierten Doppelbindungssystem**, also einem nicht genau räumlich festlegbaren System von Doppelbindungen (**Bild 1b**). Derartige Systeme sind auch im Bereich der organischen Chemie von zentraler Bedeutung.

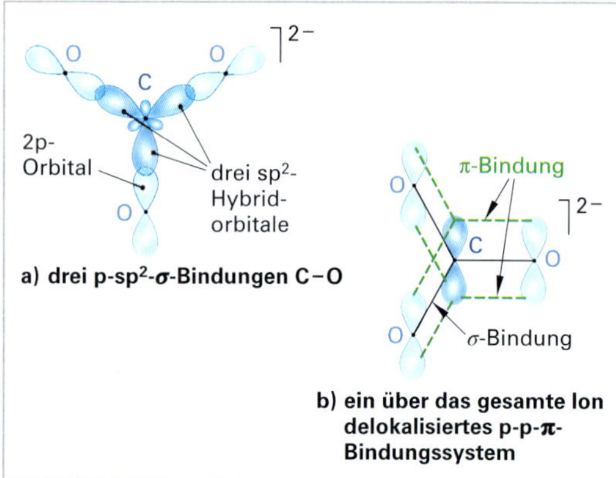

Bild 1: a) Drei p-sp^2-σ-Bindungen und b) delokalisierte π-Bindung im Carbonat-Ion CO_3^{2-}

6.2.7 Molekülorbital-Theorie

Die im vorhergehenden Abschnitt beschriebene VB-Theorie erklärt die meisten Fragen im arbeitsweltbezogenen Bereich der Chemie völlig hinreichend. In Einzelfällen stößt sie aber auf Grenzen. Eine dieser Grenzen sind die Bindungsverhältnisse des Sauerstoff-Moleküls.

Molekularer, reiner Sauerstoff O_2 ist ein sehr reaktiver Stoff. Er reagiert mit vielen Substanzen unter spontaner heftiger Entzündung. In einem Magnetfeld verhält sich flüssiger Sauerstoff so, als hätte er ungepaarte Elektronen (**Bild 2**). Für beide beobachtbaren Phänomene finden die *Lewis*- und die VB-Theorie keine Erklärung. Für die Deutung wird eine von der VB-Theorie deutlich unterschiedene Theorie, die **Molekülorbital-Theorie** (**MO-Theorie**) genutzt.

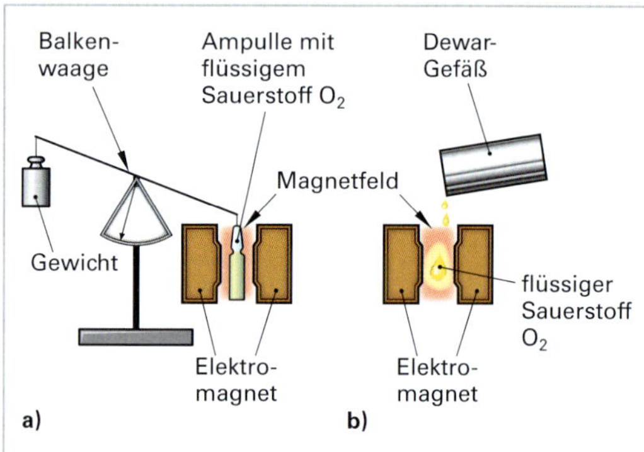

Bild 2: Anziehung von flüssigem Sauerstoff durch ein Magnetfeld

Die MO-Theorie beschreibt Bindungsverhältnisse in Stoffen mit Atombindungen und deren Molekülstrukturen mit Hilfe von Orbitalen aus Berechnungen des wellenmechanischen Atommodells. Im Gegensatz zur VB-Theorie wird hier nicht von einer Überlappung von Atomorbitalen ausgegangen, sondern von einer Addition bzw. Subtraktion von Elektronenwellen. Für ein Molekül entsteht ein völlig neues Orbitalsystem, ein System aus **Molekülorbitalen**.

Das einfachste Molekülorbital liegt im Wasserstoff-Molekül H_2 vor (**Bild 1**). Es entsteht aus zwei 1s-Atomorbitalen. Die beiden Atomorbitale sind im H_2-Molekül zu einem neuen Orbital verschmolzen, dem **Molekülorbital (MO)**. Dieses neue **bindende Molekülorbital** wird mit zwei Elektronen besetzt, eine σ-Bindung entsteht. Bindende Orbitale werden mit dem Index b gekennzeichnet, hier also σ^b. Das σ-MO liegt energetisch niedriger als die Atomorbitale, aus denen es entstanden ist. Die Besetzung mit Elektronen ist mit Energiegewinn verbunden.

Gleichzeitig mit der Bildung des bindenden MO entsteht jedoch noch ein zweites Molekülorbital. Es liegt energetisch höher als das bindende MO und als die ursprünglichen Atomorbitale. Außerdem besitzt es eine Knotenebene zwischen den beiden Atomen und trägt somit nicht zur Bindung bei. Es wird daher als **anti-bindendes Molekülorbital** bezeichnet. Anti-bindende Molekülorbitale werden mit einem Sternchen* gekennzeichnet, hier als σ^*.

Würden zwei Helium-Atome eine chemische Bindung eingehen, entstünden die gleichen Molekülorbitale wie bei der Bildung eines H_2-Moleküls (**Bild 2**). Diese Molekülorbitale müssten jedoch mit vier Elektronen besetzt werden, da jedes Helium-Atom zwei Elektronen besitzt. Nach dem *Pauli*-Prinzip und der *Hund*schen Regel (s. Kap. 5.2.1, S. 136 bzw. Kap 5.2.3, S. 139) würde zunächst das bindende MO mit zwei Elektronen besetzt, im Weiteren das antibindende MO ebenfalls mit zwei Elektronen. Der Energiegehalt des Systems He_2 wäre um nichts niedriger und günstiger als der Energiegehalt des Systems bestehend aus zwei einzelnen Atomen He. Auch nach der MO-Theorie kommt somit keine He-He-Bindung zustande, und es wird kein He_2-Molekül gebildet.

Diese Ergebnisse sind auch nach der Bindungslehre von *Lewis* oder der VB-Theorie zu erwarten. Im Bereich der p-Orbitale ergibt sich aber ein anderes Bild. Drei p-Orbitale von zwei beliebigen Atomen verschmelzen wie in **Bild 3** dargestellt zu drei bindenden Orbitalen (zwei π- und ein σ-MO) und drei antibindenden Orbitalen (zwei π^*- und ein σ^*-MO). Dieses Orbitalsystem wird in Molekülen mit Elektronen besetzt.

Die Molekülorbitale enthalten dabei genauso viele Elektronen wie die einzelnen Atome der Verbindung auf ihrer äußeren Schale tragen. Die inneren Orbitale verhalten sich hierbei wie die ursprünglichen Atomorbitale und werden nicht in das Molekülorbital-System einbezogen.

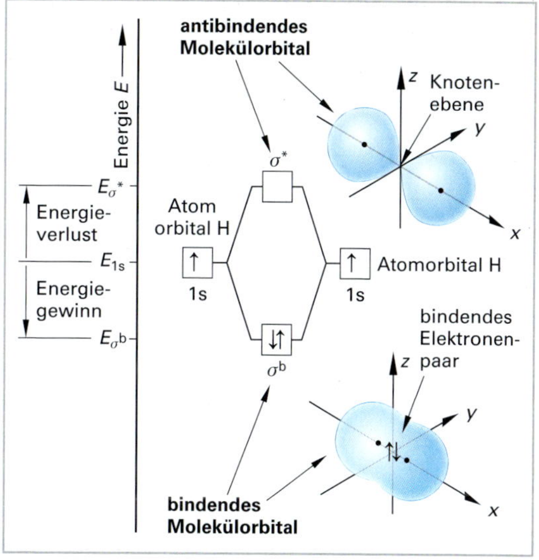

Bild 1: Molekülorbitale im Wasserstoff H_2

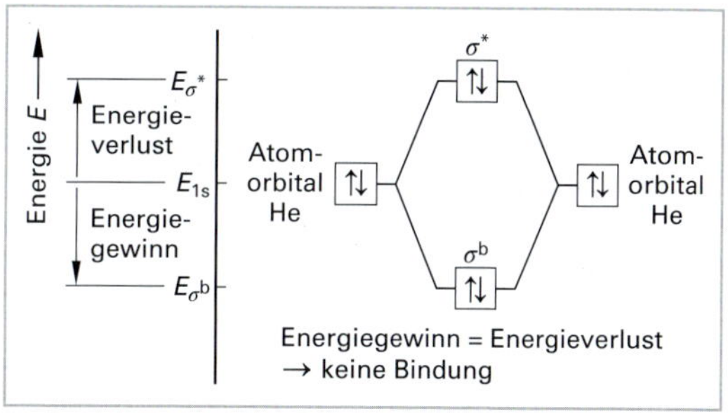

Bild 2: Molekülorbitale im theoretischen He_2

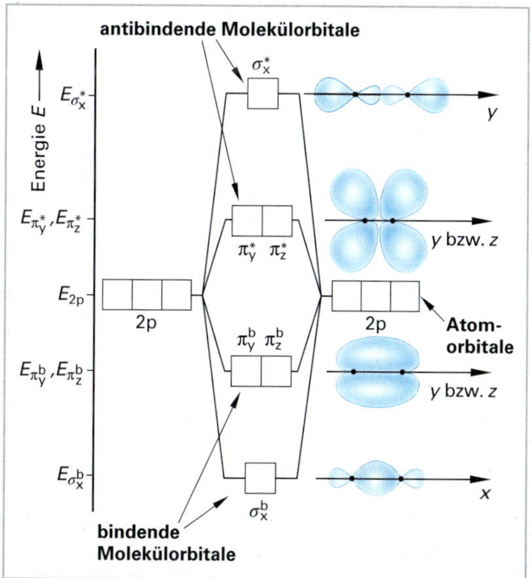

Bild 3: Molekülorbitale aus p-Orbitalen

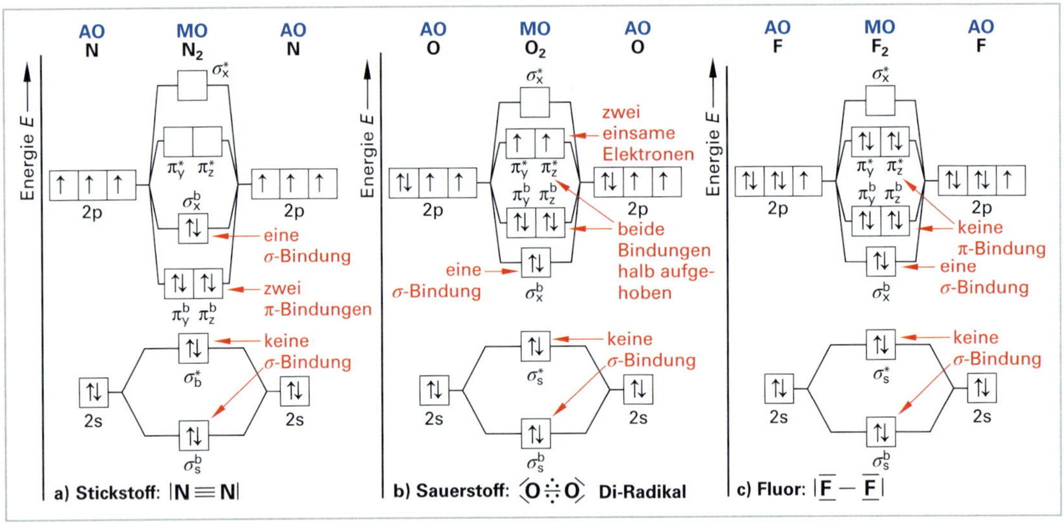

Bild 1: Molekülorbitale der zweiten Periode a) Stickstoff, b) Sauerstoff, c) Fluor

Für das Stickstoff-Molekül N_2 und das Fluor-Molekül F_2 sind die Ergebnisse des MO-Schemas entsprechend der *Lewis*-Theorie (**Bild 1a, c**). Da das 2s-Orbital und die 2p-Orbitale des Stickstoff-Atoms eine geringere Energiedifferenz aufweisen als die entsprechenden Atomorbitale bei Sauerstoff und Fluor, kommt es bei der Bildung der Molekülorbitale des Stickstoff-Moleküls N_2 zu einer Wechselwirkung aller Atomorbitale der 2. Periode. Im MO-Schema zeigt sich dies durch eine veränderte Abfolge der Molekülorbitale im MO-Schema (**Bild 1a**). Die bindenden π-Molekülorbitale π_x^b und π_z^b sind gegenüber dem σ_x^b-Molekülorbital energetisch verschoben und liegen energetisch tiefer. Auch bei den Elementen Bor B und Kohlenstoff C liegt eine geringe 2s-2p-Energiedifferenz vor, so dass es hier ebenfalls durch die gemeinsame Wechselwirkung von s- und p-Orbitalen zu einer energetischen Verschiebung im MO-Schema kommt. Bei den Elementen Sauerstoff O und Fluor F hingegen ist der energetische Abstand der 2s- und 2p-Orbitale größer. Bei der Bildung der Molekülorbitale kombinieren daher jeweils nur die s-Orbitale bzw. die p-Orbitale untereinander und es kommt zu keiner energetischen Verschiebung der Molekülorbitale (**Bild 1b, c**).

Das Stickstoff-Molekül N_2 besitzt durch zwei p-p-π-Bindungen und eine p-p-σ-Bindung eine Dreifachbindung. Im Fluor-Molekül kommt es zur Bildung einer p-p-σ-Einfachbindung.

Bei Sauerstoff hingegen müssen die möglichen acht Molekülorbitale des O_2-Moleküls mit zwölf Elektronen besetzt werden. Nach dem *Pauli*-Prinzip und der *Hund*schen-Regel ergeben sich als die mit zwei Elektronen zuletzt zu besetzenden Orbitale die beiden anti-bindenden π*-Orbitale. Der *Hund*schen-Regel entsprechend werden diese einfach besetzt.

Die Theorie von *Lewis* oder die VB-Theorie fordern für das O_2-Molekül eine Doppelbindung und zwei freie Elektronenpaare. Erst im MO-Schema erkennt man, dass molekularer Sauerstoff O_2 tatsächlich ein Di-Radikal, also ein Stoff mit zwei ungepaarten Elektronen ist. Dies kann in einer modifizierten *Lewis*-Schreibweise mit 3-Elektronen-π-Bindung ausgedrückt werden (**Bild 1b**).

Erst die MO-Theorie erklärt zufriedenstellend die Reaktivität und das magnetische Verhalten des Sauerstoff-Moleküls O_2. Das MO-Schema ist ein gängiges Erklärungsmodell für viele Theorien wie z. B. Säure-Base-Theorien. Trotzdem werden in der Praxis meist das einfachere *Lewis*- oder das VB-System verwendet, da diese die meisten Sachverhalte ebenso gut und deutlich anschaulich beschreiben. Auch die herkömmliche *Lewis*-Schreibweise für das Sauerstoff-Molekül wird weiterhin vereinfachend benutzt.

Die **MO-Theorie** ist nach heutigem Stand das wellenmechanisch exakteste System.

Die Bindungslehre nach *Lewis* und die VB-Theorie kommen meist zu ähnlichen Ergebnissen und sind für die meisten Anwendungen hinreichend.

6.2.8 Atomkristalle

Nicht nur gasförmige oder flüssige Stoffe, sondern auch Feststoffe mit kristallinem Aufbau können als Grundlage eine Atombindung aufweisen.

Diamant ist z. B. als molekular aufgebauter Feststoff ausschließlich aus Kohlenstoff-Atomen aufgebaut. Er weist aber eine extrem hohe Schmelztemperatur und enorme Festigkeit auf. Diese und andere Besonderheiten bei den Eigenschaften lassen sich mit Hilfe der Kristall- und Bindungsstrukturen erklären.

Das Atomgitter des **Diamant** (**Bild 1a**) ist aus Kohlenstoff-Atomen aufgebaut, die alle miteinander über Atombindungen (σ-Bindungen) verknüpft sind. Der Kohlenstoff ist sp^3-hybridisiert, so dass sich eine tetraedrische Struktur ergibt, in der jedes Kohlenstoff-Atom mit vier weiteren Kohlenstoff-Atomen verbunden ist. Auch der **Graphit** ist aus Kohlenstoff aufgebaut. Allerdings sind die Kohlenstoff-Atome in diesem Gitter sp^2-hybridisiert. Die sp^2-Hybridorbitale überlappen in einer Ebene und bilden σ-Bindungen zwischen den einzelnen Kohlenstoff-Atomen (**Bild 1b**). Über und unterhalb dieser Ebenen überlappen die nicht-hybridisierten p-Orbitale, wobei sich ein delokalisiertes π-Bindungssystem ergibt, das sich über die gesamte Schicht erstreckt. Die einzelnen Kristallschichten dieses **Schichtengitters** werden über zwischenmolekulare Kräfte zusammengehalten (s. Kap. 6.3.3, S. 200). Der strukturelle Aufbau beeinflusst maßgeblich die Eigenschaften beider Stoffe.

Weitere nur aus Kohlenstoff-Atomen bestehende Stoffe sind die Gruppe der **Fullerene**. Ein bekannter Vertreter ist das C_{60}-Molekül, das wie ein Fußball aus fünf- und sechs-eckigen Strukturen aufgebaut ist (**Bild 1c**). Zusammen mit den so genannten **Kohlenstoff-Nanoröhren** (*Nano-Tubes*) bilden die Fullerene eine weitere Modifikation des Kohlenstoffs.

Kristallgitter molekularer Feststoffe können aufgrund der Atombindungen sehr markante Stoffeigenschaften besitzen. Der Werkstoff Siliciumcarbid SiC ist hart, besitzt eine Diamant-Struktur und wird als Schleifmittel verwendet. Wolframcarbid WC wird unter dem Markennamen **„Widia"** vertrieben, weil der Atomkristall der Verbindung hart **wie Dia**mant ist. Es wird im Werkzeugbau verwendet.

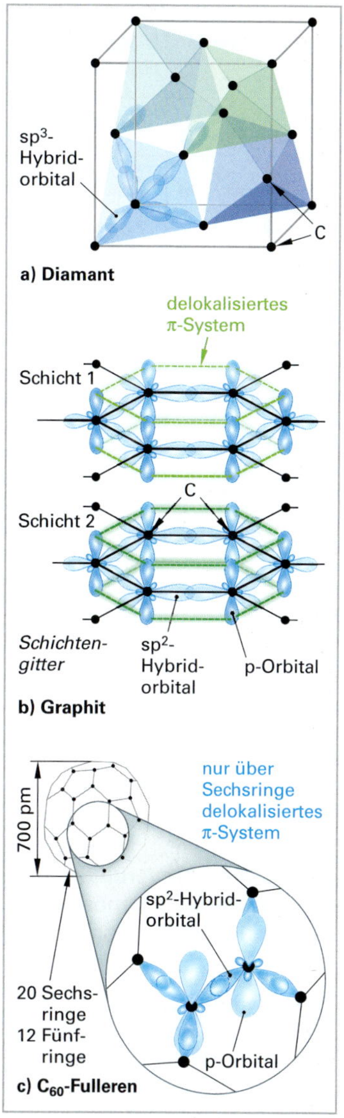

Bild 1: Atomkristalle, a) Diamant, b) Graphit, c) C_{60}-Fulleren

6.2.9 Polare Atombindung und Elektronegativität

Die Modelle der Atombindung und Ionenbindung sind neben der Metallbindung (s. Kap. 6.4, S. 203) die wichtigsten Bindungen in chemischen Verbindungen. Sie sind allerdings strenggenommen nur gedachte Idealfälle, tatsächlich sind die Übergänge zwischen den Bindungsarten kontinuierlich. Eine Betrachtung von Verbindungen der 3. Periode verdeutlicht dies (**Tabelle 1**, S. 188).

NaCl und Cl_2 markieren Extrema der dargestellten Verbindungen. Auf der einen Seite der Aufstellung besitzt Natriumchlorid einen kristallinen Aufbau und eine sehr hohe Schmelz- und Siedetemperatur. Natriumchlorid NaCl ist ein typischer Vertreter einer Ionenverbindung. Auf der anderen Seite steht das reaktive und gasförmige Chlorgas Cl_2 als typisches kovalent gebundenes Atompaar. Bewegt man sich aber von den Extrema weg, wird die Zuordnung ionische bzw. kovalente Bindung weniger eindeutig. Vom NaCl zum $AlCl_3$ sinkt die Schmelztemperatur ϑ_m um fast 700 °C.

Tabelle 1: Übergang zwischen Bindungsarten

Natriumchlorid NaCl	**Magnesium-chlorid $MgCl_2$**	**Aluminiumchlorid a) Kristall $AlCl_3$ b) Dimer (Gas)**	**Siliciumtetra-chlorid $SiCl_4$**	**Phosphortri-chlorid PCl_3**	**Chlor Cl_2**
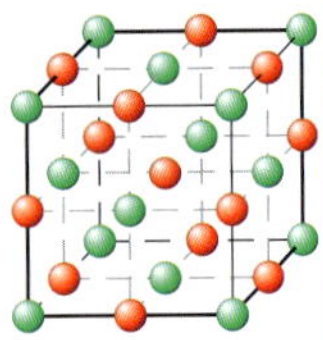	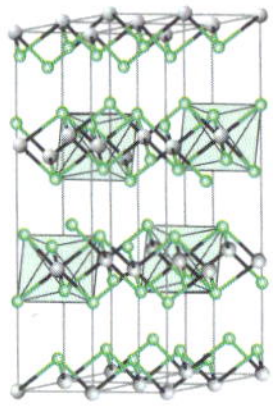	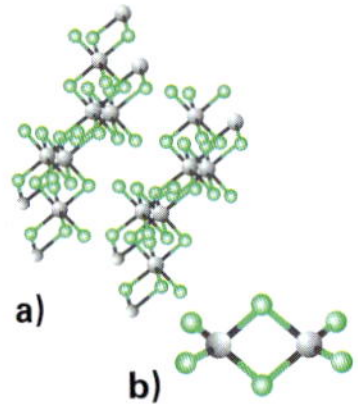 a) b)	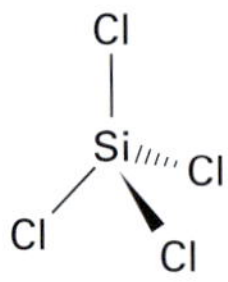	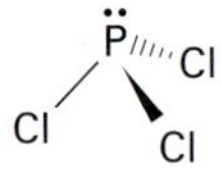	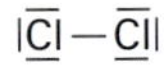
ϑ_m = 801 °C kristallin gut wasserlöslich	ϑ_m = 715 °C kristallin gut wasserlöslich	Sublimation bei 183 °C kristallin im Feststoff, dimer in der Gasphase, an Luft rauchend, wasserlöslich	ϑ_m = – 70 °C ϑ_b = 56,7 °C an Luft rauch-ende Flüssigkeit, mit Wasser Zersetzung	ϑ_m = – 92 °C ϑ_b = 76 °C an Luft stark rauchende Flüssigkeit, mit Wasser Zersetzung	ϑ_m = – 100,98 °C ϑ_b = – 34,06 °C grüngelbes, sehr reaktives Gas in Wasser mäßig löslich

zunehmend kovalenter Charakter →

← **zunehmend ionischer Charakter**

Zwar ist das Aluminiumchlorid $AlCl_3$ noch kristallin gebaut und auch die Löslichkeit in Wasser spricht für einen ionischen Aufbau, Strukturuntersuchungen zeigen jedoch, dass Aluminiumchlorid schon unterhalb von 200 °C bereits als Molekül vorliegt. In derartigen Fällen spricht man von einem kovalenten Anteil einer Verbindung. Bei Aluminiumchlorid liegt der kovalente Anteil bei ca. 75 %, der ionische Anteil beträgt ca. 25 %. Um aber nicht immer prozentuale Angaben machen zu müssen, sind willkürlich Grenzen festgelegt, ab wann von einer ionischen Verbindung gesprochen wird. Oberhalb eines ionischen Anteils von 50 % spricht man vereinfachend von einer ionischen Verbindung. Ein einfacher Weg, um festzustellen, in welche Verbindungsklasse eine Verbindung gehört, ist die Berechnung der Differenz der **Elektronegativitäten** der an der Verbindung beteiligten Atome.

Jedes Atom ist bestrebt, die Edelgaskonfiguration zu erreichen. Die Atome typischer Nichtmetalle nehmen bevorzugt Elektronen auf, die Atome typischer Metalle geben Elektronen ab. Hierdurch entstehen Nichtmetall-Anionen und Metall-Kationen. Besteht kein besonders großer Unterschied bei den Reaktionspartnern, Elektronen aufzunehmen oder abzugeben, kommt es zu keinem Austausch von Elektronen, sondern zur gemeinsamen Nutzung von Elektronen und somit zur Ausbildung einer Elektronenpaarbindung. Dennoch besteht bei den Reaktionspartnern ein Unterschied in der Fähigkeit, Bindungselektronen an sich heranzuziehen. Diese Fähigkeit wird durch die dimensionslose Größe der **Elektronegativität** des Atoms angegeben. Das Formelzeichen der Elektronegativität ist χ (griech. *chi*), häufig wird auch die Abkürzung **EN** verwendet.

Die Fähigkeit eines Atoms in einer Atombindung, das bindende Elektronenpaar an sich zu ziehen, wird **Elektronegativität** genannt. Die Elektronegativität ist eine dimensionslose Größe.

Die Elektronegativität bezieht sich auf das Verhalten eines Atoms in einem Verband von zwei verschiedenen Atomen. Zur Bestimmung der Elektronegativität gibt es keine eindeutige Messmethode, wohl aber unterschiedliche Möglichkeiten, die Elektronegativität zu ermitteln. Das Atom mit der größten Elektronegativität ist das Fluor F. Insbesondere drei verschiedene Skalen mit Elektronegativitätswerten sind gebräuchlich, die sich anhand des χ(F)-Werts unterscheiden lassen:

- ***Pauling*-Skala**

  Linus Carl Pauling (1901–1994) ermittelte die Elektronegativitätsdifferenz, indem er die zur Spaltung der Moleküle A–B, A_2 und B_2 erforderlichen Energien, d. h. die Dissoziationsenergien, miteinander verglich. Die Elektronegativität von Fluor $\chi(F)$ trägt nach Neuberechnungen den Wert 3,98. Die Elektronegativitätswerte aller anderen Elemente orientieren sich an diesem Referenzpunkt (**Bild 1**).

  Aufgrund eines leicht abweichenden Referenzpunkts ($\chi(F) = 3{,}98$) und unterschiedlicher Rechenmethoden sind in der Literatur leicht voneinander abweichende Elektronegativitätswerte nach Pauling zu finden. Durchgesetzt hat sich meist die Skala, bei der der Elektronegativitätswert von Fluor $\chi(F) = 3{,}98$ beträgt.

OZ	Hauptgruppen							
	1 Ia	2 IIa	13 IIIa	14 IVa	15 Va	16 VIa	17 VIIa	18 VIIIa
1	1 2,2 ← Elektronennegativität nach *Pauling* H ← Elementsymbol							2 He
2	3 0,98 Li	4 1,57 Be	5 2,04 B	6 2,55 C	7 3,04 N	8 3,44 O	9 3,98 F	10 Ne
3	11 0,93 Na	12 1,31 Mg	13 1,61 Al	14 1,90 Si	15 2,19 P	16 2,58 S	17 3,16 Cl	18 Ar
4	19 0,82 K	20 1,00 Ca	31 1,81 Ga	32 2,01 Ge	33 2,18 As	34 2,55 Se	35 2,96 Br	36 Kr
5	37 0,82 Rb	38 0,95 Sr	49 1,78 In	50 1,96 Sn	51 2,05 Sb	52 2,10 Te	53 2,66 I	54 Xe
6	55 0,79 Cs	56 0,89 Ba	81 1,62 Tl	82 1,80 Pb	83 1,90 Bi	84 2,00 Po	85 2,20 At	86 Rn

Bild 1: Elektronegativitätswerte nach *Pauling*

- ***Allred-Rochow*-Skala**

  Die Elektronegativitäts-Skala nach *Albert L. Allred* und *Eugene George Rochow* (1909–2002) berücksichtigt bei der Bestimmung der Elektronegativität den Einfluss der Anziehungskraft des positiv geladenen Atomkerns auf die Bindungselektronen sowie den Abstand der Bindungselektronen vom Kern. Die Elektronegativität nach *Allred-Rochow* χ_{AR} weicht leicht von den Werten der *Pauling*-Skala ab: $\chi_{AR}(F) = 4{,}17$

- ***Mulliken*-Skala**

  Robert Sanderson Mulliken (1896–1986) berechnete die Elektronegativität als Mittelwert der Ionisierungsenergie I und der Elektronenaffinität E_{ea}. Die *Mulliken*-Skala bezieht sich auf den Zustand des Atoms in der Bindung, die Elektronegativitätswerte nach *Mulliken* χ_M weichen stark von den Elektronegativitäten nach *Pauling* und nach *Allred-Rochow* ab: $\chi_M(F) = 4{,}42$

Jede Elektronegativitätsskala hat ihre Berechtigung und wird in bestimmten Fällen z. B. in der Forschung herangezogen. Die *Pauling*-Skala ist jedoch die in der allgemeinen Chemie gängigste Informationsquelle für die Elektronegativität der Elemente, sie wird in diesem Buch durchgängig verwendet.

> Im Periodensystem der Elemente nimmt die Elektronegativität allgemein innerhalb der **Hauptgruppen** ab und innerhalb der **Perioden** zu. Fluor F ist das elektronegativste Element. Am wenigsten elektronegativ sind die Metalle links unten im PSE.

In Verbindungen kann über die Bestimmung der Elektronegativitätsdifferenzen zwischen zwei miteinander verbundenen Atomen das Ausmaß der Polarität der Bindung abgeschätzt werden. Insbesondere bei kleinen Molekülen sind dieses Ausmaß der Polarität sowie der Schwerpunkt des negativen und des positiven Pols leicht anzugeben. Bei der Verbindung von zwei gleichen Atomen wie bei Chlor Cl_2 ist keine Elektronegativitätsdifferenz vorhanden, so dass dieses Molekül nicht polar ist. Das Chlor-Molekül Cl_2 besitzt somit auch keine zwei Pole, es stellt keinen Dipol dar.

In einer Verbindung eines Chlor-Atoms mit einem Brom-Atom als BrCl-Molekül besitzt das Chlor-Atom eine höhere Elektronegativität, so dass die Bindungselektronen stärker zum Chlor-Atom hingezogen werden. Das BrCl-Molekül ist ein **Dipol** mit dem partiell negativen Pol δ^- am Chlor-Atom und dem partiell positiven Pol δ^+ am Brom-Atom.

> Je größer die **Elektronegativitätsdifferenz** zwischen zwei kovalent gebundenen Atomen ist, desto polarer ist die kovalente Bindung und desto größer ist der Betrag der partiellen Ladungen.

6

Bei einer Elektronegativitätsdifferenz von 0,0 bis 0,4 wird von unpolaren kovalenten Bindungen gesprochen. Bei Elektronegativitätsdifferenzen größer als 0,4 bis ungefähr 1,7 handelt es sich um polare kovalente Bindungen und ein Dipol könnte vorhanden sein. Wird die ungleiche Verteilung der gemeinsamen Elektronen noch größer, so dass die Elektronegativitätsdifferenz größer als 1,7 wird, so erhält das eine Atom die Bindungselektronen ganz für sich, und es resultieren einzelne Ionen; eine Ionenbindung liegt vor. Der Übergang von einer unpolaren kovalenten Bindung zur ionischen Bindung ist in **Bild 1** schematisch dargestellt.

Atombindungen zwischen Atomen gleicher Art werden als **unpolar** bezeichnet. Das bindende Elektronenpaar wird von beiden Atomen gleichermaßen angezogen.

Atombindungen zwischen Atomen unterschiedlicher Elektronegativität sind dadurch gekennzeichnet, dass das bindende Elektronenpaar stärker zu einem Bindungspartner hingezogen wird. Die Bindung ist **polarisiert**, das heißt, dass das elektronegativere Element das oder die bindende(n) Elektronenpaar(e) stärker zu sich herüberzieht. Wird die Elektronenwolke eines Orbitals dadurch dauerhaft verformt, wird von einer **permanenten Polarisierung** bzw. einem **permanenten Dipol** gesprochen.

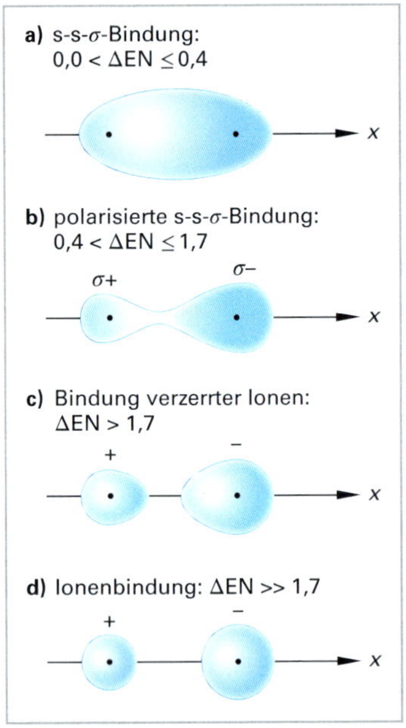

Bild 1: Übergang von kovalenter Bindung zu Ionenbindung

6.3 Zwischenmolekulare Kräfte

Die bisher beschriebenen Bindungen wirken zwischen Atomen oder Ionen. Sie verbinden die einzelnen Teilchen zu Verbindungen und wirken als **intramolekulare Kräfte** (lat. *intra*: innerhalb, **innermolekulare Kräfte**; engl. *innermolecular forces*) innerhalb der einzelnen chemischen Verbindungen. Die wirksamen Bindungskräfte sind in Stärke und Reichweite sehr unterschiedlich. Sie besitzen **Bindungsenergien** (zur Bildung oder Spaltung der Bindung erforderlicher Energiebetrag) zwischen 50 und 1000 $kJ \cdot mol^{-1}$. Insgesamt wirken intramolekulare Kräfte auf die Bindungsabstände und nehmen mit dem Kernabstand exponentiell ab. Diese Arten von Bindungen, zu denen die kovalente, die ionische und auch die metallische Bindung (s. Kap. 6.4, S. 201) gehören, werden zusammenfassend auch als **Hauptvalenzbindungen** bezeichnet. Die Hauptvalenzbindungen treten selten rein auf. Meist liegen Übergänge zwischen den drei Grenzfällen vor, wobei einer überwiegt.

Nebenvalenzbindungen wirken zwischen den einzelnen Molekülen einer Verbindung oder bei Makromolekülen auch zwischen einzelnen entfernten Molekülbereichen. Daher wird diese Art von Bindungen auch als **zwischenmolekulare Kräfte** oder **intermolekulare Kräfte** (lat. *inter*: zwischen; engl. *intermolecular forces*) bezeichnet. Zwischenmolekulare Kräfte wirken über weite Distanzen. Die Stärke dieser Kräfte liegt mit Bindungsenergien von weniger als 50 $kJ \cdot mol^{-1}$ jedoch deutlich unter denen der Hauptvalenzbindungen.

Zwischenmolekulare Kräfte sind elektromagnetische Wechselwirkungen, die nach dem Vorzeichen der beteiligten Ladungen entweder anziehend (ungleiche Ladungen: +, –) oder abstoßend (gleiche Ladungen: +, + oder –, –) wirken. Da sich die Größe von ungleichen Ladungen sehr exakt kompensiert, treten die einzelnen Wechselwirkungen nach außen kaum wirksam auf.

Bei den zwischenmolekularen Kräften wird unterschieden zwischen **ionischen Wechselwirkungen**, auf die bereits im Zusammenhang mit der Ionenbindung (s. Kap. 6.1, S. 164) eingegangen wurde, den **Wasserstoffbrücken**, die auf einer speziellen Art von Dipol-Dipol-Wechselwirkung beruhen, den **Dipol-Kräften** selbst und den ***Van-der-Waals*-Kräften**. Die Stärke der Kräfte nimmt genau in dieser Reihenfolge von ionischer bis zur *Van-der-Waals*-Wechselwirkung ab. Fälschlicherweise wird häufig die Bezeichnung *Van-der-Waals*-Kräfte als Synonym für alle schwachen zwischenmolekularen Kräfte allgemein verwendet.

Zu den zwischenmolekularen Kräften zählen in abnehmender Stärke der Kräfte **ionische Wechselwirkungen, Wasserstoffbrücken, Dipolkräfte** und ***Van-der-Waals*-Kräfte.**

Intermolekulare Kräfte wirken zwischen verschiedenen Molekülen. Sie sind sehr viel schwächer als intramolekulare Kräfte. Trotzdem sind die intermolekularen Kräfte zwischen verschiedenen Molekülen enorm wichtig, da ohne eine gegenseitige Anziehung der Moleküle keine unterschiedlichen Aggregatzustände wie flüssig oder gasförmig vorhanden wären. Flüssigkeiten würden sich ohne intermolekulare Kräfte wie Gase verhalten. Makroskopisch zu beobachten sind zwischenmolekulare Kräfte durch Effekte wie

- **Oberflächenspannung:** Grenzflächenspannung von Festkörpern und Flüssigkeiten gegenüber der Dampfphase,
- **Kapillarität:** physikalische Erscheinung, die infolge der Grenzflächenspannung von Flüssigkeiten an engen Hohlräumen von Festkörpern, d. h. Kapillaren, Spalten und Poren, auftritt,
- **Adhäsion:** Haftwirkung von Stoffen an Grenzflächen, z. B. beim Kleben oder Beschichten von Stoffen,
- **Kohäsion:** Haftwirkung zwischen gleichartigen Teilchen, die im Innern eines Stoffes wirkt, so dass die Kohäsion den Zusammenhalt von flüssigen und festen Edelgasen, von Molekülverbindungen sowie Einschlussverbindungen bewirkt.

Bei Feststoffen bewirken die chemischen Bindungskräfte und die zwischenmolekularen Kräfte gemeinsam die Kohäsion; sie sind somit gemeinsam für den Widerstand der Stoffe gegenüber Zerbrechen, Zerreißen sowie Zerschneiden verantwortlich.

Bei makromolekularen Stoffen sind die zwischenmolekularen Kräfte häufig sogar stärker als die Hauptvalenzbindungen, so dass diese Stoffe nicht unzersetzt zu verdampfen sind. Verschiedene zwischenmolekulare Kräfte wirken sowohl bei der Haftung von Schmutz auf Textilien als auch bei der Ablösung des Schmutzes durch waschaktive Substanzen wie Tenside. Bei Enzym-Substrat-Reaktionen, Antigen-Antikörper-Reaktionen und der Rezeptor-Spezifität von Arzneimitteln sind ebenfalls zwischenmolekulare Kräfte wirksam.

Über Messungen der makroskopisch zu beobachtenden Effekte können experimentelle Informationen über zwischenmolekulare Kräfte erhalten werden. Bei Gasen können so Aussagen über das Maß für die Abweichung realer Gase vom idealen Verhalten getroffen werden (s. Kap. 8.2.4, S. 256).

Da die zwischenmolekularen Kräfte auch die Transporteigenschaften eines Stoffes beeinflussen, können u. a. über die Messung der Viskosität, der Diffusion und die thermische Leitfähigkeit Aussagen über die vorhandenen Kräfte in Stoffen erhalten werden. Die Untersuchung von Stoßprozessen und die Anwendung spektroskopischer Methoden liefern ebenfalls Hinweise auf die Größe intermolekularer Kräfte.

Bei Hauptvalenzbindungen bestehen zwischen bestimmten und einer bestimmten Anzahl von Bindungspartnern chemische Bindungen. Im Gegensatz hierzu treten zwischenmolekulare Kräfte zu einer beliebig großen Anzahl von Partnern gleichzeitig auf, wenn räumliche Umstände nicht dagegen sprechen. Ein „Sättigungseffekt“ wie bei chemischen Bindungen ist bei zwischenmolekularen Wechselwirkungen nicht vorhanden.

Zwischenmolekulare Kräfte (intermolekulare Kräfte) wirken zwischen verschiedenen Molekülen oder Molekülbereichen.

Im Vergleich zu intramolekularen Kräften und chemischen Bindungen sind die intermolekularen Kräfte schwach. Sie können anziehend oder abstoßend sein.

6.3.1 Wasserstoffbrücken

Wasserstoffbrücken sind Bindungen, die auf elektrostatischen (ruhende elektrische Ladungen) Wechselwirkungen beruhen. Wasserstoffbrücken werden auch häufig als **Wasserstoffbrücken-Bindungen**, **Wasserstoff-Bindungen** (engl. *hydrogen bond*) oder einfach **H-Brücken** bezeichnet.

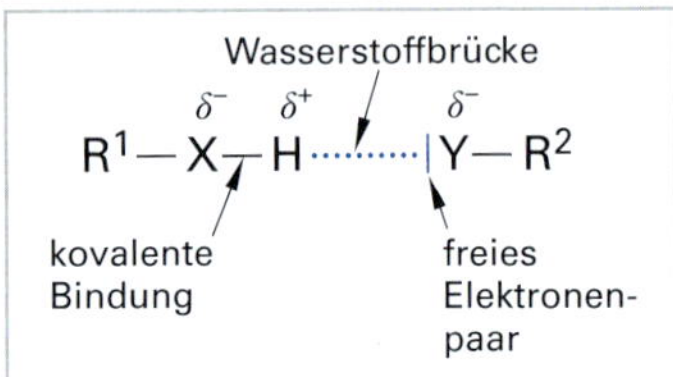

Bild 1: Schematische Darstellung einer Wasserstoffbrückenbindung

Voraussetzung für das Vorhandensein einer Wasserstoffbrücke ist auf der einen Seite ein Wasserstoff-Atom (**Bild 1**), das kovalent an ein elektronegatives Atom X gebunden ist, und auf der anderen Seite ein anderes elektronegatives Atom Y mit freien Elektronenpaaren. Das Wasserstoff-Atom trägt aufgrund seiner Bindung an ein elektronegatives Atom X eine positive Partialladung δ^+, während das elektronegative Atom Y eine negative Partialladung δ^- besitzt. Aufgrund dieser statischen Ladungen bildet sich zwischen dem Wasserstoff-Atom H und dem Atom Y eine Wechselwirkung aus.

Im Allgemeinen wird ein solches System wie in **Bild 1** formuliert, wobei die punktierte Linie die Wasserstoff-Brückenbindung zwischen den beiden benachbarten Atomen symbolisiert. Auf diese Weise können sich Ketten von Molekülen oder sogar **Cluster** (engl. *cluster*: Ansammlung, Haufen) ausbilden. Das elektronegative Atom X kann als Protonen-Donor oder Protonen-Donator bezeichnet werden, das elektronegative Atom Y ist dann der Protonen-Akzeptor. Als Donor X und Akzeptor Y kommen hauptsächlich Atome wie Sauerstoff, Stickstoff, Schwefel und Halogene in Frage.

Im Cyanwasserstoff-Molekül HCN kann das Kohlenstoff-Atom unterstützt durch die elektronenziehende Eigenschaft des Stickstoff-Atoms als Donor fungieren.

Wasserstoffbrückenbindungen bilden sich zwischen einem Wasserstoff-Atom, das kovalent an ein elektronegatives Atom X gebunden ist, und dem einsamen Elektronenpaar eines anderen elektronegativen Atoms Y.

Die Wasserstoffbrückenbindungen stellen besondere Formen von zwischenmolekularen Kräften dar und bilden zugleich Grenzfälle zwischen echter chemischer Bindung und zwischenmolekularer Wechselwirkung.

Die Stärke der Wasserstoffbrückenbindungen liegt in der Regel deutlich unter denen der kovalenten Bindung und der ionischen Bindung. Die Stärke der Wasserstoffbrückenbindung gekennzeichnet durch die Größe der Bindungsenergie wird insbesondere durch die Polarität der kovalenten Bindung zwischen Donoratom X und Wasserstoff-Atom sowie durch das Akzeptoratom Y bedingt (**Tabelle 1**).

Tabelle 1: Wichtige Verbindungen mit Wasserstoffbrückenbindung

Verbindung	Bindungsenergie der Wasserstoffbrücke in $kJ \cdot mol^{-1}$
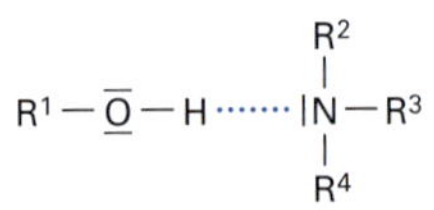	25 ... 35
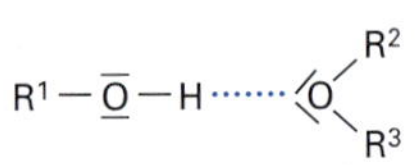	20 ... 30
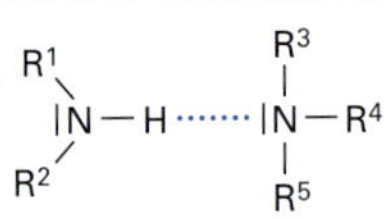	8 ... 17
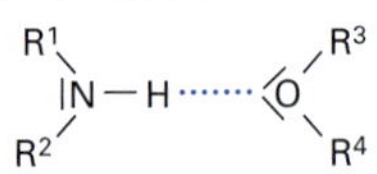	8 ... 12

Besonders starke Wasserstoffbrückenbindungen treten bedingt durch die hohe Elektronegativität des Fluor-Atoms und die hiermit einhergehende starke Polarität der kovalenten Fluor-Wasserstoff-Bindung bei Flusssäure HF auf. Schwache Wasserstoffbrückenbindungen liegen bei Makromolekülen wie Eiweißen (Proteinen) vor, bei denen Systeme wie $R^1 - N - H \cdots O = R^2$ vorkommen (R^1, R^2: Kohlenwasserstoff-Reste). Zwischen diesen besonders starken und schwachen Wasserstoffbrückenbindungen liegen die Wasserstoffbrückenbindungen wie sie beispielsweise im Wasser oder auch bei Kohlenhydraten (Sammelbezeichnung für die Naturstoffe Aldosen (Polyhydroxyaldehyde) und Ketosen (Polyhydroxyketone); Zucker) auftreten.

Insbesondere beim Wassermolekül wird deutlich, dass die unsymmetrische Verteilung der elektrischen Ladung eine Rolle spielt. Wären die Moleküle des Wassers gestreckte Moleküle, hätte jedes Molekül mit seinen beiden Wasserstoff-Atomen ein partiell positiv geladenes Ende, während die partiell negative Ladung in der Mitte des Moleküls lokalisiert wäre. In dieser Form könnten sich nur schlecht größere Cluster von Wassermolekülen ausbilden.

Da die Atome im Wassermolekül hingegen aufgrund der sp^3-Hybridisierung des Sauerstoff-Atoms in einem Winkel von 104,5° aufgebaut sind (**Bild 1**), besitzt ein Wassermolekül zwei Pole: einen partiell negativ geladenen Pol am Sauerstoff-Atom und einen partiell positiv geladenen Pol, dessen Schwerpunkt in der Mitte zwischen den beiden Wasserstoff-Atomen des Moleküls liegt (**Bild 1b**).

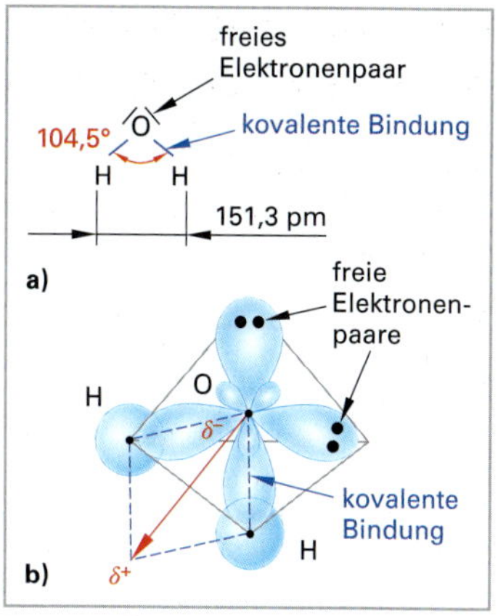

Bild 1: a) Struktur eines Wassermoleküls mit polarer Atombindung, b) Bindungsverhältnisse mit sp^3-Hybridisierung am Sauerstoff-Atom

Die Partialladung im Wassermolekül ist somit unsymmetrisch verteilt und das Wassermolekül ist ein Dipolmolekül. Aufgrund dieses Dipols bilden benachbarte Wassermoleküle wie in **Bild 2** dargestellt große Cluster, in denen jedes einzelne H_2O-Molekül unter Normalbedingungen an mehr als vier Nachbarn über Wasserstoffbrücken gebunden ist (Koordinationszahl > 4). Diese Ordnung der Wassermoleküle wird im Alltag insbesondere bei Eiskristallen wie Schneeflocken oder Eisblumen am Fenster sichtbar. Eine absolute Ordnung mit Tetraederstruktur (Koordinationszahl = 4) wird hingegen mit abnehmender Dichte erreicht.

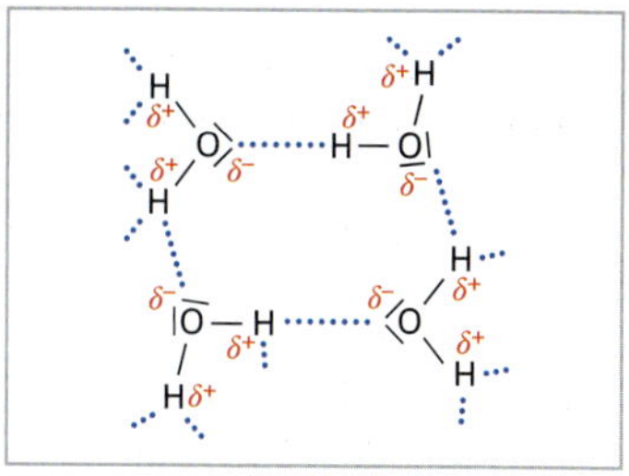

Bild 2: Wasserstoffbrückenbindungen im Wasser

> Wasser ist ein **Dipol-Molekül.** Es bildet über Wasserstoffbrücken zu mehreren benachbarten Molekülen große vernetzte Ansammlungen von Molekülen, sogenannte **Cluster**.

Aufgrund der Wasserstoffbrückenbindungen sind die einzelnen Wassermoleküle nicht vollkommen frei beweglich. Für den Stoff Wasser ergeben sich hieraus einige wichtige Eigenschaften, die für das Leben auf der Erde unverzichtbar sind. Alle dem Wasser ähnlich aufgebauten Wasserstoffverbindungen mit dem Sauerstoff benachbarten Nichtmetallen sind bei Raumtemperatur gasförmig (**Tabelle 1**). Wasser hingegen ist als einzige einkernige Wasserstoffverbindung flüssig. Ohne Wasserstoffbrückenbindungen wäre auch Wasser bis zu tiefen Temperaturen ein Gas, das theoretisch bei etwa – 100 °C schmelzen und bei ungefähr – 80 °C sieden sollte.

Tabelle 1: Siede- und Schmelztemperaturen einkerniger Element-Wasserstoff-Verbindungen

2. Periode	**CH_4**	**NH_3**	**H_2O**	**HF**
ϑ_m in °C	– 182	– 77	0	– 83
ϑ_b in °C	– 162	– 33	100	19
3. Periode	**SiH_4**	**PH_3**	**H_2S**	**HCl**
ϑ_m in °C	– 112	– 134	– 85	– 114
ϑ_b in °C	– 185	– 88	– 60	– 85

Da beim Verdampfen von Wasser die Wasserstoffbrücken erst getrennt werden müssen, ist im Vergleich zu anderen Stoffen ein hoher Energieaufwand zur Überwindung der Bindungsenergie der Wasserstoffbrücken notwendig, um flüssiges Wasser von 100 °C in Dampf von 100 °C zu verwandeln. Aus diesem Grund liegt die Siedetemperatur des Wassers verglichen mit analogen Verbindungen verhältnismäßig hoch (**Tabelle 1**).

Eigenschaften des Wassers, die ebenfalls aus den Wasserstoffbrücken resultieren, sind die Kohäsion und die Dichte-Anomalie des Wassers (s. Kap. 1.5.7, S. 37).

Wasserstoffbrücken sind als zwischenmolekulare Kräfte auch bei anderen Stoffen für deren spezielle Eigenschaften verantwortlich. Farbstoffe und Textilhilfsmittel haften beispielsweise aufgrund dieser Brücken auf den Fasern, Verbindungen wie Alkohole, Glycole, Hexosen und Disaccharide können Wasserstoffbrücken ausbilden und sind somit in Wasser löslich.

Wasserstoffbrücken sind mit verantwortlich für ungewöhnlich hohe Schmelz- und Siedetemperaturen sowie Verdampfungsenthalpien von Molekülen mit OH- und NH-Gruppen.

Genau wie kovalente Bindungen sind Wasserstoffbrücken im Allgemeinen bevorzugt ausgerichtet. Am stärksten sind intermolekulare H-Brücken in linearer Anordnung der Atome X – H ··· Y. Der Abstand der beiden Atome H und Y, die an der Wasserstoffbrückenbindung beteiligt sind, ist deutlich kleiner als die Summe der ***Van-der-Waals*-Radien** der Atome H und Y. *Van-der-Waals*-Radien geben an, wie dicht sich nicht-gebundene Atome im festen Zustand annähern können, ohne eine konkrete Bindung einzugehen.

Sind die intermolekularen Abstände so kurz, dass sich die Elektronenhüllen der Atome überlappen, kann sich über die drei Zentren X — H — Y eine mit einem Ladungstransfer verbundene **4-Elektronen-3-Zentren-Bindung** ausbilden. Hierbei sind die vier Elektronen, die beiden Bindungselektronen der X — H-Bindung und das freie Elektronenpaar des Atoms Y, über die drei Zentren X — H — Y verteilt und verbinden diese Zentren. Dies zeigt, dass die Bezeichnung als Wasserstoffbrückenbindung durchaus gerechtfertigt ist. Bei einer Wasserstoffbrückenbindung vergrößert sich der Abstand des Atoms X und des H-Atoms gegenüber dem Abstand im freien Molekül. Dies weist ebenfalls auf starke Wechselwirkungen hin.

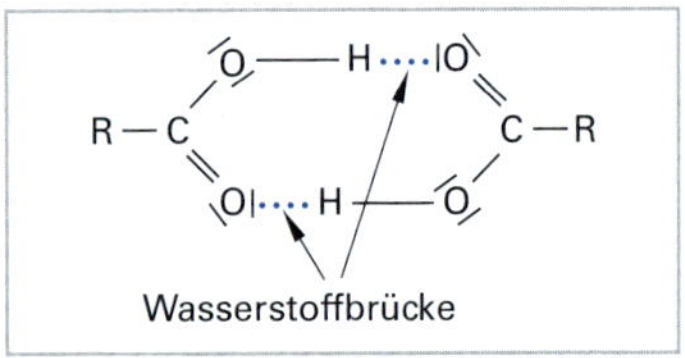

Bild 1: Dimer aus zwei Carbonsäuren

Carbonsäuren wie die Essigsäure CH_3COOH (Ethansäure) bilden ebenfalls Wasserstoffbrückenbindungen zwischen Molekülen aus (Bild 1). Allerdings werden hier zwischen zwei Molekülen zwei H-Brücken ausgebildet, so dass sich ein **Dimer** (Addition zweier identischer Moleküle zu einer neuen Verbindung; Doppelmolekül) von Carbonsäuren mit cyclischer Struktur (griech. *kyklos*: Kreis) bildet. Im gesättigten Essigsäure-Dampf liegt beispielsweise bei einer Temperatur von 118 °C etwa die Hälfte der Moleküle als Dimere vor.

Neben intermolekularen gibt es auch **intramolekulare Wasserstoffbrückenbindungen**, bei denen X und Y demselben Molekül angehören. Die Atome X — H ··· Y sind in solchen intramolekularen H-Brücken eher gewinkelt angeordnet.

Wasserstoffbrücken können als Bindung **intermolekular** zwischen verschiedenen Molekülen oder **intramolekular** innerhalb eines einzigen Moleküls bestehen.

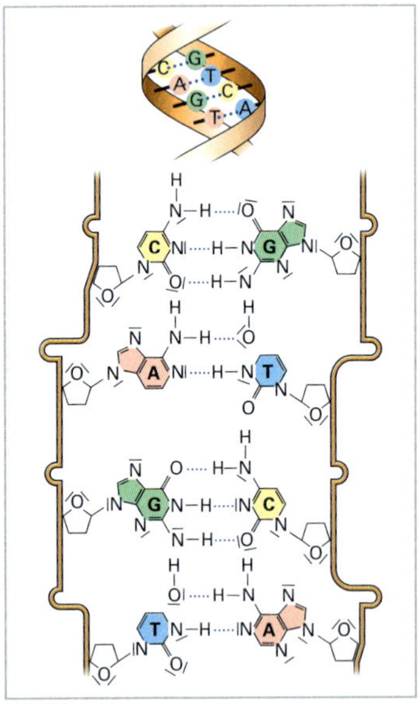

Bild 2: Doppelhelix der DNS mit Wasserstoffbrücken zwischen den Basenpaaren

In der Biochemie spielen Wasserstoffbrückenbindungen eine zentrale Rolle. In Makromolekülen sorgen Wasserstoffbrückenbindungen mit für den Zusammenhalt zwischen Atomen und es werden die spezifischen dreidimensionalen Strukturen wie Helix oder Faltblattstruktur gebildet und stabilisiert. In der DNS (Desoxyribonukleinsäure; Speicherort der genetischen Informationen der Lebewesen und vieler Viren) verbinden Wasserstoffbrücken die einzelnen DNS-Molekül-Stränge zur charakteristischen DNS-Doppelhelix mit korrekter Paarung der einzelnen Molekülabschnitte (Bild 2). Die einzelnen DNS-Molekül-Stränge lassen sich zur Vervielfältigung der Erbinformation durch Enzyme (Biokatalysatoren) nach einem „Reißverschluss"-Prinzip lösen. Auch innerhalb von Makromolekülen existiert häufig ein dichtes Netz von Wasserstoffbrücken, die zusätzlich Wasser-Moleküle einbinden können und in der Gesamtstruktur des Makromoleküls fixieren.

Die Ausbildung von Wasserstoffbrückenbindungen ist bei biologischen Vorgängen und in der enzymatischen Katalyse von herausragender Bedeutung.

6.3.2 Dipol-Kräfte

Liegen zwei räumlich getrennte Ladungspole mit jeweils unterschiedlichem Vorzeichen (+, –) vor, wird von einem **Dipol** (Zweipol) gesprochen. Um einen **elektrischen Dipol** handelt es sich, wenn die Pole durch elektrische Ladungen hervorgerufen werden, um einen **magnetischen Dipol**, wenn magnetische Pole vorliegen. Grundsätzlich gilt, dass die Pole zwar die gleiche Größe, aber unterschiedliche Vorzeichen besitzen. Ein einfaches Beispiel für einen Dipol ist ein magnetischer Stabmagnet.

In der Chemie besitzen elektrische Dipole große Bedeutung. Bei einem **Dipol-Molekül** weisen die beiden Pole in unterschiedliche Richtungen, die Schwerpunkte der negativen und der positiven elektrischen Ladung fallen nicht zusammen. Der Begriff Dipol wird meist in dem Sinne verwendet, dass ein Molekül eine dauerhafte Verschiebung von Ladungen, also einen **permanenten Dipol** besitzt. Das Molekül selbst ist **polar**. Hervorgerufen werden die unterschiedlichen Ladungen im Molekül durch eine Verschiebung von Elektronen innerhalb des Moleküls, z. B. indem ein Atom innerhalb des Moleküls Bindungselektronen zu sich hinzieht (s. Kap. 6.2.9, S. 187).

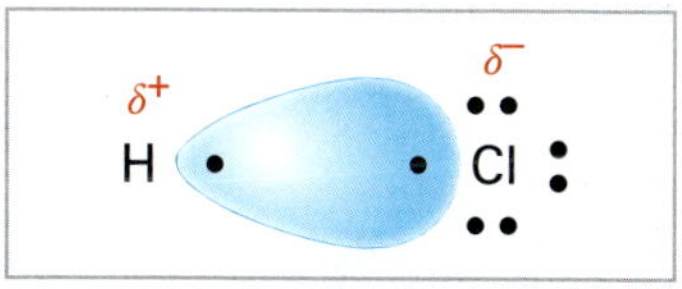

Bild 1: Bindungsverhältnisse in einem HCl-Molekül

In Verbindungen kann über die Bestimmung der Elektronegativitätsdifferenzen zwischen zwei miteinander verbundenen Atomen das Ausmaß der Polarität der Bindung abgeschätzt sowie der Schwerpunkt des negativen und des positiven Pols angegeben werden. In einer zweiatomigen Verbindung wie in einem Chlorwasserstoff-Molekül HCl besitzt das Chlor-Atom eine höhere Elektronegativität als das Wasserstoff-Atom. Die Bindungselektronen werden stärker zum Chlor-Atom hingezogen, so dass das HCl-Molekül einen Dipol darstellt (**Bild 1**). Die partiell negative Ladung δ^- ist am Chlor-Atom und die partiell positive Ladung δ^+ am Wasserstoff-Atom lokalisiert.

> Über die **Elektronegativitätswerte** von miteinander kovalent verbundenen Atomen kann die Lage der partiell positiven Ladung δ^+ und der partiell negativen Ladung δ^- im Molekül angegeben werden.

Zur Bestimmung des Dipolcharakters bei mehratomigen Molekülen ist neben den Polaritäten der Bindungen und freien Elektronenpaaren auch die Struktur der Verbindung zu berücksichtigen. In **Bild 2** sind die Verbindungen Kohlenstoffdioxid CO_2, Methan CH_4 und Ammoniak NH_3 mit ihrer Struktur und den Partialladungen zum Vergleich dargestellt.

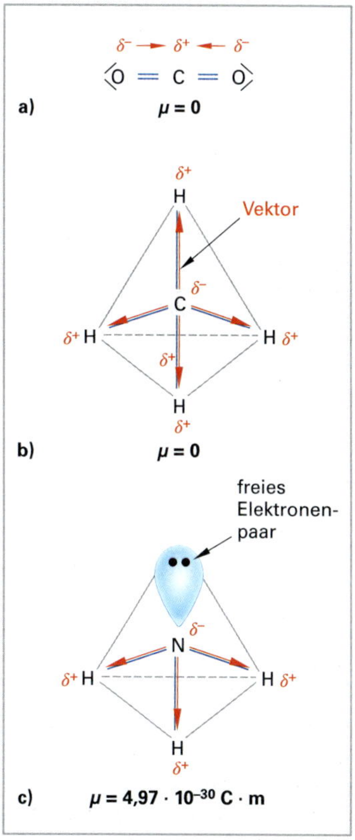

Bild 2: Struktur, Partialladungen und Stärke des Dipols μ von
a) Kohlenstoffdioxid CO_2
b) Methan CH_4
c) Ammoniak NH_3

Das Kohlenstoffdioxid-Molekül ist ein gestreckt aufgebautes Molekül mit den beiden Sauerstoff-Atomen an den Enden und dem Kohlenstoff-Atom als Zentralatom. Ein Sauerstoff-Atom besitzt eine größere Elektronegativität als ein Kohlenstoff-Atom.

Im CO_2-Molekül ist an den beiden Sauerstoff-Atomen die partiell negative Ladung lokalisiert, somit ist hier der negative Pol. Am Kohlenstoff-Atom liegt mit der partiell positiven Ladung der positive Pol vor. Im CO_2-Molekül weisen somit die beiden partiell negativen Ladungen nach außen, so dass das Kohlenstoffdioxid-Molekül keinen Dipol dar stellt. Die **Dipolstärke,** das elektrische **Dipolmoment** μ des Kohlenstoffdioxid-Moleküls ist Null.

Der Aufbau des Methan-Moleküls CH_4 ist tetraedrisch: zentral in der Mitte befindet sich das Kohlenstoff-Atom, die Wasserstoff-Atome besetzen die Ecken eines Tetraeders (griech. *tetra*: vier; *edron*: Fläche; Vierflächner). Aufgrund der höheren Elektronegativität des Kohlenstoff-Atoms gegenüber dem Wasserstoff-Atom weist das partiell negativ geladene Ende jeder polaren kovalenten C-H-Bindung zum Zentralatom in die Mitte (**Bild 2b**, vorhergehende Seite). In der tetraedrischen Anordnung sind dann alle partiell positiven Ladungen an den Wasserstoff-Atomen nach außen gerichtet.

Partialladungen lassen sich auch als Vektoren darstellen. Vektoren werden als Pfeile bestimmter Richtung und Länge gezeichnet. Durch ihre Pfeilrichtung zeigen sie die Richtung der Ladung an, durch ihre Länge die Größe der Ladung. Beim tetraedrisch gebauten Methan-Molekül sind die Partialladungen jeweils gleich groß, so dass die vier Vektoren gleich lang sind und jeweils in die Ecken des Tetraeders weisen. Durch Addition der vier Vektoren ergibt sich, dass der Ladungsschwerpunkt der partiell negativen Ladungen ebenfalls in der Mitte des Tetraeders lokalisiert ist. Der positive und der negative Ladungspol fallen in einem Punkt zusammen. Somit besitzt das CH_4-Molekül ein Dipolmoment μ von Null. Es ist nicht polar und stellt keinen Dipol dar.

Im Gegensatz hierzu besetzen die Wasserstoff-Atome des Ammoniak NH_3 die Ecken eines Dreiecks, während das Stickstoff-Atom oberhalb an der Spitze einer Pyramide mit dreieckiger Grundfläche sitzt (trigonale Pyramide; **Bild 2c**, S. 195). Das freie Elektronenpaar des Stickstoff-Atoms ist oberhalb des Stickstoffs lokalisiert, so dass insgesamt unter Einbeziehung dieses freien Elektronenpaars auch von einem verzerrt tetraedrischen Aufbau gesprochen werden kann.

Aufgrund des Elektronegativitätsunterschieds zwischen Stickstoff und Wasserstoff besitzen die drei Wasserstoff-Atome eine partiell positive Ladung und bilden somit jeweils den positiven Pol der polaren kovalenten N-H-Bindung. Über die Vektoraddition wird der Ladungsschwerpunkt der drei positiven Partialladungen in der Mitte der Pyramidenbasis festegelegt. Der negative Pol der drei polaren N-H-Bindungen weist zum Stickstoff-Atom an der Pyramidenspitze. Zusammen mit dem Beitrag des einsamen Elektronenpaares des Stickstoff-Atoms ergibt sich insgesamt ein Pol negativer Ladung mit dem Schwerpunkt bei der Pyramidenspitze. Die beiden Ladungsschwerpunkte fallen somit nicht in einem Punkt zusammen. Das Ammoniak-Molekül NH_3 ist ein Dipol-Molekül. Das Dipolmoment μ beträgt $4{,}97 \cdot 10^{-30}\ C \cdot m$.

6

Das allgemeine Vorgehen zur Bestimmung eines Dipols in Molekülen erfolgt in drei Schritten:

1. Bestimmung der räumlichen Struktur des Moleküls.
2. Feststellung von Elektronegativitätsunterschieden und Kennzeichnung auftretender Partialladungen an den Atomen mit δ^- und δ^+.
3. Überprüfung der Existenz von zwei Ladungspolen, ggf. mit Hilfe der Vektordarstellung und Vektoraddition zur Bestimmung eines resultierenden Vektors („Ersatzvektor").

Fallen die beiden Ladungsschwerpunkte in einem Molekül nicht zusammen, besitzt das Molekül einen **permanenten elektrischen Dipol**. Die Existenz eines permanenten elektrischen Dipols hängt eng mit den Symmetrieeigenschaften eines Moleküls zusammen. Moleküle mit einem Inversionszentrum (lat. *inversio*: Umkehrung) wie beispielsweise Kohlenstoffdioxid CO_2 (**Bild 2a**, vorhergehende Seite) sind kein permanenter elektrischer Dipol.

In **polaren kovalenten Bindungen** werden die Bindungselektronen zu dem elektronegativeren Atom hingezogen. Es besteht eine **unsymmetrische Ladungsverteilung**, so dass die beteiligten Atome entweder eine **positive Partialladung** δ^+ oder eine **negative Partialladung** δ^- besitzen.

Ein **permanenter Dipol in einem Molekül** liegt vor, wenn durch Vektoraddition ein Ersatzvektor gebildet werden kann und die Schwerpunkte positiver und negativer Ladung dauerhaft nicht zusammenfallen.

Die Stärke eines Dipolcharakters, das **Dipolmoment μ**, berechnet sich über die Größe der Ladung, den **Betrag q** und den **Abstand d** der beiden Ladungen. Die Einheit für das **Dipolmoment μ** ist Coulombmeter, Einheitenzeichen C · m. Bei sehr kleinen Zahlenwerten wird auch noch die eigentlich als veraltet geltende Einheit Debye nach *Petrus Josephus Wilhelmus Debye* (1884 – 1966) mit dem Einheitenzeichen D verwendet. Für die Umrechnung gilt: 1 D = $3{,}3356 \cdot 10^{-30}$ C · m

Ein Maß für die Stärke des Dipolcharakters ist das **Dipolmoment μ**, das sich aus dem Produkt von Ladung q und deren Abstand d ergibt.

$$\mu = q \cdot d$$

μ	q	d
C · m	C	m

Die Einheit des Dipolmoments ist das Coulombmeter, Einheitenzeichen: C · m

Da das Dipolmoment μ eine vektorielle Größe ist, müssen zur vollständigen Beschreibung der **Betrag** (die Länge des Vektors) und die **Richtung** des Dipolmoment-Vektors angegeben werden. Per Konvention weist der elektrische Dipolmoment-Vektor vom Schwerpunkt der negativen Ladung zum Schwerpunkt der positiven Ladung (**Bild 1**).

Die Beträge der Dipolmomente von Molekülen liegen üblicherweise im Bereich zwischen 0 und $36{,}7 \cdot 10^{-30}$ C · m bzw. 0 und 11 D.

Moleküle ohne permanentem Dipol haben kein Dipolmoment (μ = 0 C · m), das Molekül Ammoniak NH_3 hingegen besitzt ein Dipolmoment von $\mu = 4{,}97 \cdot 10^{-30}$ C · m = 1,49 D, während das Dipolmolekül Wasser H_2O ein Dipolmoment von $\mu = 6{,}18 \cdot 10^{-30}$ C · m = 1,85 D hat.

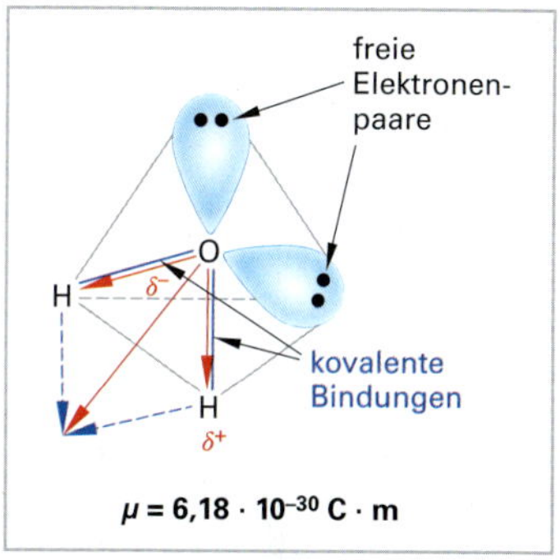

Bild 1: Struktur von Wasser mit Dipolmoment-Vektoren

Der **elektrische Dipolmoment-Vektor** weist vom Schwerpunkt der negativen Ladung zum Schwerpunkt der positiven Ladung.

Werden Dipole in ein elektrisches Feld zwischen zwei geladenen Platten gebracht, richten sie sich aus, so dass ihre negativen Enden auf die positive Platte weisen und umgekehrt. Das Dipolmoment μ kann hierüber experimentell bestimmt werden. *Linus Carl Pauling* (1901 – 1994) hat Dipolmomente experimentell gemessen, um den ionischen Bindungsanteil von kovalenten Bindungen zu bestimmen. Aus dem Verhältnis seiner Messwerte für das Dipolmoment und den theoretisch berechneten Werten erhielt *Pauling* beispielsweise für die Bindung im HCl-Molekül einen ionischen Anteil von rund 17 %. Dies macht den fließenden Übergang von einem Modell chemischer Bindungen zum anderen deutlich.

Genauso wie ein äußerlich angelegtes elektrisches Feld die Dipol-Moleküle ausrichtet, beeinflussen auch andere Teilchen mit einer Ladung ein Dipol-Molekül. Liegen ein Ion (elektrisch geladenes Teilchen) und ein Dipol-Molekül nebeneinander vor, treten **Ion-Dipol-Wechselwirkungen** auf. Auch zwischen Molekülen, die jeweils ein Dipolmoment besitzen, wirken Kräfte, die **Dipol-Dipol-Kräfte** oder **Dipol-Dipol-Wechselwirkungen**. Diese zwischenmolekularen Kräfte sind schwächer als die Kräfte bei den Wasserstoffbrückenbindungen, jedoch stärker als die Kräfte der *Van-der-Waals*-Bindungen.

6

Dipol-Dipol-Wechselwirkungen

Dipol-Moleküle sind polare Moleküle mit einem Dipolmoment. Dipol-Moleküle beeinflussen sich untereinander. Zwischen ihnen wirken intermolekulare Anziehungskräfte, die die Moleküle im flüssigen oder festen Zustand zusammenhalten. Diese Kräfte sind **Dipol-Dipol-Wechselwirkungen**. Sie wirken als elektrostatische Wechselwirkungen zwischen den entgegengesetzten Polen der Dipol-Moleküle.

Die einzelnen Dipol-Moleküle richten sich entsprechend den vorhandenen Wechselwirkungen zu ihren Nachbarn aus. Sichtbar wird dies insbesondere bei der Untersuchung von Kristallstrukturen, in denen aufgrund der Wechselwirkungen eine Ordnung der Dipol-Moleküle vorherrscht (**Bild 1**).

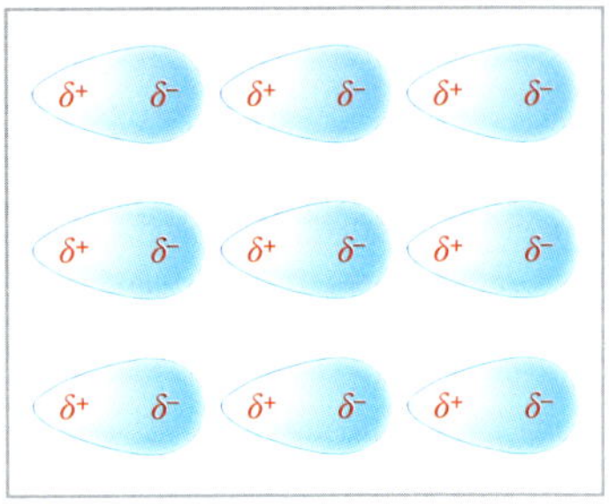

Bild 1: Orientierung polarer Moleküle in einem Kristall

Die intermolekularen Wechselwirkungen zwischen den Dipol-Molekülen bewirken, dass die einzelnen Moleküle sich gegenseitig anziehen. Bevor ein Molekül aus diesem Verbund herausgelöst werden kann, muss die Dipol-Dipol-Wechselwirkung erst überwunden werden. Dies zeigt sich beispielsweise in der Oberflächenspannung von Flüssigkeiten. Beim Wechseln eines Moleküls von der Flüssigphase in die Gasphase ist aufgrund der Dipol-Dipol-Wechselwirkung eine größere Energiemenge notwendig. Die intermolekularen Wechselwirkungen zwischen Dipolen zeigen sich bei vielen Substanzen aus diesem Grund durch eine Erhöhung der Schmelz- und Siedetemperaturen.

Dipol-Dipol-Wechselwirkungen bestehen zwischen Molekülen mit permanentem Dipolmoment. Es sind elektrostatische Wechselwirkungen, die zwischen entgegengesetzten Polen der Dipole wirken.

Durch die **Dipol-Dipol-Wechselwirkungen** besitzen polare Verbindungen höhere Siede- und Schmelztemperaturen als unpolare Verbindungen gleicher molarer Masse.

6

Dipol-Moleküle bilden aufgrund der Dipol-Dipol-Wechselwirkungen einen zusammengehaltenen Verbund von Molekülen. Wird ein Molekül in diesen Verbund gebracht, das kein Dipolmoment besitzt, können hier keine elektrostatischen Kräfte wirken und das unpolare Molekül wird nicht in den Verbund aufgenommen. Polare Flüssigkeiten lassen sich also nur mit polaren Stoffen mischen bzw. polare Flüssigkeiten sind nur untereinander mischbar.

Ethanol C_2H_5OH und Essigsäure CH_3COOH sind polare Flüssigkeiten mit Dipolmomenten von μ = 1,70 D (Ethanol) und μ = 1,42 D (Essigsäure). Aus diesem Grund lassen sie sich gut mit dem polaren Lösemittel Wasser mischen. Stoffe, die eine ausgeprägte Wechselwirkung mit polaren Lösemitteln insbesondere Wasser zeigen, werden als **hydrophil** bezeichnet (griech. *hydor*: Wasser; *philos*: liebend).

Waschbenzin, Hexan, Fette und Öle hingegen sind unpolar. Unpolare Flüssigkeiten sind mit polaren Flüssigkeiten nicht mischbar. Sie werden als **hydrophob** (griech. *hydor*: Wasser; *phobeo*: fliehen, sich scheuen) oder auch **lipophil** (griech. *lipos*: Fett; *philos*: liebend) bezeichnet.

Dipol-Dipol-Wechselwirkungen bewirken, dass polare Flüssigkeiten mit polaren Stoffen mischbar sind, nicht aber mit unpolaren Stoffen gemischt werden können.

Stoffe, die ausgeprägte Wechselwirkungen mit polaren Lösemitteln zeigen, werden als **hydrophil** bezeichnet. Alle anderen sind **hydrophob**.

Ion-Dipol-Wechselwirkungen

Insbesondere Salze können in Lösemitteln **dissoziieren** (lat. *disassociare*: trennen, scheiden), d. h. die Stoffe können in elektrisch geladene Teilchen (Ionen) zerfallen. Bei der **Dissoziation** müssen Bindungen aufgespalten werden, so dass Energie gebraucht wird, die **Dissoziationsenergie**.

Für die anschließende **Solvatation** (lat. *solvere*: lösen, auflösen) der entstandenen Teilchen ist ein Lösemittel (Solvens) notwendig, das mit diesen Teilchen in Wechselwirkung tritt. Diese intermolekularen Wechselwirkungen zwischen Lösemittel und den zu lösenden Teilchen setzt Energie in Form von **Solvatationsenergie** frei. Selbst *Coulomb*-Kräfte, die als elektrische Anziehungskräfte zwischen den Ionen im Kristall (s. Kap. 6.1.5, S. 168) wirken, werden durch die Solvatationsenergie überwunden. Ist die frei werdende Solvatationsenergie größer als die insgesamt benötigte Energie, erwärmt sich das Stoffgemisch beim Lösevorgang. Beim Auflösen von Natriumhydroxid NaOH oder Kaliumhydroxid KOH kann z. B. so viel Wärme freigesetzt werden, dass die entstandene Lösung siedet.

Dissoziiert ein Stoff in einem Lösemittel in Ionen, muss das Lösemittel die elektrisch geladenen Teilchen zur Bildung eines homogenen Gemisches aufnehmen und seinerseits durch intermolekulare Kräfte in Form von entgegengesetzt elektrischen Ladungen stabilisieren.

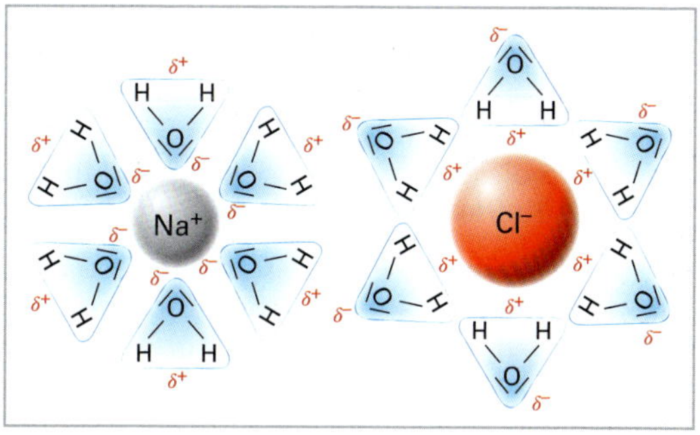

Bild 1: Hydrat-Hüllen am Beispiel von Na^+-Kationen und Cl^--Anionen

Wasser ist ein permanenter elektrischer Dipol und eignet sich aufgrund der beiden Ladungspole seines Dipols zur Wechselwirkung mit den elektrisch positiv und negativ geladenen Teilchen. Die Wassermoleküle lagern sich jeweils mit ihrem entgegengesetzten Ladungspol an die elektrisch geladenen Teilchen (**Bild 1**), so dass jedes Teilchen eine Hülle aus Wassermolekülen, eine **Hydrat-Hülle** (griech. *hydor*: Wasser) erhält. Dieser Vorgang im Lösemittel Wasser wird als **Hydratation** bezeichnet und die gelösten Teilchen erhalten den Zusatz **(aq)** (lat. *aqua*: Wasser).

Die Wechselwirkungen zwischen den gelösten Ionen und dem Dipol-Molekül Wasser sind **Ion-Dipol-Wechselwirkungen**. Sie bewirken, dass ionische Stoffe in Wasser gelöst werden können.

Die Lösung von Stoffen wird als **Solvatation** bezeichnet. Hierbei können Stoffe in kleinere Teilchen **dissoziieren.**

Das Lösen eines Stoffes im Lösemittel Wasser wird als **Hydratation** bezeichnet. Das Wasser lagert sich als **Hydrathülle** um die gelösten Teilchen. **In Wasser gelöste Teilchen** erhalten zur Kennzeichnung den **Zusatz (aq).**

Zwischen den gelösten Ionen und dem Dipol Wasser treten **Ion-Dipol-Wechselwirkungen** auf.

Auch andere Stoffe mit einem Dipol können mit elektrisch geladenen Teilchen **Ion-Dipol-Wechselwirkungen** bzw. mit polaren Stoffen **Dipol-Dipol-Wechselwirkungen** eingehen. Stoffe ohne Dipolmoment können mit Ionen oder polaren Stoffen nicht wechselwirken und diese somit auch nicht lösen.

Ionische Stoffe wie Natriumchlorid oder Natriumhydroxid sind deshalb in unpolaren Lösemitteln wie Öl, Benzin oder *n*-Hexan unlöslich. Die **Polarität eines Lösemittels** ist für die Löslichkeit eines Stoffes verantwortlich.

Es gilt grundlegend: „*Similia similibus solvuntur*" – „Gleiches löst sich in Gleichem".

Ein **Anwendungsbeispiel** verdeutlicht diese Grundsätze. Die Ionenverbindung Natriumchlorid soll gelöst werden. Als Lösemittel stehen Kohlenstofftetrachlorid CCl_4, Schwefelkohlenstoff CS_2, Flusssäure HF und Methanol CH_3OH zur Verfügung. Diese Lösemittel enthalten alle aufgrund von Elektronegativitätsunterschieden polare Atombindungen, allerdings ergibt sich durch die räumliche Struktur in den beiden Stoffen Kohlenstofftetrachlorid CCl_4 und Schwefelkohlenstoff CS_2 kein permanenter Dipol. Zwischen den einzelnen Teilchen des zu lösenden Salzes Natriumchlorid und CCl_4 bzw. CS_2 treten keine Wechselwirkungen auf, durch die eine Solvatation ermöglicht wird. Flusssäure HF und Methanol CH_3OH hingegen besitzen ein Dipolmoment, so dass durch Ion-Dipol-Wechselwirkungen die Ionen des dissoziierten Natriumchlorids stabilisiert werden können.

6.3.3 *Van-der-Waals*-Kräfte

***Van-der-Waals*-Kräfte** oder ***Van-der-Waals*-Wechselwirkungen** sind verglichen mit chemischen Bindungen und allen anderen zwischenmolekularen Kräften schwache, immer anziehend wirkende Kräfte. Sie sind ständig vorhanden und wirken auch zwischen neutralen, unpolaren Molekülen, die über kein permanentes Dipolmoment verfügen. Die *Van-der-Waals*-Bindungsenergie liegt in der Größenordnung von 0,5 bis 5 $kJ \cdot mol^{-1}$.

Gerade zwischen unpolaren Molekülen, die aufgrund fehlender permanenter elektrischer Dipole nicht die Möglichkeit besitzen, mit anderen Molekülen Wechselwirkungen einzugehen, sind die zwischenmolekularen *Van-der-Waals*-Kräfte wirksam. Unpolare Verbindungen könnten ohne verbindende Kräfte zwischen den einzelnen Stoffteilchen ansonsten weder flüssig noch fest sein.

Der niederländische Physiker *Johannes Diderik van der Waals* (1837–1923) hatte bereits im Jahr 1873 Anziehungskräfte zwischen Atomen und unpolaren Molekülen postuliert. Jedoch erst im Jahr 1930 hat der Physiker *Fritz London* (1900–1954) in den USA eine Erklärung für das Phänomen gefunden. Zu Ehren von *Van der Waals* werden die schwachen Wechselwirkungen zwischen Atomen und Molekülen mit ***Van-der-Waals*-Kräften** oder ***Van-der-Waals*-Wechselwirkungen** bezeichnet.

Van-der-Waals-Kräfte sind wesentlich schwächer als die *Coulomb*-Kräfte, mit denen sich elektrisch entgegengesetzt geladene Ionen anziehen. *Van-der-Waals*-Kräfte sind außerdem bei großen Molekülen stärker als bei kleinen Teilchen. Daher bewirken diese schwachen Wechselwirkungen, dass kleine Moleküle niedrigere Siede- und Schmelztemperaturen aufweisen als große Moleküle mit vergleichbarer Struktur. Zwischen kleinen Gasmolekülen sind die *Van-der-Waals*-Kräfte so extrem gering, dass diese sich nahezu frei im Raum bewegen können.

Die *Van-der-Waals*-Kräfte lassen sich in zwei Bestandteile unterscheiden:

- die **Induktionswechselwirkung** oder ***Debye*-Kraft** zwischen einem polarisierbaren Molekül und einem Dipol,
- die **Dispersionswechselwirkung** oder ***London*-Kraft** zwischen zwei polarisierbaren Molekülen.

Die Begriffe *London*-Kraft, *London*-Dispersion und *Van-der-Waals*-Bindung werden synonym verwendet. Von den *Van-der-Waals*-Kräften ist die Dispersionswechselwirkung im Allgemeinen die dominierende.

In der Literatur wird die Bezeichnung *Van-der-Waals*-Kräfte nicht einheitlich verwendet. Teilweise steht der Begriff allgemein für intermolekulare Kräfte, teilweise wird er für *London*-Kräfte allein benutzt. Hier wird der Begriff so verwendet, wie er bereits vorgestellt wurde und meist in der Literatur zu finden ist.

> ***Van-der-Waals*-Kräfte** sind zwischenmolekulare Anziehungskräfte kurzer Reichweite zwischen neutralen Molekülen, deren Energie mit der sechsten Potenz des Molekülabstands abnimmt.

Über diese Festlegung des Begriffes ist eine klare Abgrenzung zu ionischen oder rein auf Dipolen basierenden zwischenmolekularen Kräften vorhanden.

Van-der-Waals-Wechselwirkungen beruhen im Wesentlichen auf der elektrischen Wechselwirkung von Ladungsverteilungen. Bei der **Induktionswechselwirkung** induziert ein Molekül mit einem permanenten elektrischen Dipol bei einem anderen polarisierbaren Atom oder Molekül einen Dipol. Hierdurch liegen zu diesem Zeitpunkt zwei Teilchen mit elektrischen Ladungen vor, die sich gegenseitig anziehen. Die Induktionskraft des Dipol-Moleküls ist jedoch nur so lange vorhanden, wie die beiden Teilchen sich in entsprechender Reichweite für die Induktionswirkung befinden. In dem polarisierbaren Teilchen wird der Dipol auch nur momentan induziert, so dass bei elektrischen Dipolen zwischen einem **induzierten Dipol** oder **temporären Dipol** und einem **permanenten Dipol** unterschieden werden muss.

Induktionswechselwirkungen oder ***Debye*-Kräfte** sind sehr schwache zwischenmolekulare Anziehungskräfte.

Sie beruhen auf der Anziehung zwischen einem **permanenten Dipol** und einem **induzierten Dipol,** der zeitweise durch Induktionskräfte bei einem polarisierbaren Teilchen hervorgerufen wurde.

Die **Dispersionswechselwirkung** ist weitreichend. Sie tritt als anziehende Kraft zwischen allen neutralen Atomen oder Molekülen ohne permanentes Dipolmoment auf. Die Dispersionswechselwirkung beruht darauf, dass sich die Elektronen eines Teilchens ständig innerhalb bestimmter Grenzen (Aufenthaltsraum, Elektronenwolke) bewegen (Bild 1). Diese spontane Elektronenbewegung führt zu einer ständig wechselnden Ladungsverteilung. Sobald die Schwerpunkte der positiven Ladung und der negativen Ladung nicht mehr zusammenfallen, liegt somit zeitweise ein **momentaner** oder **temporärer Dipol** vor. Dieser temporäre Dipol kann in einem benachbarten Teilchen ebenfalls einen temporären Dipol induzieren. Zwischen diesen beiden Dipolen ist eine anziehende Kraft vorhanden, die **Dispersions-** oder ***London*-Kraft**.

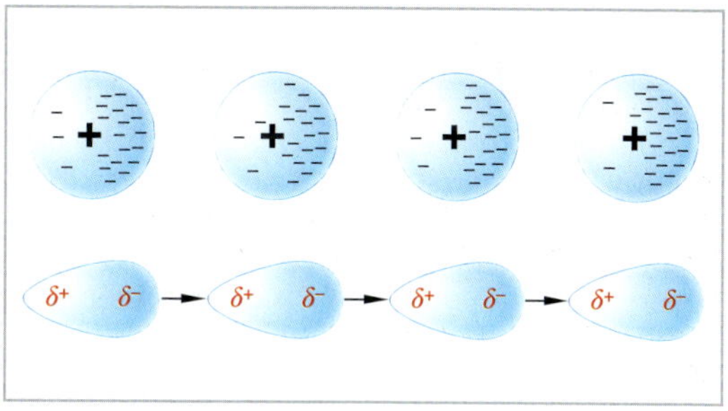

Bild 1: Induzierung eines Dipols aufgrund wechselnder Ladungsverteilung

Die Dispersionskraft zwischen den Teilchen bleibt erhalten, auch wenn sich durch die ständige schnelle Bewegung der Elektronen die Richtung des Dipols ändert. Der veränderte Dipol induziert in benachbarten Teilchen einen entsprechend geänderten Dipol. Die Dipole beeinflussen sich gegenseitig und die Elektronenverschiebung bzw. die Dipol-Änderung erfolgt synchron. Nach außen besitzen die Teilchen kein permanentes Dipolmoment, da sich die temporären Dipole im zeitlichen Mittel aufheben.

Allgemeine Voraussetzung für die Existenz von Dispersions- und Induktionskräften sind polarisierbare Elektronenwolken. Da alle Teilchen über Elektronen verfügen, sind Dispersionskräfte immer vorhanden, auch bei polaren Molekülen. Bei ungeladenen und nicht-polaren Teilchen, wie insbesondere bei Edelgas-Atomen, sind die Dispersionskräfte die einzigen intermolekularen Kräfte. Sie halten diese Teilchen im flüssigen und festen Aggregatzustand zusammen. Im festen Zustand halten die intermolekularen Dispersionswechselwirkungen die Moleküle in geordneter Weise gepackt. Dispersions- und Induktionswechselwirkungen treten neben den anderen Wechselwirkungen nur nicht immer deutlich hervor.

Dispersionswechselwirkungen oder **London-Kräfte** sind sehr schwache zwischenmolekulare Anziehungskräfte, die stets vorhanden sind. Sie beruhen auf der Anziehung zwischen zwei **momentan induzierten Dipolen**, die durch die Bewegung der Elektronen zustande kommen.

Dispersionskräfte wirken zwischen allen Atomen und Molekülen.

Nähern sich zwei ungeladene, unpolare Helium-Atome an, kann durch Schwingungsspektroskopie bei einem Abstand von rund 550 pm = 55 Å eine Korrelation der Elektronenbewegung in beiden Atomen mit spontaner Dipolbildung nachgewiesen werden. Bereits bei diesem Abstand ist eine anziehende Wechselwirkung vorhanden. *Van-der-Waals*-Wechselwirkungen sind relativ weitreichend.

Der Einfluss der *Van-der-Waals*-Wechselwirkungen wird deutlich bei einem Vergleich der beiden Gase Iodwasserstoff HI und Chlorwasserstoff HCl. Das Chlorwasserstoff-Molekül ist zwar polarer und zeigt deshalb die stärkeren Dipol-Dipol-Wechselwirkungen, der Iodwasserstoff besitzt jedoch aufgrund seiner höheren Elektronenzahl größere *Van-der-Waals*-Kräfte. Dies führt dazu, dass Iodwasserstoff HI mit – 35,4 °C die höhere Siedetemperatur hat (ϑ_b (HCl) = – 85 °C). Die *Van-der-Waals*-Kräfte nehmen von Chlorwasserstoff zu Iodwasserstoff zu, obwohl das Dipolmoment abnimmt.

Je leichter polarisierbar und ausgedehnter die Elektronenwolken eines Teilchens sind, desto stärker ist im Allgemeinen auch die auftretende *Van-der-Waals*-Kraft.

Die stärksten *Van-der-Waals*-Wechselwirkungen treten zwischen großen, mehratomigen Molekülen mit großer Elektronenanzahl auf.

Die Siedetemperatur der Gase Chlor Cl_2 oder Argon Ar liegt daher wesentlich höher als die Siedetemperatur der Gase Wasserstoff H_2 und Helium He. Andersherum sind die Gase Wasserstoff und Helium viel schwieriger zu verflüssigen als die elektronenreicheren und voluminöseren Teilchen der Gase Chlor und Argon.

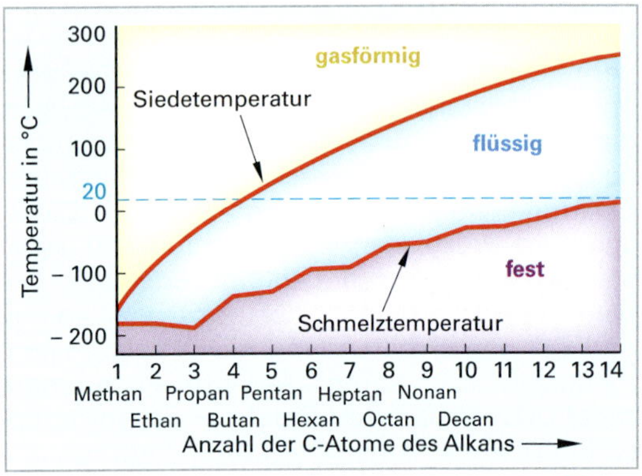

Bild 1: Siede- und Schmelztemperaturen der Alkane

Ähnliche Zusammenhänge sind bei organischen Verbindungen vorhanden. Aufgrund der schwachen anziehenden Wechselwirkungen sind viele organische Verbindungen leicht zu schmelzen. In einigen Lebensmitteln ist beispielsweise Kokosnussöl enthalten. Kokosnussöl schmilzt bereits bei etwa 25 °C, so dass es bei Kühlschranktemperatur fest ist, auf der Zunge jedoch leicht zerschmilzt.

Da die zwischenmolekularen Kräfte mit der Molekülgröße zunehmen, sind z. B. Methan CH_4 und Ethan C_2H_6 gasförmig, Hexan C_6H_{14}, Heptan C_7H_{16} und Oktan C_8H_{18} flüssig und höhere Kohlenwasserstoffe fest (**Bild 1**).

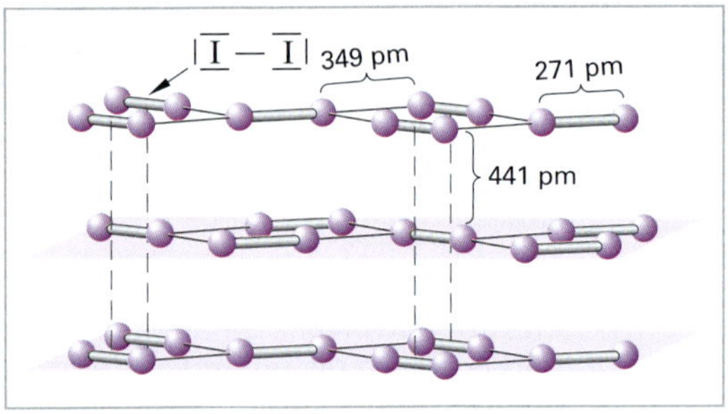

Bild 2: Molekülstruktur von festem Iod I_2

Van-der-Waals-Wechselwirkungen treten durch verschiedene makroskopisch sichtbare Phänomene auf. Sie wirken beispielsweise in Molekülkristallen, zwischen flüssigen Molekülverbindungen, bei der Solvatation und im Bereich der Grenzflächen und Oberflächen. Durch die schwachen *Van-der-Waals*-Wechselwirkungen lassen sich die einzelnen Schichten meist leicht gegeneinander verschieben.

Die Wirkung von *Van-der-Waals*-Wechselwirkungen wird auch in der Gruppe der Halogene deutlich. Während Fluor F_2 und Chlor Cl_2 gasförmig sind, ist Brom Br_2 bereits flüssig und Iod I_2 sogar fest (**Bild 2**). Die Halogenmoleküle sind zwar unpolar, die Atome in den Molekülen lassen sich jedoch mit zunehmender Größe leichter polarisieren. Aus diesem Grund sind die temporären Dipole bei Iod leichter zu induzieren als bei Brom, bei Brom leichter zu induzieren als bei Chlor usw. Die Stärke der Dipole und somit die Dispersionskräfte nehmen daher vom Fluor bis zum Iod zu, so dass durch die intermolekularen Wechselwirkungen Iod bei Normalbedingungen fest ist.

Der Feststoff Iod ist metallisch glänzend, bildet grau-schwarze Schuppen und besitzt Halbleitereigenschaften. Aufgebaut ist Iod aus I_2-Molekülen, die ein Schichtengitter bilden (**Bild 2**, S. 200). Die Bindungslänge (intramolekularer Abstand) zwischen den Iod-Atomen beträgt 271 pm und der intermolekulare Abstand von I_2-Molekülen in einer Schicht etwa 349 pm.

Der intermolekulare Abstand der I_2-Moleküle ist damit wesentlich kleiner als der doppelte ***Van-der-Waals*-Radius** von 430 pm, der angibt, wie nah sich nicht-gebundene Atome im festen Zustand annähern können. Zwischen den Iod-Molekülen einer Schicht müssen somit elektronische Wechselwirkungen existieren, die für die Halbleitereigenschaften und den metallischen Glanz verantwortlich sind.

Die Schichten im Schichtkristall von Iod sind hingegen rund 441 pm voneinander entfernt, so dass zwischen diesen Schichten *Van-der-Waals*-Kräfte wirken. Ein Iod-Kristall kann genau parallel zu den Schichten gespalten werden.

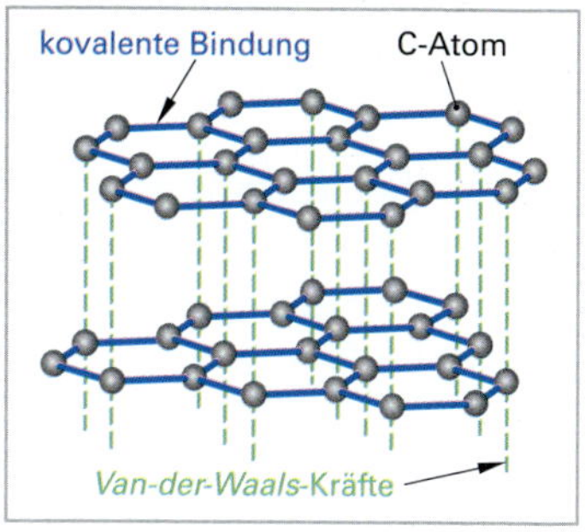

Bild 1: Schichtengitter des Graphit

In der Kohlenstoffverbindung Graphit sind die Kohlenstoff-Atome in einer Schicht über Atombindungen (σ-Bindungen und delokalisiertes π-Bindungssystem) verbunden (s. Kap. 6.2.8, S. 187). Zwischen diesen ebenen Schichten wirken in senkrechter Richtung nur *Van-der-Waals*-Kräfte (**Bild 1**), so dass sich die Schichten leicht gegeneinander verschieben lassen. Graphit wird daher in Bleistiften und auch als Schmiermittel eingesetzt.

6.4 Metallbindung

Die chemische Bindung zwischen Metall-Atomen wird als **metallische Bindung** oder **Metallbindung** bezeichnet. Sie tritt bei metallischen Elementen (Metallen) und bei Mischungen von Metallen, den **Legierungen** auf. Die metallische Bindung ist eine starke Bindung. Wie bei der Ionenbindung liegen bei der Metallbindung keine gerichteten Kräfte vor, so dass sich die Wechselwirkungen nicht auf wenige Atome beschränken. Die chemischen und physikalischen Stoffeigenschaften werden durch die Bindung deutlich beeinflusst.

Von den Stoffen mit Metallbindungen sind zwei Stoffgruppen gesondert zu betrachten: die **intermetallischen Verbindungen** und die **Verbindungen mit Metall-Metall-Bindung**. Die **intermetallischen Verbindungen** zählen zu den Legierungen. Zu einem metallischen Bindungsanteil liegen in den Bindungen auch Anteile von Atom- und Ionenbindungen vor und die Struktur dieser Verbindungen unterscheidet sich deutlich von der Struktur der reinen Metalle.

In **Verbindungen mit Metall-Metall-Bindung** sind neben der direkten Bindung zwischen zwei oder mehr Metallen zusätzliche Bindungen von den Metallen zu den Nichtmetallen enthalten. Die Metall-Metall-Bindung ist eine Metallbindung mit einem deutlich ionischen Anteil. Derartige Verbindungen sind die **zwei**- oder **mehrkernigen Metallkomplexe**.

Reine Metalle sind aus vielen Atomen einer Atomart aufgebaut. Bei Raumtemperatur sind sie fest, die einzige Ausnahme bildet Quecksilber, das flüssig ist. Im reinen festen Metall sind die Metall-Atome im **Metallgitter** (Kristallgitter) dicht zusammengepackt. Metalle besitzen im Allgemeinen hohe Schmelztemperaturen und hohe Dichten.

Im Gegensatz zu kristallinen Ionenverbindungen sind feste Metalle unter Krafteinwirkung **duktil** (verformbar) und lassen sich somit schmieden, pressen, walzen oder ziehen. Sie besitzen eine hohe Leitfähigkeit für Elektrizität und Wärme. Neben ihrem charakteristischen metallischen Glanz weisen Metalle meist eine hohe Festigkeit auf. Einzelne Metalle haben besondere Eigenschaften wie der Magnetismus von Eisen oder die Farbigkeit von Kupfer (**Bild 2**).

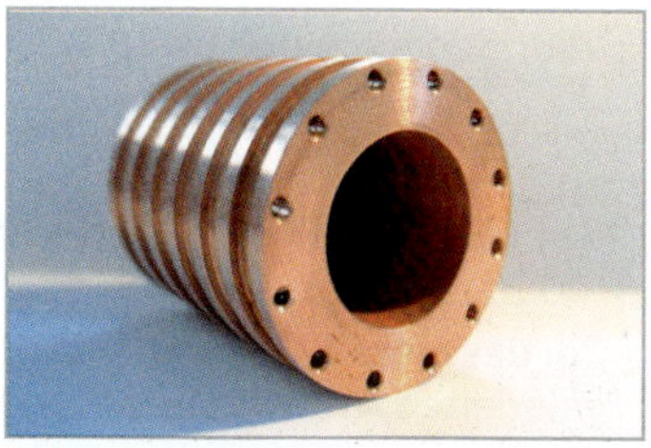

Bild 2: Bearbeitetes Bauteil aus Kupfer

Für die metallische Bindung gibt es zwei verschiedene Modelle, über die sich die Eigenschaften der Metalle gut erklären lassen.

1. Metalle geben leicht ihre Außenelektronen ab. Die verbliebenen **positiv geladenen Atomrümpfe** bilden die festen Gitterpunkte im Metallgitter, während sich die abgegebenen Elektronen als so genanntes **Elektronengas** praktisch frei dazwischen bewegen. Dieses Modell wird daher als **Elektronengas-Modell** bezeichnet.
2. Die Elektronen eines Atoms können Orbitalen zugeordnet werden. Für ein Metall existiert die Modellvorstellung, dass gleiche Orbitale so genannte **Bänder** unterschiedlicher Energie, die **Energiebänder**, bilden. Diese Vorstellung ist das **Bänder-Modell**.

6.4.1 Elektronengas-Modell

Metall-Atome haben relativ niedrige Ionisierungsenergien und geben somit ihre Außenelektronen (Valenzelektronen) relativ leicht ab. Nach Abgabe der Valenzelektronen verbleiben die so genannten **Atomrümpfe** mit ihrer **Rumpfladung**. Die Atomrümpfe sind positiv geladene Metall-Kationen, die aus Atomkern und allen Elektronen ohne die Valenzelektronen des ursprünglichen Atoms bestehen.

Sind wie im festen Metall viele Metall-Atome zusammengefügt, besitzt jedes dieser Atome leicht abzugebende Valenzelektronen. Während die positiv geladenen Atomrümpfe ein Kristallgitter bilden (Bild 1), lassen sich die Valenzelektronen der Metall-Atome leicht zwischen den Atomrümpfen verschieben. Die Valenzelektronen sind nicht mehr einem einzelnen Atom zugeordnet, sondern gehören zu jedem Atomrumpf gleichermaßen und können sich innerhalb des Metallgitters zwischen den Atomrümpfen nahezu frei bewegen. Daher wird auch von einem **Elektronengas** oder einer **Elektronengaswolke** gesprochen, zu dem jedes Metall-Atom mit seinen Valenzelektronen beiträgt.

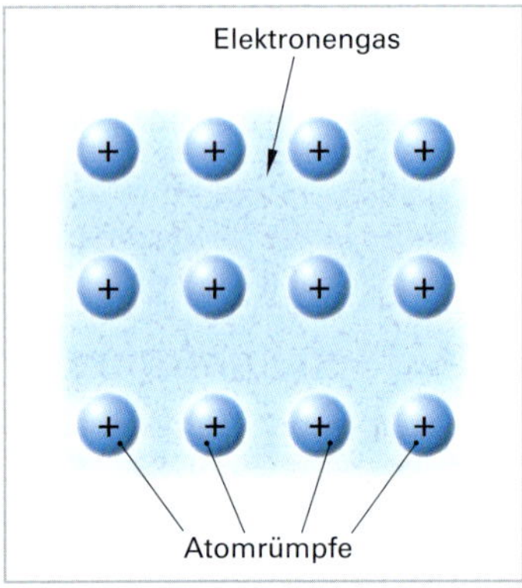

Bild 1: Elektronengasmodell

Die stark **delokalisierten Elektronen** des Elektronengases sind im Metallgitter gleich verteilt, so dass keine Ladungsanhäufung auftritt (Bild 2). Das Elektronengas wird auch nach dem italienischen Physiker *Enrico Fermi* (1901–1954) als ***Fermi-Gas*** bezeichnet.

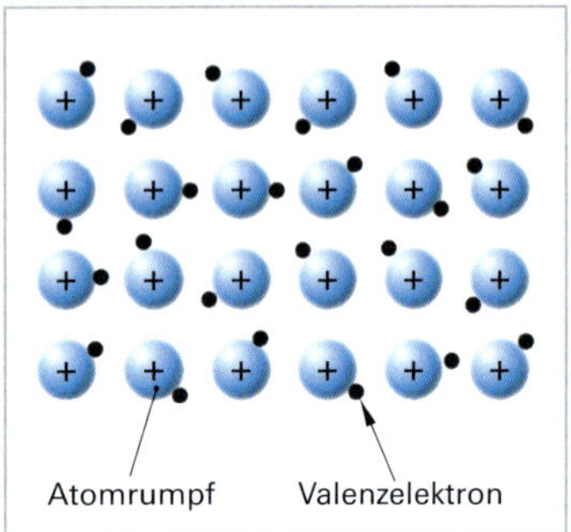

Bild 2: Atomrümpfe und delokalisierte Valenzelektronen im Metallgitter

Zwischen dem negativ geladenen Elektronengas des Metallgitters und den positiv geladenen Atomrümpfen bestehen elektrostatische Wechselwirkungen. Diese Anziehungskräfte wirken nicht gerichtet wie bei einer Atombindung, sondern auf alle Atomrümpfe gleich stark. Das Metallgitter wird durch diese Anziehungskräfte, die **metallische Bindung** zusammengehalten.

Jedes Metall-Atom stellt bei der Metallbindung zwar nur eine geringe Anzahl an Elektronen für die Bindung zur Verfügung, ist jedoch in der Lage, mehrere Elektronen aufzunehmen, da viele freie, energetisch annähernd gleiche Orbitale vorhanden sind. Somit ist ein Atomrumpf in der Lage, mehrfach und in verschiedene Richtungen Wechselwirkungen einzugehen.

Im Metallkristall besitzt jeder Atomrumpf mehrere nächste Nachbarn, allerdings sind nur wenige Elektronen für Wechselwirkungen vorhanden. Die metallische Bindung kann somit auch als ein Extremfall von Elektronenmangelverbindungen angesehen werden.

> Bei der **metallischen Bindung** wirken elektrostatische Wechselwirkungen zwischen den **positiv geladenen Atomrümpfen** und den stark **delokalisierten Valenzelektronen**.
>
> Die positiv geladenen Atomrümpfe ordnen sich zu einem **Metallgitter**.

Die stark **delokalisierten Valenzelektronen** können sich zwischen den Atomrümpfen nahezu frei bewegen und sind nicht mehr bestimmten Atomen zugeordnet. Sie werden als **Elektronengas** oder ***Fermigas*** bezeichnet.

Viele typische Metalleigenschaften lassen sich über das Elektronengas-Modell für die metallische Bindung erklären. Durch das Elektronengas befinden sich auch auf den äußeren Flächen des Metallkristalls Elektronen. Diese werden durch auftreffende Lichtwellen energetisch angeregt und gehen kurzzeitig in ein höheres Energieniveau über. Beim Zurückfallen auf niedrigere Energieniveaus wird die hierbei freiwerdende Energie als Licht abgegeben, so dass an der Oberfläche des Metalls Reflektionen auftreten. Metalle sind daher lichtundurchlässig.

Die Geschwindigkeit der Elektronen des Elektronengases bei einem von außen angelegten elektrischen Feld ist klein. Beispielsweise liegt sie in einem Kupferdraht (Durchmesser 1 mm^2) und einem Stromfluss von 1 A bei ungefähr 30 cm pro Stunde. Beim Einschalten des elektrischen Stroms setzen sich jedoch alle Elektronen gleichzeitig in Bewegung, so dass die Stromwirkung auch an weit entfernten Stellen sofort zu beobachten ist. Ein guter Vergleich ist hier das Rangieren eines langen Eisenbahnzuges mit Güterwaggons: wird der erste Wagen angestoßen bewegen sich alle Waggons, so dass der Anstoß auch am Ende des Eisenbahnzuges durch die Bewegung des letzten Waggons sofort sichtbar wird (Bild 1). Metalle sind gute **Stromleiter.**

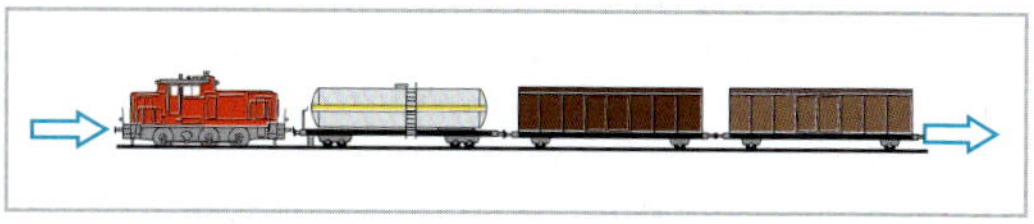

Bild 1: Weiterleitung einer Kraft über weite Distanz als Beispiel für Elektronenleitung im Metall

Die Atomrümpfe sind im Metallgitter dicht gepackt und schwingen um ihre Gitterpunkte. Bei erhöhter Wärmezufuhr werden diese Schwingungen stärker und die Atomrümpfe stoßen stärker mit den benachbarten Atomrümpfen zusammen. Die Wärmezufuhr wird schnell weitergegeben. Metalle sind gute **Wärmeleiter**. Bei zu hoher Wärmezufuhr kommt es allerdings zu so starken Schwingungen der Atomrümpfe um die Gitterpunkte, dass das Metallgitter auseinander bricht. Das Metall ist nicht mehr fest.

Die positiv geladenen Atomrümpfe werden bei der Metallbindung durch die elektrostatischen Wechselwirkungen mit dem Elektronengas zusammengehalten. Da die Ladungen gleich verteilt sind und Wechselwirkungen in alle Richtungen vorliegen, kommt es nicht zu einer Abstoßung der Atomrümpfe untereinander. Im Gegensatz zum Gitter eines Ionenkristalls, bei dem abwechselnd positiv und negativ geladene Ionen vorliegen, wird ein Metallkristall bei Verformung nicht zerstört, da die beteiligten Teilchen einander nicht abstoßen (Bild 1, S. 210).

6

6.4.2 Bänder-Modell

Verschiedene typische Metalleigenschaften lassen sich gut mit dem **Bänder-Modell** erklären. Hierzu gehören u. a. die **elektrische Leitfähigkeit** von Metallen und Halbmetallen sowie die **Wärmeleitfähigkeit**. Das Bänder-Modell bedient sich dem wellenmechanischen Atommodell. Als Grundlage gilt, dass die Valenzelektronen die Elektronen sind, die bei Metallen leicht abgegeben werden können, und dass im Metallkristall die Valenzelektronen nicht an ein Atom gebunden, sondern leicht zu verschieben sind.

Bei einem freien Lithium-Atom ist das 2s-Orbital mit einem Elektron besetzt. Im festen, dreidimensionalen Lithium-Metall befinden sich viele Atome nebeneinander, so dass auch die Orbitale dicht beieinander liegen. Die Anzahl der 2s-Elektronen ist im Lithium-Metall genauso groß wie die Anzahl der Lithium-Atome. Aus dem wellenmechanischen Atommodell ergibt sich, dass alle gleichen Orbitale aller Lithium-Atome im Kristall energetisch geringfügig verschieden sind. Sie bilden ein **Band** oder **Energieband**, im Lithium-Metall ist das 2s-Orbital das **Valenzband**. Jedes Lithium-Atom bringt ein halb-besetztes 2s-Valenzorbital in das Band ein, so dass das Valenzband im Lithium-Kristall insgesamt zur Hälfte besetzt ist.

In einem Band gilt wie für jedes Orbital das *Pauli*-Prinzip, nach dem jedes Orbital von zwei Elektronen mit entgegengesetztem Spin besetzt werden kann. So können die Valenzelektronen im Lithium-Metall innerhalb des Valenzbands von einem Orbital mühelos zum anderen springen, sofern das Orbital nicht schon mit zwei Elektronen besetzt ist. Die Elektronen können im Valenzband wandern und weitergeleitet werden. Beim Metall Lithium ist das Valenzband gleichzeitig auch das so genannte **Leitungsband**. Das Metall Lithium leitet den elektrischen Strom.

Beim nächst höheren Element Beryllium mit der Elektronenkonfiguration $1s^2 2s^2$ ist das Valenzband 2s voll besetzt. Hier könnten sich die Elektronen in diesem Energieband nicht bewegen. Da Beryllium als Metall den Strom gut leitet, muss eine weitere Möglichkeit für die Weiterleitung der Elektronen existieren. Wie beim Lithium sind bei Beryllium die 2p-Orbitale nicht besetzt. Im Beryllium-Metall sind die Energieunterschiede zwischen dem 2s-Niveau und dem 2p-Niveau so gering, dass sich diese beiden Bandniveaus im Kristall überschneiden. Die Elektronen können aus dem Valenzband in das unbesetzte 2p-Band übergehen und sich so im Kristall bewegen. Aus diesem Grund ist auch Beryllium ein Leiter für den elektrischen Strom. Das unbesetzte 2p-Band wird daher als **Leitungsband** bezeichnet. Bei einem **elektrischen Leiter** überlappt das Valenzband mit dem Leitungsband (**Bild 1a**).

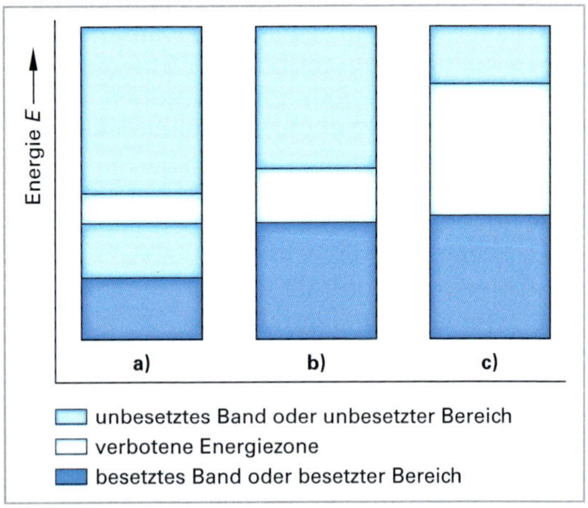

Bild 1: Schematische Darstellung von Bändern für drei unterschiedliche Arten von Festkörpern, a) Leiter, b) Halbleiter, c) Nichtleiter

Liegt zwischen dem vollbesetzten Valenzband und dem Leitungsband ein großer energetischer Unterschied vor, so dass die Elektronen nicht direkt von einem in das andere Band übergehen können, handelt sich bei dem Stoff um einen **Nichtleiter** oder **Isolator** (**Bild 1c**). Auch die Verbindungen mit Atombindungen gehören zu den Nichtleitern, da die Valenzelektronen in Bindungen fixiert sind und aus diesem Grund nicht in die Leitungsbänder gelangen.

Der energetische Bereich zwischen dem Valenz- und dem Leitungsband wird als **verbotene Zone** oder **Band-** bzw. **Energielücke** bezeichnet, in ihr können sich Elektronen nicht aufhalten. Dann können die Elektronen nur vom Valenzband in das Leitungsband gelangen, wenn ihnen ausreichend Energie zugeführt wird, um die verbotene Zone zu überspringen. Bei einem Isolator ist die erforderliche Energie so hoch, dass diese Elektronenübergänge meist nicht stattfinden. Bei **Halbleitern** ist die verbotene Zone kleiner als bei Isolatoren, so dass deren Leitfähigkeit größer ist als bei Isolatoren (**Bild 1b**).

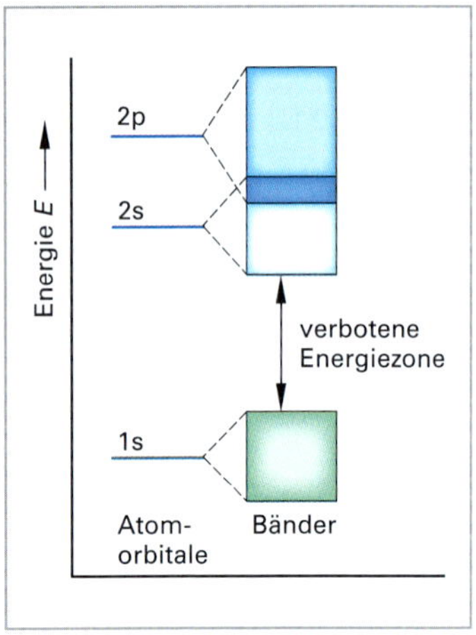

Bild 2: Bänder-Schema für das Metall Lithium

Die energetisch niedrigeren Orbitale wie beim Lithium das 1s-Orbital sind voll besetzt. Diese Elektronen sind nicht an der metallischen Bindung beteiligt, sondern gehören zum Atomrumpf. Im Kristall überschneidet das 1s-Band nicht mit anderen Bändern und ist durch eine verbotene Energiezone getrennt (**Bild 2**).

Bei einem **elektrischen Leiter** liegen das partiell oder vollbesetzte **Valenzband** und das unbesetzte **Leitungsband** energetisch dicht beieinander, so dass sie überlappen. Valenzelektronen können praktisch ohne Energiezufuhr aus dem Valenzband in das Leitungsband übergehen.

Bei **Isolatoren** ist ein großer energetischer Unterschied zwischen dem vollbesetzten Valenz- und leeren Leitungsband vorhanden. Elektronen dürfen den Bereich zwischen Bändern, die **verbotene Zone**, nicht besetzen.

Bei **Halbleitern** ist die verbotene Zone nicht so groß wie bei Isolatoren.

Die elektrische Leitfähigkeit nimmt bei metallischen Leitern mit steigender Temperatur ab. Je höher die Temperatur eines metallischen Leiters ist, desto stärker ist die thermische Eigenbewegung der Atomrümpfe und desto eingeschränkter ist die Beweglichkeit der Elektronen im Gitter.

Bei Halbleiter-Metallen sind das Valenzband und das Leitungsband durch eine verbotene Zone voneinander getrennt. Einzelne Elektronen können jedoch angeregt durch Licht- oder Wärmeenergie in das Leitungsband gelangen. Nimmt die Temperatur zu, wird dem gesamten System mehr Energie zugeführt, so dass auch mehr Elektronen in das Leitungsband gelangen. Die elektrische Leitfähigkeit nimmt bei Halbleitern mit steigender Temperatur zu.

Nicht nur die elektrische Leitfähigkeit lässt sich über die frei beweglichen Elektronen erklären. Auch Wärme kann von den Elektronen in Form von kinetischer Energie aufgenommen und schnell weitergeleitet werden.

Bei Einstrahlung von Lichtenergie werden Elektronen innerhalb des Energiebands energetisch angeregt, beim Zurückfallen auf ein niedrigeres Energieniveau wird Licht abgestrahlt. Diese Elektronenübergänge sind für den **metallischen Glanz** verantwortlich.

Die elektrische Leitfähigkeit nimmt bei **metallischen Leitern** mit steigender Temperatur ab.

Bei **metallischen Halbleitern** nimmt die elektrische Leitfähigkeit mit steigender Temperatur zu.

Bei Normalbedingungen ist die elektrische Leitfähigkeit von Halbleitern gering. Eine Zunahme der Leitfähigkeit kann jedoch nicht nur durch die Erhöhung der Temperatur erreicht werden, auch der Einbau von Spuren von Verunreinigungen in das Kristallgitter des Halbleiters führt zu einer erhöhten Leitfähigkeit. Halbleiter, die gezielt Fremdatome im Kristallgitter enthalten, heißen **dotierte Halbleiter**. Für das Dotieren von Halbleiter-Kristallen gibt es zwei Möglichkeiten, die auf unterschiedliche Art die Leitfähigkeit des Halbleiters erhöhen.

Ein Silicium-Atom besitzt vier Valenzelektronen, so dass jedes Atom in einem Silicium-Kristall vier Elektronen für die Bindung zur Verfügung stellen kann. Wird hingegen ein Element der 3. Hauptgruppe (B, Al, Ga, In) eingebaut, so dass dieses Element ein Silicium-Atom ersetzt, fehlt ein Elektron (**Bild 1a**). Im Bindungsorbital im Kristall liegt an dieser Stelle ein **Elektronenloch** oder **Defektelektron** vor. Dieses Loch kann durch ein Elektron einer benachbarten Bindung geschlossen werden, wodurch allerdings ein neues Elektronenloch an anderer Stelle entsteht usw.

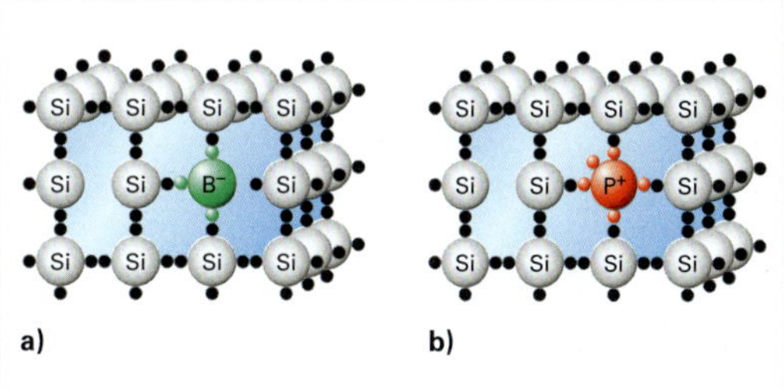

Bild 1: Dotierung eines Silicium-Kristalls, a) p-Dotierung, b) n-Dotierung

Während die Elektronen auf diese Weise im Kristall wandern, wandert das Loch in genau entgegengesetzter Richtung durch den Kristall. Ein Halbleiter, bei dem eine Elektronenbewegung über Elektronenlöcher erfolgt, wird als **p-Halbleiter** bezeichnet. Der Buchstabe *p* steht für *positiv*, da rein formal ein Elektronenmangel vorliegt und somit positive Ladung überwiegt – auch wenn es sich im Kristall durchweg um ungeladene Teilchen handelt. Die **p-Dotierung** eines Silicium-Kristalls mit einem Bor-Atom pro 10^6 Silicium-Atome führt beispielsweise zu einer Erhöhung der Leitfähigkeit um den Faktor 200 000.

6

Wird ein Silcium-Kristall mit einem Element der 5. Hauptgruppe (P, As, Sb, Bi) dotiert, sind durch das Dotierungsatom fünf Valenzelektronen und somit ein weiteres Valenzelektron vorhanden (Bild 1b, vorhergehende Seite). Dieses zusätzliche Valenzelektron muss im Leitungsband lokalisiert sein. Da rein formal ein Elektronenüberschuss vorliegt, heißt dieser Halbleiter auch **n-Halbleiter** (*n* für *negativ*). Die Dotierung wird entsprechend als **n-Dotierung** bezeichnet.

Durch **Dotierung** von Halbleiter-Kristallen können die elektrischen Eigenschaften des Kristalls beeinflusst werden.

Dotierung eines Halbleiters der 4. Hauptgruppe mit Elementen der 3. Hauptgruppe führt zu einem **p-Leiter;** formal liegt Elektronenmangel vor.

Dotierung eines Halbleiters der 4. Hauptgruppe mit Elementen der 5. Hauptgruppe führt zu einem **n-Leiter;** formal liegt Elektronenüberschuss vor.

6.4.3 Kristallgitter der Metalle

Die Atome eines Metalls oder auch Mischungen verschiedener Metalle (Legierungen) bilden **Metallgitter** oder **Kristallgitter.** Analog dem Ionengitter ordnen sich die Teilchen im Metallgitter regelmäßig auf festen Plätzen an. Während allerdings im Ionengitter die Gitterplätze abwechselnd durch Anionen und Kationen besetzt sind, befinden sich auf den Gitterplätzen im Metallgitter die Atomrümpfe der Metallatome (Metall-Kationen). Das Elektronengas aus den Valenzelektronen liegt gleichmäßig verteilt zwischen den Atomrümpfen vor und gehört allen Atomen gemeinsam.

Die Anordnung der Atomrümpfe folgt verschiedenen **Kristallstrukturtypen**, wobei am häufigsten die **kubische Kugelpackung** und die **hexagonale Kugelpackung** vorkommen. Bild 1 zeigt die Gitterstrukturen, in denen Metalle am häufigsten kristallisieren.

Bei Metallen ordnen sich die Atomrümpfe meist als **kubische** oder **hexagonale Kugelpackung**.

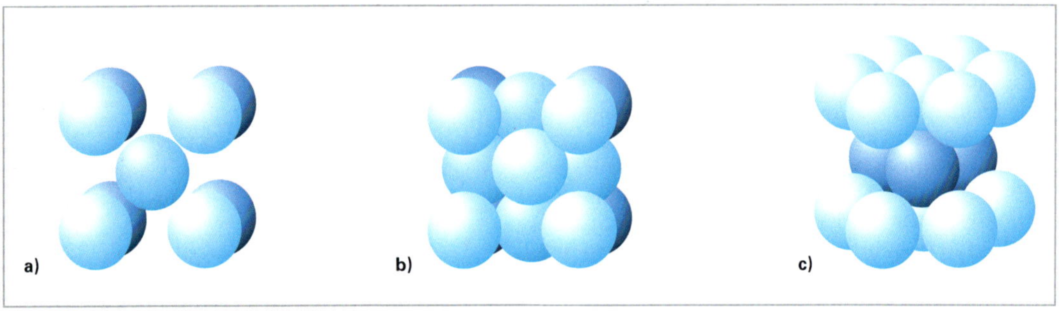

Bild 1: a) kubisch-innenzentrierte, b) kubisch-dichteste, c) hexagonal-dichteste Kugelpackung

Die kubische Kugelpackung besitzt als **Elementarzelle** (kleinste Grundeinheit einer Kugelpackung) einen Würfel (lat. *cubus*: Würfel). Die Atomrümpfe besetzen hierbei die Ecken des Würfels. Diese Einheit trägt die Bezeichnung **kubisch-primitive Packung**. Je nachdem wie weitere Atomrümpfe in die Packung eingebaut sind, wird unterschieden zwischen der **kubisch-innenzentrierten** Kugelpackung und der **kubisch-dichtesten** Kugelpackung.

Bei der **kubisch-innenzentrierten Kugelpackung** oder **kubisch-raumzentrierten Kugelpackung** (Bild 1a) besetzen acht Atomrümpfe die Ecken der kubischen Packung und ein weiterer Atomrumpf die Mitte der würfelförmigen Elementarzelle.

Der Atomrumpf in der Kubus-Mitte der kubisch-innenzentrierten Packung besitzt insgesamt acht nächste Nachbarn und hat daher die Koordinationszahl 8 (CoN = 8, CoN für engl. *coordination number*: Koordinationszahl). Da sich an die Elementarzellen in alle drei Raumrichtungen weitere Elementarzellen anschließen, besitzen auch alle anderen Atomrümpfe jeweils die Koordinationszahl CoN = 8. Die Atomrümpfe berühren sich in Richtung der Raumdiagonalen der Elementarzelle, so dass aus der Größe der Elementarzelle der Atomradius bestimmt werden kann.

Noch dichter sind die Atomrümpfe bei der **kubisch-dichtesten Kugelpackung** gepackt. Hier besetzen die Atomrümpfe neben den acht Ecken der Elementarzelle zusätzlich auch die sechs Flächen der Elementarzelle, so dass diese Kugelpackung auch als **kubisch-flächenzentriert** bezeichnet wird (**Bild 1b**, S. 206). Bei dieser Packung besitzt jedes Teilchen eine Koordinationszahl von CoN = 12.

Bei der **hexagonal-dichtesten Kugelpackung** ist jeder Atomrumpf von sechs anderen Atomrümpfen umgeben (**Bild 1c**, S. 208). Als Elementarzelle ergibt sich ein Hexagon (griech. *hexa*: sechs; *gonia*: Winkel, Ecke). Zwischen jeweils drei Kugeln bleibt eine kleine Lücke. Die hexagonalen Kugelschichten werden gegenseitig versetzt gestapelt, damit die Kugeln einer zweiten Schicht **B** über den Lücken der vorangehenden Schicht **A** zu liegen kommen (**Bild 1**).

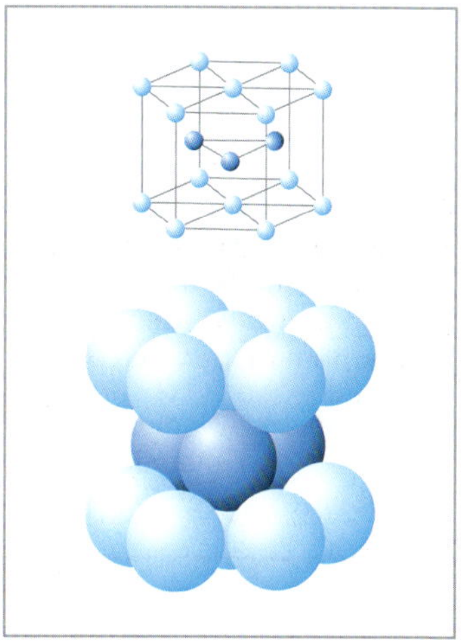

Bild 1: Hexagonal-dichteste Packung

Die Abfolge der Schichten folgt bei der hexagonal-dichtesten Packung der Abfolge **ABAB...**, da die dritte Schicht gegenüber der ersten Schicht **A** deckungsgleich gestapelt ist.

Ein Atomrumpf in der hexagonal-dichtesten Packung hat jeweils die Koordinationszahl CoN = 12, das heißt sechs Nachbarn in der hexagonalen Schicht und je drei Nachbarn in der nächsten Schicht. Auch die kubisch-dichteste Packung kann aus hexagonal aufgebauten Schichten modelliert werden, allerdings ist hier dann die Schichtenfolge **ABCABC...**

6

Die beiden dichtesten Kugelpackungen besitzen jeweils eine Raumerfüllung von 74 %. Sie erklären die relativ hohen Dichten der Metalle, die beim Metall mit der größten Dichte, dem Osmium Os, einen Wert von 22,48 g · cm^{-3} erreicht. Bei der kubisch-innenzentrierten Kugelpackung wird lediglich eine Raumerfüllung von 68 % erreicht. Somit kann die kubisch-innenzentrierte Packung nicht als dichte Kugelpackung bezeichnet werden, trotzdem kristallisieren einige Metalle in dieser Struktur. Andere Kugelpackungen als diese drei vorgestellten Vertreter sind bei Metallen selten.

Manche Metalle kommen bei unterschiedlichen äußeren Bedingungen wie unterschiedlichen Temperaturen oder Drücken in unterschiedlichen Kristallstrukturen vor, sie sind **allotrop** (griech. *allo*: ein anderer; *tropos*: Drehung, Richtung). Bei Verbindungen wird für diese Erscheinung die Bezeichnung **polymorph** (griech. *poly*: viel, mehrfach; *morphe*: Gestalt) verwendet. Die einzelnen Strukturen heißen **Modifikationen** und können unterschiedliche Eigenschaften besitzen.

Das Metall Eisen ist beispielsweise in der Modifikation **α-Eisen** magnetisierbar und bildet ein kubisch-innenzentriertes Gitter. Im Temperaturbereich von 770 bis 928 °C verliert das Eisen seine **ferromagnetische** (nach der Magnetisierung in einem äußeren Magnetfeld sinkt die Magnetisierung nicht auf Null, sondern behält einen Remanenz-Wert bei) Eigenschaft und kommt in der Modifikation **β-Eisen** vor. Ein kubisch-flächenzentriertes Kristallgitter liegt beim nicht magnetischen **γ-Eisen** im Temperaturbereich von 928 bis 1398 °C vor. Oberhalb dieses Temperaturbereichs bis zur Schmelztemperatur von 1539 °C besitzt Eisen als **δ-Eisen** eine kubisch-innenzentrierte Packung.

Unabhängig von der Modifikation und der Kristallstruktur werden bei der Deformation eines Metallgitters die einzelnen Atomrümpfe gegeneinander verschoben (**Bild 1a**).

Die Valenzelektronen halten als Elektronengas über die elektrostatische Anziehungskraft die Teilchen zusammen. Das Metall ist duktil (verformbar).

Im Ionenkristall liegen Kationen und Anionen nebeneinander vor. Beim Verschieben von Kristallschichten kommen Ionen gleicher Ladung nebeneinander zu liegen. Diese stoßen sich ab und der Kristall bricht (**Bild 1b**).

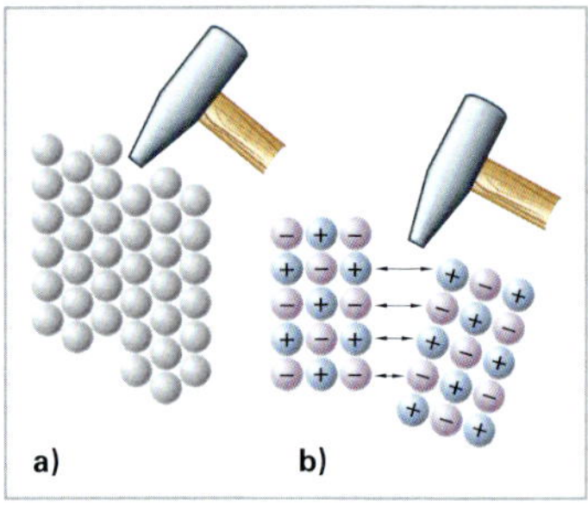

Bild 1: Deformation, a) Metallkristall, b) Ionenkristall

6.4.4 Metallische Legierungen

Als metallische Werkstoffe werden meist **metallische Legierungen** (lat. *legare*: verbinden, vereinigen) eingesetzt. Metallische Legierungen besitzen gegenüber den reinen Metallen besondere Eigenschaften wie große Härte und Dehnbarkeit, gute Leitfähigkeit oder Korrosionsbeständigkeit.

Allgemein bestehen Legierungen aus zwei oder mehr Stoffen, die miteinander in Wechselwirkung treten und so neue Phasen (griech. *phasis*: Erscheinung) bilden. Als Phasen können **Mischkristalle, Überstrukturen**, **intermetallische Verbindungen** und **Metall-Nichtmetall-Verbindungen** auftreten, deren Eigenschaften je nach den Bindungsverhältnissen denen der Ausgangskomponenten, den **Legierungselementen**, ähnlich sind oder stark abweichen.

Als metallische Werkstoffe werden insbesondere metallische Legierungen, also Mischphasen aus verschiedenen Metallen eingesetzt. Diese kondensieren **einphasig** (wie eine Phase) in Kristallgittern wie die Metalle.

Metallische Legierungen sind Mischungen aus mindestens zwei verschiedenen Metallen. Es können **Mischkristalle, Überstrukturen, intermetallische Verbindungen** auftreten.

Feste Mischkristalle sind **homogene feste Lösungen**, bei denen die Plätze im Kristallgitter von den Grundelementen und den Legierungselementen statistisch verteilt besetzt sind (**Bild 2**). Die Legierungselemente liegen in den Mischungen in beliebiger Zusammensetzung und bei gleichem Metallgittertyp vor. Es handelt sich hierbei um eine **vollständige Mischkristall-Bildung**, die auch als **einphasige Legierung** bezeichnet wird. Diese Legierungen zählen zu den **nicht-stöchiometrischen Verbindungen** (*Berthollide*, s. Kap. 8.1.3, S. 243).

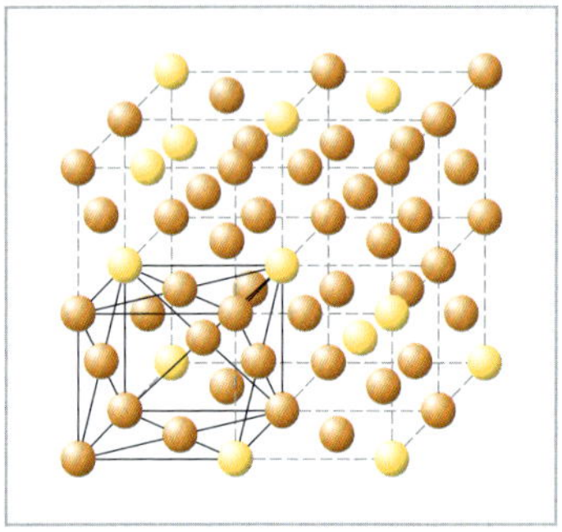

Bild 2: Mischkristall Cu_3Au_1 aus 75 % Kupfer und 25 % Gold (statistische Verteilung)

Auch bei Legierungen, bei denen sich nur in bestimmten Bereichen unterschiedlicher Mengenverhältnisse die Legierungsbestandteile vollständig mischen, werden homogene feste Lösungen gebildet. Die Eigenschaften einphasiger Legierungen sind im Wesentlichen durch die chemische Zusammensetzung der Legierung bestimmt.

Außerhalb der Bereiche vollständiger Mischbarkeit, der sogenannten **Mischungslücke**, liegen heterogene Gemische vor. Diese Stoffe sind **mehrphasige Legierungen**, deren Eigenschaften sich auch durch die Verteilung der verschiedenen Phasen im Gefüge ergeben.

Feste **Mischkristalle** sind **homogene feste Lösungen**, die als **einphasige Legierung** kristallin vorliegen.

Im Gegensatz zu den Mischkristallen sind bei den **Überstrukturen** die Legierungselemente nicht statistisch verteilt. Die verschiedenen Elemente bilden verschiedene Teilgitter, die ineinander verschoben sind. Im Vergleich zu den Mischkristallen bildet sich eine höhere Ordnung.

Ein Beispiel veranschaulicht die Bildung einer Überstruktur bei einer Mischung von Kupfer Cu und Gold Au mit einem Cu/Au-Mischungsverhältnis von 3:1 durch **Tempern** (Erhitzen eines Stoffes über einen längeren Zeitraum unterhalb der Schmelztemperatur). Aus einem kubisch-flächenzentrierten Mischkristall Cu_3Au_1, bei dem Kupfer und Gold statistisch verteilt sind (**Bild 2**, S. 210), bildet sich durch Tempern eine Überstruktur mit ineinander geschobenen kubisch-primitiven Elementarzellen (**Bild 1**).

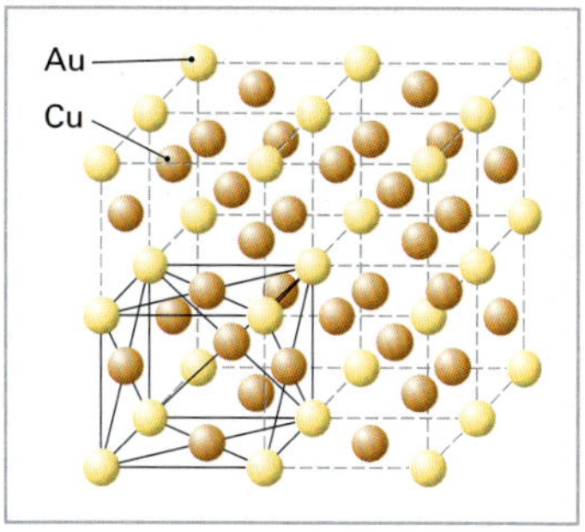

Bild 1: Überstruktur Cu_3Au_1

Intermetallische Verbindungen, auch als **intermetallische Phasen** bezeichnet, sind homogene chemische Verbindungen aus zwei oder mehr Metallen, wobei neben metallischen Bindungsanteilen auch Anteile an Atom- und Ionenbindungen vorliegen. Ihre Strukturen unterscheiden sich deutlich von den kristallinen Strukturen der Metalle und Mischkristalle bzw. Überstrukturen. Neben kubischen Strukturen treten hierbei auch andere, komplexere Strukturen auf. Intermetallische Phasen sind meist hart, fest und spröde sowie chemisch beständig. Im Gegensatz zu den Metallen und Mischkristallen besitzen sie häufig hohe Schmelztemperaturen und elektrische Leitfähigkeiten unterhalb von denen der Halbleiter.

Beispiele für intermetallische Phasen sind die Aluminide des Nickels, Titans oder Eisens, die wegen ihrer geringen spezifischen Masse, hohen Festigkeit, Hochtemperaturbeständigkeit und hohen Schmelztemperaturen beispielsweise für Turbinenaggregate in der Triebwerktechnik eingesetzt werden. Nur namentlich erwähnt seien hier weiterhin als Beispiele für intermetallische Phasen die ***Laves*-Phasen, *Zintl*-Phasen** und ***Heusler*-Phasen**. Die Verbindung Cu_2AlMn gehört zu den *Heusler*-Legierungen, die ferromagnetisch sind, obwohl diese Legierungen weder Eisen, Cobalt noch Nickel enthalten.

Die Anzahl der heute technisch eingesetzten Legierungen ist sehr groß, da sie gegenüber den reinen Metallen spezielle Eigenschaften besitzen. In Abhängigkeit von der Anzahl der Legierungselemente eines **Basismetalls** wird von Zwei-, Drei- oder Mehrstofflegierungen gesprochen, wobei nur die Komponenten zählen, die die charakteristischen Eigenschaften der Legierung bestimmen. Die grundsätzliche Einteilung von Legierungen erfolgt aufgrund der besonderen Bedeutung von Eisen bzw. Stahl in der Technik in **Eisen-Legierungen** und **Nichteisen-Legierungen**.

Basismetall und **Legierungselemente** werden auch **Komponenten einer Legierung** genannt.

Legierungen sind meist hart, fest und weniger verformbar, da der Einbau von Fremdatomen in die Kristallstruktur eines Metalls die Gleiteigenschaften des optimalen Gitters verändert. Die einzelnen Ebenen im Kristall lassen sich nicht mehr so einfach gegeneinander verschieben. Temperaturabhängige Eigenschaften von Zwei- oder Mehrstoffsystemen werden in Zustandsdiagrammen dargestellt. Mischkristalle weisen eine geringere Schmelztemperatur auf als das reine Basismetall.

Mischkristalle besitzen eine **größere Härte, geringe Schmelztemperaturen** und eine **geringere Leitfähigkeit** als das reine Basismetall.

Die **Benennung von Legierungen** erfolgt im Allgemeinen nach dem Basismetall, dem Legierungsbestandteil mit dem größten Anteil, gefolgt von den Legierungselementen. Zur vollständigen Beschreibung werden die prozentualen Massenanteile der Komponenten der Legierung angegeben. Die chemisch sehr beständige, nicht verformbare Kupfer-Legierung CuAl 14 besteht beispielsweise aus 14 % Aluminium und entsprechend aus 86 % Kupfer.

Andere Legierungen besitzen spezielle Namen wie z. B. das Münzmetall **Messing,** das eine feste Lösung aus Kupfer und Zink ist. **Bronze** besteht hingegen aus Kupfer und Zinn, mit einem Kupfergehalt von mindestens mehr als 60 %.

Besondere Legierungen erhalten Werkstoffnummern. Bekannt ist aus dem Alltag meist die Bezeichnung **V2A** für einen besonders korrosions- und säurebeständigen Stahl. V2A-Stahl besitzt die Werkstoffnummer X5CrNi18-10. Er ist ein hoch-legierter Stahl (Kennzeichen X) mit 0,05 % Kohlenstoff und den Legierungsbestandteilen von 18 % Cr sowie 10 % Nickel. Die Bezeichnung 18-10 bezieht sich auf den Anteil an Chrom-Nickel.

Eisen-Legierungen werden nach dem Gehalt an Kohlenstoff weiter in nicht-schmiedbares Roheisen bzw. Gusseisen (C-Gehalt > 2,1 %) und schmiedbaren Stahl (C-Gehalt < 2,1 %) unterteilt. Stähle werden für besondere Einsatzbereiche mit Legierungskomponenten legiert, beispielsweise enthalten chirurgische Geräte das Legierungsmetall Tantal, um die Schneidfähigkeit von Skalpellen über lange Zeit zu gewährleisten.

Messing, Bronze, aber auch Weißgold, Rotgold und die Amalgame zählen zu den Nichteisen-Legierungen. Amalgame sind Legierungen des Quecksilbers Hg, Beispiele hierfür sind das Silber-Amalgam AgHg, das für Zahnfüllungen (Plomben) verwendet wird und Natrium-Amalgam NaHg, das u. a. bei der Chlor-Alkali-Elektrolyse entsteht (s. Kap. 16.5.2, S. 486). Im Labor ist die Amalgamprobe eine Vorprobe der analytisch-anorganischen Chemie auf das Vorhandensein von Quecksilbersalzen, wobei die Legierung Kupfer-Amalgam gebildet wird. Hierzu wird eine salpetersaure Probelösung auf ein Kupferblech gegeben, zurück bleibt ein silber-glänzender Fleck aus Kupfer-Amalgam.

Weiß- und Rotgold sind Gold-Legierungen mit unterschiedlichen Mengenanteilen an Silber Ag und Kupfer Cu, wodurch die unterschiedliche Färbung hervorgerufen wird. Während Gold Au mit den einzelnen Legierungselementen im gesamten Legierungsbereich eine ununterbrochene Reihe von Mischkristallen bildet, existiert im Dreistoffgemisch Gold-Silber-Kupfer eine Mischungslücke, so dass hier nicht alle homogenen festen Lösungen möglich sind. Die klassischen Goldlegierungen aus dem System Gold-Silber-Kupfer sind leicht herzustellen und zu verarbeiten. Weitere Legierungsbestandteile beeinflussen die Eigenschaften der Legierung wie z. B. die Härte. Ein Goldgehalt von 585 ‰ mit einem hohen Anteil an Kupfer erhöht die Härte dieser Metallmischung, verringert aber die goldene Farbe.

6.4.5 Verbindungen mit Metall-Metall-Bindung

Bindungen zwischen Metallen liegen auch in bestimmten Salzen oder anderen Metall-Verbindungen vor. Die Metall-Metall-Bindung existiert zwischen den Metall-Atomen, die entweder gleich oder verschieden sein können. Liegen in der Verbindung zwei Metall-Atome vor, so wird von **zweikernigen Metallkomplexen** oder **Metallclustern** gesprochen. Bei Strukturen mit drei oder mehr Metall-Atomen liegen **drei-** oder **mehrkernige Metallkomplexe** oder **-cluster** vor. Cluster sind nach dem Chemiker *Frank Albert Cotton* (1930–2007) Moleküle, in denen zwei oder mehr Metall-Atome außer an andere Nichtmetall-Atome auch an sich selbst gebunden sind. Metallcluster bestehen hauptsächlich aus Metallen der Nebengruppen der 4. und 5. Periode und existieren, wenn die d-Orbitale gut überlappen können.

Die reinen Metalle und die Clusterverbindungen sind sich in den Strukturen und einigen Eigenschaften ähnlich. Je größer die Anzahl an Metallen in der Clusterverbindung ist, desto mehr gleicht sich die Struktur den reinen Metallen an. Eigenschaften der Clusterverbindung mit Metall-Metall-Bindung sind dunkle bis metallische Farben. Die Verbindungen zeigen außerdem Vorstufen zur Leitfähigkeit der Metalle. Insgesamt werden die Eigenschaften der Metall-Metall-Verbindungen durch die beteiligten Metalle und durch die an die Metalle gebundenen **Liganden** (lat. *ligare*: binden; Bezeichnung für negative Ionen oder elektrisch neutrale Moleküle, die um ein Zentralatom wie hier ein Metall gruppiert sind) beeinflusst.

Aufgrund ihrer Strukturen und ihrer Reaktivität sind Metallcluster mit Metall-Metall-Bindungen von großem Interesse.

Die Metall-Metall-Bindung in den Metallkomplexen liegt zwischen kovalenter und metallischer Bindung, häufig mit stark kovalentem Bindungsanteil. Die Metallcluster zählen somit zu den Atom-Clustern. Insgesamt sind die Bindungen im Metallcluster nicht mit einfachen chemischen Bindungsmodellen zu erklären. Je größer der Metallcluster ist, desto mehr weichen die Bindungsverhältnisse von den einfachen Modellen ab.

Zwischen den Metallen können als **Bindungsordnungen** Einfach-, Zweifach- und Dreifachbindungen möglich sein, sogar Verbindungen mit Metall-Metall-Vierfachbindungen sind heute bekannt und gut untersucht. Der Abstand der Metalle nimmt mit steigender Bindungsordnung ab. Beispielhaft sind in **Tabelle 1** die Metall-Metall-Abstände in Molybdän-Clustern angegeben.

Verantwortlich für die Metall-Metall-Bindung sind die an der Bindung beteiligten Orbitale der Metalle. Bei einer Vierfachbindung existiert eine Bindung auf der direkten Kern-Kern-Verbindungslinie, eine **σ-Bindung**, und drei Bindungen außerhalb der direkten Kern-Kern-Verbindungslinie, zwei **π-Bindungen** und eine **δ-Bindung**.

Verantwortlich für die Bindungen zwischen den Metallen ist die Überlappung der d-Orbitale. **Bild 1** zeigt schematisch das Zustandekommen der verschiedenen Bindungen bei einer Metall-Metall-Vierfachbindung.

Tabelle 1: Abstand von Molybdän-Atomen mit unterschiedlicher Metall-Metall-Bindungsordnung

Bindungsordnung	Abstand in pm
Mo-Metall	278
Mo – Mo	272
Mo = Mo	242
Mo ≡ Mo	222
Mo ≣ Mo	210

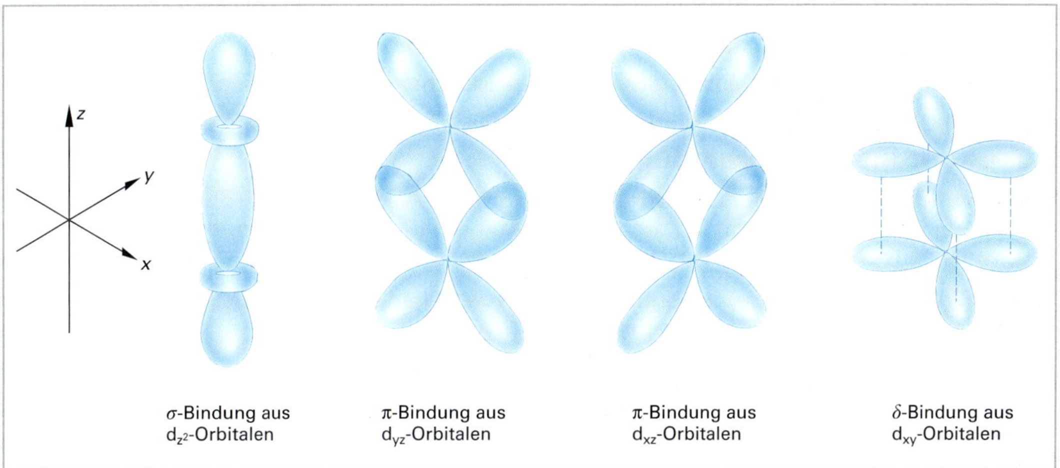

Bild 1: Bildung einer Metall-Metall-Vierfachbindung durch Überlappung von d-Orbitalen

Ein Beispiel für eine Verbindung mit Metall-Metall-Bindung ist das Salz Quecksilber-I-chlorid Hg_2Cl_2 (Trivialname: **Kalomel**; griech. *kalos*: schön; *melas*: schwarz). Das Kation dieses Salzes besteht aus einem Metallkomplex, der aus den beiden Quecksilber-Teilchen gebildet wird. Die beiden Metallzentren sind im zweikernigen Metallcluster linear angeordnet. Die beiden Metalle binden sich über eine Metall-Metall-Einfachbindung aneinander (**Bild 1a**, S. 214), die überwiegend kovalenten Charakter besitzt. Bei anderen Verbindungen können die Metalle sowohl über eine Metall-Metall-Bindung als auch zusätzlich über Nichtmetall-Brücken miteinander verbunden sein. Weitere zweikernige Verbindungen mit Mehrfachbindungen sind ebenfalls in **Bild 1**, S. 214, dargestellt.

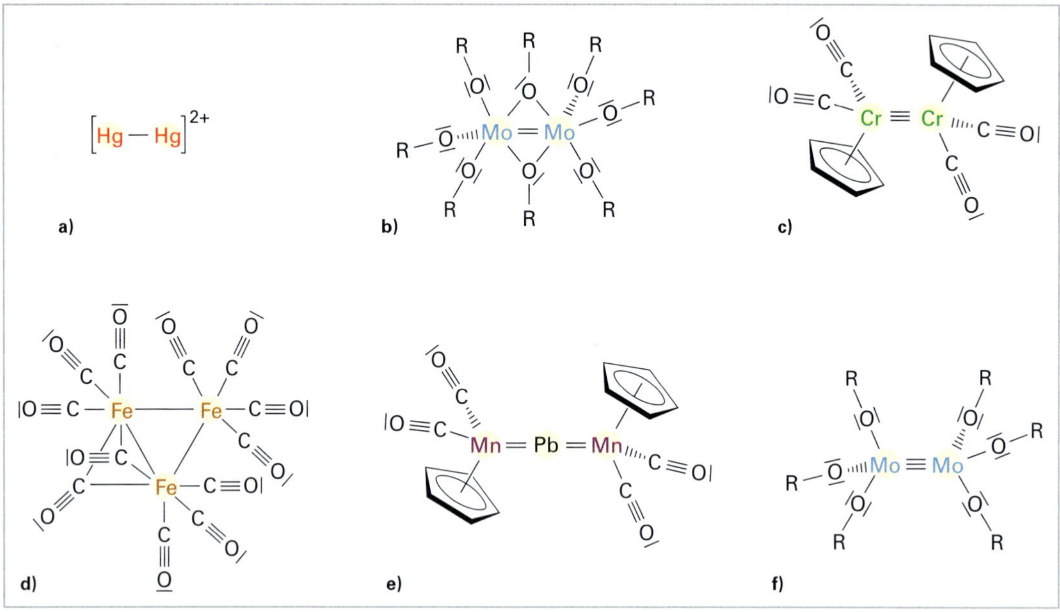

Bild 1: Beispiele für zweikernige Metallkomplexe mit unterschiedlichen Metall-Metall-Bindungen

In Verbindungen mit Metall-Metall-Bindung kommen neben den Bindungen zwischen den Metallen auch die Bindungsarten kovalente Bindung und ionische Bindung vor. Die Darstellung der Metall-Metall-Bindung über Orbitalüberlappung zeigt, dass zwischen den Metallen in den Metallclustern Bindungen vorliegen, die mit Modellen für eine metallische Bindung nicht zu beschreiben ist. Die Bindungsmodelle für die Atom-, Ionen- und Metallbindung beschreiben nur Extremfälle. In der Realität existieren Übergänge von einem Bindungstyp zum anderen, die durch die Theorie der lokalisierten Molekülorbitale gut beschrieben werden können.

6.5 Koordinative Verbindungen

Bereits im 18. und 19. Jahrhundert wurden viele komplexe Verbindungen isoliert und untersucht. Diese Verbindungen hatten einen komplizierten Aufbau mit Eigenschaften, die mit den damals herrschenden Theorien nicht in Einklang zu bringen waren.

Da die Bindungsverhältnisse der Komplexe sich von denen der anderen Bindungsarten unterscheiden, werden sie getrennt behandelt.

6.5.1 Metallkomplexe

Kristallwasserfreies Kupfersulfat $CuSO_4$ ist eine farblose, ionische Verbindung, deren Ionengitter aus Kupfer-Ionen Cu^{2+} als Kationen und den mehratomigen Sulfat-Anionen SO_4^{2-} besteht. Im Gegensatz zum blauen, kristallwasserhaltigen Kupfersulfat sind hier keine Wassermoleküle im Ionengitter vorhanden. Das eingelagerte Kristallwasser muss die Ursache für die Blaufärbung sein.

Wird kristallwasserfreies Kupfersulfat in Wasser gelöst, so erhält man eine hellblaue Lösung. Dabei bildet sich eine feste Verbindung zwischen jeweils einem Kupfer-Ion und sechs Wasser-Molekülen. Bei Zugabe von konzentrierter Ammoniak-Lösung ändert sich die Farbe der Lösung von hell- nach dunkelblau (Bild 2).

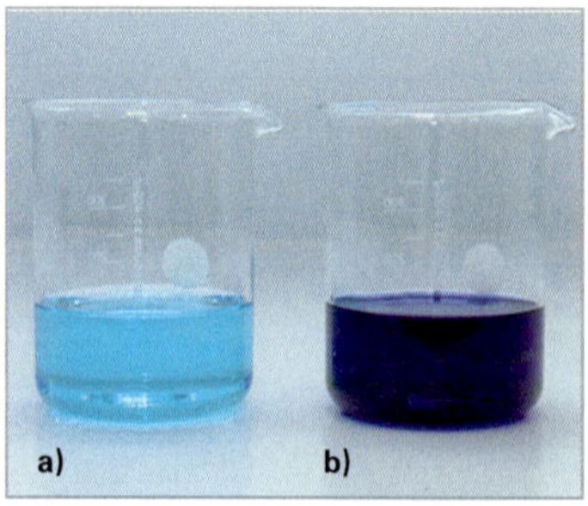

Bild 2: a) Kupfersulfat-Lösung, b) Tetraamminkupfer(II)-Lösung

Die Farbänderung bedeutet eine chemische Reaktion, bei der eine neue Verbindung entsteht. Jedes Kation ist nun in der Salzlösung fest von vier Ammoniak-Molekülen umgeben. Verdampft man das Lösemittel Wasser, wird die komplexe Verbindung Tetraamminkupfer(II)-sulfat $[Cu(NH_3)_4]SO_4$ erhalten. Das Kation $[Cu(NH_3)_4]^{2+}$ ist tiefblau.

Solche Verbindungen wie das Kation $[Cu(NH_3)_4]^{2+}$, bei denen zwischen einem **Zentralatom** (oder Zentralion) und **Liganden** chemische Bindungen bestehen, heißen **Komplexe**. Diese Komplexe werden aus einem Metall-Atom oder einem Metall-Kation mit freien Orbitalen und Dipolen oder Anionen mit freien Elektronenpaaren gebildet.

Die Bindung zwischen einem Liganden und einem Metall-Atom bzw. -Kation kommt durch Wechselwirkungen zustande, bei denen der Ligand aufgrund seines freien Elektronenpaares als Elektronendonor wirkt. Metalle, insbesondere Übergangsmetalle, besitzen unbesetzte Valenzorbitale (d-Orbitale) und können so als Elektronenpaarakzeptoren wirken. Die entstehende Bindung wird als **koordinative Bindung** bezeichnet.

In der Bindung teilen sich das Metall und der Ligand das Elektronenpaar, das sich ursprünglich nur am Liganden befand. Durch diese Bindungsbildung wird zwar meistens kein Oktett erreicht, jedoch ein für beide Bindungspartner günstigerer Energiezustand.

> Ein **Komplex** ist eine chemische Verbindung, die sich stark von den Eigenschaften der einzelnen Komponenten, aus denen sie aufgebaut ist, unterscheidet.

Komplexe Verbindungen sind oft intensiv farbig, da Wechselwirkungen zwischen dem sichtbaren Licht des elektromagnetischen Spektrums und den Elektronen in einer koordinativen Bindung relativ häufig vorkommen. Die zugehörigen Metalle sind oft farblos.

Durch Komplexbildung verändert sich auch das Redoxverhalten eines Metall-Kations. Während sich das Silber-Ion Ag^+ in wässriger Lösung leicht reduzieren lässt, ist dies im Dicyanidoargentat-Komplex $[Ag(CN)_2]^-$ deutlich erschwert.

Komplexe können neutral, anionisch oder kationisch sein. Die Ladung eines Komplexes ist gleich der Summe der Ladungen des Zentralatoms oder -ions und der Liganden. Die Berechnung der Komplexladung sowie der Oxidationszahl des zentralen Metalls zeigt **Beispiel 6.1**.

Beispiel 6.1: Berechnung der Oxidationszahl des Zentralatoms

Welche Oxidationszahl besitzt das Metall Cu im Tetraamminkupfer(II)-sulfat $[Cu(NH_3)_4]SO_4$?

Lösung:

Das Sulfat-Ion SO_4^{2-} ist das Gegenion (hier: Anion) des Komplexteilchens.

Weil die Summe der Ladungen Null sein muss, folgt, dass die Ladungszahl des Komplexteilchens +2 ist: $[Cu(NH_3)_4]^{2+}$.

Die NH_3-Liganden sind neutrale Moleküle, deshalb muss das zentrale Kupfer-Ion die Oxidationszahl +II besitzen.

Die Anzahl der direkt an das Zentralatom bzw. -ion eines Komplexes gebundenen Atome wird **Koordinationszahl** genannt. Dabei wird das Atom, das sich direkt am Zentralatom bzw. -ion befindet, als **Donoratom** bezeichnet, weil es der eigentliche Bindungselektronenlieferant ist. Stickstoff ist zum Beispiel das Donoratom im Tetraamminkupfer(II)-Komplex. Das Silber-Ion im Diamminsilber-Komplex $[Ag(NH_3)_2]^+$ besitzt die Koordinationszahl 2. Die am häufigsten auftretenden Koordinationszahlen sind 4 und 6.

Die Verbindung erfolgt in Stoffmengenverhältnissen, die unabhängig von den Ionenladungen und den chemischen Wertigkeiten sind. Die Bindungsverhältnisse werden wie bei Ionenkristallen und in Molekülen von der Größe und Struktur der Zentralatome bzw. -ionen und Liganden bestimmt.

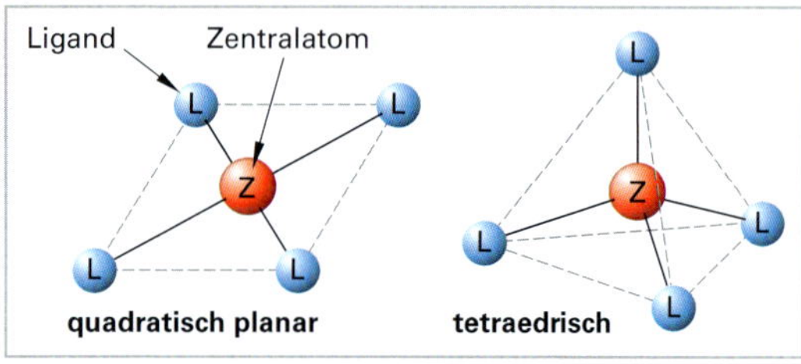

Bild 1: Komplexe mit der Koordinationszahl 4

So kann das Eisen(III)-Ion im $[FeF_6]^{3-}$-Komplex sechs Fluorid-Ionen, im $[FeCl_4]^-$-Komplex jedoch nur vier Chlorid-Ionen koordinieren. Komplexe mit der Koordinationszahl 4 können in der tetraedrischen und quadratisch-planaren Struktur auftreten (Bild 1). Fast alle Komplexe mit der Koordinationszahl 6 haben eine oktaedrische Struktur (Bild 2). Weitere Beispiele für Komplexe finden sich auf dem hinteren Umschlag dieses Buches.

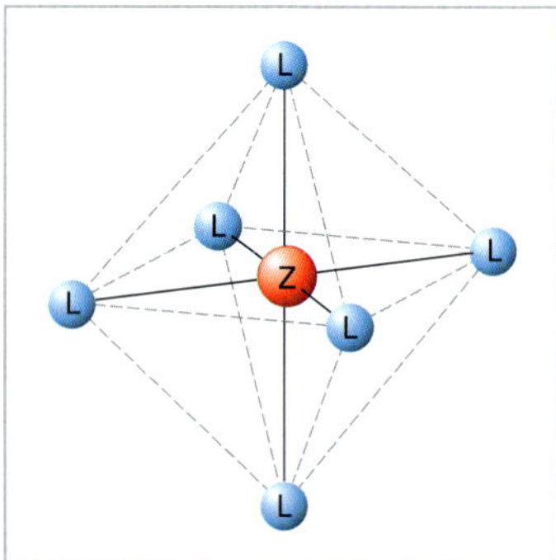

Bild 2: Oktaedrischer Komplex

Komplexe weisen **koordinative Bindungen** auf zwischen einem Atom oder Kation mit freien d-Orbitalen, dem **Zentralatom bzw. -ion**, und Dipolen oder Anionen mit freien Elektronenpaaren, den **Liganden**.

Die **Koordinationszahl** in einem Metallkomplex gibt die Anzahl der Liganden am Zentralatom/-ion an.

6.5.2 Formeldarstellung und Nomenklatur komplexer Verbindungen

Zur Benennung von Komplexsalzen wird zuerst das Kation und dann das Anion angegeben. Zwischen dem Namen des Kations und des Anions setzt man einen Bindestrich:

Tetraamminkupfer(II)-sulfat $[Cu(NH_3)_4]SO_4$

Für die **Formeldarstellung** ist zu beachten, dass

- der eigentliche Komplex in eckige Klammern gesetzt wird, wobei sich seine Gesamtladung aus der Addition der Ionenladungen ergibt,
- in den eckigen Klammern zuerst das Zentralatom/-ion, dann die anionischen und dann die neutralen Liganden geschrieben werden,
- die alphabetische Reihenfolge der Liganden anhand der entsprechenden Symbole gegeben ist.

Tabelle 1: Namen wichtiger Liganden

Ligand	Formel	Name in Komplexen
Iodid	I^-	iodido
Bromid	Br^-	bromido
Chlorid	Cl^-	chlorido
Fluorid	F^-	fluorido
Cyanid	CN^-	cyanido
Hydroxid	OH^-	hydroxido
Thiocyanat	SCN^-	thiocyanato
Wasser	H_2O	aqua
Ammoniak	NH_3	ammin
Kohlenstoffmonoxid	CO	carbonyl

Zur **Benennung der Komplexe** sind folgende Regeln gültig:

- Die Anzahl der Liganden wird durch vorangestellte griechische Zahlwörter angegeben: mono, di, tri, tetra, penta, hexa usw.
- Zuerst werden die Liganden in alphabetischer Anordnung aufgeführt. Jedem anionischen Liganden wird an den Namen des Anions ein „o“ angehängt, um seine Funktion als Ligand zu verdeutlichen. Die Namen neutraler Liganden werden nicht verändert. Ausnahmen von dieser Regel sind die Namen von H_2O, NH_3, CO und NO. Eine Zusammenstellung häufig vorkommender Liganden ist in Tabelle 1 zu finden.

- In einem Komplexanion wird das Zentralion mit seinem lateinischen Wortstamm und der Endung „*-at*" benannt (**Bild 1b**).

  Handelt es sich um einen kationischen oder neutralen Komplex (**Bild 1a** und **1c**), so ändert sich der Name des Zentralions nicht.

- Die Ladung des Zentralions entspricht der Oxidationszahl und wird durch eine in runde Klammern gesetzte römische Zifferangabe und dem Namen der Koordinationseinheit nachgestellt. Kommt ein Zentralion ausschließlich in einer einzigen Oxidationsstufe vor, so entfällt diese Angabe im Namen.

- Der vollständige Name des Komplexes wird in einem Wort geschrieben.

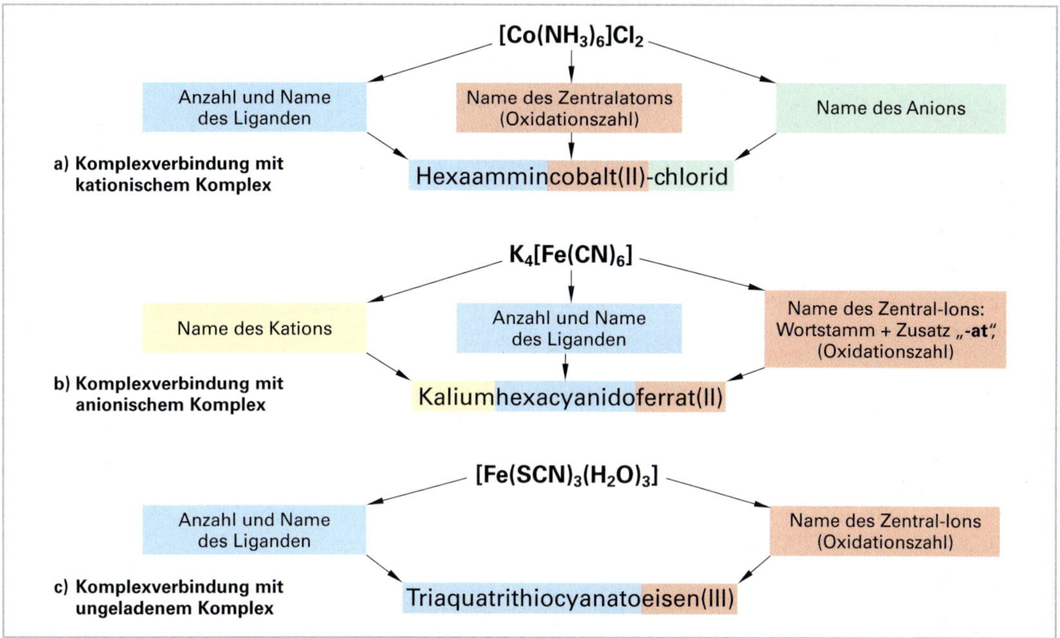

Bild 1: Benennung von Komplexverbindungen

Beispiel 6.2: Benennung von $[Al(OH)_4]^-$ und $[PtOH(NH_3)_5]^{3+}$

Lösung:

a) $[Al(OH)_4]^-$ ist ein anionischer Komplex mit dem Zentralion Aluminium. Hieraus folgt die Bezeichnung Aluminat. Die vier Hydroxid-Gruppen als Liganden werden mit Tetrahydroxido bezeichnet. Die Oxidationszahl des Aluminiums ist drei. Da Aluminium ausschließlich in dieser Oxidationsstufe vorliegt, kann die Oxidationszahl weggelassen werden.

Der Name von $[Al(OH)_4]^-$ lautet: Tetrahydroxidoaluminat.

b) $[Pt(NH_3)_5OH]^{3+}$ ist ein kationischer Komplex mit Platin als Zentralion. Fünf Ammoniak-Moleküle und ein Hydroxid-Ion bilden jeweils die Liganden dieses Komplexteilchens. Die Bezeichnung hierfür lautet in alphabetischer Reihenfolge Pentaamminmonohydroxido. Danach wird das Zentralion Platin mit seiner Oxidationszahl 4 genannt. Die Berechnung der Oxidationszahl 4 des Platins ergibt sich aus der Ladung des Komplexes (+3) und der Tatsache, dass die fünf Ammoniak-Moleküle ungeladen sowie das Hydroxid-Ion einfach negativ geladen sind.

Der Name für das Komplexteilchen $[PtOH(NH_3)_5]^{3+}$ lautet:

Pentaamminmonohydroxidoplatin(IV).

6.5.3 Chelatkomplexe

Bei den in Kapitel 6.5.1 behandelten Komplexen besitzen die Liganden nur jeweils ein Donoratom. Man nennt diese Liganden daher auch **einzähnige Liganden** oder Liganden mit einer **Koordinationsstelle**.

Einige Liganden haben dagegen zwei oder mehr Donoratome, die gleichzeitig am Zentralatom bzw. -ion koordinieren können und dabei zwei oder mehr Koordinationsstellen besetzen. Sie werden **mehrzähnige Liganden** genannt.

Komplexe mit mehrzähnigen Liganden werden als **Chelate** bezeichnet. Chelate sind stabiler als Komplexe mit vielen einzähnigen Liganden.

Die Verbindung Ethylendiamin (Abk. „*en*") ist ein zweizähniger Ligand (Bild 1). Sie verfügt über zwei Stickstoff-Atome mit jeweils einem freien Elektronenpaar als Donoratome. Diese Donoratome besitzen genügend Abstand voneinander, so dass der Ligand ein Metall-Ion umfassen kann. Hierbei bilden die beiden Stickstoff-Atome gleichzeitig an benachbarten Positionen des Metall-Ions die koordinativen Bindungen aus. Im Chelatkomplex-Ion $[Co(en)_3]^{3+}$ sind drei zweizähnige Liganden (Ethylendiamin) an sechs verschiedenen Stellen mit dem Co^{3+}-Ion koordinativ verbunden.

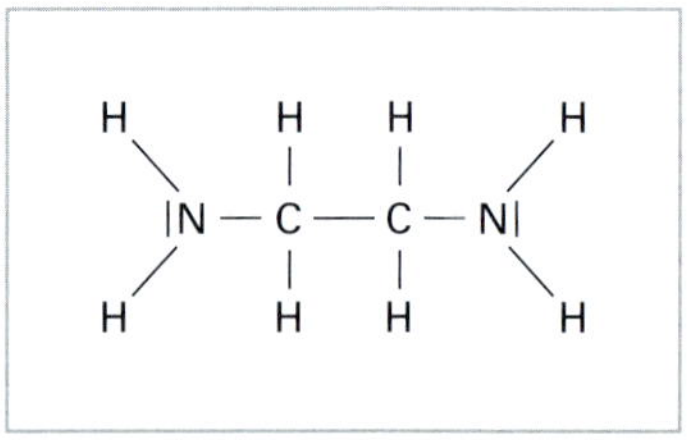

Bild 1: Ethylendiamin

Ethylendiamintetraacetat, das Anion der Ethylendiamintetraessigsäure, abgekürzt EDTA, ist sogar sechszähnig. Die sechs Donoratome sind in Bild 2 rot gekennzeichnet. Der Chelatligand kann ein Metall-Ion vollständig umgeben, wobei alle sechs Donoratome an das Metall-Ion gebunden sind.

Chelateffekte zeigen sich z. B. am Cu^{2+}-Ion, wenn dessen Lösung mit Chelatbildnern wie Ethylendiamin oder EDTA-Lösung reagiert. Wird eine Tetramminkupfer(II)-sulfat-Lösung mit Ethylendiamin (*en*) versetzt, so verschwindet die charakteristische tiefblaue Farbe.

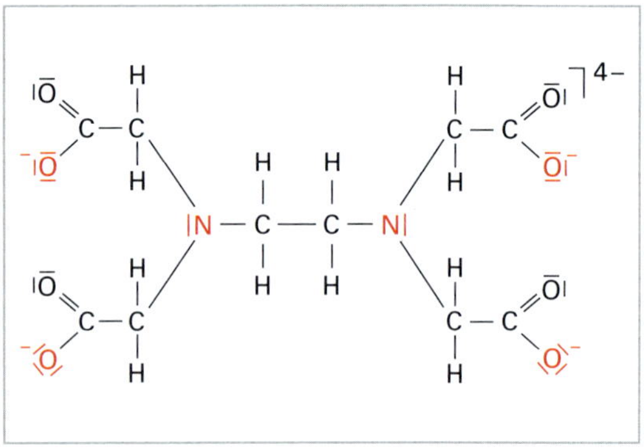

Bild 2: Ethylendiamintetraacetat-Ion

en ist ein zweizähniger Ligand, da es zwei vom Ammoniak abgeleitete NH_2-Gruppen im Molekül aufweist. Diese bilden je eine koordinative Bindung zum Kation aus. Das Cu^{2+}-Ion, das zuvor quadratisch-planar von vier NH_3-Molekülen umgeben war, trägt daher nun in der Ebene zwei je zweizähnige *en*-Moleküle anstelle der vier Ammoniak-Moleküle:

$$[Cu(NH_3)_4]^{2+} + 2\,en \rightarrow [Cu(en)_2]^{2+} + 4\,NH_3$$

Wenn die Lösung mit dem $[Cu(en)_2]^{2+}$-Komplex mit einer Ethylendiamintetraacetat-Lösung $EDTA^{4-}$ versetzt wird, so bildet sich wieder ein neuer Komplex. Der $[Cu\text{-}EDTA]^{2-}$-Komplex entsteht. Der Grund liegt darin, dass das EDTA-Molekül sechszähnig ist. Es weist insgesamt sechs freie Elektronenpaare auf, die es dem Cu^{2+}-Ion anbieten kann. EDTA verdrängt daher die beiden *en* aus dem Komplex, so dass der stabilere Kupfer-EDTA-Komplex gebildet wird:

$$[Cu(en)_2]^{2+} + EDTA^{4-} \rightarrow [CuEDTA]^{2-} + 2\,en$$

Diese Stabilitätserhöhung durch die Mehrzähnigkeit von Liganden wird als **Chelateffekt** bezeichnet. Mehrzähnige, chemisch ähnliche **Chelatbildner** heißen in der Chemie **Komplexone**. Sie werden in der Komplexometrie zum Nachweis und Quantifizieren von Metall-Kationen angewendet.

Das Dinatriumsalz der Verbindung EDTA wird zur komplexometrischen Bestimmung vieler Kationen gebraucht.

Eine in der Analytik wichtige Methode ist das Ausfällen von Kationen in Form unlöslicher Komplexe zur Konzentrationsbestimmung. Dieses Verfahren wird als **Gravimetrie** bezeichnet. Zur gravimetrischen Bestimmung der Ni^{2+}-Konzentration einer Probelösung wird z. B. eine Diacetyldioximlösung zugegeben und der himbeerrote Komplex ausgefällt (**Bild 1**). Aus der Masse des getrockneten Niederschlags und dem Volumen der Probelösung kann so die ursprüngliche Nickel-Konzentration der Probe berechnet werden. **Bild 2** zeigt, wie das Ni^{2+}-Ion von zwei zweizähnigen Diacetyldioxim-Molekülen komplexiert wird.

Bild 1: Niederschlag von Nickeldiacetyldioxim

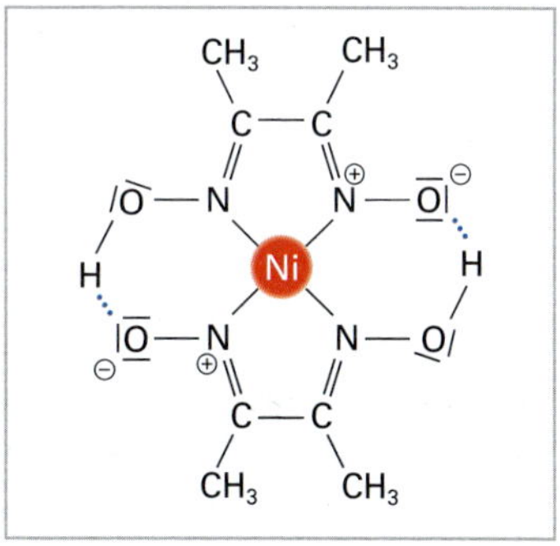
Bild 2: Nickeldiacetyldioxim

Komplexe spielen auch in der Natur eine große Rolle. Hämoglobin, der rote, den Gasaustausch regulierende Blutfarbstoff, ist z. B. ein Komplex aus Fe^{2+}-Zentralatomen und Eiweiß-Molekülen als Liganden. Das Blattgrün der Pflanzen (Chlorophyll) ist ein Komplex aus ringförmigen Stickstoff-Kohlenstoff-Verbindungen mit Mg^{2+}-Kationen aufgebaut. Auch in Waschmitteln, Ionenaustauschern, Pigmenten und Medikamenten werden Komplexe eingesetzt.

6.5.4 Ligandenaustausch

Liganden L am Zentralatom M können gegen andere mögliche Liganden X ausgetauscht werden. Der Austausch einzähniger Liganden L gegen X verläuft z. B. allgemein nach dem Schema:

$$[M(L)_n]^{\pm z} + nX \rightarrow nL + [M(X)_n]^{\pm z}$$

(vollständiger Austausch neutraler Liganden)

Dieser Vorgang ist je nach Konzentration der möglichen Liganden und je nach Stabilität des Komplexes umkehrbar. Die verschiedenen Liganden treten dabei in eine Art Konkurrenz untereinander. Der Austausch der Liganden erfolgt immer so, dass sich der stabilere Komplex bildet. Besonders stabil sind Komplexe mit mehrzähnigen Liganden. Zusätzlich werden die Bildung neuer Komplexe $[M(X)_n]^{\pm z}$ und der Zerfall vorliegender Komplexe $[M(L)_n]^{\pm z}$ auch dadurch beeinflusst, in welcher Konzentration die neu hinzukommenden Liganden X auftreten.

Ein Beispiel für einen Ligandenaustausch ist die starke Verdünnung einer Tetramminkupfer(II)-sulfat-Lösung. Hierbei geht deren tiefblaue Farbe mit zunehmender Verdünnung in die des türkisblauen Cu^{2+}-Wasser-Komplexes über (vgl. **Bild 2**, S. 214). In Abhängigkeit von der Konzentration des Ammoniaks, die mit zunehmender H_2O-Zugabe verringert wird, gibt der Tetramminkupfer(II)-komplex $[Cu(NH_3)_4]^{2+}$ nach und nach NH_3-Liganden ab, bis alle Ammoniak-Moleküle ersetzt sind:

$$[Cu(NH_3)_4]^{2+} + 4\,H_2O \rightarrow [Cu(H_2O)_4]^{2+} + 4\,NH_3$$

Komplexe sind oft farbig, reagieren unter Ligandenaustausch und zeigen Chelat-Effekte.

6

Aufgaben:

1. Zählen Sie drei allgemeine Eigenschaften ionischer Verbindungen auf.
2. Bilden Sie die Summenformeln folgender Salze:

   a) Kaliumchlorid **b)** Kaliumiodid **c)** Kaliumsulfid
   d) Kaliumsulfat **e)** Kaliumnitrid **f)** Kaliumnitrat
   g) Calciumchlorid **h)** Calciumsulfat **i)** Calciumhydroxid
   j) Magnesiumoxid **k)** Magnesiumcarbonat **l)** Calciumphosphat
   m) Ammoniumchlorid **n)** Calciumnitrat **o)** Ammoniumsulfat
   p) Kochsalz **q)** Kalk **r)** Gips

3. In der Reihe der Alkalimetalloxide Li_2O, Na_2O und K_2O nimmt die Schmelztemperatur von Lithiumoxid ($\vartheta_m(Li_2O) = 1560\ °C$) bis zu Kaliumoxid ($\vartheta_m(K_2O) = 740\ °C$) rapide ab. Die Dichte hingegen nimmt zu (von $\varrho(Li_2O) = 2{,}013\ g \cdot cm^{-3}$ bis $\varrho(K_2O) = 2{,}32\ g \cdot cm^{-3}$). Erklären Sie diese Eigenschaftsänderungen mit Hilfe des PSE und der Größe, Masse und Ladungsdichte der Ionen.
4. Zeichnen Sie die *Lewis*-Formeln (Valenzstrichschreibweise) folgender Verbindungen.

   a) N_2 **b)** CO_2 **c)** H_2S **d)** NH_3 **e)** NH_4Cl **f)** SO_2
   g) SO_3 **h)** H_2CO_3 **i)** $NaHCO_3$ **j)** HNO_3 **k)** $Ca(OH)_2$ **l)** CH_3OH

5. Geben Sie an, welche der folgenden Verbindungen polare Atombindungen aufweisen und deshalb als Lösemittel für Kaliumchlorid geeignet sind.

   a) Kohlenstofftetrachlorid CCl_4 **b)** Flusssäure HF **c)** Methanol H_3C-OH
   d) Kohlenstoffdisulfid CS_2 **e)** Bleichlorid $PbCl_2$

6. p-Orbitale weisen höhere Energieniveaus auf als s-Atomorbitale. Erläutern Sie die Lage der Energieniveaus der sp-, sp^2- und sp^3-Hybridorbitale.
7. Benennen Sie folgende Verbindungen:

   a) $MgBr_2$ **b)** Na_2CO_3 **c)** CaS **d)** $Al_2(SO_4)_3$ **e)** KNO_3 **f)** NH_4Cl
   g) NH_3 **h)** H_2CO_3 **i)** KOH **k)** H_2SO_4 **l)** HNO_3 **m)** Na_3PO_4

8. Nennen Sie vier Stoffeigenschaften von Metallen und erklären Sie diese mit Hilfe des Modells für die metallische Bindung.
9. Erklären Sie den Unterschied zwischen den drei Bindungsarten

   a) ionische Bindung, **b)** kovalente Bindung und **c)** metallische Bindung.

   Geben Sie für jeden Bindungstyp ein Beispiel an.
10. Geben Sie an, welche Art von Bindungen und ggf. Hybridisierungszustände in folgenden Teilchen vorliegen. Unterscheiden Sie hierbei auch unpolare von polaren Atombindungen, ionische von metallischen Bindungen sowie ggf. σ- von π-Bindungen.

    a) H_2 **b)** HBr **c)** Cl_2 **d)** NaBr **e)** CaF_2 **f)** CaH_2 **g)** NH_3 **h)** N_2
    i) O_2 **j)** BN **k)** CH_4 **l)** $CuCl_2$ **m)** $[CuCl_4]^{2-}$ **n)** $CuZn_3$ **o)** C_2H_2

11. Eine Laborantin verreibt Kupfer und Magnesium im Mörser und gibt das Stoffgemisch in ein Reagenzglas mit verdünnter Schwefelsäure. Sie beobachtet, dass sich unten ein rotbraunes Pulver absetzt, während oben in der Flüssigkeit graues Pulver unter Gas- und Schlierenbildung reagiert.

    a) Benennen Sie die Produkte dieser Reaktion.

    b) Bilden Sie die chemischen Formeln der Ausgangs- und Endstoffe.

    c) Erläutern Sie die hier ablaufenden Vorgänge.

    Beachten Sie hierbei, dass Magnesium in der 2. Hauptgruppe des PSE steht und dass Kupfer (Elektronenkonfiguration [Ar] $3d^{10}\ 4s^1$) eine wesentlich höhere Ionisierungsenergie aufweist.

Aufgaben:

12. Geben Sie jeweils ein Beispiel für die verschiedenen Arten zwischenmolekularer Bindungen an und ordnen Sie diese nach ihrer Stärke.

13. Erklären Sie den Unterschied zwischen „intermolekular" und „intramolekular"

14. Zeigen Sie mit Hilfe der Vektordarstellung, wo sich die Ladungsschwerpunkte innerhalb des Wassermoleküls befinden.

15. Geben Sie an, welche besonderen Eigenschaften Wasser aufgrund seines Aufbaus besitzt.

16. Vergleichen Sie die Dipol-Eigenschaften des Wassers H_2O mit denen des Schwefelwasserstoffs H_2S.

17. Geben Sie für die folgenden Komplexe die Koordinationszahl und die Oxidationszahl des Zentralatoms an:

a) $Na_2[CdCl_4]$ **b)** $[Co(NH_3)_4Cl_2]Cl$ **c)** $[Zn(en)_2]Br_2$
d) $[Ni(CN)_5]^{3-}$ **e)** $K_3[Fe(CN)_6]$ **f)** $[Pt(NH_3)_2Cl_4]$

18. Die Zentralatome der Chromat- und Permanganat-Anionen CrO_4^{2-} und MnO_4^- sind sd^3-hybridisiert. Die Ionen sind ebenso tetraedrisch gebaut wie Methan-Moleküle CH_4 und $[Al(OH)_4]^-$-Komplexe. Sie weisen Bindungswinkel von 109,47° auf. Die Elektronenpaare und Bindungen um die Zentralatome im BF_3-Molekül, im Nitration NO_3^- sowie der Kohlenstoff-Atome im Ethen-Molekül $H_2C{=}CH_2$ und im Benzol-Molekül C_6H_6 sind hingegen trigonal-planar angeordnet (Bindungswinkel 120°, ebene Dreiecke).

a) Geben Sie für die Teilchen CrO_4^{2-}, MnO^{4-}, CH_4, $[Al(OH)_4]^-$, BF_3, NO_3^-, C_2H_4 und C_6H_6 die jeweilige Koordinationszahl und die zu erwartenden Bindungswinkel an.

b) Erklären Sie diese Bindungsverhältnisse und Koordinationszahlen mit Hilfe des VSEPR-Modells (Elektronenpaarabstoßungs-Modell, EPA) und der jeweiligen Hybridisierung.

19. a) Geben Sie Beispiele für einzähnige und mehrzähnige Liganden an.

b) Geben Sie an und erklären Sie, wie viele zweizähnige Liganden benötigt werden, um die Koordination eines Komplexes mit der Koordinationszahl sechs zu erfüllen.

20. Bestimmen Sie in den folgenden Beispielen den mehrzähnigen Liganden und geben Sie an, wie viele Koordinationsstellen dieser jeweils besetzt.

a) $[Cr(EDTA)(H_2O)]^-$ **b)** $[Co(NH_3)_4(o\text{-}phen)]Cl_3$ **c)** $[Zn(en)_2](ClO_4)_2$

21. Bestimmen Sie die Formeln der folgenden Komplex-Verbindungen.

a) Hexaamminchrom(III)-nitrat **b)** Tetraammindithiocyanatocobalt(III)-sulfat
c) Kaliumdiaquatetrabromidovanadat(III)

22. Geben Sie die Namen der folgenden Verbindungen an.

a) $K_4[Mn(CN)_6]$ **b)** $K_2[TiCl_6]$ **c)** $[Pt(NH_3)_5Cl]Cl_3$ **d)** $Na_3[CoF_6]$ **e)** $[Cr(NH_3)_5Br_2]Cl$

23. Erläutern Sie kurz drei wichtige Anwendungen von Komplexen im Labor.

24. Erklären Sie die folgenden Begriffe.

a) Atomorbital **b)** Molekülorbital **c)** 3p-Orbital
d) Hybridorbital **e)** sp^2-Hybridisierung **f)** Ladungszahl
g) Ionenladung **h)** Elektronegativität (EN) **i)** Komplex
j) Ligand **k)** Koordinationszahl

6

Aufgaben:

25. In welcher der folgenden Auswahlantworten sind die Lösemittel in Reihenfolge steigenden Lösevermögens für Magnesiumchlorid $MgCl_2$ in steigender Polarität von links nach rechts angeordnet?

a	Pentan (C_5H_{12}), Methanol (CH_3OH), Trichlormethan ($CHCl_3$), Wasser (H_2O)
b	Methanol, Wasser, Pentan, Trichlormethan
c	Pentan, Trichlormethan, Methanol, Wasser
d	Wasser, Methanol, Pentan, Trichlormethan
e	Trichlormethan, Pentan, Wasser, Methanol

26. Welcher der im Folgenden genannten Stoffe enthält Moleküle mit stark polarisierten Atombindungen?

1	Cl_2	3	H_2
2	NaCl	4	HCl

27. Welcher der im Folgenden genannten Stoffe weist Moleküle mit polarer Atombindung auf?

1	Chlorgas	3	Natriumchlorid (Kochsalz)
2	Wasserstoffgas	4	Hydrogenchlorid

28. Welche Aussage über die Ionenladungszahl ist falsch?

1	Die Ladungszahl entspricht immer der Hauptgruppenzahl des Elements.
2	Die negative Ladungszahl kommt durch Reduktion eines Atoms zustande.
3	Die Ionenladungszahl gibt Hinweis auf die zur Abscheidung von einem Mol des Ions erforderliche Elektrizitätsmenge.
4	Die positive Ladungszahl +2 bedeutet, dass das Atom zwei zusätzliche Elektronen aufgenommen hat.

29. Welche der folgenden Aussagen über Kristallgitter ist falsch?

1	Molekülgitter entstehen oft erst bei sehr tiefen Temperaturen.
2	Ionengitter entstehen aufgrund *Coulomb*scher Anziehungskräfte.
3	Für eine Gitterbildung muss von außen Gitterenergie zugeführt werden.
4	In Molekülgittern wirken *van-der-Waals*sche Anziehungskräfte.

30. Welche Aussage zur metallischen Bindung ist falsch?

1	Die Atomrümpfe der Metallatome bilden die Gitterpunkte der Metallgitter.
2	Die metallische Bindung kommt durch Anziehungskräfte zwischen Atomrümpfen und frei beweglichen Elektronen zustande.
3	Die Beweglichkeit der Elektronen behindert die elektrische Leitfähigkeit der Metalle.
4	Alle Metalle und viele Legierungen bilden Metallgitter, Metallsalze bilden Ionengitter.

31. Bei welchem der folgenden Stoffe passt der Name der Verbindung nicht zur Summenformel?

1	Kupfer(II)-oxid Cu_2O	3	Kupfer(II)-oxid CuO
2	Kupfer(I)-oxid Cu_2O	4	Kupfer(II)-hydroxid $Cu(OH)_2$

32. Welches Zentralatom hat die Ionenladung +II?

1	$[Fe(CN)_6]^{4-}$	3	$[Bi(I)_4]^-$
2	$[Fe(CN)_6]^{3-}$	4	$[Ag(NH_3)_2]^+$

33. Wie bezeichnet man den Stoff mit der Formel $Fe_2(SO_4)_3$?

1	Eisen(II)-sulfat	3	Eisen(III)-sulfat
2	Eisen(II)-sulfid	4	Dieisentrisulfat

7 Chemische Reaktionen

Gasförmiger Wasserstoff und gasförmiger Sauerstoff bestehen aus zweiatomigen Molekülen. In einer chemischen Formel drückt man dies mit den Symbolen H_2 für den Wasserstoff und O_2 für den Sauerstoff aus. Beide Stoffe lassen sich gefahrlos zu einem gasförmigen Gemisch zusammenbringen. Erst wenn dieses Gemisch zündet, erfolgt eine heftige Explosion, die **Knallgasreaktion**. Anschließend kann nachgewiesen werden, dass hierbei Wasser H_2O entstanden ist. Wasserstoff H_2 und Sauerstoff O_2 haben zu einer neuen Verbindung, dem Wasser, reagiert. Bei dieser **chemischen Reaktion** ist Energie in Form von Licht und Wärme freigeworden. **Bild 1** zeigt, wie sich die Anordnung der Teilchen durch die Reaktion von Wasserstoff und Sauerstoff geändert hat.

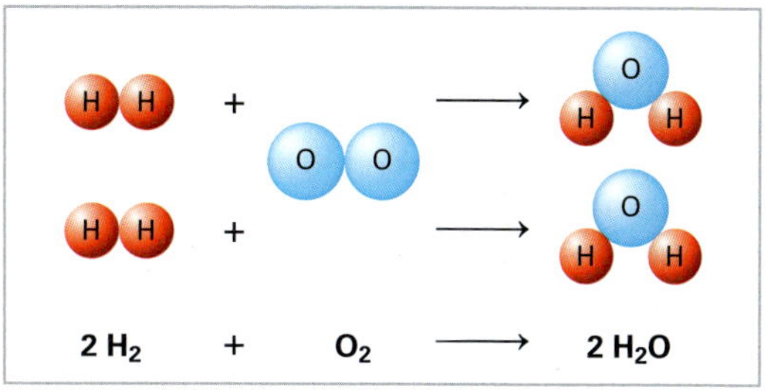

Bild 1: Reaktion von Wasserstoff und Sauerstoff

7.1 Reaktionsgleichungen

Die Umsetzung von Wasserstoff H_2 mit Sauerstoff O_2 zu Wasser H_2O ist ein Beispiel für eine **chemische Reaktion**. Der Ablauf einer chemischen Reaktion wird durch eine **chemische Reaktionsgleichung** wiedergegeben. Dazu verwendet man die Elementsymbole und Summenformeln der beteiligten Stoffe. Die Stoffe, die miteinander in Reaktion treten, heißen **Edukte** oder **Reaktanden**. Die Stoffe, die bei der chemischen Reaktion entstehen, heißen **Produkte**. Die chemische Reaktion von **Bild 1** lässt sich mit der **Gleichung 7.1** darstellen:

$$2\,H_2 + O_2 \rightarrow 2\,H_2O \qquad \text{Gl. 7.1}$$

Die Edukte Wasserstoff H_2 und Sauerstoff O_2 stehen auf der linken Seite der Gleichung, das Produkt Wasser H_2O auf der rechten Seite der Gleichung. Dazwischen steht ein Reaktionspfeil. Dieser hat die Bedeutung „reagiert zu" oder „ergibt". Die Gleichung bedeutet also: Zwei Moleküle Wasserstoff H_2 reagieren mit einem Molekül Sauerstoff O_2 zu zwei Molekülen Wasser H_2O.

Tabelle 1: Daten zur Knallgasreaktion

Reaktionsgleichung	$2\,H_2$	+	O_2	→	$2\,H_2O$
Molekül-Anzahl	2		1		2
Mol-Anzahl	2		1		2

Die Zahlen vor den einzelnen Formeln werden **stöchiometrische Koeffizienten** genannt. Sie geben die Zahl der beteiligten Moleküle bzw. Atome an. Gleichzeitig sagt die Gleichung etwas über die Stoffmengen n in mol aus, die bei der Reaktion umgesetzt werden. Im Fall der **Gleichung 7.1** ergibt sich die Aussage: 2 mol Wasserstoff H_2 reagieren mit 1 mol Sauerstoff O_2 zu 2 mol Wasser H_2O.

Bei einer **Reaktionsgleichung** stehen links vom Reaktionspfeil die **Edukte** (Reaktanden). Rechts vom Reaktionspfeil stehen die **Produkte**. Die ganzen Zahlen vor den einzelnen Formeln heißen **stöchiometrische Koeffizienten**.

Die Reaktionsgleichung gibt an, welche Stoffe in welchen Verhältnissen miteinander reagieren. Sie zeigt die **Stöchiometrie** (griech. *stoichea*: Grundstoff; *metron*: messen) der Reaktion (s. Kap. 8, S. 236). In **Tabelle 1** sind die Informationen dargestellt, die die **Reaktionsgleichung 7.1** enthält. Neben der Anzahl der Moleküle und der Stoffmenge erhält man durch Multiplikation mit der molaren Masse den **Massenumsatz** der Reaktion und schließlich bei Gasen auch das **Volumen** unter Normbedingungen.

7.1.1 Bedeutung von Reaktionsgleichungen

Am Beispiel der Ammoniak-Synthese (**Gleichung 7.2**) lässt sich zeigen, welche Vielzahl von Informationen man kompakt in einer Reaktionsgleichung darstellen kann:

$$3\,H_2(g) + N_2(g) \underset{450\,°C,\ 30\,MPa}{\overset{Fe\text{-}Katalysator}{\rightleftharpoons}} 2\,NH_3(g) \quad | \quad \Delta_r H^0 = -92\ kJ \qquad \textbf{Gl. 7.2}$$

Der doppelte Reaktionspfeil (Gleichgewichtspfeil) sagt aus, dass es sich hierbei um eine Gleichgewichtsreaktion handelt. Dies bedeutet, dass die Reaktion umkehrbar ist und dass Ammoniak $NH_3(g)$ wieder zu Wasserstoff H_2 und Stickstoff N_2 zerfallen kann. Durch diese Hin- und Rück-Reaktion stellt sich zwischen den Edukten und Produkten ein **dynamisches Gleichgewicht** ein; Edukte und Produkte liegen miteinander im Gleichgewicht vor. Angaben zu den **Reaktionsbedingungen** stehen über und unter dem Reaktionspfeil. In **Gleichung 7.2** ist die Information enthalten, dass die Reaktion bei 450 °C und einem Druck von 30 MPa abläuft. Bei der Reaktion wird ein Eisen-Katalysator (Fe-Katalysator) eingesetzt. Hinter den chemischen Symbolen oder Formeln der Reaktionspartner kann der Aggregatzustand der Stoffe angegeben werden. Die hierbei gebräuchlichen Abkürzungen sind in **Tabelle 1** angegeben. Der Zusatz **(g)** bedeutet, dass der Reaktionspartner im gasförmigen Zustand vorliegt. Nach **Gleichung 7.2** reagieren 3 Mol Wasserstoff-Gas H_2 mit 1 Mol Stickstoff-Gas N_2 zu 2 Mol Ammoniak-Gas NH_3. Bei der Reaktion zur Synthese von Ammoniak nach **Gleichung 7.2** handelt es sich um eine exotherme Reaktion, da bei der Bildung von 2 Mol Ammoniak eine Energie von 92 kJ frei wird.

Tabelle 1: Bezeichnungen für Aggregatzustände

Aggregatzustand	Englische Bezeichnungen	Symbole
fest	solid	(s)
flüssig	liquid	(l)
gasförmig	gaseous	(g)
in wässriger Lösung	aqueous	(aq)

Wenn bei einer chemischen Reaktion ein Feststoff entsteht, kann dieser mit einem nach unten gerichteten Pfeil (↓) gekennzeichnet werden. Entsteht bei der Reaktion ein gasförmiger Stoff, so kann dieser mit einem nach oben gerichteten Pfeil (↑) markiert werden (**Tabelle 2**).

Wie in **Gleichung 7.2** gezeigt, kann durch die Verwendung des **Gleichgewichtspfeiles** (zwei Pfeile mit Halbspitzen ⇌) zum Ausdruck gebracht werden, dass eine chemische Reaktion zu einem Gleichgewicht führt.

Tabelle 2: Bedeutung von Reaktionsgleichungen

	Reaktionsgleichung	Erklärung
a	$2\,SO_2(g) + O_2(g) \underset{450\,°C,\ 20\,MPa}{\overset{Pt}{\rightleftharpoons}} 2\,SO_3(g) \mid \Delta_r H^0 = -198\ kJ$	Platinkatalysierte Gleichgewichtsreaktion, die bei einer Temperatur von 450 °C und einem Druck von 20 MPa abläuft. Es handelt sich um eine exotherme Reaktion. Pro Mol gebildetem Schwefeltrioxid wird eine Wärmeenergie von 99 kJ freigesetzt.
b	$HBr + H_2O \rightleftharpoons H_3O^+ + Br^-$	Das Gleichgewicht der Reaktion liegt auf der Seite der Produkte.
c	$NH_3 + H_2O \rightleftharpoons NH_4^+ + OH^-$	Das Gleichgewicht der Reaktion liegt auf der Seite der Edukte.
d	$BaCl_2 + K_2SO_4 \rightarrow 2\,KCl + BaSO_4\downarrow$	Bei dieser Reaktion fällt Bariumsulfat als Feststoff aus.
e	$Zn + 2\,HCl \rightarrow ZnCl_2 + H_2\uparrow$	Bei dieser Reaktion wird gasförmiger Wasserstoff frei.
f	$4\,P + 5\,O_2 \rightarrow P_4O_{10}$ exotherm	Die Verbrennung von Phosphor verläuft unter Wärmeabgabe.
g	$2\,HgO \rightarrow 2\,Hg + O_2$ endotherm	Die Zerlegung von Quecksilber(II)-oxid in die Elemente benötigt die Zufuhr von Wärmeenergie.

Soll bei einer Gleichgewichtsreaktion zusätzlich deutlich gemacht werden, dass sich das Gleichgewicht der Reaktion überwiegend auf einer Seite befindet, lässt sich dies durch unterschiedlich lange Reaktionspfeile ausdrücken (**Tabelle 2b** und **c**, S. 224). Für Gleichgewichtspfeile darf in keinem Fall das Symbol für Mesomerie ($\longleftrightarrow$) (s. Kap. 6.2.3, S. 175) verwendet werden. Wenn man aufzeigen will, dass eine chemische Reaktion nicht abläuft, kann ein **durchgestrichener Reaktionspfeil** ($\not\longrightarrow$) eingesetzt werden. In **Tabelle 1**, S. 224 ist die unterschiedliche Verwendung von Reaktionspfeilen an einigen Beispielen dargestellt.

Angaben von **molaren Reaktionsenthalpien** $\Delta_r H^0$ werden nicht in die Reaktionsgleichung aufgenommen, sondern von der Gleichung durch einen Zwischenraum abgesetzt oder nach einem Trennzeichen, z. B. einem senkrechten Strich, angefügt.

Möchte man nur qualitativ angeben, ob bei der Reaktion Wärmeenergie freigesetzt bzw. verbraucht wird, so wird bei der Reaktionsgleichung der Ausdruck **exotherm** bzw. **endotherm** angegeben.

Läuft eine chemische Reaktion in wässriger Lösung ab, liegen die beteiligten Stoffe oft in Ionen-Form vor. Die entsprechende Schreibweise ist in **Bild 1** wiedergegeben.

$$NaHCO_3 \xrightarrow{H_2O} Na^+ + HCO_3^-$$

$$BaCl_2 \xrightarrow{H_2O} Ba^{2+} + 2\,Cl^-$$

$$Ba^{2+} + 2\,Cl^- + 2\,K^+ + SO_4^{2-} \longrightarrow BaSO_4\downarrow + 2\,K^+ + 2\,Cl^-$$

$$HClO_4 + H_2O \longrightarrow H_3O^+ + ClO_4^-$$

Bild 1: Ionenschreibweise von Reaktionsgleichungen

$NaHCO_3$ bedeutet: eine Formeleinheit Natriumhydrogencarbonat bestehend aus einem Natrium-Kation Na^+ und einem Hydrogencarbonat-Anion HCO_3^-

$BaCl_2$ bedeutet: eine Formeleinheit Bariumchlorid bestehend aus einem Barium-Kation Ba^{2+} und zwei Chlorid-Anionen Cl^-

Entsprechend lässt sich die Reaktion **d)** in **Tabelle 2**, S. 224, in Ionenschreibweise notieren (**Bild 1**).

7.1.2 Reaktionsschema

Werden bei der Beschreibung einer chemischen Reaktion die genauen Mengenverhältnisse nur teilweise oder gar nicht angegeben, nennt man die Darstellung **Reaktionsschema.** Mit einem Reaktionsschema lässt sich ein wichtiger Teil eines Reaktionsablaufs besonders hervorheben. Hierbei kann man die entsprechenden chemischen Symbole verwenden oder den Sachverhalt in Worten ausdrücken. **Bild 2** zeigt einige Beispiele für Reaktionsschemata. In **a)** ist die Reaktion von Wasserstoff H_2 und Sauerstoff O_2 in Worten beschrieben. Für die gleiche Reaktion wird bei **b)** der Reaktionsweg von H_2 hervorgehoben. Schema **c)** zeigt die Reaktion von Methanol zu Methanal (Formaldehyd). Bei **d)** wird ein Teil der Synthese von Schwefelsäure als Reaktionsschema dargestellt.

a) Wasserstoff + Sauerstoff $\longrightarrow$ Wasser

b) $H_2 \xrightarrow{O_2} H_2O$

c) $CH_3OH \xrightarrow{CuO} HCHO$

d) $SO_2 \xrightarrow[\text{Katalysator}]{O_2} SO_3 \xrightarrow{+\,H_2O} H_2SO_4$

Bild 2: Beispiele für Reaktionsschemata

Ein **Reaktionsschema** hebt einen wichtigen Teil einer chemischen Reaktion hervor. Die genauen Mengenverhältnisse werden dabei nicht oder nur teilweise angegeben. Bei einem Reaktionsschema werden für die beteiligten Stoffe keine stöchiometrischen Koeffizienten angegeben.

7.2 Aufstellen einer Reaktionsgleichung

Bei der Aufstellung einer Reaktionsgleichung müssen die folgenden Regeln beachtet werden:

Prinzip der Erhaltung der Atomart: Die auf der linken Seite einer Reaktionsgleichung aufgeführten Atome müssen auch auf der rechten Seite erscheinen. Mit anderen Worten: Es darf kein Atom im Verlauf der Reaktion verschwinden, und es darf auch kein Atom aus dem Nichts auftauchen (**Tabelle 1, Zeile a**).

Prinzip der Erhaltung der Masse: Die Anzahl der Atome der einzelnen an der Reaktion beteiligten Stoffe muss auf der linken und der rechten Seite der Reaktionsgleichung gleich sein (**Tabelle 1, Zeile b**).

Prinzip der Erhaltung der Ladung: Bei geladenen Teilchen müssen die Summen der Ladungen auf beiden Seiten der Reaktionsgleichung übereinstimmen (**Tabelle 1, Zeile c**).

Prinzip der Erhaltung der Redoxäquivalente: Die Anzahl der aufgenommenen und abgegebenen Elektronen bei einer Redoxreaktion (s. Kap. 7.3, S. 228) muss gleich sein (**Tabelle 1, Zeile d**).

In Reaktionsgleichungen werden vorzugsweise die kleinstmöglichen ganzzahligen Beträge der stöchiometrischen Zahlen verwendet. Eine so formulierte Reaktionsgleichung wird auch **Kardinalgleichung** genannt (**Tabelle 1, Zeile e**).

Tabelle 1: Regeln für Reaktionsgleichungen

	Reaktionsgleichung	Erklärung	
a	$Cu + S \rightarrow CuS$	Die Elemente Kupfer und Schwefel tauchen auf beiden Seiten der Reaktionsgleichung auf.	
b	$CH_4 + 2\,O_2 \rightarrow CO_2 + 2\,H_2O$	Stoffbilanz links: 1 C, 4 H, 4 O	Stoffbilanz rechts: 1 C, 4 H, 4 O
c	$PO_4^{3-} + H_2O \rightleftharpoons HPO_4^{2-} + OH^-$	Ladungsbilanz links: drei negative Ladungen	Ladungsbilanz rechts: drei negative Ladungen.
d	$Cu^{2+} + Zn \rightarrow Cu + Zn^{2+}$	Das Kupfer-Ion nimmt zwei Elektronen auf. Das Zink-Atom gibt zwei Elektronen ab.	
e	$C_4H_{10} + \frac{13}{2}\,O_2 \rightarrow 4\,CO_2 + 5\,H_2O$ $2\,C_4H_{10} + 13\,O_2 \rightarrow 8\,CO_2 + 10\,H_2O$	Reaktionsgleichung für die Verbrennung von Butan mit Sauerstoff. Durch Multiplikation der Gleichung mit 2 erhält man eine Kardinalgleichung, in der die kleinstmöglichen Koeffizienten in ganzen Zahlen stehen.	

7

Das Aufstellen einer Reaktionsgleichung erfolgt in mehreren Schritten (s. **Beispiel 7.1**):

1. Zunächst wird eine Reaktionsgleichung ohne die **stöchiometrischen Koeffizienten** aufgestellt. In diesem Schritt wird nur auf die richtigen Elementsymbole und Summenformeln für Edukte und Produkte geachtet.

2. Durch Ermitteln und Einfügen der stöchiometrischen Koeffizienten wird die Reaktionsgleichung nun rechnerisch ausgeglichen (bilanziert). Beim Bilanzieren ist es zweckmäßig, mit dem Element zu beginnen, das auf jeder Seite der Reaktionsgleichung nur einmal bzw. in der geringsten Anzahl vorkommt. Dieses Element kann dann als **Leitelement** dienen. Ausgehend von diesem Leitelement werden die anderen Elemente bzw. Moleküle bilanziert.

3. Zur Probe wird die Anzahl der vorhandenen Atomsorten auf der linken und der rechten Seite der Reaktionsgleichung verglichen. Die Anzahl der Atome der einzelnen an der Reaktion beteiligten Stoffe muss nun auf der linken und der rechten Seite der Gleichung gleich sein, ansonsten muss die Bilanzierung wiederholt werden.

4. Falls bei der so erstellten Reaktionsgleichung noch Brüche bei den stöchiometrischen Koeffizienten vorhanden sind, werden diese im letzten Schritt durch entsprechende Multiplikation der gesamten Gleichung in ganze Zahlen umgerechnet.

Beispiel 7.1: Formulieren Sie die Reaktionsgleichung für die vollständige Verbrennung von Butan

Lösung:

1. Schritt: Butan C_4H_{10} verbrennt mit Sauerstoff O_2 zu Kohlenstoffdioxid CO_2 und Wasser H_2O. Die noch nicht ausgeglichene Reaktionsgleichung lautet:

$$C_4H_{10} + O_2 \rightarrow CO_2 + H_2O$$

2. Schritt: Leitelement für die Bilanzierung ist der Kohlenstoff C. Aus einem Molekül C_4H_{10} entstehen vier Moleküle CO_2. Damit muss bei CO_2 der stöchiometrische Koeffizient 4 stehen.

$$C_4H_{10} + O_2 \rightarrow 4\,CO_2 + H_2O$$

In einem Molekül Butan C_4H_{10} sind 10 Atome Wasserstoff vorhanden. Diese finden sich auf der rechten Seite in Form von Wasser H_2O wieder. Aus 10 Atomen Wasserstoff lassen sich 5 Moleküle Wasser bilden. Der stöchiometrische Koeffizient bei Wasser muss deshalb 5 sein.

$$C_4H_{10} + O_2 \rightarrow 4\,CO_2 + 5\,H_2O$$

Für die Bildung der Produkte werden insgesamt $4 \cdot 2 + 5 \cdot 1 = 8 + 5 = 13$ Atome Sauerstoff benötigt. Da Sauerstoff als zweiatomiges Molekül O_2 vorliegt, braucht man von diesen Molekülen auf der linken Seite die Hälfte, also $^{13}/_2$ Moleküle O_2

Damit lautet die ausgeglichene Reaktionsgleichung:

$$C_4H_{10} + \tfrac{13}{2}\,O_2 \rightarrow 4\,CO_2 + 5\,H_2O$$

3. Schritt: Probe: Stoffbilanz links: $4 \cdot C$, $13 \cdot O$, $10 \cdot H$ Stoffbilanz rechts: $4 \cdot C$, $13 \cdot O$, $10 \cdot H$
Die Gleichung ist damit vollständig ausgeglichen.

4. Schritt: Jetzt ist nur noch die Forderung zu erfüllen, dass eine chemischen Reaktionsgleichung nur ganzzahlige Koeffizienten enthalten soll. Deshalb wird die gesamte Gleichung mit dem Faktor 2 multipliziert. Man erhält als Endergebnis:

$$2\,C_4H_{10} + 13\,O_2 \rightarrow 8\,CO_2 + 10\,H_2O$$

Dieses Konzept zur Aufstellung von Reaktionsgleichungen ist auch für andere Reaktionen hilfreich, beispielsweise für Säure-Base-Reaktionen, Komplex-Reaktionen und Fällungsreaktionen.

Säure-Base-Reaktionen

Säure-Base-Reaktionen sind Reaktionen, bei denen Protonen (H^+-Ionen) übertragen werden. Ein Beispiel für eine solche Reaktion ist die Reaktion von Salzsäure HCl (aq) mit Natronlauge NaOH (aq):

$$\mathbf{HCl\,(aq) + NaOH\,(aq) \rightarrow NaCl\,(aq) + H_2O\,(l)} \qquad \text{Gl. 7.3}$$

Komplex-Reaktionen

Der Reaktionstyp der Komplex-Reaktionen umfasst die Bildung und den Zerfall von Komplexen sowie den Austausch von Liganden (s. Kap. 6.5.4, S. 219). So löst sich das ansonsten in wässriger Lösung schwer lösliche Silberchlorid AgCl bei Zugabe eines Überschusses an Ammoniak NH_3 (aq) unter Bildung des Diamminsilber-Komplexes $[Ag(NH_3)_2]^-$:

$$\mathbf{AgCl + 2\,NH_3\,(aq) \rightarrow [Ag(NH_3)_2]Cl\,(aq)} \qquad \text{Gl. 7.4}$$

Fällungsreaktionen

Bei einer Fällungsreaktion, die in wässriger Lösung abläuft, handelt es sich um die Reaktion von Ionen miteinander, wobei ein Feststoff entsteht. Eine typische Fällungsreaktion ist z. B. die Reaktion von Sulfat SO_4^{2-} mit Barium-Ionen Ba^{2+} unter Bildung von schwer löslichem Bariumsulfat $BaSO_4$ (Nachweisreaktion für Sulfat):

$$Ba^{2+} + 2\,Cl^- + 2\,Na^+ + SO_4^{2-} \rightarrow BaSO_4\downarrow + 2\,Na^+ + 2\,Cl^- \qquad \text{Gl. 7.5}$$

7.3 Redox-Reaktion – Reduktion und Oxidation

7.3.1 Historischer Begriff der Reduktion und Oxidation

Wenn Kohlenstoff C an der Luft verbrennt, bildet sich nach Gleichung 7.6 Kohlenstoffmonoxid CO. Bei einem Überschuss an Sauerstoff O_2 (vollständige Verbrennung) bildet sich nach Gleichung 7.7 Kohlenstoffdioxid CO_2:

$$2\,C + O_2 \rightarrow 2\,CO \qquad \text{Gl. 7.6}$$

$$C + O_2 \rightarrow CO_2 \qquad \text{Gl. 7.7}$$

Glühendes Eisen verbrennt in Sauerstoff zu Eisenoxid. Bei Raumtemperatur reagiert Eisen langsam mit Sauerstoff („Eisen rostet"):

$$4\,Fe + 3\,O_2 \rightarrow 2\,Fe_2O_3 \qquad \text{Gl. 7.8}$$

Wie Eisen bilden alle Metalle mit Sauerstoff **Oxide**. Bei diesen Verbindungen handelt es sich um Salze (s. Kap. 6.1, S. 164). Einen Vorgang, bei dem sich ein Stoff mit Sauerstoff verbindet, nennt man daher schon seit langer Zeit **Oxidation**.

Als **Reduktion** wurde früher nur die Gewinnung von Metallen aus den Oxiden bezeichnet. So lässt sich beispielsweise aus dem Salz Quecksilber(II)-oxid HgO durch Erhitzen das Metall Quecksilber Hg gewinnen:

$$2\,HgO \rightarrow 2\,Hg + O_2 \qquad \text{Gl. 7.9}$$

Später wurde erkannt, dass die Reaktion von Metallen auch mit anderen Nichtmetallen als Sauerstoff zur Bildung von Salzen führt. So brennt Eisen Fe in Fluor F_2 (Gleichung 7.10). Eisen reagiert bei höherer Temperatur auch leicht mit Chlor Cl_2 oder Schwefel S (Gleichungen 7.11 und 7.12):

$$2\,Fe + 3\,F_2 \rightarrow 2\,FeF_3 \qquad \text{Gl. 7.10}$$

$$2\,Fe + 3\,Cl_2 \rightarrow 2\,FeCl_3 \qquad \text{Gl. 7.11}$$

$$Fe + S \rightarrow FeS \qquad \text{Gl. 7.12}$$

Die Reaktionen nach den **Gleichungen 7.8** und **7.10** bis **7.12** haben eine Gemeinsamkeit: Das Metall gibt immer Elektronen ab, das Nichtmetall nimmt Elektronen auf. Es bildet sich das entsprechende Salz.

7.3.2 Moderner Begriff der Reduktion und Oxidation

Aufgrund dieser Erkenntnisse erweist es sich als sinnvoll, den Begriff Oxidation zu erweitern und unabhängig von der Reaktion mit Sauerstoff zu definieren. Gibt ein Teilchen wie z. B. ein Kupfer-Atom bei einer Reaktion Elektronen ab, wird es **oxidiert** (**Bild 1**). Nimmt ein Teilchen hingegen Elektronen auf, wird es **reduziert**.

Oxidation ist die Abgabe von Elektronen.
Reduktion ist die Aufnahme von Elektronen.

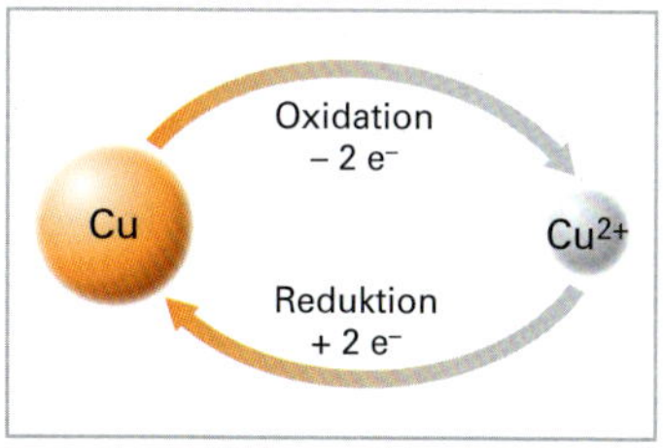

Bild 1: Oxidation und Reduktion am Beispiel von Kupfer

Da Elektronen nicht frei existieren können, sind Reduktions- und Oxidationsprozesse stets miteinander gekoppelt. Eine **Reduktions-Oxidations-Reaktion** kann in zwei Teilreaktionen, die **Reduktionsreaktion** und die **Oxidationsreaktion**, aufgespalten werden. Bei der Bildung von Eisensulfid aus den Elementen (**Gleichung 7.12**) liegen folgende Teilreaktionen vor:

$$Fe \rightarrow Fe^{2+} + 2\,e^- \qquad \textbf{Oxidation} \qquad \textbf{Gl. 7.13}$$

$$S + 2\,e^- \rightarrow S^{2-} \qquad \textbf{Reduktion} \qquad \textbf{Gl. 7.14}$$

Bei dieser Reaktion gibt Eisen Elektronen ab, Eisen wird **oxidiert**. Schwefel nimmt Elektronen auf, Schwefel wird **reduziert**.

Der Elektronenlieferant (hier: Eisen) wird auch als **Elektronendonor** bezeichnet. Er reduziert seinen Reaktionspartner und ist deshalb das **Reduktionsmittel**. Die Elektronen-aufnehmende Substanz (hier: Schwefel) wird **Elektronenakzeptor** genannt. Sie oxidiert den Reaktionspartner und wird deshalb **Oxidationsmittel** genannt.

Eine chemische Reaktion, bei der gleichzeitig Elektronen aufgenommen und abgegeben werden und damit Reduktion und Oxidation gleichzeitig ablaufen, heißt **Reduktions-Oxidations-Reaktion** oder kurz **Redox-Reaktion**.

Bei der Reaktion eines Metalls mit einem Nichtmetall entsteht ein Salz. Dieses ist wie bei der Bildung von Eisen(II)-sulfid FeS (s. **Gleichung 7.12**) aus Eisen-Kationen Fe^{2+} und Schwefel-Anionen S^{2-} aufgebaut. In diesen Fällen kann man die Übertragung der Elektronen, wie in **Gleichung 7.13** und **7.14** dargestellt, eindeutig zuordnen.

Weniger übersichtlich ist der Sachverhalt, wenn ein Nichtmetall mit Sauerstoff reagiert. Verbrennt z. B. Schwefel an der Luft (also in Sauerstoff O_2), bildet sich Schwefeldioxid SO_2:

$$S + O_2 \rightarrow SO_2 \qquad \textbf{Gl. 7.15}$$

Auch diese Reaktion ist eine Redox-Reaktion. Das bei der Reaktion entstandene Produkt SO_2 ist aber kein Salz, sondern eine kovalente Verbindung (Kap. 6.2, S. 170). Man erkennt bei dem SO_2-Molekül nicht sofort, welche Verteilung der Elektronen vorliegt. Hierbei helfen formale Ladungen, die Oxidationszahlen.

7.3.3 Oxidationszahlen

Die **Elektronegativität** (Kap. 6.2.9, S. 188) hilft bei der Abschätzung der Elektronenverteilung in einem Molekül und damit auch bei der Zuordnung der Bindungsart.

Ob bei einer chemischen Verbindung eine Ionenbindung (Salz, z. B. NaCl), eine polare Atombindung (z. B. HCl) oder eine unpolare Atombindung (z. B. Cl_2) vorliegt, lässt sich aus der Differenz der Elektronegativitätswerte der Bindungspartner mit Hilfe der Elektronegativitäts-Tabelle abschätzen (**Bild 1**).

Ist die Differenz der Elektronegativitätswerte ΔEN größer als 1,7, dann überwiegt bei der entsprechenden Verbindung der Ionen-Charakter. Ist der Wert für ΔEN kleiner als 1,7, so ist eine Beschreibung als polare Atombindung zutreffender.

	Hauptgruppen							
OZ	1 Ia	2 IIa	13 IIIa	14 IVa	15 Va	16 VIa	17 VIIa	18 VIIIa
1	1 2,2 ← Elektronennegativität nach *Pauling* **H** ← Elementsymbol							2 **He**
2	3 0,98 **Li**	4 1,57 **Be**	5 2,04 **B**	6 2,55 **C**	7 3,04 **N**	8 3,44 **O**	9 3,98 **F**	10 **Ne**
3	11 0,93 **Na**	12 1,31 **Mg**	13 1,61 **Al**	14 1,90 **Si**	15 2,19 **P**	16 2,58 **S**	17 3,16 **Cl**	18 **Ar**
4	19 0,82 **K**	20 1,00 **Ca**	31 1,81 **Ga**	32 2,01 **Ge**	33 2,18 **As**	34 2,55 **Se**	35 2,96 **Br**	36 **Kr**
5	37 0,82 **Rb**	38 0,95 **Sr**	49 1,78 **In**	50 1,96 **Sn**	51 2,05 **Sb**	52 2,10 **Te**	53 2,66 **I**	54 **Xe**
6	55 0,79 **Cs**	56 0,89 **Ba**	81 1,62 **Tl**	82 1,80 **Pb**	83 1,90 **Bi**	84 2,00 **Po**	85 2,20 **At**	86 **Rn**

Bild 1: Elektronegativität nach *Pauling*

Um mit Hilfe der Elektronegativität eines Elements die Ladungsverteilung in einem Molekül formal zu beschreiben, benötigt man deshalb eine Rechengröße. Diese formale Größe ist die **Oxidationszahl**.

Zur Bestimmung der Oxidationszahl eines Atoms in einer Verbindung wird zunächst von der Annahme ausgegangen, dass das an einer Bindung beteiligte elektronegativere Atom die Bindungselektronen stärker zu sich hinzieht und aufnimmt. Der andere Bindungspartner gibt somit formal diese Bindungselektronen ab. Hieraus ergibt sich die Oxidationszahl. Sie entspricht der hypothetischen Ionen-Ladung eines Atoms in einem Molekül.

> Die **Oxidationszahl** eines Atoms ist die Ladung, die ein Atom haben würde, wenn die Elektronen aller von diesem Atom ausgehenden Bindungen dem jeweils stärker elektronegativen Atom zugeordnet werden. Die Oxidationszahl stellt eine **formale Ladungsgröße** dar.

Die Oxidationszahl kann ein positives oder negatives Vorzeichen haben. Sie gibt jedoch nicht die tatsächlichen Ladungsverhältnisse innerhalb des Moleküls wieder. Welche Oxidationszahlen einem Element zugeordnet werden können, lässt sich für die Hauptgruppenelemente mit Hilfe der Oktettregel bestimmen (**Bild 2**).

$$C^{4+} \xleftarrow{-4\,e^-} \overset{0}{C} \xrightarrow{+4\,e^-} C^{4-}$$

$$\overset{+IV}{C} \xleftarrow{-4\,e^-} \overset{0}{C} \xrightarrow{+4\,e^-} \overset{-IV}{C}$$

$$\overset{+V}{P} \xleftarrow{-5\,e^-} \overset{0}{P} \xrightarrow{+3\,e^-} \overset{-III}{P}$$

$$\overset{+VI}{S} \xleftarrow{-6\,e^-} \overset{0}{S} \xrightarrow{+2\,e^-} \overset{-II}{S}$$

$$\overset{+VII}{Cl} \xleftarrow{-7\,e^-} \overset{0}{Cl} \xrightarrow{+e^-} \overset{-I}{Cl}$$

Bild 2: Höchste und niedrigste Oxidationszahlen einiger Hauptgruppenelemente

Kohlenstoff steht in der 4. Hauptgruppe und besitzt damit vier Valenzelektronen. Um eine voll besetzte Außenschale (Elektronenanordnung wie Neon) zu erhalten, muss ein Kohlenstoff-Atom vier Elektronen aufnehmen. Damit würde das Kohlenstoff-Anion C^{4-} entstehen. Ebenso kann eine leere Schale (und damit die Elektronenanordnung des Heliums) erreicht werden, wenn Kohlenstoff vier Elektronen abgibt. Damit entstünde ein Kohlenstoff-Kation C^{4+}. Weder das Kation C^{4+} noch das Anion C^{4-} existieren in einer normalen chemischen Umgebung.

Die Aufnahme oder Abgabe von vier Elektronen ist ein rein rechnerischer Vorgang. Um die Abgrenzung zwischen Ionen-Ladung und formaler Ladung klar herauszustellen, verwendet man für Oxidationszahlen die Schreibweise mit römischen Ziffern.

7

Kohlenstoff C kann alle Oxidationszahlen zwischen –IV und +IV annehmen, also –IV, –III, –II, –I, 0, +I, +II, +III und +IV. Die gleiche Überlegung führt für Phosphor P zu den Oxidationszahlen zwischen –III und +V, für Schwefel S zu dem Bereich zwischen –II und +VI und für Chlor Cl zu den Oxidationszahlen zwischen –I und +VII.

Für die **Ermittlung von Oxidationszahlen** gelten folgende allgemeine Regeln:

- Die Summe der Oxidationszahlen in einer neutralen Verbindung ist Null.
- Die Summe der Oxidationszahlen eines Molekül-Ions ist gleich seiner äußeren Ladung.
- Die Bindung zwischen zwei gleichen Atomen wird zu gleichen Teilen zwischen den Atomen aufgeteilt.
- Der elektronegativere Bindungspartner erhält die negative Oxidationszahl.

Bei der **Berechnung von Oxidationszahlen** sind die folgenden Regeln hilfreich. Sie sind in der Reihenfolge ihrer Nummerierung anzuwenden. Beispiele zu diesen Regeln sind in **Bild 1** aufgelistet.

1. Bei Atomen gleicher Elemente sowie bei Verbindungen gleicher Elemente (z. B. H_2, N_2, Cl_2) erhält jedes Atom die Oxidationszahl Null.
2. Fluor hat immer die Oxidationszahl –I.
3. Metalle sowie Silicium und Bor haben immer positive Oxidationszahlen. In den ersten drei Hauptgruppen des PSE (Gruppe 11 bis 13 bzw. Ia bis IIIa) ist die Oxidationszahl gleich der Gruppennummer.
4. Wasserstoff erhält in Verbindungen die Oxidationszahl +I. Ausnahmen hiervon sind die Verbindungen des Wasserstoffs mit Metallen (Metallhydride wie beispielsweise CaH_2).
   In Metallhydriden erhält der Wasserstoff die Oxidationszahl –I.
5. Die Oxidationszahl des Sauerstoffs ist wegen seiner hohen Elektronegativität meist –II. Ausnahmen von dieser Regel sind die Peroxide, in denen die Sauerstoffatome die Oxidationszahl –I haben, sowie Verbindungen des Sauerstoffs mit Fluor.
6. In Halogeniden (Verbindungen der Halogene mit weniger elektronegativen Elementen, z. B. NaCl, SiF_4) haben die Halogen-Atome die Oxidationszahl –I.
7. Bei einatomigen Ionen ist die Oxidationszahl gleich der Ionenladung.
8. Die Summe der Oxidationszahlen aller Atome in einem Teilchen ist gleich der Gesamtladung des Teilchens.

1.	$\overset{0}{K}$	$\overset{0}{Ca}$	$\overset{0}{Si}$	$\overset{0}{O_2}$	$\overset{0}{P_4}$	$\overset{0}{S_8}$	$\overset{0}{Cl_2}$	$\overset{0}{F_2}$
2.	$\overset{+VI\ -I}{SF_6}$	$\overset{+II\ -I}{OF_2}$	$\overset{+IV\ -I}{CF_4}$	$\overset{+I\ -I}{KF}$				
3.	$\overset{+I\ -I}{RbF}$	$\overset{+II\ -II}{CaO}$	$\overset{+III\ -II}{B_2O_3}$	$\overset{+IV\ -I}{SiF_4}$	$\overset{+IV\ -II}{PbO_2}$			
4.	$\overset{+I\ -II}{H_2S}$	$\overset{-IV\ +I}{CH_4}$	$\overset{+I\ -I}{LiH}$	$\overset{+II\ -I}{CaH_2}$				
5.	$\overset{+I\ +VI\ -II}{H_2SO_4}$	$\overset{+II\ -II}{CO}$	$\overset{+I\ -I}{Na_2O_2}$	$\overset{+I\ -II}{H_2O}$	$\overset{+I\ -I}{H_2O_2}$			
6.	$\overset{+I\ -I}{NaF}$	$\overset{+I\ -I}{KCl}$	$\overset{+II\ -I}{MgCl_2}$	$\overset{+III\ -I}{AlBr_3}$	$\overset{+I\ -I}{LiI}$			

Bild 1: Beispiele zu den Regeln für die Berechnung von Oxidationszahlen

Beispiel 7.2: Welche Oxidationszahl hat das Phosphor-Atom in der Phosphorsäure H_3PO_4?

Lösung:

Die Summe der Oxidationszahlen muss Null ergeben. Mit Hilfe von Regel 4 und Regel 5 gilt:

3 · (Oxidationszahl H) + (Oxidationszahl P) + 4 · (Oxidationszahl O) = 0

3 · (+I) + (Oxidationszahl P) + 4 · (–II) = 0

(+III) + (Oxidationszahl P) + (–VIII) = 0 ⇒ Oxidationszahl P = +V

Beispiel 7.3: Welche Oxidationszahl hat das Chrom-Atom in Kaliumdichromat $K_2Cr_2O_7$?

Lösung:

Die Summe der Oxidationszahlen muss Null ergeben. Mit Hilfe von Regel 3 und 5 gilt:

2 · (Oxidationszahl K) + 2 · (Oxidationszahl Cr) + 7 · (Oxidationszahl O) = 0

2 · (+I) + 2 · (Oxidationszahl Cr) + 7 · (–II) = 0 ⇒ Oxidationszahl Cr = +VI

Beispiel 7.4: Welche Oxidationszahl hat das Schwefel-Atom im Hydrogensulfit-Anion HSO_3^-?

Lösung:

Die Summe der Oxidationszahlen muss die äußere Ladung des Hydrogensulfit-Anions von –1 ergeben. Mit Hilfe von Regel 4 und 5 gilt:

Äußere Ladung	=	(Oxidationszahl H)	+	(Oxidationszahl S)	+	3 · (Oxidationszahl O)
–1	=	(+I)	+	(Oxidationszahl S)	+	3 · (–II)
–1	=	(+I)	+	(Oxidationszahl S)	+	(–VI)

⇒ Oxidationszahl S = +IV

Damit ergibt sich für die Oxidationszahl des Schwefel-Atoms +IV.

Beispiel 7.5: Welche Ionen-Ladung besitzt das Sulfat-Ion?

Lösung:

Das Sulfat-Ion setzt sich aus vier O-Atomen und einem S-Atom zusammen.

Mit einem EN-Wert von 3,5 ist Sauerstoff deutlich elektronegativer als Schwefel (EN_S = 2,5). Sauerstoff erhält deshalb nach Regel 5 die Oxidationszahl –II. Schwefel muss also formal Elektronen abgeben. Maximal kann Schwefel die Oxidationzahl +VI annehmen.

Äußere Ladung	= 4 · (Oxidationszahl O)	+	(Oxidationszahl S)	
	= 4 · (–II)	+	(+VI)	= –2

Das Sulfat-Ion muss eine zweifach negative Ladung erhalten: SO_4^{2-}.

Außer bei einatomigen Ionen ist die Oxidationszahl selten mit der realen Ladung eines Atoms identisch. Die Übertragung der Elektronen von einem Atom auf ein anderes zeigt sich durch die Erhöhung der Oxidationszahl des Atoms, das Elektronen abgibt. Die Oxidationszahl verringert sich bei dem Atom, das Elektronen aufnimmt. Die Bestimmung der Oxidationszahlen einzelner Atome bei chemischen Abläufen wie z. B. Redoxreaktionen gibt Aufschluss über die im Einzelnen ablaufenden Vorgänge.

7.3.4 Aufstellen und Bilanzieren von Redox-Gleichungen

Das Aufstellen einer Redox-Gleichung erfolgt in folgenden Schritten:

1. Zunächst werden alle Edukte und Produkte ohne die stöchiometrischen Koeffizienten angegeben, die an der Reduktion und Oxidation beteiligt sind. Für diese Stoffe werden die entsprechenden Oxidationszahlen ermittelt.
2. Nun erfolgt die Bilanzierung. Das Zahlenverhältnis, in dem Reduktionsmittel und Oxidationsmittel miteinander reagieren, wird bestimmt, indem die Anzahl der abgegebenen und aufgenommenen Elektronen ausgeglichen wird.
3. Die Summen der Ionenladungen und die Anzahl der übrigen Atome auf beiden Seiten der Gleichung werden ausgeglichen. Um die Ionenladungen in wässriger Lösung auszugleichen, dienen H^+- und OH^--Ionen.

7

Beispiel 7.6: Aufstellen einer Redox-Gleichung

Wie lautet die Reaktionsgleichung für die Reaktion von Kaliumpermanganat $KMnO_4$ mit Salzsäure HCl (aq)?

Lösung:

1. Schritt: Lässt man in saurer Lösung Permanganat MnO_4^- mit Chlorid Cl^- reagieren, so werden Chlor Cl_2 und Mangan(II)-Ionen gebildet (Gleichung 7.16)

$$Cl^- + MnO_4^- + H^+ \rightarrow Cl_2 + Mn^{2+} \qquad \text{Gl. 7.16}$$

Für jeden Stoff werden die Oxidationszahlen ermittelt. Mit Hilfe der Oxidationszahlen wird festgestellt, welche Stoffe oxidiert und welche reduziert werden (**Gleichung 7.17**).

$$\overset{-I}{Cl}{}^- + \overset{+VII}{Mn}\overset{-II}{O}{}_4^- + \overset{+I}{H}{}^+ \rightarrow \overset{0}{Cl_2} + \overset{+II}{Mn}{}^{2+} \qquad \textbf{Gl. 7.17}$$

2. Schritt: Die Reaktion wird in die beiden Teilreaktionen für Oxidation und Reduktion aufgetrennt:

$$\overset{+VII}{Mn}\overset{-II}{O}{}_4^- \rightarrow \overset{+II}{Mn}{}^{2+} \qquad \textbf{Reduktion} \qquad \textbf{Gl. 7.18 a}$$

$$2\,\overset{-I}{Cl}{}^- \rightarrow \overset{0}{Cl_2} \qquad \textbf{Oxidation} \qquad \textbf{Gl. 7.18 b}$$

Die Veränderung der Oxidationszahlen gibt die Anzahl der ausgetauschten Elektronen an:

$$\overset{+VII}{Mn}\overset{-II}{O}{}_4^- + 5e^- \rightarrow \overset{+II}{Mn}{}^{2+} \qquad \textbf{Reduktion} \qquad \textbf{Gl. 7.19 a}$$

$$2\,\overset{-I}{Cl}{}^- \rightarrow \overset{0}{Cl_2} + 2\,e^- \qquad \textbf{Oxidation} \qquad \textbf{Gl. 7.19 b}$$

Die Teilgleichung der Reduktion muss noch nach den Elementen Sauerstoff und Wasserstoff bilanziert werden:

$$\overset{+VII}{Mn}\overset{-II}{O}{}_4^- + 5\,e^- + 8\,H^+ \rightarrow \overset{+II}{Mn}{}^{2+} + 4\,H_2O \qquad \textbf{Reduktion} \qquad \textbf{Gl. 7.20 a}$$

$$2\,\overset{-I}{Cl}{}^- \rightarrow \overset{0}{Cl_2} + 2\,e^- \qquad \textbf{Oxidation} \qquad \textbf{Gl. 7.20 b}$$

3. Schritt: Die Anzahl der abgegebenen und aufgenommenen Elektronen muss gleich sein. Das kleinste gemeinsame Vielfache beträgt in diesem Fall 10. Die Teilgleichung der Reduktion **7.20 a** muss deshalb mit 2, die Teilgleichung der Oxidation **7.20 b** muss mit 5 multipliziert werden.

$$MnO_4^- + 5\,e^- + 8\,H^+ \rightarrow Mn^{2+} + 4\,H_2O \qquad |\cdot 2 \qquad \textbf{Reduktion} \qquad \textbf{Gl. 7.21 a}$$

$$2\,Cl^- \rightarrow Cl_2 + 2\,e^- \qquad |\cdot 5 \qquad \textbf{Oxidation} \qquad \textbf{Gl. 7.21 b}$$

Jetzt können die beiden Teilgleichungen **7.22 a** und **7.22 b** addiert werden. Damit kürzen sich die Elektronen heraus. Hierbei kürzen sich oft auch Reaktionspartner wie H_2O, H^+ oder OH^- teilweise heraus. Die linke und rechte Seite der Gleichung sollte auf Übereinstimmung der Ladungssummen sowie auf die Stoffbilanz kontrolliert werden:

$$2\,MnO_4^- + 10\,e^- + 16\,H^+ \rightarrow 2\,Mn^{2+} + 8\,H_2O \qquad \textbf{Gl. 7.22 a}$$

$$10\,Cl^- \rightarrow 5\,Cl_2 + 10\,e^- \qquad \textbf{Gl. 7.22 b}$$

$$2\,MnO_4^- + 10\,Cl^- + 16\,H^+ \rightarrow 2\,Mn^{2+} + 5\,Cl_2 + 8\,H_2O \qquad \textbf{Gl. 7.23}$$

In der Gleichung sind nur die reagierenden Ionen und Moleküle aufgeführt. Tatsächlich wird aber die Säure H^+ z. B. in Form von Salzsäure HCl (aq) und MnO_4^- als Kaliumpermanganat $KMnO_4$ eingesetzt. Ergänzt man die **Redoxgleichung 7.23** um diese Ionen, wird aus der Ionengleichung schließlich die **Bruttogleichung 7.24** der Reaktion:

$$2\,KMnO_4 + 16\,HCl \rightarrow 2\,MnCl_2 + 2\,KCl + 5\,Cl_2 + 8\,H_2O \qquad \text{Gl. 7.24}$$

7.3.5 Disproportionierung und Komproportionierung

Bei einer **Disproportionierung** geht ein Stoff aus einer mittleren Oxidationszahl gleichzeitig in eine höhere und eine niedrigere Oxidationszahl über. Die Disproportionierung ist also die gleichzeitige Oxidation und Reduktion desselben Stoffes. Gibt man z. B. Brom Br_2 in eine Kaliumhydroxid-Lösung KOH (aq), reagiert das Brom Br_2 zu Bromid Br^- und Bromat BrO_3^- (**Gleichung 7.25 a** und **7.24 b**):

$$\overset{0}{Br_2} + 2\,e^- \rightarrow 2\,\overset{-I}{Br^-} \qquad |\cdot 5 \qquad \text{Gl. 7.25 a}$$

$$\overset{0}{Br_2} + 12\,OH^- \rightarrow 2\,\overset{+V}{BrO_3^-} + 10\,e^- \qquad |\cdot 5 \qquad \text{Gl. 7.25 b}$$

Ausgehend von der Oxidationszahl 0 nimmt Brom nach **Gleichung 7.25 a** Elektronen auf und erreicht als Bromid-Ion eine Oxidationszahl von –I. Gleichzeitig reagieren andere Brom-Atome nach **Gleichung 7.25 b** zum Produkt Bromat BrO_3^--Ion. In diesem Molekül-Anion besitzt Brom die Oxidationszahl +V.

Als Bruttoreaktion erhält man durch Addition der beiden Gleichungen:

$$6\,Br_2 + 12\,OH^- \rightarrow 2\,BrO_3^- + 10\,Br^- + 6\,H_2O \qquad \text{Gl. 7.26}$$

Gleichung 7.26 muss jetzt noch um die Gegen-Ionen, in diesem Fall Kalium-Ionen ergänzt werden. Da eine chemische Gleichung immer die kleinsten ganzen Zahlenverhältnisse als stöchiometrische Koeffizienten enthalten soll, ergibt sich schließlich als Stoffgleichung für die Disproportionierung **Gleichung 7.27**:

$$3\,Br_2 + 6\,KOH \rightarrow KBrO_3 + 5\,KBr + 3\,H_2O \qquad \text{Gl. 7.27}$$

Bei einer **Komproportionierung** (anderer Name: **Synproportionierung**) reagieren zwei Reagenzien, die das gleiche Element in verschiedenen Oxidationsstufen enthalten, miteinander zu einem Produkt, in dem dieses Element eine mittlere, dazwischenliegende Oxidationsstufe besitzt.

Ein Beispiel für eine Synproportionierung ist die Reaktion von Permanganat MnO_4^- mit Mangan(II)-Ionen Mn^{2+} in alkalischer Lösung zu Mangandioxid MnO_2 (Braunstein).

$$\overset{+VII}{MnO_4^-} + 2\,H_2O + 3\,e^- \rightarrow \overset{+IV}{MnO_2} + 4\,OH^- \qquad |\cdot 2 \qquad \text{Gl. 7.28}$$

$$\overset{+II}{Mn^{2+}} + 4\,OH^- \rightarrow \overset{+IV}{MnO_2} + 2\,H_2O + 2\,e^- \qquad |\cdot 3 \qquad \text{Gl. 7.29}$$

Die Bruttoreaktion wird durch Addition der **Gleichungen 7.28** und **7.29** erhalten:

$$2\,MnO_4^- + 3\,Mn^{2+} + 4\,OH^- \rightarrow 5\,MnO_2 + 2\,H_2O \qquad \text{Gl. 7.30}$$

Unter **Disproportionierung** versteht man eine Redoxreaktion, bei der ein und dieselbe Verbindung zugleich oxidiert und reduziert wird. Die Oxidationszahlen von Atomen der gleichen Sorte ändern sich damit in verschiedene Richtungen.

Komproportionierung oder **Synproportionierung** ist das Gegenteil der Disproportionierung. Hierbei reagieren Atome des gleichen Elements mit unterschiedlichen Oxidationszahlen in einer chemischen Reaktion zu Atomen mit einer gemeinsamen, mittleren Oxidationszahl.

Aufgaben:

1. Bestimmen Sie die Oxidationszahlen aller Elemente in den folgenden Verbindungen

a) K_2SO_4 **b)** $NaClO$ **c)** $K_2Cr_2O_7$ **c)** $KMnO_4$ **d)** K_2O_2 **e)** $Fe_2(SO_4)_3$

f) $KClO_4$ **g)** $LiAlH_4$ **h)** Mg_3N_2 **i)** Na_2SiO_3 **j)** $NaNO_2$ **k)** Cu_2Cl_2

l) K_2CO_3 **m)** $NaHS$ **n)** $MgSiO_3$ **o)** $Fe(NH_4)(SO_4)_2$ **p)** $KHSO_3$ **q)** $(NH_4)_2SO_4$

2. Erläutern Sie die Begriffe

a) Reaktionsgleichung **b)** Reaktionschema **c)** Kardinalgleichung
d) Stöchiometrie **e)** endotherm **f)** exotherm
g) Oxidation **h)** Reduktion **i)** Oxidationszahl
j) Oxidationsmittel **k)** Reduktionsmittel **l)** Komproportionierung
m) Synproportionierung **n)** molare Reaktionsenthalpie **o)** Elektronegativität

3. Formulieren Sie die Reaktionsgleichungen zu den folgenden Redox-Vorgängen:

a) Schwefelsäure H_2SO_4 reagiert mit Bromwasserstoff HBr zu Schwefeldioxid SO_2, Brom Br_2 und Wasser.

b) Schwefelsäure H_2SO_4 reagiert mit Iodwasserstoff HI zu Schwefelwasserstoff H_2S, Iod I_2 und Wasser.

c) Schwefel S reagiert mit Salpetersäure HNO_3 zu Schwefelsäure H_2SO_4 und Stickstoffmonoxid NO.

d) Schweflige Säure H_2SO_3 reagiert mit Salpetersäure HNO_3 zu Schwefelsäure H_2SO_4, Stickstoffmonoxid NO und Wasser.

e) Schweflige Säure H_2SO_3 reagiert mit Brom Br_2 und Wasser zu Schwefelsäure H_2SO_4 und Bromwasserstoff HBr.

f) Kaliumpermanganat $KMnO_4$ reagiert mit Schwefelsäure H_2SO_4 und Chlorwasserstoff HCl zu Kaliumsulfat K_2SO_4, Mangan(II)-sulfat $MnSO_4$, Chlor Cl_2 und Wasser.

g) Kaliumdichromat $K_2Cr_2O_7$ reagiert mit Schwefelsäure H_2SO_4 und Chlorwasserstoff HCl zu Kaliumsulfat K_2SO_4, Chrom(III)-sulfat $Cr_2(SO_4)_3$, Chlor Cl_2 und Wasser.

h) Dibismuttrisulfid Bi_2S_3 reagiert mit Salpetersäure HNO_3 zu Bismut(III)-nitrat $Bi(NO_3)_3$, Schwefel S, Stickstoffmonoxid NO und Wasser.

i) Diarsentrisulfid As_2S_3 reagiert mit Salpetersäure HNO_3 und Wasser zu Arsen(III)-säure H_3AsO_3, Schwefel S und Stickstoffmonoxid NO.

j) Eisen(III)-chlorid $FeCl_3$ reagiert mit schwefliger Säure H_2SO_3 und Wasser zu Eisen(II)-chlorid $FeCl_2$, Schwefelsäure H_2SO_4 und Chlorwasserstoff HCl.

k) Kaliumpermanganat $KMnO_4$, Schwefelsäure H_2SO_4 und Eisen(II)-sulfat $FeSO_4$ reagieren zu Eisen(III)-sulfat $Fe_2(SO_4)_3$, Kaliumsulfat K_2SO_4, Mangan(II)-sulfat $MnSO_4$ und Wasser.

4. Bestimmen Sie in den Reaktionsgleichungen von Aufgabe 3 für jedes Atom die Oxidationszahl.

7

8 Quantitative Aussagen von Reaktionsgleichungen

Chemische Reaktionen können durch Reaktionsgleichungen dargestellt werden. Unter Verwendung von chemischen Formeln und Zahlen fassen sie den Ablauf einer chemischen Umsetzung in Kurzschreibweise zusammen. Die **Ausgangsstoffe** (Edukte, Reaktanden) stehen in der Reaktionsgleichung links. Sie reagieren bei der chemischen Umsetzung miteinander zu den **Endstoffen** (Produkte), die in der Reaktionsgleichung rechts vom Reaktionspfeil stehen. Aus einer Reaktionsgleichung können somit **qualitative Aussagen** über die Reaktion abgelesen werden.

Eine korrekt aufgestellte Gleichung für eine chemische Reaktion enthält auf der Seite der Edukte genau die gleiche Anzahl und Art von Atomen wie auf der Seite der Produkte, so dass **quantitative Aussagen** über die ablaufende Reaktion möglich sind. Aus der Anzahl der Edukte und der Anzahl der Produkte lassen sich weitergehende Aussagen ableiten.

Quantitative Aussagen der Reaktionsgleichungen, wie

- die mathematische Berechnung eines mengenmäßigen **Stoffumsatzes** chemischer Reaktionen,
- die **Ausbeute** der chemischen Reaktion,
- die **Aufstellung von chemischen Formeln** auf der Basis von Analysenergebnissen (Mengenverhältnisse der Elemente in Verbindungen),

gehören zum Arbeitsgebiet der **Stöchiometrie** (griech. *stoicheia*: Buchstabe, Grundstoff, Element; *metron*: messen). Auch die mathematischen Berechnungen von Dichten, Schmelzpunkten, Volumina, Wärmekapazitäten, Oberflächenspannungen usw. werden manchmal als Aufgaben der Stöchiometrie angesehen.

Die Grundlagen der Stöchiometrie bilden drei **stöchiometrische Gesetze**, die **Grundgesetze der Chemie**.

8.1 Chemische Grundgesetze

Jeremias Benjamin Richter (1762–1807) gilt als Begründer der Stöchiometrie. Er veröffentlichte 1792 sein Werk über die *„Anfangsgründe der Stöchyometrie od. Meßkunst chymischer Elemente"*. Im Gegensatz zu den hierin getroffenen Aussagen ist ein Experiment (lat. *experimentum*: Probe, Beweis) wiederholbar.

J. B. Richter formulierte jedoch auch noch heute geltende Grundaussagen, die wenige Jahre später von *Joseph-Louis Proust* (1754–1826) als das **Gesetz der konstanten Proportionen** nochmals abgeleitet und von *John Dalton* (1766–1844) durch das **Gesetz der multiplen Proportionen** ergänzt wurden.

Einige Jahre vor den Untersuchungen von *Richter, Proust* und *Dalton* hatte bereits *Antoine Laurent de Lavoisier* (1743–1794) das **Gesetz von der Erhaltung der Masse** aufgestellt.

8.1.1 Gesetz von der Erhaltung der Masse

Elemente, Moleküle oder andere Verbindungen wie Ionen in messbarer Menge sind eine **Stoffportion**. Beispiele hierfür sind ein Löffel Zucker, eine Spatelspitze Eisenpulver, eine Prise Salz, eine Probe in der Analytik oder auch die Einwaage für eine chemische Umsetzung.

Stoffportion ist die Bezeichnung für einen abgegrenzten Materiebereich, der aus einem Stoff oder mehreren Stoffen oder definierten Bestandteilen von Stoffen bestehen kann.

Stoffportionen können sich in chemischen Umsetzungen umwandeln. Hierbei gruppieren sich die Atome oder Ionen der vorliegenden Stoffe neu und es bilden sich neue Stoffe mit anderen Eigenschaften.

Unabhängig davon, wie groß die an den chemischen Umsetzungen beteiligten Stoffportionen sind, bleibt die Gesamtzahl der Atome bzw. Ionen immer unverändert. *Antoine Laurent de Lavoisier* hat diese Gesetzmäßigkeit 1789 so formuliert, dass bei einer chemischen Reaktion die Masse erhalten bleibt. Keine chemische Reaktion hat einen Verlust oder Zugewinn an Masse zur Folge. Stoffe wandeln sich lediglich ineinander um.

Gesetz von der Erhaltung der Masse (1. chemisches Grundgesetz)

Die Summe der Masse der Edukte bei einer chemischen Reaktion ist gleich der Summe der Masse der Produkte. Die Gesamtmasse aller an der chemischen Reaktion beteiligten Stoffe bleibt erhalten.

Anwendungsbeispiel 1: Nach der Verbrennung von Kohle bleibt ein Haufen Asche zurück, der wesentlich leichter als die eingesetzte Kohle ist. Alle Inhaltsstoffe der Kohle reagieren mit dem Sauerstoff O_2 der Luft. Bei der Betrachtung der Reaktion sind neben allen Edukten auch alle Reaktionsprodukte wie die Asche und das Gas Kohlenstoffdioxid CO_2 zu berücksichtigen. Auch Gase besitzen eine Masse, deren Beitrag in die Gesamtbetrachtung der Reaktion mit eingerechnet werden muss. Die Summe der Masse aller Produkte ist dann gleich der Summe der Massen der eingesetzten Kohle und des umgesetzten Sauerstoffs. Bei der Massenbilanz für eine chemische Reaktion sind alle beteiligten Stoffe mit einzubeziehen. Das Gesetz von der Erhaltung der Masse gilt auch hier.

Anwendungsbeispiel 2: Eisen in Form von Eisenwolle wird stark erhitzt. Hierbei entsteht ein grau-blauer Feststoff. **Bild 1** demonstriert, dass das grau-blaue Produkt dieser Reaktion deutlich schwerer als das Edukt Eisenwolle ist. Beim Erhitzen von Eisenwolle verbindet sich das Eisen mit dem Sauerstoff aus der Umgebungsluft und es entsteht Eisenoxid. Der hinzugekommene Sauerstoff darf bei der Massenbilanz nicht unberücksichtigt bleiben. Werden chemische Reaktionen hingegen in einem **geschlossenen System** (geschlossenes Gefäß) durchgeführt, so dass während der Reaktion kein Stoff hinzukommen oder entweichen kann, bleibt die Gesamtmasse des Gefäßes konstant.

Bild 1: Massenzunahme beim Verbrennen von Eisenwolle

Das Gesetz der Erhaltung der Masse ist Grundlage dafür, dass Stoffe sowohl aus verschiedenen Elementen hergestellt (Synthese) als auch wieder in die verschiedenen Elemente zerlegt werden können (Analyse). Reagieren zwei Stoffe miteinander ohne Stoffaustausch mit der Umgebung (geschlossenes System), so können die hierbei entstehenden Stoffe nur aus den eingesetzten Teilchen bestehen. Bei genauer Kenntnis über die Zusammensetzung der eingesetzten Stoffe ist somit eine genaue Vorhersage über die Zusammensetzung der Produkte möglich.

8.1.2 Gesetz der konstanten Proportionen

Verbinden sich die Atome eines Elements mit den Atomen eines anderen Elements, gibt die Position der Elemente im Periodensystem der Elemente (PSE; s. Kap. 5) Informationen darüber, in welchem möglichen Zahlenverhältnis die Atome bzw. Ionen der entstehenden chemischen Verbindung zueinander stehen.

Reagieren beispielsweise die Gase Wasserstoff H_2 und Sauerstoff O_2 unter Normalbedingungen miteinander, so bildet sich als Produkt Wasser H_2O. Die beiden Gase Wasserstoff und Sauerstoff kommen in der Natur als zweiatomige Verbindungen vor. In der **Summenformel** der Verbindung wird jeweils nach dem Elementsymbol die Anzahl der Atome im Gasmolekül durch die **tiefgestellte Zahl**, den **Index**, angegeben. Dies gilt auch für das Produkt Wasser H_2O, in dem pro Molekül H_2O zwei Atome Wasserstoff und ein Atom Sauerstoff vorhanden sind.

In den **Summenformeln** chemischer Verbindungen wird über eine **tiefgestellte Zahl (Index)** nach dem Elementsymbol die Anzahl des Elements angegeben. Bei einer durch Klammern zusammengefassten Einheit bezieht sich dies auf die Anzahl der Einheit in dieser Formeleinheit.

Die Darstellung der Reaktion von Wasserstoff H_2 und Sauerstoff O_2 in einer Reaktionsgleichung sieht folgendermaßen aus:

2 H_2 (g)	**+**	**O_2 (g)**	**→**	**2 H_2O (g)**
2 Moleküle Wasserstoff	und	1 Molekül Sauerstoff	reagieren zu	2 Molekülen Wasser
2 Liter Wasserstoff *	und	1 Liter Sauerstoff *	reagieren zu	2 Liter Wasser (gasförmig)
2 mol Wasserstoff	und	1 mol Sauerstoff	reagieren zu	2 mol Wasser
2 × 2 Wasserstoff-Atome	und	1 × 2 Sauerstoff-Atome	reagieren zu	2 Moleküle aus je 2 Wasserstoff-Atomen und 1 Sauerstoff-Atom
4 Wasserstoff-Atome	und	2 Sauerstoff-Atome	reagieren zu	4 Wasserstoff-Atomen und 2 Sauerstoff-Atomen

* bei Normdruck von 1013,25 hPa

Bei dieser Reaktion reagieren zwei Moleküle Wasserstoff H_2 mit einem Molekül Sauerstoff O_2 zu zwei Molekülen Wasser H_2O. Diese Reaktionsgleichung kann auch in anderen Einheiten ausgedrückt werden. Unter Verwendung der Stoffmenge *n* heißt dies, dass 2 mol Wasserstoff H_2 mit 1 mol Sauerstoff O_2 zu 2 mol Wasser H_2O reagieren (s. Kap. 7, S. 223).

Insgesamt werden bei einem Formelumsatz in dieser Reaktion zwei Moleküle H_2, also insgesamt vier Wasserstoff-Atome eingesetzt. Auf der Produktseite enthalten zwei Moleküle H_2O ebenfalls insgesamt vier Wasserstoff-Atome. Analog gilt dies für die Anzahl der Sauerstoff-Atome.

Die Zahlen vor den einzelnen Stoffen in der Reaktionsgleichung sind die **stöchiometrischen Faktoren** bzw. **stöchiometrischen Koeffizienten** oder **stöchiometrische Zahl** υ. Mit diesen Faktoren sind alle Teilchen des in der Reaktionsgleichung folgenden Stoffes zu multiplizieren; sie gleichen die Reaktionsgleichung aus, so dass die Anzahl aller Atome links und rechts des Reaktionspfeils übereinstimmt (s. Kap. 7.2, S. 226).

Die von der Stöchiometrie einer Reaktion geforderte Anzahl an beteiligten Molekülen werden als **stöchiometrische Faktoren** υ bzw. **stöchiometrische Koeffizienten** υ oder als **stöchiometrische Zahlen** bezeichnet.

8

Die beiden Elemente Wasserstoff H und Sauerstoff O verbinden sich im Produkt Wasser H_2O immer im **Teilchenverhältnis** 2:1. Zwei Wasserstoff-Atome verbinden sich mit einem Sauerstoff-Atom. Über dieses Teilchenverhältnis lässt sich mit Hilfe der absoluten Atommasse *A* in atomaren Masseneinheiten u oder der molaren Masse *M* in $g \cdot mol^{-1}$ für die beiden Elemente Wasserstoff und Sauerstoff das **Massenverhältnis** ζ bzw. $m_H{:}m_O$ in der Verbindung Wasser H_2O berechnen:

$$\zeta = \frac{m_H}{m_O} = \frac{2 \cdot A(H_2)}{1 \cdot A(O_2)} = \frac{2 \cdot 2 \cdot A(H)}{1 \cdot 2 \cdot A(O)} = \frac{2 \cdot 2 \cdot 1{,}008\ u}{1 \cdot 2 \cdot 15{,}999\ u} = \frac{4 \cdot 1{,}008\ u}{2 \cdot 15{,}999\ u}$$

$$= \frac{4{,}032}{31{,}998} \approx \frac{4}{32} = \frac{1}{8} \quad \Leftrightarrow \quad \frac{m_H}{m_O} = \frac{1}{8} \quad \Rightarrow \quad 8 \cdot m_H = 1 \cdot m_O \qquad \text{Gl. 8.1}$$

In der Verbindung Wasser H_2O liegt ein Massenverhältnis für Wasserstoff H zu Sauerstoff O von 1:8 vor. Dies bedeutet, dass in der Verbindung Wasser H_2O die achtfache Masse des Wasserstoffs H der Masse des Sauerstoffs O entspricht. Der **Massenanteil *w*** ist die Masse eines Teilchens im Verhältnis zur vorliegenden Gesamtmasse. Nach Kürzen der Masseneinheiten (Einheit kg oder u) erhält man den Massenanteil von Wasserstoff und Sauerstoff:

Wasserstoff H: 1 Teil Wasserstoff von insgesamt 9 Teilen, also rund 11,1 %

$$w = \frac{m_H}{m_H + m_O} = \frac{1\,u}{1\,u + 8\,u} = \frac{1}{9} \approx 11{,}1\,\%$$

Sauerstoff O: 8 Teile Sauerstoff von insgesamt 9 Teilen, also rund 88,9 %

$$w = \frac{m_O}{m_H + m_O} = \frac{8\,u}{1\,u + 8\,u} = \frac{8}{9} \approx 88{,}9\,\%$$

Da das Teilchenverhältnis in jedem Molekül H_2O immer gleich ist, ist auch das Massenverhältnis $m_H : m_O$ in jedem Molekül Wasser immer konstant.

Joseph Louis Proust leitete diese Gesetzmäßigkeit 1797 aus seinen Untersuchungen ab und formulierte hieraus das **Gesetz der konstanten Proportionen (*Proust*sches Gesetz, 2. chemisches Grundgesetz)**, nach dem die Elemente in einer bestimmten definierten chemischen Verbindung immer im gleichen Teilchenverhältnis und somit im gleichen Massenverhältnis vorkommen.

Dies gilt beispielsweise auch für die Verbindung Natriumchlorid NaCl. In dieser Verbindung liegt immer ein Teilchenverhältnis Natrium Na zu Chlor Cl von 1:1 vor. Aus diesem Teilchenverhältnis und den absoluten Atommassen *A* errechnet sich die Proportion der Massen (Massenverhältnis) $m_{Na} : m_{Cl}$ zu rund 4:6

$$\mathbf{2\,Na + Cl_2 \rightarrow 2\,NaCl}$$

$$m_{Na} : m_{Cl} = \frac{m_{Na}}{m_{Cl}} = \frac{2 \cdot A(Na)}{m(Cl_2)} = \frac{2 \cdot A(Na)}{2 \cdot A(Cl)} = \frac{1 \cdot A(Na)}{1 \cdot A(Cl)} = \frac{22{,}990\,u}{35{,}453\,u} \approx \frac{23}{35} \approx \frac{24}{36} = \frac{4}{6} \qquad \text{Gl. 8.2}$$

Somit ergibt sich für Natrium in der Verbindung NaCl ein Massenanteil *w* mit 4 von insgesamt 10 Teilen, also $\frac{4}{10} = 0{,}4 = 40\,\%$ und für Chlor mit 6 von insgesamt 10 Teilen, also $\frac{6}{10} = 0{,}6 = 60\,\%$.

Gesetz der konstanten Proportionen (2. chemisches Grundgesetz)

Das Massenverhältnis der chemischen Elemente einer definierten chemischen Verbindung ist konstant.

Proust erhielt in seinen Untersuchungen damit das gleiche Ergebnis, das *J. B. Richter* bereits 1791 unter dem Begriff der **äquivalenten Proportionen** formuliert hatte (*Richter*sches Gesetz). Das zweite chemische Grundgesetz wird daher auch als **Gesetz der äquivalenten Proportionen** bezeichnet.

Beispiel 8.1: Berechnung der prozentualen Massenanteile der Elemente in Aluminiumoxid

Die Elemente Aluminium und Sauerstoff reagieren zu Aluminiumoxid. In welchem ganzzahligen Massenverhältnis stehen die beiden Elemente zueinander und wie groß sind die prozentualen Massenanteile?

Lösung:

Die Summenformel für die Ionenverbindung Aluminiumoxid lautet Al_2O_3. Aus der Summenformel lässt sich ablesen, dass zwei Aluminiumteilchen und drei Sauerstoffteilchen die Ionenverbindung Al_2O_3 bilden. Das Teilchenverhältnis lautet damit 2 : 3. Für die Berechnung des Massenverhältnisses $m_{Al} : m_O$ kann die Ladung der Ionen (Al^{3+}, O^{2-}) vernachlässigt werden. Es folgt damit:

$$m_{Al} : m_O = \frac{m_{Al}}{m_O} = \frac{2 \cdot A(Al)}{3 \cdot A(O)} = \frac{2 \cdot 26{,}982}{3 \cdot 15{,}999} = \frac{53{,}964}{47{,}997} \approx \frac{54}{48} = \frac{9}{8}$$

In der chemischen Verbindung Aluminiumoxid Al_2O_3 ergibt sich ein Massenverhältnis $m_{Al}:m_O$ von Aluminium Al zu Sauerstoff O von rund 9:8. Aus diesem Massenverhältnis errechnet sich der prozentuale Massenanteil von

Aluminium in dieser Verbindung zu $w(Al) = \frac{m_{Al}}{m_{Al} + m_O} = \frac{9\,u}{9\,u + 8\,u} = \frac{9}{17} \approx 0{,}529 = 52{,}9\,\%$

Sauerstoff in dieser Verbindung zu $w(O) = \frac{m_O}{m_{Al} + m_O} = \frac{8\,u}{9\,u + 8\,u} = \frac{8}{17} \approx 0{,}471 = 47{,}1\,\%$

Diese Proportion an Teilchen und Massen ist für jede Al_2O_3-Verbindung gleich. Die Proportion ist konstant.

Beispiel 8.2: Berechnung der konstanten Proportion im Hydrogensulfat-Ion

Wie groß ist die konstante Proportion im Hydrogensulfat-Ion?

Lösung:

Die Summenformel des Hydrogensulfat-Ions lautet HSO_4^-. Für die Bestimmung des Massenverhältnisses $m_H : m_S : m_O$ kann die Ladung des Molekül-Ions vernachlässigt werden. Nach dem Verhältnis der Teilchen von 1 : 1 : 4 berechnet sich das Massenverhältnis $m_H : m_S : m_O$ mit Hilfe der absoluten Atommassen A wie folgt:

$$\begin{aligned} m_H : m_S : m_O &= 1 \cdot A(H) : 1 \cdot A(S) : 4 \cdot A(O) \\ &= 1{,}008\,u : 32{,}066\,u : 4 \cdot 15{,}999\,u \\ &= 1{,}008\,u : 32{,}066\,u : 63{,}996\,u \quad \approx 1:32:64 \end{aligned}$$

Die Massen der Teilchen im Molekül-Ion HSO_4^- stehen in dem ungefähren Verhältnis von 1:32:64.

Der prozentuale Massenanteil im Hydrogensulfat-Ion errechnet sich hieraus

für Wasserstoff zu $w(H) = \frac{m_H}{m_H + m_S + m_O} = \frac{1}{97} \approx 0{,}0103 = 1{,}03\,\%$,

für Schwefel zu etwa $w(S) = \frac{m_S}{m_H + m_S + m_O} = \frac{32}{97} \approx 0{,}3299 = 32{,}99\,\%$ und

für Sauerstoff zu rund $w(O) = \frac{m_O}{m_H + m_S + m_O} = \frac{64}{97} \approx 0{,}6598 = 65{,}98\,\%$.

Beispiel 8.3: Bestimmung der Summenformel von Calciumchlorid

Die Analyse der Verbindung Calciumchlorid hat ergeben, dass 36,11 % Calcium und 63,89 % Chlor enthalten sind. Wie lautet die Summenformel der Verbindung?

Lösung:

Über die Massenanteile *w* in der Verbindung Calciumchlorid im Verhältnis zu den relativen Atommassen lässt sich auf das Teilchenverhältnis schließen, wobei die Ionenladung vernachlässigt werden kann. Die relative Atommasse A_r von Calcium beträgt 40,078 und die von Chlor 35,453. Für die Summenformel Ca_xCl_y gilt somit:

$$x = \frac{0{,}3611}{40{,}078} \approx 0{,}009 = 0{,}9\,\% \qquad y = \frac{0{,}6389}{35{,}45} \approx 0{,}018 = 1{,}8\,\%$$

Aus dem Verhältnis der beiden Zahlen $\frac{x}{y} = \frac{0{,}009}{0{,}018} = \frac{1}{2}$

lässt sich ablesen, dass in der Verbindung Calciumchlorid auf ein Calcium-Ion zwei Chlorid-Ionen kommen, es besteht ein Teilchenverhältnis von 1 : 2.

Die Summenformel muss also $CaCl_2$ lauten.

8.1.3 Gesetz der multiplen Proportionen

Auch *John Dalton* (1766 – 1844) untersuchte Anfang des 19. Jahrhunderts chemische Reaktionen. Hierbei stellte er fest, dass Atome zu Verbindungen miteinander vereinigt (Synthese) und auch vereinigte Atome wieder voneinander getrennt (Analyse) werden können.

Zur Synthese von Kupferoxid wird Kupfer über einer Flamme stark erhitzt. Kupfer und Sauerstoff vereinigen sich hierbei zu Kupferoxid. Wird das Kupferoxid aus der Flamme an die sauerstoffreiche Luft gebracht, so färbt sich die entstandene gelb/rot-braune Verbindung schwarz. Die Untersuchung der Reaktion und Analyse der chemischen Verbindungen zeigt, dass zwei unterschiedliche Kupferoxide entstehen (**Tabelle 1**).

Tabelle 1: Die Kupferoxide Kupfer(I)-oxid und Kupfer(II)-oxid

Verbindung	Summenformeln	Farbe	Verhältnis Cu : O
Kupfer(I)-oxid	Cu_2O	gelb/rot-braun	2 : 1
Kupfer(II)-oxid	CuO	schwarz	1 : 1

Das Verhältnis von Kupfer zu Sauerstoff (Cu : O) für die beiden Verbindungen macht deutlich, dass im gelb/rotbraunen Kupferoxid Cu_2O auf zwei Kupfer-Teilchen ein Sauerstoff-Teilchen kommt. Im schwarzen Kupferoxid CuO ist pro Kupfer-Teilchen ein Sauerstoff-Teilchen vorhanden; das schwarze Kupferoxid CuO ist demnach sauerstoffreicher. Die Teilchenverhältnisse und damit die Massenverhältnisse der beiden Elemente in den Kupferoxiden stehen jeweils zueinander in einem ganzzahligen Verhältnis.

Dalton formulierte dies 1808 im **Gesetz der multiplen Proportionen (*Dalton*sches Gesetz)**.

Gesetz der multiplen Proportionen (3. chemisches Grundgesetz)

Bilden zwei Elemente A und B miteinander mehrere Verbindungen, dann stehen die Massenverhältnisse, mit denen die Elemente in diesen Verbindungen auftreten, zueinander im Verhältnis kleiner ganzer Zahlen.

Dalton erweiterte hiermit das Gesetz der konstanten Proportionen von *Proust*, so dass das zweite und dritte chemische Grundgesetz häufig zum **Gesetz der konstanten und multiplen Proportionen** zusammengefasst werden.

Beispiel 8.4: Teilchenverhältnisse in Stickstoff-Sauerstoff-Verbindungen

Stickstoff und Sauerstoff bilden miteinander die fünf Verbindungen N_2O, NO, N_2O_3, NO_2, N_2O_5. Wie lautet jeweils das Teilchenverhältnis Sauerstoff zu Stickstoff? Wie ändert sich dieses Verhältnis für die fünf Verbindungen?

Lösung:

Die Teilchenverhältnisse von Sauerstoff- zu Stickstoffteilchen (O : N) sind für die Verbindungen in Tabelle 1 aufgeführt.

Tabelle 1: Teilchenverhältnisse O : N in Stickstoff-Sauerstoff-Verbindungen

Verbindung	N_2O		NO		N_2O_3		NO_2		N_2O_5
Verhältnis $\frac{O}{N}$	$\frac{1}{2}$	:	$\frac{1}{1}$	:	$\frac{3}{2}$	:	$\frac{2}{1}$	:	$\frac{5}{2}$
Multiple Proportion	1	:	2	:	3	:	4	:	5

Für den Vergleich der verschiedenen Verbindungen untereinander werden die einzelnen Teilchenverhältnisse durch Division mit der kleinsten Verhältniszahl n_{min} (hier: $\frac{1}{2} = 0{,}5$) auf ganze Zahlen gebracht. Somit ergibt sich für die fünf Verbindungen eine multiple Proportion bzw. ein Verhältnis kleiner ganzer Zahlen von 1 : 2 : 3 : 4 : 5.

Beispiel 8.5: Massenverhältnisse verschiedener Stickstoff-Sauerstoff-Verbindungen

Für die Verbindungen Stickstoffmonoxid, Distickstoffmonoxid, Stickstoffdioxid und Distickstofftetraoxid sollen die Massenverhältnisse von Sauerstoff zu Stickstoff angegeben werden. Bestimmen Sie für diese Verbindungen das Verhältnis kleiner ganzer Zahlen.

Lösung:

Für jede Stickstoff-Sauerstoff-Verbindung wird die Summenformel aufgestellt und die Masse an Sauerstoff m_O und Stickstoff m_N in der Verbindung bestimmt. Das Massenverhältnis von Sauerstoff zu Stickstoff $m_O : m_N$ wird durch Division der Masse an vorhandenem Sauerstoff m_O und der Masse an vorhandenem Stickstoff m_N erhalten. Diese Schritte sind für die Verbindungen in Tabelle 2 aufgeführt.

Tabelle 2: Massenverhältnisse von Sauerstoff und Stickstoff $m_O : m_N$ in verschiedenen Stickstoff-Sauerstoff-Verbindungen

Verbindung	Formel	m_O in u	m_N in u	Massenverhältnis $m_O : m_N$
Stickstoffmonoxid	NO	15,999	14,007	$\frac{15{,}999}{14{,}007} \approx 1{,}142 \xrightarrow{:0{,}571} 2{,}000$
Distickstoffmonoxid	N_2O	15,999	$2 \cdot 14{,}007 = 28{,}014$	$\frac{15{,}999}{28{,}014} \approx 0{,}571 \xrightarrow{:0{,}571} 1{,}000$
Stickstoffdioxid	NO_2	$2 \cdot 15{,}999 = 31{,}998$	14,007	$\frac{31{,}998}{14{,}007} \approx 2{,}284 \xrightarrow{:0{,}571} 4{,}000$
Distickstofftetraoxid	N_2O_4	$4 \cdot 15{,}999 = 63{,}996$	$2 \cdot 14{,}007 = 28{,}014$	$\frac{63{,}996}{28{,}014} \approx 2{,}284 \xrightarrow{:0{,}571} 4{,}000$

Die Division aller Verhältniszahlen durch die kleinste erhaltene Zahl (hier: 0,571) führt die Verhältnisse auf ganze Zahlen zurück. Der anschließende Vergleich der Stickstoff-Sauerstoff-Verbindungen untereinander führt zu einem Verhältnis kleiner ganzer Zahlen von 2 : 1 : 4 : 4.

Chemische Verbindungen, deren Zusammensetzung stöchiometrisch ist und so dem Gesetz der multiplen Proportionen (Gesetz von *Dalton*) folgt, werden als **stöchiometrische Verbindungen** oder auch **Daltonide** oder **Proustide** bezeichnet. Beispiele hierfür sind Verbindungen wie Natriumchlorid NaCl, Kohlenstoffmonoxid CO, Kohlenstoffdioxid CO_2 und Schwefelsäure (Dihydrogensulfat) H_2SO_4.

Im Gegensatz hierzu werden **nicht-stöchiometrische Verbindungen (nicht-*Dalton*ide Verbindungen, *Berthollide*)** unterschieden. Die Zusammensetzung derartiger Verbindungen gehorcht nicht der Stöchiometrie und damit auch nicht dem Gesetz von *Dalton*. Nicht-stöchiometrische Verbindungen sind nicht als Moleküle im eigentlichen Sinne zu verstehen, da sie eine wechselnde Zusammensetzung besitzen, die innerhalb gewisser Grenzen schwanken kann. **Nicht-Stöchiometrie** ist vor allem bei Substanzen mit Metallbindung oder *Van-der-Waals*-Bindungen (Nebenvalenzbindung, s. Kap. 6.3, S. 190 und 6.4.4, S. 210) verbreitet. Außerdem bilden viele Chalkogenide der d- u. f-Block-Elemente sowie Metallhydride, -boride, -carbide, -silicide und -phosphide nicht-stöchiometrische Verbindungen.

Nicht-Stöchiometrie tritt auch auf, wenn Verbindungen zusätzlich variable Mengen eines weiteren Metalls aufnehmen wie beispielsweise die Wolframbronzen M_xWO_3 mit M = Alkalimetall, Cu, Ag, Ti oder Pb. Im Fall der entsprechenden Natriumverbindung Na_xWO_3 variiert der Natriumanteil zwischen $0 < x < 1$; die Verbindung $NaWO_3$ mit $x = 1$ konnte bisher nicht synthetisiert werden.

Die Bestimmung von Massenanteilen chemischer Verbindungen ist nicht nur eine analytische Fragestellung, sondern kann gleichzeitig einen wirtschaftlichen Hintergrund besitzen. Die Klärung der Frage nach dem Metallanteil in einem Erz, das aus einer bestimmten chemischen Verbindung besteht, gibt eine Antwort über den Wert einer Lagerstätte. In solchen Fällen interessiert der relative Massenanteil, mit dem ein Metall in der Verbindung vertreten ist. Dieser Massenanteil wird auch als **stöchiometrischer Faktor *F*** bezeichnet.

Beispiel 8.6: Berechnung des stöchiometrischen Faktors *F*

Bei einer Probebohrung für einen Untertagebau wurde eine Eisenerz-Lagerstätte gefunden. Die erste Analyse der Gesteinsproben hat ergeben, dass die beiden Eisenoxide Eisen(II)-oxid und Eisen(III)-oxid vorliegen. Bei welchem Eisenoxid wird der Betreiber des Untertagebaus durch den Abbau höheren Gewinn erzielen?

Lösung:

Zu bestimmen ist die Höhe des Massenanteils an Eisen in jedem der beiden Eisenoxide. Eisen(II)-oxid besitzt die Summenformel FeO und Eisen(III)-oxid die Formel Fe_2O_3. Zur Berechnung des relativen Massenanteils eines Elements in einer Verbindung bzw. zur Berechnung des stöchiometrischen Faktors *F* ist die absolute Atommasse des Elements *A* im Verhältnis zur Gesamtmasse der Verbindung zu bestimmen.

Unter Berücksichtigung der Formelindizes in den Verbindungen ergibt sich für die beiden Eisenoxide:

$$\text{FeO} \quad F_{\text{Fe/FeO}} = \frac{A(\text{Fe})}{A(\text{Fe}) + A(\text{O})} = \frac{55{,}847\ \text{u}}{55{,}847\ \text{u} + 15{,}999\ \text{u}} \approx 0{,}7773 = 77{,}73\ \%$$

$$\text{Fe}_2\text{O}_3 \quad F_{\text{Fe/Fe}_2\text{O}_3} = \frac{2 \cdot A(\text{Fe})}{2 \cdot A(\text{Fe}) + 3 \cdot A(\text{O})} = \frac{2 \cdot 55{,}847\ \text{u}}{2 \cdot 55{,}847\ \text{u} + 3 \cdot 15{,}999\ \text{u}} \approx 0{,}6994 = 69{,}94\ \%$$

Der stöchiometrische Faktor *F* und somit der relative Gehalt an Eisen im Eisen(II)-oxid FeO ist größer als der stöchiometrische Faktor F des Eisen(III)-oxid Fe_2O_3. Aufgrund des höheren Eisengehalts von fast acht Prozentpunkten wird der Grubenbesitzer bei Eisen(II)-oxid FeO mehr Gewinn erzielen.

8.2 Stöchiometrische Größen

Bei den bisherigen Betrachtungen war der Fokus auf einzelne Teilchen oder Moleküle gerichtet, die miteinander in einer chemischen Reaktion reagieren. An chemischen Reaktionen sind jedoch eine große Anzahl an Atomen, Ionen oder Molekülen beteiligt. Die stöchiometrischen Gesetzmäßigkeiten lassen sich auch auf diese Größe von Stoffportionen, die **Stoffmenge *n*** übertragen.

8.2.1 Stoffmenge *n*

Eine Stoffportion lässt sich anhand der Teilchenzahl N_A (*Avogadro*-Zahl, s. Kap. 1.5.8, S. 45), der Masse *m* oder des Volumens *V* erfassen. Für stöchiometrische Berechnungen reichen diese bekannten Größen allein nicht aus, da es bei vollständigen Umsetzungen in chemischen Reaktionen darauf ankommt, dass jedes Teilchen in ausreichender Anzahl vorhanden ist. Daher wurde die **Stoffmenge *n*** definiert, die sowohl mit der Masse *m* und dem Volumen *V* als auch mit der Anzahl der in der Stoffmenge *n* enthaltenen Teilchen *N* zusammenhängt. Die Einheit der Stoffmenge *n* ist das Mol. Festgelegt wurde die Stoffmenge von einem Mol durch die Anzahl an Teilchen, die in 12 g des Kohlenstoff-Nuklids ^{12}C enthalten sind. Der zwölfte Teil eines Mols des Kohlenstoffisotops ^{12}C hat eine Masse von 1 g (s. Kap. 5.3.2, S. 142).

Die **Stoffmenge *n*** ist die Basis-Größe, mit der die Quantität einer Stoffportion auf der Grundlage der Anzahl der darin enthaltenen Teilchen bestimmter Art angegeben wird.

Die Einheit der **Stoffmenge *n*** ist die Basiseinheit **Mol** (Einheitenzeichen: mol).

1 mol ist die Stoffmenge, die aus ebenso vielen Teilchen zusammengesetzt ist, wie Atome in 0,012 kg = 12 g des Kohlenstoff-Nuklids ^{12}C enthalten sind.

1 mol des Kohlenstoff-Nuklids ^{12}C enthalten immer $6{,}022 \cdot 10^{23}$ Teilchen. Diese Zahl wird nach dem italienischen Physiker *Amadeo Avogadro* (1776 – 1856) als ***Avogadro*-Konstante $N_A = 6{,}022 \cdot 10^{23}\ \text{mol}^{-1}$** oder nach dem österreichischen Physikochemiker *Joseph Loschmidt* (1821 – 1895) auch als ***Loschmidt*sche Zahl *L*** bezeichnet. Es gilt:

$$n(\text{i}) = \frac{N(\text{i})}{N_A}$$

n	N	N_A
mol	1	mol^{-1}

Gl. 8.3

mit $n(\text{i})$: Stoffmenge *n* eines Stoffes i, $N(\text{i})$: Teilchenanzahl eines Stoffes i

Die Reaktionsgleichung für die Reaktion von Natrium-Atomen mit Chlor-Atomen zeigt deutlich, dass hier ein Natrium-Teilchen und ein Chlor-Teilchen miteinander das Natriumchlorid-Teilchen bilden:

$$1\ \text{Na} + 1\ \text{Cl} \rightarrow 1\ \text{NaCl}$$

Statt auf einzelne Teilchen kann die Reaktion auch auf Stoffmengen *n* bezogen werden: 1 mol Natrium reagiert mit 1 mol Chlor zu 1 mol Natriumchlorid. Bei dieser Betrachtungsweise reagieren nach der Definition für die Stoffmenge *n* insgesamt $6{,}022 \cdot 10^{23}$ Natrium-Teilchen mit $6{,}022 \cdot 10^{23}$ Chlor-Teilchen zu genau $6{,}022 \cdot 10^{23}$ Natriumchlorid-Teilchen. Die Stoffmenge *n* hat demnach einen direkten Bezug zu den stöchiometrischen Koeffizienten einer Reaktionsgleichung.

8.2.2 Molare Masse *M*

Die Teilchen verschiedener Stoffe besitzen unterschiedliche Massen. Jede Stoffmenge *n* hat daher in Abhängigkeit von den Teilchen, aus denen die Stoffmenge besteht, eine bestimmte Masse: die **molare Masse** oder **Molmasse *M***.

Die **molare Masse *M*** (Molmasse) ist definiert als die Masse *m* pro Stoffmenge *n*.

$$M = \frac{m}{n}$$

M	m	n
$g \cdot mol^{-1}$	g	mol

Gl. 8.4

Die Stoffmenge *n* von 1 mol des Kohlenstoff-Nuklids ^{12}C hat eine Molmasse *M* von

$$M(^{12}C) = \frac{m}{n} = \frac{12{,}000\ g}{1\ mol} = 12{,}000\ g \cdot mol^{-1}$$

Gl. 8.5

In der Natur sind etwa 98,9 % des vorhandenen Kohlenstoffs das Nuklid ^{12}C, nur etwa 1,1 % sind das Nuklid ^{13}C (das schwach radioaktive Nuklid ^{14}C ist nur in geringen Spuren enthalten). Somit hat 1 mol Kohlenstoff aufgrund der natürlichen Isotopenverteilung eine Molmasse *M* von $M(C) = 12{,}011\ g \cdot mol^{-1}$.

Der Zahlenwert der **Molmasse *M*** eines chemischen Elements in der Einheit $g \cdot mol^{-1}$, der Zahlenwert der **absoluten Atommasse *A*** in der Einheit u und die r**elative Atommasse A_r**, die als dimensionslose Zahl der durchschnittlichen Masse eines Atoms entspricht, sind gleich (s. Kap. 1.1.1, S. 14). Die relativen Atommassen sind von der IUPAC festgelegt und sind in Tabellenwerken bzw. im Periodensystem der Elemente (s. PSE im Umschlag vorne) für jedes Element aufgeführt.

Für chemische Verbindungen wie Moleküle lässt sich aus den tabellierten relativen Atommassen A_r die jeweilige molare Masse *M* einer Verbindung berechnen. Für das Molekül Chlorwasserstoff HCl gilt:

$$M(HCl) = M(H) + M(Cl) = 1{,}008\ g \cdot mol^{-1} + 35{,}453\ g \cdot mol^{-1} = 36{,}461\ g \cdot mol^{-1}$$

Ein Mol Chlorwasserstoff hat demnach eine Masse von 36,461 g. Mit Hilfe der Molmasse *M* können so auch die Massen- und Volumenverhältnisse für alle an einer chemischen Reaktion beteiligten Stoffe angegeben werden. Beispielsweise für die Reaktion von Bariumhydroxid mit Chlorwasserstoff:

$$Ba(OH)_2\,(aq) + 2\ HCl\,(g) \rightarrow BaCl_2\,(aq) + 2\ H_2O$$

Die Summenformel der Verbindung Bariumhydroxid $Ba(OH)_2$ zeigt, dass sich die Verbindung aus einem Barium-, zwei Sauerstoff- und zwei Wasserstoff-Teilchen zusammensetzt. Die Molmasse *M* der Verbindung Bariumhydroxid errechnet sich wie folgt:

$$M(Ba(OH)_2) = M(Ba) + 2 \cdot M(O) + 2 \cdot M(H)$$

$$= 137{,}327\ g \cdot mol^{-1} + 2 \cdot 15{,}999\ g \cdot mol^{-1} + 2 \cdot 1{,}008\ g \cdot mol^{-1}$$

$$= 171{,}341\ g \cdot mol^{-1}$$

Für die vollständige Umsetzung von 1 mol Bariumhydroxid werden nach der Reaktionsgleichung 2 mol Chlorwasserstoff benötigt. Wird genau 1 mol an Bariumhydroxid, also genau 171,341 g eingesetzt, so berechnet sich die Masse an Chlorwasserstoff *m*(HCl), die nach der Reaktionsgleichung zur vollständigen Umsetzung notwendig ist, nach **Gleichung 8.4**

$$M(HCl) = \frac{m(HCl)}{n(HCl)} \leftrightarrow m(HCl) = M(HCl) \cdot n(HCl) = 36{,}461\ g \cdot mol^{-1} \cdot 2\ mol = 72{,}922\ g$$

Zur vollständigen Umsetzung von 171,341 g Bariumhydroxid muss eine Masse an Chlorwasserstoff von 72,922 g zugeführt werden. Über die Dichte von Chlorwasserstoff lässt sich das einzusetzende Volumen berechnen.

Beim Einsatz von beispielsweise Chlor-Gas in einer chemischen Reaktion ist zu berücksichtigen, dass Chlor in der Natur als zweiatomiges Molekül mit der Summenformel Cl_2 vorkommt (für die chemische Umsetzung werden die Chlor-Moleküle Cl_2 in jeweils zwei Chlor-Atome Cl aufgespalten). Dies ist bei der Berechnung der Molmasse von 1 mol Chlor-Gas zu berücksichtigen:

$$M(Cl_2) = 2 \cdot M(Cl) = 2 \cdot 35{,}453\ g \cdot mol^{-1} = 70{,}906\ g \cdot mol^{-1}$$

Die **molare Masse *M*** einer chemischen Verbindung setzt sich aus der Summe der molaren Massen der einzelnen Atome zusammen, die in der Verbindung enthalten sind. Die tiefgestellten Zahlen (Indizes) in den Summenformeln fließen als Multiplikatoren in die Berechnung ein.

Beispiel 8.7: Berechnung von molaren Massen

Wie groß sind die molaren Massen von Kalium, Fluor, Wasser, Kohlenstoffdioxid, Salpetersäure, Sulfat und Ammonium?

Lösung:

Stoff	**Summenformel**	**Molare Masse *M* des Stoffes**
Kalium	K	$M(K) = 39{,}098\ g \cdot mol^{-1} \approx 39\ g \cdot mol^{-1}$
Fluor	F_2	$M(F_2) = 2 \cdot M(F) = 2 \cdot 18{,}998\ g \cdot mol^{-1}$ $= 37{,}996\ g \cdot mol^{-1} \approx 38\ g \cdot mol^{-1}$
Wasser	H_2O	$M(H_2O) = 2 \cdot M(H) + M(O)$ $= 2 \cdot 1{,}008\ g \cdot mol^{-1} + 15{,}999\ g \cdot mol^{-1}$ $= 18{,}015\ g \cdot mol^{-1} \approx 18\ g \cdot mol^{-1}$
Kohlenstoffdioxid	CO_2	$M(CO_2) = M(C) + 2 \cdot M(O)$ $= 12{,}011\ g \cdot mol^{-1} + 2 \cdot 15{,}999\ g \cdot mol^{-1}$ $= 44{,}009\ g \cdot mol^{-1} \approx 44\ g \cdot mol^{-1}$
Salpetersäure	HNO_3	$M(HNO_3) = M(H) + M(N) + 3 \cdot M(O)$ $= 1{,}008\ g \cdot mol^{-1} + 14{,}007\ g \cdot mol^{-1} + 3 \cdot 15{,}999\ g \cdot mol^{-1}$ $= 63{,}012\ g \cdot mol^{-1} \approx 63\ g \cdot mol^{-1}$
Sulfat	SO_4^{2-}	$M(SO_4^{2-}) = M(S) + 4 \cdot M(O)$ $= 32{,}066\ g \cdot mol^{-1} + 4 \cdot 15{,}999\ g \cdot mol^{-1}$ $= 96{,}062\ g \cdot mol^{-1} \approx 96\ g \cdot mol^{-1}$
Ammonium	NH_4^+	$M(NH_4^+) = M(N) + 4 \cdot M(H)$ $= 14{,}007\ g \cdot mol^{-1} + 4 \cdot 1{,}008\ g \cdot mol^{-1}$ $= 18{,}039\ g \cdot mol^{-1} \approx 18\ g \cdot mol^{-1}$

Ausgehend von der Molmasse *M* lässt sich auch die Masse eines einzigen Atoms berechnen. Ein Wasserstoff-Atom besteht aus einem Proton und einem Elektron, wobei die Masse eines Elektrons vernachlässigbar klein ist. Zur Berechnung der Masse eines Wasserstoff-Atoms wird die Gleichung 8.4 nach der Masse *m* aufgelöst:

$$M = \frac{m}{n} \qquad \Leftrightarrow \qquad m = M \cdot n$$

Für die Stoffmenge n gilt nach **Gleichung 8.3** für ein Teilchen:

$$n = \frac{1}{N_A} = \frac{1}{6{,}022 \cdot 10^{23}} \text{ mol}$$

Daher kann durch Einsetzen dieser Gleichung in die **Gleichung 8.4** die Masse m eines einzigen Atoms berechnet werden. Hierzu wird die Molmasse M durch die Anzahl der Teilchen in einem Mol – die *Avogadro*-Konstante – geteilt. Für die Masse eines Wasserstoffatoms $m(\text{H})$ folgt damit:

$$\begin{aligned} m(\text{H}) &= M(\text{H}) \cdot n \\ &= 1{,}008 \text{ g} \cdot \text{mol}^{-1} \cdot \frac{1}{6{,}022 \cdot 10^{23}} \text{ mol} \\ &= \frac{1{,}008}{6{,}022 \cdot 10^{23}} \text{ g} \approx 1{,}674 \cdot 10^{-24} \text{ g} = 1{,}674 \cdot 10^{-27} \text{ kg} \end{aligned}$$

Der Vergleich mit dem Tabellenwert für die Masse eines Protons von $1{,}672 \cdot 10^{-27}$ kg zeigt nur eine geringe Differenz, die auf Rundungen und vor allen Dingen auf die Masse des Elektrons zurückzuführen ist. Die Masse des Elektrons beträgt $0{,}00091 \cdot 10^{-27}$ kg.

Beispiel 8.8: Berechnung der Stoffmenge *n* über die Molmasse *M*

In einer chemischen Reaktion sollen 47,5 mg Calciumchlorid eingesetzt werden. Welcher Stoffmenge entspricht dies?

Lösung:

Die Verbindung Calciumchlorid besitzt die Summenformel $CaCl_2$. Die Molmasse beträgt somit 110,984 g · mol^{-1}. Mit Hilfe der **Gleichung 8.4** kann die Stoffmenge n berechnet werden:

$$n(CaCl_2) = \frac{m(CaCl_2)}{M(CaCl_2)} = \frac{47{,}5 \cdot 10^{-3} \text{ g}}{110{,}984 \text{ g} \cdot \text{mol}^{-1}} \approx 4{,}280 \cdot 10^{-4} \text{ mol} = 0{,}428 \text{ mmol}$$

Bei der Reaktion wird eine Stoffmenge n an Calciumchlorid von rund 0,428 mmol eingesetzt.

Beispiel 8.9: Berechnung der Stoffmenge *n* und Masse *m* bei einer Reaktion

Magnesiumsulfat reagiert mit Bariumchlorid zu Bariumsulfat und Magnesiumchlorid. Wie viel Gramm Bariumsulfat können gebildet werden, wenn 123 mg Bariumchlorid eingesetzt werden?

Lösung:

Zunächst wird Reaktionsgleichung aufgestellt.

$$MgSO_4 + BaCl_2 \rightarrow BaSO_4 + MgCl_2$$

Es ist zu abzulesen, dass 1 mol Magnesiumsulfat und 1 mol Bariumchlorid zu 1 mol Bariumsulfat und 1 mol Magnesiumchlorid reagieren. Werden 123 mg Bariumchlorid eingesetzt, lässt sich nach **Gleichung 8.4** die eingesetzte Stoffmenge n berechnen:

$$n(BaCl_2) = \frac{m(BaCl_2)}{M(BaCl_2)} = \frac{0{,}123 \text{ g}}{208{,}233 \text{ g} \cdot \text{mol}^{-1}} \approx 5{,}907 \cdot 10^{-4} \text{ mol}$$

8

Nach der Reaktionsgleichung entsteht aus 1 mol Bariumchlorid genau die gleiche Stoffmenge (1 mol) an Bariumsulfat. Daher müssen aus $5{,}907 \cdot 10^{-4}$ mol Bariumchlorid auch $5{,}907 \cdot 10^{-4}$ mol Bariumsulfat gebildet werden. Über **Gleichung 8.4** wird die Masse *m* an Bariumsulfat berechnet:

$$n(\mathrm{BaSO_4}) = \frac{m(\mathrm{BaSO_4})}{M(\mathrm{BaSO_4})} \quad \Leftrightarrow \quad m(\mathrm{BaSO_4}) = n(\mathrm{BaSO_4}) \cdot M(\mathrm{BaSO_4})$$

$$m(\mathrm{BaSO_4}) = 5{,}907 \cdot 10^{-4}\,\mathrm{mol} \cdot 233{,}389\,\mathrm{g \cdot mol^{-1}} \approx 0{,}138\,\mathrm{g}$$

Bei der Reaktion entstehen beim Einsatz von 123 mg Bariumchlorid rund 138 mg Bariumsulfat.

Beispiel 8.10: Berechnung einer Eduktmenge über die Dichte

Für ein Laborexperiment soll Magnesiumband (**Bild 1**) eingesetzt werden. Vorrätig ist ein Band von 3,2 mm Breite und einer Dicke von 0,3 mm.

Welche Länge an Magnesiumband muss für das Experiment abgeschnitten werden, wenn laut Versuchsvorschrift genau 50 mmol eingesetzt werden sollen?

$\varrho_{\mathrm{Mg}} = 1{,}738\,\mathrm{g \cdot cm^{-3}}$, $M_{\mathrm{Mg}} = 24{,}305\,\mathrm{g \cdot mol^{-1}}$

Bild 1: Magnesiumband

Lösung:

Das Volumen *V* berechnet sich aus der Breite, Dicke und Länge bzw. aus der Querschnittsfläche *A* und der Länge *L*:

$$V = A \cdot L$$

Die Querschnittsfläche *A* des Magnesiumbands berechnet sich aus der gegebenen Breite und Dicke zu $A = 3{,}2\,\mathrm{mm} \cdot 0{,}3\,\mathrm{mm} = 0{,}96\,\mathrm{mm^2} = 0{,}0096\,\mathrm{cm^2}$. Mit Hilfe der Dichte ϱ folgt für die Masse *m*

$$\varrho = \frac{m}{V} \quad \Leftrightarrow \quad m = \varrho \cdot V \qquad \text{einsetzen in Gleichung 8.4} \qquad n = \frac{m}{M} = \frac{\varrho \cdot V}{M} = \frac{\varrho \cdot A \cdot L}{M}$$

Durch Umstellen der Gleichung lässt sich die Länge *L* berechnen:

$$n = \frac{m}{M} = \frac{\varrho \cdot V}{M} = \frac{\varrho \cdot A \cdot L}{M} \quad \Leftrightarrow \quad L = \frac{n \cdot M}{\varrho \cdot A} = \frac{0{,}05\,\mathrm{mol} \cdot 24{,}305\,\mathrm{g \cdot mol^{-1}}}{1{,}738\,\mathrm{g \cdot cm^{-3}} \cdot 0{,}0096\,\mathrm{cm^2}} \approx 72{,}836\,\mathrm{cm}$$

Für das Experiment müssen etwa 72,8 cm Magnesiumband eingesetzt werden.

Beispiel 8.11: Erstellen einer Summenformel aus dem Ergebnis einer Elementaranalyse

Die quantitative Analyse einer Verbindung (Elementaranalyse) hat ergeben, dass die kaliumhaltige Verbindung 36,73 % elementaren Sauerstoff und 18,40 % elementaren Schwefel enthält. Um welche Verbindung handelt es sich?

Lösung:

Element	Sauerstoff O	Schwefel S	Kalium K
Massenanteil	36,73 %	18,40 %	44,87 %
Stöchiometrischer Faktor *F*	0,3673	0,1840	0,4487
Masse *m* bezogen auf eine Probe von 100 g	36,73 g	18,40 g	44,87 g

Element	Sauerstoff O	Schwefel S	Kalium K
Berechnung der Stoffmenge n nach Gleichung 8.4: $n = \frac{m}{M}$	$n = \frac{36{,}73\ g}{15{,}999\ g \cdot mol^{-1}}$ $n \approx 2{,}296\ mol$	$n = \frac{18{,}40\ g}{32{,}066\ g \cdot mol^{-1}}$ $n \approx 0{,}574\ mol$	$n = \frac{44{,}87\ g}{39{,}098\ g \cdot mol^{-1}}$ $n \approx 1{,}148\ mol$
Stoffmengenverhältnis $\frac{n}{n_{min}}$	$\frac{2{,}296\ mol}{0{,}574\ mol} = 4$	$\frac{0{,}574\ mol}{0{,}574\ mol} = 1$	$\frac{1{,}148\ mol}{0{,}574\ mol} = 2$
relative Häufigkeit des Elements in der Verbindung (Verhältniszahl, Atommultiplikator)	4	1	2

Die Stoffmengen der drei Elemente in der Verbindung stehen im Verhältnis von

$$n(O) : n(S) : n(K) = 4 : 1 : 2$$

Da das Stoffmengenverhältnis der Elemente nichts anderes zum Ausdruck bringt als das Verhältnis der stöchiometrischen Koeffizienten, weist die fragliche Verbindung die Summenformel $O_4S_1K_2$ auf. Ein Sulfat-Ion besitzt für die Teilchen Schwefel und Sauerstoff ein Teilchenverhältnis von 1:4. Die gesuchte Verbindung könnte somit ein Sulfat-Anion SO_4^{2-} enthalten. Diese Annahme passt zu der berechneten Verhältniszahl für Kalium, da Kalium-Teilchen als einfach positiv geladene Kationen vorkommen. Die gesuchte Verbindung ist somit Kaliumsulfat mit der Summenformel K_2SO_4.

8.2.3 Stoffmengenkonzentration

Viele Stoffe werden nicht als reine Stoffe, sondern in Form von Lösungen eingesetzt. Hierzu wird eine Stoffmenge *n*, eine Masse *m* oder bei flüssigen Stoffen ein Volumen *V* in einem bestimmten Volumen gelöst. Bei dieser Angabe des Volumens handelt es sich nicht um das Volumen an reinem Lösemittel, das zum Herstellen der Lösung eingesetzt wird, sondern immer um das Volumen der Lösung, also das **Volumen der Mischphase** (Solvat und Solvens). Der Mengenanteil, mit dem ein Stoff im Gesamtvolumen aus Stoff (Solvat) und Lösemittel (Solvens) gelöst ist, wird als **Konzentration** bezeichnet.

> Unter **Konzentration** wird jeder Quotient verstanden, der das Volumen der Mischphase im Nenner hat.

Die meist verwendete zugehörige stöchiometrische Größe ist die **Stoffmengenkonzentration *c*** (früher: Molarität), die in Anlehnung an die Volumenangaben von Labormessgeräten die Einheit $mol \cdot L^{-1}$ oder $mol \cdot cm^{-3}$ besitzt. Sie berechnet sich aus der Stoffmenge *n* eines Stoffes i pro Volumen *V*.

Für die Stoffmengenkonzentration *c* eines Stoffes i gilt somit:

$$c(i) = \frac{n(i)}{V}$$

c	n	V
$mol \cdot L^{-1}$	mol	L

Gl. 8.6

Der Stoff i, auf den sich die Zahlenangabe bezieht, wird aus Gründen der Übersichtlichkeit häufig auch als Index angegeben. Diese Schreibweise ist gleichbedeutend mit der Angabe des Stoffes in Klammern nach der Variablen. Beide Schreibweisen werden in der Praxis synonym verwendet.

> Die **Stoffmengenkonzentration *c*(i)** gibt an, welche Stoffmenge *n* eines Stoffes i in einem bestimmten Volumen an Lösung (nicht Lösemittel!) enthalten ist.
>
> Die Einheit der Stoffmengenkonzentration *c*(i) ist $mol \cdot L^{-1}$.

Ein **Anwendungsbeispiel** verdeutlicht die Definition der Stoffmengenkonzentration. Für einen Laborversuch sollen aus festem Natriumhydroxid NaOH und Wasser 2,5 L Natronlauge NaOH (aq) mit einer Stoffmengenkonzentration von $c(\text{NaOH}) = 0{,}15\ \text{mol} \cdot \text{L}^{-1}$ hergestellt werden. Zunächst wird nach der **Gleichung 8.6** die Stoffmenge an Natriumhydroxid NaOH berechnet, die in 2,5 L Lösung enthalten sind:

$$c(\text{i}) = \frac{n(\text{i})}{V} \Leftrightarrow n(\text{i}) = c(\text{i}) \cdot V \qquad n(\text{NaOH}) = c(\text{NaOH}) \cdot V(\text{Natronlauge}) = 0{,}15\ \text{mol} \cdot \text{L}^{-1} \cdot 2{,}5\ \text{L} = 0{,}375\ \text{mol}$$

Nach **Gleichung 8.4** kann aus der Stoffmenge n und der Molmasse M die abzuwiegende Masse m an Natriumhydroxid bestimmt werden:

$$n = \frac{m}{M} \Leftrightarrow m = n \cdot M \qquad m(\text{NaOH}) = n(\text{NaOH}) \cdot M(\text{NaOH}) = 0{,}375\ \text{mol} \cdot 39{,}997\ \text{g} \cdot \text{mol}^{-1} \approx 14{,}999\ \text{g}$$

Für die Herstellung von 2,5 L 0,15 molarer Natronlauge werden rund 15 g Natriumhydroxid NaOH in einen 2,5-L-Kolben gegeben und in etwas destilliertem Wasser gelöst. Anschließend wird der Kolben bis zur 2,5-L-Eichmarke mit destilliertem Wasser weiter aufgefüllt.

Das Gesamtvolumen der Lösung von 2,5 L setzt sich aus dem Volumen des Lösemittels Wasser und dem Volumen des gelösten Stoffes zusammen. Die solvatisierten Natrium- und Hydroxid-Ionen in der Lösung tragen also zum Gesamtvolumen der Lösung bei und dürfen nicht vernachlässigt werden. Das Volumen des Lösemittels Wasser ist daher geringer als das Gesamtvolumen der Lösung (Mischphase).

Die Angabe der Konzentration bezieht sich immer auf das Volumen der Mischphase.

Mit zunehmender Stoffmengenkonzentration der Lösung vergrößert sich in der Regel auch die Dichte. Die Dichte einer Lösung ist somit größer als die Dichte des reinen Lösemittels und ist abhängig vom gelösten Stoff.

Beispiel 8.12: Berechnung der Stoffmenge *n* und der Masse *m* einer Lösung

In einer Bürette (**Bild 1**) befindet sich Kalilauge KOH (aq) mit der Stoffmengenkonzentration $c(\text{KOH}) = 0{,}02\ \text{mol} \cdot \text{L}^{-1}$. Welche Stoffmenge und Masse an Kaliumhydroxid werden aus der Bürette entnommen, wenn genau ein Milliliter Lösung abgelassen wird?

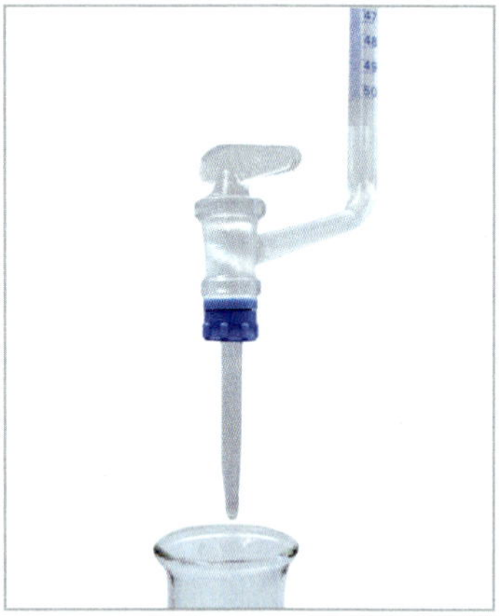

Bild 1: Bürette gefüllt mit Kalilauge

Lösung:

Die Stoffmenge n an Kaliumhydroxid berechnet sich nach der **Gleichung 8.6**:

$$n(\text{KOH}) = c(\text{KOH}) \cdot V(\text{Kalilauge}) = 0{,}02\ \text{mol} \cdot \text{L}^{-1} \cdot 0{,}001\ \text{L} = 0{,}00002\ \text{mol} = 2 \cdot 10^{-5}\ \text{mol}$$

Hieraus kann nach **Gleichung 8.4** die Masse m an Kaliumhydroxid bestimmt werden:

$$m(\text{KOH}) = n(\text{KOH}) \cdot M(\text{KOH}) = 0{,}00002\ \text{mol} \cdot 56{,}15\ \text{g} \cdot \text{mol}^{-1} \approx 0{,}001122\ \text{g} = 1{,}122\ \text{mg}$$

In einem Milliliter 0,02 molarer Kalilauge sind $2 \cdot 10^{-5}$ mol bzw. rund 1,122 mg Kaliumhydroxid enthalten. Das Beispiel zeigt, welche geringen Stoffmengen n bzw. Massen m mit Hilfe von Lösungen abgemessen werden können.

Aus Lösungen bekannter Stoffmengenkonzentration c können durch Verdünnen leicht auch geringer konzentriertere Lösungen hergestellt werden. Hierzu werden häufig Lösungen mit bekannter Stoffmengenkonzentration c, so genannte **eingestellte Lösungen** oder **Maßlösungen** verwendet.

Anwendungsbeispiel Titration

Maßlösungen finden auch Einsatz in der quantitativen Analyse zur **maßanalytischen Bestimmung**, der sog. **Maßanalyse, Volumetrie** oder **Titration**. Hierbei wird zu einer Probelösung unbekannter Konzentration, dem **Titrand**, eine Lösung bekannter Konzentration, eine **Maßlösung, Titrator** bzw. **Titrierflüssigkeit** oder **Titrans**, aus einer Bürette zugetropft.

Wenn der Titrand in der Vorlage und Titrator aus der Bürette miteinander reagieren, zeigen ein zugesetzter **Indikator** (lat. *indicare*: anzeigen) oder elektrochemische bzw. physikalische Methoden den Punkt an, an dem die Stoffmenge der zugetropften Substanz und die Stoffmenge in der Lösung äquivalent sind (lat. *aequus*: gleich; *valens*: stark). Dieser Punkt wird daher auch als **Äquivalenzpunkt** oder **stöchiometrischer Punkt** bezeichnet. Die in **Bild 1** dargestellte Titrationskurve zeigt den Verlauf der Titration einer starken Säure mit einer starken Base (Säure-Base-Titration) durch die kontinuierliche Messung des pH-Werts mit einer pH-Elektrode (physikalische Methode). Die Titrationskurve zeigt an der Stelle des Äquivalenzpunkts einen sprunghaften Anstieg mit einem Wendepunkt in der Kurve (s. Kap. 13.5, S. 403). Zu Beginn der Titration überwiegt die Stoffmenge an Titrand, der pH-Wert in der Vorlagelösung ist in dem in **Bild 1** gezeigten Beispiel niedrig. Nach dem Äquivalenzpunkt ist die Stoffmenge an Titrator in der vorgelegten Lösung größer als die Stoffmenge an Titrand. Die Vorlagenlösung besitzt in diesem Bereich einen hohen pH-Wert. Liegen die beiden Reaktionspartner in einem stöchiometrischen Verhältnis vor, neutralisieren sich die Säure und die Base, so dass die Lösung mit einem pH-Wert von pH = 7 neutral reagiert.

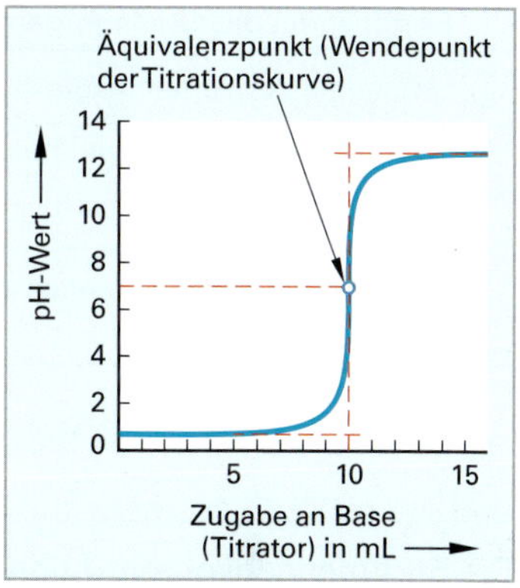

Bild 1: Titrationskurve

Aus dem Volumen der zugetropften Maßlösung V(Titrator) bis zum Äquivalenzpunkt und ihrer Stoffmengenkonzentration c(Titrator) kann die Konzentration der Probelösung berechnet werden. Voraussetzung allerdings ist, dass die Stoffmengenkonzentration der Maßlösung vorher exakt und tatsächlich genau eingestellt wurde (Bestimmung des Titers).

Den grundsätzlichen Ablauf einer **volumetrischen Analyse** verdeutlicht das folgende **Anwendungsbeispiel**. Die Konzentration einer Salzsäure soll titrimetrisch bestimmt werden. Hierzu werden für die Titration 50 mL Salzsäure mit einigen Tropfen Bromthymolblau als Indikatorlösung in einem Erlenmeyerkolben vorgelegt (**Bild 2**). Der Indikator färbt die Vorlagelösung gelb.

Über eine Bürette wird eine Calciumhydroxidlösung mit der Stoffmengenkonzentration $c(Ca(OH)_2) = 0{,}01\ mol \cdot L^{-1}$ langsam zugetropft.

Bei einer Zugabe von $V(Ca(OH)_2) = 13{,}2\ mL$ verfärbt sich der Indikator grün. Hier ist der Äquivalenzpunkt erreicht: Calciumhydroxidlösung und Salzsäure liegen in einem stöchiometrischen Verhältnis vor; Säure und Lauge neutralisieren sich. Würde weitere Calciumhydroxidlösung zugetropft, färbte sich die Vorlagelösung blau. Calciumhydroxidlösung läge in diesem Fall im Überschuss vor, der Äquivalenzpunkt wäre überschritten („übertitriert").

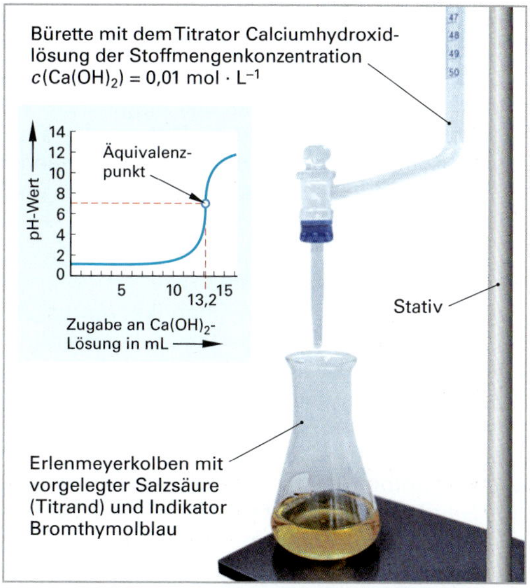

Bild 2: Aufbau der volumetrischen Analyse von Salzsäure mit Calciumhydroxidlösung (Titration) und schematische Titrationskurve

8

Die Auswertung der Titration verläuft nach folgenden Schritten, die sich auf andere Problemstellungen übertragen lassen.

①	Aufstellen der Reaktionsgleichung	$2\,HCl(aq) + Ca(OH)_2(aq) \rightarrow Ca^{2+}(aq) + 2\,Cl^-(aq) + 2\,H_2O$
②	Aus der Reaktionsgleichung ist abzulesen: 2 mol HCl (aq) reagieren mit 1 mol $Ca(OH)_2$ (aq) Es gilt somit das Stoffmengenverhältnis:	$\frac{n(HCl)}{n(Ca(OH)_2)} = \frac{2}{1}$
③	Umstellen der Verhältnisgleichung	$1 \cdot n(HCl) = 2 \cdot n(Ca(OH)_2)$
④	Ersetzen der Stoffmengen nach **Gleichung 8.6** $c(i) = \frac{n(i)}{V(i)} \Rightarrow n(i) = c(i) \cdot V(i)$	$1 \cdot c(HCl) \cdot V(HCl) = 2 \cdot c(Ca(OH)_2) \cdot V(Ca(OH)_2)$
⑤	Auflösen der Gleichung nach der unbekannten Größe $c(HCl)$	$c(HCl) = \frac{2 \cdot c(Ca(OH)_2) \cdot V(Ca(OH)_2)}{V(HCl)}$
⑥	Einsetzen der bekannten Größen	$c(HCl) = \frac{2 \cdot 0{,}01\ mol \cdot L^{-1} \cdot 13{,}2\ mL}{50\ mL} = 0{,}00528\ mol \cdot L^{-1} \approx 0{,}005\ mol \cdot L^{-1}$

Die Stoffmengenkonzentration der untersuchten Salzsäure $c(HCl)$ beträgt rund $0{,}005\ mol \cdot L^{-1}$.

Bei dieser Neutralisationsreaktion reagieren Salzsäure und Calciumhydroxidlösung – wie die Reaktionsgleichung zeigt – in einem Stoffmengenverhältnis von 2:1 miteinander. Dieses Verhältnis der Stoffmengen ist in die Berechnung der Stoffmengenkonzentration c unbedingt einzubeziehen.

Die Calcium- und die Chlorid-Ionen bleiben unverändert in Lösung und es entsteht bei der Reaktion Wasser. Liegen die beiden Lösungen Salzsäure und Calciumhydroxidlösung in der Vorlage in einem stöchiometrischen Verhältnis vor, sind weder Hydronium-Ionen H_3O^+ noch Hydroxid-Ionen OH^- im Überschuss vorhanden. Die Vorlagenlösung reagiert dann neutral, der pH-Wert beträgt pH = 7.

8.2.4 Zustandsgrößen von Gasen

Bei chemischen Umsetzungen werden häufig Gase eingesetzt. Gase besitzen eine geringe Stoffdichte (s. Kap. 1.5.7, S. 37), so dass die Stoffportionen für die Umsetzung meist nicht abgewogen, sondern über das eingesetzte Volumen abgemessen werden. Notwendig sind hierzu Kenntnisse über die Zusammenhänge von Stoffmenge n, Temperatur T, Druck p und Volumen V bei Gasen.

Das Erste Gesetz von *Gay-Lussac*

Der französische Physiko-Chemiker *Louis Joseph Gay-Lussac* (1778–1850) beschäftigte sich mit dem Verhalten von Gasen. In einem Versuch füllte er gleiche Volumina von drei verschiedenen Gasen bei Raumtemperatur in Kolbenprober (**Bild 1**). Anschließend erwärmte er alle drei Kolbenprober auf die gleiche Temperatur. *Gay-Lussac* stellte fest, dass alle Gase mit der Temperaturerhöhung expandieren (ausdehnen). Dabei nehmen die Gase unabhängig von ihrer Stoffart bei einem bestimmten Druck und einer bestimmten Temperatur ein bestimmtes Volumen ein.

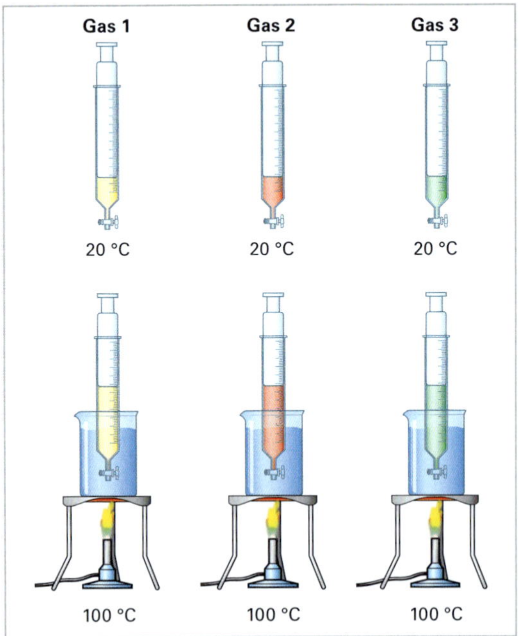

Bild 1: Der Versuch von *Gay-Lussac*: Änderung des Gasvolumens beim Erwärmen von drei verschiedenen Gasen

Ein beliebiges Gas nimmt bei einer bestimmten Temperatur und einem bestimmten Druck ein bestimmtes Volumen ein.

Das Volumen ist von der Stoffart des Gases unabhängig.

Der Versuch von *Gay-Lussac* zeigt, dass zur Beschreibung der Eigenschaften des betrachteten Systems die physikalischen Größen Temperatur T, Druck p und Volumen V der Gase verwendet werden. Diese drei Größen beschreiben den vorliegenden **Zustand** des betrachteten Systems und sind unabhängig davon, wie dieser Zustand erreicht wurde; es spielt also keine Rolle, ob zum Erreichen einer Temperatur von 10 °C das System vorher eine Temperatur von 15 °C oder von 5 °C gehabt hat. Die Größen Temperatur T, Druck p und Volumen V werden daher als **Zustandsgrößen** bezeichnet. Sie beschreiben den Zustand eines homogenen Systems vollständig.

Die Größen **Temperatur T, Druck p** und **Volumen V** beschreiben vollständig den Zustand eines homogenen Systems. Sie werden daher als **Zustandsgrößen** bezeichnet.

Um verschiedene Gase miteinander vergleichen zu können, werden Stoffparameter von Gasen bei den festgelegten **Normbedingungen** mit der **Normtemperatur T_0 = 273,15 K** (ϑ = 0 °C) und dem **Normdruck p_0 = 1013,25 hPa = 1013,25 mbar** angegeben.

Das Volumen V eines Gases, das sich auf die Stoffmenge n bezieht, ist das **molare Volumen V_m**.

$$V_m = \frac{V(i)}{n(i)}$$

V_m	V	n
$dm^3 \cdot mol^{-1} = L \cdot mol^{-1}$	$dm^3 = L$	mol

Gl. 8.7

Das **molare Volumen bei Normbedingungen** (molares Normvolumen) erhält häufig die Kennzeichnung $V_{m,n}$ oder $V_{m,0}$.

In dem Gasversuch von *Gay-Lussac* ist der Kolben des Kolbenprobers beweglich. Daher bleibt der Druck im Inneren jedes Kolbenprobers gleich dem (atmosphärischen) Außendruck. Mit Erhöhung der Temperatur ändert sich nur das Volumen: die Gasteilchen besitzen durch die Energiezufuhr eine größere Bewegungsenergie, die mit einer Erhöhung des Raumbedarfs des Gases verbunden ist. Das Gas expandiert, der Zustand des Gases ändert sich.

Der Druck p bleibt bei dieser Zustandsänderung konstant. Diese Änderung des Zustands wird daher als **isobare Zustandsänderung** (griech. *isos*: gleich; *baros*: Schwere, Gewicht) bezeichnet. Mit Erhöhung der Temperatur kommt es zu einer Volumenvergrößerung, so dass von **isobarer Expansion** gesprochen wird, bei einer Temperaturerniedrigung und somit einer Verringerung des Volumens von **isobarer Kontraktion**. Bei konstantem Druck verhalten sich das Volumen V und die Temperatur T zueinander proportional.

Isobare Zustandsänderung eines Gases (Erstes Gesetz von *Gay-Lussac*)

Bei konstantem Druck p verhalten sich die Temperatur T und das Volumen V eines eingeschlossenen Gases zueinander proportional.

Für p = konstant gilt: $V \sim T$

Hieraus folgt:

$$\frac{V_1}{V_2} = \frac{T_1}{T_2}$$

V	T
dm^3 = L	K

Gl. 8.8

mit dem Index 1 für einen beliebigen Zustand 1 und Index 2 für einen beliebigen Zustand 2.

Aus den Untersuchungen von *Gay-Lussac* kann auch gefolgert werden, dass es einen absoluten Temperaturnullpunkt geben muss (s. Kap. 1.5.2, S. 24) und dass ein Volumen nicht negativ werden kann.

Beispiel 8.13: Berechnung eines Gasvolumens nach Temperaturerhöhung

In einem Kolbenprober befindet sich eine Gasportion, die bei – 20,5 °C ein Volumen von 45,5 mL aufweist. Wie groß ist das Gasvolumen nach einem Temperaturanstieg auf + 29,5 °C?

Lösung:

Der Druck ändert sich hier nicht, da der Kolben des Kolbenprobers beim Temperaturanstieg herausgedrückt wird. Der Innendruck ist hier immer gleich dem (atmosphärischen) Außendruck. Es handelt sich daher um eine isobare Zustandsänderung, für die die **Gleichung 8.8** gilt. Diese Zustandsgleichung ist nach dem Volumen V_2 aufzulösen. (Die Parameter nach der Temperaturerhöhung wurden in diesem Fall mit dem Index 2 bezeichnet: T_2, V_2.)

Die Temperatur ist bei Zustandsgleichungen immer als **thermodynamische Temperatur *T*** in der Einheit Kelvin einzusetzen.

$$\frac{V_1}{V_2} = \frac{T_1}{T_2} \Leftrightarrow V_2 = V_1 \cdot \frac{T_2}{T_1} = 45{,}5\ \text{mL} \cdot \frac{(273{,}15 + 29{,}5)\ \text{K}}{(273{,}15 + (-20{,}5))\ \text{K}} = 45{,}5\ \text{mL} \cdot \frac{302{,}65\ \text{K}}{252{,}65\ \text{K}} \approx 54{,}5\ \text{mL}$$

Das Gasvolumen beträgt nach dem Temperaturanstieg auf 29,5 °C = 302,65 K etwa 54,5 mL.

Das Zweite Gesetz von *Gay-Lussac*

Auf vielen Behältern auch im Haushalt ist vermerkt, dass der Behälter unter Druck steht (**Bild 1**). Diese Behälter dürfen nicht über eine bestimmte Temperatur erwärmt werden. Befindet sich in einem solchen Druckgasbehälter ein Gas, so kann es sich bei Temperaturerhöhung nicht ausdehnen, da das Volumen des Druckgasbehälters konstant ist. Durch die Temperaturerhöhung wird den Gasteilchen jedoch Energie zugeführt, so dass sie sich stärker bewegen und häufiger gegen die Behälterwände prallen: der Druck (Kraft pro Fläche) im Behälter steigt an. Wird der Druck im Druckgasbehälter zu groß, so kann der Behälter bersten.

Bild 1: Warnhinweis auf Druckgasbehältern

Die Gasteilchen erfahren durch die Erhöhung oder Erniedrigung der Temperatur T eine Zustandsänderung. Da das Volumen V in diesem Fall konstant bleibt, wird diese Änderung des Zustands daher als **isochore Zustandsänderung** (griech. *isos*: gleich; *chora*: Raum) bezeichnet. Der Druck p und die Temperatur T verhalten sich in diesem Fall zueinander proportional.

Isochore Zustandsänderung eines Gases (Zweites Gesetz von *Gay-Lussac*)

Wird das Volumen V eines eingeschlossenen Gases konstant gehalten (keine Volumenänderung), verhalten sich Druck p und Temperatur T des Gases zueinander proportional.

Für V = konstant gilt: $p \sim T$

Hieraus folgt:

$\frac{p_1}{p_2} = \frac{T_1}{T_2}$	p	T	**Gl. 8.9**
	$N \cdot m^{-2} = Pa$	K	

mit dem Index 1 für einen beliebigen Zustand 1 und Index 2 für einen beliebigen Zustand 2.

Beispiel 8.14: Berechnung einer Druckänderung bei Erhöhung der Temperatur

In einer geschlossenen Laborapparatur wird ein Anfangsdruck von 1012 hPa gemessen. Laut Herstellerangaben beschädigt ein Druckanstieg auf mehr als 1350 hPa den in die Apparatur eingebauten Sensor.

Im Verlauf einer chemischen Reaktion steigt die Temperatur in der geschlossenen Apparatur von 20,7 °C auf 95,2 °C.

a) Ist es erforderlich, die Apparatur zu kühlen, um den Druck zu senken?

b) Welche maximale Temperatur darf nicht überschritten werden?

Lösung:

a) Das Volumen der Laborapparatur ist konstant. Durch die Temperaturerhöhung während der Reaktion kommt es zu einer isochoren Druckänderung. Es gilt:

V = konstant oder $\Delta V = V_2 - V_1 = 0$ bzw. $\frac{V_1}{V_2} = 1$

Über Gleichung 8.9 berechnet sich der Druck p_2 nach der Temperaturerhöhung:

$$\frac{p_1}{p_2} = \frac{T_1}{T_2} \quad \Leftrightarrow \quad p_2 = p_1 \cdot \frac{T_2}{T_1} = 1012\ \text{hPa} \cdot \frac{(273{,}15 + 95{,}2)\ \text{K}}{(273{,}15 + 20{,}7)\ \text{K}}$$

$$= 1012\ \text{hPa} \cdot \frac{368{,}35\ \text{K}}{293{,}85\ \text{K}}$$

$$\approx 1268{,}57\ \text{hPa}$$

Der durch die Temperaturerhöhung entstandene Druck p_2 in der Apparatur liegt noch unterhalb des maximal verträglichen Drucks für den Sensor. Die Apparatur muss deshalb nicht gekühlt werden.

b) Durch Einsetzen des maximal erlaubten Drucks von 1350 hPa in die Gleichung 8.9 und Auflösen der Gleichung nach T_2 lässt sich die Temperatur berechnen, die maximal erreicht werden darf:

$$\frac{p_1}{p_2} = \frac{T_1}{T_2} \quad \Leftrightarrow \quad T_2 = T_1 \cdot \frac{p_2}{p_1} = (273{,}15 + 20{,}7)\ \text{K} \cdot \frac{1350\ \text{hPa}}{1012\ \text{hPa}} = 293{,}85\ \text{K} \cdot \frac{1350\ \text{hPa}}{1012\ \text{hPa}}$$

$$\approx 391{,}99\ \text{K}$$

Steigt die Temperatur über 391,99 K = 118,84 °C, dann übersteigt der Druck über den erlaubten Maximaldruck für den Sensor.

8

Das Gesetz von *Boyle-Mariotte*

Durch die Vergrößerung des Drucks *p* in einem Behälter bei konstanter Temperatur verringert sich das Volumen *V*. Andersherum ergibt sich bei Vergrößerung des Volumens ein geringerer Druck. Die beiden Zustandsgrößen Druck *p* und Volumen *V* verhalten sich also umgekehrt proportional (antiproportional) zueinander.

Da diese Zustandsänderung unter gleichbleibender Temperatur abläuft, wird dies als **isotherme Zustandsänderung** bezeichnet. Diese Gesetzmäßigkeit wurde unabhängig von den Physikern *Robert Boyle* (1627–1691) und *Edme Mariotte* (1620–1684) formuliert.

Isotherme Zustandsänderung eines Gases (Gesetz von *Boyle-Mariotte*)

Wird die Temperatur *T* konstant gehalten, verhalten sich Druck *p* und Volumen *V* eines eingeschlossenen Gases zueinander gegenläufig oder antiproportional.

Für T = konstant gilt: $p \sim \frac{1}{V}$

Hieraus folgt:

$$\frac{p_1}{p_2} = \frac{V_2}{V_1}$$

p	V
$N \cdot m^{-2} = Pa$	$dm^3 = L$

Gl. 8.10

mit dem Index 1 für einen beliebigen Zustand 1 und Index 2 für einen beliebigen Zustand 2.

Wird durch das Hineindrücken des Kolbens eines Kolbenprobers das Volumen des Systems verkleinert, stoßen die Gasteilchen häufiger aufeinander und an die Behälterwand. Es kommt zu einer **isothermen Kompression**, also einem Druckanstieg, ohne dass sich die Temperatur ändert. Der innere Druckanstieg ist spürbar, da mit zunehmender Volumenverringerung auch immer mehr Kraft auf den Kolben ausgeübt werden muss. Bei einer Volumenvergrößerung prallen die Gasteilchen nicht so häufig auf die Behälterwand, so dass sich der Druck vermindert. Man spricht von einer **isothermen Expansion**.

Zustandsänderungen bei gleichbleibender Temperatur (isotherme Zustandsänderungen) setzen voraus, dass entstehende oder notwendige Wärme ab- bzw. zugeführt wird. Wird beispielsweise bei der Verdichtung eines Gases die Kompressionswärme nicht oder nicht ausreichend abgeführt, so erwärmt sich das Gas. Dieser Effekt wird u. a. bei der Verwendung einer Fahrradluftpumpe durch eine Erwärmung des Pumpenzylinders spürbar.

Das Gegenteil wird erreicht, wenn ein komprimiertes Gas **adiabatisch** entspannt wird (griech. *a*: nicht; *diabaínein*: hindurchgehen), d. h. es kommt zu einer **Volumenvergrößerung ohne Wärmeaustausch mit der Umgebung**. Ein Gas, bei dem zwischen den einzelnen Volumenteilchen des Gases Anziehungskräfte vorhanden sind, kühlt sich bei adiabatischer Entspannung ab. Dieser Effekt wird nach *James Prescott Joule* (1818–1889) und *William Thomson* (später: *Lord Kelvin*; 1824–1907) als ***Joule-Thompson*-Effekt** bezeichnet. Gase, bei denen dieser Effekt zu beobachten ist, werden als **reale Gase** bezeichnet. Im Gegensatz hierzu herrschen bei einem **idealen Gas** keine Anziehungskräfte zwischen den einzelnen Gasteilchen und das Volumen der Gasteilchen ist vernachlässigbar klein. Bei einem idealen Gas ist somit keine Abkühlung des Gases bei einer adiabatischen Entspannung zu beobachten.

Sind zwischen den einzelnen Gasteilchen Anziehungskräfte vorhanden, so dass sich die Teilchen eines Gases gegenseitig beeinflussen, so handelt es sich um ein **reales Gas**.

Bei der Modellvorstellung für ein **ideales Gas** wird angenommen, dass auf die einzelnen Teilchen keinerlei Kräfte wie die *London*- oder *Van-der-Waals*-Kräfte wirken, so dass sie sich frei in dem geschlossenen System bewegen können.

Alle Gasteilchen eines **idealen Gases** besitzen ein vernachlässigbar kleines Eigenvolumen (ausdehnungslose Massepunkte).

Gasteilchen füllen das zur Verfügung stehende Volumen eines Systems aus. Bei der Vergrößerung des Volumens bewegen sich die Teilchen weiter, um den neu entstandenen Raum zu erreichen und zu füllen. Hierfür benötigen sie Bewegungsenergie.

Bei adiabatischer Entspannung kann kein Wärmeaustausch mit der Umgebung stattfinden, so dass die erforderliche Energie aus dem System selbst gezogen wird. Die Wärmeenergie der Gasteilchen wird dann in Bewegungsenergie umgewandelt, so dass dies zu einer Abkühlung des Gases führt.

Die Wiederholung der adiabatischen Entspannung dieses kühleren Gases kühlt es noch weiter ab. Fällt die Gastemperatur schließlich unter die Siedetemperatur des Gases, wird das Gas flüssig. Noch heute wird daher der *Joule-Thomson*-Effekt industriell zur Gewinnung flüssiger Gase wie Flüssigstickstoff oder flüssigem Sauerstoff genutzt.

Eine schematische Anlage zur Luftverflüssigung nach dem ***Linde*-Verfahren** (nach *Carl von Linde*, 1842–1934) zeigt **Bild 1**. Die Luft wird auf bis zu 2 bis 104 kPa verdichtet und die hierbei auftretende Kompressionswärme wird in Gegenstromwärmeaustauschern abgeführt. Das abgekühlte Gas kann durch Entspannung weiter abkühlen. Die vielmalige Wiederholung von Kompression, Gegenkühlung und Entspannung führt schließlich zur Kondensation der Luft. Flüssige Luft wird erhalten.

Bei den Gasen Wasserstoff und Helium sind zwischen den Volumenteilchen der Gase praktisch keine Anziehungskräfte vorhanden. Diese Gase kommen dem Modell für ideale Gase sehr nahe und können daher als annähernd ideale Gase (Gase mit idealem Verhalten) bezeichnet werden. Flüssiger Wasserstoff und flüssiges Helium werden aus diesem Grund nicht über **adiabatische Entspannung** gewonnen.

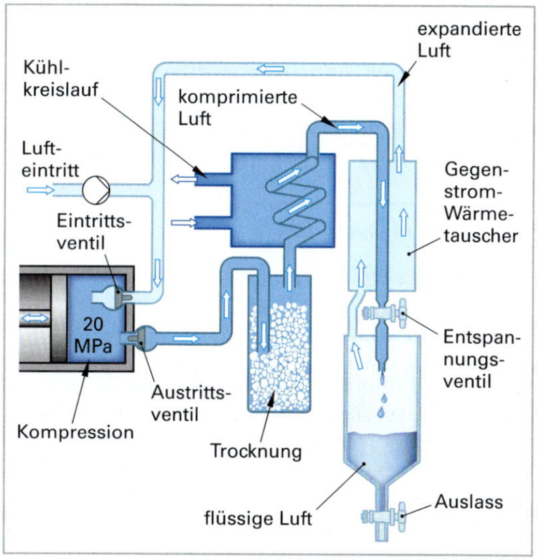

Bild 1: Schematische Anlage zur Luftverflüssigung nach dem *Linde*-Verfahren

Beispiel 8.15: Isotherme Zustandsänderung

Wie ändert sich der Druck in einem Kolbenprober, wenn das eingeschlossene Gas isotherm um ein Drittel komprimiert wird?

Lösung:

Da die Temperatur bei der Kompression konstant bleiben soll (isotherme Zustandsänderung), gilt:

T = konstant bzw. $\Delta T = T_2 - T_1 = 0$

Bei einer Kompression um ein Drittel wird das Gas auf zwei Drittel seines Ausgangsvolumens V_1 komprimiert, so dass für das Endvolumen V_2 gilt: $V_2 = \frac{2}{3} V_1$

8

Mit Hilfe der **Gleichung 8.10** für die isotherme Zustandsänderung folgt:

$$\frac{p_1}{p_2} = \frac{V_2}{V_1} \quad \Leftrightarrow \quad p_2 = p_1 \cdot \frac{V_1}{V_2} = p_1 \cdot \frac{V_1}{\frac{2}{3} \cdot V_1} = p_1 \cdot \frac{3}{2} = 1{,}5 \cdot p_1$$

Bei isothermer Kompression um ein Drittel beträgt der Druck p_2 das 1,5-Fache des Anfangsdrucks p_1.

Das Gesetz von *Avogadro*

Eine weitere Eigenschaft von idealen Gasen ist die Gleichförmigkeit (Homogenität). Ideale Gase besitzen überall dieselbe Dichte. Wird von einem idealen Gas in einem großen Behälter eine Teilmenge eingeschlossen, enthält diese Menge dieselbe Stoffmenge wie eine gleichgroße Teilmenge, die an einer anderen Stelle des Behälters eingeschlossen worden ist. Teilt man den gesamten Behälterinhalt auf zwei gleichgroße Volumina auf, enthält jedes Teilvolumen die Hälfte er ursprünglichen Stoffmenge.

Diese Eigenschaft idealer Gase fasste der italienische Physiker *Amadeo Avogadro* (1776–1856) in einem Gesetz zusammen.

Das **Gesetz von *Avogadro*** sagt aus, dass zwei gleich große Gasvolumina V_1 und V_2, die dieselbe Temperatur T haben und unter demselben Druck p stehen, auch dieselbe Teilchenzahl bzw. Stoffmenge n einschließen. Dies gilt auch dann, wenn die Volumina verschiedene Gase enthalten.

Gesetz von *Avogadro*

Gleiche Gasvolumina enthalten bei gleicher Temperatur und bei gleichem Druck die gleiche Anzahl von Teilchen unabhängig von der Stoffart des Gases.

oder:

Bei gleichbleibender Temperatur T und gleichbleibendem Druck p ist das Volumen V proportional zur Stoffmenge n.

Für T = konstant und p = konstant gilt: $V \sim n$

Hieraus folgt:

$$\frac{V_1}{V_2} = \frac{n_1}{n_2}$$

V	n
$dm^3 = L$	mol

Gl. 8.11

mit dem Index 1 für einen beliebigen Zustand 1 und Index 2 für einen beliebigen Zustand 2.

Andersherum formuliert ist das molare Volumen V_m bei einer bestimmten Temperatur T und bei einem bestimmten Druck p für alle idealen Gase identisch. Die Stoffmenge n = 1 mol eines idealen Gases nimmt bei einer Temperatur von T = 273,15 K (ϑ = 0 °C) und einem Druck von p = 1013,25 hPa (Normbedingungen) immer ein Volumen V von rund 22,414 L ein.

Ein Mol eines idealen Gases nimmt bei den Normbedingungen T = 273,15 K und p = 1013,25 hPa immer ein Volumen von $V_{m,0} \approx$ 22,414 L ein.

Beispiel 8.16: Vergleich verschiedener Molvolumina $V_{m,0}$

Berechnen Sie mit Hilfe der jeweiligen Dichte der Gase (Tabelle 1) das molare Volumen der Gase Wasserstoff, Sauerstoff, Stickstoff, Methan, Propan und *n*-Butan bei Normbedingungen. Welche Unterschiede stellen Sie fest?

Lösung:

Nach Gleichung 8.7 gilt für das Molvolumen V_m.

$$V_m = \frac{V}{n}$$

wobei sich das Volumen V über die Dichte ϱ nach der Beziehung

$$\varrho = \frac{m}{V} \Leftrightarrow V = \frac{m}{\varrho} \text{ bzw. } V = \frac{n \cdot M}{\varrho}$$

berechnet. Werden die beiden Gleichungen miteinander kombiniert, kann das molare Volumen bei Normbedingungen $V_{m,0}$ unter Verwendung der Normdichte für jedes Gas berechnet werden:

$$V_{m,0} = \frac{n \cdot M}{n \cdot \varrho_0} = \frac{M}{\varrho_0}$$

Tabelle 1: Normdichten ϱ_0 (0 °C, 101325 Pa) ausgewählter Gase in g · L^{-1}

Wasserstoff	0,090	Chlor	3,215
Helium	0,179	Brom	3,119
Argon	1,784	Wasserdampf	0,611
Xenon	5,897	Methan	0,720
Stickstoff	1,250	Diiodmethan	3,325
Sauerstoff	1,429	Ethan	1,354
Luft (trocken)	1,293	Propan	2,004
Ozon	2,144	n-Butan	2,709
Kohlenstoffdioxid	1,977	Ethanol	0,789
Kohlenstoffmonoxid	1,250	Diethylether	0,715
Ammoniak	0,772	Erdgas	0,70...0,84

In Tabelle 1 sind die Dichten ausgewählter Gase tabelliert. Während die Dichten von festen Stoffen und Flüssigkeiten für eine Temperatur von 20 °C und einen Druck von 101,3 kPa in g · cm^{-3} angegeben werden, wird für Gase meist die Normdichte bei 0 °C, 101325 Pa in g · L^{-1} angegeben. Durch Einsetzen der molaren Massen und der Normdichten errechnet sich das molare Volumen bei Normbedingungen.

Gas	M in g · mol^{-1}	$V_{m,0}$ in L · mol^{-1}
Wasserstoff H_2	2,016	22,400
Sauerstoff O_2	31,998	22,391
Stickstoff N_2	28,013	22,410
Methan CH_4	16,043	22,282
Propan C_3H_8	44,097	22,004
n-Butan C_4H_{10}	58,124	21,456

Die berechneten Molvolumina zeigen, dass die Werte sehr nahe bei dem Molvolumen für ein ideales Gas von 22,414 L liegen. Insbesondere für kleine Moleküle wie hier bei den zweiatomigen Gasen ist dies der Fall, diese werden daher als Gase mit annähernd idealem Verhalten beschrieben. Je größer die Gasteilchen sind und je stärker die Anziehungskräfte zwischen den einzelnen Molekülen, desto mehr weicht das molare Volumen vom Molvolumen idealer Gase ab.

Der Zusammenhang zwischen den Gaszustandsgrößen Temperatur *T* (in Kelvin), Druck *p*, Volumen *V*, und Stoffmenge *n* lässt sich in einer einzigen Gleichung, der **Zustandsgleichung der Gase** ausdrücken:

$p \cdot V = n \cdot R \cdot T$	p	V	n	R	T	**Gl. 8.12**
	$N \cdot m^{-2} = Pa$	$dm^3 = L$	mol	$J \cdot K^{-1} \cdot mol^{-1}$	K	

Diese Zustandsgleichung fasst alle Gesetzmäßigkeiten für Gase zusammen. Sie enthält als Proportionalitätskonstante den **Faktor *R***.

Der Faktor *R* ist die molare **universelle** bzw. **allgemeine Gaskonstante** oder einfach nur **Gaskonstante**. Sie hat den Wert von rund $R = 8{,}3145\ J \cdot K^{-1} \cdot mol^{-1}$ und sollte in einer der unten aufgeführten gebräuchlichsten Einheiten in die Zustandsgleichung eingesetzt werden. Die molare universelle Gaskonstante stellt als Naturkonstante die Verknüpfung zwischen den Gaszustandsgrößen her und ist für alle idealen Gase identisch.

Die gebräuchlichsten Einheiten für die molare allgemeine Gaskonstante *R*:

$R = 8{,}3145\ J \cdot K^{-1} \cdot mol^{-1}$

$R = 8{,}3145\ Pa \cdot m^3 \cdot K^{-1} \cdot mol^{-1}$

$R = 83{,}145\ hPa \cdot L \cdot K^{-1} \cdot mol^{-1}$

$R = 0{,}083145\ bar \cdot L \cdot K^{-1} \cdot mol^{-1}$

Zustandsgleichung der Gase

Die Zustandsgleichung der Gase stellt den Zusammenhang zwischen den Zustandsgrößen Druck *p*, Volumen *V* und Temperatur *T* sowie der Stoffmenge *n* her.

$p \cdot V = n \cdot R \cdot T$ (Gleichung 8.12)

Die **allgemeine Gaskonstante *R*** in der Zustandsgleichung der Gase ist eine Naturkonstante, die die Gaszustandsgrößen miteinander verknüpft.

Alle Gase, die der Zustandsgleichung der Gase folgen, sind **ideale Gase**.

Das Verhalten **realer Gase** weicht hiervon ab.

8

Beispiel 8.17: Berechnungen mit der Zustandsgleichung

Ein mit Sauerstoff gefüllter Ballon hat bei 20 °C ein Volumen von 10 L. Der Druck im Ballon beträgt 1 143,65 hPa.

a) Welche Stoffmenge an Sauerstoff ist in dem Ballon?

b) Welche Masse an Sauerstoff befindet sich im Ballon?

c) Welche Dichte hat der Sauerstoff?

Lösung:

Sauerstoff kann angenähert als ideales Gas angesehen werden. Daher kann für die Berechnungen die Zustandsgleichung der Gase verwendet werden.

a) Die Stoffmenge n wird durch Umstellen der **Gleichung 8.12** berechnet:

$$n = \frac{p \cdot V}{R \cdot T} = \frac{1\,143{,}65\ \text{hPa} \cdot 10\ \text{L}}{8{,}3145\ \text{Pa} \cdot \text{m}^3 \cdot \text{K}^{-1} \cdot \text{mol}^{-1} \cdot 293{,}15\ \text{K}}$$

$$= \frac{114\,365\ \text{Pa} \cdot 0{,}010\ \text{m}^3}{8{,}3145\ \text{Pa} \cdot \text{m}^3 \cdot \text{K}^{-1} \cdot \text{mol}^{-1} \cdot 293{,}15\ \text{K}} \approx 0{,}469\ \text{mol}$$

Im Ballon sind rund 469 mmol Sauerstoff enthalten.

b) Die Masse m lässt sowohl mit der **Gleichung 8.4** und dem Ergebnis der Teilaufgabe **a)**, als auch mit Hilfe der Zustandsgleichung der Gase (**Gleichung 8.12**) berechnen.

$$p \cdot V = n \cdot R \cdot T \quad \Rightarrow \quad p \cdot V = \frac{m}{M} \cdot R \cdot T \quad \Leftrightarrow \quad m = \frac{p \cdot V \cdot M}{R \cdot T}$$

$$m = \frac{p \cdot V \cdot M}{R \cdot T} = \frac{1\,143{,}65\ \text{hPa} \cdot 10\ \text{L} \cdot 31{,}998\ \text{g} \cdot \text{mol}^{-1}}{8{,}3145\ \text{Pa} \cdot \text{m}^3 \cdot \text{K}^{-1} \cdot \text{mol}^{-1} \cdot 293{,}15\ \text{K}}$$

$$= \frac{114\,365\ \text{Pa} \cdot 0{,}010\ \text{m}^3 \cdot 31{,}998\ \text{g} \cdot \text{mol}^{-1}}{8{,}3145\ \text{Pa} \cdot \text{m}^3 \cdot \text{K}^{-1} \cdot \text{mol}^{-1} \cdot 293{,}15\ \text{K}} \approx 15{,}015\ \text{g}$$

Die Masse m an Sauerstoff im Ballon beträgt rund 15 g.

c) Die Dichte ist nach **Gleichung 8.8** definiert als $\varrho = \frac{m}{V}$

Mit der Zustandsgleichung der Gase und der Kombination der beiden Gleichungen kann die Dichte ϱ berechnet werden:

$$p \cdot V = n \cdot R \cdot T \quad \Rightarrow \quad p \cdot V = \frac{m}{M} \cdot R \cdot T \quad \Leftrightarrow \quad \frac{m}{V} = p \cdot \frac{M}{R} \cdot T$$

$$\varrho = \frac{m}{V} = \frac{p \cdot M}{R \cdot T} = \frac{1\,143{,}65\ \text{hPa} \cdot 31{,}998\ \text{g} \cdot \text{mol}^{-1}}{8{,}3145\ \text{Pa} \cdot \text{m}^3 \cdot \text{K}^{-1} \cdot \text{mol}^{-1} \cdot 293{,}15\ \text{K}}$$

$$= \frac{114\,365\ \text{Pa} \cdot 0{,}031998\ \text{kg} \cdot \text{mol}^{-1}}{8{,}3145\ \text{Pa} \cdot \text{m}^3 \cdot \text{K}^{-1} \cdot \text{mol}^{-1} \cdot 293{,}15\ \text{K}}$$

$$\approx 1{,}501\ \text{kg} \cdot \text{m}^{-3} = 1{,}501\ \text{g} \cdot \text{dm}^{-3} = 1{,}501\ \text{g} \cdot \text{L}^{-1}$$

Der Sauerstoff im Ballon besitzt eine Dichte ϱ von etwa 1,50 g · L^{-1}.

Beispiel 8.18: Berechnung des Normvolumens

Wie groß ist das molare Volumen eines idealen Gases bei Normbedingungen?

Lösung:

Die allgemeine Zustandsgleichung der Gase wird nach dem Volumen aufgelöst. Durch Einsetzen der Normbedingungen für Gase (Normtemperatur T_0 = 273,15 K und Normdruck p_0 = 1013,25 hPa) und einer Stoffmenge n = 1 mol ergibt sich:

$$V_{m,0} = \frac{n \cdot R \cdot T_0}{p_0} = \frac{1\ \text{mol} \cdot 8{,}3145\ \text{Pa} \cdot \text{m}^3 \cdot \text{K}^{-1} \cdot \text{mol}^{-1} \cdot 293{,}15\ \text{K}}{1\,013{,}25\ \text{hPa}} \approx 0{,}022414\ \text{m}^3$$

$$= 22{,}414\ \text{L}$$

Das molare Normvolumen $V_{m,0}$ beträgt 22,414 L.

8

Mit den stöchiometrischen Größen und Zusammenhängen können quantitative Aussagen für chemische Reaktionen und Analysen beantwortet werden. Zur Bestimmung des Umsatzes und der Ausbeute bei chemischen Umsetzungen sind stöchiometrische Berechnungen notwendig.

8.3 Stöchiometrische Berechnungen

Im chemischen Laboratorium soll häufig eine bestimmte Masse eines Präparates hergestellt werden. Hierzu werden die erforderlichen Stoffportionen der Edukte entsprechend berechnet, abgemessen und zur chemischen Reaktion gebracht. Die vollständige Umsetzung aller Edukte zum gewünschten Produkt führt dann zu einer **Ausbeute** von 100 %. In der Praxis wird jedoch häufig nicht die gesamte Menge an Edukt auch wirklich zum Produkt umgesetzt: Der **Umsatz** der Edukte ist nicht vollständig.

8.3.1 Umsatz

Der Umsatz ist ein Begriff aus der chemischen Reaktionstechnik (Verfahrenstechnik). Er gibt an, wie viel Edukt bei einer Reaktion ausgehend von der eingesetzten Stoffmenge n zum Produkt umgesetzt wird. Der Umsatz bilanziert somit die Stoffmengenänderung eines Ausgangsstoffes während einer Reaktion in Bezug zum Anfang der Reaktion.

Bei einer Reaktion mit mehreren Edukten wird der Umsatz per Konvention für den Ausgangsstoff angegeben, der nicht im Überschuss vorliegt.

Wird die Anfangsstoffmenge eines Eduktes i mit $n_{i,0}$ bezeichnet und die Stoffmenge dieses Eduktes i nach Ablauf der Reaktion mit n_i, dann gibt die Differenz $n_{i,0} - n_i$ die nach der Reaktion verbliebene Stoffmenge des Eduktes i an.

Der **Umsatz** bzw. **Umsatzgrad X_i** des Eduktes i ist somit definiert als der Anteil der umgesetzten Menge $n_{i,0} - n_i$ im Verhältnis zur eingesetzten Menge $n_{i,0}$ des Stoffes i. Die Einheiten der Stoffmengen lassen sich kürzen, so dass das Ergebnis für den Umsatz X_i eine dimensionslose Zahl ist.

Umsatz X_i

Der Umsatz X_i ist die in bestimmter Zeit umgesetzte Stoffmenge an Edukt $n_{i,0} - n_i$ bezogen auf die eingesetzte Stoffmenge dieser Komponente $n_{i,0}$.

Der Umsatz wird bei einer Reaktion mit mehreren Edukten auf den Ausgangsstoff bezogen, der nicht im Überschuss vorliegt.

$$X_i = \frac{n_{i,0} - n_i}{n_{i,0}}$$

X_i	$n_{i,0}$	n_i
1	mol	mol

Gl. 8.13

Die gleiche Beziehung für den Umsatz X_i gilt auch, wenn statt der Stoffmengen n die Massen m oder das Volumen V eingesetzt werden.

Wird beispielsweise bei einer Reaktion eine Masse von 100 g an Stoff A eingesetzt und am Ende der Reaktion wird festgestellt, dass der Umsatz bei 60 % liegt, bedeutet dies, dass von den ursprünglich 100 g an Stoff A am Ende der Reaktion noch 40 g an Stoff A vorliegen. Eine Masse von 60 g, also 60 % von Stoff A, sind demnach umgesetzt worden.

Ein **Anwendungsbeispiel** macht die Bedeutung des Umsatzes deutlich. Die beiden Stoffe Methanal $H_2C{=}O$ und Ethanal $CH_3{-}CHO$ reagieren nach folgender Reaktionsgleichung zu Propenal und Wasser:

$$H_2C{=}O + CH_3{-}CHO \rightarrow H_2C{=}CH{-}CHO + H_2O$$

Ethanal $CH_3{-}CHO$ wird bei der Reaktion im Überschuss eingesetzt, so dass die Umsatzberechnung auf das Edukt Methanal $H_2C{=}O$ bezogen wird. Eingesetzt werden 450 g Methanal, am Ende der Reaktion bleiben noch 130,5 g nicht-umgesetztes Methanal zurück. Aus der Differenz ergibt sich, dass bei der Reaktion 450 g – 130,5 g = 319,5 g an Methanal umgesetzt worden sind. Bezogen auf die eingesetzte Masse von 450 g bedeutet dies, dass sich unter Verwendung der gegebenen Massen der Umsatz bei dieser Reaktion zu 71 % errechnet:

$$X_i = \frac{450\,\text{g} - 130{,}5\,\text{g}}{450\,\text{g}} = 0{,}71 = 71\,\%$$

Beispiel 8.19: Berechnung des Umsatzes

Bei einer chemischen Reaktion reagieren die Edukte A und B im Verhältnis 1 : 1 zu den Produkten C und D (jeweils ein Teil). Eingesetzt werden 50 Stoffteilchen A und 100 Stoffteilchen B im Überschuss. Nach der Reaktion liegen insgesamt noch 30 Stoffteilchen A und 80 Stoffteilchen B vor. Wie groß ist der Umsatz bei dieser Reaktion?

Lösung:

Die Reaktionsgleichung für die ablaufende Reaktion sei: A + B → C + D. Die Berechnung des Umsatzes für diese Reaktion wird auf das Edukt A bezogen, da das Edukt B im Überschuss vorliegt. Nach der **Gleichung 8.13** für den Umsatz folgt:

$$X_A = \frac{n_{A,0} - n_A}{n_{A,0}} = \frac{50 - 30}{50} = \frac{20}{50} = 0{,}4 = 40\,\%$$

Insgesamt wurden bei der Reaktion 40 % des Eduktes A umgesetzt. Der Umsatz bzw. resultierende Umsatzgrad beträgt somit 0,4 oder 40 %.

Beispiel 8.20: Schema zur Berechnung des Umsatzes

Die Verbindung Kaliumchlorat $KClO_3$ reagiert unter Freisetzung von Kaliumchlorid KCl zur Verbindung Kaliumperchlorat $KClO_4$.
Welche Masse an Kaliumchlorat ist erforderlich, um 90,0 g Kaliumperchlorat zu erhalten?

Lösung:

① Formulieren der Reaktionsgleichung	$4\,KClO_3 \rightarrow 3\,KClO_4 + KCl$	
② Stoffmengenumsatz	$n(KClO_3) = 4\,\text{mol}$	$n(KClO_4) = 3\,\text{mol}$
③ Angabe der Molmassen	$M(KClO_3) = 122{,}548\,\text{g}\cdot\text{mol}^{-1}$	$M(KClO_4) = 138{,}547\,\text{g}\cdot\text{mol}^{-1}$
④ Berechnung der Massen	$m(KClO_3) = n(KClO_3)\cdot M(KClO_3) = 4\,\text{mol}\cdot 122{,}548\,\text{g}\cdot\text{mol}^{-1} = 490{,}192\,\text{g}$ $m(KClO_4) = n(KClO_4)\cdot M(KClO_4) = 3\,\text{mol}\cdot 138{,}547\,\text{g}\cdot\text{mol}^{-1} = 415{,}641\,\text{g}$	
⑤ Berechnung über vollständigen Dreisatz	415,641 g $KClO_4$ entstehen aus 490,192 g $KClO_3$ 1 g $KClO_4$ entsteht aus $\frac{490{,}192\,\text{g}}{415{,}641}\,KClO_3$ 90,0 g $KClO_4$ entstehen aus $\frac{490{,}192\,\text{g}}{415{,}641}\cdot 90\,KClO_3 \approx 106{,}1\,\text{g}\,KClO_3$	

Für die Bildung von 90 g Kaliumperchlorat $KClO_4$ müssen rund 106 g Kaliumchlorat $KClO_3$ vorhanden sein. Die Massendifferenz von rund 16 g zwischen dem Edukt und dem Produkt gibt die gebildete Masse des zweiten Produkts Kaliumchlorid KCl an.

Beispiel 8.21: Berechnung des Umsatzes beim Vorliegen von Verunreinigungen

Verunreinigungen im Kaliumchlorat $KClO_3$ können die Abspaltung von Sauerstoff katalysieren, so dass diese Reaktion bevorzugt abläuft.

Wie hoch ist der Umsatz in Bezug auf Kaliumchlorat, wenn aus 106,143 g Kaliumchlorat $KClO_3$ nur 34,200 g Kaliumperchlorat $KClO_4$ gebildet werden?

Lösung:

Aus dem vorherigen **Beispiel 8.22** ist die Reaktionsgleichung bekannt. Über den vollständigen Dreisatz berechnet sich die Masse an reinem Kaliumchlorat, das sich zu 34,200 g Kaliumperchlorat umsetzt:

415,641 g $KClO_4$ entstehen aus 490,192 g $KClO_3$

1 g $KClO_4$ entsteht aus $\frac{490{,}192\ \text{g}}{415{,}641}$ $KClO_3$

34,200 g $KClO_4$ entstehen aus $\frac{490{,}192\ \text{g}}{415{,}641} \cdot 34{,}200\ KClO_3 \approx 40{,}334\ \text{g}\ KClO_3$

Wäre der Ausgangsstoff Kaliumchlorat $KClO_3$ nicht verunreinigt, reichten rund 40,3 g des Eduktes aus.

Zur Berechnung des Umsatzes wird die Masse des reinen Kaliumchlorats $KClO_3$ mit der Masse des verunreinigten Stoffes ins Verhältnis gesetzt:

$$X(KClO_3) = \frac{m(KClO_3,\ \text{rein})}{m(KClO_3,\ \text{verunreinigt})} = \frac{40{,}334\ \text{g}}{106{,}143\ \text{g}} \approx 0{,}380 = 38{,}0\ \%$$

Der Umsatz beträgt beim Einsatz des verunreinigten Kaliumchlorats $KClO_3$ nur rund 38 %.

8.3.2 Ausbeute

Die Ausbeute ist ebenfalls ein Begriff aus der chemischen Reaktionstechnik und wird häufig mit dem Umsatz verwechselt. Bei einfachen chemischen Reaktionen ist der Umsatz zwar mit der Ausbeute identisch, jedoch wird die Ausbeute nicht auf die Stoffmenge eines Eduktes bezogen. Mit der **Ausbeute A_P** wird angegeben, welcher Anteil eines Eduktes durch die chemische Reaktion in das gewünschte Produkt umgewandelt wurde.

8

Sind mehrere Edukte an der Reaktion beteiligt, so wird die Ausbeute auf die **Leitkomponente** oder **Schlüsselkomponente k** bezogen. Die Schlüsselkomponente k ist das Edukt, das nicht im Überschuss vorliegt.

Wird die Anfangsstoffmenge eines betrachteten Produkts zu Beginn der Reaktion mit $n_{P,0}$ bezeichnet und die Stoffmenge an Produkt nach Ablauf der Reaktion mit n_P, dann gibt die Differenz $n_P - n_{P,0}$ die aus der Reaktion hervorgegangene Stoffmenge an Produkt an. Diese Differenz wird bezogen auf die Anfangsstoffmenge des Eduktes $n_{k,0}$, das nicht im Überschuss vorliegt (Schlüsselkomponente k). Die stöchiometrischen Koeffizienten für das Produkt υ_P und die Schlüsselkomponente υ_k werden zur Berücksichtigung der Stöchiometrie mit in die Gleichung einbezogen.

Ausbeute A_P

Die **Ausbeute A_P** ist die während einer chemischen Reaktion oder eines Systems von chemischen Reaktionen gebildete Stoffmenge eines Reaktionsproduktes n_P ausgehend von einer Anfangsstoffmenge $n_{P,0}$ bezogen auf die Stoffmenge n der Schlüsselkomponente k unter Berücksichtigung der zugehörigen stöchiometrischen Koeffizienten der Reaktion.

Die **Schlüsselkomponente k** ist das Edukt, das nicht im Überschuss vorliegt.

$$A_P = \frac{n_P - n_{P,0}}{n_{k,0}} \cdot \frac{|\upsilon_k|}{|\upsilon_p|}$$

A_p	n_p	$n_{p,0}$	$n_{k,0}$	υ_k	υ_p
1	mol	mol	mol	1	1

Gl. 8.14

Die Berechnung der Ausbeute nach Gleichung 8.14 gibt die so genannte **Einsatzausbeute, stöchiometrische Ausbeute** oder **theoretische Ausbeute** an, die vielfach als **Ausbeute-** oder **Bildungsgrad** bezeichnet wird. Diese Ausbeute ist die nach der Reaktionsgleichung maximal erzielbare Ausbeute.

Im Gegensatz hierzu wird mit **technischer Ausbeute (praktische Ausbeute, tatsächliche Ausbeute)** oft die Menge an Endprodukte bezeichnet, die nach zum Teil verlustreichen Trennoperationen tatsächlich isoliert wird. Das prozentuale Verhältnis zwischen tatsächlicher Ausbeute und theoretischer Ausbeute wird **prozentuale Ausbeute** genannt.

$$\text{prozentuale Ausbeute} = \frac{\text{tatsächliche Ausbeute}}{\text{theoretische Ausbeute}} \cdot 100\ \%$$

Wird nicht umgesetztes und zurückgewonnenes Edukt vor der Ausbeuteberechnung von der Ausgangsstoffmenge des Edukts abgezogen, wird von **umsatzbezogener Ausbeute** gesprochen. Die umsatzbezogene Ausbeute ist naturgemäß größer und die technische Ausbeute ist geringer als die stöchiometrische Ausbeute.

Allgemein bedeutet eine Ausbeute von 100 % den vollständigen Übergang des Edukts zum Endprodukt. Voraussetzung für die Berechnung der Ausbeute ist die Kenntnis der Stöchiometrie der Reaktion.

In der Praxis gelingt es meist nicht, die berechnete stöchiometrische Ausbeute zu erzeugen. Aufgrund von Verunreinigungen oder Folge- und Konkurrenzreaktionen ist die theoretische Ausbeute daher größer als die tatsächlich erhaltene Stoffmenge des Produkts. Eine Ausbeute von Null (0 %) oder geringfügig darüber bedeutet, dass eine chemische Ausbeute gar nicht oder nur in geringem Maße erzielt wurde. Ist der Ausbeutegrad jedoch genau oder geringfügig unter Eins (100 %), dann ist die theoretische Ausbeute erreicht oder nur geringfügig verfehlt worden.

Die **stöchiometrische Ausbeute** ist die gebildete Stoffmenge n an Produkt P bezogen auf die eingesetzte Stoffmenge n an Edukt (Schlüsselkomponente k).

Beispiel 8.22: Berechnung der Ausbeute

Bei einer chemischen Reaktion reagieren die Edukte A und B im Verhältnis 1:1 zu den Produkten C und D (jeweils ein Teil). Anschließend reagieren zwei Teile des Produktes *C* miteinander in einer Folgereaktion weiter zum Endprodukt E.

Zu Beginn der Reaktion werden 50 Stoffteilchen A und 100 Stoffteilchen B im Überschuss eingesetzt. Nach der Reaktion liegen insgesamt noch 30 Stoffteilchen A, 80 Stoffteilchen B, 10 Stoffteilchen C, 20 Stoffteilchen D und 5 Stoffteilchen E vor. Wie groß ist die Ausbeute bei dieser Reaktion?

8

Lösung:

Die Reaktionsgleichungen für die ablaufenden Reaktionen lauten: A + B → C + D und 2 C → E. In der ersten Reaktion wurden jeweils 20 Teilchen A und B in jeweils 20 Teilchen C und D umgesetzt; in der zweiten Reaktion reagiert die Hälfte der Stoffteilchen C (10 Teilchen) weiter zu 5 Stoffteilchen E. Die Berechnung der Ausbeute wird in diesem Fall auf die Schlüsselkomponente *A* bezogen, da das Edukt B im Überschuss vorliegt.

Nach der **Gleichung 8.14** für die Ausbeute folgt für die Ausbeute A an Produkt D:

$$A_D = \frac{n_{D,0} - n_D}{n_{A,0}} \cdot \frac{1}{1} = \frac{20 - 0}{50} = \frac{20}{50} = 0{,}4 = 40\ \%$$

Die stöchiometrische Ausbeute für das Produkt D beträgt 40 %.

Für das Produkt C gilt ebenfalls nach **Gleichung 8.14**:

$$A_C = \frac{n_{C,0} - n_C}{n_{A,0}} \cdot \frac{1}{1} = \frac{10 - 0}{50} = \frac{10}{50} = 0{,}2 = 20\ \%$$

Die stöchiometrische Ausbeute für Produkt C beträgt nur 20 %, da ein Teil des Produktes C zum Endprodukt E weiter umgesetzt worden sind.

Die stöchiometrische Ausbeute für das Endprodukt E bezogen auf die Schlüsselkomponente A beträgt demnach 10 %, bezogen auf das Zwischenprodukt C allerdings kann die Ausbeute für das Endprodukt E mit 50 % angegeben werden:

$$A_{E(A)} = \frac{n_{E,0} - n_E}{n_{A,0}} \cdot \frac{1}{1} = \frac{5 - 0}{50} = \frac{5}{50} = 0{,}1 = 10\ \%$$

$$A_{E(C)} = \frac{n_{E,0} - n_E}{n_{C,0}} \cdot \frac{2}{1} = \frac{5 - 0}{20} \cdot 2 = \frac{5}{20} \cdot 2 = 0{,}50 = 50\ \%$$

Der **Umsatz X_A** an Ausgangstoff A beträgt hingegen in jedem Fall 40 %:

$$X_A = \frac{n_{A,0} - n_A}{n_{A,0}} = \frac{50 - 30}{50} = \frac{20}{50} = 0{,}4 = 40\ \%$$

8.3.3 Selektivität

Auch die Selektivität einer chemischen Umsetzung ist ein Begriff der chemischen Reaktionstechnik. Die **Selektivität S_P** ist die gebildete Stoffmenge an Produkt P bezogen auf die umgesetzte Stoffmenge an Schlüsselkomponente k unter Berücksichtigung der Stöchiometrie. Die stöchiometrischen Verhältnisse der Reaktion, die zum Produkt führt, werden hierbei bei durch den Quotienten der stöchiometrischen Faktoren υ_k und υ_P berücksichtigt.

$$S_p = \frac{\text{gebildete Stoffmenge an Produkt P}}{\text{umgesetzte Stoffmenge der Schlüsselkomponente k}} \cdot \frac{|\upsilon_k|}{|\upsilon_p|} = \frac{n_P - n_P^0}{n_k^0 - n_k} \cdot \frac{|\upsilon_k|}{|\upsilon_p|}$$

In der Regel setzen sich bei einer Reaktion nicht alle Moleküle zu dem gewünschten Produkt um, da Folgereaktionen oder Konkurrenzreaktionen vorhanden sind. Insbesondere bei diesen zusammengesetzten Reaktionen, bei denen verschiedene Produkte gebildet werden, von denen aber beispielsweise nur eines das gewünschte Produkt ist, alle anderen aber Nebenprodukte darstellen, spielt die Selektivität S_P der Reaktion eine Rolle. Sie gibt wieder, wie und in welcher Ausprägung bei verschiedenen Reaktionen ein bestimmtes Produkt P gebildet wird.

Bezogen auf die Ausbeute A_P und den Umsatz an Schlüsselkomponente X_k kann die Selektivität für ein Produkt P ausgedrückt werden durch das Verhältnis:

$$S_P = \frac{A_P}{X_k}$$

A_p	X_k
1	1

Gl. 8.15

Die **Gleichung 8.15** zeigt, dass sich bei konstanter Ausbeute A_P, aber steigendem Umsatz X_k die Selektivität S_P verringert. Bei einer Selektivität $S_P = 1$ gibt es nur eine mögliche Reaktion und keine Folge- oder Konkurrenzreaktionen. Die Reaktion wird als **stöchiometrisch unabhängig** bezeichnet. In diesem Fall ist die Ausbeute A_P gleich dem Umsatz X_k:

$$S_P = \frac{A_P}{X_k} \quad \Leftrightarrow \quad A_P = S_P \cdot X_k$$

$$\Leftrightarrow \quad A_P = X_k \qquad \text{für } S_P = 1$$

Selektivität S_P

Die Selektivität S_P ist definiert durch das Verhältnis von Ausbeute A_P an Produkt P und dem Umsatz an Schlüsselkomponente X_k. Da die Ausbeute A_P die stöchiometrischen Faktoren der Schlüsselkomponente υ_k und des Produkts υ_P berücksichtigt, ist auch die Selektivität S_P abhängig von dieser Stöchiometrie.

$$S_P = \frac{A_P}{X_k} = \frac{n_P - n_{P,0}}{n_{k,0} - n_k} \cdot \frac{|\upsilon_k|}{|\upsilon_P|}$$

S_p	A_p	X_k	n_p	$n_{p,0}$	n_k	$n_{k,0}$	υ_k	υ_p
1	1	1	mol	mol	mol	mol	1	1

Gl. 8.16

Eine Selektivität von 1 bedeutet, dass die Ausbeute A_P gleich dem Umsatz X_k ist.

Folge- oder Konkurrenzreaktionen liegen in diesem Fall nicht vor.

Beispiel 8.23: Berechnung der Selektivität

Die beiden Stoffe Methanal und Ethanal reagieren nach folgender Reaktionsgleichung zu Propenal und Wasser:

$$H_2C{=}O + CH_3{-}CHO \rightarrow H_2C{=}CH{-}CHO + H_2O$$

Beim Ansatz der Reaktion wird Ethanal im Überschuss eingesetzt. Insgesamt ergibt die Analyse, dass beim Einsatz von 350 g Methanal und 650 g Ethanal das Reaktionsgemisch nach der Reaktion noch 132 g Methanal, 357 g Ethanal und 99 g Wasser enthält.

Wie groß ist die Selektivität dieser Reaktion, wenn bekannt ist, dass neben 246 g Propenal auch noch 95 g unbekannte Nebenprodukte auftreten?

Lösung:

Das gewünschte Produkt Propenal entsteht bei dieser Reaktion mit 246 g. Die Berechnung der Selektivität erfolgt über die Ausbeute $A_{Propenal}$ und den Umsatz X bezogen auf die Schlüsselkomponente Methanal, da Ethanal im Überschuss eingesetzt wird.

8

Aus den Massen m und Molmassen M werden die Stoffmengen n nach **Gleichung 8.4** berechnet.

$$n(\text{Methanal}) = \frac{m(\text{Methanal})}{M(\text{Methanal})} = \frac{350\ \text{g}}{30{,}026\ \text{g} \cdot \text{mol}^{-1}} \approx 11{,}657\ \text{mol}$$

$$n(\text{Methanal}) = \frac{m(\text{Methanal})}{M(\text{Methanal})} = \frac{132\ \text{g}}{30{,}026\ \text{g} \cdot \text{mol}^{-1}} \approx 4{,}396\ \text{mol}$$

$$n(\text{Propenal}) = \frac{m(\text{Propenal})}{M(\text{Propenal})} = \frac{246\ \text{g}}{56{,}064\ \text{g} \cdot \text{mol}^{-1}} \approx 4{,}388\ \text{mol}$$

$$A(\text{Propenal}) = \frac{n(\text{Propenal}) - n_0(\text{Propenal})}{n_0(\text{Methanal})} \cdot \frac{|\upsilon(\text{Methanal})|}{|\upsilon(\text{Propenal})|}$$

$$= \frac{4{,}396\ \text{mol} - 0\ \text{mol}}{11{,}657\ \text{mol}} \cdot \frac{1}{1} \approx 0{,}377$$

$$X(\text{Methanal}) = \frac{n_0(\text{Methanal}) - n(\text{Methanal})}{n_0(\text{Methanal})} = \frac{11{,}657\ \text{mol} - 4{,}396\ \text{mol}}{11{,}657\ \text{mol}} \approx 0{,}623$$

Die Selektivität berechnet sich nach **Gleichung 8.15**

$$S(\text{Propenal}) = \frac{A(\text{Propenal})}{X(\text{Methanal})} = \frac{0{,}377}{0{,}623} \approx 0{,}605 = 60{,}5\ \%$$

Nach den Analysenwerten besitzt für die Reaktion eine Selektivität von etwa 60,5 %.

Die Größe der Selektivität gibt Informationen über die Umsetzung. Während eine Selektivität von 1 bzw. 100 % bedeutet, dass nur eine Reaktion abläuft, deutet eine geringere Selektivität auf **Konkurrenzreaktionen** hin. Konkurrenzreaktionen sind **Neben-**, **Simultan-** bzw. **Parallelreaktionen** und **Folgereaktionen**. Sie verringern die Selektivität und führen zu nicht gewünschten Produkten. Bei Nebenreaktionen entstehen die **Nebenprodukte** direkt aus den eingesetzten Edukten, bei Folgereaktionen reagieren Reaktionsprodukte der betrachteten **Hauptreaktion** weiter zum **Folgeprodukt** (**Bild 1**). Die bei einer Reaktion ebenfalls entstehenden Produkte, die **Co-Produkte** oder **Koppelprodukte**, fallen unweigerlich an. Sie verringern die Selektivität nicht.

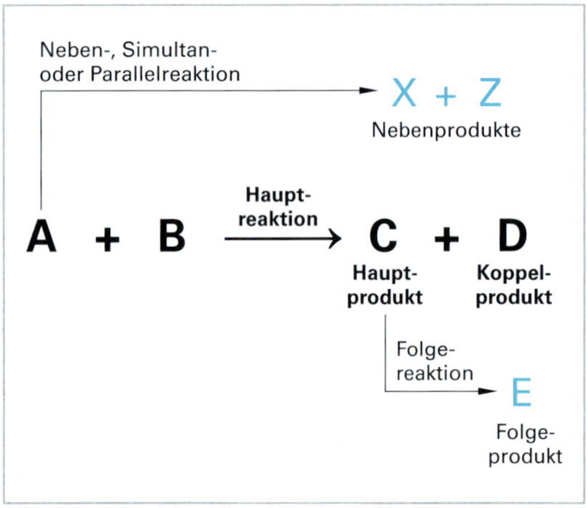

Bild 1: Haupt-, Neben- und Folgereaktionen

8

Die Selektivität einer Reaktion kann durch Änderung der Reaktionsparameter wie Temperatur und Druck oder auch den Einsatz von Katalysatoren verbessert werden. Die Grundlage für die Berechnung der Selektivität ist eine exakte Bestimmung der erhaltenen Stoffmenge des gewünschten Produkts. Insbesondere bei geringen Produktmengen können Fehler beim Abwiegen des Produkts erheblich sein. Beim Wiegen kleiner Massen von wenigen Gramm sind bereits Abweichungen im Bereich von ± 20 % möglich. Aber auch die Einwaage der Edukte kann fehlerbehaftet sein und führt trotz präzisem Arbeiten sowie exakter Bestimmung der isolierten Ausbeute einer chemischen Reaktion zu fehlerbehafteten Ergebnissen. Jede Berechnung sollte daher mit einer **Fehlerbetrachtung** einhergehen. Fehler in der stöchiometrischen Berechnung ziehen falsche Aussagen über die betrachtete Reaktion nach sich.

Aufgaben:

1. Berechnen Sie die Molmasse von
   a) Iod **b)** Natriumchlorid **c)** Aluminiumoxid **d)** Natriumhydrogensulfat
   e) Bariumphosphat **f)** Calciumcarbid **g)** Glaubersalz **h)** Pottasche
   i) Soda **j)** Ethanol **k)** Nitrobenzol **l)** Trinitrotoluol

2. Schwefel kommt in verschiedenen Modifikationen (Erscheinungsformen) vor. Berechnen Sie die Stoffmenge von 5,136 g der Schwefelmodifikation, die aus S_8-Molekülen besteht.

3. Berechnen Sie die Masse an Eisen, die in einem Mol Eisen(III)-sulfat gebunden ist.

4. 21 mmol einer Verbindung weisen eine Masse von 1,461 g auf. Welche molare Masse hat die Verbindung?

5. Berechnen Sie die Masse von $5\frac{1}{4}$ kmol Glaubersalz $Na_2SO_4 \cdot 10\ H_2O$.

6. Die Erde hat eine Masse von etwa $5{,}98 \cdot 10^{24}$ kg. Die elementare Zusammensetzung ergibt eine mittlere Molmasse von $\overline{M} \approx 13\ g \cdot mol^{-1}$. Wie groß ist ungefähr die Anzahl der Atome, aus denen die Erde besteht?

7. Es ist bekannt, dass eine Verbindung aus den Elementen Natrium, Sauerstoff und Schwefel besteht. Die Molekularmasse beträgt 238 u, die prozentuale Zusammensetzung sieht wie folgt aus: Na 19,3 %, S 26,9 %, O 53,8 %. Ermitteln Sie die Summenformel.

8. Ist ein Mol Chlor schwerer als ein Mol Wasserstoff? Erläutern Sie Ihre Antwort ausführlich.

9. Berechnen Sie, wie viele Atome in einem 2,500 g schweren Ring aus Gold enthalten sind.

10. Die Masse von Feinedelmetallen wird häufig in der nicht-metrischen Maßeinheit der Feinunze (engl. *Troy Ounce*, Einheitenzeichen oz. tr.) angegeben. Sie gleicht der Apotheker-Unze, die bei Medikamenten und Chemikalien benutzt wird. Umgerechnet entspricht eine Feinunze rund 31,1 g. Berechnen Sie das Volumen einer Feinunze Gold. $\rho(Au) = 19{,}320\ g \cdot cm^{-3}$.

11. Auf einer 30 cm breiten Rolle handelsüblicher Aluminiumfolie sind 30 m Folie aufgerollt. Die Foliendicke beträgt 13 µm. Welche Masse hat die Rolle? $\rho(Al) = 2{,}702\ g \cdot cm^{-3}$

12. Das Gesamtvolumen eines 250 mL-Rundkolbens soll für ein Experiment auf den Milliliter genau bestimmt werden. Der evakuierte Kolben hat eine Masse von 179,921 g. Anschließend wird der Kolben bei einer Raumtemperatur von 21,8 °C und einem Luftdruck von 1010,5 hPa mit dem Edelgas Argon befüllt. Die Analysewaage zeigt nun eine Masse von 180,362 g an. Wie groß ist das genaue Kolbenvolumen?

13. Im Labor soll eine Natronlauge der Konzentration $0{,}25\ mol \cdot L^{-1}$ aus festem Natriumhydroxid hergestellt werden. Wie viel Natriumhydroxid ist abzuwiegen, wenn 2 L Lauge hergestellt werden sollen? Geben Sie auch an, wie viel Wasser Sie für die Herstellung der Lösung ungefähr benötigen.

14. Einstabmessketten wie z. B. pH-Glaselektroden sollen in der Regel in Kaliumchlorid-Lösung der Konzentration $3\ mol \cdot L^{-1}$ gelagert werden. Berechnen Sie die Menge an Kaliumchlorid, die notwendig ist, um 1 Liter Lösung herzustellen.

15. Berechnen Sie das Volumen in Liter von 1 mol Chlorgas bei Normbedingungen unter der Annahme, dass sich Chlorgas wie ein ideales Gas verhält.

16. Im Winter werden 3,5 m^3 Argon bei 10 °C in einen Tank gefüllt. Der Druck beträgt 970 mbar. Welcher Druck herrscht in dem Behälter im Sommer bei 30 °C?

17. Ein 100-L-Behälter enthält bei 20 °C genau 99,35 L Wasser. In der prallen Sonne erwärmt sich der Inhalt des Behälters auf 50 °C. Berechnen Sie unter Vernachlässigung der Eigenausdehnung des Behälters, ob der Behälter überläuft.
    $\rho_{20}(H_2O) = 998{,}2\ kg \cdot m^{-3}$, $\rho_{50}(H_2O) = 988{,}0\ kg \cdot m^{-3}$

8

9 Lösungen und Gehaltsangaben

In diesem Kapitel geht es um die Herstellung von Lösungen unter Berücksichtigung der Eigenschaften der eingesetzten Stoffe sowie um das Rechnen mit Gehaltsgrößen, wie Konzentrations-, Verhältnis- und Anteilsangaben.

9.1 Lösungen

Ein homogenes Stoffgemisch aus zwei oder mehr Stoffen wird als **Lösung** bezeichnet. Die Komponente, die im Überschuss vorliegt, heißt **Lösemittel** oder **Solvens** (lat. *solvere*: lösen). Die anderen Komponenten (Nebenkomponenten) sind die **gelösten Stoffe**.

Der Begriff **Lösen** beschreibt die Aufnahme eines Stoffes durch ein Lösemittel unter Bildung eines homogenen Gemisches. Am häufigsten sind **flüssige Lösungen**, bei ihnen liegt das Lösemittel im Aggregatzustand flüssig vor. Liegt ein festes Lösemittel vor, wird die Lösung als **feste Lösung** bezeichnet. Lösungen mit dem Lösemittel Wasser werden als **wässrige Lösungen** bezeichnet.

Der zu lösende Stoff kann folgende Aggregatzustände haben:

- gasförmig (z. B. Sauerstoff O_2, Chlorwasserstoff HCl oder Ammoniak NH_3),
- flüssig (z. B. Alkohol wie Ethanol C_2H_5OH),
- fest (z. B. Kochsalz NaCl).

> Eine **Lösung** ist ein homogenes Gemisch aus einem **Lösemittel**, auch als **Solvens** bezeichnet, und mindestens einem **gelösten Stoff**.
>
> In Abhängigkeit vom Aggregatzustand des Lösemittels wird zwischen **flüssigen Lösungen** und **festen Lösungen** unterschieden. Der **zu lösende Stoff** kann gasförmig, flüssig oder fest sein.

9.1.1 Lösevorgang

Beim Lösen treten die Teilchen des zu lösenden Stoffes mit den Teilchen des Lösemittels in Wechselwirkungen. Grundsätzlich gilt *„Similia similibus solvuntur"*: Gleiches löst sich in Gleichem. Polare Stoffe werden besser von polaren Lösemitteln gelöst, unpolare Stoffe besser von unpolaren Lösemitteln. Ein Maß für die **Polarität** eines Lösemittels ist das **Dipolmoment** seiner Moleküle (s. Kap. 6.3.2, S. 195).

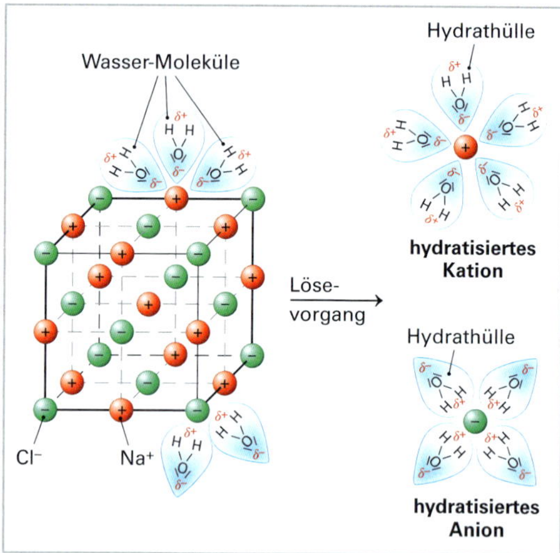

Bild 1: Lösevorgang, Solvatation

Wasser ist aufgrund seiner Polarität ein gutes Lösemittel für viele Ionenverbindungen. Im Inneren eines Kristalls gleichen sich die Ladungen der Ionen gegenseitig aus. An der Außenfläche des Kristalls wirken hingegen die Ladungen der Anionen und Kationen. Die Lösemittelmoleküle werden von ihrer entgegengesetzt geladenen Seite angezogen (**Bild 1**). Sind die Wechselwirkungen zwischen den Ionen und den Teilchen des Lösemittels stärker als zwischen den Anionen und Kationen, werden die Ionen aus dem Kristallverband gelöst und in das Lösemittel aufgenommen. Dabei lagern sich die polaren Lösemittelmoleküle um jedes Ion an. Die Anlagerung von Teilchen eines Lösemittels um die gelösten Teilchen nennt man **Solvatation**. Dabei entsteht eine **Solvathülle**. Das System aus solvatisierten Teilchen und Solvathülle wird als **Solvat** bezeichnet.

Speziell beim Lösemittel Wasser wird der Prozess des Lösens als **Hydratation** bezeichnet. Wassermoleküle lagern sich um jedes gelöste Teilchen und bilden eine **Hydrathülle** um dieses Teilchen. Das System aus hydratisierten Teilchen und Hydrathülle heißt **Hydrat**.

Lösemittelmoleküle, die einen Dipol aufweisen, können mit elektrisch geladenen Teilchen (Ionen) **Ion-Dipol-Wechselwirkungen** bzw. mit polaren Stoffen **Dipol-Dipol-Wechselwirkungen** eingehen. Stoffe ohne Dipolmoment können mit Ionen oder polaren Stoffen nicht wechselwirken und diese somit auch nicht lösen (Kap. 6.3.2, S. 198). Ionische Stoffe wie Natriumchlorid NaCl oder Natriumhydroxid NaOH sind deshalb in unpolaren Lösemitteln wie Öl, Benzin oder n-Hexan unlöslich.

Die Löslichkeit eines Stoffes in einem Lösemittel ist von dessen Polarität abhängig. Die verschiedenen Lösemittel können in der Reihenfolge ihrer Polarität in **Polaritätsreihen** angeordnet und die Löslichkeit eines Stoffes in einem Lösemittel anhand dieser Reihe abgeschätzt werden. Ein Beispiel für eine Polaritätsreihe mit steigender Polarität ist:

n-Hexan < Tetrachlormethan < Trichlormethan < Diethylether < Propanon < Propan-1-ol < Ethanol < Wasser < Ethansäure (Essigsäure)

Polaritätsreihen sind z. B. wichtig für die Anwendung von Lösemitteln und Lösemittelgemischen bei der Chromatografie (s. Kap. 17.4, S. 512).

> Die **Polarität eines Lösemittels** ist für die Löslichkeit eines Stoffes verantwortlich.
>
> Grundlegend gilt: **Gleiches löst sich in Gleichem.**

9.1.2 Volumeneffekt

Beim Mischen von Stoffen kann das reale Volumen vom idealen Volumen des Gemisches abweichen. Die Differenz der beiden Volumina wird als **Exzessvolumen** V^E, in Bezug auf die Stoffmenge als **molares Exzessvolumen** bezeichnet. Der **Volumeneffekt** kann bis zu 2 % betragen.

Als **Volumenkontraktion** wird ein Volumeneffekt bezeichnet, bei dem das reale Volumen eines Gemisches kleiner ist als das ideale Volumen. Dieser auch als **negatives Exzessvolumen** bezeichnete Effekt tritt zumeist bei Gemischen aus polaren und unpolaren Stoffen auf.

Als **Volumendilatation** wird ein Volumeneffekt bezeichnet, bei dem das reale Volumen eines Gemisches größer ist als das ideale Volumen. Dieser auch als **positives Exzessvolumen** bezeichnete Effekt tritt zumeist bei Gemischen aus kleinen polaren Stoffen und größeren Molekülen mit polaren Gruppen auf.

> Beim Mischen von Stoffen können folgende Volumeneffekte auftreten:
>
> - **Volumenkontraktion:** Das reale Volumen eines Gemisches ist kleiner als das ideale Volumen.
> - **Volumendilatation:** Das reale Volumen eines Gemisches ist größer als das ideale Volumen
>
> Die Differenz zwischen dem realen Volumen und dem idealen Volumen eines Gemisches wird als **Exzessvolumen** bezeichnet.

9.1.3 Lösegeschwindigkeit

Die **Geschwindigkeit des Lösevorgangs** eines Stoffes in einem Lösemittel ist von verschiedenen Parametern abhängig. Insbesondere die Größe der spezifischen Oberfläche des zu lösenden Stoffes spielt eine entscheidende Rolle, da die Lösemittelmoleküle beim Lösevorgang mit den Stoffteilchen an der Oberfläche in Wechselwirkung treten. Auch der kristalline Zustand bzw. der Kristallisationsgrad oder die Kristallmodifikation des zu lösenden Stoffes ist für die Geschwindigkeit entscheidend. So können bei manchen Kristallmodifikationen die Lösemittelmoleküle besser mit den einzelnen Teilchen des Kristalls wechselwirken und daher den Stoff schneller lösen.

Gelöste Teilchen müssen von dem zu lösenden Stoff wegtransportiert werden, um das weitere Lösen von Stoffteilchen durch Lösemittelmoleküle nicht zu behindern. Hierzu ist eine große Diffusionsgeschwindigkeit der Teilchen innerhalb des Systems notwendig (Diffusion, lat. *diffundere*: ausbreiten; freiwillige Verteilung eines Stoffes in einem anderen bis zum Konzentrationsausgleich). Nicht zuletzt wirkt sich die Temperatur des Systems auf die Geschwindigkeit des Lösevorgangs aus. Höhere Temperaturen führen zu einer schnelleren Teilchenbewegung, so dass die Lösegeschwindigkeit eines Stoffes hierdurch grundsätzlich größer ist.

Eine geringe Lösegeschwindigkeit kann die Unlöslichkeit eines Stoffes in einem Lösemittel vortäuschen.

Die Geschwindigkeit des Lösevorgangs kann u. a. durch folgende Maßnahmen erhöht werden:

- Durch die **Zerkleinerung des zu lösenden Feststoffs** entsteht eine größere Oberfläche. Die Anzahl der Teilchen an der Oberfläche wird vergrößert, so können die Lösemittelmoleküle mit ihnen in Wechselwirkung treten. Hierdurch löst sich der feinkörnige und gut verteilte Feststoff schneller als in seiner grobkörnigen Form.
- Durch die **Erhöhung der Konvektion** (lat. *convehere*: mittragen, mitnehmen), d. h. durch intensives Durchmischen, werden gelöste Teilchen schneller im Lösemittel verteilt. Neue Lösemittelmoleküle können an den Feststoff herangeführt werden.
- In den meisten Fällen durch **Erwärmen der Lösung.** Hierdurch wird sowohl die Löslichkeit als auch die Konvektion im System erhöht.

9.1.4 Sättigungsgrad von Lösungen

Der Menge an Stoff, die ein Lösemittel lösen kann, ist meist eine Grenze gesetzt. Insbesondere beim Lösen von Feststoffen wird immer ein **Sättigungsgrad** erreicht, bei dem das Lösemittel keine weiteren Teilchen (Atome, Moleküle oder Ionen) mehr solvatisieren kann. Eine Lösung mit einem maximalen Gehalt an gelöstem Stoff i in einer bestimmten Menge Lösemittel LM wird als **gesättigt** bezeichnet. Dieser maximale Gehalt an gelöstem Stoff i in einem bestimmten Lösemittelvolumen ist die **Sättigungskonzentration** oder maximale **Löslichkeit** $\boldsymbol{L^*}$.

> Die **Sättigungskonzentration** ist die maximale Menge eines Stoffes i in einem bestimmten Volumen an Lösemittel *LM* bei einer bestimmten Temperatur. Die Sättigungskonzentration wird auch als **Löslichkeit** $\boldsymbol{L^*}$ bezeichnet.

In Abhängigkeit von der Temperatur können Lösungen drei unterschiedliche **Sättigungsgrade** erreichen:

- **Ungesättigt:**

  Eine ungesättigte Lösung kann weiteren Stoff i lösen.
- **Gesättigt:**

  Eine gesättigte Lösung kann bei gleich bleibender Temperatur keinen weiteren Stoff i mehr lösen, die maximale Konzentration ist erreicht. Die Lösung besitzt **Sättigungskonzentration**.
- **Übersättigt:**

  Bei einer übersättigten Lösung ist die Konzentration des gelösten Stoffes i im Lösemittel höher als die Sättigungskonzentration, weil z. B. die gesättigte Lösung abgekühlt ist. Der Überschuss an gelöstem Stoff kann augenblicklich aus der Lösung ausfallen (auskristallisieren).

9.1.5 Löslichkeit von Feststoffen

Die **Löslichkeit L^*** eines Stoffes i gibt an, welche Masse (m_{max} (i)) sich maximal in einem bestimmten Lösemittel LM bei einer bestimmten Temperatur ϑ lösen kann. Die Löslichkeit L^* wird in der Regel auf 100 g Lösemittel LM bezogen:

$$L^*(\mathrm{i}, \vartheta) = \frac{m_{max}(\mathrm{i})}{m(\mathrm{LM})}$$

L^*	m
$\mathrm{g(i)} \cdot (100\,\mathrm{g(LM)})^{-1}$	g

Gl. 9.1

In **Tabelle 1** sind Beispiele für die Löslichkeit einiger Stoffe aufgeführt.

> Die **Löslichkeit L^*** gibt an, wie viel Gramm eines reinen Stoffes i sich bei der Temperatur ϑ maximal in 100 g Lösemittel LM lösen können.

> Die Löslichkeit L^* hängt von der **Art der beteiligten Stoffe** sowie von der **Temperatur** ab.

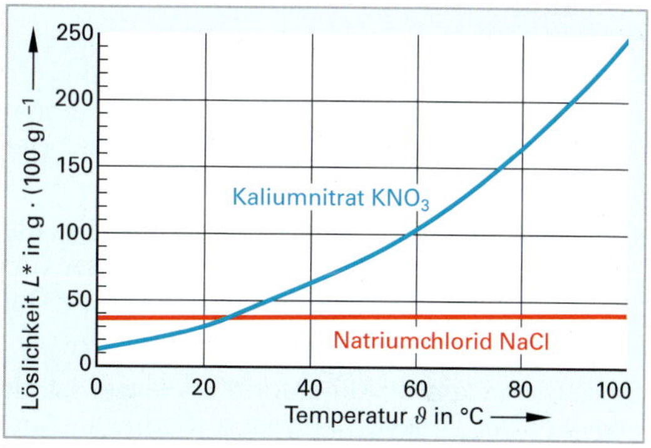

Bild 1: Löslichkeits-Temperatur-Diagramm

Die Temperaturabhängigkeit der Löslichkeit L^* von Stoffen wird in **Löslichkeits-Temperatur-Diagrammen** dargestellt. **Bild 1** zeigt die Löslichkeit von Feststoffen in Abhängigkeit von der Temperatur in Form der **Sättigungs-Lösekurve**.

Unterhalb der Sättigungs-Lösekurve ist die Lösung ungesättigt, oberhalb ist die Lösung gesättigt und liegt im Gleichgewicht mit dem **Bodenkörper** (fester Stoff i) vor. In einem schmalen Bereich oberhalb der Sättigungs-Lösekurve ist die Lösung übersättigt. Feststoff fällt hier erst aus, wenn an der Gefäßwand gekratzt wird oder wenn Impfkristalle zugesetzt werden.

Die Löslichkeit L^* eines Feststoffs in Flüssigkeiten nimmt bei den meisten Feststoffen mit steigender Temperatur zu. Diese Temperaturabhängigkeit der Löslichkeit L^* eines Feststoffs verdeutlicht folgendes Beispiel: Das Salz Blei(II)-chlorid $PbCl_2$ ist in heißem Wasser mäßig löslich ($L^*(PbCl_2, 100\,°C) = 3{,}3\,\mathrm{g} \cdot (100\,\mathrm{g}\ H_2O)^{-1}$). In Wasser mit Raumtemperatur (ϑ = 20 °C) ist es hingegen schwer löslich (**Tabelle 1**).

Betrachtet man das System einer gesättigten wässrigen $PbCl_2$-Lösung mit festem $PbCl_2$ als Bodenkörper bei konstanter Temperatur, sieht man Schlieren in der Lösung. Blei(II)-chlorid geht ständig in Lösung, gleichzeitig bildet sich festes Blei(II)-chlorid aus der Lösung zurück. Permanent fällt neuer Niederschlag (Bodenkörper) aus. Zwischen dem Lösen und dem Ausfallen des Feststoffes besteht ein **dynamisches Gleichgewicht** (**Bild 1**, S. 274).

Der Lösevorgang von Blei(II)-chlorid $PbCl_2$ im polaren Lösemittel Wasser H_2O verläuft in zwei Schritten, die beim Lösen von Feststoffen immer nacheinander ablaufen:

Tabelle 1: Löslichkeit L^* ausgesuchter Stoffe in Wasser bei ϑ = 20 °C

Stoff	Löslichkeit L^* in $\mathrm{g} \cdot (100\,\mathrm{g}\ H_2O)^{-1}$
Natriumiodid NaI	177,8
Natriumhydroxid NaOH	108,3
Glucose $C_6H_{12}O_6$	82,0
Chlorwasserstoff HCl	72,1
Natriumchlorid NaCl	36,0
Natriumcarbonat Na_2CO_3	21,8
Natriumsulfat Na_2SO_4	19,3
Blei(II)-chlorid $PbCl_2$	0,98
Schwefelwasserstoff H_2S	0,38
Iod I_2	0,029
Bariumsulfat $BaSO_4$	≅ 0,0023
Blei(II)-sulfid PbS	< 0,0001
Chlor Cl_2	0,729
Sauerstoff O_2	0,0044
Helium He	0,00016

1. Dissoziation: $PbCl_2$ (fest) $\rightleftharpoons Pb^{2+} + 2\,Cl^-$
2. Solvatation: $Pb^{2+} + x\,H_2O \rightleftharpoons Pb^{2+}_{aq}$

   $Cl^- + x\,H_2O \rightleftharpoons Cl^-_{aq}$

Die Dissoziation benötigt Energie. Die Solvatation der Ionen hingegen setzt Energie frei. Das Größenverhältnis der **Dissoziationsenergie** und der **Solvatationsenergie** entscheidet darüber, ob der Lösevorgang endotherm oder exotherm ist:

- Ist die frei werdende Solvatationsenergie größer als die erforderliche Dissoziationsenergie, setzt der Vorgang Energie frei: Der Lösevorgang ist **exotherm**.
- Ist die Solvatationsenergie kleiner als die Dissoziationsenergie, muss zum Lösen des Stoffes Wärmeenergie zugeführt werden: Der Lösevorgang ist **endotherm**.

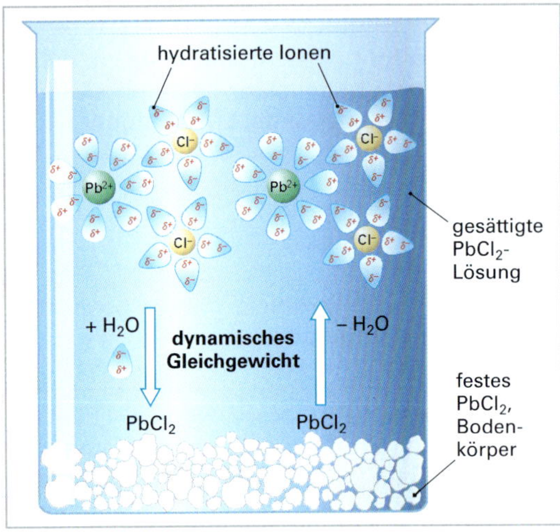

Bild 1: Lösegleichgewicht in einer gesättigten $PbCl_2$-Lösung

Beim Lösen von Blei(II)-chlorid in Wasser ist die Solvatationsenergie kleiner als die Dissoziationsenergie. Der Lösevorgang ist endotherm. Aus diesem Grund nimmt die Löslichkeit von Blei(II)-chlorid in Wasser mit steigender Temperatur zu.

> Der Vorgang beim Lösen der meisten Feststoffe in einer Flüssigkeit ist **endotherm**. Deshalb nimmt die **Löslichkeit L* von Feststoffen in Flüssigkeiten** in den meisten Fällen mit steigender Temperatur zu.

9.1.6 Löslichkeit von Gasen

Im Gegensatz zur Löslichkeit L* der meisten Feststoffe in Flüssigkeiten nimmt die **Löslichkeit von Gasen** in Flüssigkeiten bei steigender Temperatur ab.

William Henry (engl. Chemiker, 1775–1836) hat die Löslichkeit von Gasen in Flüssigkeiten untersucht. An der Grenzfläche zwischen einer Flüssigkeit und einem Gas kommt es zu einem permanenten Austausch von Gasteilchen: Gasmoleküle treten in die Lösung ein, andere Gasteilchen wechseln von der Flüssigkeit in den Gasraum. Es findet eine Diffusion in beide Richtungen statt. Die **Diffusion** (lat. *diffundere*: ausbreiten) ist die freiwillige Bewegung von Teilchen vom Ort höherer Konzentration zum Ort geringer Konzentration mit dem Ziel der gleichmäßigen Verteilung.

Beim Lösen eines Gases in einer Flüssigkeit diffundiert das Gas von der Phasengrenzfläche in die Flüssigkeit hinein. Dieser Vorgang ist exotherm. Die **Temperaturabhängigkeit der Löslichkeit von Gasen** verhält sich daher genau entgegengesetzt zur Löslichkeit von Feststoffen. Je kälter das Lösemittel ist, desto besser lösen sich hierin Gase.

> **Diffusion** ist die freiwillige Verteilung eines Stoffes in einem anderen bis zum Konzentrationsausgleich.

Bei der Sättigungskonzentration ist der Austausch von Gasteilchen zwischen Flüssigkeit und Gasphase gleich groß, es herrscht ein dynamisches Gleichgewicht.

> Das Lösen eines Gases in einer Flüssigkeit ist ein **exothermer Vorgang**. Aus diesem Grund nimmt die **Löslichkeit L* von Gasen in Flüssigkeiten** mit steigender Temperatur ab.

Wird der Druck auf ein System aus Flüssigkeits- und Gasphase erhöht, so weicht das System aus, indem eine größere Menge an Gas in Lösung geht. Das Gesamtvolumen des Systems verringert sich. Die Löslichkeit L^* eines Gases steigt bei konstanter Temperatur mit zunehmendem Druck des Gases über der Flüssigkeit (**Bild 1**). Sie ist somit proportional zum **Partialdruck *p*** des Gases über der Lösung. Dies drückt das **Gesetz von *Henry*** (*Henry*sches Absorptionsgesetz) aus:

$L^* \sim p$

Es gilt:

$\frac{p}{L^*} = \text{konstant}$	L^*	p	**Gl. 9.2**
	$g\,(i) \cdot (g\,(LM))^{-1}$	Pa	

Die Ergebnisse zur Gaslöslichkeit von *Henry* zeigen sich beim Tauchen in großen Tiefen. Taucher sind hier großen Drücken ausgesetzt, so dass die Löslichkeit der Luft im Blut erhöht ist. Ein Teil der eingeatmeten Luft bleibt im Blut gelöst. Tauchen die Sportler zu schnell auf, wird der Druck im Körper schnell verringert, so dass sich aufgrund der hiermit verbundenen schnellen Verringerung der Löslichkeit im Blut Gasblasen bilden, die tödlich sein können (Dekompressionskrankheit, „Taucherkrankheit"). Beim langsamen Auftauchen können die Gase den Körper normal über den Atemweg verlassen.

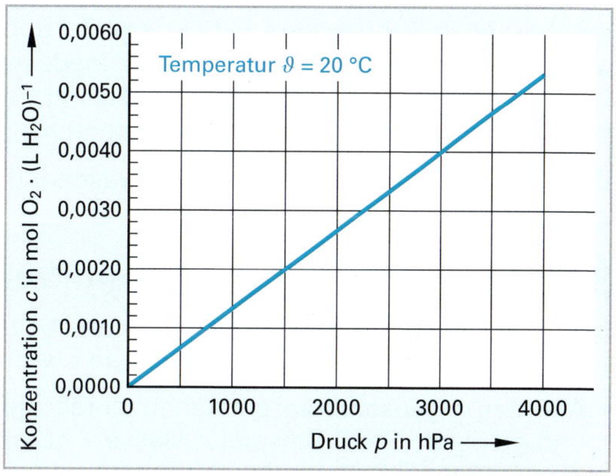

Bild 1: Löslichkeit von Sauerstoff in Abhängigkeit vom Druck bei konstanter Temperatur

John Dalton (engl. Naturforscher, 1766–1844) erweiterte das *Henry*sche Gesetz auf Gasmischungen. Die Löslichkeit der Komponenten einer Gasmischung ist bei konstanter Temperatur direkt proportional dem Partialdruck der betreffenden Komponenten in der Gasphase. Entsprechend ist auch die **Konzentration *c*** des Gases in einer Flüssigkeit proportional zu dessen **Partialdruck *p*** (**Bild 1**).

$c \sim p$

Nach dem ***Gesetz von Henry*** und ***Dalton*** (*Henry-Dalton*-Gesetz) gilt mit dem Proportionalitätsfaktor, dem **Löslichkeitskoeffizient *K***:

$c = K \cdot p$	c	K	p	**Gl. 9.3**
	$mol \cdot L^{-1}$	$mol \cdot (L \cdot Pa)^{-1}$	Pa	

wobei für den Löslichkeitskoeffizient *K* festgelegt ist:

$K = \frac{1}{H}$	K	H	**Gl. 9.4**
	$mol \cdot (L \cdot Pa)^{-1}$	$Pa \cdot L \cdot mol^{-1}$	

mit ***H*** als ***Henry*-Konstante** bzw. ***Henry*scher Absorptionskoeffizient**.

> Nach dem **Gesetz von *Henry*** ist die **Konzentration *c*** eines **Gases** in einer Flüssigkeit bei konstanter Temperatur direkt proportional zum **Partialdruck *p*** des Gases über der Flüssigkeit.
>
> Das ***Henry-Dalton*-Gesetz** enthält als Proportionalitätsfaktor die ***Henry*-Konstante *H***. Diese Konstante hängt von der Art des Gases, der Art des Lösemittels sowie der Temperatur ab.

Die *Henry*-Konstante *H* kann als ein Ausdruck für die **Volatilität** (Flüchtigkeit) eines Stoffes angesehen werden. Für das Lösemittel Wasser gilt allgemein, dass Stoffe mit *Henry*-Konstanten von $H > 100\ Pa \cdot m^3 \cdot mol^{-1}$ eine relativ hohe Flüchtigkeit besitzen, Stoffe mit *Henry*-Konstanten von $H < 1\ Pa \cdot m^3 \cdot mol^{-1}$ sind nur wenig flüchtig.

Das *Henry-Dalton*-Gesetz wird insbesondere bei verdünnten Lösungen und bei relativ niedrigen Drücken gut erfüllt. Je mehr sich die Gase dem Zustand idealer Gase nähern, desto besser folgt das Verhalten dem *Henry-Dalton*-Gesetz. Allerdings gilt das *Henry-Dalton*-Gesetz höchstens annäherungsweise, wenn die Gase beim Lösen mit dem Lösemittel reagieren. Das Gas Chlorwasserstoff HCl reagiert beispielsweise mit dem Lösemittel Wasser H_2O unter Bildung von Salzsäure HCl (aq). Auch Kohlenstoffdioxid CO_2 reagiert beim Lösen in Wasser H_2O. Es bildet sich Kohlensäure H_2CO_3 (aq). Bei einem Gasdruck von 1013 hPa können z. B. 1,8 L Kohlenstoffdioxid CO_2 in 1 L Wasser gelöst werden. Bei fünffachem Gasdruck werden 8,65 L, bei 15-fachem Gasdruck 21,95 L, bei 25-fachem Gasdruck 30,55 L und bei 30-fachem Gasdruck 33,74 L Kohlenstoffdioxid gelöst, obwohl bei 30-fachem Druck eigentlich genau 30 · 1,8 L = 54 L Gas gelöst werden müssten. Diese Abnahme der Löslichkeit erklärt sich über die Reaktion des Kohlenstoffdioxid-Gases mit Wasser zu Kohlensäure H_2CO_3 (aq). Zu Beginn der Gaseinleitung reagiert ein großer Teil des gelösten Kohlenstoffdioxids, so dass insgesamt mehr Gas gelöst werden kann. Bei höheren Drücken nimmt die Bildung von Kohlensäure stark ab, so dass weniger Kohlenstoffdioxid gelöst werden kann als das aus der anfänglichen Löslichkeit errechnete Vielfache.

Die unterschiedliche Löslichkeit von Gasen in Flüssigkeiten nach dem *Henry-Dalton*-Gesetz wird auch bei der Gaschromatografie genutzt.

9.2 Eigenschaften von Lösemitteln

Die **Eigenschaften von Lösungen** hängen von der Art des Lösemittels sowie von der Art und Konzentration der gelösten Substanz ab. Sie werden folgendermaßen eingeteilt:

- **Additive Eigenschaften** entstehen durch die Summierung der Eigenschaften von Lösemittel und gelöstem Stoff. Beispiele: Masse, Energie und Enthalpie.
- **Konstitutive Eigenschaften** beruhen auf der Art des Lösemittels sowie auf den chemischen und physikalischen Eigenschaften des gelösten Stoffes. Sie sind z. B. durch seine Struktur (Konstitution) bedingt. Beispiele: Viskosität, Brechungsindex.
- **Kolligative Eigenschaften** hängen nur von der Art des Lösemittels sowie von der Anzahl der gelösten Teilchen ab, nicht aber von deren chemischen Eigenschaften. Beispiele: Siedetemperaturerhöhung, Schmelztemperaturerniedrigung.
- **Kombinierte Eigenschaften** sind Kombinationen der drei anderen Eigenschaften. Beispiele: elektrische Eigenschaften, Grenzflächeneigenschaften, Löslichkeit.

9.2.1 Siedetemperaturerhöhung

Ein gelöster Stoff, dessen Dampfdruck im Vergleich zum Dampfdruck des Lösemittels vernachlässigbar klein ist, erniedrigt den Dampfdruck der Lösung. Hierdurch liegt die Siedetemperatur höher.

Die **Siedetemperaturerhöhung ΔT_b** (**Bild 1**) ist eine kolligative Eigenschaft, sie hängt von der Art des Lösemittels sowie von der Teilchenzahl des gelösten Stoffes, nicht aber von seiner Art ab, solange dieser einen vernachlässigbar geringen Dampfdruck besitzt.

Die Teilchen des gelösten Stoffes behindern den Übergang der Teilchen des Lösemittels in die Dampfphase. Daher ist die Siedetemperaturerhöhung ΔT_b proportional zur Molalität b des gelösten Stoffes i. Die **Molalität *b*** ist das Verhältnis zwischen der Stoffmenge n des gelösten Stoffes i und der Masse m des Löse-mittels LM.

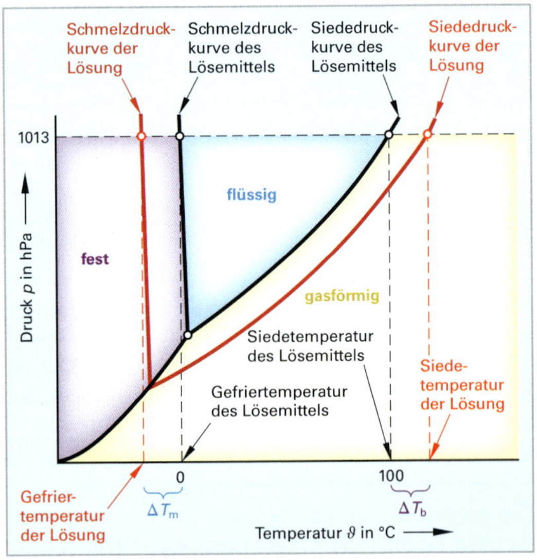

Bild 1: Siedetemperaturerhöhung, Schmelztemperaturerniedrigung

Molalität $b(i)$ $\quad b(i) = \dfrac{n(i)}{m(LM)}$	b	n	m	**Gl. 9.5**
	$mol \cdot kg^{-1}$	mol	kg	

$\Delta T_b \sim b \qquad \dfrac{\Delta T_b}{b} = \text{konstant}$	ΔT_b	b	**Gl. 9.6**
	K	$mol \cdot kg^{-1}$	

Die Proportionalität wird durch die **ebullioskopische Konstante K_b** ausgedrückt. Somit gilt für die Siedetemperaturerhöhung ΔT_b:

$\Delta T_b = K_b \cdot b$	ΔT_b	K_b	b	**Gl. 9.7**
	K	$K \cdot kg \cdot mol^{-1}$	$mol \cdot kg^{-1}$	

Die ebullioskopische Konstante K_b von Wasser beträgt 0,51 $K \cdot kg \cdot mol^{-1}$. Wird in 1 kg Wasser 1 mol Stoff gelöst, erhöht sich die Siedetemperatur von 100 °C auf 100,51 °C. Das Lösen von 2 mol Stoff führt zu einer Siedetemperaturerhöhung um 2 · 0,51 K = 1,02 K auf 101,02 °C.

Verfahren zur Bestimmung der Siedetemperaturerhöhung werden **Ebullioskopie** (lat. *ebullire*: hervorsprudeln) genannt. Sie dienen zur Bestimmung von molaren Massen.

9.2.2 Schmelztemperaturerniedrigung

Ein gelöster Stoff mit einem geringen Dampfdruck erniedrigt den Dampfdruck der Lösung und führt zu einer Verringerung der Schmelztemperatur bzw. Gefriertemperatur. Die **Schmelztemperaturerniedrigung ΔT_m** (Bild 1, S. 276) ist ebenso wie die Siedetemperaturerhöhung ΔT_b eine kolligative Eigenschaft, d. h. sie hängt nur von der Teilchenzahl des gelösten Stoffes im Lösemittel ab, nicht aber von seiner Art. Die Schmelztemperaturerniedrigung ist proportional zur Molalität b des gelösten Stoffes X. Die Proportionalität wird durch die **kryoskopische Konstante K_m** ausgedrückt. Für die Schmelztemperaturerniedrigung ΔT_m gilt:

$\Delta T_m = K_m \cdot b$	ΔT_m	K_m	b	**Gl. 9.8**
	K	$K \cdot kg \cdot mol^{-1}$	$mol \cdot kg^{-1}$	

Die kryoskopische Konstante K_m von Wasser beträgt – 1,86 $K \cdot kg \cdot mol^{-1}$. Wird in 1 kg Wasser 1 mol Stoff gelöst, erniedrigt sich die Schmelztemperatur von 0 °C auf – 1,86 °C. Das Lösen von 2 mol Stoff führt zu einer Schmelztemperaturerniedrigung um 2 · (– 1,86 K) = – 3,72 K auf – 3,72 °C.

Verfahren zur Bestimmung der Gefriertemperaturerniedrigung werden **Kryoskopie** (griech. *kryos*: kalt) genannt. Zur Bestimmung der molaren Masse des gelösten Stoffes wird ein Lösemittel mit einer großen kryoskopischen Konstante ausgewählt.

9.3 Gehaltsangaben

Gehaltsangaben geben den Anteil eines Stoffes in einem homogenen Stoffgemisch an. Sie werden auch **Gehaltsgrößen** genannt. Alle Gehaltsangaben beruhen auf den Basisgrößen Masse m, Stoffmenge n und Volumen V.

Drei Gruppen von Gehaltsangaben werden unterschieden (Tabelle 1 und 2, S. 278):

- **Anteilsangaben** geben den Anteil des gelösten Stoffes im Vergleich zur gesamten Lösung an, also der Summe der Anteile von Lösemittel LM und gelöstem Stoff X. Zur Gruppe der Anteilsangaben gehören: **Massenanteil $w(i)$, Volumenanteil $\varphi(i)$ und Stoffmengenanteil $x(i)$.**

- **Konzentrationsangaben** beziehen sich auf das Volumen der Lösung *V*(Lsg). Zur Gruppe der Konzentrationsangaben gehören die Größen: **Massenkonzentration β(i), Volumenkonzentration σ(i), Stoffmengenkonzentration *c*(i)**, einschließlich **Äquivalentstoffmengenkonzentration** $c(\frac{1}{z^*}\,i)$.
- **Verhältnisangaben** setzen Masse, Volumen oder Stoffmenge des gelösten Stoffes ins Verhältnis zu der entsprechenden Größe des Lösemittels (Tabelle 1). Zu dieser Gruppe zählen: **Massenverhältnis ζ(i), Volumenverhältnis ψ(i)** und **Stoffmengenverhältnis *r*(i)**.

Die Masse *m* und die Stoffmenge *n* sind **additive Größen**, d. h. die Summe der Masse des gelösten Stoffes X und des Lösemittels LM entspricht der Masse der Lösung Lsg. Auch die Summe der Stoffmengen der Einzelkomponenten ist gleich der Stoffmenge des Gemischs. Die Summe der Volumina der Einzelkomponenten *V*(i) und *V*(LM) kann jedoch vom Volumen der Lösung abweichen, man spricht von **Volumeneffekt** (s. S. 271). Dieser wird wegen seiner geringen Größe bei stöchiometrischen Berechnungen zumeist vernachlässigt.

Tabelle 1: Anteile, Konzentrationen und Verhältnisse

		Anteil		Konzentration		Verhältnis
Masse	ω	 $\frac{2\,g}{10\,g} = 0{,}2 = 20\,\%$	β	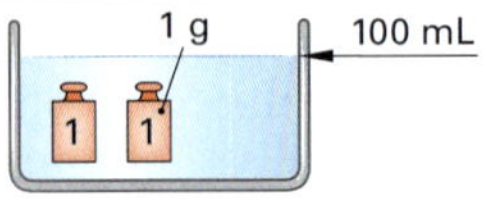 $\frac{2\,g}{100\,ml} = 0{,}02\,\frac{g}{mL}$	ζ	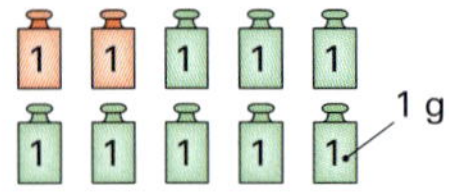 $\frac{2\,g}{8\,g} = 0{,}25 = 25\,\%$
Volumen	φ	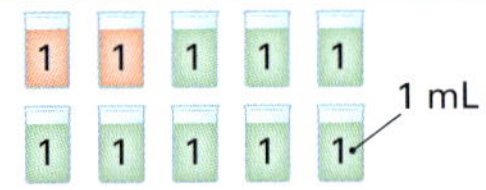 $\frac{2\,mL}{10\,mL} = 0{,}2 = 20\,\%$	σ	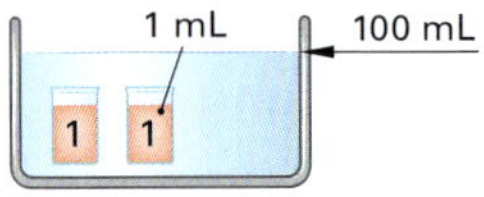 $\frac{2\,mL}{100\,mL} = 0{,}02 = 2\,\%$	ψ	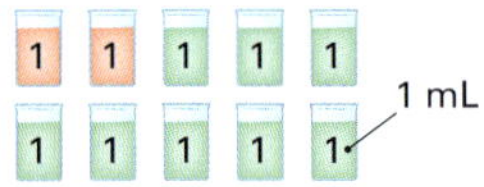 $\frac{2\,mL}{8\,mL} = 0{,}25 = 25\,\%$
Stoffmenge	***x***	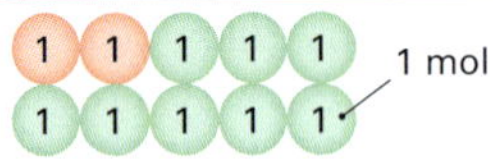 $\frac{2\,mol}{10\,mol} = 0{,}2 = 20\,\%$	***c***	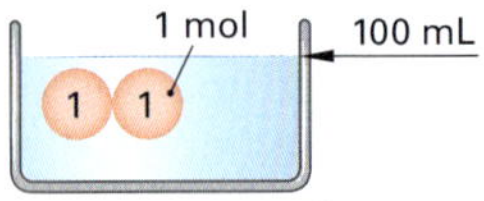 $\frac{2\,mol}{100\,mL} = 0{,}02\,\frac{mol}{mL}$	***r***	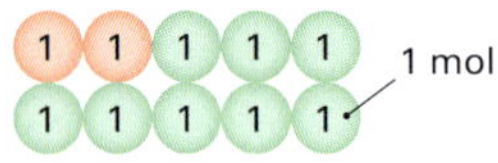 $\frac{2\,mol}{8\,mol} = 0{,}25 = 25\,\%$

Tabelle 1 und 2 geben einen Überblick über die unterschiedlichen Gehaltsangaben. Sie werden in den folgenden Kapiteln anhand von Beispielen erläutert.

Tabelle 2: Gehaltsangaben

Gehaltsangabe	Größe	Größengleichung	Mögliche Einheit
Anteilsangaben	Massenanteil *w*(i) Volumenanteil φ(i) Stoffmengenanteil *x*(i)	$w(i) = m(i) \cdot m(Lsg)^{-1}$ $\varphi(i) = V(i) \cdot V(Lsg)^{-1}$ $x(i) = n(i) \cdot n(Lsg)^{-1}$	$g \cdot kg^{-1}$ $mL \cdot L^{-1}$ $mmol \cdot mol^{-1}$
Konzentrationsangaben	Massenkonzentration β(i) Volumenkonzentration σ(i) Stoffmengenkonzentration *c*(i)	$\beta(i) = m(i) \cdot V(Lsg)^{-1}$ $\sigma(i) = V(i) \cdot V(Lsg)^{-1}$ $c(i) = n(i) \cdot V(Lsg)^{-1}$	$kg \cdot L^{-1}$ $L \cdot L^{-1}$ $mol \cdot L^{-1}$
Verhältnisangaben	Massenverhältnis ζ(i) Volumenverhältnis ψ(i) Stoffmengenverhältnis *r*(i)	$\zeta(i) = m(i) \cdot m(LM)^{-1}$ $\psi(i) = V(i) \cdot V(LM)^{-1}$ $r(i) = n(i) \cdot n(LM)^{-1}$	$g \cdot kg^{-1}$ $mL \cdot L^{-1}$ $mmol \cdot mol^{-1}$

9.3.1 Anteilsangaben

Die **Anteilsangabe** (Anteilsgröße) beschreibt den Anteil des gelösten Stoffes i im Verhältnis zum entsprechenden Wert derselben Dimension der Lösung Lsg. Sie bezieht sich auf die Masse *m*, das Volumen *V* oder die Stoffmenge *n*.

Folgende Anteilsangaben werden unter Vernachlässigung des Volumeneffekts unterschieden:

Massenanteil w(i)	$w(\mathrm{i}) = \dfrac{m(\mathrm{i})}{m(\mathrm{Lsg})} = \dfrac{m(\mathrm{i})}{m(\mathrm{LM}) + m(\mathrm{i})}$	w: 1; m: kg	**Gl. 9.9**
Volumenanteil φ(i)	$\varphi(\mathrm{i}) = \dfrac{V(\mathrm{i})}{V(\mathrm{Lsg})} = \dfrac{V(\mathrm{i})}{V(\mathrm{LM}) + V(\mathrm{i})}$	φ: 1; V: L	**Gl. 9.10**
Stoffmengenanteil x(i)	$x(\mathrm{i}) = \dfrac{n(\mathrm{i})}{n(\mathrm{Lsg})} = \dfrac{n(\mathrm{i})}{n(\mathrm{LM}) + n(\mathrm{i})}$	x: 1; n: mol	**Gl. 9.11**

Beim **Massenanteil w(i)** wird die Masse des Stoffes m(i) in Bezug zur Masse der Lösung m(Lsg) gesetzt. Die Masse der Lösung m(Lsg) setzt sich aus der Summe der Masse des Lösemittels m(LM) und der Masse des gelösten Stoffes m(i) zusammen:

$m(\mathrm{Lsg}) = m(\mathrm{LM}) + m(\mathrm{i})$

Entsprechendes gilt für den **Stoffmengenanteil x(i)**, der früher als **Molenbruch** bezeichnet wurde. Die Stoffmenge der Lösung n(Lsg) setzt sich aus der Summe der Stoffmenge des Lösemittels n(LM) und der Stoffmenge des gelösten Stoffes n(i) zusammen:

$n(\mathrm{Lsg}) = n(\mathrm{LM}) + n(\mathrm{i})$

Bei der Berechnung des **Volumenanteils φ(i)** wird der Volumeneffekt (s. Kap. 9.1.2, S. 271) nicht berücksichtigt, das Volumen der Lösung V(Lsg) wird gleich der Summe der Volumina des gelösten Stoffes V(i) und des Lösemittels V(LM) gesetzt:

$V(\mathrm{Lsg}) = V(\mathrm{i}) + V(\mathrm{LM})$

Zwar sind alle Anteilsangaben **dimensionslos**, sie können jedoch auf verschiedene Arten angegeben werden:

- als Bruchteil der Zahl 1, z. B. 0,8,
- als Bruchteil der Stoffportion 100 oder 1000, d. h. in Prozent % oder Promille ‰. Auch andere Gehaltsangaben in dezimalen Bruchteilen sind gebräuchlich: Parts per million ppm, Parts per billion ppb usw. (Tabelle 1),
- mit gleichen Einheiten für Zähler und Nenner: $\mathrm{g \cdot g^{-1}}$, $\mathrm{kg \cdot kg^{-1}}$, $\mathrm{L \cdot L^{-1}}$, $\mathrm{mol \cdot mol^{-1}}$ usw.,
- mit gleichen Einheiten für Zähler und Nenner und einem Zusatz für dezimale Teile oder Vielfache: $\mathrm{\mu g \cdot g^{-1}}$, $\mathrm{mL \cdot m^{-3}}$, $\mathrm{\mu mol \cdot mol^{-1}}$, usw.

Tabelle 1: Gehaltsangaben in dezimalen Bruchteilen

Bruchteil	Bezeichnung	Namensherkunft	Faktor
Hundertstel	%, Prozent	lat. *pro cent*: je Hundert	$1:10^2$
Tausendstel	‰, Promille	lat. *pro mille*: je Tausend	$1:10^3$
Millionstel	ppm	engl. ***p**arts **p**er **m**illion*	$1:10^6$
Milliardstel	ppb	engl. ***p**arts **p**er **b**illion*	$1:10^9$
Billionstel	ppt	engl. ***p**arts **p**er **t**rillion*	$1:10^{12}$
Billiardstel	ppq	engl. ***p**arts **p**er **q**uartillion*	$1:10^{15}$

Die **Anteilsangabe** ist definiert als der Quotient aus dem Anteil der Masse m, des Volumens V oder der Stoffmenge n einer Komponente und der gleichdimensionalen Größe des gesamten Stoffsystems.

9

Beispiel 9.1: Berechnung des Massenanteils

Wie viel Natriumhydroxid NaOH und wie viel Wasser ist einzuwiegen, um 500 g einer Natronlauge NaOH (aq) mit w (NaOH (aq)) = 0,12 zu erhalten?

Lösung:

Nach Gleichung 9.9 folgt:

$$w(\text{NaOH (aq)}) = \frac{m(\text{NaOH})}{m(\text{NaOH (aq)})} \quad \Rightarrow \quad m(\text{NaOH}) = w(\text{NaOH (aq)}) \cdot m(\text{NaOH (aq)})$$

$$m(\text{NaOH}) = 0{,}12 \cdot 500\text{ g} = 60\text{ g}$$

$$m(\text{NaOH (aq)}) = m(\text{NaOH}) + m(\text{H}_2\text{O}) \quad \Rightarrow \quad m(\text{H}_2\text{O}) = m(\text{NaOH (aq)}) - m(\text{NaOH})$$

$$m(\text{H}_2\text{O}) = 500\text{ g} - 60\text{ g} = 440\text{ g}$$

Es müssen 60 g Natriumhydroxid NaOH und 440 g Wasser eingewogen werden.

Zur Berechnung von Massenanteilen w von Gasgemischen wird das **molare Normvolumen** verwendet. Das molare Normvolumen $V_{mn}(i)$ beträgt unter Normbedingungen (p = 1013,25 hPa, T = 273,15 K) für ideale Gase stets $V_{mn}(i) = 22{,}414\text{ L} \cdot \text{mol}^{-1}$.

Beispiel 9.2: Berechnung des Massenanteils *w* über das molare Normvolumen V_{mn}

44,81 Liter Ammoniak $NH_3(g)$ im Normzustand werden in 166,23 g Wasser gelöst.
Wie groß ist der Massenanteil $w(NH_3\text{ (aq)})$ der hergestellten Ammoniak-Lösung?
$M(NH_3) = 17{,}032\text{ g} \cdot \text{mol}^{-1}$

Lösung:

Nach Gleichung 9.9 folgt:

$$w(\text{NH}_3\text{ (aq)}) = \frac{m(\text{NH}_3)}{m(\text{Ammoniak-Lösung})} = \frac{m(\text{NH}_3)}{m(\text{H}_2\text{O}) + m(\text{NH}_3)}$$

$$n = \frac{m}{M} \quad \Rightarrow \quad m = n \cdot M \qquad n(\text{i}) = \frac{V(\text{i})}{V_{\text{m,n}}}$$

Die Stoffmenge n kann über das Volumen $V(NH_3)$ und das molare Volumen für ideale Gase $V_{m,n}(NH_3) \approx 22{,}414\text{ L} \cdot \text{mol}^{-1}$ angenähert werden:

$$m(\text{NH}_3) = n(\text{NH}_3) \cdot M(\text{NH}_3) = \frac{V(\text{NH}_3)}{V_{\text{m,n}}} \cdot M(\text{NH}_3) = \frac{44{,}81\text{ L}}{22{,}414\text{ L} \cdot \text{mol}^{-1}} \cdot 17{,}032\text{ g} \cdot \text{mol}^{-1}$$
$$\approx 34{,}05\text{ g}$$

Hieraus folgt:

$$w(\text{NH}_3\text{ (aq)}) = \frac{m(\text{NH}_3)}{m(\text{H}_2\text{O}) + m(\text{NH}_3)} = \frac{34{,}05\text{ g}}{166{,}23\text{ g} + 34{,}05\text{ g}} \approx 0{,}1700 = 17{,}00\ \%$$

Der Massenanteil an Ammoniak $w(NH_3\text{ (aq)})$ beträgt rund 17,00 %.

Beispiel 9.3: Berechnung des Massenanteils *w* eines Lösemittelgemisches

5,000 mL Methanol CH_3OH mit der Dichte $\varrho(CH_3OH) = 0{,}791\text{ g} \cdot \text{mL}^{-1}$ und 5,000 mL Wasser H_2O mit der Dichte $\varrho(H_2O) = 0{,}9980\text{ g} \cdot \text{mL}^{-1}$ werden bei Raumtemperatur ϑ = 20 °C gemischt. Berechnen Sie den Massenanteil $w(CH_3OH\text{ (aq)})$.

Lösung:

Nach $m = \varrho \cdot V$ gilt hier: $\quad m(\text{CH}_3\text{OH}) = \varrho(\text{CH}_3\text{OH}) \cdot V(\text{CH}_3\text{OH})$

Unter Vernachlässigung des Volumeneffekts gilt: $V(\text{Lsg}) \approx V(\text{CH}_3\text{OH}) + V(\text{H}_2\text{O})$

9

Daraus folgt:

$m(\text{Lsg}) = m(CH_3OH) + m(H_2O) = \varrho(CH_3OH) \cdot V(CH_3OH) + \varrho(H_2O) \cdot V(H_2O)$

$= 0{,}791\ \text{g} \cdot \text{mL}^{-1} \cdot 5{,}000\ \text{mL} + 0{,}9980\ \text{g} \cdot \text{mL}^{-1} \cdot 5{,}000\ \text{mL} = 3{,}955\ \text{g} + 4{,}990\ \text{g}$

$= 8{,}945\ \text{g}$

$$w(CH_3OH\ (aq)) = \frac{m(CH_3OH)}{m(\text{Lsg})} = \frac{3{,}955\ \text{g}}{8{,}945\ \text{g}} \approx 0{,}442 = 42{,}2\ \%$$

Der Massenanteil des Methanols im Lösemittelgemisch beträgt 0,442 bzw. 44,2 %.

Beispiel 9.4: Berechnung des Volumenanteils φ eines Lösemittelgemisches

5,000 mL Methanol CH_3OH und 5,000 mL Wasser H_2O werden bei Raumtemperatur $\vartheta = 20\ °C$ gemischt. Berechnen Sie den Volumenanteil $\varphi(CH_3OH\ (aq))$.

Lösung:

$$\varphi(CH_3OH\ (aq)) = \frac{V(CH_3OH)}{V(CH_3OH) + V(H_2O)} = \frac{5{,}000\ \text{mL}}{5{,}000\ \text{mL} + 5{,}000\ \text{mL}} = \frac{5{,}000}{10{,}000} = 0{,}5000 = 50{,}00\ \%$$

Der Volumenanteil beträgt 50,00 %, wenn der Volumeneffekt nicht berücksichtigt wird.

Beispiel 9.5: Berechnung des Volumenanteils φ

10 mL des reinen Alkohols Ethanol C_2H_5OH und 100 mL destilliertes Wasser werden bei $\vartheta = +\,4\ °C$ zusammengegeben. Berechnen Sie unter Vernachlässigung der Volumenkontraktion den Volumenanteil φ(Alkohol) und die Angabe in Vol.- % des Alkohols.

Lösung:

$$\varphi(\text{Alkohol}) = \frac{V(\text{Alkohol})}{V(\text{Lösung})} = \frac{V(\text{Alkohol})}{V(\text{Wasser}) + V(\text{Alkohol})} = \frac{10\ \text{mL}}{110\ \text{mL}} = \frac{1}{11} \approx 0{,}091 = 9{,}1\ \%$$

Die Lösung enthält einen Volumenanteil φ(Alkohol) von 0,091.

Aus diesem Volumenanteil berechnet sich ein prozentualer Volumenanteil von 9,1 Vol.- %.

9.3.2 Konzentrationsangaben

Die **Konzentrationsangabe** (Konzentrationsgröße) beschreibt den Anteil des gelösten Stoffes i im Verhältnis zum Volumen der Lösung V(Lsg). Sie bezieht sich auf die Masse m, das Volumen V oder die Stoffmenge n (Tabelle 1 und 2, S. 278).

Folgende Konzentrationsangaben werden unterschieden:

Massenkonzentration β(i) $\quad \beta(i) = \frac{m(i)}{V(\text{Lsg})}$ **Gl. 9.12**

β	m	V
$kg \cdot L^{-1}$	kg	L

Volumenkonzentration σ(i) $\quad \sigma(i) = \frac{V(i)}{V(\text{Lsg})}$ **Gl. 9.13**

σ	V
1	L

Stoffmengenkonzentration c(i) $\quad c(i) = \frac{n(i)}{V(\text{Lsg})}$ **Gl. 9.14**

c	n	V
$mol \cdot L^{-1}$	mol	L

Die gebräuchlichen Einheiten der **Massenkonzentration β(i)** sind $kg \cdot m^{-3}$, $kg \cdot L^{-1}$, $g \cdot L^{-1}$ oder $mg \cdot mL^{-1}$. Die **Volumenkonzentration σ(i)** ist dimensionslos. Sie kann in gleicher Weise angegeben werden wie der Volumenanteil (S. 279): $mL \cdot (100\ mL)^{-1} = \%$; $mL \cdot L^{-1} = mL \cdot (1000\ mL)^{-1} = ‰$

Die gebräuchlichen Einheiten der **Stoffmengenkonzentration *c*(i)** sind $mol \cdot m^{-3}$, $mol \cdot L^{-1}$ oder $mmol \cdot L^{-1}$. Die Bezeichnung **Molarität** als Synonym für die Stoffmengenkonzentration ist zwar nicht zulässig, aber noch immer verbreitet. Für die Einheit $mol \cdot L^{-1}$ wird der Kurzname **„molar"** verwendet.

> Die **Konzentrationsangabe** ist definiert als der Quotient aus dem Anteil der Masse *m*, des Volumens *V* oder der Stoffmenge *n* einer Komponente und dem Volumen des gesamten Stoffsystems *V*(Lsg).

Beispiel 9.6: Berechnung einer Stoffmengenkonzentration aus Masse und Volumen

2,00 g Natriumhydroxid NaOH werden in 100 mL Wasser gelöst. Wie groß ist die Stoffmengenkonzentration der gebildeten Natronlauge c (NaOH(aq)), wenn der Volumeneffekt vernachlässigt wird? $M(\text{NaOH}) = 40{,}00\ g \cdot mol^{-1}$

Lösung:

$$n = \frac{m}{M}$$

$$n(\text{NaOH}) = \frac{2{,}00\ g}{40{,}00\ g \cdot mol^{-1}} = 0{,}0500\ mol$$

Nach Gleichung 9.14 folgt:

$$c(\text{NaOH(aq)}) = \frac{n\,(\text{NaOH})}{V\,(\text{Lsg})} = \frac{0{,}0500\ mol}{0{,}100\ L} = 0{,}500\ mol \cdot L^{-1}$$

Die Stoffmengenkonzentration c(NaOH(aq)) beträgt $0{,}500\ mol \cdot L^{-1}$.

Alternativ zur Stoffmengenkonzentration c(i) kann auch die Äquivalentkonzentration angegeben werden. Die **Äquivalentkonzentration** ist eine Konzentrationsangabe, die sich auf die Äquivalentstoffmenge bezieht, d. h. auf die Anzahl der wirksamen Teilchen (Äquivalentteilchen). Diese ist immer von der Art der betrachteten Reaktion abhängig.

Die Angabe der Äquivalentkonzentration wird insbesondere bei Neutralisations- oder Redoxreaktionen verwendet. Während zwei Stoffe A und B in einem unterschiedlichen Verhältnis miteinander reagieren können, z. B. 2 A + 1 B, reagieren immer ein Äquivalentteilchen des Stoffes A und ein Äquivalentteilchen des Stoffes B miteinander. Beispiel: Bei der chemischen Umsetzung von Schwefelsäure H_2SO_4 (aq) mit Natronlauge NaOH (aq) entstehen Natriumsulfat Na_2SO_4 und Wasser H_2O:

$$H_2SO_4\,(aq) \quad + \quad 2\ NaOH\,(aq) \quad \rightarrow \quad Na_2SO_4\,(aq) \quad + \quad 2\ H_2O\,(l)$$

$$2\ H^+ + SO_4^{2-} \quad + \quad 2\ Na^+ + 2\ OH^- \quad \rightarrow \quad 2\ Na^+ + SO_4^{2-} \quad + \quad 2\ H_2O$$

Die Ionenschreibweise verdeutlicht, dass in einem Mol Schwefelsäure H_2SO_4 zwei Mol Äquivalentteilchen H^+-Ionen vorhanden sind. In einem Mol Natronlauge NaOH (aq) ist hingegen ein Mol OH^--Ionen als wirksame Teilchen vorhanden. Die Äquivalentteilchen H^+ und OH^- reagieren miteinander im Verhältnis 1 : 1.

Das Äquivalentteilchen ist der z^*-ste Bruchteil der Gesamtanzahl der wirksamen Teilchen. Die **symbolische Darstellung von Äquivalentteilchen** erfolgt, indem der Bruch $\frac{1}{z^*}$ dem Teilchensymbol für einen Stoff i vorangestellt wird:

Äquivalentteilchen (i) = $\frac{1}{z^*}$ i

z^* ist die **Anzahl der Stoffmengenäquivalente**. Es handelt sich immer um eine ganze Zahl. z^* gibt die stöchiometrische Wertigkeit bzw. bei Redoxreaktionen die Änderung der Oxidationszahl an.

> Die **Anzahl der Stoffmengenäquivalente z^*** hängt immer von der betrachteten Reaktion ab. z^* gibt die Anzahl der für diese Reaktion wirksamen Teilchen an.

Die Stoffmengen der Äquivalentteilchen aus dem Beispiel werden in folgender Weise dargestellt:

- $n(\frac{1}{2}\,H_2SO_4)$, denn $z^* = 2$
- $n(\frac{1}{1}\,NaOH)$, denn $z^* = 1$

Die entsprechenden Äquivalentkonzentrationen lauten: $c(\frac{1}{2}\,H_2SO_4)$ bzw. $c(\frac{1}{1}\,NaOH)$.

> Die **Äquivalentstoffmenge *n*** wird in Form von $n\left(\frac{1}{z^*}\,i\right)$ symbolisch dargestellt.
>
> Die Darstellung der **Äquivalentkonzentration** erfolgt in folgender Weise: $c\left(\frac{1}{z^*}\,i\right)$

Die Stoffmengenkonzentration $c(i)$ und die Äquivalentkonzentration $c(\frac{1}{z^*}\,i)$ der Reaktion von Schwefelsäure H_2SO_4 mit Natronlauge NaOH (aq) können leicht ineinander umgerechnet werden:

- Die Äquivalentkonzentration sei: $c(\frac{1}{2}\,H_2SO_4) = 0{,}1\ mol \cdot L^{-1}$ Das bedeutet: $c(H^+) = 0{,}1\ mol \cdot L^{-1}$

  Daraus folgt für die Stoffmengenkonzentration:

  $c(H_2SO_4) = \frac{1}{2} \cdot c(\frac{1}{2}\,H_2SO_4) = \frac{1}{2}\,c(H^+) = 0{,}05\ mol \cdot L^{-1}$

- Die Äquivalentkonzentration sei: $c(\frac{1}{1}\,NaOH) = 0{,}1\ mol \cdot L^{-1}$ Das bedeutet: $c(OH^-) = 0{,}1\ mol \cdot L^{-1}$

  Daraus folgt für die Stoffmengenkonzentration:

  $c(NaOH) = 1 \cdot c(\frac{1}{1}\,NaOH) = \frac{1}{1} \cdot c(OH^-) = 0{,}1\ mol \cdot L^{-1}$

- Die Stoffmengenkonzentration sei: $c(H_2SO_4) = 0{,}1\ mol \cdot L^{-1}$

  Daraus folgt für die Äquivalentkonzentration:

  $c(\frac{1}{2}\,H_2SO_4) = c(H^+) = 2 \cdot c(H_2SO_4) = 0{,}2\ mol \cdot L^{-1}$

> Für den Zusammenhang zwischen der Äquivalentkonzentration $c\frac{1}{z^*}$ i und der Stoffmengenkonzentration $c(i)$ gilt:
>
> $c(i) = \frac{1}{z^*} \cdot c(\frac{1}{z^*}\,i)$ bzw. $c(\frac{1}{z^*}\,i) = z^* \cdot c(i)$

Die Verwendung der Äquivalentkonzentration hat den Vorteil, dass die gelöste Äquivalenstoffmenge des in der Maßlösung befindlichen Stoffes i gleichwertig (äquivalent) mit der Äquivalentstoffmenge des zu bestimmenden Stoffes ist.

Entsprechend kann das **Ionen-Äquivalent** für Ionen als die Äquivalentzahl z^* beschrieben werden, die gleich dem Betrag der Ladungszahl des an der Reaktion beteiligten Ions ist bzw. dem Betrag der Differenz der Ladungszahlen entspricht. Bei einer chemischen Umsetzung, bei der aus Kaliumpermanganat $KMnO_4$ die Verbindung Manganoxid MnO entsteht, ändert das Mangan seine Formalladung von +7 auf +2. Die Differenz der Formalladungen ergibt das Redox-Äquivalent:

$z^* = 7 - 2 = 5$

Daraus folgt: $n(\frac{1}{5}\,KMnO_4)$ bzw. $c(\frac{1}{5}\,KMnO_4)$

Die **Äquivalentstoffmenge** $n\left(\frac{1}{z^*}\,i\right)$ und

die **Äquivalentstoffmengenkonzentration** $c\left(\frac{1}{z^*}\,i\right) = \dfrac{n\left(\frac{1}{z^*}\,i\right)}{V}$

sind stöchiometrische Vergleichsgrößen, die auf ein Atom, Molekül oder Ion X bezogen sind.

Die **Äquivalentstoffmenge** $\boldsymbol{n\left(\frac{1}{z^*}\,i\right)}$ und die **Äquivalentstoffmengenkonzentration** $\boldsymbol{c\left(\frac{1}{z^*}\,i\right)}$ werden erhalten, indem die Stoffmenge *n* bzw. die Stoffmengenkonzentration *c* mit der Zahl des Stoffmengenäquivalents z^* multipliziert werden:

$n\left(\frac{1}{z^*}\,i\right) = z^* \cdot n(i)$ $\qquad$ $c\left(\frac{1}{z^*}\,i\right) = z^* \cdot c(i)$

Beispiel 9.7: Berechnung von Stoffmengenäquivalenten

Welche Anzahl der Stoffmengenäquivalente z^* besitzen:

a) Kaliumhydroxid KOH bei der Reaktion mit Salzsäure HCl (aq),

b) Magnesiumhydroxid $Mg(OH)_2$ bei der Reaktion mit Salzsäure HCl (aq),

c) phosphorige Säure H_3PO_3 (aq) bei der Reaktion mit Natronlauge NaOH (aq)?

Lösung:

a) Bei der Reaktion von Kaliumhydroxid KOH mit einer Salzsäure HCl (aq) erfolgt eine Neutralisation, bei der pro KOH-Teilchen ein Wasserteilchen entsteht:

$$KOH + HCl\,(aq) \rightarrow K^+ + OH^- + H^+ + Cl^- \rightarrow KCl + H_2O$$

Die Äquivalentteilchen der Reaktion sind OH^- und H^+. Für die Anzahl der Stoffmengenäquivalente gilt somit: $z^* = 1$

b) Magnesiumhydroxid $Mg(OH)_2$ gibt bei der Reaktion mit Salzsäure HCl (aq) zwei Hydroxid-Ionen OH^- ab:

$$Mg(OH)_2 + 2\,HCl\,(aq) \rightarrow Mg^{2+} + 2\,OH^- + 2\,H^+ + 2\,Cl^- \rightarrow MgCl_2 + 2\,H_2O$$

Für die Anzahl der Stoffmengenäquivalente beim Magnesiumhydroxid gilt somit: $z^* = 2$

Für die Anzahl der Stoffmengenäquivalente bei der Salzsäure gilt somit: $z^* = 1$

c) Phosphorige Säure H_3PO_3 (aq) gibt 3 Protonen H^+ ab, die mit je einem Hydroxid-Ion OH^- der Natronlauge NaOH (aq) zu Wasser H_2O reagieren:

$$H_3PO_3\,(aq) + 3\,NaOH\,(aq) \rightarrow PO_3^{3-} + 3\,H^+ + 3\,Na^+ + 3\,OH^- \rightarrow Na_3PO_4 + 3\,H_2O$$

Für die Anzahl der Stoffmengenäquivalente gilt somit: $z^* = 3$

Für die Anzahl der Stoffmengenäquivalente bei der Natronlauge gilt somit: $z^* = 1$

9

Beispiel 9.8: Berechnung der Äquivalentkonzentration einer Maßlösung

Wie groß ist die Äquivalentkonzentration $c(\frac{1}{2}\,H_2SO_4)$ einer Schwefelsäure-Maßlösung ML, die in 100 mL Lösung 2,583 g Schwefelsäure enthält?

Lösung:

Mit der Molmasse $M(H_2SO_4) = 98{,}079\ g \cdot mol^{-1}$ folgt:

$$c(\tfrac{1}{2}\,H_2SO_4) = \frac{m(H_2SO_4) \cdot z^*}{M(H_2SO_4) \cdot V(ML)} = \frac{2{,}583\ g \cdot 2}{98{,}079\ g \cdot mol^{-1} \cdot 0{,}100\ L} \approx 0{,}527\ mol \cdot L^{-1}$$

Die Äquivalentkonzentration beträgt $c(\tfrac{1}{2}\,H_2SO_4)$ rund $0{,}527\ mol \cdot L^{-1}$.

9.3.3 Verhältnisangaben

Die **Verhältnisangabe** beschreibt den Anteil des gelösten Stoffes i im Verhältnis zu einer gleichdimensionalen Größe des Lösemittels LM (**Tabelle 1** und **2**, S. 278). Sie bezieht sich auf die Masse *m*, das Volumen *V* oder die Stoffmenge *n*.

Folgende Verhältnisangaben werden unterschieden:

Massenverhältnis ζ(i)	$\zeta(i) = \frac{m(i)}{m(LM)}$	ζ / 1	*m* / g	**Gl. 9.15**
Volumenverhältnis ψ(i)	$\psi(i) = \frac{V(i)}{V(LM)}$	ψ / 1	*V* / L	**Gl. 9.16**
Stoffmengenverhältnis *r*(i)	$r(i) = \frac{n(i)}{n(LM)}$	*r* / 1	*n* / mol	**Gl. 9.17**

Wie die Anteilsangaben (s. Kap. 9.3.1, S. 278) sind alle Verhältnisangaben dimensionslos, sie können jedoch wie die Anteilsangaben auf verschiedene Arten angegeben werden:

- als Bruchteil der Zahl 1, z. B. 0,8,
- als Bruchteil der Stoffportion 100 oder 1000, d. h. in Prozent % oder Promille ‰ (**Tabelle 1**, S. 279),
- mit gleichen Einheiten für Zähler und Nenner: $g \cdot g^{-1}$, $kg \cdot kg^{-1}$, $L \cdot L^{-1}$, $mol \cdot mol^{-1}$ usw.,
- mit gleichen Einheiten mit einem Vorsatz eines dezimalen Teils oder Vielfachen für Zähler und Nenner: $\mu g \cdot g^{-1}$, $mL \cdot m^{-3}$, $\mu mol \cdot mol^{-1}$ usw.

Beispiel 9.9: Berechnung des Massenverhältnisses ζ(i)

Bei $\vartheta = 4\ °C$ lösen sich 4,50 g von einem Stoff i in 25,0 g Wasser.

Berechnen Sie das Massenverhältnis.

Lösung:

$$\zeta(i) = \frac{m(i)}{m(LM)} = \frac{4{,}50\ g}{25{,}0\ g} = 0{,}180$$

Das Massenverhältnis beträgt 0,180.

9

Ähnlich wie das Massenverhältnis wird auch das Stoffmengenverhältnis $r(\mathrm{i})$ berechnet:

Beispiel 9.10: Berechnung von Massen- und Stoffmengenverhältnissen

Ein Salz i hat bei 20 °C eine Löslichkeit von 36 g pro 100 g Lösemittel. Wie groß sind das Massenverhältnis sowie das Stoffmengenverhältnis der gesättigten Lösung, wenn die molare Masse M des Salzes $M(\mathrm{i}) = 72{,}0\ \mathrm{g \cdot mol^{-1}}$ und die des Lösemittels $M(\mathrm{LM}) = 18{,}0\ \mathrm{g \cdot mol^{-1}}$ beträgt?

Lösung:

$$\zeta(\mathrm{i}) = \frac{m(\mathrm{i})}{m(\mathrm{LM})} = \frac{36{,}0\ \mathrm{g}}{100\ \mathrm{g}} = 0{,}36$$

Aus $n = \frac{m}{M}$ ergibt sich: $$r(\mathrm{i}) = \frac{n(\mathrm{i})}{n(\mathrm{LM})} = \frac{\frac{m(\mathrm{i})}{M(\mathrm{i})}}{\frac{m(\mathrm{LM})}{M(\mathrm{LM})}} = \frac{\frac{36{,}0\ \mathrm{g}}{72{,}0\ \mathrm{g \cdot mol^{-1}}}}{\frac{100\ \mathrm{g}}{18{,}0\ \mathrm{g \cdot mol^{-1}}}} = \frac{0{,}50\ \mathrm{mol}}{5{,}55\ \mathrm{mol}} = 0{,}090$$

Die Lösung weist ein Massenverhältnis von $\zeta(\mathrm{i}) = 0{,}36$ auf.
Ihr Stoffmengenverhältnis beträgt $r(\mathrm{i}) = 0{,}090$.

9.3.4 Umrechnung von Gehaltsgrößen

Eine Zusammenfassung der Formeln zur Be- und Umrechnung von Gehaltsangaben ist in der folgenden Tabelle 1 dargestellt.

Tabelle 1: Umrechnen von Gehaltsangaben

	↔	
***w* Massenanteil**	↔	**x Stoffmengenanteil**
$w(\mathrm{i_1}) = \frac{x(\mathrm{i_1}) \cdot M(\mathrm{i_1})}{x(\mathrm{i_1}) \cdot M(\mathrm{i_1}) + x(\mathrm{i_2}) \cdot M(\mathrm{i_2}) + \ldots + x(\mathrm{i_n}) \cdot M(\mathrm{i_n})}$		$x(\mathrm{i_1}) = \frac{w(\mathrm{i_1})}{M(\mathrm{i_1}) \cdot \left(\frac{w(\mathrm{i_1})}{M(\mathrm{i_1})} + \frac{w(\mathrm{i_2})}{M(\mathrm{i_2})} + \ldots + \frac{w(\mathrm{i_n})}{M(\mathrm{i_n})}\right)}$
***w* Massenanteil**	↔	***φ* Volumenanteil**
$w(\mathrm{i}) = \frac{\varphi(\mathrm{i}) \cdot \varrho(\mathrm{i})}{\varrho(\mathrm{Lsg})}$		$\varphi(\mathrm{i}) = \frac{w(\mathrm{i}) \cdot \varrho(\mathrm{Lsg})}{\varrho(\mathrm{i})}$
***w* Massenanteil**	↔	***c* Stoffmengenkonzentration**
$w(\mathrm{i}) = \frac{c(\mathrm{i}) \cdot M(\mathrm{i})}{1000 \cdot \varrho(\mathrm{Lsg})}$		$c(\mathrm{i}) = \frac{1000 \cdot w(\mathrm{i}) \cdot \varrho(\mathrm{Lsg})}{M(\mathrm{i})}$
***w* Massenanteil**	↔	***β* Massenkonzentration**
$w(\mathrm{i}) = \frac{\beta(\mathrm{i})}{1000 \cdot \varrho(\mathrm{Lsg})}$		$\beta(\mathrm{i}) = 1000 \cdot w(\mathrm{i}) \cdot \varrho(\mathrm{Lsg})$
***w* Massenanteil**	↔	***σ* Volumenkonzentration**
$w(\mathrm{i}) = \frac{\sigma(\mathrm{i}) \cdot \varrho(\mathrm{i})}{\varrho(\mathrm{Lsg})}$		$\sigma(\mathrm{i}) = \frac{w(\mathrm{i}) \cdot \varrho(\mathrm{Lsg})}{\varrho(\mathrm{i})}$
***β* Massenkonzentration**	↔	***c* Stoffmengenkonzentration**
$\beta(\mathrm{i}) = c(\mathrm{i}) \cdot M(\mathrm{i})$		$c(\mathrm{i}) = \frac{\beta(\mathrm{i})}{M(\mathrm{i})}$
***φ* Volumenanteil**	↔	***σ* Volumenkonzentration**
$\varphi = \sigma$ (ohne Volumenveränderung beim Mischen der einzelnen Komponenten)		
i, $\mathrm{i_1}$, $\mathrm{i_2}$, ... $\mathrm{i_n}$. Einzelkomponenten; M molare Masse in $\mathrm{g \cdot mol^{-1}}$; ϱ Dichte in $\mathrm{g \cdot cm^{-3}}$; c Stoffmengenkonzentration in $\mathrm{mol \cdot L^{-1}}$; β Massenkonzentration in $\mathrm{g \cdot L^{-1}}$; σ Volumenkonzentration in $\mathrm{L \cdot L^{-1}}$		
Ein direktes Umrechnen ist nur mit den angegebenen Formeln möglich. Weitere Berechnungen sind mit Zwischenschritten möglich, z. B. Stoffmengenkonzentration c zu Volumenanteil φ über Massenanteil w.		

9.4 Lösungen bestimmter Konzentration

Lösungen mit einem bestimmten Gehalt an gelöstem Stoff i können durch vier verschiedene Verfahren hergestellt werden:

- Mischen von zwei Lösungen mit unterschiedlichem Gehalt an gelöstem Stoff i
- Mischen einer höher konzentrierten Lösung mit Lösemittel LM (Verdünnen einer Lösung)
- Verdampfen von Lösemittel LM (Aufkonzentrieren einer Lösung, kein Mischvorgang)
- Mischen des aufzulösenden Stoffes i mit dem Lösemittel LM (Herstellen einer Lösung)

In den ersten drei Fällen wird die gewünschte End-Konzentration der Mischung durch Entfernen oder Hinzufügen von Lösemittel oder durch Mischen von zwei oder mehreren Lösungen mit unterschiedlicher Konzentration desselben gelösten Stoffes i erreicht. Zur Berechnung der aus der Mischung resultierenden End-Konzentration der Lösung kann sowohl die Mischungsgleichung als auch das Mischungskreuz verwendet werden.

9.4.1 Rechnen mit der Mischungsgleichung

Zur Berechnung der Konzentration von Lösungen, die durch Mischen von zwei oder mehreren Lösungen mit unterschiedlicher Konzentration desselben gelösten Stoffes entstanden sind oder die durch Zufügen von Lösemittel oder durch Entfernen von Lösemittel verdünnt bzw. aufkonzentriert wurden, kann die **Mischungsgleichung** verwendet werden.

Werden zwei Lösungen, Lösung 1 mit der Masse m_1 und Lösung 2 mit der Masse m_2, gemischt, dann ist die Masse der Mischung m_M gleich der Summe der Massen der Ausgangslösungen:

$$m_M = m_1 + m_2$$

Die Masse eines gelösten Stoffes $m(\mathrm{i})$ in einer zum Mischen eingesetzten Lösung kann durch Umstellen der Gleichung zur Berechnung des Massenanteils $w(\mathrm{i})$ wie folgt berechnet werden:

$$w(\mathrm{i}) = \frac{m(\mathrm{i})}{m(\mathrm{Lsg})} \quad \Rightarrow \quad m(\mathrm{i}) = w(\mathrm{i}) \cdot m(\mathrm{Lsg})$$

Beim Mischen von Lösungen berechnen sich die Massen $m(\mathrm{i})$ des gelösten Stoffes in den Lösungen sowie in der Mischung $m_M(\mathrm{i})$

in Lösung 1: $m_1(\mathrm{i}) = w_1 \cdot m_1$

in Lösung 2: $m_2(\mathrm{i}) = w_2 \cdot m_2$

in der Mischung M: $m_M(\mathrm{i}) = w_M \cdot m_M$

Aus $m_M(\mathrm{i}) = m_1(\mathrm{i}) + m_2(\mathrm{i})$ ergibt sich durch Einsetzen die **Mischungsgleichung** für die beiden Lösungen 1 und 2:

$$(m_1 + m_2) \cdot w_m = m_1 \cdot w_1 + m_2 \cdot w_2$$
$$m_M \cdot w_M = m_1 \cdot w_1 + m_2 \cdot w_2$$

w	m
1	kg

Gl. 9.18

Die erweiterte Mischungsgleichung für n Komponenten lautet:

$$m_M \cdot w_M = m_1 \cdot w_1 + m_2 \cdot w_2 + \ldots + m_n \cdot w_n$$

w	m
1	kg

Gl. 9.19

mit
- m_1 Masse m an Lösung 1
- m_2 Masse m an Lösung 2
- w_1 Massenanteil gelöster Stoff i in Lösung 1
- w_2 Massenanteil gelöster Stoff i in Lösung 2
- m_M Masse m der Mischung
- w_M gesuchter Massenanteil der beim Mischvorgang entstehenden Lösung

9

Soll der Massenanteil einer Lösung durch Zugabe von einem Reinstoff i erhöht werden, so wird für Berechnungen der zugehörige Massenanteil $w = 1$ eingesetzt. Wird eine Lösung w_1 mit reinem Lösemittel verdünnt, dann ist $w_2 = 0$ einzusetzen, da im Lösemittel keine entsprechend gelöste Komponente enthalten ist. Die Masse m_2 multipliziert mit $w_2 = 0$ ergibt Null, so dass dieser Teil der Mischungsgleichung entfällt.

$$m_1 \cdot w_1 + m_2 \cdot 0 = m_M \cdot w_M \quad \Rightarrow \quad m_1 \cdot w_1 = m_M \cdot w_M$$

Wird das Lösemittel jedoch abgedampft (Aufkonzentrieren durch Einengen der Lösung), so sind die Produkte $m_1 \cdot w_1$ und $m_2 \cdot w_2$ anstatt zu addieren zu subtrahieren, da durch das Verdampfen eine bestimmte Masse an Lösemittel m (LM) entzogen wird (mit w(LM) = 0).

$$\boldsymbol{m_1 \cdot w_1 = m_M \cdot w_M \Rightarrow m_1 \cdot w_1 = (m_1 - m(\mathrm{LM})) \cdot w_m}$$

w	m
1	kg

Gl. 9.20

Berechnungen beim Mischen von Lösungen mit unterschiedlichen Massenanteilen sind mit der **Mischungsgleichung** möglich:

$$m_M \cdot w_M = m_1 \cdot w_1 + m_2 \cdot w_2 + m_n \cdot w_n$$

Beispiel 9.11: Berechnen eines Massenanteils beim Mischen von zwei Lösungen unterschiedlicher Konzentration mit der Mischungsgleichung

200 g Schwefelsäure mit einem Massenanteil von $w_1 = 0{,}50$ sollen mit 800 g einer Schwefelsäure mit $w_2 = 0{,}25$ verdünnt werden. Welchen Massenanteil w_M hat die Mischung?

Lösung:

Durch Auflösen der Mischungsgleichung nach der gesuchten Größe w_M ergibt sich:

$$m_1 \cdot w_1 + m_2 \cdot w_2 = (m_1 + m_2) \cdot w_M \quad \Rightarrow \quad w_M = \frac{m_1 \cdot w_1 + m_2 \cdot w_2}{m_1 + m_2}$$

Einsetzen der bekannten Größen in die Gleichung ergibt:

$$w_M = \frac{200\ \mathrm{g} \cdot 0{,}50 + 800\ \mathrm{g} \cdot 0{,}25}{200\ \mathrm{g} + 800\ \mathrm{g}} = \frac{300\ \mathrm{g}}{1000\ \mathrm{g}} = 0{,}30$$

Die Mischung hat einen Massenanteil von $w(H_2SO_4(aq)) = 0{,}30$.

Beispiel 9.12: Berechnung des Massenanteils einer Lösung durch Abdampfen von Lösemittel

Von 520 g einer Zuckerlösung mit w(Zucker) = 0,19 werden 180 g Lösemittel abgedampft. Wie groß ist der Massenanteil w(Konzentrat) nach dem Einengen der Lösung im Konzentrat?

Lösung:

$$m(\mathrm{Zucker}) \cdot w(\mathrm{Zucker}) = m(\mathrm{Konzentrat}) \cdot w(\mathrm{Konzentrat})$$

$$m(\mathrm{Zucker}) \cdot w(\mathrm{Zucker}) = (m(\mathrm{Zuckerlösung}) - m(\mathrm{LM})) \cdot w(\mathrm{Konzentrat})$$

$$w(\mathrm{Konzentrat}) = \frac{m(\mathrm{Zucker}) \cdot w(\mathrm{Zucker})}{m(\mathrm{Zuckerlösung}) - m(\mathrm{LM})} = \frac{520\ \mathrm{g} \cdot 0{,}19}{520\ \mathrm{g} - 180\ \mathrm{g}} \approx 0{,}29$$

Das Konzentrat hat einen Massenanteil von w(Zucker) ≈ 0,29.

9

9.4.2 Rechnen mit dem Mischungskreuz

Soll eine Lösung mit bestimmtem Massenanteil aus zwei Lösungen mit unterschiedlichen Massenanteilen eines Stoffes gemischt werden, können die erforderlichen Massen der beiden Ausgangslösungen über das **Mischungskreuz** ermittelt werden. Das Mischungskreuz ist eine Rechenhilfe, die aus der **Mischungsgleichung 9.18** abgeleitet wird.

Durch Umformen der Mischungsgleichung erhält man:

$$(m_1 + m_2) \cdot w_M = m_1 \cdot w_1 + m_2 \cdot w_2$$

$$m_1 \cdot w_M + m_2 \cdot w_M = m_1 \cdot w_1 + m_2 \cdot w_2$$

$$m_1 \cdot w_M - m_1 \cdot w_1 = m_2 \cdot w_2 - m_2 \cdot w_M$$

$$m_1 \cdot (w_M - w_1) = m_2 \cdot (w_2 - w_M)$$

$$\frac{m_1}{m_2} = \frac{w_M - w_2}{w_1 - w_M}$$

Aus diesem Ausdruck wird die grafische Schreibweise abgeleitet (**Bild 1**), die als **Mischungskreuz**, **Mischungsregel** oder auch als **Andreaskreuz** bezeichnet wird.

Die Berechnung erfolgt, indem die Differenz zwischen dem gewünschten Massenanteil der gemischten Lösung w_M und dem jeweiligen Massenanteil der einsetzten Lösungen w_1 und w_2 gebildet wird (**Bild 1**).

Der erhaltene Wert wird als Betrag eingesetzt. Die Summe der Massen der beiden eingesetzten Lösungen m_1 und m_2 ist gleich der Masse der Mischung m_M. Mit Hilfe einer Dreisatzrechnung kann auf die notwendigen Massen umgerechnet werden.

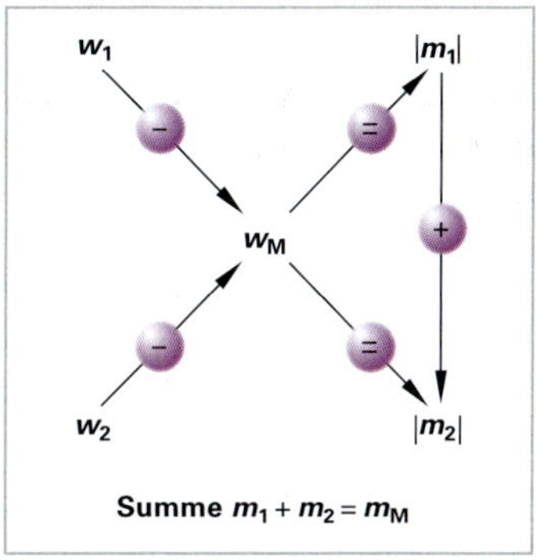

Bild 1: Mischungskreuz

Beispiel 9.13: Berechnen der Massen beim Mischen von zwei Lösungen unterschiedlicher Konzentration mit dem Mischungskreuz

Welche Massen der beiden Ausgangslösungen Natronlauge mit w_1(NaOH (aq)) = 60 % und w_2(NaOH (aq)) = 10 % sind zu mischen, um 50 g Natronlauge mit einem Massenanteil von w_M = 15 % herzustellen?

Lösung:
Das Einsetzen der gegebenen Größen in das Mischungskreuz (**Bild 2**) und Differenzbildung der eingesetzten Zahlen ergibt:

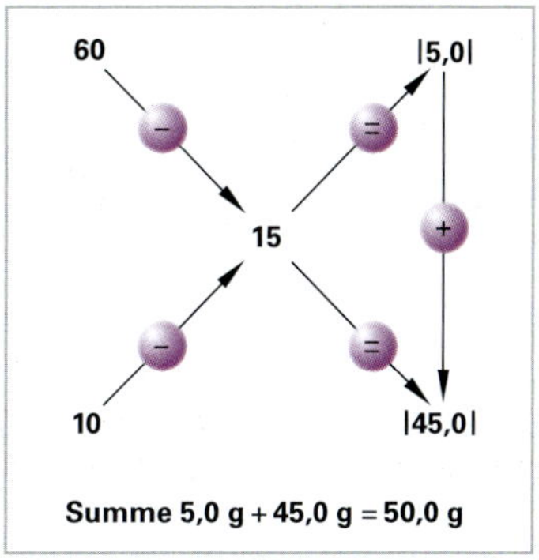

Bild 2: Berechnung von Massen beim Mischen von Lösungen mit dem Mischungskreuz

Berechnung der erforderlichen Masse m_2 an Natronlauge mit w_1(NaOH (aq)) = 60 %

$|15{,}0 - 60{,}0| = |-45{,}0| = 45$

Berechnung der erforderlichen Masse m_1 an Natronlauge mit w_2(NaOH (aq)) = 10 %

$|10{,}0 - 15{,}0| = |-5{,}0| = 5$

Es sind 5 g der Natronlauge 1 (w_1(NaOH (aq)) = 60 %) mit 45 g der Natronlauge 2 (w_2(NaOH (aq)) = 10 %) zu mischen, um 50 g einer Natronlauge mit w_M(NaOH (aq)) = 15 % zu erhalten.

9

Mit dem Mischungskreuz sind nur die Massen der zu mischenden Lösungen zu berechnen, so dass beim Einsetzen von Volumina mit der entsprechenden Dichte umgerechnet werden muss. Massenanteile der eingesetzten Lösungen oder der Mischung können mit dem Mischungskreuz nicht berechnet werden.

Mit Hilfe der Dreisatzrechnung kann auf beliebige Mischungsmassen m_M umgerechnet werden. Werden beispielsweise 200 g einer Lauge mit w_M(NaOH (aq)) = 15 % benötigt, kann das Ergebnis des **Beispiels 9.13** wie folgt umgerechnet werden:

50 g NaOH mit $w = 15$ %	erfordern	5 g Lauge mit $w = 60$ %
1 g NaOH mit $w = 15$ %	erfordern	$\frac{5}{50}$ g Lauge mit $w = 60$ %
200 g NaOH mit $w = 15$ %	erfordern	$\frac{5}{50}$ g · 200 g Lauge mit $w = 60$ %
		= 20 g Lauge mit $w = 60$ %
50 g NaOH mit $w = 15$ %	erfordern	45 g Lauge mit $w = 10$ %
1 g NaOH mit $w = 15$ %	erfordern	$\frac{45}{50}$ g Lauge mit $w = 10$ %
200 g NaOH mit $w = 15$ %	erfordern	$\frac{45}{50}$ g · 200 g Lauge mit $w = 10$ %
		= 180 g Lauge mit $w = 10$ %

Beim Aufkonzentrieren einer Lösung erfolgt die Berechnung des abzudampfenden Lösemittels, das einen Massenanteil an gelöstem Stoff von $w = 0$ besitzt, mit dem Mischungskreuz durch Subtrahieren der erhaltenen Massen.

Beispiel 9.14: Berechnen der Massen beim Abdampfen von reinem Lösemittel mit dem Mischungskreuz

Wie viel Wasser muss von 25 g einer Natronlauge mit w(NaOH (aq)) = 10 % abgedampft werden, um eine Lösung mit w(NaOH (aq)) = 25 % zu erhalten? Welche Masse hat die erhaltene Lösung?

Lösung:

Das Einsetzen der gegebenen Größen in das Mischungskreuz (**Bild 1**) und Differenzbildung der eingesetzten Zahlen im Mischungskreuz ergibt:

$|25 - 10| = |15{,}0| = 15 \quad m_1 = 15$ g Wasser

$|0 - 25| = |-25{,}0| = 25 \quad m_2 = 25$ g NaOH (aq) mit $w = 10$ %

$m_M = m_2 - m_1 = 25{,}0\text{ g} - 15{,}0\text{ g} = 10\text{ g}$

Es müssen 15 g Wasser von 25 g einer Natronlauge mit w(NaOH (aq)) = 10 % abgedampft werden, um 10 g einer Natronlauge mit w(NaOH (aq)) = 25 % zu erhalten.

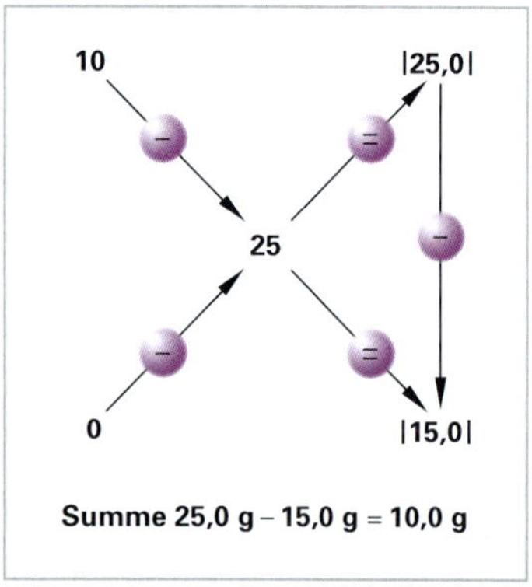

Bild 1: Berechnung von Massen beim Aufkonzentrieren mit dem Mischungskreuz

9

Aufgaben:

1. Zeigen Sie, wie man durch Umformung der Größen- und Definitionsgleichungen der Gehaltsangaben die gesuchte Größe berechnet:

Fall	a)	b)	c)	d)	e)	f)	g)	h)
Gegeben	V(Lsg), m(i)	V(Lsg), n(i)	V(Lsg), ϱ(i)	V(Lsg), c(i)	V(Lsg), β(i)	M(i), m(i)	c(i), z^*	n(i), n(Lsg)
Gesucht	β(i)	c(i)	m(Lsg)	n(i)	m(i)	n(i)	$c(\frac{1}{z^*}\,\text{i})$	x(i)

2. 50,0 g Salz werden in 840 g Wasser gelöst. Wie groß ist der prozentuale Massenanteil an Salz w(Salz) in der Lösung?
3. Berechnen Sie, welche Masse an reiner Salpetersäure und Wasser in 1,42 g konzentrierter Salpetersäure mit $w(HNO_3\,(aq)) = 70{,}42\ \%$ enthalten sind.
4. Welche Stoffmengenkonzentration c in $mol \cdot L^{-1}$ besitzt eine Salzsäure mit w(HCl (aq)) = 5,00 %, ϱ(HCl (aq)) = $1{,}025\ g \cdot mL^{-1}$?
5. Eine Phosphorsäure hat eine Massenkonzentration von $\beta(H_3PO_4\,(aq)) = 292{,}5\ g \cdot L^{-1}$. Wie groß ist die Stoffmengenkonzentration $c(H_3PO_4\,(aq))$ der Lösung? $M(H_3PO_4) = 97{,}991\ g \cdot mol^{-1}$.
6. 50 g Kaliumhydroxid KOH werden in 200 g Wasser gelöst. Bestimmen Sie den Massenanteil an Kaliumhydroxid in der Lösung.
7. 12,86 g KOH werden in 0,3 L Wasser gelöst. Berechnen Sie die Massenkonzentration an Kaliumhydroxid.
8. Erläutern Sie den Prozess des Lösens aufgrund der Wechselwirkungen der Teilchen. Verwenden Sie hierbei die Begriffe Solvatation/Hydratation, Solvathülle/Hydrathülle und Solvat/Hydrat.
9. Wovon hängt im Besonderen die Lösegeschwindigkeit eines Stoffes ab und durch welche Maßnahmen kann diese erhöht werden?
10. Berechnen Sie mit Hilfe der relativen Atommassen im Periodensystem die molare Masse M der beiden Stoffe Wasser H_2O und Ethanol C_2H_5OH in $g \cdot mol^{-1}$ auf eine Stelle nach dem Komma genau und geben Sie den Stoffmengenanteil beider Substanzen in einer Mischung aus 79,9 g Ethanol und 46,70 g Wasser an.
11. Berechnen Sie mit Hilfe der relativen Atommassen die molare Masse M von Natriumhydroxid NaOH in $g \cdot mol^{-1}$ auf eine Stelle nach dem Komma genau sowie die Stoffmengenkonzentration c einer Natronlauge mit β(NaOH (aq)) = $4{,}598\ g \cdot L^{-1}$.
12. 365 g Kalilauge enthalten 15 g Kaliumhydroxid. Berechnen Sie den Massenanteil w(KOH (aq)) und die Masse $m(H_2O)$, die in dieser Lauge enthalten sind.
13. Berechnen Sie die Masse in Gramm an Kaliumhydroxid für die Herstellung von 250,0 g Kalilauge mit w(KOH (aq)) = 0,078.
14. Ein Kochsalz enthält zu 98,7 % NaCl. 325 g einer Lösung aus diesem Kochsalz enthalten insgesamt 27,5 g Kochsalz. Berechnen Sie w(NaCl) dieser Lösung.
15. Technisches Kaliumhydroxid enthält 98,1 % KOH. Berechnen Sie, wie viel technisch reines Kaliumhydroxid einzuwiegen ist, wenn 500 g mit w(KOH) = 8,0 % hergestellt werden sollen.
16. Berechnen Sie die Masse von Kaliumhydroxid KOH in Gramm an reinem Kaliumhydroxid (w = 1,00) und an Lösemittel Wasser, die in 625 g Kalilauge mit w(KOH (aq)) = 4,0 % enthalten sind.
17. Berechen Sie, wie viel Gramm eines Feststoffs i in 370 mL einer wässrigen Lösung mit w(i) = 4,0 % enthalten sein müssen, wenn diese eine Dichte von ϱ(Lösung) = $1{,}0427\ g \cdot mL^{-1}$ aufweist.

Aufgaben:

18. Berechnen Sie die Stoffmengenkonzentration *c* einer Natronlauge, wenn in 200 mL genau 7,9942 g Natriumhydroxid enthalten sind.

19. Berechnen Sie die Molalität *b* in $mol \cdot kg^{-1}$ bei 4 °C für eine Glucose-Lösung (Traubenzucker, $M = 180\ g \cdot mol^{-1}$) mit $w = 25\ \%$ in 1,2345 L Wasser. $\rho(H_2O)^{4\,°C} = 1{,}0\ g \cdot mL^{-1}$.

20. Geben Sie an, welche Stoffmengenanteile $x(i)$ eine wässrige Lösung von Chlorwasserstoff (HCl (aq), $M = 36{,}5\ g \cdot mol^{-1}$) und Bromwasserstoff (HBr (aq), $M = 80{,}9\ g \cdot mol^{-1}$) enthält, die eine Molalität $b = 1{,}00\ mol \cdot kg^{-1}$ aufweist.

21. Rechnen Sie mit Hilfe der angegebenen Dichtewerte ρ(gesättigte Lösung) die folgenden Löslichkeitsangaben $L(i)$ von $g \cdot (100\ g\ H_2O)^{-1}$ in Stoffmengenkonzentrationen *c* in $mol \cdot L^{-1}$ um:

Stoff	$L(NH_3)$	$L(MgF_2)$	$L(AgCl)$	$L(KCl)$	$L(NaCl)$	$L(BaCl_2)$	$L(MgCl_2)$	$L(C_{12}H_{22}O_{11})$
L(i)	28,1	0,008	0,07	28,1	35,7	30,5	53,0	200,0
ρ(konz.)	0,917	1,00	1,00	1,15	1,20	1,24	1,27	1,33

22. Berechnen Sie mit Hilfe der molaren Massen $M(i)$ die Stoffmengenanteile $x(i)$ folgender gelöster Substanzen i sowie des Lösemittels LM.

a) Rohrzuckerlösung $C_{12}H_{22}O_{11}$ mit der Molalität *b* von $0{,}1\ mol \cdot (kg\ H_2O)^{-1}$

b) Lösung von 1 g Benzol C_6H_6 in 99 g Toluol $C_6H_5CH_3$

c) Mischung aus je 50 g Ethanol C_2H_5OH und Wasser.

23. Berechnen Sie, wie viel Gramm wasserfreie Substanz einzuwiegen sind, um jeweils 250 mL Lösung der Konzentration $c(i) = 0{,}010\ mol \cdot L^{-1}$ mit folgenden reinen Substanzen i zu erhalten:

a) $C_6H_{12}O_6$ (Glucose) **b)** $CaCl_2$ **c)** NaCl

24. Im Labor verwendete Gehaltsangaben sind: Anteil, Konzentration und Verhältnis. Erläutern Sie diese Begriffe und stellen die Unterschiede heraus. Geben Sie jeweils ein Beispiel in Bezug auf Masse, Stoffmenge oder Volumen an.

25. Hat eine Schwefelsäure eine Stoffmengenkonzentration $c(H_2SO_4) = 0{,}050\ mol \cdot L^{-1}$, dann beträgt deren Äquivalentkonzentration $c(\frac{1}{2}\ H_2SO_4) = 0{,}1\ mol \cdot L^{-1}$. Erläutern Sie diesen Sachverhalt und erklären Sie, wie beide Angaben ineinander umzurechnen sind.

26. Aus welchen Größen wird ein Quotient gebildet, der die Stoffmengenkonzentration bezeichnet?

1	Aus Masse und Volumen	3	Aus Stoffmenge und Volumen
2	Aus Masse und Stoffmenge	4	Aus Molarer Masse und Volumen

27. Rechnen Sie folgende Gehaltsangaben um. Geben Sie beim Ergebnis auch die jeweils zugehörige Einheit mit an.

Tabelle 1: Umrechnung von Gehaltsangaben

	Gegeben	Zusätzliche Information		Gesucht
a)	$w(i) = 0{,}100$	$M(i) = 126{,}33\ g \cdot mol^{-1}$	$\rho(Lsg) = 1{,}126\ g \cdot cm^{-3}$	$c(i)$
b)	$w(i) = 0{,}100$	$\rho(i) = 1{,}322\ g \cdot mol^{-1}$	$\rho(Lsg) = 1{,}054\ g \cdot cm^{-3}$	$\varphi(i)$
c)	$\beta(i) = 5{,}00\ g \cdot L^{-1}$	$\rho(Lsg) = 1{,}115\ g \cdot cm^{-3}$		$w(i)$
d)	$\beta(i) = 10{,}5\ g \cdot L^{-1}$	$M(i) = 58{,}44\ g \cdot mol^{-1}$		$c(i)$
e)	$x(i_1) = 0{,}200$	$M(i_1) = 63{,}44\ g \cdot mol^{-1}$	$M(i_2) = 99{,}67\ g \cdot mol^{-1}$	$w(i_1)$

9

10 Gefahrstoffe und Arbeitsschutz

„Das chemische Labor ist einer der sichersten Arbeitsplätze": Diese Aussage findet sich häufig, wenn es um Arbeiten in Laboratorien geht. Dass dies nicht immer selbstverständlich war, zeigt ein kurzer Blick in die Geschichte der Chemie.

Zu Beginn der „modernen" Chemie im 18. Jahrhundert war es noch üblich, die Wirkung von neu entdeckten Chemikalien am eigenen Körper oder an einer Versuchsperson zu testen. **Bild 1** zeigt, wie der französische Chemiker *Antoine Laurent de Lavoisier* (1743–1794) die Wirkung eines von ihm synthetisierten Gases an einem seiner Assistenten erprobt. Hierbei handelte es sich glücklicherweise um das Gas Sauerstoff. Von dem englischen Chemiker *Henry Cavendish* (1731 –1810), dem Entdecker des Wasserstoffs, wird berichtet, dass er zur richtigen Einschätzung der Stromstärke bei Experimenten die Stärke des Schmerzes, den der Strom beim Berühren der Pole verursachte, als Bemessungsgrundlage nutzte.

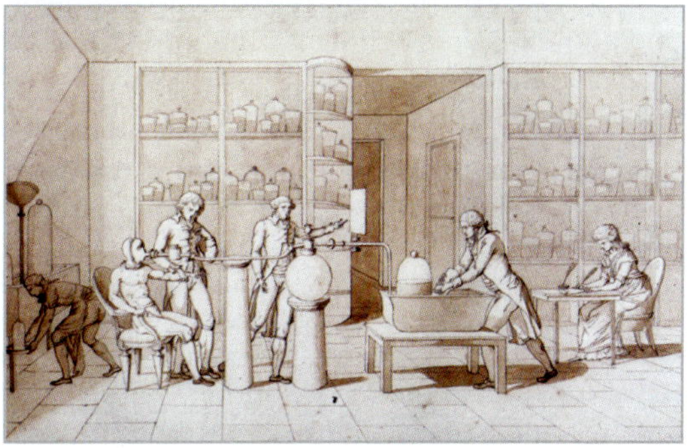

Bild 1: Experiment von *Antoine L. de Lavoisier* zur Atembarkeit von Sauerstoff, um 1780

Alte Experimentiermethoden zeigen durchaus auch drastischere Konsequenzen: Der schwedische Forscher *Carl Wilhelm Scheele* (1742–1786), dem die Entdeckung mehrerer chemischer Elemente zugeschrieben wird, bezahlte seine Experimentierfreude mit dem frühen Tod durch eine Quecksilber-Vergiftung. *Jöns Jacob Berzelius* (1779–1848) musste feststellen, dass sich das von ihm entdeckte Selen nicht als Medikament eignete: Er starb an einer Selen-Vergiftung.

Bild 2: Laboratorium um 1930

Ein unvorsichtiger Umgang mit gefährlichen Stoffen ist bis in das 20. Jahrhundert für die Arbeit im Chemielabor kennzeichnend. Der italienische Chemiker *Primo Levi* (1919–1987) beschrieb ein Labor für qualitative Analysen in den dreißiger Jahren des letzten Jahrhunderts als einen „geräumigen, rauchgeschwärzten, dunklen Saal", in dem sich die Dämpfe von konzentrierter Salzsäure und Ammoniak beständig zu einem dichten weißen Nebel vereinigten, „der sich an den Fensterscheiben in winzigen glitzernden Kristallen niederschlug". **Bild 2** zeigt die Arbeitsbedingungen in dieser Zeit.

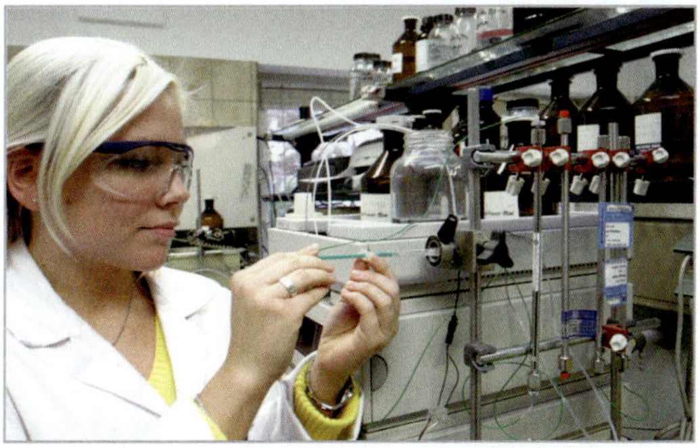

Bild 3: Modernes Labor

Eine Einführung in das sichere Arbeiten in chemischen Laboratorien oder in den sicheren Umgang mit Gefahrstoffen gab es damals ebenso wenig wie hinreichende Sicherheitsstandards in der Ausstattung der Laboratorien oder im Bereich persönlicher Schutzausrüstung. Neben den technischen Möglichkeiten fehlten das Wissen und teilweise die Einsicht in die Gefährdung. Der Umgang mit Gefahrstoffen war in der Vergangenheit durch Sorglosigkeit geprägt.

Sicherheitsstandards, die heute in jedem Labor selbstverständlich sind, ermöglichen erst ein gefahrloses Arbeiten (**Bild 3**, S. 293). Deshalb ist das Wissen um mögliche Gefährdungen und angemessene Schutzmaßnahmen für Mensch und Umwelt für jeden im Labor, in der Produktion und auch im Alltag eine notwendige Grundvoraussetzung.

Das folgende Kapitel enthält Informationen über wichtige Sicherheitseinrichtungen, Schutzausrüstung sowie Sicherheitsvorschriften in chemischen Laboratorien. Es gibt einen Überblick über die Einteilung von Gefahrstoffen auf Grundlage des Chemikaliengesetzes sowie der Gefahrstoffverordnung. Der sachgerechte Umgang mit Gefahrstoffen sowie spezielle Gefährdungspotentiale insbesondere beim Umgang mit giftigen und gesundheitsschädlichen, ätzenden und reizenden, entzündlichen sowie brandfördernden Stoffen wird thematisiert.

Darauf aufbauend werden die Bedeutung und der Inhalt der Betriebsanweisung nach § 14 der Gefahrstoffverordnung erläutert und auf die Entsorgung von Gefahrstoffen und Kenndaten zum Arbeitsschutz eingegangen. Informationen zu weiterführender Literatur sind am Ende dieses Kapitels aufgeführt.

Bild 1: Beispiele für Gebotszeichen

10.1 Sicherheitsstandards im Labor

Heute sind in jedem chemischen Labor eine Reihe von Sicherheitsstandards gesetzlich vorgeschrieben oder zumindest empfohlen. Diese Sicherheitsstandards betreffen sowohl die persönliche als auch die technische Ausstattung. Zu diesen Sicherheitsstandards zählen auch die standardisierten, deutlichen Hinweise auf Gefahren. Zur Darstellung werden Symbole verwendet, die die Information in vereinfachter grafischer Darstellung vermitteln. Ein derartiges Zeichen wird als **Piktogramm** (lat. *pictum*: gemalt, Bild; griech. *graphein*: schreiben) bezeichnet. Piktogramme sollen keinen oder nur wenig Text aufweisen, damit die Zeichen unabhängig von Sprachkenntnissen verstanden werden.

10.1.1 Hinweiszeichen

Genau festgelegte Zeichen weisen auf Gefahren, auf Schutzmaßnahmen, auf Brandschutz- und Rettungseinrichtungen hin. Die Systematik dieser Beschilderung muss jeder Beschäftigte kennen:

- **Gebotszeichen** bestehen aus einem blauen Kreis mit weißem Symbol (**Bild 1**). Sie weisen auf eine bestimmte permanente Pflicht hin, z. B. das Tragen einer Schutzbrille.
- **Verbotszeichen** sind entsprechend den Verbotszeichen im Straßenverkehr aus einem weißen Kreis mit einer roten Umrandung, einem roten Durchstrich und einem schwarzen Symbol zusammengesetzt (**Bild 2**). Sie weisen auf ein permanentes Verbot hin, z. B. in einem Raum oder Gebäude weder zu essen noch zu trinken.

Bild 2: Beispiele für Verbotszeichen

- **Warnzeichen** sind gelbe Dreiecke mit schwarzem Symbol und schwarzer Umrandung. Sie weisen auf spezielle Gefahren hin, z. B. auf Laserlicht oder Biogefährdung (**Bild 4**, S. 295).

Zu den Warnzeichen gehören auch die **Gefahrensymbole**, die vor gefährlichen Stoffen warnen und die auf Verpackungen und Gefäßen anzubringen sind.

Mit der Überarbeitung des Systems zur Kennzeichnung von gefährlichen Stoffen sind weltweit einheitlich u. a. neue Symbole eingeführt worden. Dieses neue System ist das ***Global Harmonized System***, kurz: **GHS** (global vereinheitlichtes System, vgl. Kap. 10.2.2, S. 304).

Nach GHS werden diese Symbole zur Warnung vor Gefahren als **Gefahrenpiktogramme** bezeichnet. Die Gefahrenpiktogramme bestehen aus weißen Quadraten mit rotem Rand und einem schwarzen Symbol für die vom Gefahrstoff ausgehende Gefahr (**Bild 1**).

Seit dem 01.06.2015 müssen nach GHS alle Reinstoffe und Gemische mit den neuen Gefahrenpiktogrammen gekennzeichnet werden (Kap. 10.2.2, S. 304). Zuvor wurden orangefarbene Quadrate mit einem schwarzen Symbol für die vom Gefahrenstoff ausgehende Gefahr verwendet.

Eine detaillierte Beschreibung mit Abbildungen aller Gefahrensymbole und Gefahrenpiktogramme befinden sich in Kap. 10.2.4, S. 307.

- **Rettungszeichen** bestehen aus grünen Rechtecken mit einem weißen Symbol (**Bild 2**). Sie weisen auf Notfall- oder Erste-Hilfe-Einrichtungen wie Rettungswege, Erste-Hilfe-Kästen, Notruf-Telefone und Notduschen hin.
- **Brandschutzzeichen** sind Zeichen bestehend aus roten oder rotweißen Rechtecken mit weißem Symbol (**Bild 3**). Sie weisen auf Brandschutzeinrichtungen wie z. B. Feuerlöscher hin.

Bild 1: Gefahrenpiktogramm

Bild 2: Beispiele für Rettungszeichen

Bild 3: Beispiele für Brandschutzzeichen

10.1.2 Warnungen vor speziellen Gefahren

Räume, Lager oder andere Aufbewahrungsorte, in denen eine spezielle Gefährdung zu erwarten ist, werden mit besonderen Warnzeichen gekennzeichnet.

Wichtige Warnzeichen für spezielle Gefahren im Bereich des Chemielabors zeigt **Bild 4**. Folgende Warnzeichen sind hier wichtig:

- **Warnung vor radioaktiven Stoffen oder ionisierender Strahlung:** Kennzeichnung z. B. von Laboren mit Röntgengeräten oder mit bestimmten Detektoren in der Chromatographie
- **Warnung vor Laserstrahlen:** Kennzeichnung z. B. von Laboren mit spektroskopischen Verfahren, die mit Laserlicht arbeiten
- **Warnung vor magnetischen Feldern:** Kennzeichnung z. B. von Laboren mit Geräten zur NMR-Spektroskopie
- **Warnung vor Biogefährdung:** Kennzeichnung z. B. von Laboren, in denen mit biologischem Material gearbeitet wird

Vor dem Betreten oder der Aufnahme einer Arbeit in derartigen Bereichen muss sich jeder über mögliche Gefahren informieren, eine spezielle Unterweisung in das Arbeiten in diesem Bereich erhalten und die vorgeschriebenen Sicherheitsregeln beachten.

Bild 4: Beispiele für Warnzeichen spezieller Gefahren

10.1.3 Persönliche Schutzausrüstung und technische Schutzeinrichtung

Der Schutz der Person steht immer an allererster Stelle. Für die Arbeit im chemischen Labor müssen daher alle notwendigen Schutzmaßnahmen getroffen werden. Hierzu gehören die **persönliche Schutzausrüstung** und die **technischen Schutzeinrichtungen**.

Zur **persönlichen Schutzausrüstung** zählen alle Schutzmaßnahmen, die am Körper getragen werden. Technische Schutzeinrichtungen werden nicht direkt am Körper getragen, sie können von mehreren Personen genutzt werden.

Schutzmaßnahmen, die am Körper getragen werden, werden als **persönliche Schutzausrüstung** bezeichnet.

Zur persönlichen Schutzausrichtung im Labor zählen schwer entflammbare Arbeitskleidung, festes, geschlossenes Schuhwerk, eine Schutzbrille, ggf. ein Gesichtsschutz, Atemschutzmasken mit Atemschutzfiltern sowie Schutzhandschuhe.

- **Arbeitskleidung**

  Für den persönlichen Schutz ist in Laboratorien auf die passende und vorgeschriebene Arbeitskleidung zu achten. Meist schützt ein ausreichend langer **Laborkittel** (Labormantel) mit langen Ärmeln vor den Gefahrstoffen. Der Kittel darf nicht aus brennbaren oder leicht schmelzenden Geweben bestehen. Als Material ist Baumwolle gut geeignet. Auch die weitere Kleidung sollte aus Baumwolle bestehen und die Haut weit möglichst bedecken. Das Tragen einer langen Hose ist für den Laborbereich vorgeschrieben.

  Kleidungstücke aus Kunstfasern können an offenen Flammen schnell Feuer fangen. Sie brennen leicht und schmelzen beim Verbrennen, so dass sie sich mit der Haut fest verbinden. Hierin besteht eine große Verletzungsgefahr, sie sind deshalb im Labor nicht erlaubt.

  Genauso leicht können Haare entflammen, die in eine Flamme geraten. Langes Haar muss deshalb unbedingt zurück- oder hochgebunden werden. Aus dem gleichen Grund sollen keine Schals oder Tücher getragen werden.

- **Schuhwerk**

  In Laboratorien muss generell geschlossenes, festes und trittsicheres **Schuhwerk** getragen werden. Auch dies ist ein persönlicher Schutz, der Gefahrstoffe vom eigenen Körper fernhalten kann. In bestimmten Bereichen und auch in der Produktion können Sicherheitsschuhe nach EG-Norm vorgeschrieben sein.

- **Schutzbrille und Gesichtsschutz**

  Während des Aufenthalts im chemischen Laboratorium muss eine **Schutzbrille mit Seitenschutz** getragen werden (Bild 1). Für Brillenträger gibt es Schutzbrillen in der speziellen Sehstärke ebenfalls mit Seitenschutz. Auch **Überzugsbrillen** (Bild 1b), die über der normalen Sehstärkenbrille getragen werden, werden im Laborbereich eingesetzt. Eine einfache Brille reicht als Schutz beim Arbeiten mit Gefahrstoffen nicht aus, da sie die Augen nicht ausreichend abschirmt. Beim Umgang mit besonders gefährlichen Stoffen kann die Verwendung einer **Vollschutzbrille** (Bild 1c) oder zum Schutz des gesamten Gesichts ein so genanntes **Visier** erforderlich sein.

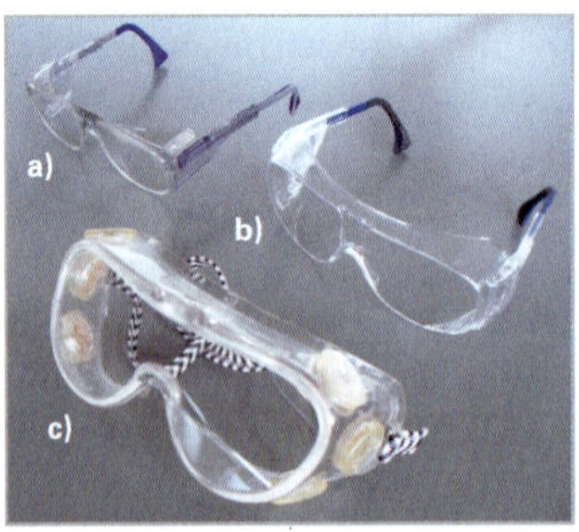

Bild 1: a) Schutzbrille mit Seitenschutz, b) Überzugsbrille, c) Vollschutzbrille

- **Atemschutzmasken mit Atemschutzfiltern**

  In Laboratorien, in denen mit giftigen Gasen gearbeitet wird, dienen **Atemschutzmasken** zum Schutz vor inhalativ-gefährlichen Stoffen. Wird in nasschemisch-analytischen Laboratorien beispielsweise mit Schwefelwasserstoff H_2S (Hydrogensulfid) gearbeitet, muss für den Fall eines Gasunfalls eine geeignete Atemschutzmaske zur Verfügung stehen.

Immer wenn bei Tätigkeiten Staub, Rauch oder Dämpfe frei werden und keine effektive Absaugung der Gefahrstoffe vorhanden ist, muss Atemschutz getragen werden. Für die unterschiedlichen Einsatzbereiche gibt es für die Atemschutzmasken unterschiedliche **Filtereinsätze**, die auf die Gefahrstoffe angepasst sein müssen und den Träger vor gefährlichen Stoffen, wie Gasen, Dämpfen oder Partikeln fester und flüssiger Stoffe, schützen.

Für den Einsatz des richtigen Filters müssen die Art, die Eigenschaft und die Zusammensetzung der vorhandenen Gefahrstoffe bekannt sein. Der Sauerstoffgehalt der Einatemluft muss mindestens 17 Vol.-% betragen, ansonsten sind umluftunabhängige Atemschutzgeräte wie Druckluftatemgeräte einzusetzen. Allgemein gelten zwei wichtige Grundsätze:

- Gasfilter wirken nur gegen gasförmige Gefahrstoffe oder Dämpfe.
- Partikelfilter wirken nur gegen partikelförmige Gefahrstoffe.

Beim gleichzeitigen Auftreten von Partikeln und gasförmigen Gefahrstoffen sind **Kombinationsfilter** oder miteinander kombinierbare Gas- und Partikelfilter einzusetzen. Hierbei muss die für die jeweilige Filterklasse höchstzulässige Schadstoffkonzentration beachtet werden.

- **Schutzhandschuhe**

  Bei Laborarbeiten mit Chemikalien, die die Hände gefährden, sind chemikalienbeständige und mechanisch feste **Schutzhandschuhe** zu tragen. Die Auswahl des richtigen Handschuhmaterials hängt von der Chemikalie ab, mit der gearbeitet wird. Im Sicherheitsdatenblatt des eingesetzten Gefahrstoffs (s. Kap. 10.6, S. 328) ist der zu verwendende Handschuhtyp festgelegt. Beispielsweise muss ein Handschuh, der bei der Arbeit im Vollkontakt mit Methanol eingesetzt werden soll, aus Butylkautschuk der Schichtstärke 0,7 mm bestehen. Die Durchbruchzeit muss größer als 480 min sein.

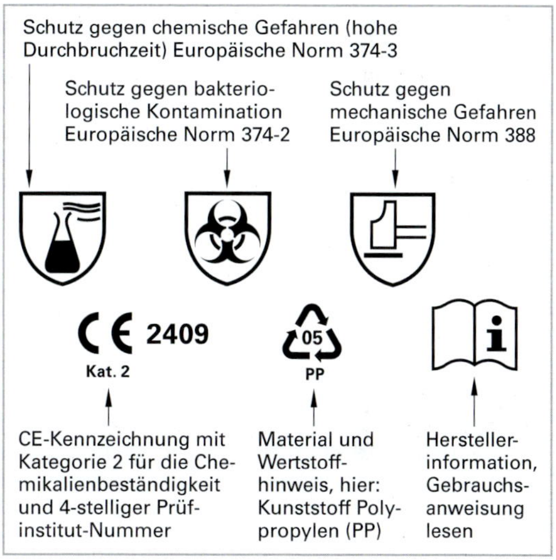

Bild 1: Kennzeichnung von Schutzhandschuhen nach EU-Norm

Bild 1 zeigt die Kennzeichnung eines Schutzhandschuhes nach EG-Norm.

Grundsätzlich unterscheidet man mit Bezug auf den Schutz gegenüber Chemikalien zwei Arten von Schutzhandschuhen, die nach EG-Norm gekennzeichnet werden: einfache sowie vollwertige Schutzhandschuhe. Vollwertige Schutzhandschuhe schützen mindestens 30 Minuten gegen Kontakt mit den für den Handschuh angegebenen Chemikalien. Sie sind mit einem Erlenmeyerkolben als Piktogramm gekennzeichnet (Bild 2a). Die Buchstaben A, J und L bedeuten hier, dass der Handschuh gegenüber Methanol, *n*-Heptan und Schwefelsäure ($w(H_2SO_4) = 96\ \%$) geprüft worden ist. Diese Prüfstoffe sind stellvertretend für primäre Alkohole, aliphatische Kohlenwasserstoffe und anorganische Säuren. Einfache Chemikalienschutzhandschuhe hingegen sind wasserdicht und bieten somit einen Spritzschutz, ggf. auch gegenüber vom Hersteller angegebenen Chemikalien. Einfache Chemikalienschutzhandschuhe sind mit einem Becherglas gekennzeichnet (Bild 2b).

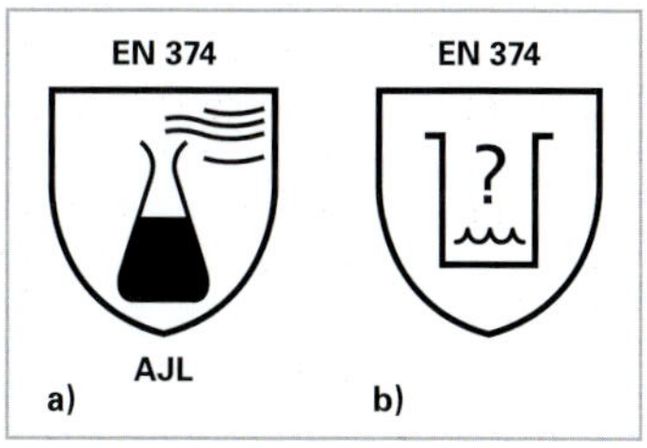

Bild 2: a) Vollwertige und b) einfache Schutzhandschuhe

Schutzhandschuhe werden vom Hersteller sorgfältig geprüft. Trotzdem können durch Lagerung oder Transport und unsachgemäße Handhabung Schäden entstanden sein. Deshalb sollen Schutzhandschuhe vor dem Gebrauch auf Beschädigungen untersucht werden.

10

Das Arbeiten mit Schutzhandschuhen ist aber nur ein Teil eines **allgemeinen Hand- und Hautschutzplans**, der in einem chemischen Laboratorium eingehalten werden muss. Ein allgemeiner Hand- und Hautschutzplan beinhaltet in der Regel die in **Tabelle 1** aufgeführten Elemente.

Tabelle 1: Beispiel für einen allgemeinen Hand- und Hautschutzplan

Zeitpunkt	Während der Arbeit	Vor der Arbeit	Vor und nach der Arbeit	Nach der Arbeit	Nach der Arbeit
Art des Hautschutzes	Tragen von Schutzhandschuhen	Verwenden von Hautschutzmitteln	unter Umständen Desinfektion der Hände	Verwenden von Hautreinigungsmitteln	Verwenden von Hautpflegemittel
Zugehöriges Piktogramm					

Der einzuhaltende Hand- und Hautschutzplan wird in Laboratorien ausgehängt. Das zu verwendende Hautpflegemittel und das Hautschutzmittel werden dabei konkret benannt.

Technische Schutzeinrichtungen schützen wie die persönliche Schutzausrüstung beim Umgang mit Gefahrstoffen. Sie werden nicht direkt am Körper getragen, sondern sind technische Hilfsmittel zur Verringerung des Kontakts mit Gefahrstoffen.

Zu den Schutzeinrichtungen im Labor zählen beispielsweise eine Abzugs- oder Lüftungsanlage, Absaugvorrichtungen und Schutzscheiben.

> Technische Hilfsmittel, die nicht am Körper getragen werden und direkt vor Gefahrenquellen schützen, heißen **technische Schutzeinrichtungen**.

Eine **Abzugsanlage** (Digestor, Digestorium, *pl.* Digestorien) besteht aus einer chemikalienbeständigen und brandsicheren Arbeitsfläche mit Absaugvorrichtung, die von festen Wänden und einer beweglichen Frontscheibe als Schutzscheibe umgeben ist **(Bild 1 und 2)**.

Bild 1: Laborabzug

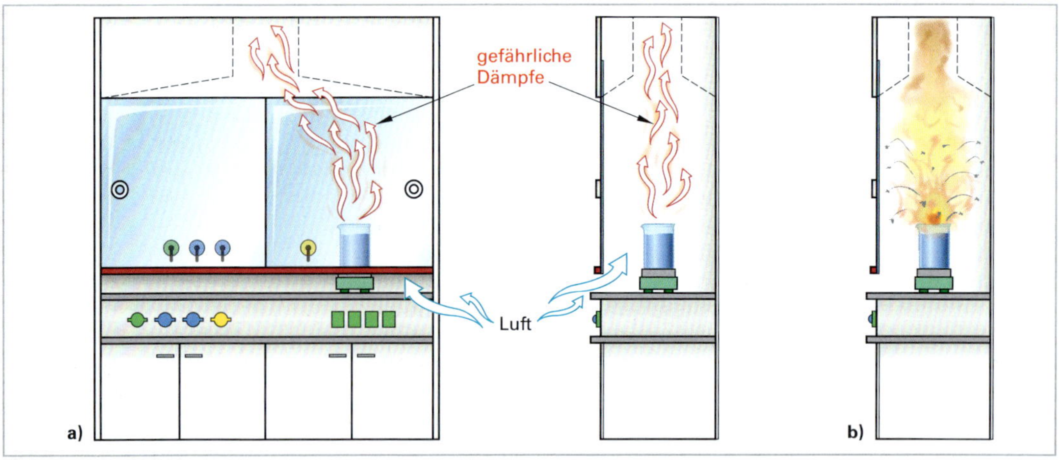

Bild 2: Laborabzug, a) Abzugswirkung (Frontansicht, Seitenansicht), b) Schutzwirkung vor Splittern

Gesundheitsschädliche Stäube, Gase und Dämpfe werden von der Abzugsanlage abgesaugt (**Bild 2a**, S. 298). Bei Siedeverzügen oder im Explosionsfall schützt der geschlossene Abzug vor den in den Raum geschleuderten Glassplittern und Chemikalien (**Bild 2b**, S. 298). Die einwandfreie Funktion eines Abzugs muss regelmäßig überprüft werden. Häufig sind Abzüge in Laboratorien mit einer deutlich sichtbaren Kontrolllampe sowie einem akustischen Signal ausgestattet, das die einwandfreie Funktionsbereitschaft oder Fehlfunktion anzeigt.

Die volle Funktionsfähigkeit besitzt eine Digestoranlage, wenn sowohl der Frontschieber als auch die eingesetzten Schiebefenster vollständig geschlossen sind. Für die Arbeit in einem Abzug bedeutet dies, dass nach einem Eingriff Frontschieber und Schiebefenster umgehend geschlossen werden.

> Die **einwandfreie Funktion eines Abzugs** ist nur bei geschlossenem Frontschieber und geschlossener Scheibe gewährleistet.

10.1.4 Gebote und Verbote

Zur persönlichen Sicherheit der im Labor beschäftigten Personen gelten im gesamten Laborbereich Gebote und Verbote.

Gebote sind durch die blauen Gebotszeichen mit weißem Symbol angezeigt. Das Tragen einer Schutzbrille oder eines Atemschutzes im Labor sind Gebote, die beim Betreten der so gekennzeichneten Bereiche zum persönlichen Schutz einzuhalten sind (**Bild 1a**).

Verbote sind durch Verbotsschilder wie in **Bild 1b** gekennzeichnet und sind wegen des Umgangs mit gefährlichen Stoffen im Labor von allen Personen uneingeschränkt einzuhalten. Zu den Verboten zählen:

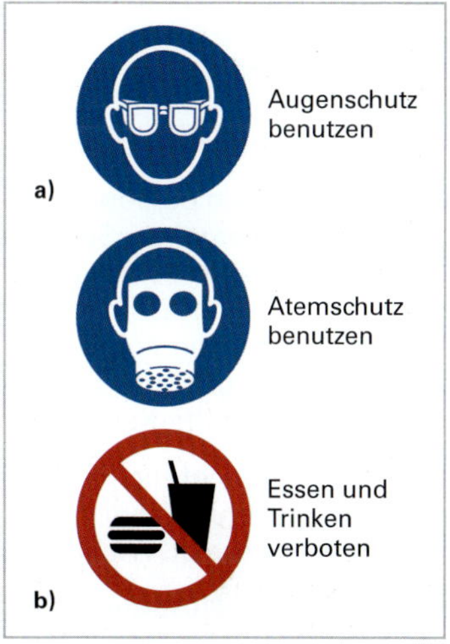

Bild 1: Ausgewählte a) Gebotszeichen und b) Verbotszeichen im Laborbereich

- **Verbot von Essen und Trinken:**
  Im Labor wird meist mit gefährlichen Stoffen gearbeitet. Diese Stoffe können in der Raumluft angereichert sein, werden von Lebensmitteln aufgenommen und gelangen über diesen Weg in den menschlichen Körper. Essen und Trinken ist im Labor generell verboten (**Bild 1b**). Lebensmittel sollen im Laborbereich nicht aufbewahrt werden.
- **Rauchen verboten, Verbot von offenem Feuer**
  In Laboratorien ist das Rauchen nicht gestattet. Insbesondere, wenn in einem Labor mit entzündlichen Stoffen gearbeitet wird, stellen offene Flammen eine Gefahrenquelle dar. Daher sind in diesen Bereichen offene Flammen generell verboten (**Bild 2**, S. 294).
- **Zutrittsverbot allgemein bzw. für einen bestimmten Personenkreis**
  Der Zutritt zu bestimmten Räumen kann vollkommen oder für bestimmte Personenkreise untersagt sein (**Bild 2**). Spezielle Gefahren in diesen Räumen erfordern ein bestimmtes Verhalten oder eine bestimmte Kenntnis über die besonderen Gefahren, so dass ein Zutritt eingeschränkt sein muss. Beispielsweise kommt es beim Betrieb von Geräten für die NMR-Spektroskopie in den Räumen zu starken Magnetfeldern. Der Zutritt für Menschen mit Herzschrittmachern und mit metallischen Implantaten ist hier verboten. Für sie besteht hier Lebensgefahr.

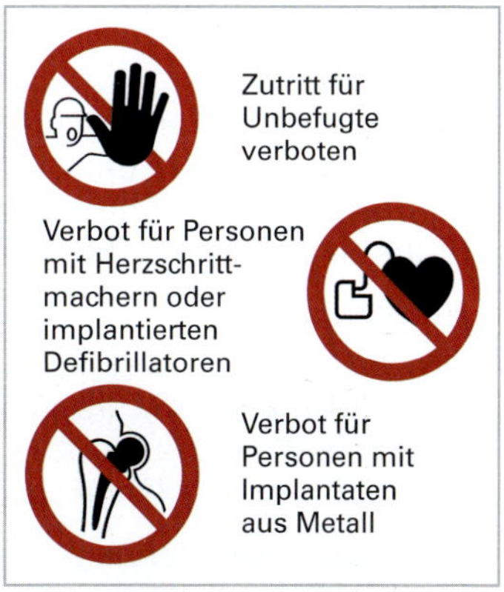

Bild 2: Ausgewählte Zeichen für Zutrittsverbote

- **Kein Trinkwasser**
  Betriebswasser, auch als Brauchwasser oder Nutzwasser bezeichnet, dient für spezifische Anwendungen. Betriebswasser genügt technologischen Anforderungen, besitzt im Vergleich zu Trinkwasser aber einen geringeren Hygienemaßstab, so dass es für den menschlichen Genuss nicht vorgesehen ist. In Laboratorien ist für Betriebswasser meist ein eigenes Leitungsnetz vorhanden, bei dem die Wasserhähne mit dem Verbotszeichen „kein Trinkwasser“ versehen sind (**Bild 2**, S. 294).

> Das **Beachten von Geboten** und das **Einhalten von Verboten** dienen der persönlichen Sicherheit.

Zudem soll im Labor nie alleine gearbeitet werden und eine Apparatur im Betrieb bzw. ein Experiment soll nie ungesichert bzw. unbeaufsichtigt bleiben. Diese Vorsichtsmaßnahme gilt insbesondere dann, wenn mit Gefahrstoffen gearbeitet wird. Selbst für das kurzzeitige Verlassen des Arbeitsplatzes sind entsprechende Vorkehrungen, wie die Sicherung der Apparatur und die Information eines Kollegen, zu treffen.

> Für den Umgang mit Gefahrstoffen im Labor ist immer die Anwesenheit von mindestens zwei Personen erforderlich. Apparaturen im laufenden Betrieb dürfen nicht unbeaufsichtigt bleiben.

10.1.5 Sicherheitseinrichtungen

Zusätzlich zu den persönlichen und technischen Schutzmaßnahmen, die der eigenen Sorgfaltspflicht unterliegen, dienen gesetzlich vorgeschriebene **Sicherheitseinrichtungen** dem Schutz der Mitarbeiter im Labor. Sie sollen im Fall eines Unfalls oder Notfalls helfen, die Folgen zu minimieren. Zu den Sicherheitseinrichtungen gehören neben Notduschen und Feuerlöschern auch ein Erste-Hilfe-Kasten sowie ein freier Fluchtweg.

Sicherheitseinrichtungen müssen deutlich und allgemeinverständlich gekennzeichnet sein. Daher werden auch hier Piktogramme eingesetzt. Wichtige Sicherheitseinrichtungen sind:

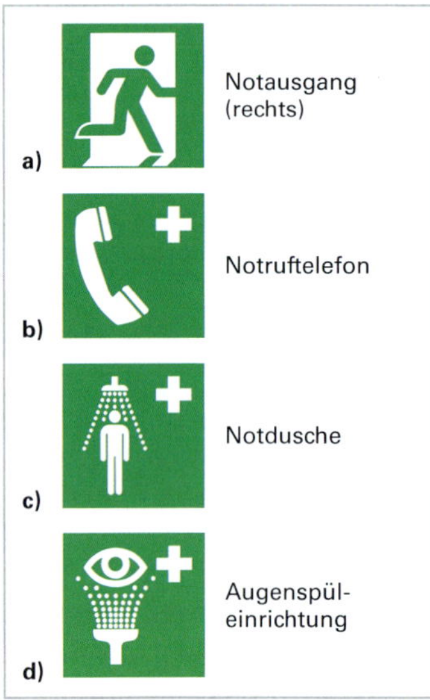

Bild 1: Ausgewählte Zeichen für Sicherheitseinrichtungen

- **Notausgang, Nottreppe, Fluchtwege**
  Im Gefahrenfall muss ein gefährdeter Bereich umgehend und zügig verlassen werden. Hierzu sind Rettungswege mit dem entsprechenden Symbol und einem Pfeil für die Richtung des Rettungswegs gekennzeichnet (**Bild 2**, S. 295). Auch Notausgänge erhalten ein eigenes Piktogramm (**Bild 1a**). Wichtig ist, dass Fluchtwege und Notausgänge nie zugestellt werden.
- **Notruftelefon**
  Das Symbol Notruftelefon (**Bild 1b**) kennzeichnet den Standort des Telefons, von dem aus ein Notruf abgesetzt werden kann. Hier sollten auch die allgemeine und betriebsinterne Notrufnummer, ggf. die Rufnummer des Giftnotrufs und eine zentrale Rufnummer, z. B. des Erste-Hilfe-Beauftragten, gut sichtbar vorhanden sein.
- **Notduschen**
  Notduschen sind Sicherheitseinrichtungen, die beispielsweise bei großflächigen Kontaminations-Unfällen mit ätzenden Stoffen oder bei brennenden Personen angewendet werden (**Bild 2**, S. 314). Das Symbol für Notduschen zeigt **Bild 1c**. Die regelmäßige Wartung und Prüfung auf Funktionsfähigkeit ist gesetzlich vorgeschrieben.
- **Augenduschen oder Augenwaschflaschen**
  Beim Kontakt der Augen mit ätzenden oder gesundheitsschädlichen Stoffen müssen die Augen als Erstmaßnahme gut und gründlich mit klarem Wasser gespült werden. Hierfür stehen

im Labor entweder fest installierte Augenduschen oder bewegliche Augenwaschflaschen mit keimfreier Lösung zur Verfügung (**Bild 3** und **4**, S. 314). Das Kennzeichensymbol ist für beide Einrichtungen gleich (**Bild 1d**, auf der vorhergehenden Seite).

Bei festen Partikeln wie Glassplittern im Auge darf keine Augenspülung vorgenommen werden, da der Splitter durch den Wasserdruck weiter in das Auge getrieben wird und weitere Verletzungen hervorrufen kann. Um Keimfreiheit bei Augenwaschflaschen-Lösungen zu gewährleisten, ist deren Inhalt regelmäßig auf Haltbarkeit zu prüfen.

- **Erste-Hilfe-Kasten**

  In jedem Labor ist ein **Erste-Hilfe-Kasten** vorgeschrieben. Er enthält Rettungsmittel für Schnitt- und Brandverletzungen. Alle entnommenen Rettungsmittel müssen umgehend ersetzt werden. Regelmäßig ist der Inhalt des Erste-Hilfe-Kastens auf Vollständigkeit und Haltbarkeit zu prüfen. Das Symbol für einen Erste-Hilfe-Kasten zeigt **Bild 1**, S. 295.

- **Feuerlöscher, Feuermelder**

  Das weiße Symbol eines **Feuerlöschers** auf rotem Grund zeigt den Standort eines Feuerlöschers an (**Bild 1a**). Feuerlöscher werden zur Bekämpfung eines Brandes eingesetzt, wobei der Löscher immer auf den Brandherd und nicht auf die Flammen zu richten ist. Brennende Personen können mit einem Feuerlöscher gelöscht werden, wenn ein Mindestabstand von 2 m eingehalten wird, ansonsten besteht die Gefahr von Erfrierungen und Erstickung. Der richtige Umgang mit einem Feuerlöscher sollte im Rahmen einer Brandschutzübung eingeübt werden. Für verschiedene Brandarten gibt es unterschiedliche Arten von Feuerlöschern (Kap. 10.3.4, S. 319). Zur eigenen Sicherheit muss vor den Löschversuchen ein Notruf abgesetzt werden (**Bild 1b**). **Brandmelder** sind installierte Sicherheitssysteme, die andere Personen warnen und Sicherheitspersonal oder die Feuerwehr durch Knopfdruck direkt alarmieren (**Bild 1c**).

a) Feuerlöscher

b) Brandmelde-telefon

c) Brandmelder

d) Mittel und Geräte zur Brandbekämpfung (z. B. Löschdecke)

Bild 1: Zeichen zum Brandschutz

- **Löschdecken**

  Löschdecken sind auch zum Löschen brennender Personen einsetzbar, allerdings besteht die Gefahr, dass glühende Stoffteile in die Haut gepresst werden. Auch ein Kamineffekt muss verhindert werden. Löschdecken werden über den Brandherd gelegt und halten so den Sauerstoff vom Brandherd fern, so dass dem Brand die Grundlage entzogen wird. Den Standort zeigt das Kennzeichen in **Bild 1d** an. Löschdecken sind Kleinlöschgeräte, mit denen sich Entstehungsbrände, jedoch keine Großflächenbrände löschen lassen. Weitere Informationen finden sich in Kap. 10.3.4, S. 319.

Jeder, der die Arbeit im Laborbereich aufnimmt, muss sich über vorhandene Sicherheitseinrichtungen informieren. Auf die Sicherheitseinrichtungen wird auch durch den Laborleiter oder dessen Beauftragten bei der Unterweisung hingewiesen. Diese ist nach der Gefahrstoffverordnung (GefStoffV, Verordnung zum Schutz vor Gefahrstoffen) vor Aufnahme der Beschäftigung und danach in angemessenen Zeitabständen, mindestens jedoch jährlich, gesetzlich vorgeschrieben. Die Unterweisung muss für die Beschäftigten in verständlicher Form und Sprache erfolgen (§ 14 Absatz 2 GefStoffV). Die Teilnahme an der Unterweisung ist verpflichtend und muss schriftlich bestätigt werden.

> **Sicherheitseinrichtungen** sollen in einem Gefahrenfall helfen, bei einem Unfall schnell und effektiv handeln zu können. Jeder muss den Standort und die Funktionsweise der Sicherheitseinrichtungen kennen.

10.1.6 Vermeidung von Gefahrensituationen

„*Stop – Think – Do*: Die Arbeit unterbrechen – nachdenken – handeln"

Diese aus dem englischsprachigen Raum übernommene Devise ist einfach, gilt jedoch grundlegend für jede Vermeidung von Gefahrensituationen, insbesondere im chemischen Labor.

Nach Angaben der Gesetzlichen Unfallversicherung GUV entstehen 85 % aller Unfälle in Laboratorien durch menschliches Fehlverhalten. Nur ein kleiner Teil aller Unfälle ist auf technische Fehler zurückzuführen. Vielfach spielen Unkenntnis über das Gefährdungspotential, übereiltes Handeln sowie Leichtsinn durch Routine bei den Unfällen aufgrund von menschlichem Fehlverhalten eine große Rolle.

Aus diesem Grund ist es unerlässlich, dass vor jeder Labortätigkeit die anstehenden Arbeiten durchdacht werden. Die in **Bild 1** enthaltene Checkliste zeigt den Umfang derartiger Überlegungen.

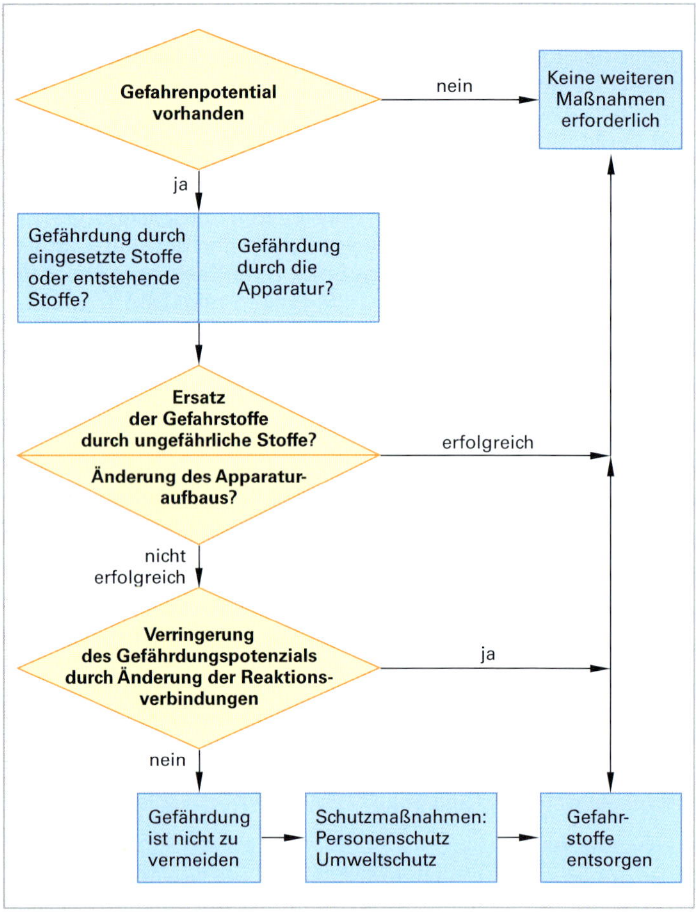

Bild 1: Checkliste zum Arbeiten im Labor

Ziel aller Überlegungen bei Arbeiten im Labor muss sein, dass auch zur eigenen Sicherheit alle möglichen Gefahren gemindert werden. Hierzu zählen die **physikalischen und technischen Gefahren**, die von einer Arbeit ausgehen. Eine Änderung der allgemeinen Arbeitsbedingungen und Verfahren kann durch die Wahl der richtigen Arbeitsmittel und Reaktionsbedingungen zur Gefahrenminderung beitragen.

Auch die **Gefahren** durch die eingesetzten oder entstehenden **chemischen Stoffe** können verringert werden, wenn mit geringeren Mengen gearbeitet wird. Vor dem Einsatz eines gefährlichen Stoffs muss allerdings die Überlegung stehen, ob dieser Stoff durch einen ungefährlichen oder weniger gefährlichen Stoff ersetzt werden kann. Das Gleiche gilt, wenn bei einer Reaktion gefährliche Stoffe entstehen. Die Auswahl eines Ersatzstoffs kann Gefahrensituationen vermeiden oder die Gefahr verringern. Die Prüfung auf die Möglichkeit einer **Substitution** (lat. *substituere*: ersetzen) eines Gefahrstoffs durch einen weniger gefährlichen Stoff ist nach Gefahrstoffverordnung (GefStoffV) vorgeschrieben und zu dokumentieren.

Vor dem Umgang mit einem Gefahrstoff muss eine **Ersatzstoffprüfung (Substitutionsprüfung)** durchgeführt werden.

10.2 Umgang mit Gefahrstoffen

Gefahrstoffe sind nach gesetzlicher Definition Stoffe oder Gemische von Stoffen, die aufgrund ihrer physikalisch-chemischen, chemischen oder toxikologischen Eigenschaften eine Gefährdung für die Gesundheit und die Sicherheit der Beschäftigten darstellen können.

Der Umgang mit Gefahrstoffen ist für die erfahrenen Labormitarbeiter selbstverständlich. Zur Risikominimierung sind beim Umgang die von den Gefahrstoffen ausgehenden Gefahren zu berücksichtigen.

Viele Vorschriften und Regeln sind in Gesetzen, Verordnungen und Technischen Regeln festgelegt.

10.2.1 Gesetzliche Grundlagen

Eine Vielzahl von Sachverhalten ist in Rechtsnormen enthalten. Unter diesen rechtlichen Normen besteht eine gewisse Rangfolge (Bild 1). Untergeordnet der **Verfassung** eines Landes sind die **Gesetze** und hierunter stehen die **Verordnungen** und **Satzungen**.

Übergeordnet über den nationalen Rechtsnormen sind die **Richtlinien der Europäischen Union (EU)**, die in das jeweilige nationale Recht umzusetzen sind.

EU-Verordnungen hingegen sind unmittelbar rechtswirksam und für die Mitgliedsstaaten der EU verbindlich. Sie müssen nicht in nationales Recht umgesetzt werden.

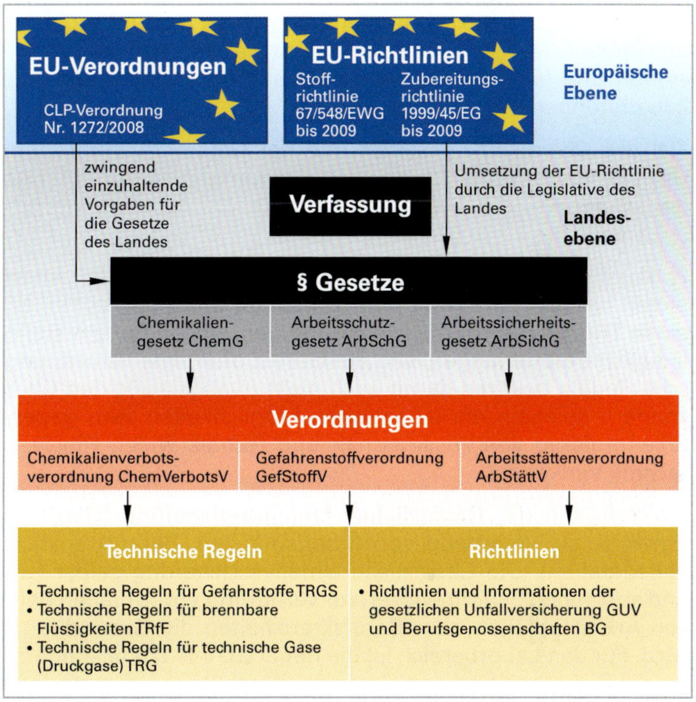

Bild 1: Rangfolge von Rechtsnormen mit Beispielen für Gesetze, Verordnungen und Regeln

Das **Chemikaliengesetz** regelt in der Bundesrepublik Deutschland den Schutz des Menschen und der Umwelt vor schädlichen Einwirkungen gefährlicher Stoffe und Zubereitungen. In dieser Rechtsnorm sind Begriffsbestimmungen enthalten, die für das grundlegende Verständnis wichtig sind:

- Der Begriff **Stoff** ist definiert als chemisches Element oder dessen Verbindungen in natürlicher Form oder gewonnen durch ein Herstellungsverfahren. Stoffe sind demnach im Sinne des Chemiekaliengesetzes reine Einzelsubstanzen.
- **Zubereitungen** sind Mischungen aus Einzelstoffen. Wasser und Alkohol sind beispielsweise für sich jeweils einzelne Stoffe. Werden diese Stoffe gemischt, erhält man (abgesehen von Aroma- und Geschmacksstoffen) die Zubereitung Schnaps.
- Vielfach wird in diesem Zusammenhang der Begriff **Erzeugnis** verwendet. Nach dem Chemikaliengesetz ist dies ein Gegenstand, der bei der Herstellung eine spezifische Form, Oberfläche oder Gestalt erhält, die mehr als die chemische Zusammensetzung seine Funktion bestimmt (§ 3 ChemG). So ist das Produkt des Hochofenprozesses Gusseisen, die hieraus hergestellte Bratpfanne jedoch ein Erzeugnis.
- **Gefahrstoffe** hingegen sind solche Stoffe, Zubereitungen oder Erzeugnisse, die gefährliche Eigenschaften, wie z. B. giftig, krebserzeugend, ätzend oder extrem entzündbar, besitzen und eine Gefährdung für die Gesundheit und die Sicherheit der Beschäftigten darstellen können.

Ein **Stoff** ist eine reine Einzelsubstanz. Eine **Zubereitung** ist eine Mischung aus Einzelsubstanzen.

Bei einem **Erzeugnis** wird die Funktion durch die spezifische Form, Oberfläche oder das Aussehen mehr bestimmt als durch die chemische Zusammensetzung.

Ein **Gefahrstoff** ist ein Stoff, eine Zubereitung oder ein Erzeugnis mit gefährlichen Eigenschaften und stellt u. U. eine Gefährdung für die Gesundheit und Sicherheit der Beschäftigten dar.

Die **Gefahrstoffverordnung** ist entsprechend der Rangfolge der Rechtsnormen dem Chemikaliengesetz untergeordnet und enthält nähere Ausführungsbestimmungen, wie mit Gefahrstoffen umzugehen ist. Sie regelt die Schutzmaßnahmen für Beschäftigte beim Umgang mit Gefahrstoffen und befasst sich mit der Einstufung, Kennzeichnung und Verpackung von Stoffen und Zubereitungen.

Ziel des Chemikaliengesetzes und der Gefahrstoffverordnung ist es, „den Menschen und die Umwelt vor stoffbedingten Schädigungen zu schützen" (§ 1 Absatz 1 GefStoffV). Zudem müssen die „Gefahren, die von Stoffen ausgehen, für den Menschen erkennbar" gemacht werden (§ 1 ChemG).

Praktische Hinweise und praxisrelevante Details für die Umsetzung von Gesetz und Verordnung bieten darüber hinaus die zahlreichen technischen Regeln, wie die **Technische Regel für Gefahrstoffe TRGS** in der gültigen Fassung. Technische Regeln stellen keine Rechtsnorm dar und sind lediglich Empfehlungen, wie ein Gesetz oder eine Verordnung eingehalten werden kann. Technische Regeln besitzen damit auch nicht zwangsläufig den Charakter einer gesetzlichen Vorschrift, sondern spiegeln die technischen Möglichkeiten zum gegenwärtigen Zeitpunkt basierend auf Erkenntnissen von Wissenschaft und Technik wider. Hierfür wird der Fachausdruck **Stand der Technik** verwendet.

Die Schriften der **Gesetzlichen Unfallversicherung (GUV)** geben wie die Technischen Regeln Hinweise zur Verhütung von Arbeitsunfällen, Berufskrankheiten und arbeitsbedingten Gesundheitsgefahren. Die Gesetzliche Unfallversicherung selbst ist ein Zweig der Sozialversicherung und soll neben den Hinweisen zur Verhütung von Unfällen dafür sorgen, dass nach dem Eintreten von Arbeitsunfällen oder Berufskrankheiten die Gesundheit der Versicherten wiederhergestellt wird. Für den Laborbereich ist die **Regel GUV-R 120** besonders wichtig, da sie die Regeln der GUV für die Sicherheit und den Gesundheitsschutz in Laboratorien enthält.

Das **Chemikaliengesetz (ChemG)** ist ein Gesetz zum Schutz vor gefährlichen Stoffen im Bereich der Bundesrepublik Deutschland. Im ChemG werden viele EG-Richtlinien in deutsches Recht umgesetzt.

Die **Gefahrstoffverordnung (GefStoffV)** ist eine Verordnung, die dazu dient, Menschen und Umwelt vor stoffbedingten Schädigungen zu schützen. Gesetzliche Basis dieser Verordnung sind das Chemikaliengesetz (ChemG) und seit 2005 auch das Arbeitsschutzgesetz (ArbSchG).

Technische Regeln sind Empfehlungen und Vorschläge, die Umsetzungshinweise zur Einhaltung eines Gesetzes, einer Verordnung oder für einen technischen Ablauf darstellen.

10.2.2 Basis der Einstufung von Gefahrstoffen

Auf Beschluss der Vereinten Nationen ist zur Vereinheitlichung ein System entwickelt worden, das in allen Ländern der Erde umzusetzen ist. Das **Global harmonisierte System zur Einstufung und Kennzeichnung von Chemikalien**, kurz: **GHS** (GHS: ***G**lobally **H**armonized **S**ystem of Classification, Labelling and Packaging of Chemicals*), vereinheitlicht erstmals weltweit die Einstufung von Chemikalien nach ihrer Gefährlichkeit sowie deren Kennzeichnung auf Verpackungen und in Sicherheitsdatenblättern.

Darauf aufbauend ist 2008 ist von der Europäischen Union eine Verordnung zur Regelung des Gefahrstoffrechts verabschiedet worden, die ohne Notwendigkeit der Umsetzung in nationales Recht direkt in Kraft getreten ist (EG-Verordnung 1272/2008). Diese ist die Verordnung über die **Einstufung, Kennzeichnung und Verpackung von Stoffen und Gemischen**, kurz: **CLP-Verordnung** *(CLP: Regulation on **C**lassification, **L**abelling and **P**ackaging of Substances and Mixtures).* Die CLP-Verordnung setzt das weltweite System GHS in europäisches Recht um. Da die CLP-Verordnung auf dem GHS basiert, werden im Folgenden die beiden Begriffe CLP-Verordnung und GHS synonym nebeneinander verwendet.

Zusätzlich zur CLP-Verordnung ist seit dem 01.06.2007 die **REACh-Verordnung** (*REACh: **R**egistration, **E**valuation, **A**uthorisation and Restriction of **Ch**emicals*; Registrierung, Bewertung, Zulassung und Beschränkung von Chemikalien) in Kraft (Verordnung Nr. 1907/2006). Dieser REACh-Verordnung unterliegen Hersteller und Importeure, die Stoffe oder Stoffe in Zubereitungen mit mehr als einer Tonne pro Jahr in die Europäische Union importieren oder in der Europäischen Union herstellen. Auch diese Regelungen werden im Chemikaliengesetz begleitend in deutsches Recht umgesetzt.

Das **GHS** (***G**lobally **H**armonized **S**ystem of Classification, Labelling and Packaging of Chemicals*) ist ein weltweit vereinheitlichtes System zur Einstufung von Chemikalien sowie deren Kennzeichnung auf Verpackungen und in Sicherheitsdatenblättern.

Die **CLP-Verordnung** (*Regulation on **C**lassification, **L**abelling and **P**ackaging of Substances and Mixtures*) ist eine Europäische Verordnung zur Regelung des Gefahrstoffrechts. Sie setzt das GHS im Bereich der Europäischen Union um.

Durch die **REACh-Verordnung** (***R**egistration, **E**valuation, **A**uthorisation and Restriction of **Ch**emicals*) werden in der Europäischen Union hergestellte oder in die EU importierte Stoffe von mehr als $1\ t \cdot a^{-1}$ erfasst. Der REACh-Verordnung unterliegen Hersteller und Importeure.

10.2.3 Merkmale eines Gefahrstoffs

Das Chemikaliengesetz ordnet Stoffen bestimmte **Gefährlichkeitsmerkmale** zu (§ 3 Abs. 6 ChemG). Die Gefährlichkeit eines Stoffes wird durch die Zuordnung dieser Gefährlichkeitsmerkmale definiert. Tabelle 1 gibt die 15 Gefährlichkeitsmerkmale an, die auf der Stoff- und Zubereitungsrichtlinie basieren und im Chemikaliengesetz (§ 3a Abs. 1 ChemG) enthalten sind. Die Auflistung der Gefährlichkeitsmerkmale in Tabelle 1 zeigt die Unterteilung der Gefahrstoffe aufgrund ihrer Wirkung in drei Bereiche. Alle Stoffe, die wenigstens einer dieser Kategorien angehören, sind Gefahrstoffe und müssen entsprechend gekennzeichnet sein.

Nach der CLP-Verordnung erfolgen die Einstufung und Kennzeichnung von Chemikalien in Form von **Gefahrenklassen**. Es existieren 28 Gefahrenklassen mit 16 physikalischen Gefahren, 10 Gesundheitsgefahren und 2 Umweltgefahren. Die Zuordnung von Chemikalien zu Gefahrenklassen ist in ihrer methodischen Herangehensweise jedoch ähnlich dem Chemikaliengesetz mit der Stoff- und Zubereitungsrichtlinie.

Tabelle 1: Gefährlichkeitsmerkmale nach dem Chemikaliengesetz (§ 3a Abs. 1 ChemG)

Stoffe, die entzündlich, brandfördernd und explosiv sind	1. explosionsgefährlich 2. brandfördernd 3. hochentzündlich 4. leichtentzündlich 5. entzündlich
Stoffe, die die Gesundheit gefährden	6. sehr giftig 7. giftig 8. gesundheitsschädlich 9. ätzend 10. reizend 11. sensibilisierend 12. krebserzeugend 13. fortpflanzungsgefährdend 14. erbgutverändernd
Stoffe, die die Umwelt gefährden	15. umweltgefährlich

Tabelle 1: Gefahrenklassen nach CLP

Klasse	Physikalische Gefahren	Klasse	Physikalische Gefahren
1	Explosive Stoffe/Gemische und Erzeugnisse mit Explosivstoff	9	Pyrophore* Flüssigkeiten
2	Entzündbare Gase (einschließlich chemisch instabiler Gase)	10	Pyrophore* Feststoffe
3	Entzündbare Aerosole	11	Selbsterhitzungsfähige Stoffe und Gemische
4	Oxidierende Gase	12	Stoffe und Gemische, die in Berührung mit Wasser entzündbare Gase entwickeln
5	Gase unter Druck (verdichtet, verflüssigt, tiefgekühlt oder gelöst)	13	Oxidierende Flüssigkeiten
6	Entzündbare Flüssigkeiten	14	Oxidierende Feststoffe
7	Entzündbare Feststoffe	15	Organische Peroxide
8	Selbstzersetzliche Stoffe und Gemische	16	Korrosiv gegenüber Metallen
Klasse	**Gesundheitsgefahren**	**Klasse**	**Gesundheitsgefahren**
1	Akute Toxizität	7	Reproduktionstoxizität
2	Ätz-/Reizwirkung auf die Haut	8	Spezifische Zielorgan-Toxizität (einmalige Exposition)
3	Schwere Augenschädigung/Augenreizung	9	Spezifische Zielorgan-Toxizität (wiederholte Exposition)
4	Sensibilisierung der Atemwege o. der Haut	10	Aspirationsgefahr
5	Keimzellmutagenität		
6	Karzinogenität		
Klasse	**Umweltgefahren**	**Klasse**	**Umweltgefahren**
1	Gewässergefährdend (akut und chronisch)	2	Die Ozonschicht schädigend

* Pyrophore (griech. *pyr*: Feuer und *phorein*: tragen) sind Stoffe, die fein verteilt schon bei Raumtemperatur und an der Luft heftig und zum Teil unter Feuererscheinung mit Sauerstoff reagieren.

Die einzelnen Gefahrenkategorien sind in der CLP-Verordnung aber wesentlich differenzierter ausgestaltet als im Chemikaliengesetz. Tabelle 1 zeigt die Gefahrenklassen nach CLP.

Bei bestimmten Gefahrenklassen wird eine weitere Differenzierung in Form von **Gefahrenkategorien** vorgenommen. Die Gefahrenklasse „akute Toxizität" wird z. B. in vier Kategorien unterteilt, beginnend bei der Kategorie 1 (Lebensgefahr) und endend bei Kategorie 4 (gesundheitsschädlich). Zudem wird nach den Aufnahmewegen eines Gefahrstoffes in den Körper, den **Expositionswegen** (lat. *expositio*: Aussetzung), differenziert.

Abhängig von den **Expositionswegen** oder den Wirkungsarten wird das Gefährlichkeitspotenzial des Stoffes ermittelt und eine Zuteilung zu einer der Gefahrenkategorien vorgenommen (Bild 1). Drei Expositionswege werden unterschieden:

- **oral** (lat. *os, oris*: Mund) - Aufnahme über den Mund
- **dermal** (griech. *derma*: Haut) - Aufnahme über die Haut
- **inhalativ** (lat. *inhalare*: anhauchen) - Aufnahme über die Atemwege

	Kategorie 1 Gefahr	Kategorie 2 Gefahr	Kategorie 3 Gefahr	Kategorie 4 Achtung
oral LD_{50} (oral) in $mg \cdot kg^{-1}$	**H300:** Lebensgefahr bei Verschlucken < 5	**H300:** Lebensgefahr bei Verschlucken 5 bis 50	**H301:** Giftig bei Verschlucken 50 bis 300	**H302:** Gesundheitsschädlich bei Verschlucken 300 bis 2000
dermal LD_{50} (dermal) in $mg \cdot kg^{-1}$	**H310:** Lebensgefahr bei Hautkontakt < 50	**H310:** Lebensgefahr bei Hautkontakt 50 bis 200	**H311:** Giftig bei Hautkontakt 200 bis 1000	**H312:** Gesundheitsschädlich bei Hautkontakt 1000 bis 2000
inhalativ LD_{50} (inhalativ) in $mg \cdot (L \cdot 4\ Std)^{-1}$	**H330:** Lebensgefahr bei Einatmen < 0,05	**H330:** Lebensgefahr bei Einatmen 0,05 bis 0,5	**H331:** Giftig bei Einatmen 0,5 bis 1	**H332:** Gesundheitsschädlich bei Einatmen 1 bis 5

Bild 1: Gefahrenkategorien „akute Toxizität"

Die weiteren Inhalte von Bild 1 und Tabelle 1 werden im Folgenden und in Kap. 10.3, S. 310 erklärt.

Nach der **CLP-Verordnung** existieren zur Einstufung und Kennzeichnung von Chemikalien insgesamt **28 Gefahrenklassen**: 16 Gefahrenklassen für physikalische Gefahren, 10 Gefahrenklassen für Gesundheitsgefahren und 2 Gefahrenklassen für Umweltgefahren. Durch die Einteilung der Stoffe in **Gefahrenkategorien** wird weiter differenziert.

10.2.4 Warnung vor Gefahren (Gefahrenpiktogramme)

Die richtige Kennzeichnung von Gefahrstoffen ist grundlegende Voraussetzung für den sicheren Umgang mit diesen Stoffen. Das weltweit vereinheitlichte System GHS trägt zur einheitlichen und eindeutigen Kennzeichnung in verschiedenen Arbeitsbereichen wie Labor, Produktion und Transport bei. Jedes Gebinde, in dem eine Chemikalie enthalten ist, muss deutlich und eindeutig gekennzeichnet sein, so dass der Hinweis auf die Gefährlichkeit des Stoffes direkt ersichtlich ist. Einen ersten Hinweis auf die Gefährlichkeit zeigen die **Gefahrenpiktogramme** nach der CLP-Verordnung. Sie geben Hinweise auf die Art der Gefahr und entsprechen den Gefahrenklassen nach CLP (**Tabelle 1**).

Tabelle 1: Gefahrenpiktogramme nach CLP

Gefahrenpiktogramm	Symbol, Kodierung	Bezeichnung der Gefahrenklasse	Gefahrenpiktogramm	Symbol, Kodierung	Bezeichnung der Gefahrenklasse
Physikalische Gefahren			**Gesundheitsgefahren**		
	Explodierende Bombe GHS01	explosive Stoffe/ Gemische und Erzeugnisse mit Explosivstoff		Totenkopf mit Knochen GHS06	akute Toxizität, Kat. 1, 2, 3
	Flamme GHS02	entzündbare Stoffe		Ausrufezeichen GHS07	• akute Toxizität, Kat. 4 • Reizung der Haut, Kat. 2 • Augenreizung, Kat. 2 • Sensibilisierung der Haut • Spezifische Zielorgan-Toxizität, Kat. 1, 2 • Aspirationsgefahr, Kat. 1
	Flamme über Kreis GHS03	entzündend (oxidierend) wirkende Stoffe		Gesundheitsgefahr GHS08	• C - krebserzeugend • M - mutagen • R - reproduktionstoxisch • Sensibilisierung der Atemwege • Spezifische Zielorgan-Toxizität, Kat. 1, 2 • Aspirationsgefahr, Kat. 1
	Gasflasche GHS04	Gase unter Druck		Ätzwirkung GHS05	• hautätzend, Kat. 1 • schwere Augenschädigung, Kat. 2
	Ätzwirkung GHS05	auf Metalle korrosiv wirkend, Kat. 1	**Umweltgefahren**		
				Umwelt GHS09	gewässergefährdend
Kat.: Gefahrenkategorie					

Jeder Gefahrstoff erhält nach der CLP-Verordnung ein Signalwort, das auf den Gefährdungsgrad hinweist. Als Signalwörter sind die beiden Begriffe **„Achtung"** und **„Gefahr"** festgelegt. Das Signalwort „Gefahr" beschreibt die schwerwiegenden Gefahren, das Signalwort „Achtung" zeigt eine geringere Gefahrenkategorie an. Liegen bei einem Stoff oder einem Gemisch beide Gefahrenkategorien vor, so entfällt der Hinweis „Achtung" und es wird nur das Signalwort „Gefahr" aufgeführt.

Das CLP-System ist in vielen Bereichen differenzierter als die weltweit unterschiedlichen Vorgänger-Systeme. So sind die Piktogramme „Gesundheitsgefahr", „Ausrufezeichen" und „Gasflasche" durch das GHS hinzugekommen (**Tabelle 1**, S. 307).

Damit ist besonders die Kennzeichnung toxischer Stoffe viel eindeutiger geworden. Das Piktogramm „Gesundheitsgefahr" warnt vor der Gefahr chronischer Gesundheitsschäden (wie z. B. dem Risiko, an Krebs zu erkranken), ein Totenkopf warnt vor lebensgefährlichen und schweren Vergiftungen und ein Ausrufezeichen zum Beispiel vor gesundheitsgefährlichen Stoffen (**Bild 1** und **Bild 2**).

Auch unter Druck stehende Gase sind nun durch das Piktogramm „Gasflasche" sofort zu erkennen. Das vor 2008 geltende System war in diesen Bereichen viel ungenauer.

Achtung

Ethylenglycol $C_2H_6O_2$
CAS-Nr. 107-21-1
Akut Tox. 4
H302
P264
P270
P301 + P312
P330

Bild 1: Kennzeichnung des gesundheitsgefährlichen Stoffs Ethylenglykol nach GHS

a) Gefahr b) Gefahr

Bild 2: GHS-Kennzeichnung eines a) akut toxischen und b) krebserzeugenden Stoffs

Die vor 2008 nach der Europäischen Stoff- und Zubereitungsrichtlinie geltenden sieben **Gefahrensymbole** (schwarz auf orangenem Grund) wurden nach der alten Regelung durch Kennbuchstaben ergänzt, die den Charakter der Gefährdung zusätzlich beschrieben. Für das Merkmal „giftig" stand der Kennbuchstabe T, für „sehr giftig" der Kennbuchstabe T+. In gleicher Weise wurde der Kennbuchstabe F für „leichtentzündlich" und der Kennbuchstabe F+ für „hochentzündlich" verwendet. Das Gefahrensymbol „Andreaskreuz" der Stoff- und Zubereitungsrichtlinie für „gesundheitsschädliche" Stoffe mit der Kennung Xn und für „reizende Stoffe" mit der Kennung Xi sind nach dem GHS in einer Kategorie zusammengefasst, die mit dem Piktogramm „Ausrufungszeichen" und Signalwort „Achtung" gekennzeichnet wird.

Da die alte Kennzeichnung bis 2017 noch für Altbestände in Lagern angetroffen werden kann, zeigt **Tabelle 1** eine Übersicht über diese Kennzeichnung.

Tabelle 1: Gefahrensymbole nach Stoff- und Zubereitungsrichtlinie (vor 2009)

Gefahrensymbol	Kennbuchstabe	Bezeichnung	Gefahrensymbol	Kennbuchstabe	Bezeichnung
	E	explosionsgefährlich		C	ätzend
	F F+	leichtentzündlich hochentzündlich		Xn	gesundheitsschädlich
	O	brandfördernd		Xi	reizend
	T T+	giftig sehr giftig		N	umweltgefährlich

In diesem Kennzeichnungssystem galt also mit Bezug auf die Gefahrensymbole keine Unterscheidung zwischen krebserzeugenden Stoffen und den akut toxischen Stoffen. Beide Gefahrenklassen wurden mit dem Totenkopf gekennzeichnet.

> Nach der **GHS-Kennzeichnung** entfallen die Kennungen Xn und Xi. Sie werden durch „!" ersetzt.
>
> Das GHS-System kennt das **Signalwort „Gefahr"** und das **Signalwort „Achtung"** sowie die **Piktogramme** für **Gasflasche**, **Ausrufezeichen** und **Gesundheitsgefahr**. Es wird zwischen akut toxischen und Stoffen, die die Gesundheit langfristig gefährden, unterschieden.

Die Warnzeichen sagen über die genaue Gefährdung oder über die Vorsichtsmaßnahmen, die im Umgang mit der Chemikalie getroffen werden müssen, nicht viel aus. Gefahrstoffe müssen daher mit Zusatzinformationen gekennzeichnet werden, die vor den ausgehenden Gefahren warnen und detailliertere Hinweise auf die Art der Gefahr geben. Dies geschieht in Form von H- und P-Sätzen.

10.2.5 Hinweise zu Gefahren und zur Sicherheit (H- und P-Sätze)

Neben den Piktogrammen ist jedes Gebinde eines Gefahrstoffs mit **Hinweisen zu Gefahren** und **Hinweisen zur Sicherheit** zu kennzeichnen. Diese Hinweise geben weitere Informationen, um diese Chemikalie richtig zu handhaben. Die **Hinweise auf Gefahren** tragen nach GHS die Bezeichnung **H-Sätze** (*Hazard Statements*, engl. *hazard*: Gefahr, Gefährdung, *statement*: Angabe, Anweisung). Die **Hinweise zur Sicherheit** sind nach GHS in den **P-Sätzen** (*Precautionary Statements*, engl. *precautionary*: vorbeugend) angegeben und definieren die Maßnahmen, die beim Umgang mit dem betreffenden Stoff ergriffen werden müssen, um schädliche Wirkungen während der Verwendung zu begrenzen oder zu vermeiden.

H- und P-Sätze sind standardisierte Textbausteine, die über Zahlen kodiert sind. Nach dem Buchstaben H oder P für die „Gefahr" oder „Sicherheit" folgt eine dreistellige Zahl (**Bild 1**). Dabei steht bei Gefahren-Hinweisen die erste Ziffer für die physikalischen-, Gesundheits- oder Umweltgefahren, die darauf folgenden Ziffern sind fortlaufend. H241 ist also z. B. der 41. Hinweis zu physikalischen Gefahren und bedeutet „Kann bei Erwärmung und Brand Explosion verursachen". Der Sicherheitshinweis P221 in **Bild 1b** stellt aufgrund der Ziffer 2 eine Vorsichtsmaßnahme dar. Der P-Satz P221 bedeutet: „Mischen mit brennbaren Stoffen unbedingt verhindern".

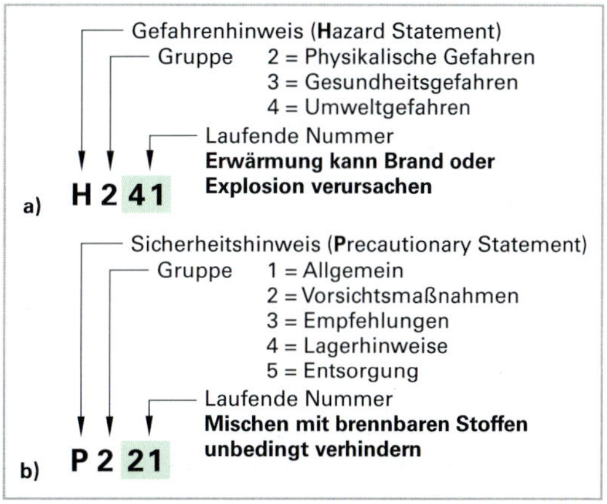

Bild 1: Kodierungssystem nach GHS bei a) Gefahrenhinweisen, b) Sicherheitshinweisen

Die Texte der H- und P-Sätze können Listen, z. B. in Chemikalienkatalogen, entnommen werden. Einige Sätze können auch miteinander kombiniert auftreten (**Bild 2**). Die **Kombination von Sätzen** wird durch ein +-Zeichen deutlich gemacht. So bedeutet z. B. die Kombination der H-Sätze H300 + H310 + H330: „Lebensgefahr bei Verschlucken, Hautkontakt oder Einatmen" und die zugehörige Kombination der P-Sätze P302 + P352 sagt aus: „Bei Berührung mit der Haut mit viel Wasser und Seife waschen". P302 steht hierbei nur für die Textbaustein „Bei Berührung mit der Haut" ohne weiteren Zusatz, der Satz muss also entsprechend ergänzt werden. **Bild 2** zeigt Beispiele für kombinierte und einzelne H- und P-Sätze.

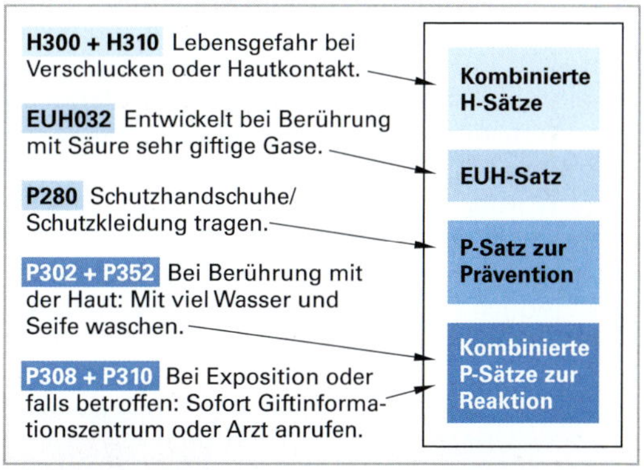

Bild 2: Beispiele für einzelne und kombinierte H- bzw. P-Sätze

Bestimmten H-Sätzen kann der Zusatz „EU" vorangestellt sein. In diesem Fall hat die Europäische Union aufgrund von strengeren EU-Richtlinien die GHS-Vorgaben um eigene EUH-Sätze ergänzt. Diese Ergänzungen sind nur innerhalb der EU gültig. Ein Analogon zu den EUH-Sätzen gibt es bei den P-Sätzen nicht.

Im GHS werden für **Gefahrenhinweise H-Sätze** und für **Sicherheitshinweise P-Sätze** verwendet. H-Sätze warnen vor Gefahren, P-Sätze geben Sicherheitshinweise.

Nach der alten Europäischen Stoff- und Zubereitungsrichtlinie wurden Hinweise zu Gefahren in den **R-Sätzen** (engl. *risk*: Risiko) zusammengefasst. Hinweise zur Sicherheit waren in den **S-Sätzen** (engl. *safety*: Sicherheit) angegeben. Die R- und S- Sätze, wie sie in alten Katalogen und auf alten Gebinden zu finden sind, sind inhaltlich den H- und P-Sätzen ähnlich, allerdings hinsichtlich der in ihnen angegebenen Risiken oft veraltet.

Beim GHS-System sind die Kriterien zur Kennzeichnung mit Gefahren- und Sicherheitshinweisen festgelegt. So sollen beispielsweise maximal sechs Sicherheitshinweise verwendet werden, es sei denn, dass eine größere Anzahl aufgrund des Gefährdungsgrads notwendig ist.

10.3 Gefährdungen durch Gefahrstoffe und Schutzmaßnahmen

Das Zusammenspiel von H- und P-Sätzen mit den Gefahrenpiktogrammen soll im Folgenden an verschiedenen Gefahrenmerkmalen deutlich gemacht werden. Für jedes dieser Merkmale werden die zu erwartenden Risiken und Schutzmaßnahmen sowie das Verhalten im Gefahrenfall erläutert.

10.3.1 Akute Giftwirkung

Das Totenkopf-Symbol ist vielleicht das bekannteste Gefahrenpiktogramm. Es kennzeichnet Chemikalien mit **akuter Giftwirkung**, das heißt Stoffe, Gemische oder Zubereitungen, bei denen bei Kontakt mit der Haut, beim Verschlucken oder beim Einatmen **Lebensgefahr** besteht oder die bei Kontakt mit der Haut, beim Verschlucken oder beim Einatmen **giftig** sind. Es wird das Signalwort „Gefahr" hinzugefügt. Für diese Stoffe gelten die H-Sätze:

- oral: giftig bzw. lebensgefährlich beim Verschlucken: H300, H301
- dermal: giftig oder lebensgefährlich bei Berührung mit der Haut: H310, H311
- inhalativ: giftig oder lebensgefährlich beim Einatmen: H330, H331

Ist die Giftwirkung weniger stark, werden die Stoffe mit einem Ausrufezeichen und dem Signalwort „Achtung" versehen (**Bild 1**).

a) Lebensgefahr, giftig   b) Gesundheitsschädlich

Bild 1: Piktogramme für akute Giftwirkung nach GHS a) Kat. 1-3, b) Kat. 4

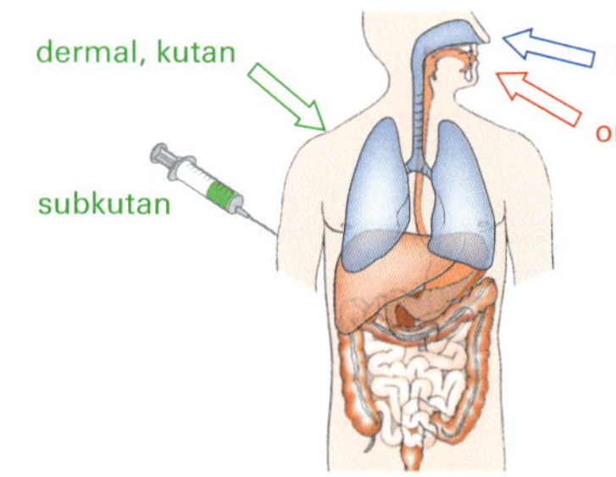

Bild 2: Aufnahmewege für Gefahrstoffe in den Körper

Allgemein erfolgt die Unterteilung der akuten Giftwirkung in **vier Gefahrenkategorien**. Diese Unterteilung basiert auf dem **LD_{50}-Wert**, dem Wert für die **letale Dosis** (lat. *letal*: tödlich). Der LD_{50}-Wert wird in Tierversuchen ermittelt und gibt die Menge eines Stoffes in Milligramm bezogen auf ein Kilo Körpergewicht an, die die Hälfte aller Versuchstiere (50 %) tötet. Zusammen mit dem LD_{50}-Wert wird die Art des Versuchstieres und die Art des Aufnahmeweges angeben. Die Bezeichnung **LD_{50} (Ratte, oral)** bedeutet, dass die Substanz Ratten **oral**, d. h. über den Mund, verabreicht wurde. Weitere Aufnahmemöglichkeiten in den Körper sind **inhalativ**, (Aufnahme über die Atemwege), und **dermal** (Aufnahme über die Haut). Giftstoffe können auch subkutan (lat. *sub*: unter, *cutis*: Haut) oder intravenös (lat. *intra*: hinein; *vena*: Vene) aufgenommen werden. Dies spielt jedoch für die Beurteilung der von dem Stoff ausgehenden Risiken keine Rolle. Der Zusammenhang zwischen LD_{50}-Wert und Gefahrenkategorien ist in **Tabelle 1** dargestellt.

Tabelle 1: Einstufung akut toxischer Stoffe anhand des Aufnahmewegs oral

CLP-Verordnung	 Kategorie 1	 Kategorie 2	 Kategorie 3	 Kategorie 4
LD_{50}-Wert/ATS (oral) in mg · kg^{-1}	ATS ≤ 5	5 < ATS ≤ 50	50 < ATS ≤ 300	ATS ≤ 2000
ATS: Schätzwert Akuter Toxizität (international: *ATE, Acute Toxicity Estimates*)				

Andere Angaben für die letale Dosis sind auch Werte wie LD_{99} für eine **sicher tödliche Dosis** und LD_{100} für eine **absolut tödliche Dosis.** Die Ermittlung der letalen Dosis an Tieren ist aus ethischen Gründen umstritten, daher werden auch Bakterien und Computerhochrechnungen eingesetzt. Die Ergebnisse der Ermittlungsverfahren für die letale Dosis lassen sich zwar nicht unbedingt auf den Menschen übertragen, die Angaben liefern jedoch einen Anhaltspunkt für die Gefährlichkeitseinstufung.

Die Grenzwerte, nach denen die Giftklassen zugeordnet werden, sind im GHS verschärft worden. So kann der gleiche Stoff nach alter Kennzeichnung ein Andreaskreuz mit dem Kennbuchstaben „n" (Xn) erhalten, nach GHS-Kennzeichnung aber einen Totenkopf. Tabelle 1, S. 310, zeigt die neuen Zuordnungen der Gefahren. Hierin steht **ATS** für **Akute Toxizität Schätzwert**. Im englischen Sprachraum wird hierfür die Abkürzung **ATE** für **Acute Toxicity Estimates**, also die Einschätzung der akuten Giftigkeit, verwendet. Der ATS-Wert ist vom LD_{50}-Wert abgeleitet.

10.3.2 Gesundheitsgefährdende Stoffe

Das Piktogramm **„Gesundheitsgefahr"** (Bild 1), die symbolische Darstellung eines Körpers, der wie von einem Krebsgeschwür durchzogen scheint, ist eines der vielfältigsten Symbole im GHS. Es weist auf **chronische**, also **bleibende Schädigungen** des Körpers hin.

Zu den chronischen Giftwirkungen zählen vor allem die **krebserzeugende Schädigung (kanzerogen)**, die **erbgutverändernde Schädigung (mutagen)** sowie die **Beeinträchtigung der Fortpflanzungsfähigkeit bzw. Schädigung des Embryos (reproduktionstoxische Wirkungen)**.

Nach der CLP-Verordnung werden diese Stoffe als **CMR-Stoffe** bezeichnet. Diese Stoffe erhalten nach GHS eine andere Kennzeichnung als die akut toxischen Stoffe. CMR-Stoffe werden durch das **Piktogramm „Gesundheitsgefahr"** (Bild 1) und spezielle H-Sätze gekennzeichnet:

- Krebserzeugende Stoffe (***c**ancerogenic*, ***c**ancer-causing*, ***c**arcinogenic*): H310, H351
- Erbgutverändernde Stoffe (***m**utagenic*): H340, H341
- Fortpflanzungsgefährdende Stoffe (***r**eprotoxic, toxic for **r**eproduction*): H360, H361

Kategorie 1A

H310
H351

Gefahr

Bild 1: Kennzeichnung eines kanzerogenen Stoffs

Wichtig für die Einstufung von CMR-Stoffen ist deren Wahrscheinlichkeit, Krebs zu erzeugen, Erbgutveränderungen hervorzurufen oder die Fortpflanzung zu beeinträchtigen. Hierzu werden CMR-Stoffe in Kategorien unterteilt (Bild 2):

- CMR-Stoffe der **Kategorie 1A** und **Kategorie 1B** verursachen chronische Schäden. Bei Stoffen der Kategorie 1A ist die CMR-Wirkung bei Menschen nachgewiesen, bei der Kategorie 1B ist die CMR-Wirkung bei Tieren nachgewiesen und es existieren Anhaltspunkte für eine entsprechende Wirkung bei Menschen. Nach GHS erhalten diese Stoffe das Gefahrenpiktogramm Gesundheitsgefahr und das Signalwort „Gefahr".
- CMR-Stoffe der **Kategorie 2** stehen im Verdacht, CMR-Schädigungen zu bewirken, für eine Einstufung in die höhere Kategorie liegen keine ausreichenden Hinweise vor. Diese Stoffe erhalten zusätzlich zum Gefahrenpiktogramm Gesundheitsgefahr das Signalwort „Achtung".

Bild 2: Kategorisierung von CMR-Stoffen

CMR-Stoffe sind Stoffe, die kanzerogen, mutagen oder reproduktionstoxisch wirken.

CMR-Stoffe erhalten nach GHS das Gefahrenpiktogramm Gesundheitsgefahr und abhängig von der Kategorie das Signalwort „Gefahr" oder „Achtung". Bei akuter Toxizität wird zusätzlich zum Gefahrenpiktogramm Gesundheitsgefahr das Gefahrenpiktogramm Totenkopf verwendet.

10

Nach der Kennzeichnungssystematik der Stoff- und Zubereitungsrichtlinie (vor 2009) gab es keine unterschiedlichen Gefahrensymbole für akut toxische Stoffe und Stoffe, die die Gesundheit schädigen, also z. B. alle CMR-Stoffe. Beide Arten von Gefahrstoffen wurden mit dem Totenkopfsymbol gekennzeichnet. Der Hinweis auf die krebserzeugende Wirkung eines Stoffes war nur den R- und S-Sätzen zu entnehmen. Dies ist beim Umgang mit Chemikalien, die vor 2009 hergestellt wurden, unbedingt zu beachten (Tabelle 1).

Tabelle 1: Kennzeichnung eines a) akut toxischen Stoffes und b) krebserzeugenden Stoffes der Kategorie 1 nach Stoff- und Zubereitungsrichtlinie (links) und nach CLP-Verordnung (rechts)

Kennzeichnung vor 2009	GHS-Kennzeichnung
a) 	 Gefahr
b) 	 Gefahr

Ebenso kann sich die Beurteilung der von einem Stoff ausgehenden Risiken grundlegend geändert haben. So ist zum Beispiel erst seit wenigen Jahren bekannt, dass von dem Indikator **Phenolphthalein** in Konzentrationen von ≥ 1 % eine **krebserzeugende Wirkung** ausgeht. Bis zur Entdeckung der karzinogenen Wirkung wurde Phenolphthalein mehr als 100 Jahre lang als Abführmittel verwendet.

Nach der Mutterschutzverordnung (MuSchV) dürfen Schwangere auch nicht bei Einhaltung entsprechender Vorsichtsmaßnahmen mit krebserzeugenden, erbgutverändernden oder fruchtschädigenden Stoffen arbeiten. Allerdings besteht das Beschäftigungsverbot nicht, wenn die Schwangere z. B. bei bestimmungsgemäßem Umgang und durch Arbeiten im geschlossenen System diesen Stoffen nicht ausgesetzt ist.

Neben der Warnung vor CMR-Stoffen weist das Piktogramm „Gesundheitsgefahr" aber auch noch auf andere für den menschlichen Organismus schädliche Wirkungen hin, nämlich auf

- die Gefahr der **Sensibilisierung der Haut und der Atemwege**, also die Gefahr durch Stoffe, die Asthma und Allergien auslösen können,
- die **Aspirationsgefahr,** also die akute Schädigung der Lunge und der Atemwege und
- die **spezifische Organtoxizität,** also die konkrete Schädigung bestimmter Organe durch einen Gefahrstoff (**STOT**: *specific target organ toxicity*).

Tabelle 2 zeigt Gefahren und Gefahrenkategorien mit Gefährdungen für die Gesundheit:

Tabelle 2: Gefahren der Gesundheit nach GHS

Art der Gefährdung	STOT[1] (einmalige Exposition)			STOT[1] (mehrmalige Exposition)		Sensibilisierung der Atemwege/Haut		Aspirationsgefahr
Gefahren Kat.	Kategorie 1	Kategorie 2	Kategorie 3	Kategorie 1	Kategorie 2	Kategorie 1 Atemwege	Kategorie 1 Haut	Kategorie 1
H-Satz	H370	H371	H335/336	H372	H373	H334	H317	
Piktogramm								
Signalwort	Gefahr	Achtung	Achtung	Gefahr	Achtung	Gefahr	Achtung	Gefahr
Text	Schädigt die Organe.	Kann die Organe schädigen.	Kann die Atemwege reizen; Kann Schläfrigkeit und Benommenheit verursachen.	Schädigt die Organe bei längerer oder wiederholter Exposition.	Kann die Organe schädigen bei längerer oder wiederholter Exposition.	Kann bei Einatmen Allergie, asthmaartige Symptome oder Atembeschwerden verursachen.	Kann allergische Hautreaktionen verursachen.	Kann bei Verschlucken und Eindringen in die Atemwege tödich sein.

[1] STOT: *specific target organ toxicity*, spezifische Zielorgan-Toxizität.

Nickel-Salze sind ein gutes Beispiel für **haut-** und **atemwegssensibilisierende Stoffe.** Somit trägt das Salz Nickel(II)-chlorid auch die H-Sätze:

- H334: Kann bei Einatmen Allergie, asthmaartige Symptome oder Atembeschwerden verursachen.
- H317: Kann allergische Hautreaktionen verursachen.

Ein typischer **STOT-Stoff** ist Methanol. Da die orale oder inhalative Aufnahme von Methanol bereits bei einmaliger Exposition zu Erblindung und zu Gehirnschäden führt, also ein bestimmtes Organ gezielt schädigt, trägt Methanol (neben anderen) den H-Satz: H370: Schädigt die Organe.

Stoffe bei denen **Aspirationsgefahr** besteht, sind **Feststoffe oder Flüssigkeiten**, die entweder direkt über die Mund- oder Nasenhöhle oder indirekt durch Erbrechen in die Luftröhre und den unteren Atemtrakt gelangen können. Aspirationsgefahr besteht auch beim Verarbeiten von Produkten mittels Sprühpistolen und Sprühpumpen. Das Eindringen dieser Stoffe in die Atemwege kann zu schweren akuten oder irreversiblen Schäden der Lunge bis zum Tod führen. Unter die Kategorie Aspirationsgefahr fallen Kohlenwasserstoffe mit einer niedrigen Viskosität. Deshalb wird dem Lösemittel *n*-Octan u. a. der H-Satz H304 zugeordnet: H304: Kann bei Verschlucken und Eindringen in die Atemwege tödlich sein.

Der Stoff *n*-Octan ist ebenfalls durch den H-Satz H336 „Kann Schläfrigkeit und Benommenheit verursachen" gekennzeichnet, welcher dem Bereich STOT zuzuordnen ist.

Am Beispiel des Lösemittels Tetrachlormethan lässt sich zeigen, dass ein einziger Stoff sowohl eine chronische Gesundheitsgefährdung (zum Beispiel eine krebserzeugende Wirkung) als auch eine akute Giftwirkung über mehrere Aufnahmewege zeigen kann. Mit Bezug auf die Gesundheitsgefahr werden die Aufnahmewege nur dann explizit aufgeführt, wenn eine Schädigung über andere Aufnahmewege ausgeschlossen ist. Wenn nicht anders angegeben, ist bei CMR- und STOT-Stoffen von einer Schädigung über verschiedene Aufnahmewege auszugehen. **Tabelle 1** verdeutlicht dies. Die Gefahr der Hautresorption ist für organische Lösemittel typisch.

Tabelle 1: H- und P-Sätze von Tetrachlormethan CCl_4 und deren Bedeutung*)

Piktogramm, Signalwort	Gefahrenhinweise H-Sätze	Erläuterung	Sicherheitshinweise P-Sätze
  Gefahr	H301: Giftig bei Verschlucken. H311: Giftig bei Hautkontakt. H331: Giftig bei Einatmen	Hinweis auf die akute Giftwirkung und die Aufnahmewege	P260: Staub/Rauch/Gas/Nebel/Dampf/Aerosol nicht einatmen. P280: Schutzhandschuhe/Schutzkleidung/Augenschutz/Gesichtsschutz tragen. P301 + P310: Bei Verschlucken sofort Giftinformationszentrum oder Arzt anrufen. P302 + P352: Bei Kontakt mit der Haut mit viel Wasser und Seife waschen. P304 + P340: Bei Einatmen: An die frische Luft bringen und in einer Position ruhigstellen, die das Atmen erleichtert.
	H351: Kann vermutlich Krebs erzeugen. H372: Schädigt die Organe bei längerer oder wiederholter Exposition.	Warnung vor chronischen Wirkungen	
Akute Toxizität: Kategorie: 3; kanzerogener Stoff: Kategorie 2; EUH059: Schädigt die Ozonschicht			
LD_{50} Kaninchen (oral) 5760 mg · kg^{-1}, LD_{50} Ratte (oral) 2350 mg · kg^{-1}, LD_{50} Ratte (dermal) 5070 mg · kg^{-1}, LD_{50} Ratte (inhalativ) 8000 ppm			

*) Die Auflistung ist nicht vollständig. Hinweise auf die Umweltgefährdung sowie Entsorgung wie H412 und P273 sind diesem Stoff ebenfalls zugeordnet.

Das Kennzeichnungsetikett des Gefahrstoffs liefert wichtige Informationen über die Gefahren, die von diesem Stoff ausgehen. Gefahrenpiktogramme, Gefahren- und Sicherheitshinweise geben detaillierte Informationen und machen deutlich, welche Gefährdung von dem Gefahrstoff ausgeht.

10.3.2 Ätzend und reizend

Im Gegensatz zu den giftigen und gesundheitsschädlichen Stoffen sind die Risiken bei **ätzenden** und **reizenden** Stoffen weniger breit gefächert (**Bild 1**). Bei ätzenden und reizenden Stoffen wird die Wirkung einer Chemikalie auf menschliches Gewebe wie Haut und Augen bewertet. Das Unterscheidungskriterium ist hier, ob das Gewebe irreversibel oder reversibel geschädigt wird. Basis dieser Einstufung bilden Untersuchungen an Tieren.

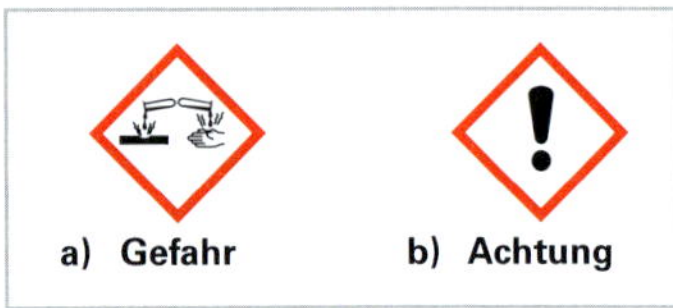

Bild 1: Kennzeichnung für a) ätzende und b) reizende Stoffe

Als ätzend gilt ein Stoff, wenn er lebendes Gewebe bei Berührung zerstören kann oder Oberflächen angreift. Nach der unterschiedlichen Art der Gefährdung werden ätzende Stoffe in Klassen unterteilt, die sich in den H-Sätzen wiederfinden:

- H314: Verursacht schwere Verätzungen der Haut und schwere Augenschäden
- H315: Verursacht Hautreizungen

Die Haut und anderes Gewebe werden bei Kontakt mit ätzenden Gefahrstoffen bereits innerhalb weniger Minuten zerstört. Beim Umgang mit diesen Stoffen ist daher Vorsicht geboten. Die meisten konzentrierten Säuren im Labor fallen in diese Kategorie. Vielfach wird bei ätzenden Stoffen nicht an Basen gedacht, obwohl gerade diese sogar häufig noch gewebeschädigender sind als Säuren. Auch Verbindungen, die mit Wasser stark alkalisch oder sauer reagieren, sind ätzende Stoffe. Ätzende Gase wie Chlor Cl_2 oder Fluor F_2 verursachen schon in kleinsten Mengen und geringer Konzentration Schädigungen der Atemwege.

Bild 2: Notdusche

Auch schwere Augenschäden können die Folge eines Kontakts der Augen mit einem ätzenden Stoff sein. Nach der CLP-Verordnung werden daher die Gefahrenhinweise sowohl auf die Haut als auch auf die Augen bezogen.

Ätzende Stoffe dürfen auch nicht über den Mund aufgenommen und geschluckt werden, selbst wenn der Stoff ansonsten ungiftig ist. Die ätzende Wirkung bezieht sich nicht nur auf die außenliegende Haut, sondern auch auf inneres Gewebe. Insgesamt ist beim Umgang mit ätzenden Substanzen Vorsicht geboten und die Benutzung angemessener Schutzkleidung ist notwendig.

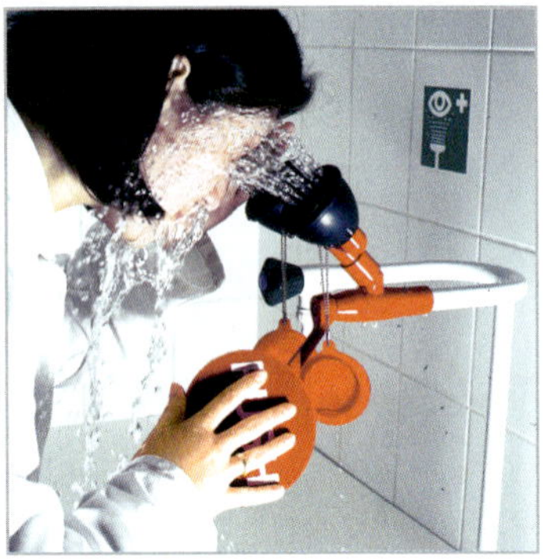

Bild 3: Augendusche

Bei einem **Unfall** können ätzend wirkende Stoffe in den meisten Fällen von der Haut mit viel Wasser abgespült werden. Insbesondere bei großflächigen Kontaminationen wird hierfür eine Notdusche eingesetzt (**Bild 2**), wobei benetzte Kleidung in jedem Fall vom Körper zu entfernen ist.

Ätzende Stoffe können mit einer Augendusche (**Bild 3**) bzw. einer Augenwaschflasche (**Bild 4**) aus den Augen gespült werden. Die Augenlieder müssen hierzu auseinandergezogen werden, damit das Auge beim Spülen offen bleibt. Mindestens zehn Minuten sind die Augen zu spülen und anschließend ein Arzt zu konsultieren.

Bild 4: Augenwaschflasche

Ätzende Substanzen beinhalten häufig **zusätzliche Risiken**. Vor der Gefährdung der Atemwege warnt der Gefahrenhinweis H335 mit dem Hinweis „Reizt die Atemwege". Ein Beispiel hierfür ist konzentrierte Salzsäure HCl (aq).

Rauchende Schwefelsäure $H_2S_2O_7$ (aq) entwickelt so gefährliche Dämpfe, dass nach der CLP-Verordnung zusätzlich der Gefahrenhinweis H330: „Lebensgefahr bei Einatmen" verwendet wird.

Beim Verdünnen konzentrierter Säuren und Laugen mit Wasser wird oft sehr viel Wärmeenergie freigesetzt. Daher wird das Wasser vorgelegt und anschließend vorsichtig die Säure oder Lauge hinzugegeben.

Würde Wasser z. B. direkt in konzentrierte Schwefelsäure, $w(H_2SO_4)$ = 50 %... 96 %, gegeben, wäre die Erwärmung so stark, dass das Wasser spontan verdampfen würde und das heiße Gemisch aus dem Gefäß geschleudert würde. Es gilt die Merkregel:

Erst das Wasser, dann die Säure, sonst geschieht das Ungeheure.

Diese Regel gilt aber z. B. auch für festes Natriumhydroxid NaOH(s), denn auch hier tritt beim Lösen starke Erwärmung ein. Das Wasser wird beim Verdünnen immer vorgelegt.

Beim Verdünnen von konzentrierten Säuren oder Laugen immer das Wasser vorlegen!

Stoffe, die auf Metalle korrosiv wirken, werden nach der CLP-Verordnung ebenfalls mit dem Gefahrenpiktogramm für ätzende Stoffe und dem Gefahrenhinweis H290: „wirkt auf Metalle korrosiv" gekennzeichnet.

Reizend sind Stoffe, wenn sie ohne ätzend zu sein, bei kurzzeitigem, länger andauerndem oder wiederholtem Kontakt mit der Haut oder Schleimhaut eine Entzündung hervorrufen. Unter Hautreizung wird eine Verfärbung der Haut, aber auch die Bildung von Rissen, Schuppen, Schorf oder Haarausfall verstanden. Geeignete Schutzmaßnahmen sind die Gleichen wie bei ätzenden Chemikalien. Nach der CLP-Verordnung sind reizende Stoffe wie gesundheitsgefährdende Stoffe mit dem Gefahrenpiktogramm Ausrufezeichen „!" und dem Signalwort „Achtung" gekennzeichnet (**Bild 1**, S. 314). Die genaue Art der Gefährdung kann Gefahrenhinweisen entnommen werden.

10.3.3 Entzündbar, brandfördernd, explosionsgefährlich

Die Gruppe der entzündbaren, brandfördernden und explosionsgefährlichen Stoffe ist die erste, die im Chemikaliengesetz in der Liste der Gefahrstoffe genannt wird.

Unter **Brennbarkeit** wird die chemische Eigenschaft von Stoffen verstanden, nach Entzündung unter Feuererscheinung mit Sauerstoff ohne Zündquelle weiter zu reagieren (**Bild 1**).

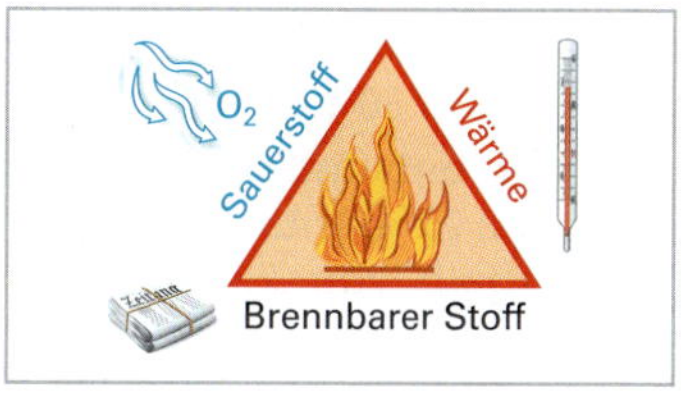

Bild 1: Verbrennungsdreieck

Die **Entzündbarkeit** ist ein Merkmal von brennbaren Stoffen und gibt an, wie leicht diese Stoffe entflammt werden können. Sie hängt vom Zustand des Stoffs, wie dem Aggregatzustand, der Temperatur, der Zusammensetzung oder der Oberfläche ab.

Bild 2 zeigt den Unterschied in der Entzündbarkeit von Benzin und Dieselkraftstoff. Benzin kann durch seinen hohen Dampfdruck und die dadurch bedingte Bildung von Benzindämpfen schon bei Raumtemperatur entzündet werden. Aufgrund des viel niedrigeren Dampfdrucks beim Dieselkraftstoff lässt sich dieser erst nach Erwärmen entzünden.

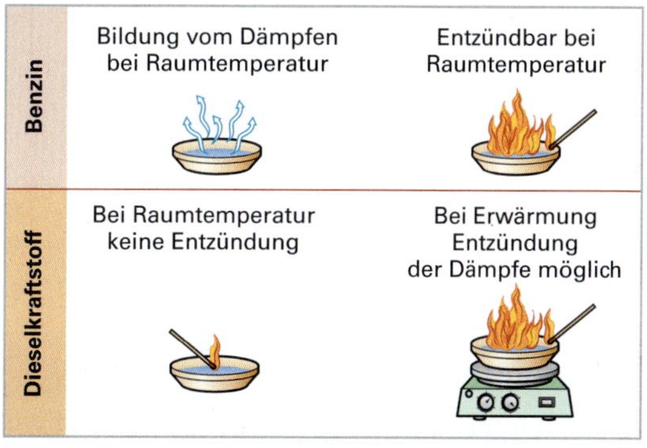

Bild 2: Entzündbarkeit von Benzin und Diesel

Gerade im Labor befinden sich meist viele brennbare Stoffe, mit denen entsprechend vorsichtig umgegangen werden muss. Das folgende, von einem Versicherungsträger beschriebene Beispiel zeigt, welche Folgen die Nichteinhaltung von Brandschutzmaßnahmen haben kann.

Getreu dem Satz „Alles, was passieren kann, wird auch passieren.“ entwickelte sich aus einem kleinen Unfall eine Brandkatastrophe:

- Bei einem über Nacht laufenden Dauerversuch wurde in einer im Abzug stehenden Apparatur eine brennbare Flüssigkeit in einem Glaskolben durch einen Magnetrührer mit Magnetrührstab gerührt und mit einem Ölbad erhitzt.
- In der Nacht hat wahrscheinlich der Magnetrührstab den Glaskolben zerschlagen, so dass die Dämpfe der Flüssigkeit an dem nicht-explosionsgeschützten Magnetrührer entzündet wurden. Wenig später brannte das Ölbad.
- Der anfangs relativ kleine Brandherd löste einen Großbrand aus.

Oftmals sind es Routine oder Leichtsinn verknüpft mit mangelnder Vorüberlegung, die einen Notfall wie einen Brand hervorrufen. Durch eine bessere Planung des Experiments und Überden-ken der Gefahrenquellen können Unfälle verhindert werden.

Brennbare Stoffe werden nach GHS in die drei Kategorien extrem entzündbar, leicht entzündbar und entzündbar eingeteilt. In welche Kategorie ein Stoff gehört, richtet sich nach seinem Aggregatzustand, nach seiner Entzündbarkeit und Reaktivität und bei brennbaren Flüssigkeiten vor allem nach seinem **Flammpunkt**. Der Flammpunkt ist die niedrigste Temperatur einer brennbaren Flüssigkeit, bei der bei Normaldruck (101,3 kPa) so viel Flüssigkeit verdampft, dass das Dampf-Luft-Gemisch durch Fremdzündung entflammt wird. Der Flammpunkt darf nicht mit dem **Zündpunkt** verwechselt werden. Der **Zündpunkt** (Zündtemperatur oder Selbstentzündungstemperatur) ist die Temperatur, auf die ein Stoff erhitzt werden muss, damit sich eine brennbare Substanz in Gegenwart von Luft ohne Zündquelle selbst entzündet. Für die Gefährdungsbeurteilung ist die Temperatur maßgebend, bei welcher der Stoff mit einer Zündquelle entflammt werden kann.

Der **Flammpunkt** eines Stoffes ist die niedrigste Temperatur, bei der sich unter Normaldruck über dem Stoff Dampf-Luft-Gemische bilden, die durch Fremdzündung entflammbar sind.

Tabelle 1 zeigt die Einteilung entzündbarer Flüssigkeiten nach GHS:

- **Entzündbare Flüssigkeiten** (Kategorie 3) besitzen einen Flammpunkt zwischen 23 °C und 60 °C.
- **Leicht entzündbare Flüssigkeiten** (Kategorie 2) besitzen einen Flammpunkt unterhalb von 23 °C und Siedebeginn oberhalb von 35 °C.
- **Extrem entzündbare Flüssigkeiten und Gase** (Kategorie 1) besitzen einen Flammpunkt unterhalb von 23 °C aber einen Siedebeginn unterhalb von 35 °C.

Leicht und extrem entzündbare Stoffe werden mit dem Signalwort „Gefahr“, entzündbare Stoffe mit dem Signalwort „Achtung“ gekennzeichnet.

Tabelle 1: Einteilung entzündbarer Flüssigkeiten nach GHS

			Gefahren-kategorie 3
Gefahren-piktogramm			
Signalwort			**Achtung**
	Flüssigkeit und Dampf	Flüssigkeit und Dampf	Flüssigkeit und Dampf **entzündbar**
Gefahren-hinweis	H224	H225	H226
Flammpunkt	< 25 °C	< 25 °C	≤ 60 °C
Siedebeginn	≤ 35 °C	> 35 °C	–

Zu den extrem entzündbaren Stoffen gehört zum Beispiel das Lösemittel Diethylether $C_4H_{10}O$. Es trägt den H-Satz

- H224 Flüssigkeit und Dampf extrem entzündbar.

Ethanol hingegen ist leicht entzündbar und wird entsprechend nur mit H225 gekennzeichnet:

- H225 Flüssigkeit und Dampf leicht entzündbar.

Brennbare Flüssigkeiten werden nach GHS in die 3 Kategorien **extrem entzündbar**, **leicht entzündbar** und **entzündbar** unterteilt.

Darüber hinaus werden andere Stoffgruppen mit dem Piktogramm „Flamme" gekennzeichnet:

- **Entzündbare Feststoffe** (H228)
- **Pyrophore Feststoffe** oder **Flüssigkeiten**, also Stoffe, die sich spontan selbst entzünden können (H250)
- **Selbsterhitzungsfähige Stoffe** und **Gemische**, also Stoffe, die sich in Berührung mit Luft ohne Energiezufuhr selbst erhitzen und sich in Massen von mehreren Kilogramm sowie nach einem Zeitraum von Stunden oder Tagen selbst entzünden (H251 und H252)
- **Stoffe, die beim Kontakt mit Wasser entzündbare Gase entwickeln** und sich somit bei Kontakt mit Wasser auch spontan entzünden können (H260 und H261)

Magnesiumpulver ist ein Beispiel sowohl für einen selbsterhitzungsfähigen Stoff als auch für einen Stoff, der bei Kontakt mit Wasser entzündbare Gase entwickelt. Es trägt die H-Sätze H228, H252 und H261.

Bei Arbeiten mit extrem und leicht entzündbaren Stoffen müssen **Zündquellen** ferngehalten werden. Zündquellen sind nicht nur offene Flammen, sondern können auch Funken, elektrostatische Aufladungen, elektrische Lichtbögen oder heiße Oberflächen, aber auch die durch chemische Prozesse entwickelte Reaktionswärme sein (**Bild 1**). Der Lichtbogen beim Einschalten eines elektrischen Geräts oder beim Überschlag einer elektrostatischen Entladung, z. B. aus einem Perlon-Hemd, welches durch Reibung aufgeladen war, kann Gas-Luft-Gemische entflammen. **Bild 2** zeigt die Entzündung von Diethylether-Dampf $(C_2H_5)_2O$ durch einen Funken. Entzündliche Flüssigkeiten sollten generell nicht mit offenen Flammen und auch nicht in offenen Gefäßen erhitzt werden.

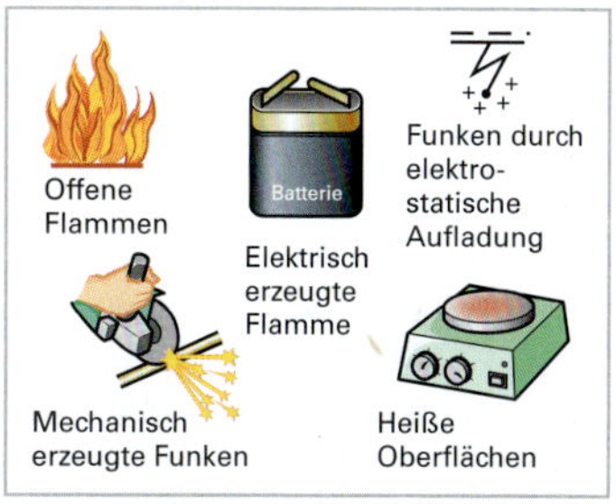

Bild 1: Zündquellen

Bild 2: Entzündung von Diethylether-Dampf

Die Dämpfe der meisten organischen Flüssigkeiten besitzen eine höhere Dichte als Luft. Daher „kriechen" die Dämpfe über Labortische und Laborboden, so dass eine Entzündung an einer ganz anderen Stelle im Labor erfolgen kann als dort, wo mit dem Gefahrstoff tatsächlich gearbeitet wird. Daher dürfen sich auf Arbeitstischen, an denen mit offenen Flammen gearbeitet wird, keine Gefäße mit entzündlichen Flüssigkeiten befinden.

Besondere Vorsicht ist auch beim Abfüllen leicht entzündbarer oder extrem entzündbarer Flüssigkeiten geboten, da beim Abfüllen und Umgießen dieser Flüssigkeiten die Gefahr der elektrostatischen Aufladung besteht. Hierdurch kann sich die Flüssigkeit entzünden. Vorratsbehälter aus Metall müssen daher beim Umfüllen geerdet werden. Geeignete Behältnisse zum sicheren Abfüllen, Lagern und Transport sind **Sicherheitsgefäße** oder **Laborkannen** aus Edelstahl mit Flammensicherung, Überdruckventil mit Schmelzsicherung und Feindosierer (**Bild 3**).

Bild 3: Laborkannen

Bei Feststoffen ist für ihr Gefahrenpotential insbesondere die Größe der Oberfläche entscheidend. Selbst nicht entzündbare oder schwer entzündbare Feststoffe können bei genügend großer Oberfläche und genügend feiner Verteilung ihr Verhalten ändern. Ein massiver Eisenblock kann nicht entzündet werden, bei feiner Eisenwolle genügen kleinste Funken, wie z. B. durch einen Kurzschluss einer Batterie (**Bild 4**). Feine Eisenspäne entzünden sich sogar bereits beim Herabfallen durch die Luft. Auch andere staubfein verteilte Stoffe können durch kleinste Zündquellen zur Explosion gebracht werden. Im Jahr 1979 wurde so durch einen Kabelbrand die Explosion von Mehlstaub in der Roland-Mühle in Bremen ausgelöst. Durch diese Mehlstaubexplosion wurde die Mühle weitgehend zerstört.

Bild 4: Entzündung von Eisenwolle

Brandfördernd

Brandfördernd sind Stoffe und Zubereitungen, wenn sie in der Regel selbst nicht entzündlich sind, aber bei Berührung mit entzündlichen Stoffen oder Zubereitungen, überwiegend durch Sauerstoffabgabe bzw. Oxidation, die Brandgefahr und die Heftigkeit eines Brandes beträchtlich erhöhen (§ 3 GefStoffV).

Sie erhalten nach GHS folgende H-Sätze:

- H270: Kann Brand verursachen oder verstärken; Oxidationsmittel
- H271: Kann Brand oder Explosion verursachen; starkes Oxidationsmittel
- H272: Kann Brand verstärken; Oxidationsmittel

Die einzuhaltenden Sicherheitsmaßnahmen ergeben sich direkt aus den Gefahrenhinweisen: Brandfördernde Stoffe dürfen nicht mit brennbaren Stoffen in Berührung kommen.

Ein Beispiel für einen brandfördernden Stoff ist das starke Oxidationsmittel Kaliumpermanganat $KMnO_4$. Es reagiert beispielsweise mit mehrwertigen Alkoholen wie Glycerin $C_3H_8O_3$ unter spontaner Entzündung (Bild 1). Beim Verreiben des trockenen, insbesondere des fein gepulverten Salzes $KMnO_4$ mit brennbaren Stoffen, wie Holzkohle, Schwefel oder Zucker sowie mit Metallen können sogar **Explosionen** auftreten.

Bild 1: Entzündung von Glycerin mit Kaliumpermanganat

Explosionsgefährlich

Explosionsgefährliche Stoffe sind oft mit der Klasse der entzündlichen Stoffe zusammengefasst. Stoffe gelten als **explosionsgefährlich**, wenn sie bei Schlag, Stoß, Reibung oder durch eine Zündquelle unter schneller Entwicklung von Gasen reagieren, d. h. eine exotherme Reaktion mit starker Druckwirkung stattfindet (Bild 2). Anstelle von Luftsauerstoff kann hieran auch eine sauerstoffhaltige Substanz beteiligt sein.

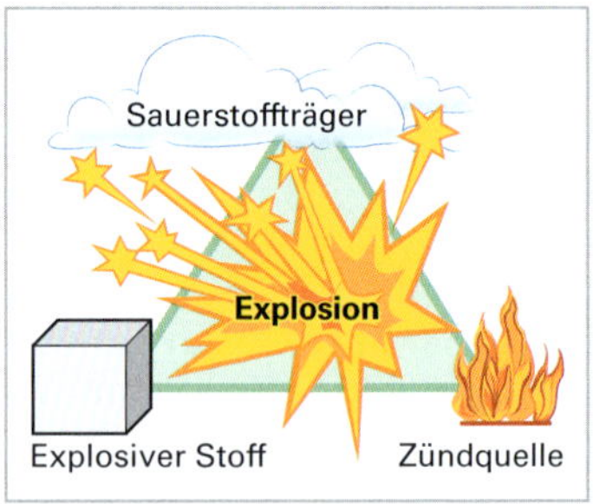

Bild 2: Explosionsdreieck

Nach der CLP-Verordnung werden Stoffen mit explosiven Eigenschaften die Gefahrenklassen „instabile explosive Stoffe" bzw. „Gemische und Erzeugnisse mit Explosivstoff", „selbstzersetzliche Stoffe und Gemische" oder „Organische Peroxide" zugeordnet.

Meist spielen explosionsgefährliche Stoffe im Laboralltag nur eine geringe Rolle. Beim Umgang mit solchen Chemikalien sind weiterführende Vorsichtsmaßnahmen zu treffen. Auch brennbare Stoffe können unter ungünstigen Bedingungen mit Sauerstoff explosive Gemische bilden. Das Explosionsdreieck in Bild 2 zeigt, welche Gegebenheiten für eine Explosionsgefährlichkeit vorliegen.

In Betrieben, in denen unvermeidbar entzündliche oder explosive Gas-Luft-Gemische entstehen, gelten besondere Sicherheitsrichtlinien. Die verwendeten Apparaturen, Werkzeuge und elektrischen Anlagen müssen spezielle Normen erfüllen, sie müssen **explosionsgeschützt** sein. Die Kennzeichnung erfolgt wie in Bild 3 dargestellt.

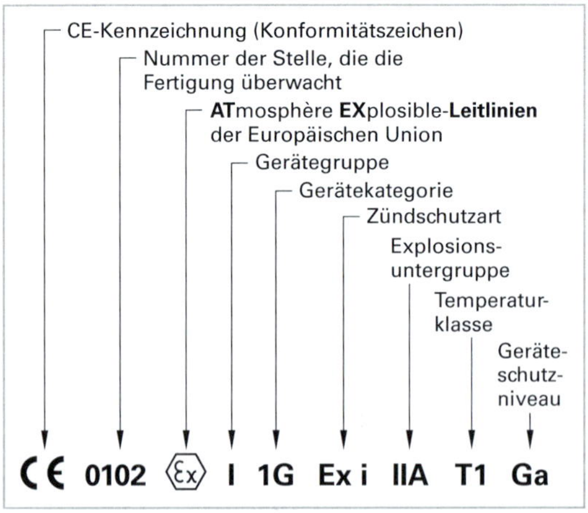

Bild 3: Kennzeichnung eines explosionsgeschützten Gerätes

Die Kennzeichnung eines explosionsgeschützten Gerätes gibt genau an, für welche Bereiche es zugelassen ist. Bereiche, in denen explosionsfähige Dampf- oder Gasgemische vorliegen, werden z. B. in drei Zonen eingeteilt:

- **Zone 0**: ständiges oder häufiges Auftreten und langandauerndes Eintreten einer explosionsfähigen Atmosphäre
- **Zone 1**: gelegentliches Auftreten einer explosionsfähigen Atmosphäre
- **Zone 2**: seltenes Auftreten einer explosionsfähigen Atmosphäre

Für das Auftreten explosionsfähiger Stäube gelten analog die Zonen 20 (häufig), 21 (gelegentlich) und 22 (selten). Zudem wird mit der Explosionsuntergruppe auf der Geräte-Kennzeichnung die Art des explosionsfähigen Gemisches näher bestimmt. Ein wie in **Bild 3** auf S. 318 gezeichnetes Gerät ist für die Zonen 0 bis 2 zugelassen (II, 1G), ist aber beschränkt auf bestimmte Gase, wie z. B. Ammoniak, Methan, Ethan und Propan (IIA). Die Temperaturklasse gibt die höchste zulässige Oberflächentemperatur des Betriebsmittels an.

Unfälle durch Explosionen gehören zu den schwersten, die in der chemischen Industrie auftreten können. Die Explosion eines Silos mit dem unter bestimmten Umständen explosionsfähigen Stoff Ammoniumnitrat NH_4NO_3 in einer chemischen Fabrik nahe dem Ort Oppau (heute zu Ludwigshafen gehörend) gehört mit über 500 Toten und über 2000 Verletzten zu den größten Chemieunfällen in Deutschland. Die Fabrik, die unter anderem Ammoniumnitrat zur Düngemittelproduktion nutzte, wurde ebenso wie der angrenzende Ort Oppau zu weiten Teilen zerstört. Der entstandene Krater hatte eine Länge von 125 m, eine Breite von 90 m und eine Tiefe von 19 m (**Bild 1**).

Bild 1: Der Krater von Oppau 1921

10.3.4 Brandklassen und Löschmittel

Als **Brandklasse** wird eine Klassifizierung eines Brands bezeichnet, die sich nach dem brennenden Stoff richtet und notwendig ist, um die richtigen Gegenmaßnahmen sowie die richtige Auswahl des Löschmittels zu treffen.

Brände werden nach der europäischen Norm EN 2 ind fünf Brandklassen unterteilt: die **Brandklassen A, B, C, D** und **F**. Die Brandklassen sind nicht identisch mit der Einstufung nach der Entzündlichkeit von Stoffen, sondern charakterisieren brennende Stoffe eher nach deren Aggregatzuständen und anderen speziellen Eigenschaften.

Die Brandklasse E war für Brände in elektrischen Niederspannungs-Anlagen (bis 1 000 V) vorgesehen. Da alle Feuerlöscher unter Einhaltung des aufgedruckten Sicherheitsabstands in Niederspannungs-Anlagen eingesetzt werden können, ist die Brandklasse E abgeschafft worden. Zum Löschen kleinerer Brände im Labor dient in der Regel ein **Feuerlöscher**, der für die entsprechende Brandklasse geeignet sein muss.

Ein Feuerlöscher ist ein Löschgerät, das mit einem Gesamtgewicht von maximal 20 Kilogramm zum Ablöschen von Klein- und Entstehungsbränden dient. Feuerlöscher sind im Gegensatz zu Sprinkleranlagen so genannte nicht-selbsttätige Feuerlöscheinrichtungen, die dauerhaft gekennzeichnet, leicht zu erreichen und zu handhaben sein müssen. Da abhängig vom brennenden Stoff ein bestimmtes Löschmittel zu verwenden ist, sind Feuerlöscher mit unterschiedlichen Löschmitteln erhältlich. Das jeweilige im Löscher enthaltene Löschmittel wird durch Druck ausgestoßen, wobei die Dauer des Löschmittelausstoßes meist überschätzt wird. Bei den weit verbreiteten Pulverlöschern kommt es bei einem 1 bis 2 kg-Löscher zu einem Pulverausstoß von etwa 2 bis 4 s. Mit einem 6 kg-Löscher kann ein Brandherd rund 10 Sekunden bekämpft werden.

Der Arbeitgeber ist verpflichtet, Feuerlöscheinrichtungen bereitzustellen und in regelmäßigen Abständen sachgerecht warten und auf ihre Funktionsfähigkeit prüfen zu lassen. Die erforderliche Anzahl und Größe von Feuerlöschern sowie der Löschertyp mit dem passenden Löschmittel hängt von der Art und der Menge der vorhandenen Brandgefährdungen ab.

Feuerlöscher werden nach dem Löschmittel, der Füllmenge und dem Treibgas unterschieden.

Nach der Art des enthaltenen Löschmittels sind Feuerlöscher für unterschiedliche Einsatzzwecke geeignet und mit den entsprechenden Brandklassen gekennzeichnet.

Zur **Brandklasse A** gehören alle festen organischen Substanzen, die brennen können. Hierzu gehören z. B. Holz oder Papier. Für größere Brände dieser Art muss ein Feuerlöscher für die Brandklasse A verwendet werden. Kleinste Brände können auch mit Wasser, durch Ersticken des Brandes mit Sand oder einer Löschdecke gelöscht werden.

Zur **Brandklasse B** gehören alle brennbaren Flüssigkeiten, wie z. B. Ethanol oder Benzinfraktionen, aber auch Stoffe, die bei der Temperaturerhöhung flüssig werden. Zwischen Bränden von wassermischbaren und wasserunlöslichen Flüssigkeiten wird nicht unterschieden. In der Laborpraxis ist diese Unterscheidung allerdings wichtig, da kleinste Brände einer mit Wasser mischbaren Flüssigkeit leicht mit Wasser gelöscht werden können. Wird hingegen versucht, eine nicht mit Wasser mischbare Flüssigkeit mit Wasser zu löschen, verteilt sich die brennende Flüssigkeit und der Brand breitet sich schlagartig aus (Bild 1). Brennende Speisefette oder -öle sind nach der EU-Norm EN 2 aus der Brandklasse B ausgegliedert. Bei allen sonstigen brennenden Flüssigkeiten ist ein Feuerlöscher für die Brandklasse B zu verwenden.

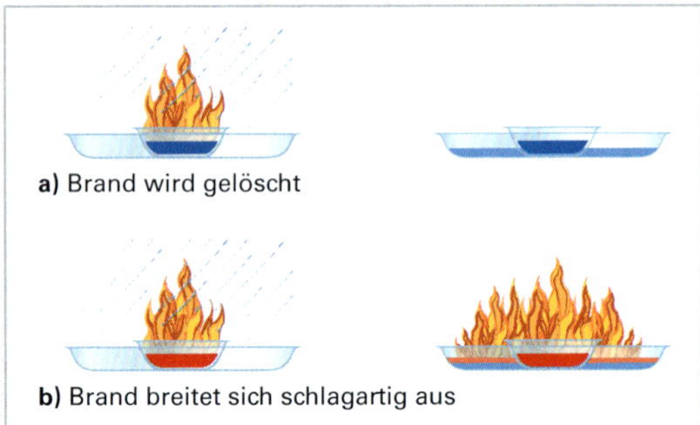

Bild 1: Löschen mit Wasser einer a) mit Wasser mischbaren, b) mit Wasser nicht mischbaren brennbaren Flüssigkeit

Zur **Brandklasse C** gehören brennende Gase. Unkontrolliert in Brand geratenes Erdgas, das z. B. aus einem defekten Schlauch austritt, ist ein gängiges Beispiel für einen Brand im Laborbereich. Diese Art von Bränden kann mit einem Feuerlöscher für die Brandklasse C gelöscht werden.

In die **Brandklasse D** fallen brennende Metalle, wie z. B. Brände von Alkalimetallen, Magnesium oder Aluminium. Bei kleinen Bränden kann zum Ersticken als Löschmittel Sand verwendet werden. Beim Einsatz von Wasser hingegen kann es aufgrund von Knallgasbildung zu Explosionen kommen. Zum Löschen mit einem Feuerlöscher ist ein Löscher für die Brandklasse D notwendig.

Die mit der europäischen Norm EN 2 geschaffene **Brandklasse F** umfasst Brände von Speiseölen und Speisefetten beispielsweise in Frittier- und Fettbackgeräten. Löschversuche von Fettbränden mit einem flüssigen wässrigen Löschmittel führen fast zwangsläufig zu Explosionen. Das wässrige Löschmittel sinkt in dem heißen Fett ab. Hierbei erwärmt sich das Löschmittel rasch, verdampft schlagartig, und es kommt zum Siedeverzug. Die Zunahme des Volumens ist so groß, dass das brennende Fett bzw. Öl bei dieser schnellen Expansion mitgerissen und in den Raum geschleudert wird. Im Labor gehören Öl-Heizbäder in diese Klasse.

Bild 2: Brandklassen

Der Einsatz von Pulver-Löschern oder CO_2-Löschern bei brennenden Fetten und Ölen ist meist nicht erfolgreich. Durch die fehlende Abkühlung des Brandherds nach Abnahme der Löschmittelkonzentration kann es zu einer Nachzündung des Brandguts kommen. Ein trockener Topfdeckel ist bei brennenden Ölbädern die einfachste Möglichkeit eines Löschversuchs, da sich der Brand durch Sauerstoffentzug ersticken lässt. Allerdings führt schon geringe Feuchtigkeit wie z. B. Kondenswasser am Deckel zu Fettexplosionen.

Löschdecken sind zum Löschen von Fettbränden ungeeignet. Die Decken sind aus Wolle, Baumwolle, Glas- oder anderen Geweben und brennen bei der hohen Hitze von Fett- bzw. Ölbränden durch. Außerdem kondensieren in den Decken die heißen Dämpfe, so dass es aufgrund des Dochteffekts zu einer Entzündung der Decken kommt. Löschdecken sind dazu geeignet, in Brand geratene Bekleidung abzulöschen.

Fettbrandlöscher für das Löschen von Öl- und Fettbränden verfügen über eine besondere Düse und über ein spezielles Löschmittel. Diese Feuerlöscher tragen die Kennzeichnung Brandklasse F.

Auf jedem Feuerlöscher ist angegeben, für welche Brandklassen er zugelassen ist. Wird ein Feuerlöscher für eine Brandklasse verwendet, für die er nicht geeignet ist, kann nicht nur die Löschwirkung ausbleiben, der Brand kann sogar noch verstärkt werden.

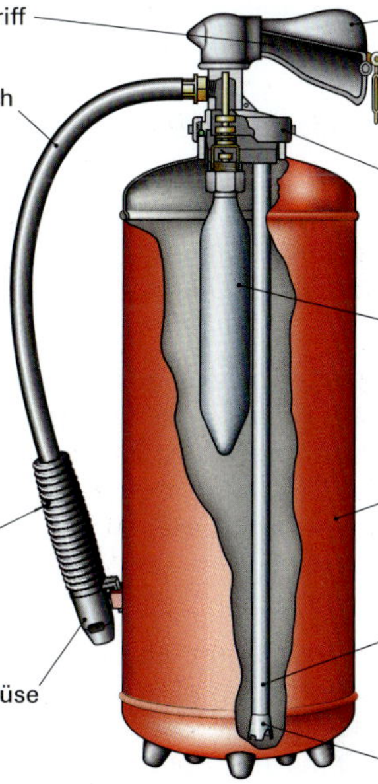

Bild 1: Aufbau eines CO_2-Feuerlöschers

> Brände werden abhängig vom brennenden Stoff nach **Brandklassen A, B, C, D** und **F** klassifiziert. Eigenschaften und Aggregatzustand des brennenden Stoffs sind für die Klassifizierung entscheidend.
>
> **Feuerlöscher** sind tragbare Kleinlöschgeräte, die für unterschiedliche Einsatzzwecke geeignet und mit den entsprechenden Brandklassen gekennzeichnet sind.

In Laboratorien werden meist mit **Kohlenstoffdioxid CO_2-gefüllte Feuerlöscher** (Brandklasse B) oder **Pulverlöscher** (Brandkasse B und C) verwendet. **Bild 1** zeigt einen CO_2-Löscher.

Die Inbetriebnahme eines Löschers ist auf dem Feuerlöscher mit Piktogrammen dargestellt und selbsterklärend.

Eine besondere Problematik stellt das Löschen brennender Personen dar. Brennende Personen geraten oft in Panik und müssen am Umherlaufen gehindert werden. Für das Löschen brennender Personen geben Feuerwehren folgende Empfehlungen:

- **Löschmittel Wasser:** Wasser ist bei der Personenbrandbekämpfung das erste Mittel der Wahl. Hierzu kann im Labor die Notdusche (**Bild 2**, S. 314) verwendet werden. Zu der Löschwirkung kommt ein kühlender, schmerzlindernder Effekt. Eine Unterkühlung muss aber vermieden werden.
- **Feuerlöscher:** Auch Feuerlöscher können zum Löschen brennender Personen genutzt werden. Das Löschen sollte in sehr kurzen Löschstößen vom Kopf an abwärts erfolgen. Der Löscher sollte nicht direkt auf das Gesicht gerichtet werden, denn bei CO_2-Löschern besteht Erfrierungsgefahr für das Gewebe und Erstickungsgefahr. Beim Einsatz von Löschpulver besteht die Gefahr, dass dieses inhaliert wird und so Lungenschäden hervorruft.
- **Löschdecken** oder vergleichbar dichtes, nicht brennbares Gewebe: Löschdecken können ebenfalls sehr gut kleinere Brände, beispielsweise auf den Armen oder Beinen, löschen. Brennende Personen mit einer Löschdecke zu löschen, ist aber schwierig. Liegt die Decke nicht eng genug an, kann ein Kamineffekt entstehen. Der Kopf der Person sollte frei bleiben.
- **Wälzen von Personen auf dem Boden:** Der gleiche Effekt wie beim Löschen mit Gewebe kann auch durch das Wälzen der Betroffenen auf dem Boden erzielt werden (Ersticken des Feuers).

Eine Einweisung in die Verwendung von Löschmitteln ist unbedingt erforderlich.

10

10.4 Kennzeichnung, Transport, Lagerung von Gefahrstoffen

Der ordnungsgemäße Umgang mit Gefahrstoffen im Labor ist genauso wichtig wie die richtige und vorschriftsgemäße Etikettierung. Erst durch die richtige Kennzeichnung von Gefahrstoffen können Gefahrensituationen beim Transport und bei der Lagerung vermieden werden. Im Folgenden wird ein Überblick über die für den Laboralltag wichtigen Vorschriften und Regeln gegeben. Weitergehende Informationen sind in den **Technischen Regeln Gefahrstoffe (TRGS)** und in den **Berufsgenossenschaftlichen Vorschriften (BGV)** zur Unfallverhütung zu finden.

10.4.1 Etikettierung eines Chemikaliengebindes

Ein **Chemikalienetikett** muss folgende Informationen enthalten:

- Name und Anschrift des Herstellers, Importeurs oder Lieferanten
- IUPAC-Bezeichnung und Trivialname des Stoffes
- Menge des Stoffes oder Gemisches
- Gefahrenpiktogramm
- Signalwort
- Gefahrenhinweise (H-Sätze)
- Geeignete Sicherheitshinweise (P-Sätze)
- Ergänzende Informationen

Wird eine Chemikalie innerbetrieblich, z. B. als Präparat im Ausbildungslabor, hergestellt, so muss auch diese gemäß CLP gekennzeichnet werden.

Die Etikettbeschriftung kann zum Schutz mit einer Klarsichtfolie überzogen werden, so dass die Informationen über den Gefahrstoff erhalten bleiben. Ein Etikett für selbst hergestellte Acetylsalicylsäure nach GHS ist in **Bild 1** dargestellt.

Für Stoffe, die für den Handgebrauch, d. h. sowohl für den kurzzeitigen als auch täglichen Gebrauch im Labor, kann eine reduzierte Kennzeichnung verwendet werden. Diese Gebinde müssen mindestens mit dem Namen der Chemikalie und dem entsprechenden Gefahrensymbol versehen sein. Dies gilt z. B. für eine Spritzflasche mit dem Lösemittel Aceton, die zum täglichen Gebrauch im Labor bereitgestellt wird.

Zudem kann es bei der vereinfachten Kennzeichnung sinnvoll sein, dem Piktogramm eine kurze Erläuterung hinzuzufügen. Hierzu wurde von der **deutschen gesetzlichen Unfallversicherung** (DGUV) ein Kennzeichnungssystem nach GHS vorgegeben, das das Gefahrenpiktogramm, die Gefahrenkategorie als Text und u. U. weitere Hinweise nennt. **Tabelle 1** zeigt diese Kennzeichnung. Gebinde mit vereinfachter bzw. reduzierter Kennzeichnung dürfen nach TRGS 201 aber nur dann verwendet werden, wenn

- eine Unterweisung der Beschäftigten erfolgt ist,
- die Gefährdungsbeurteilung die reduzierte Kennzeichnung vorsieht,
- eine Betriebsanweisung vorliegt.

2-Acetoxybenzoesäure (Acetylsalicylsäure)
CAS-Nr.: 50-78-2

H302: Gesundheitsschädlich bei Verschlucken.
H315: Verursacht Hautreizungen.
H319: Verursacht schwere Augenreizung.
H335: Kann die Atemwege reizen.

Achtung

P261: Einatmen von Staub/Rauch/Gas/Nebel/Dampf/Aersol vermeiden.
P305 + P351 + P338: Bei Kontakt mit den Augen: Einige Minuten lang behutsam mit Wasser spülen. Eventuell vorhandene Kontaktlinsen nach Möglichkeit entfernen. Weiter spülen.

200 mg
Reinheit: 1 × umkristallisiert

Max Mustermann,
Präparat Ausbildungslabor A, 01.08.2017

Bild 1: Kennzeichnungsetikett für selbst hergestellte Acetylsalicylsäure nach GHS

Tabelle 1: Mögliche vereinfachte Kennzeichnung von Stoffen (Auswahl)

Art der Gefahr	Vereinfachte Kennzeichnung nach DGUV
akut toxisch, ätzend	Lebensgefahr; Giftig; Gesundheitsschädlich; Ätzend/Korrosiv; Reizend
Gesundheitsgefahren	CMR-Stoff Kat. 1; CMR-Stoff Kat. 2; Atemwegreizend bei Einatmen; Aspiration lebensgefährlich; Betäubend
Physikalische Gefahren	Leicht entzündbar; Extrem entzündbar; Explosiv; Im trockenen Zustand explosiv
Zusätzliche Textelemente	☐ Beim Einatmen; ☐ Bei Hautkontakt; ☐ Bei Verschlucken; Entwickelt giftige Gase mit Waser/Säure; Kann gefährlich altern

Ergänzende Informationen über die Substanz sind z. B. die Siedetemperatur, der Reinheitsgrad, die molare Masse sowie die **CAS-Nummer**. Die CAS-Nummer, (engl. *CAS Registry Number*) ist ein international einheitlicher Bezeichnungsschlüssel für chemische Stoffe, der durch den *Chemical Abstracts Service* (abgekürzt: CAS) der *American Chemical Society* (amerikanisch-chemische Gesellschaft) in einer großen Datenbank chemischer Verbindungen hinterlegt ist.

Die CAS-Nummer existiert für jeden bekannten chemischen Stoff sowie Legierungen, Polymere und Biosequenzen.

Die Anzahl an Sicherheitshinweisen soll die Zahl sechs nicht überschreiten, es sei denn, dass eine größere Anzahl absolut erforderlich ist. Die Größe der Piktogramme ist auf mindestens ein Fünfzehntel der Fläche des harmonisierten Kennzeichnungsetiketts mit einer Mindestfläche von 1 cm^2 festgelegt.

Nach CLP-Verordnung können bei **Kleinmengen**, d. h. Gebinden von 125 mL und kleiner, die vorgeschriebenen Kennzeichnungselemente für Gefahren- und Sicherheitshinweise, also die H- und P-Sätze, entfallen. Dies gilt aber nicht für alle Gefahrenkategorien. Zulässig ist der Wegfall zum Beispiel für oxidierende Gase der Kategorie 1, Gase unter Druck, entzündbare Flüssigkeiten der Kategorien 2 oder 3 und Stoffe mit akuter Toxizität der Kategorie 4, sofern die Stoffe oder Gemische nicht an die breite Öffentlichkeit abgegeben werden. Hier reicht das Anbringen des Gefahrenpiktogramms aus. Nicht zulässig ist der Wegfall hingegen z. B. für fast alle CMR-Stoffe, Stoffe mit akuter Toxizität der Kategorie 1 bis 3 oder Stoffe, die gegenüber der Haut korrosiv wirken.

10.4.2 Kennzeichnung von Druckgasbehältern

Die Kennzeichnung von Druckgasbehältern erfolgt ebenso wie die Kennzeichnung anderer Gebinde mit dem Namen des Stoffes bzw. der Zusammensetzung des Gemisches, der Reinheit, dem Piktogramm, dem Signalwort, den Gefahren- und Sicherheitssätzen sowie dem Namen des Herstellers bzw. Inverkehrbringers. Diese Informationen werden auf dem Gefahrgutaufkleber (**Bild 1**) festgehalten. Zusätzlich gibt die Schulterfarbe der Gasflasche nach DIN EN 1089-3 Aufschluss über den Inhalt und das Gefahrenpotential der Gasflasche (**Bild 2**). Eine nach DIN EN ISO 13769 dauerhaft angebrachte, meist mit einem Hartmetallstempel eingeschlagene Stempelung gibt Informationen z. B. zur Fälligkeit der nächsten Prüfung der Gasflasche. Die europäische Norm DIN EN 1089-3 gilt für alle Druckgasflaschen, außer für Feuerlöscher und Flaschen mit Flüssiggas.

Der Gefahrgutaufkleber gibt Auskunft über den Inhalt einer Gasflasche (**Bild 1**). Die Reinheit eines Gases wird über die **Punkt-Notation** abgekürzt, bei der zwei Ziffern getrennt durch einen Punkt in der prozentualen Reinheitsangabe genau den Anteil des reinen Gases angeben. Die Bezeichnung Stickstoff 5.7 bedeutet, dass in der Prozentangabe fünf Mal die Ziffer 9 vorkommt und danach die Zahl 7. Die Reinheit des Stickstoffgases beträgt somit 99,9997 Vol.-%. Bei der Angabe Acteylen 2.3 handelt es sich somit um eine Reinheit des Gases Acetylen (Ethin) von 99,3 Vol.-%.

Zusätzlich erhalten Druckgasflaschen nach der Norm DIN EN 1089-3 eine **Farbkennzeichnung**. Die Farbkennzeichnung von Gasflaschen ist nach der Norm DIN EN 1089-3 nur für die Flaschenschulter und nicht für den Flaschenmantel festgelegt. Die Schulterfarbe einer Gasflasche gibt zusätzliche Informationen über die brennbare, oxidierende, giftige bzw. ätzende oder inerte Eigenschaft des Gases (**Tabelle 1**, S. 324), die im Gegensatz zu den Etiketten bereits aus großer Entfernung erkennbar ist.

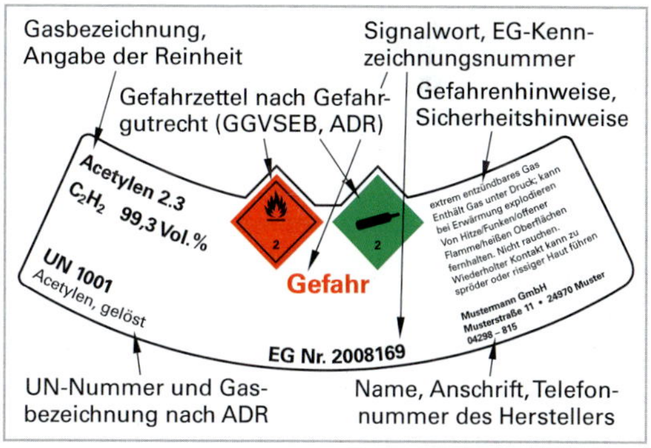

Bild 1: Gefahrgutaufkleber einer Druckgasflasche

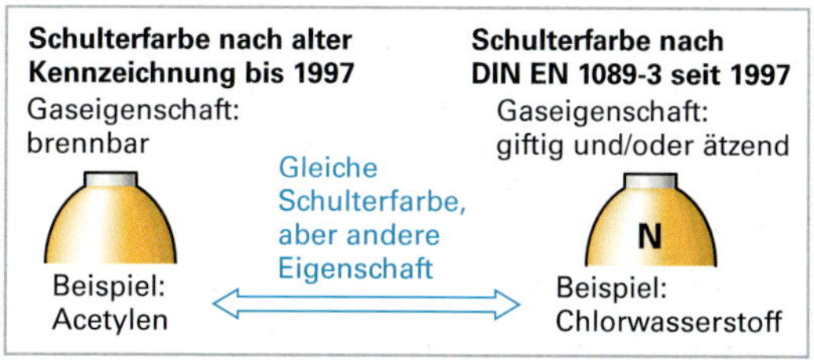

Bild 2: Unterschiede in der Farbkennzeichnung von Gasflaschen nach alter Richtlinie und nach DIN EN 1089-3

Da sich mit der europaweiten Norm 1089-3 auch die Farbgebung verändert hat, wurden in der Übergangszeit die Gasflaschen mit der neuen Kennzeichnung auf der Schulter dem Großbuchstaben N für *neu, new* bzw. *nouveau* versehen. Diese Kennzeichnung wird auch heute noch häufig verwendet. Bild 2, S. 323 zeigt die Wichtigkeit der zusätzlichen Kennzeichnung mit dem Buchstaben N am Beispiel von brennbarem Acetylen und einem giftigen oder ätzenden Gas wie Chlorwasserstoff. Acetylen wurde nach der alten Richtlinie bis 1997 mit einer gelben Schulterfarbe gekennzeichnet. Nach der heute gültigen Norm DIN EN 1089-3 wird die Farbe Gelb für giftige und/oder ätzende Gase verwendet. Im Notfall ist dieser Unterschied bei den zu treffenden Sicherheits- und Notfallmaßnahmen entscheidend.

Tabelle 1: Gasflaschenkennzeichnungen verschiedener Gasflaschen nach DIN EN 1089

Gaseigenschaft	**entzündbar**	**oxidierend**	**giftig und/oder ätzend**	**inert**
Schulterfarben	 **rot**	 **hellblau**	 **gelb**	 **grün**
Beispiele	Wasserstoff, Methan, Ethylen	Sauerstoff/Lachgas (außer: Inhalationsgemische)	Ammoniak, Chlorwasserstoff, Schwefeldioxid	Neon, Krypton, Xenon

Zusätzlich besitzen Druckgasflaschen nach der Norm EN ISO 11117 abhängig von der Art des Gases unterschiedliche Ventil-Schraubanschlüsse zur Vermeidung von Verwechslungen. Die Verwendung von Anschlussadaptern ist in Deutschland verboten.

Tabelle 2: Kennzeichnung von Inhalationsgasen

Druckluft für Atemzwecke	**Gemisch Sauerstoff/Distickstoffoxid**

Gemisch Sauerstoff/Kohlenstoffdioxid	**Gemisch Sauerstoff/Helium**

Die Flaschenschulter von Gasflaschen mit Gasgemischen kann auch die Farbkennzeichnung von zwei der Hauptkomponenten des Gemisches tragen. Die Farbe des Flaschenmantels ist in der Norm hingegen nicht festgelegt. Die Mitgliedsfirmen des Industriegase-Verbands haben für eine möglichst einheitliche Zuordnung zu Haupteinsatzgebieten der Gase folgende Farbgebung des Flaschenmantels vereinbart:

- Industriegase: grau oder die gleiche Farbgebung wie die Schulter, jedoch nicht weiß
- Medizingase/Inhalationsgase: weiß
- Atemluftflaschen von Feuerwehren und Rettungsdiensten: rot bzw. gelb

Für Sondergase und Spezialgase ist keine Festlegung getroffen. Gasgemische für medizinische Anwendung wie zur Inhalation erhalten mit der Gasflaschen-Mantelfarbe Weiß eine besondere Kennzeichnung. Inhalationsgase mit einer Menge von weniger als 1000 ppm an Stickstoffmonoxid NO im Stickstoffanteil besitzen die Schulterfarbe Türkisblau. Weitere Kennzeichnungen sind in Tabelle 2 aufgeführt.

10.4.3 Transport und Lagerung

Lagern ist das Aufbewahren zur späteren Verwendung, Wiederverwendung, Beseitigung oder Abgabe an Dritte. Diese Begriffsbestimmung schließt den **Transport** mit ein. Gefahrstoffe müssen hierbei so gehandhabt werden, dass die menschliche Gesundheit und die Umwelt nicht gefährdet werden.

Chemikalien werden im Allgemeinen in **Gebinden** angeliefert, die für die Aufbewahrung dieser Gefahrstoffe ausgelegt sind. Bei der Verwendung eines neuen Gefäßes für den Gefahrstoff ist darauf zu achten, dass die Chemikalie nur in dafür vorgesehenen Behältnissen aufbewahrt wird. Die Eigenschaften des Gefahrstoffs bestimmen das geeignete Behältnis, das auf Dauer gegenüber der Chemikalie resistent sein muss. Behältnisse für Lebensmittel sind aufgrund der Verwechslungsgefahr für die Aufbewahrung von Gefahrstoffen nicht erlaubt.

Die Gefahrstoffverordnung schreibt eine geordnete Aufbewahrung von Gefahrstoffen vor. Eine Ordnung nach der Klasse von Gefahrstoffen und weiter alphabetisch nach ihren Namen ist zweckmäßig. Beim Zusammenlagern mit anderen Gefahrstoffen sind die einzelnen Gefährdungen zu beachten, die in den geltenden Vorschriften als **Zusammenlagerungsverbote** für bestimmte Stoffe enthalten sind. Hiernach dürfen beispielsweise entzündbare Flüssigkeiten nicht mit giftigen Stoffen zusammen gelagert werden. Auch die Zusammenlagerung von Gefahrstoffen und Nahrungs-, Arznei- oder Futtermitteln ist nicht erlaubt, da eine **Kontamination** (lat. *contaminare*: verderben, beschmutzen) der verschiedenen Stoffe stattfinden könnte.

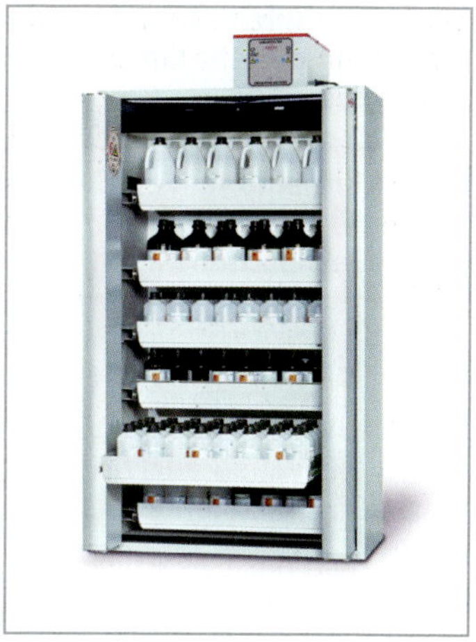

Bild 1: Chemikalienschrank für giftige Gefahrstoffe

Giftige Stoffe müssen unter Verschluss gehalten werden und dürfen nur für fachkundige Personen zugänglich sein. Hierfür eignet sich ein Giftschrank (**Bild 1**).

Im Labor dürfen leicht- und extrem entzündbare Stoffe nur bis zu einer Menge von 1 L für den Handgebrauch aufbewahrt werden. Für eine dauernde Lagerung dieser Stoffe ist zur Vermeidung von Explosionsgefahren ein belüfteter Schrank, der mit dem Warnzeichen für entzündbare Flüssigkeiten versehen ist, vorgeschrieben (**Bild 2**). Zerbrechliche Behältnisse sind nach den Regeln für Sicherheit und Gesundheitsschutz der Gesetzlichen Unfallversicherung für Laboratorien nur für Mengen bis 2,5 L außerhalb des Lagers zulässig.

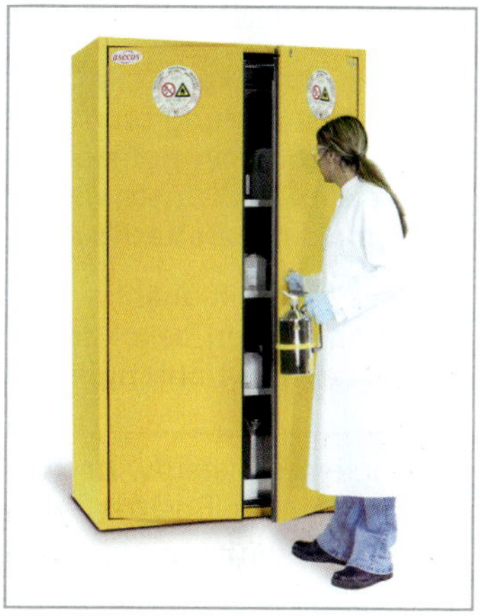

Bild 2: Schrank für brennbare Flüssigkeiten

> **Giftige Stoffe** werden im verschlossenen Giftschrank aufbewahrt.
> **Leicht- und extrem entzündbare Stoffe** sind in einem gekennzeichneten und belüfteten Schrank aufzubewahren.

Der Transport von Gefahrstoffen muss so erfolgen, dass keine Gefahr von dem transportierten Stoff ausgeht. Selbst für einen kurzen Transport, wie vom benachbarten Lagerraum in das Labor, soll zur Vermeidung von Bruchgefahr das Chemikalienbehältnis in einem Eimer, einem Tragegestell oder einem fahrbaren Korb bzw. einer Wanne transportiert werden. Fehlen derartige Transporthilfen, sind die Chemikaliengefäße zumindest mit einer Hand am Boden unterstützt zu tragen. Der Transport mehrerer Glasflaschen in einem Tragekorb ist in **Bild 3a** dargestellt.

Druckgasflaschen werden in einem speziellen Wagen transportiert (**Bild 3b**), weil sie ebenso wie an Lagerplätzen gegen Umfallen gesichert sein müssen. Fest installierte bzw. gelagerte Gas-flaschen sind in einem speziellen Gasflaschenschrank aufzubewahren.

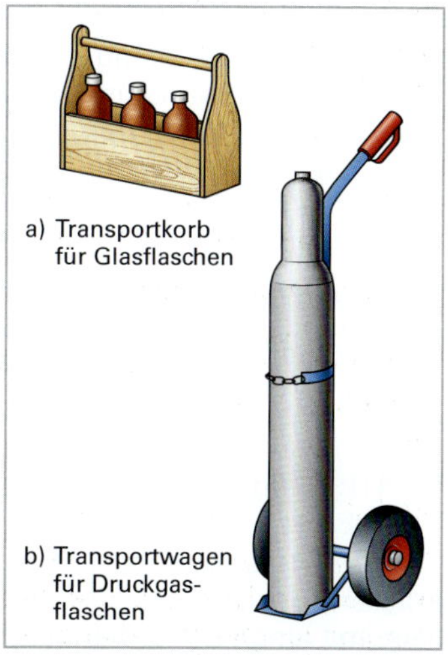

Bild 3: Transport von Chemikalien

Beim **Umfüllen von Chemikalien** aus Vorratsgefäßen müssen grundsätzlich die gleichen Vorsichtsmaßnahmen getroffen werden, die auch beim sonstigen Umgang mit den Stoffen einzuhalten sind.

Zur **Vermeidung von Bruchgefahr** sollen Chemikalienbehälter nur mit speziellen Transporteimern, -gestellen oder Wannen transportiert werden. Für den Transport von Gasflaschen sind Gasflaschenwagen einzusetzen.

10.5 Entsorgung von Gefahrstoffen

Zum richtigen Umgang mit Gefahrstoffen zählt auch die fachgerechte Entsorgung dieser Stoffe. Hinweise zur richtigen Entsorgung geben die Angaben im Sicherheitsdatenblatt des betreffenden Gefahrstoffs.

Die Regeln der Gesetzlichen Unfallversicherung für Laboratorien (GUV R-120) schreiben für alle Abfälle im Laboratorium vor, diese gefahrlos zu vernichten oder in eine entsorgungsfähige Form umzuwandeln. Nach der Definition im zentralen Bundesgesetz des deutschen Abfallrechts, dem **Kreislaufwirtschafts- und Abfallgesetz (KrW-/AbfG)**, handelt es sich bei **Abfall** um bewegliche Sachen, deren sich der Besitzer entledigen will oder deren geordnete Beseitigung zur Wahrung des Wohls der Allgemeinheit, insbesondere des Schutzes der Umwelt, geboten ist.

Statt als Abfall kann ein Stoff auch als **Wertstoff** eingestuft werden. Wertstoffe sind nach der Begriffsbestimmung Stoffe, die nach ihrem Gebrauch wieder genutzt, zu anderen Produkten umgewandelt oder in Rohstoffe aufgespaltet werden können. Man kann sie wiederverwerten, wodurch sie in den Wirtschaftskreislauf zurückkehren. Ob Abfall oder Wertstoff hängt demnach vom Standpunkt des Betrachters ab und ist eine rein subjektive Beurteilung.

Grundsätzlich gilt unabhängig von der Bestimmung als Abfall oder Wertstoff, dass bei der Entsorgung von Stoffen besondere Sorgfalt notwendig ist. Dies gilt insbesondere für Stoffe, die nach GHS mit dem Gefahrenpiktogramm Umweltgefahr versehen sind (**Bild 1**).

Nach dem Kreislaufwirtschafts- und Abfallgesetz (KrW-/AbfG) ist **Abfall** eine bewegliche Sache, deren sich der Besitzer entledigen will oder deren geordnete Beseitigung zur Wahrung des Wohls der Allgemeinheit insbesondere des Schutzes der Umwelt geboten ist.

Alle Stoffe müssen nach den Vorschriften fachgerecht entsorgt werden.

10.5.1 Umweltgefährliche Stoffe

Nach dem Chemikaliengesetz sind Stoffe und Zubereitungen **umweltgefährlich**, wenn sie selbst oder deren Umwandlungsprodukte geeignet sind, die Beschaffenheit des Naturhaushalts, von Wasser, Boden oder Luft, Klima, Tieren, Pflanzen oder Mikroorganismen derart zu verändern, dass dadurch sofort oder später Gefahren für die Umwelt herbeigeführt werden können. Ist ein Stoff schädlich für die Umwelt, so wird er mit dem Gefahrenpiktogramm „Umweltgefährlich" versehen (**Bild 1**).

Nach der CLP-Verordnung gelten die folgenden H-Sätze:

- H400: Sehr giftig für Wasserorganismen
- H410: Sehr giftig für Wasserorganismen, mit langfristiger Wirkung
- H411: Giftig für Wasserorganismen, mit langfristiger Wirkung

Bild 1: Kennzeichnung eines umweltgefährdenden Stoffs

Zusätzlich werden nach der CLP-Verordnung auch die Gefahrensätze H412: „Schädlich für Wasserorganismen, mit langfristiger Wirkung" und H413: „Kann für Wasserorganismen schädlich sein, mit langfristiger Wirkung" verwendet. Allerdings erhalten Stoffe mit dieser Einstufung kein Gefahrenpiktogramm.

Für umweltgefährliche Stoffe sind in jedem Fall besondere Entsorgungsrichtlinien zu beachten. Diese Stoffe sind als gefährlicher Abfall zu entsorgen und die Freisetzung in die Umwelt ist zu vermeiden. Es gelten nach GHS die P-Sätze P391, P273 und P501.

Nach § 3a Absatz 2 ChemG sind Stoffe und Zubereitungen **umweltgefährlich**, wenn sie selbst oder deren Umwandlungsprodukte geeignet sind, die Beschaffenheit des Naturhaushalts von Wasser, Boden oder Luft, Klima, Tieren, Pflanzen oder Mikroorganismen derart zu verändern, dass dadurch sofort oder später Gefahren für die Umwelt herbeigeführt werden können.

Des Weiteren werden Stoffe, welche die aquatische Umwelt beinträchtigen nach dem **Wasserhaushaltsgesetz** und der **Verwaltungsvorschrift für wassergefährdende Stoffe (VwVwS)** entsprechend ihrer Wassergefährdung in drei **Wassergefährdungsklassen (WGK)** eingeteilt:

- **WGK 1**: schwach wassergefährdende Stoffe
- **WGK 2:** wassergefährdende Stoffe
- **WGK 3:** stark wassergefährdende Stoffe

Bundeseinheitlich sind Gefahrstoffe rechtsverbindlich in die Wassergefährdungsklassen eingestuft und können online aus einer Datenbank beim Umweltbundesamt abgerufen werden.

Die Einteilung der Stoffe in die Wassergefährdungsklassen zieht Anforderungen für die Lagerung und den Umgang mit diesen Stoffen nach sich. Die Einstufung eines Stoffgemischs in eine Wassergefährdungsklasse erfolgt entweder rechnerisch auf Basis der Wassergefährdungsklassen der einzelnen Komponenten oder direkt anhand von Untersuchungsdaten des Stoffgemischs.

Stoffe, die die aquatische Umwelt beeinträchtigen, werden entsprechend ihrer Wassergefährdung in drei **Wassergefährdungsklassen (WGK)** eingeteilt:

- WGK 1: schwach wassergefährdend,
- WGK 2: wassergefährdend,
- WGK 3: stark wassergefährdend.

Stoffe, die die Ozonschicht schädigen, wurden nach alter Kennzeichnung ebenfalls als umweltgefährlich gekennzeichnet. Das weltweit geltende GHS enthält für diese Gefährdung keinen Gefahrensatz, so dass in der Europäischen Union ergänzend der H-Satz EUH059 eingeführt wurde. Ozonschädigende Stoffe tragen kein Gefahrensymbol, sind aber im Bereich der Europäischen Union mit der Aufschrift EUH 059 und dem Signalwort Gefahr zu kennzeichnen.

10.5.2 Abfallkategorien

Für Stoffe, die nicht einer gesonderten Entsorgung unterliegen, hat sich das Sammeln von Abfällen bestimmter Kategorien bewährt. Wie ein bestimmter, zum Beispiel in einem Labor oder einem chemischen Betrieb anfallender Anfall einzuordnen ist, ist im **Europäischen Abfallverzeichnis (EAV)** und der EU **Abfallverzeichnis-Verordnung (AVV)** in den Mitgliedsstaaten der Europäischen Union festgelegt. Die englische Bezeichnung ***European Waste Catalogue and Hazardous Waste List*** **(ECW)** wird ebenfalls häufig verwendet. Abfälle sind im Sinne des Abfallrechts alle beweglichen Gegenstände, deren sich der Besitzer des Gegenstandes entledigt, entledigen will oder entledigen muss.

Abfälle werden innerhalb der Europäischen Union nach einem einheitlichen **Abfallschlüssel** kategorisiert. Einer bestimmten Art oder Kategorie von Abfällen wird eine sechsstellige Schlüsselnummer zugeordnet, mit dem die Art des Abfalls eindeutig bestimmt wird. Das Abfallverzeichnis ordnet die Abfallstoffe nach ihrer Herkunft bzw. nach Prozessen ein, in den diese anfallen oder nach bestimmten Inhaltsstoffen des Abfalls. So bedeutet zum Beispiel die Schlüsselnummer 01 01 01 „Abfälle aus dem Abbau von metallhaltigen Bodenschätzen" und 04 01 08 „chromhaltige Abfälle aus gegerbtem Leder".

Chemikalienabfälle aus dem Laboratorium werden in **Anorganische Laborchemikalienreste (EWC 160303)** und **Organische Laborchemikalienreste (EWC 160305)** aufgeteilt und getrennt gesammelt. Weitere für Laborabfälle zutreffende Abfallschlüssel sind u. a.:

- Anorganische Basen aus Herstellung, Zubereitung, Vertrieb und Anwendung (EWC 060299)
- Anorganische Säuren aus Herstellung, Zubereitung, Vertrieb und Anwendung (EWC 060199)
- Halogenorganische Lösemittel, Waschflüssigkeiten und Mutterlaugen (EWC 070103)
- Andere organische Lösemittel, Waschflüssigkeiten und Mutterlaugen (EWC 070104)
- Quecksilberhaltige Abfälle (EWC 060404)
- Abfälle, die andere Schwermetalle enthalten (ohne Quecksilbersalze) (EWC 060405)

Der Schlüssel 06 am Anfang der Schlüsselnummer steht hier für „Abfälle aus anorganisch-chemischen Prozessen", 07 für die aus organischen Prozessen und 16 für „Abfälle, die nicht anderswo im Verzeichnis aufgeführt sind", also z. B. Laborchemikalienreste.

Sammelgefäße für Chemikalienabfälle müssen mit dem entsprechenden Abfallschlüssel sowie den Gefahrensymbolen gekennzeichnet sein. **Bild 1** zeigt ein Etikett eines Behälters für Chemikalienabfälle. Grundlage für die Kennzeichnung sind immer die jeweils gefährlichsten Inhaltsstoffe.

Bild 1: Etikett für Chemikalienabfall

Alle Abfälle müssen sich in einem reaktionsstabilen Zustand befinden. Dies bedeutet, dass die Reaktion der Abfallstoffe abgeschlossen und Reaktionen mit anderen Stoffen im Abfallbehälter auszuschließen sind. Erforderlichenfalls sind Abfälle durch eine geeignete Aufbereitung in diesen Zustand zu überführen, z. B. die Reduktion eines reaktiven Chromates in eine reaktionsstabile Chrom(III)-Verbindung.

10.6 Betriebsanweisungen nach § 14 Gefahrstoffverordnung

Die **Betriebsanweisung** informiert über Gefahren für Mensch und Umwelt, die von einem Stoff, einem Versuch oder einer Anlage ausgehen. Sie beschreibt das gefahrlose Umgehen mit Gefahrstoffen oder Anlagen, so dass keine weiteren Hilfsmittel notwendig sind. Darüber hinaus enthält die Betriebsanweisung Anweisungen für den Gefahrfall.

Betriebsanweisungen müssen jederzeit zugänglich sein. Die Erstellungspflicht für Betriebsanweisungen für jeden Gefahrstoff, Gruppen von Gefahrstoffen und jede Anlage, die in einem Gewerbebetrieb, in Schulen oder anderen Einrichtungen verwendet wird, liegt beim Arbeitsgeber. Nach der TRGS 555, sind Betriebsanweisungen arbeitsplatz- und tätigkeitsbezogene verbindliche schriftliche Anordnungen und Verhaltensregeln des Arbeitgebers an Beschäftigte.

Grundlage für die Betriebsanweisung für einen Gefahrstoff ist sein **Sicherheitsdatenblatt**, das in einem Betrieb zu jedem verwendeten Gefahrstoff vorliegen und den Angestellten immer zugänglich sein muss. Sicherheitsdatenblätter enthalten Informationen zu den Eigenschaften des Stoffs sowie Gefahren- und Sicherheitshinweise in Form von H- und P-Sätzen. Da in den Sicherheitsdatenblättern aber beispielsweise betriebsinterne Verhaltensregeln fehlen und nur fachkundige Personen die Informationen über den Stoff richtig interpretieren können, dürfen Sicherheitsdatenblätter keine Betriebsanweisung ersetzen. Die Listen für die Bedeutungen der Gefahren- und Sicherheitshinweise sind entsprechender Literatur, Online-Datenbanken oder auch Chemiekalienkatalogen zu entnehmen.

Der Arbeitgeber muss für jeden verwendeten Gefahrstoff bzw. Gruppen von Gefahrstoffen und jede bereitgestellte Anlage in einem Betrieb eine **Betriebsanweisung** erstellen.

Betriebsanweisungen informieren über Gefahren, beschreiben sicheres Arbeiten und geben Anweisungen für den Gefahrfall in einer allgemeinverständlichen Form.

Sicherheitsdatenblätter ersetzen nicht die Betriebsanweisung.

10.6.1 Inhalte von Betriebsanweisungen

Bild 1, S. 330, zeigt, welche Inhalte eine Betriebsanweisung enthalten muss.

Eine Betriebsanweisung für einen Gefahrstoff vereinigt in ihren sechs Abschnitten alle bisher in diesem Kapitel angesprochenen Informationen über Gefahrstoffe. Der erste Abschnitt enthält die genaue **Bezeichnung des Stoffes** nach der IUPAC-Nomenklatur. Handelt es sich um eine Stoffgruppe mit einem ähnlichen Gefährdungspotenzial, werden an dieser Stelle die einzelnen Chemikalien näher spezifiziert.

Der zweite Abschnitt listet alle Gefahren für Mensch und Umwelt in Form der **standardisierten Gefahrenhinweise** auf. Da eine Betriebsanweisung auch für nicht-fachkundige Personen die ausgehenden Gefahren verdeutlicht, müssen die Hinweise über die Gefahren ausformuliert sein. Bei einer Betriebsanweisung für eine Gruppe von Stoffen oder für eine bestimmte Versuchsanordnung werden die Gefahrenhinweise aller verwendeter Stoffe aufgelistet.

Die zu treffenden **Sicherheitsvorkehrungen** sind im dritten Abschnitt über die standardisierten Sicherheitshinweise angegeben. Hier werden auch die zugehörigen Gebots- und Verbotszeichen eingesetzt, so dass die Schutzmaßnahmen und Verhaltensregeln direkt ersichtlich sind.

Das **Verhalten im Gefahrenfall** wird im vierten Abschnitt anhand möglicher Gefahrensituationen dargestellt und es wird auf die verhältnisgemäßen Gegenmaßnahmen eingegangen. Nach den **Erste-Hilfe-Maßnahmen bei Personenunfällen** im fünften Abschnitt und der Angabe von wichtigen Notrufnummern wird im letzten Abschnitt die **sachgerechte Entsorgung** des Gefahrstoffs im Betrieb festgelegt. Eine sachgerechte Entsorgung dient sowohl dem Arbeits- als auch dem Umweltschutz. Hierbei ist genau anzugeben, welche Stoffe wie und wo zu entsorgen sind. Auch die Verhaltensmaßregeln spielen bei der sachgerechten Entsorgung eine entscheidende Rolle, da auch hierbei Gefahren für Mensch und Umwelt ausgehen können. Die Betriebsanweisung kann an dieser Stelle auch Hinweise auf Reinigungsmittel, Entsorgungsbehälter und Sammelstellen sowie die persönliche Schutzausrüstungen geben.

Betriebsanweisungen enthalten alle relevanten Informationen nicht nur in Textform, sondern mit den notwendigen Gefahrensymbolen bzw. Gefahrenpiktogrammen sowie Verbots-, Gebots-, und Rettungszeichen auch graphische Darstellungen, die einen schnellen und eindeutigen Überblick ermöglichen.

Da sich eine Betriebsanweisung an alle Personen im Betrieb richtet und nicht nur an speziell im Umgang ausgebildete Fachkundige, sind Sprache und Inhalt der Betriebsanweisung für den Laien anzupassen.

Eine **Betriebsanweisung** darf nicht nur für fachkundige Personen verständlich sein, sondern muss allgemeinverständlich sein.

Alle Beschäftigten sind verpflichtet, die Betriebsanweisungen einzuhalten und die Anweisungen des Arbeitgebers zum Arbeitsschutz zu befolgen. Die Nichtbeachtung von Betriebsanweisungen kann arbeitsrechtliche Folgen nach sich ziehen. Kommt es durch die Nichtbeachtung der Betriebsanweisung zu erheblichen Risiken, kann der Arbeitgeber schriftlich abmahnen und weitere Konsequenzen ziehen.

Arbeitgeber, die entgegen der Gefahrstoffverordnung oder entgegen bestehender anderer Vorschriften keine Betriebsanweisung erstellen, handeln ordnungswidrig.

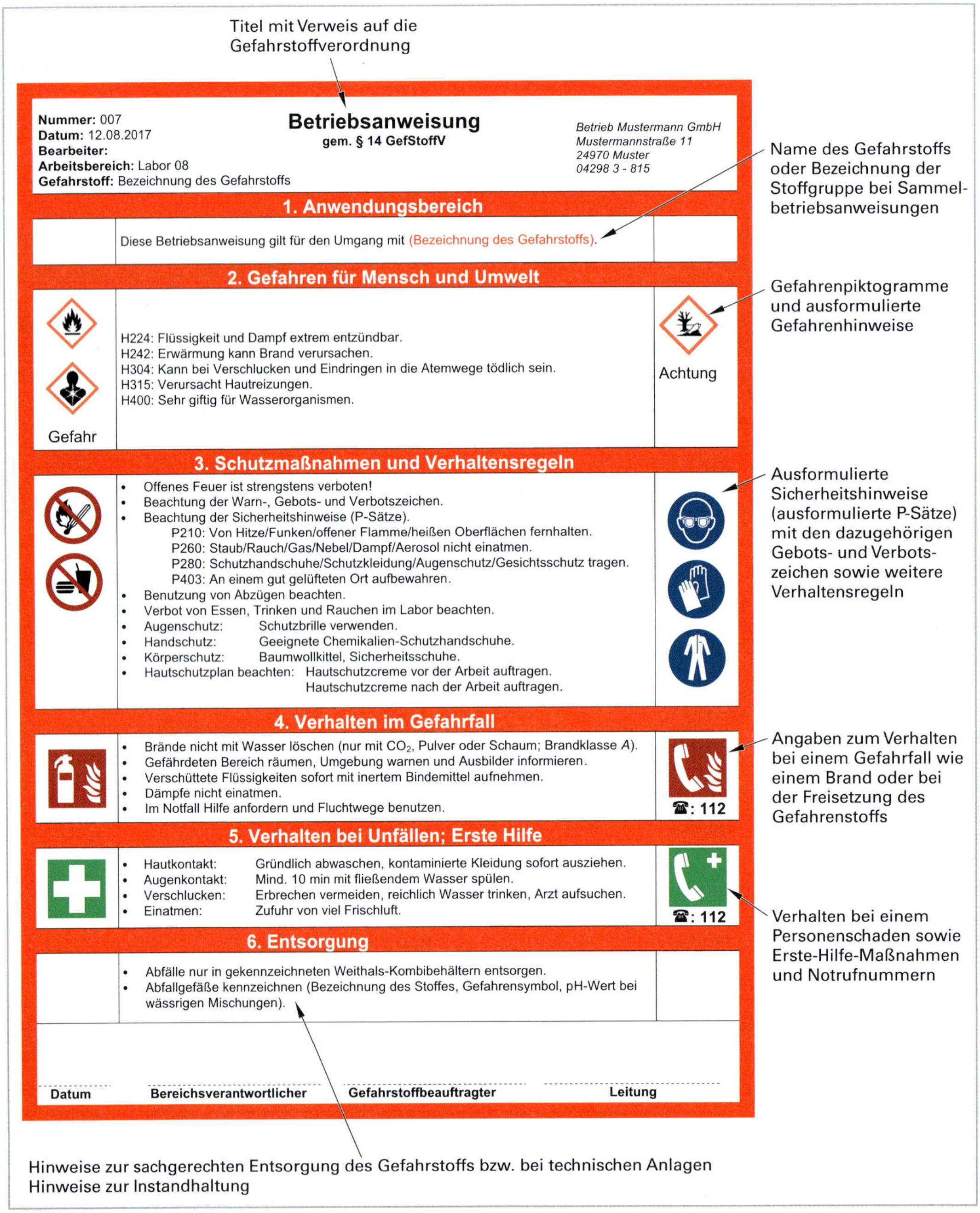

Nummer: 007
Datum: 12.08.2017
Bearbeiter:
Arbeitsbereich: Labor 08
Gefahrstoff: Bezeichnung des Gefahrstoffs

Betriebsanweisung
gem. § 14 GefStoffV

Betrieb Mustermann GmbH
Mustermannstraße 11
24970 Muster
04298 3 - 815

1. Anwendungsbereich

Diese Betriebsanweisung gilt für den Umgang mit (Bezeichnung des Gefahrstoffs).

2. Gefahren für Mensch und Umwelt

Gefahr

H224: Flüssigkeit und Dampf extrem entzündbar.
H242: Erwärmung kann Brand verursachen.
H304: Kann bei Verschlucken und Eindringen in die Atemwege tödlich sein.
H315: Verursacht Hautreizungen.
H400: Sehr giftig für Wasserorganismen.

Achtung

3. Schutzmaßnahmen und Verhaltensregeln

- Offenes Feuer ist strengstens verboten!
- Beachtung der Warn-, Gebots- und Verbotszeichen.
- Beachtung der Sicherheitshinweise (P-Sätze).
  - P210: Von Hitze/Funken/offener Flamme/heißen Oberflächen fernhalten.
  - P260: Staub/Rauch/Gas/Nebel/Dampf/Aerosol nicht einatmen.
  - P280: Schutzhandschuhe/Schutzkleidung/Augenschutz/Gesichtsschutz tragen.
  - P403: An einem gut gelüfteten Ort aufbewahren.
- Benutzung von Abzügen beachten.
- Verbot von Essen, Trinken und Rauchen im Labor beachten.
- Augenschutz: Schutzbrille verwenden.
- Handschutz: Geeignete Chemikalien-Schutzhandschuhe.
- Körperschutz: Baumwollkittel, Sicherheitsschuhe.
- Hautschutzplan beachten: Hautschutzcreme vor der Arbeit auftragen. Hautschutzcreme nach der Arbeit auftragen.

4. Verhalten im Gefahrfall

- Brände nicht mit Wasser löschen (nur mit CO_2, Pulver oder Schaum; Brandklasse *A*).
- Gefährdeten Bereich räumen, Umgebung warnen und Ausbilder informieren.
- Verschüttete Flüssigkeiten sofort mit inertem Bindemittel aufnehmen.
- Dämpfe nicht einatmen.
- Im Notfall Hilfe anfordern und Fluchtwege benutzen.

☎: 112

5. Verhalten bei Unfällen; Erste Hilfe

- Hautkontakt: Gründlich abwaschen, kontaminierte Kleidung sofort ausziehen.
- Augenkontakt: Mind. 10 min mit fließendem Wasser spülen.
- Verschlucken: Erbrechen vermeiden, reichlich Wasser trinken, Arzt aufsuchen.
- Einatmen: Zufuhr von viel Frischluft.

☎: 112

6. Entsorgung

- Abfälle nur in gekennzeichneten Weithals-Kombibehältern entsorgen.
- Abfallgefäße kennzeichnen (Bezeichnung des Stoffes, Gefahrensymbol, pH-Wert bei wässrigen Mischungen).

Datum **Bereichsverantwortlicher** **Gefahrstoffbeauftragter** **Leitung**

Bild 1: Musterbetriebsanweisung für einen Gefahrstoff

Das Erstellen einer Betriebsanweisung für einen Gefahrstoff obliegt dem Arbeitgeber. Fachkundige Personen wie die Mitarbeiter in einem Labor müssen nicht nur mit Betriebsanweisungen umgehen, sondern sollten diese vom Grundsatz her auch erstellen bzw. dem Arbeitgeber bei der Erstellung beraten können. **Grundraster für Betriebsanweisungen** sind beispielsweise bei den Berufsgenossenschaften erhältlich.

Der Arbeitgeber muss in diesem Zusammenhang alle Beschäftigten über Methoden und Verfahren unterrichten, die zum Schutz angewendet werden müssen, so dass die Beschäftigten beispielsweise die korrekte Auswahl und Verwendung der persönlichen Schutzausrüstung und ihre damit verbundenen Belastungen nachvollziehen und nachprüfen können.

Zum Schutz aller Beschäftigten sind in einer Betriebsanweisung auch **Hygienevorschriften** aufzunehmen. So können z. B. im Hinblick auf Schutzhandschuhe und andere persönliche Schutzausrüstungen, die mit direktem Hautkontakt getragen werden, in der Betriebsanweisung mögliche Alternativen für Allergiker aufgeführt werden.

Insbesondere für **ungeplante Abläufe** im Umgang mit Gefahrstoffen müssen in der Betriebsanweisung Maßnahmen aufgeführt werden. Bei diesen Betriebsstörungen kann es sich um eine Leckage oder auch andere, häufig nur geringfügige Änderungen im Betriebsablauf handeln. Um diese Veränderung der Arbeitsbedingungen insgesamt nicht zu Notfällen oder Unfällen werden zu lassen, sind Betriebsanweisungen vorbeugend wirksam und beschreiben das Verhalten bei Störungen hinreichend genau. Jede Änderung der Betriebsabläufe muss eine Anpassung der Betriebsanweisung nach sich ziehen.

In der **Betriebsanweisung** für einen Gefahrstoff sind alle Maßnahmen zusammengefasst, die der Arbeitnehmer einhalten muss, um mit einem Gefahrstoff sicher arbeiten zu können.

Für Geräte, Apparate und Gebrauchsgegenstände, wie z. B. Rotationsverdampfer, Abzüge, Zentrifugen oder Handschuhe, sind ebenfalls Betriebsanweisungen notwendig. **Bild 1** zeigt den Rahmen für eine solche Betriebsanweisung mit folgenden Kategorien:

- Einrichtung, Gerät oder Apparatur
- Gefahren für Mensch und Umwelt
- Schutzmaßnahmen und Verhaltensregeln
- Verhalten bei Störungen
- Verhalten bei Unfällen, Erste Hilfe
- Instandhaltung, Entsorgung

Eine **Betriebsanweisung für einen Laborabzug** könnte beispielsweise Folgendes enthalten:

- Gefahren: Gefahr durch Gefahrstoffaustritt bei geöffnetem Frontschieber.
- Verhaltensregeln: Frontschieber geschlossen halten, möglichst durch Horizontalschieber oder Eingriffsöffnungen arbeiten, die nach Gebrauch sofort zu schließen sind.
- Verhalten bei Störungen: Bei Abluft-Alarm (Hupe, rote Leuchte) keinesfalls weiterarbeiten.

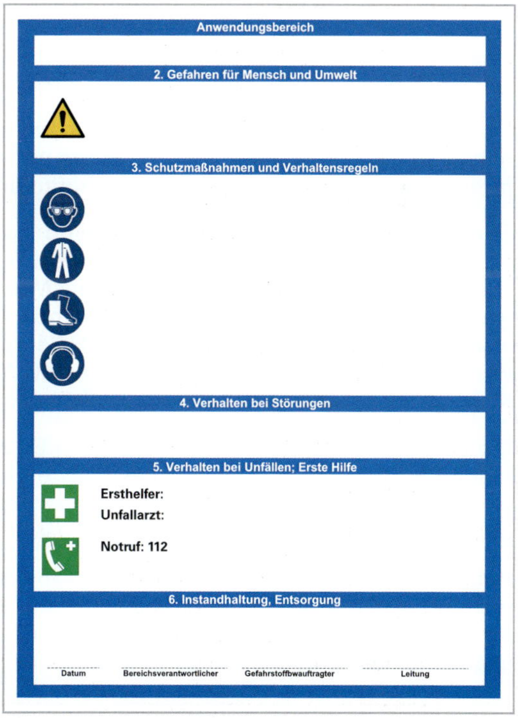

Bild 1: Musterbetriebsanweisung für Geräte

- Vor Beginn der Arbeiten ist die ordnungsgemäße Funktion zu prüfen. Eine Prüfung der vollständigen Funktion ist monatlich durchzuführen. Die jährliche Prüfung der Anlage muss durch eine Fachfirma erfolgen.

Betriebsanweisungen sind auch für persönliche Schutzausrüstungen zu erstellen. Hierin wird erläutert, welche Schutzziele angestrebt werden, welche Einsatzgebiete es gibt, und wie die Schutzausrüstung einzusetzen ist.

> Mit Hilfe einer **Betriebsanweisung** soll es auch dem Laien möglich sein, ohne weitere Hilfsmittel sicher zu arbeiten.

10.7 Kenndaten des Arbeitsschutzes

Beim Umgang mit Gefahrstoffen sind Vorsichtsmaßnahmen zu treffen, um die Aufnahme dieser Gefahrstoffe in den Körper auf ein Minimum zu reduzieren. Deshalb existieren Grenzwerte für Gefahrstoffe, die sich aus den Eigenschaften dieser Stoffe ergeben und die nicht überschritten werden dürfen. Diese Grenzwerte beziehen sich sowohl auf in dem Körper aufgenommene Gefahrstoffe als auch auf die Raumluft am Arbeitsplatz.

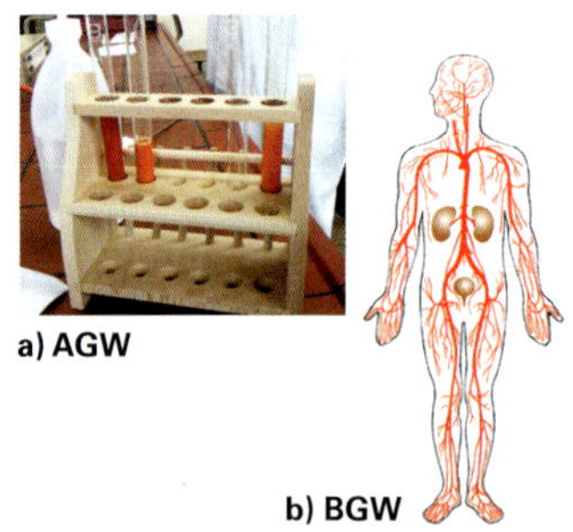

Bild 1: a) Arbeitsplatzgrenzwert und b) Biologischer Grenzwert

Für die Überwachung, Einhaltung bzw. Unterschreitung der Grenzwerte ist der Arbeitgeber verantwortlich. Jeder, der mit Gefahrstoffen umgeht, sollte zur eigenen Sicherheit darauf achten, mit welchen Stoffen wie lange bzw. wie oft umgegangen wird.

Ein wichtiger Parameter beim Umgang mit Gefahrstoffen ist deren Konzentration in der Luft. Hierzu wurde ein Grenzwert festgelegt, der die maximal zulässige, durchschnittliche Konzentration eines gesundheitsgefährdenden Stoffes in der Raumluft am Arbeitsplatz angibt, bei der nach heutigem Kenntnisstand eine akute oder chronische Schädigung der Gesundheit nicht zu erwarten ist. Dieser Grenzwert wird als **Arbeitsplatzgrenzwert (AGW)** bezeichnet, er darf nicht überschritten werden (Bild 1).

Ein weiterer wichtiger Parameter ist der **Biologische Grenzwert (BGW)**. Er bezieht sich auf bereits in den Körper aufgenommene Stoffe und deren Konzentration im Körper. Der BGW hat den früher geltenden Biologischen Arbeitsstofftoleranzwert (BAT) abgelöst.

Sowohl der AGW als auch der BGW sind mit der grundlegend überarbeiteten Gefahrstoffverordnung vom 01.01.2005 eingeführt worden. Die davor geltenden **Technische Richtkonzentration (TRK)** für krebserzeugende Stoffe und die **Maximale Arbeitsplatzkonzentration (MAK)** als Grenzwert für die übrigen gesundheitsgefährdenden Stoffe am Arbeitsplatz dürfen nur noch verwendet werden, wenn für die Beurteilung der Gefährdung am Arbeitsplatz noch kein Arbeitsplatzgrenzwert (AGW) vorliegt. Zur Festlegung des AGW muss der **Schwellenwert** bekannt sein, d. h. die Konzentration, unter der der Stoff als nicht gesundheitsgefährdend anzusehen ist.

Die Festlegung der Grenzwerte erfolgt in Deutschland nach Beratung des Ausschusses für Gefahrstoffe (AGS) durch das Bundesministerium für Arbeit und Soziales. Die Arbeitsplatzgrenzwerte werden anschließend in den **Technischen Regeln für Gefahrstoffe (TRGS 900**: Arbeitsplatzgrenzwerte) veröffentlicht und im Gemeinsamen Ministerialblatt (GMBl) bekannt gegeben.

Häufig finden sich in der Atemluft am Arbeitsplatz mehrere schädliche Stoffe, so dass zur Bewertung der Gesundheitsgefahr durch dieses Stoffgemisch die **TRGS 402** anzuwenden ist, da der Arbeitsplatzgrenzwert nur den Grenzwert eines Gefahrstoffes in der Luft berücksichtigt und nicht gegebenenfalls vorhandene Kombinationswirkungen.

> Der **Arbeitsplatzgrenzwert (AGW)** und der **Biologische Grenzwert (BGW)** sind beim Umgang mit Gefahrstoffen einzuhalten. Diese beiden Grenzwerte ersetzen die Maximale Arbeitsplatzkonzentration (MAK), die Technische Richtkonzentration (TRK) sowie den Biologischen Arbeitsstofftoleranzwert (BAT).

10.7.1 Arbeitsplatzgrenzwert

Der **Arbeitsplatzgrenzwert (AGW)** ist der Grenzwert für die zeitlich gewichtete durchschnittliche Konzentration eines Stoffs in der Luft am Arbeitsplatz in Bezug auf einen gegebenen Referenzzeitraum. Er gibt laut GefStoffV an, bis zu welcher Konzentration eines Stoffs akute oder chronische schädliche Auswirkungen auf die Gesundheit von Beschäftigten im Allgemeinen nicht zu erwarten sind. Der Arbeitsplatzgrenzwert ist definiert als **Schichtmittelwert** und bezieht sich auf einen achtstündigen Arbeitstag an 5 Tagen pro Woche während der Lebensarbeitszeit. Bei einer längeren **Exposition** (lat. *expositio*: Aussetzung, Kontakt) mit dem Gefahrstoff müssen die Grenzwerte entsprechend umgerechnet werden. Mögliche kurzeitige Überschreitungen des AGW während einer Schicht werden als **Expositionsspitzen** bezeichnet und mit **Kurzzeitwerten** beurteilt. Der Arbeitsplatzgrenzwert wird in $mg \cdot m^{-3}$ oder $mL \cdot m^{-3}$ (ppm) bezogen auf die Raumluft am Arbeitsplatz angegeben.

Je gefährlicher der Stoff ist, desto weniger darf davon in der Raumluft vorhanden sein. Ein kleiner AGW bedeutet, dass die Konzentration des Stoffes am Arbeitsplatz nur sehr gering sein darf. Tabelle 1 zeigt Arbeitsplatzgrenzwerte ausgewählter Stoffe.

Ein **niedriger Arbeitsplatzgrenzwert (AGW)** weist auf ein hohes Gefährdungspotential hin.

Wenn der AGW unterschritten wird, ist bei einer achtstündigen täglichen Exposition mit dem betreffenden Stoff eine Gesundheitsgefährdung nach heutigem Kenntnisstand ausgeschlossen.

Da die Konzentration eines Arbeitsstoffes im Laufe eines Arbeitstags stark schwanken kann, wird ergänzend zum AGW ein **Kurzzeitwert** in Form eines **Überschreitungsfaktors *n*** angeben. Auch dieser Faktor ist stoffabhängig, darf generell nicht höher als der Wert 8 sein und nur viermal pro Schicht erreicht werden. Der Überschreitungsfaktor besagt, um wie viel der AGW maximal bei einer 15 Minuten andauernden Exposition überschritten werden darf.

Zwischen den kurzen Phasen der Überschreitung soll nach **TRGS 900** mindestens eine Zeit von einer Stunde vergehen. Ein Überschreitungsfaktor von $n = 4$ besagt demnach, dass der AGW für eine Dauer von 15 min um das Vierfache überschritten werden darf, wenn der Mittelwert eingehalten wird.

Tabelle 1: AGW ausgewählter Stoffe

Arbeitsstoff	AGW in $mL \cdot m^{-3}$	AGW in $mg \cdot m^{-3}$	n^*	
Aceton	500	1200	2	↓ Zunahme des Gefährdungspotentials
1,1-Dichlorethan	100	410	2	
Toluol	50	190	4	
Chlor	0,5	1,5	1	

* Überschreitungsfaktor *n*
Angaben für 20 °C (293 K), 101,3 kPa

Die verschiedenen Parameter des AGW lassen sich durch Beispiele veranschaulichen. Nach den Werten aus Tabelle 1 darf für den Arbeitsstoff Aceton langfristig eine Konzentration von $500\ mL \cdot m^{-3}$ oder $1200\ mg \cdot m^{-3}$ am Arbeitsplatz vorliegen, höchstens aber eine kurzzeitige Konzentration von $2 \cdot 500\ mL \cdot m^{-3} = 1000\ mL \cdot m^{-3}$ bzw. $2 \cdot 1200\ mg \cdot m^{-3} = 2400\ mg \cdot m^{-3}$ vorhanden sein. Bei der Berechnung des Volumenanteils des Gases in der Raumluft legt die **TRGS 900** als Bezugsgrößen 20 °C und 101,3 kPa fest.

Zusätzlich dazu werden die Arbeitsplatzgrenzwerte bei der Veröffentlichung noch weiter präzisiert. Bestimmte Kürzel erläutern den festgelegten Grenzwert:

- Mit dem Kürzel "Y" werden Stoffe ausgewiesen, bei denen ein Risiko der Fruchtschädigung bei Einhaltung des Arbeitsplatzgrenzwertes und des biologischen Grenzwertes (BGW) nicht befürchtet werden muss.
- Das Kürzel „Z“ wird für Stoffe vergeben, für die ein Risiko der Fruchtschädigung auch bei Einhaltung des AGW und des BGW nicht ausgeschlossen werden kann.
- Atemwegssensibilisierende Stoffe werden mit „Sa“ bzw. „(Sa)“ gekennzeichnet.
- Hautsensibilisierende Stoffe erhalten das Kürzel „Sh“ bzw. „(Sh)“.
- An beiden Zielorganen Allergien auslösende Stoffe werden mit „Sah“ gekennzeichnet.

Bei mit „Sa", „Sh" und „Sah" gekennzeichneten Stoffen sind auch bei Einhaltung des AGW die Induktion einer Allergie (Sensibilisierung) und die Auslösung einer allergischen Reaktion an den Atemwegen bzw. der Haut nicht auszuschließen. Ist hingegen ein Grenzwert unter dem Gesichtspunkt festgelegt worden, dass bei Einhaltung des Grenzwertes keine Symptome einer Allergie zu erwarten sind, so wird das Kürzel für Sensibilisierung in Klammern gesetzt. Für atemwegssensibilisierende Stoffe ist dann die Kennzeichnung „(Sa)" zu wählen und für hautsensibilisierende Stoffe entsprechend die Kennzeichnung „(Sh)". Hautresorptive Stoffe erhalten den Zusatz „H".

Tabelle 1 zeigt in der TRGS 900 veröffentlichte Grenzwerte:

Tabelle 1: Grenzwerte nach TRGS 900

Stoffidentität			**Arbeitsplatzgrenzwert**		**Spitzenbegrenzung**		**Änderung**
Bezeichnung	EG-Nr.	CAS-Nr.	in $mL \cdot m^{-3}$ (ppm)	in $mg \cdot m^{-3}$	Überschreitungsfaktor	Bemerkungen	Monat/Jahr
Kohlenstoffmonoxid	211-128-3	630-08-0	30	35	2 (II)	DFG, Z	07/12
Kohlenstofftetrachlorid	200-262-8	56-23-5	0,5	3,2	2 (II)	DFG, H, Y	05/09
Acetaldehyd	200-836-8	75-07-0	50	91	1;=2= (I)	AGS, DFG, Y	01/10

Alle drei Stoffe aus Tabelle 1 sind fruchtschädigend. Nur bei Kohlenstoffmonoxid ist eine Gefährdung eines Embryos auch bei Einhaltung des Grenzwertes nicht ausgeschlossen. Der Stoff CCl_4 ist zudem hautresorptiv. Die weiteren Bemerkungen weisen auf den Ersteller des Grenzwertes hin, hier die Senatskommission zur Prüfung gesundheitsschädlicher Arbeitsstoffe (DFG) und der Ausschuss für Gefahrstoffe (AGS).

Die **Überschreitungsfaktoren** werden in der TRGS 900 in **zwei Kategorien** eingeteilt. **Kategorie (I)** besagt, dass die Länge der Kurzzeitüberschreitung 15 Minuten in keinem Fall überschreiten darf. Bei Stoffen der **Kategorie (II)** sind auch längere Überschreitungen zulässig, solange das Produkt aus Überschreitungsfaktor (ÜF) und Überschreitungsdauer eingehalten wird. Bei Stoffen der Kategorie II ist somit z. B. bei einem ÜF von 8 auch ein ÜF 4 über 30 min oder ein ÜF 2 über 60 min möglich. Bei Stoffen der **Kategorie I** kann zusätzlich ein **Momentanwert** angegeben werden, der zu keinem Zeitpunkt überschritten werden darf. Dieser ist durch „= =" gekennzeichnet. In Tabelle 1 ist für Acetaldehyd ein Eintrag von „1;=2= (I)" angegeben. Dieser bedeutet, dass die einfache Arbeitsplatzgrenzwertkonzentration als Mittelwert über höchstens 15 Minuten einzuhalten ist und im gleichen Zeitraum die zweifache Arbeitsplatzgrenzwertkonzentration zu keinem Zeitpunkt überschritten werden darf.

Alle AGW beziehen sich zudem immer auf den momentanen Stand der Wissenschaft. Dies ist kein unbedeutender Zusatz. So können sich AGW ändern, wenn neue wissenschaftliche Erkenntnisse eine andere Bewertung der Gefährlichkeit eines Stoffes nötig machen.

Arbeitsplatzgrenzwerte (AGW) werden für täglich achtstündige Exposition an fünf Tagen pro Woche während der Lebensarbeitszeit angegeben. Der AGW erhält als Konzentration die Einheit $mg \cdot m^{-3}$ oder $mL \cdot m^{-3}$ (ppm) und wird für 20 °C (293 K) und 101,3 kPa tabelliert.

Bei Einhaltung des AGW ist auch bei wiederholter, langfristiger Exposition nach momentanem Kenntnisstand keine Gesundheitsgefährdung zu erwarten. Für eine kurzzeitige Überschreitung des AGW wird ein Spitzenwert über einen **Überschreitungsfaktor** bzw. **Momentanwert** festgelegt.

Im folgenden Beispiel wird die Einhaltung des Arbeitsplatzgrenzwerts durch Berechnung überprüft.

Beispiel 11.1: Gefährdungsbeurteilung für 1,1-Dichlorethan in der Raumluft

In einem Labor mit einem Nettovolumen von 175 m^3 läuft aus einer Apparatur zur Chromatografie unbemerkt eine Menge von 70,0 mL 1,1-Dichlorethan $C_2H_4Cl_2$ aus. Die gesamte Menge des Gefahrstoffs geht sofort in die Raumluft über. Wie ist die Gefährdung einzustufen?

Lösung:

Für das Labor werden eine Temperatur von 20 °C und der Normaldruck von 101,3 kPa angenommen. Für den Arbeitsstoff 1,1-Dichlorethan ist nach **Tabelle 1**, S. 333, der AGW mit 100 mL · m^{-3} bzw. 410 mg · m^{-3} angegeben. Dies bedeutet, dass sich in einem Kubikmeter Luft nur 100 mL gasförmiges 1,1-Dichlorethan befinden dürfen.

a) Berechnung über die Massenkonzentration β

1,1-Dichlorethan besitzt eine Dichte von β(1,1-Dichlorethan) = 1,175 g · mL^{-1}.
Die Massenkonzentration an 1,1-Dichlorethan in der Raumluft berechnet sich nach $\varrho = \frac{m}{V}$

$$m(\text{1,1-Dichlorethan}) = \varrho(\text{1,1-Dichlorethan}) \cdot V(\text{1,1-Dichlorethan})$$
$$= 1{,}175\ \text{g} \cdot \text{mL}^{-1} \cdot 70\ \text{mL} = 82{,}25\ \text{g} = 82\,250\ \text{mg}$$

Bei einem Nettovolumen des Raumes von 175 m^3 ergibt sich eine Massenkonzentration β von

$$\beta = \frac{m(\text{1,1-Dichlorethan})}{V_{\text{Raum}}} = \frac{82\,250\ \text{mg}}{175\ \text{m}^3} = 470\ \frac{\text{mg}}{\text{m}^3} = 470\ \text{mg} \cdot \text{m}^{-3}$$

b) Berechnung über die Volumenkonzentration

Der AGW bezieht sich auf die Menge an gasförmigem Stoff in der Luft am Arbeitsplatz. Bekannt ist die ausgelaufene Menge an flüssigem 1,1-Dichlorethan. Aus diesem Volumen muss zunächst die Menge an gasförmigem 1,1-Dichlorethan berechnet werden. Zur Vereinfachung wird 1,1-Dichlorethan als ideales Gas angesehen. Mit der Masse von 1,1-Dichlorethan von $m(C_2H_4Cl_2)$ = 82,25 g berechnet sich die Stoffmenge n:

$$n = \frac{m}{M} = \frac{82{,}25\ \text{g}}{98{,}96\ \text{g} \cdot \text{mol}^{-1}} = 0{,}831\ \text{mol}$$

Nach der Formel für das molare Normvolumen idealer Gase $V_{m,0}$ gilt für das Volumen:

$$V = n \cdot V_{m,0}$$

Bei 20 °C und 101,3 kPa beträgt das molare Gasvolumen 24,056 L. Das Volumen an gasförmigem 1,1-Dichlorethan beträgt damit

$$V = 0{,}831\ \text{mol} \cdot 24{,}056\ \text{L} \cdot \text{mol}^{-1} \approx 19{,}990\ \text{L} = 19\,990\ \text{mL}$$

Mit einem Nettovolumen von 175 m^3 ergibt sich eine Volumenkonzentration σ von gasförmigem 1,1-Dichlorethan von:

$$\beta = \frac{V}{V_{\text{Raum}}} = \frac{19\,990\ \text{mL}}{175\ \text{m}^3} \approx 114\ \text{mL} \cdot \text{m}^{-3}$$

Beurteilung der Gefährdungssituation:

Der AGW von 410 mg · m^{-3} wird um 60 mg · m^{-3} bzw. der AGW von 100 mL · m^{-3} wird um rund 14 mL · m^{-3} überschritten. Die Überschreitung bleibt unter dem Spitzenwert von 410 mL · m^{-3} · 2 = 820 mL · m^{-3}. Allerdings müssen zur Beseitigung der Überschreitung Sofortmaßnahmen getroffen werden. Hierzu gehört neben dem Beheben der Undichtigkeit an der Apparatur beispielsweise ein Lüften des Raumes.

Aktuelle Werte für den AGW verschiedener Stoffe können den aktuellen Sicherheitsdatenblättern oder der neuesten Fassung der TRGS 900 entnommen werden.

10.7.2 Risikobewertung bei krebserzeugenden Stoffen

Sucht man in der TRGS 900 nach einem AGW für den Gefahrstoff Benzol, sucht man vergeblich. Benzol ist ein als krebserzeugend (kanzerogen) eingestufter Arbeitsstoff. Da für krebserzeugende Substanzen in der Regel keine Konzentration des betreffenden Stoffes als völlig unbedenklich angesehen werden kann, wurde für derartige Stoffe folglich auch kein AGW festgelegt.

Jede Konzentration eines krebserzeugenden Stoffes am Arbeitsplatz ist potentiell in der Lage, auch Krebs zu erzeugen, sei sie auch noch so gering. Deshalb gibt es für krebserzeugende Stoffe i. d. R. keinen Arbeitsplatzgrenzwert (AGW).

Die Wahrscheinlichkeit, mit der beim Menschen durch einen kanzerogenen Stoff auch tatsächlich Krebs erzeugt wird, lässt sich hingegen angeben. Aufgrund solcher Wahrscheinlichkeiten ist durch den Ausschuss für Gefahrstoffe ein Risikokonzept für den Umgang mit krebserzeugenden Stoffen ausgearbeitet worden. Dies ist in der **TRGS 910 (Risikobezogenes Maßnahmenkonzept für Tätigkeiten mit krebserzeugenden Gefahrstoffen)** festgehalten. Eine Wahrscheinlichkeit von 4:10 000 bedeutet beispielsweise, dass von 10000 Personen, die mit einem krebserzeugenden Stoff (der in einer bestimmten Konzentration vorliegt) in Kontakt kommen, vier Personen an Krebs erkranken.

Die Abschätzung des Risikos, der von einem krebserzeugenden Stoff ausgeht, basiert auf der Wahrscheinlichkeit des Stoffes, Krebs beim Menschen zu erzeugen.

Unterhalb eines Wertes von 4:10 000 spricht man vom **Akzeptanzrisiko**. Dies ist der Wert, der ungefähr dem Risiko durch Umweltbelastungen an Krebs zu erkranken entspricht, und der als Belastung am Arbeitsplatz noch akzeptierbar ist. Diese Grenze soll bis 2018 auf 1:100 000 gesenkt werden. Bei einer Belastung der Raumluft am Arbeitsplatz, die ein Risiko von maximal 4:1 000 hervorruft, spricht man vom **Toleranzrisiko**. Es handelt sich zwar um hinnehmbares Risiko, es müssen aber Maßnahmen getroffen werden, um das Risiko zu minimieren. Oberhalb des Toleranzrisikos sollten Arbeitnehmer grundsätzlich nicht oder nur kurzeitig einem krebserzeugenden Stoff ausgesetzt werden. Bild 1 zeigt diesen Zusammenhang.

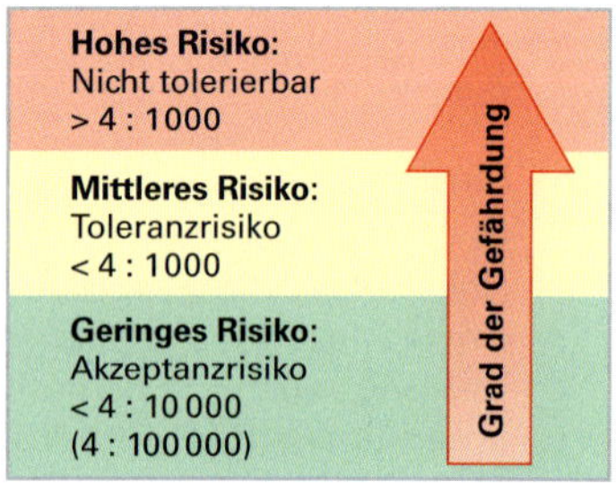

Bild 1: Toleranzstufen beim Umgang mit krebserzeugenden Stoffen.

Wie hoch das Risiko beim Umgang mit einem kanzerogenen Stoff ist, hängt dabei sowohl von der Gefährlichkeit des Stoffes selbst ab (z. B. CMR-Stoff Stufe 1 oder 2), als auch von der Konzentration des Stoffes in der Raumluft am Arbeitsplatz. Aus diesen beiden Faktoren zusammen ergeben sich Grenzwerte für einen bestimmten Stoff in der Raumluft am Arbeitsplatz, mit denen bestimmte Schutzmaßnahmen verknüpft werden. Sie ähneln in der Form den AGW.

Genau wie bei den AGW wird von einer täglichen Exposition über die Lebensarbeitszeit hinweg ausgegangen. Für einen betreffenden Stoff werden dann Konzentrationen angegeben, die dem Akzeptanzrisiko und die dem Toleranzrisiko eines Stoffes entsprechen. Für das Toleranzrisiko werden zudem Überschreitungsfaktoren angegeben, die den Überschreitungsfaktoren der Klasse II beim AGW entsprechen. Tabelle 1 zeigt diese Werte für das Lösemittel Benzol C_6H_6 und für den Arbeitsstoff Hydrazin N_2H_4, der z. B. als Energieträger in Brennstoffzellen und Notenergieaggregaten, aber auch als Korrosionsinhibitor Verwendung findet.

Tabelle 1: Stoffspezifische Akzeptanz- und Toleranzkonzentrationen

Stoff	Akzeptanzkonzentration		Toleranzkonzentration		Überschreitungsfaktor	Bemerkungen
	Vol.-Konz.	Gew.-Konz.	Vol.-Konz.	Gew.-Konz.		
Benzol	0,06 ppm	0,2 mg · m^{-3}	0,06 ppm	1,9 mg · m^{-3}	8	H
Hydrazin	1,7 ppb	0,2 µg · m^{-3}	17 ppb	22 µg · m^{-3}	2	

Akzeptanzkonzentration assoziiert mit dem Risiko 4: 10 000

Von diesen Werten leiten sich auch die durch den Arbeitgeber zu treffenden **Schutzmaßnahmen** ab. So ist zum Beispiel eine **Substitutionsprüfung** in jedem Fall verpflichtend, bis zu Stufe 2 kann die Umsetzung der Substitution noch mit der wirtschaftlichen Verhältnismäßigkeit abgewogen werden. Darüber hinaus muss bei Arbeiten im Bereich des Toleranzrisikos ein geeigneter **Atemschutz** zur Verfügung gestellt werden. Im Bereich oberhalb des Toleranzrisikos ist das Tragen eines Atemschutzes verpflichtend vorgeschrieben. Im Bereich des Akzeptanzriskos ist hingegen nur zu kontrollieren, dass sich die Expositionssituation nicht verschlechtert. In jedem Fall ist eine besondere **Schulung** des Beschäftigten notwendig.

10.7.2 Biologischer Grenzwert

Der **Biologische Grenzwert (BGW)** ist die zweite wichtige Kenngröße für den Umgang mit Gefahrstoffen und ersetzt den alten Grenzwert, den Biologischen Arbeitsstoff-Toleranzwert (BAT).

Der BGW gibt die maximal zulässige Konzentration eines Stoffes oder seines Metaboliten (Zwischenprodukt eines Stoffwechselvorgangs) bzw. eines anderen Indikators im Körper (Blut, Urin) des Beschäftigten an, bei der eine Schädigung der Gesundheit des Beschäftigten nicht zu erwarten ist. Biologische Grenzwerte sind als Höchstwerte für gesunde Einzelpersonen bestimmt. Die Festlegung erfolgt in der Regel für Einzelstoffe, es wird von einer achtstündigen Exposition bei wöchentlich 40 Arbeitsstunden ausgegangen.

Das Bundesministerium für Arbeit und Soziales legt nach Beteiligung des Ausschusses für Gefahrstoffe die Grenzwerte fest. Die BGW werden in der **Technischen Regel für Gefahrstoffe 903 (TRGS 903)** veröffentlicht. Die Bekanntgabe erfolgt über das Bundesarbeitsblatt (BArbBl).

> Der **Biologische Grenzwert BGW** ist der Grenzwert für die toxikologisch-arbeitsmedizinisch abgeleitete Konzentration eines Stoffs, seines Metaboliten oder eines Beanspruchungsindikators im entsprechenden biologischen Material.
>
> Der BGW gibt an, bis zu welcher Konzentration die Gesundheit von Beschäftigten im Allgemeinen nicht beeinträchtigt wird (§ 2 Absatz 8 GefStoffV).

Das zu verwendende Untersuchungsmaterial, also z. B. Blut, wird zusammen mit dem BGW festgelegt. Ebenso sind die Art und der Zeitraum der Probenahme für jeden Stoff genau angegeben. Für das Schwermetall Blei, das beispielsweise als Katalysator bei chemischen Reaktionen oder in Akkumulatoren („Autobatterie") verwendet wird, ist aufgrund der reproduktionstoxischen Wirkung von Blei ein Biologischer Grenzwert von 400 mg $\cdot$ L^{-1} bzw. für Frauen im Alter unter 45 Jahren von 300 mg $\cdot$ L^{-1} angegeben. Gemessen wird hierbei die Konzentration von Blei im Blut. Für das Lösemittel Ethanol ist der BGW mit 30 mg $\cdot$ L^{-1} festgelegt, gemessen wird die Konzentration im Urin.

Der BGW ist ein Grenzwert, der nach dem heutigen Stand der Wissenschaft eine ungefährliche Schwellendosis angibt. Daher kann der BGW genau wie der AGW nur für einen Teil der krebs-erzeugenden oder erbgutverändernden Stoffe angegeben werden. Allergieauslösende Stoffe können auch in einer Konzentration unterhalb des Grenzwertes allergische Reaktionen hervorrufen oder sensibilisierend wirken.

10.7.2 Einhaltung von Grenzwerten, Gefährdungsbeurteilung und Schutzmaßnahmen

Die Einhaltung der Grenzwerte muss laut GefStoffV für jeden Arbeitsplatz einzeln geprüft werden. Diese Prüfung kann durch Messung, aber auch durch Berechnungen erfolgen. Hierbei sind Vorgehensweisen nach verfahrens- und stoffspezifischen Kriterien (VSK) für die Gefährdungsbeurteilung in der **TRGS 420** festgelegt.

Stellt der Arbeitgeber im Rahmen der Gefährdungsbeurteilung fest, dass die Maßnahmen der VSK erfüllt sind, können künftig Arbeitsplatzmessungen mit der direkten Überprüfung des AGW entfallen.

Die Gefahrstoffverordnung legt die Pflicht zum Aufstellen einer **Gefährdungsbeurteilung** mit Dokumentation fest. Die Gefährdungsbeurteilung beschreibt die einzuhaltenden Schutzmaßnahmen. **Bild 1** zeigt den Ablauf einer Gefährdungsbeurteilung.

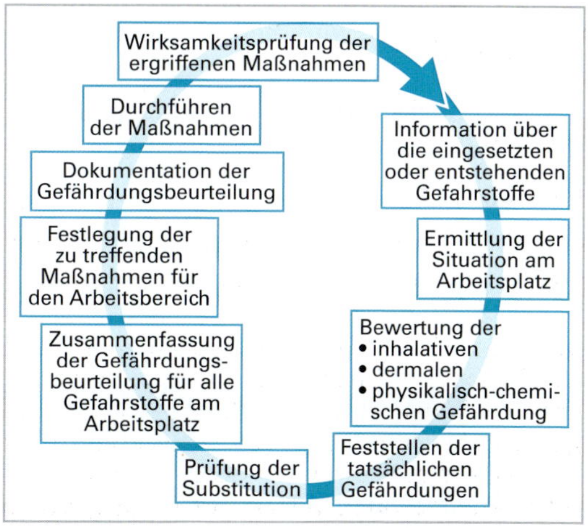

Bild 1: Ablauf einer Gefährdungsbeurteilung bei Gefahrstoffen

Die Gefahrstoffverordnung benennt zum Schutz vor Gefahrstoffen die **Grundpflichten** wie das Minimierungs- und Substitutionsgebot, **allgemeine Schutzmaßnahmen** bei geringer oder normaler Gefährdung und **zusätzliche Schutzmaßnahmen** bei erhöhter Gefährdung, wenn beispielsweise Arbeitsplatzgrenzwerte überschritten werden. Bei Tätigkeiten mit **krebserzeugenden und erbgutverändernden Gefahrstoffen** sowie **Brand- und Explosionsgefahren** sind **besondere Schutzmaßnahmen** einzuhalten. Das im Jahr 2005 in Kraft getretene Schutzstufenkonzept, das die Einstufung von Schutzmaßnahmen eng an die Gefahrenkategorien gebunden hatte, ist damit hinfällig.

Aufgaben:

Gesetze, Richtlinien und Grenzwerte ändern sich ständig. Zur weiteren Bearbeitung finden Sie aktuelle Literatur sowohl im Handel als auch im Internet. Zum Themengebiet bieten sich u. a. diese Seiten an: Bundesministerium für Arbeit und Soziales (www.BMAS.de), Bundesanstalt für Arbeitsschutz und Arbeitsmedizin (www.BAuA.de), Deutsche Gesetzliche Unfallversicherung (www.dguv.de), Berufsgenossenschaft der chemischen Industrie (www.bgchemie.de).

1. Skizzieren Sie aus dem Gedächtnis Ihren Arbeitsplatz. Kennzeichnen Sie, wo sich Feuerlöscher, Löschdecke, Notduschen, Notausgänge und Erste Hilfe Kästen befinden.

2. Geben Sie Beispiele für Persönliche Schutzausrüstungen und Schutzeinrichtungen an.

3. Erläutern Sie den Unterschied zwischen H- und P-Sätzen.

4. Anilin (Aminobenzol) soll im Labormaßstab durch Reduktion von Nitrobenzol hergestellt werden. Listen Sie die Gefährdungen durch die beteiligten Stoffe auf. Geben Sie an, welche Schutzmaßnahmen erforderlich sind.

5. Methanol CH_3OH soll aus einem Metall-Vorratsbehälter für den Handgebrauch im Labor in 500-mL-Flaschen umgefüllt werden.

a) Informieren Sie sich über alle auftretenden Risiken sowie darüber, welche Schutzmaßnahmen ergriffen werden müssen.

b) Geben Sie an, wie die Flaschen gekennzeichnet sein müssen.

6. Geben Sie die Kennzeichnung entzündbarer Flüssigkeiten mit einem Flammpunkt von 55 °C an.

7. Der AGW für Formaldehyd (Methanal) beträgt bei 20 °C und 1013 mbar 0,5 $mL \cdot m^{-3}$. Berechnen Sie, wie viel Milligramm Formaldehyd in einem Raum mit den Abmessungen 7 m Länge, 5 m Breite und 3 m Höhe maximal verdampfen dürfen, damit der AGW nicht überschritten wird. Betrachten Sie Formaldehyd-Dampf als ideales Gas.

8. Erläutern Sie den Zusammenhang zwischen Arbeitsplatzgrenzwert, Kurzzeitwert sowie Momentanwert und geben Sie an, was bei einem AGW mit Überschreitungsfaktor =1= zu beachten ist.

9. Von manchen älteren Chemikern hört man den Ausspruch: „Wir haben uns noch mit Benzol die Hände gewaschen." Erläutern Sie, weshalb diese Aussage äußerst bedenklich ist.

10. In einem Labor wird mit Gefahrstoffen gearbeitet. In einer Prüfung wird Ihnen die Frage nach den einzuhaltenden Grenzwerten gestellt; hierbei fällt auch der Begriff der Maximalen Arbeitsplatzkonzentration. Wie reagieren Sie auf diese Frage?

11. Folgende Frage wird Ihnen als fachkundige Person gestellt: „In der Schule hat der Lehrer ein Stückchen Schwefel verbrannt. Ist das gefährlich?" Beurteilen Sie die Situation. Berücksichtigen Sie hierbei auch, wie die Gefährdung einzuschätzen ist, wenn der Raum die Abmessungen 5 m · 3 m · 2,5 m besitzt und eine Menge von 3 g Schwefel verbrannt wurde.

11 Reaktionskinetik

Die **Reaktionskinetik** beschäftigt sich mit dem zeitlichen Ablauf chemischer Reaktionen. Chemische Reaktionen verlaufen nicht immer mit der gleichen Geschwindigkeit. So dauert es eine geraume Zeit, bis der im Keller gelagerte Wein ungenießbar oder der in die Jahre gekommene Pkw völlig durchgerostet (korrodiert) ist. Beide Vorgänge beanspruchen einen längeren Zeitraum, während die Fällung von Silberchlorid AgCl (s) aus einer Silbernitratlösung $AgNO_3$ (aq) mit einer Natriumchloridlösung NaCl (aq) so schnell erfolgt, dass die Geschwindigkeit dieser Reaktion kaum erfasst werden kann. Was versteht man unter dem Begriff Reaktionsgeschwindigkeit? Warum verlaufen bestimmte Reaktionen langsam und andere schnell? Wovon hängt die Geschwindigkeit chemischer Umsetzungen ab? Welche Möglichkeiten gibt es, die Reaktionsgeschwindigkeit zu beeinflussen? Mit diesen Frage- und Problemstellungen beschäftigen sich die nun folgenden Kapitel.

11

11.1 Reaktionsgeschwindigkeit

Mit dem Begriff **Geschwindigkeit** verbindet sich immer eine Veränderung eines Zustands in einem bestimmten Zeitintervall. So ist in der Physik die Geschwindigkeit nichts anderes als die Ortsveränderung Δs eines Gegenstandes, z. B. eines Pkw, innerhalb einer gewissen Zeitspanne Δt. In der Chemie ist diese Definition wenig nützlich, da die Veränderung der Lage eines Moleküls kaum zu beobachten ist. Die Veränderung einer an der Reaktion beteiligten Komponente lässt sich hingegen anhand ihrer Teilchenzahl ermitteln. Für die Bildung eines Reaktionsprodukts muss immer ein Ausgangsstoff (Edukt) verbraucht werden. Man kann daher entweder die Stoffmenge der verbrauchten Edukte oder die Stoffmenge der sich gebildeten Produkte innerhalb einer gewissen Zeitspanne als Messgröße für das Fortschreiten der Reaktion, d. h. für die **Reaktionsgeschwindigkeit *r*** verwenden. Man erhält für die Reaktionsgeschwindigkeit in Abhängigkeit vom Volumen *V* somit:

$$r = \frac{1}{V} \cdot \frac{\Delta n}{\Delta t}$$

r	V	n	t
$mol \cdot L^{-1} \cdot s^{-1}$	L	mol	s

Gl. 11.1

Bei Reaktionen, die in Lösung verlaufen, bezieht man die Reaktionsgeschwindigkeit jedoch nicht auf die Änderung der Stoffmenge, sondern meist auf die Änderung der Stoffmengenkonzentration *c* innerhalb eines bestimmten Zeitintervalls. Entsprechend gilt für die **Reaktionsgeschwindigkeit *r*** für eine Reaktion ohne Volumenänderung:

$$r = \frac{\Delta c}{\Delta t}$$

r	c	t
$mol \cdot L^{-1} \cdot s^{-1}$	$mol \cdot L^{-1}$	s

Gl. 11.2

Die **Reaktionsgeschwindigkeit** ist die Änderung der Stoffmengenkonzentration eines Reaktionspartners innerhalb eines bestimmten Zeitintervalls.

Lässt man Zink Zn mit einer Salzsäure-Lösung HCl (aq) reagieren, so bilden sich Wasserstoff H_2 und Zinkchlorid $ZnCl_2$ nach der Gleichung:

$$Zn(s) + 2\,HCl(aq) \rightarrow ZnCl_2(aq) + H_2(g)$$

Im Verlauf der Reaktion werden Zink und Salzsäure verbraucht. Ihre Stoffmengenkonzentration nimmt ab. Gleichzeitig entstehen Wasserstoff und Zinkchlorid, deren Konzentrationen laufend zunehmen.

Die Reaktionsgeschwindigkeit *r* ist ein Maß dafür, wie schnell diese Änderungen der Stoffmengenkonzentrationen stattfinden. Zur **Ermittlung der Reaktionsgeschwindigkeit** auf grafischem Weg trägt man die Konzentrationsänderungen gegen die Reaktionszeiten auf. Das auf diese Weise erstellte Diagramm bezeichnet man als Konzentrations-Zeit-Diagramm (**Bild 1**, S. 340).

Weder die Stoffmengen noch die Stoffmengenkonzentrationen können unmittelbar gemessen werden und somit auch nicht ihre Veränderung. Daher bestimmt man eine andere direkt messbare Größe in definierten Zeitspannen und rechnet sie dann in die Stoffmengenkonzentration um. Bei der Reaktion von Zink mit Salzsäure kann z. B. das in bestimmten jeweils gleichen Zeitabständen entstandene Volumen von Wasserstoff gemessen werden (**Bild 2**). Daraus wird die noch vorhandene Stoffmengenkonzentration an Zink und Salzsäure berechnet.

Bei der Angabe der Reaktionsgeschwindigkeit muss man sich entscheiden, ob die Zunahme eines Produkts oder die Abnahme eines Edukts beschrieben werden soll. Die Reaktionsgeschwindigkeit erhält je nach Bezug unterschiedliche Vorzeichen. Für die **Zunahme eines Produktes** gilt allgemein:

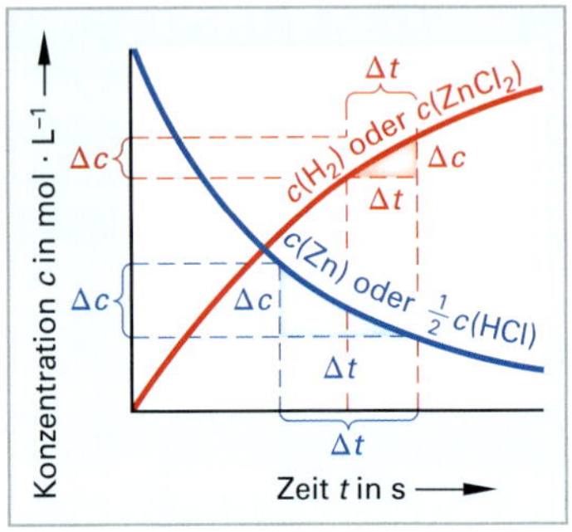

Bild 1: Konzentrations-Zeit-Diagramm

$$r = \frac{\Delta c_{(Produkt)}}{\Delta t}$$

r	c	t
$mol \cdot L^{-1} \cdot s^{-1}$	$mol \cdot L^{-1}$	s

Gl. 11.3

Für die **Abnahme eines Eduktes** entsprechend:

$$r = -\frac{\Delta c_{(Edukt)}}{\Delta t}$$

r	c	t
$mol \cdot L^{-1} \cdot s^{-1}$	$mol \cdot L^{-1}$	s

Gl. 11.4

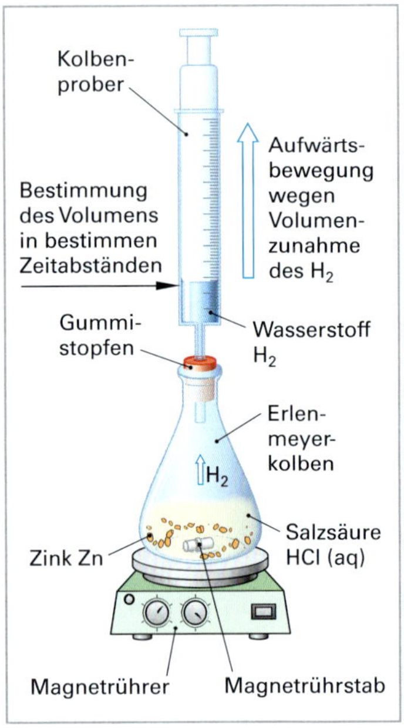

Bild 2: Messung des Wasserstoffvolumens in Abhängigkeit von der Zeit

Das negative Vorzeichen vor dem zweiten Term zeigt an, dass die Konzentrationen abnehmen, d. h. Δc ist negativ. Bezieht man die Reaktionsgeschwindigkeit auf die Abnahme eines Eduktes, spricht man von der **Zerfallsgeschwindigkeit**, bei dem Bezug auf die Bildung eines Produkts von der **Bildungsgeschwindigkeit**. Bei der Zerfallsgeschwindigkeit ist Δc stets negativ, bei der Bildungsgeschwindigkeit positiv. Die Reaktionsgeschwindigkeit lässt sich somit sowohl durch die Zerfallsgeschwindigkeit (negatives Vorzeichen von Δc) als auch durch die Bildungsgeschwindigkeit (positives Vorzeichen von Δc) angeben. Für die angegebene Reaktion von Zink mit Salzsäure gilt also:

$$r = \frac{\Delta c(ZnCl_2)}{\Delta t} = \frac{\Delta c(H_2)}{\Delta t} = -\frac{\Delta c(Zn)}{\Delta t} = -\frac{1}{2} \cdot \frac{\Delta c(HCl)}{\Delta t}$$

Bezieht man sich bei der Angabe der Reaktionsgeschwindigkeit auf die Abnahme der Salzsäure, erkennt man, dass vor dem Term der Konzentrationsänderung der Faktor $\frac{1}{2}$ steht. Er beinhaltet und berücksichtigt die stöchiometrische Zahl 2 der Reaktionsgleichung (s. S. 339). Für die Bildung von 1 mol H_2 benötigt man 2 mol HCl. Dementsprechend nimmt die Konzentration von Salzsäure HCl (aq) doppelt so schnell ab wie die Konzentration von Zink, die Reaktion ist doppelt so schnell wie die Bildung von H_2. Setzt man Zink mit Schwefelsäure H_2SO_4 an Stelle von HCl um, stellt man fest, dass die Konzentrationsabnahme von H_2SO_4 genau so groß ist wie die von Zink. Dies steht auch im Einklang mit der Reaktionsgleichung:

$$Zn + H_2SO_4 \rightarrow ZnSO_4 + H_2$$

Zur Bildung von 1 mol H_2 wird 1 mol Zn bzw. 1 mol H_2SO_4 verbraucht.

Für eine Reaktion des allgemeinen Typs $\nu_1A + \nu_2B \rightarrow \nu_3C + \nu_4D$ in der ν_1, ν_2, ν_3 und ν_4 die stöchiometrischen Koeffizienten sind, gilt für die Reaktionsgeschwindigkeit:

$$r = -\frac{1}{\nu_1} \cdot \frac{\Delta c(A)}{\Delta t} = -\frac{1}{\nu_2} \cdot \frac{\Delta c(B)}{\Delta t} = \frac{1}{\nu_3} \cdot \frac{\Delta c(C)}{\Delta t} = \frac{1}{\nu_4} \cdot \frac{\Delta c(D)}{\Delta t}$$

r	Δc	Δt
$mol \cdot L^{-1} \cdot s^{-1}$	$mol \cdot L^{-1}$	s

Gl. 11.5

Die aus dem Konzentrations-Zeit-Diagramm ermittelte und mit den **Gleichungen 11.2** und **11.3** berechnete Reaktionsgeschwindigkeit für ein bestimmtes Zeitintervall Δt bezeichnet man als **mittlere Reaktionsgeschwindigkeit** oder **Durchschnittsreaktionsgeschwindigkeit r_D**. Sie gilt immer nur für die vorgegebene Zeitspanne. Wie aus **Bild 1** ersichtlich ist, nimmt die Stoffmengenkonzentration von Salzsäure HCl (aq) in den ersten beiden Minuten viel schneller ab als in der Zeit von der zweiten bis zur vierten Minute. Die Zerfallsgeschwindigkeit ist somit in den ersten beiden Minuten größer als in der Zeitspanne von der zweiten bis zur vierten Minute. Mit den Werten aus **Bild 1** erhält man für aufeinanderfolgende Zeitintervalle für die **mittlere Reaktionsgeschwindigkeit**:

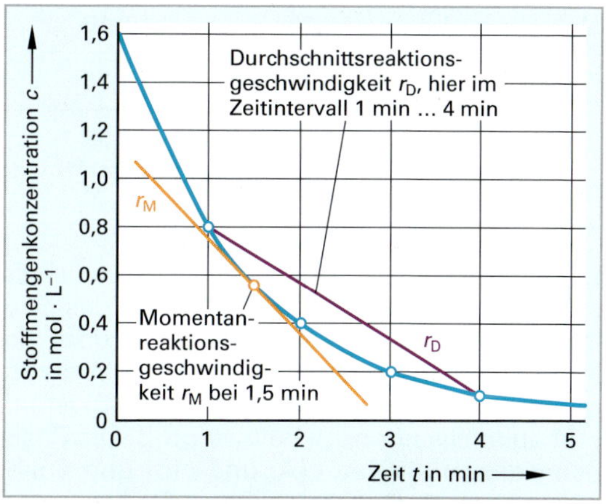

Bild 1: Grafische Bestimmung der Reaktionsgeschwindigkeit

$$r_{0-1} = -\frac{(0{,}8 - 1{,}6)\ mol \cdot L^{-1}}{(1 - 0)\ min} = 0{,}80\ mol \cdot L^{-1} \cdot min^{-1}$$

$$r_{1-2} = -\frac{(0{,}4 - 0{,}8)\ mol \cdot L^{-1}}{(2 - 1)\ min} = 0{,}40\ mol \cdot L^{-1} \cdot min^{-1}$$

$$r_{2-3} = -\frac{(0{,}2 - 0{,}4)\ mol \cdot L^{-1}}{(3 - 2)\ min} = 0{,}20\ mol \cdot L^{-1} \cdot min^{-1}$$

$$r_{3-4} = -\frac{(0{,}1 - 0{,}2)\ mol \cdot L^{-1}}{(4 - 3)\ min} = 0{,}10\ mol \cdot L^{-1} \cdot min^{-1}$$

Die auf diese Weise erhaltenen mittleren Reaktionsgeschwindigkeiten entsprechen der **Steigung der Sekante zwischen zwei Punkten**. Häufig interessiert man sich weniger für die gemittelte Reaktionsgeschwindigkeit über ein Zeitintervall als für die Reaktionsgeschwindigkeit zu einem bestimmten Zeitpunkt *t*. Diese Geschwindigkeit bezeichnet man als **momentane Reaktionsgeschwindigkeit** oder **Momentanreaktionsgeschwindigkeit r_M**. Man erhält sie, indem man die Konzentrationsänderungen in immer kleineren Zeitabständen bestimmt und im Grenzfall das Zeitintervall Δt gegen Null gehen lässt. Die Momentanreaktionsgeschwindigkeit entspricht der Steigung der Tangente in einem Punkt (**Bild 1**). Auf diese Weise kann zu jedem Zeitpunkt *t* eine Reaktionsgeschwindigkeit *r* angegeben werden, die unabhängig von der Größe eines willkürlich gewählten Zeitintervalls ist. Die Steigung der Tangente zur Zeit $t = 0$, d. h. die Momentangeschwindigkeit zu Beginn der Reaktion, heißt **Anfangsgeschwindigkeit**.

11.2 Einfluss der Konzentration auf die Reaktionsgeschwindigkeit

Bei einer Vielzahl chemischer Reaktionen stellt man fest, dass bei der Erhöhung der Konzentration der Edukte die Reaktionsgeschwindigkeit (sowohl die mittlere als auch die momentane) zunimmt. In der Praxis untersucht man den Einfluss der Konzentrationsänderungen, indem man die Veränderung der Anfangsgeschwindigkeit bestimmt, die bei verschiedenen Konzentrationen auftritt. Für die Reaktion A + B + C $\rightarrow$ D wurde die Anfangsgeschwindigkeit bei unterschiedlichen Ausgangskonzentrationen von A, B und C untersucht. Dabei wurden die in **Tabelle 1**, S. 342 aufgeführten Messwerte erhalten.

11

Tabelle 1: Messwerttabelle zur Anfangsreaktionsgeschwindigkeit in Abhängigkeit verschiedener Anfangskonzentrationen

Versuchs-Nummer	c(A) in mol · L^{-1}	c(B) in mol · L^{-1}	c(C) in mol · L^{-1}	Anfangsgeschwindigkeit r in mol · L^{-1} · s^{-1}
1	0,30	0,15	0,10	$7 \cdot 10^{-4}$
2	0,30	0,30	0,10	$14 \cdot 10^{-4}$
3	0,30	0,30	0,20	$14 \cdot 10^{-4}$
4	0,60	0,30	0,10	$28 \cdot 10^{-4}$

Die Reaktionsgeschwindigkeit ist offensichtlich sowohl von der Konzentration des Edukts A, c(A), als auch von der Konzentration des Edukts B, c(B), abhängig. In den Versuchen 2 und 4 ist c(B) gleich. In Versuch 4 ist c(A) jedoch doppelt so hoch wie in Versuch 2. Entsprechend ist auch die Anfangsgeschwindigkeit r in Versuch 4 doppelt so groß wie in Versuch 2. Bei Versuch 1 und Versuch 2 ist c(A) unverändert. c(B) ist in Versuch 1 aber nur halb so groß wie in Versuch 2. r ist ebenfalls nur noch halb so groß. Die Reaktionsgeschwindigkeit ist somit direkt proportional den Konzentrationen c(A) und c(B) und unabhängig von c(C), da eine Verdoppelung von c(C) in den Versuchen 2 und 3 keinen Einfluss auf die Reaktionsgeschwindigkeit hat. Es gilt daher in diesem Fall: $r \sim c(\text{A}) \cdot c(\text{B})$

Durch Einführen des **Proportionalitätsfaktors *k*** erhält man in Abhängigkeit der Konzentrationen der Edukte A und B für die Reaktionsgeschwindigkeit:

$$r = k \cdot c(\text{A}) \cdot c(\text{B}) \qquad \frac{r}{\text{mol} \cdot \text{L}^{-1} \cdot \text{s}^{-1}} \quad \frac{k}{\text{L} \cdot \text{mol}^{-1} \cdot \text{s}^{-1}} \quad \frac{c(\text{A})}{\text{mol} \cdot \text{L}^{-1}} \quad \frac{c(\text{B})}{\text{mol} \cdot \text{L}^{-1}} \qquad \text{Gl. 11.6}$$

Der Proportionalitätsfaktor k wird als **Geschwindigkeitskonstante** bezeichnet. Diese ist charakteristisch für eine bestimmte Reaktion bei konstanter Temperatur. Der Wert von k für die oben formulierte allgemeine Reaktion kann mit Hilfe der Werte aus Tabelle 1 berechnet werden. Man löst Gleichung 11.6 nach k auf und setzt die in den Zeilen angegebenen Tabellenwerte ein. Mit den Werten aus Versuch 4 erhält man:

$$k = \frac{r}{c(\text{A}) \cdot c(\text{B})} = \frac{28 \cdot 10^{-4}\ \text{mol} \cdot \text{L}^{-1} \cdot \text{s}^{-1}}{0{,}60\ \text{mol} \cdot \text{L}^{-1} \cdot 0{,}30\ \text{mol} \cdot \text{L}^{-1}} = 0{,}0156\ \text{L} \cdot \text{mol}^{-1} \cdot \text{s}^{-1}$$

Setzt man die Werte aus Versuch 2 ein, so erhält man für k denselben Wert:

$$k = \frac{r}{c(\text{A}) \cdot c(\text{B})} = \frac{14 \cdot 10^{-4}\ \text{mol} \cdot \text{L}^{-1} \cdot \text{s}^{-1}}{0{,}30\ \text{mol} \cdot \text{L}^{-1} \cdot 0{,}30\ \text{mol} \cdot \text{L}^{-1}} = 0{,}0156\ \text{L} \cdot \text{mol}^{-1} \cdot \text{s}^{-1}$$

Die Einheit von k ist nicht immer gleich. Sie hängt von dem Geschwindigkeitsgesetz der jeweiligen Reaktion ab. Kennt man im umgekehrten Fall den Wert der Geschwindigkeitskonstante k, kann mit Gleichung 11.6 die Reaktionsgeschwindigkeit bei jeder beliebigen Konzentration von A und B berechnet werden. Setzt man die Konzentrationen c(A) und c(B) aus Versuch 1 ein und den berechneten Wert für k aus den Versuchen 2 und 4, so erhält man für die Reaktionsgeschwindigkeit nach Gleichung 11.6:

$$r = k \cdot c(\text{A}) \cdot c(\text{B}) = 0{,}0156\ \text{L} \cdot \text{mol}^{-1} \cdot \text{s}^{-1} \cdot 0{,}30\ \text{mol} \cdot \text{L}^{-1} \cdot 0{,}15\ \text{mol} \cdot \text{L}^{-1}$$
$$= 7 \cdot 10^{-4}\ \text{mol} \cdot \text{L}^{-1} \cdot \text{s}^{-1}$$

Mit Hilfe von Gleichungen wie z. B. Gleichung 11.6 lässt sich eine mathematische Beziehung zwischen der Konzentration der reagierenden Stoffe und der Reaktionsgeschwindigkeit aufstellen. Man bezeichnet sie als **Geschwindigkeitsgleichung, Geschwindigkeitsgesetz** oder **Zeitgesetz**.

Die mathematische Verknüpfung zwischen der Reaktionsgeschwindigkeit und den Konzentrationen der Reaktionspartner nennt man **Geschwindigkeitsgleichung, Geschwindigkeitsgesetz** oder **Zeitgesetz**.

Die Gleichung 11.6 ist ein Geschwindigkeitsgesetz. Zu beachten ist hierbei, dass sich solche Gesetzmäßigkeiten leider nicht aus theoretischen Überlegungen oder etwa der Reaktionsgleichung herleiten bzw. folgern lassen. Sie müssen vielmehr immer experimentell ermittelt werden.

Das **Geschwindigkeitsgesetz** ist für jede Reaktion experimentell zu ermitteln.
Die Art der Gleichung sowie der Wert von k müssen durch Versuche bestimmt werden.
Das Geschwindigkeitsgesetz kann meist nicht aus der Reaktionsgleichung hergeleitet werden.

Der Zusammenhang zwischen der Konzentration der Edukte und der Reaktionsgeschwindigkeit lässt sich mit Hilfe des Modells der **Stoßtheorie** oder **Kollisionstheorie** erklären. Sie beruht auf folgenden Annahmen und Überlegungen:

- Die Teilchen sind starre Körper, die sich bei steigender Temperatur immer schneller bewegen.
- Für das Eintreten einer chemischen Reaktion müssen die Eduktteilchen zusammenstoßen.
- Die Reaktion tritt nur ein, wenn die Teilchen beim Zusammenstoß eine bestimmte räumliche Orientierung zueinander haben.
- Die Reaktion verläuft umso schneller, je häufiger solche Zusammenstöße erfolgen.
- Die Teilchen müssen für einen erfolgreichen Zusammenstoß, der zur Produktbildung führt, eine bestimmte Mindestenergie besitzen.

Als einfache Anwendung dieser Theorie soll die Reaktion A + B $\rightarrow$ C betrachtet werden. Die Teilchen A und B sollen die oben genannten Voraussetzungen erfüllen und beim erfolgreichen Zusammenstoß von jeweils einem Teilchen des Edukts A mit einem Teilchen des Edukts B soll ein Teilchen des Produkts C entstehen. Da zwei Teilchen an dem Zusammenstoß beteiligt sind, bezeichnet man solche Reaktionen als **bimolekulare Reaktionen**. Die Reaktion soll in einem bestimmten Volumen stattfinden. Bild 1 zeigt, dass die Anzahl der erfolgreichen Stöße direkt proportional zur Anzahl der Stoßmöglichkeiten zwischen A-Teilchen und B-Teilchen ist. Zusammenstöße zwischen gleichartigen Teilchen besitzen für die Reaktion keine Bedeutung, da hierbei kein Produkt gebildet wird. Enthält ein bestimmtes Volumen jeweils zwei A- und B-Teilchen, so gibt es 4 verschiedene A-B-Stoßmöglichkeiten.

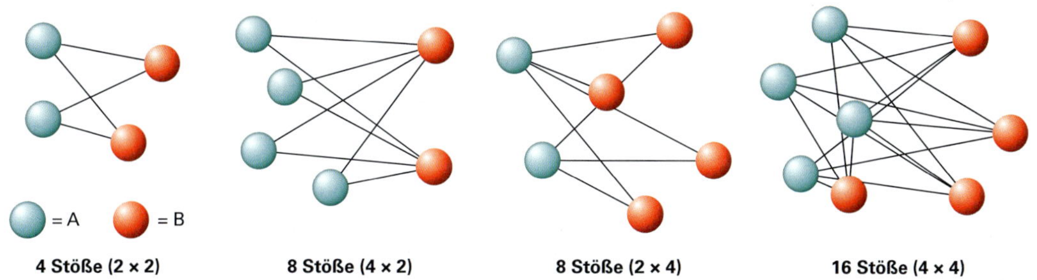

Bild 1: Abhängigkeit der Stoßzahl von der Konzentration der Edukte

Verdoppelt man in diesem Volumen die Anzahl der A-Teilchen auf 4, gibt es 8 A-B-Stoßmöglichkeiten. Diese Zahl erhält man auch bei der Verdoppelung der B-Teilchen. Wird die Anzahl beider Teilchenarten verdoppelt, erhöht sich die Zahl der A-B-Stoßmöglichkeiten auf 16. Führt man als Maßstab für die erfolgreichen Zusammenstöße die **Stoßzahl *z*** ein, folgt daraus, dass diese Stoßzahl z direkt proportional zur Konzentration der A-Teilchen und direkt proportional zur Konzentration der B-Teilchen ist. Man erhält somit: $z \sim c(\mathrm{A}) \cdot c(\mathrm{B})$

Geht man weiterhin davon aus, dass die momentane sowie die Durchschnittsgeschwindigkeit r proportional zur Stoßzahl z ist, so folgt daraus für diese bimolekulare Reaktion:

$r \sim z \sim c(\text{A}) \cdot c(\text{B})$ oder $r \sim c(\text{A}) \cdot c(\text{B})$

Mit der Geschwindigkeitskonstante k als Proportionalitätsfaktor erhält man das Geschwindigkeitsgesetz in der Form von Gleichung 11.6: $r = k \cdot c(\text{A}) \cdot c(\text{B})$

11

Diese Betrachtungen der Abhängigkeit der Reaktionsgeschwindigkeit von der Konzentration der Edukte gelten für eine Vielzahl von **homogenen Reaktionen**, bei denen die Edukte in einer Phase, z. B. einem gemeinsamen Lösemittel, vorliegen.

Bei **heterogenen Reaktionen**, bei denen die Edukte in verschiedenen Phasen vorliegen, kommt es darauf an, in welcher Form, d. h. welchem Zerteilungsgrad sie vorliegen. Die entscheidende Rolle bei diesen Reaktionen spielt die Größe der Kontaktoberfläche für die in verschiedenen Phasen vorhandenen Edukte. Geht man auch hier von der Kollisionstheorie aus, ist für das Eintreten der Reaktion wieder der erfolgreiche Zusammenstoß von Eduktteilchen erforderlich. Bei Edukten in verschiedenen Phasen können jedoch nur diejenigen Teilchen zusammenstoßen, die sich an der Grenzfläche der beiden Phasen befinden.

Bei der Reaktion von Salzsäure HCl (aq) mit unedlen Metallen, wie z. B. Zink Zn oder Magnesium Mg, können nur die Teilchen des Feststoffs, hier das Metall, mit denen des gelösten Reaktionspartners reagieren, die sich an der Oberfläche des Feststoffs befinden. Dieser Anteil an „Oberflächen-Teilchen" lässt sich mit zunehmender Zerteilung des Feststoffs erhöhen.

Lässt man Salzsäure einer bestimmten Konzentration einmal mit Zink-Granalien und einmal mit Zink-Pulver mit gleicher Masse reagieren und bestimmt das entwickelte Volumen an Wasserstoff (Bild 2, S. 340), stellt man Folgendes fest: Das gleiche Volumen an Wasserstoff V_1 bildet sich bei der Reaktion mit Zink-Pulver bereits bei t_1 und somit schneller als bei der Reaktion mit den Zink-Granalien (hier erst bei t_2). Demzufolge hat sich bei dem Zink-Pulver bei t_2 im Vergleich zu den Zink-Granalien bereits ein größeres Wasserstoffvolumen gebildet, nämlich V_2 ($V_2 > V_1$).

Bild 1 zeigt die Entstehung von Wasserstoff pro Zeit in Abhängigkeit vom Zerteilungsgrad.

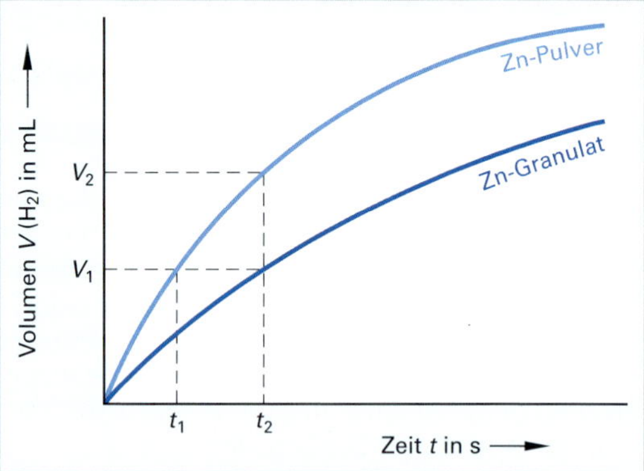

Bild 1: Abhängigkeit des gebildeten Wasserstoffvolumens vom Zerteilungsgrad des Zinks

> Bei **heterogenen Reaktionen** (Reaktionen in Zweiphasensystemen) ist die Reaktionsgeschwindigkeit umso größer, je größer der Zerteilungsgrad der Edukte ist.

11.3 Reaktionsordnung

Geschwindigkeitsgesetze bilden die Grundlage für drei wichtige Anwendungen:

- die **Berechnung der Reaktionsgeschwindigkeit** anhand der Zusammensetzung der angesetzten Reaktionsmischung, wenn das Geschwindigkeitsgesetz und die Geschwindigkeitskonstante bekannt sind,
- die **Voraussage der Konzentrationen von Produkten und Edukten** bei bekanntem Geschwindigkeitsgesetz,
- den **Hinweis auf den Mechanismus einer Reaktion** bei bekanntem Geschwindigkeitsgesetz, da ein möglicher, vorgeschlagener Mechanismus mit dem beobachteten Geschwindigkeitsgesetz im Einklang stehen muss.

Die Geschwindigkeitsgesetze bilden die Grundlage für eine **Klassifizierung** (Einteilung) der Reaktionen bezüglich ihrer Kinetik. Reaktionen derselben Gruppe besitzen vergleichbares kinetisches Verhalten, da sich ihre Geschwindigkeiten in ähnlicher Weise mit ihrer Zusammensetzung ändern. Die Einteilung der Reaktionen erfolgt nach ihrer **Ordnung** (Reaktionsordnung).

> Die **Reaktionsordnung** hinsichtlich eines Edukts oder Produkts richtet sich nach dem **Exponenten**, mit dem seine Konzentration im Geschwindigkeitsgesetz auftritt.
>
> Der Exponent ist gleich dem stöchiometrischen Faktor in der Reaktionsgleichung.

Erhitzt man N_2O_5 auf 65 °C, zersetzt es sich gemäß:

$$2\,N_2O_5\,(g) \rightarrow 4\,NO_2\,(g) + O_2\,(g)$$

Das experimentell ermittelte Geschwindigkeitsgesetz für diese Reaktion lautet:

$$r = k \cdot c^1(N_2O_5) = k \cdot c(N_2O_5)$$

Der Exponent für die Stoffmengenkonzentration von N_2O_5 ist 1. Die Reaktion ist somit **1. Ordnung** bezüglich N_2O_5. Da im Geschwindigkeitsgesetz keine weitere Komponente auftritt, liegt eine Reaktion 1. Ordnung vor. Bei Reaktionen 1. Ordnung ist also die Reaktionsgeschwindigkeit proportional zur Konzentration des Eduktes. Verdoppelt man dessen Konzentration, so verdoppelt sich auch die Reaktionsgeschwindigkeit.

Die Reaktionsgleichung für den Zerfall von Stickstoffdioxid NO_2 bei höheren Temperaturen lautet:

$$2\,NO_2\,(g) \rightarrow 2\,NO\,(g) + O_2\,(g)$$

Für das Geschwindigkeitsgesetz gilt: $r = k \cdot c^2(NO_2)$

Messwerte ergeben hinsichtlich der Konzentration von Stickstoffdioxid NO_2 **eine Reaktion 2. Ordnung**. Der Exponent für die Stoffmengenkonzentration von NO_2 ist gleich 2. Insgesamt ist die Reaktion ebenfalls 2. Ordnung, da im Geschwindigkeitsgesetz keine weitere Komponente erscheint. Bei dieser Reaktion ist die Reaktionsgeschwindigkeit proportional zum Quadrat der Konzentration des Edukts. Verdoppelt man dessen Konzentration, so erhöht sich die Reaktionsgeschwindigkeit um den Faktor $2^2 = 4$.

Es gibt allerdings auch Reaktionen bei denen das Geschwindigkeitsgesetz eine etwas kompliziertere Form besitzt. Die Reaktionsgleichung der Reaktion von Wasserstoff H_2 mit Iod I_2 lautet:

$$H_2\,(g) + I_2\,(g) \rightarrow 2\,HI\,(g)$$

Für das Geschwindigkeitsgesetz gilt: $r = k \cdot c(H_2) \cdot c(I_2)$

Die Reaktionsgeschwindigkeit ist bei dieser Reaktion von der Stoffmengenkonzentration zweier Reaktanten (Komponenten) abhängig. Die Reaktion ist 1. Ordnung bezüglich Wasserstoff H_2 und 1. Ordnung bezüglich Iod I_2. In solchen Fällen spricht man von der **Gesamtordnung** einer Reaktion.

Für die Reaktion zur Bildung von Iodwasserstoff HI ist die Gesamtordnung 1 + 1 = 2. Aufgrund des Geschwindigkeitsgesetzes $r = k \cdot c^m(A) \cdot c^n(B)$ beträgt die Gesamtordnung somit m + n.

> Die **Gesamtordnung** einer Reaktion ist die Summe der Exponenten der Konzentrationen der einzelnen Reaktanten (Komponenten) im Geschwindigkeitsgesetz.

11

Beispiel 11.1: Bestimmung von Reaktionsordnungen aus dem Geschwindigkeitsgesetz

Für die Reaktion $2\ NO\ (g)\ +\ 2\ H_2\ (g)\ \rightarrow\ N_2\ (g)\ +\ 2\ H_2O\ (g)$ findet man folgendes Geschwindigkeitsgesetz:

$$r = k \cdot c^2(\text{NO}) \cdot c(\text{H}_2)$$

Bestimmen Sie:

a) die Reaktionsordnung bezüglich Stickstoffmonoxid NO,

b) die Reaktionsordnung bezüglich Wasserstoff H_2,

c) die Gesamtreaktionsordnung.

Lösung:

Man betrachtet die Exponenten bei den Konzentrationen von NO und H_2 in dem angegebenen Geschwindigkeitsgesetz. Man findet hierbei, dass dieser für $c(\text{NO})$ gleich 2 und für $c(\text{H}_2)$ gleich 1 ist. Somit ist:

a) die Reaktionsordnung bezüglich NO gleich 2,

b) die Reaktionsordnung bezüglich H_2 gleich 1,

c) die Gesamtreaktionsordnung als Summe der Exponenten gleich 2 + 1 = 3.

Beispiel 11.2: Berechnung der Reaktionsgeschwindigkeit

Die Geschwindigkeitskonstante k der in **Beispiel 11.1** angegebenen Reaktion beträgt bei 1000 K $k = 6{,}0 \cdot 10^4\ \text{L}^2 \cdot \text{mol}^{-2} \cdot \text{s}^{-1}$.

Wie groß ist die Reaktionsgeschwindigkeit, wenn $c(\text{NO}) = 0{,}500\ \text{mol} \cdot \text{L}^{-1}$ und $c(\text{H}_2) = 0{,}010\ \text{mol} \cdot \text{L}^{-1}$ ist?

Lösung:

Man setzt in das Geschwindigkeitsgesetz die gegebenen Werte ein und erhält:

$$r = k \cdot c^2(\text{NO}) \cdot c(\text{H}_2) = 6{,}0 \cdot 10^4\ \text{L}^2 \cdot \text{mol}^{-2} \cdot \text{s}^{-1} \cdot 0{,}500^2\ \text{mol}^2 \cdot \text{L}^{-2} \cdot 0{,}010\ \text{mol} \cdot \text{L}^{-1}$$

$$\approx 1{,}5 \cdot 10^2\ \text{mol} \cdot \text{L}^{-1} \cdot \text{s}^{-1}$$

Die Reaktionsgeschwindigkeit r beträgt $1{,}5 \cdot 10^2\ \text{mol} \cdot \text{L}^{-1} \cdot \text{s}^{-1}$.

Beispiel 11.3: Berechnung der Stoffmengenkonzentration

Die Reaktionsgeschwindigkeit r aus **Beispiel 11.2** soll $2250\ \text{mol} \cdot \text{L}^{-1} \cdot \text{s}^{-1}$ betragen.

Wie groß muss $c(\text{H}_2)$ sein, wenn $c(\text{NO}) = 0{,}500\ \text{mol} \cdot \text{L}^{-1}$ und für k der Wert aus **Beispiel 11.2** gilt?

Lösung:

Umstellen des Geschwindigkeitsgesetzes und Einsetzen der Werte ergibt:

$$c(\text{H}_2) = \frac{r}{k \cdot c^2(\text{NO})} = \frac{2250\ \text{mol} \cdot \text{L}^{-1} \cdot \text{s}^{-1}}{6{,}0 \cdot 10^4\ \text{L}^2 \cdot \text{mol}^{-2} \cdot \text{s}^{-1} \cdot 0{,}5^2\ \text{mol}^2 \cdot \text{L}^{-2}} = 0{,}15\ \text{mol} \cdot \text{L}^{-1}$$

Die Stoffmengenkonzentration des Wasserstoffs $c(\text{H}_2)$ muss $0{,}15\ \text{mol} \cdot \text{L}^{-1}$ betragen.

Beispiel 12.4: Auswertung von Versuchsdaten einer kinetischen Messung

Bei der Reaktion von Peroxodisulfat-Ionen mit Iodid-Ionen findet folgende Reaktion statt:

$$S_2O_8^{2-}\,(aq) + 2\,I^-\,(aq) \rightarrow 2\,SO_4^{2-}\,(aq) + I_2\,(aq)$$

Aus drei Versuchsreihen bei jeweils gleicher Temperatur erhält man folgende Messwerte:

Versuch Nummer	$c(S_2O_8^{2-})$ in $mol \cdot L^{-1}$	$c(I^-)$ in $mol \cdot L^{-1}$	Anfangsgeschwindigkeit $r(S_2O_8^{2-})$ in $mol \cdot L^{-1} \cdot s^{-1}$
1	0,030	0,060	$1{,}4 \cdot 10^{-4}$
2	0,060	0,060	$2{,}8 \cdot 10^{-4}$
3	0,060	0,030	$1{,}4 \cdot 10^{-4}$

a) Wie lautet das Geschwindigkeitsgesetz dieser Reaktion?

b) Wie groß ist der Wert der Geschwindigkeitskonstanten *k*?

c) Welchen Wert besitzt die Reaktionsgeschwindigkeit *r*, wenn $c(S_2O_8^{2-}) = 0{,}025\ mol \cdot L^{-1}$ und $c(I^-) = 0{,}020\ mol \cdot L^{-1}$ ist?

d) Wie groß ist die Gesamtordnung der Reaktion?

Lösung:

a) Vergleicht man die Versuche 1 und 2, so stellt man fest, dass die Verdoppelung von $c(S_2O_8^{2-})$ bei gleicher Iodidkonzentration zu einer doppelt so großen Reaktionsgeschwindigkeit führt. Die Reaktion ist somit 1. Ordnung in Hinblick auf $c(S_2O_8^{2-})$. Bei den Versuchen 2 und 3 ist jetzt $c(S_2O_8^{2-})$ gleich und $c(I^-)$ bei Versuch 2 doppelt so hoch wie in Versuch 3. Die Reaktionsgeschwindigkeit ist in Versuch 2 auch doppelt so groß wie in Versuch 3, sodass die Reaktionsgeschwindigkeit ebenfalls 1. Ordnung bezüglich $c(I^-)$ ist. Das Geschwindigkeitsgesetz lautet demnach:

$$r = k \cdot c(S_2O_8^{2-}) \cdot c(I^-)$$

b) Das Geschwindigkeitsgesetz wird nach *k* umgestellt und die Werte der einzelnen Versuchreihen werden eingesetzt. Man erhält für die jeweiligen Versuche:

$$k(1) = \frac{1{,}4 \cdot 10^{-4}\ mol \cdot L^{-1} \cdot s^{-1}}{0{,}030\ mol \cdot L^{-1} \cdot 0{,}060\ mol \cdot L^{-1}} \approx 7{,}8 \cdot 10^{-2}\ L \cdot mol^{-1} \cdot s^{-1}$$

$$k(2) = \frac{2{,}8 \cdot 10^{-4}\ mol \cdot L^{-1} \cdot s^{-1}}{0{,}060\ mol \cdot L^{-1} \cdot 0{,}060\ mol \cdot L^{-1}} \approx 7{,}8 \cdot 10^{-2}\ L \cdot mol^{-1} \cdot s^{-1}$$

$$k(3) = \frac{1{,}4 \cdot 10^{-4}\ mol \cdot L^{-1} \cdot s^{-1}}{0{,}060\ mol \cdot L^{-1} \cdot 0{,}030\ mol \cdot L^{-1}} \approx 7{,}8 \cdot 10^{-2}\ L \cdot mol^{-1} \cdot s^{-1}$$

Der Wert für die Geschwindigkeitskonstante ist: $k = 7{,}8 \cdot 10^{-2}\ L \cdot mol^{-1} \cdot s^{-1}$

c) Mit diesem Wert von *k* sowie den angegebenen Konzentrationen erhält man für die Reaktionsgeschwindigkeit:

$$r = 7{,}8 \cdot 10^{-2}\ L \cdot mol^{-1} \cdot s^{-1} \cdot 0{,}025\ mol \cdot L^{-1} \cdot 0{,}020\ mol \cdot L^{-1}$$
$$= 3{,}9 \cdot 10^{-5}\ mol \cdot L^{-1} \cdot s^{-1}$$

d) $r = k \cdot c^1(S_2O_8^{2-}) \cdot c^1(I^{-1}) \Rightarrow$ Gesamtordnung: $1 + 1 = 2$

Bei einigen wenigen Reaktionen findet man ein Geschwindigkeitsgesetz in der Form: $r = k$

In diesem Ausdruck erscheint keine Konzentration eines Edukts. Man spricht in diesen Fällen von einer **Reaktion 0. Ordnung**, denn es gilt:

$r = k \cdot c^0(\text{Edukt}) = k \cdot 1 = k$

Die Reaktionsgeschwindigkeit ist völlig unabhängig von der Konzentration. Das Edukt zerfällt bei solchen Reaktionen solange mit einer konstanten Geschwindigkeit, bis es völlig aufgebraucht ist. Die Reaktion bricht anschließend ab. Zu Reaktionen dieser Art gehören z. B. die Zersetzung von Distickstoffoxid N_2O an einer Goldoberfläche bei hohem Druck:

$2\ N_2O\ (g) \xrightarrow{Au} 2\ N_2\ (g) + O_2\ (g)$

sowie die Zersetzung von Ammoniak NH_3 an einem heißen Platindraht Pt:

$2\ NH_3\ (g) \xrightarrow{\text{Hitze, Pt}} N_2\ (g) + 3\ H_2\ (g)$

11.4 Einfluss der Temperatur auf die Reaktionsgeschwindigkeit

Führt man eine chemische Reaktion bei gleichbleibenden Konzentrationen der Edukte, aber bei unterschiedlichen Temperaturen durch, so stellt man fest, dass bei den meisten Reaktionen die Reaktionsgeschwindigkeit bei höherer Temperatur größer ist. Die Reaktion läuft schneller ab. Bei der Hydrolyse von Ethansäuremethylester steigt die Reaktionsgeschwindigkeit um den Faktor 1,8, wenn die Temperatur von 25 °C auf 35 °C erhöht wird, und bei der Hydrolyse von Saccharose um den Faktor 4 bei gleicher Temperaturerhöhung. Zwischen den Werten 1,5 und 4 liegt der Faktor für das Ausmaß der Temperaturabhängigkeit der Reaktionsgeschwindigkeit für viele Reaktionen in Lösung. Reaktionen in der Gasphase weisen hingegen nur eine schwache Temperaturabhängigkeit der Reaktionsgeschwindigkeit auf.

Dieser Befund für Reaktionen in Lösung stimmt mit einer von *Jacobus H. van't Hoff* (1852 – 1911) aufgestellten Regel, der **RGT-Regel** (**R**eaktions**g**eschwindigkeit-**T**emperatur-Regel) überein, nach der bei einer Temperaturerhöhung um 10 K die Reaktionsgeschwindigkeit um das Zweifache bis Vierfache ansteigt.

Betrachtet man die Geschwindigkeitsgesetze für die verschiedenen Reaktionsordnungen, muss die Temperaturabhängigkeit der Reaktionsgeschwindigkeit mit der Temperaturabhängigkeit der Geschwindigkeitskonstante zusammenhängen, da die Eduktkonzentrationen unverändert bleiben.

Die **Geschwindigkeitskonstante *k*** ist temperaturabhängig.

Mit diesem Problem der Temperaturabhängigkeit der Geschwindigkeitskonstante k befasste sich der schwedische Chemiker *Svante Arrhenius* (1859 – 1927). Er fand aufgrund experimenteller Untersuchungen, dass sich die Geschwindigkeitskonstante k exponentiell mit der Temperatur T ändert. Mit steigender Temperatur nimmt k exponentiell zu.

Bild 1 zeigt den typischen Kurvenverlauf. *Arrhenius* hat 1889 eine Gleichung gefunden, die den Verlauf dieser Kurve wiedergibt bzw. beschreibt. Die ***Arrhenius*-Gleichung** lautet:

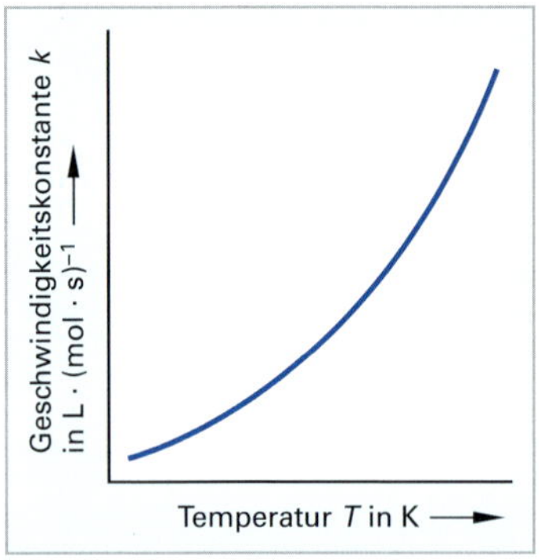

Bild 1: *k* in Abhängigkeit von der Temperatur *T*

$$k = A \cdot e^{-\frac{E_a}{R \cdot T}}$$

E_a	R	T
$J \cdot mol^{-1}$	$J \cdot mol^{-1} \cdot K^{-1}$	K

Gl. 11.7

In dieser nach ihm benannten *Arrhenius*-Gleichung ist:

- k die Geschwindigkeitskonstante,
- A der präexponentielle Faktor, eine für die jeweilige Reaktion spezifische Konstante unter definierten Bedingungen, in der die Stoßzahl z sowie der sterische Faktor P (berücksichtigt die Orientierung der Moleküle) aus der Kollisionstheorie enthalten sind,
- E_a die Aktivierungsenergie, der für eine erfolgreiche Reaktion nötige Energiebetrag,
- R die universelle Gaskonstante,
- T die absolute Temperatur.

In der logarithmierten Form lautet **Gleichung 11.7**:

$$\ln k = \ln A - \frac{E_a}{R \cdot T}$$

E_a	R	T
$J \cdot mol^{-1}$	$J \cdot mol^{-1} \cdot K^{-1}$	K

Gl. 11.8

Diese Gleichung gibt den linearen Zusammenhang zwischen dem Logarithmus von k und $\frac{1}{T}$ an. Trägt man ln k gegen $\frac{1}{T}$ auf, erhält man eine Gerade mit der Steigung: $m = -\frac{E_a}{R}$

In **Bild 1** ist der lineare Zusammenhang zwischen ln k und $\frac{1}{T}$ wiedergegeben. Der Schnittpunkt mit der Ordinate ln k ergibt den Wert für ln A (hier ist $\frac{1}{T} = 0$). Mit Hilfe der Arrhenius-Gleichung ist es möglich, die Aktivierungsenergie einer Reaktion zu berechnen oder grafisch zu bestimmen.

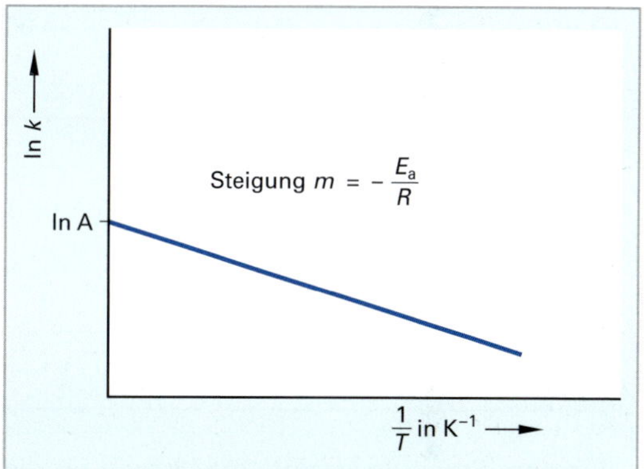

Bild 1: In k in Abhängigkeit von $\frac{1}{T}$

Bei Reaktionen mit kleinen Aktivierungsenergien, wie z. B. Neutralisationen, spielt die Temperaturerhöhung nur eine sehr kleine Rolle. Bei Reaktionen mit hoher Aktivierungsenergie dagegen ist die Temperaturabhängigkeit der Geschwindigkeitskonstanten sehr groß (hier beträgt der Faktor etwa 4).

Die Aktivierungsenergie einer Reaktion lässt sich berechnen, wenn man die zu zwei Temperaturen T_1 und T_2 zugehörigen Geschwindigkeitskonstanten k_1 und k_2 kennt. Aus **Gleichung 11.8** ergeben sich für k_1 und k_2 die Gleichungen:

$$\ln k_1 = \ln A - \frac{E_a}{R \cdot T_1} \quad \text{und} \quad \ln k_2 = \ln A - \frac{E_a}{R \cdot T_2}$$

Durch Subtraktion der zweiten von der ersten Gleichung erhält man:

$$\ln k_1 - \ln k_2 = \ln A - \frac{E_a}{R \cdot T_1} - \left(\ln A - \frac{E_a}{R \cdot T_2}\right) = \ln A - \frac{E_a}{R \cdot T_1} - \ln A + \frac{E_a}{R \cdot T_2}$$

$$= -\frac{E_a}{R \cdot T_1} + \frac{E_a}{R \cdot T_2}$$

Durch Umformung ergibt sich:

$$\ln \frac{k_1}{k_2} = \frac{E_a}{R} \cdot \left(\frac{1}{T_2} - \frac{1}{T_1}\right)$$

E_a	R	T
$J \cdot mol^{-1}$	$J \cdot mol^{-1} \cdot K^{-1}$	K

Gl. 11.9

Beispiel 11.5: Berechnung der Aktivierungsenergie

Für die Zersetzung von NO_2 in N_2 und O_2 besitzt die Geschwindigkeitskonstante bei 1 000 K den Wert 0,38 s^{-1} und bei 1 030 K den Wert 0,87 s^{-1}. Wie groß ist die Aktivierungsenergie für diese Reaktion?

Lösung:

Aus **Gleichung 11.9** folgt: $\ln \frac{0{,}38\ s^{-1}}{0{,}87\ s^{-1}} = \frac{E_a}{8{,}314\ J \cdot K^{-1} \cdot mol^{-1}} \cdot \left(\frac{1}{1\,030\ K} - \frac{1}{1\,000\ K}\right)$

$$E_a = \frac{8{,}314\ J \cdot K^{-1} \cdot mol^{-1}}{\left(\frac{1}{1030\ K} - \frac{1}{1000\ K}\right)} \cdot \ln \left(\frac{0{,}38\ s^{-1}}{0{,}38\ s^{-1}}\right)$$

$$E_a \approx 236\,442\ J \cdot mol^{-1} \approx 236{,}4\ kJ \cdot mol^{-1} \approx 2{,}4 \cdot 10^2\ kJ \cdot mol^{-1}$$

Auch auf grafischem Weg lässt sich die Aktivierungsenergie bestimmen, indem man in einem Diagramm den Logarithmus $\ln k$ gegen den Kehrwert von T (also $1/T$) aufträgt.

Beispiel 11.6: Bestimmung der Aktivierungsenergie auf grafischem Weg

Für eine Reaktion wurde die Abhängigkeit der Geschwindigkeitskonstante k von der Temperatur T untersucht. Dabei erhielt man folgende Werte:

***T* in K**	750	800	850	900
***k* in s^{-1}**	$1{,}8 \cdot 10^{-4}$	$2{,}7 \cdot 10^{-3}$	$3{,}0 \cdot 10^{-2}$	2,6

Lösung:

Man erstellt zunächst eine Wertetabelle mit den Werten von $\ln k$ und $\left(\frac{1}{T}\right) \cdot 10^3$.

ln *k*	– 8,6	– 5,9	– 3,5	0,9
$\left(\frac{1}{T}\right) \cdot 10^{-3}$	1,3	1,25	1,2	1,1

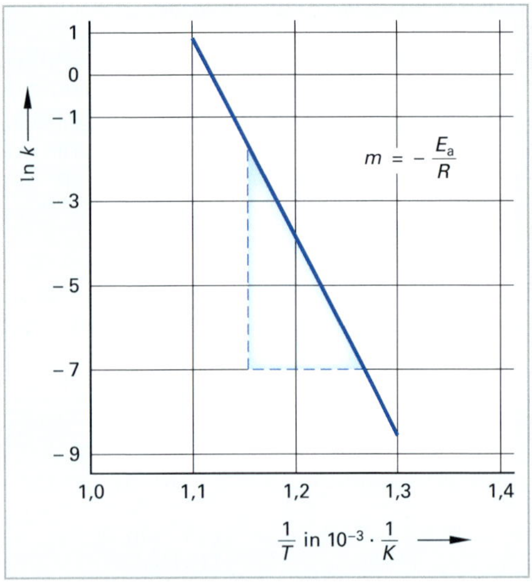

Bild 1: *x-y*-Diagramm zu Beispiel 11.6

Aus dem Steigungsdreieck erhält man für die Steigung m der Geraden:

$$m = \frac{-1{,}6 - (-7)}{(1{,}15 - 1{,}28) \cdot 10^{-3}\ K^{-1}}$$

$$= \frac{5{,}4}{-0{,}13 \cdot 10^{-3}\ K^{-1}} \approx -41\,538\ K$$

Mit $-\frac{E_a}{R} = m$ ergibt sich für E_a der Wert:

$$-E_a = m \cdot R = -41\,538\ K \cdot R$$

$$-E_a = -41\,538\ K \cdot 8{,}31\ J \cdot K^{-1} \cdot mol^{-1}$$

$$E_a \approx 345\,347\ J \cdot mol^{-1}$$

$$E_a \approx 345\ kJ \cdot mol^{-1} \approx 3{,}5 \cdot 10^2\ kJ \cdot mol^{-1}$$

Die ***Arrhenius*-Gleichung** wurde auf experimentellem Weg gefunden. *Arrhenius* ging bei der Interpretation seiner Versuche von der Kollisionstheorie für bimolekulare Reaktionen aus, die in der Gasphase stattfinden. Nach dieser Theorie reagieren nur solche Teilchen miteinander, die mit soviel kinetischer Energie zusammenstoßen, dass hierdurch Bindungen aufgebrochen werden können. Ein Stoß ist also nur dann erfolgreich, wenn die Teilchen mit einer gewissen kinetischen Mindestenergie E_{min} zusammenstoßen. Man kann die Teilchen modellhaft mit Billardkugeln vergleichen. Kollidieren sie nur langsam miteinander, entfernen sie sich nach dem Zusammenstoß wieder voneinander. Stoßen sie jedoch mit einer genügend hohen kinetischen Energie zusammen, können sie sich zertrümmern und in Stücke (Fragmente) zerfallen. Diese kinetische Mindestenergie entspricht der **Aktivierungsenergie E_a**.

Eine anschauliche Darstellung des Begriffs Aktivierungsenergie erhält man aus dem **Reaktionsprofil einer Reaktion**, bei der sich Moleküle nähern, um ein Produkt zu bilden. In der folgenden Betrachtung sollen zwei Moleküle als Edukte zusammenstoßen und Produkte bilden.

In dem Reaktionsprofil trägt man die **potentielle Energie der beiden Edukte** auf, wenn sie zusammenstoßen, dann reagieren und sich schließlich als Produkte trennen. **Bild 1** zeigt ein solches Reaktionsprofil. Die mittlere (gestrichelte) Linie repräsentiert die Energie der beiden unveränderten Edukte, wenn sie weit voneinander entfernt sind. Nähern sich die beiden Eduktteilchen, werden Abstoßungskräfte wirksam, die zu einer Abnahme der kinetischen Energie E_{kin} bei gleichzeitiger Zunahme der potentiellen Energie E_{pot} führen (die Summe der beiden Energien $E_{kin} + E_{pot}$ bleibt während der gesamten Reaktion konstant). Schließlich ist der Abstand zwischen den Molekülen so klein, dass die potentielle Energie ein Maximum erreicht und die kinetische Energie ein Minimum.

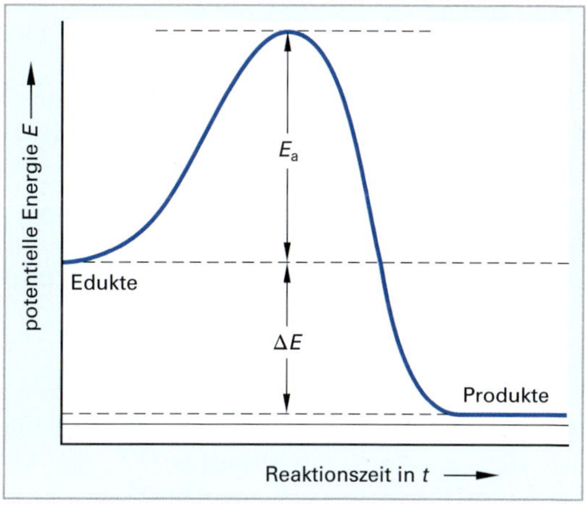

Bild 1: Reaktionsprofil

Bei diesem Maximum besitzen die beiden Moleküle die größtmögliche Verzerrung. Bilden sich neue Bindungen aus, nimmt die potentielle Energie ab und sinkt rechts vom Maximum mit wachsendem Abstand der Produktmoleküle schnell ab. Die kinetische Energie nimmt im selben Maße zu. Für den Eintritt einer solchen Reaktion müssen sich also die Moleküle mit einer so hohen kinetischen Energie nähern, dass sie die **Aktivierungsbarriere** (Energiebarriere), das Maximum der potentiellen Energie im Reaktionsprofil zwischen den Edukten und Produkten überwinden. Die ursprüngliche kinetische Energie der Eduktmoleküle muss mindestens so groß sein wie der für die Bildung des Maximums nötige Zuwachs an potentieller Energie. Die Höhe dieser Aktivierungsbarriere bzw. der nötige Zuwachs an potentieller Energie wird als **Aktivierungsenergie E_a** bezeichnet.

> Die **Aktivierungsenergie E_a** ist die für den Erfolg einer Reaktion minimale kinetische Energie beim Zusammenstoß. Sie besitzt für jede Reaktion einen charakteristischen Wert und ist weitgehend temperaturunabhängig.

Mit Hilfe der Aktivierungsenergie lässt sich auch erklären, warum die Bildung von HI aus den Elementen H_2 und I_2 mit einer anderen Geschwindigkeit verläuft als die Bildung von HCl aus den Elementen H_2 und Cl_2, wenn sowohl die Temperatur als auch die Konzentrationen der Edukte gleich sind. Die Aktivierungsenergie, die bei beiden Reaktionen zu überwinden ist, ist unterschiedlich hoch. Je größer die Aktivierungsenergie ist, desto kleiner ist die Reaktionsgeschwindigkeit bei einer gegebenen Temperatur und umso mehr nimmt sie bei steigender Temperatur zu. Wie aus dem Reaktionsprofil (**Bild 1**) ersichtlich, müssen Eduktmoleküle für einen erfolgreichen Zusammenstoß, der zu den Produkten führt, eine bestimmte kinetische Mindestenergie besitzen. Diese Forderung ist auch in den Voraussetzungen der Kollisionstheorie enthalten (s. Kap. 11.2, S. 343).

11

Bei der folgenden Betrachtung geht man wieder von zwei Molekülen A und B aus, die in der Gasphase miteinander reagieren. Sind die oben genannten Voraussetzungen zur Produktbildung erfüllt, ist die Stoßzahl z proportional zur Konzentration der Edukte:

$$z \sim c(\mathrm{A}) \cdot c(\mathrm{B})$$

Dieser Anforderung genügt jedoch nur ein Bruchteil der Moleküle. Man muss also die Stoßzahl z mit einem Faktor f multiplizieren, der den Anteil der Eduktmoleküle wiedergibt, welcher die geforderte kinetische Mindestenergie bzw. Aktivierungsenergie besitzt. Man erhält somit:

$$f \cdot z \sim f \cdot c(\mathrm{A}) \cdot c(\mathrm{B})$$

Der Faktor f lässt sich aus einer Beziehung, die der Wissenschaftler *Ludwig Boltzmann* (1844 – 1906) berechnet hat, wiedergeben:

$f = \mathrm{e}^{-\frac{E_{min}}{R \cdot T}}$ oder logarithmiert $\ln f = -\frac{E_{min}}{R \cdot T}$

Da E_{min} die kinetische Mindestenergie ist und diese gleich E_a ist, gilt somit:

$$\ln f = -\frac{E_{min}}{R \cdot T}$$

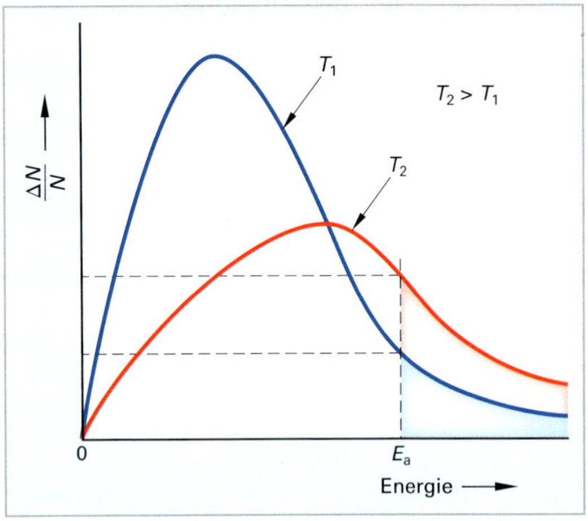

Bild 1: Energieverteilung nach *Boltzmann*

In **Bild 1** ist die Energieverteilung der Moleküle wiedergegeben. Aus dieser Abbildung wird deutlich, dass der Anteil der Moleküle $\frac{\Delta N}{N}$, die die nötige Aktivierungsenergie für den erfolgreichen Zusammenstoß bei der Temperatur T_1 besitzen, deutlich kleiner ist als der Anteil bei T_2.
Die Reaktionsgeschwindigkeit r ist proportional zur Stoßzahl z. Man erhält somit:

$r \sim z \sim c(\mathrm{A}) \cdot c(\mathrm{B})$. Mit dem Faktor f folgt hieraus: $r \sim f \cdot z \sim f \cdot c(\mathrm{A}) \cdot c(\mathrm{B})$

Und mit: $f = \mathrm{e}^{-\frac{E_a}{R \cdot T}}$ erhält man: $r \sim c(\mathrm{A}) \cdot c(\mathrm{B}) \cdot \mathrm{e}^{-\frac{E_a}{R \cdot T}}$

Vergleicht man diese Formel mit dem Geschwindigkeitsgesetz für eine Reaktion 2. Ordnung: $r = k \cdot c(\mathrm{A}) \cdot c(\mathrm{B})$ wird deutlich, dass folgende Proportionalität vorhanden sein muss:

$$k \sim \mathrm{e}^{-\frac{E_a}{R \cdot T}}$$

Durch Einführung des Proportionalitätsfaktors A erhält man:

$$k = \mathrm{A} \cdot \mathrm{e}^{-\frac{E_a}{R \cdot T}}$$

Diese Gleichung ist identisch mit der *Arrhenius*-Gleichung (**Gleichung 11.7**).

Die Stoßzahl z der Teilchen, welche die nötige kinetische Energie für einen erfolgreichen Zusammenstoß besitzen, lässt sich berechnen und somit auch die Konstante A der *Arrhenius*-Gleichung. Bei vielen Reaktionen findet man im Experiment aber einen Wert für A, der deutlich kleiner ist als der aus der Stoßzahl berechnete. Die gemessenen Reaktionsgeschwindigkeiten sind kleiner als diejenigen, die sich theoretisch mit der Stoßzahlberechnung ergeben. Es genügt also nicht, dass die Moleküle mit der nötigen kinetischen Energie nur zusammenstoßen, sondern sie müssen beim Stoß eine für die Reaktion günstige Orientierung zueinander haben, d. h. sie müssen „richtig" zusammenstoßen. Diese Forderung ist ebenfalls in der Kollisionstheorie enthalten (s. Kap. 11.2, S. 343). Berücksichtigt man den Faktor P für die günstige Orientierung (sterischer Faktor) neben der Stoßzahl z, so ergibt sich für die Geschwindigkeitskonstante k unter Berücksichtigung der Stoßzahl z sowie des sterischen Faktors P die Beziehung:

$$k = z \cdot P \cdot \mathrm{e}^{-\frac{E_a}{R \cdot T}}$$

Der Vergleich mit der *Arrhenius*-Gleichung zeigt, dass der präexponentielle Faktor A dem Produkt: $z \cdot P$ entspricht. Unbefriedigend an der Stoßtheorie ist, dass der sterische Faktor P nicht berechnet werden kann. Er muss aus experimentell ermittelten Werten von k so gewählt werden, dass eine möglichst gute Übereinstimmung mit den Versuchsergebnissen erzielt wird. Weiterhin ist die Stoßtheorie auf Reaktionen, die in Lösung ablaufen nur sehr begrenzt anwendbar, da Wechselwirkungen zwischen den Ionen auftreten.

11.5 Katalyse

Die Geschwindigkeit chemischer Reaktionen lässt sich durch die Konzentration der Edukte, die Änderung des Zerteilungsgrades und die Temperatur beeinflussen. Eine weitere Möglichkeit die Reaktionsgeschwindigkeit zu verändern, ist der Einsatz von **Katalysatoren**, die in einigen Fällen die gewünschte chemische Umsetzung sogar erst ermöglichen. Prinzipiell ist dies auf exergone, d. h. spontan ablaufende Reaktionen beschränkt (s. Kap. 14.3.3, S. 426).

Bei der Herstellung von Brombenzol gibt man zu dem Benzol zunächst Eisenspäne und lässt anschließend Brom zutropfen. Ohne die Zugabe der Eisenspäne oder anderer Verbindungen, wie z. B. $AlBr_3$, findet keine Umsetzung zwischen Brom und Benzol statt. Die Herstellung von Sauerstoff im Labor kann neben anderen Reaktionen durch Erhitzen von Kaliumchlorat $KClO_3$ erfolgen:

$$2\,KClO_3 \xrightarrow{MnO_2} 2\,KCl + 3\,O_2$$

Diese Reaktion läuft selbst bei höherer Temperatur nur sehr langsam ab. Gibt man vor dem Erhitzen jedoch eine kleine Menge MnO_2 zu dem $KClO_3$, so erfolgt die Sauerstoffentwicklung sehr schnell und auch bei niedrigeren Temperaturen mit ausreichender Geschwindigkeit. Nach der Reaktion liegt das MnO_2 unverändert vor. Diese Beobachtung macht man auch bei der Zersetzung einer wässrigen Lösung von Wasserstoffperoxid H_2O_2:

$$2\,H_2O_2 \xrightarrow{MnO_2} 2\,H_2O + O_2$$

Auch hier liegt am Ende das vorher zugegebene MnO_2 unverändert vor. Diese Eigenschaft, die Reaktionsgeschwindigkeit zu verändern, ohne selbst verbraucht zu werden, ist für **Katalysatoren** charakteristisch.

Ein **Katalysator** ist eine Substanz, welche die Geschwindigkeit einer chemischen Reaktion erhöht, ohne dass sie selbst bei dieser Reaktion eine bleibende Veränderung erfährt oder verbraucht wird.

Erhöht der Katalysator die Reaktionsgeschwindigkeit, spricht man von einer **positiven Katalyse** und einem **positiven Katalysator**. Bei einigen wenigen Reaktionen wird allerdings durch den Zusatz bestimmter Stoffe, sogenannter **negativer Katalysatoren**, die Reaktionsgeschwindigkeit vermindert oder die Reaktion auf einer bestimmten Stufe angehalten. Hier spricht man von einer **negativen Katalyse**. Diese negativen Katalysatoren dürfen allerdings nicht mit den **Inhibitoren**, die auf gleiche Weise wirken, verwechselt werden, da Inhibitoren bei der Reaktion verbraucht werden. Bei der partiellen Hydrierung von Alkinen zu Alkenen verwendet man z. B. spezielle Katalysatoren, die in gewissem Umfang inaktiviert sind, damit die Hydrierung zum Alkan verhindert wird. Bei der Herstellung von Kunststoffen durch die Polymerisation wird dagegen bei einer bestimmten, gewünschten Kettenlänge des Polymeren ein Inhibitor zugesetzt, um die Reaktion abzubrechen.

Katalysatoren können nicht nur wie in den geschilderten Beispielen dem Reaktionssystem zugegeben werden, sondern sich auch im Verlauf der Reaktion bilden. In diesen Fällen spricht man von einer **autokatalysierten Reaktion**.

In der chemischen Industrie ist der Einsatz von Katalysatoren unerlässlich, um aus gleichen Edukten verschiedene, gewünschte Produkte zu erhalten oder um industriell wichtige Stoffe, wie z. B. Ammoniak NH_3, in größeren Mengen in vertretbaren Zeitabständen zu produzieren. So reagiert z. B. Propen mit Sauerstoff je nach eingesetztem Katalysator zu den unterschiedlichsten Produkten. In Tabelle 1, S. 354, sind einige relevante katalytische Reaktionen dargestellt.

Tabelle 1: Wichtige, bedeutsame katalytische Reaktionen

Edukte	Katalysator / Bedingungen	Produkte
$CH_3-CH=CH_2 + O_2$	Bi, Mo	$CH_2=CH-CHO$ (Propenal) + H_2O
$2\ CH_3-CH=CH_2 + O_2$	Sn	$2\ CH_3-CO-CH_3$ (Propanon)
$CH_3-CH=CH_2 + O_2$	Ti, V	CH_3-CH_2-COOH (Propansäure)
$2\ CH_3-CH=CH_2 + O_2$	Tl, W	$2\ CH_2-CH-CH_3$ (with O bridge between C1 and C2) (1,2-Epoxypropan)
$2\ SO_2 + O_2$	V_2O_5, 500 °C	$2\ SO_3$ (Schwefeltrioxid)
$N_2 + 3\ H_2$	Fe (Al_2O_3, K_2O), 480 °C, 250 bar	$2\ NH_3$ (Ammoniak)
$C_6H_6 + Br_2$	$AlBr_3$	$C_6H_5Br + HBr$ (Brombenzol und Bromwasserstoff)
$CH_3COOH + C_2H_5OH$	H_2SO_4	$CH_3COOC_2H_5 + H_2O$ (Essigsäureethylester und Wasser)

11.5.1 Wirkungsweise von Katalysatoren

Die für die chemische Industrie und Technik sowie die Biochemie interessanteste und wichtigste Frage, wie ein Katalysator in einen Reaktionsablauf eingreift, kann beim gegenwärtigen Kenntnisstand der Wissenschaft nicht umfassend und allgemein gültig beantwortet werden. Die verschiedenen Katalysatoren verursachen in der Regel unterschiedliche Wirkungsmechanismen, die im Einzelnen, von wenigen Ausnahmen abgesehen, noch nicht restlos aufgeklärt sind. Sicher ist dagegen, dass ein Katalysator in das Reaktionsgeschehen eingreift, auch wenn er im Reaktionsverlauf nicht verbraucht wird. Mit diesem Eingriff in den Ablauf der Reaktion ist die Beobachtung verbunden, dass katalysierte Reaktionen immer eine geringere Aktivierungsenergie (s. S. 351) benötigen als nicht-katalysierte Reaktionen.

Man geht davon aus, dass die Reaktion in Anwesenheit eines Katalysators über einen anderen Weg, d. h. einen anderen Reaktionsmechanismus verläuft als ohne Katalysator und dieser „katalysierte" Weg eine geringere Aktivierungsenergie erfordert.

Ein **Katalysator** greift in eine chemische Reaktion ein, indem er ihren Mechanismus ändert und die Aktivierungsenergie herabsetzt, wobei er aber im Idealfall bei der Reaktion nicht verbraucht wird.

Die Art und Weise, wie ein Katalysator in das Reaktionsgeschehen eingreift und die Aktivierungsenergie erniedrigt, ist sehr unterschiedlich. Sie hängt u. a. davon ab, ob es sich um eine homogene oder eine heterogene Katalyse handelt.

11.5.2 Homogene Katalyse

Bei dieser Art von Katalyse liegen der Katalysator und die Edukte in der gleichen Phase vor. Die Reaktionen finden meist in der Gas- oder Flüssigphase statt. Für eine Reaktion: $A + B \rightarrow C$ nimmt man modellhaft für die Wirkungsweise des Katalysators K bei diesem Katalysetyp folgenden Reaktionsverlauf an:

$$\begin{array}{l} A + K \rightarrow AK \\ AK + B \rightarrow C + K \\ \hline A + B \xrightarrow{K} C \end{array}$$

Die Reaktionsprofile für die Reaktion mit und ohne Katalysator zeigen **Bild 1** und **Bild 2**.

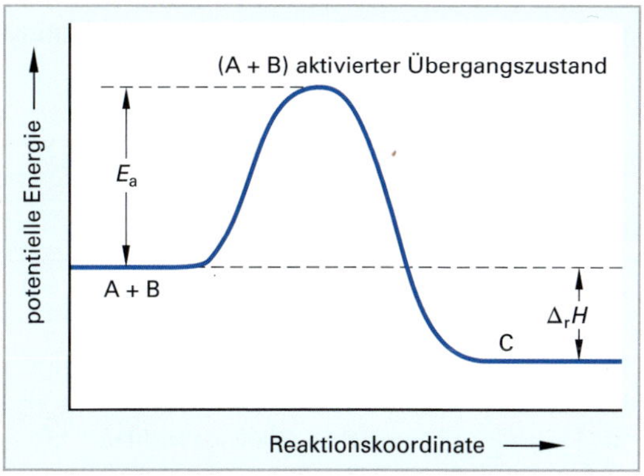

Bild 1: Enthalpiediagramm für eine exotherme Reaktion A + B → C, die ohne Katalysator über einen Übergangszustand verläuft

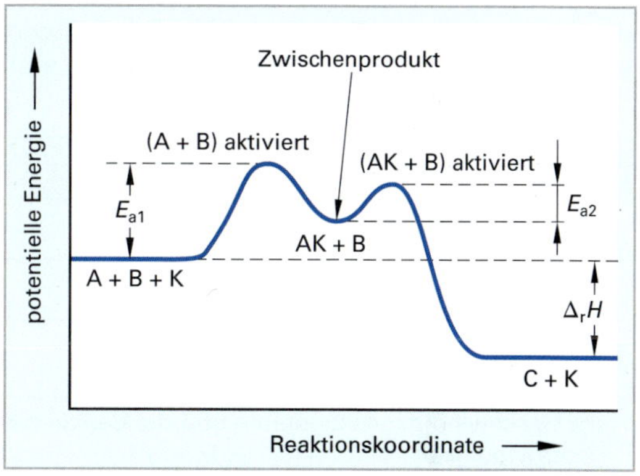

Bild 2: Enthalpiediagramm für eine exotherme Reaktion A + B → C, die mit Katalysator und über ein Zwischenprodukt verläuft

Bei der Reaktion ohne Katalysator (**Bild 1**) ist die Aktivierungsenergie E_a deutlich größer als die beiden Aktivierungsenergien E_{a1} und E_{a2} bei der katalysierten Reaktion (**Bild 2**). Die Reaktionsgeschwindigkeit ist somit kleiner. Die katalysierte Reaktion (**Bild 2**) wird in Teilschritte zerlegt. Aus einem der Edukte A und dem Katalysator K bildet sich zunächst das Zwischenprodukt AK. Für dessen Entstehung genügt die im Vergleich zu E_a kleinere Aktivierungsenergie E_{a1}. Das Zwischenprodukt AK reagiert sofort unter geringem Aktivierungsenergieaufwand E_{a2} weiter zum Produkt C, wobei der Katalysator freigesetzt wird und erneut eingesetzt werden kann. Jeder dieser Teilschritte (prinzipiell können es auch mehr als zwei sein) besitzt eine kleinere Aktivierungsenergie als die nichtkatalysierte Reaktion, so dass auch die Gesamtaktivierungsenergie hier kleiner ist. Eine Erhöhung der Reaktionsgeschwindigkeit tritt also immer ein, wenn $E_{a1} < E_a$ und $E_{a2} < E_a$ ist. Man erkennt auch, dass die Reaktion mit Katalysator über einen ganz anderen Reaktionsweg verläuft. Die höhere Reaktionsgeschwindigkeit bei kleinerer Aktivierungsenergie ergibt sich zum einen aus der *Arrhenius*-Gleichung und zum anderen aus der Energieverteilung der Moleküle bei einer bestimmten Temperatur, wie in **Bild 3** dargestellt.

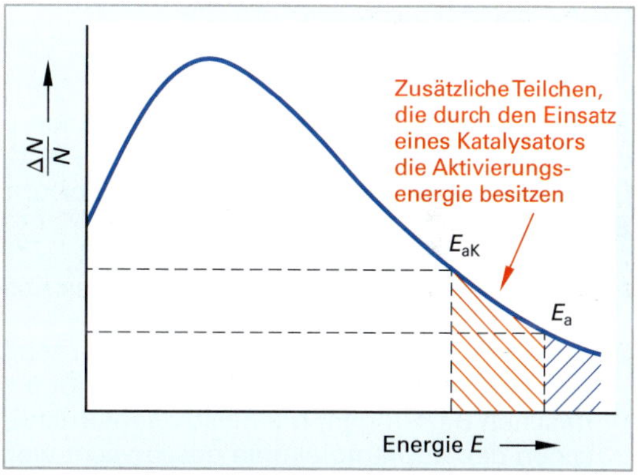

Bild 3: Energieverteilung der Moleküle bei einer bestimmten Temperatur

Aus **Bild 3** ist ersichtlich, dass der Anteil der reaktionsfähigen Moleküle, die bei einer nicht-katalysierten Reaktion die Aktivierungsenergie E_a besitzen, deutlich kleiner ist als der Anteil von reaktionsfähigen Molekülen, welche die Aktivierungsenergie E_{aK} haben, die bei der katalysierten Reaktion jedoch ausreicht. Bei der katalysierten Reaktion können also mehr Moleküle miteinander reagieren.

Den **Bildern 1** und **2**, S. 355, kann man weiterhin entnehmen, dass die **Reaktionsenthalpie $\Delta_r H$** (s. Kap 14.2.2, S. 415) durch den Zusatz eines Katalysators nicht verändert wird. Für Gleichgewichtsreaktionen bedeutet dies, dass die Lage eines chemischen Gleichgewichtes auch bei der Verwendung eines Katalysators unverändert bleibt. Die Aktivierungsenergien der Hin- und Rückreaktion werden bei einer reversiblen Reaktion also gleichermaßen katalysiert. Das Gleichgewicht stellt sich bei solchen Reaktionen somit nur schneller ein.

Fasst man die bisherigen Aussagen über die Wirkungsweise von Katalysatoren zusammen, so ergeben sich die in **Tabelle 1** aufgeführten wichtigen Merkmale. Diese Eigenschaften von Katalysatoren sind unabhängig von der Art der Katalyse.

Tabelle 1: Wirkungsweise von Katalysatoren

Ein Katalysator verändert...	Ein Katalysator verändert nicht...
- den Reaktionsverlauf (Mechanismus)	- seine eigene Zusammensetzung
- die Aktivierungsenergie bzw. die freie Aktivierungsenthalpie	- die Reaktionsenthalpie einer chemischen Reaktion
- die Geschwindigkeitskonstante und die Reaktionsgeschwindigkeit	- die Lage eines chemischen Gleichgewichtes
- die Zeit, in der sich ein chemisches Gleichgewicht einstellt	
- in manchen Fällen auch die Reaktionsordnung	

11.5.3 Heterogene Katalyse

Bei der **heterogenen Katalyse** liegen Edukte und Katalysator in verschiedenen Phasen vor. Sie spielt bei technischen Prozessen wie z. B. der Ammoniak-Synthese oder der Schwefelsäure-Gewinnung eine wichtige Rolle. Auch hier unterteilt man die Reaktion in mehrere Teilschritte (s. **Bild 1**, S. 357):

1. Diffusion der Edukte zur Oberfläche des Katalysators (Schritt 1).

2. Adsorption der Moleküle (eines oder mehrere) auf der Oberfläche des Katalysators. Dies ist ein physikochemischer Vorgang; es bilden sich Adsorptionsverbindungen mit schwachen chemischen Bindungen; die Elektronenstruktur der Edukte wird verändert, indem Bindungen zwischen den Eduktmolekülen geschwächt werden (Schritte 2, 4, 6).

3. Chemische Umwandlung in der Adsorptionsschicht, d. h. Reaktionen auf der Oberfläche des Katalysators, in deren Verlauf Bindungen in Eduktteilchen gespalten werden und neue Bindungen geknüpft werden (Schritte 3, 5, 7).

4. Desorption der Produkt-Moleküle von der Katalysatoroberfläche (Schritt 8).

5. Wegdiffusion der Produkte von der Katalysatoroberfläche (Schritt 8).

In solchen Teilschritten verläuft auch die technische Synthese von Ammoniak NH_3 aus Stickstoff N_2 und Wasserstoff H_2 (s. Kap. 16.1.2, S. 476). Als Katalysator wird hierbei Eisen Fe eingesetzt, dessen Wirksamkeit durch Zusatz von Promotoren, wie z. B. K_2O und Al_2O_3 oder Fe_3O_4, erhöht wird. In **Bild 1**, S. 357, sind die Teilschritte dieses Verfahrens an der Katalysatoroberfläche wiedergegeben.

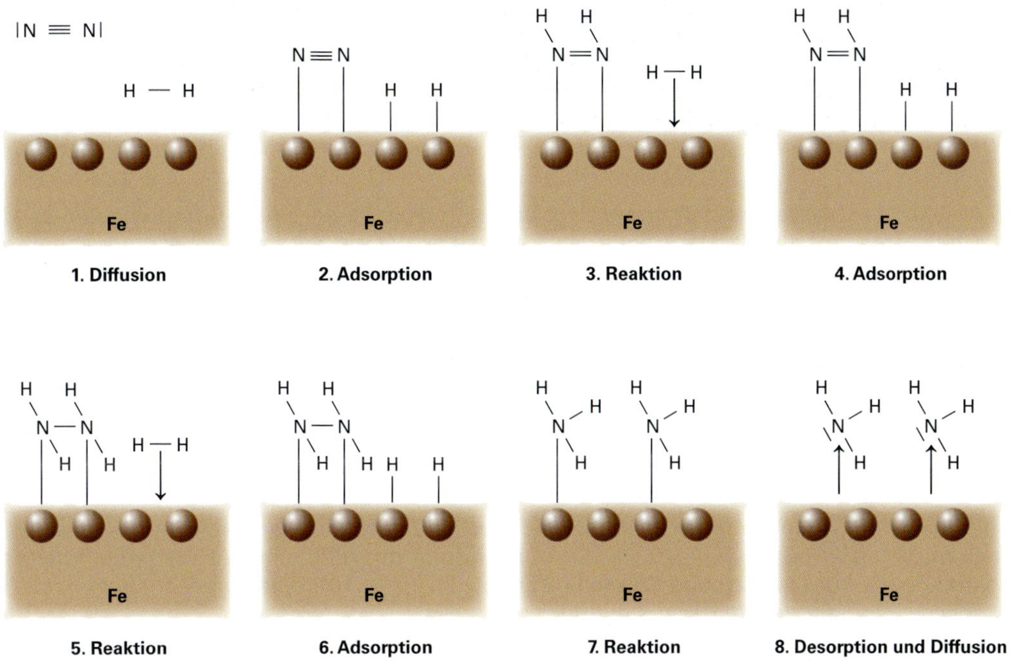

Bild 1: Katalytische Synthese von Ammoniak (Beispiel einer heterogenen Katalyse)

Bei dieser Synthese erfüllt das Eisen als Katalysator vor allem zwei wichtige Funktionen. Zum einen lockert die Adsorption der Wasserstoff-Moleküle an der Eisen-Oberfläche die H-H-Bindung dieser Moleküle, so dass leicht freie H-Atome entstehen, die sich an die Oberfläche des Katalysators binden. Zum anderen halten die Eisen-Atome auch die Stickstoff-Atome an der Oberfläche fest, so dass sie sich dort im Verlauf der Reaktion zu NH, NH_2 und schließlich zu NH_3-Molekülen dem gewünschten Produkt vereinigen können.

Mit welcher Wahrscheinlichkeit eine Bindung zwischen N- und H-Atomen entsteht, hängt davon ab, wie fest sich der Stickstoff an das Eisen bindet. In der Tat ist die Bindung zwischen Eisen- und Stickstoff-Atomen gerade stark genug, dass diese nicht wieder zu N_2-Molekülen rekombinieren, aber andererseits hinreichend schwach, um die Reaktion zwischen N-Atomen und Wasserstoff zu ermöglichen.

Neben Eisen gibt es weitere andere Metalle, die zwar die Spaltung von N_2 in seine Atome noch effektiver unterstützen als Eisen, die N-Atome aber so stark an ihre Oberfläche binden, dass diese nicht mit den H-Atomen zu NH_3 reagieren können.

Der deutsche Chemiker *Fritz Haber* (1868 – 1934), der zusammen mit dem Chemiker und Industriellen *Carl Bosch* (1874 – 1940), das *Haber-Bosch*-Verfahren entwickelte, testete mehr als 1000 Substanzen, bevor er sich für Eisen als Katalysator entschied.

Für jede chemische Reaktion benötigt man spezifische Katalysatoren mit einer ganz spezifischen Wirksamkeit. Die einzelnen Katalysatoren wirken bei chemischen Umsetzungen **selektiv** (**Tabelle 1**, S. 354). Untersuchungen über diese selektive Wirkung einzelner Katalysatoren sind Gegenstand der **Oberflächenchemie**, die seit Mitte der achtziger Jahre mit speziellen Verfahren (*Hreel*-Spektroskopie) bei einigen Reaktionen die Wechselwirkung des Katalysators mit den Edukten aufklären konnte.

Auch die Automobilindustrie untersuchte z. B. mit der *Hreel*-Spektroskopie die Wechselwirkung von Rhodium-Einkristallen mit den Autoabgaskomponenten Stickstoffmonoxid NO und Kohlenstoffmonoxid CO mit dem Ziel, die Abgaskatalysatoren für Kraftfahrzeuge weiter zu verbessern. Die Hauptaufgabe dieser Abgaskatalysatoren besteht darin, umweltschädigende Stickoxide NO_x, Kohlenstoffmonoxid CO und unverbrannte Kohlenwasserstoffe C_xH_y, die in den Autoabgasen enthalten sind, in die ungiftigen Gase Stickstoff N_2, Kohlenstoffdioxid CO_2 und Wasser H_2O umzuwandeln.

Den Aufbau des Dreiwege-Katalysators zeigt **Bild 1**. Er besteht aus einem Edelstahlgehäuse, das den Katalysator umschließt. Der Träger des Katalysators ist ein Keramikkörper mit wabenförmigen Gängen. Sie sind mit einer Schicht aus Aluminiumoxid überzogen, wodurch ihre Oberfläche vergrößert wird. Auf der Schicht befindet sich der eigentliche Katalysator, eine kleine Menge einer Pt-Rh-Legierung (z.T. auch eine Pt-Pd-Rh-Legierung). An der Metalloberfläche reagieren NO_x, CO sowie C_xH_y zu den Endprodukten CO_2, N_2 und H_2O (**Bild 1**). Zudem begünstigt und beschleunigt der Katalysator Rh die Reaktion zwischen den giftigen Gasen NO und CO zu CO_2 und N_2:

$$2\,CO\,(g) + 2\,NO\,(g) \xrightarrow{Pt/Pd/Rh} 2\,CO_2\,(g) + N_2\,(g)$$

Damit das richtige stöchiometrische Verhältnis von CO und NO vorhanden ist, muss das Benzin-Luft-Gemisch elektronisch geregelt werden. Dies erfolgt mit Hilfe einer auf Sauerstoff sensibel reagierenden Sonde, der **Lambda-Sonde** (λ-Sonde), die beheizt wird und in einem Regelkreis das Einspritzsystem oder den Vergaser steuert.

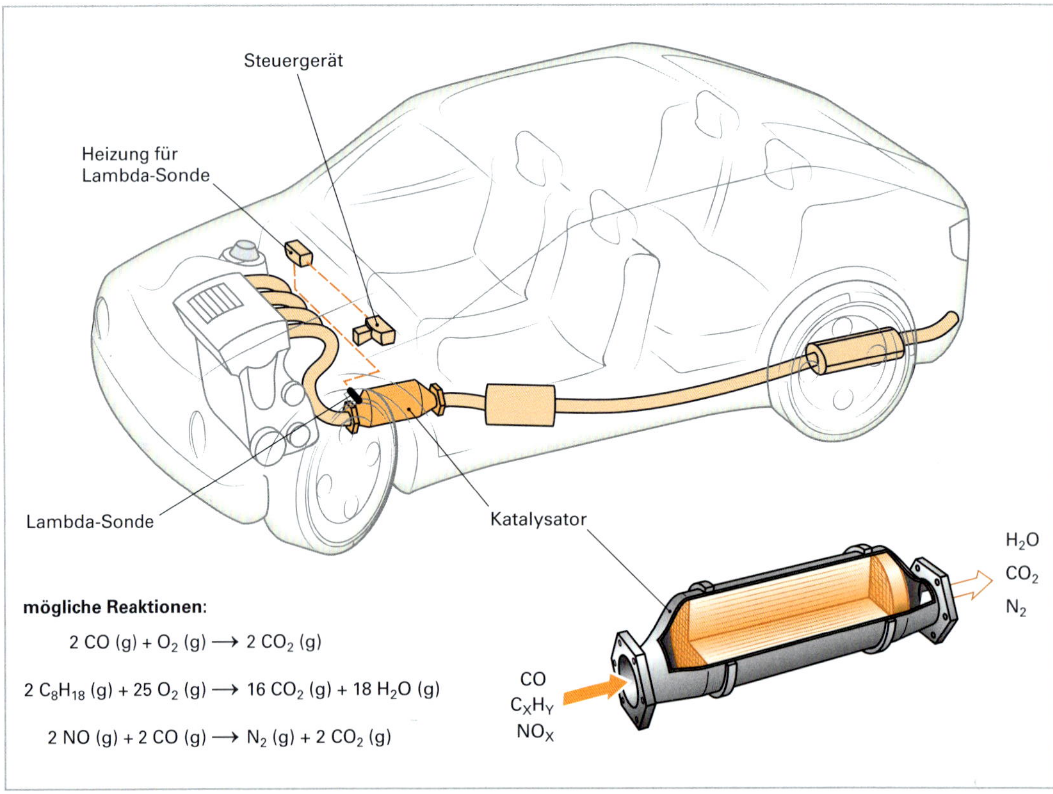

Bild 1: Autoabgaskatalysator

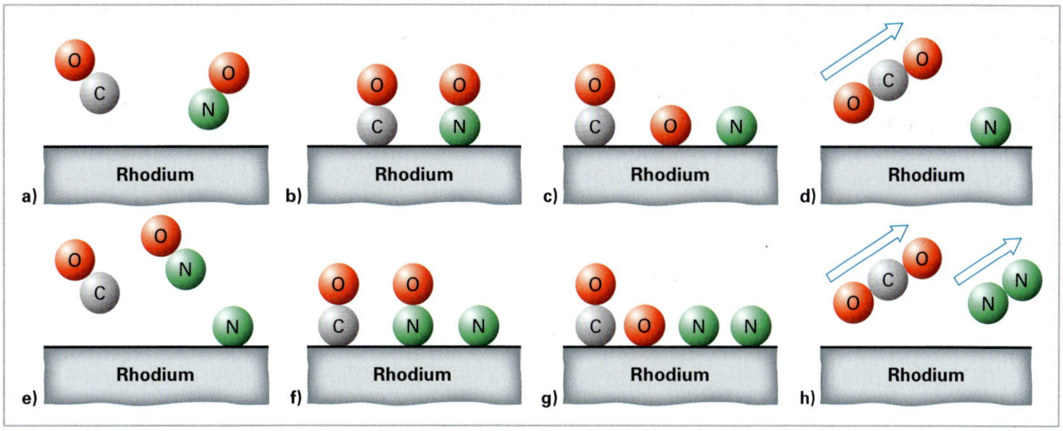

Bild 1: Katalytische Wirkung von Rhodium beim Abgaskatalysator

Die beiden Gase CO und NO binden sich nach der Diffusion an die Katalysatoroberfläche von Rhodium (**Bild 1**, a und b). Das NO-Molekül dissoziiert hierbei in ein O- und ein N-Atom (c). Anschließend reagiert das an die Katalysatoroberfläche gebundene O-Atom mit CO zu CO_2 (d). Werden nun in der Nähe des verbliebenen N-Atoms ein weiteres CO- und NO- Molekül adsorbiert, fördert der Rhodium-Katalysator die Bildung eines zweiten Moleküls CO_2 sowie die Bildung eines N_2-Moleküls (**Bild 1**, e bis h).

Die erstaunlichsten Katalysatoren sind allerdings die an Lebensvorgängen beteiligten **Enzyme**, die als **Biokatalysatoren** wirken und den Zellstoffwechsel überhaupt erst ermöglichen. Vergleicht man sie mit den in der Technik eingesetzten Katalysatoren, zeichnen sich die Enzyme durch folgende Eigenschaften besonders aus:

- hohe Reaktionsgeschwindigkeit bei Normaltemperatur und Normaldruck,
- hohe Substrat- und Wirkungsspezifität,
- gute Ausbeute und Wirksamkeit bei geringen Katalysatormengen.

Die Wirkungsweise von Enzymen wird oft mit dem Begriff **Schlüssel-Schloss-Prinzip** beschrieben (**Bild 2**). Das Enzym besitzt ein aktives Zentrum an der Oberfläche, das mit einem Schloss verglichen werden kann. In dieses passt nur ein ganz spezieller Schlüssel, d. h. das **Substrat-Molekül**, die von dem Enzym umgesetzte Substanz. Sie muss eine ganz bestimmte Struktur besitzen. Man sagt auch, Enzyme wirken **substratspezifisch**. Aufgrund der Bindungsverhältnisse am aktiven Zentrum katalysiert das Enzym nur eine von mehreren möglichen Reaktionen, d. h. Enzyme haben auch eine **Wirkungsspezifität**. In einem ersten Reaktionsschritt erhält man aus dem Enzym und dem Substrat einen **Enzym-Substrat-Komplex**. Anschließend wird das Substrat-Molekül zu den Produkten umgesetzt. Nach der Reaktion verlässt das umgesetzte Substrat dann das aktivierte Zentrum, um in einem weiteren, anderen biochemischen Prozess mit einem anderen Enzym wieder als Substrat aufzutreten. Das Enzym steht nach der Reaktion wieder für die nächsten Substrat-Moleküle zur Verfügung. Die hohe Selektivität und Spezifität von Enzymen ist eine Folge dieses Schlüssel-Schloss-Prinzips.

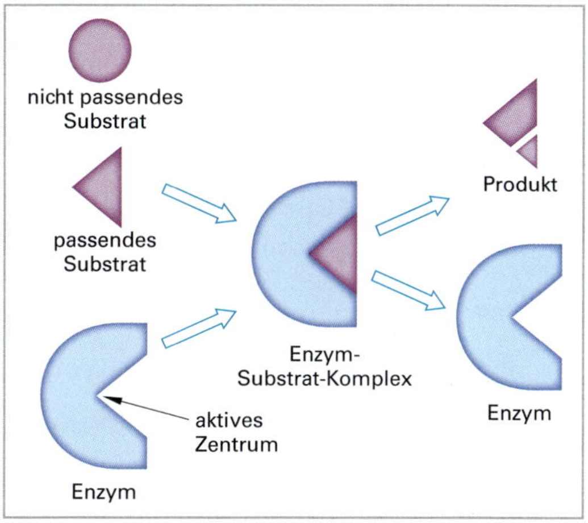

Bild 2: Schematische Darstellung einer Enzymkatalyse

Die Forschungen über **Biokatalysatoren** haben in den letzten Jahren einen enormen Aufschwung erfahren und ihre Nutzung bei Synthesen und Abbaureaktionen nimmt ständig zu. Enzyme können häufig ohne Wirkungsverlust aus Zellen isoliert werden und als wiederverwendbare Katalysatoren in der Medizin, Chemie, Biochemie und Biotechnologie genutzt werden. Problematisch beim Einsatz von synthetischen Wirkstoffen mit ähnlichen Eigenschaften ist die Tatsache, dass Biokatalysatoren, insbesondere die Enzyme, vom Organismus immer neu gebildet werden. Die Technik ist leider noch nicht auf dem Stand, sich selbst regulierenden Systeme zu verwirklichen. Mit Hilfe der Biotechnologie, deren Anwendung ebenfalls stetig größer wird, lässt sich dieses Problem jedoch vielleicht eines Tages lösen.

Die Vergiftung von lebenden Zellen kann in den meisten Fällen mit der Vergiftung eines Katalysators gleichgesetzt werden . Die Wirkung von Katalysatoren wird zerstört, wenn ein unerwünschtes Substrat zu fest gebunden wird, da damit der aktive Platz für das reagierende Substrat blockiert wird. Bei biochemischen Reaktionen wird eine Kette von Reaktionen unterbrochen und die Zelle stirbt ab. Arsen, ein in der Kriminalliteratur beliebtes Gift, wirkt z. B. nach der Einnahme in Form von Arsenat-Ionen (AsO_4^{3-}) blockierend auf die SH-Gruppen der Enzyme. Ähnlich wirken auch kleine Mengen Arsen auf Platin, das früher bei der Herstellung von SO_3 aus SO_2 eingesetzt wurde. Die katalytische Wirkung des Platins wird aufgehoben, die Reaktion findet nicht statt.

$$2\,SO_2 + O_2 \xrightarrow{Pt + As} 2\,SO_3$$

Bei Vergiftungen mit CO wird das Gas stärker an das Eisen des Hämoglobins (roter Blutfarbstoff) gebunden als Sauerstoff, so dass der Tod durch Sauerstoffmangel (Ersticken) eintreten kann. Auf die Abgaskatalysatoren wirkt Blei als Katalysatorgift, sodass nur bleifreies Benzin als Kraftstoff verwendet werden darf.

Aufgaben:

1. Die Zersetzungsgeschwindigkeit von Hydrogeniodid HI beträgt bei einer bestimmten Temperatur $r = 6{,}0 \cdot 10^{-3}$ mol · L^{-1} · s^{-1}. Berechnen Sie die Bildungsgeschwindigkeit von H_2 bei dieser Reaktion, wenn für den Zerfall gilt: $2\,HI\,(g) \rightarrow H_2\,(g) + I_2\,(g)$.

2. Berechnen Sie die Zerfallsgeschwindigkeit von H_2 bei der Bildung von Ammoniak, wenn für die Bildungsgeschwindigkeit von NH_3 $r = 1{,}15$ mol · L^{-1} · s^{-1} gilt und die Reaktion nach der Gleichung $N_2\,(g) + 3\,H_2\,(g) \rightarrow 2\,NH_3\,(g)$ abläuft.

3. Oxidiert man SO_2 mit O_2 unter Verwendung von V_2O_5 als Katalysator, so reagieren sie zu SO_3 nach der Gleichung: $SO_2 + \frac{1}{2}\,O_2 \rightarrow SO_3$

   Das Geschwindigkeitsgesetz für diese Reaktion lautet: $r = k \cdot c\,(SO_2) \cdot c^{-\frac{1}{2}}\,(SO_3)$

   a) Bestimmen Sie die Gesamtreaktionsordnung für diese Reaktion.

   b) Erläutern Sie, wie sich die Reaktionsgeschwindigkeit verändert, wenn die Konzentration von SO_3 erhöht wird.

4. Die Ordnung einer Reaktion ist bezogen auf ein Edukt:

   a) 1. Ordnung, **b)** 2. Ordnung **c)** 0. Ordnung, **d)** 3. Ordnung, **e)** der Ordnung 1/2.

   Geben Sie die Reaktionsgeschwindigkeit in den einzelnen Fällen an, wenn die Konzentration des Eduktes verdoppelt wird.

5. Für eine im Technikum durchgeführte Umsetzung der Reaktion A + 2 B $\rightarrow$ C erhält man für drei Versuche folgende Werte. Die Temperatur war bei allen Versuchen gleich.

Versuchsnummer	**c(A) in mol · L^{-1}**	**c(B) in mol · L^{-1}**	**Bildungsgeschwindigkeit r(C) in mol · L^{-1} · s^{-1}**
1	0,20	0,10	$7{,}0 \cdot 10^{-5}$
2	0,20	0,20	$2{,}8 \cdot 10^{-4}$
3	0,40	0,10	$7{,}0 \cdot 10^{-5}$

Bestimmen Sie für diese Reaktion:

a) die Ordnung der Reaktion bezüglich A und B,

b) die Gesamtreaktionsordnung,

c) das Geschwindigkeitsgesetz,

d) den Wert der Geschwindigkeitskonstante k,

e) die Reaktionsgeschwindigkeit, wenn $c(\text{A}) = 0{,}30 \text{ mol} \cdot \text{L}^{-1}$ und $c(\text{B}) = 0{,}050 \text{ mol} \cdot \text{L}^{-1}$ ist.

6. Für die Reaktion 2 HI (g) $\rightarrow$ H_2 (g) + I_2 (g) ist die Aktivierungsenergie $1{,}8 \cdot 10^2 \text{ kJ} \cdot \text{mol}^{-1}$.

Berechnen Sie die Geschwindigkeitskonstante k_1 bei $T_1 = 575$ K, wenn sie bei $T_2 = 630$ K einen Wert $k_2 = 6{,}0 \cdot 10^{-5} \text{ L} \cdot \text{mol}^{-1} \cdot \text{s}^{-1}$ hat.

7. Die Aktivierungsenergie für die Zersetzung von N_2O_5 in NO und O_2 beträgt $88 \text{ kJ} \cdot \text{mol}^{-1}$.

Bei der Temperatur $\vartheta_1 = 45$ °C ist $k_1 = 5{,}0 \cdot 10^{-4} \cdot \text{s}^{-1}$.

Berechnen Sie die Temperatur ϑ_2, bei der $k_2 = 8{,}4 \cdot 10^{-4} \cdot \text{s}^{-1}$ ist.

8. Für die Eliminierung von Iodethan (Ethyliodid) in Ethen und Hydrogeniodid nach der Gleichung C_2H_5I (g) $\rightarrow$ C_2H_4 (g) + HI (g) wurde die Abhängigkeit der Geschwindigkeitskonstante von der Temperatur bestimmt. Dabei erhielt man die in der Tabelle angegebenen Werte:

***T* in K**	660	680	720	760
***k* in s^{-1}**	$7{,}2 \cdot 10^{-4}$	$2{,}2 \cdot 10^{-3}$	$1{,}0 \cdot 10^{-2}$	0,11

Bestimmen Sie auf grafischem Weg die Aktivierungsenergie für diese Reaktion.

9. Erklären Sie die Wirkungsweise eines positiv wirkenden Katalysators.

10. Erläutern Sie die prinzipiellen Unterschiede zwischen einer homogenen und einer heterogenen Katalyse.

11. Skizzieren Sie das Reaktionsprofil für eine

a) exotherme Reaktion mit und ohne Einsatz eines Katalysators.

b) endotherme Reaktion mit und ohne Einsatz eines Katalysators.

Beschriften Sie beide Diagramme ausführlich.

12

12 Chemisches Gleichgewicht

In einigen der bisherigen Kapitel wurden physikalisch-chemische Prozesse, wie z. B. das Verdampfen in einem abgeschlossenen Gefäß (s. Kap. 3.5, S. 77) oder das Lösen (s. Kap. 9.1, S. 273) besprochen, bei denen sich nach einer bestimmten Zeit ein Zustand einstellte, der als **dynamisches Gleichgewicht** bezeichnet wurde.

> Ein **dynamisches Gleichgewicht** ist ein Zustand, bei dem ein Prozess und seine Umkehrung mit der gleichen Geschwindigkeit ablaufen.

Ein System, das sich im dynamischen Gleichgewicht befindet, erscheint nach außen hin zwar unverändert, gleichwohl laufen aber Vorgänge ab. Stellt man eine gesättigte Lösung her, so steht die gelöste Substanz mit dem Bodenkörper (ungelöste Substanz) in einem dynamischen Gleichgewicht. Vom Bodenkörper gehen ständig Teilchen in die Lösung und aus dieser lagern sich ständig Teilchen an den Bodenkörper an. Gibt man z. B. zu einer gesättigten AgI-Lösung festes AgI zu, welches statt I-127 das radioaktive Isotop I-131 enthält, so kann man nach einer bestimmten Zeit mit geeigneten Geräten (z. B. Geiger-Zählern) nachweisen, dass die Lösung radioaktiv geworden ist. Da sich die Menge des Bodenkörpers nicht geändert hat, muss ein Austausch der Iodid-Ionen I^- zwischen Bodenkörper und der Lösung stattgefunden haben. Ein Teil der radioaktiven Iodid-Ionen I^- des Bodenkörpers ist in Lösung gegangen und ein Teil der nicht radioaktiven Iodid-Ionen I^- ist aus der Lösung ausgefallen und jetzt Bestandteil des Bodenkörpers.

In einem **geschlossenen System**, d. h. es findet mit der Umgebung kein Stoffaustausch, sondern nur ein Wärmeaustausch statt, führen viele chemische Reaktionen ebenfalls zu einem dynamischen Gleichgewicht, das in diesen Fällen als **chemisches Gleichgewicht** bezeichnet wird. Kennzeichnend für Reaktionen dieser Art ist, dass weder die Hinreaktion (Produktbildung) noch ihre Umkehrung, die Rückreaktion (Zerfall der Produkte in die Ausgangsstoffe) vollständig im Sinne der Reaktionsgleichung ablaufen. Für die großtechnischen Produkte der chemischen Industrie wie z. B. NH_3, SO_3 und HNO_3 ist es wichtig, wie bei gegebenen äußeren Bedingungen die Ausbeute an gewünschtem Produkt optimiert werden kann. Dazu bestimmt man zunächst die im Gleichgewicht vorliegende Zusammensetzung des Gemisches bei vorgegebenen äußeren Bedingungen. Anschließend wird untersucht, wie durch Änderungen der äußeren Parameter die Gleichgewichtszusammensetzung beeinflusst wird. Angewandt wird bei diesen Berechnungen und Parameterveränderunden das **Massenwirkungsgesetz**, abgekürzt **MWG**.

12.1 Massenwirkungsgesetz

Eine gut untersuchte umkehrbare chemische Reaktion ist die Bildung und Spaltung von Ethansäureethylester $CH_3COOC_2H_5$. Lässt man in einem abgeschlossenen Behälter bei Raumtemperatur (20 °C) den Alkohol Ethanol C_2H_5OH mit Ethansäure CH_3COOH reagieren, so erhält man Ethansäureethylester $CH_3COOC_2H_5$ und Wasser H_2O:

$$C_2H_5OH + CH_3COOH \rightleftarrows CH_3COOC_2H_5 + H_2O$$

Das Besondere an dieser Reaktion ist, dass sich ab einem bestimmten Zeitpunkt die Stoffmengen von Ester und Wasser nicht mehr ändern, obwohl im Reaktionsgemisch noch Ethanol und Ethansäure vorliegen (Tabelle 1, S. 363). Setzt man 0,6 mol Ethanol mit 0,6 mol Ethansäure ein, so ändern sich die Stoffmengen von Ester und Wasser nicht mehr, wenn von beiden jeweils 0,4 mol gebildet wurden und 0,2 mol Ethanol und 0,2 mol Ethansäure noch im Reaktionsgemisch vorliegen (Reaktion 1). Selbst nach tage- bzw. monatelangem Stehen weist das Reaktionsgemisch dieselbe Zusammensetzung auf. Dass es sich bei dieser Reaktion tatsächlich um eine Gleichgewichtsreaktion handelt, d. h. dass sie umkehrbar ist, kann man beweisen, indem man 0,6 mol Ester mit 0,6 mol Wasser umsetzt. Jetzt zeigt die Zusammensetzung des Reaktionsgemisches keine Veränderung mehr, sobald sich 0,2 mol Ethanol und 0,2 mol Ethansäure gebildet haben und noch je 0,4 mol Ester und Wasser vorliegen (Reaktion 2).

Die Veresterung ist also eine Gleichgewichtsreaktion, da in beiden Versuchen nach einiger Zeit alle vier an der Reaktion beteiligten Stoffe in jeweils konstant bleibenden Stoffmengen bzw. Stoffmengenkonzentrationen vorhanden sind. Tabelle 1 gibt die Versuchsergebnisse wieder.

Tabelle 1: Bildung und Spaltung von Ethansäureethylester

Stoff	Ethanol	Ethansäure	Ethansäureethylester	Wasser
Stoffmenge vor der Reaktion 1	0,6 mol	0,6 mol	0,0 mol	0,0 mol
	↓	↓	↓	↓
Stoffmenge nach 14 Tagen	0,2 mol	0,2 mol	0,4 mol	0,4 mol
	↑	↑	↑	↑
Stoffmenge vor der Reaktion 2	0,0 mol	0,0 mol	0,6 mol	0,6 mol

Reaktion 1: $C_2H_5OH + CH_3COOH \rightleftarrows CH_3COOC_2H_5 + H_2O$

Reaktion 2: $CH_3COOC_2H_5 + H_2O \rightleftarrows C_2H_5OH + CH_3COOH$

Verändert man die Konzentrationen bzw. Stoffmengen der jeweiligen Ausgangsstoffe in den Reaktionen 1 (Esterbildung) und 2 (Esterspaltung), wobei die Ausgangsstoffe im äquimolaren Verhältnis 1 : 1 eingesetzt werden, so zeigt sich, dass sich die Zusammensetzung des Reaktionsgemisches nicht mehr ändert, wenn es von den eingesetzten Mengen an Ausgangsstoffen noch ⅓ des Alkohols Ethanol und ⅓ an Säure enthält sowie ⅔ an Ester und ⅔ an Wasser. Dieses sich in seiner Zusammensetzung nicht mehr ändernde Gemisch bezeichnet man als **Gleichgewichtsgemisch** und die Konzentrationen als **Gleichgewichtskonzentrationen**. Die Stoffmengenkonzentration erhält man aus der jeweiligen Stoffmenge durch die Beziehung:

$c = \frac{n}{V}$ (s. Kap. 9.3.2, S. 281).

Reagieren 0,5 mol Alkohol mit 0,5 mol Säure, so liegen im Gleichgewicht 0,17 mol Alkohol und 0,17 mol Säure sowie 0,33 mol Ester und 0,33 mol Wasser vor und bei 1 mol Alkohol und 1 mol Säure als Ausgangsstoffe sind im Gleichgewicht jeweils 0,33 mol Alkohol und Säure sowie 0,67 mol an Ester und Wasser vorhanden. Tabelle 2 zeigt für unterschiedliche Ausgangsstoffmengen von Alkohol und Säure die Gleichgewichtsstoffmengen von Alkohol, Säure, Ester und Wasser.

Tabelle 2: Stoffmengen zu Beginn und im Gleichgewicht der Veresterung

Ausgangsstoffmenge von Alkohol und Säure	Stoffmenge im Gleichgewicht von Alkohol und Säure	Stoffmenge im Gleichgewicht von Ester und Wasser
0,5 mol	0,17 mol	0,33 mol
0,6 mol	0,20 mol	0,40 mol
1,0 mol	0,33 mol	0,67 mol
1,5 mol	0,50 mol	1,00 mol

Die Stoffmengenkonzentrationen bzw. Stoffmengen der gebildeten Produkte und der Ausgangsstoffe stehen im Gleichgewicht offensichtlich in einer ganz bestimmten Beziehung zueinander. Diese Vermutung lässt sich überprüfen und beweisen, indem man eine Reihe von Versuchen durchführt, bei denen die Ausgangskonzentrationen an Alkohol und Säure beliebig variiert, also nicht nur im Verhältnis 1 : 1, und nach Einstellung des Gleichgewichts die Konzentrationen der vier Komponenten im Gleichgewichtsgemisch bestimmt werden.

In der Tabelle 1 ist eine Übersicht über die im Gleichgewicht vorliegenden Stoffmengenkonzentrationen bei der beschriebenen Veresterung von Ethanol mit Ethansäure wiedergegeben.

In den ersten vier Spalten stehen jeweils die Gleichgewichtskonzentrationen der vier an der Reaktion beteiligten Komponenten. Den Zusammenhang zwischen diesen Werten erkennt man, wenn man für jedes Gleichgewichtsgemisch den Zahlenwert für das Verhältnis

$$K_c = \frac{c(\text{Ester}) \cdot c(\text{H}_2\text{O})}{c(\text{Alkohol}) \cdot c(\text{Säure})}$$

berechnet. Das Ergebnis dieser Berechnung steht in der fünften Spalte. Innerhalb eines annehmbaren Messfehlers ergeben alle Gleichgewichte den gleichen Wert für K_c. Der Index *c* bei K_c steht für die Angabe der Stoffmengenkonzentration in $\text{mol} \cdot \text{L}^{-1}$.

12

Tabelle 1: Veresterung von Ethanol mit Ethansäure bei 20 °C, Konzentrationen im Gleichgewicht

c(Alkohol) in $\text{mol} \cdot \text{L}^{-1}$	c(Säure) in $\text{mol} \cdot \text{L}^{-1}$	c(Ester) in $\text{mol} \cdot \text{L}^{-1}$	c(Wasser) in $\text{mol} \cdot \text{L}^{-1}$	K_c
0,33	0,33	0,67	0,67	4,1
0,32	7,07	2,93	2,93	3,8
0,75	5,86	4,14	4,14	3,9
1,43	0,43	1,57	1,57	4,0
8,04	0,03	0,97	0,97	3,9
13,80	1,42	8,58	8,58	3,8

Viele solcher Versuche (mehr als 300) wie die dargestellte Veresterung führten *C. M. Guldberg* (1836–1902) und *P. Waage* (1833–1900) zu dem Schluss, dass in allen Gleichgewichtsreaktionen die Zusammensetzung des Gleichgewichts durch eine **Gleichgewichtskonstante** beschrieben werden kann. Ihre Ergebnisse fassten sie in dem sogenannten **Massenwirkungsgesetz** (**MWG**) zusammen. Für eine allgemeine Reaktion der Form $a\,A + b\,B \rightleftarrows c\,C + d\,D$ lautet das Massenwirkungsgesetz für die Konzentrationen im Gleichgewicht in einem homogenen System:

$$K_c = \frac{c^c(C) \cdot c^d(D)}{c^a(A) \cdot c^b(B)}$$

K_c	c
$(\text{mol} \cdot \text{L}^{-1})^{c+d-a-b}$	$\text{mol} \cdot \text{L}^{-1}$

Gl. 12.1

Durch Konvention wurde festgelegt, dass die Konzentrationen der Produkte C und D (sie stehen auf der rechten Seite der Reaktionsgleichung) im Zähler und die der Ausgangsstoffe (Edukte) A und B (sie stehen auf der linken Seite) im Nenner stehen.

Massenwirkungsgesetz
Für jedes chemische Gleichgewicht ergibt der Quotient aus dem Produkt der Konzentrationen der Reaktionsprodukte dividiert durch das Produkt der Konzentrationen der Edukte eine Konstante, die **Gleichgewichtskonstante K_c**. Mit dem Begriff Konzentration ist immer die Stoffmengenkonzentration gemeint.

Wie aus der Gleichung 12.1 ersichtlich, ist hierbei zu beachten, dass an jeder Konzentration als **Exponent** (Hochzahl) die aus der Reaktionsgleichung bekannte **stöchiometrische Zahl** steht. Zur Formulierung des Massenwirkungsgesetzes muss also die **Reaktionsgleichung** bekannt sein. Bei den Stoffmengenkonzentrationen c(A), c(B) usw. handelt es sich um die **Gleichgewichtskonzentrationen** und niemals um die Anfangskonzentrationen. In welchen Einheiten die Gleichgewichtskonstante K_c anzugeben ist, hängt von der Stöchiometrie der Reaktion ab. Die Einheit von K_c hängt von der Reaktionsgleichung ab.

Beispiel 12.1: Formulierung des Massenwirkungsgesetzes und Angabe von K_c

Geben Sie für die folgenden Reaktionen das Massenwirkungsgesetz und die Einheit der Gleichgewichtskonstanten K_c an.

a) $2\ SO_2\ (g) + O_2\ (g) \rightleftarrows 2\ SO_3\ (g)$

b) $3\ H_2\ (g) + N_2\ (g) \rightleftarrows 2\ NH_3\ (g)$

Lösung:

Für das MWG und die Gleichgewichtskonstanten K_c gilt **Gleichung 12.1**

a) $K_c = \frac{c^2(SO_3)}{c^2(SO_2) \cdot c(O_2)}$ $\qquad K_c$ in $L \cdot mol^{-1}$

b) $K_c = \frac{c^2(NH_3)}{c^3(H_2) \cdot c(N_2)}$ $\qquad K_c$ in $L^2 \cdot mol^{-2}$

Beispiel 12.2: Angabe des Zahlenwertes von K_c mit der zugehörigen Einheit

Für das Gleichgewicht: $2\ SO_2\ (g) + O_2\ (g) \rightleftarrows 2\ SO_3\ (g)$ ist der Wert von K_c bei einer bestimmten Temperatur 36,91 $L \cdot mol^{-1}$. Wie groß ist der Wert von K_c bei der gleichen Temperatur für die folgende Gleichgewichtsreaktion:

$2\ SO_3\ (g) \rightleftarrows 2\ SO_2\ (g) + O_2\ (g)$

Lösung:

Mit der **Gleichung 12.1** erhält man für die vorgegebenen Reaktionen

$$K_{c1} = \frac{c^2(SO_3)}{c^2(SO_2) \cdot c(O_2)} = 36{,}91\ L \cdot mol^{-1}$$

$$K_{c2} = \frac{c^2(SO_2) \cdot c(O_2)}{c^2(SO_3)} \Rightarrow K_{c2} = \frac{1}{K_{c1}} = \frac{1}{36{,}91\ L \cdot mol^{-1}} \approx 2{,}71 \cdot 10^{-2}\ mol \cdot L^{-1}$$

Der Begriff der Gleichgewichtskonstanten ist zwar aus Experimenten entwickelt worden, sie lässt sich jedoch aus der Reaktionskinetik sowie der Thermodynamik ableiten. Bei der folgenden kinetischen Herleitung wird von einer einstufigen Reaktion ausgegangen, d. h. einer Reaktion, die nicht über mehrere Zwischenstufen abläuft.

Da ein chemisches Gleichgewicht ein dynamisches Gleichgewicht ist, verlaufen die Hin- und Rückreaktion mit der gleichen Geschwindigkeit. Die Reaktionsgeschwindigkeiten hängen bei fast allen Reaktionen von der Konzentration der Reaktionspartner ab (s. Kap. 11.2, S. 342).

Für eine Reaktion $A + B \rightleftarrows C + D$ gilt für die Reaktionsgeschwindigkeiten der Hinreaktion r_H und der Rückreaktion n r_R:

$r_H = k_H \cdot c(A) \cdot c(B)$ bzw. $r_R = k_R \cdot c(C) \cdot c(D)$

Die Veränderung der Reaktionsgeschwindigkeit mit der Zeit lässt sich in einem Geschwindigkeits-Zeit-Diagramm wiedergeben, wie es in **Bild 1**, S. 366, dargestellt ist. Zu Beginn der Reaktion ist r_H groß, da $c(A)$ und $c(B)$ groß sind und noch keine Produkte C und D vorliegen. Sobald sich diese aber gebildet haben, setzt auch die Rückreaktion ein. Je größer die Konzentrationen von C und D sind, desto größer wird auch r_R. Zu einem bestimmten Zeitpunkt t_g sind beide Reaktionsgeschwindigkeiten gleich groß und das System befindet sich im chemischen Gleichgewicht.

Im chemischen Gleichgewicht gilt: $r_H = r_R \Rightarrow k_H \cdot c(A) \cdot c(B) = k_R \cdot c(C) \cdot c(D)$

Durch Umstellen erhält man: $\frac{k_H}{k_R} = \frac{c(C) \cdot c(D)}{c(A) \cdot c(B)}$

Die rechte Seite der Gleichung entspricht dem Wert der Gleichgewichtskonstanten K_c, so dass gilt:

$$K_c = \frac{k_H}{k_R} = \frac{c(C) \cdot c(D)}{c(A) \cdot c(B)}$$

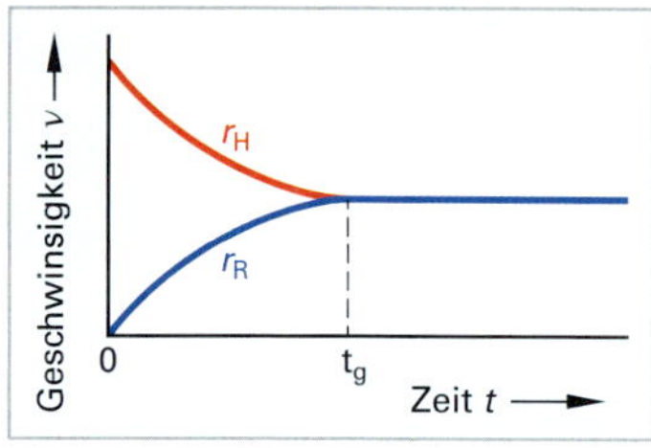

Bild 1: Geschwindigkeits-Zeit Diagramm

Die Gleichgewichtskonstante K_c entspricht also gerade dem Verhältnis der Geschwindigkeitskonstanten. Betrachtet man das Verhältnis der Geschwindigkeitskonstanten eingehender, stellt man Folgendes fest:

- Ist k_H groß im Verhältnis zu k_R, so erhält man eine große Gleichgewichtskonstante. Für diesen Fall ist $c(C) \cdot c(D)$ größer als $c(A) \cdot c(B)$ und damit verbunden liegt das Gleichgewicht auf der Seite der Produkte (rechts).
- Ist k_H dagegen klein im Verhältnis zu k_R, so wird die Gleichgewichtskonstante klein. Für diesen Fall ist $c(C) \cdot c(D)$ kleiner als $c(A) \cdot c(B)$ und das Gleichgewicht liegt auf der Seite der Ausgangsstoffe.

Der Zahlenwert der Gleichgewichtskonstante K bzw. K_c gibt also einen Anhaltspunkt darüber, auf welcher Seite ein Gleichgewicht liegt. Er sagt aber noch mehr aus und ermöglicht sogar eine Vorhersage über die Richtung einer Reaktion, d. h. über die Tendenz, in welche Richtung die Reaktion bevorzugt abläuft. Mit dieser Frage- und Problemstellung beschäftigt sich der Inhalt des nächsten Kapitels.

12.2 Die Gleichgewichtskonstante K_c und ihre Bedeutung

Mit Hilfe des Zahlenwertes der Gleichgewichtskonstanten K_c lassen sich Rückschlüsse ziehen, ob im Gleichgewichtszustand die Produkte oder die Edukte überwiegen. Für die Synthese von Hydrogeniodid (HI) beträgt der Wert der Gleichgewichtskonstante $K_c = 54$ bei 700 K. Dies bedeutet, dass der Zähler (hier stehen die Konzentrationen der Produkte) 54 mal größer ist als der Nenner (hier stehen die Konzentrationen der Edukte). Bei dieser Reaktion sowie allen anderen mit $K_c > 1$ liegt das Gleichgewicht auf der Seite der Produkte. Man sagt auch, dass das Gleichgewicht nach rechts verschoben ist. Ist K_c sehr viel größer als 1, d. h. $K_c >> 1$ (etwa um den Faktor 10^3 oder mehr), so geht man davon aus, dass solche Reaktionen vollständig ablaufen. Im umgekehrten Fall, wenn K_c sehr viel kleiner ist als 1, also $K_c << 1$ (etwa um den Faktor 10^{-3}) liegt die Reaktion überwiegend auf der Seite der Edukte und es sind nur sehr geringe Mengen an Produkten vorhanden. Bei $K_c \approx 1$ sind Produkte und Edukte in vergleichbaren Mengen vorhanden. Dies gilt nur, wenn in der Reaktionsgleichung auf der Edukt- und Produktseite gleich viele Stoffe vorliegen. In **Bild 2** sind die Verhältnisse zwischen dem Wert für K_c und den Konzentrationen von Edukten und Produkten dargestellt. Im Bildausschnitt (a) haben sich mehr als die Hälfte der Moleküle der Edukte (blau) zu Produkten (rot) umgesetzt. Das Verhältnis der Stoffmengen von Produkten zu Edukten im Gleichgewicht und somit der K_c-Wert beträgt 16/4 = 4. Im Bildausschnitt (b) mit einem Verhältnis von 10/10 ist $K_c = 1$. Im Bildausschnitt (c) haben sich nur sehr wenige Eduktmoleküle zu Produkten umgesetzt. Das Verhältnis ist 2/18 und der Wert von K_c ist rund 0,1.

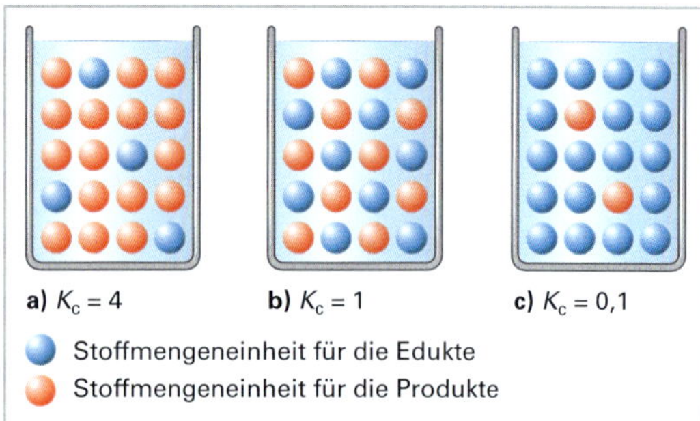

Bild 2: Gleichgewichtszustände und K_c für Reaktionen ausgehend von gleicher Anzahl an Edukt- und Produktmolekülen

Bei Reaktionen, bei denen in der Reaktionsgleichung auf der linken und rechten Seite unterschiedlich viele Moleküle stehen, kann man aus dem Zahlenwert von K_c weniger leicht erkennen, auf welcher Seite das Gleichgewicht liegt. Hier kommt es auch auf die **Anfangskonzentrationen** an. Eine solche Reaktion ist z. B. die Ammoniaksynthese: $N_2 + 3\,H_2 \rightarrow 2\,NH_3$.

In diesen Fällen bildet man den **Reaktionsquotienten** oder **Massenwirkungsgesetzquotienten** Q. Er ist genauso definiert wie die Gleichgewichtskonstante K_c für die betreffende Reaktion. Für eine allgemeine Reaktion vom Typ: aA + bB ⇄ cC + dD gilt für den Reaktionsquotienten also:

$$Q = \frac{c^c(\mathrm{C}) \cdot c^d(\mathrm{D})}{c^a(\mathrm{A}) \cdot c^b(\mathrm{B})}$$

Q	c
$(\mathrm{mol} \cdot \mathrm{L}^{-1})^{c+d-a-b}$	$\mathrm{mol} \cdot \mathrm{L}^{-1}$

Gl. 12.2

Im Gegensatz zum MWG werden in **Gleichung 12.2** die **Anfangskonzentrationen** der Komponenten eingesetzt und nicht die Gleichgewichtskonzentrationen. Ein Vergleich des Wertes von Q mit dem Wert von K_c gibt dann Auskunft darüber, in welcher Richtung die Reaktion abläuft. Hierbei gilt:

$Q > K$ Es bilden sich bevorzugt die Edukte.

$Q = K$ Es besteht Gleichgewicht.

$Q < K$ Es bilden sich bevorzugt die Produkte.

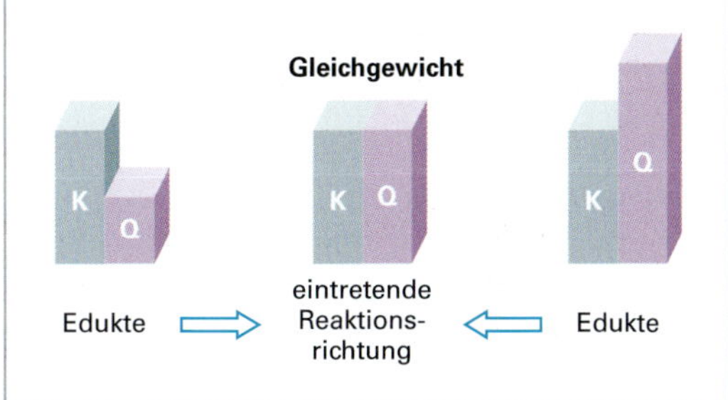

Bild 1: Zusammenhang zwischen K und Q

Der Zusammenhang zwischen dem Reaktionsquotienten Q und der Gleichgewichtskonstanten K ist in **Bild 1** wiedergegeben. Ist $Q < K$, so läuft die Reaktion von links nach rechts ab, da dann die Konzentrationen der Substanzen im Zähler von Q (rechte Seite der Reaktionsgleichung: Produkte) zunehmen und die Konzentrationen der Substanzen im Nenner (linke Seite der Reaktionsgleichung: Edukte) abnehmen. Dadurch wird Q größer bis $Q = K$ und das Gleichgewicht erreicht ist. Im umgekehrten Fall, wenn $Q > K$, läuft die Reaktion nach links, solange bis wieder das Gleichgewicht erfüllt, d. h. $Q = K$, ist.

Beispiel 12.3: Vorhersage der Richtung einer Reaktion mit Hilfe des Reaktionsquotienten Q

Eine Mischung aus N_2, H_2 und NH_3 wird in einem Behälter auf 650 °C erhitzt. Bei dieser Tem-peratur ist $K_c = 1{,}28\ \mathrm{mol}^{-2} \cdot \mathrm{L}^2$ für die Reaktion:

$N_2 + 3\,H_2 \rightleftarrows 2\,NH_3$

In welche Richtung läuft die Reaktion bei folgenden Anfangskonzentrationen:

a) $N_2 = 0{,}010\ \mathrm{mol} \cdot \mathrm{L}^{-1}$, $H_2 = 0{,}030\ \mathrm{mol} \cdot \mathrm{L}^{-1}$ und $NH_3 = 0{,}020\ \mathrm{mol} \cdot \mathrm{L}^{-1}$?

b) $N_2 = 1{,}00\ \mathrm{mol} \cdot \mathrm{L}^{-1}$, $H_2 = 3{,}00\ \mathrm{mol} \cdot \mathrm{L}^{-1}$ und $NH_3 = 2{,}00\ \mathrm{mol} \cdot \mathrm{L}^{-1}$?

Lösung:

Man bestimmt für beide Reaktionen den Reaktionsquotienten mit Hilfe von **Gleichung 12.2** und vergleicht diesen Wert mit dem Wert von K_c. Man erhält für:

a) $$Q = \frac{c^2(\mathrm{NH_3})}{c(\mathrm{N_2}) \cdot c^3(\mathrm{H_2})} = \frac{(0{,}020)^2\ \mathrm{mol}^2 \cdot \mathrm{L}^{-2}}{0{,}010\ \mathrm{mol} \cdot \mathrm{L}^{-1} \cdot (0{,}030)^3\ \mathrm{mol}^3 \cdot \mathrm{L}^{-3}} \approx 1{,}5 \cdot 10^3\ \mathrm{mol}^{-2} \cdot \mathrm{L}^2$$

$Q > K_c$, da $1{,}5 \cdot 10^3\ \mathrm{mol}^{-2} \cdot \mathrm{L}^2 > 1{,}28\ \mathrm{mol}^{-2} \cdot \mathrm{L}^2$. Die Reaktion läuft von rechts nach links, d. h. NH_3 wird sich zersetzen. Es überwiegt also die Rückreaktion.

b) $$Q = \frac{c^2(\mathrm{NH_3})}{c(\mathrm{N_2}) \cdot c^3(\mathrm{H_2})} = \frac{(2{,}00)^2\ \mathrm{mol}^2 \cdot \mathrm{L}^{-2}}{1{,}00\ \mathrm{mol} \cdot \mathrm{L}^{-1} \cdot (3{,}00)^3\ \mathrm{mol}^3 \cdot \mathrm{L}^{-3}} \approx 0{,}15\ \mathrm{mol}^{-2} \cdot \mathrm{L}^2$$

Jetzt ist $Q < K_c$, so dass hier die Hinreaktion überwiegt und NH_3 gebildet wird. Die Reaktion läuft von links nach rechts.

Das **Beispiel 12.3** zeigt, dass die Anfangskonzentrationen eine wichtige Rolle spielen für die Richtung, in der eine Reaktion abläuft. Der K_c-Wert allein genügt hier nicht; er war für beide Reaktionsbedingungen gleich.

12.3 Gasgleichgewichte und die Gleichgewichtskonstante K_p

Bei Gleichgewichtsreaktionen, deren Reaktionspartner nur Gase sind, kann das MWG mit Hilfe der Partialdrücke der einzelnen Reaktionspartner an Stelle ihrer Stoffmengenkonzentrationen formuliert werden. Dies ist möglich, da die Partialdrücke und die Stoffmengenkonzentrationen in der Gasphase zueinander proportional sind. Für den Partialdruck einer Komponente A in einem Volumen V gilt nach dem idealen Gasgesetz (s. Kap. 8.2.4, S. 260).

$$p(\mathrm{A}) \cdot V = n(\mathrm{A}) \cdot R \cdot T \quad \Rightarrow \quad p(\mathrm{A}) = \frac{n(\mathrm{A})}{V} \cdot R \cdot T = c(\mathrm{A}) \cdot R \cdot T$$

Für eine Reaktion: aA + bB $\rightleftarrows$ cC + dD gilt mit der neuen Gleichgewichtskonstanten K_p:

12

$$K_p = \frac{p^c(\mathrm{C}) \cdot p^d(\mathrm{D})}{p^a(\mathrm{A}) \cdot p^b(\mathrm{B})}$$

K_p	p
$\mathrm{Pa}^{c+d-a-b}$	Pa

Gl. 12.3

Beispiel 12.4: Formulierung von Gleichgewichten mit der Gleichgewichtskonstanten K_p

Wie lauten für die folgenden Reaktionen das MWG und die Gleichgewichtskonstante K_p mit ihrer Einheit, wenn die Partialdrücke in Pa angegeben sind?

a) $N_2O_4\,(g) \rightleftarrows 2\,NO_2\,(g)$

b) $N_2\,(g) + 3\,H_2\,(g) \rightleftarrows 2\,NH_3\,(g)$

Lösung:

Mit **Gleichung 12.3** erhält man:

a) $K_p = \dfrac{p^2(NO_2)}{p(N_2O_4)}$ $\qquad K_p$ in Pa

b) $K_p = \dfrac{p^2(NH_3)}{p(N_2) \cdot p^3(H_2)}$ $\qquad K_p$ in Pa^{-2}

Beispiel 12.5: Berechnung der Gleichgewichtskonstanten K_p

Wie lautet für das Gleichgewicht:

$2\,SO_2\,(g) + O_2\,(g) \rightleftarrows 2\,SO_3\,(g)$

die Gleichgewichtskonstante K_p, wenn im Gleichgewicht bei 1050 °C folgende Partialdrücke gemessen wurden: $p(SO_2) = 0{,}309$ bar, $p(O_2) = 0{,}353$ bar und $p(SO_3) = 0{,}338$ bar?

Lösung:

Durch Einsetzen in **Gleichung 12.3** ergibt sich:

$$K_p = \frac{p^2(SO_3)}{p^2(SO_2) \cdot p(O_2)} = \frac{0{,}338^2\ \mathrm{bar}^2}{0{,}309^2\ \mathrm{bar}^2 \cdot 0{,}353\ \mathrm{bar}} \approx 3{,}39\ \mathrm{bar}^{-1} = 339\ \mathrm{kPA}^{-1}$$

Gleichgewichtsreaktionen in der Gasphase können sowohl durch K_c als auch durch K_p beschrieben werden, wobei zu beachten ist, dass die Zahlenwerte von K_c und K_p häufig unterschiedlich sind.

Ersetzt man in **Gleichung 12.3** die Partialdrücke der einzelnen Komponenten durch die jeweilige Beziehung $p(\mathrm{X}) = c(\mathrm{X}) \cdot R \cdot T$, so erhält man für K_p für die Reaktion: aA + bB ⇄ cC + dD

$$K_p = \frac{p^c(\mathrm{C}) \cdot p^d(\mathrm{D})}{p^a(\mathrm{A}) \cdot p^b(\mathrm{B})} = \frac{[c(\mathrm{C}) \cdot R \cdot T]^c \cdot [c(\mathrm{D}) \cdot R \cdot T]^d}{[c(\mathrm{A}) \cdot R \cdot T]^a \cdot [c(\mathrm{B}) \cdot R \cdot T]^b} = \frac{[c^c(\mathrm{C}) \cdot c^d(\mathrm{D})] \cdot (R \cdot T)^{c+d}}{[c^a(\mathrm{A}) \cdot c^b(\mathrm{B})] \cdot (R \cdot T)^{a+b}}$$
$$= K_c \cdot (R \cdot T)^{(c+d)-(a+b)}$$

Der Ausdruck (c + d) – (a + b) ist die Differenz der Anzahl der Stoffmenge auf der rechten Seite (Produkte) und der Stoffmenge auf der linken Seite (Edukte) und wird mit Δn bezeichnet. Durch Einsetzen von Δn erhält man als Beziehung zwischen K_c und K_p

$$\boldsymbol{K_p = K_c \cdot (R \cdot T)^{\Delta n}}$$

K_p	K_c	R	n	T
$\mathrm{kPa}^{c+d-a-b}$	$(\mathrm{mol \cdot L^{-1}})^{c+d-a-b}$	$\mathrm{kPa \cdot L \cdot mol^{-1} \cdot K^{-1}}$	mol	K

Gl. 12.4

Ändert sich die Anzahl der Stoffmenge bzw. der Moleküle bei einer Reaktion in der Gasphase nicht, wie z. B. bei der Bildung von Hydrogeniodid $H_2 + I_2 \rightleftarrows 2\ HI$, so ist $\Delta n = 0$ und $(R \cdot T)^0 = 1$. In diesem Fall sind die Zahlenwerte von K_c und K_p gleich.

Beispiel 12.6: Umrechnung von K_p in K_c

Wie groß ist K_c bei 500 K für die Reaktion

$2\ SO_2\ (g) + O_2\ (g) \rightleftarrows 2\ SO_3\ (g)$

wenn bei dieser Temperatur gilt $K_p = 2{,}5 \cdot 10^{12}\ \mathrm{kPa}^{-1}$?

Lösung:

Für Δn erhält man aus der Reaktionsgleichung: $\Delta n = 2 - (2 + 1) = 2 - 3 = -1$

Somit ist nach **Gleichung 12 4**:

$$K_p = K_c \cdot (R \cdot T)^{-1} = \frac{K_c}{R \cdot T} \quad \Rightarrow \quad K_c = K_p \cdot R \cdot T$$

Mit den Zahlenwerten für R und T ergibt sich dann für K_c:

$$K_c = 2{,}5 \cdot 10^{12}\ \mathrm{kPa}^{-1} \cdot 8{,}314\ \mathrm{kPa \cdot L \cdot mol^{-1} \cdot K^{-1}} \cdot 500\ \mathrm{K} \approx 1{,}04 \cdot 10^{16}\ \mathrm{L \cdot mol^{-1}}$$

12.4 Heterogene Gleichgewichte

Bei den bisher behandelten Beispielen befanden sich alle Reaktionsteilnehmer in derselben Phase. Es handelte sich um **homogene Reaktionen** und bei den chemischen Gleichgewichten um **homogene Gleichgewichte**.

Bei vielen Reaktionen befindet sich aber zumindest eine Substanz in einer anderen Phase als die Übrigen. Man spricht hier von **heterogenen Reaktionen** und entsprechend bei den Gleichgewichten von **heterogenen Gleichgewichten**. Solche Gleichgewichte sind z. B. die Löslichkeitsgleichgewichte (s. Kap. 12.7, S. 379) als heterogene chemische Gleichgewichte und das Dampfdruck-Gleichgewicht zwischen einer Flüssigkeit und dem Dampf als heterogenes physikalisches Gleichgewicht.

Ein weiteres Beispiel für ein heterogenes chemisches Gleichgewicht ist die thermische Zersetzung von Calciumcarbonat $CaCO_3$ in einem abgeschlossenen Gefäß (Kalkbrennen) nach der Reaktionsgleichung $CaCO_3\,(s) \rightleftarrows CaO\,(s) + CO_2\,(g)$. Experimentell kann man zeigen, dass die Gleichgewichtskonzentration und der Partialdruck des gebildeten CO_2, wenn festes $CaCO_3$ und CaO vorhanden sind, nur von der Temperatur abhängen. Die Mengen, in denen die Feststoffe vorliegen, spielen keine Rolle. Die Stoffe müssen nur vorhanden sein, damit das Gleichgewicht bestehen kann. Dies bedeutet, dass bei einem heterogenen Gleichgewicht die Konzentrationen der reinen Flüssigkeiten und Feststoffe konstant sind und in die Gleichgewichtskonstante K_c miteinbezogen werden. Die Anwendung des MWG auf die Reaktion $CaCO_3$ (s) $\rightleftharpoons$ CaO (s) + CO_2 (g) ergibt:

$$K_c^{/} = \frac{c(CO_2) \cdot c(CaO)}{c(CaCO_3)} \quad \Rightarrow \quad \frac{K_c^{/} \cdot c(CaCO_3)}{c(CaO)} = c(CO_2)$$

Da $c(CaO)$ und $c(CaCO_3)$ konstant sind, d. h. selbst Konstanten sind, steht auf der linken Seite insgesamt eine Konstante, die mit K_c bezeichnet wird. Man erhält also:

$$\frac{K_c^{/} \cdot c(CaCO_3)}{c(CaO)} = K_c \text{ und somit } K_c = c(CO_2)$$

Über dem Gemisch stellt sich bei einer bestimmten Temperatur eine definierte CO_2-Konzentration ein. Für die Gleichgewichtskonstante K_p gilt entsprechend $K_p = p(CO_2)$.

Man kann die Gleichgewichtskonstante K_p für den Zerfall von $CaCO_3$ demnach sehr einfach bestimmen, indem man den Druck des im Gleichgewicht vorhandenen Kohlenstoffdioxids misst. Bei 800 °C beträgt der Druck 22 kPa, also ist bei dieser Temperatur auch K_p = 22 kPa. Erhitzt man $CaCO_3$ in einem geschlossenen Gefäß auf 800 °C, so zersetzt es sich, bis der Partialdruck von Kohlenstoffdioxid auf 22 kPa gestiegen ist. Bei diesem Partialdruck besteht ein dynamisches Gleichgewicht zwischen allen beteiligten Substanzen. Die **Zersetzungsgeschwindigkeit** von $CaCO_3$ ist genau gleich der Geschwindigkeit, mit der sich CO_2 mit CaO zu $CaCO_3$ verbindet. Man bezeichnet den Druck von 22 kPa daher auch als den **Zersetzungsdruck** von $CaCO_3$ bei 800 °C.

Will man $CaCO_3$ vollständig zersetzen, wie es in der Technik beim „Kalkbrennen" geschieht, muss man dafür sorgen, dass sich kein Gleichgewicht einstellt, d. h. dass der Partialdruck von CO_2 beim Erhitzen auf 800 °C keine 22 kPa erreicht. Dies ist möglich, wenn man $CaCO_3$ in einem offenen Behälter, wie z. B. den industriell eingesetzten Schachtöfen, erhitzt. Bild 1 zeigt einen solchen **Schachtofen**. In diesem wird von oben ständig ein Gemisch aus 90 % $CaCO_3$ und 10 % Koks aufgegeben, welches langsam im Ofen nach unten rutscht und dabei die verschiedenen Temperaturzonen des Ofens passiert. Im unteren und mittleren Bereich des Ofens verbrennt der Koks und erzeugt die erforderliche Brenntemperatur, hier findet die chemische Reaktion statt. Unten wird das Produkt CaO (gebrannter Kalk) von einem Drehkegel ausgetragen.

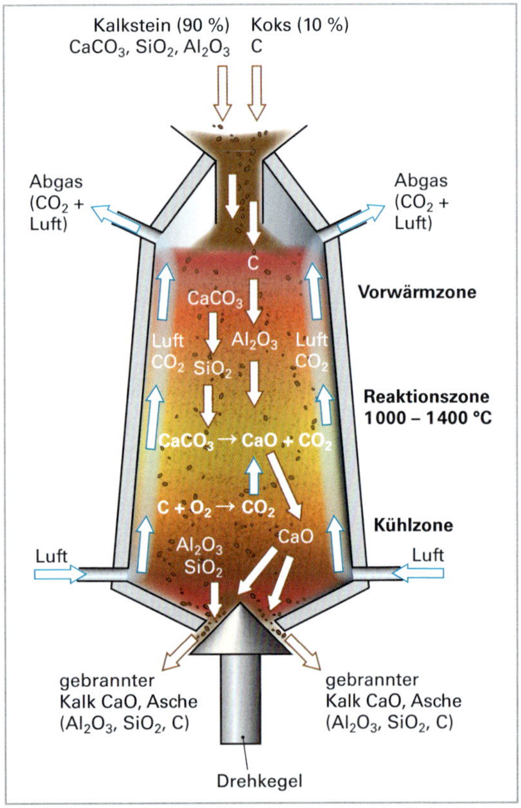

Bild 1: Schachtofen

Am Kopf des Schachtes verlassen CO_2 und Luft als Abgas den Ofen. Die Brenntemperatur beträgt je nach Bauart des Schachtofens 1 000 °C bis 1 400 °C. Da das gebildete CO_2 als Abgas entweicht, kann sich das Gleichgewicht nicht einstellen, denn der Reaktionspartner CO_2 wird dem Gleichgewichtsgemisch ständig entzogen. In dem Bestreben, dieses ständig nachzubilden, zersetzt sich das gesamte vorhandene Calciumcarbonat (s. Kap. 12.6, S. 375).

Beispiel 12.7: Formulierung des MWG und Angabe von K_c für heterogene Gleichgewichte

Wie lauten für die folgenden Gleichgewichte das Massenwirkungsgesetz und der Ausdruck für die Gleichgewichtskonstante K_c?

a) $2\ KNO_3\ (s) \rightleftarrows 2\ KNO_2\ (s) + O_2\ (g)$

b) $NH_4NO_3\ (s) \rightleftarrows N_2O\ (g) + 2\ H_2O\ (g)$

Lösung:

a) $c(KNO_3)$ und $c(KNO_2)$ sind konstant und nach **Gleichung 12.1** ist: $K_c = c(O_2)$

b) $c(NH_4NO_3)$ ist konstant und mit **Gleichung 12.1** erhält man: $K_c = c(N_2O) \cdot c^2(H_2O)$

Nachdem in den bisherigen Kapiteln die Anwendung des Massenwirkungsgesetzes auf die verschiedenen Gleichgewichtsreaktionen im Vordergrund stand, wird im folgenden Kapitel die Berechnung von Gleichgewichten behandelt.

12

12.5 Berechnung von Gleichgewichten

Bei der Berechnung von Gleichgewichtskonstanten oder der Konzentration einer Komponenten im Gleichgewichtsgemisch durch Anwendung des MWG muss, wie schon erwähnt, unbedingt beachtet werden, dass niemals die Anfangskonzentrationen in das MWG eingesetzt werden, sondern nur die Gleichgewichtskonzentrationen.

In den folgenden Beispielen sollen zunächst für unterschiedliche Reaktionen (Fälle) bei bekannten Gleichgewichtskonstanten die Gleichgewichtszusammensetzungen ermittelt werden. Für die Praxis ist es wichtig zu wissen, welche Produktmengen maximal aus gegebenen Eduktmengen gewonnen werden können. Je nach vorliegenden Anfangsbedingungen bzw. Angaben sind diese Berechnungen mehr oder weniger anspruchsvoll. Anschließend wird gezeigt, wie man aus experimentell ermittelten Gleichgewichtszusammensetzungen die Gleichgewichtskonstanten erhalten kann.

Im einfachsten Fall sind neben der Gleichgewichtskonstanten die Gleichgewichtskonzentrationen aller Reaktionsteilnehmer bis auf eine bekannt.

Beispiel 12.8: Berechnung einer unbekannten Konzentration

Bei einer bestimmten Temperatur beträgt $K_c = 1{,}28\ mol^{-2} \cdot L^2$ für die Reaktion:

$3\ H_2\ (g) + N_2\ (g) \rightarrow 2\ NH_3\ (g)$

Die Gleichgewichtskonzentrationen für H_2 und N_2 sind:

$c(H_2) = 0{,}50\ mol \cdot L^{-1}$, $c(N_2) = 1{,}00\ mol \cdot L^{-1}$.

Wie groß ist $c(NH_3)$ in der Gleichgewichtsmischung?

Lösung:

Anwendung von **Gleichung 12.1** ergibt für das MWG:

$$K_c = \frac{c^2(NH_3)}{c^3(H_2) \cdot c(N_2)} \Rightarrow c^2(NH_3) = K_c \cdot c^3(H_2) \cdot c(N_2) \Rightarrow c(NH_3) = \sqrt{K_c \cdot c^3(H_2) \cdot c(N_2)}$$

Einsetzen der gegebenen Werte ergibt:

$$c(NH_3) = \sqrt{1{,}28\ mol^{-2} \cdot L^2 \cdot 0{,}50^3\ mol^3 \cdot L^{-3} \cdot 1{,}00\ mol \cdot L^{-1}} = \sqrt{0{,}16\ mol^2 \cdot L^{-2}} = 0{,}40\ mol \cdot L^{-1}$$

12

Im nächsten Beispiel soll der Zerfall einer Verbindung betrachtet werden. Bekannt sind die Werte der Gleichgewichtskonstanten K_c sowie die Anfangskonzentration des Eduktes.

Beispiel 12.9: Berechnung der Gleichgewichtskonzentrationen bei einer Zerfallsreaktion

Bei 500 °C ist $K_c = 0{,}72\ mol \cdot L^{-1}$ für die Reaktion: $PCl_5\,(g) \rightleftarrows PCl_3\,(g) + Cl_2\,(g)$

Wie groß sind die Konzentrationen der Komponenten im Gleichgewicht, wenn zu Beginn der Reaktion nur reines PCl_5 mit $c(PCl_5) = 1{,}92 \cdot 10^{-2}\ mol \cdot L^{-1}$ vorliegt?

Lösung:

Da nur die Anfangskonzentration des Eduktes bekannt ist, muss mit Hilfe der Reaktionsgleichung der Zusammenhang zwischen den Konzentrationen der drei Komponenten ermittelt werden. Zerfällt 1 mol PCl_5 vollständig, so bilden sich jeweils 1 mol PCl_3 und Cl_2. Bei einer Gleichgewichtsreaktion wird sich jedoch insgesamt nur ein Bruchteil der Ausgangssubstanz(en) zersetzen, der mit x bezeichnet werden soll. Zerfallen x mol von PCl_5, so werden jeweils x mol PCl_3 und Cl_2 entstehen. Sind in der gegebenen Reaktion also jeweils $x\ mol \cdot L^{-1}$ PCl_3 und Cl_2 gebildet worden, so haben sich $x\ mol \cdot L^{-1}$ PCl_5 zersetzt und die Konzentration von PCl_5 beträgt jetzt im Gleichgewicht nur noch: $(1{,}92 \cdot 10^{-2} - x)\ mol \cdot L^{-1}$. Fasst man Überlegungen dieser Art in Form einer Übersicht zusammen, die sich auch auf andere, verwandte Aufgabenstellungen immer übertragen lässt, so erhält man:

	PCl_5	PCl_3	Cl_2
Anfangskonzentration in $mol \cdot L^{-1}$	$1{,}92 \cdot 10^{-2}$	0	0
Gleichgewichtskonzentration in $mol \cdot L^{-1}$	$1{,}92 \cdot 10^{-2} - x$	x	x

Einsetzen der Werte für die Gleichgewichtskonzentrationen in **Gleichung 12.1** ergibt:

$$K_c = \frac{c(PCl_3) \cdot c(Cl_2)}{c(PCl_5)} = \frac{x\ mol \cdot L^{-1} \cdot x\ mol \cdot L^{-1}}{(1{,}92 \cdot 10^{-2} - x)\ mol \cdot L^{-1}} = \frac{x^2\ mol^2 \cdot L^{-2}}{(1{,}92 \cdot 10^{-2} - x)\ mol \cdot L^{-1}}$$

Mit dem Zahlenwert von K_c und Umstellen folgt:

$$0{,}72\ mol \cdot L^{-1} \cdot (1{,}92 \cdot 10^{-2}\ mol \cdot L^{-1} - x\ mol \cdot L^{-1}) = x^2\ mol^2 \cdot L^{-2}$$

$$13{,}824 \cdot 10^{-3}\ mol^2 \cdot L^{-2} - 0{,}72 \cdot x\ mol^2 \cdot L^{-2} = x^2\ mol^2 \cdot L^{-2}$$

Umformung ergibt: $x^2\ mol^2 \cdot L^{-2} + 0{,}72 \cdot x\ mol^2 \cdot L^{-2} - 13{,}824 \cdot 10^{-3}\ mol^2 \cdot L^{-2} = 0$

Die Lösungen dieser quadratischen Gleichung lauten:

$x_1 = 0{,}0187\ mol \cdot L^{-1}$ und $x_2 = -0{,}7387\ mol \cdot L^{-1}$

Die Lösung x_2 ist sinnlos, da ein gebildetes Produkt nicht in einer negativen Konzentration auftreten kann. Mit der Lösung x_1 erhält man:

$$c(PCl_5) = (1{,}92 \cdot 10^{-2} - 1{,}87 \cdot 10^{-2})\ mol \cdot L^{-1} = 0{,}050 \cdot 10^{-2}\ mol \cdot L^{-1}$$

$$c(PCl_3) = c(Cl_2) = 1{,}87 \cdot 10^{-2}\ mol \cdot L^{-1} = 0{,}0187\ mol \cdot L^{-1} \approx 0{,}019\ mol \cdot L^{-1}$$

Liegen die Edukte im stöchiometrischen Verhältnis vor, d. h. in genau dem Mengenverhältnis wie es die stöchiometrischen Zahlen der Reaktionsgleichung angeben, so lässt sich die Gleichgewichtszusammensetzung bei bekannter Gleichgewichtskonstante K_c leicht ermitteln.

Beispiel 12.10: Berechnung der Gleichgewichtszusammensetzung, wenn die Edukte in stöchiometrischen Mengenverhältnissen vorliegen

Ein Gemisch aus jeweils $0{,}20\ mol \cdot L^{-1}$ H_2 und I_2 wird auf 427 °C erhitzt. Welche Zusammensetzung besitzt das im Gleichgewicht vorliegende Reaktionsgemisch, wenn für die Reaktion:

$H_2\,(g) + I_2\,(g) \rightleftarrows 2\,HI\,(g)$ gilt: $K_c = 54$

Lösung:

Durch Eintragen der gegebenen Werte in das Übersichtsschema erhält man:

	H_2	I_2	HI
Anfangskonzentration in $mol \cdot L^{-1}$	0,20	0,20	0
Gleichgewichtskonzentration in $mol \cdot L^{-1}$	$0{,}20 - x$	$0{,}20 - x$	$2 \cdot x$

Der Betrag, um den die Konzentration von H_2 gefallen ist, ist wieder x mol · L^{-1}. Nach der Reaktionsgleichung ist dann auch die Konzentration von I_2 um diesen Betrag gefallen und die von HI um $2 \cdot x$ gestiegen.

Nach **Gleichung 12.1** und mit den Werten des Übersichtschemas erhält man:

$$K_c = \frac{c^2(\text{HI})}{c(\text{H}_2) \cdot c(\text{I}_2)} = \frac{(2x)^2 \text{ mol}^2 \cdot \text{L}^{-2}}{(0{,}20 - x) \text{ mol} \cdot \text{L}^{-1} \cdot (0{,}20 - x) \text{ mol} \cdot \text{L}^{-1}} = \frac{(2x)^2 \text{ mol}^2 \cdot \text{L}^{-2}}{(0{,}20 - x)^2 \text{ mol}^2 \cdot \text{L}^{-2}}$$

Durch Wurzel ziehen (Radizieren) auf beiden Seiten der Gleichung erhält man:

$$\sqrt{K_c} = \frac{2x \text{ mol} \cdot \text{L}^{-1}}{(0{,}20 - x) \text{ mol} \cdot \text{L}^{-1}} \quad \Rightarrow \quad \sqrt{K_c} \cdot (0{,}20 - x) \text{ mol} \cdot \text{L}^{-1} = 2x \text{ mol} \cdot \text{L}^{-1}$$

Durch Ausmultiplizieren und Umstellen ergibt sich: $x \text{ mol} \cdot \text{L}^{-1} = \dfrac{\sqrt{K_c} \cdot 0{,}20 \text{ mol} \cdot \text{L}^{-1}}{2 + \sqrt{K_c}}$

Durch Einsetzen des Zahlenwertes für K_c erhält man: $x = 0{,}157 \text{ mol} \cdot \text{L}^{-1}$. Im Gleichgewicht liegen somit vor: $c(\text{H}_2) = c(\text{I}_2) = 0{,}043 \text{ mol} \cdot \text{L}^{-1}$ und $c(\text{HI}) = 0{,}314 \text{ mol} \cdot \text{L}^{-1}$

Auswendiger gestaltet sich die Berechnung von Gleichgewichtskonzentrationen, wenn die Edukte nicht im stöchiometrischen Verhältnis vorliegen.

Beispiel 12.11: Berechnung der Gleichgewichtskonzentrationen bei beliebigen Anfangskonzentrationen der Edukte

Ein Gemisch aus $0{,}20 \text{ mol} \cdot \text{L}^{-1}$ H_2 und $0{,}25 \text{ mol} \cdot \text{L}^{-1}$ I_2 wird auf 427 °C erhitzt.
Welche Zusammensetzung besitzt die Gleichgewichtsmischung, wenn für die Reaktion:

$H_2\text{ (g)} + I_2\text{ (g)} \rightleftarrows 2\text{ HI (g)}$ gilt: $K_c = 54$

Lösung:

Wie in den vorhergehenden Beispielen erstellt man sich ein Übersichtsschema.

	H_2	I_2	HI
Anfangskonzentration in $mol \cdot L^{-1}$	0,20	0,25	0
Gleichgewichtskonzentration in $mol \cdot L^{-1}$	$0{,}20 - x$	$0{,}25 - x$	$2x$

Auch hier ist $x \text{ mol} \cdot \text{L}^{-1}$ der Betrag, um den die Konzentrationen von H_2 und I_2 gefallen sind. Die Konzentration von HI ist um $2x \text{ mol} \cdot \text{L}^{-1}$ gestiegen.

Nach **Gleichung 12.1** und mit den Werten des Übersichtschemas erhält man:

$$K_c = \frac{c^2(\text{HI})}{c(\text{H}_2) \cdot c(\text{I}_2)} = \frac{(2x)^2 \text{ mol}^2 \cdot \text{L}^{-2}}{(0{,}20 - x) \text{ mol} \cdot \text{L}^{-1} \cdot (0{,}25 - x) \text{ mol} \cdot \text{L}^{-1}} = 54$$

Umgeformt und mit den Zahlenwerten für die Konzentrationen erhält man die quadratische Gleichung: $x^2 - 4{,}86 \cdot 10^{-1}x + 5{,}4 \cdot 10^{-2} = 0$. Die Lösungen dieser Gleichung sind $x_1 = 1{,}72 \cdot 10^{-1}$ und $x_2 = 3{,}14 \cdot 10^{-1}$. Die Lösung x_2 kommt nicht in Frage, da nicht mehr H_2 bzw. I_2 verbraucht werden kann, als anfangs vorhanden war. Mit x_1 als Lösung erhält man für die Konzentrationen im Gleichgewicht:

$c(\text{H}_2) = 2{,}8 \cdot 10^{-2} \text{ mol} \cdot \text{L}^{-1}$; $c(\text{I}_2) = 7{,}8 \cdot 10^{-2} \text{ mol} \cdot \text{L}^{-1}$; $c(\text{HI}) = 34{,}4 \cdot 10^{-2} \text{ mol} \cdot \text{L}^{-1}$

12

Bei einer Vielzahl von Gleichgewichtsreaktionen ist der Wert der Gleichgewichtskonstanten nicht bekannt und muss aus experimentell gefundenen Werten ermittelt werden. Sind alle Gleichgewichtskonzentrationen bekannt, so lässt sich die Gleichgewichtskonstante leicht berechnen.

Beispiel 12.12: Berechnung der Gleichgewichtskonstante K_c bei bekannten Gleichgewichtskonzentrationen

Für die Reaktion: 2 A + B ⇄ 2 C betragen die Gleichgewichtskonzentrationen bei einer bestimmten Temperatur: $c(A) = 0{,}15\ mol \cdot L^{-1}$; $c(B) = 0{,}32\ mol \cdot L^{-1}$ und $c(C) = 0{,}10\ mol \cdot L^{-1}$
Wie groß ist K_c?

Lösung:

Nach Gleichung 12.1 erhält man mit den gegebenen Werten

$$K_c = \frac{c^2(C)}{c^2(A) \cdot c(B)} = \frac{(0{,}10)^2\ mol^2 \cdot L^{-2}}{(0{,}15)^2\ mol^2 \cdot L^{-2} \cdot 0{,}32\ mol \cdot L^{-1}} \approx 1{,}38\ mol \cdot L^{-1} \approx 1{,}4\ mol \cdot L^{-1}$$

12

In einigen Fällen kann man allerdings nur die Gleichgewichtskonzentration des Produkts bestimmen. Hier müssen die Gleichgewichtskonzentrationen der Edukte, deren Anfangskonzentrationen bekannt sein müssen, mithilfe der Reaktionsgleichung ermittelt werden.

Beispiel 12.13: Berechnung der Gleichgewichtskonstante K_c bei bekannter Gleichgewichtskonzentration des Produkts und gegebenen Anfangskonzentrationen der Edukte

Für die Reaktion: B + 3 A ⇄ 2 C sind die Anfangskonzentrationen der Edukte: $c(A) = 6{,}0\ mol \cdot L^{-1}$ und $c(B) = 2{,}0\ mol \cdot L^{-1}$. Im Gleichgewicht ist die Konzentration $c(C) = 1{,}5\ mol \cdot L^{-1}$. Welchen Wert hat K_c für diese Reaktion?

Lösung:

Da nur die Gleichgewichtskonzentration von Produkt C gegeben ist, muss die Berechnung der Gleichgewichtskonzentrationen der Edukte mit Hilfe der Reaktionsgleichung erfolgen. Der Reaktionsgleichung ist zu entnehmen, dass aus 1 mol B genau 2 mol C entstehen. Die Abnahme der Konzentration von B, soweit sie auf die Bildung von C zurückgeht, lässt sich wie folgt berechnen:

$$\text{Abnahme von } c(B) = \text{Zunahme von } c(C) \cdot \frac{1\ mol\ B}{2\ mol\ C}$$

Einsetzen der Werte ergibt:

$$\text{Abnahme von } c(B) = 1{,}5\ mol \cdot L^{-1} \cdot \frac{1\ mol\ B}{2\ mol\ C} = 0{,}75\ mol \cdot L^{-1}$$

Die Gleichgewichtskonzentration von B ist also: $c(B) = (2{,}0 - 0{,}75)\ mol \cdot L^{-1} = 1{,}25\ mol \cdot L^{-1}$

Für die Abnahme von $c(A)$ des Eduktes A erhält man entsprechend:

$$\text{Abnahme von } c(A) = 1{,}5\ mol \cdot L^{-1} \cdot \frac{3\ mol\ A}{2\ mol\ C} = 2{,}25\ mol \cdot L^{-1}$$

Somit beträgt die im Gleichgewicht vorliegende Konzentration von A:

$c(A) = (6{,}0 - 2{,}25)\ mol \cdot L^{-1} = 3{,}75\ mol \cdot L^{-1}$

Einsetzen dieser Gleichgewichtskonzentrationen in Gleichung 12.1 ergibt für K_c:

$$K_c = \frac{c^2(C)}{c(B) \cdot c^3(A)} = \frac{1{,}5^2\ mol^2 \cdot L^{-2}}{1{,}25\ mol \cdot L^{-1} \cdot 3{,}75^3\ mol^3 \cdot L^{-3}} \approx 3{,}4 \cdot 10^{-2}\ L^2 \cdot mol^{-2}$$

Die Überlegungen und Betrachtungen der in den Beispielen durchgeführten Berechnungen zu den Gleichgewichtsreaktionen, bei denen es um die Zusammensetzung der im Gleichgewicht vorliegenden Konzentrationen und die Bestimmung von K_c ging, lassen sich auch auf Reaktionen in der Gasphase übertragen. Anstatt K_c wird hierbei K_p ermittelt und an Stelle der Konzentrationen bestimmt man die jeweiligen Partialdrücke. Im nächsten Kapitel steht die Beeinflussung und Verschiebung von Gleichgewichten im Vordergrund.

12.6 Verschiebung der Gleichgewichtslage

Bei sehr vielen industriell hergestellten Chemikalien wie z. B. Ammoniak sollte die Gleichgewichtskonzentration des gebildeten Produkts möglichst groß sein, damit der Herstellungsprozess wirtschaftlich ist. Man ist daher bestrebt, die Lage des chemischen Gleichgewichts soweit wie möglich auf die Produktseite zu verlagern. Als dynamische Gleichgewichte hängen die chemischen Gleichgewichte von den Bedingungen ab, unter denen man die Reaktion ablaufen lässt. Diese Reaktionsbedingungen können von außen variiert werden. Verändern kann man in diesem Sinne somit die **Konzentrationen**, den **Druck** bzw. das **Volumen** sowie die **Temperatur**.

Untersuchungen, wie sich die Lage eines chemischen Gleichgewichts durch Änderung äußerer Bedingungen wie Temperatur, Druck und Konzentration (entspricht der Ausübung eines Zwangs) verschiebt, wurden von dem deutschen Physiker *Ferdinand Braun* (1850 – 1918) und dem französischen Chemiker *Henry L. Le Chatelier* (1850 – 1936) durchgeführt. Sie führten zu einer Gesetzmäßigkeit, die als **Prinzip von *Le Chatelier* und *Braun*** oder als **Prinzip des kleinsten Zwangs** bezeichnet wird. Es lautet:

12

Wird auf ein im chemischen Gleichgewicht befindliches System ein **äußerer Zwang** ausgeübt (durch Änderung der Konzentration, des Drucks oder der Temperatur), so ändert sich die Lage des Gleichgewichts derart, dass die Folgen des Zwangs minimal werden.

Ein chemisches Gleichgewicht hat also die Tendenz, den Änderungen der Umgebungs- oder Reaktionsbedingungen entgegenzuwirken. Bei der Anwendung des Prinzips von *Le Chatelier* und *Braun* muss man sich jedoch darüber im Klaren sein, dass es keine quantitativen Aussagen ermöglicht. Es ist lediglich ein meist sehr wertvolles Hilfsmittel, um die Wirkung vorhersagen zu können, die durch Änderungen äußerer Bedingungen erzielt werden.

12.6.1 Änderung der Konzentration

Die Verschiebung der Gleichgewichtslage durch Konzentrationsänderungen bei Reaktionen in flüssiger Phase kann prinzipiell auf zwei Wegen erfolgen:

a) Man setzt einen der Ausgangsstoffe (Edukte) im Überschuss zu.

b) Man entfernt ein Produkt so schnell, wie es gebildet wird.

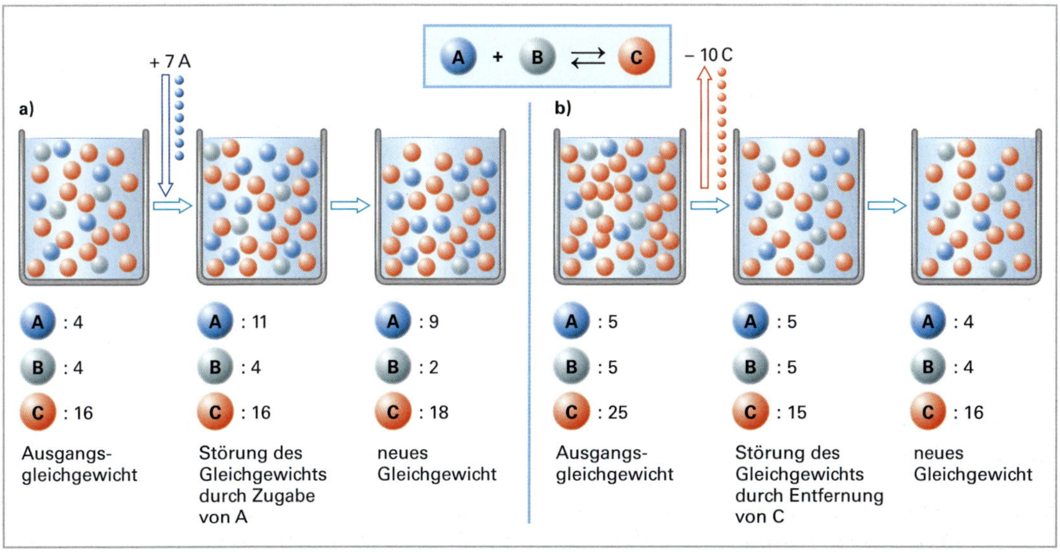

Bild 1: Verschiebung der Gleichgewichtslage durch Konzentrationsänderungen

12

In **Bild 1a**, S. 375, wird das Edukt A zu einem bestehenden Gleichgewichtsgemisch hinzugegeben. Das Gleichgewicht wird hierdurch gestört, d. h. es wird ein Zwang ausgeübt. Nach dem Prinzip von *Le Chatelier* und *Braun* weicht das System diesem Zwang aus, indem das Gleichgewicht in die Richtung verschoben wird, in der dieser Zwang minimal wird. Dies erfolgt, wenn ein Teil des zugeführten Edukts A verbraucht wird, zugunsten der Bildung des Produkts C. Im **Bild 1b**, S. 375, wird aus einem bestehenden Gleichgewichtsgemisch ein Teil des Produkts C entfernt. Auch hier verschiebt sich das Gleichgewicht in die Richtung, in welcher der Zwang minimal wird, nämlich in diejenige, in der ein Teil dieser Komponente nachgebildet wird.

Betrachtet man beide Vorgänge aus der Sichtweise der Reaktionskinetik (s. Kap. 11.1, S. 339), so bewirkt die Erhöhung eines Eduktes eine Vergrößerung der Geschwindigkeit der Hinreaktion. Es reagieren mehr Eduktteilchen zu Produkten. Dies erfolgt so lange, bis so viel Produkt entstanden ist, dass die Geschwindigkeit der Rückreaktion wieder genau so groß wird, wie die Geschwindigkeit der Hinreaktion. Entfernt man Produktteilchen, so wird die Geschwindigkeit der Rückreaktion verringert. Die Geschwindigkeit der Hinreaktion wird also dementsprechend kleiner werden müssen, bis ihr Wert gleich dem der Rückreaktion ist. Dies erfolgt durch die Bildung von Produkt, da hierdurch die Konzentration der Edukte und damit verbunden die Geschwindigkeit der Hinreaktion kleiner wird.

Will man die Beeinflussung des Gleichgewichts durch Zugabe bzw. Entfernung einzelner Reaktionspartner quantitativ berechnen, so muss man das MWG anwenden. Für die in **Bild 1**, S. 375, beschriebene Reaktion gilt nach dem MWG für die Gleichgewichtsbedingung:

$$K_c = \frac{c(\mathrm{C})}{c(\mathrm{A}) \cdot c(\mathrm{B})}$$

Da die Gleichgewichtskonstante nicht von den einzelnen Konzentrationen abhängt, müssen die Gleichgewichtskonzentrationen immer die Gleichgewichtsbedingung erfüllen. Erhöht man die Konzentration $c(\mathrm{A})$, so vergrößert sich der Nenner. Der Zähler $c(\mathrm{C})$ muss nun so lange zunehmen, bis (bei vorgegebener Temperatur) garantiert ist, dass K_c konstant bleibt. Dies ist nur möglich, indem mehr Produkt C gebildet wird. Das Gleichgewicht wird also in Richtung des Produkts verschoben bis wieder Gleichgewicht herrscht. Entfernt man einen Teil des Produkts, so wird der Zähler $c(\mathrm{C})$ kleiner (**Bild 1b**, S. 375). Jetzt wird der Nenner so lange abnehmen, bis (bei vorgegebener Temperatur) die Gleichgewichtskonzentrationen wieder den Wert von K_c ergeben. Auch hier verschiebt sich das Gleichgewicht in die Richtung des Produkts, da für die Produktbildung Edukte verbraucht werden und dadurch der Nenner kleiner wird.

Gibt man umgekehrt Produkt C hinzu bzw. entfernt eines der Edukte A oder B, so wird sich das Gleichgewicht in die Richtung verschieben, in der mehr Edukte entstehen. Allgemein gilt:

Befindet sich ein System im Gleichgewicht und

a) erhöht man durch Zugabe einer im Gemisch enthaltenen Komponente ihre Konzentration, ändert sich die Lage des Gleichgewichts derart, dass diese Komponente weiter verbraucht wird.
b) verringert man durch Entzug einer im Gemisch enthaltenen Komponente ihre Konzentration, ändert sich die Lage des Gleichgewichts derart, dass diese Komponente nachgebildet wird.

Wie groß die Konzentrationsänderungen sind, lässt sich mit den Methoden berechnen, die im vorherigen Abschnitt besprochen und an Beispielen dargestellt wurden. In der Praxis wird die Verschiebung des Gleichgewichts durch Konzentrationsänderungen sehr häufig bei Veresterungen angewendet. Wichtig ist bei allen Betrachtungen über die Verschiebung der Gleichgewichtslage:

In allen Fällen gilt, dass der Wert der Gleichgewichtskonstante K_c durch Konzentrationsänderungen bei konstantem Druck und konstanter Temperatur nicht verändert wird.

12.6.2 Änderung des Drucks

Die Abhängigkeit der Lage des chemischen Gleichgewichts vom Druck ist bei Reaktionen in der Gasphase von Bedeutung, bei denen sich die Anzahl der Mole, d. h. die Gesamtstoffmenge von Edukten und Produkten ändert. Die Bildung von SO_3 aus SO_2 und O_2 ist z. B. eine solche Reaktion:

$$2\ SO_2\ (g) + O_2\ (g) \rightleftarrows 2\ SO_3\ (g)$$

Bei der Bildung von SO_3 nimmt die Teilchenzahl (Anzahl der Mole) im Reaktionsbehälter ab und somit auch der Druck. Eine Veränderung des Drucks von außen (Ausübung eines Zwangs) hat demnach Auswirkungen auf die Lage des Gleichgewichts. In **Bild 1** ist die Verschiebung der Lage des Gleichgewichts für diese Reaktion dargestellt.

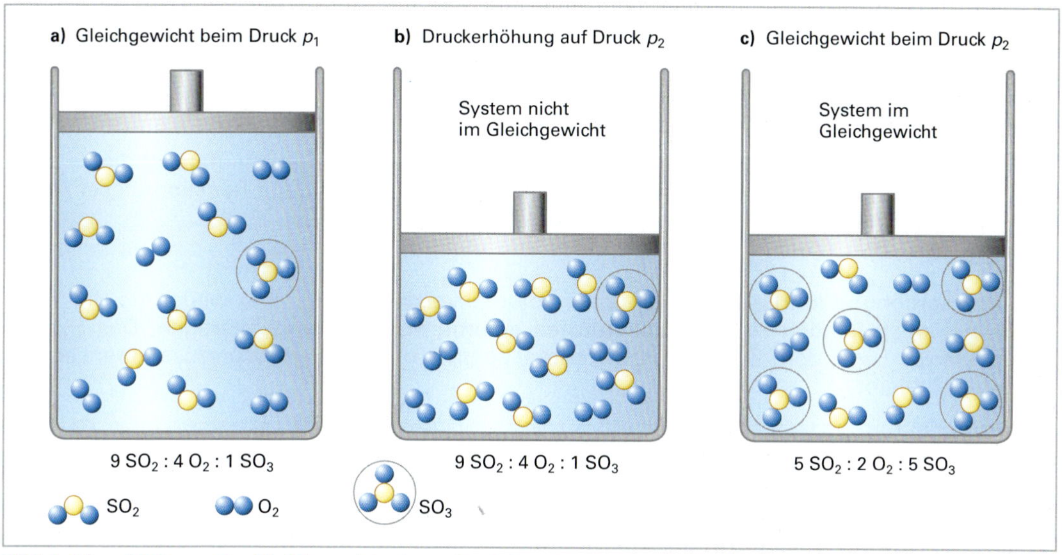

Bild 1: Verschiebung der Gleichgewichtslage durch Druckerhöhung (Kompression)

In **Bild 1a** ist ein anfängliches Gleichgewicht wiedergegeben, in dem 14 Moleküle (symbolisch für 14 mol) eines Gasgemisches vorliegen. Es enthält: 9 SO_2-Moleküle, 4 O_2-Moleküle und 1 SO_3-Molekül. Auf dieses System wird nun von außen ein Zwang in Form einer Druckerhöhung (Kompression) ausgeübt. Das Volumen muss kleiner werden, wenn die Temperatur hierbei konstant bleibt. Bei gleichbleibender Temperatur (isotherme Zustandsänderung) gilt nach dem Gesetz von *Boyle-Mariotte*: $p_1 \cdot V_1 = p_2 \cdot V_2$ (s. Kap. 8.2.4, S. 256). Bei einer Kompression ist $p_1 < p_2$ und somit $V_1 > V_2$. Diesen Zustand zeigt **Bild 1b**. Das System bzw. das Gleichgewicht kann dem Zwang ausweichen, d. h. ihn verkleinern, indem SO_2-Moleküle mit O_2-Molekülen zu SO_3-Molekülen reagieren. Das Gleichgewicht wird sich also nach rechts verschieben, zugunsten der Bildung von SO_3-Molekülen.

Den neuen Gleichgewichtszustand zeigt **Bild 1c**. Das Gleichgewicht besteht jetzt aus: 5 SO_2-Molekülen, 2 O_2-Molekülen und 5 SO_3-Molekülen. In diesem neu gebildeten Gleichgewicht sind nur noch 12-Moleküle (12 mol) vorhanden, so dass der Druck herabgesetzt wird. Da 12 Moleküle (12 mol) Gasgemisch ein kleineres Volumen einnehmen als 14 Moleküle (14 mol) wird dem von außen auferlegten Zwang (Druckerhöhung) durch die zusätzliche Volumenverminderung nachgegeben. Im umgekehrten Fall (Herabsetzung des Drucks) wird dagegen die Zersetzung von SO_3 begünstigt und somit die Bildung der Edukte SO_2 und O_2. Durch die Anwendung des MWG muss sich die gleiche Schlussfolgerung ergeben. Für die angegebene Reaktion gilt nach dem MWG für K_c:

$$K_c = \frac{c^2(SO_3)}{c^2(SO_2) \cdot c(O_2)}$$

Mit $c = \frac{n}{V}$ erhält man hieraus: $K_c = \frac{n^2(SO_3) \cdot \left(\frac{1}{V}\right)^2}{n^2(SO_2) \cdot \left(\frac{1}{V}\right)^2 \cdot n(O_2) \cdot \frac{1}{V}} = \frac{n^2(SO_3)}{n^2(SO_2) \cdot n(O_2)} \cdot V$

Durch die Kompression wird das Volumen V kleiner. Der Wert von K_c muss jedoch konstant bleiben. Dies ist nur möglich, wenn der Wert des Faktors vor dem Volumen V größer wird. Das wird erreicht, wenn die Stoffmenge n von SO_3 zunimmt und die Stoffmengen von SO_2 und O_2 solange abnehmen, bis der Wert von K_c wieder erreicht ist.

Die an diesem Beispiel besprochenen Überlegungen und Gesetzmäßigkeiten lassen sich auf alle Gasreaktionen übertragen, die mit einer Stoffmengenveränderung verbunden sind. Es gilt:

12

> Erhöht man bei Gasreaktionen den Druck, so verschiebt sich das Gleichgewicht zugunsten derjenigen Stoffe, die das kleinere Volumen einnehmen, d. h. auf die Seite mit der kleineren Teilchenzahl bzw. Stoffmenge.

Bei Reaktionen in der Gasphase, welche ohne Stoffmengenänderung verlaufen, ist die Veränderung des Drucks auf die Lage des Gleichgewichts ohne Bedeutung. Eine Reaktion dieser Art ist z. B. die Konvertierung von Kohlenstoffmonoxid:

$CO\,(g) + H_2O\,(g) \rightleftarrows CO_2\,(g) + H_2\,(g)$

Eine Druckerhöhung führt auch hier zu einer Volumenverminderung, aber weder die Hin- noch die Rückreaktion können zu einer zusätzlichen Volumenverkleinerung beitragen. Das System ist nicht in der Lage, dem Zwang auszuweichen, so dass die Gleichgewichtszusammensetzung unverändert bleibt.

Beispiel 12.14: Beeinflussung eines chemischen Gleichgewichts durch Änderung des Drucks

Wie wirkt sich eine Druckerhöhung (Kompression) auf das folgende Gleichgewicht aus:

$N_2O_4\,(g) \rightleftarrows 2\,NO_2\,(g)$

Lösung:

Eine Druckerhöhung (Kompression) bewirkt eine Verkleinerung des Volumens. Das System kann diesem Zwang ausweichen, d. h. ihn minimieren, wenn mehr Distickstofftetroxid N_2O_4 gebildet wird, da 1 mol N_2O_4 ein kleineres Volumen einnimmt als 2 mol NO_2.

Die Anwendung des MWG auf diese Reaktion ergibt:

$K_c = \frac{c^2(NO_2)}{c(N_2O_4)}$ und mit $c = \frac{n}{V}$ erhält man hieraus: $K_c = \frac{n^2(NO_2) \cdot V}{V^2 \cdot n(N_2O_4)} = \frac{n^2(NO_2)}{n(N_2O_4)} \cdot \frac{1}{V}$

Dieser Ausdruck muss konstant bleiben, auch wenn das Volumen kleiner wird. Der Faktor vor $\frac{1}{V}$ muss demnach kleiner werden, da $\frac{1}{V}$ bei kleinerem V größer wird. Dies ist nur möglich, wenn die Stoffmenge von NO_2 abnimmt und die Stoffmenge von N_2O_4 zunimmt.

12.6.3 Änderung der Temperatur

Außer durch Konzentrations- und Druckveränderungen lässt sich die Lage des chemischen Gleichgewichts auch durch eine Änderung der Reaktionstemperatur verschieben. Im Gegensatz zu den Konzentrations- und Druckveränderungen muss hierbei beachtet werden, dass die **Gleichgewichtskonstante** ebenfalls **temperaturabhängig** ist.

Eine Reaktion, bei der sich der Einfluss der Temperatur auf die Lage des Gleichgewichts gut und deutlich durch eine Farbänderung erkennen lässt, ist die Dimerisation von Stickstoffdioxid zu Distickstofftetraoxid:

$2\,NO_2\,(g) \rightleftarrows N_2O_4\,(g) \quad | \quad \Delta_r H_m^0 = -57\ kJ \cdot mol^{-1}$

Aus dem Wert für $\Delta_r H_m^0$ geht hervor, dass die Dimerisation (die Hinreaktion) exotherm erfolgt und die Dissoziation (die Rückreaktion), also der Zerfall von N_2O_4 in NO_2 endotherm ist.

Bei Raumtemperatur (ϑ = 20 °C) überwiegt in einem Gasgemisch aus NO_2 und N_2O_4 der Anteil an N_2O_4, so dass ein hellbraunes Gasgemisch vorliegt (**Bild 1**). Erwärmt man dieses Gasgemisch, z. B. durch Eintauchen in heißes Wasser, so vertieft sich die Färbung, es wird dunkelbraun. Es ist also mehr NO_2 entstanden, mit anderen Worten, das Gleichgewicht wurde in die Richtung der endothermen, also wärmeverbrauchenden Reaktion verschoben. Bei Abkühlung durch Eintauchen in Eiswasser verblasst dagegen die braune Farbe des Gasgemisches immer mehr. Jetzt bildet sich verstärkt N_2O_4. Das Gleichgewicht ist nun in die Richtung der exothermen, also wärmeabgebenden Reaktion verschoben. In **Bild 1** sind beide Vorgänge wiedergegeben. Der an diesem Beispiel dargestellte Sachverhalt der Gleichgewichtsverschiebung durch Temperaturänderung entweder als Wärmezufuhr oder Wärmeentzug tritt bei allen Gleichgewichtsreaktionen auf, so dass allgemein gilt:

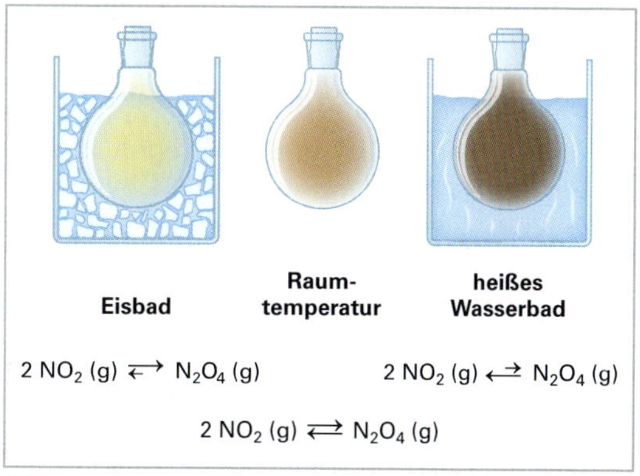

Bild 1: Temperatureinfluss auf das Gleichgewicht: $2\,NO_2\,(g) \rightleftarrows N_2O_4\,(g)$

Durch eine **Temperaturerhöhung** werden endotherme (wärmeverbrauchende) Reaktionen begünstigt.

Durch eine **Temperaturerniedrigung** werden exotherme (wärmeliefernde) Reaktionen begünstigt.

Bezogen auf die Gleichgewichtskonstante K_c oder K_p bedeutet dies:

In einem chemischen Gleichgewicht ist für eine exotherme Hinreaktion der **Wert der Gleichgewichtskonstante** bei steigender Temperatur kleiner und bei einer endothermen Reaktion größer.

Ohne die Verschiebung der Gleichgewichtslage wären die Folgen einer Temperaturänderung weitaus größer. Bei Wärmezufuhr wird ein Teil dieser Wärme für die Verschiebung des Gleichgewichts in Richtung der endothermen Reaktion verbraucht. Die Reaktionstemperatur steigt weniger stark an, als es ohne diese Verschiebung der Fall wäre. Im umgekehrten Fall, dem Wärmeentzug, verschiebt sich das Gleichgewicht in Richtung der exothermen Reaktion. Da hierbei Wärme freigesetzt wird, ist die Erniedrigung der Temperatur kleiner als ohne Verschiebung. Wärmezufuhr und Wärmeentzug werden also durch die Verschiebung der Gleichgewichtslage in gewissem Umfang ausgeglichen. Auch im nächsten Kapitel, das sich mit den Lösungsgleichgewichten beschäftigt, spielt das Prinzip von *Le Chatelier* und *Braun* eine wichtige Rolle.

12.7 Lösungsgleichgewicht und Löslichkeitsprodukt

Wie bei den Fällungsreaktionen bereits beschrieben wurde (s. Kap. 9.1.5, S. 273), gibt es eine Reihe von Salzen, die in Wasser sehr schwerlöslich sind. Wie in allen gesättigten Lösungen eines Salzes besteht hier ein dynamisches Gleichgewicht zwischen gelöster und ungelöster Substanz. Von der Art der Gleichgewichtsreaktionen her gehören alle **Lösungsgleichgewichte** zu den **heterogenen Gleichgewichten**, da sich das Gleichgewicht an der Phasengrenze zwischen der homogenen flüssigen Phase (Lösung) und dem als feste Phase vorliegenden Bodenkörper (Niederschlag) einstellt. Lösungsgleichgewichte können daher durch eine Gleichgewichtskonstante beschrieben werden und der Einfluss auf diese Gleichgewichte durch Änderung der äußeren Bedingungen (z. B. Konzentration und/oder Temperatur) untersucht werden.

12.7.1 Löslichkeitsprodukt und Löslichkeit

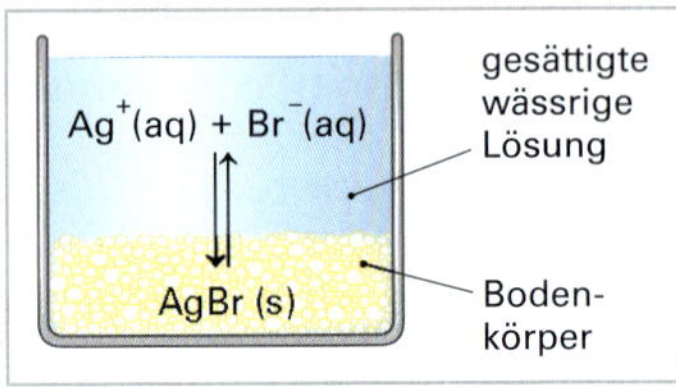

Bild 1: Löslichkeitsgewicht für Silberbromid AgBr

Liegt ein schwerlösliches Salz wie z. B. AgBr vor, das bei der Zugabe einer HBr-Lösung zu einer $AgNO_3$-Lösung als AgBr-Bodenkörper ausfällt, so stellt sich in der gesättigten Lösung folgendes dynamisches Gleichgewicht ein:

$$AgBr\,(s) \rightleftarrows Ag^+\,(aq) + Br^-\,(aq)$$

Die beiden Ionen Ag^+ und Br^- liegen in zwei verschiedenen Zuständen (Phasen) vor. Einmal als hydratisierte Ionen in der wässrigen Lösung und einmal im Kristallverband des Bodenkörpers AgBr. In **Bild 1** ist dieses Lösungsgleichgewicht dargestellt. Die Phasengrenze bildet die Oberfläche des Bodenkörpers. Die Anwendung des MWG ergibt für die Gleichgewichtskonstante der Reaktion:

$$AgBr\,(s) \rightleftharpoons Ag^+\,(aq) + Br^-\,(aq) \qquad K_c = \frac{c(Ag^+) \cdot c(Br^-)}{c(AgBr)}$$

Aus Gründen der Vereinfachung wurde die Hydrathülle der Ionen (aq) hier und in den weiteren Beispielen nicht mehr aufgeführt. Solange festes AgBr als Bodenkörper vorhanden ist und sich in Kontakt mit der Lösung befindet, bildet es einen Vorrat für mehr Substanz, so dass die tatsächliche Konzentration von AgBr in der Lösung unverändert bleibt. Wie bei allen heterogenen Gleichgewichten ist die Konzentration des Feststoffs (hier der Bodenkörper) konstant und wird in die Gleichgewichtskonstante K_c mit einbezogen. Man erhält somit:

$$K_c \cdot c(AgBr) = K_L = c(Ag^+) \cdot c(Br^-)$$

Die Konstante K_L nennt man das **Löslichkeitsprodukt**. Wie alle Gleichgewichtskonstanten ist sie temperaturabhängig, so dass die Tabellen für K_L in der Regel für die Temperatur von 25 °C angegeben sind. Das Löslichkeitsprodukt stellt somit einen Maßstab für die Löslichkeit eines Salzes bei einer gegebenen Temperatur dar. Je kleiner der Wert von K_L, desto geringer sind die Stoffmengenkonzentrationen (Ionenkonzentrationen) der gelösten Ionen in der gesättigten Lösung bei der angegebenen Temperatur. Bei leicht löslichen Salzen mit einer hohen Sättigungskonzentration (z. B. NaCl oder KNO_3) gilt diese einfache Beziehung nicht mehr, da zwischen den Ionen bei hohen Konzentrationen Wechselwirkungen auftreten.

Für ein Salz mit der allgemeinen Formel A_xB_y (AgBr gehört zum Typ AB), bei dem das Lösungsgleichgewicht:

$A_xB_{y(s)} \rightleftarrows x(A^+) + y(B^-)$ vorliegt, erhält man für das Löslichkeitsprodukt:

$$K_L = c^x(A^+) \cdot c^y(B^-)$$	K_L	c	**Gl. 12.5**
	$(mol \cdot L^{-1})^{x+y}$	$mol \cdot L^{-1}$	

Die Einheit des Löslichkeitsproduktes ist $(mol \cdot L^{-1})^{x+y}$ und ist immer mit anzugeben.

Beispiel 12.15: Formulierung von Löslichkeitsprodukten

Wie lauten jeweils die Formeln für das Löslichkeitsprodukt K_L von AgCl, PbI_2, Bi_2S_3 und Ag_3PO_4 und welche Einheit hat K_L bei diesen Salzen?

Lösung:

Die Lösungsgleichgewichte lauten:

$AgCl\,(s) \rightleftarrows Ag^+\,(aq) + Cl^-\,(aq)$ $\qquad PbI_2\,(s) \rightleftarrows Pb^{2+}\,(aq) + 2\,I^-\,(aq)$

$Bi_2S_3\,(s) \rightleftarrows 2\,Bi^{3+}\,(aq) + 3\,S^{2-}\,(aq)$ $\qquad Ag_3PO_4\,(s) \rightleftarrows 3\,Ag^+\,(aq) + PO_4^{3-}\,(aq)$

Gleichung 12.5 ergibt für das Löslichkeitsprodukt K_L mit den zugehörigen Einheiten:

$K_L = c(Ag^+) \cdot c(Cl^-)$ $\qquad K_L$ in $mol^2 \cdot L^{-2}$

$K_L = c(Pb^{2+}) \cdot c^2(I^-)$ $\qquad K_L$ in $mol^3 \cdot L^{-3}$

$K_L = c^2(Bi^{3+}) \cdot c^3(S^{2-})$ $\qquad K_L$ in $mol^5 \cdot L^{-5}$

$K_L = c^3(Ag^+) \cdot c(PO_4^{3-})$ $\qquad K_L$ in $mol^4 \cdot L^{-4}$

Da bei schwerlöslichen Salzen die Ionenkonzentrationen der Komponenten in der Lösung gering sind, rechnet man in der Praxis meist auch mit diesen Konzentrationen und nicht mit den Aktivitäten. Der Wert des Löslichkeitsprodukts einer Verbindung lässt sich direkt aus seiner **molaren Löslichkeit *s*** bestimmen. Diese ist nicht mit der Löslichkeit *L* (s. Kap. 9.1.5, S. 273) zu verwechseln.

Die **molare Löslichkeit *s*** eines schwerlöslichen Salzes entspricht seiner Stoffmengenkonzentration in der gesättigten Lösung in Abwesenheit von gleich-ionigen Zusätzen.

So unterscheidet sich die molare Löslichkeit von AgBr in H_2O stark von der in einer KBr-Lösung.

Beispiel 12.16: Berechnung des Löslichkeitsprodukts aus der molaren Löslichkeit

Bei 25 °C lösen sich in 500 mL Wasser 0,940 mg AgCl ($M = 142{,}32\ \text{g} \cdot \text{mol}^{-1}$). Wie groß ist das Löslichkeitsprodukt für AgCl bei dieser Temperatur für die Reaktion

$$\text{AgCl (s)} \rightleftarrows \text{Ag}^+\text{ (aq)} + \text{Cl}^-\text{ (aq)}$$

Lösung:

Nach **Gleichung 12.5** gilt für ein Salz wie AgCl (Typ AB): $K_L = c(\text{Ag}^+) \cdot c(\text{Cl}^-)$

Zur Berechnung der Stoffmengenkonzentration *c* benötigt man die Stoffmenge *n*.

Man erhält mit: $n(\text{AgCl}) = \dfrac{m(\text{AgCl})}{M(\text{AgCl})} = \dfrac{0{,}940 \cdot 10^{-3}\ \text{g}}{142{,}32\ \text{g} \cdot \text{mol}^{-1}} \approx 6{,}60 \cdot 10^{-6}\ \text{mol}$

Da aus einem Mol AgCl jeweils ein Mol Ag^+- und ein Mol Cl^--Ionen entstehen, ist: $c(\text{Ag}^+) = c(\text{Cl}^-)$ und somit $K_L = c^2(\text{Ag}^+)$. Für $c(\text{Ag}^+)$ gilt: $c(\text{Ag}^+) = \dfrac{n(\text{Ag}^+)}{V_{Lsg}}$

Mit den gegebenen Werten ist $c(\text{Ag}^+) = \dfrac{6{,}60 \cdot 10^{-6}\ \text{mol}}{0{,}500\ \text{L}} = 1{,}32 \cdot 10^{-5}\ \text{mol} \cdot \text{L}^{-1}$

Einsetzen dieses Wertes in **Gleichung 12.5** ergibt:

$K_L = c^2(\text{Ag}^+) = (1{,}32 \cdot 10^{-5}\ \text{mol} \cdot \text{L}^{-1})^2 \approx 1{,}74 \cdot 10^{-10}\ \text{mol}^2 \cdot \text{L}^{-2}$

Bei Salzen vom Typ A_xB_y müssen die Stoffmengenkonzentrationen entsprechend der Zusammensetzung des Salzes berechnet und beim Einsetzen in **Gleichung 12.5** potenziert werden.

Beispiel 12.17: Berechnung des Löslichkeitsproduktes für ein Salz vom Typ A_xB_y

Bei 25 °C lösen sich $7{,}8 \cdot 10^{-5}$ mol Ag_2CrO_4 in 1 L Wasser. Welchen Wert hat das Löslichkeitsprodukt für die Reaktion:

$$\text{Ag}_2\text{CrO}_4\text{ (s)} \rightleftarrows 2\ \text{Ag}^+ + \text{CrO}_4^{2-}$$

Lösung:

Für jedes Mol Ag_2CrO_4, das in Lösung geht, erhält man 2 mol Ag^+-Ionen und 1 mol CrO_4^{2-}-Ionen. Somit ist:

$c(\text{Ag}^+) = 2 \cdot c(\text{CrO}_4^{2-}) = 2 \cdot 7{,}8 \cdot 10^{-5}\ \text{mol} \cdot \text{L}^{-1}$

Nach **Gleichung 12.5** erhält man für das Löslichkeitsprodukt:

$K_L = c^2(\text{Ag}^+) \cdot c(\text{CrO}_4^{2-})$

$K_L = (2 \cdot 7{,}8 \cdot 10^{-5}\ \text{mol} \cdot \text{L}^{-1})^2 \cdot 7{,}8 \cdot 10^{-5}\ \text{mol} \cdot \text{L}^{-1} \approx 1{,}9 \cdot 10^{-12}\ \text{mol}^3 \cdot \text{L}^{-3}$

Kennt man das Löslichkeitsprodukt einer Verbindung, so lässt sich umgekehrt die molare Löslichkeit *s* berechnen. Für ein Salz vom Typ AB gilt für die molare Löslichkeit *s* die Gleichung:

$$s = \sqrt{K_L(\text{AB})}$$

s	K_L
$\text{mol} \cdot \text{L}^{-1}$	$\text{mol}^2 \cdot \text{L}^{-2}$

Gl. 12.6

Beispiel 12.18: Berechnung der molaren Löslichkeit eines Salzes vom Typ AB

a) Wie groß ist die molare Löslichkeit von $CaCO_3$ in $mol \cdot L^{-1}$ bei 25 °C, wenn bei dieser Temperatur das Löslichkeitsprodukt $8{,}7 \cdot 10^{-9}\ mol^2 \cdot L^{-2}$ beträgt?

b) Wie viel Gramm $CaCO_3$ ($M = 100{,}1\ g \cdot mol^{-1}$) lösen sich in 200 mL Wasser bei 25 °C?

Lösung:

a) Für $CaCO_3$ ein Salz vom Typ AB gilt nach **Gleichung 12.6**:

$$s = \sqrt{8{,}7 \cdot 10^{-9}\ mol^2 \cdot L^{-2}} = 9{,}3 \cdot 10^{-5}\ mol \cdot L^{-1}$$

b) In der gesättigten Lösung sind $9{,}3 \cdot 10^{-5}\ mol \cdot L^{-1}$ $CaCO_3$ enthalten.

Mit $n = \frac{m}{M}$ und $c = \frac{n}{V}$ erhält man $c = \frac{m}{M \cdot V} \Rightarrow m = c \cdot M \cdot V$

Einsetzen der gegebenen Werte ergibt:

$$m = 9{,}3 \cdot 10^{-5}\ mol \cdot L^{-1} \cdot 100{,}1\ g \cdot mol^{-1} \cdot 0{,}200\ L \approx 1{,}9 \cdot 10^{-3}\ g = 1{,}9\ mg$$

Bei komplizierteren Salzen vom Typ A_xB_y gilt für die molare Löslichkeit:

$$s = \sqrt[x+y]{\frac{K_L}{x^x \cdot y^y}}$$

s	K_L
$mol \cdot L^{-1}$	$(mol \cdot L^{-1})^{x+y}$

Gl. 12.7

Beispiel 12.19: Berechnung der molaren Löslichkeit eines Salzes vom Typ A_xB_y

a) Wie groß ist die molare Löslichkeit von $Mg(OH)_2$ in $mol \cdot L^{-1}$ bei 25 °C, wenn bei dieser Temperatur das Löslichkeitsprodukt $8{,}9 \cdot 10^{-12}\ mol^3 \cdot L^{-3}$ beträgt für die Reaktion:

$Mg(OH)_2\ (s) \rightleftarrows Mg^{2+} + 2\ OH^-$?

b) Wie groß sind die Stoffmengenkonzentrationen $c(Mg^{2+})$ und $c(OH^-)$?

c) Wie viel g $Mg(OH)_2$ ($M = 40{,}3\ g \cdot mol^{-1}$) lösen sich in 100 mL Wasser bei 25 °C?

Lösung:

a) Nach **Gleichung 12.7** erhält man für die molare Löslichkeit von $Mg(OH)_2$:

$$s = \sqrt[1+2]{\frac{8{,}9 \cdot 10^{-12}\ mol^3 \cdot L^{-3}}{1^1 \cdot 2^2}} = \sqrt[3]{\frac{8{,}9 \cdot 10^{-12}\ mol^3 \cdot L^{-3}}{4}} = 1{,}3 \cdot 10^{-4}\ mol \cdot L^{-1}$$

b) Jedes Mol $Mg(OH)_2$, das in Lösung geht, ergibt 1 mol Mg^{2+}-Ionen und 2 mol OH^--Ionen. Somit ist:

$$c(Mg^{2+}) = 1{,}3 \cdot 10^{-4}\ mol \cdot L^{-1}$$

$$c(OH^-) = 2 \cdot c(Mg^{2+}) = 2 \cdot 1{,}3 \cdot 10^{-4}\ mol \cdot L^{-1} = 2{,}6 \cdot 10^{-4}\ mol \cdot L^{-1}$$

c) Wie in **Beispiel 12.18** ist die Masse m:

$$m = c \cdot M \cdot V$$

Mit den vorhandenen Werten ist

$$m = 1{,}3 \cdot 10^{-4}\ mol \cdot L^{-1} \cdot 40{,}3\ g \cdot mol^{-1} \cdot 0{,}1\ L = 5{,}2 \cdot 10^{-4}\ g \approx 0{,}52\ mg.$$

Wie alle Gleichgewichtsreaktionen lassen sich auch Lösungsgleichgewichte nach dem Prinzip von *Le Chatelier* und *Braun* beeinflussen. Der folgende Abschnitt beschäftigt sich damit.

12.7.2 Einflüsse auf das Lösungsgleichgewicht

Lösungsgleichgewichte können durch Änderung äußerer Bedingungen wie die bisher besprochenen Gleichgewichte beeinflusst werden. Bei Salzen wie z. B. KNO_3 oder $(NH_4)_2SO_4$, die sich endotherm in Wasser lösen, geht bei Erwärmung einer gesättigten Lösung ein Teil des Bodenkörpers in Lösung. Bei Salzen, die sich exotherm in Wasser lösen, wie z. B. NaOH, tritt der gegenteilige Effekt ein. Durch Temperaturänderungen lassen sich Lösungsgleichgewichte beeinflussen bzw. verschieben. In der Praxis nutzt man diesen Effekt beim Umkristallisieren aus, besonders in der präparativen organischen Chemie. Allgemein gilt:

Ist der **Lösungsvorgang** eines Salzes oder einer Verbindung endotherm, so steigt die Löslichkeit bei Wärmezufuhr, ist er exotherm, so sinkt die Löslichkeit bei Wärmezufuhr.

12

Eine weitere Möglichkeit, auf die Löslichkeit einzuwirken, ist die Zugabe von gleich-ionigen Zusätzen (Lösungen oder Verbindungen) zu einer gesättigten Lösung. Leitet man Hydrogenchlorid HCl in eine gesättigte Lösung von NaCl ein, so fällt chemisch reines NaCl aus. Hydrogenchlorid protolysiert beim Einleiten in Wasser:

$$HCl\,(g) + H_2O\,(l) \rightleftarrows H_3O^+\,(aq) + Cl^-\,(aq)$$

Das Gleichgewicht liegt fast vollständig auf der Produktseite und bildet hierbei Cl^--Ionen, die für die NaCl-Lösung einen gleich-ionigen Zusatz darstellen. Da die NaCl-Lösung bereits vor dem Einleiten von HCl gesättigt war, wird jetzt das Produkt $c(Na^+) \cdot c(Cl^-)$, das sogenannte **Ionenprodukt *Q***, durch die zusätzlichen Cl^--Ionen größer als das Löslichkeitsprodukt von NaCl. Es wird demzufolge jetzt soviel NaCl ausfallen, bis das Produkt erfüllt ist:

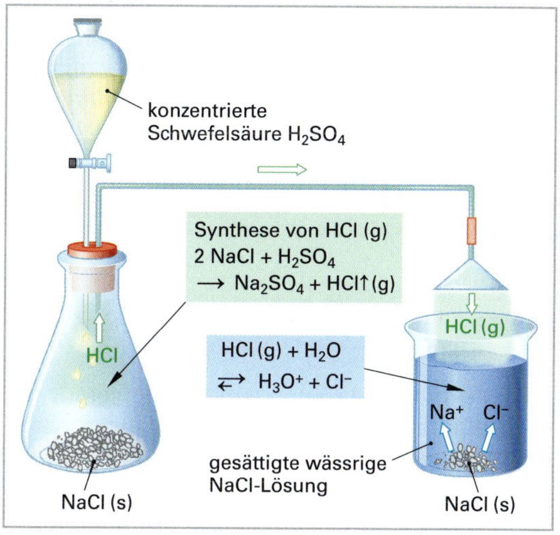

Bild 1: Einleiten von HCl (g) in eine gesättigte wässrige NaCl-Lösung

$c(Na^+) \cdot c(Cl^-) = K_L\,(NaCl)$. In **Bild 1** ist dieser Sachverhalt dargestellt.

Auch in der Analytik, besonders bei der Gravimetrie (Gewichtsanalyse), nutzt man den Effekt des gemeinsamen Ions, indem man durch gleich-ionigen Zusatz zur Waschflüssigkeit die molare Löslichkeit der Niederschlagssubstanz herabsetzt.

Beispiel 12.20: Bestimmung der molaren Löslichkeit von AgBr in einer NaBr-Lösung

Wie groß ist die molare Löslichkeit von AgBr bei 25 °C in 1 L einer NaBr-Lösung, $c(NaBr) = 0{,}010\ mol \cdot L^{-1}$, wenn bei 25 °C $K_L(AgBr) = 5{,}0 \cdot 10^{-13}\ mol^2 \cdot L^{-2}$ ist?

Lösung:

Nach **Gleichung 12.5** gilt für die Reaktion:

$$AgBr\,(s) \rightleftarrows Ag^+ + Br^-$$

für das Löslichkeitsprodukt:

$$K_L = c(Ag^+) \cdot c(Br^-) = 5{,}0 \cdot 10^{-13}\ mol^2 \cdot L^{-2}$$

Da die Konzentration der Br^--Ionen, die aus dem AgBr stammen, sehr gering ist und die Dissoziation von AgBr durch den Zusatz von Br^--Ionen aus NaBr zudem zurückgedrängt wird, gilt in guter Näherung für die Konzentration der Br^--Ionen: $c(Br^-) = 0{,}01\ mol \cdot L^{-1}$. Somit ist

$$c(Ag^+) = \frac{K_L}{c(Br^-)} = \frac{5{,}0 \cdot 10^{-13}\ mol^2 \cdot L^{-2}}{0{,}010\ mol \cdot L^{-1}} = 5{,}0 \cdot 10^{-11}\ mol \cdot L^{-1}$$

Da die molare Löslichkeit *s* gleich der Konzentration *c* ist, gilt: $s = 5{,}0 \cdot 10^{-11}\ mol \cdot L^{-1}$

Gegenüber der molaren Löslichkeit von AgBr in reinem Wasser mit $s = 7 \cdot 10^{-7}$ mol · L^{-1} ist die molare Löslichkeit in einer NaBr-Lösung viel kleiner (~ um den Faktor 10^{-4}, d. h. ca. 10000-fach geringer als in reinem Wasser). Aus diesem Grund wird ein Niederschlag von AgBr nach dem Abfiltrieren nicht mit reinem Wasser gewaschen, sondern mit Wasser, dem NaBr zugesetzt ist.

12.7.3 Fällungsreaktionen

Bei **Fällungsreaktionen** spielt das Löslichkeitsprodukt bzw. die molare Löslichkeit von Verbindungen ebenfalls eine wichtige Rolle. In der Analytik dienen sie z. B. beim „klassischen Trennungsgang" der Identifikation von Kationen und Anionen in einem Gemisch und bei den Fällungstitrationen zur quantitativen Bestimmung von Lösungen. Auch in der Abwasserreinigung werden sie zur Beseitigung von Schwermetall-Kationen angewendet.

12

Eine einfache und bequeme Methode zur Behandlung von Fällungsgleichgewichten bietet das **Ionenprodukt *Q*** (vgl. Kap. 12.7.2, S. 383), das dem bei den anderen chemischen Reaktionen vorgestellten Reaktionsquotienten entspricht. Es erlaubt die Vorhersage, ob eine Fällung eintritt oder nicht bzw. wie viel Fällungsmittel man bei den vorherrschenden Reaktionsbedingungen zugeben muss, um eine Fällung zu erreichen. Dies ist z. B. bei der Entfernung von Schwermetall-Kationen im Abwasser von Bedeutung. Das Ionenprodukt Q ist wie das Löslichkeitsprodukt definiert, so dass für ein Salz vom Typ A_XB_Y gilt:

$$Q = c^x(A^+) \cdot c^y(B^-)$$

Q	c
$(\text{mol} \cdot \text{L}^{-1})^{x+y}$	$\text{mol} \cdot \text{L}^{-1}$

Gl. 12.8

Anstelle der molaren Gleichgewichtskonzentrationen werden wie beim Reaktionsquotienten die aktuellen (augenblicklichen) Ionenkonzentrationen der Mischungskomponenten eingesetzt. Das Ionenprodukt kann somit gleich dem Löslichkeitsprodukt sein oder kleiner bzw. größer als dieses. Die Beziehungen zwischen K_L und Q entsprechen denen beim Reaktionsquotienten und der Gleichgewichtskonstanten K, so dass gilt:

$Q > K_L$ Die Lösung ist übersättigt, das Salz fällt aus bis $Q = K_L$

$Q = K_L$ Die Lösung ist gesättigt, es herrscht Gleichgewicht

$Q < K_L$ Die Lösung ist nicht gesättigt, es kann solange Salz in Lösung gehen bis $Q = K_L$

Beispiel 12.21: Vorhersage über die Bildung eines Niederschlages

Zu 100 mL $Pb(NO_3)_2$-Lösung, $c[Pb(NO_3)_2] = 0{,}0030$ mol · L^{-1}, gibt man 100 mL einer Na_2SO_4-Lösung, $c(Na_2SO_4) = 0{,}0060$ mol · L^{-1}. Fällt $PbSO_4$ aus, wenn das Löslichkeitsprodukt $K_L(PbSO_4) = 1{,}6 \cdot 10^{-8}$ mol^2 · L^{-2} beträgt?

Lösung:

Man muss untersuchen, ob das Ionenprodukt größer ist als das Löslichkeitsprodukt. Zur Berechnung des Ionenprodukts benötigt man die Ionenkonzentrationen $c(Pb^{2+})$ und $c(SO_4^{2-})$ in der vorliegenden Gesamtlösung. Das Volumen dieser Lösung beträgt:

100 mL + 100 mL = 200 mL

100 mL der $Pb(NO_3)_2$-Lösung mit der Konzentration $c[Pb(NO_3)_2] = 0{,}0030$ mol · L^{-1} enthalten:

$$n[Pb(NO_3)_2] = n(Pb^{2+}) = 0{,}100\ \text{L} \cdot 0{,}0030\ \text{mol} \cdot \text{L}^{-1} = 0{,}00030\ \text{mol} = 3{,}0 \cdot 10^{-4}\ \text{mol}$$

Bezogen auf 200 mL ist $c(Pb^{2+}) = \dfrac{n(Pb^{2+})}{V} = \dfrac{3{,}0 \cdot 10^{-4}\ \text{mol}}{0{,}20\ \text{L}} = 1{,}5 \cdot 10^{-3}\ \text{mol} \cdot \text{L}^{-1}$

Die Stoffmenge SO_4^{2-} in 100 mL der Na_2SO_4-Lösung beträgt:

$$n(Na_2SO_4) = n(SO_4^{2-}) = 0{,}100\ \text{L} \cdot 0{,}0060\ \text{mol} \cdot \text{L}^{-1} = 0{,}00060\ \text{mol} = 6{,}0 \cdot 10^{-4}\ \text{mol}$$

Bezogen auf 200 mL ist $c(SO_4^{2-}) = \frac{n(SO_4^{2-})}{V} = \frac{6{,}0 \cdot 10^{-4}\ \text{mol}}{0{,}200\ \text{L}} = 3{,}0 \cdot 10^{-3}\ \text{mol} \cdot \text{L}^{-1}$

Nach **Gleichung 12.8** gilt: $Q = c(Pb^{2+}) \cdot c(SO_4^{2-})$. Durch Einsetzen der Werte ergibt sich:

$Q = 1{,}5 \cdot 10^{-3}\ \text{mol} \cdot \text{L}^{-1} \cdot 3{,}0 \cdot 10^{-3}\ \text{mol} \cdot \text{L}^{-1} = 4{,}5 \cdot 10^{-6}\ \text{mol}^2 \cdot \text{L}^{-2}$

Da $Q > K_L$ ($4{,}5 \cdot 10^{-6}\ \text{mol}^2 \cdot \text{L}^{-2} > 1{,}6 \cdot 10^{-8}\ \text{mol}^2 \cdot \text{L}^{-2}$) fällt $PbSO_4$ aus.

Bei einigen Verbindungen wie z. B. $Mg(OH)_2$ lässt sich die Fällung eines Niederschlages durch den pH-Wert beeinflussen, da hierdurch die Konzentration der OH^--Ionen reguliert wird.

Beispiel 12.22: Berechnung zur Fällung von $Mg(OH)_2$

Eine Lösung von $MgCl_2$, $c(MgCl_2) = 1{,}0 \cdot 10^{-3}\ \text{mol} \cdot \text{L}^{-1}$, wird durch Zugabe von NH_4OH auf den pH-Wert 9,0 eingestellt.

Fällt $Mg(OH)_2$ aus, wenn das Löslichkeitsprodukt $L[Mg(OH)_2] = 8{,}9 \cdot 10^{-13}\ \text{mol}^3 \cdot \text{L}^{-3}$ beträgt? Die Volumenzunahme durch die NH_4OH-Zugabe ist zu vernachlässigen.

Lösung:

Bei pH 9 gilt für den pOH-Wert pOH = 14 − 9 = 5 (**Gleichung 13.3**) und damit:

$c(OH^-) = 10^{-5}\ \text{mol} \cdot \text{L}^{-1}$

Mit $c(Mg^{2+}) = 1 \cdot 10^{-3}\ \text{mol} \cdot \text{L}^{-1}$ und $c(OH^-) = 10^{-5}\ \text{mol} \cdot \text{L}^{-1}$ ist nach **Gleichung 12.8**:

$Q = c(Mg^{2+}) \cdot c^2(OH^-) = 1 \cdot 10^{-3}\ \text{mol} \cdot \text{L}^{-1} \cdot 1 \cdot 10^{-10}\ \text{mol}^2 \cdot \text{L}^{-2} = 10^{-13}\ \text{mol}^3 \cdot \text{L}^{-3}$

Da $Q < L$ (denn $10^{-13} < 8{,}9 \cdot 10^{-13}$), fällt $Mg(OH)_2$ nicht aus.

Das letzte Beispiel zeigt einen Weg, der in der chemischen Analyse zur Trennung von Metall-Ionen z. B. beim erwähnten „klassischen Trennungsgang" benutzt wird. Ist der pH-Wert höher als pH 9, also etwa pH 10 oder noch höher, so würde $Mg(OH)_2$ ausfallen.

Aufgaben:

1. Geben Sie für die folgenden Reaktionen das MWG sowie die jeweilige Einheit für K_c an:
   a) $CO\,(g) + H_2O\,(g) \rightleftarrows CO_2\,(g) + H_2\,(g)$
   b) $4\,NH_3\,(g) + 5\,O_2\,(g) \rightleftarrows 4\,NO\,(g) + 6\,H_2O\,(g)$
2. Zu welcher Seite verschieben sich die Gleichgewichte von Aufgabe 1, wenn das Volumen des Reaktionsbehälters auf die Hälfte des ursprünglichen Volumens verringert wird?
3. Die Reaktion: $N_2\,(g) + 3\,H_2\,(g) \rightleftarrows 2\,NH_3\,(g)$ ist von links nach rechts exotherm. Geben Sie an, wie sich das Gleichgewicht verschiebt, wenn:
   a) der Druck erhöht wird.
   b) die Temperatur erhöht wird.
   c) N_2 entfernt wird.
   d) H_2 im Überschuss zugesetzt wird.
4. Für die Reaktion:
   A + B $\rightleftarrows$ C + D ist $K_c = 4{,}1 \cdot 10^{-4}$ bei 2100 K und $K_c = 4{,}1 \cdot 10^{-3}$ bei 2800 K.
   Geben Sie an, ob die Reaktion von links nach rechts endo- oder exotherm ist.
5. Für die Reaktion:
   A + B $\rightleftarrows$ C + D ist $K_c = 4{,}6$ bei 50 °C. Geben Sie an, in welche Richtung die Reaktion verlaufen wird, wenn in einem 1L-Reaktionsbehälter folgende Mischung vorliegt:
   $n(A) = 1{,}2$ mol, $n(B) = 2$ mol, $n(C) = 0{,}8$ mol und $n(D) = 3$ mol?
6. Die Gleichgewichtskonzentrationen für die Reaktion:
   $2\,H_2\,(g) + CO\,(g) \rightleftarrows CH_3OH\,(g)$ sind bei 265 °C:
   $c(H_2) = 5{,}0 \cdot 10^{-2}\ \text{mol} \cdot \text{L}^{-1}$, $c(CO) = 8{,}2 \cdot 10^{-2}\ \text{mol} \cdot \text{L}^{-1}$, $c(CH_3OH) = 2{,}2 \cdot 10^{-2}\ \text{mol} \cdot \text{L}^{-1}$
   Berechnen Sie K_c bei dieser Temperatur.

12

12

Aufgaben:

7. Für die Reaktion:

$N_2(g) + O_2(g) \rightleftarrows 2\,NO(g)$ wurden bei 2100 K im Gleichgewicht folgende Partialdrücke gemessen:

$p(N_2) = 75{,}2$ kPa, $p(O_2) = 19{,}8$ kPa, $p(NO) = 1{,}81$ kPa

Berechnen Sie K_p.

8. Bei 500 °C ist $K_p = 51{,}4$ kPa für die Reaktion:

$2\,NO_2(g) \rightleftarrows 2\,NO + O_2(g)$

Bestimmen Sie K_c bei dieser Temperatur.

9. Für das Gleichgewicht:

$N_2O_4 \rightleftarrows 2\,NO_2$ (in Trichlormethan-Lösung) ist $K_c = 11{,}8\ mol \cdot L^{-1}$

Berechnen Sie die Gleichgewichtskonzentration von NO_2, wenn im Gleichgewicht die Konzentration $c(N_2O_4) = 0{,}231\ mol \cdot L^{-1}$ beträgt.

10. Für die Reaktion:

$H_2(g) + I_2(g) \rightleftarrows 2\,HI(g)$ ist $K_c = 49$ bei 723 K

Berechnen Sie die Konzentrationen im Gleichgewicht, wenn ein Gemisch aus jeweils $0{,}1\ mol \cdot L^{-1}$ H_2 und I_2 auf 723 K erhitzt wird.

11. Im Gleichgewicht ist für die Reaktion:

$2\,A + B \rightleftarrows 2\,C$ ist die Konzentration $c(C) = 1{,}5\ mol \cdot L^{-1}$

Berechnen Sie den Wert von K_c, wenn die Anfangskonzentrationen der Edukte A und B $c(A) = 4{,}2\ mol \cdot L^{-1}$ und $c(B) = 2{,}0\ mol \cdot L^{-1}$ betragen.

12. Formulieren Sie das Löslichkeitsprodukt K_L für folgende Salze mit der jeweiligen Einheit für K_L.

a) $CaCO_3$ **b)** SrF_2 **c)** $Pb_3(PO_4)_2$

13. Bei 25 °C ist in einer gesättigten Lösung $c(NiCO_3) = 3{,}74 \cdot 10^{-4}\ mol \cdot L^{-1}$. Berechnen Sie das Löslichkeitsprodukt $K_L(NiCO_3)$ bei 25 °C.

14. Die Stoffmengenkonzentration $c(CaF_2)$ beträgt $2{,}15 \cdot 10^{-4}\ mol \cdot L^{-1}$ in einer bei 25 °C gesättigten Lösung. Berechnen Sie $K_L(CaF_2)$ bei dieser Temperatur.

15. Das Löslichkeitsprodukt von $BaSO_4$ ist bei 25 °C $K_L(BaSO_4) = 1{,}10 \cdot 10^{-10}\ mol^2 \cdot L^{-2}$.

Berechnen Sie für eine gesättigte Lösung bei dieser Temperatur:

a) die Stoffmengenkonzentration $c(BaSO_4)$.

b) die Massenkonzentration $\beta(BaSO_4)$, [$M(BaSO_4) = 233{,}39\ g \cdot mol^{-1}$].

c) die Masse in g an $BaSO_4$, die sich in 250 mL Wasser lösen.

16. Bei 25 ° C ist $K_L(Ag_2CrO_4) = 1{,}90 \cdot 10^{-13}\ mol^3 \cdot L^{-3}$. Berechnen Sie für diese Temperatur:

a) die Massenkonzentration $\beta(Ag_2CrO_4)$, [$M(Ag_2CrO_4) = 331{,}73\ g \cdot mol^{-1}$].

b) mit wie viel mL Wasser ein Niederschlag von Ag_2CrO_4 gewaschen werden darf, damit höchstens 1,50 mg Ag_2CrO_4 in Lösung gehen.

17. Zu 40 mL einer $CaCl_2$-Lösung mit $c(CaCl_2) = 0{,}045\ mol \cdot L^{-1}$ gibt man 60 mL einer Na_2SO_4-Lösung mit $c(Na_2SO_4) = 0{,}020\ mol \cdot L^{-1}$. Die Temperatur bleibt konstant bei 25 °C. Geben Sie an, ob $CaSO_4$ ausfällt, wenn $K_L(CaSO_4) = 2{,}40 \cdot 10^{-5}\ mol^2 \cdot L^{-2}$ beträgt.

13 Säuren und Basen

Säuren und Basen gehören zu den wichtigsten Stoffen in Produktion und Labor. In Tabelle 1 sind einige Säuren und Basen sowie deren Produktionsmengen der deutschen chemischen Industrie aufgelistet.

Schon sehr früh waren Substanzen bekannt, die aufgrund ihres sauren Geschmacks **Säuren** genannt wurden. Diese Stoffe haben die Eigenschaft, unedle Metalle wie zum Beispiel Zink aufzulösen. Bestimmte pflanzliche Farbstoffe wie Lackmus, das aus einer Flechtenart gewonnen wird, oder Rotkohlsaft reagieren auf saure Lösungen mit einer Rotfärbung.

Die Gegenspieler der Säuren sind die **Basen**, die einen bitteren Geschmack besitzen. Wässrige Lösungen von Basen, die auch als **Laugen** bezeichnet werden, fühlen sich glitschig und seifig an. Lackmus verfärbt sich mit diesen Lösungen blau und der Saft des Rotkohls nimmt eine blauviolette Färbung an.

Tabelle 1: Jahresproduktion 2015 wichtiger Säuren und Basen in Deutschland

Verbindung	Formel	Jahresproduktion in 1000 $t \cdot a^{-1}$
Schwefelsäure	H_2SO_4 (aq)	3707
Salzsäure (berechnet auf 100 % HCl)	HCl (aq)	1924
Natriumhydroxid	NaOH	3233

Einige der Gemeinsamkeiten, welche jede der beiden Stoffgruppen aufweist, fiel bereits dem französischen Naturwissenschaftler *Antoine L. de Lavoisier* (1743 – 1794) auf. Er postulierte, dass alle Säuren Sauerstoff enthalten. So bedeutet das griechische Wort „Oxygenium“ so viel wie Säurebildner. Genauere Untersuchungen ergaben aber, dass nicht alle Säuren Sauerstoff, wohl aber das Element Wasserstoff aufweisen.

Der schwedische Chemiker *Svante Arrhenius* (1859 – 1927) entdeckte, dass der elektrische Strom durch geladene Teilchen, **Ionen** genannt, in Lösungen transportiert wird. Danach entwickelte er die Theorie, nach der Säuren in wässriger Lösung positiv geladene Wasserstoff-Ionen (H^+-Ionen) bilden. Basen waren nach *Arrhenius* Stoffe, deren Moleküle in Wasser OH^--Ionen abspalten.

Warum zur Charakterisierung von Säure/Base-Reaktionen heute jedoch meist die Theorie von *Brønsted-Lowry* verwendet wird, wird im nächsten Kapitel erläutert.

13.1 Die *Brønsted-Lowry*-Theorie der Säuren und Basen

Als erstes Beispiel für eine Säure soll die Salzsäure, eine Lösung von Chlorwasserstoff HCl in Wasser, betrachtet werden. Bild 1 zeigt das Etikett einer Flasche mit konzentrierter Salzsäure. Neben wichtigen Angaben zu Gefahren und zur Sicherheit findet man darauf den Massenanteil der Salzsäure: $w(\text{HCl})$ = 31 – 33 %: Das bedeutet, dass sich zwischen 31 und 33 g Chlorwasserstoff in 100 g Lösung befinden. Salzsäure ist das Produkt einer Reaktion von Chlorwasserstoff mit Wasser.

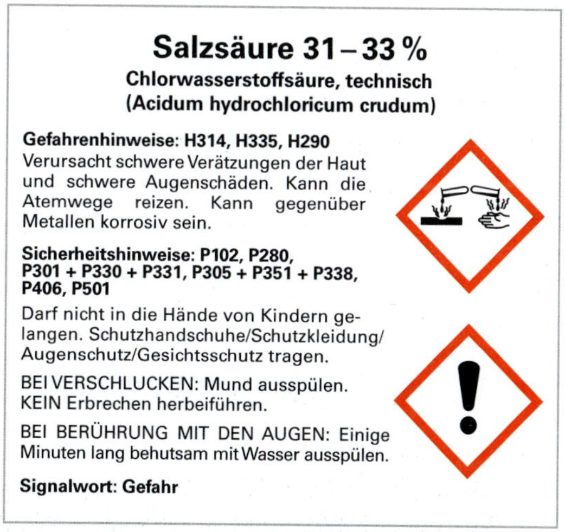

Bild 1: Ausschnitt aus einem Etikett einer handelsüblichen Salzsäure-Flasche

Chlorwasserstoff (Hydrogenchlorid) ist bei Raumtemperatur und Normaldruck ein Gas mit der Kondensationstemperatur von – 84 °C. Unter Druck lässt es sich aber verflüssigen. Diese Flüssigkeit zeigt ebenso wie reines Wasser praktisch keine elektrische Leitfähigkeit. Das bedeutet, dass sich in beiden Flüssigkeiten nur sehr wenige elektrische Ladungsträger (Ionen) befinden. Gibt man beide Flüssigkeiten – einen entsprechenden experimentellen Aufbau vorausgesetzt – zusammen, so entsteht daraus eine elektrisch stark leitende Lösung. Das gleiche Produkt erhält man durch Einleiten von HCl-Gas in reines Wasser. Die elektrische Leitfähigkeit der Salzsäure muss durch die chemische Reaktion von Chlorwasserstoff mit dem Wasser entstanden sein. Als Ladungsträger kommen in wässriger Lösung nur Ionen in Frage, die sich hierbei bilden müssen.

Nach den Gesetzen der Bindungsbildung (s. Kap. 6.2.2, S. 174) kann nur folgende Reaktion ablaufen, die in **Bild 1** dargestellt ist:

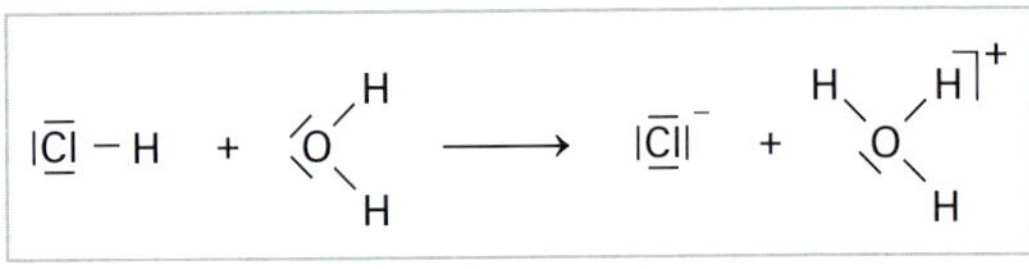

Bild 1: Reaktion von Chlorwasserstoff mit Wasser

Das polare HCl-Molekül spaltet sich aufgrund der unterschiedlichen Elektronegativität von Wasserstoff und Chlor heterolytisch, wobei ein negativ geladenes Chlorid-Ion und ein Proton entstehen. Da das freie Proton alleine nicht existenzfähig ist, verbindet es sich unter Zuhilfenahme eines freien Elektronenpaares des Sauerstoff-Atoms aus dem polaren Wasser-Molekül mit diesem zu einem **Hydronium-Ion H_3O^+**. Der Begriff „Hydronium-Ion" ist eine Kurzbezeichnung für „hydratisiertes Oxonium-Ion". Dieses Ion wird häufig kürzer auch durch das Symbol H^+ (aq) bezeichnet. Viele Reaktionsgleichungen werden dadurch wesentlich übersichtlicher.

Dem dänischen Chemiker *Johannes Brønsted* (1879–1947) und dem englischen Chemiker *Thomas Lowry* (1874–1936) gelang es als ersten, aus der Reaktion einer Säure mit Wasser allgemeine Schlüsse zu ziehen. Im Jahre 1923 veröffentlichten beide unabhängig voneinander ihre Säure-Base-Theorie, wonach Säuren Stoffe sind, die Protonen (H^+-Ionen) abspalten und auf andere Stoffe übertragen können. Die Stoffe, welche die Protonen aufnehmen, werden als Basen definiert.

Säuren geben Protonen ab. Sie sind Protonendonatoren.

Basen nehmen Protonen auf. Sie sind Protonenakzeptoren.

Nach dem obigen Beispiel reagiert HCl, wenn man es in Wasser löst, als Säure, da es Protonen auf die Moleküle des Lösemittels Wasser überträgt. Das Wasser reagiert als Base, weil seine Moleküle Protonen aufnehmen. *Brønsted* und *Lowry* definierten im Gegensatz zu *Arrhenius* Säuren und Basen jeweils unabhängig vom Medium bzw. Lösemittel, denn bei der Reaktion von Hydrogenchlorid HCl mit Ammoniak NH_3 bilden sich weiße Nebel von Ammoniumchlorid NH_4Cl

$$HCl\,(g) + NH_3\,(g) \rightarrow NH_4Cl\,(s)$$

Man sollte deshalb Flaschen mit konzentrierter Salzsäure und konzentrierter Ammoniak-Lösung im Labor nicht in unmittelbarer Nähe zueinander lagern. Es bildet sich sonst auf den umliegenden Gerätschaften eine feine Schicht aus weißem Ammoniumchlorid (**Bild 1**, Kap. 16.4.1, S. 484).

Für diese **Protonenübertragung** (Protolyse) ist das Lösemittel Wasser nicht notwendig. Die Hydrogenchlorid-Moleküle als Säure übertragen den Ammoniak-Molekülen als Base ihre Protonen. Dabei entstehen Ammonium-Ionen NH_4^+ und Chlorid-Ionen Cl^-, die zusammen ein Ionengitter, das Salz Ammoniumchlorid, bilden.

Löst man den Feststoff Ammoniumchlorid in Wasser, so läuft wiederum eine Säure-Base-Reaktion zwischen den NH_4^+-Ionen und den Wasser-Molekülen ab:

$$NH_4^+ + H_2O \leftrightarrows NH_3 + H_3O^+$$

Man erhält eine sauer reagierende Salzlösung. Bei dieser Reaktion überträgt NH_4^+ ein Proton auf H_2O; NH_4^+ reagiert als Säure, H_2O als Base. Die Chlorid-Ionen des Ammoniumchlorids nehmen praktisch nicht als Base an der Säure-Base-Reaktion teil, weil sie keine Protonen aufnehmen können.

Die Protonenübertragungs-Reaktion des Ammonium-Ions, bei der Ammoniak NH_3 entsteht, kann auch reversibel (umkehrbar) verlaufen.

Gibt man NH_3 (g) und H_3O^+-Ionen (z. B. aus Salzsäure) zusammen, so reagieren sie wieder zu NH_4^+ und H_2O

$$NH_3 + H_3O^+ \rightarrow NH_4^+ + H_2O$$

Die Ionengleichung dieser Reaktion stellt genau die Umkehrung der Reaktion zwischen NH_4^+ und H_2O dar. In der Umkehrreaktion tritt H_3O^+ als Protonendonator (Säure) und NH_3 als Protonenakzeptor (Base) auf.

Man erkennt, dass NH_4^+-Ionen als Säure und H_2O-Moleküle als Base reagieren, wenn die Reaktion in die eine Richtung verläuft. In der Rückreaktion fungieren H_3O^+-Ionen als Säure und NH_3-Moleküle als Base. Diese Beispiele machen deutlich, dass zu jeder Säure eine Base gehört, die aus der entsprechenden Säure durch Abgabe eines Protons entsteht.

Eine Säure und eine Base, die durch Protonenaufnahme oder -abgabe in die andere Form übergeht, wird als **konjugiertes** oder **korrespondierendes Säure-Base-Paar** bezeichnet. In **Tabelle 1** sind von einigen Säure-Base-Reaktionen (Protolyse-Reaktionen) die korrespondierenden Säure-Base-Paare zugeordnet. So ist H_2O die konjugierte Base (Base 1) von H_3O^+ (Säure 2) und Cl^- die konjugierte Base (Base 2) der Säure 1 HCl. Entsprechend hat auch jede Base eine konjugierte Säure, die aus der Base durch Aufnahme eines Protons gebildet wird. **13**

Tabelle 1: Konjugierte Säure-Base-Paare

Medium	Säure 1		Base 1		Säure 2		Base 2
Wasser	HCl	+	H_2O	$\leftrightarrows$	H_3O^+	+	Cl^-
	H_2O	+	NH_3	$\leftrightarrows$	NH_4^+	+	OH^-
	CH_3COOH	+	H_2O	$\leftrightarrows$	H_3O^+	+	CH_3COO^-
	H_2SO_4	+	H_2O	$\leftrightarrows$	H_3O^+	+	HSO_4^-
Reine Säure	H_2SO_4	+	HNO_3	$\leftrightarrows$	$H_2NO_3^+$	+	HSO_4^-

Die Beispiele aus **Tabelle 1** lassen sich verallgemeinern.

Ein Stoff kann nur dann als Säure fungieren, wenn eine Base vorhanden ist, die von der Säure das abgespaltene Proton aufnehmen kann.

Aus den Beispielen von **Tabelle 1** kann man weiterhin ableiten:

Eine vollständige **Protolyse-Reaktion** besteht immer aus zwei konjugierten Säure-Base-Paaren, wobei ein Protonenübergang zwischen den Teilchen der Säure und den Teilchen der Base stattfindet.

Je leichter eine Säure ein Proton abgibt, desto schwerer nimmt ihre konjugierte Base ein Proton auf. Allgemein formuliert bedeutet das: je stärker eine Säure ist, desto schwächer ist ihre konjugierte Base und umgekehrt.

Auf das Beispiel der Reaktion von Chlorwasserstoff mit Wasser übertragen heißt das: HCl ist ein starker Protonendonator, weil die konjugierte Base Cl^- eine geringere Anziehung auf Protonen als Wasser besitzt. Daher kann das Proton auf das Wasser übertragen werden, wobei das Hydronium-Ion H_3O^+ entsteht.

In **Tabelle 1** sind einige Säuren mit ihren konjugierten Basen nach Säure- und Basenstärke geordnet aufgelistet. In dieser Aufstellung erkennt man deutlich, dass sich die Säurestärken und die Stärken der konjugierten Basen entgegengesetzt zueinander verhalten (s. Kap. 13.3, S.394).

Tabelle 1: Säure- und Basenstärke konjugierter Säure-Base-Paare

Säurestärke	Formel der Säure	Name der Säure	Name der Base	Formel der Base	Basenstärke
nimmt zu ↑	H_3O^+	Hydronium-Ion	Wasser	H_2O	nimmt zu ↓
	H_3PO_4	Phosphorsäure	Dihydrogenphosphat-Ion	$H_2PO_4^-$	
	CH_3COOH	Ethansäure (Essigsäure)	Ethanoat-Ion (Acetat-Ion)	CH_3COO^-	
	NH_4^+	Ammonium-Ion	Ammoniak	NH_3	
	H_2O	Wasser	Hydroxid-Ion	OH^-	
	$H_2PO_4^-$	Dihydrogenphosphat-Ion	Hydrogenphosphat-Ion	HPO_4^{2-}	
	NH_3	Ammoniak	Amid-Ion	NH_2^-	
	OH^-	Hydroxid-Ion	Oxid-Ion	O^{2-}	

Da Ethansäure CH_3COOH eine stärkere Säure als Wasser ist, reagiert Wasser gegenüber Ethansäure als Base:

$$CH_3COOH + H_2O \rightarrow H_3O^+ + CH_3COO^-$$

Ammoniak NH_3 ist eine schwächere Säure als Wasser. Demzufolge reagiert hier das Wasser als Säure mit Ammoniak als Base:

$$H_2O + NH_3 \rightarrow NH_4^+ + OH^-$$

Aus diesen beiden Beispiel-Reaktionen wird deutlich, dass das Wasser sowohl als Säure (Protonendonator) als auch als Base (Protonenakzeptor) wirken kann. Solche Stoffe nennt man **Ampholyte**. Weitere Beispiele dafür sind Ammoniak NH_3 und das Dihydrogenphosphat-Ion $H_2PO_4^-$ (**Tabelle 1**).

13.2 Autoprotolyse des Wassers und pH-Wert

Deionisiertes Wasser oder **entionisiertes Wasser** ist Wasser, dem man weitgehendst die gelösten Ionen durch verschiedene Verfahren entzogen hat. Diese Verfahren der Umkehrosmose und des Ionenaustausches sind in Kapitel 4, S. 119, erläutert. In der Regel besitzt laborübliches deionisiertes Wasser eine Leitfähigkeit von ca. 1 $\mu S \cdot cm^{-1}$. In analytischen Laboren ist es bei bestimmten Verfahren nötig, Reinstwasser herzustellen, welches aber immer noch eine Leitfähigkeit von ca. 0,01 $\mu S \cdot cm^{-1}$ aufweist. Das bedeutet, dass auch in reinstem Wasser geringe Stoffmengen von Ladungsträgern in Form von Ionen vorhanden sein müssen. Diese Ionen können nur durch die sogenannte **Autoprotolyse des Wassers** entstanden sein, einer Reaktion, bei der Wasser-Moleküle untereinander reagieren:

$$H_2O + H_2O \rightleftarrows H_3O^+ + OH^-$$

Aufgrund des ampholytischen Charakters des Wassers fungiert ein Wasser-Molekül dabei als Säure und ein zweites Wasser-Molekül als Base. Bei dieser Gleichgewichtsreaktion müssen gleiche Stoffmengen an Hydronium- und Hydroxid-Ionen entstehen. Auf dieses Gleichgewicht lässt sich das Massenwirkungsgesetz (s. Kap. 12.1, S. 362) anwenden:

$$K = \frac{a(H_3O^+) \cdot a(OH^-)}{a(H_2O) \cdot a(H_2O)} \quad \Rightarrow \quad K = \frac{a(H_3O^+) \cdot a(OH^-)}{a^2(H_2O)}$$

In konzentrierten wässrigen Elektrolytlösungen lagern sich durch die räumliche Nähe die Ionen zu sogenannten Ionenaggregaten zusammen. Somit ist jedes einzelne Ion nicht mehr als solches wirksam. Das bedeutet, dass auch die wirksame Konzentration kleiner ist als die wahre Konzentration, die z. B. durch Einwaage vorgegeben wurde. Man bezeichnet diese „wirksame" Konzentration als **Aktivität *a*,** die bei geringen Konzentrationen die Einheit der Stoffmengenkonzentration $mol \cdot L^{-1}$ erhält.

Im Bereich von $a(H_3O^+) = 10^{-2}\ mol \cdot L^{-1}$ bis $a(H_3O^+) = 10^{-12}\ mol \cdot L^{-1}$ ist der Unterschied zwischen H_3O^+-Aktivität und -Konzentration ziemlich gering, soweit die Lösung nicht erhöhte Ionenkonzentrationen durch gelöste Salze aufweist. Dasselbe gilt analog für die Aktivität der Hydroxid-Ionen. In diesem Aktivitätsbereich sind praktisch alle Hydronium- bzw. Hydroxid-Ionen frei beweglich und werden in ihrer Aktivität als H_3O^+- bzw. OH^--Ionen kaum beeinträchtigt. Unter dieser Voraussetzung sind die Aktivitäten und die Stoffmengenkonzentrationen von H_3O^+- und OH^--Ionen gleich.

Da die Aktivität des Wassers $a(H_2O)$ sehr viel größer ist als die Aktivitäten der H_3O^+- und OH^--Ionen, kann $a^2(H_2O)$ als konstant angesehen werden. Aus der Konstante K und der praktisch konstanten Wasseraktivität $a(H_2O)$ ergibt sich eine neue Konstante, die das Formelzeichen K_W besitzt:

$$K_W = K \cdot a^2(H_2O) = a(H_3O^+) \cdot a(OH^-)$$

Mit $a(H_3O^+) = c(H_3O^+)$ und $a(OH^-) = c(OH^-)$ gilt für verdünnte Lösungen:

$$\boldsymbol{K_W = c(H_3O^+) \cdot c(OH^-)}$$

K_W	c
$mol^2 \cdot L^{-2}$	$mol \cdot L^{-1}$

Gl. 13.1

13

K_W wird als das **Ionenprodukt des Wassers** bezeichnet. K_W ist temperaturabhängig und besitzt bei 25 °C den Wert $1{,}0 \cdot 10^{-14}\ mol^2 \cdot L^{-2}$.

Die **Gleichung 13.1** gilt nur für reines Wasser und für wässrige Lösungen.

Eine Lösung, in der $c(H_3O^+) = c(OH^-)$ ist, wird als neutral bezeichnet. Sehr häufig sind aber die Stoffmengenkonzentrationen von H_3O^+ und OH^- nicht gleich. Zum Beispiel steigt bei Zugabe einer Säure die Stoffmengenkonzentration der Hydronium-Ionen an. Da die Autoprotolyse des Wassers eine Gleichgewichtsreaktion darstellt, muss sich ein Teil der zugegebenen Hydronium-Ionen aus der Säure mit den vorhandenen OH^--Ionen zu undissoziiertem Wasser verbinden.

Das heißt, die Stoffmengenkonzentration der Hydroxid-Ionen nimmt solange ab, bis das Ionenprodukt wieder den Wert $1{,}0 \cdot 10^{-14}\ mol^2 \cdot L^{-2}$ erreicht hat. Da das Produkt beider Stoffmengenkonzentrationen konstant ist, muss bei steigender H_3O^+-Konzentration die OH^--Konzentration sinken und umgekehrt. In saurer Lösung ist $c(H_3O^+)$ größer als $c(OH^-)$. Ist $c(H_3O^+)$ kleiner als $c(OH^-)$, spricht man von basischer Lösung.

Das Säure-Base-Verhalten von wässrigen Gemischen spielt auf fast jedem Gebiet der Chemie eine überaus wichtige Rolle. Von ihrer sauren oder basischen Reaktion (Acidität oder Basizität) hängt es häufig ab, welche Reaktionen ablaufen. So ist die **Acidität** (lat. *acidus*: sauer) eines Gewässers entscheidend darüber, welche Stoffe darin vorkommen oder welche Lebewesen darin leben können.

Will man zum Beispiel permanganometrische Bestimmungen im Labor durchführen, muss man wissen, dass in saurer Lösung das Permanganation MnO_4^- zum zweiwertigen Mangan Mn^{2+} reduziert wird, während es in neutralem und in basischem Medium nur die Oxidationsstufe +IV (im Braunstein MnO_2) erreicht (s. Kap. 7, S. 234).

Die Stoffmengenkonzentration des hydratisierten Protons H_3O^+ in wässrigen Lösungen wird aus praktischen Gründen in Form des pH-Wertes angegeben. Der **pH-Wert** ist als negativer dekadischer Logarithmus des Zahlenwertes der Stoffmengenkonzentration der Hydronium-Ionen definiert.

$$\boldsymbol{pH = -\lg \frac{c(H_3O^+)}{1\ mol \cdot L^{-1}}}$$

c
$mol \cdot L^{-1}$

Gl. 13.2

Um nicht den Logarithmus einer dimensionsbehafteten Größe wie der Stoffmengenkonzentration c mit der Einheit $mol \cdot L^{-1}$ bilden zu müssen, verwendet man die relative Konzentration der H_3O^+-Ionen. Das ist eine dimensionslose Zahl, die angibt, in welchem Verhältnis die H_3O^+-Konzentration zur Standardkonzentration von $1\ mol \cdot L^{-1}$ steht.

Analog gilt für den **pOH-Wert**: $$\mathbf{pOH = -lg\ \frac{c(OH^-)}{1\ mol \cdot L^{-1}}}$$

Aus **Gleichung 13.1** folgt für die Temperatur von 25 °C:
$K_W = 1 \cdot 10^{-14}\ mol^2 \cdot L^{-2} = c(H_3O^+) \cdot c(OH^-)$

Logarithmiert man diese Gleichung und multipliziert sie mit (– 1), so erhält man:

$$-lg\ \frac{K_W}{mol^2 \cdot L^{-2}} = 14$$

$$-lg\ \frac{c(H_3O^+)}{mol \cdot L^{-1}} + \left(-lg\ \frac{c(OH^-)}{mol \cdot L^{-1}}\right) = pH + pOH = 14$$

Setzt man jeweils die Gleichungen für den pH- und pOH-Wert ein, so erhält man folgende mathematische Beziehung mit

$$pK_W = -lg\ \frac{K_W}{mol^2 \cdot L^{-2}}$$

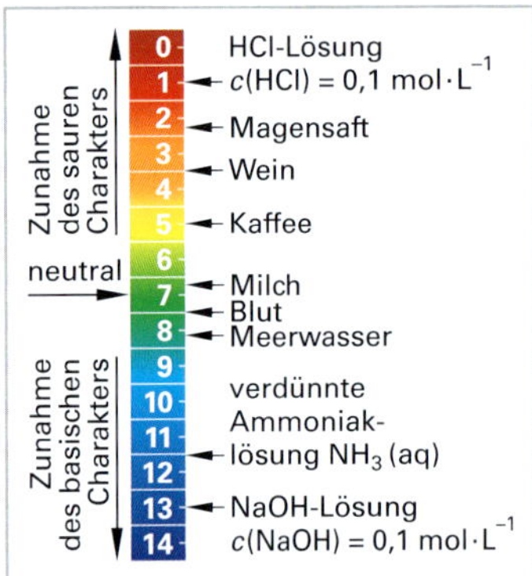

Bild 1: pH-Werte häufig vorkommender Lösungen

Der pH-Wert einiger häufig vorkommender Lösungen ist in **Bild 1** angegeben. Die **pH-Skala** reicht von 0 bis 14 und gilt für maximale Konzentrationen von $c(H_3O^+) = 1\ mol \cdot L^{-1}$ (pH 0) und $c(OH^-) = 1\ mol \cdot L^{-1}$ (pH 14).

$$\mathbf{pK_W = 14 = pH + pOH} \qquad \textbf{Gl. 13.3}$$

Beispiel 13.1: pH-Wert-Vergleich zwischen Blut und Magensaft

Laut **Bild 1** besitzt Blut einen pH-Wert von 7,5 und Magensaft einen pH-Wert von 2,2. Wie hoch sind die Stoffmengenkonzentrationen an H_3O^+-Ionen dieser beiden Flüssigkeiten?

Lösung:

Zur Berechnung der beiden H_3O^+-Ionen-Konzentrationen muss die **Gleichung 13.2** umgestellt werden:

$$pH = -lg\ \frac{c(H_3O^+)}{1\ mol \cdot L^{-1}} \quad \Rightarrow \quad c(H_3O^+) = 10^{-pH}\ mol \cdot L^{-1}$$

Für Blut mit dem pH-Wert pH 7,5 ergibt sich: $c(H_3O^+) = 10^{-7,5}\ mol \cdot L^{-1} = 3,2 \cdot 10^{-8}\ mol \cdot L^{-1}$

Entsprechend folgt für Magensaft: $c(H_3O^+) = 10^{-2,2}\ mol \cdot L^{-1} = 6,3 \cdot 10^{-3}\ mol \cdot L^{-1}$

Werden die beiden Stoffmengenkonzentrationen ins Verhältnis gesetzt, ergibt sich:

$$\frac{c(H_3O^+)_{Magensaft}}{c(H_3O^+)_{Blut}} = \frac{6,3 \cdot 10^{-3}\ mol \cdot L^{-1}}{3,2 \cdot 10^{-8}\ mol \cdot L^{-1}} = 197\,000$$

Die Stoffmengenkonzentration an H_3O^+-Ionen ist im Magensaft 197 000-mal größer als im Blut.

Grundsätzlich können Lösungen stärker konzentriert sein, so dass rein rechnerisch pH-Werte außerhalb der pH-Skala vorkommen. Bei pH < 0 spricht man von **übersauren,** bei solchen mit pH > 14 von **überalkalischen Lösungen**.

Der pH-Wert wird im Wesentlichen durch zwei Methoden bestimmt. Die erste Möglichkeit ist die **pH-Wert-Bestimmung** mit **Säure-Base-Indikatoren**. Sie ist relativ ungenau und dient zur ungefähren Orientierung. Von diesen Indikatoren existiert ein konjugiertes Säure-Base-Paar, wobei sich die Säure- und die Base-Form durch ihre Struktur und Farbe unterscheiden.

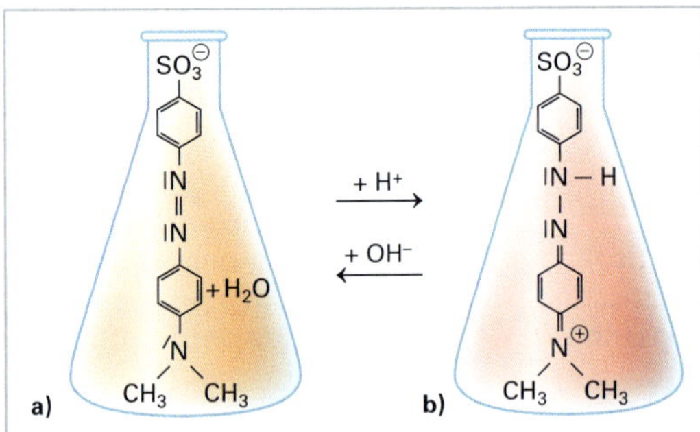

Bild 2: Indikator Methylorange als konjugiertes Säure-Base-Paar

Ein viel benutzter Säure-Base-Indikator ist zum Beispiel das **Methylorange** (**Bild 2**, S. 392). Um es als Indikator benutzen zu können, wird Methylorange als Lösung mit w = 0,1 % in Wasser angesetzt. Diese wässrige Lösung ist bei einem pH-Wert > 4,5 orange-gelb (konjugierte Base, **Bild 2**, S. 392, Struktur a). Wird der Indikator in eine saure Lösung mit pH < 3,0 gegeben, so ändert sich durch die Anlagerung des Protons seine Struktur (konjugierte Säure, **Bild 2**, S. 392, Struktur b) und damit auch seine Farbe: die Lösung nimmt eine sichtbare Rotfärbung an. Im pH-Bereich von 3,0 bis 4,5 spricht man vom **Umschlagsbereich** dieses Indikators, wo sich die Farbe des Methylorange nicht eindeutig darstellt, da ein Gemisch aus Säure- und Base-Form vorliegt. Man kann den pH-Wert mit Hilfe von Säure-Base-Indikatoren nur sehr grob ermitteln.

Als **pH-Papier** oder **Indikatorpapier** bezeichnet man Papierstreifen, die mit Indikatoren oder Indikatormischungen imprägniert sind. Taucht man das pH-Papier in die zu bestimmende Lösung, so nimmt es dem dort herrschenden pH-Wert entsprechend eine bestimmte Farbe an. Durch Vergleich der Farbe des pH-Papiers mit einer Vergleichsskala lässt sich der pH-Wert ungefähr abschätzen.

In **Tabelle 1** sind einige wichtige Säure-Base-Indikatoren mit ihren Umschlagsbereichen zusammengestellt.

Tabelle 1: Häufig benutzte Säure-Base-Indikatoren

Name	Umschlags-bereich	Farbe der Säure	Farbe der Base	Massenanteil Indikator w in % in Lösemittel
Methylorange	3,0 ... 4,5	rot	orangegelb	0,1 in Wasser
Methylrot	4,2 ... 6,3	rot	gelb	0,2 in Ethanol/Wasser 60:40
Bromthymolblau	6,0 ... 7,6	gelb	blau	0,1 in Ethanol/Wasser 20:80
Lackmus	5,0 ... 8,0	rot	blau	0,5 in Ethanol/Wasser 90:10
Phenolphthalein	8,2 ... 10,0	farblos	rot	0,1 in Ethanol/Wasser 70:30
Thymolphthalein	9,3 ... 10,6	farblos	blau	0,1 in Ethanol/Wasser 90:10

Als zweite Möglichkeit zur **Bestimmung des pH-Wertes** werden **pH-Meter** verwendet. Wie in **Bild 1** zu sehen ist, besteht ein pH-Meter aus dem Messgerät und einer pH-Einstabmesskette. In dieser pH-Einstabmesskette sind zwei Elektroden, eine Indikator- oder Mess- und eine Referenzelektrode (Vergleichselektrode) integriert. Als Messelektrode verwendet man eine Glaselektrode, deren kugelförmige Glasmembran entsprechend der pH-Änderung in der Messlösung ein bestimmtes, variables Potential (Spannung) erzeugt. Die Referenzelektrode besitzt ein konstantes Potential (Spannung) und besteht meistens aus einer Kombination von Silber und Silberchlorid. Diese Elektroden sind an dem pH-Messgerät, einem sehr empfindlichen Spannungsmessgerät (Voltmeter), welches einen extrem hohen eigenen Widerstand besitzen muss, angeschlossen und tauchen in die Messlösung ein. Die beiden Elektroden bilden in der Lösung eine elektrochemische Zelle, deren Spannungsdifferenz nur von der H_3O^+-Ionenaktivität abhängig ist. Deshalb lässt sich aus der gemessenen Zellspannungsdifferenz ΔE die H_3O^+-Stoffmengenkonzentration bei 25 °C berechnen:

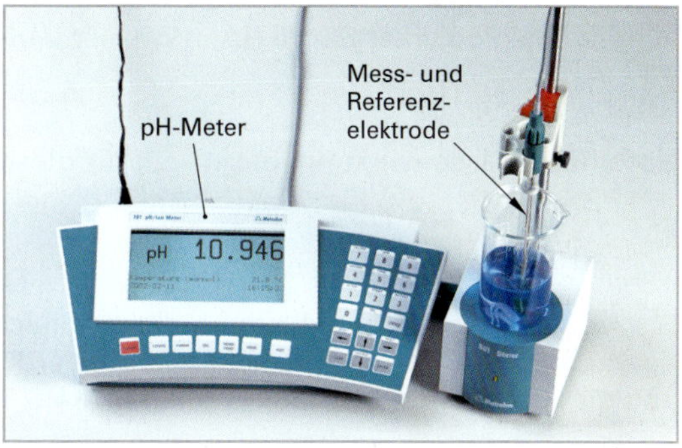

Bild 1: pH-Meter mit Mess- und Referenzelektrode

$$\Delta E = -0{,}059\,\mathrm{V} \cdot \mathrm{pH} \qquad \left|\ \frac{\Delta E}{\mathrm{V}}\ \right| \qquad \textbf{Gl. 13.4}$$

13.3 Säurestärke

Ein reaktives Element wie Zink oder Magnesium wird in eine Salzsäure mit der Stoffmengenkonzentration $c(\mathrm{HCl}) = 1\ \mathrm{mol} \cdot \mathrm{L}^{-1}$ bzw. in eine Essigsäure mit der gleichen Konzentration gegeben. Man erkennt in **Bild 1** bei der Reaktion der Salzsäure (Reagenzglas a) mit dem Zink eine wesentlich intensivere Wasserstoff-Gasentwicklung als bei der Reaktion des Zinks und der Essigsäure (Reagenzglas b).

Da sich der Wasserstoff durch Elektronenaufnahme der H^+-Ionen bildet, muss folglich die entwickelte Wasserstoff-Menge abhängig von der vorhandenen Wasserstoff-Ionen-Konzentration sein:

$$2\,H_3O^+ + Zn \rightarrow Zn^{2+} + H_2 + 2\,H_2O$$

Daraus kann man ableiten, dass in einer Lösung von HCl in Wasser wesentlich mehr H_3O^+-Ionen vorhanden sind als in der gleichen Stoffmenge Essigsäure. Eine Säure, die vollständig ihre H^+-Ionen abgegeben hat, d. h. vollständig protolysiert ist, ist eine **starke Säure.**

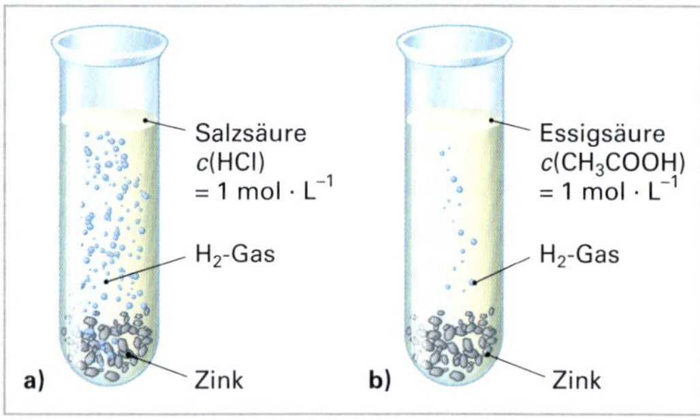

Bild 1: Reaktion von Zink mit a) Salzsäure b) Essigsäure

Die Säurestärke kann aber nicht nur über ein gebildetes Wasserstoff-Volumen pro Zeiteinheit experimentell bestimmt, sondern auch durch eine stoffspezifische, physikalische Größe unter Standardbedingungen ausgedrückt werden. Diese stoffspezifische Größe ist die **Säurekonstante.**

13.3.1 Säure- und Basenkonstanten

Die quantitative Beschreibung der Stärke von Säuren beruht auf der Anwendung des Massenwirkungsgesetzes auf die Protolysereaktionen. Als Maß für die Stärke von Säuren verwendet man die **Säurekonstanten,** die sich aus den Gleichgewichtskonstanten entsprechender Protolysereaktionen der Säure mit Wasser ergeben.

Für die Reaktion einer Säure HA in Wasser lautet die Gleichgewichtsreaktion folgendermaßen:

$$HA + H_2O \leftrightarrows H_3O^+ + A^-$$

Nach dem Massenwirkungsgesetz gilt für dieses Gleichgewicht:

$$K = \frac{a(H_3O^+) \cdot a(A^-)}{a(HA) \cdot a(H_2O)}$$

Die Aktivität des Wassers bleibt in dieser Gleichung unberücksichtigt, da sie in verdünnten wässrigen Lösungen praktisch konstant ist. In verdünnten Lösungen entsprechen sich die Aktivitäten und die Stoffmengenkonzentrationen (s. Kap. 13.2, S. 390).

Daraus erhält man die Säurekonstante K_S:

$$\boldsymbol{K_S = \frac{c(H_3O^+) \cdot c(A^-)}{c(HA)}}$$

K_S	c
$\mathrm{mol} \cdot \mathrm{L}^{-1}$	$\mathrm{mol} \cdot \mathrm{L}^{-1}$

Gl. 13.5

Man kann erkennen, dass K_S umso größer ist, je stärker eine Säure in Wasser protolysiert ist. Im Zähler des Bruches stehen die Stoffmengenkonzentrationen der dissoziierten Säurebestandteile, nämlich des Hydronium-Ions und des Säurerest-Anions (*Brønsted*-Base). Während im Nenner die Stoffmengenkonzentration der nicht protolysierten, korrespondierenden *Brønsted*-Säure zu finden ist.

Das bedeutet, je größer K_S ist, desto stärker ist die Säure im Gleichgewicht protolysiert und desto stärker ist die Säure.

Da die Säurekonstanten sehr klein, aber auch sehr groß sein können, drückt man sie aus praktischen Gründen als **pK_S-Wert** aus:

$$pK_S = -\lg \frac{K_S}{1\ \text{mol} \cdot \text{L}^{-1}} \qquad \left| \frac{K_S}{\text{mol} \cdot \text{L}^{-1}} \right| \qquad \textbf{Gl. 13.6}$$

Auch der pK_S-Wert ist ein Maß für die Stärke einer Säure. Je stärker die Säure, desto kleiner ist der pK_S-Wert. Es gibt keine genaue pK_S-Grenzen, um starke und schwache Säuren zu unterscheiden.

Die stärkste Säure, die in wässriger Lösung existieren kann, ist das Hydronium-Ion H_3O^+. Alle Säure-Moleküle, die stärker sind als die Hydronium-Ionen, werden mit Wasser-Molekülen quantitativ zu Hydronium-Ionen und Säurerest-Anionen umgesetzt.

Beispiel-Reaktionen: $HClO_4 + H_2O \rightarrow H_3O^+ + ClO_4^-$

$HNO_3 + H_2O \rightarrow H_3O^+ + NO_3^-$

In Tabelle 1 sind die pK_S-Werte einiger Säuren aufgelistet:

Tabelle 1: pK_S- und pK_B-Werte in wässriger Lösung

Name	Säure	pK_S-Wert	Einteilung der Säurestärke	Konjugierte Base	pK_B-Wert	Einteilung der Basenstärke
Perchlorsäure	$HClO_4$	Vollständige Protonenabgabe	sehr stark	ClO_4^-	Keine Protonenaufnahme	sehr schwach
Salzsäure	HCl			Cl^-		
Hydronium-Ion	H_3O^+	– 1,74		H_2O	15,74	
Salpetersäure	HNO_3	– 1,32		NO_3^-	15,32	schwach
Schwefel(IV)-säure	H_2SO_3	1,96		HSO_3^-	12,04	
Flusssäure	HF	3,17	mittelstark	F^-	10,83	
Ameisensäure	$HCOOH$	3,7		$HCOO^-$	10,3	mittelstark
Benzoesäure	C_6H_5COOH	3,75		$C_6H_5COO^-$	10,25	
Essigsäure	CH_3COOH	4,76		CH_3COO^-	9,24	
Blausäure	HCN	9,21		CN^-	4,79	
Wasser	H_2O	15,74	schwach	OH^-	– 1,74	stark

Starke Säuren, wie Perchlorsäure $HClO_4$, Salzsäure HCl (aq) oder Salpetersäure HNO_3 (aq), sind praktisch vollständig protolysiert. Dabei spalten sich alle Protonen von den Säurerest-Anionen ab und lagern sich an Wasser-Moleküle an: Die Protonen werden hydratisiert. Es entstehen ausschließlich HydroniumIonen und Säurerest-Anionen. In Wasser lässt sich für starke Säuren kein Unterschied in der Säurestärke feststellen. Dies wird als **nivellierender Effekt** des Wassers bezeichnet

Entsprechend nimmt jede Base, die stärker als OH^- ist, Protonen aus dem Wasser auf:

$O^{2-} + H_2O \rightarrow OH^- + OH^-$

$H^- + H_2O \rightarrow H_2 + OH^-$

Die Basenstärke erhält man analog zur Definition und Berechnung der Säurestärke. Basen (hier allgemein B) reagieren gegenüber Wasser als Protonenakzeptoren, wobei die konjugierte Säure der Base BH^+ und OH^--Ionen, die konjugierte Base von H_2O, gebildet werden. Die allgemeine Reaktionsgleichung lautet:

$B + H_2O \rightarrow BH^+ + OH^-$

Dafür lässt sich nach dem Massenwirkungsgesetz formulieren:

$$K = \frac{a(BH^+) \cdot a(OH^-)}{a(B) \cdot a(H_2O)}$$

Da sich die Aktivität des Wassers aufgrund des hohen Wertes gegenüber den sehr viel kleineren Aktivitäten der anderen Gleichgewichtspartner praktisch nicht ändert, kann man sie mit in die Konstante K mit einbeziehen. Unter der Voraussetzung, dass es sich um verdünnte Lösungen handelt, kann man wieder die Aktivität a durch die Stoffmengenkonzentration c ersetzen und erhält:

$$\mathbf{K_B = \frac{c(BH^+) \cdot c(OH^-)}{c(B)}}$$	$\frac{K_B}{mol \cdot L^{-1}}$ | $\frac{c}{mol \cdot L^{-1}}$	**Gl. 13.7**

Die Konstante K_B wird als **Basenkonstante** bezeichnet. In **Tabelle 1** auf Seite 395 sind einige Basen und ihre zugehörigen pK_B-Werte aufgeführt. Der pK_B-Wert ist analog zum pK_S-Wert definiert:

$$\mathbf{pK_B = -\lg \frac{K_B}{1\ mol \cdot L^{-1}}}$$	$\frac{K_B}{mol \cdot L^{-1}}$	**Gl. 13.8**

13

13.3.2 pH-Wert-Berechnungen starker und schwacher Säuren

Häufig müssen im Labor Säure-Lösungen mit einem bestimmten pH-Wert hergestellt werden. Dazu sind oft Rechnungen erforderlich. Die pH-Berechnungen sollen am Beispiel der starken Salzsäure und der schwachen Essigsäure (Ethansäure) gezeigt werden. Die Ausgangsstoffmengenkonzentration beider Säuren sei $c_0 = 10^{-3}\ mol \cdot L^{-1}$.

Die genaue pH-Wert-Berechnung einer Lösung ist in der Regel kompliziert. Für den Laboralltag genügen meistens Näherungsrechnungen, die eine hinreichende Genauigkeit liefern.

Will man den pH-Wert einer verdünnten starken Säure (wie sie die Salzsäure mit $c_0(HCl) = 10^{-3}\ mol \cdot L^{-1}$ darstellt) errechnen, kann man von einer nahezu vollständigen Protolyse ausgehen. Dann ist die vorgegebene Stoffmengenkonzentration $c_0(HCl) = 10^{-3}\ mol \cdot L^{-1}$ praktisch identisch mit der Hydronium-Ionen-Konzentration $c(H_3O^+)$.

Für den pH-Wert einer sehr starken Säure, wie der Salzsäure, gilt nach **Gleichung 13.2** und mit $c_0(HCl) = c(H_3O^+)$

$$pH = -\lg \frac{c_0(HCl)}{1\ mol \cdot L^{-1}} \quad \Rightarrow \quad pH = -\lg \frac{10^{-3}\ mol \cdot L^{-1}}{1\ mol \cdot L^{-1}} = 3$$

Schwache Säuren, z. B. Essigsäure, sind nur wenig in Wasser protolysiert. Dieser Sachverhalt muss auch rechnerisch berücksichtigt werden. Mit Hilfe der Säurekonstanten und der Ausgangskonzentration c_0 lässt sich die Hydronium-Ionen-Konzentration $c(H_3O^+)$ einer schwachen Säure näherungsweise ermitteln. Es soll $c(H_3O^+)$ bzw. der pH-Wert der Essigsäure mit $c_0(CH_3COOH) = 10^{-3}\ mol \cdot L^{-1}$ berechnet werden. Dazu muss das Protolysegleichgewicht der Essigsäure formuliert werden:

$$CH_3COOH + H_2O \leftrightarrows H_3O^+ + CH_3COO^-$$

Die Formel zur Berechnung der Säurekonstante für Essigsäure lautet nach **Gleichung 13.5**:

$$K_S = \frac{c(H_3O^+) \cdot c(CH_3COO^-)}{c(CH_3COOH)}$$

Da das Protolysegleichgewicht auf der linken Seite liegt, protolysieren schwache Säuren nur in geringem Ausmaß, so dass die Hydronium-Ionen-Konzentration im Vergleich zur Ausgangskonzentration vernachlässigbar klein ist. Das bedeutet, dass man näherungsweise die Ausgangskonzentration $c_0(CH_3COOH)$ mit der Gleichgewichtskonzentration der undissoziierten Säure gleichsetzen kann. Da bei der Protolyse gleich viele Hydronium-Ionen und Säurerest-Anionen entstehen, ergibt sich aus der **Gleichung 13.5** zur Berechnung der Säurekonstanten folgende Näherungsgleichung:

$$K_S = \frac{c^2(H_3O^+)}{c_0(\text{Säure})} \quad \Rightarrow \quad c(H_3O^+) = \sqrt{K_S \cdot c_0(\text{Säure})}$$

Nach dem Logarithmieren und Multiplizieren der letzten Gleichung mit (–1) erhält man:

$$\mathbf{pH = \frac{1}{2}\left(p\mathit{K}_S - lg\ \frac{\mathit{c}_0(Säure)}{1\ mol \cdot L^{-1}}\right)}$$

pK_S	c_0
1	$mol \cdot L^{-1}$

Gl. 13.9

Setzt man für $pK_S = 4{,}76$ (**Tabelle 1**, S. 395) und für $c_0(CH_3COOH) = 10^{-3}\ mol \cdot L^{-1}$ in **Gleichung 13.9** ein, erhält man für den pH-Wert der Essigsäure:

$$pH = \frac{1}{2}\left(4{,}76 - lg\ \frac{10^{-3}\ mol \cdot L^{-1}}{1\ mol \cdot L^{-1}}\right) = \frac{4{,}76 - (-3)}{2} = 3{,}88$$

Allgemein kann man sagen, dass der pH-Wert einer schwachen Säure vom pK_S-Wert und von der Ausgangskonzentration c_0 abhängig ist.

Beispiel 13.2: pH-Wert-Berechnung von Salzsäure und Essigsäure

Wie groß ist der pH-Wert einer 1molaren Salzsäure- und einer 1-molaren Essigsäure-Lösung?

Lösung:

Zunächst soll der pH-Wert der Essigsäure-Lösung berechnet werden. Wendet man **Gleichung 13.9** auf die Essigsäure mit der Stoffmengenkonzentration $c_0(CH_3COOH) = 1\ mol \cdot L^{-1}$ an, so erhält man:

$$pH = \frac{1}{2}\left(4{,}76 - lg\ \frac{1\ mol \cdot L^{-1}}{1\ mol \cdot L^{-1}}\right) = \frac{1}{2}(4{,}76 - 0) = 2{,}38$$

Im Folgenden soll der pH-Wert über die tatsächlichen Gleichgewichtskonzentrationen ermittelt werden. Aus den Stoffmengenkonzentrationen, die vor der Dissoziation vorliegen, müssen die Stoffmengenkonzentrationen im Gleichgewichtszustand bestimmt werden.

	CH_3COOH	$+ H_2O \leftrightarrows$	H_3O^+	$+ CH_3COO^-$
Stoffmengenkonzentration c_0 vor der Dissoziation	$1{,}0\ mol \cdot L^{-1}$		0	0
Stoffmengenkonzentration im Gleichgewicht	$1{,}0\ mol \cdot L^{-1} - x\ mol \cdot L^{-1}$		$x\ mol \cdot L^{-1}$	$x\ mol \cdot L^{-1}$

Nach $pK_S = -lg\frac{K_S}{1\ mol \cdot L^{-1}}$ ergibt sich die Säurekonstante $K_S = 10^{-4{,}76} mol \cdot L^{-1} = 1{,}74 \cdot 10^{-5} mol \cdot L^{-1}$

Nach **Gleichung 13.5** folgt: $1{,}74 \cdot 10^{-5}\ mol \cdot L^{-1} = \frac{c(H_3O^+) \cdot c(CH_3COO^-)}{c(CH_3COOH)}$

In der Gleichung zur Berechnung der Säurekonstanten ist die Gleichgewichts-Stoffmengenkonzentration von H_3O^+ und CH_3COO^- mit x bezeichnet. Da ebenso viele H_3O^+-Ionen wie CH_3COO^--Ionen bei der Dissoziation der Essigsäure entstehen und die Gleichgewichts-Stoffmengenkonzentration der Essigsäure $c(CH_3COOH) = 1{,}0\ mol \cdot L^{-1} - x\ mol \cdot L^{-1}$ beträgt, gilt:

$$1{,}74 \cdot 10^{-5}\ mol \cdot L^{-1} = \frac{x\ mol \cdot L^{-1} \cdot x\ mol \cdot L^{-1}}{1{,}0\ mol \cdot L^{-1} - x\ mol \cdot L^{-1}} = \frac{x^2}{1{,}0 - x}\ mol \cdot L^{-1}$$

$$\Rightarrow x^2 + 1{,}74 \cdot 10^{-5} \cdot x - 1{,}74 \cdot 10^{-5} = 0$$

Durch Lösen der quadratischen Gleichung ergibt sich für x nur eine sinnvolle Lösung:
$x = 4{,}17 \cdot 10^{-3}$

Damit gilt für die Hydronium-Ionen-Konzentration: $c(H_3O^+) = 4{,}17 \cdot 10^{-3}\ mol \cdot L^{-1}$

Über die **Gleichung 13.2** berechnet sich der pH-Wert zu pH 2,38.
Mit der zweiten, genaueren Berechnung des pH-Werts über die quadratische Gleichung wird das gleiche Ergebnis wie mit der Näherungsgleichung erhalten. Die Näherungsgleichung liefert somit in diesem Fall ein ausreichend genaues Ergebnis.

Um den pH-Wert der 1-molaren Salzsäure aus dem oben angeführten Beispiel zu berechnen, muss man anders als bei der schwachen Essigsäure berücksichtigen, dass der Chlorwasserstoff als vollständig dissoziiert angenommen werden kann. Da die Stoffmengenkonzentration der H_3O^+-Ionen mit 1 mol · L^{-1} sehr hoch ist, fällt aber die Stoffmengenkonzentration $c(H_3O^+)$ der wirksamen H_3O^+-Ionen geringer aus, da sich die Ionen vor allem in ihrer Beweglichkeit gegenseitig behindern. Diese niedrigere wirksame H_3O^+-Konzentration gegenüber der vorgegebenen H_3O^+-Stoffmengenkonzentration von $c_0(HCl) = 1$ mol · L^{-1} beträgt $c(H_3O^+) = 0{,}8$ mol · L^{-1}.

Der pH-Wert errechnet sich nach **Gleichung 13.2**: $\text{pH} = -\lg \frac{0{,}8 \text{ mol} \cdot L^{-1}}{1 \text{ mol} \cdot L^{-1}} = 0{,}097$

Ein Vergleich von gleichkonzentrierter Salz- und Essigsäure zeigt, dass bei starken Säuren das Protolysegleichgewicht sehr weit auf der Dissoziationsseite liegt. Das bedeutet, dass bei Säure-Stoffmengenkonzentrationen unter 10^{-3} mol · L^{-1} die H_3O^+-Ionenaktivität praktisch gleich der vorgegebenen Säurekonzentration ist. Bei Säurekonzentrationen über 10^{-3} mol · L^{-1} muss die wirksame Hydronium-Ionen-Konzentration $c(H_3O^+)$ berücksichtigt werden.

Im Bereich des Neutralpunktes mit $c(H_3O^+) \approx 10^{-7}$ mol · L^{-1} muss bei der pH-Berechnung zusätzlich zur Säurekonzentration auch die Stoffmengenkonzentration der Hydronium-Ionen aus der Autoprotolyse des Wassers mit einbezogen werden.

13

13.3.3 Protolysegrad

Man kann aus dem pK_S-Wert und der Ausgangskonzentration nicht sofort erkennen, in welchem Umfang die Protolyse einer Säure abläuft. Deshalb hat man den anschaulicheren Begriff **Protolysegrad α** geprägt. Der Wert gibt an, in welchem Verhältnis der protolysierte Teil zur Ausgangs- oder Gesamtstoffmenge steht:

$$\alpha = \frac{c(H^+)}{c_0(HAc)} \quad \text{bzw.} \quad \alpha = \frac{c(Ac^-)}{c_0(HAc)}$$

c	c_0	α
mol · L^{-1}	mol · L^{-1}	1

Gl. 13.10

Der **Protolyse-** oder **Dissoziationsgrad α** ist der Quotient der Konzentration aus protolysierten (dissoziierten) Teilchen eines Elektrolyten und der Gesamtkonzentration der Elektrolyt-Teilchen vor der Protolyse (Dissoziation).

Beispiel 13.3: Berechnung des Protolysegrades einer Essigsäure (Ethansäure)

Wie groß ist der Protolysegrad von Essigsäure-Molekülen in einer wässrigen Lösung mit $c_0 = 0{,}1$ mol · L^{-1} und einem pH-Wert von 2,9?

Lösung:

Die Essigsäure protolysiert nach folgender Gleichung: $CH_3COOH + H_2O \rightleftharpoons H_3O^+ + CH_3COO^-$

Da aus jedem Essigsäure-Molekül ein Hydronium-Ion H_3O^+ und ein Acetat-Ion CH_3COO^- entsteht, kann für den dissoziierten Anteil sowohl die Stoffmengenkonzentration des Hydronium-Ions als auch die des Acetat-Ions in die Gleichung eingesetzt werden:

$$\alpha = \frac{c(H^+)}{c_0(HAc)} \quad \text{bzw.} \quad \alpha = \frac{c(Ac^-)}{c_0(HAc)}$$

So erhält man aus dem pH-Wert 2,9 und der Ausgangskonzentration der Essigsäure von $c_0(CH_3COOH) = 0{,}1$ mol · L^{-1} den Protolysegrad nach **Gleichung 13.10**:

$$\alpha = \frac{c(H^+)}{c_0(HAc)} \quad \text{für } c(H^+) = 10^{-2{,}9} \text{ mol} \cdot L^{-1} \text{ ist } \alpha = \frac{10^{-2{,}9} \text{ mol} \cdot L^{-1}}{0{,}1 \text{ mol} \cdot L^{-1}} \approx 0{,}013 = 1{,}3\ \%$$

Bei einer Essigsäure mit $c_0(CH_3COOH) = 0{,}1$ mol · L^{-1} sind nur 1,3 % aller Essigsäure-Moleküle in Ionen zerfallen.

Der Protolysegrad α kann nur Werte zwischen 0 und 1 bzw. 0 und 100 % annehmen. Am Beispiel der Essigsäure (HAc) kann man erkennen, wie der Protolysegrad α mit zunehmender Verdünnung zunimmt und gegen 1 strebt, weil das Protolysegleichgewicht sich immer weiter in Richtung der Produkte verschiebt (**Bild 1**). Dagegen ist der Protolysegrad von Salzsäure HCl (aq) nur im Bereich von c_0 = 1 mol · L^{-1} (pH = 0) bis $c_0 = 10^{-2}$ mol · L^{-1} (pH = 2) kleiner als 1,0.

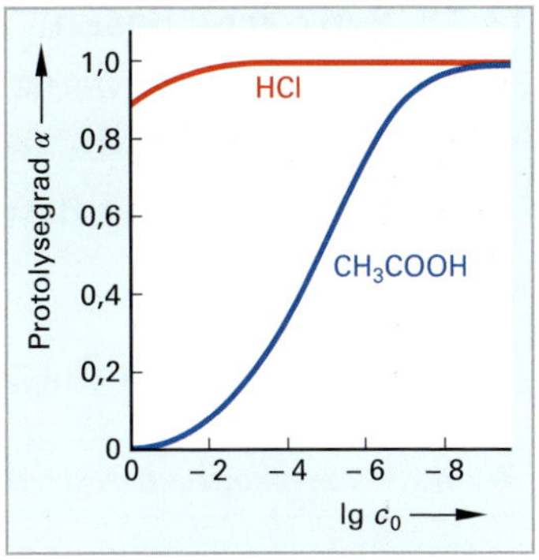

Bild 1: Abhängigkeit des Protolysegrads α von der Ausgangskonzentration c_0

Analog zum Ionenprodukt des Wassers nimmt der Protolysegrad auch mit steigender Temperatur zu.

Für eine schwache Säure beliebiger Konzentration, bei starken Säuren ist α = 1, kann man aus dem Massenwirkungsgesetz für die Protolyse einer einprotonigen Säure HA folgenden Zusammenhang entwickeln:

Für $c(A^-) = \alpha \cdot c_0(HA)$ aus **Gleichung 13.10** und

$c(HA) = c_0(HA) - c_0(HA) \cdot \alpha = (1-\alpha) \cdot c_0(HA)$

erhält man unter Vernachlässigung der Autoprotolyse des Wassers nach **Gleichung 13.3** das ***Ostwald*sche Verdünnungsgesetz:**

$$K_S = \frac{\alpha^2 \cdot c_0(HA)}{(1-\alpha)} \qquad \textbf{Gl. 13.11}$$

K_S	c_0	α
mol · L^{-1}	mol · L^{-1}	1

Diese Formel ermöglicht die Berechnung von Protolysegraden aus experimentell gefundenen Säurekonstanten.

Wegen der Vernachlässigung der Autoprotolyse des Wassers gilt diese Gleichung nicht für sehr schwache Säuren oder sehr verdünnte Säure-Lösungen. Sie gilt aber auch nicht für sehr starke Elektrolyte. Da der Protolysegrad von der Ausgangskonzentration der jeweiligen Säure abhängig ist, ist er zur Einstufung der Stärke einer Säure ungeeignet. Zur Beurteilung der Säurestärke sollte man die Säurekonstante heranziehen.

13.3.4 Mehrprotonige Säuren

In den bisher behandelten Kapiteln zur Säure-Base-Theorie war nur von **einprotonigen Säuren** die Rede. Das sind Säuren, die insgesamt nur ein Proton für eine Säure-Base-Reaktion zur Verfügung stellen können. Es gibt aber eine Reihe von Säuren, die in der Lage sind, pro Molekül mehr als ein Proton auf ein geeignetes Basenmolekül zu übertragen. Solche Substanzen bezeichnet man als **mehrprotonige Säuren.**

Diese mehrprotonigen Säuren gehen bei Abgabe eines Protons in die korrespondierenden Basen über, die aber ihrerseits wiederum als Säuren reagieren können. Die Abgabe der einzelnen Protonen erfolgt nacheinander, das heißt, das am schwächsten gebundene Proton spaltet sich zuerst ab. Die folgenden Protonen werden in immer geringerem Maße als das vorhergehende abgegeben, da sich ein Proton von einem neutralen Molekül leichter abspaltet als von einem negativ geladenen Säurerest-Anion. Dieser Sachverhalt äußert sich durch immer kleiner werdende Säurekonstanten bzw. ansteigende pK_S-Werte.

Ein Beispiel für eine mehrprotonige Säure ist die Phosphorsäure H_3PO_4, die schrittweise ihre Protonen abgibt:

1. Schritt: $H_3PO_4 + H_2O \rightleftarrows H_2PO_4^- + H_3O^+$ pK_S = 2,13

2. Schritt: $H_2PO_4^- + H_2O \rightleftarrows HPO_4^{2-} + H_3O^+$ pK_S = 7,20

3. Schritt: $HPO_4^{2-} + H_2O \rightleftarrows PO_4^{3-} + H_3O^+$ pK_S = 12,36

Das $H_2PO_4^-$-Ion, das im ersten Schritt als Base auftritt, fungiert im 2. Schritt als Säure.

13.3.5 Schwache Basen

Ein Beispiel für eine schwache Base ist Ammoniak NH_3. Für die Protolyse in Wasser folgt:

$$NH_3\,(aq) + H_2O \rightleftarrows NH_4^+\,(aq) + OH^-\,(aq)$$

Daraus erhält man für die Basenkonstante von NH_3 nach **Gleichung 13.7**:

$$K_B = \frac{c(NH_4^+) \cdot c(OH^-)}{c(NH_3)}$$

Einige Basenkonstanten schwacher Basen sind in **Tabelle 1** aufgeführt.

Tabelle 1: Basenkonstanten schwacher Basen

Name der Base	Formel	Basenkonstante K_B	pK_B	Konjungierte Säure	Formel
Ammoniak	NH_3	$1{,}8 \cdot 10^{-5}$ mol · L^{-1}	4,7	Ammonium-Ion	NH_4^+
Pyridin	C_5H_5N	$1{,}7 \cdot 10^{-9}$ mol · L^{-1}	8,8	Pyridinium-Kation	$C_5H_5NH^+$
Hydrogensulfid-Ion	HS^-	$1{,}8 \cdot 10^{-7}$ mol · L^{-1}	6,7	Hydrogensulfid	H_2S
Carbonat-Ion	CO_3^{2-}	$1{,}8 \cdot 10^{-4}$ mol · L^{-1}	3,7	Hydrogencarbonat-Ion	HCO_3^-
Hypochlorit-Ion	ClO^-	$3{,}3 \cdot 10^{-7}$ mol · L^{-1}	6,5	Chlor(I)-säure	HClO
Acetat-Ion	CH_3COO^-	$5{,}6 \cdot 10^{-10}$ mol · L^{-1}	9,3	Essigsäure	CH_3COOH

Allen Basen ist gemeinsam, dass sie mindestens ein freies Elektronenpaar besitzen. Dieses freie Elektronenpaar benutzen sie, um als Protonenakzeptor zu wirken.

Als weitere Beispiele für schwache Basen kommen die Anionen schwacher Säuren in Betracht. Das Salz der Essigsäure, das Natriumacetat CH_3COONa, löst sich in Wasser unter Bildung von Na^+- und CH_3COO^--Ionen auf. Das Natrium-Ion nimmt an Säure-Base-Reaktionen praktisch nicht teil. Das Acetat-Ion CH_3COO^- als konjugierte Base der schwachen Essigsäure reagiert aber in geringem Umfang mit dem Wasser unter Protonenaufnahme:

$$CH_3COO^-\,(aq) + H_2O \rightleftarrows CH_3COOH\,(aq) + OH^-\,(aq).$$

Wie bereits oben erwähnt wurde, entspricht einer stärkeren Säure eine schwächere konjugierte Base. Es soll im Folgenden eine quantitative Beziehung zwischen Säure- und Basenkonstante eines konjugierten Säure-Base-Paares am Beispiel von NH_4^+/NH_3 hergeleitet werden.

Die Säure NH_4^+ reagiert mit Wasser: $NH_4^+\,(aq) + H_2O \rightleftarrows NH_3\,(aq) + H_3O^+\,(aq)$

Die Base NH_3 nimmt ein Proton aus dem Wasser auf: $NH_3\,(aq) + H_2O \rightleftarrows NH_4^+\,(aq) + OH^-\,(aq)$

Für die beiden Gleichgewichtskonstanten gilt:

$$K_S = \frac{c(H_3O^+) \cdot c(NH_3)}{c(NH_4^+)} \quad \text{und} \quad K_B = \frac{c(NH_4^+) \cdot c(OH^-)}{c(NH_3)}$$

Addiert man die beiden Protolyse-Gleichungen, so verbleibt das Autoprotolyse-Gleichgewicht des Wassers:

$$\begin{array}{lclcl} NH_4^+\,(aq) & + H_2O & \rightleftarrows & NH_3\,(aq) & + H_3O^+\,(aq) \\ NH_3\,(aq) & + H_2O & \rightleftarrows & NH_4^+\,(aq) & + OH^-\,(aq) \quad \downarrow \oplus \\ \hline H_2O & + H_2O & \rightleftarrows & H_3O^+ & + OH^- \end{array}$$

Addiert man zwei Reaktionen, so dass eine dritte erhalten wird, ergibt sich die Gleichgewichtskonstante dieser dritten Reaktion als das Produkt der Gleichgewichtskonstanten der beiden Ausgangsreaktionen.

Für das Beispiel ist dann: $K_S \cdot K_B = \left(\frac{c(NH_3) \cdot c(H_3O^+)}{c(NH_4^+)}\right) \cdot \left(\frac{c(NH_4^+) \cdot c(OH^-)}{c(NH_3)}\right) = c(H_3O^+) \cdot c(OH^-) = K_W$

Das Ergebnis dieser exemplarischen Rechnung lässt sich folgendermaßen verallgemeinern:

Multipliziert man K_S und K_B eines konjugierten Säure/Base-Paares miteinander, so erhält man K_W, das Ionenprodukt des Wassers. Nimmt die Stärke der Base zu (K_B wird größer), muss die Stärke der konjugierten Säure abnehmen (K_S wird kleiner), so dass das Produkt $K_S \cdot K_B$ konstant bleibt. Es beträgt $1{,}0 \cdot 10^{-14}$ $mol^2 \cdot L^{-2}$ bei 25 °C.

Mit Hilfe einer der beiden bekannten Konstanten kann die andere Konstante des konjugierten Säure-Base-Partners in wässrigen Lösungen berechnet werden.

Logarithmiert man die Gleichung $K_S \cdot K_B = 1{,}0 \cdot 10^{-14}\ mol^2 \cdot L^{-2}$ und multipliziert mit (–1), dann erhält man folgende mathematische Beziehung:

$pK_S + pK_B = 14$

13.3.6 Säurestärke der Nichtmetallwasserstoffverbindungen

Die wichtigsten Beispiele für binäre Wasserstoff-Verbindungen der Nichtmetalle sind die Hydrogenhalogenide (HF, HCl, HBr, HI), Wasser H_2O, Schwefelwasserstoff H_2S und Ammoniak NH_3. Die Nichtmetalle Fluor, Chlor, Brom und Iod stehen in der 7. Hauptgruppe, während Sauerstoff und Schwefel in der 6. Hauptgruppe zu finden sind. Betrachtet man die Säurestärke dieser Wasserstoff-Verbindungen in Wasser als Lösemittel, so nimmt die Säurestärke innerhalb einer Hauptgruppe mit zunehmender Ordnungszahl zu (**Tabelle 1**).

Tabelle 1: Zusammenhang von Säurestärke und Bindungsverhältnissen

Verbindung	Hauptgruppe	pK_S	ΔH^0_{diss} in $kJ \cdot mol^{-1}$	Bindungslängen in pm
HF	7	3	570	92
HCl	7	– 7	432	127
HBr	7	– 9	366	141
HI	7	– 10	298	161
H_2O	6	15,7	464	96
H_2S	6	7,0	367	140

Ein wichtiger Faktor zur Erklärung der Säurestärke von Hydrogenhalogeniden ist die Stärke der H–X-Bindungen in diesen Verbindungen. Diese Bindungsstärke kommt durch die molaren **Bindungsdissoziationsenthalpien ΔH^0_{diss}** zum Ausdruck. Dabei handelt es sich um den Energiebetrag bei konstantem äußerem Druck unter Standardbedingungen, den man aufwenden muss, um in einem Mol einer dieser genannten Verbindungen je eine Einfachbindung zu lösen. So kann man die ansteigende Säurestärke der Hydrogenhalogenide vom Hydrogenfluorid zum Hydrogeniodid mit der abnehmenden Bindungsdissoziationsenthalpie erklären. Die Abnahme der Bindungsstärke ist vor allem auf die zunehmenden Bindungslängen zwischen den H-Atomen und dem jeweiligen Halogen-Atom zurückzuführen. Dadurch wird die Anziehungskraft der Halogen-Atome auf die jeweiligen Wasserstoff-Atome vom Fluor- zum Iod-Atom geringer. Es können also vom Hydrogeniodid viel leichter Protonen abgespalten werden als vom Hydrogenfluorid.

Zusätzlich zur Bindungsdissoziationsenthalpie spielen noch Faktoren, wie die Stabilität der entstehenden Halogenid-Ionen und die bei der Umhüllung der Ionen freiwerdenden Hydratationsenthalpien (s. Kap. 14.2.4, S. 421) eine Rolle.

Bei den beiden ersten Wasserstoff-Verbindungen der 6. Hauptgruppe (Wasser H_2O und Schwefelwasserstoff H_2S) sind die Verhältnisse ähnlich wie bei den Hydrogenhalogeniden zu erklären.

13.4 Protolysen von Salzen in Wasser

Salze sind Verbindungen die aus Kationen und Anionen aufgebaut sind. In Wasser gelöste Salze sind demnach vollständig in Kationen und Anionen dissoziiert, wobei diese von einer Hydrathülle umgeben sind. Stoffe mit solchen Eigenschaften nennt man starke Elektrolyte.

Die bei der elektrolytischen Dissoziation von Salzen entstandenen Anionen und Kationen können mit dem Lösemittel Wasser eine Protolyse eingehen.

Die korrespondierenden Basen schwacher Säuren reagieren mit Wasser-Molekülen als Protonenakzeptoren, wie zum Beispiel das Acetat-Ion:

$CH_3COO^- + H_2O \rightleftarrows CH_3COOH + OH^-$

Die alkalische Reaktion des Natriumacetats CH_3COONa in Wasser erklärt sich aus der Entstehung von Hydroxid-Ionen und kaum protolysierter Essigsäure-Moleküle. Die Natrium-Ionen des Natriumacetats sind an der Protolyse praktisch unbeteiligt. Somit reagiert Natriumacetat in Wasser alkalisch.

Beispiel 13.4: Berechnung des pH-Werts einer Natriumacetat-Lösung

Wie hoch ist der pH-Wert einer 1-molaren Natriumacetat-Lösung?

Lösung:

Das Natriumacetat dissoziiert beim Lösen in Wasser nach folgender Gleichung:

$CH_3COONa \rightarrow CH_3COO^- + Na^+$

Die Acetat-Ionen sind Basen, die mit Wasser-Molekülen protolysieren:

$CH_3COO^- + H_2O \rightleftarrows CH_3COOH + OH^-$

Die Gleichgewichtskonzentrationen errechnen sich folgendermaßen:

	CH_3COO^-	$+ H_2O \leftrightarrows$	CH_3COOH	$+$	OH^-
Stoffmengenkonzentration vor der Protolyse	$1{,}0\ mol \cdot L^{-1}$		0		0
Stoffmengenkonzentration	$(1{,}0 - x)\ mol \cdot L^{-1}$		$x\ mol \cdot L^{-1}$		$x\ mol \cdot L^{-1}$

Die Säurekonstante der Essigsäure beträgt $K_S = 1{,}74 \cdot 10^{-5}\ mol \cdot L^{-1}$. Da das Acetat-Ion eine Base ist, benötigt man seine Basenkonstante K_B, die man aus der Säurekonstante K_S und dem Ionenprodukt des Wassers K_W errechnen kann:

$$K_W = K_S \cdot K_B \Rightarrow K_B = \frac{K_W}{K_S} \qquad K_B = \frac{1 \cdot 10^{-14}\ mol^2 \cdot L^{-2}}{1{,}74 \cdot 10^{-5}\ mol \cdot L^{-1}} = 5{,}71 \cdot 10^{-10}\ mol \cdot L^{-1}$$

In Gleichung 13.7 werden die Gleichgewichtskonzentrationen eingesetzt und man erhält folgenden mathematischen Ausdruck:

$$K_B = \frac{x^2\ mol^2 \cdot L^{-2}}{(1 - x)\ mol \cdot L^{-1}}$$

Für die umgeformte quadratische Gleichung $x^2 + K_B \cdot x = K_B$ gibt es nur eine sinnvolle Lösung:

$x = c(OH^-) = 2{,}39 \cdot 10^{-5}\ mol \cdot L^{-1} \Rightarrow pOH = 4{,}62$ bzw. $pH = 14 - 4{,}62 = 9{,}38$

Der pH-Wert einer Natriumacetatlösung mit $c(CH_3COONa) = 1\ mol \cdot L^{-1}$ beträgt rechnerisch 9,38.

Umgekehrt reagieren die korrespondierenden Säuren (z. B. NH_4^+) schwacher Basen (z. B. NH_3) in Wasser sauer, da sie als Protonendonatoren fungieren:

$NH_4^+ + H_2O \rightleftarrows NH_3 + H_3O^+$

So wird Ammoniumchlorid NH_4Cl in Wasser sauer reagieren, da bei dieser Protolyse H_3O^+-Ionen entstehen. Die Chlorid-Ionen als Anionen der sehr starken Salzsäure HCl (aq) zeigen eine sehr niedrige Basenstärke; sie verändern daher den pH-Wert nicht. Dies stimmt mit den Betrachtungen zu den Säuren- und Basenkonstanten in Kap. 13.3.1, S. 394, überein.

Bei Anionen mehrprotoniger Säuren wie zum Beispiel HCO_3^- oder $H_2PO_4^-$ kann nur mit Hilfe der Säure- bzw. Basenkonstanten beurteilt werden, welchen pH-Bereich die wässrige Lösung jeweils hat.

So sind beim Dihydrogenphosphat $H_2PO_4^-$ zwei Reaktionen mit Wasser denkbar.

Reaktion 1: $H_2PO_4^-$ als Säure $\quad H_2PO_4^- + H_2O \rightleftarrows HPO_4^{2-} + H_3O^+ \quad K_S = 6{,}2 \cdot 10^{-8}\ mol \cdot L^{-1}$

Reaktion 2: $H_2PO_4^-$ als Base $\quad H_2PO_4^- + H_2O \rightleftarrows H_3PO_4 + OH^- \quad K_B = 1{,}3 \cdot 10^{-12}\ mol \cdot L^{-1}$

Die Säurekonstante K_S von Dihydrogenphosphat $H_2PO_4^-$ ist größer als deren Basenkonstante K_B.

Deshalb läuft Reaktion 1 ab, d. h. eine wässrige Lösung von Dihydrogenphosphat-Ionen reagiert sauer.

Beim Hydrogenphosphat-Ion HPO_4^{2-} ($K_B = 1{,}3 \cdot 10^{-7}$ mol · L^{-1}) ist dagegen die Basenkonstante K_B größer als die Säurekonstante $K_S = 4{,}8 \cdot 10^{-13}$ mol · L^{-1}. Deshalb reagieren Hydrogenphosphat-Ionen in Wasser basisch:

$$HPO_4^{2-} + H_2O \leftrightarrows H_2PO_4^- + OH^-$$

> Ist bei einem Anion einer mehrprotonigen Säure die Säurekonstante größer als die Basenkonstante, so reagiert dieses Anion als Säure. Im umgekehrten Fall als Base.

Mit Ausnahme der Alkalimetall- und der Erdalkalimetall-Ionen (außer Mg^{2+}) reagieren alle Kationen in Wasser schwach sauer. Das bedeutet, dass von Wasser umhüllte mehrfach positiv geladene Metall-Ionen Protonen auf Wasser-Moleküle übertragen können, wobei Hydronium-Ionen entstehen:

$$[Fe(H_2O)_6]^{3+} + H_2O \leftrightarrows [Fe(H_2O)_5OH]^{2+} + H_3O^+$$

Das hydratisierte Fe^{3+}-Ion fungiert hier als Säure. Die Ursache liegt darin, dass H_2O-Moleküle der Hydrathülle durch die Wirkung der positiven Ladung des Zentralions Fe^{3+} Protonen abgeben können. Diese Protonen werden vom Zentral-Ion abgestoßen. Lösungen von hydratisierten Metall-Ionen reagieren um so stärker sauer, je geringer der Durchmesser der Ionen und je höher geladen das Metall-Ion ist (Tabelle 1).

Tabelle 1: Parameter hydratisierter Metallkationen

Säure	Name	Base	Radius des Metallions in pm	pK_S
$[Fe(H_2O)_6]^{3+}$	Hexaqua-Eisen(III)-Ion	$[Fe(H_2O)_5(OH)]^{2+}$	65	2,2
$[Al(H_2O)_6]^{3+}$	Hexaqua-Aluminium-Ion	$[Al(H_2O)_5(OH)]^{2+}$	54	4,9
$[Zn(H_2O)_6]^{2+}$	Hexaqua-Zink-Ion	$[Zn(H_2O)_5(OH)]^{+}$	73	9,66

13.5 Titrationskurven

Die genaue Gehaltsbestimmung von Säuren oder Basen in einer Lösung durch **Titration** gehört zu den Routineaufgaben in chemischen Labors. Dabei kommt es darauf an, den **Äquivalenzpunkt** zu erkennen. Am Äquivalenzpunkt sind die Stoffmengen von Säure und Base gleich. Ist die Stoffmenge der Säure bekannt, so kann man dann die unbekannte Stoffmenge der Base errechnen und umgekehrt.

Die genaueste Methode zur Erkennung des Äquivalenzpunktes ist die **potentiometrische Titration.** Dabei werden zur Säure (bzw. Base) mit unbekanntem Gehalt in bestimmten Volumenschritten die Basen- (bzw. Säuren-) **Maßlösung** (Base bzw. Säure mit bekanntem Gehalt) gegeben. Nach jeder Volumenzugabe wird der pH-Wert registriert. Nun zeigen sich je nach der Stärke von Säure oder Base verschiedene **Titrationskurven,** die sich aus dem Graphen der Funktion des pH-Wertes in Abhängigkeit vom zugegebenen Volumen Maßlösung ergeben.

Allen Titrationskurven gemeinsam ist ihr Verlauf, der einem „S" ähnelt. Am Wendepunkt dieser S-Kurve befindet sich der Äquivalenzpunkt. Hat man eine Titrationskurve einer Säure mit einer Base zur Verfügung, lässt sich für diese Titration auch ein geeigneter Säure-Base-Indikator (s. Kap. 13.2, S. 393) finden. Der Umschlagsbereich des Säure-Base-Indikators muss dabei beim Äquivalenzpunkt der Titration liegen.

13.5.1 Titration einer starken Säure

Bild 1a zeigt die Titrationskurve, die man erhält, wenn man eine starke Säure, z. B. 10,00 mL Salzsäure mit $c(HCl) = 0{,}100\ mol \cdot L^{-1}$, mit einer starken Base, z. B. Natronlauge mit $c(NaOH) = 0{,}100\ mol \cdot L^{-1}$, titriert. In **Tabelle 1** sind die pH-Werte in Abhängigkeit vom Volumen an zugesetzter Natronlauge angegeben. Bei den Tabellenwerten ist die Verdünnung der Lösung während der Titration nicht berücksichtigt.

Tabelle 1: pH-Wert-Änderung bei der Titration von Salzsäure mit Natronlauge

Volumen (NaOH) in mL	pH-Wert
0,00	1
9,00	2
9,90	3
10,00	7
10,10	11
11,00	12
20,00	13

Der pH-Wert der vorgelegten Salzsäure mit $c(HCl) = 1 \cdot 10^{-1}\ mol \cdot L^{-1}$ beträgt pH = 1. Gibt man nun die Natronlauge zu, steigt der pH-Wert zunächst nur langsam an.

Bei 9,0 mL zugegebener Natronlauge mit $c(NaOH) = 0{,}1\ mol \cdot L^{-1}$ sind 90 % der ursprünglich vorhandenen Säure zu Wasser und Natriumchlorid umgesetzt. Man misst einen pH-Wert von 2, das heißt der pH-Wert hat sich nur um eine Einheit verändert.

Bei weiterer tropfenweiser Zugabe von Natronlauge ändert sich der pH-Wert in der Nähe des Äquivalenzpunktes jedoch sprunghaft.

Am Wendepunkt der Titrationskurve in **Bild 1a**, kann man auf der pH-Achse den Äquivalenzpunkt ablesen.

Er liegt bei der Titration einer starken Säure mit einer starken Base bei pH 7. Hier stimmt der Äquivalenzpunkt mit dem Neutralpunkt (pH 7) überein. Das zugehörige Titra-tionsvolumen an Natronlauge kann zur Konzentrationsbestimmung der Säure benutzt werden.

Bei der Titration einer starken Base mit einer starken Säure erhält man einen zu **Bild 1a** entsprechenden, spiegelbildlichen Kurvenverlauf, mit dem einzigen Unterschied, dass die Titrationskurve von einem hohen zu einem niedrigen pH-Wert verläuft.

13.5.2 Titration einer schwachen Säure

Der Verlauf der Titrationskurve einer schwachen Säure wie der Essigsäure CH_3COOH mit einer starken Base ähnelt auf den ersten Blick dem der Titrationskurve von starken Säuren mit starken Basen (**Bild 1**). Allerdings unterscheiden sich die beiden Kurven in drei Punkten:

- Der pH-Wert zu Beginn der Titration der schwachen Säure liegt mit pH 2,9 deutlich höher als bei der starken Säure. Was zu erwarten ist, da am Beginn der Titration nur Essigsäure mit $c(CH_3COOH) = 0{,}1\ mol \cdot L^{-1}$ vorliegt.

- Die Zugabe von wenig Base (hier: Natronlauge mit $c(NaOH) = 0{,}1\ mol \cdot L^{-1}$) führt zunächst zu einem stärkeren Anstieg des pH-Wertes als bei der Salzsäure, flacht dann jedoch wieder ab, um dann nach Durchlaufen eines Wendepunktes (hier bei pH 4,65) wieder ähn-

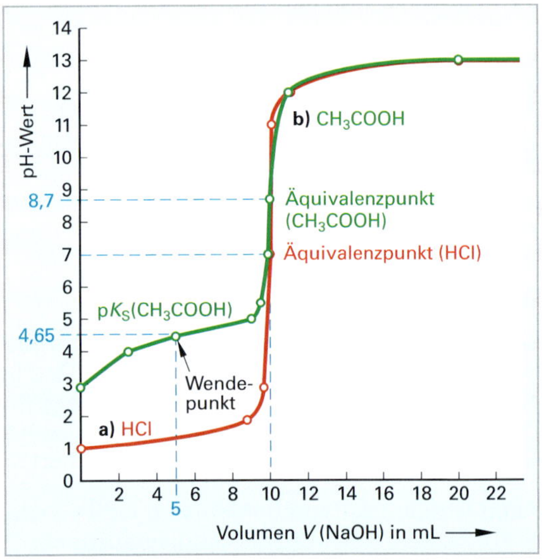

Bild 1: Titrationskurve a) einer starken Säure (HCl), b) einer schwachen Säure (CH_3COOH) mit einer starken Base (NaOH)

lich steil wie bei der Titration der Salzsäure anzusteigen. Am Wendepunkt bei pH 4,65 hat man genau halb so viel Natronlauge zugegeben, wie zur vollständigen Umsetzung notwendig ist. Bei diesem Verbrauch an Natronlauge ist die Stoffmengenkonzentration an Essigsäure praktisch genauso groß wie die des Natriumacetats. Hier ist der pH-Wert der Lösung gleich dem pK_S-Wert der schwachen Säure.

- Der Äquivalenzpunkt liegt nicht im Neutralpunkt bei pH 7. Da am Äquivalenzpunkt die Säure und die Base vollständig umgesetzt sind, liegt nach der Reaktionsgleichung

  $$CH_3OOH + NaOH \rightarrow CH_3COONa + H_2O$$

  nur in Wasser gelöstes Natriumacetat vor, das bei $c(CH_3COONa) = 0,1\ mol \cdot L^{-1}$ einen pH-Wert von 8,7 besitzt. Bei pH 8,7 besitzt die Titrationskurve auch ihre größte Steigung, das heißt, hier liegt der Äquivalenzpunkt bei der Titration der Essigsäure mit einer Natronlauge mit $c(NaOH) = 0,1\ mol \cdot L^{-1}$.

Am **Äquivalenzpunkt** einer Säure-Base-Titration liegt immer nur Wasser und das entsprechende Salz aus Säure und Base vor. Der pH-Wert am Äquivalenzpunkt entspricht dem des entsprechenden Salzes, wenn man es in Wasser löst.

13

13.5.3 Titration mehrprotoniger Säuren

In den Titrationskurven mehrprotoniger Säuren beobachtet man mehrere pH-Sprünge, die der schrittweisen Abgabe von Protonen entsprechen. Ein Beispiel für die Titration einer mehrprotonigen Säure bietet die der Phosphorsäure H_3PO_4. Bei der Titration von Phosphorsäure mit Natronlauge werden die Protonen schrittweise abgegeben. Entsprechend kann man drei Säurekonstanten bzw. pK_S-Werte bestimmen (**Tabelle 1**).

Die Titrationskurve von Phosphorsäure mit Natronlauge (**Bild 1**) zeigt jedoch nur zwei pH-Sprünge. Die beiden entsprechenden Äquivalenzpunkte sind in der **Tabelle 1** angegeben. Der dritte Äquivalenzpunkt liegt im stark alkalischen pH-Bereich (pH > 12). Er ist durch eine Titration mit praktikablen Stoffmengenkonzentrationen an Natronlauge (0,1 bis 1 $mol \cdot L^{-1}$) nicht zu erfassen.

Tabelle 1: pK_S-Werte und Äquivalenzpunkte (ÄP) der Phosphorsäure H_3PO_4

Proton	Reaktionsgleichung	pK_S	ÄP
1	$H_3PO_4 + NaOH \rightarrow NaH_2PO_4 + H_2O$	2,15	4,2
2	$NaH_2PO_4 + NaOH \rightarrow Na_2HPO_4 + H_2O$	7,2	9,1
3	$Na_2HPO_4 + NaOH \rightarrow Na_3PO_4 + H_2O$	12,35	> 12

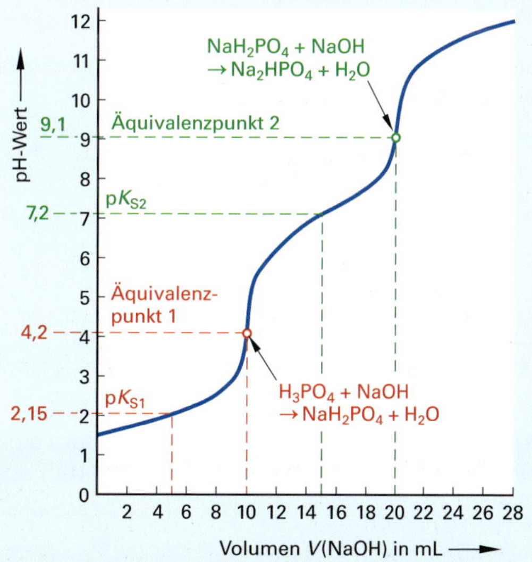

Bild 1: Titrationskurve von Phosphorsäure mit Natronlauge

13.6 Pufferlösungen

Titriert man Essigsäure mit Natronlauge (s. Kap. 13.5.2, S. 404), so bildet sich zwischen dem Start- und dem Äquivalenzpunkt zunehmend Natriumacetat. Genauer betrachtet liegt in diesem besagten Bereich ein wässriges Gemisch aus Natriumacetat-Lösung und Essigsäure in unterschiedlichem Stoffmengenverhältnis vor. Solche Lösungen, die aus einer schwachen Säure und einem Salz dieser schwachen Säure bestehen, werden **Pufferlösungen** genannt.

Pufferlösungen haben die Eigenschaft, ihren eigenen pH-Wert bei Zugabe von kleinen Mengen Säure oder Base beizubehalten. Sie bestehen aus einer schwachen Säure oder Base und ihrem Salz.

Überall dort, wo pH-Wert-Änderungen sich ungünstig auf ein chemisches System auswirken können, müssen Pufferlösungen zum Einsatz kommen. So sorgen Pufferlösungen dafür, dass biologische Systeme gegenüber starken pH-Wert-Schwankungen in bestimmten Grenzen geschützt sind. Zu diesen biologischen Systemen gehören z. B. das Blut oder die meisten natürlichen Gewässer (vor allem Meerwasser), wo Hydrogencarbonat-/Carbonat-Puffer eine wichtige Rolle spielen.

Aber auch in der Laborpraxis sind Pufferlösungen weit verbreitet.

Als Beispiele sind zu nennen:

- Kalibrierlösungen zur pH-Wert-Bestimmung,
- komplexometrische Titrationen (NH_4Cl/NH_3) sowie
- bei einer Vielzahl biochemischer Untersuchungen.

13

Am Beispiel des Acetatpuffers, der aus Essigsäure und Natriumacetat besteht, soll die Wirkungsweise von Puffern verständlich gemacht werden.

Nach **Gleichung 13.5** gilt für die Säurekonstante K_S der Protolyse von Essigsäure (hier als HAc abgekürzt) in Wasser:

$$HAc + H_2O \leftrightarrows H_3O^+ + Ac^- \qquad K_S = \frac{c(H_3O^+) \cdot c(Ac^-)}{c(HAc)}$$

Im Unterschied zur Protolyse der reinen Essigsäure befinden sich aber bei der Titration von Essigsäure mit Natronlauge bzw. in einer Lösung des Puffers noch Acetat-Ionen in der Lösung, welche die Stoffmengenkonzentration der Hydronium-Ionen beeinflussen. So ist die Stoffmengenkonzentration der Hydronium-Ionen und der Acetat-Ionen nicht gleich, da mit zunehmender Basenzugabe (OH^-) die Stoffmengenkonzentration der Hydronium-Ionen abnimmt und die der Acetat-Ionen zunimmt.

Die Stoffmengenkonzentration der Hydronium-Ionen beträgt also

$$c(H_3O^+) = K_S \cdot \frac{c(HAc)}{c(Ac^-)}$$

Logarithmiert man diese Gleichung und multipliziert man mit (– 1), erhält man für den pH-Wert der Pufferlösung folgende Gleichung:

$$\mathbf{pH = p}K_S \mathbf{+ lg} \frac{c(Ac^-)}{c(HAc)} \qquad \frac{K_S}{mol \cdot L^{-1}} \; \Big| \; \frac{c}{mol \cdot L^{-1}} \qquad \textbf{Gl. 13.12}$$

Diese mathematische Beziehung wird als ***Henderson-Hasselbalch*-Gleichung** oder als **Puffergleichung** bezeichnet.

Ist die Hälfte der zur vollständigen Umsetzung der Essigsäure notwendigen Natronlauge zugegeben, gilt $c(HAc) = c(Ac^-)$. Aus **Gleichung 13.12** folgt dann: $pH = pK_S$.

Analog gilt für den pOH-Wert eines Puffers aus einer schwachen Base B und dem Salz dieser Base BH^+ (z. B. Ammoniak/Ammoniumchlorid):

$$\mathbf{pOH = p}K_B \mathbf{+ lg} \frac{c(BH^+)}{c(B)} \qquad \frac{K_S}{mol \cdot L^{-1}} \; \Big| \; \frac{c}{mol \cdot L^{-1}} \qquad \textbf{Gl. 13.13}$$

Beispiel 13.5: pH-Berechnung eines Essigsäure-/Natriumacetat-Puffers

In einen 1000 mL-Messkolben werden 12,010 g reine Essigsäure CH_3COOH und 16,417 g wasserfreies Natriumacetat $NaCH_3COO$ eingewogen und bis zur Marke aufgefüllt. Es soll der pH-Wert dieses Essigsäure-/Natriumacetat-Puffers berechnet werden.

$M(CH_3COOH) = 60{,}052\ g \cdot mol^{-1}$ $M(CH_3COONa) = 82{,}034\ g \cdot mol^{-1}$ $pK_S = 4{,}76$

Lösung:

Zunächst müssen die Ausgangs-Stoffmengenkonzentrationen der beiden Stoffe berechnet werden. Zur Vereinfachung wird Essigsäure mit HAc und Natriumacetat mit NaAc abgekürzt.

$$c(HAc) = \frac{m(HAc)}{M(HAc) \cdot V(ges)} = \frac{12{,}010\ g}{60{,}052\ g \cdot mol^{-1} \cdot 1\ L} = 0{,}2\ mol \cdot L^{-1}$$

$$c(NaAc) = \frac{m(NaAc)}{M(NaAc) \cdot V(ges)} = \frac{16{,}417\ g}{82{,}034\ g \cdot mol^{-1} \cdot 1\ L} = 0{,}2\ mol \cdot L^{-1}$$

Zur pH-Berechnung mit Hilfe der *Henderson-Hasselbalch*-Gleichung müssen die Stoffmengenkonzentrationen des untenstehenden Gleichgewichts eingesetzt werden.

$$HAc + H_2O \rightleftarrows H_3O^+ + Ac^-$$

Das Protolyse-Gleichgewicht der Essigsäure wird durch Zugabe der Acetat-Ionen aus der Natriumacetat-Lösung nach links verschoben, so dass die Essigsäure weitgehend unprotolysiert, d. h. molekular als HAc vorliegt. Aus diesem nach links verschobenen Gleichgewicht entstehen praktisch keine Acetat-Ionen, während das Natriumacetat aus der Natriumacetat-Lösung vollständig dissoziiert ist.

Deshalb kann man die Ausgangsstoffmengenkonzentration sowohl der Essigsäure als auch des Natriumacetats für die im Gleichgewicht vorliegenden Konzentrationen in die Puffergleichung einsetzen. Nach **Gleichung 13.12** gilt dann:

$$pH = pK_S + \lg\frac{c(NaAc)}{c(HAc)} = 4{,}76 + \lg\frac{0{,}2\ mol \cdot L^{-1}}{0{,}2\ mol \cdot L^{-1}} = 4{,}76 + 0 = 4{,}76$$

Beispiel 13.6: pH-Berechnung einer Pufferlösung nach Zugabe eines Überschusses an Natriumacetat

Der Essigsäure/Acetat-Puffer soll $0{,}20\ mol \cdot L^{-1}$ Essigsäure und $0{,}30\ mol \cdot L^{-1}$ Natriumacetat enthalten. Wie hoch liegt der pH-Wert?

Lösung:

Für die beiden Pufferkomponenten gilt wieder folgendes Gleichgewicht:

$$HAc + H_2O \rightleftarrows H_3O^+ + Ac^-$$

Wird die Stoffmengenkonzentration der Acetat-Ionen erhöht, so verschiebt sich das Gleichgewicht noch weiter zur linken Seite der undissoziierten Stoffe als in **Beispiel 13.5**, weil Acetat-Ionen mit Hydronium-Ionen reagieren.

Diese Abnahme der Hydronium-Ionen muss einen Anstieg des pH-Wertes zur Folge haben:

$$pH = pK_S + \lg\frac{c(NaAc)}{c(HAc)} = 4{,}76 + \lg\frac{0{,}30\ mol \cdot L^{-1}}{0{,}20\ mol \cdot L^{-1}} \approx 4{,}76 + 0{,}17 = 4{,}93$$

Bei $0{,}2\ mol \cdot L^{-1}\ CH_3COO^-$ war der pH-Wert 4,76, bei $0{,}3\ mol \cdot L^{-1}$ Acetat ist der pH-Wert jetzt 4,93.

13

Beispiel 13.7: Berechnung des pH-Wertes einer Pufferlösung nach Zugabe von NaOH

Wie groß ist der pH, wenn zu 90 mL des Acetat-Puffers aus **Beispiel 13.5** 10 mL Natronlauge mit $c(\text{NaOH}) = 0{,}10\ \text{mol} \cdot \text{L}^{-1}$ gegeben werden.

Lösung:

Zunächst müssen die Stoffmengenkonzentrationen der Stoffe vor und nach der Reaktion berechnet werden.

Natronlauge: Vor der Reaktion werden 10 mL Natronlauge mit $c(\text{NaOH}) = 0{,}1\ \text{mol} \cdot \text{L}^{-1}$ auf ein Gesamtvolumen von 90 mL + 10 mL = 100 mL verdünnt.

$$c(\text{NaOH v. d. Reaktion}) = \frac{0{,}1\ \text{mol} \cdot \text{L}^{-1} \cdot 0{,}01\ \text{L}}{0{,}1\ \text{L}} = 0{,}01\ \text{mol} \cdot \text{L}^{-1}$$

Nach der Reaktion hat sich die Natronlauge vollständig mit der Essigsäure zu Natriumacetat umgesetzt (s. Reaktionsgleichung unten) $\Rightarrow$ $c(\text{NaOH}) = 0$. Es sind 0,01 mol Natriumacetat entstanden.

Essigsäure: Vor der Reaktion beträgt die Stoffmengenkonzentration $c(\text{HAc}) = 0{,}2\ \text{mol} \cdot \text{L}^{-1}$ aufgrund der Verdünnung von 90 auf 100 mL

$$c(\text{HAc v. d. Reaktion}) = \frac{c(\text{HAc}) \cdot 0{,}09\ \text{L}}{0{,}10\ \text{L}} = \frac{0{,}2\ \text{mol} \cdot \text{L}^{-1} \cdot 0{,}09\ \text{L}}{0{,}10\ \text{L}} = 0{,}18\ \text{mol} \cdot \text{L}^{-1}$$

Nach der Reaktion haben 0,01 mol Essigsäure mit 0,01 mol Natronlauge reagiert. Deshalb beträgt die Stoffmengenkonzentration der Essigsäure nur noch $c(\text{HAc}) = (0{,}18 - 0{,}01)\ \text{mol} \cdot \text{L}^{-1} = 0{,}17\ \text{mol} \cdot \text{L}^{-1}$.

Natriumacetat: Vor der Reaktion ist

$$c(\text{NaAc v. d. Reaktion}) = \frac{c(\text{NaAc}) \cdot 0{,}09\ \text{L}}{0{,}10\ \text{L}} = \frac{0{,}2\ \text{mol} \cdot \text{L}^{-1} \cdot 0{,}09\ \text{L}}{0{,}10\ \text{L}} = 0{,}18\ \text{mol} \cdot \text{L}^{-1}$$

$$c(\text{Ac}^-) = 0{,}18\ \text{mol} \cdot \text{L}^{-1} = c(\text{HAc})$$

Nach der Reaktion nimmt $c(\text{Ac}^-)$ um $0{,}01\ \text{mol} \cdot \text{L}^{-1}$ zu, da sich Natriumacetat gebildet hat. Somit ist $c(\text{Ac}^-) = (0{,}18 + 0{,}01)\ \text{mol} \cdot \text{L}^{-1} = 0{,}19\ \text{mol} \cdot \text{L}^{-1}$.

Zusammengefasst gilt:

	Na^+OH^-	+	HAc	$\rightleftarrows$	Na^+Ac^-	+	H_2O
Vor der Reaktion	$0{,}01\ \text{mol} \cdot \text{L}^{-1}$		$0{,}18\ \text{mol} \cdot \text{L}^{-1}$		$0{,}18\ \text{mol} \cdot \text{L}^{-1}$		
Nach der Reaktion	$0\ \text{mol} \cdot \text{L}^{-1}$		$0{,}17\ \text{mol} \cdot \text{L}^{-1}$		$0{,}19\ \text{mol} \cdot \text{L}^{-1}$		

Der pH-Wert nach der Pufferung ergibt sich mit Hilfe der *Henderson-Hasselbalch*-**Gleichung 13.13** zu

$$\text{pH} = \text{p}K_\text{S} + \lg \frac{c(\text{NaAc})}{c(\text{HAc})} = 4{,}76 + \lg \frac{0{,}19\ \text{mol} \cdot \text{L}^{-1}}{0{,}17\ \text{mol} \cdot \text{L}^{-1}} \approx 4{,}76 + 0{,}05 = 4{,}81$$

Der pH-Wert ist durch die Zugabe der starken Base NaOH nur geringfügig angestiegen.

Werden die Stoffmengenkonzentrationen der Pufferkomponenten verringert, dann kann der Puffer nicht mehr so große Stoffmengen an Säure oder Base ohne starke pH-Änderungen aufnehmen. Man spricht dann von einer kleineren **Pufferkapazität**. Die Folge ist ein relativ starker Anstieg des pH-Wertes bei Basenzugabe und ein Absinken des pH-Wertes bei Zusatz einer Säure. Die Pufferkapazität ist ein Maß dafür, wie gut eine Pufferlösung pH-Änderungen widerstehen kann, wenn starke Säuren oder Basen zugesetzt werden. Die Berechnung der Pufferkapazität läuft auf eine Differentialgleichung hinaus, auf die hier nicht weiter eingegangen werden soll.

Bei der Auswahl eines Puffergemisches sind aber nicht nur die Stoffmengenkonzentrationen der Pufferkomponenten wichtig, sondern die Pufferkomponenten selbst. Die Pufferkomponenten besitzen einen bestimmten pK_S-Wert. Ein Puffergemisch besitzt die höchste Pufferkapazität, wenn pH = pK_S. Bei dieser Bedingung sind die Stoffmengenkonzentrationen von Säure und konjugierter Base gleich. Das bedeutet, dass man sich für Puffersubstanzen entscheiden sollte, deren pK_S möglichst nahe am gewünschten pH-Wert liegen. Der nutzbare pH-Bereich eines Puffers liegt normalerweise ± 1 pH-Einheit um den pK_S-Wert.

Die **Pufferkapazität** einer Pufferlösung (d. h. die Stoffmengen an Base oder Säure, welche sie abfangen und puffern kann) steigt mit den eingesetzten Stoffmengenkonzentrationen der Pufferkomponenten (schwache Säure und ihre konjugierte Base bzw. schwache Base und ihre konjugierte Säure).

13.7 Säuren und Basen nach *Lewis*

Eine umfassendere Definition von Säure und Base lieferte im Jahr 1923 *G. N. Lewis*. Danach stellen Basen freie Elektronenpaare zur Verfügung (Elektronenpaar-Donatoren) und Säuren nehmen Elektronen auf (Elektronenpaar-Akzeptoren).

So ist die *Brønsted*–Base NH_3 auch nach *Lewis* eine Base (**Bild 1**).

Bei dieser Reaktion stellt die ***Lewis*-Base** NH_3 der ***Lewis*-Säure** H^+ ihr freies Elektronenpaar für eine kovalente Bindung zur Verfügung. Die *Lewis*-Säure H^+ geht leicht unter Elektronenpaar-Aufnahme eine Bindung mit NH_3 ein und es bildet sich NH_4^+.

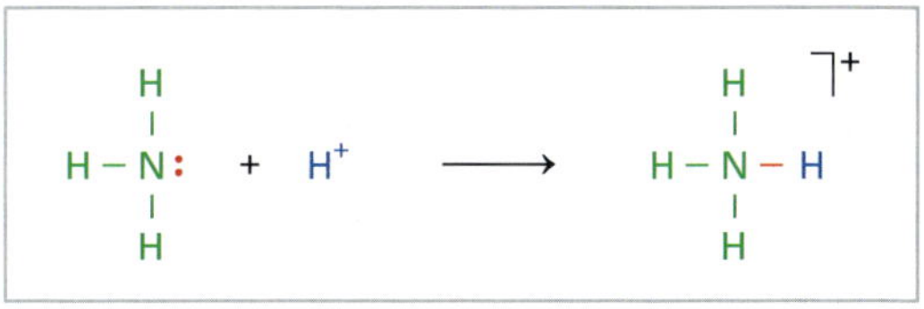

Bild 1: Reaktion einer *Lewis*-Säure mit einer *Lewis*-Base

Alle *Lewis*-Basen müssen also freie Elektronenpaare besitzen, um als Elektronenpaar-Donatoren fungieren zu können. Umgekehrt müssen *Lewis*-Säuren eine Elektronenpaarlücke (unvollständig besetzte Valenzschale bzw. unbesetzte Orbitale) aufweisen.

Folgende Reaktionen sind typische Umsetzungen von *Lewis*-Säuren mit *Lewis*-Basen:

$Ni + 4\,CO \rightarrow Ni(CO)_4$ $\qquad$ $BCl_3 + NH_3 \rightarrow BCl_3\text{-}NH_3$

$Fe^{2+} + 6\,CN^- \rightarrow [Fe(CN)_6]^{4-}$ $\qquad$ $BF_3 + F^- \rightarrow [BF_4]^-$

Aufgaben:

1. Formulieren Sie die entsprechenden Protolysereaktionen des Hydrogensulfat-Ions und des Dihydrogenphosphat-Ions mit Wasser, um den ampholytischen Charakter dieser Ionen darzustellen.
2. Man leitet trockenes Hydrogenchlorid in Benzen (Benzol) ein. Welche Beobachtungen erwarten Sie bezüglich elektrischer Leitfähigkeit und Reaktion dieser Mischung. Begründen Sie Ihre Aussagen.
3. Berechnen Sie den Protolysegrad α für eine Essigsäure mit der Ausgangskonzentration $c_0 = 0{,}1\ mol \cdot L^{-1}$. p$K_S$(HAc) = 4,76
4. Folgende Werte für das Ionenprodukt des Wassers zeigen seine Temperaturabhängigkeit:
   5 °C: $K_W = 0{,}18 \cdot 10^{-14}\ mol^2 \cdot L^{-2}$ $\qquad$ 25 °C: $K_W = 1{,}01 \cdot 10^{-14}\ mol^2 \cdot L^{-2}$
   50 °C: $K_W = 5{,}47 \cdot 10^{-14}\ mol^2 \cdot L^{-2}$
   Ist die Autoprotolyse des Wassers exo- oder endotherm? Erklären Sie!
5. Welcher pH-Bereich ist bei der Lösung von Ammoniumacetat NH_4CH_3COO in Wasser zu erwarten?

13

6. Geben Sie bei den folgenden Teilchen-Paaren an, welche von beiden Spezies in Wasser die stärkere *Brønsted*-Base ist:

a) CN^- oder Br^- **b)** H^- oder H^+ **c)** OH^- oder NH_3 **d)** NH_2^- oder NH_3

Welchen pH-Wert hat die Lösung?

7. Geben Sie an, ob die wässrigen Lösungen der nachstehenden Verbindungen sauer oder basisch reagieren: HF, NaH, $HClO_4$, $H_2C_2O_4$, KCN, CaO, KOH, H_3PO_4.

Erklären Sie dies anhand von Protolyse-Gleichungen.

8. Berechnen Sie die Stoffmengenkonzentrationen der Hydronium-Ionen $c(H^+)$ für die Lösungen mit folgendem pH-Wert:

a) 3,76 **b)** 5,46 **c)** 8,97 **d)** 12,23

9. Sie sollen Salpetersäure HNO_3 (aq) mit Kalilauge KOH (aq) titrieren. Welchen Säure-Base-Indikator würden Sie zur Erkennung des Äquivalenzpunktes wählen?

10. Berechnen Sie den pH-Wert einer einprotonigen Säure der Stoffmengenkonzentration $c = 0{,}5\ mol \cdot L^{-1}$, die zu 5 % dissoziiert ist.

11. Berechnen Sie den Protolysegrad α einer Benzoesäurelösung mit $\beta(C_6H_5COOH) = 6{,}11\ g \cdot L^{-1}$, $K_S = 6{,}3 \cdot 10^{-5}\ mol \cdot L^{-1}$, $M(C_6H_5COOH) = 122{,}12\ g \cdot mol^{-1}$

12. Ein Puffer besitzt die Stoffmengenkonzentrationen $c(CH_3COOH) = 0{,}4\ mol \cdot L^{-1}$ und $c(CH_3COOK) = 0{,}3\ mol \cdot L^{-1}$. $K_S = 1{,}76 \cdot 10^{-5}\ mol \cdot L^{-1}$

a) Welchen pH-Wert besitzt diese Lösung?

b) Wie ändert sich der pH-Wert, wenn zu 2,5 L dieser Lösung 0,15 mol KOH gegeben werden?

c) Wie ändert sich der pH-Wert, wenn zu 10 L dieser Lösung 0,4 mol HNO_3 gegeben werden?

13. Der Gehalt einer Analysenprobe an ortho-Phosphorsäure soll mit Hilfe einer potentiometrischen Indikation maßanalytisch mit Natronlauge quantifiziert werden.

a) Schlagen Sie eine geeignete Elektrodenkombination vor.

b) Skizzieren Sie die zu erwartende Titrationskurve und markieren Sie die Äquivalenzpunkte.

14. Bei einer potentiometrischen Titration von 20 mL Natronlauge mit Salzsäure, $c(HCl) = 0{,}100\ mol \cdot L^{-1}$ wurden die in Tabelle 1 stehenden Messwerte gefunden.

a) Tragen Sie die pH-Werte jeweils in Abhängigkeit vom Volumen in ein *x*-*y*-Diagramm ein.

b) Tragen Sie die Differenzenquotienten jeweils in Abhängigkeit vom Volumen in dasselbe Diagramm ein (verwenden Sie eine entsprechende zweite Skalierung der y-Achse).

c) Bestimmen Sie den Verbrauch an Salzsäure HCl (aq) am Äquivalenzpunkt und berechnen Sie die Massenkonzentration der Natronlauge NaOH (aq).

Tabelle 1: Messwerte der Titration von NaOH mit HCl

V(HCl) in mL	pH-Wert
0	11,80
5	11,70
10	11,55
15	11,45
16	11,35
17	11,25
17,5	11,15
18	11,05
18,5	10,80
19	10,65
19,5	10,25
20	6,85
20,5	3,65
21	3,15
22	2,70

15. Geben Sie bei folgenden Reaktionen an, welche Substanz als *Lewis*-Säure, und welche als *Lewis*-Base reagiert:

a) $FeBr_3 + Br^- \rightleftarrows FeBr_4^-$ **b)** $Zn^{2+} + 4\ NH_3 \rightleftarrows Zn(NH_3)_4^{2+}$

14 Energetische Betrachtungen

Bei chemischen Reaktionen, die Stoffumsetzungen sind, finden immer auch Energieumsetzungen statt. Das hängt damit zusammen, dass bei chemischen Reaktionen Bindungen unter Energiezufuhr gespalten und durch Energieabgabe neu gebildet werden. Der Energieumsatz beim Spalten und Knüpfen von Bindungen hängt von der Anzahl der Bindungen und den betreffenden Bindungsstärken ab.

Im Verlauf vieler chemischer Reaktionen (z. B. Verbrennungsprozesse) wird Energie in Form von **Wärme** frei. Wärme ist aber nur eine Form von Energie. So wird bei Batterien durch chemische Vorgänge **elektrische Energie** freigesetzt. Ein anderes Beispiel ist die **Strahlungsenergie**. Sie wird benötigt um chemische Reaktionen in Gang zu bringen, um Stoffe zu identifizieren oder zu quantifizieren.

In diesem Kapitel geht es um Energieumwandlungen bei chemischen Reaktionen.

14.1 Die Natur der Energie

Energie ist nur im Zusammenhang mit Arbeit erklärbar. Ganz allgemein versteht man unter Arbeit die Bewegung eines Objektes entlang einer bestimmten Strecke, wobei das Objekt eine definierte Masse besitzt. Für diese Bewegung muss eine bestimmte Kraft aufgewendet werden. Der Betrag der **Arbeit *W*** ist gleich dem Produkt aus der **Kraft *F*** und der **Strecke *s***, die das Objekt bewegt wird:

$$W = F \cdot s$$

W	F	s
$kg \cdot m^2 \cdot s^{-2} = J$	$kg \cdot m \cdot s^{-2} = N$	m

Gl. 14.1

Um **Arbeit** zu verrichten, muss **Energie** aufgewendet werden. Energie ist das Vermögen zur Verrichtung von Arbeit. Wenn man gleichartig geladene Ionen aufeinander zu bewegt, muss man auf dieses System Arbeit ausüben. Dabei wird Energie auf das System der gleichartig geladenen Teilchen übertragen.

Auch um Wärme zu übertragen, benötigt man Energie. Wird Wasserstoff H_2 mit Sauerstoff O_2 kontrolliert mit Hilfe eines Brenners zu Wasserdampf H_2O verbrannt, wird die in den Molekülen des Sauerstoffs und Wasserstoffs gespeicherte chemische Energie freigesetzt. Dabei werden Sauerstoff und Wasserstoff als System, die umgebende Luft oder Gegenstände als Umgebung bezeichnet. In dem Beispiel erhöht sich die Temperatur des Systems aufgrund der durch die Reaktion freigesetzten Energie. Diese Energie erwärmt anschließend die kältere Umgebung.

In der Mechanik treten zwei Formen von Energie auf, die vor allem im Bereich der kleinsten Teilchen große Bedeutung haben: die **kinetische** und die **potenzielle Energie**.

14.1.1 Kinetische Energie

Jedes Objekt mit einer bestimmten Masse (z. B. Ball oder Molekül) kann **kinetische Energie**, auch **Bewegungsenergie** genannt, besitzen. Der Betrag der kinetischen Energie E_{kin} eines Balls oder eines Moleküls hängt nach **Gleichung 14.2** von seiner Masse m und seiner Geschwindigkeit v ab:

$$E_{kin} = \frac{1}{2} \cdot m \cdot v^2$$

E_{kin}	m	v
$kg \cdot m^2 \cdot s^{-2} = J$	kg	$m \cdot s^{-1}$

Gl. 14.2

An der obenstehenden Gleichung erkennt man, dass die Bewegungsenergie mit dem Quadrat der Geschwindigkeit des Objekts zunimmt. Je schneller sich Moleküle bewegen, umso höher ist ihre kinetische Energie und umso höher ist auch ihre Temperatur.

Die **Temperatur** kann man als Bewegungsenergie der kleinsten Teilchen auffassen.

In **Bild 1** soll die Veränderung der kinetischen Energie veranschaulicht werden. Führt man einem Feststoff Energie in Form von Wärme zu, geraten die fest gebundenen und regelmäßig angeordneten kleinsten Teilchen des Feststoffs (Einzel-Atome, Ionen oder Moleküle) in immer größere Schwingungen um ihre Gleichgewichtslage. Das heißt, die Bewegungsenergie dieser Teilchen nimmt zu, der Feststoff wird heiß.

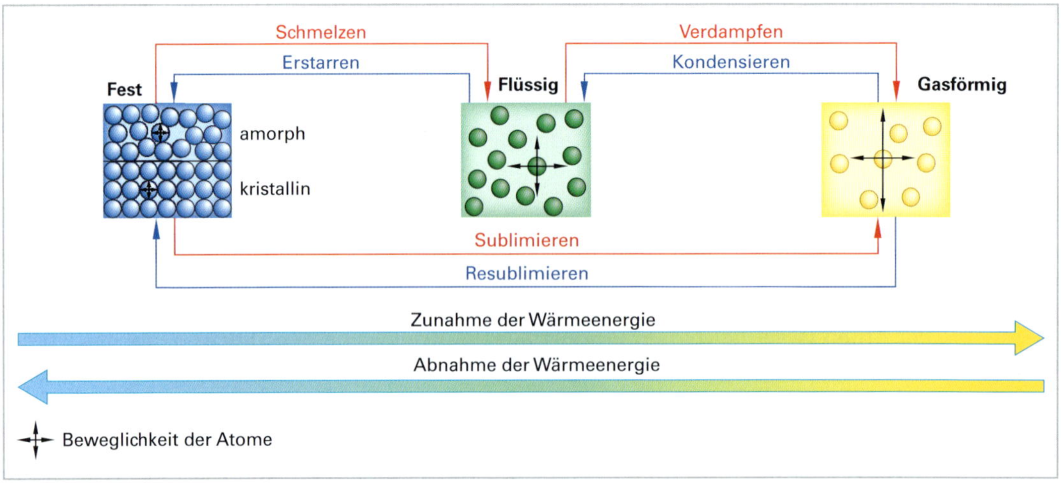

Bild 1: Teilchenverhalten bei verschiedenen Aggregatzuständen

Bei der Schmelztemperatur werden die Schwingungen so groß, dass sich die Teilchen weiter voneinander entfernen. Dadurch nehmen die Anziehungskräfte ab, die Teilchen werden beweglicher und können sich gegeneinander verschieben. Bei weiterer Energiezufuhr gelingt es immer mehr Teilchen, sich aus dem Flüssigkeitsverband zu entfernen und in den gasförmigen Zustand überzugehen.

Ist die Siedetemperatur erreicht, geht eine maximale Zahl von Teilchen in die gasförmige Phase über, in der die Teilchen relativ große Abstände und praktisch keine Anziehungskräfte untereinander besitzen. Sie bewegen sich regellos im ihnen zur Verfügung stehenden Raum. Teilchen im gasförmigen Zustand besitzen eine hohe kinetische Energie. Die Überführung einer Flüssigkeit in den gasförmigen Zustand hängt neben der Struktur vor allem von der Masse seiner kleinsten Teilchen ab. Stoffe mit geringer Molekül- oder Atommasse (z. B. n-Pentan C_5H_{12}) benötigen weniger Energie, um zu sieden, als Stoffe mit höheren Molekül- und Atommassen (z. B. n-Heptan C_7H_{16}). Das bedeutet, dass n-Pentan eine niedrigere Siedetemperatur besitzt als n-Heptan.

14.1.2 Potenzielle Energie

Kleinste Teilchen, z. B. entgegengesetzt geladene Ionen, können auch eine andere Energieform besitzen, die **potenzielle Energie** (Lageenergie) genannt wird. Sie ist von der Position der Teilchen relativ zu anderen Teilchen abhängig.

Potenzielle Energie entsteht, wenn auf ein Teilchen eine Kraft wirkt. Die wichtigste Kraft ist die Anziehungskraft der Erde. Sie wirkt auf alle massehaltigen Objekte. Aber auch elektrostatische Kräfte, wie sie bei der Anziehung unterschiedlich geladener oder bei der Abstoßung gleichartig geladener Teilchen auftreten, sind mit potenzieller Energie verbunden.

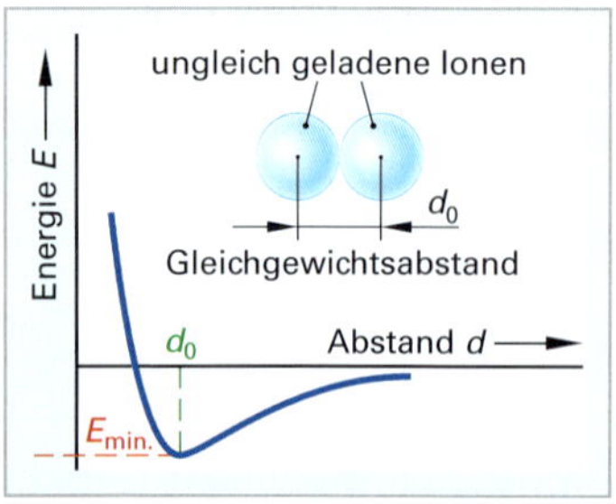

Bild 2: Energieverlauf bei der Annäherung zweier Ionen

Nähern sich zum Beispiel wie in **Bild 2**, S. 412, zwei entgegengesetzt geladene Ionen, üben sie von einem bestimmten Abstand an eine gegenseitige Anziehungskraft aus. Dabei sinkt die potenzielle Energie bis zu einem Minimum. Von diesem Minimum an steigt dann die potenzielle Energie stark an, weil die abstoßende Energie der sich durchdringenden Elektronenhüllen entsprechend zunimmt. Da jedes stoffliche System einem Energieminimum zustrebt, behalten die beiden Ionen den am Energieminimum entsprechenden Gleichgewichtsabstand d_0. Diese elektrostatische potenzielle Energie E ist proportional zu den elektrischen Ladungen der beiden Ionen Q_1 und Q_2 und umgekehrt proportional zum Abstand zwischen diesen:

$$E = \frac{k \cdot Q_1 \cdot Q_2}{d_0}$$

E	Q	k	d_0
J	A · s	J · m · (A · s)$^{-2}$	m

Gl. 14.3

Dabei ist k eine Proportionalitätskonstante. Wenn Q_1 und Q_2 das gleiche Vorzeichen besitzen, stoßen sich die beiden Ladungen ab. Dabei wird E positiv. Bei Ladungen mit ungleichen Vorzeichen ziehen sich diese an und E wird negativ.

Allgemein gilt: Je niedriger der **Energiezustand eines Systems** ist, desto stabiler ist es. Das heißt, je stärker entgegengesetzte Ladungen aufeinander wirken, desto stabiler ist das System.

Manche Stoffe, z. B. Sprengstoffe, setzen bei der Reaktion zum Teil erhebliche Energie frei. Die chemische Energie dieser Stoffe ergibt sich aus der potenziellen Energie, die in der Zusammensetzung und Anordnung der kleinsten Teilchen (Atome, Moleküle, Ionen) dieser Substanzen gespeichert ist, während die kinetische Energie sich aus dem Bewegungszustand der Teilchen ergibt.

Die **SI-Einheit** der **Energie**, der **Wärme** als auch der **Arbeit** ist das Joule (J):

$1\ kg \cdot m^2 \cdot s^{-2} = 1\ J$

14.2 Innere Energie und Enthalpie

Wenn Wasserstoff H_2 und Sauerstoff O_2 reagieren, entstehen Wasser H_2O und Energie. Das System aus Wasserstoff und Sauerstoff befindet sich in einem Zylinder mit Kolben (**Bild 1**). Wird dabei vom chemischen System H_2 und O_2 keine Masse, sondern nur Energie an die Umgebung abgegeben, spricht man von einem **geschlossenen System.** In einem geschlossenen System bleibt die Summe aller Massen konstant, weil kein Materieaustausch zwischen dem System und der Umgebung stattfindet (**Bild 1**).

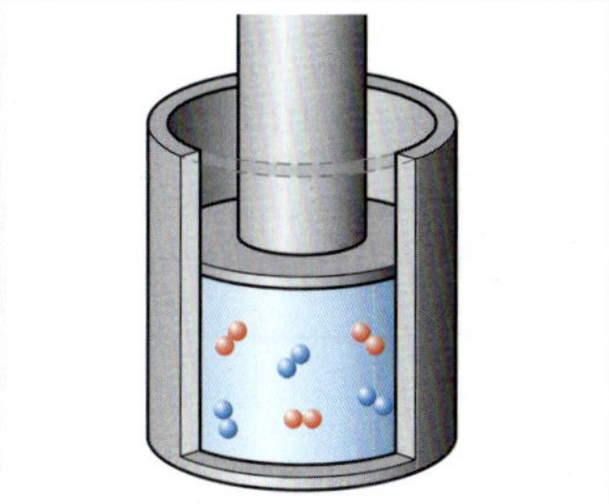

Bild 1: System und Umgebung

Das System gibt aber Energie in Form von Arbeit durch Bewegung des Zylinderkolbens und Wärme an die Umgebung ab. Das System und die Umgebung als Gesamtheit kann keine Energie verlieren. Diese Tatsache kommt im **Ersten Hauptsatz der Thermodynamik** zum Ausdruck, wonach Energie erhalten bleibt. Findet sowohl kein Masse- als auch kein Energieaustausch mit der Umgebung statt, handelt es sich um ein abgeschlosssenes bzw. **isoliertes System**. Bei **offenen Systemen** findet sowohl ein Masse- als auch ein Energieaustausch mit der Umgebung statt.

Erster Hauptsatz der Thermodynamik: Energie bleibt erhalten, sie kann nicht verloren gehen.

14.2.1 Innere Energie

Werden die in **Bild 1** dargestellten Wasserstoff- und Sauerstoff-Moleküle betrachtet, so ist die innere Energie *U* dieses Systems die Summe der potenziellen und kinetischen Energien aller beteiligten Moleküle. Dazu gehören z. B. die Rotationen und inneren Schwingungen genauso wie die Bewegungen der Teilchen sowie die Energien der Elektronen und Atomkerne aller Atome. Der absolute Wert der **inneren Energie** ist sehr häufig unbekannt. Wichtiger ist aber die Differenz der inneren Energie ΔU zwischen dem Ausgangszustand und dem Endzustand des Systems.

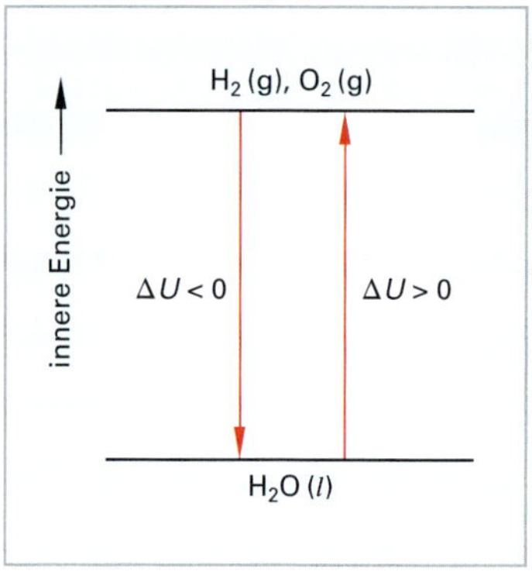

Bild 1: Innere Energie des Systems H_2/O_2 bzw. H_2O

In **Bild 1** wird deutlich, dass ein System, das aus Wasserstoff und Sauerstoff besteht, eine höhere innere Energie besitzt als das System, das aus Wasser besteht. Bei einer chemischen Reaktion bezieht sich der Ausgangszustand auf die Edukte, der Endzustand dagegen auf die Produkte. Reagiert Wasserstoff mit Sauerstoff zu Wasser, so gibt das System Energie in Form von Wärme an die Umgebung ab. Der Wärmeverlust bewirkt, dass die innere Energie des Produkts Wasser (Endzustand) geringer ist als die der Edukte Wasserstoff und Sauerstoff (Ausgangszustand). Die Änderung der inneren Energie ist also negativ ($\Delta U < 0$). Umgekehrt gewinnt das System Energie, wenn Wasser z. B. durch Elektrolyse in Wasserstoff und Sauerstoff zersetzt wird ($\Delta U > 0$).

Die innere Energie ΔU eines Systems nimmt zu, wenn Wärme ΔQ zugefügt oder Arbeit ΔW an diesem System geleistet wird:

$$\Delta U = \Delta Q + \Delta W$$

ΔU	ΔQ	ΔW
J	J	J

Gl. 14.4

Wenn aus der Umgebung Wärme auf das System übertragen wird, hat ΔQ einen positiven Wert. Wird von der Umgebung Arbeit am System verrichtet, besitzt ΔW ebenfalls ein positives Vorzeichen. Das ist zum Beispiel der Fall, wenn der Kolben in **Bild 2**, S. 413, von einer Kraft nach unten gedrückt wird. Energiebeträge mit negativen Vorzeichen erhält man bei der Abgabe von Wärme und wenn das System an der Umgebung Arbeit verrichtet. Das System verrichtet Arbeit durch Ausdehnung des H_2/O_2-Gemisches: Der Kolben wird dann nach oben gedrückt.

Die innere Energie *U* ist ein Beispiel für eine **Zustandsgröße**. Sie stellt eine Eigenschaft eines Systems dar, die durch den Zustand (Druck, Temperatur, Ort usw.) oder die Bedingungen des Systems bestimmt wird. Der Wert der Zustandsgröße hängt nicht vom Weg ab, auf dem der Zustand erhalten wurde, sondern vom existierenden Zustand des Systems.

Die **Innere Energie** gibt an, wie groß die in einem abgeschlossenen System gespeicherte Energie ist.

Sie ist die Gesamtenergie aller Teilchen (Atome, Moleküle) eines Körpers und setzt sich damit aus der Summe der Bewegungsenergien bei Translation, Rotation und Schwingungen, der potenziellen Energien und der Bindungsenergien zusammen.

14.2.2 Reaktionsenthalpie

Wird bei einer Reaktion in einem offenen oder geschlossenen System Energie frei, spricht man von einer **exothermen Reaktion**. Der umgekehrte Fall wird als **endotherme Reaktion** bezeichnet.

Bei einer exothermen Reaktion erhält der Zahlenwert der frei werdenden Energie definitionsgemäß ein **negatives Vorzeichen**.

Damit soll zum Ausdruck kommen, dass sich der Energieinhalt des reagierenden Systems verringert. Der Energiebetrag einer endothermen Reaktion ist mit einem **positiven Vorzeichen** versehen (**Bild 1**).

Wie viel Energie frei wird bzw. zugeführt werden muss, hängt von den bei der Reaktion umgesetzten Stoffmengen ab. Aus diesem Grund bezieht man üblicherweise die Wärmeenergie auf die Stoffmenge und erhält Energiebeträge in kJ · mol^{-1}.

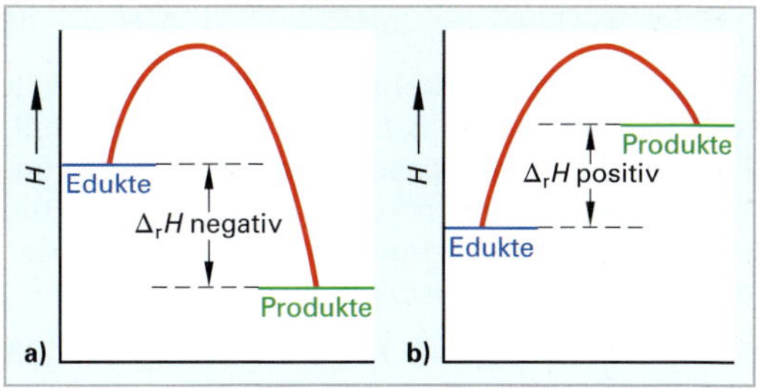

Bild 1: a) Exotherme und b) endotherme Reaktion

Verläuft eine Reaktion unter konstantem Druck, wie viele Reaktionen in offenen Reaktionsbehältern, nennt man die frei werdende oder zugeführte Energie **Reaktionsenthalpie $\Delta_r H$**. Verläuft eine Reaktion in einem geschlossenen System, also bei konstantem Volumen, spricht man von **Reaktionsenergie $\Delta_r U$**. Um zu verdeutlichen, dass es im Verlauf der Reaktionen zu Energieänderungen kommt, setzt man den griechischen Buchstaben Δ vor die Größenzeichen H und U.

Die beiden Zustandsgrößen $\Delta_r H$ und $\Delta_r U$ sind über folgende mathematische Beziehung miteinander verknüpft:

$\Delta_r H = \Delta_r U + p \cdot \Delta V$	$\Delta_r H$	$\Delta_r U$	p	ΔV	Gl. 14.5
	J	J	kg · s^{-2} · m^{-1} = Pa	m^3	

Angenommen, es findet die Reaktion eines Feststoffs zu einem gasförmigen Produkt bei konstantem Druck statt, dann muss das System zusätzlich zur freiwerdenden inneren Energie $\Delta_r U$ Arbeit gegen den äußeren Druck verrichten.

Wenn die Reaktion wie in **Bild 2** in einem Zylinder mit einem beweglichen Kolben abläuft, der (theoretisch) keine Masse besitzt, dann übt das expandierende Gas eine Kraft F auf die Kolbenfläche A_K aus. Diese Kraft F wirkt so lange, bis der äußere Druck gleich dem inneren Druck ist:

$$p_{außen} = p_{innen} = \frac{F}{A_K}$$

Die gegen den äußeren Druck verrichtete Arbeit W ergibt sich aus dem Produkt aus der vom Kolben zurückgelegten Strecke Δh und der entlang dieser Strecke wirkenden Kraft F.

$$W = F \cdot \Delta h$$

Setzt man die nach F umgestellte Gleichung ein, so erhält man

$$W = -F \cdot \Delta h = -p \cdot A_K \cdot \Delta h = -p \cdot \Delta V$$

Das negative Vorzeichen bedeutet, dass das System Arbeit an der Umgebung leistet. Diese Arbeit nennt man in diesem Zusammenhang **Volumenarbeit**.

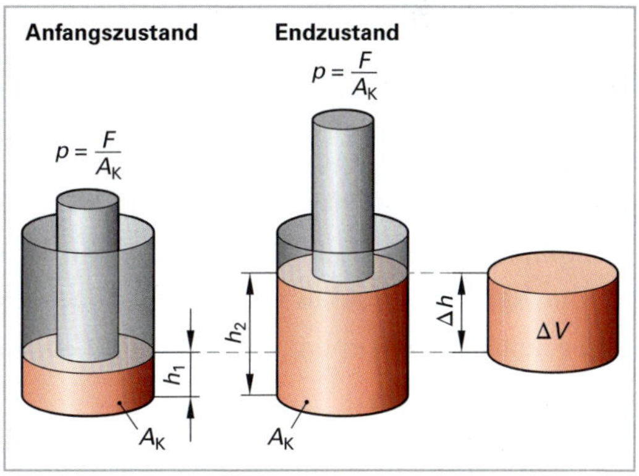

Bild 2: Volumenarbeit

Ist $\Delta_r H$ positiv, handelt es sich um eine endotherme Reaktion. Bei einem negativen Energiebetrag für $\Delta_r H$ läuft eine exotherme Reaktion ab, wie z. B. die kontrollierte Verbrennung von Wasserstoff mit Sauerstoff. Dabei reagieren 2 mol gasförmiger Wasserstoff H_2 (g) bei konstantem Druck zu 2 mol gasförmigem Wasser H_2O (g) unter gleichzeitiger Abgabe von 483,6 kJ Energie in Form von Wärme. Diese Information über die Reaktionsenthalpie $\Delta_r H$ kann in die Reaktionsgleichung übernommen werden. Da es sich um eine exotherme Reaktion handelt, erhält die Reaktionsenthalpie $\Delta_r H$ ein negatives Vorzeichen:

$2\,H_2(g) + O_2(g) \rightarrow 2\,H_2O(g) \quad | \ \Delta_r H = -483{,}6\ kJ$

$\Delta_r H$ bezieht sich dabei auf die Stoffmengenverhältnisse, die in der Reaktionsgleichung erscheinen. Der Betrag von $\Delta_r H$ ist direkt proportional zur Stoffmenge der bei der Reaktion verbrauchten Edukte. Das heißt, dass bei der Reaktion von 0,5 mol H_2 mit Sauerstoff auch nur 120,9 kJ frei werden. Läuft die Umkehrreaktion ab, z. B. die Elektrolyse des Wassers zu Wasserstoff und Sauerstoff, dann ist der Betrag der Enthalpieänderung gleich dem der Synthesereaktion, erhält aber das umgekehrte (positive) Vorzeichen:

$2\,H_2O \rightarrow 2\,H_2(g) + O_2(g) \quad | \ \Delta_r H = 483{,}6\ kJ$

Läuft eine Reaktion bei konstantem Druck ab, dann ist die abgegebene oder aufgenommene Wärme gleich der Änderung der **Reaktionsenthalpie** für diese chemische Reaktion.

Man kann die bei einem chemischen oder physikalischen Prozess entstehende oder verbrauchte Wärmemenge ΔQ messen. Diese Wärmemenge muss von einer bekannten Masse m eines bekannten Mediums vollständig aufgenommen werden. Dann misst man die Temperaturerhöhung bzw. -erniedrigung ΔT und berechnet die Wärmemenge ΔQ nach der Gleichung

$$\Delta Q = c \cdot m \cdot \Delta T \qquad \textbf{Gl. 14.6}$$

ΔQ	c	m	ΔT
J	$J \cdot kg^{-1} \cdot K^{-1}$	kg	K

Das Medium, das die bei dem Prozess umgesetzte Wärmemenge aufnimmt oder abgibt, ist in der Regel Wasser. Die Wärmemenge hängt von der Temperaturdifferenz ΔT und der Masse des Wassers m ab. Die Aufnahmefähigkeit von Wärme ist bei jedem Stoff unterschiedlich. Diese Aufnahmefähigkeit nennt man **spezifische Wärmekapazität *c***. Sie gibt an, um wie hoch die Energieaufnahme bzw. -abgabe in kJ bei der Erwärmung bzw. Abkühlung eines Kilogramms eines bestimmtes Stoffes ist, wenn die Temperaturänderung 1 K beträgt. Die Messung der Wärmemengen erfolgt in **Kalorimetern**.

Die Messung der Reaktionsenthalpie $\Delta_r H$ muss bei konstantem Druck erfolgen. Es gilt: $\Delta_r H = \Delta Q$ In diesem Fall verwendet man offene Kalorimeter, wie z. B. *Dewar*-Gefäße (z. B. Thermoskanne).

Beispiel 14.1: Berechnung der Reaktionsenthalpie $\Delta_r H$ einer Neutralisationsreaktion

100,0 mL einer Salzsäure mit $c(HCl) = 1{,}0\ mol \cdot L^{-1}$ werden mit 100,0 mL einer Natriumhydroxid-Lösung mit $c(NaOH) = 1{,}0\ mol \cdot L^{-1}$ in einem *Dewar*-Gefäß zur Reaktion gebracht. Dabei erwärmt sich das Gemisch im offenen Kalorimeter von 20,30 °C auf 27,15 °C.

Folgende Voraussetzungen sind gegeben:

- Das Kalorimetergefäß soll keine Wärmemenge aufnehmen, nur sein Inhalt.
- Es soll keine Volumenänderung beim Zusammengeben der Lösungen auftreten.

$\varrho(H_2O) = 1{,}0\ g \cdot mL^{-1}$

$c(NaCl\ (aq)) = 4{,}18\ kJ \cdot g^{-1} \cdot K^{-1}$

Lösung:

Da das Gesamtvolumen der Lösung 200,0 mL beträgt, ist bei einer angenommenen Dichte von $\varrho(H_2O) = 1{,}0\ g \cdot mL^{-1}$ auch die Gesamtmasse m der Lösung 200,0 g.

Die Temperaturänderung beträgt: $\Delta T = (273{,}15 + 27{,}15)\ K - (273{,}15 + 20{,}30)\ K = 6{,}85\ K$

Da eine exotherme Reaktion stattfindet, erhält man bei Anwendung der Gleichung 14.6 einen negativen Energiebetrag:

$Q_r = c(NaCl\ (aq)) \cdot m \cdot \Delta T = -(4{,}18\ J \cdot g^{-1} \cdot K^{-1} \cdot 200{,}0\ g \cdot 6{,}85\ K) \approx -5727\ J$

Bei konstantem Druck (offenes Kalorimeter) gilt: $Q_r = \Delta_r H = -5{,}727$ kJ

Dieser Energiebetrag bezieht sich auf den Umsatz von 100,0 mL HCl, c(HCl) = 1,0 mol · L^{-1} mit 100,0 mL NaOH, c(NaOH) = 1,0 mol · L^{-1}. Daraus entstehen 0,1 mol Wasser. Das bedeutet, dass für die Herstellung von 1 mol Wasser eine Enthalpie von 57,27 kJ durch Neutralisation frei werden.

In **Bombenkalorimetern** erhält man bei konstantem Volumen die Reaktionsenergie $\Delta_r U$. In diesen Geräten kann die bei der Verbrennung einer Substanz entwickelte Wärme gemessen werden. Da das Volumen konstant bleibt, steigt bei der Verbrennung im Bombenkalorimeter der Druck stark an.

Viele Reaktionsenthalpien sind bereits gemessen und in Tabellenwerken nachzuschlagen. Man kann aus diesen tabellierten Werten von $\Delta_r H$ die Reaktionsenthalpien anderer Reaktionen berechnen. Da $\Delta_r H$ eine Zustandgröße ist, kann $\Delta_r H$ für eine Gesamtreaktion auch durch Addition der Enthalpieänderungen der einzelnen Reaktionsschritte errechnet werden. Das bedeutet, dass die von einem chemischen System abgegebene oder aufgenommene Wärmeenergie unabhängig vom Reaktionsweg ist. Diese Erkenntnis wird als ***Hess*scher Satz** (Satz von *Hess*) oder das **Gesetz von den konstanten Wärmesummen** bezeichnet. **Bild 1** veranschaulicht den *Hess*schen Satz.

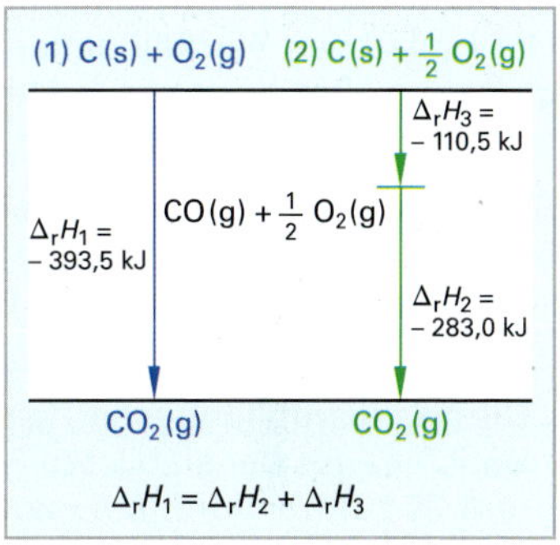

Bild 1: Enthalpiediagramm zum *Hess*schen Satz

Danach gibt es theoretisch zwei Wege, um Kohlenstoffdioxid CO_2 aus Kohlenstoff C zu gewinnen:

- die direkte, vollständige Verbrennung von Kohlenstoff,
- die stufenweise Oxidation des Kohlenstoffs über das Kohlenstoffmonoxid CO.

Diese Reaktionsenthalpie ist auf experimentellem Wege im Kalorimeter nicht zu ermitteln, da bei der Reaktion von Kohlenstoff mit Sauerstoff immer neben Kohlenstoffmonoxid auch Kohlenstoffdioxid entsteht. Die rechnerische Ermittlung zeigt **Beispiel 14.2**.

Beispiel 14.2: Berechnung von $\Delta_r H$ der Verbrennung von Kohlenstoff zu Kohlenstoffmonoxid

Die Reaktionsenthalpie der Reaktion von festem C zu gasförmigem CO_2 beträgt – 393,5 kJ · mol^{-1} und die Reaktionsenthalpie der Verbrennung von gasförmigem CO zu gasförmigem CO_2 beträgt – 283,0 kJ · mol^{-1}.

(1) $C(s) + O_2(g) \rightarrow CO_2(g)$ | $\Delta_r H_1 = -393{,}5$ kJ

(2) $CO(g) + \frac{1}{2} O_2(g) \rightarrow CO_2(g)$ | $\Delta_r H_2 = -283{,}0$ kJ

Gesucht ist die Reaktionsenthalpie $\Delta_r H_3$ der Verbrennung von C zu CO nach folgender Reaktionsgleichung:

(3) $C(s) + \frac{1}{2} O_2(g) \rightarrow CO(g)$ | $\Delta_r H_3 = ?$

Lösung:

Die beiden bekannten Gleichungen (1) und (2) müssen so umgestellt werden, dass C wie in Gleichung (3) auf der Eduktseite und CO auf der Produktseite steht. Die erste Gleichung kann demnach so stehen bleiben. Bei Gleichung (2) muss Produkt- und Eduktseite vertauscht werden. Dadurch ändert sich das Vorzeichen der Reaktionsenthalpie:

(1) $C(s) + O_2(g) \rightarrow CO_2(g)$ | $\Delta_r H_1 = -393{,}5$ kJ

(2) $CO_2(g) \rightarrow CO(g) + \frac{1}{2} O_2(g)$ | $-\Delta_r H_2 = 283{,}0$ kJ

---

(3) $C(s) + \frac{1}{2} O_2(g) \rightarrow CO(g)$ | $\Delta_r H_3 = -110{,}5$ kJ

Wenn man die beiden Gleichungen (1) und (2) addiert, so fällt CO_2 (g) auf beiden Seiten heraus. Ebenso kürzt sich auf beiden Seiten $\frac{1}{2} O_2$ (g) heraus.

14

***Hess*scher Satz:** Die Reaktionsenthalpie hängt nicht vom Weg ab, auf dem die chemische Reaktion abläuft, sondern nur vom Anfangs- und vom Endzustands des Systems.

Die Darstellung von Verbindungen aus ihren Elementen stellt wichtige Prozesse in der Chemie dar. Die mit diesen Prozessen verbundene Reaktionsenthalpieänderung wird **Bildungsenthalpie** (auch Bildungswärme) genannt. Das Symbol für die Bildungsenthalpie lautet $\Delta_f H$. Der Betrag der Enthalpieänderung hängt von den äußeren Bedingungen, wie Druck und Temperatur aber auch vom Aggregatzustand ab.

14.2.3 Standardenthalpien

Um Enthalpien verschiedener Reaktionen berechnen und vergleichen zu können, müssen vergleichbare Bedingungen definiert werden. Solche **Standardbedingungen** einer Substanz sind: $p = 1013$ hPa und $T = 298$ K

Beziehen sich diese Enthalpien auf diese Standardbedingungen, nennt man sie **Standardbildungsenthalpien $\Delta_f H^0$**. Die Standardbildungsenthalpie $\Delta_f H^0$ eines Elements wird in seiner stabilsten Modifikation gleich Null gesetzt.

Die **Standardbildungsenthalpie $\Delta_f H^0$** ist die Enthalpie, die bei der Bildung von 1 mol einer Substanz aus der stabilsten Form der reinen Elemente unter Standardbedingungen (1,013 bar und 25 °C) frei wird (bei exothermer Reaktion) oder zur Bildung (bei endothermer Reaktion) erforderlich ist.

14

Man kann mit Hilfe des *Hess*schen Satzes die Änderungen der Standardreaktionsenthalpien $\Delta_r H^0$ aller möglicher Reaktionen berechnen. Voraussetzung ist, dass die Standardbildungsenthalpien $\Delta_f H$ der Edukte und der Produkte bekannt sind.

In Tabelle 1 sind einige Standardbildungsenthalpien aufgelistet.

Man erhält die molare Reaktionsenthalpie einer Reaktion dadurch, dass man die Summe der molaren Standardbildungsenthalpien der Edukte von der Summe der molaren Standardbildungsenthalpien der Produkte subtrahiert. Dabei müssen die stöchiometrischen Faktoren aus der Reaktionsgleichung berücksichtigt werden.

Tabelle 1: Standardbildungsenthalpien

Substanz	Formel	$\Delta_f H^0$ in kJ · mol^{-1}
Chlorwasserstoff	HCl (g)	– 92,3
Kohlenstoffdioxid	CO_2 (g)	– 393,5
Methan	CH_4 (g)	– 74,8
Methanol	CH_3OH (l)	– 238,6
Natriumchlorid	$NaCl$ (s)	– 410,9
Propan	C_3H_8 (g)	– 103,8
Wasser	H_2O (l)	– 285,8

Sie werden in Form der Stoffmenge n angegeben:

$$\Delta_r H^0 = \sum_i [n_i \cdot \Delta_f H_i^0(\text{Produkte})] - \sum_i [n_i \cdot \Delta_f H_i^0(\text{Edukte})]$$

$\Delta_r H^0$	n	$\Delta_f H^0$
kJ	mol	kJ · mol^{-1}

Gl. 14.7

Beispiel 14.3: Berechnung einer Standardreaktionsenthalpie aus Standardbildungsenthalpien

Es soll die Standardreaktionsenthalpie der vollständigen Oxidation von Propan C_3H_8 mit Sauerstoff O_2 aus den Standardbildungsenthalpien berechnet werden.

Reaktionsgleichung:

$$C_3H_8\,(g) + 5\,O_2\,(g) \rightarrow 3\,CO_2\,(g) + 4\,H_2O\,(l)$$

Lösung:

Aus Tabelle 1, S. 418, können die nötigen Standardbildungsenthalpien entnommen werden.

$\Delta_f H^0(C_3H_8) = -103{,}8\ \text{kJ} \cdot \text{mol}^{-1}$

$\Delta_f H^0(O_2) = 0\ \text{kJ} \cdot \text{mol}^{-1}$

$\Delta_f H^0(CO_2) = -393{,}5\ \text{kJ} \cdot \text{mol}^{-1}$

$\Delta_f H^0(H_2O) = -285{,}8\ \text{kJ} \cdot \text{mol}^{-1}$

Diese Werte setzt man unter Berücksichtigung der stöchiometrischen Faktoren in Gleichung 14.7 ein:

$$\Delta_r H^0 = (n(CO_2) \cdot \Delta_f H^0(CO_2) + n(H_2O) \cdot \Delta_f H^0(H_2O)) - (n(C_3H_8) \cdot \Delta_f H^0(C_3H_8) + n(O_2) \cdot \Delta_f H^0(O_2))$$

$$\Delta_r H^0 = (3\ \text{mol} \cdot (-393{,}5\ \text{kJ} \cdot \text{mol}^{-1}) + 4\ \text{mol} \cdot (-285{,}8\ \text{kJ} \cdot \text{mol}^{-1})) - (1\ \text{mol} \cdot (-103{,}8\ \text{kJ} \cdot \text{mol}^{-1} + 0)$$

$$\Delta_r H^0 = -2\,219{,}9\ \text{kJ}$$

Bei der vollständigen Verbrennung von Propan nach obenstehendem Formelumsatz entstehen 2 220 kJ.

Für die Oxidation von Propan sind zwei Wege denkbar:

Gleichung (1) (siehe Beispiel 14.3) beschreibt den direkten Weg der Verbrennung, während die Gleichungen (2a) bis (2c) den Weg über die Elemente ausdrücken.

(1) Der direkte Weg:

$C_3H_8\,(g) + 5\,O_2\,(g) \rightarrow 3\,CO_2\,(g) + 4\,H_2O\,(l)$

(2) Der Weg über die Elemente:

(2a) Zersetzung

$C_3H_8\,(g) + 5\,O_2\,(g)$
$\rightarrow 3\,C\,(s) + 4\,H_2\,(g) + 5\,O_2\,(g)$

(2b) Bildung von 3 CO_2

$3\,C_{(s)} + 4\,H_2\,(g) + 5\,O_2\,(g)$
$\rightarrow 3\,CO_2\,(g) + 4\,H_2\,(g) + 2\,O_2\,(g)$

(2c) Bildung von 4 H_2O

$3\,CO_2\,(g) + 4\,H_2\,(g) + 2\,O_2\,(g)$
$\rightarrow 3\,CO_2\,(g) + 4\,H_2O\,(l)$

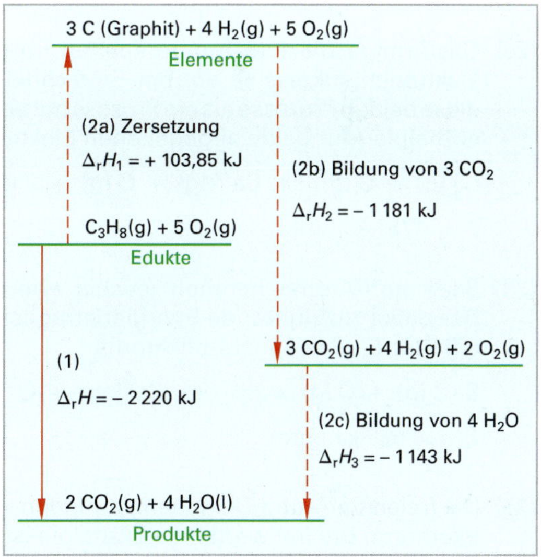

Bild 1: Enthalpiediagramm der Verbrennung von Propan

In Bild 1 ist ein Enthalpiediagramm der vollständigen Verbrennung von 1 mol Propan zu sehen, das die Beziehung zwischen der Standardreaktionsenthalpieänderung der Reaktion und den Standardbildungsenthalpien der Edukte (Propan C_3H_8, Sauerstoff O_2) und der Produkte (Kohlenstoffdioxid CO_2, Wasser H_2O) zeigt. Das Bild 1 zeigt die zwei oben erwähnten Wege von den Edukten zu den Produkten.

14.2.4 Enthalpien verschiedener Prozesse

Der Weg über die Elemente stellt eine Art Kreisprozess dar, der auch zur Berechnung von Gitterenthalpien ionischer Verbindungen im ***Born-Haber*-Kreisprozess** benutzt wird. Grundlage zur Berechnung der **Gitterenthalpie** ist der *Hess*sche Satz. In **Bild 1** ist der *Born-Haber*-Kreisprozess am Beispiel der Bildung von Calciumoxid CaO veranschaulicht.

(1) Für die direkte Reaktion gilt:

$Ca\ (s) + \frac{1}{2} O_2\ (g) \rightarrow CaO\ (s)$

$\Delta H^0 = -603\ kJ \cdot mol^{-1}$

(2) Die Reaktion von festem Calcium mit gasförmigem Sauerstoff kann in mehrere Einzelschritte aufgeteilt werden:

(2a) Festes Calcium wird in gasförmige Calcium-Atome überführt. Bei diesem Prozess muss die **Sublimationsenthalpie** $\boldsymbol{\Delta H^0_{subl}}$ von Calcium zugeführt werden.

$Ca\ (s) + \frac{1}{2} O_2\ (g) \rightarrow Ca\ (g) + \frac{1}{2} O_2\ (g)$

$\Delta H^0_{subl} = 178\ kJ \cdot mol^{-1}$

(2b) Gasförmige O_2-Moleküle werden in Atome zerlegt. Die Reaktion erfordert die Hälfte der molaren **Bindungsdissoziationsenthalpie** $\boldsymbol{\Delta H^0_{diss}}$ des O_2-Moleküls.

$Ca\ (g) + \frac{1}{2} O_2\ (g) \rightarrow Ca\ (g) + O\ (g)$

$\Delta H^0_{diss} = 247\ kJ \cdot mol^{-1}$

(2c) Gasförmige Calcium-Atome spalten ihre beiden Außenelektronen sukzessive ab. Der Einfachheit halber werden diese beiden Prozesse als ein Prozess mit einer **Ionisierungsenthalpie** $\boldsymbol{I}$ für beide abgegebenen Elektronen dargestellt.

$Ca\ (g) + O\ (g) \rightarrow Ca^{2+}\ (g) + O\ (g) + 2\ e^-$

$I = 1757\ kJ \cdot mol^{-1}$

(2d) Sauerstoff-Atome nehmen jeweils zwei Elektronen auf. Der dabei zuzuführende Energiebetrag ist die **Elektronenaffinität** $\boldsymbol{E_{ea}}$ des Sauerstoff-Atoms.

$Ca^{2+}\ (g) + O\ (g) + 2\ e^- \rightarrow Ca^{2+}\ (g) + O^{2-}\ (g)$

$E_{ea} = 695\ kJ \cdot mol^{-1}$

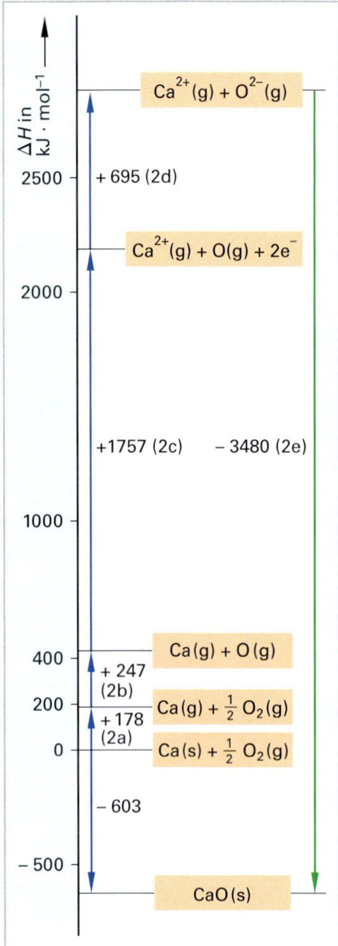

Bild 1: *Born-Haber*-Kreisprozess der Bildung von Calciumoxid CaO

(2e) Die freien Ca^{2+}- und O^{2-}-Ionen verbinden sich zu festem Calciumoxid. Dieser Prozess ist stark exotherm. Die frei werdende Enthalpie ist gleich der **Gitterenthalpie** $\boldsymbol{\Delta H_G}$.

$Ca^{2+}\ (g) + O^{2-}\ (g) \rightarrow CaO\ (s)$

$\Delta H_G = -3480\ kJ \cdot mol^{-1}$

Die **Gitterenthalpie** ist die notwendige Enthalpie, um die Ionen in einem ionischen Feststoff vollständig zu trennen. Die Gitterenthalpie nimmt mit zunehmender Ionenladung und abnehmendem Ionenabstand zu.

Soll ein Ionenkristall in Wasser gelöst werden, muss die **Gitterenthalpie ΔH_G** aufgewendet werden. Bei der Hydratation der Ionen (Umhüllung mit Wassermolekülen, **Bild 1**) wird die **Hydratationsenthalpie ΔH_H** frei. Die Differenz der beiden Energiebeträge liefert als Ergebnis die **Lösungsenthalpie ΔH_L**:

$$\Delta H_L = |\Delta H_G| - |\Delta H_H|$$

Wird Wärme frei ($\Delta H_L < 0$), dann ist die Hydratationsenthalpie ΔH_H größer als die Gitterenthalpie ΔH_G. Ein solches Salz löst sich gut in Wasser. Je größer die Lösungsenthalpie durch den Anstieg der Gitterenthalpie wird, desto geringer wird die Löslichkeit. Der Zusammenhang zwischen Lösungsenthalpie und Löslichkeit wird in **Tabelle 1** am Beispiel einiger Alkalifluoride deutlich. Dabei muss beachtet werden, dass die Gitterenthalpie einen positiven Enthalpiebetrag besitzt, da diese Enthalpie zugeführt werden muss.

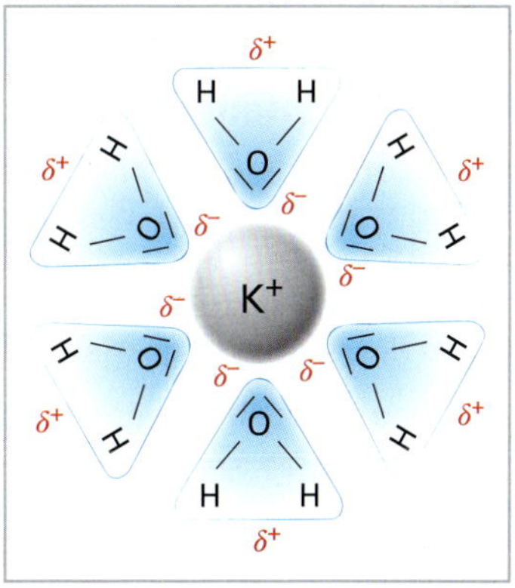

Bild 1: Hydratisiertes Kation

Von den vier aufgeführten Salzen lösen sich zwei unter Wärmeabgabe (ΔH_L negativ). Das bedeutet, dass sich die Lösung beim Auflösen dieser Salze erwärmt. Lithiumfluorid und Natriumfluorid entziehen der Umgebung Wärme, das heißt, diese beiden Salzlösungen kühlen sich bei der Auflösung der Salze ab. Zusätzlich nimmt ihre Löslichkeit ab.

Tabelle 1: Zusammenhang von Lösungsenthalpien und Löslichkeiten einiger Alkalifluoride

Alkalifluorid	ΔH_H (Kation) in $kJ \cdot mol^{-1}$	ΔH_H (Fluorid) in $kJ \cdot mol^{-1}$	ΔH_G in $kJ \cdot mol^{-1}$	ΔH_L in $kJ \cdot mol^{-1}$	Löslichkeit in $g \cdot (100\ mL)^{-1}$ (18 °C)
Lithiumfluorid LiF	– 508	– 511	1039	+ 20	0,27
Natriumfluorid NaF	– 399	– 511	920	+ 10	4,22
Kaliumfluorid KF	– 314	– 511	816	– 9	92,3
Rubidiumfluorid RbF	– 288	– 511	775	– 24	130,6

So ist z. B. bei einem schwer löslichen Salz, wie Silberchlorid AgCl, die molare Gitterenthalpie $\Delta H_G = 874\ kJ \cdot mol^{-1}$ größer als die molare Hydratationsenthalpie $\Delta H_H = 844\ kJ \cdot mol^{-1}$.

Zu den ablaufenden physikalischen und chemischen Prozessen gehören in der Regel auch Änderungen der entsprechenden Enthalpien. Diese Enthalpien sind häufig in Tabellenwerken aufzufinden.

Beispiele für solche Enthalpien sind:

- Verdampfungsenthalpie ΔH_V: Übergang vom flüssigen in den gasförmigen Zustand
- Schmelzenthalpie ΔH_S: Übergang vom festen in den flüssigen Zustand
- Verbrennungsenthalpie ΔH: Enthalpie der Reaktion von Substanzen mit Sauerstoff
- Neutralisationsenthalpie ΔH: Enthalpie der Umsetzung einer Neutralisationsreaktion; sie ist bei jeder Neutralisation gleich groß
- Kondensationsenthalpie ΔH_K: Übergang vom gasförmigen in den flüssigen Zustand

14.3 Entropie und freie Enthalpie

Nach dem ersten Hauptsatz der Thermodynamik ergibt sich für chemische und physikalische Vorgänge nur eine Aussage: Die Energie muss erhalten bleiben (s. Kap. 14.2, S. 413). Man erhält aus der Energiebilanz des Prozesses aber keine Aussage darüber, ob der betrachtete Vorgang, z. B. eine chemische Reaktion auch freiwillig oder spontan abläuft. Prozesse, die die Tendenz haben, ohne Anstoß von außen abzulaufen, sind spontane Prozesse.

Im folgenden Kapitel werden verschiedene spontane Vorgänge näher betrachtet.

14.3.1 Spontane Prozesse

Alle exothermen chemischen Reaktionen, verlaufen spontan, wie z. B. die Verbrennung von Methan:

$CH_4(g) + 2\ O_2(g) \rightarrow CO_2(g) + 2\ H_2O(l)$,
wenn die Aktivierungsenergie zugeführt wird.

Es gibt aber auch Vorgänge, die spontan ablaufen, ohne dass Wärme verbraucht oder abgegeben wird, wie die Expansion von Gasen in ein Vakuum und sogar solche, die Wärme verbrauchen.

In **Bild 1** ist die Expansion eines idealen Gases in ein Vakuum dargestellt. Zwei Kolben sind über einen Hahn miteinander verbunden. Im linken Kolben befindet sich ein ideales Gas unter dem Druck von 1013 kPa, der rechte Kolben ist evakuiert. Der Hahn ist geschlossen (**Bild 1a**).

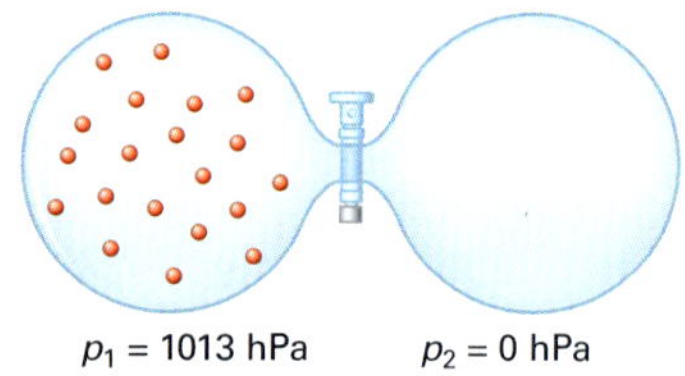

Bild 1: Expansion eines idealen Gases

Öffnet man den Hahn (**Bild 1b**), so expandiert das ideale Gas und verteilt sich gleichmäßig auf beide Kolben. Der Druck ist jetzt in beiden Kolben gleich groß, nämlich 506,5 kPa.

Während der Expansion nimmt das ideale Gas weder Wärme auf, noch gibt es welche ab. Offensichtlich spielen bei der spontanen Expansion von Gasen andere Faktoren als die Aufnahme oder Abgabe von Wärme eine Rolle.

Da bei diesem Prozess auch keine Arbeit und keine Materie mit der Umgebung ausgetauscht werden, bezeichnet man das System, in dem dieser Vorgang abläuft, als **isoliertes System** (s. Kap. 14.2, S. 413). Auch die Vermischung von Gasen in einem bestimmten Volumen ist ein spontaner Prozess in einem isolierten System. **Bild 2a** zeigt zwei Behälter mit jeweils einem anderen Gas. Die Gase stehen unter dem gleichen Druck. Verbindet man die Behälter miteinander, so vermischen sich die Gase spontan (**Bild 2b**).

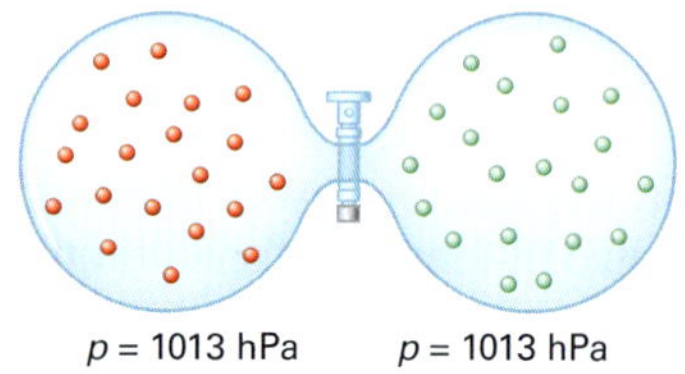

Bild 2: Spontane Vermischung von zwei Gasen

Normalerweise hat man es nur selten mit isolierten oder geschlossenen Systemen zu tun. Gewöhnlich finden chemische Reaktionen oder physikalische Prozesse in Systemen statt, die mit der Umgebung Energie in Form von Wärme oder Arbeit und Materie austauschen (also offene Systeme).

So ist das Lösen einiger Salze in Wasser ein spontaner Vorgang, der unter Wärmeaufnahme aus der Umgebung, also endotherm verläuft. Löst man Kaliumchlorid oder Ammoniumchlorid bei 20 °C unter Rühren in Wasser stellt man fest, dass die Lösung beim Auflösen des Salzes kälter wird.

In **Bild 1** ist der Lösevorgang von KCl dargestellt. Im KCl-Kristall liegen die K^+- und die Cl^-- Ionen in einem hochgeordneten Zustand vor. Die Zerstörung dieses Kristallverbands ist ein endothermer Prozess. Die aus dem Kristallverband herausgelösten Feststoffteilchen werden anschließend von den Wassermolekülen umhüllt, d. h. hydratisiert (s. Kap. 14.2, S. 421). Dieser Vorgang ist exotherm. Die hydratisierten Ionen können sich frei in der wässrigen Lösung bewegen. Dieser Zustand ist weitaus ungeordneter und zufälliger als der vorherige.

Ein weiterer endothermer, aber trotzdem spontan ablaufender Prozess ist das Schmelzen von Eis bei Temperaturen oberhalb von 0 °C (**Bild 2**).

Betrachtet man diese Vorgänge näher, so fällt auf, dass sich die Ordnung der Systeme verändert hat. In Richtung des spontan ablaufenden Prozesses hat sich die Ordnung verkleinert und demzufolge die Unordnung vergrößert. Bei der Expansion eines Gases in ein Vakuum vergrößert sich das Volumen, das die Gasmoleküle einnehmen. Ihr gegenseitiger Abstand wird größer und die Anziehungs- und Abstoßungskräfte sind somit kleiner.

Die Vermischung von zwei Gasen führt ebenfalls zu einer geringeren Ordnung. Vor der Vermischung befindet sich in jedem Kolben eine Art von Gas. Bei verbundenen Kolben findet man in jedem Kolben zwei Arten von Gasmolekülen.

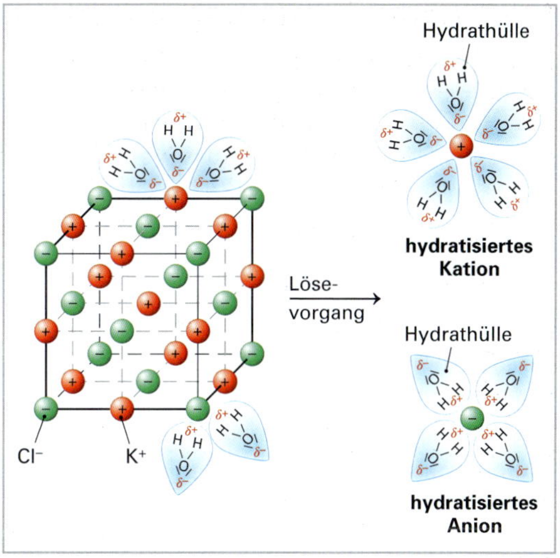

Bild 1: Lösen eines Salzes

Bild 2: Schmelzen von Eis

Beim Lösen von KCl in Wasser gelangen die Ionen aus dem Zustand hoher Ordnung im Kristallverband in den Zustand niedriger Ordnung als frei bewegliche, hydratisierte Ionen in der Lösung. Bei den Wasser-Molekülen findet dagegen eine Abnahme der Unordnung statt. Sie werden jetzt als Hydratwasser um die Moleküle herum gehalten. Bei der Auflösung eines Salzes laufen somit zwei gegengerichtete Prozesse ab, einer bei dem die Unordnung zunimmt und einer bei dem sie abnimmt und somit die Ordnung zunimmt. Normalerweise nimmt die Unordnung beim Lösen von Salzen zu. Ausnahmen bilden Salze mit stark (hoch) geladenen Ionen.

Bei dem physikalischen Prozess der Aggregatzustandsänderung von fest in flüssig, wie beim Schmelzen von Eis oberhalb der Temperatur von 0 °C geht der geordnete feste Zustand in eine Flüssigkeit über, bei der die Teilchen weniger geordnet sind. Die Unordnung nimmt also zu.

Spontane Prozesse verlaufen immer in eine Richtung, gegebenfalls erst nach Aufhebung einer Hemmung von selbst ab. Dabei nimmt die Unordnung immer zu.

14.3.2 Entropie

Die Spontaneität eines Vorgangs steht, wie diese Beispiele zeigen, in enger Beziehung zur Ordnung bzw. Unordnung, in den das System übergeht. Ein Maß für die Unordnung eines Systems ist die thermodynamische Größe **Entropie**, die das Formelzeichen S besitzt. Je größer die Unordnung eines Systems, desto größer ist seine Entropie.

Die **Entropie** eines Systems ist ein Maß für die Unordnung. Je größer die Unordnung ist, desto größer ist die Entropie.

Beispiel 14.4: Oualitative Aussagen zur Änderung der Entropie

Geben Sie für die folgenden Vogänge an, ob die Entropie zu- oder abnimmt

a) $4\,Al\,(s) + 3\,O_2\,(g) \rightarrow 2\,Al_2O_3\,(s)$

b) $N_2\,(g) + 3\,H_2\,(g) \rightarrow 2\,NH_3\,(g)$

c) $H_2O\,(l) \rightarrow H_2O\,(g)$

d) $C\,(s) + H_2O\,(g) \rightarrow CO\,(g) + H_2\,(g)$

Lösung:

Zunahme der Entropie bei den Vorgängen: c und d

Abnahme der Entropie bei den Vorgängen: a und b

Die Entropie ist wie die innere Energie U und die Enthalpie H eine **Zustandsgröße** und somit unabhängig vom Weg, auf dem sie ihren Wert erreicht. Die Entropieänderung eines Systems ΔS ist also nur abhängig vom Ausgangs- und Endzustand des Systems.

Die Änderung der Entropie des Systems unter Standardbedingungen $\Delta_r S^0$ lässt sich daher mit der folgenden Formel aus den Standardentropien S^0 (analog wie $\Delta_r H^0$) berechnen:

$$\Delta_r S^0 = \sum_i [n_i \cdot \Delta S_i^0(\text{Produkte})] - \sum_i [n_i \cdot \Delta S_i^0(\text{Edukte})]$$

$\Delta_r S^0$	n	ΔS^0
$J \cdot K^{-1}$	mol	$J \cdot mol^{-1} \cdot K^{-1}$

Gl. 14.8

In der Tabelle 1 sind die Standardentropien S^0 einiger Stoffe aufgelistet.

Tabelle 1: Standardentropien ausgewählter Stoffe

Verbindung	Standardentropie S^0 in $J \cdot (mol \cdot K)^{-1}$	Verbindung	Standardentropie S^0 in $J \cdot (mol \cdot K)^{-1}$	Verbindung	Standardentropie S^0 in $J \cdot (mol \cdot K)^{-1}$
Mg (s)	32,68	**H_2O (l)**	69,91	**N_2 (g)**	191,50
O_2 (g)	205,0	**H_2O (g)**	188,83	**H_2 (g)**	130,60
MgO (s)	26,94	**CO_2 (g)**	213,6	**NH_3 (g)**	192,50

Beispiel 14.5: Berechnung einer Standardreaktionsentropie

Berechnen Sie die Standardreaktionsentropie für die Herstellung von Magnesiumoxid nach der Gleichung:

$2\,Mg\,(s) + O_2\,(g) \rightarrow 2\,MgO\,(s)$

$S^0[Mg\,(s)] = 32{,}68\,J \cdot (mol \cdot K)^{-1}$ $\quad S^0[O_2\,(g)] = 205{,}0\,J \cdot (mol \cdot K)^{-1}$

$S^0[MgO\,(s)] = 26{,}94\,J \cdot (mol \cdot K)^{-1}$

Lösung:

Mit Gleichung 14.8 und den gegebenen Werten erhält man:

$\Delta_r S^0 = 2\,mol \cdot (26{,}94\,J \cdot (mol \cdot K)^{-1}) - 2\,mol \cdot 32{,}68\,J \cdot (mol \cdot K)^{-1} - 1\,mol \cdot 205{,}0\,J \cdot (mol \cdot K)^{-1}$

$\Delta_r S^0 = -216{,}48\,J \cdot K^{-1}$

Die Standardreaktionsentropie ist wie erwartet negativ, d. h. sie nimmt ab, wie bei der Herstellung von Al_2O_3 (**Beispiel 14.4a**). Die Reaktion läuft aber spontan ab. Ein angezündetes Mg-Band verbrennt ohne weitere Wärmezufuhr. Die Reaktion ist stark exotherm. Diese Wärmeabgabe wird von der Umgebung aufgenommen. Die Entropie der Umgebung wird sich hierdurch verändern, sie wird größer. Wie groß die von einer bestimmten Wärmemenge bewirkte Entropieänderung der Umgebung ist, hängt von der Temperatur ab. Die Entropieänderung der Umgebung lässt sich für eine Reaktion, die bei konstanter Temperatur und konstantem Druck durchgeführt wird, mit dem Index „r" für chemische Reaktionen nach folgender Formel berechnen:

$$\Delta_r S_{Umg.} = -\frac{\Delta_r H}{T}$$

$\Delta_r S_{Umg.}$	$\Delta_r H$	T
$J \cdot K^{-1}$	J	K

Gl. 14.9

Beispiel 14.6: Berechnung der Entropieänderung der Umgebung

Wie groß ist die Entropieänderung der Umgebung unter Standardbedingungen bei der Verbrennung von Magnesium zu Magnesiumoxid (**Beispiel 14.5**)?

$\Delta_r H^0 = -1202 \text{ kJ}$

Lösung:

Mit **Gleichung 14.9** und den gegebenen Werten erhält man:

$$\Delta_r S^0_{Umg.} = -\frac{(-1202) \text{ kJ}}{298 \text{ K}} \approx 4{,}03 \text{ kJ} \cdot K^{-1} = 4{,}03 \cdot 10^3 \text{ J} \cdot K^{-1}$$

Dieser Anstieg der Entropie der Umgebung übertrifft bei weitem die kleine Entropieabnahme des Systems. Die Verbrennung von Magnesium ist daher ein spontaner Prozess, sobald er erst einmal in Gang gekommen ist.

Zur Beurteilung, ob ein Prozess spontan abläuft oder nicht, muss die Gesamtentropie ΔS_{ges} bzw. bei chemischen Reaktionen die Gesamtentropie $\Delta_r S_{ges}$ bestimmt werden. Die Änderung der Gesamtentropie für eine chemische Reaktion wird berechnet mit der Formel:

$$\Delta_r S_{ges.} = \Delta_r S_{Sys.} + \Delta_r S_{Umg.}$$

$\Delta_r S$
$J \cdot K^{-1}$

Gl. 14.10

Ist die Gesamtentropie eines Vorgangs, z. B. einer chemischen Reaktion positiv, so läuft dieser spontan ab. Dieses sagt der **zweite Hauptsatz der Thermodynamik** aus. Bezeichnet man die Gesamtentropieänderung als Entropieänderung des Universums, so lässt sich der zweite Hauptsatz der Thermodynamik wie folgt formulieren:

Eine spontane Änderung eines Prozesses (einer chemischen Reaktion) ist immer mit einer **Zunahme der Gesamtentropie** des Universums verbunden. Die Entropie strebt einem Maximum zu.

Der zweite Hauptsatz gibt auch eine Erklärung, warum exotherme Reaktionen spontan ablaufen können. Bei ihnen sorgt die freigesetzte Wärmemenge für die Unordnung in der Umgebung. Selbst wenn im System die Ordnung zunimmt (**Beispiel 14.5**) nimmt die Unordnung in der Umgebung so stark zu, dass die Gesamtentropie größer wird.

Aber auch endotherme Reaktionen können spontan ablaufen, wenn die Gesamtentropie bei diesem Vorgang größer wird. Hier nimmt die Entropie des Systems stärker zu als die Abnahme der Entropie der Umgebung.

Vorgänge bei denen die Gesamtentropie des Universums zunimmt ($\Delta_r \boldsymbol{S}_{ges.} > \mathbf{0}$) bezeichnet man als **irreversibel**. Solche Vorgänge, bei denen sich die Gesamtentropie nicht ändert ($\Delta_r \boldsymbol{S}_{ges.} = \mathbf{0}$), werden **reversibel** genannt.

> Die **Entropie *S*** eines abgeschlossenen thermodynamischen Systems strebt immer danach, einen Maximalwert einzunehmen, der im vollständigen thermodynamischen Gleichgewicht erreicht wird.

14.3.3 Freie Reaktionsenthalpie und Gesamtentropie

Um die Richtung eines spontanen Prozesses oder einer Reaktion zu bestimmen, muss man zwei getrennte Entropieberechnungen durchführen. Eine für das System und eine für die Umgebung. Beide Berechnungen lassen sich aber so kombinieren, dass nur noch eine Information nötig ist, um den Ablauf einer spontanen Reaktion vorherzusagen.

Die Änderung der Gesamtentropie ist nach **Gleichung 14.10**:

$$\Delta S_{ges.} = \Delta S_{Sys.} + \Delta S_{Umg.}$$

Für eine Reaktion, die bei konstanter Temperatur und konstantem Druck durchgeführt wird, gilt für die Entropieänderung in der Umgebung, mit dem Index „r" für chemische Reaktionen nach **Gleichung 14.9**:

$$\Delta_r S_{Umg.} = -\frac{\Delta_r H}{T}$$

Die Entropieänderung des Systems $\Delta_r S_{Sys}$ wird mit Tabellenwerten berechnet (**Gleichung 14.8**). Einsetzen von **Gleichung 14.9** in **Gleichung 14.10** ergibt für $\Delta_r S_{ges.}$:

$$\boldsymbol{\Delta_r S_{ges.} = \Delta_r S_{sys.} - \frac{\Delta_r H}{T}}$$

$\Delta_r S$	$\Delta_r H$	T
$J \cdot K^{-1}$	J	K

Gl. 14.11

Mit der **Gleichung 14.11** kann man die Änderung der Gesamtentropie aus Informationen berechnen, die nur das System selbst betreffen, nämlich aus der Temperatur und aus den Änderungen von Enthalpie und Entropie des Systems. Durch Umformung von **Gleichung 14.11** erhält man:

$$T \cdot \Delta_r S_{ges.} = T \cdot \Delta_r S_{Sys.} - \Delta_r H$$

Multiplikation mit (– 1) und Substitution von $\Delta_r S_{Sys.} = \Delta_r S$ ergibt

$$\boldsymbol{-T \cdot \Delta_r S_{ges.} = \Delta_r H - T \cdot \Delta_r S}$$

$\Delta_r S$	$\Delta_r H$	T
$J \cdot K^{-1}$	J	K

Gl. 14.12

Mit der Definition einer neuen Größe:

$\Delta_r G = -T \cdot \Delta_r S_{ges.}$ erhält man aus **Gleichung 14.12**:

$$\boldsymbol{\Delta_r G = \Delta_r H - T \cdot \Delta_r S}$$

$\Delta_r G$	$\Delta_r S$	$\Delta_r H$	T
J	$J \cdot K^{-1}$	J	K

Gl. 14.13

Die in **Gleichung 14.13** definierte Größe $\Delta_r G$ bezeichnet man als **freie Reaktionsenthalpie** oder ***Gibbs*sche Freie Enthalpie** (*J. W. Gibbs,* 1839–1903). Die **Gleichung 14.13** ist die ***Gibbs-Helmholtz*-Gleichung** (*Hermann von Helmholtz,* 1821–1894) oder der ***Gibbs*sche Satz**. Läuft die Reaktion unter Standardbedingungen ab, so gilt:

$$\boldsymbol{\Delta_r G^0 = \Delta_r H^0 - T \cdot \Delta_r S^0}$$

$\Delta_r G^0$	$\Delta_r S^0$	$\Delta_r H^0$	T
J	$J \cdot K^{-1}$	J	K

Gl. 14.14

In dieser Gleichung ist $\Delta_r G^0$ die freie Standardreaktionsenthalpie. Aus der Größe der freien Reaktionsenthalpie $\Delta_r G$ bzw. der freien Standardreaktionsenthalpie $\Delta_r G^0$ ist ersichtlich, ob eine Reaktion spontan abläuft oder nicht, durch Änderung der Reaktionsbedingungen erzwungen werden kann oder sich im Gleichgewicht befindet. Für eine Reaktion bei konstanter Temperatur und konstantem Druck gelten folgende Aussagen hinsichtlich der freien Reaktionsenthalpie und des spontanen Ablaufs von Reaktionen:

Bei spontanen Reaktionen nimmt die freie Reaktionsenthalpie $\Delta_r G$ ab. Sie werden auch **exergonische Reaktionen** genannt. Im Gleichgewichtszustand einer Reaktion ist $\Delta_r G$ gleich Null. **Endergonische Reaktionen** sind solche, bei denen die freie Reaktionsenthalpie $\Delta_r G$ zunimmt. Derartige Reaktionen laufen nicht spontan ab, sie können nur erzwungen werden.

Bei allen spontan (exergonisch) ablaufenden Reaktionen bei konstanter Temperatur und konstantem Druck nimmt die freie Reaktionsenthalpie ab.

Bild 1 zeigt die Änderung der freien Reaktionsenthalpie unter diesen Bedingungen für eine Gleichgewichtsreaktion: A + B $\rightleftarrows$ C + D

Das reagierende System erreicht den Gleichgewichtszustand, wenn $\Delta_r G = 0$ ist. In **Bild 1** ist die Änderung der freien Reaktionsenthalpie gegen die Änderung der Stoffmengenkonzentrationen der beteiligten Komponenten aufgetragen.

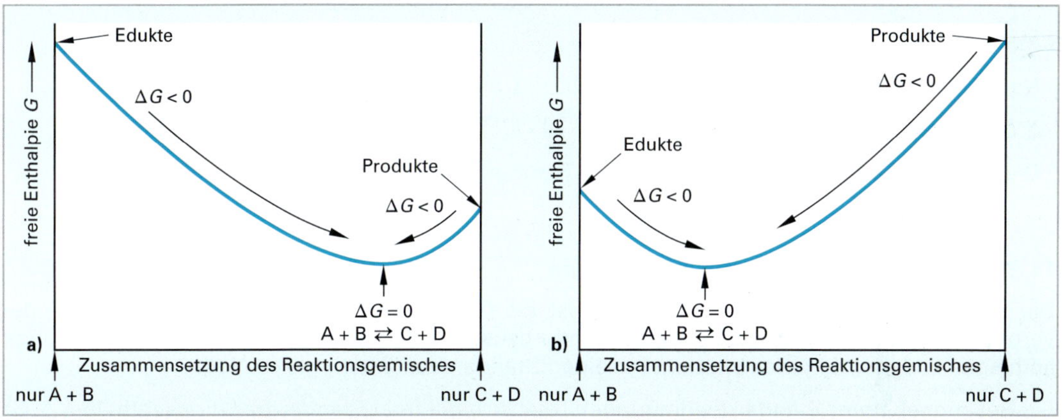

Bild 1: Freie Enthalpie bei Gleichgewichtsreaktionen

Die Kurven erreichen ein Minimum bei einer bestimmten Stoffmengenkonzentration der an der Reaktion teilnehmenden Verbindungen. Die Reaktion läuft immer spontan ab in Richtung auf die Zusammensetzung am Minimum der Kurve, denn zu dieser Reaktionsrichtung gehört eine Abnahme der freien Reaktionsenthalpie. Durch Umwandlung von A und B in C und D sowie umgekehrt wird dieser Gleichgewichtszustand erreicht. Liegen zu Beginn der Reaktion nur die Edukte A und B vor, so reagieren sie unter Bildung der Produkte C und D so lange, bis das Gleichgewicht erreicht ist. Im Gleichgewichtsgemisch überwiegen die Produkte (**Bild 1a**). Im umgekehrten Fall, wenn nur die Produkte vorliegen, reagieren diese unter Bildung der Edukte, bis zum Erreichen des Gleichgewichtszustandes. Jetzt überwiegen die Edukte im Gleichgewichtsgemisch (**Bild 1b**).

Läuft eine Reaktion ganz bis zu den Reaktionsprodukten hin (kein Gleichgewicht), so liegt das Minimum der freien Reaktionsenthalpie vollständig auf der Seite der Produkte. Wenn eine Reaktion gar nicht abläuft, also die Rückreaktion zu den Edukten führt, so ist das Minimum der freien Reaktionsenthalpie auf der Seite der Edukte.

Ist $\boldsymbol{\Delta_r G < 0}$, läuft die Reaktion spontan (freiwillig) ab. Sie ist **exergonisch**.

Ist $\boldsymbol{\Delta_r G = 0}$, so befindet sich das System im Gleichgewicht.

Ist $\boldsymbol{\Delta_r G > 0}$, läuft die Reaktion nicht spontan (nicht freiwillig) ab. Sie ist **endergonisch** und kann nur erzwungen werden.

Beispiel 14.7: Berechnung der freien Standardreaktionsenthalpie

Berechnen Sie die freie Standardreaktionsenthalpie für die Reaktion zwischen Brom und Wasserstoff und geben Sie an, ob die Reaktion unter Standardbedingungen spontan abläuft. Die Reaktionsgleichung lautet:

$H_2\,(g) + Br_2\,(g) \rightarrow 2\,HBr\,(g)$

$\Delta_f H^0[HBr] = -36{,}23\ kJ \cdot mol^{-1}$ $\quad \Delta_f H^0[Br_2\,(g)] = 30{,}71\ kJ \cdot mol^{-1}$

$S^0[HBr\,(g)] = 198{,}49\ J \cdot (mol \cdot K)^{-1}$ $\quad S^0[Br_2\,(g)] = 245{,}30\ J \cdot (mol \cdot K)^{-1}$

$S^0[H_2\,(g)] = 130{,}6\ J \cdot (mol \cdot K)^{-1}$

Lösung:

Nach **Gleichung 14.7** gilt:

$\Delta_r H^0 = \sum_i [n_i \cdot \Delta_f H_i^0(\text{Produkte})] - \sum_i [n_i \cdot \Delta_f H_i^0(\text{Edukte})]$

$\Delta_r H^0 = 2\ mol \cdot (-36{,}23\ kJ \cdot mol^{-1}) - 1\ mol \cdot 30{,}71\ kJ \cdot mol^{-1} = -103{,}17\ kJ$

Mit **Gleichung 14.8** ist $\Delta_r S^0 = \Sigma\, n \cdot \Delta_f S^0(\text{Produkte}) - \Sigma\, n \cdot \Delta_f S^0(\text{Edukte})$

$\Delta_r S^0 = 2\ mol \cdot (198{,}49\ J \cdot (mol \cdot K)^{-1}) - 1\ mol \cdot 130{,}6\ J \cdot (mol \cdot K)^{-1} - 1\ mol \cdot 245{,}30\ J \cdot (mol \cdot K)^{-1}$

$\Delta_r S^0 = 21{,}08\ J \cdot K^{-1}$

Nach **Gleichung 14.14** ist $\Delta_r G^0 = \Delta_r H^0 - T \cdot \Delta_r S^0$ und daher

$\Delta_r G^0 = -103{,}17\ kJ - 298\ K \cdot 21{,}08 \cdot 10^{-3}\ kJ \cdot K^{-1} = -109{,}45\ kJ$

Die Reaktion läuft unter den angegebenen Bedingungen spontan ab.

14

14.3.4 Freie Standardbildungsenthalpie

Die **freie Standardbildungsenthalpie $\Delta_f G^0$** ist die freie Reaktionsenthalpie, wenn ein Mol der Verbindung aus den Elementen in ihren Standardzuständen entsteht. Die freie Standardbildungsenthalpie ist daher für jedes Element in seinen Standardzuständen gleich Null.

Für Reaktionen unter Standardbedingungen lässt sich die freie Standardreaktionsenthalpie $\Delta_r G^0$ aus berechneten Werten (**Beispiel 14.7**) oder aus experimentell ermittelten Werten erfassen.

Es gilt analog der Berechnung der $\Delta_r H^0$- und $\Delta_r S^0$-Werte für $\Delta_r G^0$:

$$\Delta_r G^0 = \sum_i [n_i \cdot \Delta_f G_i^0(\text{Produkte})] - \sum_i [n_i \cdot \Delta_f G_i^0(\text{Edukte})]$$

$\Delta_r G^0$	n	$\Delta_f G^0$
kJ	mol	$kJ \cdot mol^{-1}$

Gl. 14.15

Beispiel 14.8: Berechnung der freien Standardreaktionsenthalpie aus den freien Standardbildungsenthalpien

Berechnen Sie die freie Standardreaktionsenthalpie für die Verbrennung von Ethan aus den freien Standardbildungsenthalpien nach der Reaktionsgleichung:

$2\,C_2H_6\,(g) + 7\,O_2\,(g) \rightarrow 4\,CO_2\,(g) + 6\,H_2O\,(g)$

$\Delta_f G^0(CO_2) = -394{,}4\ kJ \cdot mol^{-1}$

$\Delta_f G^0(H_2O\,(g)) = -228{,}57\ kJ \cdot mol^{-1}$

$\Delta_f G^0(C_2H_6) = -32{,}89\ kJ \cdot mol^{-1}$

Lösung:

Mit **Gleichung 14.15** gilt:

$$\Delta_r G^0 = 4\text{ mol} \cdot (-394{,}4\text{ kJ} \cdot \text{mol}^{-1}) + 6\text{ mol} \cdot (-228{,}57\text{ kJ} \cdot \text{mol}^{-1}) - 2\text{ mol} \cdot (-32{,}89\text{ kJ} \cdot \text{mol}^{-1}) - 7\text{ mol} \cdot (0\text{ kJ} \cdot \text{mol}^{-1})$$

$$\Delta_r G^0 = -2883{,}24\text{ kJ}$$

Die freie Standardbildungsenthalpie einer Verbindung ist ein Maß, das sich auf ihren Zerfall in die Elemente bezieht. Ist $\Delta_f G^0$ negativ, so haben die Elemente die Tendenz, diese Verbindung zu bilden. Die Verbindung ist stabiler als die Elemente. Im umgekehrten Fall, $\Delta_f G^0$ ist positiv, hat die Verbindung das Bestreben in die Elemente zu zerfallen. In diesem Fall gibt es keine Möglichkeit, die Verbindung direkt aus den Elementen zu synthetisieren.

Die freie Standardbildungsenthalpie von Benzol ist $\Delta_f G^0 = +124{,}5\text{ kJ} \cdot \text{mol}^{-1}$. Die Reaktion

$$6\,C\,(s) + 3\,H_2\,(g) \rightarrow C_6H_6\,(l)$$

verläuft nicht spontan. Es ist daher unmöglich, Benzol unter Standardbedingungen einfach aus Kohlenstoff und Wasserstoff synthetisch herzustellen, auch nicht mit Hilfe eines Katalysators. Die Umkehrung dieser Reaktion

$$C_6H_6\,(l) \rightarrow 6\,C\,(s) + 3\,H_2\,(g)$$

sollte bei Standardbedingungen dagegen spontan erfolgen. Dies passiert aber nicht. Benzol kann beliebig lange unzersetzt aufbewahrt werden. Dem Zerfall in die Elemente stehen kinetische Aspekte gegenüber: Die Aktivierungsenergie (s. Kap. 11, S. 351) für den Zerfall des Benzols ist zu hoch.

Für die Bildung von Ammoniak NH_3 ist $\Delta_f G^0 = -16{,}66\text{ kJ} \cdot \text{mol}^{-1}$. Die Synthese aus den Elementen sollte daher unter Standardbedingungen spontan erfolgen. Auch dies erfolgt nicht, weil die Aktivierungsenergie zu hoch ist. Sie lässt sich aber durch den Einsatz von Katalysatoren herabsetzen.

Diese Beispiele zeigen, dass die Thermodynamik chemischer Prozesse eine Aussage über die energetischen Aspekte von chemischen Reaktionen erlauben, über den zeitlichen Ablauf aber nicht.

In **Tabelle 1** sind die freien Standard-Bildungsenthalpien einiger Stoffe wiedergegeben.

Tabelle 1: Freie Standardbildungsenthalpien ausgewählter Stoffe

Verbindung	Standardbildungsenthalpie $\Delta_f G^0$ in $\text{kJ} \cdot \text{mol}^{-1}$
CaO (s)	– 604,2
MgO (s)	– 596,6
CO_2 (g)	– 394,4
SO_3 (g)	– 370,4
SO_2 (g)	– 300,4
HF (g)	– 270,70
H_2O (l)	– 237,13
H_2O (g)	– 228,57
CH_3OH	– 166,23
CO (g)	– 137,2
HCl (g)	– 95,27
HBr (g)	– 53,22
CH_4 (g)	– 50,8
H_2S (g)	– 33,01
C_2H_6 (g)	– 32,89
C_3H_8 (g)	– 23,47
NH_3 (g)	– 16,66
HI (g)	1,30
Br_2 (g)	3,14
I_2 (g)	19,37
NO_2 (g)	51,84
NO (g)	86,71
N_2O_4 (g)	100
N_2O (g)	103,59

Die **freie Standardbildungsenthalpie $\Delta_f G^0$** einer chemischen Verbindung ist die Änderung der freien Enthalpie, wenn 1 mol dieser Verbindung aus den Elementen der stabilsten Form bei 25 °C und $1{,}013 \cdot 10^5$ Pa dargestellt wird.

14.3.5 Temperaturabhängigkeit der freien Enthalpie

Aus der Gleichung 14.13 $\Delta_r G = \Delta_r H - T\Delta_r S$ ist ersichtlich, dass alle Reaktionen, bei denen keine Entropieeffekte auftreten, spontan verlaufen, wenn sie exotherm sind ($\Delta_r H$ ist dann negativ).

Ändert sich die Entropie, so gewinnt der Term $-T\Delta S$ immer größere Bedeutung bei Temperaturänderungen. Geht man davon aus, dass ΔH und ΔS sich mit der Temperatur nicht ändern (bei geringen Temperaturänderungen immer der Fall), so ändert sich nur der Term $-T\Delta S$ merklich mit der Temperatur. Bei hohen Temperaturen gewinnt er somit an Bedeutung. Den Einfluss der Temperatur auf den spontanen, freiwilligen Ablauf von Reaktionen zeigt Tabelle 1.

Tabelle 1: Einfluss der Temperatur auf die Spontaneität von Reaktionen

Reaktions-enthalpie $\Delta_r H$	Reaktions-entropie $\Delta_r S$	Freie Reaktionsenthalpie $\Delta_r G$	Temperaturabhängigkeit der Reaktion
negativ (–)	positiv (+)	immer negativ	Bei jeder Temperatur spontaner (freiwilliger) Ablauf der Reaktion
positiv (+)	negativ (–)	immer positiv	Bei keiner Temperatur spontaner Ablauf der Reaktion
negativ (–)	negativ (–)	negativ (–) bei niedriger Temperatur	Bei niedriger Temperatur spontaner Ablauf der Reaktion
negativ (–)	positiv (+)	positiv (+) bei hoher Temperatur	Bei hoher Temperatur kein spontaner Ablauf der Reaktion
positiv (+)	positiv (+)	negativ (–) bei hoher Temperatur	Bei hoher Temperatur spontaner Ablauf der Reaktion
positiv (+)	positiv (+)	positiv (+) bei niedriger Temperatur	Bei niedriger Temperatur kein spontaner Ablauf

14

Beispiel 14.9: Vorhersage und Berechnung von $\Delta_r G$ bei steigender Temperatur

Für die Bildung von NH_3 aus den Elementen sind $\Delta_f G^0 = -16{,}66\ \text{kJ} \cdot \text{mol}^{-1}$ und $\Delta_r G^0 = -33\ \text{kJ}$ Es werden 2 mol NH_3 gebildet.

a) Sagen Sie voraus, wie sich das Vorzeichen von $\Delta_r G$ mit steigender Temperatur verändert für das Gleichgewicht:

$N_2(g) + 3\,H_2(g) \rightleftarrows 2\,NH_3(g)$

b) Berechnen Sie $\Delta_r G$ bei 600 °C unter der Annahme, dass sich die Reaktionsenthalpie und die Reaktionsentropie nicht mit der Temperatur ändern.

$\Delta_r H^0 = -92{,}38\ \text{kJ},\ \Delta_r S^0 = -198{,}3\ \text{J} \cdot \text{K}^{-1}$

Lösung:

a) Da $\Delta_r S$ negativ ist, ist der Term $-T\Delta_r S$ positiv und nimmt mit steigender Temperatur zu. Die freie Reaktionsenthalpie wird weniger negativ, wenn die Vorraussetzung der Temperaturunabhängigkeit von Reaktionsenthalpie und Reaktionsentropie erfüllt ist.

b) Unter der Annahme, dass wie bei a) Reaktionsenthalpie und Reaktionsentropie nicht von der Temperatur abhängen, erhält man mit Gleichung 14.13

$\Delta_r G = -92{,}38\ \text{kJ} - 873\ \text{K} \cdot (-198{,}3 \cdot 10^{-3}\ \text{kJ} \cdot \text{K}^{-1}) \approx 80{,}74\ \text{kJ}$

Dieses Beispiel zeigt, wie sich durch die Änderung von Reaktionsbedingungen, hier der Temperatur, der spontane Ablauf einer Reaktion umkehrt. Für die industrielle Herstellung von Ammoniak sind niedrige Temperaturen ideal. Bei 25 °C ist $\Delta_r G^0 = -33$ kJ, so dass die Reaktion spontan abläuft. Leider ermöglicht die Thermodynamik, wie schon erwähnt, keine Aussage über die Zeit, in der eine Reaktion stattfindet. Bei der Standardtemperatur von 25 °C ist keine Umsetzung zwischen Stickstoff und Wasserstoff zu beobachten, da bei dieser Temperatur die Reaktionsgeschwindigkeit zu gering und damit die Zeit bis zur Einstellung des Gleichgewichts zu groß ist.

14.3.6 Freie Enthalpie und Gleichgewichtskonstanten

In der Tabelle 1, S. 429, sind die Werte für $\Delta_f G^0$ wiedergegeben. Mit ihrer Angabe lassen sich die Werte für $\Delta_r G^0$ berechnen (Beispiel 14.8).

Die meisten chemischen Reaktionen finden aber nicht unter Standardbedingungen statt. Das Verhältnis zwischen der Änderung der freien Standardreaktionsenthalpie $\Delta_r G^0$ und der freien Reaktionsenthalpie $\Delta_r G$ unter anderen, beliebigen Bedingungen lässt sich berechnen mit der Gleichung:

$$\boldsymbol{\Delta_r G = \Delta_r G^0 + R \cdot T \cdot \ln Q}$$

$\Delta_r G$	$\Delta_r G^0$	R	T	Q
$kJ \cdot mol^{-1}$	$kJ \cdot mol^{-1}$	$kJ \cdot mol^{-1} \cdot K^{-1}$	K	1

Gl. 14.16

In dieser Gleichung ist Q der Reaktionsquotient (s. Kap. 12.2, S. 367). Der Ausdruck für den Reaktionsquotient Q ist identisch mit dem Ausdruck für die Gleichgewichtskonstante K (K_c oder K_p) mit dem Unterschied, dass Reaktanten und Produkte nicht notwendigerweise im Gleichgewicht sind.

Unter Standardbedingungen ist $Q = 1$ und $\ln Q = 0$. Somit ist dann: $\Delta_r G = \Delta_r G^0$. Weichen die Konzentrationen von Produkten und Edukten von den Standardwerten ab, so muss Q berechnet werden, um den Wert von $\Delta_r G$ zu bestimmen.

Mit Gleichung 14.16 kann man das Verhältnis zwischen $\Delta_r G$ und der Gleichgewichtskonstanten K herleiten, um den Zusammenhang zwischen beiden Größen herzustellen. Im Gleichgewicht ist $\Delta_r G = 0$ und $Q = K$. Aus Gleichung 14.16 ergibt sich dann:

$0 = \Delta_r G^0 + R \cdot T \cdot \ln K$ und umgestellt:

$$\boldsymbol{\Delta_r G^0 = -R \cdot T \cdot \ln K}$$

$\Delta_r G$	R	T	K
$kJ \cdot mol^{-1}$	$kJ \cdot mol^{-1} \cdot K^{-1}$	K	1

Gl. 14.17

Mit Gleichung 14.17 kann man den Wert von K berechnen, wenn die entsprechenden Werte von $\Delta_r G^0$ bekannt sind. Diese Gleichung ist eine der wohl nützlichsten der Thermodynamik. Sie verbindet die Gleichgewichtskonstante mit der freien Standardreaktionsenthalpie. Löst man Gleichung 14.17 nach K auf, so erhält man:

$$\boldsymbol{K = e^{\frac{-\Delta_r G^0}{R \cdot T}}}$$

K	$\Delta_r G^0$	R	T
1	$kJ \cdot mol^{-1}$	$kJ \cdot mol^{-1} \cdot K^{-1}$	K

Gl. 14.18

In den Gleichungen 14.16 und 14.17 sind der Reaktionsqotient Q und die Gleichgewichtskonstante K eine thermodynamische Größe und daher ohne Einheit. Die Zahlenwerte für Q bzw. K werden wie in Kap. 12 gezeigt berechnet. Die Einheiten für Q und K erhält man aus den Gleichungen für das MWG für beide Größen (s. Kap. 12.1, S. 362). Bei Reaktionen in der Gasphase werden für die Komponenten die Partialdrücke angegeben und bei Reaktionen in Lösung die Stoffmengenkonzentrationen.

Ein Einheitenproblem taucht auch bei der Größe $\Delta_r G^0$ auf. Für $\Delta_r G^0$ muss in den Gleichungen 14.16, 14.17 und 14.18 die Einheit $kJ \cdot mol^{-1}$ verwendet werden. Hierbei ist „pro mol" bezogen auf den in der Reaktionsgleichung angegebenen **Formelumsatz**. Für das Beispiel 14.8 heißt das: $\Delta_r G^0 = -2883{,}24$ kJ pro 2 mol C_2H_6, pro 7 mol O_2, pro 4 mol CO_2 und pro 6 mol H_2O. In der Literatur wird der Formelumsatz auch durch die sogenannte **Umsatzvariable** ξ angegeben, ein Umrechnungsfaktor, mit dem thermodynamische Größen bezüglich der Einheit ineinander umgerechnet werden können. Auf die Umsatzvariable wird hier nicht näher eingegangen. Ähnliche Umrechnungsfaktoren gibt es auch für Q und K hinsichtlich der Kompatibilität der Einheiten.

Aus der **Gleichung 14.17** ist auch ersichtlich dass bei einem negativen Wert von $\Delta_r G^0$ der Wert von ln K positiv ist und somit $K > 1$ ist. Wenn der Wert von $\Delta_r G^0$ dagegen positiv ist, so wird ln K negativ und $K < 1$. Bei $\Delta_r G^0 = 0$ (Gleichgewicht) ist $K = 1$. Zusammengefasst gilt die Übersicht:

$\Delta_r G^0$ ist negativ:	$K > 1$
$\Delta_r G^0 = 0$:	$K = 1$
$\Delta_r G^0$ ist positiv:	$K < 1$

Beispiel 14.10: Berechnung der Gleichgewichtskonstante K_p bei verschiedenen Temperaturen

Berechnen Sie die Gleichgewichtskonstante K_p für die Bildung von Ammoniak NH_3 nach der Gleichung:

$N_2(g) + 3\,H_2(g) \rightleftarrows 2\,NH_3(g)$ für

a) Standardbedingungen (25 °C)

b) 600 °C

Lösung:

Mit den Werten aus **Beispiel 14.9** und der **Gleichung 14.18** erhält man für

a) $$K = e^{-\frac{2\,\cdot\,(-16{,}66\ \text{kJ}\,\cdot\,\text{mol}^{-1})}{8{,}314\,\cdot\,10^{-3}\ \text{kJ}\,\cdot\,\text{mol}^{-1}\cdot\,\text{K}^{-1}\,\cdot\,298\ \text{K}}} \approx 7{,}0 \cdot 10^{5}$$

b) $$K = e^{-\frac{+121{,}86\ \text{kJ}\,\cdot\,\text{mol}^{-1}}{8{,}314\,\cdot\,10^{-3}\ \text{kJ}\,\cdot\,\text{mol}^{-1}\cdot\,\text{K}^{-1}\,\cdot\,298\ \text{K}}} \approx 5{,}0 \cdot 10^{-8}$$

14

Aufgaben:

1. Ein Gas wird in einen Zylinder mit beweglichem Kolben eingeschlossen. Es herrscht Atmosphärendruck. Bei einer bestimmten chemischen Reaktion des Gases gibt es 85 kJ Wärme an die Umgebung ab und verrichtet 34 kJ Volumenarbeit an der Umgebung. Berechnen Sie für diesen Vorgang $\Delta_r H$ und $\Delta_r U$.

2. Methanol CH_3OH verbrennt mit Luftsauerstoff O_2 zu Kohlenstoffdioxid CO_2 und Wasser nach folgender Reaktionsgleichung:

$CH_3OH\,(l) + \frac{3}{2}\,O_2\,(g) \rightarrow CO_2\,(g) + 2\,H_2O\,(l) \quad | \ \Delta_r H = -726\ \text{kJ}$

a) Geben Sie die Reaktionsgleichung mit ganzzahligen Koeffizienten an und geben Sie $\Delta_r H$ dann für diese Gleichung an.

b) Wie groß ist die Enthalpieänderung der Umkehrreaktion?

c) Wenn bei der Reaktion Wasserdampf anstelle von flüssigem Wasser entstehen würde, würde der Betrag von $\Delta_r H$ zunehmen, gleich bleiben oder abnehmen?

Begründen Sie Ihre Antwort.

3. Berechnen Sie mit den Reaktionsenthalpien $\Delta_r H$ der Reaktionen

$H_2\,(g) + F_2\,(g) \rightarrow 2\,HF\,(g) \quad | \ \Delta_r H = -537\ \text{kJ}$

$C\,(s) + 2\,F_2\,(g) \rightarrow CF_4\,(g) \quad | \ \Delta_r H = -680\ \text{kJ}$

$2\,C\,(s) + 2\,H_2\,(g) \rightarrow C_2H_4\,(g) \quad | \ \Delta_r H = +52\ \text{kJ}$

die Reaktionsenthalpie $\Delta_r H$ für die Reaktion von Ethen C_2H_4 mit elementarem Fluor F_2 entsprechend der Reaktion:

$C_2H_4\,(g) + 6\,F_2\,(g) \rightarrow 2\,CF_4\,(g) + 4\,HF\,(g)$

4. Geben Sie für folgende Vorgänge an, ob die Entropie zu- oder abnimmt.

a) $Ag^+ (aq) + Br^- (aq) \rightarrow AgBr (s)$

b) Entsalzung von Meerwasser

c) $Br_2 (l) \rightarrow Br_2 (g)$

d) $Cl_2 (g) + H_2 (g) \rightarrow 2\,HCl (g)$

e) $2\,H_2 (g) + O_2 (g) \rightarrow 2\,H_2O (g)$

f) $2\,C (s) + O_2 (g) \rightarrow 2\,CO (g)$

5. Berechnen Sie die Standardreaktionsentropie für die NH_3-Synthese nach der Gleichung:

$N_2 (g) + 3\,H_2 (g) \rightarrow 2\,NH_3 (g)$

$S^0(N_2) = 191{,}5 \frac{J}{mol \cdot K}$ $S^0(H_2) = 130{,}6 \frac{J}{mol \cdot K}$ $S^0(NH_3) = 192{,}5 \frac{J}{mol \cdot K}$

6. Berechnen Sie die Entropieänderung der Umgebung für die NH_3-Synthese bei Standardbedingungen und geben Sie an, ob die Reaktion spontan abläuft. $\Delta_r H^0 = -92{,}38$ kJ.

7. Berechnen Sie die freie Standardreaktionsenthalpie für die Verbrennung von Methan nach der Gleichung:

$CH_4 (g) + 2\,O_2 (g) \rightarrow CO_2 (g) + 2\,H_2O (g)$

$\Delta_f H^0(CH_4) = -74{,}8 \frac{kJ}{mol}$ $\Delta_f H^0(CO_2) = -393{,}5 \frac{kJ}{mol}$ $\Delta_f H^0(H_2O (g)) = -241{,}82 \frac{kJ}{mol}$

$S^0(CH_4) = 186{,}3 \frac{J}{mol \cdot K}$ $S^0(CO_2) = 213{,}6 \frac{J}{mol \cdot K}$

$S^0(H_2O (g)) = 188{,}83 \frac{J}{mol \cdot K}$ $S^0(O_2 (g)) = 205{,}0 \frac{J}{mol \cdot K}$

8. Berechnen Sie die freie Standardreaktionsenthalpie für die Verbrennung von Propan C_3H_8 aus den freien Standardbildungsenthalpien. Die Reaktionsgleichung lautet:

$C_3H_8 (g) + 5\,O_2 (g) \rightarrow 3\,CO_2 (g) + 4\,H_2O (g)$

$\Delta_f G^0(C_3H_8) = -23{,}47 \frac{kJ}{mol}$ $\Delta_f G^0(CO_2) = -394{,}4 \frac{kJ}{mol}$

$\Delta_f G^0(H_2O (g)) = -228{,}57 \frac{kJ}{mol}$

9. Berechnen Sie die Gleichgewichtskonstante für die thermische Zersetzung von Calciumcarbonat $CaCO_3$ zu Calciumoxid CaO und Kohlenstoffdioxid CO_2 nach der Reaktionsgleichung:

$CaCO_3 (s) \rightarrow CaO (s) + CO_2 (g)$ bei

a) 25 °C

b) 900 °C

$\Delta_f H^0(CaCO_3) = -1206{,}9 \frac{kJ}{mol}$ $\Delta_f H^0(CaO) = -635{,}5 \frac{kJ}{mol}$

$\Delta_f H^0(CO_2) = -393{,}5 \frac{kJ}{mol}$ $S^0(CaCO_3) = 92{,}9 \frac{J}{mol \cdot K}$

$S^0(CaO) = 39{,}8 \frac{J}{mol \cdot K}$ $S^0(CO_2) = 213{,}6 \frac{J}{mol \cdot K}$

14

15 Organische Chemie

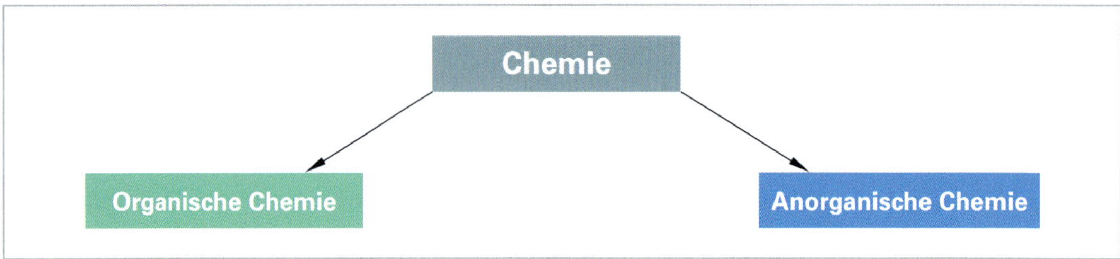

Bild 1: Unterteilung der Chemie nach *Bergman*

Bezeichnungen wie Harnstoff, Essigsäure, Holzgeist und Sumpfgas sind Namen für typische **organische Stoffe**. Woher kommt die Bezeichnung „organisch"? Der schwedische Naturforscher und Chemiker *Torbern Olof Bergman* unterschied 1777 den Bereich der **organischen Chemie** (Chemie der „Lebewesen-Stoffe") vom Bereich der **anorganischen Chemie** (Chemie der Gesteine und Mineralien, der „toten Materie", **Bild 1**). Mehrere Jahrzehnte lang glaubte man, dass der Aufbau organischer Verbindungen außerhalb eines lebenden Körpers nicht möglich wäre. Die meisten Forscher der damaligen Zeit waren der Ansicht, dass man eine so genannte „Lebenskraft" (lat. *vis vitalis*) brauche, um organische Verbindungen herzustellen. Der deutsche Chemiker *Friedrich Wöhler* (1800–1882) hat diese geheimnisvolle Vorstellung widerlegt: 1824 stellte er aus verschiedenen anorganischen Stoffen Oxalsäure her. Im Jahre 1828 gelang es ihm, im Labor aus einem anorganischen Salz (Ammoniumcyanat NH_4OCN) den organischen Stoff Harnstoff herzustellen. Bis zu *Wöhlers* Versuch konnte man Harnstoff nur aus Urin isolieren. Nun hatte er gezeigt, dass man keinen lebenden Körper zur Synthese von Harnstoff benötigt. *Wöhler* schrieb seinem Freund und ehemaligen Lehrer *Jacob Berzelius*, einem bekannten Chemiker in Schweden: „Ich muß Ihnen sagen, daß ich Harnstoff machen kann, ohne dazu Nieren oder überhaupt ein Thier, sey es Mensch oder Hund, nöthig zu haben."

Nach *Wöhlers* Entdeckung dauerte es trotzdem noch etwa 30 Jahre, bis die Vorstellung von der „Lebenskraft" im Zusammenhang mit der organischen Chemie aus den Köpfen der Menschen verschwunden war. In diesem Kapitel sind die Grundlagen der organischen Chemie dargestellt. In Band 2 des Fachwissen Chemie werden die Inhalte für Teil 2 der gestreckten Abschlussprüfung erweitert und vertieft.

15.1 Eigenschaften organischer Verbindungen

Der Begriff „Organische Chemie" lässt sich in der heutigen Zeit am besten so beschreiben: In allen organischen Verbindungen ist das chemische Element **Kohlenstoff** immer vertreten. Weiterhin findet man meistens **Wasserstoff** und **Sauerstoff** sowie häufig **Stickstoff**. Die Elemente aus der Gruppe der **Halogene, Schwefel** und **Phosphor** sind dagegen seltener vertreten. Auch heute kann man deshalb noch die Definition der organischen Chemie benutzen, die *Friedrich Kekulé* vor 140 Jahren aufgestellt hat:

> Die **organische Chemie** ist die Lehre von den Verbindungen des Kohlenstoffs.

Die Kohlenstoff-Modifikationen Graphit und Diamant, die beiden Kohlenstoffoxide CO und CO_2, die Metallcarbide wie z. B. CaC_2 sowie die Kohlensäure H_2CO_3 und ihre Salze werden den anorganischen Verbindungen zugeordnet. Aus der Stellung des Kohlenstoffs im Periodensystem der Elemente (PSE, Kap. 5, S. 140) kann man Folgendes ableiten: Kohlenstoff ist ein Element der zweiten Periode und steht an der Spitze der 14. Gruppe (IV. Hauptgruppe). Auf seiner äußersten Schale besitzt der Kohlenstoff daher vier Elektronen (Valenzelektronen). Nach der Oktettregel (s. Kap. 6, S. 163) streben die Atome auf der äußersten Schale eine Anordnung von acht Elektronen an wie die Edelgase (außer Helium).

Wendet man die Oktettregel auf das Kohlenstoffatom an, so müsste Kohlenstoff vier Elektronen abgeben, um eine Elektronenanordnung wie Helium zu erreichen. Die zweite Möglichkeit bestünde darin, dass Kohlenstoff vier Elektronen aufnimmt, um eine Elektronenanordnung wie das Edelgas Neon zu erreichen. In diesen Fällen wäre Kohlenstoff ein Ion, das entweder vierfach positiv oder vierfach negativ geladen ist (**Bild 1**). Beides wäre mit einer sehr hohen Energieübertragung verbunden. Diese Ionisierung tritt deshalb in der Praxis nicht auf. Das Kohlenstoff-Atom geht in der Regel keine Ionenbindung ein. Kohlenstoff bevorzugt statt dessen eine Bindungsart, bei der die aneinander gebundenen Atome Elektronen miteinander teilen. Man nennt diese Art der Bindung **Atombindung** oder **Elektronenpaarbindung** (s. Kap. 6, S. 170). Mit seinen vier Valenzelektronen kann das Kohlenstoff-Atom vier Atombindungen eingehen. Der Wert der **Elektronegativität** (s. Kap. 6.2.9, S. 187) beträgt rund 2,6. Kohlenstoff liegt auch damit fast in der Mitte des Bereichs der im Periodensystem vertretenen Elemente (**Bild 2**).

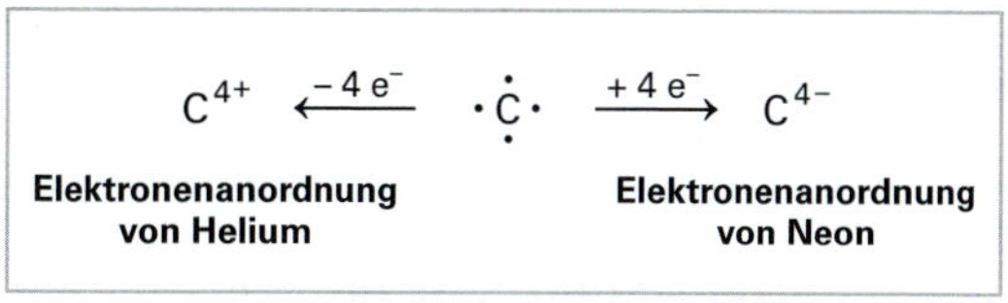

Bild 1: Kohlenstoff und die Oktettregel

OZ	Hauptgruppen 1 Ia	2 IIa	13 IIIa	14 IVa	15 Va	16 VIa	17 VIIa	18 VIIIa
1	1 2,2 (← Elektronennegativität nach *Pauling*) H (← Elementsymbol)							2 He
2	3 0,98 Li	4 1,57 Be	5 2,04 B	6 2,55 C	7 3,04 N	8 3,44 O	9 3,98 F	10 Ne
3	11 0,93 Na	12 1,31 Mg	13 1,61 Al	14 1,90 Si	15 2,19 P	16 2,58 S	17 3,16 Cl	18 Ar
4	19 0,82 K	20 1,00 Ca	31 1,81 Ga	32 2,01 Ge	33 2,18 As	34 2,55 Se	35 2,96 Br	36 Kr
5	37 0,82 Rb	38 0,95 Sr	49 1,78 In	50 1,96 Sn	51 2,05 Sb	52 2,10 Te	53 2,66 I	54 Xe
6	55 0,79 Cs	56 0,89 Ba	81 1,62 Tl	82 1,80 Pb	83 1,90 Bi	84 2,00 Po	85 2,20 At	86 Rn

Bild 2: Elektronegativitätswerte der Hauptgruppen-Elemente des PSE

> Die besondere Eigenschaft des **Kohlenstoff-Atoms** ist sein Bestreben, vier Atombindungen einzugehen.

Durch diese Eigenschaft besitzt der Kohlenstoff die Fähigkeit, sich praktisch unbegrenzt mit anderen Kohlenstoff-Atomen zu einer Vielzahl von ketten- oder ringförmigen Molekülen zu verbinden (**Bild 3**). Die Energie einer Kohlenstoff-Kohlenstoff-Einfachbindung ist relativ groß. Dadurch sind diese Verbindungen unter normalen Bedingungen recht stabil.

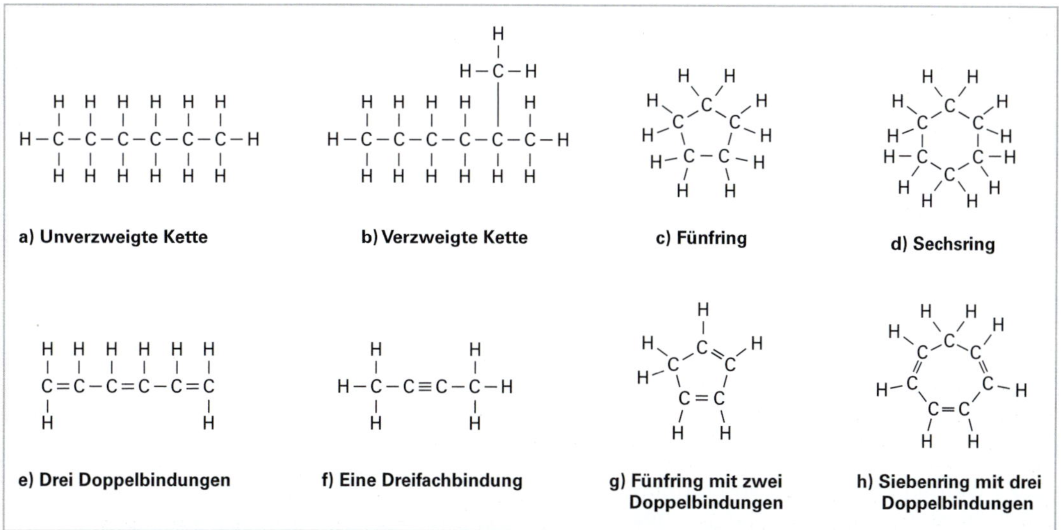

Bild 3: Unterschiedliche Strukturen von Kohlenstoff-Verbindungen

15

Bis heute sind etwa 15 Millionen organische Verbindungen bekannt. Dem gegenüber kennt man nur etwa 500000 anorganische Verbindungen. Werden die noch freien Valenzelektronen der miteinander gebundenen Kohlenstoff-Atome mit Wasserstoff-Atomen besetzt, erhält man Moleküle, die nur aus den Elementen Kohlenstoff und Wasserstoff bestehen: die **Kohlenwasserstoffe.**

Entsprechend der Anordnung der Kohlenstoff-Atome kann man die verschiedenen Kohlenwasserstoffmoleküle in vier Grundtypen einteilen:

1. Kettenförmige Strukturen mit Kohlenstoff-Kohlenstoff-Einfachbindungen
2. Ringförmige Strukturen mit Kohlenstoff-Kohlenstoff-Einfachbindungen
3. Kettenförmige Strukturen mit Kohlenstoff-Kohlenstoff-Mehrfachbindungen
4. Ringförmige Strukturen mit Kohlenstoff-Kohlenstoff-Mehrfachbindungen.

In die Ringe können außer Kohlenstoff auch Fremd-Atome eingebaut werden. Dabei handelt es sich meistens um Sauerstoff, Schwefel oder Stickstoff. Man nennt diese Ringe dann **Heterocyclen** (gr. *heteros*: anders, lat. *cyclius*: kreisförmig).

Kohlenwasserstoffe sind organische Verbindungen, die ausschließlich aus Atomen der Elemente Kohlenstoff und Wasserstoff bestehen.

Gesättigte Kohlenwasserstoffe besitzen nur Kohlenstoff-Kohlenstoff-**Einfachbindungen.**

Ungesättigte Kohlenwasserstoffe besitzen auch Kohlenstoff-Kohlenstoff-**Mehrfachbindungen.**

Cyclische Kohlenwasserstoffe sind Verbindungen mit **ringförmiger Struktur**. Sie können gesättigt und ungesättigt vorliegen.

Heterocyclische Verbindungen besitzen neben Kohlenstoff auch **Fremd-Atome** wie Sauerstoff, Schwefel oder Stickstoff **im Ring.** Auch hier gibt es gesättigte und ungesättigte Verbindungen.

15.2 Formelschreibweise organischer Verbindungen

Eine gute räumliche Vorstellung von der Struktur eines organischen Moleküls erhält man mit Hilfe des Kugel-Stab-Modells. Auf diese Weise lassen sich auch große und komplizierte Moleküle darstellen. Schon bei der Konstruktion fallen unterschiedliche Möglichkeiten der räumlichen Anordnung auf. Das fertige Modell lässt sich drehen und wenden.

Diese dreidimensionale Darstellung hat somit durchaus Vorteile, die aber an das Vorhandensein eines Baukastens oder eines entsprechenden Computerprogrammes gebunden ist. Die Ergebnisse kann man seinem Gesprächspartner am Modell vermitteln, eine Erklärung am Telefon oder in schriftlicher Form ist jedoch deutlich schwieriger. Daher wurden einfachere Methoden der ein- oder zweidimensionalen Darstellung entwickelt. Im **Bild 1** werden am Beispiel von Propan-1-ol die Möglichkeiten der Darstellung eines organischen Moleküls aufgezeigt:

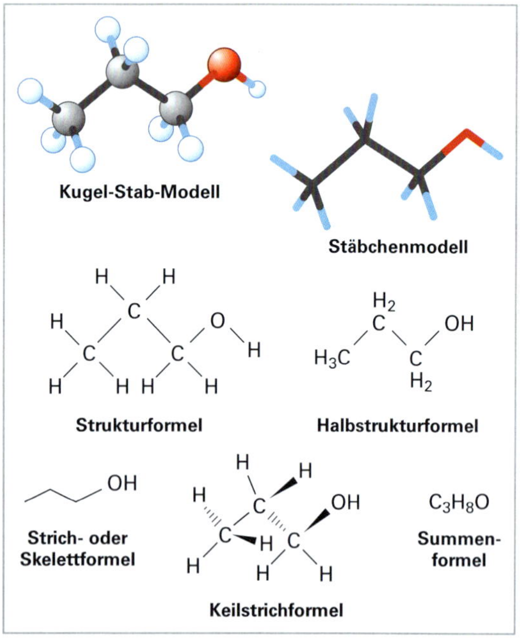

Bild 1: Verschiedene Formeldarstellungen von Propan-1-ol

Summenformel

Die **Summenformel** enthält nur Angaben zur Art und Anzahl der im Molekül enthaltenen Elemente. Die Elementsymbole werden in der Reihenfolge des *Hill*schen Systems aufgelistet. Diese Schreibweise wurde 1900 von dem amerikanischen Chemiker *Edwin A. Hill* vorgeschlagen und wird bis heute verwendet.

Hierbei steht innerhalb jeder Summenformel als erstes Elementsymbol **C** (Kohlenstoff) und als zweites **H** (Wasserstoff), die übrigen Elementsymbole folgen in alphabetischer Reihenfolge. Die Anzahl der jeweiligen Atome im Molekül wird als tiefer gestellter Index rechts an das Symbol gesetzt.

Mit der Summenformel erfasst man auf den ersten Blick die genaue Zusammensetzung des Moleküls. Man erhält jedoch keine Informationen über die Art der Bindungen sowie funktionelle Gruppen oder die räumliche Anordnung der Atome zueinander.

Halbstrukturformel

In der **Halbstrukturformel** sind kleinere Einheiten von Atomen zu Gruppen zusammengefasst. Man erhält einen zügigen Überblick über die Gesamtzusammensetzung des Moleküls, ohne dass die Information über die Struktur verloren geht. Der Strich zwischen den Atomgruppen symbolisiert die C–C-Bindung.

Strichformel oder Skelettformel

Eine andere Möglichkeit, eine Halbstrukturformel darzustellen, ist die **Strichformel**. Bei dieser Art der Darstellung bedeutet jede Ecke und jedes Ende des Striches ein Kohlenstoff-Atom (genauer: eine CH_n-Einheit). Befindet sich an einem C-Atom ein anderer Bindungspartner als Wasserstoff, so wird dieser gesondert aufgeführt, z. B. die OH-Gruppe an C-Atom 1 des Propan-1-ol.

Strukturformel

Die **Strukturformel** ist die ausführlichste zweidimensionale Darstellung. Anhand der Strukturformel einer Verbindung erhält man die Information über den eindeutigen Aufbau der Verbindung. Der Nachteil dieser Schreibweise ist, dass sie bei größeren Molekülen wenig übersichtlich ist.

15

Keilstrichformel

Die **Keilstrichformel** geht auf die räumliche Struktur eines Moleküls ein und gibt damit teilweise eine dreidimensionale Darstellung wieder. Der gestrichelt gezeichnete Keil bedeutet, dass sich die daran gebundene Atomgruppe hinter der Papierebene befindet. Der ausgefüllte Keil gibt an, dass der daran gebundene Teil des Moleküls aus der Papierebene herausragt.

Jede dieser Darstellungsweisen ist „korrekt". Die Entscheidung, welche Art der Darstellung eines Moleküls gewählt wird, muss sich immer nach der Art der Information richten, die übermittelt werden soll. Geht es nur um die elementare Zusammensetzung, dann reicht die Summenformel aus. Soll hingegen eine räumliche Anordnung der Atome im Molekül verdeutlicht werden, ist eine aufwändigere Darstellungsweise wie die Strukturformel zu wählen.

Eine **organische Verbindung** wird nur durch ihre Struktur-, Halbstruktur-, Strich- oder Keilstrichformel eindeutig gekennzeichnet, nicht aber durch ihre Summenformel.

15.3 Struktur einer organischen Verbindung – Strukturisomerie

Über den räumlichen Aufbau eines Moleküls sagt die Summenformel in der Regel nichts aus. Für eine Verbindung mit der Summenformel C_2H_6O ergeben sich z. B. zwei völlig verschiedene Strukturformeln (Bild 1). Die Verbindung mit der Halbstrukturformel CH_3OCH_3 ist ein **Ether**, das Molekül mit der Halbstrukturformel CH_3CH_2OH ist ein **Alkanol** (Alkohol). Beide Verbindungen unterscheiden sich erheblich in ihren physikalischen und chemischen Eigenschaften. Dimethylether siedet bei – 24 °C, Ethanol besitzt eine Siedetemperatur von 78 °C. In der Chemie sagt man: Dimethylether und Ethanol sind **strukturisomere Verbindungen** oder auch **konstitutionsisomere Verbindungen**.

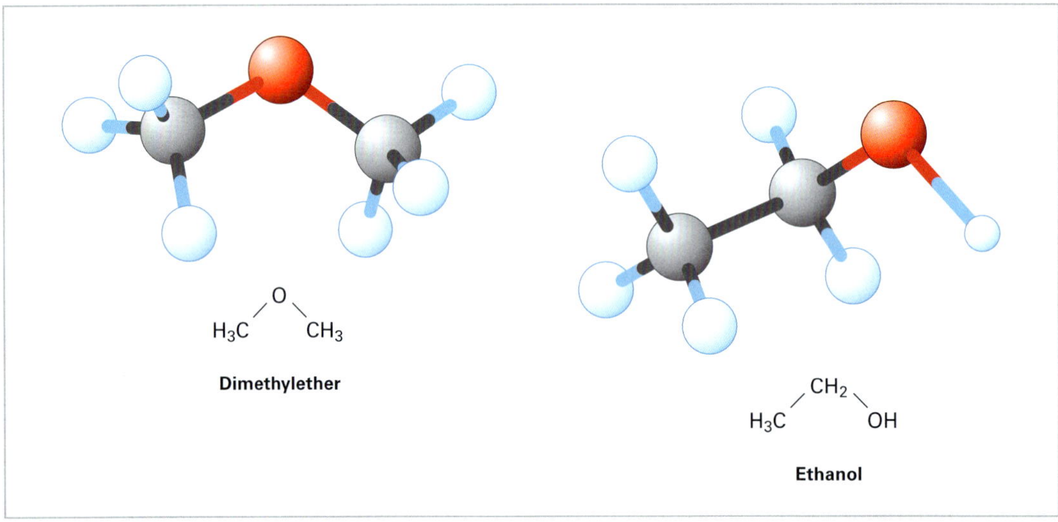

Bild 1: Isomere Verbindungen mit der Summenformel C_2H_6O

> **Strukturisomere** sind Verbindungen, die die gleiche Summenformel, aber eine unterschiedliche Verknüpfung von Atomen oder Atomgruppen im Molekül besitzen.
>
> Die **Konstitution** gibt an, wie die Atome innerhalb eines Moleküls miteinander verknüpft sind.

Eine Übersicht über die verschiedenen Arten der Isomerie gibt Bild 2.

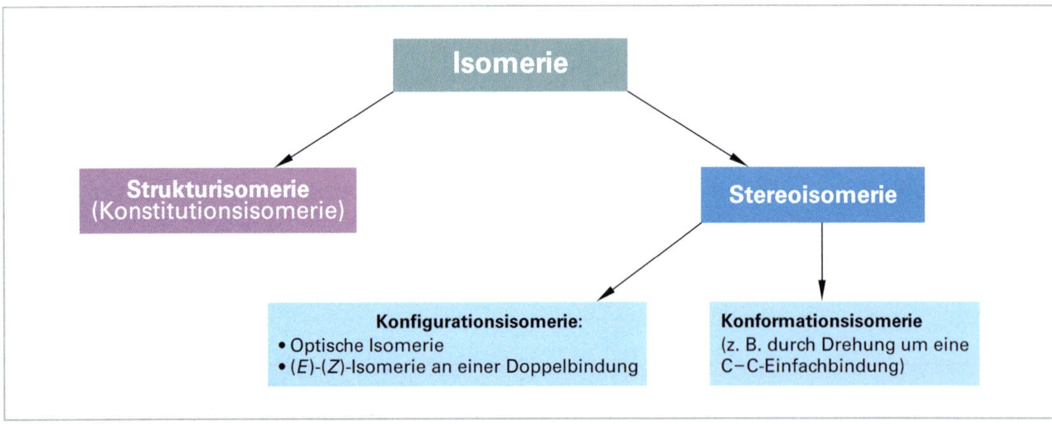

Bild 2: Übersicht über die Isomeriearten

15.4 Derivate und funktionelle Gruppen

Ersetzt man Wasserstoff-Atome eines Kohlenwasserstoffs durch andere Atome wie Chlor, Brom oder Atomgruppen wie die Amino-Gruppe $-NH_2$, erhält man Moleküle mit völlig neuen Eigenschaften. Man nennt diese Verbindungen **Derivate** (lat. *derivare*: ableiten) der ursprünglichen Verbindung. Die Gruppe, die die neuen Eigenschaften in das Molekül eingebracht hat, bezeichnet man als **funktionelle Gruppe.**

Besitzen unterschiedliche Verbindungen die gleichen funktionellen Gruppen, so zeigen sie oft ein ähnliches Verhalten z. B. bei chemischen Reaktionen. Man fasst sie deshalb zu **Verbindungsklassen** zusammen. Tabelle 1 zeigt einige typische funktionelle Gruppen und die zugehörigen Verbindungsklassen. Ein Beispiel für eine solche Verbindungsklasse sind die **Amine.** Amine sind Substanzen von meist unangenehmem Geruch. So ist der typische Geruch von nicht ganz frischem Fisch auf freigesetzte Amine zurückzuführen. Das gemeinsame Merkmal dieser Verbindungen ist die **Amino-Gruppe $-NH_2$.**

Tabelle 1: Verschiedene funktionelle Gruppen und zugehörige Verbindungsklassen

Funktionelle Gruppe		Verbindungsklasse	
Name	**Formel (-X)**	**Name**	**Formel**
Halogen	–Hal (–F, –Cl, –Br, –I)	Halogenalkan	R–Hal
Hydroxyl-Gruppe	–OH	Alkanole und Phenole	R–OH
Sauerstoff-Atom, verbrückt	–O–	Ether	R–O–R′
Aldehyd-Gruppe	–C(=O)–H	Alkanale und aromatische Aldehyde	R–C(=O)–H
Carbonyl-Gruppe (Keto-Gruppe)	–C(=O)–	Alkanone und aromatische Ketone	R–C(=O)–R'
Carboxyl-Gruppe	–C(=O)–OH	Carbonsäuren	R–C(=O)–OH
Amino-Gruppe	$-NH_2$	Amine	$R-NH_2$

15.5 Alkane

Wie die anderen Kohlenwasserstoffe bestehen Alkane nur aus den Elementen Kohlenstoff und Wasserstoff. Jedes Kohlenstoff-Atom ist durch eine Einfachbindung mit vier anderen Atomen verknüpft. Diese Atome befinden sich in den Ecken eines Tetraeders, im Mittelpunkt des Tetraeders steht das Kohlenstoffatom (Bild 1, S. 440).

Eine Erklärung für diese räumliche Struktur des Methans liefert das Orbitalmodell (Bild 2, S. 440). Durch Mischen eines 2s-Orbitals mit drei 2p-Orbitalen des angeregten Kohlenstoff-Atoms entstehen vier energiegleiche sp^3-Hybridorbitale (lat. *hybrid*: Mischung), die in die vier Ecken eines Tetraeders zeigen (s. Kap. 6.2.6, S. 180). Die Hybridorbitale können nun vier Wasserstoff-Atome zum Methan CH_4 binden. Man nennt diese Bindungen σ-Bindungen (sigma-Bindungen).

Alkane sind Kohlenwasserstoffe, die nur Einfachbindungen zwischen den Kohlenstoff-Atomen enthalten. Sie werden auch als **Paraffine** bezeichnet.

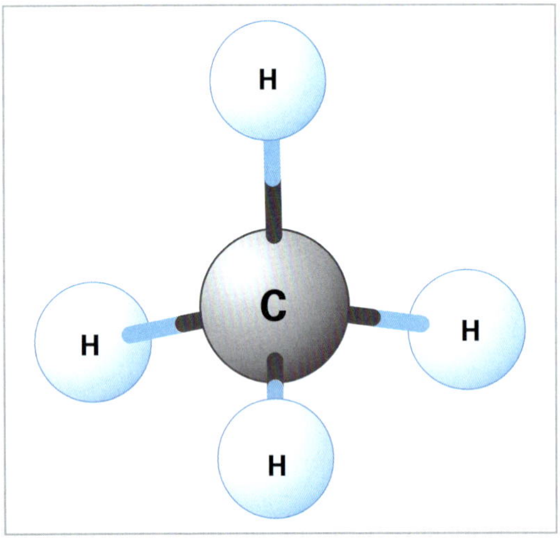

Bild 1: Kugel-Stab-Modell des Methans

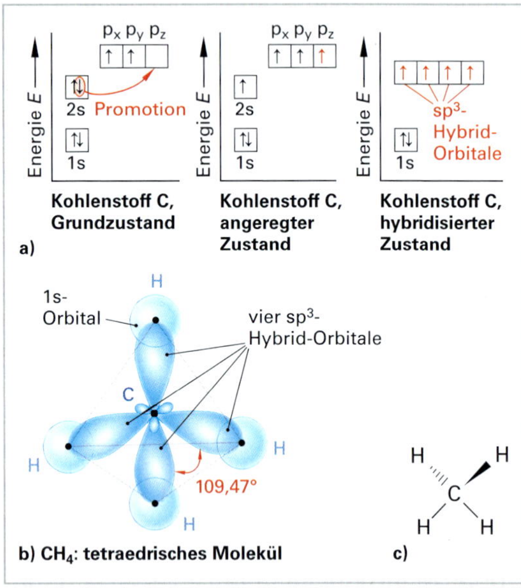

Bild 2: a) sp^3-Hybridisierung des Kohlenstoffs,
b) Bindungen im Methan,
c) Formelschreibweise mit stereochemischer Darstellung der Bindungen

15.5.1 Die homologe Reihe der Alkane

Fügt man beim einfachsten Alkan, dem Methan (Bild 3) in die C–H Bindung eine Methylengruppe $-CH_2-$ ein, gelangt man zu einem Molekül mit zwei Kohlenstoff-Atomen, dem Ethan C_2H_6.

Verlängert man das Kohlenstoff-Gerüst in dieser Weise weiter, enthält jedes nachfolgende Molekül immer eine Methylen-Gruppe mehr.

Man kommt so zu einer Reihe von Kohlenwasserstoffen, die die allgemeine Summenformel $\mathbf{C_nH_{2n+2}}$ haben. Alle Kohlenwasserstoffe, deren Summenformel sich über diese allgemeine Summenformel ableiten lässt, bilden eine **homologe Reihe.**

Eine Gruppe von Verbindungen, deren Moleküle sich jeweils nur um ein Struktur-Element, z. B. die Methylen-Gruppe $-CH_2-$, unterscheiden, nennt man **homologe Reihe** (griech. *homos*: gleich, griech. *logos*: Stoff).

In einer homologen Reihe unterscheiden sich die Verbindungen nur wenig in ihren Eigenschaften. Viele organische Verbindungen sind Teil einer homologen Reihe (Bild 3).

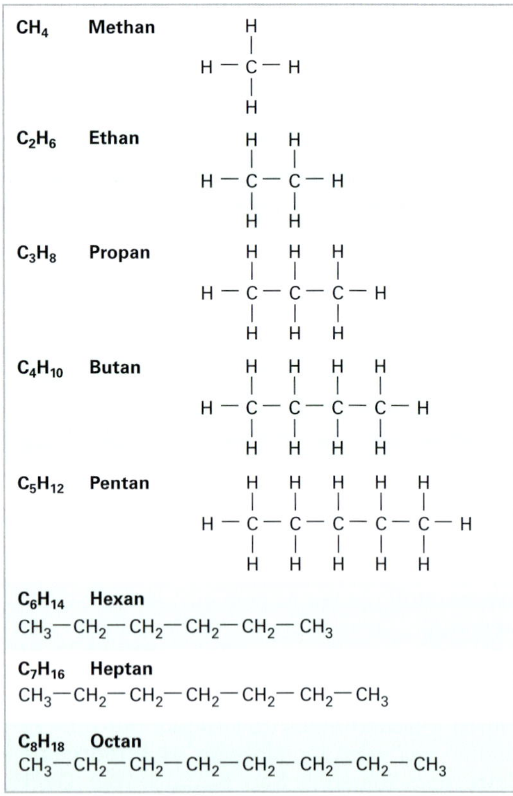

Bild 3: Homologe Reihe der *n*-Alkane mit C_1 bis C_8

15.5.2 Strukturisomerie bei Alkanen

Beginnend mit dem Alkan der Summenformel C_4H_{10} sind zwei verschiedene räumliche Anordnungen (**Konstitutionen**) des Kohlenwasserstoffs möglich (**Bild 1**). Die Anordnung mit unverzweigter Kette, ***n*-Butan**, zeigt physikalische Eigenschaften wie z. B. Schmelz- und Siedetemperaturen, die sich homolog an die des Propans anschließen. Das Isomere mit verzweigter Kette, **Methylpropan,** besitzt eine um 24 °C niedrigere Schmelztemperatur als *n*-Butan.

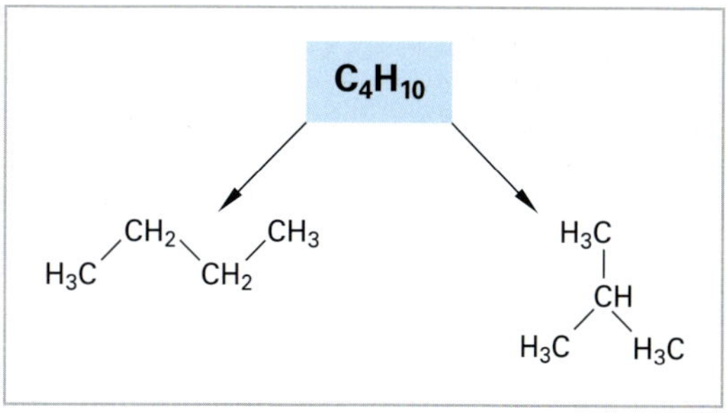

Bild 1: Isomere Alkane mit der Summenformel C_4H_{10}

Mit der Summenformel C_5H_{12} (**Bild 2**) lassen sich drei, bei der Summenformel C_6H_{14} fünf verschiedene Möglichkeiten finden, die Kohlenstoff-Atome miteinander zu verknüpfen.

Die Zahl der Strukturisomere steigt dabei mit der Anzahl der Kohlenstoff-Atome (**Tabelle 1**). Bei einem Alkan mit 30 C-Atomen gibt es über 4 Milliarden (genauer Wert: 4 111 846 763) verschiedene Konstitutionsisomere. Es gibt keine einfache Formel, mit der man die Anzahl der isomeren Alkane mit einer bestimmten Anzahl von C-Atomen bestimmen kann. Inzwischen wurden aber mehrere mathematische Methoden und Computerprogramme entwickelt, die diese Arbeit erledigen.

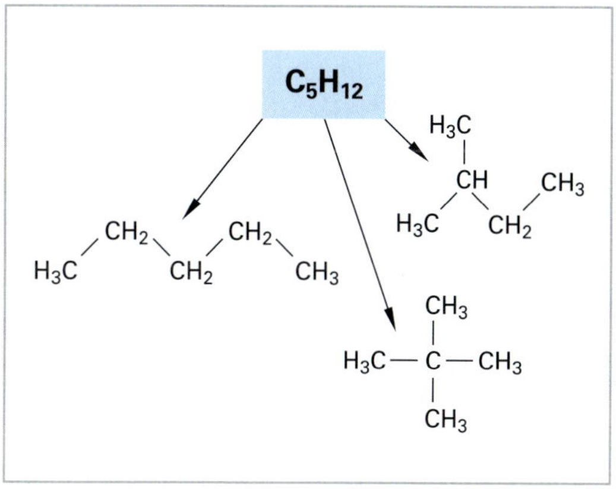

Bild 2: Isomere Alkane mit der Summenformel C_5H_{12}

15.5.3 Systematische Benennung der Alkane

Da die Anzahl der isomeren Alkane mit steigender Zahl der Kohlenstoff-Atome schnell zunimmt (**Tabelle 1**), benötigt man eindeutige Regeln, um die Verbindungen zu benennen. Grundlage für die Benennung ist die Struktur- oder die Halbstrukturformel der Verbindung. Die systematische Benennung erfolgt dann nach Nomenklaturregeln der IUPAC, die in der im Folgenden dargestellten Reihenfolge anzuwenden sind.

Tabelle 1: Anzahl der Strukturisomeren einiger Alkane

Kohlenwasserstoff	Anzahl der Strukturisomere	Kohlenwasserstoff	Anzahl der Strukturisomere
CH_4	1	C_8H_{18}	18
C_2H_6	1	C_9H_{20}	35
C_3H_8	1	$C_{10}H_{22}$	75
C_4H_{10}	2	$C_{15}H_{32}$	4 347
C_5H_{12}	3	$C_{20}H_{42}$	366 319
C_6H_{14}	5	$C_{30}H_{62}$	4 111 846 763
C_7H_{16}	9	$C_{40}H_{82}$	62 481 801 147

15

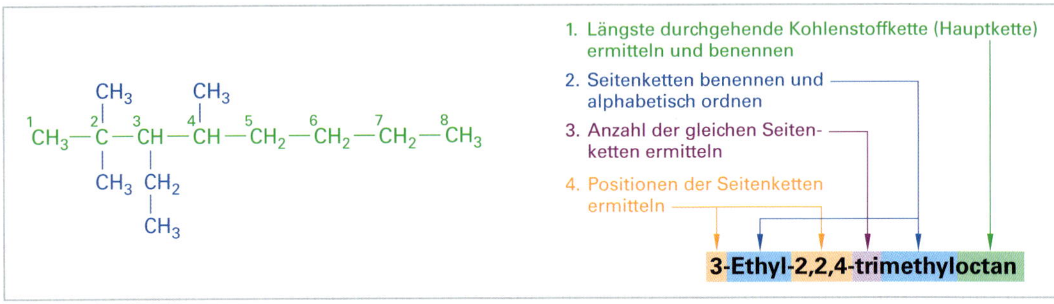

Bild 1: Systematische Benennung eines Alkans

1. Zur eindeutigen Kennzeichnung verzweigter Alkane sucht man zunächst die längste durchlaufende Kohlenstoff-Kette. Bei mehreren Möglichkeiten wird die längste Kette gewählt, die die meisten Seitenketten besitzt. Die Zahl ihrer Kettenglieder ergibt den Stammnamen des betreffenden Alkans.
2. Die Seitenketten erhalten ebenfalls ihren Namen nach der Anzahl der Kohlenstoff-Atome. Die Endung „-an" wird dabei durch „-yl" ersetzt. So wird eine Seitenkette mit zwei Kohlenstoff-Atomen (Stammname: Ethan) mit „ethyl" bezeichnet. Allgemein entsteht aus einem Alkan durch formale Abspaltung eines H-Atoms ein Molekülbestandteil als Substituent, der als Alkylgruppe bezeichnet wird.
3. Wenn die gleiche Seitenkette mehrfach auftritt, wird die Anzahl der gleichen Alkylgruppen durch das entsprechende griechische Zahlwort (di-, tri-, tetra-, penta-) als Vorsilbe gekennzeichnet.
4. Die Hauptkette wird so durchnummeriert, dass die Positionen der Seitenketten die kleinstmöglichen Zahlen erhalten. Kann die Seitenkette nur an einer bestimmten Position stehen, so entfällt die Angabe der Position. Bei der Bezeichnung „2-Methylpropan" ist z. B. die Angabe der Position 2 im Molekül überflüssig und der Name lautet deshalb einfach „Methylpropan".
5. Sind mehrere unterschiedliche Alkylgruppen mit der Grundkette verknüpft, so werden sie in alphabetischer Reihenfolge aufgeführt. Hierbei werden allerdings die Vorsilben di-, tri-, tetra- usw. nicht alphabetisiert; d. h. „dimethyl" steht nicht vor „ethyl".
6. Bestehen bei der Wahl des Anfangspunktes der Nummerierung verschiedene Möglichkeiten, dann wird die niedrigste Ziffer an die im Namen zuerst aufgeführte Seitenkette vergeben (alphabetische Reihenfolge beachten!).

In **Bild 1** ist die Anwendung der Regeln an einem Beispiel wiedergegeben. Mit Hilfe der Nomenklaturregeln ist es möglich, aus dem Namen die Strukturformel des Moleküls zu entwickeln, wie die Beispiele in **Bild 2** zeigen.

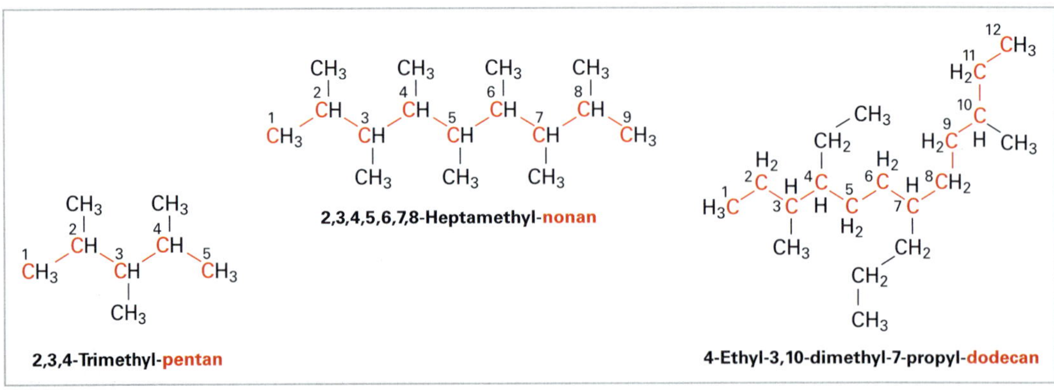

Bild 2: Nomenklaturbeispiele einiger Alkane

Die Kohlenstoff-Atome verzweigter Ketten werden aufgrund ihrer Strukturmerkmale in vier Gruppen eingeteilt (**Bild 1**):

- **Primäre Kohlenstoff-Atome** sind nur mit einem weiteren Kohlenstoff-Atom verbunden. Primäre Kohlenstoff-Atome tragen deshalb drei Wasserstoff-Atome. Beispiel: C-Atom 1 und 5 bei Pentan (**Bild 2**, S. 442).
- **Sekundäre Kohlenstoff-Atome** sind mit zwei weiteren Kohlenstoff-Atomen verbunden. Sie tragen zwei Wasserstoff-Atome. Beispiel: C-Atom 2, 3 und 4 bei Pentan.
- **Tertiäre Kohlenstoff-Atome** sind mit drei weiteren Kohlenstoff-Atomen verbunden und tragen nur noch ein Wasserstoff-Atom. Beispiel: C-Atom 2 von Methylpropan.
- **Quartäre Kohlenstoff-Atome** sind mit vier anderen Kohlenstoff-Atomen verbunden. Das Kohlenstoff-Atom hat damit seine maximale Anzahl von Bindungen erreicht.

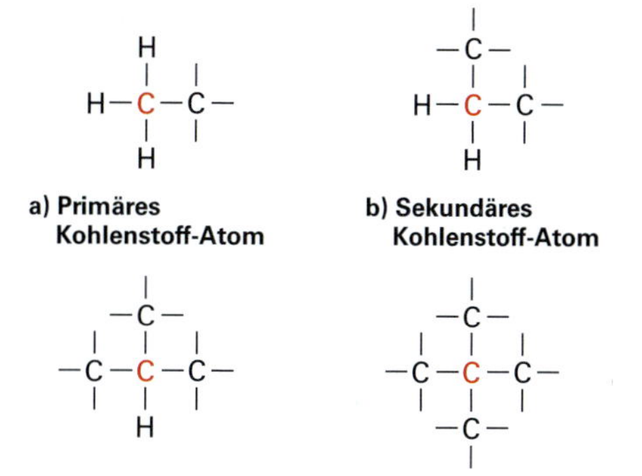

Bild 1: Einteilung der Kohlenstoff-Atome

15.5.4 Physikalische Eigenschaften der Alkane

Die Alkane mit ein bis vier Kohlenstoff-Atomen sind farblos und bei Raumtemperatur gasförmig. Propan und Butan können unter Druck verflüssigt werden. In Druckgasflaschen werden Propan und Butan vor allem zum Heizen benutzt.

Die sich an Butan anschließenden homologen Alkane bis zum Hexadekan $C_{16}H_{34}$ sind bei Raumtemperatur flüssig. Die niedrig siedenden Gemische aus C_5- bis C_{10}-Alkanen sind Bestandteile des **Benzins.** Die Alkane mit Kohlenstoffeinheiten von C_{11} bis C_{16} finden als **Dieselöl** sowie **leichtes** und **schweres Heizöl** Verwendung. Alkane mit mehr als 16 Kohlenstoff-Atomen sind bei Raumtemperatur fest und geruchlos.

Wie **Bild 2** zeigt, steigen innerhalb der homologen Reihe der Alkane die Siedetemperaturen an. Ursache dafür sind die steigenden Kräfte zwischen den einzelnen Alkanmolekülen. Bei unpolaren Molekülen wie den Alkanen kommen hierfür nur die *Van-der-Waals*-Kräfte (s. Kap. 6.3.3, S. 200) in Frage. Diese steigen mit der Anzahl der Elektronen im Molekül. Ab einer bestimmten Molekülgröße werden die ***Van-der-Waals*-Kräfte** zwischen den Molekülen größer als die Kraft der C–C-Bindung. Solche Moleküle lassen sich dann nicht mehr unzersetzt bei Normaldruck verdampfen. Bei den *n*-Alkanen ist diese Grenze bei Nonadecan mit 19 C-Atomen erreicht. Das folgende homologe Alkan, Eicosan ($C_{20}H_{42}$) zersetzt sich beim Verdampfen unter Atmosphärendruck. Ähnlichwie die Siedetemperaturen steigen auch die Schmelztemperaturen (s. Kap. 6.3.3, S. 202, **Bild 1**).

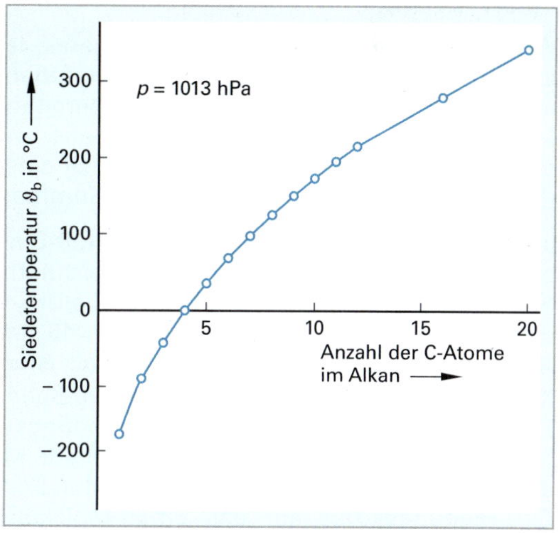

Bild 2: Siedetemperatur der *n*-Alkane

Die Alkane besitzen eine geringere Dichte als Wasser und sind mit **Wasser nicht** mischbar. Für viele wasserunlösliche Stoffe sind sie ein sehr gutes Lösungsmittel. Schon die Alchimisten kannten die Löslichkeitsregel: *„similia similibus solvuntur"* (lat.: „Ähnliches löst Ähnliches"). Das Löseverhalten der Alkane wird danach als **hydrophob** (wasserabweisend) und **lipophil** (fettliebend) bezeichnet.

15.5.5 Chemisches Verhalten der Alkane

Die Kohlenstoff-Kohlenstoff-Bindungen und die Kohlenstoff-Wasserstoff-Bindungen in Alkanen sind recht stabil. So beträgt die Bindungsenergie der C–C-Bindung im Ethan 340 $kJ \cdot mol^{-1}$, die der C–H-Bindung 411 $kJ \cdot mol^{-1}$. Als Folge davon sind die Alkane bei Temperaturen unter 100 °C recht reaktionsträge. Sie reagieren bei Zimmertemperatur weder mit Säuren und Laugen noch mit Sauerstoff. Mit den Halogenen Chlor und Brom reagieren die Alkane unter Einwirkung von Licht zu Halogenalkanen. Mit Iod geht die Reaktion sehr langsam (endotherme Reaktion); mit Fluor verläuft sie explosionsartig.

Oberhalb ihrer Zündtemperatur regieren die Alkane jedoch mit Sauerstoff in einer exothermen Reaktion zu Wasser und Kohlendioxid:

Ein Beispiel ist die Verbrennung von Pentan:

$$C_5H_{12} + 8\,O_2 \rightarrow 5\,CO_2 + 6\,H_2O$$

15.5.6 Methan

Das einfachste Alkan ist das Methan CH_4. Methan besitzt einen genau tetraedrischen Aufbau mit vier gleich langen Bindungen zwischen Kohlenstoff und Wasserstoff. Alle Winkel im Methanmolekül entsprechen dem Tetraederwinkel von 109,47° (s. Kap. 6.2.6, S. 180). Methan ist ein farb- und geruchloses, wenig wasserlösliches Gas. Es verbrennt mit kaum leuchtender Flamme und bildet dabei Kohlenstoffdioxid und Wasser. Die Reaktion ist stark **exotherm**:

$$CH_4 + O_2 \rightarrow CO_2 + 2\,H_2O \qquad | \; \Delta_r H^0 = -887\ kJ \cdot mol^{-1}$$

Mit Sauerstoff bildet Methan daher ein explosives Gasgemisch. In der Natur entsteht Methan, wenn Bakterien unter Luftabschluss organische Substanzen zersetzen. Nach diesem Zersetzungsprozess hat das Gas seine unterschiedlichen Bezeichnungen: in Kläranlagen nennt man es **Faulgas**, denn es entsteht bei der Faulung des Klärschlammes aus den Belebtschlammbecken. Wenn hingegen Pflanzen in Mooren faulen, wird das dabei entstehende Gasgemisch **Sumpfgas** genannt. Dort wo Steinkohle abgebaut wird, tritt Methan als **Grubengas** auf. Die weitaus größte Menge an natürlich vorkommendem Methan ist im **Erdgas** enthalten.

15

15.5.7 Ethan

Wie Methan ist auch Ethan ein brennbares, farb- und geruchloses Gas, das im Erdgas vorhanden ist. Ethan fällt neben Methan vor allem bei der technischen Aufbereitung des Erdöls an. Man erhält die Strukturformel des Ethans, wenn man formal ein Wasserstoff-Atom des Methans durch eine Methyl-Gruppe $-CH_3$ ersetzt (Bild 1). Ethan besitzt die Summenformel C_2H_6.

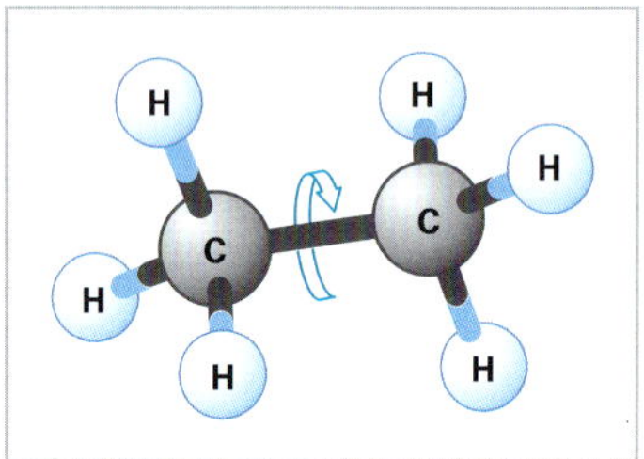

Bild 1: Kugel-Stab-Modell des Ethans

Im Ethan ist die Kohlenstoff-Kohlenstoff-Bindung frei drehbar (in Bild 1 durch den Pfeil gekennzeichnet). Im Kugel-Stab-Modell erkennt man, dass sich damit die CH_3-Gruppen gegeneinander verdrehen lassen. In Bild 1, S. 445 sind zwei mögliche Anordnungen dargestellt. Im linken Teil ist die Stellung der Methyl-Gruppen derart, dass sich die einzelnen Wasserstoff-Atome verdecken, wenn man auf das Ethan-Molekül in Richtung der C–C-Bindungsachse schaut. Man bezeichnet diese Stellung deshalb als **verdeckt** (engl. *eclipsed*). Die zweite Möglichkeit, die Methyl-Gruppen gegeneinander zu drehen, ist in Bild 1, S. 445 auf der rechten Seite wiedergegeben. Blickt man hier in Richtung der C–C-Bindungsachse auf das Ethan-Molekül, so erkennt man, dass die H-Atome der beiden Methyl-Gruppen „auf Lücke" stehen. Eine solche Anordnung nennt man **gestaffelt** (engl. *staggered*). Man bezeichnet die möglichen räumlichen Anordnungen eines Moleküls als **Konformationen.** Bei Ethan ist die gestaffelte Konformation die energieärmere, da die H-Atome des Moleküls den größtmöglichen Abstand voneinander haben. Die verdeckte Konformation des Ethans besitzt eine um etwa 12 $kJ \cdot mol^{-1}$ höhere Energie. Diese Energiedifferenz ist allerdings so gering, dass nur bei sehr tiefen Temperaturen die Drehung der beiden Methylgruppen gegeneinander „einfriert". Bei Raumtemperatur findet die Rotation statt.

Als **Konformationen** bezeichnet man die möglichen räumlichen Anordnungen in einem Molekül, die durch Drehung um Einfachbindungen entstehen.

Radikalische Substitution

Lässt man ein Alkan und Brom unter dem Einfluss von Sonnenlicht aufeinander einwirken, so entsteht neben Bromwasserstoff ein Gemisch aus verschiedenen **Brom-Derivaten** des entsprechenden Alkans. Im Methan-Molekül werden die Wasserstoff-Atome nach und nach durch Brom-Atome ersetzt (**Tabelle 1**). In der Chemie spricht man in diesem Fall von einer **Substitution** (lat. *substituere*: ersetzen). Bei der Substitution bleibt das Kohlenstoff-Gerüst der organischen Verbindung erhalten. Wenn man Wasserstoff-Atome in organischen Verbindungen durch Halogen-Atome (Fluor, Chlor, Brom, Iod) ersetzt, nennt man diese Substitution **Halogenierung**.

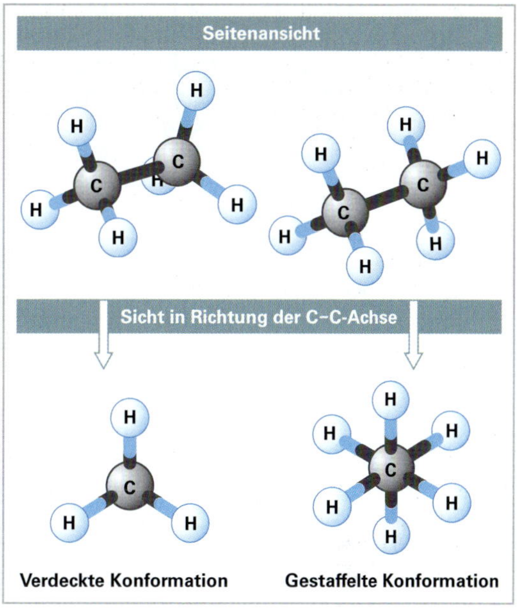

Bild 1: Verschiedene Konformationen des Ethan-Moleküls

Tabelle 1: Brom-Derivate des Methans	
Reaktion	**Name des Brom-Derivates**
$CH_4 + Br_2 \rightarrow CH_3Br + HBr$	Monobrommethan
$CH_3Br + Br_2 \rightarrow CH_2Br_2 + HBr$	Dibrommethan
$CH_2Br_2 + Br_2 \rightarrow CHBr_3 + HBr$	Tribrommethan
$CHBr_3 + Br_2 \rightarrow CBr_4 + HBr$	Tetrabrommethan

Tauscht man in einem Molekül einzelne Atome oder Atomgruppen gegen andere Atome (Atomgruppen) aus, so spricht man von einer **Substitution**.

Ablauf der Halogenierung

Durch das Sonnenlicht wird die Bromierung des Alkans gestartet. Sie verläuft in drei Stufen. Exemplarisch ist die Bromierung des Methan CH_4 dargestellt:

1. Startreaktion: $Br_2 + \text{Lichtenergie} \rightarrow Br\bullet + Br\bullet$ (1)

2. Reaktionskette:
$CH_4 + Br\bullet \rightarrow CH_3\bullet + HBr$ (2a)
$CH_3\bullet + Br_2 \rightarrow CH_3Br + Br\bullet$ (2b)

3. Abbruchreaktionen:
$CH_3\bullet + Br\bullet \rightarrow CH_3Br$ (3a)
$Br\bullet + Br\bullet \rightarrow Br_2$ (3b)
$CH_3\bullet + CH_3\bullet \rightarrow CH_3\text{-}CH_3$ (3c)

In der Startreaktion wird das Brom-Molekül durch Licht in zwei Brom-Atome gespalten (**Gleichung 1**). Diese Brom-Atome nennt man **Radikale**. Sie sind sehr reaktionsfähig und in der Lage, dem Methan Molekül ein Wasserstoff-Atom zu entreißen (**Gleichung 2a**). Das dabei gebildete **Methyl-Radikal** $CH_3•$ spaltet ein Brom-Molekül unter Bildung von Monobrommethan und einem neuen Brom-Radikal (**Gleichung 2b**). Die Reaktionen der **Gleichung 2a** und **2b** können sich beliebig oft wiederholen. Begrenzt werden diese Vorgänge nur durch die Abbruchreaktionen **Gleichung 3a** bis **c,** die zu einem Ende der Reaktionskette führen.

Radikale (lat. *radix*: Wurzel) sind Atome oder Atomgruppen mit einzelnen, also ungepaarten Elektronen. Radikale sind sehr reaktionsfähige Teilchen.

Reaktionsgleichungen, wie sie in Tabelle 1, S. 445, wiedergegeben sind, entsprechen nur einer Massenbilanz und beschreiben nicht unbedingt den genauen Ablauf dieser Reaktion. Dies erfolgt erst durch den **Reaktionsmechanismus.** Fast alle chemischen Reaktionen finden in einer Reihe von Teilreaktionen (wie in den **Gleichungen 1** bis **3**) statt, von denen jede einer **Elementarreaktion** entspricht.

Ein Produkt der ersten Teilreaktion, das bei der zweiten Teilreaktion verbraucht wird, heißt **Zwischenstufe**, denn es erscheint nicht in der Gesamtbilanz dieser Reaktion.

Der detaillierte Vorgang, der eine komplexe Reaktion in einzelnen Teilschritten mit Zwischenstufen beschreibt, wird **Mechanismus der Reaktion** genannt.

15.6 Alkene und Alkine

Neben den organischen Verbindungen, deren Kohlenstoff-Atome durch Einfachbindungen verknüpft sind, gibt es viele organische Moleküle, die Doppel- und/oder Dreifachbindungen zwischen den Kohlenstoff-Atomen enthalten. Im Gegensatz zu den „gesättigten" Alkanen werden diese als **ungesättigte Kohlenwasserstoffe** bezeichnet. Ungesättigte Verbindungen sind in der Lage, zusätzlich Wasserstoff-Atome oder andere Bindungspartner wie z. B. Chlor- oder Brom-Atome zu addieren.

15

15.6.1 Ethen

Ethen (älterer Name: Ethylen) ist bei Raumtemperatur gasförmig. Das Gas ist farblos und besitzt einen leicht süßlichen Geruch. Die Summenformel wird mit C_2H_4 angegeben. Die beiden Kohlenstoff-Atome sind durch eine **Doppelbindung** verknüpft (Bild 1). Alle Atome des Moleküls liegen in einer Ebene. Man sagt in diesem Fall, das Molekül ist **planar**. Alle Bindungswinkel im Ethen-Molekül betragen 120°.

Eine Erklärung für die räumliche Struktur des Ethens liefert die MO-Theorie (Molekülorbital-Theorie; s. Kap. 6.2.7, S. 184). Durch Mischen eines 2s-Orbitals mit zwei 2p-Orbitalen des angeregten Kohlenstoff-Atoms entstehen drei energiegleiche sp^2-Hybridorbitale (Bild 1, S. 447), die in einer Ebene unter einem Winkel von 120° liegen. Diese sp^2-Orbitale bilden wie bei den Alkanen die σ-Bindungen des Moleküls.

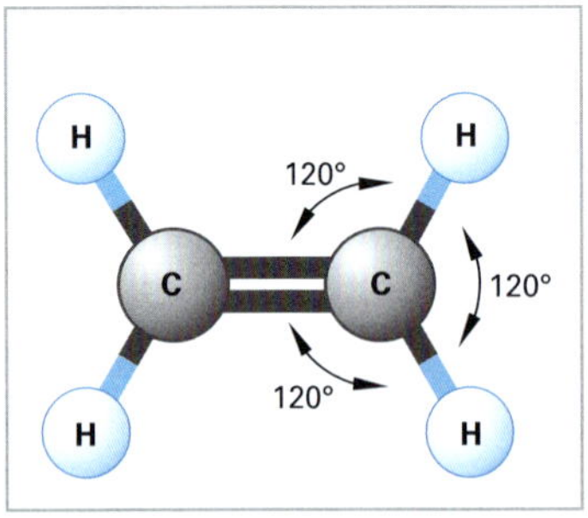

Bild 1: Kugel-Stab-Modell des Ethens

Ein p-Orbital ist an der Hybridisierung nicht beteiligt. Sein Energieniveau ist höher und es steht senkrecht auf den sp^2-Orbitalen. Aus zwei dieser p-Orbitale entsteht im Ethen eine neue Bindung, die π-Bindung. Sie macht die Doppelbindung des Ethens aus.

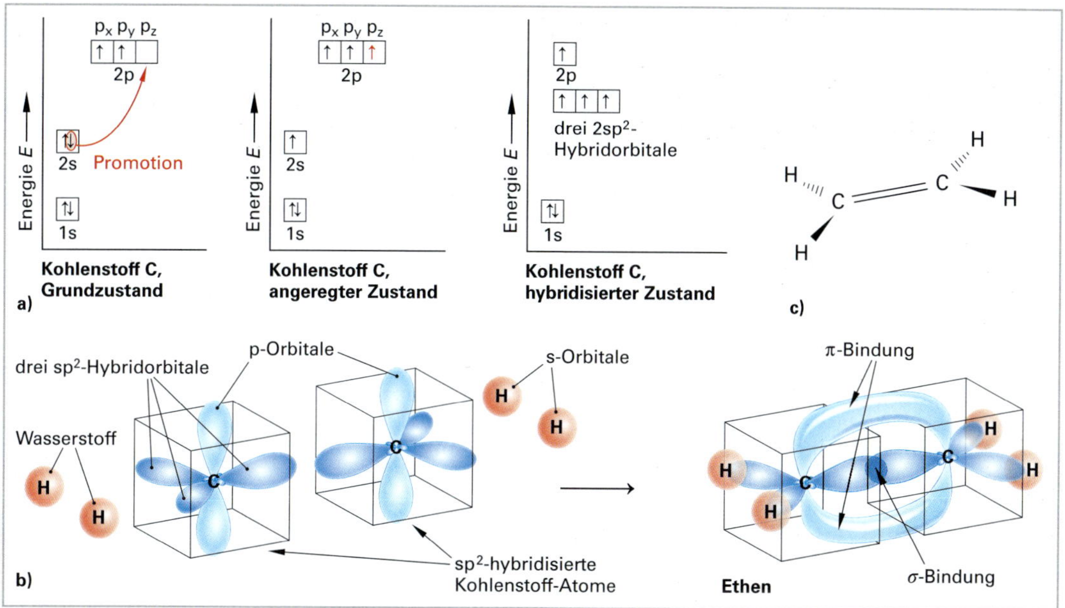

Bild 1: a) sp^2-Hybridisierung des Kohlenstoffs, b) Bindungen im Ethen, c) Formelschreibweise mit stereochemischer Darstellung der Bindungen

Ethen kommt im Erdgas je nach Fördergebiet in einem Anteil von bis zu 20 % vor. Diese Quelle reicht allerdings bei weitem nicht aus, um den großen Bedarf an Ethen in der chemischen Industrie zu decken. Heute wird Ethen in den Industrieländern vor allem durch Cracken von Erdöl oder höheren Kohlenwasserstoffen gewonnen.

Beim **Crackverfahren** werden die langkettigen Moleküle der höheren Alkane (C_{10} bis C_{20}) in kürzere Moleküle aufgespalten. Je nach angewandtem Verfahren unterscheidet man **thermisches** oder **katalytisches Cracken**.

Deutschland ist in Europa mit einer Produktion von mehr als 5,2 Mio t pro Jahr (2016) der größte Hersteller von Ethen. Weltweit betrug die jährliche Produktionsmenge im Jahr 2016 ungefähr 140 Mio t.

Verwendet wird die Grundchemikalie Ethen insbesondere zur Herstellung des Kunststoffs Polyethylen (PE) und von Ethylenoxid C_2H_4O, das zur Herstellung von Ethylenglykol $C_2H_4(OH)_2$ und somit als Ausgangsstoff für die Produktion des Kunststoffs Polyester dient.

Das Gas Ethen wird auch für die Beschleunigung von **Reifungsprozessen** eingesetzt. So werden beispielsweise Kiwis, Bananen und Tomaten unreif geerntet. In diesem Zustand überstehen die Früchte auch unbeschadet z. B. lange Transporte per Containerschiff aus Übersee. Vor der Auslieferung an den Kunden werden die Früchte mit Ethen begast, um den Reifungsprozess abzuschließen. Ethen fungiert hier als biochemischer Botenstoff, als **Reifungshormon** (griech. *horman*: antreiben, in Bewegung setzen).

Dieser künstlich eingeleitete Reifungsprozess kann auch unabsichtlich im heimischen Kühlschrank geschehen. Lagert man reife Äpfel zusammen mit Kiwis oder Honigmelonen im Obstfach, werden die Kiwis und Melonen innerhalb kurzer Zeit matschig und überreif. Insbesondere Äpfel geben stark Ethen ab und beschleunigen bei den anderen Früchten den Reifungs- bzw. Alterungsprozess.

15.6.2 Die homologe Reihe der Alkene

Die Alkene gehören zu den **ungesättigten Kohlenwasserstoffen**. Ihr alter Name „Olefine“ (lat. *oleum*: ölig, lat. *facere*: machen) bedeutet „ölbildend“. Die gemeinsame Eigenschaft der Alkene ist die **Doppelbindung** im Molekül. Damit besitzt ein Alken formal zwei H-Atome weniger als das entsprechende Alkan. Alkene haben deshalb die allgemeine **Summenformel C_nH_{2n}**.

Die einzelnen Verbindungen werden dadurch benannt, dass man an die Stammsilbe des entsprechenden Alkans durch Anhängen der Endung „-en“ die Doppelbindung kennzeichnet. So wird z. B. aus Ethan der ungesättigte Kohlenwasserstoff Ethen.

Die Kohlenstoff-Kohlenstoff-Doppelbindung ist kürzer als die entsprechende Einfachbindung. Die Energie der C–C-Doppelbindung liegt bei etwa 600 kJ · mol^{-1} (Ethen: 610 kJ · mol^{-1}). Diese Bindung ist damit deutlich energiereicher als eine C–C-Einfachbindung (Ethan: 340 kJ · mol^{-1}).

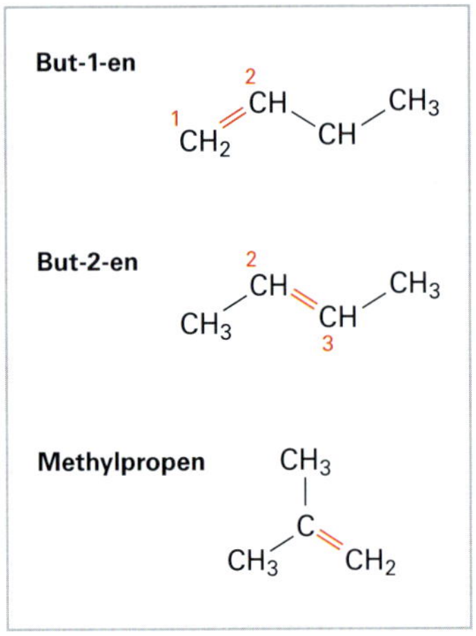

Bild 1: Stellungsisomere des Butens

15.6.3 Isomerie bei Alkenen

Bei einem Alken mit vier Kohlenstoff-Atomen in der Kette, dem Buten, gibt es drei Möglichkeiten, die Doppelbindung im Molekül anzuordnen (Bild 1): Zwischen den C-Atomen 1 und 2 oder zwischen den C-Atomen 2 und 3. Die dritte Möglichkeit ist das **konstitutionsisomere** Methylpropen (Isobuten).

Während bei Ethan die beiden Molekülhälften gegeneinander frei drehbar sind (s. S. 444), ist bei Alkenen die freie Drehbarkeit um die Kohlenstoff-Kohlenstoff-Achse mit der Doppelbindung blockiert. Sind an den beiden durch eine Doppelbindung verknüpften C-Atomen verschiedene Atome bzw. Atomgruppen gebunden, so treten zwei Molekülarten auf, die die gleiche Konstitution, aber eine unterschiedlich räumliche Anordnung besitzen. Dies nennt man **geometrische Isomerie** oder **Konfigurationsisomerie**.

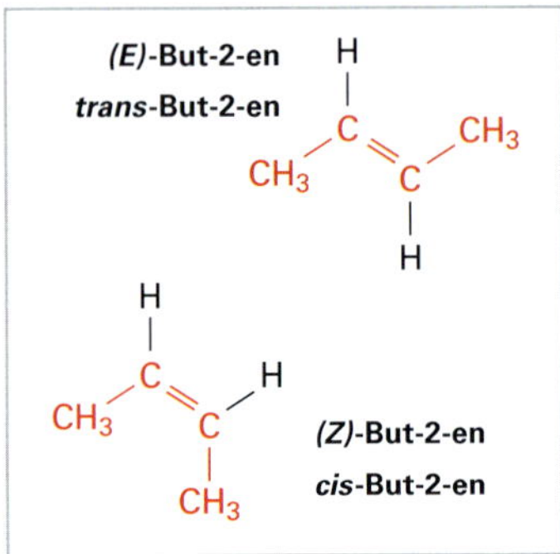

Bild 2: But-2-en: Konfigurationsisomere

Zur Unterscheidung der beiden möglichen Isomere wird der Begriff der ***cis-trans*-Isomerie** (lat. *cis*: diesseits, lat. *trans*: jenseits, Bild 2) verwendet:

- ***cis***-Anordnung: beide Substituenten sind **auf der gleichen Seite** der C=C-Bindungsachse
- ***trans***-Anordnung: beide Substituenten sind **auf entgegengesetzten Seiten** der C=C-Bindungsachse.

Cis-trans-Isomere unterscheiden sich in den chemischen und physikalischen Eigenschaften. Tabelle 1 zeigt dies für verschiedene isomeren Butene.

Die Bezeichnungen „*cis*“ und „*trans*“ gelten allgemein für Doppelbindungen, aber auch für Ringsysteme. Speziell für Doppelbindungen hat die IUPAC vorgeschlagen, die Bezeichnung ***(E)***- und ***(Z)*-Isomer** zu verwenden:

- Stehen zwei gleiche Substituenten **auf der gleichen Seite** der Doppelbindung liegen, ist das ein ***(Z)*-Isomer** (*Z* steht für „zusammen“).
- Befinden sich die Substituenten **auf entgegengesetzten Seiten** der Doppelbindung, so bezeichnet man das als ***(E)*-Isomer** (*E* steht für „entgegengesetzt“).

Tabelle 1: Physikalische Eigenschaften isomerer Butene

	Siedetemperatur ϑ_b in °C	Schmelztemperatur ϑ_m in °C	Dichte ϱ bei 20 °C in kg · m^{-3}
But-1-en	– 6,3	– 185,3	595,1
Methylpropen	– 7,1	– 141,0	588,2
(Z)-But-2-en	3,7	– 138,9	621,3
(E)-But-2-en	0,9	– 105,0	604,2

Für die Anordnung der Substituenten Br-, Cl-, F- und H- an ein Ethen-Molekül gibt es verschiedene Möglichkeiten. Nach den Chemikern ***Cahn***, ***Ingold*** und ***Prelog*** besitzt der Substituent mit höherer Ordnungszahl eine höhere Priorität. Bei komplexen Substituenten wird dieses **CIP-System** auch auf die nächst-gebundenen Atome angewendet.

Zunächst werden die Prioritäten der Substituenten an beiden C-Atomen der Mehrfachbindung ermittelt. Stehen die Substituenten mit der höchsten Priorität auf derselben Seite der Doppelbindung, so handelt es sich um die (*Z*)-Form (**Bild 1**).

> Moleküle besitzen die gleiche **Konstitution**, wenn sie dieselbe Reihenfolge in der Verknüpfung ihrer Atome aufweisen. Ist die räumliche Anordnung von Molekülen mit gleicher Konstitution verschieden, handelt es sich um **Konfigurationsisomere**.

15.6.4 Systematische Benennung der Alkene

Für die Alkene existieren Regeln der Benennung auf Grundlage der entsprechenden Strukturformel. Diese Nomenklaturregeln der IUPAC (**Bild 1**) sind in folgender Reihenfolge anzuwenden:

1. Die Doppelbindung muss in der gewählten längsten Kette liegen. Diese ergibt den Stammnamen.
2. Die Endung „-en" drückt die Doppelbindung aus. Für die Benennung der Alkylreste gelten die gleichen Regeln wie bei den Alkanen. Beispiel: aus Methan wird Methyl $-CH_3$, aus Ethen wird Ethenyl $-C_2H_3$.
3. Die Kohlenstoff-Kette wird so nummeriert, dass die Doppelbindung die niedrigste Ziffer erhält. Wenn kein Irrtum möglich ist, so entfällt die Bezifferung im Namen. Ein Beispiel hierfür ist Methylpropen anstatt 2-Methylprop-1-en (**Bild 1**, S. 448).
4. Tritt eine Doppelbindung mehrfach auf, so wird dies durch die Endungen „adien" (2-fach), „atrien" (3-fach), „atetraen" (4-fach) usw. angegeben. Die Bezifferung wird vor die Silbe gesetzt, die die Anzahl der Doppelbindungen angibt (z. B. Buta-1,2-dien und nicht Butadien-1,2 oder 1,2-Butadien).

   Es ist darauf zu achten, dass die Mehrfachbindungen die niedrigsten Ziffern erhalten.
5. Als Ausnahme sind folgende Trivialnamen zugelassen: **Ethylen** $CH_2{=}CH_2$ (Kap. 15.6.1, S. 446) und **Allen** $CH_2{=}C{=}CH_2$.
6. Zur Benennung von Seitenketten sind zugelassen bzw. bevorzugt: **Vinyl-**, **Allyl-** und **Isopropenyl-** (**Bild 2**).

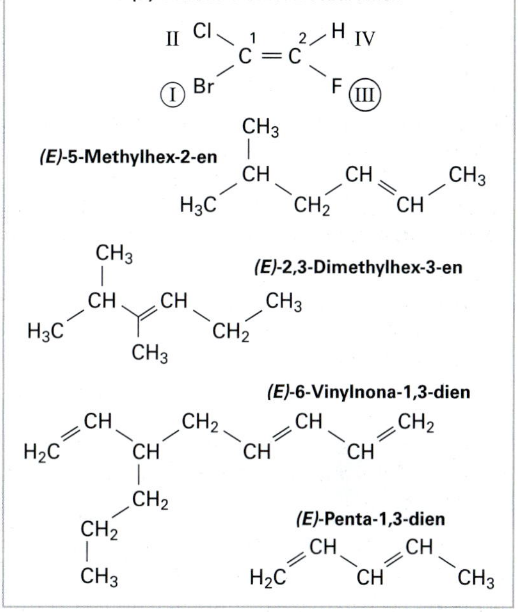

Bild 1: Beispiele für die Benennung von Alkenen

Name	Formel
Vinyl (systematischer Name: Ethenyl)	$H_2C{=}CH-$
Allyl (systematischer Name: Prop-2-enyl)	$H_2C{=}CH-CH_2-$
Isopropenyl (systematischer Name: 1-Methylethenyl)	$H_2C{=}C(-)CH_3$

Bild 2: Trivialnamen

Wer verschiedene Lehrbücher der organischen Chemie liest, wird für das Alken But-2-en auch die Bezeichnungen „2-Buten" und „Buten-2" finden. Das Normungsgremium IUPAC hat in den vergangenen Jahrzehnten die Regeln für die Benennung mehrfach geändert. Dieses Buch kann deshalb nur versuchen, so aktuell wie möglich zu sein und die derzeit gültige Norm anzuwenden.

15.6.5 Reaktionen der Alkene

Das Reaktionsverhalten der Alkene wird durch die Kohlenstoff-Kohlenstoff-Doppelbindung bestimmt. Die Doppelbindung besteht aus einer σ-Bindung (gesprochen: „sigma") und einer π-Bindung (gesprochen: „pi"). Vergleicht man die C–C-Bindungsenergien von Ethan und Ethen, so sieht man, dass die Doppelbindung des Ethen nicht den doppelten Energiebetrag einer Einfachbindung besitzt, sondern deutlich weniger. Die beim Ethen neu hinzu gekommene π-Bindung ist also schwächer als die σ-Bindung. Außerdem ist die Bindungslänge zwischen den beiden Kohlenstoff-Atomen deutlich kürzer. Diese Tendenzen sind auch weiter vom Ethen zum Ethin mit einer Dreifachbindung vorhanden.

Tabelle 1: Vergleich Ethan, Ethen, Ethin

	C–C-Bindungslänge in pm	C–C-Bindungsenergie in kJ · mol^{-1}	Hybridisierung des Kohlenstoffs	Bindungswinkel (H–C–C) in °
$H_3C{-}CH_3$ Ethan	153	340	sp^3	109
$H_2C{=}CH_2$ Ethen	134	610	sp^2	120
$HC{\equiv}CH$ Ethin	121	830	sp	180

Bei den Alkanen ist die typische Reaktion die **Substitution**, also der Ersatz eines Atoms durch ein anderes. Bei den Alkenen wird bevorzugt die schwächere π-Bindung geöffnet und zwei neue σ-Bindungen werden hinzugefügt. Der Fachbegriff für eine solche Reaktion ist **Addition**.

Die Modellvorstellung, die man heute von der Struktur eines Ethen-Moleküls hat, ist in **Bild 1** wiedergegeben. Zwischen den beiden Kohlenstoff-Atomen verläuft die σ-Bindung in Richtung der Molekülachse (**Bild 1**, S. 447). Oberhalb und unterhalb der σ-Bindung befindet sich die Elektronenwolke der π-Bindung. Diese hohe Elektronendichte zwischen den beiden Kohlenstoff-Atomen bestimmt auch das Reaktionsverhalten der Doppelbindung: Sie wirkt bei vielen Reaktionen elektronenliefernd. Als Reaktionspartner bieten sich damit bevorzugt Stoffe an, die einen **Elektronenmangel** aufweisen. Man nennt solche Stoffe **Elektrophile** (elektrophil: elektronenliebend) und entsprechend wird von einer **elektrophilen Addition** gesprochen.

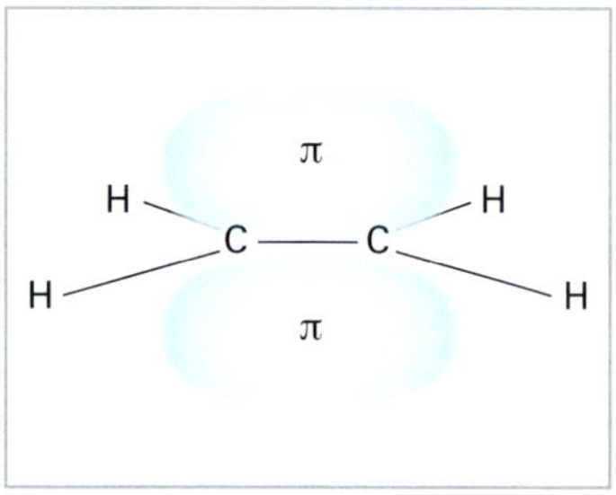

Bild 1: π-Elektronenwolke der Doppelbindung von Ethen

15

Eine Reaktion, bei der sich zwei Moleküle zu einem Molekül eines Endproduktes vereinigen, nennt man **Additionsreaktion**. Die typische Reaktion eines Alkens ist die **elektrophile Addition**.

In **Bild 2** ist am Beispiel des Ethens eine Übersicht über einige Additionsreaktionen wiedergegeben.

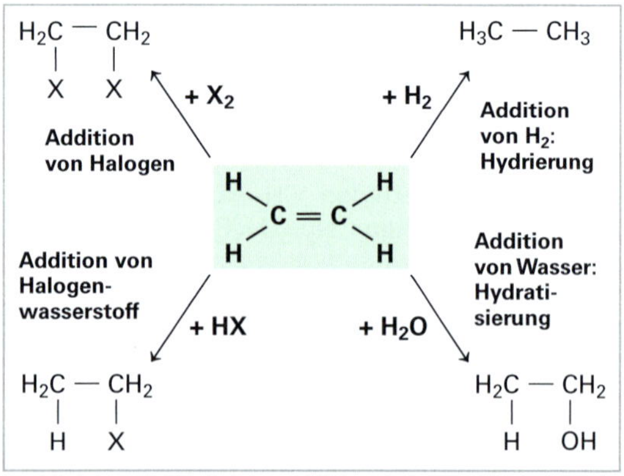

Bild 2: Additionsreaktionen des Ethens

Addition von Halogenen

Alkene setzen sich mit Chlor oder Brom recht schnell zu gesättigten Verbindungen um, die an zwei benachbarten C-Atomen die Halogen-Atome tragen. Für die Reaktion genügt Raumtemperatur. Die Addition läuft auch unter Ausschluss von Licht und Katalysatoren ab. So führt z. B. die Addition von Brom an Ethen zu 1,2-Dibromethan:

$$H_2C{=}CH_2 + Br_2 \rightarrow H_2CBr{-}CH_2Br$$

Da die Reaktion von Brom mit Alkenen sehr schnell verläuft, wird sie auch als Nachweisreaktion für Alkene verwendet (Entfärbung von Bromwasser).

Man hat durch viele Experimente eine klare Modellvorstellung davon, wie die Addition eines Halogen-Moleküls an ein Alken abläuft. Im Folgenden ist dies am Beispiel der Addition von Brom an Ethen erläutert (**Bild 1**).

Nähert sich ein Brom-Molekül dem Ethen, so wird es von der π-Elektronenwolke des Ethens polarisiert. Das Brom-Atom, das dem Ethen zugewandt ist, wird positiv polarisiert (δ+), während das dem Ethen abgewandte Brom-Atom eine negative Polarisierung (δ–) erfährt.

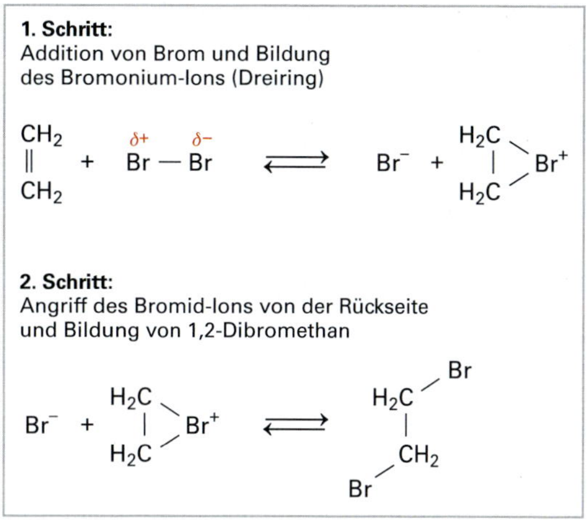

Bild 1: Addition von Brom an Ethen

Das Brom-Molekül wird nun **heterolytisch gespalten**. Man stellt sich vor, dass dabei ein Dreiring entsteht, der ein positives Brom-Atom (Br^+, „Bromonium-Ion") enthält.

Anschließend greift das bei der Spaltung ebenfalls entstandene Bromid-Ion Br^- von der **Rückseite** her an (Rückseitenangriff). Der Dreiring öffnet sich und das Endprodukt 1,2-Dibromethan wird gebildet.

Addition von Wasserstoff – Hydrierung

Bringt man Alkene mit Wasserstoff zusammen, so tritt keine Reaktion ein. Erst in Gegenwart eines geeigneten **Katalysators** (s. Kap. 11.5, S. 353) reagieren die Alkene, indem sie Wasserstoff an ihre Doppelbindung addieren. Dabei entsteht die entsprechende gesättigte Verbindung. Man nennt diese Reaktion **Hydrierung**.

Die Reaktion verläuft unter Wärmeabgabe, es ist also eine exotherme Reaktion. Die Wärmemenge, die bei der Hydrierung eines Mols einer ungesättigten Verbindung frei wird, bezeichnet man auch als **Hydrierungswärme.** Die Hydrierwärme beträgt bei Alkenen etwa $-120\ kJ \cdot mol^{-1}$ für jede Doppelbindung (**Tabelle 1**).

Der Verlauf der Reaktion lässt sich über das Volumen des verbrauchten Wasserstoffs verfolgen. Diese Messung kann daher auch zu analytischen Zwecken benutzt werden, um die Anzahl der Doppelbindungen in einer Verbindung zu ermitteln.

Tabelle 1: Hydrierungswärmen verschiedener Alkene

Alken	Hydrierungswärme $\Delta_r H^0_m$ in $kJ \cdot mol^{-1}$
Ethen	– 137,3
Propen	– 126,0
But-1-en	– 126,9
Pent-1-en	– 126,0
Hept-1-en	– 126,0
(Z)-But-2-en	– 119,7
(E)-But-2-en	– 115,6
Methylpropen	– 118,9
2-Methylbut-1-en	– 119,3
2-Methylbut-2-en	– 108,9

Unter **Hydrierung** versteht man die Anlagerung von Wasserstoff an die Mehrfachbindung eines Moleküls.

Addition von Halogenwasserstoff

Alkene reagieren mit gasförmigem Chlorwasserstoff HCl, Bromwasserstoff HBr und Iodwasserstoff HI zu dem entsprechenden Alkylhalogenid. Bei dieser Reaktion können unterschiedliche Produkte auftreten, wenn das reagierende Alken nicht symmetrisch ist (R ≠ R'). Wird z. B. Chlorwasserstoff an ein unsymmetrisches Alken wie Propen addiert, dann kann die Addition theoretisch zu zwei verschiedenen Alkylhalogeniden führen: 1-Chlorpropan und 2-Chlorpropan. Tatsächlich beobachtet man jedoch nur die Bildung von 2-Chlorpropan.

Der russische Chemiker *Wladimir W. Markownikow* (1838 – 1904) untersuchte im 19. Jahrhundert eine Vielzahl solcher Additionsreaktionen und leitete daraus 1869 folgende Regel ab:

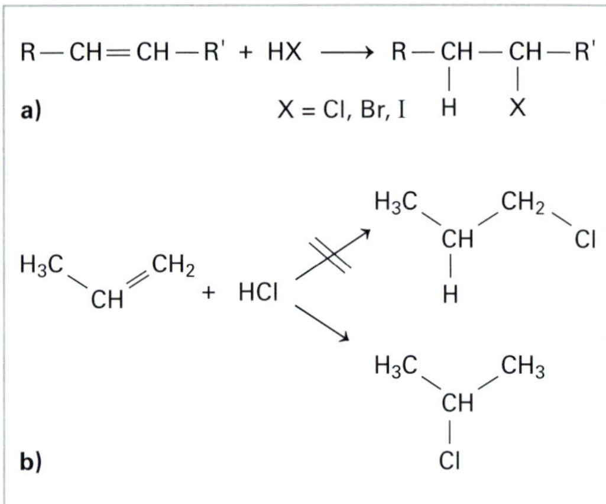

Bild 1: Addition von Halogenwasserstoff an Alkene

Markownikow-Regel

Bei der Reaktion von Halogenwasserstoff mit unsymmetrischen Alkenen wird das Halogen an das wasserstoffärmere der ungesättigten Kohlenstoff-Atome addiert.

Addition von Wasser – Hydratisierung

Wasser addiert sich in Gegenwart von Säuren als Katalysator an Alkene unter Bildung von Alkanolen (Alkohole). Bei unsymmetrischen Alkenen erfolgt die Bildung des entsprechenden Alkanols entsprechend der *Markownikow*-Regel. **Bild 2** gibt dies am Beispiel der Addition von Wasser an Methylpropen (Isobuten) wieder. Die Reaktion wird durch Säure katalysiert. Als Additionsprodukt entsteht ausschließlich 2-Methylpropan-2-ol (*tert*-Butylalkohol).

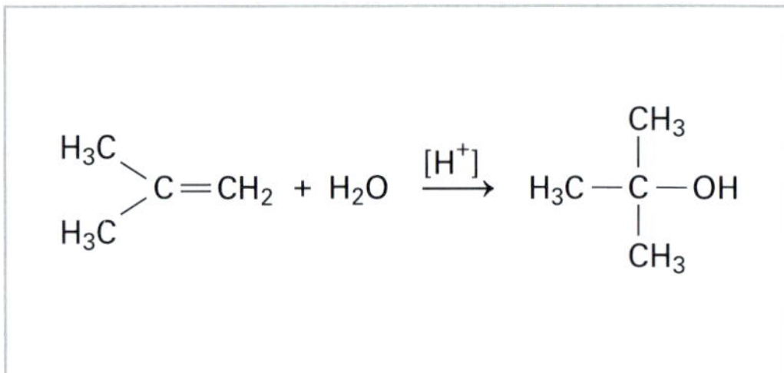

Bild 2: Addition von Wasser an Methylpropen

Bei der Addition von Wasser an Alkene entstehen Alkanole (Alkohole). Man nennt diese Reaktion auch **Hydratisierung**. Bei unsymmetrischen Alkenen wird dabei die OH-Gruppe an das wasserstoffärmere der ungesättigten Kohlenstoff-Atome addiert.

In der Industrie ist diese Reaktion eines der Hauptverfahren zur großtechnischen Herstellung von Alkanolen.

Selbstaddition von Alkenen – Polymerisation

Unter bestimmten Reaktionsbedingungen wie z. B. erhöhtem Druck, erhöhter Temperatur und der Anwesenheit von Peroxiden können Alkene eine Additionsreaktion eingehen, die man als **Selbstaddition** oder **Polymerisation** (griech. *polys*: viel, *meros*: Teil) bezeichnet. Am Beispiel des Ethens ist in **Bild 3** diese Additionsreaktion wiedergegeben. Eine Anzahl *n* Ethen-Moleküle verknüpfen sich, indem die Doppelbindung der Einzelmoleküle geöffnet wird. Auf diese Art können **Makromoleküle** (griech. *makros*: groß) aus vielen hundert oder tausend von Einzelmolekülen entstehen. Man nennt den Index *n* auch **Polymerisationsgrad** des entstandenen Makromoleküls.

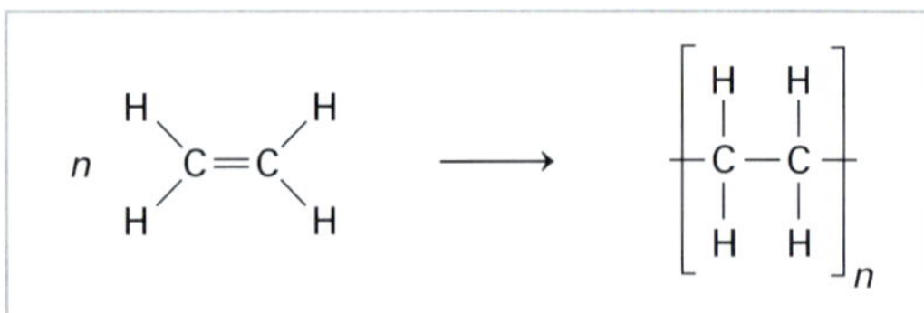

Bild 3: Polymerisation von Ethen zu Polyethen

Das aus Ethen gebildete Polyethen (Polyethylen) ist ein viel verwendeter Kunststoff, der z. B. für Geschirr, Behälter und Folien eingesetzt wird. Etwa die Hälfte der gesamten Ethen-Produktion wird zum Kunststoff Polyethen (Polyethylen, PE) umgesetzt. Er ist beständig gegenüber Säuren und Laugen, wasserunlöslich und geruchlos. Polyethen kann gut wieder aufgearbeitet werden (Recycling). Abfälle, die aus Polyethen bestehen, sind biologisch abbaubar.

Die Verknüpfung vieler kleiner Moleküle mit Mehrfachbindungen nennt man **Polymerisation.** Die entstehenden großen Moleküle nennt man **Polymere** oder **Makromoleküle.**

15.6.6 Mehrfach ungesättigte Kohlenwasserstoffe – Polyene

Mehrfach ungesättigte Kohlenwasserstoffe werden **Polyene** genannt. Liegen mehrere C–C-Doppelbindungen in einem Kohlenwasserstoff vor, gibt es prinzipiell drei Möglichkeiten der Anordnung (**Bild 1**):

- Bei Polyenen mit **konjugierten** Doppelbindungen wechseln sich Doppelbindung und Einfachbindung ab.
- Bei Polyenen mit **kumulierten** Doppelbindungen folgen zwei oder mehrere Doppelbindungen direkt aufeinander. Diese Verbindungen sind auch als **Allene** bekannt.
- Bei Polyenen mit **isolierten** Doppelbindungen sind diese durch mehr als eine Einfachbindung voneinander getrennt.

$H_2C{=}CH{-}CH{=}CH{-}CH{=}CH_2$

Hexa-1,3,5-trien (konjungierte Doppelbindungen)

$H_3C{-}CH{=}C{=}CH{-}CH_3$

Penta-2,3-dien (kumulierte Doppelbindungen)

$H_2C{=}CH{-}CH_2{-}CH{=}CH_2$

Penta-1,4-dien (isolierte Doppelbindungen)

Bild 1: Konjugierte, kumulierte und isolierte Doppelbindungen

Die Benennung der Polyene wird, wie in Kap. 15.6.4, S. 449, besprochen, vorgenommen. Von den Polyenen besitzt Buta-1,3-dien die mit Abstand größte technische Bedeutung. Durch Polymerisation wird aus diesem Dien synthetischer Kautschuk hergestellt.

15.6.7 Ethin

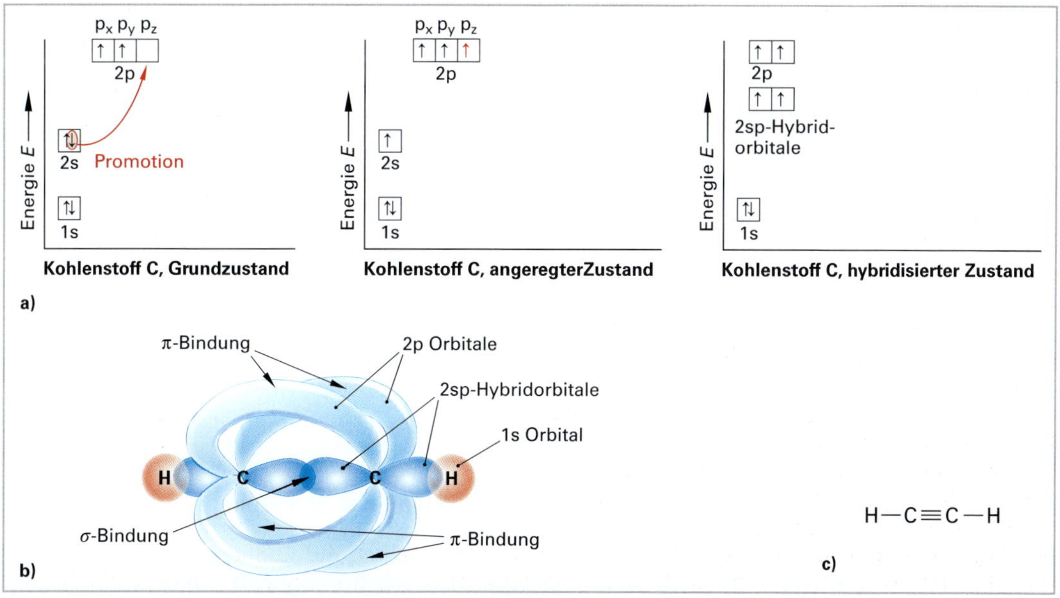

Bild 2: a) sp-Hybridisierung des Kohlenstoffs, b) Bindungen im Ethin, c) Formelschreibweise

Das gemeinsame Merkmal der Alkine ist die Kohlenstoff-Kohlenstoff-**Dreifachbindung**. Das einfachste Molekül mit diesen Eigenschaften ist das Ethin C_2H_2. Tabelle 1, S. 450, gibt die wesentlichen Eigenschaften des Ethins wieder. Die Länge der C–C-Bindung ist mit 121 pm der kürzeste Abstand zwischen zwei Kohlenstoff-Atomen. Die sp-Hybridisierung der beteiligten C-Atome führt zu einem Bindungswinkel von 180°, das Ethin-Molekül hat damit eine **lineare Struktur**. Bild 2, S. 453, gibt die Modellvorstellung des Ethin-Moleküls wieder: Zwischen den beiden Kohlenstoffatomen verläuft die σ-Bindung in Richtung der Molekülachse. Zusätzlich zur σ-Bindung sind beim Ethin zwei weitere π-Bindungen vorhanden. Diese bilden eine zylinderförmige Elektronenwolke um die Kernverbindungslinie. Die Bindungsenergie der Dreifachbindung beträgt 830 kJ · mol^{-1} und ist damit deutlich geringer als der dreifache Betrag einer C–C-Einfachbindung. Die beiden π-Bindungen sind also deutlich schwächer als die σ-Bindung.

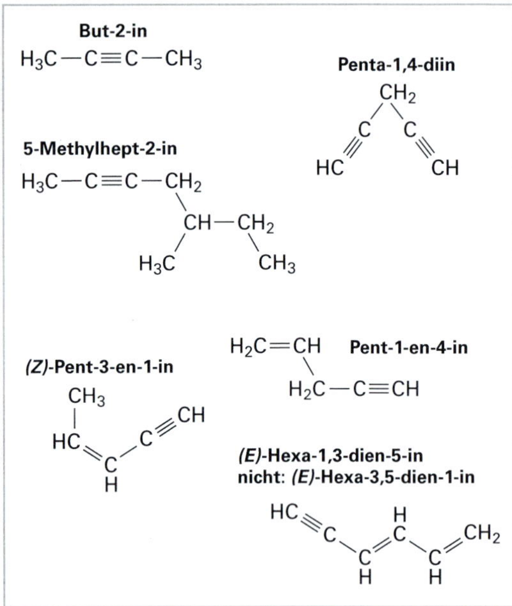

Bild 1: Beispiele für die Benennung von Alkinen

15.6.8 Die homologe Reihe der Alkine

Die Alkine bilden wie die Alkane und Alkene eine homologe Reihe, deren aufeinander folgende Glieder sich immer um eine CH_2-Einheit unterscheiden. Im Vergleich zu den entsprechenden Alkanen besitzen sie vier H-Atome weniger und haben damit die allgemeine Summenformel $\mathbf{C_nH_{2n-2}}$.

Alkine sind wenig polare Verbindungen und unterscheiden sich in ihren physikalischen Eigenschaften kaum von denen der Alkane und Alkene. In Wasser sind sie unlöslich, sie mischen sich aber gut mit unpolaren organischen Lösemitteln wie Toluol und Diethylether.

Ethin, Propin und But-1-in sind bei Normbedingungen gasförmig; But-2-in und Alkine mit mittlerer Kettenlänge sind Flüssigkeiten.

15.6.9 Systematische Benennung der Alkine

Für die Alkine sind die Nomenklaturregeln der IUPAC (Bild 1) in der folgenden Reihenfolge anzuwenden:

1. Die Dreifachbindung muss in der gewählten längsten Kette liegen. Diese ergibt den Stammnamen.
2. Die Endung „in“ drückt die Dreifachbindung aus. Für die Benennung der Alkylreste (auch der verzweigten) gelten die gleichen Regeln wie bei den Alkanen. Beispiel: Ethan wird Ethyl $-C_2H_5$, Ethin wird Ethinyl $-C_2H$.
3. Die Kohlenstoff-Kette wird so nummeriert, dass die Dreifachbindung die niedrigste Ziffer bekommt.
4. Wenn kein Irrtum möglich ist, so entfällt die Ziffer im Namen (z. B. Propin).
5. Tritt eine Dreifachbindung mehrfach auf, so wird dies durch die Endungen „adiin“ (2-fach), „atriin“ (3-fach), „atetrain“ (4-fach) usw. angegeben. Die Bezifferung wird wie bei den Alkenen vor die Silbe gesetzt, die die Anzahl der Dreifachbindungen angibt.

6. Sind sowohl Doppel-, als auch Dreifachbindungen im Molekül vorhanden, so lauten die Endungen „enin", „adienin", „atrienin", „endiin" usw. Die an Doppel- oder Dreifachbindung beteiligten Atome werden mit der niedrigstmöglichen Ziffer belegt, wobei das Kohlenstoff-Atom mit der Dreifachbindung die niedrigere Ziffer erhält. Bei äquivalenten Positionen von Doppel- und Dreifachbindungen erhält die Doppelbindung den Vorrang.
7. Als Ausnahme ist Acetylen als Trivialname für Ethin beibehalten worden.

15.6.10 Reaktionen der Alkine

Wie in Kap. 15.6.7 beschrieben, setzt sich die C–C-Dreifachbindung aus einer starken σ-Bindung und zwei schwächeren π-Bindungen zusammen. Wie bei den Alkenen bestimmt auch bei den Alkinen die hohe Elektronendichte der Dreifachbindung das Reaktionsverhalten: Alkine besitzen eine hohe Reaktionsbereitschaft. Die Dreifachbindung wirkt elektronenliefernd und reagiert deshalb bevorzugt mit elektronenliebenden, also **elektrophilen** Stoffen unter Addition. Die Alkine reagieren dabei etwas schwächer als die Alkene.

Additionsreaktionen

Die Addition von Halogenen, Wasserstoff und Halogenwasserstoffen verläuft ähnlich wie die Addition an Alkene. Im Unterschied zu den Alkenen werden aber jeweils zwei Mol des Reaktionspartners pro Mol Alkin verbraucht. Durch geeignete Wahl der Reaktionsbedingungen lässt sich die Addition aber auch auf der Stufe des Alkens stoppen. **Bild 1** zeigt am Beispiel des Ethins einige typische Addtionsreaktionen.

Im Falle der Addition von Wasser an Ethin bildet sich aus dem zunächst entstehenden Ethenol als Produkt Ethanal (Acetaldehyd). Diese Anlagerung von Wasser an Ethin ist ein wichtiges technisches Verfahren, da aus dem entstehenden Ethanal durch weitere Oxidation Ethansäure (Essigsäure) gewonnen wird.

Die Addition von Chlorwasserstoff an Ethin liefert Chlorethen, besser bekannt unter dem Namen Vinylchlorid. Vinylchlorid ist das Ausgangsprodukt für die Polymerisation zum Kunststoff **Polyvinylchlorid (PVC).**

Addiert man Cyanwasserstoff (Blausäure) an Ethin, so erhält man als Produkt Acrylnitril, den Ausgangsstoff für den Kunststoff **Polyacrylnitril (PAN).**

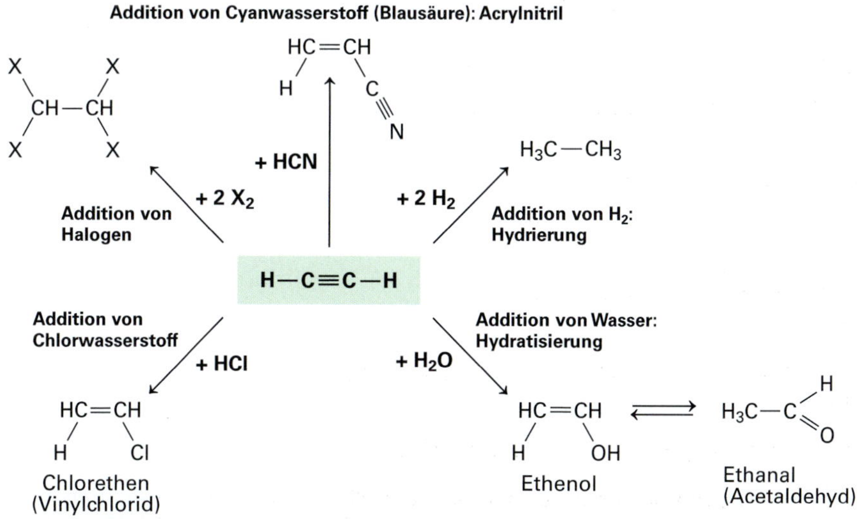

Bild 1: Additionsreaktionen des Ethins

15.7 Cyclische Kohlenwasserstoffe

Zu den cyclischen Kohlenwasserstoffen zählen alle ringförmigen Verbindungen, die die Elemente Kohlenstoff und Wasserstoff enthalten.

Enthält ein Ring der Kohlenwasserstoff-Verbindung nur Kohlenstoff- und Wasserstoff-Atome und liegt kein aromatisches System (s. Kap. 15.7.2, S. 458) vor, so handelt es sich um alicyclische Kohlenwasserstoffe

Sind ein oder mehrere C-Atome im Ring durch Hetero-Atome wie N, S, O oder P ausgetauscht, nennt man diese Stoffe **heterocyclische Verbindungen** oder einfach **Heterocyclen.**

15.7.1 Alicyclische Kohlenwasserstoffe

Der Begriff „alicyclisch" setzt sich zusammen aus den Worten aliphatisch (griech. *aleiphar*: fettig) und cyclisch (lat. *cyclus*: Ring). Damit sind alle ringförmigen Kohlenwasserstoffe gemeint, die nicht zu der Gruppe der Aromaten (s. Kap. 15.7.2, S. 458) gehören, vor allem die Cycloalkane und Cycloalkene.

Cyclische Aliphaten werden benannt, indem das Wort „Cyclo" vor den Namen des entsprechenden offenkettigen Kohlenwasserstoffs gesetzt wird. **Bild 1** gibt hierfür einige Beispiele.

In einfachen Cycloalkenen und Cycloalkinen werden den C-Atomen, die Doppel- oder Dreifachbindungen tragen, die Positionen 1 und 2 zugewiesen.

Substituenten am Ring werden extra aufgeführt, indem ihre Position am Ring mit der entsprechenden Ziffer markiert wird. Diese wird so gewählt, dass die Substituenten die kleinstmögliche Zahl erhalten.

Zur Vereinfachung der Schreibweise werden wie bei den Strich- oder Skelettformeln (s. Kap. 15.2, S. 436) aliphatische Ringe oft durch die entsprechenden geometrischen Figuren wiedergegeben: ein Sechseck für Cyclohexan, ein Dreieck für Cyclopropan usw. Hier ist wie bei den offenkettigen Skelettformeln zu beachten, dass jede Ecke der Darstellung eine CH_2-Einheit darstellt, wenn keine weitere Gruppe vorhanden ist.

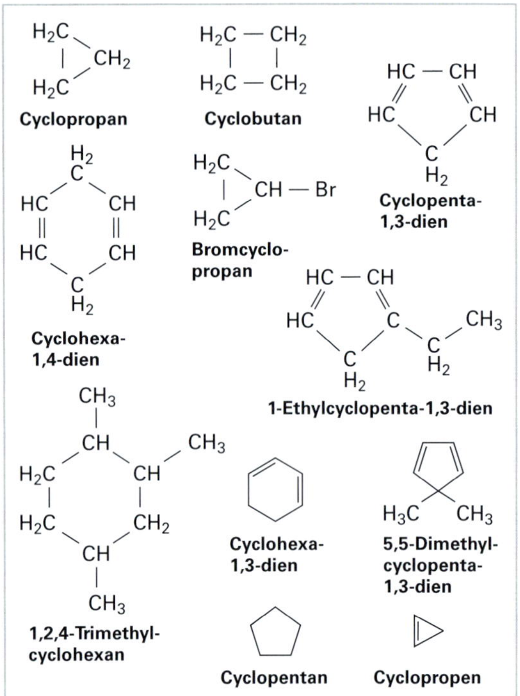

Bild 1: Beispiele für alicyclische Kohlenwasserstoffe

Die alicyclischen Kohlenwasserstoffe gehen die gleichen chemischen Reaktionen ein wie ihre offenkettigen Verwandten.

Die Cycloalkane reagieren wie die Alkane (s. Kap. 15.5.5, S. 444) durch **radikalische Substitution.** Abweichend davon unterscheiden sich die Drei- und Vierringe Cyclopropan und Cyclobutan deutlich in ihrem Reaktionsverhalten. Aufgrund der vorhandenen Ringspannung reagieren diese Verbindungen oft unter Öffnung des Rings.

Cylcoalkene reagieren mittels **elektrophiler Addition** an die Doppelbindung (s. Kap. 15.6.5, S. 450) wie die entsprechenden offenkettigen Alkene. Durch die katalytische Hydrierung werden Cycloalkene in die entsprechenden Cycloalkane überführt. Als Katalysator eignen sich Platin oder Palladium. Auch die Doppelbindung in den Cycloalkenen lässt sich durch die Reaktion des Cycloalkens mit dem bräunlichen Bromwasser nachweisen. Als Reaktionsprodukt bildet sich das farblose Halogencycloalkan.

Konformationen der Cycloalkane

Jedes C-Atom versucht in einer Verbindung diejenigen Bindungswinkel einzunehmen, die zu seiner Hybridisierung passen (**Tabelle 1**, S. 450). Bei gesättigten C-Atomen mit der Hybridisierung sp^3 ist dies ein Bindungswinkel von etwa 109,47°. Jede Abweichung von diesem Bindungswinkel ergibt eine Winkelspannung, die umso größer ist, je stärker der Bindungswinkel vom Tetraederwinkel 109,47° abweicht.

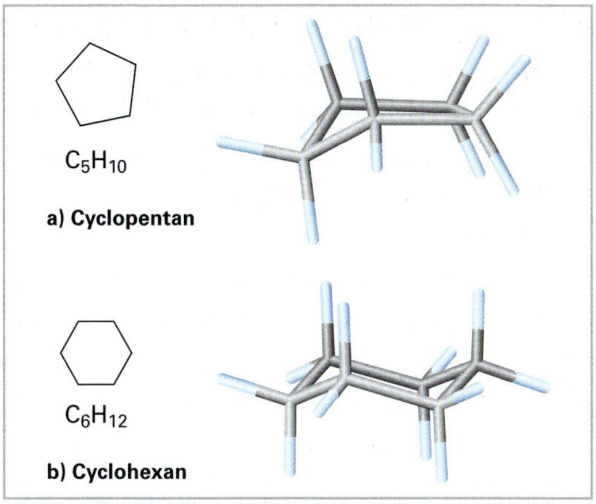

Bild 1: Energetisch günstige Konformationen von Cylcopentan und Cyclohexan

Im kleinsten Cycloalkan, dem Cyclopropan, dessen C-Atome ein Dreieck bilden, beträgt der C–C-Bindungswinkel 60°. Die Differenz zum optimalen Winkel von 109,47° beträgt also fast 50°. Cyclopropan reagiert deshalb, wie im vorherigen Abschnitt beschrieben, bei vielen Reaktionen mit einer Öffnung des Rings. Auch bei dem Vierring Cyclobutan mit einem C–C- Bindungswinkel von 90° besteht noch eine starke Ringsspannung.

Eine energetisch günstigere Anordnung der C-Atome im Ring wird erst bei größeren Ringen möglich. Hier können sich die einzelnen C-Atome aus der Ebene heraus drehen. In **Bild 1** ist dies am Beispiel zweier Aliphaten wiedergegeben. Zur besseren Übersicht wurde hier das Stäbchenmodell gewählt. Links neben der dreidimensionalen Darstellung sind die entsprechenden Skelettformeln angegeben.

Beim Cyclopentan dreht sich ein C-Atom aus der Ebene heraus. Es entsteht eine **Konformation** in Art eines offenen Briefumschlages. Diese Konformation wird nach dem englischen Wort für Briefumschlag auch *Envelope* genannt.

Bei Cyclohexan wird schließlich eine optimale Ringgröße erreicht. Die hier wiedergegebene Konformation eines **Sessels** ist um über 23 $kJ \cdot mol^{-1}$ energieärmer als alle anderen Anordnungen. Man erkennt hier anhand des Stäbchenmodells, dass jedes C-Atom mit seinen Nachbar-Atomen einen fast idealen Tetraederwinkel einnimmt. Energetisch etwas ungünstiger ist die **Wannen-Konformation**, die die Form einer Wanne besitzt. Hierbei sind zwei gegenüberliegende C-Atome des Rings aus der Ringebene heraus in gleiche Richtung gedreht.

Stereoisomere bei cyclischen Verbindungen

In Kap. 15.6.5, S. 450 wurde die Addition von Brom an eine Doppelbindung dargestellt. Aus dem Mechanismus der Reaktion folgt, dass sich die beiden Brom-Atome nach der Addition an die Doppelbindung des Alkens zueinander in einer *trans*-Stellung befinden. Durch die freie Drehbarkeit der C–C-Bindung des entstandenen Dibromethans lässt sich dies aber nicht mehr nachweisen. Führt man die gleiche Reaktion mit einem Cycloalken durch, ist die freie Drehbarkeit um die C–C-Bindung durch den Ring aufgehoben. So erhält man bei der Addition von Brom an Cyclohexen *trans*-1,2-Dibromcyclohexan (**Bild 2**).

Die stereochemischen Bezeichnungen „*cis*" und „*trans*" wurden in Kap. 15.6.3, S. 448, bei den Alkenen eingeführt. Für Ringsysteme sind diese Begriffe folgendermaßen zu erweitern:

- Eine ***cis***-Anordnung liegt vor, wenn sich beide Substituenten auf **der gleichen Seite** des Ringsystems befinden.
- Eine ***trans***-Anordnung liegt vor, wenn sich beide Substituenten **auf entgegengesetzten Seiten** des Ringsystems befinden.

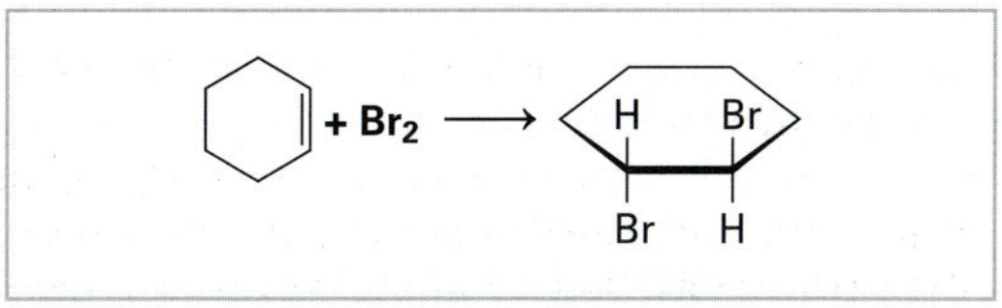

Bild 2: Addition von Brom an Cyclohexen

Tabelle 1 zeigt, dass sich die beiden *cis*- und *trans*-Isomere des 1,2-Dibromcyclohexans deutlich in ihren physikalischen Eigenschaften wie Dichte, Schmelz- und Siedetemperatur unterscheiden.

Tabelle 1: Physikalische Eigenschaften der isomeren 1,2-Dibromcyclohexane

	ϑ_b in °C	ϑ_m in °C	ϱ_{20} in $g \cdot cm^{-3}$
***cis*-Form**	115	9,7	1,803
***trans*-Form**	145	−4	1,776

Zur Wiedergabe der Stereochemie cyclischer Verbindungen verwendet man in der Organischen Chemie verschiedene Methoden.

Eine **durchgezogene Linie** steht für eine Bindung in der Papierebene, ein **ausgefüllter Keil** für eine nach **vorne** aus der Papierebene herausragende Bindung; ein **gestrichelter Keil** symbolisiert eine **hinter** die Papierebene gehende Bindung (vgl. Keilstrichformel, S. 437)

In einer anderen Darstellungsart entspricht ein dicker Punkt einer nach vorne aus der Papierebene herausragenden C–H-Bindung; die andere vom gleichen C-Atom ausgehende Bindung (die nicht im Ring liegt) zeigt dann hinter die Papierebene.

Ohne den Punkt befindet sich das Wasserstoff-Atom hinter der Ebene. Die eingezeichnete Bindung weist in diesem Fall aus der Ebene auf den Betrachter zu. Die beiden 1,2-Dibromcyclohexane können wie in **Bild 1** dargestellt werden.

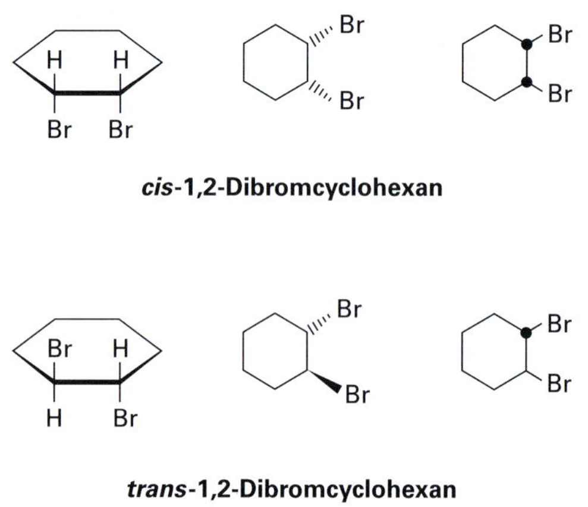

Bild 1: Schreibweise stereochemischer Formeln

15

15.7.2 Aromatische Kohlenwasserstoffe

Der Begriff „aromatisch" wurde ursprünglich für organische Verbindungen mit angenehmem Geruch verwendet. Diese wurden meist aus Naturstoffen wie Harzen oder etherischen Ölen gewonnen. Die Stammverbindung, das Benzol (IUPAC-Name Benzen) wurde schon 1825 von dem englischen Physiker *Michael F. Faraday* (1791–1867) aus komprimiertem Leuchtgas isoliert. Schon wenig später wurde die Summenformel C_6H_6 ermittelt.

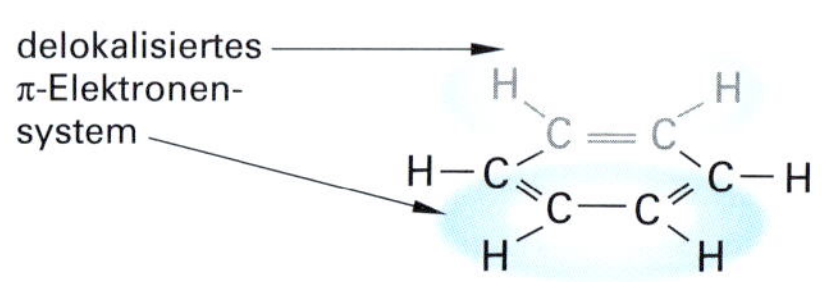

Bild 2: Struktur des Benzolmoleküls

Die erste korrekte Strukturformel wurde von *Kekulé* angegeben. *Kekulé* formulierte Benzol als 1,3,5-Cyclohexatrien (**Bild 2**, S. 459). Moderne Methoden zur Strukturaufklärung liefern folgende Informationen, aus denen sich für die Struktur des Benzol-Moleküls folgendes Modell ergibt:

Die sp^2-hybridisierten Kohlenstoff-Atome im Benzol-Molekül bilden ein gleichseitiges Sechseck, das in einer Ebene liegt. Alle Bindungswinkel betragen 120° und die C–C-Bindungen besitzen eine Länge von 139 pm. Mit diesen σ-Bindungen allein ist das Molekül noch nicht vollständig beschrieben. Die sechs p-Elektronen der C-Atome verschmelzen zu zwei ringförmigen Elektronenwolken, von denen eine oberhalb und eine unterhalb der Ringebene (**Bild 2**) liegt. Diese Elektronen sind nicht mehr einem Atom oder einer Doppelbindung zugeordnet, sondern frei im Ring beweglich. Der Fachausdruck für diesen Effekt ist **delokalisiert**.

In der Formeldarstellung wird dies durch einen **aromatischen Ring** kenntlich gemacht. Die Strukturformel mit festgelegten Doppelbindungen stellt nur eine Möglichkeit dar und wird daher als Grenzformel bezeichnet. Für Bindungsverhältnisse, wie sie im Benzol vorliegen, wurde 1933 von dem britischen Chemiker *Christopher K. Ingold* (1893–1970) der Begriff **Mesomerie** eingeführt.

Unter **Mesomerie** oder **Resonanz** versteht man die Tatsache, dass sich die Bindungsverhältnisse in einem Molekül nicht durch eine einzige Strukturformel beschreiben lassen, sondern nur durch mehrere **Grenzformeln.** Die tatsächliche Elektronenverteilung im Molekül liegt zwischen den von den Grenzformeln angegebenen Bindungsverhältnissen. Neben Molekülen kann Mesomerie auch in **mehratomigen Ionen** auftreten.

Die Beziehung zwischen zwei **mesomeren Grenzformeln** wird durch einen Mesomeriepfeil $\leftrightarrow$ symbolisiert (**Bild 1**). Dieser darf nicht mit dem Doppelpfeil $\rightleftarrows$ verwechselt werden, der ein chemisches Gleichgewicht kennzeichnet.

Im konkreten Beispiel des Benzol-Moleküls (**Bild 1**) sind die beiden *Kekulé*-Formeln als Grenzstrukturen zu betrachten, zwischen denen der aromatische, energiegünstigere Zustand liegt. Der Energiegewinn durch die Mesomerie ist quantifizierbar:

Bei der katalytischen Hydrierung von Alkenen werden durchschnittlich 120 kJ · mol^{-1} pro Doppelbindung frei. Für die drei Doppelbindungen im Benzol zu Cyclohexan ist also eine Hydrierungswärme von etwa – 360 kJ · mol^{-1} zu erwarten. Tatsächlich findet man experimentell nur eine Hydrierungsenthalpie von – 209 kJ · mol^{-1}. Die „wahre" Struktur von Benzol ist also um 151 kJ · mol^{-1} energiegünstiger als erwartet.

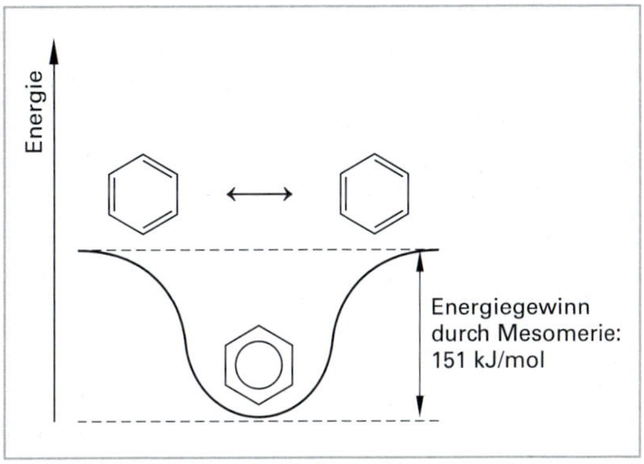

Bild 1: Energiegewinn durch Mesomerie

An dieser Stelle sei der Hinweis erlaubt, dass keine dieser Formeln „richtig" oder „falsch" ist. Man kann höchstens einwenden, dass eine bestimmte Formel die Elektronenstruktur des Moleküls besser oder schlechter beschreibt.

Als **Aromaten** bezeichnet man heute eine ganze Stoffgruppe von Kohlenwasserstoffen. Eine Klassifizierung wie „wohlriechende Substanz" ist wenig aussagekräftig, da jeder Mensch eine andere Vorstellung davon hat, was wohlriechend bedeutet.

Heute wird als Definition für Aromaten die Festlegung von *Erich Hückel* (1896–1980), einem deutschen Physiker und Chemiker, verwendet, der den Begriff in den 30iger Jahren des letzten Jahrhunderts definierte.

Ein Molekül ist dann **aromatisch**, wenn folgende Bedingungen **gleichzeitig** erfüllt sind:

- Es muss ein cyclisches System (Ringsystem) vorliegen, das vollständig eben (planar) ist.
- Alle C-Atome des Moleküls müssen sp^2-hybridisiert sein (wie die C-Atome in Alkenen).
- Das System muss über $(4n + 2)$ π-Elektronen verfügen. $(n = 0, 1, 2, 3 \ldots)$

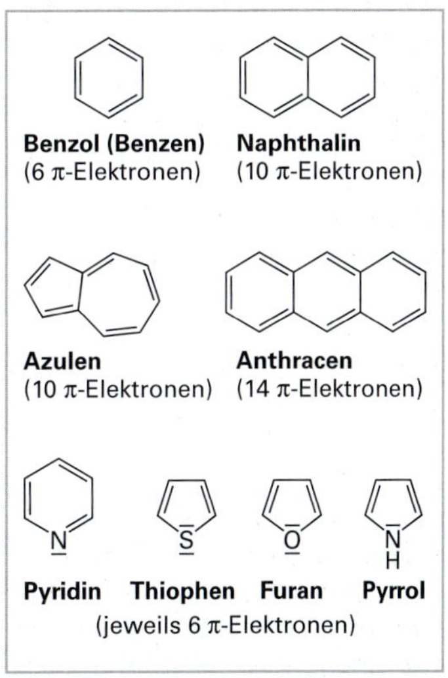

Bild 2: Beispiele für aromatische Verbindungen nach *Hückel*

Die Anzahl der π-Elektronen lässt sich einfach ermitteln. Jede Doppelbindung im Molekül trägt zwei π-Elektronen. Nach der *Hückel*-Regel muss also nur geprüft werden, ob im Molekül insgesamt z. B. 2, 6, 10 oder 14 π-Elektronen vorhanden sind.

Auch die aromatischen Verbindungen können andere Atome als Kohlenstoff im Ring enthalten (**Bild 2**, S. 459). Teilweise werden sogar die freien Elektronenpaare von Schwefel, Sauerstoff und Stickstoff in das Ringsystem integriert, wie das bei den **Heteroaromaten** Thiophen, Furan und Pyrrol der Fall ist.

Reaktionen von Aromaten

Ähnlich wie bei den Alkenen wird das Reaktionsverhalten aromatischer Verbindungen durch die π-Elektronenwolke bestimmt. Sie wirkt bei vielen Reaktionen elektronenliefernd. Damit sind auch hier die typischen Reaktionspartner elektrophile Verbindungen.

Im Unterschied zu den Alkenen reagieren Aromaten aber nicht in einer Additionsreaktion, sondern indem ein H-Atom des Rings gegen die angreifende elektrophile Gruppe ausgetauscht, also **substituiert** wird.

Die charakteristische Reaktion von aromatischen Verbindungen ist die **elektrophile Substitution**.

Folgende Reaktionen gehören zu den häufigsten elektrophilen aromatischen Substitutionen:

- Halogenierung
- Nitrierung
- Sulfonierung
- Acylierung
- Alkylierung

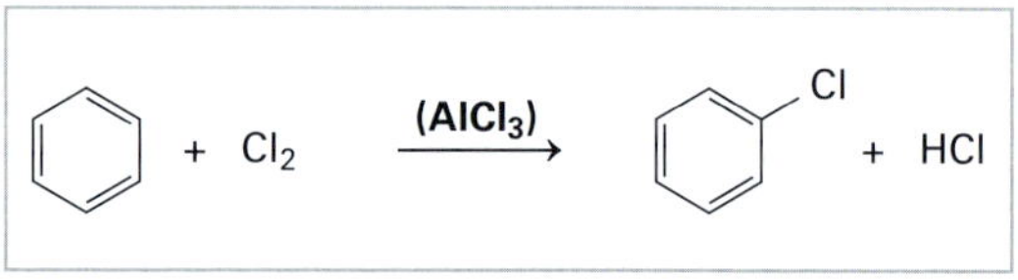

Bild 1: Chlorierung von Benzol

Benzol ist aufgrund seiner Mesomeriestabilisierung im Vergleich zu einem Alken weniger reaktiv. Deshalb ist für die direkte **Halogenierung** (Chlorierung und Bromierung) des Benzols ein Katalysator erforderlich, der eine Elektronenpaarlücke besitzt. Diese Eigenschaft haben *Lewis*-Säuren (s. Kap. 13.7, S. 409). Bei einer Chlorierung wird Aluminiumchlorid $AlCl_3$ (**Bild 1**), bei einer Bromierung häufig Eisen(III)-bromid $FeBr_3$ in Form von Eisenspänen und elementarem Brom verwendet.

15

Die Nitrierung von Benzol (**Bild 2**) gelingt nicht durch die Reaktion des Benzols mit reiner Salpetersäure. Erst durch Zugabe von konzentrierter Schwefelsäure als Katalysator zur Salpetersäure im Stoffmengenverhältnis von etwa 1:1 entsteht die sogenannte Nitriersäure.

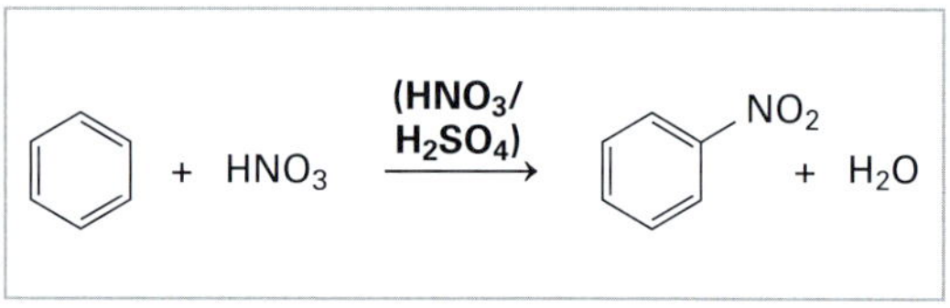

Bild 2: Nitrierung von Benzol

Die Aminogruppe $-NH_2$ kann nicht direkt durch Reaktion von Ammoniak mit Benzol erhalten werden, da Ammoniak NH_3 als nucleophile Verbindung nicht direkt elektrophil am Benzol substituiert werden kann. Die Aminogruppe ist nur über den Umweg der Reduktion der Nitrogruppe zu erhalten. Die Nitrogruppe wird in der Praxis mit einem unedlen Metall wie Zink oder Eisen mit einer starken Säure (z. B. Salzsäure) reduziert. Der bei diesen Reaktionen kurzfristig entstehende atomare Wasserstoff [H] reduziert die Nitro-Gruppe. Eine andere Möglichkeit zur Herstellung von Aminobenzol ist die Reduktion der Nitrogruppe mit Wasserstoff und Platin-Katalysator (**Bild 3**).

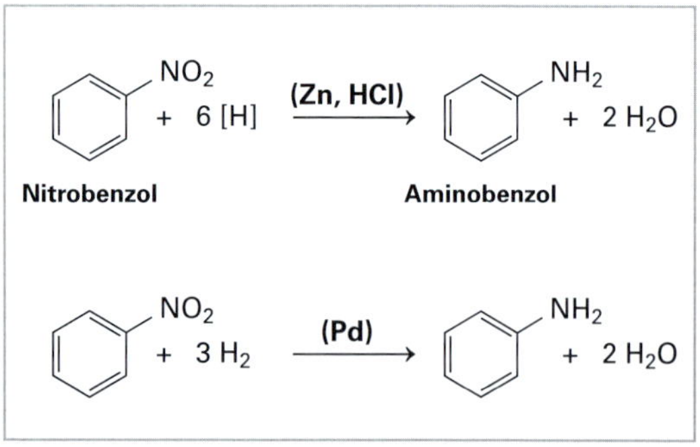

Bild 3: Reduktion der Nitrogruppe

Die **Sulfonierung** ist von großer technischer Bedeutung, da die entstehenden Sulfonsäuren starke Säuren sind. Die polare Sulfonsäure-Gruppe $-SO_3H$ ist hydrophil, so dass sie die Wasserlöslichkeit der substituierenden Benzolverbindung erhöht. Außerdem ist die Sulfonsäure-Gruppe leicht austauschbar gegen andere Substituenten (z. B. –OH, –H). Die elektrophile Verbindung bei der Sulfonierung von Benzol ist Schwefeltrioxid SO_3, das in Oleum gelöst vorliegt (Bild 1).

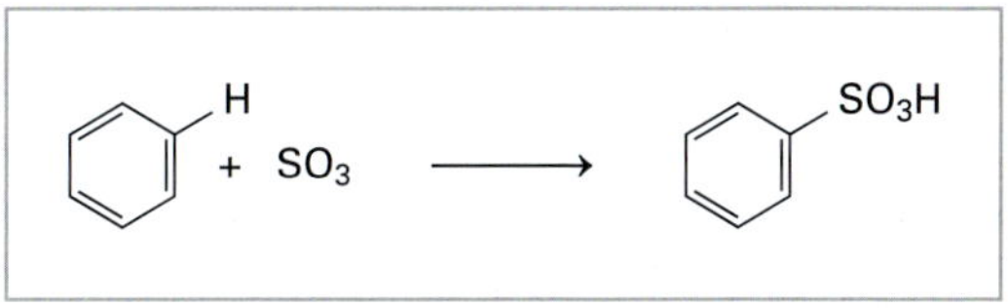

Bild 1: Sulfonierung von Benzol

Die elektrophile Substitution einer Acyl-Gruppe (–R–C=O) am Benzolring durch *C. Friedel* (franz. Chemiker; 1832–1899) und *J. Crafts* (amerik. Chemiker; 1839–1917) führt zu gemischt aliphatisch-aromatischen Ketonen. Deshalb wird diese Art der elektrophilen aromatischen Substitution ***Friedel-Crafts*-Acylierung** genannt. Sie darf nicht mit der anschließend beschriebenen *Friedel-Crafts*-Alkylierung verwechselt werden.

Für die *Friedel-Crafts*-Acylierung kann entweder ein Carbonsäurechlorid oder ein Carbonsäureanhydrid eingesetzt werden (Bild 2).

Die Produkte dieser Reaktionen sind gemischt aliphatisch-aromatische Ketone sowie Chlorwasserstoff bzw. eine Carbonsäure.

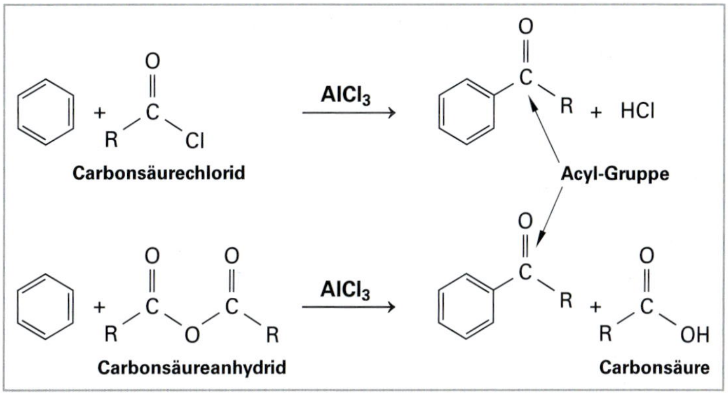

Bild 2: *Friedel-Crafts*-Acylierungen

Eine weitere wichtige elektrophile Reaktion ist die Substitution einer Alkylgruppe am Benzol. Die **Alkylierung** des Benzols nach ***Friedel-Crafts*** wird als elektrophile aromatische Substitution durchgeführt (Bild 3).

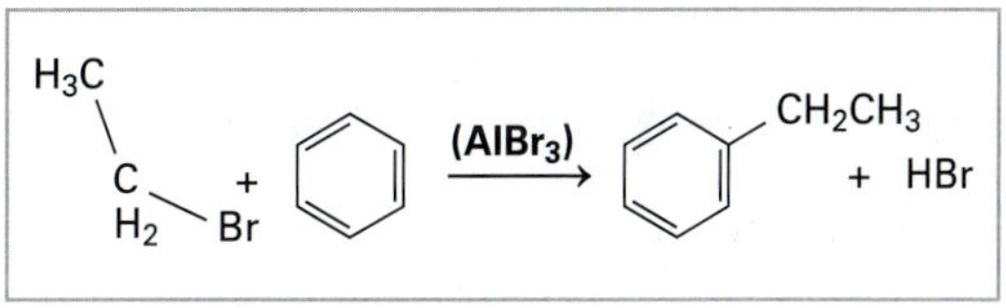

Bild 3: *Friedel-Crafts*-Alkylierungen

Reaktionspartner des Benzols ist ein Halogenalkan, das mit einem Katalysator das angreifende elektrophile Teilchen bildet. Als Katalysatoren eignen sich *Lewis*-Säuren wie $AlCl_3$, Aluminiumbromid $AlBr_3$, Bortrifluorid BF_3 oder Eisen(III)-chlorid $FeCl_3$.

Bei der *Friedel-Crafts*-Alkylierung treten Umlagerungsreaktionen mit entsprechenden unerwünschten Isomerisierungen und **Mehrfach-Alkylierungen** als Nebenreaktionen auf. Dies führt zur Verringerung der Ausbeute am gewünschten Alkylbenzol.

Reaktionen alkylsubstituierter Benzole führen zu wichtigen aromatischen Verbindungen, die auf direktem Syntheseweg nicht zu erhalten sind. Zunächst ist es wichtig, die Reaktion so zu steuern, dass eine Substitution entweder am Benzolkern oder am Alkylrest, auch Seitenkette genannt, stattfindet.

Soll die Substitution am Benzolkern stattfinden, gelten Bedingungen der elektrophilen Substitution: eine *Lewis*-Säure als Katalysator und relativ niedrige Temperaturen, abgekürzt **KKK** (**K**ern, **K**atalysator, **K**älte). Eine Seitenketten-Substitution läuft über Radikale und benötigt meistens höhere Temperaturen sowie UV-Strahlung: **SSS** (**S**eitenkette, **S**iedehitze, **S**onnenlicht) In Bild 1 auf Seite 462 sind diese Bedingungen am Beispiel der Bromierung von Toluol erkennbar, wobei der Weg a) die Kernsubstitution und Weg b) die Seitenkettensubstitution darstellt.

Die wichtigsten **elektrophilen Substitutionsreaktionen am Aromaten** unter Verwendung einer Lewis-Säure als Katalysator sind die Halogenierung, die *Friedel-Crafts*-Acylierung, die *Friedel-Crafts*-Alkylierung. Für die Nitrierung wird Nitriersäure, für die Sulfonierung wird Oleum benutzt.

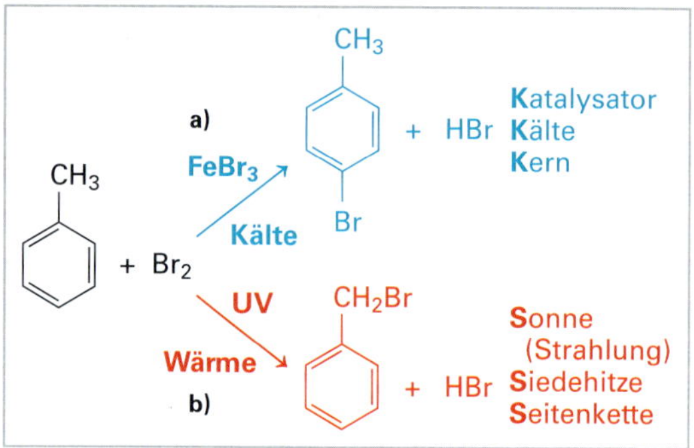

Bild 1: KKK- und SSS-Regel

Aus **Bild 1a** wird auch deutlich, dass durch geeignete Bromierung von Toluol eine weitere elektrophile Substitution am selben Benzolkern stattfinden kann, eine sogenannte **Zweitsubstitution**.

Sind zwei Substituenten X und Y benachbart, stehen sie in *ortho*-Stellung (1,2-Stellung) zueinander. Befinden sie sich in 1,3-Stellung, so spricht man von *meta*-, bei 1,4-Stellung von *para*- (**Bild 2**).

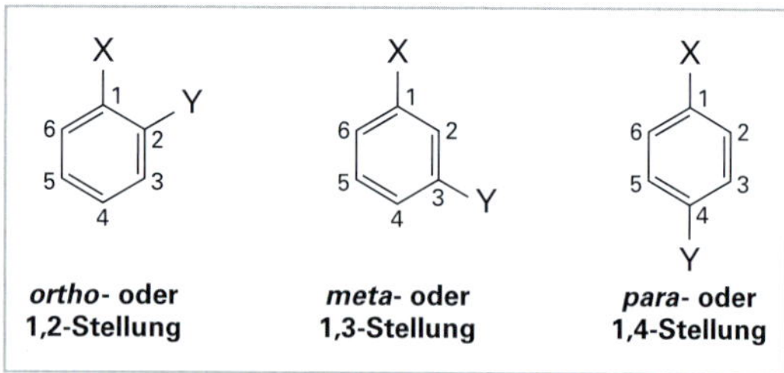

Bild 2: *ortho-*, *meta-*, *para*-Stellung

Bei der aromatischen Substitution eines zweiten Substituenten kommt dem bereits vorhandenen Erst-Substituenten eine steuernde Wirkung zu.

Die Erst-Substituenten am aromatischen Ring können in zwei Gruppen eingeteilt werden:

a) Substituenten 1. Ordnung: Sie dirigieren den Zweitsubstituenten in die *ortho*- und *para*-Stellung. Sie sind häufig erkennbar, dass sie keine Mehrfachbindungen besitzen.
Beispiele hierfür sind: Hydroxy-, Amino-, Alkoxy-, Alkyl-Gruppe, Halogen-Atome.

b) Substituenten 2. Ordnung: Sie dirigieren den Zweitsubstituenten in die *meta*-Stellung. Diese Substituenten enthalten eine Mehrfachbindung in Konjugation zum aromatischen Ring.
Beispiele hierfür sind: Aldehyd-, Carboxyl-, Nitril-, Sulfonsäure-Gruppe.

Beispiel 15.1: Herstellung von *p*-Aminotoluol aus Benzol

Ausgehend von Benzol soll *p*-Aminobenzol hergestellt werden.

Lösung:

Am Benzolring sollen zwei Substituenten 1. Ordnung substituiert werden: die Amino- und die Methylgruppe. Da aber die Aminogruppe nicht direkt substituierbar ist, muss ein Umweg gegangen werden, der über die Nitrierung führt. Die Nitrogruppe ist aber ein Substituent 2. Ordnung. Deshalb gibt es zwei Lösungswege:

a) Zuerst die Friedel-Crafts-Alkylierung mit Chlormethan und Aluminiumchlorid als Katalysator. Anschließend folgt die Nitrierung mit Nitriersäure (Salpetersäure/Schwefelsäure-Gemisch) mit anschließender Reduktion der Nitrogruppe (**Bild 3**).

b) Der umgekehrte Syntheseweg über die Nitrierung mit anschließender Reduktion und *Friedel-Crafts*-Alkylierung ist ebenfalls möglich.

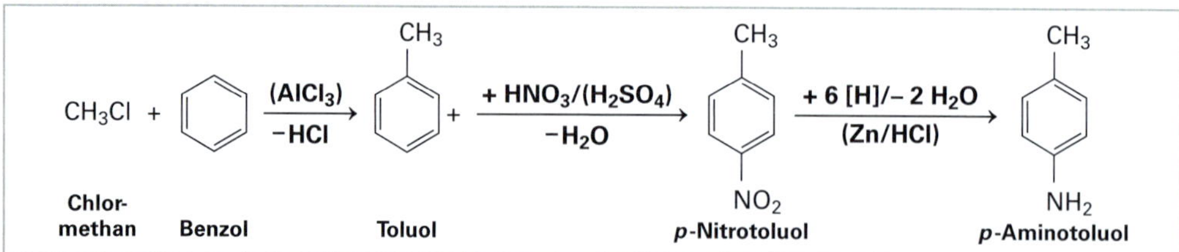

Bild 3: Herstellung von *p*-Aminotoluol aus Benzol

15.8 Sauerstoffhaltige Kohlenwasserstoffe

15.8.1 Alkanole

Struktur und Benennung

Zur Stoffgruppe der Alkanole (Alkohole) kommt man, indem man bei einem Alkan formal ein H-Atom durch eine Hydroxy-Gruppe –OH ersetzt (**Bild 1**).

> Die funktionelle Gruppe der **Alkanole** ist die **OH-Gruppe.**

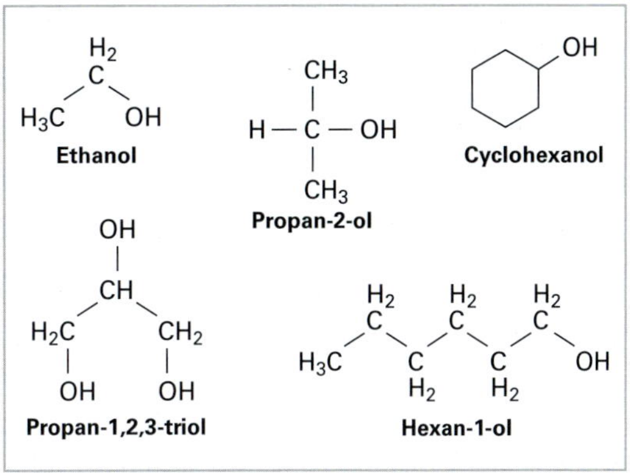

Bild 1: Struktur und Benennung verschiedener Alkanole

Bei der entstehenden Verbindung wird dann an den Namen des Alkans die Endung „-ol" angehängt. So wird z. B. aus Methan der Alkohol Methanol. Sind im Molekül mehrere Positionen für die OH-Gruppe möglich, so wird der Endung „-ol" die Ziffer mit der Position der OH-Gruppe vorangestellt, z. B. Propan-2-ol (**Bild 1**). Tritt die OH-Gruppe mehrfach auf, so wird dies durch die Endungen „diol" (2-fach), „triol" (3-fach), „tetrol" (4-fach) usw. angegeben. Bei der Bezifferung wird jede Position angegeben, an der die OH-Gruppe steht, z. B. Propan-1,2,3-triol. Man nennt die Alkanole mit einer OH-Gruppe auch **einwertige** Alkanole, die mit zwei OH-Gruppen **zweiwertige** Alkanole usw.

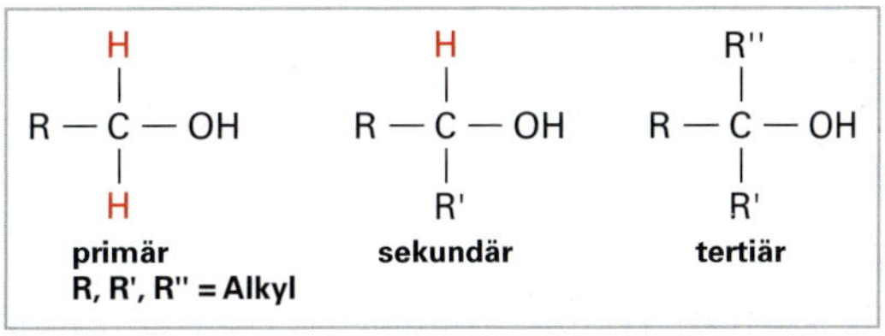

Bild 2: Primäre, sekundäre und tertiäre Alkanole

Für die Einteilung der Alkanole und ihr Reaktionsverhalten ist eine Struktureigenschaft wichtig, die in **Bild 2** wiedergegeben ist. Trägt das C-Atom, an dem sich die OH-Gruppe befindet, **zwei** (oder bei Methanol drei) **H-Atome,** nennt man das entsprechende Alkanol ein **primäres Alkanol.** Befindet sich an dem C-Atom ein **H-Atom**, handelt es sich um sein **sekundäres Alkanol. Fehlt der Wasserstoff** am C-Atom, das die OH-Gruppe trägt, ganz, so bezeichnet man das Alkanol als **tertiär.**

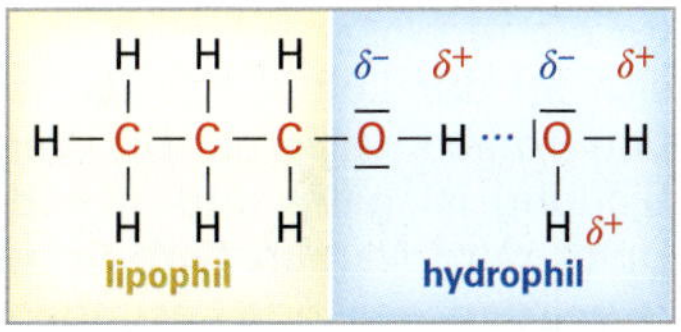

Bild 3: Hydrophiler und lipophiler Teil von Propan-1-ol

Mit dem Element Sauerstoff in der OH-Gruppe kommt ein stark elektronegatives Element in das Molekül (s. Kap. 15.1, S. 434). Als Folge davon ist die OH-Gruppe **polar**; das Sauerstoff-Atom trägt eine negative, das Wasserstoff-Atom eine positive Teilladung (**Bild 3**). Diese Polarität ermöglicht es den Alkanolen, **Wasserstoffbrückenbindungen** (s. Kap. 6.3.1, S. 192) aufzubauen. Damit bestehen Alkanole aus einem **unpolaren Alkyl-Rest** und einer **polaren Hydroxy-Gruppe.** Das Verhältnis dieser beiden Reste zueinander entscheidet über die Mischbarkeit von Alkanolen mit Wasser und Kohlenwasserstoffen. So sind die Alkanole Methanol bis Propanol noch gut mischbar mit Wasser, weil der polare Anteil (hydrophiler Anteil) im Molekül bestimmend ist. Längerkettige Alkanole ab etwa Pentan-1-ol mischen sich nicht mehr mit Wasser; hier überwiegt der unpolare, lipophile Kohlenwasserstoff-Rest. Diese Alkanole besitzen dafür **lipophile** Eigenschaften, d. h. sie sind mit unpolaren Lösemitteln wie Benzin gut mischbar.

Chemische Reaktionen

Alkanole können durch geeignete Oxidationsmittel oxidiert werden. Hierbei entscheidet die Struktur des Alkanols über die entstehenden Produkte. **Primäre** Alkanole werden zunächst zu **Aldehyden** oxidiert, diese können zu **Carbonsäuren** weiteroxidiert werden. **Sekundäre** Alkanole können zu **Ketonen** oxidiert werden. **Tertiäre** Alkanole können nicht **ohne Zerstörung des Moleküls** oxidiert werden.

Unter bestimmten Bedingungen können Alkanole Wasser abspalten (Dehydratisierung) unter Bildung der entsprechenden Alkene. Diese Reaktion läuft intramolekular (aus jeweils einem Alkoholmolekül) ab. Man nennt diese Reaktion **Eliminierung** (**Bild 1b**). Bei anderen Bedingungen werden aus jeweils zwei Alkoholmolekülen intermolekular Wasser abgespalten. Dabei entsteht der entsprechende Ether.

Wird wasserfreier Alkohol mit Alkalimetallen, zum Beispiel mit metallischem Natrium versetzt, bildet sich unter Wasserstoffentwicklung das entsprechende Natrium-Alkoholat, welches anschließend mit Halogenalkanen ebenfalls zum entsprechenden Ether umgesetzt werden kann (*Williamson*-Synthese). So wird, wie in **Bild 2** dargestellt, aus Natrium und Methanol Natriummethanolat und aus Brommethan und dem Alkoholat Natrium-*tert*-butanolat der Ether *tert*-Butylmethylether.

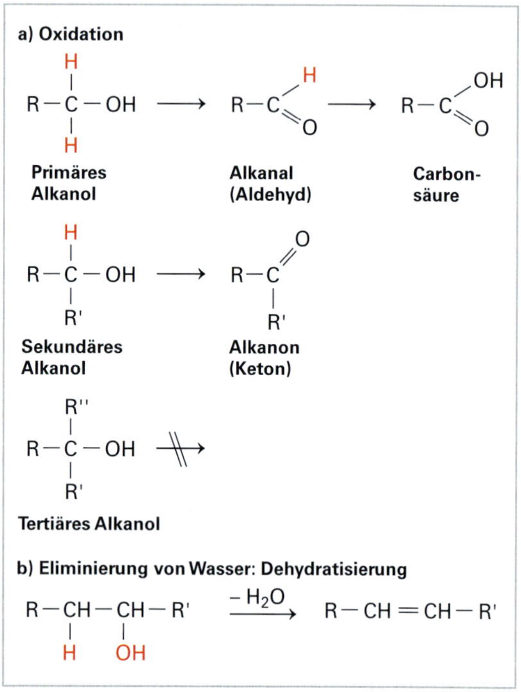

Bild 1: Reaktionen der Alkanole

15.8.2 Phenole

Phenole oder **Hydroxybenzole** (**Bild 3**) sind aromatische Verbindungen, die eine Hydroxy-Gruppe als funktionelle Gruppe enthalten. Der einfachste Vertreter dieser Stoffklasse ist Hydroxybenzol, das Phenol. Phenol ist bei Raumtemperatur ein farbloser Feststoff, der sich an der Luft durch Oxidation rötlich verfärbt. Die Verbindung ist giftig und ätzend. Unter dem Namen **Carbolsäure** wurden wässrige Lösungen von Phenol früher zur Desinfektion benutzt. Die Hauptmenge von Phenol wird heute weiter zu Salicylsäure und deren Derivaten z. B. Acetylsalicylsäure (Aspirin™) verarbeitet.

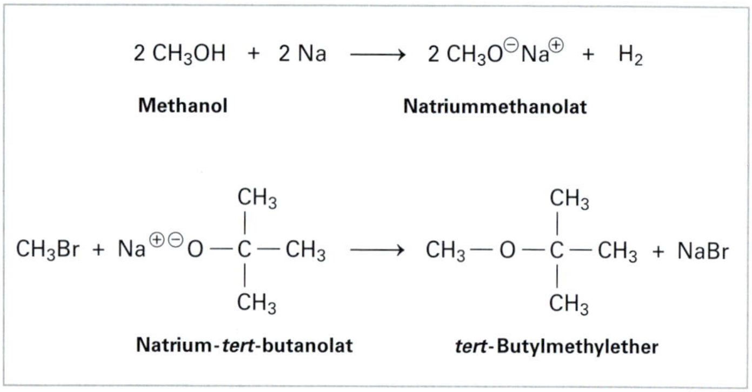

Bild 2: Alkoholat-Bildung und *Williamson*-Synthese

15.8.3 Ether

Ether entstehen z. B. durch Kondensation von zwei Molekülen eines Alkanols (oder Phenols). Hierbei kommt es zur Abspaltung von Wasser (**Bild 3**). Ether bestehen aus zwei Alkyl-Resten oder aromatischen Resten, die über eine Sauerstoff-Brücke verknüpft sind. Sie können benannt werden, indem man die beiden Reste in alphabetischer Reihenfolge aufzählt und die Endung „ether" anhängt. Nach IUPAC tragen Ether die Bezeichnung Alkoxyalkan. Die Ether sind vor allem als organische Lösemittel von Bedeutung.

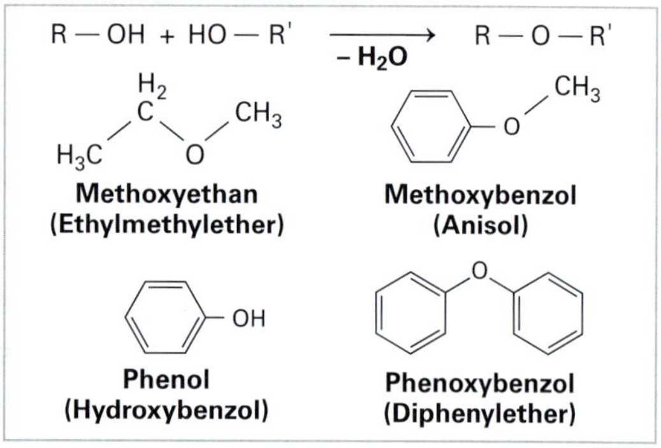

Bild 3: Ether und Phenol

15.8.4 Aldehyde und Ketone

Als Geruchsträger sind Aldehyde in vielen Naturstoffen enthalten. So sind z. B. der Geruch von Vanille und Zimt auf die Aldehyde Vanillin und Zimtaldehyd (Bild 2) zurückzuführen. Technische Bedeutung hat vor allem der einfachste Aldehyd **Methanal** HCHO (Formaldehyd). Methanal ist ein stechend riechendes, giftiges Gas, dessen wässrige Lösung („Formalin") zur Konservierung von biologischen Präparaten verwendet wird. Methanal wird vor allem zur Herstellung von Kunststoffen verwendet. Bei den Ketonen spielt vor allem **Propanon** C_3H_6O (Aceton) als organisches Lösemittel eine Rolle.

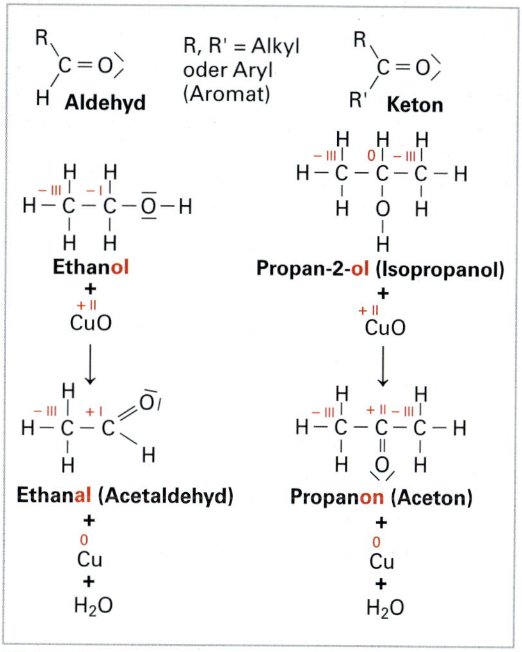

Bild 1: Aldehyde und Ketone

Aldehyde (Alkanale) und Ketone (Alkanone) enthalten als funktionelle Gruppe die **Carbonyl-Gruppe C=O** und werden deshalb auch als **Carbonyl-Verbindungen** bezeichnet. Ihre allgemeine Formel ist in Bild 1 wiedergegeben.

Die Benennung der Aldehyde erfolgt durch Anhängen der Endung „al" an den Namen des entsprechenden Alkans (Bild 3). Da die Aldehyd-Gruppe immer am Ende der Kohlenstoff-Kette steht, erübrigt sich die Nummerierung. Bei Ketonen wird an den Stammnamen des Alkans oder Alkens die Endung „on" angehängt. Wenn die Position der Carbonyl-Gruppe nicht eindeutig ist, wird die Ziffer der Position vorangestellt, z. B. „-2-on" oder „4-on". Alternativ dazu können Ketone auch benannt werden, indem die beiden Gruppen des Ketons vorangestellt und die Endung „keton" angehängt wird, z. B. Dimethylketon für Propanon. Bild 2 zeigt einige Nomenklatur-Beispiele für Aldehyde und Ketone.

Im Unterschied zu Ketonen kann die Aldehyd-Gruppe nur am Ende einer Kohlenstoffkette stehen. Sie ähneln sich in ihren chemischen Eigenschaften. Alkanale entstehen durch Oxidation von primären Alkanolen, Alkanone erhält man durch Oxidation von sekundären Alkanolen (Kap. 15.8.1, S. 463). Diese Reaktionen sind am Beispiel von Ethanol und Propan-2-ol mit Kupfer(II)-oxid in Bild 1 wiedergegeben.

Da Aldehyde an der Carbonylgruppe noch ein H-Atom tragen, können sie weiteroxidiert werden zu **Carbonsäuren** (Kap. 15.8.5, S. 467), sie selbst wirken reduzierend. Bei Ketonen ist dies nicht möglich.

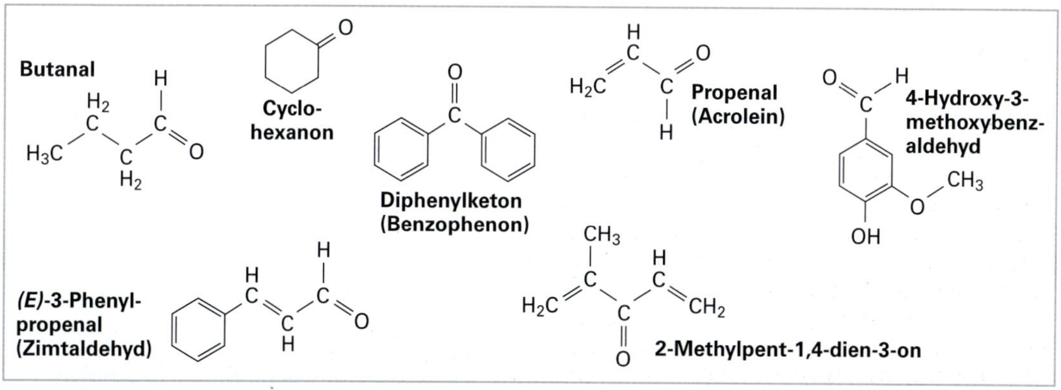

Bild 3: Benennung von Aldehyden und Ketonen

15

An der C=O-Doppelbindung finden bevorzugt Additionsreaktionen statt. Aufgrund der starken Polarisierung der Carbonyl-Gruppe verlaufen die Reaktionen der verschiedenen Additionen sehr ähnlich.

Die Umsetzung von ***Grignard*-Reagenzien** (*F. Grignard*, franz. Chemiker; 1871–1935) mit der Carbonyl-Gruppe gehört zu den wichtigsten Reaktionen der Carbonyl-Verbindungen.

Grignard-Verbindungen erhält man durch Umsetzung von Halogenalkanen mit Magnesiumspänen in wasserfreiem Diethylether. In **Bild 1a** reagiert Bromethan mit Magnesium zur *Grignard*-Verbindung Ethyl-Magnesiumbromid. In dieser Verbindung ist die Bindung zwischen dem Magnesium- und dem Kohlenstoff-Atom stark polarisiert. Die *Grignard*-Verbindung greift die Carbonyl-Gruppe an. Dabei entsteht als Additionsprodukt ein Alkoholat-Ion. Deshalb muss diese erste Reaktionsstufe in wasserfreiem Ether durchgeführt werden. Im zweiten Reaktionsschritt wird das Alkoholat hydrolysiert, wobei aus Methanal primäre (**Bild 1b**), aus allen anderen Aldehyden sekundäre (**Bild 1c**), aus Ketonen tertiäre Alkohole (**Bild 1d**) entstehen. Aus Kohlenstoffdioxid und *Grignard*-Reagenzien entstehen die entsprechenden Carbonsäuren (**Bild 1e**).

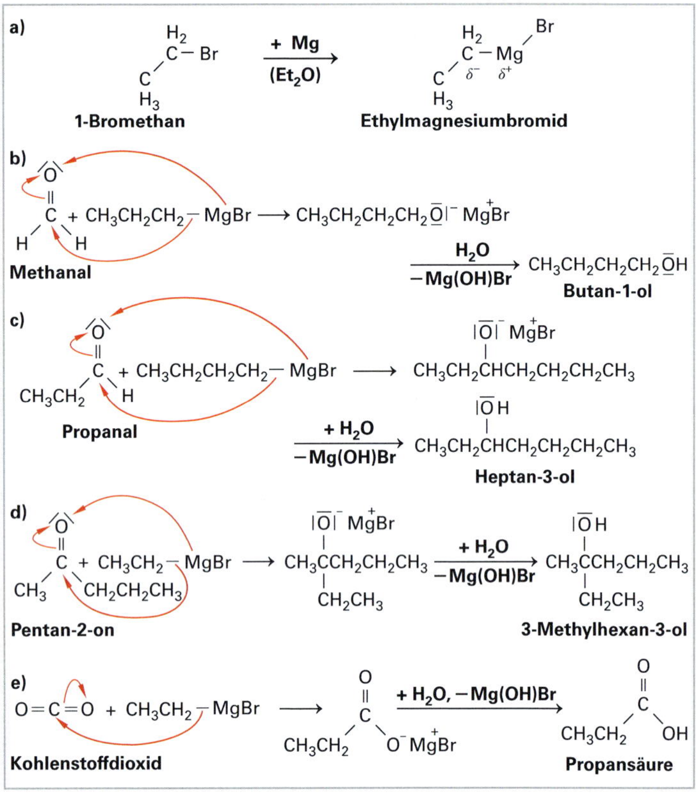

Bild 1: *Grignard*-Reaktionen von Carbonylverbindungen

***Grignard*-Verbindungen** sind Magnesium-organische Verbindungen, bei denen sich das Magnesium-Atom zwischen einem Alkylrest und einem Halogenatom befindet.

Bei ***Grignard*-Reaktionen** reagieren *Grignard*-Verbindungen in wasserfreiem Medium mit einer Carbonyl-Gruppe. Das dabei gebildete Addukt wird anschließend hydrolysiert. Es entstehen, entsprechend der eingesetzten Carbonylverbindung, primäre, sekundäre und tertiäre Alkohole sowie Carbonsäuren.

Werden Verbindungen, welche ein oder mehrere H-Atome am α-ständigen C-Atom (C-Atom, das zur Carbonyl-Gruppe benachbart liegt) tragen, an die Carbonyl-Gruppe addiert, führt das zur Ausbildung von C–C-Verknüpfungen. Solche Reaktionen im stark alkalischen Medium sind für die präparative Chemie besonders wertvoll, da sie zum Aufbau von Kohlenstoff-Gerüsten führen. Aldehyde und Ketone mit Wasserstoff-Atomen am α-ständigen C-Atom können in einer Aldol-Addition mit sich selbst solche C–C-Verknüpfungen ausbilden. Es entstehen bei einer **Aldol-Addition** Hydroxyaldehyde („Aldole") beziehungsweise Hydroxyketone unter Verdoppelung der Kohlenstoffzahl gegenüber der eingesetzten Carbonyl-Verbindung (**Bild 1a**, S. 467). Die Reaktivität der Aldehyde ist höher als die der Ketone.

Aldehyde und Ketone ohne Wasserstoff-Atom am α–C-Atom zeigen keine Aldol-Additionen, wie zum Beispiel Methanal (**Bild 1b**, S. 467). Erhitzt man diese Verbindungen in starken Basen, so läuft bei Aldehyden eine ***Cannizzaro*-Reaktion** (*S. Cannizzaro*, ital. Chemiker; 1826–1910) ab, Ketone reagieren nicht.

Die *Cannizzaro*-Reaktion beruht auf der reduzierenden Eigenschaft der Aldehyde. Dabei reduzieren Aldehyd-Moleküle weitere Aldehyd-Moleküle zu den entsprechenden Alkoholen und Carbonsäuren bzw. Carbonsäuresalzen.

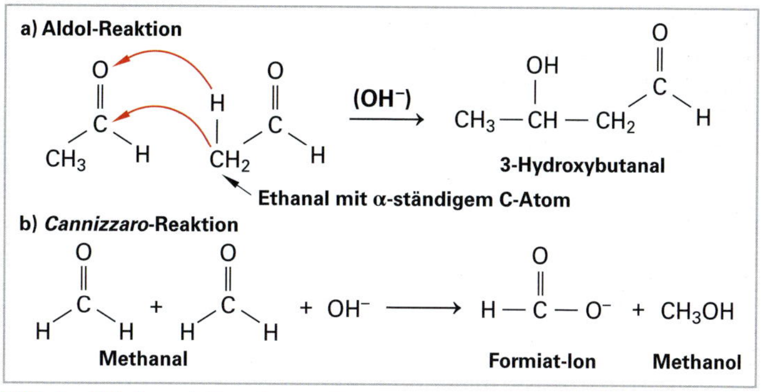

Bild 1: Aldol- und *Cannizzaro*-Reaktion

> Eine **Aldol-Addition** ist eine Reaktion zwischen zwei Aldehyd- oder Keton-Molekülen mit jeweils einem **α-ständigen H-Atom** zur Carbonyl-Gruppe in alkalischem Medium.
>
> ***Cannizzaro*-Reaktionen** laufen mit Aldehyden ohne α-ständigem H-Atom zur Carbonyl-Gruppe in alkalischem Medium ab. Die Aldehyde **disproportionieren** dabei zu einem entsprechenden Alkohol und einer Carbonsäure bzw. deren Salze.

15.8.5 Carbonsäuren und Derivate

Carbonsäuren enthalten die Carboxy-Gruppe (–COOH) zusammen mit einem Alkyl- oder Aryl-Rest. Sie entstehen bei der Oxidation von Aldehyden, wie in **Bild 2c** am Beispiel der Oxidation von Ethanal mit Kupfer(II)- zu sehen ist. Carbonsäuren besitzen deutlich höhere Schmelz- und Siedetemperaturen als die Alkanole. Der Grund liegt darin, dass sich Carbonsäure-Moleküle über zwei Wasserstoff-Brücken zusammenlagern können (**Bild 2b**).

Der Name der Carbonsäure wird gebildet, indem man an den Namen des Stammalkans die Endung „säure“ anhängt. So wird z. B. aus Methan Methan**säure**.

Eine weitere Besonderheit von Carbonsäuren ist die Eigenschaft, das H-Atom der Carboxy-Gruppe abspalten zu können: Dieser **Protolysereaktion** verdankt die Verbindungsgruppe ihren Namen (**Bild 2d**). Sie wirken als Säuren. Der Grund dafür liegt darin, dass sich bei der Reaktion das energiegünstige Carboxylat-Anion bildet. Dieses Anion ist ein weiteres Beispiel für **Mesomeriestabilisierung** (**Bild 2e**; s. Kap. 15.7.2, S. 458).

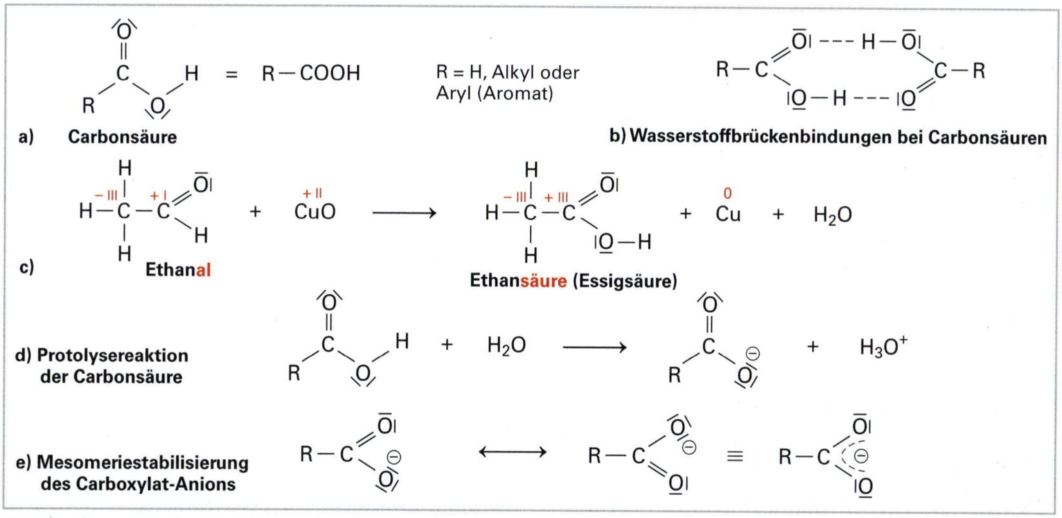

Bild 2: Eigenschaften von Carbonsäuren

Aliphatische Carbonsäuren

In **Tabelle 1** sind einige Trivialnamen dieser Säuren wiedergegeben. **Ölsäure, Linolsäure** und **Linolensäure** enthalten eine oder mehrere Doppelbindungen und heißen deshalb auch **ungesättigte Fettsäuren.** Durch Hydrieren der Doppelbindung kann z. B. Ölsäure in Stearinsäure überführt werden. Diese Reaktion wird auch als **Fetthärtung** bezeichnet.

Die mehrfach ungesättigten Fettsäuren Linol- und Linolensäure können vom Körper nicht selbst hergestellt werden. Sie heißen deshalb auch **essentielle Fettsäuren**.

Tabelle 1: Namen und Summenformeln einiger Alkan- und Alkensäuren

Name	Trivialname	Summenformel	Schmelztemperatur ϑ_m in °C	Siedetemperatur ϑ_b in °C
Methansäure	Ameisensäure	HCOOH	8	100,5
Ethansäure	Essigsäure	CH_3COOH	16,6	118
Propansäure	Propionsäure	CH_3CH_2COOH	– 22	141
Butansäure	Buttersäure	$CH_3CH_2CH_2COOH$	– 6	164
Pentansäure	Valeriansäure	$CH_3(CH_2)_3COOH$	– 34	187
Octadecansäure	Stearinsäure	$CH_3(CH_2)_{16}COOH$	70	–
(*Z*)-Octadec-9-ensäure	Ölsäure	$CH_3(CH_2)_7CH=CH(CH_2)_7COOH$	16	–
(*Z,Z*)-Octadeca-9,12-diensäure	Linolsäure	$CH_3(CH_2)_4CH=CH-CH_2-CH=CH(CH_2)_7COOH$	– 5	–
(*Z,Z,Z*)-Octadeca-9,12,15-triensäure	Linolensäure	$CH_3CH_2CH=CH-CH_2CH=CH-CH_2-CH=CH(CH_2)_7COOH$	– 11	–

Aromatische Carbonsäuren

Die Carboxylgruppe befindet sich direkt am aromatischen Ring. Der einfachste Vertreter ist die Benzoesäure (Phenylmethansäure: Konservierungsmittel für Lebensmittel, **Bild 1**). Grundstoff für die Herstellung von Polyesterkunststoffen ist die Benzol-1,4-dicarbonsäure (Terephthalsäure).

15

Dicarbonsäuren

An den Namen des zugrunde liegenden Alkans wird die Endung „disäure" angehängt. Einfachster Vertreter ist die Ethandisäure (Oxalsäure). Bedeutung hat vor allem die Hexandisäure (Adipinsäure) als Grundstoff für die Herstellung von Polyamiden.

Bei den ungesättigten Dicarbonsäuren sind vor allem die beiden *E/Z*-Isomeren der Butendisäure (Maleinsäure und Fumarsäure) von Bedeutung.

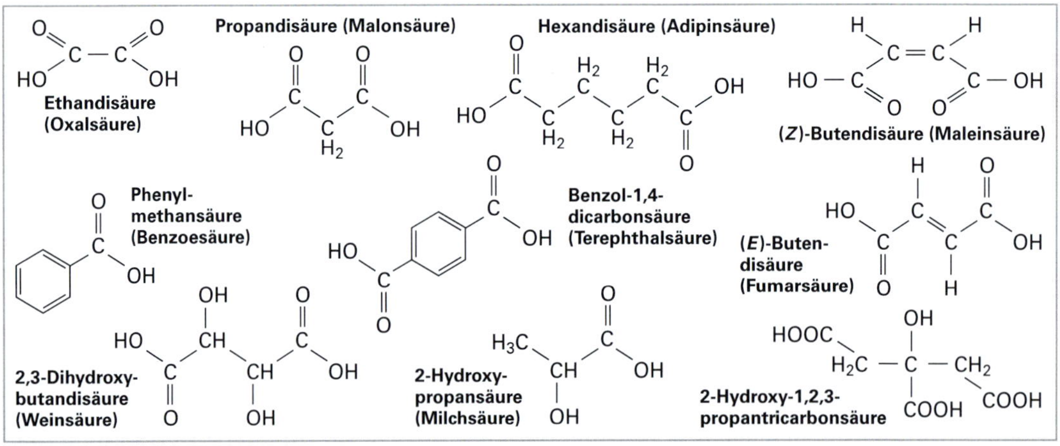

Bild 1: Dicarbonsäuren, aromatische Carbonsäuren und Hydroxycarbonsäuren

Hydroxycarbonsäuren

Zu dieser Gruppe gehören die so genannten **Fruchtsäuren.** Sie haben ihren Namen nach der Frucht, in der sie vorwiegend enthalten sind. So kommt die 2,3-Dihydroxybutandisäure in der Weintraube vor (**Bild 1**, S, 468). Die Zitronensäure findet sich nicht nur in Zitronen; als eine der wichtigsten Fruchtsäuren ist sie auch in anderen Zitrusfrüchten und Beeren sowie Ananas enthalten. Milchsäure (2-Hydroxypropansäure) entsteht aus Milch, wenn sie mit entsprechenden Bakterien (Lactobazillen) vergoren wird. Sie ist damit z. B. in Joghurt und Käse enthalten. Aber auch bei der Herstellung von Sauerkraut bildet sich Milchsäure.

Reaktionen der Carbonsäuren

Säure-Base-Reaktion: Bildung von Salzen

Als Säuren reagieren die Carbonsäuren mit Laugen zu den entsprechenden Salzen (**Bild 1**). Salze von Carbonsäuren werden bezeichnet, indem man zuerst das entsprechende Metall nennt und danach die Carbonsäure in ihrer Anionenform.

Die Anionen der Carbonsäuren erhalten die Endungen „-at" (einfache oder triviale Benennung) bzw. „-oat" (systematische Benennung). Endet der Name einer Säure auf „-carbonsäure", so heißt die Anionenform „-carboxylat". Einige Trivialnamen sollen bevorzugt weiter verwendet werden: „-formiat" für die Salze der Methansäure und „-acetat" für die Salze der Ethansäure.

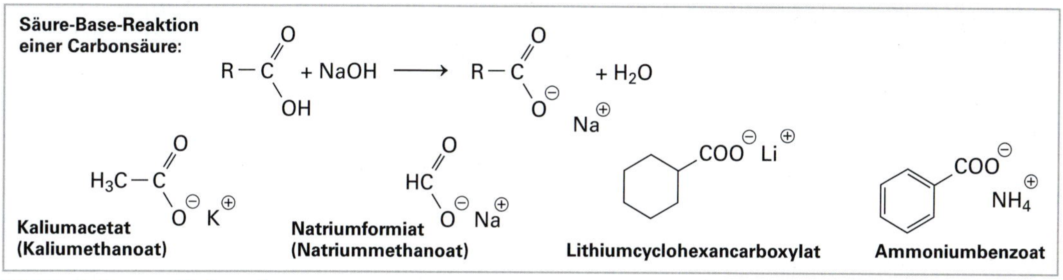

Bild 1: Salze von Carbonsäuren

Reaktion mit Alkanolen: Esterbildung

Carbonsäuren reagieren mit Alkanolen unter Bildung von **Estern** (**Bild 2**). Die Veresterung ist eine Gleichgewichtsreaktion (s. Kap. 12.1, S. 362). Die Ausbeute an Ester kann erhöht werden durch

- Verwendung von Alkanol im Überschuss
- Entfernung der Produkte Ester oder Wasser aus dem Gleichgewicht.

Für die Benennung der Carbonsäureester gibt es zwei Möglichkeiten:

1. Name der Carbonsäure + Name des Alkylrestes des Alkanols + Endung „-ester"
2. Name des Alkylrestes des Alkanols + Name der Carbonsäure + Endung „-oat"

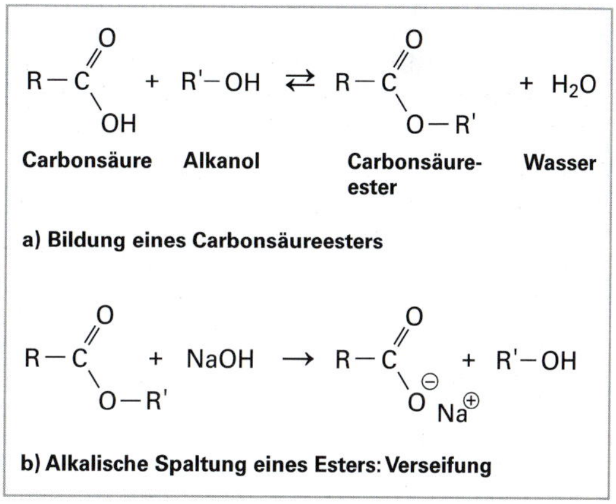

Bild 2: Bildung eines Esters

Der Ester, der aus der Carbonsäure Propansäure und dem Alkanol Methanol entsteht, kann so z. B. als Propansäuremethylester oder Methylpropanoat bezeichnet werden.

Die Esterbildung ist eine Gleichgewichtsreaktion (**Bild 2**). Durch geeignete Wahl der Reaktionsbedingen kann die Gleichgewichtslage vollständig nach rechts verschoben werden. Wird hingegen ein Ester mit Lauge versetzt, so wird der Ester vollständig in seine Bestandteile zerlegt. Man nennt diesen Vorgang **Verseifung.**

15.9 Stickstoffhaltige Kohlenwasserstoffe

15.9.1 Amine

Die Amine lassen sich von Ammoniak NH_3 ableiten, indem man ein, zwei oder alle drei Wasserstoff-Atome durch einen Kohlenwasserstoff-Rest ersetzt. Beim Austausch eines Wasserstoff-Atoms erhält man ein primäres Amin, beim Ersatz von zwei Wasserstoff-Atomen entsteht ein sekundäres Amin. Werden alle drei Wasserstoff-Atome ausgetauscht, erhält man ein tertiäres Amin.

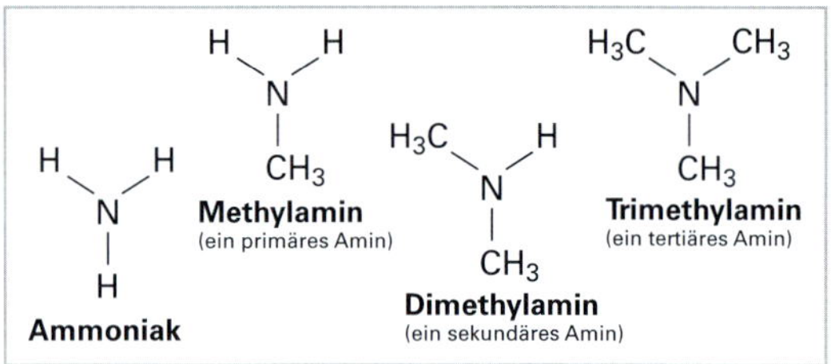

Bild 1: Amine als Derivate des Ammoniaks

Bild 1 zeigt, welche Verbindungen sich ergeben, wenn man z. B. im Ammoniak ein Wasserstoff-Atom durch eine Methylgruppe ersetzt: Der Austausch einer CH_3-Gruppe führt zum Methylamin. Ersetzt man eine zweite CH_3-Gruppe, kommt man zum Dimethylamin und der Ersatz aller H-Atome des Ammoniaks liefert schließlich Trimethylamin.

Die drei möglichen Methylamine in Bild 1 ähneln der Stammverbindung Ammoniak: Sie sind bei Raumtemperatur gasförmig und besitzen einen intensiven, fischartigen Geruch, der allerdings nicht so stechend ist wie der Geruch des Ammoniaks selbst. Tatsächlich stammt der typische Geruch von Meeresfischen und Krustentieren wie Krabben und Langusten von Triethylamin.

Die funktionelle Gruppe **– NH_2** bezeichnet man als (primäre) **Amino-Gruppe.**

Primäre Amine R-NH_2 werden benannt, indem der Name der substituierenden Gruppe R mit der Endung „-amin“ versehen wird, z. B. Methylamin oder Propylamin.

15

Sekundäre NHR_2 und tertiäre Amine NR_3 werden benannt, indem der Name der ersetzenden Gruppe R mit der Endung „-amin“ versehen wird. Zusätzlich wird die Vorsilbe „Di-“ (bei sekundären Aminen) oder „Tri-“ (bei tertiären Aminen) vorangestellt, z. B. Dimethylamin.

Besitzen die Amine unterschiedliche Substituenten, erhält man den Verbindungsnamen wie folgt:

1. Die Namen aller vorhandenen Gruppen werden in alphabetischer Reihenfolge aufgeführt.

2. Tritt eine Gruppe zweimal auf, erhält sie die Vorsilbe „-di“.

3. Der Name wird mit der Endung „-amin“ versehen.

Beispiele für die systematische Benennung verschiedener Amine sind in Bild 2 wiedergegeben.

Die Methylamine gehören zu der Gruppe der **aliphatischen Amine.** Diese erhält man, indem man im Ammoniak ein oder mehrere Wasserstoff-Atome durch Alkyl-Gruppen ersetzt.

Im Gegensatz zu den aliphatischen Aminen enthalten **aromatische Amine** mindestens eine Aryl-Gruppe (z. B. Phenyl-) als Kohlenwasserstoff-Rest.

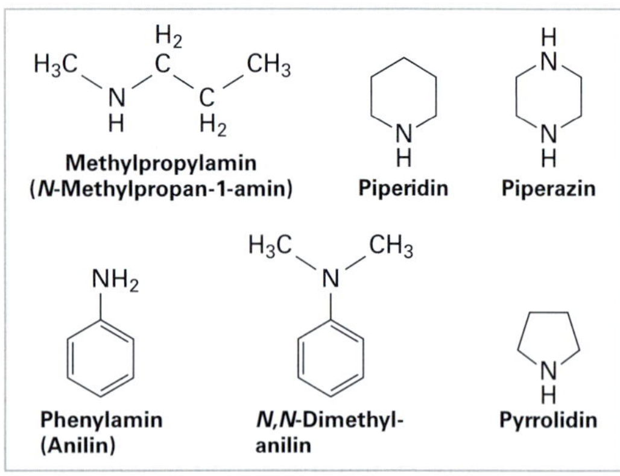

Bild 2: Aliphatische und aromatische Amine

Das bekannteste aromatische Amin ist das Phenylamin, das allgemein unter dem Namen Anilin (von span. *anil*: Indigo) bekannt ist. Anilin wurde erstmals 1826 von dem deutschen Apotheker *Otto P. Unverdorben* (1806–1873) aus dem blauen Farbstoff Indigo durch Trockendestillation erhalten. Anilin ist ein wichtiger Ausgangstoff für die Herstellung von Farbstoffen.

Anilin ist eine farblose, ölige Flüssigkeit, die sich an der Luft durch Oxidation schnell braun färbt. Anilin ist als giftig und krebserregend eingestuft.

Ersetzt man bei Anilin die beiden H-Atome der Aminogruppe durch Methylgruppen, erhält man die Verbindung *N,N*-Dimethylanilin, die z. B. bei der Synthese von Farbstoffen Verwendung findet.

Basizität der Amine

Amine reagieren wie Ammoniak als schwache Basen. Hierbei nimmt das Amin ein Proton des Wassers auf. Es bildet sich ein positiv geladenes Ammonium-Ion und ein negativ geladenes Hydroxid-Ion (**Bild 1a** und **b**). Mit Säuren bilden Amine Salze. So bildet Anilin mit Schwefelsäure das Salz Aniliniumhydrogensulfat (**Bild 1c**).

Auch tertiäre Amine können noch weiter reagieren. Als Beispiel ist die Reaktion von Trimethylamin mit Chlormethan angegeben (**Bild 1d**). Das gebildete Salz enthält am Stickstoff-Atom vier Methyl-Gruppen gebunden. Im Vergleich zu dem Ammonium-Ion sind alle vier Wasserstoff-Atome durch Alkyl-Gruppen ersetzt worden. Man bezeichnet solche Verbindungen als **quartäre Ammoniumsalze.** Diese Verbindungen haben in den letzten Jahren größere Bedeutung im Bereich der Phasentransferkatalyse und der Ionenpaarchromatografie erlangt.

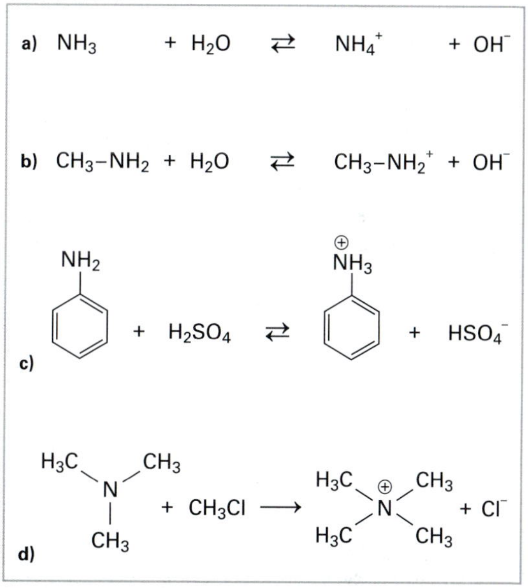

Bild 1: Basizität der Amine

> Amine reagieren mit Wasser **basisch,** mit Säuren bilden sie **Ammoniumsalze.**
> Werden alle vier Wasserstoff-Atome durch Alkyl-Gruppen ersetzt, erhält man **quartäre Ammoniumsalze.**

15.9.2 Amide und Aminocarbonsäuren

Ersetzt man bei einer Carbonsäure (s. Kap. 15.8.5, S. 467) die OH-Gruppe durch eine Amino-Gruppe, nennt man die so erhaltene Verbindung ein **Carbonsäureamid.**

Allgemein benennt man Amide, indem die Endung „-säure" oder „-carbonsäure" vom systematischen Namen der Säure gegen „-amid" bzw. „-carboxamid" ausgetauscht wird (**Bild 2**). Das wohl bekannteste Carbonsäureamid ist das Carbonsäurediamid Harnstoff.

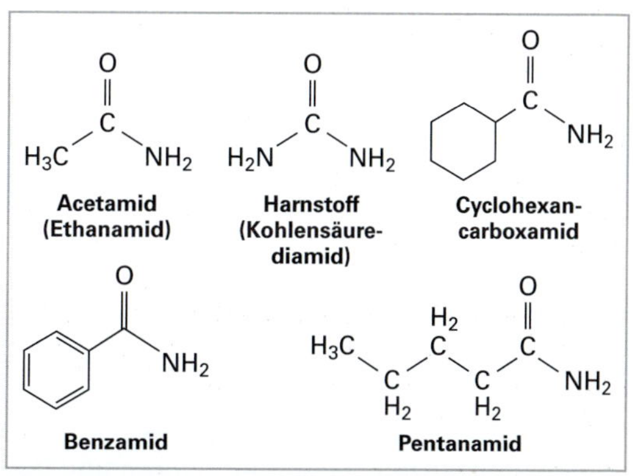

Bild 2: Carbonsäureamide

Im Gegensatz zu den Carbonsäureamiden enthalten die **Aminocarbonsäuren** in ihrem Molekül zusätzlich zur Carbonsäure-Gruppe eine Amino-Gruppe. Von besonderer Bedeutung sind die Aminocarbonsäuren, bei denen die Amino-Gruppe in der Position 2 zur Carbonsäure-Gruppe steht. Diese 2-Aminocarbonsäuren sind die wesentlichen Bausteine für Proteine (Eiweißstoffe), aus denen alle Lebewesen aufgebaut sind. Man bezeichnet sie deshalb meistens kurz als **Aminosäuren**. Die Position 2, in der die Amino-Gruppe mit dem Kohlenstoff-Gerüst verknüpft ist, wird vor allem in der älteren Literatur auch als „α"-Stellung bezeichnet. Man findet deshalb für die 2-Aminocarbonsäuren auch die Bezeichnung **α-Aminosäuren**.

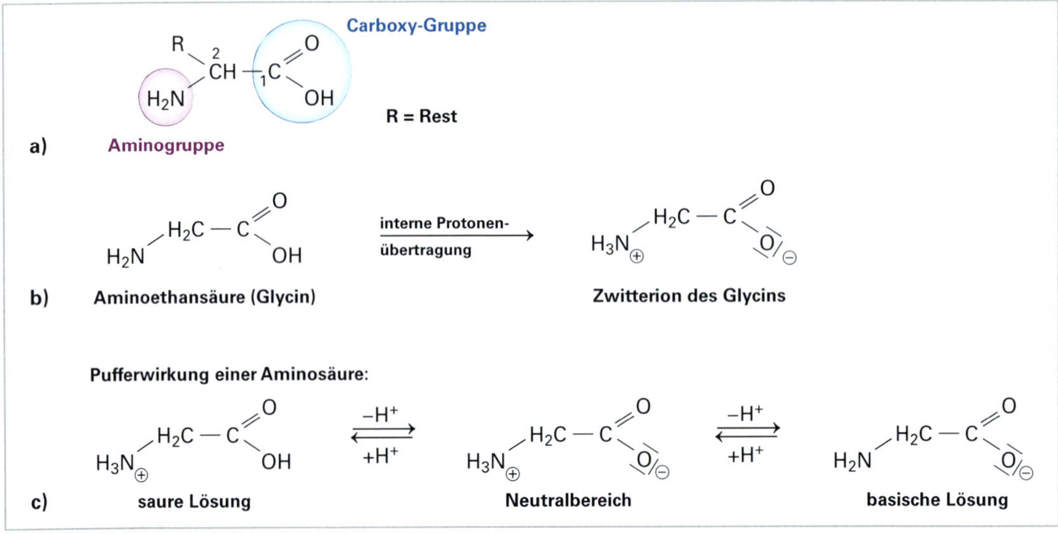

Bild 1: Aminosäuren

> **Aminosäuren** besitzen gleichzeitig zwei funktionelle Gruppen in einem Molekül: die Amino-Gruppe $-NH_2$ und die Carboxy-Gruppe $-COOH$.

Die einfachste Aminosäure in dieser Form ist die Aminoethansäure (Glycin). Am Beispiel des Glycins ist in **Bild 1** auch eine Besonderheit dargestellt, die alle Aminosäuren besitzen: Im Molekül ist gleichzeitig eine saure Gruppe $-COOH$ und eine basische Gruppe $-NH_2$ vorhanden. Damit kommt es zu einer internen Säure-Base-Reaktion innerhalb des Moleküls. Die saure Carboxy-Gruppe gibt ein Proton an die basische Amino-Gruppe ab. Das gleichzeitige Vorliegen einer positiven und negativen Ladung im Molekül nennt man **Zwitter-Ion**.

Eine Aminosäure kann sich sowohl als Säure als auch als Base verhalten. Sie ist ein Ampholyt (griech. *amphoteros*: auf beiderlei Art). Gibt man zu einer neutralen wässrigen Lösung von Glycin Säure hinzu, so nimmt die Carboxy-Gruppe ein Proton auf und die Aminosäure geht in die einfach positive Form über (**Bild 1**, saure Lösung). Gibt man hingegen zu der neutralen Lösung eine Base, so gibt die protonierte Amino-Gruppe $-NH_3^+$ ein Proton ab und das Glycin liegt in der einfach negativen Form vor (**Bild 1**, basische Lösung).

Die Aminosäure kann also sowohl die Zugabe von Säure als auch die Zugabe von Base neutralisieren und damit den pH-Wert einer Lösung in einem bestimmten Bereich konstant halten. Eine solche Substanz nennt man in der Chemie einen **Puffer**.

> Aminosäuren sind wichtige Bausteine für Proteine (Eiweißstoffe). Durch ihren besonderen Aufbau liegen sie als **Zwitter-Ionen** vor und sie sind **Ampholyte**. Aminosäuren wirken als **Puffersubstanzen** gegenüber Säuren und Basen.

Aufgaben:

1. Formulieren Sie die Reaktionsgleichung für die vollständige Verbrennung von Methan mit Sauerstoff. Wie lassen sich die Reaktionsprodukte nachweisen?

2. Erklären Sie an einem Beispiel ausführlich, was man unter den Konformationen eines Moleküls versteht?

3. Stellen Sie die Halbstrukturformeln für alle Isomeren mit der Summenformel C_7H_{16} auf. Benennen Sie diese Isomeren nach den Nomenklaturregeln der IUPAC.

4. Geben Sie die Halbstrukturformeln folgender Moleküle an:

a) 4-Ethyl-3,4-dimethylheptan
b) 3-Ethyl-2-methylhexan
c) 3-Ethyl-5,6-dimethyl-4-propyloctan
d) 2,3,4-Trimethylpentan.

5. Benennen Sie die Strukturformeln in **Bild 3**, S. 435, und in **Bild 1**, S. 436, nach den Nomenklaturregeln der IUPAC.

6. Ordnen Sie die folgenden Kohlenwasserstoffe nach abnehmender Siedetemperatur, ohne in Tabellenwerken nachzusehen:

a) 3,3-Dimethylpentan
b) Heptan
c) 2-Methylheptan
d) Pentan
e) 2-Methylhexan

7. Zeichnen Sie alle Strukturen der Monochlorierungsprodukte der folgenden Verbindungen:

a) Hexan
b) 2-Methylpentan
c) 2,2,4-Trimethylpentan
d) 2,2-Dimethylbutan

8. Wie viele Mono-, Di- und Tribrom-Derivate gibt es bei Cyclopentan? Zeichnen Sie alle in Frage kommenden Strukturen auf.

9. Zeichnen Sie die Strukturformeln folgender Moleküle:

a) Ethansäure
b) 5-Brom-3-chlor-4-methyl-hexansäure
c) 4-Brom-3-ethyl-2,2-dimethyl-pentanal
d) 3-Methyl-butan-2-ol

10. Zeichnen Sie die Strukturformel für das (*E*)- und (*Z*)-Isomer von 2-Brom-1-Fluorbut-1-en.

11. Benennen Sie die dargestellten Moleküle.

a)

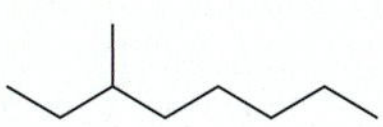
b)

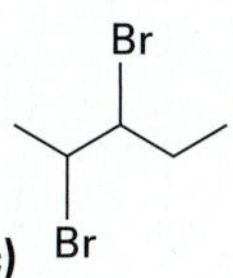

c)

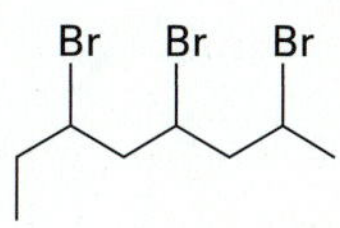

d)

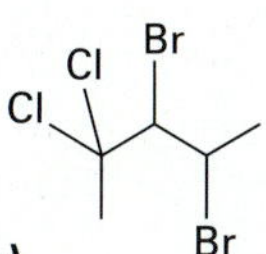

e)

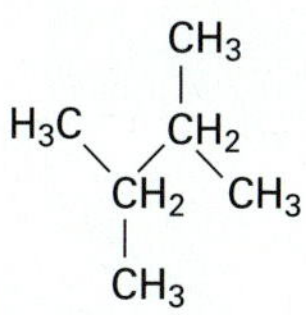

f)

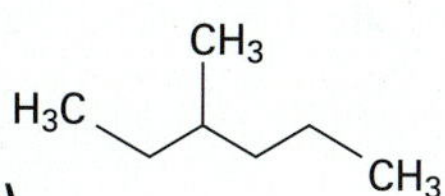

g)

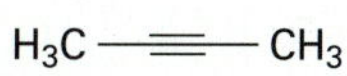

h)

12. Eine Mischung aus Cyclohexan C_6H_{12} und Brom Br_2 wird in einem geschlossenen Gefäß in die Sonne gestellt. Nach kurzer Zeit entfärbt sich die vorher leicht bräunliche Mischung.

a) Geben Sie an, welche Produkte bei der Reaktion entstehen.
b) Stellen Sie den Mechanismus dieser Reaktion ausführlich dar.
c) Um welche Art von Reaktion handelt es sich hierbei?

16 Grundchemikalien und Gebrauchsmetalle

Bei vielen chemischen Prozessen fallen neben dem gewünschten Hauptprodukt noch Neben- oder Koppelprodukte an, welche weiter genutzt werden müssen, um möglichst wirtschaftlich zu produzieren. Dieses erfolgt im Rahmen einer Verbundwirtschaft, die charakteristisch für die chemische Industrieproduktion ist. Neben der optimalen Nutzung der Rohstoffe erlaubt die Verbundwirtschaft auch eine optimierte Verwendung der Primär- und Sekundärenergie.

Häufig verwendete **Rohstoffe** sind Schwefel, Luft, Kohle, Erdöl, Erdgas, Wasser, Steinsalz, Kalkstein, Sand und Erze (**Bild 1** oben, in rot). Mit Hilfe verschiedener Verfahren (gelb hinterlegt) werden hieraus zuerst Grundchemikalien (**Bild 1**, in blau) und daraus anschließend verschiedene Zwischen- und Endprodukte hergestellt (**Bild 1**, in blau bzw. in grün).

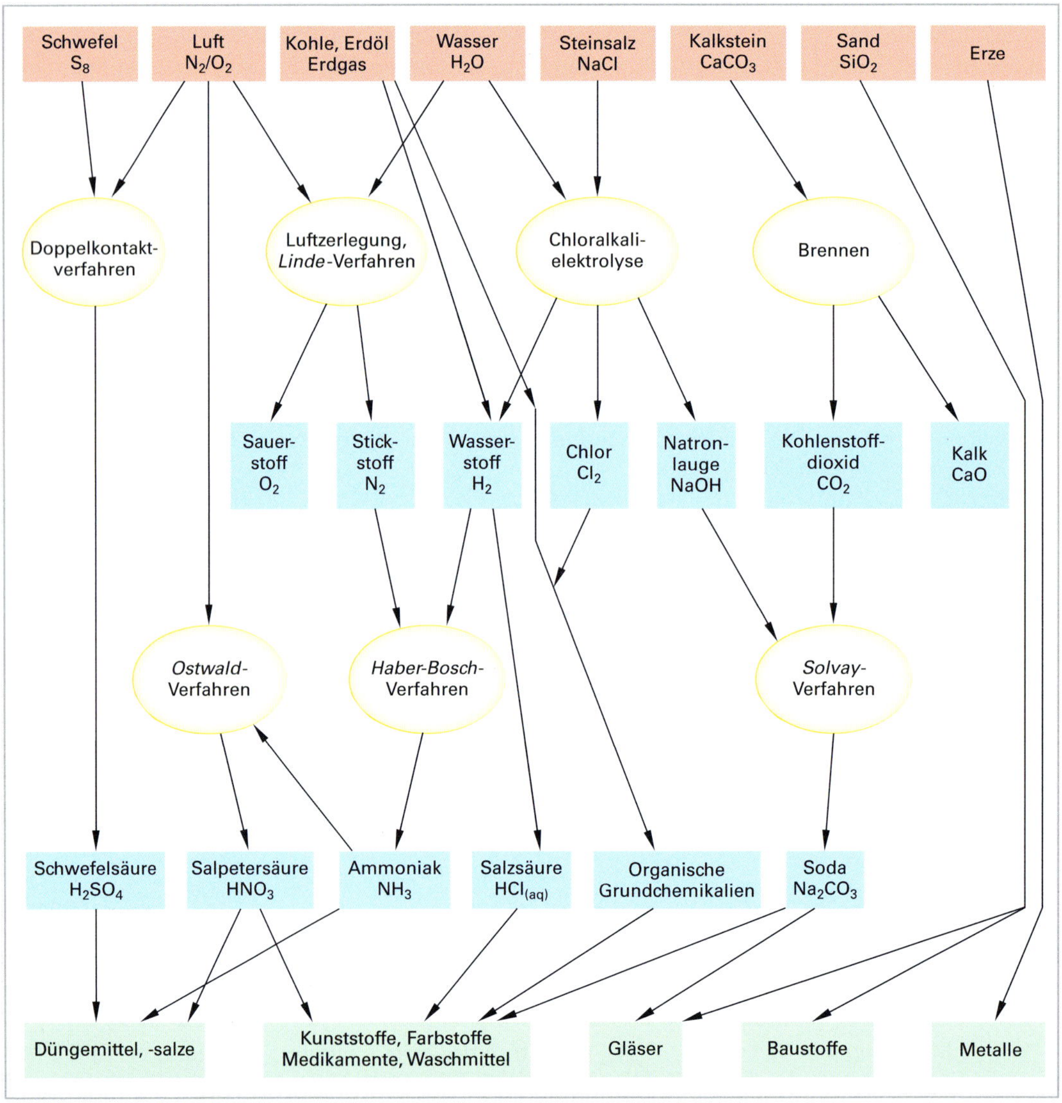

Bild 1: Umsetzung von Rohstoffen über Grundchemikalien zu Endprodukten

Bild 1 zeigt schematisch wichtige Syntheseketten, die von den genannten Rohstoffen ausgehen. Großtechnische Produktionsverfahren von zentraler Bedeutung werden benannt und gelb unterlegt.

Tabelle 1 zeigt die Jahresproduktion ausgewählter Grundchemikalien der deutschen chemischen Industrie in Millionen Tonnen.

Dieses Kapitel stellt die Herstellung einiger wichtiger anorganischer Grundchemikalien, die im Labor und der Industrie gebraucht werden, und deren Eigenschaften vor. Hierzu zählen Ammoniak, Salpeter-, Schwefel- und Salzsäure, Natronlauge sowie einige ihrer Salze.

Eine wichtige organische Verbindung ist Methanol, dessen großtechnische Synthese in diesem Kapitel beschrieben wird.

Zusätzlich werden die Eigenschaften und die Herstellung der beiden wichtigsten Gebrauchsmetalle Eisen und Aluminium behandelt.

Tabelle 1: Jahresproduktion wichtiger Grundchemikalien im Jahr 2016

Grundchemikalie	Mio. t
Chlor	3,9
Schwefelsäure (berechnet auf SO_2)	4,7
Natriumhydroxid	3,5
Ammoniak	2,8
Ethen	5,2
Propen	4,0
Benzol	2,1
Methanol	2,1

16.1 Ammoniak

Ammoniak wird für die Produktion von Salpetersäure im ***Ostwald*-Verfahren** benötigt. Die Folgeprodukte der Salpetersäure sind wiederum Düngemittel wie Ammoniumsalze und Nitrate, Kalkstickstoff und Harnstoff. Ammoniakgas wird auch eingesetzt zur Darstellung von Blausäure HCN und stickstofforganischen Verbindungen (z. B. Amine, Amide, Nitrile, Farbstoffe) sowie als Kühlmittel in Kälteanlagen.

16.1.1 Eigenschaften von Ammoniakgas und Ammoniakwasser

Ammoniak-Gas NH_3 besitzt eine hohe Löslichkeit in Wasser. So lösen sich in einem Liter Wasser bei Normbedingungen bis zu 1176 L NH_3.

Ammoniak-Gas ist farblos, ätzend, giftig und von stechend-beißendem Geruch. Es lässt sich bei Raumtemperatur und einem Druck von p = 8,5 bar oder bei ϑ = −33,4 °C und einem Druck von p = 1013 hPa verflüssigen. Verflüssigtes Ammoniak-Gas ist ein polares Lösemittel und wegen seiner hohen Verdampfungswärme von 1371 kJ · kg^{-1} ein gutes Kühlmittel.

Ammoniak-Wasser NH_3 (aq) entsteht, wenn Ammoniak-Gas NH_3 in Wasser gelöst wird. Bei der ablaufenden Protolyse liegt das Gleichgewicht

$$NH_3 + H_2O \rightleftarrows NH_4^+ (aq) + OH^- (aq)$$

stark auf der linken Seite. Das bedeutet, dass ein großer Anteil des eingeleiteten Ammoniak-Gases nur physikalisch gelöst im Wasser vorliegt.

Konzentrierte Ammoniak-Lösung enthält bis zu $w(NH_3)$ = 34,35 % an Ammoniak-Gas. Dies entspricht einer Stoffmengenkonzentration von $c(NH_3)$ = 17,75 mol · L^{-1}. Die Dichte beträgt bei 20 °C ρ = 0,880 g · L^{-1}.

Ammoniak-Wasser ist aufgrund der vorhandenen Hydroxid-Ionen basisch und reagiert mit Säuren zu Salzen (Beispiel: Ammoniumchlorid NH_4Cl, Salmiaksalz) und mit Schwermetallsalzen zu Amminkomplexen (Beispiel: Tetramminkupfer-II-Komplex $[Cu(NH_3)_4]^{2+}$, Struktur vgl. Umschlagrückseite).

Ammoniak-Wasser ist die wässrige Lösung von **Ammoniak-Gas NH_3**.

In beiden Zuständen reagiert es mit Säuren zu **Ammoniumsalzen** (Kation: NH_4^+) und zeigt aufgrund des Überschusses an Hydroxid-Ionen OH^- eine basische Reaktion.

16

16.1.2 Herstellung von Ammoniak nach dem *Haber-Bosch*-Verfahren

Die großtechnische Herstellung von Ammoniak-Gas (**Bild 1**) wurde von *Fritz Haber* (1868–1934) und *Carl Bosch* (1874–1940) entwickelt. Die Ausgangsstoffe für diese Synthese sind die Elemente **Wasserstoff H_2** und **Stickstoff N_2**.

Den Wasserstoff erhält man bei der Umsetzung von Wasser mit Kohlenstoff (Wassergas), bei der Verkokung von Kohle sowie bei der Reaktion von Wasser mit den Kohlenwasserstoffen des Erdgases und des Erdöls. Hier wird insbesondere Erdgas eingesetzt, das zu 90 % bis 98 % aus Methan besteht. Methan CH_4 reagiert im Primärreformer (**Bild 1** ⓐ) mit H_2O bei einer Temperatur von $\vartheta > 750$ °C, einem Druck von $p \approx 3$ MPa und NiO/Al_2O_3-Katalysatoren unter Bildung von Wasserstoff H_2 und Kohlenstoffmonoxid CO:

$$CH_4\,(g) + H_2O\,(g) \rightarrow CO\,(g) + 3\,H_2\,(g) \qquad \Delta_r H = 205\ \text{kJ} \cdot \text{mol}^{-1}$$

Für das großtechnische Verfahren wird der Stickstoff der Luft direkt eingesetzt. Um den Luftsauerstoff zu entfernen, wird dieser im Sekundärreformer (**Bild 1** ⓑ) mit einem Teil des Wasserstoffs zu Wasser umgesetzt. Dabei reagiert auch nicht umgesetztes Methan:

$$2\,CH_4\,(g) + O_2\,(g) + 4\,N_2\,(g) \rightarrow 2\,CO\,(g) + 4\,H_2\,(g) + 4\,N_2\,(g) \qquad \Delta_r H = -\,261\ \text{kJ} \cdot \text{mol}^{-1}$$

Das störende Kohlenstoffmonoxid CO wird in einem Konvertierungsprozess mit Hilfe von Wasserdampf bei ca. 500 °C zu Kohlenstoffdioxid CO_2 oxidiert (**Bild 1** ⓒ):

$$CO\,(g) + H_2O\,(g) \rightarrow CO_2\,(g) + H_2\,(g) \qquad \Delta_r H = -41\ \text{kJ} \cdot \text{mol}^{-1}$$

Im nachfolgenden Absorber (**Bild 1** ⓓ) findet die Entfernung des Kohlenstoffdioxids durch eine Gaswäsche statt. Als Lösemittel wird häufig Methyldiethanolamin $CH_3N(OC_2H_5)_2$ verwendet.

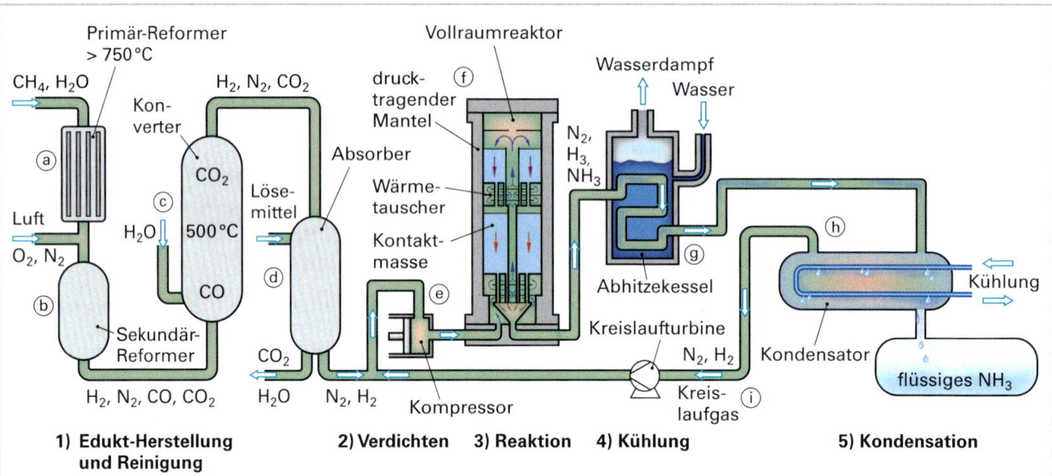

Bild 1: Herstellung von Ammoniak nach dem *Haber-Bosch*-Verfahren

Zur Synthese von Ammoniak-Gas nach dem *Haber-Bosch*-Verfahren wird das gereinigte Gasgemisch aus Wasserstoff und Stickstoff im Kompressor (**Bild 1** ⓔ) auf rund 300 bar verdichtet. Dieses Gasgemisch wird bei rund 450 °C im Hochdruckreaktor (**Bild 1** ⓕ) über die Horden mit Katalysator-Schüttungen aus Eisen- und Aluminiumoxid geleitet. Nur etwa 25 bis 48 % des Synthesegasgemisches können unter diesen Bedingungen theoretisch zu Ammoniak-Gas umgesetzt werden. Mit zunehmender Reaktionszeit nimmt die Reaktionsgeschwindigkeit ab. Damit verlängert sich die Dauer der Gleichgewichtseinstellung. In der Praxis wird deshalb schon vor der Einstellung des Gleichgewichts, bei ca. 11 %, das Ammoniak-Gas wieder aus dem Reaktor gefahren. Durch die Produktentnahme wird die Gleichgewichtseinstellung gestört, so dass immer wieder Ammoniak-Gas nachgebildet wird.

Die Reaktionsgleichung lautet: $3\,H_2 + N_2 \rightleftarrows 2\,NH_3$ $\Delta_rH = -92$ kJ

Da bei dieser exothermen Reaktion eine Verminderung des Gasvolumens von vier auf zwei Raumteile eintritt und Wärme frei wird, arbeitet man unter hohem Druck ($200 \cdot 10^5$ Pa bis $300 \cdot 10^5$ Pa) und möglichst niedriger Temperatur unter Verwendung von speziellen Katalysatoren aus Eisen und Aluminiumoxid (s. Kap. 11.5.3, S. 356). Die optimale Temperatur beträgt ca. 450 ° C. Sie ist notwendig, um eine ausreichende Reaktionsgeschwindigkeit zu erreichen. Nach der Reaktionsgeschwindigkeits-Temperatur-Regel (RGT-Regel) erhöht sich die Reaktionsgeschwindigkeit um das 2- bis 4-Fache bei Erhöhung der Temperatur um 10 °C (s. Kap. 11.4, S. 348).

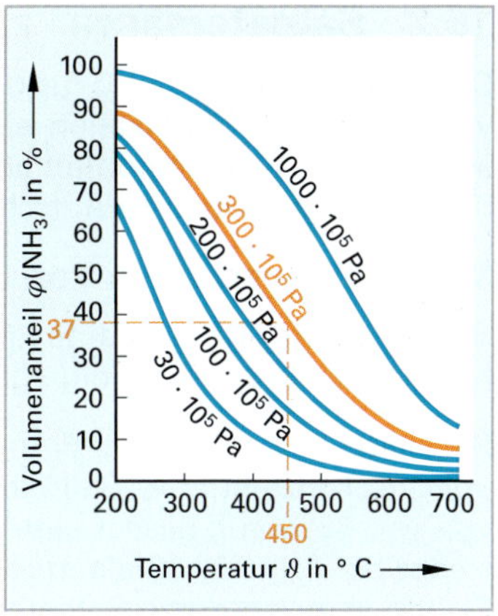

Bild 1: φ/T-Diagramm zur Ammoniakausbeute

Das Reaktionsgemisch muss anschließend sofort im Abhitzekessel (**Bild 1** ⓖ, S. 476) und im Kühler (**Bild 1** ⓗ, S. 476) wegen der Hitze-Empfindlichkeit des Ammoniakgases wieder abgekühlt werden. Die bei der Reaktion nicht umgesetzten Edukte werden als Kreislaufgas in den Reaktor zurückgeführt (**Bild 1** ⓘ, S. 476).

Großtechnische Anlagen produzieren täglich bis zu 1500 Tonnen Ammoniak. Der Hochdruckreaktor hat bei 3 m Durchmesser eine Höhe von bis zu 35 m.

Ammoniak wird nach dem ***Haber-Bosch*-Verfahren** in folgenden Arbeitsschritten hergestellt:

1. Herstellung und Reinigung der Edukte Wasserstoff und Stickstoff.
2. Verdichtung des Gasgemisches aus Stickstoff und Wasserstoff auf $200 \cdot 10^5$ Pa bis $300 \cdot 10^5$ Pa (20 bis 30 MPa).
3. Umsetzung des vorgewärmten Gasgemisches im **Hochdruckreaktor** (bei ca. 450 °C) mit einem Katalysator aus Eisen- und Aluminiumoxid.
4. Kühlung des Reaktionsgemisches aus Edukten und Produkt.
5. Verflüssigung (Kondensation) des Ammoniakgases. Die nicht umgesetzten Edukte werden als Kreislaufgas in den Reaktor zurückgeführt und wieder umgesetzt.

16.1.3 Ammoniumsalze

Ammoniumsalze entstehen bei der Reaktion von Ammoniak mit Säuren und enthalten als Kation das Ammonium-Ion NH_4^+. Ähnlich wie Ammoniumchlorid NH_4Cl (Salmiaksalz) sublimieren viele von ihnen beim Erhitzen. Weitere wichtige Ammoniumsalze sind: Ammoniumnitrat NH_4NO_3 (Düngemittel und Explosivstoff-Zusatz), Ammoniumsulfat $(NH_4)_2SO_4$ (Düngemittel), Ammoniumhydrogencarbonat NH_4HCO_3 (Backtreibmittel) und Ammoniumdihydrogenphosphat $NH_4H_2PO_4$ (Düngemittel).

Beim Erhitzen von Ammoniumsalzen mit starken Laugen wie z. B. Natronlauge NaOH (aq) entsteht Ammoniak:

$NH_4Cl\,(s) + NaOH\,(aq) \rightarrow NH_3\,(g) + NaCl\,(aq) + H_2O\,(l)$

Ammoniumsalze entstehen bei der Reaktion von Ammoniak mit Säuren. Sie enthalten das Kation NH_4^+ (**Ammonium-Ion**) und reagieren mit Laugen zu Ammoniak.

16.2 Salpetersäure

Salpetersäure HNO_3 wird für die Produktion von Nitraten, Nitroverbindungen, Düngemitteln und verschiedenen Chemikalien eingesetzt. Diese werden dann zu Farb-, Kunst- und Faserstoffen, aber auch zu Medikamenten und Sprengstoffen (Nitroverbindungen) weiterverarbeitet. Im Labor findet Salpetersäure als Aufschluss- und Oxidationsmittel Verwendung.

16.2.1 Eigenschaften von Salpetersäure

Salpetersäure HNO_3 ist eine farblose, rauchende Flüssigkeit und wie die Schwefelsäure seit dem Mittelalter bekannt. In Folge geringfügiger Zersetzung ist sie oft auch schwach gelblich gefärbt.

Sie siedet in wasserfreier Form bereits bei ϑ_b = 84 °C. Handelsübliche „konzentrierte" Salpetersäure weist einen Massenanteil von w = 68 % auf, besitzt eine Dichte von ρ = 1,40 g · cm^{-3} und siedet bei ϑ_b = 122 °C als azeotropes Gemisch (s. Kapitel 3.7.4, S. 103). Konzentrierte Salpetersäure ist stark brandfördernd. Heiße konzentrierte Salpetersäure darf deshalb auf keinen Fall mit brennbaren Stoffen in Kontakt kommen. Es kann sonst zu heftigen Reaktionen kommen.

Bild 1: Reaktion von konz. Salpetersäure mit Kupfer

Aufgrund ihrer starken Oxidationswirkung löst konzentrierte Salpetersäure die Edelmetalle Kupfer, Quecksilber und Silber.

Hierbei entstehen deren Salze (Nitrate) und **Stickoxide**, die auch als **nitrose Gase NO_x**, wie z. B. Stickstoffmonoxid NO, Stickstoffdioxid NO_2 und Distickstoffpentoxid N_2O_5 bezeichnet werden. Diese Gase besitzen eine rotbraune Färbung, sind sehr giftig und sind CMR-Stoffe.

Vereinfacht lässt sich die Reaktionsgleichung exemplarisch für die Reaktion von Kupfer mit konzentrierter Salpetersäure darstellen (**Bild 1**):

$$3\ HNO_3 + 8\ Cu \longrightarrow 3\ Cu(NO_3)_2 + 2\ NO + 4\ H_2O$$

Eisen-, Chrom- und Aluminiumteile reagieren erkennbar nicht mit konzentrierter Salpetersäure. Diese Metalle bilden eine für die Säure undurchlässige Oxidschicht an ihrer Oberfläche, so dass das Metall nicht weiter angegriffen wird. Diese Oxidschicht wird verursacht durch die starke Oxidationswirkung der Säure. Diesen chemischen Vorgang nennt man **Passivierung**.

Die Edelmetalle Platin und Gold werden nur von Königswasser, einer Mischung aus drei Volumenteilen konzentrierter Salzsäure mit einem Volumenteil konzentrierter Salpetersäure, gelöst.

Salpetersäure darf nicht in Kunststoff-Flaschen aufbewahrt werden, da viele Kunststoffe durch Einwirkung konzentrierter Salpetersäure spröde werden. Konzentrierte Salpetersäure mit einem Gehalt von über 90 % wird als rauchende Salpetersäure bezeichnet. Sie bildet unter Licht- und Hitzeeinwirkung rotbraune Dämpfe von nitrosen Gasen und muss daher in Vorratsflaschen mit Überdruck-Sicherheitseinrichtungen gelagert werden.

Konzentrierte Salpetersäure ist ein sehr wichtiges Reagenz zur Nitrierung organischer Verbindungen zu Nitroverbindungen (funktionelle Gruppe: **Nitrogruppe** $-NO_2$) und Salpetersäureestern. Verdünnte Salpetersäure greift nur unedle Metalle an. Dabei entstehen Salze und Wasserstoffgas.

Diese Reaktionen lassen sich nach folgendem allgemeinen Schema darstellen:

Salpetersäure + Metall $\longrightarrow$ Metallnitrat + Wasserstoffgas

Die Salze der Salpetersäure heißen **Nitrate** (Anion: NO_3^-). Die Salze der Salpetersäure sind wasserlöslich und reagieren in Hitze mit brennbaren Stoffen.

Kaliumnitrat KNO_3 ist das Kaliumsalz der Salpetersäure. Kaliumnitrat ist farblos und in der Wärme sehr gut wasserlöslich. In der Hitze zersetzt es sich unter Sauerstoffabgabe zu Kaliumnitrit KNO_2. Geschmolzenes Kaliumnitrat reagiert heftig, wenn es mit oxidierbaren Stoffen in Kontakt kommt (z. B. mit Schwefel, Holz, Papier, Zucker, Eisenpulver). Kaliumnitrat dient daher seit dem Mittelalter zur Herstellung von **Schwarzpulver**, welches aus Kaliumnitrat, Holzkohle- und Schwefelpulver besteht. Kalium- und Ammoniumnitrat NH_4NO_3 finden zudem Verwendung als Düngemittel.

Konzentrierte **Salpetersäure** reagiert mit Metallen zu **Nitraten** und **nitrosen Gasen** (NO, NO_2, N_2O_5 u. a.). Heiße konzentrierte Salpetersäure reagiert mit brennbaren Stoffen unter Umständen sehr heftig. Verdünnte Salpetersäure reagiert mit unedlen Metallen zu Salzen (**Nitrate**, Anion: NO_3^-) und zu Wasserstoffgas.

Das wichtigste Salz der Salpetersäure ist das **Kaliumnitrat** (althergebrachter Name: **Salpeter**). Kaliumnitrat findet vielseitig in der Technik Anwendung. Es reagiert in der Hitze sehr heftig mit brennbaren Stoffen.

16.2.2 Herstellung von Salpetersäure nach dem *Ostwald*-Verfahren

Früher wurde Salpetersäure aus Salpeter (Kaliumnitrat) und konzentrierter Schwefelsäure hergestellt. Die großtechnische Herstellung erfolgt inzwischen nach dem von *Wilhelm Ostwald* (1853–1932) entwickelten ***Ostwald*-Verfahren**, bei dem **Ammoniak-Gas NH_3** mit Hilfe eines Katalysators mit Sauerstoff in drei Stufen oxidiert wird.

In einem ersten Schritt wird Ammoniak-Gas mit Luft im Überschuss gemischt, vorgeheizt und dann bei 700 bis 800 °C und mit sehr hoher Strömungsgeschwindigkeit in einem Reaktor umgesetzt. Die Reaktion findet an Platin-Rhodium-Drahtnetzen statt, welche als Katalysator fungieren (**Bild 1**). Dabei entstehen Stickstoffmonoxid und Wasser. Die Reaktionsgleichung dieser stark exothermen Reaktion lautet:

$$4\,NH_3(g) + 5\,O_2(g) \rightleftarrows 4\,NO(g) + 6\,H_2O(g) \quad \Delta_rH^0 = -908\ kJ \cdot mol^{-1}$$

Die Kontaktzeit mit dem Katalysator darf nur eine Millisekunde betragen, damit das metastabile Stickstoffmonoxid nicht in die Elemente zerfällt. Die Verbrennungsgase (Stickstoffmonoxid und Wasserdampf) müssen daher direkt anschließend im Kühler auf rund 120 bis 150 °C abgekühlt werden. Eine anschließende, weitere Kühlung sorgt für die Kondensation und Abscheidung des Wassers.

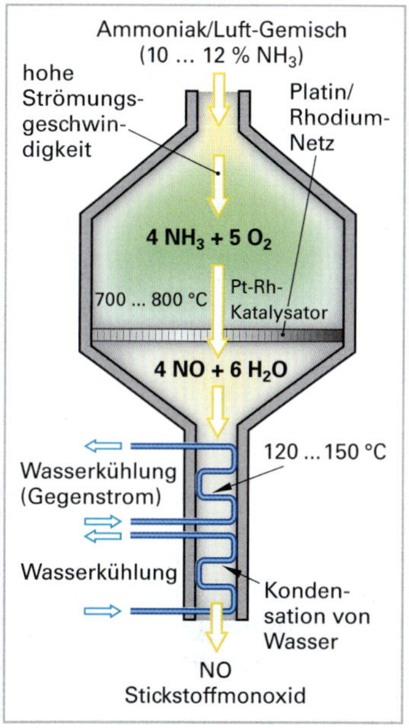

Bild 1: Herstellung von Salpetersäure im *Ostwald*-Verfahren

Im zweiten Verfahrensschritt erfolgt die weitere Oxidation des Stickstoffmonoxids mit Sauerstoff. Das farblose Gasgemisch reagiert bei niedriger Temperatur und erhöhtem Druck praktisch vollständig zu braunem Stickstoffdioxidgas NO_2. Diese Reaktion verläuft exotherm:

$$2\,NO\,(g) + O_2\,(g) \rightarrow 2\,NO_2\,(g) \quad \Delta_rH^0 = -114\ kJ \cdot mol^{-1}$$

Im dritten Schritt wird das Stickstoffdioxidgas abgekühlt, wobei sich ein Gemisch aus braunem Stickstoffdioxid NO_2 und farblosem Distickstofftetroxid N_2O_4 bildet. Diese beiden Stickstoffoxide stehen miteinander in einem chemischen Gleichgewicht (s. Kap. 12.6.3, S. 378):

$$2\,NO_2\,(g) \rightleftarrows N_2O_4\,(g) \quad \Delta_rH^0 = -57\ kJ \cdot mol^{-1}$$

Das Stickstoffoxid-Gemisch wird mit Luft gemischt und unter erhöhtem Druck in Absorptionskolonnen mit Wasser eingeleitet. Dabei bildet sich unter Disproportionierung aus dem Stickstoffdioxid Salpetersäure und Stickstoffmonoxid:

$$3\,NO_2\,(g) + H_2O\,(l) \rightarrow 2\,HNO_3\,(l) + NO\,(g) \quad \Delta_rH^0 = -73\ kJ \cdot mol^{-1}$$

Um die Stickstoffoxide praktisch vollständig in Salpetersäure zu überführen, wird das nicht umgesetzte Stickstoffmonoxid in den zweiten Produktionsschritt zurückgeführt.

Das Distickstofftetroxid reagiert im Gegenstrom mit Wasser und Luftsauerstoff zu Salpetersäure.

Das Schema dieser Reaktion lautet:

$2\ N_2O_4\ (g) + O_2\ (g) + 2\ H_2O\ (l) \rightarrow 4\ HNO_3\ (l)$

> Die großtechnische Herstellung von konzentrierter **Salpetersäure** nach dem ***Ostwald*-Verfahren** verläuft in drei Teilschritten:
>
> 1. Stufe: Ammoniakgas und Luft werden bei hoher Temperatur und kurzer Reaktionszeit am Pt/Rh-Katalysator zu Stickstoffmonoxid umgesetzt.
>
> 2. Stufe: Stickstoffmonoxid reagiert mit Luftsauerstoff weiter zu einem Stickstoffdioxid/Distickstofftetroxid-Gemisch.
>
> 3. Stufe: Das Stickstoffdioxid/Distickstofftetroxid-Gemisch wird in Absorptionskolonnen mit Wasser und Luftsauerstoff zu konzentrierter Salpetersäure umgesetzt. Nicht umgesetztes Stickstoffmonoxid wird in den Oxidationsprozess zurückgeführt.

16.3 Schwefelsäure

Schwefelsäure H_2SO_4 ist unverzichtbar zum Aufschluss von Titanerzen, für die Produktion von Düngemitteln, Sprengstoffen, Zellwolle und Gläsern sowie als Reagenz im Labor. Ihr Anwendungsbereich reicht vom Beizen von Metallen über die Herstellung von Chemiefaserstoffen, Wasch-, Netz- und Emulgiermitteln, Teerfarbstoffen, vielen Arzneimitteln, Säuren und Sulfaten bis zum Einsatz in Blei-Akkumulatoren und als Elektrolyt bei galvanischen Prozessen.

16.3.1 Eigenschaften von Schwefelsäure

Konzentrierte Schwefelsäure H_2SO_4 mit einem Massenanteil $w \approx 98\ \%$ besitzt eine relativ hohe Dichte von $\rho = 1{,}84\ g \cdot cm^{-3}$ und ist eine geruchlose, viskose, stark ätzende Flüssigkeit. Sie siedet bei $\vartheta_b = 339\ °C$ (als Azeotrop mit 1,7 % Wasser), wobei sich stechend riechende SO_3-Nebel bilden. Bedingt durch ihre hohe Siedetemperatur eignet sich konzentrierte Schwefelsäure auch in Kombination mit konzentrierter Salpetersäure gut als Aufschlussmedium.

Konzentrierte Schwefelsäure reagiert wie konzentrierte Salpetersäure mit vielen Stoffen sehr heftig und wirkt vor allem in der Hitze oxidierend. Bei der Reaktion mit Metallen wie z. B. Kupfer entstehen hierbei Metallsulfate und Schwefeldioxid SO_2.

16

Wird konzentrierte Schwefelsäure auf festes Kochsalz gegeben, entsteht Chlorwasserstoff HCl. Als Koppelprodukt entsteht Natriumsulfat Na_2SO_4.

$H_2SO_4\ (aq) + 2\ NaCl\ (s) \rightarrow Na_2SO_4\ (aq) + 2\ HCl\ (g)$

Die Schwefelsäure verdrängt somit Salzsäure aus ihrem Salz (den Chloriden, Anion: Cl^-). Ähnlich reagiert Schwefelsäure mit Carbonaten (Anion: CO_3^{2-}) unter Verdrängung der Kohlensäure.

Konzentrierte Schwefelsäure ist stark wasseranziehend (hygroskopisch). Deshalb kann man sie als Trocknungsmittel (s. Kap. 4.1, S. 109) verwenden. Darüber hinaus ist sie auch in der Lage Wasser aus verschiedenen Verbindungen (z. B. Ethanol, Zucker) abzuspalten (Dehydratisierung). Bei der Reaktion von Zucker mit konzentrierter Schwefelsäure entsteht in einer exothermen Reaktion poröser Kohlenstoff.

Bei der Zugabe von Wasser zur konzentrierten Schwefelsäure kommt es zu einem umfangreichen Verspritzen der Schwefelsäure. Der Grund dafür liegt in der hohen Affinität der Schwefelsäure zu Wasser, wobei punktuell eine hohe Hydratationsenthalpie (s. Kap. 14.2.4, S. 421) frei wird und einen eng begrenzten Siedeverzug verursacht.

Soll eine konzentrierte Schwefelsäure verdünnt werden, muss man zuerst kaltes Wasser vorlegen, in welches dann die konzentrierte Schwefelsäure unter Rühren eingetragen wird.

Mit unedlen Metallen, mit Metalloxiden, Carbonaten und vielen anderen Salzen reagiert verdünnte Schwefelsäure zu **Sulfaten** (Salze mit dem Anion SO_4^{2-}). So entstehen zum Beispiel Zinksulfat und Wasserstoff bei der Reaktion des unedlen Metalls Zink mit verdünnter Schwefelsäure:

H_2SO_4 (aq) + Zn (s) $\rightarrow$ $ZnSO_4$ (aq) + H_2 (g)

Zinkoxid hingegen reagiert mit Schwefelsäure unter Bildung des Koppelprodukts Wasser:

H_2SO_4 (aq) + ZnO (s) $\rightarrow$ $ZnSO_4$ (aq) + H_2O (l)

Bei der Reaktion von Schwefelsäure mit Carbonaten kommt es durch die CO_2-Entwicklung häufig zu einem starken Aufschäumen bzw. Verspritzen der säurehaltigen Lösung.

Konzentrierte **Schwefelsäure** ist eine stark viskose Flüssigkeit mit hoher Dichte und hoher Siedetemperatur.

Neben ihrer Säureeigenschaft wirkt konzentrierte Schwefelsäure hygroskopisch, oxidierend und dehydratisierend.

Verdünnte Schwefelsäure reagiert mit unedlen Metallen, Metalloxiden, Carbonaten und vielen anderen Salzen zu **Sulfaten**. Diese enthalten das Sulfat-Anion SO_4^{2-}.

Sicherheitsregel zum Verdünnen von konzentrierter Schwefelsäure:
„Erst das Wasser, dann die Säure, sonst geschieht das Ungeheu're!"

16.3.2 Herstellung von Schwefelsäure nach dem Doppelkontakt-Verfahren

Die großtechnische Produktion von konzentrierter Schwefelsäure H_2SO_4 nach dem **Doppelkontakt-Verfahren** verläuft über fünf Verfahrensschritte (**Bild 1**, Seite 482):

1. Erzeugung von Schwefeldioxid SO_2 durch
    - direkte Schwefelverbrennung
    - Entschwefelung von Kohle, Erdgas und Erdöl mit anschließendem *Claus*-Verfahren und Schwefelverbrennung
    - Rösten sulfidischer Erze
2. Reaktion von Schwefeldioxid SO_2 zu Schwefeltrioxid SO_3 am Katalysator Vanadium(V)-oxid V_2O_5
3. Zwischenabsorption von Schwefeltrioxid SO_3 in konzentrierter Schwefelsäure H_2SO_4 zu Oleum $H_2S_2O_7$.
4. nochmalige Reaktion von nicht umgesetztem Schwefeldioxid SO_2 zu weiterem SO_3
5. Endabsorption des gebildeten SO_3 in H_2SO_4

Anstatt im ersten Schritt den Schwefel zu Schwefeldioxid zu verbrennen, kann auch der bei der **Entschwefelung** von Erdgas, Erdöl und Kohle mit Hilfe von Wasserstoffgas und Katalysatoren entstehende Schwefelwasserstoff genutzt werden. Dieser wird zunächst durch Verbrennung mit Sauerstoffunterschuss zu Schwefeldioxid und Wasserdampf umgesetzt:

2 H_2S (g) + 3 O_2 (g) $\rightarrow$ 2 SO_2 (g) + 2 H_2O (g)

Im anschließenden ***Claus*-Verfahren** bildet sich in Anwesenheit des Katalysators Bauxit (Gemisch vorwiedend aus Aluminium-, Eisen- und Titanerzen) aus H_2S- und SO_2-Gas elementarer Schwefel:

2 H_2S (g) + SO_2 (g) $\rightarrow$ 2 H_2O (g) + 3 S (s)

16

Der entstandene Schwefel wird anschließend mit O_2 zu SO_2 umgesetzt:

$$S\,(s) + O_2\,(g) \rightarrow SO_2\,(g)$$

Anstelle der Schwefelverbrennung können aber auch sulfidische Erze geröstet werden (Beispiel: Pyrit FeS_2). Auch hierbei entsteht Schwefeldioxidgas. Die hierbei als Koppelprodukte anfallenden Metalloxide können zur Metallgewinnung im Hüttenwesen eingesetzt werden (Metallurgie).

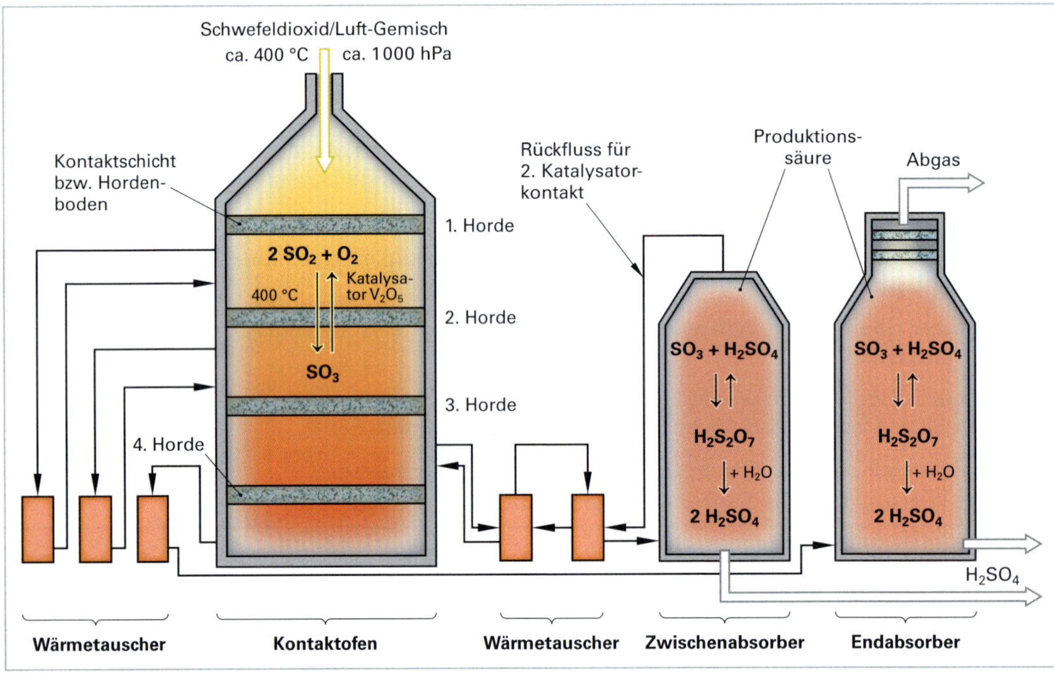

Bild 1: Herstellung von Schwefelsäure im Doppelkontakt-Verfahren

Das Schwefeldioxid SO_2 gelangt mit einer Temperatur von ca. 400 °C in den Kontaktofen (**Bild 1**), der in der Technik als **Hordenreaktor** bezeichnet wird. Ein Hordenreaktor des Doppelkontakt-Verfahrens enthält in der Regel vier bis fünf Hordenböden. Jede Horde besteht aus einem Rost, auf dem das körnige Katalysatormaterial als Schüttung vorliegt. Beim Doppelkontakt-Verfahren handelt es sich um Siliciumdioxid SiO_2 als Trägermaterial, auf dem sich das Vanadium(V)-oxid V_2O_5 fein verteilt befindet, welches die Reaktion katalysiert.

16

An den Hordenböden findet die stufenweise, exotherme Umsetzung von Schwefeldioxid SO_2 zu Schwefeltrioxid SO_3 statt:

$$2\,SO_2\,(g) + O_2\,(g) \rightleftarrows 2\,SO_3\,(g) \qquad \Delta_r H = -197\text{ kJ}$$

Optimale Gleichgewichtsbedingungen für eine möglichst hohe SO_3-Ausbeute sind Sauerstoffüberschuss und eine Reaktionstemperatur von etwa 400 °C für eine ausreichende Reaktionsgeschwindigkeit. Nach *Le Chatelier* würden höhere Temperaturen bei dieser exothermen Reaktion den Zerfall des Reaktionsproduktes Schwefeltrioxid in Schwefeldioxid und Sauerstoff begünstigen. Deshalb muss das über 450 °C erwärmte Reaktionsgemisch in außen angeordneten Wärmetauschern wieder auf etwa 400 °C gekühlt und der nächsten Katalysatorhorde zugeführt werden.

Durch eine Druckerhöhung würde bei diesem Gleichgewicht mehr SO_3 entstehen. Da sich das Gleichgewicht aufgrund der Volumenverminderung von 2 mol SO_2 + 1 mol O_2 (entsprechend 3 mol Gas) auf 2 mol SO_3-Gas nur geringfügig verschiebt, verzichtet man aus wirtschaftlichen Gründen darauf. Deshalb wird die Reaktion großtechnisch bei Normaldruck (ca. 1000 hPa) durchgeführt.

In **Bild 1** findet die Gleichgewichtsreaktion nacheinander auf der ersten bis zur dritten Horde statt. Das Reaktionsgemisch verlässt dann den Hordenreaktor, wird zuerst im Wärmetauscher auf rund

120 °C abgekühlt und im dritten Verfahrensschritt in einem Zwischenabsorber weiter zu Schwefelsäure umgesetzt. Formal läuft hierbei folgende Reaktion ab:

$SO_3\,(g) + H_2O\,(l) \rightleftarrows H_2SO_4\,(l) \qquad \Delta_r H = -132\ kJ \cdot mol^{-1}$

Da die Umsetzung des Schwefeltrioxids mit dem Absorptionsmittel Wasser entsprechend der Reaktionsgleichung sehr langsam verläuft, ist sie für die großtechnische Produktion nicht geeignet.

Deshalb wird im Doppelkontaktverfahren als Absorptionsmittel konzentrierte Schwefelsäure eingesetzt. Sie reagiert mit Schwefeltrioxid besser als Wasser. Konzentrierte Schwefelsäure bildet mit SO_3 **Dischwefelsäure $H_2S_2O_7$**. Bei der anschließenden Hydrolyse von Dischwefelsäure mit Wasser entsteht konzentrierte Schwefelsäure:

$SO_3\,(g) + H_2SO_4\,(l) \rightleftarrows H_2S_2O_7\,(l)$

$H_2S_2O_7\,(l) + H_2O\,(l) \rightleftarrows 2\,H_2SO_4\,(l)$

Beide Reaktionen verlaufen exotherm. Die freiwerdende Wärme wird genutzt, um das im Gemisch noch enthaltene SO_2-Restgas wieder auf die Reaktionstemperatur von 400 °C vorzuwärmen, bevor es zur Umsetzung zu SO_3 in die vierte Horde des Kontaktofens geleitet wird. Aufgrund dieser zweiten Umsetzung im Kontaktofen erhielt das Doppelkontakt-Verfahren seinen Namen.

Das Reaktionsgemisch aus der vierten Horde, welches zu einem hohen Anteil aus Schwefeltrioxid SO_3 besteht, wird wieder in Wärmetauschern abgekühlt und in den Endabsorber geleitet. Hier finden die gleichen Prozesse wie im Zwischenabsorber statt.

Die großtechnische Produktion von konzentrierter **Schwefelsäure** nach dem **Doppelkontakt-Verfahren** verläuft über fünf Verfahrensschritte:

1. Erzeugung von Schwefeldioxid SO_2
2. Oxidation von Schwefeldioxid SO_2 zu Schwefeltrioxid SO_3
3. Umsetzung von Schwefeltrioxid SO_3 zu Schwefelsäure H_2SO_4 durch Zwischenabsorption in Schwefelsäure und anschließende Umsetzung mit Wasser H_2O
4. Nochmalige Reaktion von nicht umgesetztem Schwefeldioxid-Gas zu weiterem SO_3
5. Endabsorption von Schwefeltrioxid SO_3 zu Schwefelsäure H_2SO_4

16.4 Salzsäure

Salzsäure HCl (aq) nennt man die Lösung, die man beim Einleiten von Chlorwasserstoff-Gas HCl (Hydrogenchlorid) in Wasser erhält. Sie findet im Labor vielseitige Verwendung und dient in der Technik u. a. zur Herstellung von Chloriden und zum Beizen von Metallen. Großtechnisch wird das Gas Chlorwasserstoff HCl zur Hydrochlorierung ungesättigter Kohlenwasserstoffe eingesetzt. Chlorwasserstoff-Gas HCl ist hygroskopisch, farblos und ätzend. Es hat einen stechend-beißenden Geruch und bildet an feuchter Luft weiße Salzsäure-Nebel.

16.4.1 Eigenschaften von Salzsäure

Konzentrierte Salzsäure HCl (aq) ist eine stechend riechende, stark ätzende Flüssigkeit. Sie entsteht, wenn Chlorwasserstoff-Gas HCl bis zur Sättigung in Wasser gelöst wird. 525 L Gas lösen sich pro kg Wasser bei 0 °C. Handelsübliche konzentrierte Salzsäure hat maximal einen Massenanteil von $w(HCl) = 38\ \%$ und wird dann als **rauchende Salzsäure** bezeichnet. Sie reagiert heftig mit unedlen Metallen, Laugen, Carbonaten sowie mit vielen Metalloxiden u. a. zu **Chloriden** (Anion: Cl^-). Salzsäure wird zu den starken Säuren gezählt, d. h. HCl dissoziiert in Wasser praktisch vollständig.

16

Konzentrierte Salzsäure ist in gut verschlossenen Gefäßen aufzubewahren. Besonders von Ammoniak-Wasser ist sie getrennt zu lagern, da ansonsten beim Öffnen der Gefäße Rauchbildung einsetzt (**Bild 1**). Da auch Ammoniak-Wasser mit Ammoniak NH_3 ein gelöstes Gas enthält, reagieren die entweichenden Gase Chlorwasserstoff HCl und Ammoniak NH_3 miteinander zu Ammoniumchlorid NH_4Cl. Dieses bildet weiße Beläge auf Vorratsflaschen und kann deren Inhalte verunreinigen.

Bild 1: Rauchbildung von konz. Salzsäure neben konz. Ammoniakwasser

> **Salzsäure** ist eine starke Säure. Sie entsteht beim Einleiten des Gases **Chlorwasserstoff HCl** in Wasser.
>
> **Konzentrierte Salzsäure HCl (aq)** ist die gesättigte Lösung von HCl-Gas in Wasser. Sie sollte weder erwärmt noch in offenen Gefäßen aufbewahrt werden, da das HCl-Gas sonst entweicht.

16.4.2 Herstellung von Salzsäure

Salzsäure wird durch Einleiten von Chlorwasserstoffgas HCl (Hydrogenchlorid) in Wasser hergestellt:

$HCl\ (g) \rightarrow HCl\ (aq)$

Zur Gewinnung von Chlorwasserstoff-Gas dienen drei Verfahren:

- **Aus Stein- oder Kochsalz.** Im Labor und in der technischen Darstellung gewinnt man Chlorwasserstoff aus Chloriden (wie z. B. Steinsalz) und konzentrierter Schwefelsäure (**Bild 1**, S. 383). Bei geringer Erwärmung entsteht nur Natriumhydrogensulfat:

  $NaCl\ (s) + H_2SO_4\ (aq) \rightarrow HCl\ (g) + NaHSO_4\ (aq)$ (Natriumhydrogensulfat)

  Erst bei 800 °C wird auch das zweite Proton der Schwefelsäure durch ein Natrium-Ion ausgetauscht:

  $NaCl\ (s) + NaHSO_4\ (aq) \rightarrow HCl\ (g) + Na_2SO_4\ (aq)$ (Natriumsulfat)

- **Aus den Elementen.** Durch ein im Quarz-Brennerrohr koaxial angebrachtes Zuleitungsrohr (sog. *Daniellscher Hahn*) wird der Wasserstoff dem Chlor getrennt zugeführt. Durch die kontrollierte Reaktion von Wasserstoff und Chlor erhält man besonders reines Chlorwasserstoff-Gas:

  $H_2\ (g) + Cl_2\ (g) \rightarrow 2\ HCl\ (g)$

- **Aus Kohlenwasserstoffen als Nebenprodukt.** Bei der Reaktion von Chlorgas mit organischen Verbindungen wie z. B. Benzen C_6H_6 (Benzol), allgemein nach dem Schema:

  $R{-}H + Cl_2 \rightarrow R{-}Cl + HCl$ (R steht für einen Kohlenwasserstoff-Rest, im Beispiel: C_6H_5).

> **Chlorwasserstoff HCl** wird bei der Reaktion von Chlor-Gas mit organischen Verbindungen oder Wasserstoff-Gas oder der Reaktion von konzentrierter Schwefelsäure mit Chloriden gewonnen.
>
> **Salzsäure HCl (aq)** wird aus Chlorwasserstoff-Gas und Wasser hergestellt.

16.5 Natronlauge

Natronlauge NaOH (aq) wird zur Herstellung von Natriumsalzen, als Beizmittel, zur Neutralisation von Säureabfällen, als Metallentfettungsmittel, zur Gewinnung von Zellstoff aus Holz und als Aufschlussmittel für Bauxit-Erze im Zusammenhang mit der Aluminiumoxid-Gewinnung nach dem *Bayer*-Verfahren eingesetzt.

16.5.1 Eigenschaften von Natriumhydroxid und Natronlauge

Natriumhydroxid NaOH (Ätznatron) ist ein weißer, hygroskopischer, stark ätzender Feststoff. Festes Natriumhydroxid muss in Wasser vorsichtig aufgelöst werden, da hierbei eine starke Wärmeentwicklung einsetzt. Es bindet aus der Luft Kohlenstoffdioxid CO_2 und muss deshalb in dicht verschlossenen Behältern aufbewahrt werden.

Natriumhydroxid verdrängt Ammoniak NH_3 aus Ammoniumsalzen. Diese Reaktion verläuft nach folgender Reaktionsgleichung:

NH_4Cl (s) + NaOH (s) $\rightarrow$ NH_3 (g) + H_2O (l) + NaCl (s)

Im Labor wird Natriumhydroxid als Nachweismittel für Ammonium-Ionen eingesetzt. Ein auf einem Uhrglas kreuzförmig angebrachtes, befeuchtetes Lackmus-Indikatorpapier zeigt hierbei das entstandene Ammoniak-Gas NH_3 durch Blaufärbung an.

Natronlauge NaOH (aq) ist die wässrige Lösung des Feststoffs Natriumhydroxid. Natronlauge ist stark ätzend und reagiert alkalisch.

> **Natronlauge NaOH (aq)** ist die stark ätzende, alkalische, wässrige Lösung des Feststoffs Natriumhydroxid NaOH.

Natronlauge reagiert mit Säuren, Nichtmetalloxiden, Ammoniumsalzen und einigen unedlen Metallen wie Aluminium und Zink. Bei der Reaktion mit unedlen Metallen entstehen Wasserstoff-Gas und Metallsalze. Natronlauge darf daher nicht in Aluminiumgefäße gegeben werden, da sie diese unter Bildung von Natriumtetrahydroxidoaluminat und Wasserstoff-Gas angreift:

2 NaOH (aq) + 2 Al (s) + 6 H_2O (l) $\rightarrow$ 2 $Na[Al(OH)_4]$ (aq) + 3 H_2 (g)

Bei der Reaktion von Natronlauge mit Säuren HB (aq) entstehen die entsprechenden Natriumsalze NaB (aq) und Wasser, wobei der Buchstabe B hier für einen Basen-Rest steht (s. Kap. 13, S. 388):

NaOH (aq) + HB (aq) $\rightarrow$ NaB (aq) + H_2O

Fette reagieren mit heißer Natronlauge zu den Natrium-Salzen langkettiger Carbonsäuren (Seifen) und Glycerin. Auch andere organische Verbindungen wie z. B. Eiweiße und Ester reagieren mit Natronlauge.

> **Natronlauge NaOH (aq)** reagiert mit Säuren nach dem Schema: Säure + Base $\rightarrow$ Salz + Wasser
>
> Es entstehen die entsprechenden Natriumsalze mit dem Kation Na^+.
>
> Natronlauge reagiert mit unedlen Metallen und vielen organischen Verbindungen. Sie reagiert mit Fetten zu Natrium-Salzen langkettiger Carbonsäuren (Seifen) und Glycerin.

Weitere wichtige, der Natronlauge entsprechende Laugen sind die wässrigen Lösungen von Kaliumhydroxid und Calciumhydroxid:

- **Kalilauge KOH (aq)** ist die wässrige Lösung des Feststoffes **Kaliumhydroxid KOH** (Ätzkali). Kaliumhydroxid und Kalilauge weisen ähnliche Eigenschaften auf wie Natriumhydroxid und Natronlauge.
- **Kalkwasser $Ca(OH)_2$ (aq)** ist die wässrige Lösung von **Calciumhydroxid $Ca(OH)_2$** (Ätzkalk). Calciumhydroxid ist nur sehr wenig wasserlöslich. Die klare Lösung (Filtrat) wird als Kalkwasser bezeichnet. Sie ist ein Nachweismittel für Kohlenstoffdioxid-Gas CO_2, mit dem sie nach folgender Reaktionsgleichung zu Kalk, Calciumcarbonat $CaCO_3$ reagiert:

  $Ca(OH)_2$ (aq) + CO_2 (g) $\rightarrow$ $CaCO_3\downarrow$ + H_2O

16.5.2 Herstellung von Natronlauge

Natronlauge NaOH (aq) wird durch **Chloralkali-Elektrolyse** hergestellt. Bei diesen Verfahren wird aus Natriumchloridlösung mit Hilfe von Elektrizität Natronlauge sowie Chlor und Wasserstoff erzeugt. Von der Chloralkali-Elektrolyse sind weltweit drei Varianten im Einsatz:

- das Membran-,
- das Diaphragma-
- und das Amalgam-Verfahren.

Alle drei Verfahren gehen von einer Natriumchlorid-Lösung (auch Sole genannt) aus.

Beim **Diaphragma-Verfahren** befindet sich die Sole in einer Elektrolysezelle, die aus einem Kathodenraum und einem Anodenraum mit den entsprechenden Elektroden (Kathode bzw. Anode) besteht. Zwischen beiden Elektroden-Räumen befindet sich die Trennwand, ein Diaphragma, welches eine Durchmischung der Reaktionsprodukte verhindert und die Natrium- und Chlorid-Ionen der Sole hindurchlässt. Deshalb ist die nach diesem Verfahren produzierte Natronlauge mit Chlorid-Ionen verunreinigt. Das Diaphragma besteht aus Asbest oder Polymeren auf der Basis von Polytetrafluorethen (PTFE, Teflon®).

Neben dem veralteten Diaphragma-Verfahren existiert noch das Membran-Verfahren. Beim modernen **Membran-Verfahren** ist die Elektrolysezelle durch eine Membran in zwei Räume unter-teilt, in denen jeweils eine Elektrode hängt (Bild 1, S. 496). Die Membran lässt selektiv nur ganz bestimmte Ionen, vor allem aber Natrium-Ionen Na^+ passieren und verhindert die Diffusion der Chlorid-Ionen in den Kathodenraum, so dass bei diesem Verfahren eine sehr reine Natronlauge entsteht.

Die elektrochemischen Vorgänge sind beim Membran- und beim Diaphragma-Verfahren gleich.

An der **Anode** (Pluspol) aus Graphit oder Titan werden die Chlorid-Anionen zu Chlor-Gas Cl_2 umgesetzt. Diese Reaktion wird als **anodische Oxidation** bezeichnet, da es zu einer Elektronenabgabe (Oxidation) an der Anode kommt: $2\,Cl^- \text{(aq)} \rightarrow Cl_2 \text{(g)} + 2\,e^-$

Das Chlor-Gas Cl_2 entweicht aus dem Anodenraum.

Die Natrium-Kationen Na^+ wandern durch die für sie durchlässige Membran. Sie gelangen in den Kathodenraum.

Als **Kathode** (Minuspol) taucht eine Stahl-Elektrode in die wässrige NaCl-Lösung. An dieser Kathode werden allerdings nicht die Natrium-Kationen entladen, sondern es erfolgt die direkte Reduktion von Wasser zu Wasserstoff-Gas H_2 und Hydroxid-Ionen OH^- nach folgender Reaktionsgleichung:

$$2\,H_2O \text{(l)} + 2\,e^- \rightarrow H_2 \text{(g)} + OH^- \text{(aq)}$$

Die von den Chlorid-Anionen an die Anode abgegebenen Elektronen werden von der Anode aus im Stromkreis wieder zur Kathode (Minuspol) zurückgeführt. Insgesamt verläuft die Chloralkali-Elektrolyse nach dem Membran- und dem Diaphragma-Verfahren gemäß folgendem Schema:

$$2\,Na^+ \text{(aq)} + 2\,Cl^- \text{(aq)} + 2\,H_2O \text{(l)} \rightarrow 2\,Na^+ \text{(aq)} + 2\,OH^- \text{(aq)} + Cl_2 \text{(g)} + H_2 \text{(g)}$$

Bei der Chloralkali-Elektrolyse nach dem **Amalgam-Verfahren** werden die Elektrolyse und die Gewinnung von Natronlauge und Wasserstoff im Zersetzer räumlich voneinander getrennt. Die Elektrolysezelle enthält eine Kathode aus metallischem Quecksilber (Bild 2, S. 496). Die Natrium-Ionen werden kathodisch reduziert:

$$Na^+ + e^- \rightarrow Na$$

Das Quecksilber löst das entstehende Natrium-Metall in sich auf. Es entsteht die Quecksilberlegierung Natriumamalgam $NaHg_n$:

$$Na \text{(l)} + n\,Hg \text{(l)} \rightarrow NaHg_n \text{(l)}$$

Zusammenfassend läuft an der Kathode folgender Vorgang ab:

$Na^+ (aq) + e^- + n\,Hg\,(l) \rightarrow NaHg_n\,(l)$

Beim Amalgam-Verfahren wird nicht wie beim Membran-Verfahren elektrolytisch Wasser zu Wasserstoff zersetzt, sondern es werden Natriumionen Na^+ zum Metall reduziert und ein Amalgam (eine Quecksilber-Legierung) hergestellt.

Das sich am Boden der Elektrolysezelle bildende, flüssige Natriumamalgam verlässt den Kathodenraum und wird in einen Amalgamzersetzer gepumpt. Es ist wichtig, dass der Massenanteil des Natriums im Natrium-Amalgam 0,4 % nicht übersteigt, da es sich sonst verfestigt. Im Zersetzer reagiert das Natrium-Amalgam bei Zugabe von Wasser heftig und unter starker Wärmeentwicklung zu Wasserstoff-Gas und Natronlauge:

$2\,NaHg_n + 2\,H_2O \rightarrow H_2 + 2\,NaOH + 2n\,Hg$

Die im Amalgam-Verfahren gewonnene Natronlauge ist praktisch frei von Chlorid-Ionen.

An den Titan-Anoden, welche sich in der NaCl-Lösung über der Quecksilber-Kathode befinden (**Bild 2**, S. 496), entsteht durch anodische Oxidation Chlor-Gas.

Chlor wird eingesetzt zur Produktion von Kunststoffen, Bleichmitteln, Lösemitteln und weiteren chlororganischen Verbindungen, die sich z. B. zu Arzneimitteln, Farbstoffen und Pestiziden (Pflanzenschutzmitteln) verarbeiten lassen. Es hat als Produkt daher noch größere Bedeutung als die Natronlauge erlangt.

Wasserstoff wird als Syntheserohstoff eingesetzt, um Methanol, Chlorwasserstoff, Ammoni-ak und synthetisches Benzin aus Kohle, Erdöl und Teer großtechnisch herzustellen. Einige Spezialmetalle wie z. B. Wolfram werden mit Hilfe von Wasserstoff aus ihren Erzen hergestellt. Wasserstoff ist zudem Bestandteil von Stadt-, Fern-, Kokerei-, Synthese- und Wassergas.

16.5.3 Natriumsalze

Natriumsalze entstehen bei der Reaktion von Natronlauge mit Säuren. Mit Schwefelsäure bildet sie Natriumsulfat Na_2SO_4 (Glaubersalz), mit Salzsäure Natriumchlorid NaCl (Stein-, Kochsalz). Beide genannten Salze kommen in der Natur vor und werden zur industriellen Verwendung im großen Maßstab abgebaut. Alle Natriumsalze färben die Flamme gelb-orange (Nachweis) und sind im Allgemeinen wasserlöslich und farblos.

Natriumcarbonat Na_2CO_3 (Soda) ist ebenfalls eine wichtige Grundchemikalie. Als **Kristallsoda** bezeichnet man mit Kristallwasser (im Ionengitter eingelagerte Wassermoleküle) auskristallisiertes Soda $Na_2CO_3 \cdot 10\,H_2O$. Sodapulver reagiert in wässriger Lösung alkalisch und schmeckt in stark verdünnter Lösung seifig. Bei der Reaktion von Säuren mit Soda entsteht unter starker Gasentwicklung Kohlenstoffdioxid, bei unvollständiger Umsetzung und Säure-Überschuss auch Natriumhydrogencarbonat $NaHCO_3$ (Natron).

Natriumcarbonat wird durch Abbau natürlich vorkommender Minerale gewonnen. Wegen ihrer vielfältigen Verunreinigungen müssen die Ausgangsminerale gereinigt werden. Ein Großteil des Natriumcarbonats wird nach dem ***Solvay*-Verfahren** (nach *Ernest Solvay* 1838–1922) hergestellt, indem Steinsalz NaCl und Kalkstein $CaCO_3$ zu Soda und Calciumchlorid $CaCl_2$ umgesetzt werden. Dieses ist ein mehrstufiger Prozess und wird mit Hilfe von Kohle (als Brennstoff für den Kalk) und Ammoniak NH_3 durchgeführt.

Das *Solvay*-Verfahren (**Bild 1**, S. 488) wird auch als Ammoniak-Soda-Verfahren bezeichnet, da das Natriumcarbonat (Soda) mit Hilfe von Ammoniak aus Steinsalz gewonnen wird. Dies erfolgt in vier Schritten:

Im ersten Schritt wird zunächst über die Umsetzung von Ammoniak, Kohlenstoffdioxid und Wasser Ammoniumhydrogencarbonat NH_4HCO_3 gebildet. Dieses bildet mit Natriumchlorid **Natriumhydrogencarbonat** $NaHCO_3$, das im Fällturm ausfällt und abfiltriert wird:

H_2O (l) + NH_3 (g) + CO_2 (g) → NH_4HCO_3 (s)

NH_4HCO_3 (aq) + NaCl (aq) → $NaHCO_3$ (s) + NH_4Cl (aq)

Im zweiten Schritt wird das im Fällturm gewonnene Natriumhydrogencarbonat $NaHCO_3$ thermisch im Kalzinierofen zu Soda zersetzt:

2 $NaHCO_3$ (s) → Na_2CO_3 (s) + H_2O (g) + CO_2 (g).

Das Kohlenstoffdioxid CO_2 wird zum Teil durch Brennen von Calciumcarbonat $CaCO_3$ (Kalkstein) gewonnen (3. Schritt):

$CaCO_3$ (s) → CaO (s) + CO_2 (g)

Im vierten Schritt wird durch sog. Trockendestillation der gebrannte Kalk zur Rückgewinnung des Ammoniaks aus der Ammoniumchlorid-Lösung des zweiten Schrittes eingesetzt:

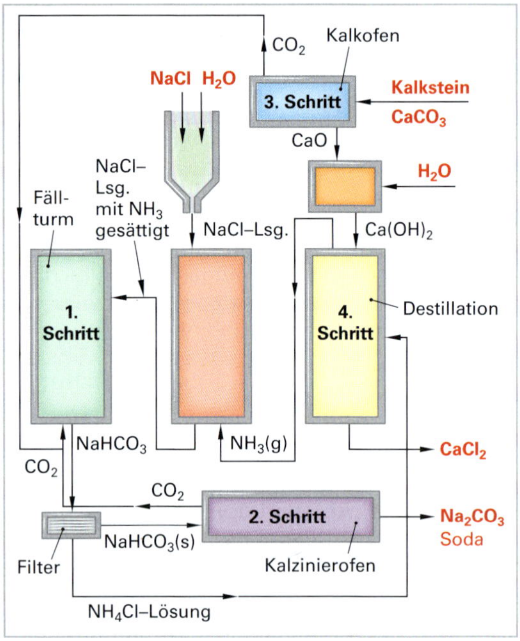

Bild 1: *Solvay*-Verfahren

2 NH_4Cl (aq) + CaO (s) → $CaCl_2$ (aq) + 2 NH_3 (g) + H_2O (g)

Diese vier Prozessschritte können in einer Brutto-Reaktionsgleichung zusammengefasst werden:

2 NaCl + $CaCO_3$ → Na_2CO_3 + $CaCl_2$

16.6 Methanol

Methanol CH_3OH ist für die chemische Industrie der wichtigste Alkohol. Es dient vor allem als Löse- und Extraktionsmittel, als Synthese-Rohstoff für Methanal $H_2C{=}O$ (Formaldehyd), Methyl-*tert*-butylether (MTBE), Ethansäure sowie für die Synthese von Methylmethacrylat (MMA) und Dimethylterephthalat (DMT) (**Bild 1**, S. 489).

Methanol dient auch als Treibstoff oder als Treibstoffzusatz, da es eine hohe Klopffestigkeit aufgrund seiner hohen Octanzahl (> 110) besitzt. Zukünftig soll Methanol verstärkt zur Energiespeicherung verwendet werden.

16

16.6.1 Eigenschaften des Methanols

Die polare Hydroxyl-Gruppe des Methanols dominiert die Polarität des gesamten Moleküls und bewirkt so seinen flüssigen Aggregatzustand bei Normalbedingungen sowie seine unbegrenzte Mischbarkeit mit Wasser. Es ist ferner in Diethylether und vielen anderen organischen Lösemitteln gut löslich. Methanol verbrennt mit blauer, kaum sichtbarer Flamme. Methanol-Dämpfe bilden mit Luft explosionsfähige Gemische und sind hochgiftig. Auch in flüssiger Form wirkt Methanol stark giftig; schon geringe Mengen führen zu Augenschädigungen und können schließlich tödlich sein.

Die vielfältigen Reaktionen des Methanols sind denen der anderen Glieder der homologen Reihe der Alkohole, speziell der Alkanole, sehr ähnlich (s. Kap 15.8.1, S. 463).

Methanol kann zu Methanal bzw. Methansäure oxidiert werden. Die Hydroxyl-Gruppe lässt sich durch verschiedene andere Atome oder Atom-Gruppen substituieren. Methanol reagiert mit Alkalimetallen zu Alkalimetall-Alkoholaten.

Durch Wasserabspaltung wird Dimethylether gebildet: CH_3OH + CH_3OH → $CH_3{-}O{-}CH_3$ + H_2O

Bei der Reaktion von Methanol mit Carbonsäuren bilden sich unter Wasserabspaltung die Methylester dieser Carbonsäuren. Aus Methanol und Ammoniak lassen sich verschiedene Methylamine herstellen (**Bild 1**).

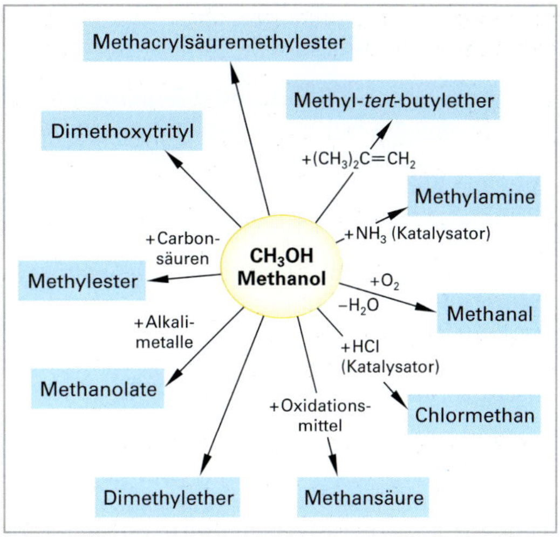

Bild 1: Verwendung von Methanol

16.6.2 Methanol-Synthese

Methanol wird großtechnisch aus **Synthesegas**, das noch Kohlenstoffdioxid enthält, hergestellt. Unter Synthesegas im engeren Sinne versteht man ein Gemisch aus Kohlenstoffmonoxid und Wasserstoff. Als Rohstoffe zur Gewinnung von Synthesegas können Erdgas, Kohlenwasserstoffe des Erdöls, Rückstandsöle aus der Erdölverarbeitung oder Kohle verwendet werden.

Am Beispiel des Erdgases, welches meistens zu über 90 % aus Methan CH_4 besteht, werden die für die Synthesegas-Produktion ablaufenden chemischen Prozesse erläutert. Nach der Entfernung störender Bestandteile, wie dem Schwefelwasserstoff H_2S, wird das Methan mit Wasserdampf zu Kohlenstoffmonoxid und Wasserstoff („Spaltgas“) umgesetzt:

$$CH_4 + H_2O \rightleftarrows CO + 3\,H_2 \qquad \Delta_r H(300K) = 206\ kJ \cdot mol^{-1}$$

Da es sich um eine endotherme Reaktion handelt, muss das Methangas auf ca. 420 bis 550 °C vorgeheizt werden. Nach *Le Chatelier* (s. Kap. 12.6, S. 375) begünstigt ein möglichst niedriger Druck die Bildung von Kohlenstoffmonoxid und Wasserstoff. Das Kohlenstoffmonoxid reagiert teilweise weiter mit dem Wasserdampf, so dass zusätzlich noch Kohlenstoffdioxid und Wasserstoff entstehen („Wassergas-Gleichgewicht“):

$$CO + H_2O \rightleftarrows CO_2 + H_2 \qquad \Delta_r H(300K) = -41\ kJ \cdot mol^{-1}$$

Das aus Kohlenstoffmonoxid, Wasserstoff und Kohlenstoffdioxid bestehende Synthesegas gelangt über einen Wärmetauscher (**Bild 1**, S. 490, ⓐ) in den Reaktor, in dem folgende Reaktionen ablaufen:

$$CO + 2\,H_2 \rightarrow CH_3OH \qquad \Delta_r H = -98\ kJ \cdot mol^{-1}$$

$$CO_2 + 3\,H_2 \rightarrow CH_3OH \qquad \Delta_r H = -58\ kJ \cdot mol^{-1}$$

Nebenprodukte sind Methan, Kohlenstoffmonoxid, Dimethylether, Methylformiat und Ethanol.

Da es sich bei beiden Reaktionen um Gleichgewichtsreaktionen handelt, die mit einer Volumenverminderung verbunden sind, wird wie bei der Ammoniak-Synthese (s. Kap. 16.1.2, S. 476) die Produktbildung durch erhöhten Druck begünstigt.

Einen Überblick über die verschiedenen Varianten der Methanol-Synthese gibt **Tabelle 1**.

Hochdruck-Anlagen werden aufgrund der hohen Anlagenkosten nicht mehr gebaut.

Tabelle 1: Verfahrensvarianten der Methanol-Synthese

Verfahren	*p* in MPa	ϑ in °C	Katalysatoren
Hochdruck	25 ... 30	350	Zn/Cr-Oxide
Mitteldruck	10 ... 25	250	Zn/Cr/Cu-Oxide
Niederdruck	5 ... 10	250	Cu/Zn/Al-Oxide

Das Niederdruck-Verfahren erfordert weitgehend schwefelfreie Synthesegase. Da das Mitteldruck-Verfahren die höchsten Ausbeuten liefert, wird es in der derzeit beim Bau neuer Anlagen bevorzugt. Ein Problem im Reaktor stellt die Temperatur von 250 °C dar, die trotz der beiden exothermen

16

Reaktionen nicht ansteigen darf. Man verwendet deshalb entweder Rohrbündel-Reaktoren oder Quench-Reaktoren.

Die Temperatur im **Rohrbündel-Reaktor** wird über den Druck des Wassersystems eingestellt. Das Wasser, das die Röhren umspült, hat die beim eingestellten Druck Siedetemperatur. In den Röhren findet die Reaktion des Synthesegases zu Methanol statt, dort befindet sich auch der Katalysator der heterogenen Katalyse. Bei der heterogenen Katalyse liegen der umzusetzende Stoff und der Katalysator in verschiedenen Aggregatzuständen vor.

Im **Quench-Reaktor** wird der Katalysator in mehreren Horden übereinander angeordnet. Das gasförmige Reaktions-Gasgemisch wird dabei jeweils zwischen den Horden mit kaltem Frischgas gekühlt.

In **Bild 1** verlassen die heißen Reaktionsgase den Reaktor ⓑ und erwärmen über einen Wärmetauscher ⓐ das Synthesegas. Nach der Abkühlung der Reaktionsgase im Wärmetauscher wird das flüssige Rohmethanol im Abscheider ⓓ von den Gasen getrennt. Diese werden über den Gasförderer ⓖ in den Reaktor zurückgeführt. Um dabei den Anteil der reaktionsträgen Gase (Inertgase wie N_2) nicht zu hoch werden zu lassen, wird ein Teil dieses Kreislaufgases als sogenanntes Entspannungsgas (Purge-Gas) abgelassen. Das Rohmethanol aus dem Abscheider wird zuerst in der Leichtsiederkolonne ⓔ von niedrig siedenden Begleitstoffen (z. B. Dimethlether) getrennt und anschließend nach weiterer Rektifikation (Reinmethanol-Kolonne ⓕ) mit einer Reinheit von 99,99 % erhalten.

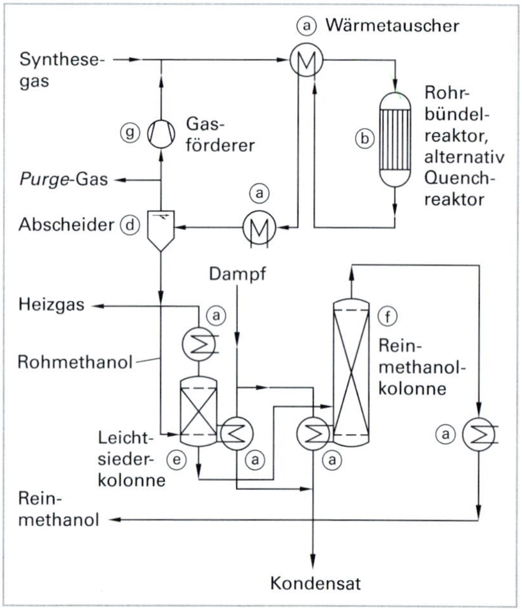

Bild 1: Methanol-Synthese

Methanol wird zur großtechnischen Herstellung vor allem von Methanal, Methyl-*tert*-butylether, Ethansäure, Methylmethacrylat sowie als Lösemittel und Additiv in Kraftstoffen verwendet.

Methanol wird großtechnisch aus Synthesegas unter verschiedenen Reaktionsbedingungen (Hoch-, Mittel- und Niederdruckverfahren) hergestellt und durch eine mehrstufige Rektifikation (Gegenstromdestillation) gereinigt.

16

16.7 Aluminium

Die Bedeutung des **Aluminiums Al** besteht darin, dass es aufgrund seiner Eigenschaften als Werkstoff beim Flugzeug-, Karosserie- und Motorenbau eingesetzt wird. Außerdem findet Aluminium Verwendung für Hochspannungsleitungen und Kochgeschirr. Aluminium ist nach dem Eisen das wichtigste Gebrauchsmetall.

16.7.1 Eigenschaften des Aluminiums

Aluminium ist ein Leichtmetall mit einer Dichte von 2,7 g · cm^{-3}. Entsprechend seiner niedrigen Ionisierungsenergie (s. Kap. 5.3.5, S. 150) sollte Aluminium besonders reaktiv sein. Es reagiert aber nicht erkennbar mit Wasser und Sauerstoff. Die Erklärung dieses Widerspruchs liegt in der sehr dünnen und dichten Aluminiumoxid-Schicht, die sich sofort an einer blanken Aluminiumober-fläche bildet. Diese Oxidschicht schützt das darunter liegende Aluminium vor weiterer Oxidation (Passivierung, vgl. S. 154). Man kann diese Korrosionsbeständigkeit erhöhen, indem die Oxidschicht elektrochemisch verstärkt wird (**Bild 1**, S. 491).

Aluminium besitzt eine besonders gute elektrische Leitfähigkeit und ist außerdem ein guter Wärmeleiter.

Als unedles Metall reagiert Aluminium mit nicht-oxidierenden Säuren unter Wasserstoff-Entwicklung:

$$2\,Al\,(s) + 6\,H^+\,(aq) \rightarrow 2\,Al^{3+}\,(aq) + 3\,H_2\,(g)$$

In stark alkalischen Lösungen geht Aluminium als Tetrahydroxidoaluminat-Ion ebenfalls unter Wasserstoffentwicklung in Lösung:

$$2\,Al\,(s) + 2\,OH^-\,(aq) + 6\,H_2O\,(l) \rightarrow 2\,[Al(OH)_4]^-(aq) + 3\,H_2\,(g)$$

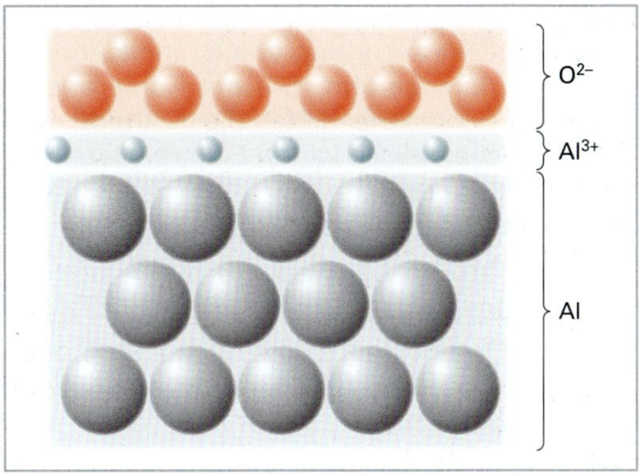

Bild 1: Schutzschicht auf einer Aluminiumoberfläche

Löst man Aluminiumsalze in Wasser, so hydratisiert das Aluminium-Ion zum Hexaaqua-aluminium-Ion $[Al(H_2O)_6]^{3+}$. Wird der pH-Wert dieser Lösung durch Zugabe von OH^--Ionen erhöht, so fällt zunächst ein voluminöser Niederschlag von Aluminiumhydroxid $Al(OH)_3$ aus, der sich bei weiterer Zugabe von OH^--Ionen wieder auflöst. Dabei bildet sich Tetrahydroxidoaluminat $[Al(OH)_4)]^-$.

16.7.2 Herstellung von Aluminium

Mitte des 19. Jahrhunderts war Aluminium teurer als Gold. Das Aluminium ließ sich nur durch Reduktion von Aluminiumverbindungen mit Natrium oder Kalium gewinnen. Eine elektrolytische Abscheidung des Aluminiums aus wässriger Lösung scheiterte an der auftretenden Wasserstoffentwicklung. Deshalb entwickelten der amerikanische Ingenieur *Charles Hall* (1863 – 1914) und der französische Chemiker *Paul L. T. Héroult* (1863 – 1914) unabhängig voneinander ein Verfahren zur Schmelzfluss-Elektrolyse von Aluminiumoxid Al_2O_3.

Ausgangsmaterial für die **Schmelzfluss-Elektrolyse** ist Bauxit, der zum großen Teil aus AlO(OH) bzw. $Al(OH)_3$ besteht und mehr oder weniger durch Eisenoxide sowie Siliciumdioxid SiO_2 verunreinigt ist. Das ***Bayer*-Verfahren** wird zur Abtrennung des AlO(OH) von den Verunreinigungen benutzt. Dazu wird der gemahlene Bauxit in einer konzentrierten Natronlage mit $w(NaOH) \approx 30\,\%$ bei einer Temperatur von 150 bis 270 °C und einem Druck von ca. 3 MPa aufgeschlossen.

Die heiße Natronlauge löst dabei den Aluminiumanteil heraus:

$$AlO(OH)\,(s) + OH^-\,(aq) + H_2O\,(l) \rightarrow [Al(OH)_4]^-\,(aq)$$

bzw.

$$Al(OH)_3\,(s) + OH^-\,(aq) \rightleftarrows [Al(OH)_4]^-\,(aq)$$

Die in Natronlauge unlöslichen Bauxitanteile, insbesondere Eisen(III)-hydroxid, werden in Klär-eindickern und auf Vakuumtrommelzellenfiltern als „Rotschlamm" abgetrennt. Durch Verdünnen und Abkühlen der Aluminat-Lauge verschiebt sich das Gleichgewicht nach links und weißes Aluminiumhydroxid $Al(OH)_3$ fällt nach Zugabe von Impfkristallen aus. Das abfiltrierte Hydroxid wird durch Erhitzen auf 1200 °C in Aluminiumoxid überführt:

$$2\,Al(OH)_3\,(s) \rightleftarrows Al_2O_3\,(s) + 3\,H_2O\,(g)$$

Die Gitterenergie des Aluminiumoxids ist aufgrund der hohen Ladung des Aluminium-Ions sehr hoch. Dementsprechend hoch ist auch seine Schmelztemperatur (ϑ_m = 2054 °C). Eine Schmelzfluss-Elektrolyse wäre bei so hohen Temperaturen praktisch nicht möglich. *Hall* entdeckte, dass das Mineral **Kryolith** (Natriumhexafluoridoaluminat $Na_3[AlF_6]$) die Schmelztemperatur des Aluminiumoxids stark herabsetzte. Für die Schmelzfluss-Elektrolyse wird Aluminiumoxid in geschmolzenem Kryolith $Na_3[AlF_6]$ gelöst. Eine Mischung dieser beiden Salze mit dem Massenanteil $w(Al_2O_3) \approx 10\,\%$ schmilzt bereits bei etwa 950 °C.

Die Elektrolyse wird bei einer Temperatur von 980 °C unter Verwendung von Graphit-Anoden (Plus-Pol) durchgeführt. Die mit Kohle ausgekleidete Eisenwanne bildet die Kathode (Minuspol). Schematisch ist die Elektrolysezelle in **Bild 1** dargestellt.

Vereinfacht laufen an den Elektroden folgende Vorgänge ab: An der Kathode bildet sich geschmolzenes Aluminium, das von der Elektrolytschmelze vor der Oxidation durch den Luftsauerstoff geschützt wird.

Kathode: $Al^{3+}\,(l) \;+\; 3\,e^- \;\longrightarrow\; Al\,(l)$

An der Anode werden die Sauerstoff-Ionen O_2^- zu Sauerstoff-Atomen oxidiert. Diese sehr reaktiven Sauerstoff-Atome bilden sofort mit dem Kohlenstoff der Anode Kohlenstoffdioxid CO_2 bzw. Kohlenstoffmonoxid CO. Die Anode wird verbraucht und muss immer wieder durch Nachschieben ersetzt werden. Dieser Anodenabbrand erhitzt die Schmelze und hält sie flüssig.

Anode: $2\,O^{2-}\,(l) \;+\; C\,(s) \;\longrightarrow\; CO_2\,(g) \;+\; 4\,e^-$

Als Gesamtreaktion ergibt sich:

$$2\,Al_2O_3\,(l) + 3\,C\,(s) \;\longrightarrow\; 4\,Al\,(l) + 3\,CO_2\,(g)$$

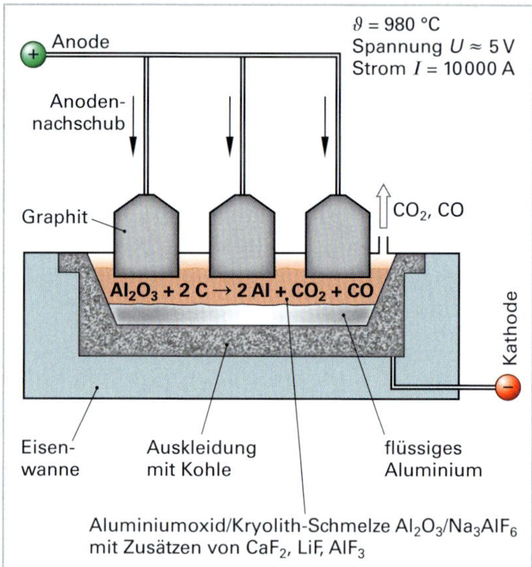

Bild 1: Elektrolysezelle für die Aluminiumgewinnung

16.8 Eisen

Technisch besitzt reines **Eisen Fe** eine untergeordnete Bedeutung. Eisen ist jedoch in Form zahlreicher Legierungen das mit weitem Abstand wichtigste Metall, von dem weltweit jährlich ungefähr 800 Millionen Tonnen produziert werden.

16.8.1 Eigenschaften des Eisens

Chemisch reines Eisen ist ein silberweißes, dehnbares, relativ reaktionsfähiges Metall. Eisen bildet allerdings an trockener Luft und in sauerstoff- und kohlenstoffdioxidfreiem Wasser eine dichte, zusammenhängende Oxidschicht aus, die eine weitere Oxidation verhindert (Passivierung). Deshalb kann sogar konzentrierte Schwefel- und Salpetersäure in eisernen Gefäßen transportiert und aufbewahrt werden.

Sobald aber Wasser bzw. Wasserdampf und Kohlenstoffdioxid zutreten können, wird Eisen unter Bildung von Eisen(III)-oxidhydroxid FeO(OH) („Rost") angegriffen. Dabei bilden sich als Zwischenprodukte Eisencarbonate. Die Schicht aus Eisen(III)-oxidhydroxid haftet nicht fest am darunter liegenden Eisen, so dass immer wieder feuchte Luft mit dem Eisen reagieren und sich weiterer Rost bilden kann.

Eisen ist ein unedles Metall und löst sich deshalb in nicht-oxidierenden Säuren unter Wasserstoffentwicklung auf.

Die Oxidationsstufen des Eisens sind +II und +III, wobei das dreiwertig positive Eisen stabiler ist.

Im Hochofen hergestelltes Eisen weist einen Kohlenstoff-Gehalt von bis zu 5 % auf. Man unterscheidet dabei das spröde, nicht in der Hitze verformbare **Gusseisen** mit einem Gehalt von > 2,06 % Kohlenstoff und die mehr oder weniger elastisch harten und schmiedbaren **Stähle** mit 0,01 % bis 2,06 % Kohlenstoffgehalt.

Kohlenstoffhaltiges Eisen zeigt einen permanenten Magnetismus.

Stähle werden im Allgemeinen je nach Verwendungszweck mit anderen Metall- oder Halbmetallzusätzen legiert. Eine Auswahl ist in **Tabelle 1**, S. 493, zusammengestellt.

Tabelle 1: Legierungsbestandteile, ihre Auswirkungen auf die Eigenschaften der Eisenlegierung sowie Verwendung der Legierungen

Element als Legierungsbestandteil	Auswirkungen auf die Eigenschaften der Eisenlegierung	Verwendungsbeispiele
Aluminium	• Stark desoxidierende Wirkung • Reduktion der Alterungsanfälligkeit durch Bildung von Aluminiumnitrid AlN	Dauermagnetlegierungen
Chrom	• Erhöhung der Zugfestigkeit • Erhöhung der Härte • Steigerung der Hitze-, Rost- und Chemikalienbeständigkeit	Maschinenteile, Essbestecke, Eisenbahnräder, Achsen, chemische Apparate
Mangan	• Erhöhung der Zähigkeit • Erhöhung der Festigkeit	Schneidewerkzeuge, Schienen, Maschinenbauteile
Molybdän	• Erhöhung der Durchhärtbarkeit • Stabilisierung des Gefüges bei hohen Temperaturen • Erhöhung der Korrosionsbeständigkeit	Fahrradrahmen, Zahnräder, Achsen, Wellen, Stahlfedern
Nickel	• Steigerung der Rostbeständigkeit • Erhöhung der Zähigkeit auch bei niedrigen Temperaturen	Baustahl, chemischer Apparatebau, Automobile, Präzisionsmessinstrumente
Silicium	• Erhöhung der Verschleißbeständigkeit • Erhöhung der Zähigkeit	Transformatoren, Motorenbleche, Säurebehälter

16.8.2 Herstellung und Umwandlung von Eisen

Eisen wird durch Reduktion von Eisenoxiden mit Kohlenstoff im **Hochofen** hergestellt. Der wichtigste Ausgangsstoff sind die Eisenerze Eisen(III)-oxid (Fe_2O_3, Hämatit) und Eisen(II)/(III)-oxid (Fe_3O_4, Magnetit) sowie die Brauneisenerze, in denen Eisen(III)-oxidhydroxid (FeO(OH) vorliegt. Der zur Reduktion notwendige Kohlenstoff wird als Koks zugeführt. **Koks** entsteht durch Erhitzen von geeigneter Steinkohle auf etwa 1 000 °C unter Luftabschluss. Dabei entgast die Kohle mit steigender Temperatur. Teile des dabei frei werdenden Koksofengases kondensieren zu Teer, Rohbenzol, Ammoniakwasser und Schwefelverbindungen, welche die chemische Industrie als Rohstoffe nutzt. Als Zuschlag wird noch Kalkstein zugegeben, um im Erz vorhandene Verunreinigungen wie Siliciumdioxid zu binden.

Bild 1, S. 494, zeigt den Aufbau und die Funktionsweise eines Hochofens. Dieser ist bei einem Durchmesser von bis zu 14 Metern zwischen 25 und 60 Meter hoch. Er besteht aus Stahl und ist mit einem hitze- und korrosionsbeständigen Material ausgekleidet. Abwechselnd wird eine Schicht Koks und eine Schicht Möller (Eisenerz mit Kalkstein vermischt) durch eine verschließbare Öffnung in der Gicht von oben in den Hochofen gegeben. In den unteren Teil des Hochofens wird durch Ringleitungen auf etwa 1 000 °C vorgeheizte, mit Sauerstoff angereicherte Luft eingeblasen.

Hierbei verbrennt der Koks, der sich auf Höhe der Ringleitungen befindet, in einer stark exothermen Reaktion zu Kohlenstoffdioxid CO_2: $C(s) + O_2(g) \rightarrow CO_2(g)$ $\quad \Delta_r H^0 = -394\ kJ \cdot mol^{-1}$

Durch weiteren Koks reagiert das Kohlenstoffdioxid CO_2 in einer Gleichgewichtsreaktion zu Kohlenstoffmonoxid CO: $C(s) + CO_2(g) \rightleftarrows 2\,CO(g)$ $\quad \Delta_r H^0 = 172\ kJ \cdot mol^{-1}$

Dieses sogenannte ***Boudouard*-Gleichgewicht** liegt bei den herrschenden Temperaturen von ca. 2 000 °C nahezu vollständig auf der rechten Seite. Das heiße Kohlenstoffmonoxid steigt in die darüberliegenden Schichten, in denen je nach Temperatur und eingesetztem Eisenerz verschiedene Reduktionsreaktionen ablaufen können:

$$3\,Fe_2O_3(s) + CO(g) \rightarrow 2\,Fe_3O_4(s) + CO_2(g)$$
$$Fe_3O_4(s) + CO(g) \rightarrow 3\,FeO(s) + CO_2(g)$$
$$FeO(s) + CO(g) \rightarrow Fe(l) + CO_2(g)$$

Neben der Reduktion des Eisenoxids durch Kohlenstoffmonoxid reduziert der Kohlenstoff in Form fein verteilten Kokses das Eisenoxid auch direkt.

Die in den Erzen enthaltenen Verunreinigungen (vor allem Siliciumdioxid SiO_2) bilden mit Kalkstein Calciumsilikat, das bei hohen Temperaturen flüssig ist und als Hochofenschlacke ein Nebenprodukt des Hochofenprozesses ist. Das bei der Reduktion des Eisenerzes gebildete Eisen ist bei den Temperaturen im Hochofen flüssig und sinkt aufgrund seiner hohen Dichte auf den Boden des Hochofens. Darüber sammelt sich die flüssige Schlacke. Das flüssige Eisen und die flüssige Schlacke werden in bestimmten Zeitabständen durch verschiedene Öffnungen, die jeweils neu gebohrt werden müssen, im unteren Bereich des Hochofens „abgestochen".

Das oben entweichende **Gichtgas** enthält als Hauptbestandteile Stickstoff N_2, Kohlenstoffmonoxid CO und Kohlenstoffdioxid CO_2. Das brennbare Kohlenstoffmonoxid wird verbrannt. Die bei der Verbrennungsreaktion frei werdende Wärme dient zur Vorheizung der eingeblasenen heißen Luft.

Der Hochofen arbeitet nach dem Gegenstromprinzip, das heißt, das Beschickungsgut sinkt im Ofen von oben nach unten, während die Gase, vor allem Kohlenstoffmonoxid, von unten nach oben steigen.

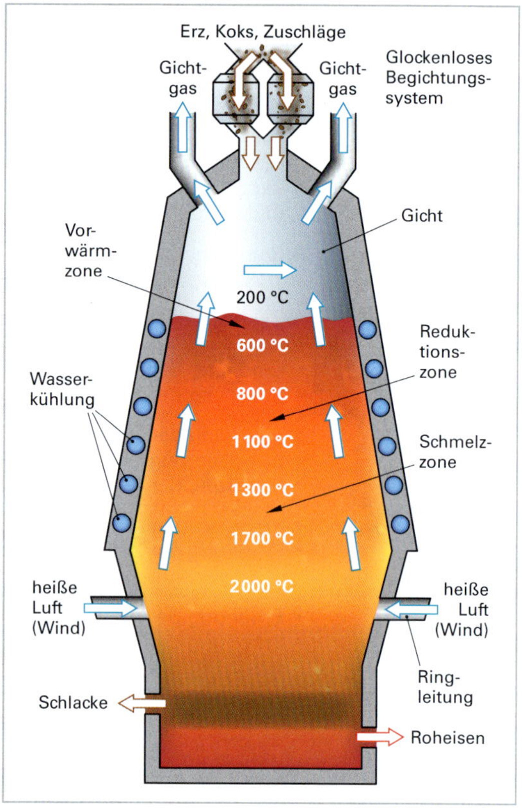

Bild 1: Schema eines Hochofens

Hochöfen müssen ununterbrochen betrieben werden und liefern je nach Größe 1000 bis 10000 Tonnen Roheisen pro Tag. **Roheisen** enthält prozessbedingt Verunreinigungen. Die wichtigsten davon sind: 2,5 bis 5 % Kohlenstoff, 0,5 bis 3 % Silicium, 0,5 bis 6 % Mangan und bis zu 2 % Phosphor. Die Weiterverarbeitung des Roheisens zu kohlenstoffärmerem, schmiedbarem **Stahl** erfordert einen weiteren Prozessschritt. Bild 2 zeigt einen **Konverter**, in welchem das Sauerstoff-Aufblasverfahren durchgeführt wird. Dieses Verfahren wird auch ***Linz-Donawitz-Verfahren*** (*LD-Verfahren*) genannt.

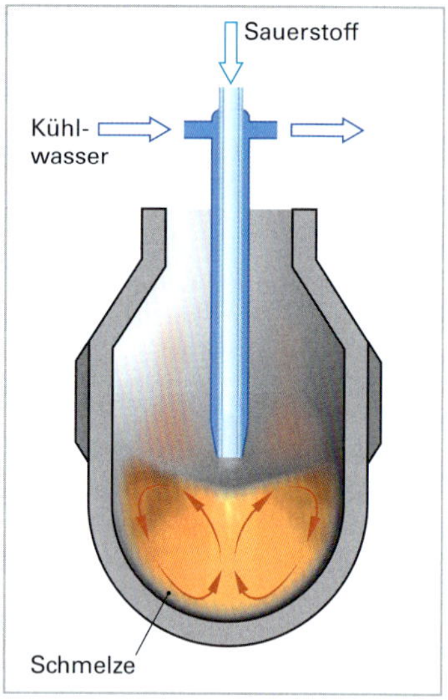

Bild 2: Konverter zur Stahlgewinnung

Der Konverter ist ein großes, kippbares und feuerfest ausgekleidetes Stahlgefäß, in das bis zu 400 Tonnen flüssiges Eisen mit einer Temperatur von etwa 1300 °C eingefüllt werden können. Zusätzlich werden Schrott und bei phosphorreichem Roheisen Kalk zugegeben. Entsprechend der herzustellenden Stahlsorte (s. Kap. 16.8.1, S. 493) können vor oder nach dem Blasvorgang Legierungsbestandteile hinzugefügt werden.

Nachdem die Beschickung des Konverters beendet ist, wird er in die senkrechte Stellung gebracht und eine wassergekühlte, feuerfeste Sauerstofflanze bis dicht über die Schmelze gefahren. Durch die Sauerstofflanze wird nun reiner oder mit Argon verdünnter Sauerstoff auf die Roheisenschmelze aufgeblasen. Der Sauerstoff reagiert mit der Schmelze in einer exothermen Reaktion, welche die Temperatur der Schmelze auf 1700 °C ansteigen lässt. Der zugeführte Schrott senkt durch sein Schmelzen die

Temperatur der gesamten Schmelze und hält sie so in einem optimalen Temperaturbereich. Der in der Schmelze enthaltene Kohlenstoff wird zu Kohlenstoffmonoxid CO bzw. Kohlenstoffdioxid CO_2 oxidiert. Gleichzeitig bildet sich eine Schlacke, die überwiegend aus Eisenoxid und den Oxiden der Silicium- und Manganverunreinigungen besteht. Bei phosphorreichen Roheisenschmelzen entsteht mit zugegebenem Kalkstein zusätzlich noch Calciumphosphat.

Nach dem Abgießen der Schlacke wird der gebildete Stahl zu Strängen vergossen. Diese Stränge werden entweder heiß (Heißwalz-Verfahren) oder in erkaltetem Zustand (Kaltwalz-Verfahren) zu langen Blechen gewalzt. Die aufgerollten Bleche verlassen das Stahlwerk als *Coils* zur Weiterarbeitung, z. B. in der Autofabrik.

Eisen wird im Hochofen hergestellt. Ausgangsstoffe sind Eisenerz, Kalkstein, Koks und Luft. Die Produkte des Hochofenprozesses sind Roheisen, Schlacke und Gichtgas. Der Hochofenprozess läuft als Gegenstromverfahren ab.

Roheisen enthält neben anderen Verunreinigungen 2 bis 5 % Kohlenstoff und entsteht im Hochofen durch Reduktion von Eisenerz mit Koks.

Stahl ist Eisen mit einem Kohlenstoffgehalt von 0,01 % bis 2,06 %. Der wichtigste Prozess bei der Stahlgewinnung ist die Herabsetzung des Kohlenstoff-Gehalts im Roheisen durch die Oxidation mit Sauerstoff. Dabei werden auch noch andere Verunreinigungen oxidativ entfernt.

Aufgaben:

1. Geben Sie die Verfahrensschritte an, nach denen die großtechnischen Verfahren zur Produktion von **a)** Ammoniakgas, **b)** Salpetersäure und **c)** Schwefelsäure **d)** Natronlauge ablaufen.
2. Für welche Verfahrensschritte der in **Aufgabe 1** genannten Verfahren sind Katalysatoren erforderlich? Begründen Sie ihre Notwendigkeit.
3. Erläutern Sie, weshalb das Verfahren zur Herstellung von Schwefelsäure den Namen Doppelkontaktverfahren trägt.
4. Erklären Sie, weshalb...
   a) konzentrierte Schwefelsäure weder in offenen Behältern noch durch Zugabe von Wasser verdünnt werden darf.
   b) konzentriertes Ammoniakwasser nicht im Säureschrank bevorratet werden darf.
   c) Salze wie Kaliumnitrat keinesfalls mit Aluminiumpulver, Alkalimetallen oder Magnesiumband zusammengegeben werden dürfen.
5. Nennen Sie konkrete Beispiele für Salzbildungsreaktionen, bei denen folgende Ausgangsstoffe vorliegen.
   a) Metalle und Nichtmetalle
   b) Metalloxide und Säuren
   c) Nichtmetalloxide und Laugen
   d) Ammoniak und Säuren
6. Diskutieren Sie verschiedene Möglichkeiten,
   a) das Ammoniak-Gleichgewicht, **b)** das *Boudouard*-Gleichgewicht zu beeinflussen.
7. Erklären Sie mit Hilfe von Reaktionsgleichungen das vierschrittige *Solvay*-Verfahren.
8. Methanol ist der Ausgangsstoff für weitere Umsetzungen. Zählen Sie zehn verschiedene Verwendungsmöglichkeiten von Methanol (unter Angabe von chemischen Summenformeln) auf.
9. Stellen Sie die verschiedenen Verfahrensvarianten der Methanol-Synthese einander gegenüber. Diskutieren Sie Vor- und Nachteile dieser verschiedenen Prozesse.
10. Geben Sie an, aus welchen Bestandteilen Synthesegas besteht und welche Rohstoffe zur Gewinnung von Synthesegas verwendet werden.

Aufgaben:

11. Erläutern Sie die Gewinnung des Ausgangsstoffes für die Aluminiumherstellung aus Bauxit.

12. a) Erklären Sie die Notwendigkeit einer Schmelzflusselektrolyse zur Herstellung von Aluminium.
b) Nennen Sie die Elektrolysebedingungen.

13. Skizzieren Sie den Aufbau der Elektrolyse-Apparatur zur Aluminiumherstellung.

14. Die Abbildungen in **Bild 1** und in **Bild 2** zeigen zwei Chlor-Alkali-Elektrolysezellen. Erstellen Sie eine Liste, in der Sie die Buchstaben aus der Zeichnung mit den korrekten Begriffen versehen und beschreiben Sie die beiden Verfahren mit eigenen Worten. Verwenden Sie zur Darstellung der Elektrodenprozesse Reaktionsgleichungen und diskutieren Sie die Vorteile und Nachteile der jeweiligen Verfahrensweisen.

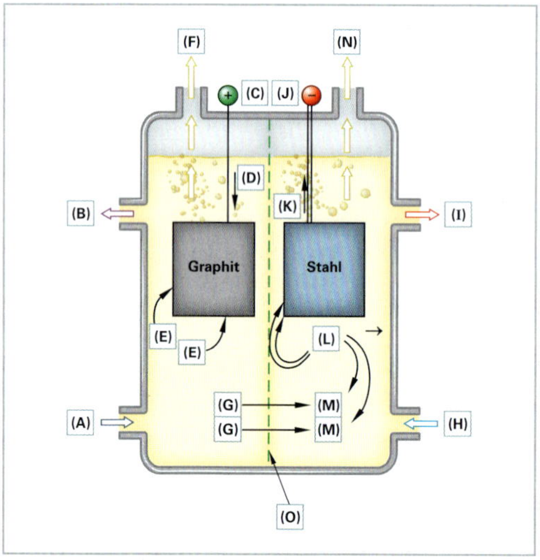

Bild 1: Membran-Verfahren

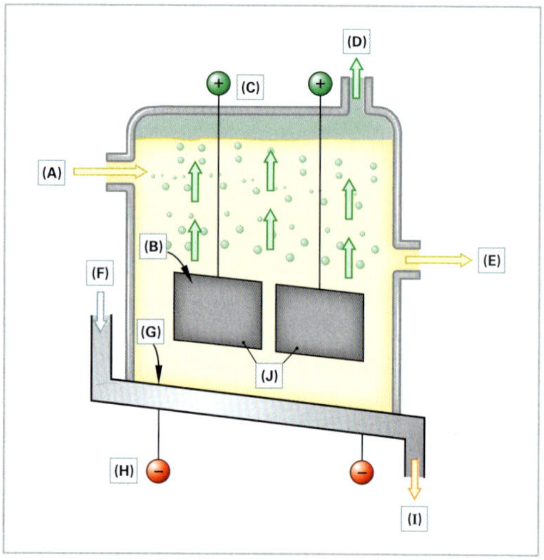

Bild 2: Amalgam-Verfahren

15. Erläutern Sie die Begriffe Roheisen und Stahl.

16. Skizzieren Sie den Aufbau eines Hochofens zur Gewinnung von Eisen aus Eisenerz. Stellen Sie mit Hilfe einer Reaktionsgleichung die Reduktion von Eisenerz dar.

17. Beschreiben Sie mit Hilfe von Reaktionsgleichungen, wie die folgenden Materialien bei chemischen Prozessen im Hochofen reagieren: **a)** Luft **b)** Kalkstein **c)** Koks

18. a) Welche chemischen Prozesse bei der Durchführung des *LD*-Verfahrens führen zu einer Temperaturerhöhung der Schmelze? Geben Sie hierzu Reaktionsgleichungen an.
b) Wie wird im Konverter durch die Zugabe von Schrott die Temperatur geregelt?

19. Benennen Sie die großtechnischen Verfahren zur Herstellung folgender Reagenzien:

a) Salpetersäure	**b)** Schwefelsäure	**c)** Natronlauge
d) Chlor-Gas	**e)** Ammoniak-Gas	**f)** Soda

20. Geben Sie an, welche der folgenden Verbindungen als Rohstoffe zur Herstellung der in Aufgabe 19 genannten Chemikalien verwendet werden können.

a) Steinsalz	**b)** Kalkstein	**c)** Wasser	**d)** Argon	**e)** Luft
f) Gips	**g)** Sand	**h)** Methan	**i)** Schwefel	**j)** Wasserstoff
k) Stickstoffdioxid	**l)** Kohlenstoffdioxid	**m)** Schwefeldioxid		

21. Bei einigen großtechnischen Verfahren werden Katalysatoren, so genannte Kontakte, eingesetzt. Erklären Sie den Unterschied zwischen einer homogenen Katalyse und einer heterogenen Katalyse. Nennen Sie jeweils mindestens ein Beispiel.

16

17 Instrumentell-analytische Methoden

Es gibt drei große Methodengruppen innerhalb der instrumentellen Analytik: die spektroskopischen Methoden, die Trennmethoden der Chromatografie und die elektrochemischen Analysenmethoden. Im Folgenden sollen die Grundlagen der Spektroskopie und der Chromatografie erläutert werden. Als besonders einfach durchzuführende Methoden werden für die Spektroskopie die **Fotometrie** und für die Chromatografie die **Säulen-** und die **Dünnschichtchromatografie** thematisiert. Vorher wird im Zusammenhang mit der Wechselwirkung zwischen elektromagnetischer Strahlung und verschieden dichten optischen Medien auf die **Refraktometrie** eingegangen. Alle anderen instrumentell-analytischen Methoden werden in Band 2 ausführlich behandelt.

17.1 Elektromagnetische Strahlung

Elektromagnetische Strahlung kann man als Energieart auffassen, die im luftleeren Raum eine Geschwindigkeit von 299 792 km · s^{-1} besitzt.

Eine grobe Einteilung der Strahlungsarten und der zugehörigen Wellenlängenbereiche zeigt **Tabelle 1**.

Bestimmte Beobachtungen lassen sich nur verstehen, wenn man elektromagnetische Strahlung als Welle auffasst. Andererseits kann man aber auch aus dem Verhalten der elektromagnetischen Strahlung auf einen Teilchencharakter (Photonen) schließen. Diesen **Welle-Teilchen-Dualismus** findet man auch bei den Elektronen.

Tabelle 1: Strahlungsarten und ihre Wellenlängenbereiche

Strahlungsart	Wellenlängenbereich
Röntgenstrahlung	10 pm ... 10 nm
Ultraviolettstrahlung	10 nm ... 380 nm
Sichtbare Strahlung	380 nm ... 780 nm
Infrarotstrahlung	780 nm ... 1000 µm
Mikrowellen	0,1 cm ... 10 cm
Radiowellen	1 cm ... 1000 cm

17.1.1 Elektromagnetische Strahlung als Welle

Bei der elektromagnetischen Strahlung handelt es sich um **Transversalwellen** (sie schwingen quer zur Ausbreitungsrichtung), wobei die Schwingungen von elektrischen und magnetischen Feldern senkrecht aufeinander stehen. Dabei hat die Änderung des elektrischen Feldes immer auch eine Änderung des magnetischen Feldes zur Folge. Wenn ein Feld sich im Raum ausbreitet, so ist dazu kein Medium notwendig. Das ist der Grund, warum sich elektromagnetische Strahlung auch im Vakuum ausbreiten kann. Die Ausbreitungsgeschwindigkeit ist dabei unabhängig von der Frequenz. Dieser Sachverhalt wird durch die folgende Gleichung wiedergegeben:

$$c = f \cdot \lambda \qquad \textbf{Gl. 17.1}$$

c	f	λ
m · s^{-1}	s^{-1}	m

wobei c Lichtgeschwindigkeit, f Frequenz und λ Wellenlänge bedeuten. Man kann die Strahlung entweder durch die Angabe der Frequenz oder durch die Angabe der Wellenlänge beschreiben.

Wichtige Kenngrößen von Wellen sind also die Frequenz und die Wellenlänge. In **Bild 1** ist die **Frequenz *f*** dargestellt. Die Frequenz ist die Anzahl der Schwingungen (Wellenberg und Wellental) pro Zeiteinheit. Die Maßeinheit der Frequenz ist 1 Hertz (1 Hz = 1 s^{-1}). Trägt man die Zeit als unabhängige Variable auf, so kann man die Anzahl der Schwingungen pro Zeiteinheit, die sogenannte Frequenz ablesen. In **Bild 1** beträgt die Frequenz $f = 0{,}5\ s^{-1}$. Die **Amplitude** entspricht dem Maximalwert einer Schwingung und ist ein Maß für die Schwingungsintensität.

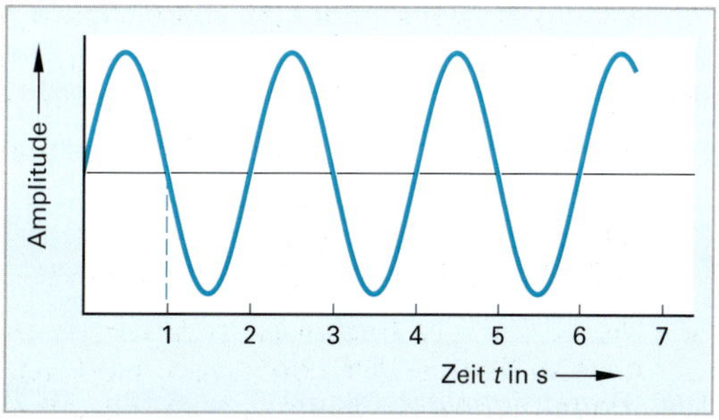

Bild 1: Darstellung der Frequenz

Man kann die Stärke oder Intensität des elektrischen Feldes (Amplitude) auch gegen die zurückgelegte Wegstrecke l auftragen. Hieraus erkennt man vor allem die **Wellenlänge** λ. An einem Wellenberg bzw. einem Wellental besitzt eine Welle die maximale Intensität. In **Bild 1** beträgt zum Beispiel die Wellenlänge λ = 0,4 cm.

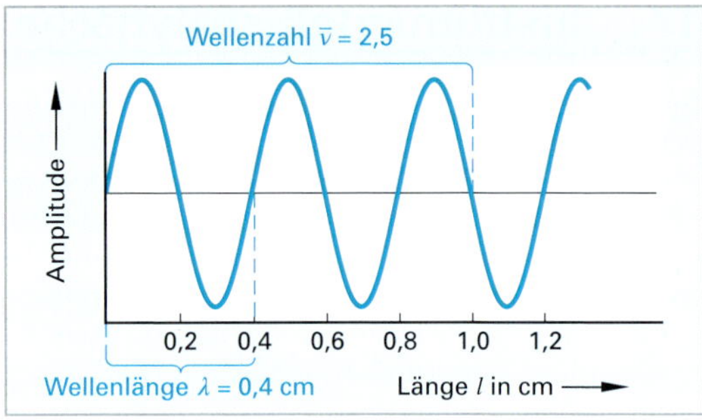

Bild 1: Darstellung der Wellenlänge

Licht einer ganz bestimmten Wellenlänge wird als **monochromatisches Licht** bezeichnet. Die **Wellenzahl** $\bar{\nu}$ ist eine weitere wichtige Größe in der Spektroskopie. Sie erhält man, wenn man das elektrische Feld bezogen auf eine Wegstreckeneinheit betrachtet. In **Bild 1** befinden sich zum Beispiel 2,5 Wellen innerhalb der Längeneinheit von 1 cm. Das bedeutet eine Wellenzahl von $\bar{\nu}$ = 2,5 cm^{-1}. Wenn man die Wellenzahl mit der Wellenlänge vergleicht, so fällt auf, dass die Wellenlänge der Kehrwert der Wellenzahl ist:

$$\bar{\nu} = \frac{1}{\lambda}$$

$\bar{\nu}$	λ
m^{-1}	m

Gl. 17.2

17.1.2 Teilchencharakter elektromagnetischer Strahlung

In einem evakuierten Glasgefäß befindet sich auf einer Seite eine mit Cäsium Cs beschichtete Elektrode. Gegenüber ist ein Drahtgitter angebracht. Die Cäsium-Elektrode wird mit dem Minuspol und das Drahtgitter mit dem Pluspol einer Batterie verbunden. Fällt Licht auf die Cäsium-Schicht, so kann auf dem in den Stromkreis geschalteten Amperemeter ein kleiner Strom gemessen werden. Diese Beobachtung kann nur so erklärt werden: Licht besitzt Quantennatur, das heißt, dass Licht aus lauter kleinsten „Energiepaketen" besteht, die sich geradlinig ausbreiten. Trifft nun ein Lichtquant mit genügend großer Energie auf die Cäsium-Schicht, dann wird ein Elektron („Fotoelektron") aus der äußeren Schale eines Cäsium-Atoms herausgeschlagen und bewegt sich zur positiv geladenen Elektrode, der Anode. Bei einer Belichtung mit vielen Lichtquanten fließt dann ein messbarer Strom. Dieser sogenannte **lichtelektrische Effekt**, wie er in **Bild 2** dargestellt ist, lässt sich auch mit anderen Metallen, deren Außenelektronen relativ locker gebunden sind, erzielen. Wichtig ist aber immer eine ausreichende Energie der Lichtquanten. *Max Planck* (1858 – 1947) ging von der Überlegung aus, dass die Energie eines Lichtquants nicht beliebige Werte annehmen kann, sondern immer nur ganz bestimmte, diskrete Beträge.

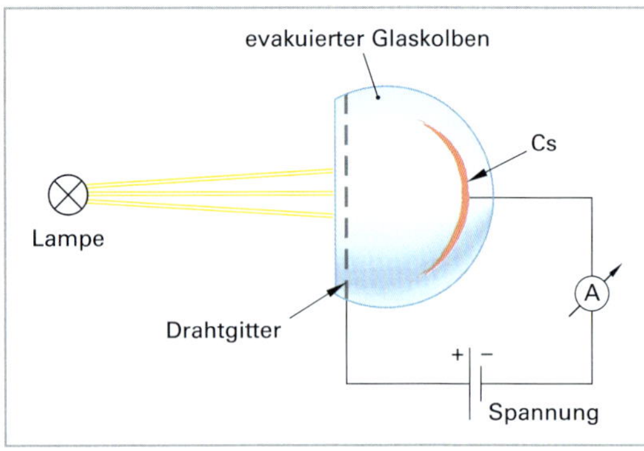

Bild 2: Versuch zum lichtelektrischen Effekt

Er fand, dass die Energie eines Strahlungsquants proportional zur Frequenz der Strahlung ist:

$$E = h \cdot f$$

E	h	f
J	J · s	s^{-1}

Gl. 17.3

Der Proportionalitätsfaktor $h = 6{,}626 \cdot 10^{-34}$ J · s wird als ***Planck*sches Wirkungsquantum** bezeichnet.

Die Lichtenergie muss man sich in Energiequanten konzentriert denken. Die Energiequanten des Lichts nennt man auch **Lichtquanten** oder **Photonen**. So wie es bei den chemischen Elementen die Atome als kleinste Teilchen gibt, die ohne, dass ein neues Element entsteht, nicht weiter unterteilt werden können, stellen für das Licht die Lichtquanten oder Photonen kleinste Energiebeträge dar, die ohne Änderung ihrer Frequenz nicht weiter unterteilt werden können.

17.2 Refraktometrie

Beim Durchtritt von Strahlung (z. B. Licht) aus Luft (Medium 1) in Glas (Medium 2) treten im Glas sehr viel mehr Wechselwirkungen der elektromagnetischen Strahlung mit relativ locker gebundenen Bindungselektronen des Glases auf als in der Luft. Dadurch wird die Ausbreitungsgeschwindigkeit des Lichts im Glas kleiner. Man bezeichnet dabei die Luft als **optisch dünneres** und das Glas als das **optisch dichtere Medium**.

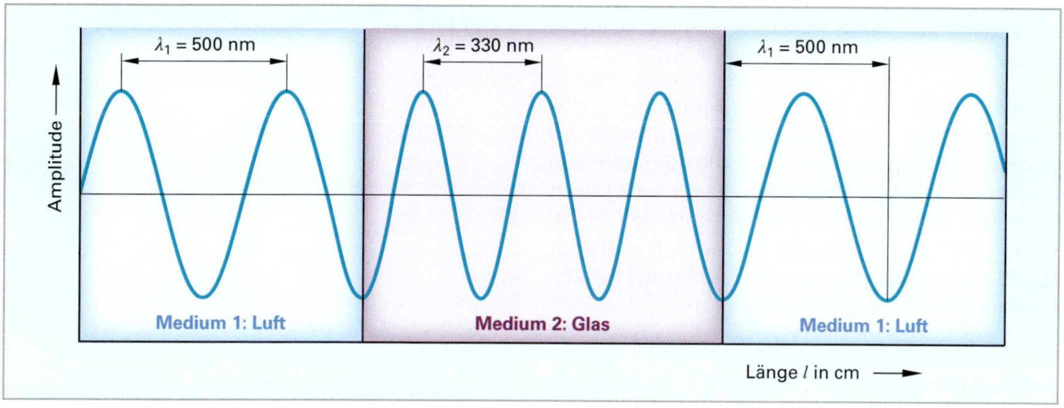

Bild 1: Wellenlängenverlauf in optisch verschieden dichten Medien

Da die Frequenz f nur von der Strahlungsquelle abhängig ist, muss sich die Wellenlänge λ nach **Gleichung 17.1** verändern, wenn die Ausbreitungsgeschwindigkeit variiert. In **Bild 1** ist der Wellenlängenverlauf dargestellt, wenn ein monochromatischer Lichtstrahl mit der Wellenlänge $\lambda_1 = 500$ nm aus dem Medium 1 (Luft) austritt. Dabei wird deutlich, dass der Lichtstrahl in Luft eine größere Wellenlänge besitzt als in dem optisch dichteren Medium Glas. Hier beträgt die Wellenlänge nur noch 330 nm. Da das Licht aus einer Lichtquelle stammt, bleibt die Frequenz konstant.

Beispiel 17.1: Berechnung der Lichtgeschwindigkeiten in Luft und Glas

Es sind die Lichtgeschwindigkeiten in Luft und im Glas bei den Wellenlängen $\lambda_1 = 500$ nm und $\lambda_2 = 333$ nm zu berechnen. Die Frequenz soll $f = 6 \cdot 10^{14}\ s^{-1}$ betragen.

Lösung:

Wenn man nach der **Gleichung 17.1** die Lichtgeschwindigkeit in Luft und in Glas be-rechnet, so erhält man für die Geschwindigkeit des Lichts in Luft

$$c_1 = \lambda_1 \cdot f = 5{,}00 \cdot 10^{-7}\ m \cdot 6 \cdot 10^{14}\ s^{-1} = 3{,}0 \cdot 10^{8}\ m \cdot s^{-1}$$

und für die Geschwindigkeit in Glas

$$c_2 = \lambda_2 \cdot f = 3{,}33 \cdot 10^{-7}\ m \cdot 6 \cdot 10^{14}\ s^{-1} \approx 2{,}0 \cdot 10^{8}\ m \cdot s^{-1}$$

Trifft ein monochromatischer Lichtstrahl von einem optisch dünneren auf ein optisch dichteres Medium, so verringert sich seine Geschwindigkeit und seine Wellenlänge, wenn die Frequenz konstant bleibt.

17

Tritt ein monochromatischer Lichtstrahl in einem Winkel $\alpha \neq 90°$ aus einem durchsichtigen Stoff (Medium 1, z. B. Luft) in einen anderen transparenten Stoff (Medium 2, z. B. Glas), so ändert er seine Richtung. Dieses Phänomen der **Lichtbrechung** nennt man auch **Refraktion**. Die Messung der Lichtbrechung heißt **Refraktometrie**.

Für die Lichtbrechung hat *Willebrord Snellius* (1580 – 1626) eine allgemeine Gesetzmäßigkeit, das ***Snellius*sche Brechungsgesetz** entwickelt. Es lautet:

$$\frac{\sin \alpha}{\sin \beta} = \frac{n_2}{n_1}$$

sin	n
1	1

Gl. 17.4

In dieser allgemeinen Form der Gleichung bedeutet der Sinus α den Winkel des Lichtstrahls im optisch dünneren Medium und der Sinus β den Winkel im optisch dichteren Medium.

In **Bild 1** trifft ein monochromatischer Lichtstrahl aus der Luft (Medium 1) kommend im Winkel α (Einfallwinkel) auf die Grenzfläche zu einer Glasplatte (Medium 2) auf. Im optisch dichteren Medium 2 (Glas) verliert der Lichtstrahl an Geschwindigkeit. Dadurch wird er zum Lot im Winkel von β (Brechungswinkel, Ausfallwinkel) hin gebrochen.

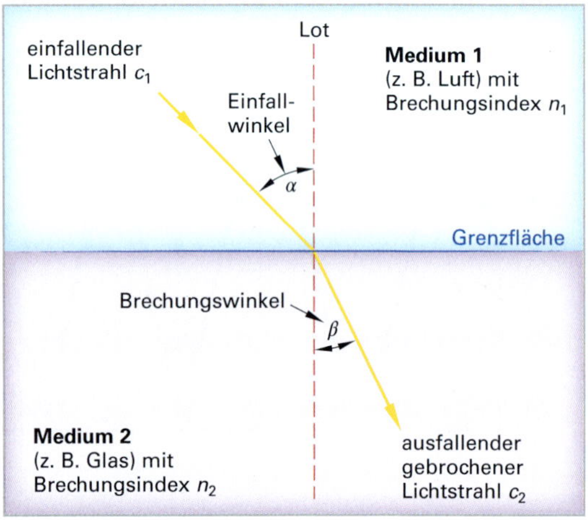

Bild 1: Lichtbrechung

Im Brechungsgesetz sind n_1 und n_2 die **Brechungsindizes** von Medium 1 (hier: Luft) und Medium 2 (hier: Glas) gegenüber dem Vakuum. Die Sinusfunktionen von Einfalls- und Brechungswinkel verhalten sich reziprok zu den Brechungsindizes von Medium 1 und Medium 2. Dabei ist n_2 immer der Brechungsindex des Mediums, in den der Lichtstrahl nach der Brechung eintritt.

Beispiel 17.2: Berechnung des Brechungsindexes aus Einfall- und Brechungswinkel

Ein Lichtstrahl fällt unter einem Winkel von 35,65° zum Lot aus Luft auf Nitrobenzol und läuft nach der Brechung im Nitrobenzol mit einem Winkel von 21,05° zum Lot weiter. Wie groß ist der Brechungsindex von Nitrobenzol, wenn n_1(Luft) = 1,0 ist?

Lösung:

Nach **Gleichung 17.4** gilt

$$\frac{n_2}{n_1} = \frac{\sin \alpha}{\sin \beta} \quad \rightarrow \quad n_2 = \frac{\sin \alpha}{\sin \beta} \cdot n_1 = \frac{\sin 35{,}65°}{\sin 21{,}05°} \cdot 1{,}0 \approx \frac{0{,}583}{0{,}359} \cdot 1{,}0 \approx 1{,}624$$

Christiaan Huygens (1629 – 1695) erkannte einen Zusammenhang zwischen den Sinusfunktionen von Einfall- und Brechungswinkeln sowie den Lichtgeschwindigkeiten in den optischen Medien. Daraus entwickelte er folgenden mathematischen Zusammenhang:

$$\frac{\sin \alpha}{\sin \beta} = \frac{c_1}{c_2}$$

sin	c
1	$m \cdot s^{-1}$

Gl. 17.5

Verknüpft man **Gleichung 17.4** mit **Gleichung 17.5**, so nimmt das Brechungsgesetz folgende Form an:

$$\frac{\sin \alpha}{\sin \beta} = \frac{n_2}{n_1} = \frac{c_1}{c_2}$$

sin	n	c
1	1	$m \cdot s^{-1}$

Gl. 17.6

Da die Lichtgeschwindigkeit in Luft nur unbedeutend kleiner ist als im Vakuum (**Tabelle 1**), unterscheiden sich ihre Brechungsindizes praktisch nicht. Das heißt, da der Brechungsindex von Vakuum naturgemäß $n = 1$ ist, beträgt der Brechungsindex von Luft ungefähr 1.

Tabelle 1: Lichtgeschwindigkeiten in verschiedenen Medien

Medium	Lichtgeschwindigkeit
Vakuum	$299792\ km \cdot s^{-1}$
Luft	$299727\ km \cdot s^{-1}$
Wasser	$224851\ km \cdot s^{-1}$
Glas	$199861\ km \cdot s^{-1}$

In der Praxis misst man Brechungsindizes von transparenten Stoffen gegen Luft. Dabei setzt man $n_1 = 1{,}0000$. Dadurch vereinfacht sich wie in **Beispiel 17.2** die **Gleichung 17.3** zu

$$n = \frac{\sin \alpha}{\sin \beta}$$

n ist der Brechungsindex des vermessenen Stoffs gegen Luft. Dasselbe gilt auch für die Lichtgeschwindigkeiten. Der Brechungsindex n gibt das Verhältnis der Lichtgeschwindigkeit in Luft c_1 zur Geschwindigkeit der Strahlung im aktuellen Medium c_2 wieder:

$$n = \frac{c_1}{c_2}$$

Beispiel 17.3: Berechnung des Brechungsindexes von Wasser gegen Luft

Der Brechungsindex von Wasser gegen Luft soll aus den Lichtgeschwindigkeiten von **Tabelle 1** errechnet werden.

Lösung: $n = \frac{c_1}{c_2} = \frac{299727\ km \cdot s^{-1}}{224851\ km \cdot s^{-1}} \approx 1{,}3330$

Fallen parallele, weiße Lichtstrahlen (**polychromatisches Licht**) durch einen Spalt auf eine Prismenoberfläche, so werden sie beim Durchgang durch ein Prisma in die **Spektralfarben** zerlegt (**Bild 1**). Der für das menschliche Auge sichtbare Bereich elektromagnetischer Strahlung liegt im Wellenlängenbereich von etwa 380 bis 780 nm, wobei sich die Spektralfarben durch die Wellenlängen voneinander unterscheiden: rotes Licht besitzt eine größere Wellenlänge als violettes Licht. Wie weiterhin im Bild zu erkennen ist, wird bei dem Eintritt des Lichtstrahls in das optisch dichtere Medium des Prismas das längerwellige, rote Licht weniger stark durch das Prisma gebrochen als das kurzwelligere violette Licht. Das liegt daran, dass die Lichtgeschwindigkeit des langwelligeren Lichts beim Eintritt in das optisch dichtere Medium weniger abnimmt als beim kurzwelligeren Licht. Für den Menschen sichtbar wird diese Tatsache durch die Aufspaltung des weißen, polychromatischen Lichts in die Spektralfarben.

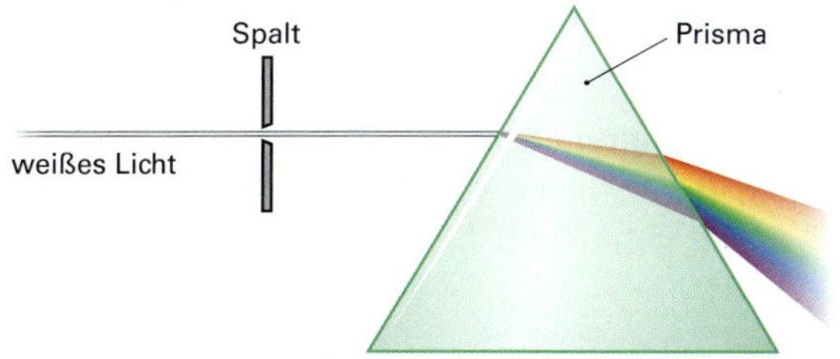

Aufspaltung in die Spektralfarben:

Rot:	780 nm ... 620 nm
Orange:	620 nm ... 595 nm
Gelb:	595 nm ... 560 nm
Grün:	560 nm ... 500 nm
Blau:	500 nm ... 430 nm
Violett:	430 nm ... 380 nm

Bild 1: Aufspaltung des sichtbaren Lichts im Prisma

Der Brechungsindex n hängt neben anderen Parametern von der Frequenz der Lichtquelle bzw. von der Wellenlänge ab. Verändert sich der Brechungsindex mit der Wellenlänge bzw. der Frequenz, so spricht man von **Dispersion**.

17

Weißes Licht ist eine Mischung von elektromagnetischer Strahlung aller Wellenlängen im Wellenlängenbereich von etwa 380 bis 780 nm.

Die Zerlegung des weißen Lichts in die **Spektralfarben** bezeichnet man als **Dispersion**. Dabei wird der kurzwellige Lichtbestandteil stark und das langwellige Licht weniger stark im Prisma gebrochen.

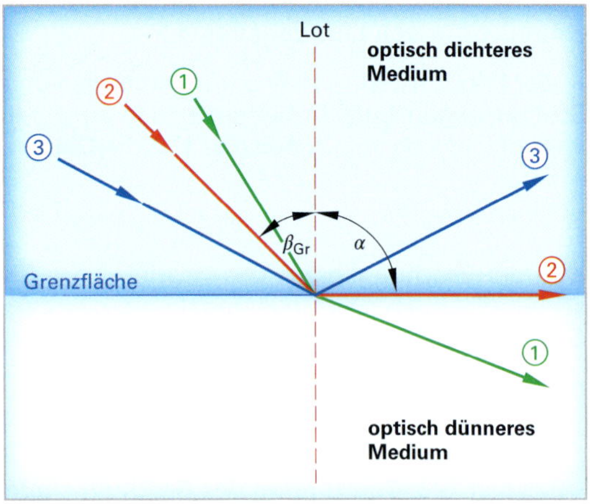

Bild 1: Grenzwinkel der Totalreflexion

Der **Brechungsindex** (auch: Brechzahl) ist eine spezifische Eigenschaft transparenter Stoffe, die man mit einem speziellen Messgerät, einem **Refraktometer** bestimmen kann. Der am häufigsten verwendete Refraktometertyp ist das ***Abbe*-Refraktometer** (*Ernst A. Abbe* (1840 – 1905); deutscher Physiker). Das *Abbe*-Refraktometer wird in Industrie und Forschung zur schnellen, unkomplizierten Brechzahlbestimmung eingesetzt. Es hat einen Messbereich von etwa n = 1,2 bis n = 1,8 bei einer Messunsicherheit von 0,2 % und eignet sich für Flüssigkeiten und Gläser. Als Messprinzip dient die Bestimmung des **Grenzwinkels der Totalreflexion**. Das Phänomen der Totalreflexion erläutert Bild 1. Lässt man einen Lichtstrahl von einem optisch dichteren in ein optisch dünneres Medium eintreten, so wird er im optisch dünneren Medium vom Lot weg gebrochen (Strahl 1). Bei Erreichen eines bestimmten Grenzwinkels β_{Gr}, der von den beiden Medien abhängt, verläuft der Lichtstrahl parallel zur Phasengrenzfläche (Strahl 2). Bei Überschreitung dieses Winkels gelangt kein Licht mehr in das optisch dünnere Medium, sondern der Strahl wird an der Grenzfläche beider Medien vollständig reflektiert (Strahl 3). Den Winkel β_{Gr} bezeichnet man als den **Grenzwinkel der Totalreflexion**. Den mathematischen Zusammenhang zwischen Brechungsindex n und dem Grenzwinkel der Totalreflexion β_{Gr} liefert das Brechungsgesetz (Gleichung 17.4):

$$\frac{\sin \alpha}{\sin \beta} = \frac{n_2}{n_1}$$

Im Fall des Grenzwinkels der Totalreflexion β_{Gr} (Strahl 2) wird $\alpha = 90°$. Der Wert der Sinusfunktion dazu beträgt eins: sin 90° = 1.

Setzt man den Funktionswert in die Gleichung ein, erhält man: $\frac{1}{\sin \beta_{Gr}} = \frac{n_2}{n_1}$

Beim Übergang vom optisch dichteren Medium in Luft vereinfacht sich die Gleichung, da n_1 gleich 1 gesetzt wird. Wird der Grenzwinkel der Totalreflexion gegen Luft gemessen, dann lässt sich daraus der Brechungsindex n der optisch dichteren Substanz gegen Luft ermitteln.

17

Beispiel 17.4: Berechnung des Grenzwinkels der Totalreflexion

Der Grenzwinkel der Totalreflexion zwischen den Medien Wasser und Luft soll berechnet werden, wenn der Brechungsindex n von Wasser gegen Luft 1,3330 beträgt.

Lösung:

Es gilt die vereinfachte Form des Brechungsgesetzes: $\frac{1}{\sin \beta_{Gr}} = n \quad \Rightarrow \quad \sin \beta_{Gr} = \frac{1}{n}$

Der Brechungsindex von Wasser gegen Luft beträgt n = 1,3330

$$\sin \beta_{Gr} = \frac{1}{1{,}3330} \approx 0{,}7502 \quad \Rightarrow \quad \beta_{Gr} = 48{,}61°$$

Da der Brechungsindex n temperatur- und wellenlängenabhängig ist, muss er unter definierten Bedingungen gemessen werden. Das bedeutet normalerweise eine Temperatur von ϑ = 20 °C und eine Wellenlänge von 589 nm, was der sogenannten D-Linie des Natrium-Lichts entspricht. Man kennzeichnet dies durch folgende Symbolik: n_D^{20}

Der **Brechungsindex** ist eine Maßzahl, der die Stärke der Brechung eines Mediums ausdrückt. Im Allgemeinen gibt man den Brechungsindex bei der Spektrallinie des gelben Natrium-Lichts (D-Linie, 589 nm) und der Temperatur von 20 °C an.

Das *Abbe*-Refraktometer besteht aus einem aufklappbaren Prismenpaar, das thermostatisierbar ist (**Bild 1**).

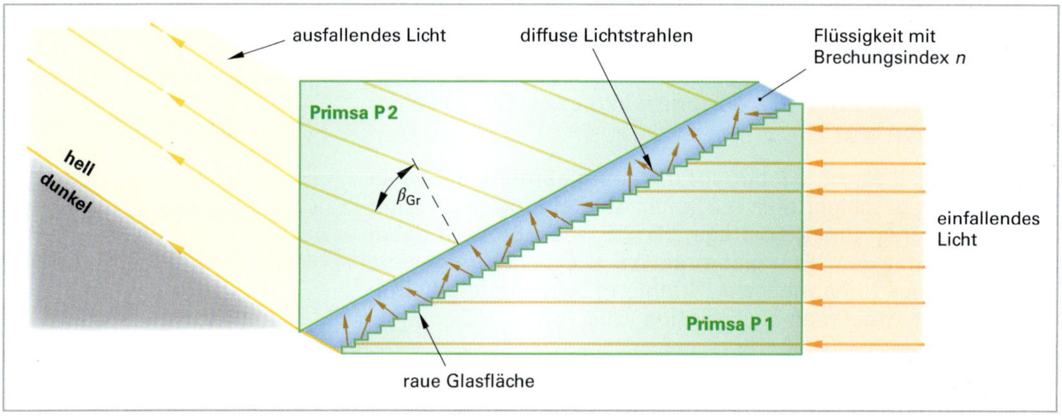

Bild 1: Vereinfachte Darstellung eines *Abbe*-Refraktometers

Wenige Tropfen der zu untersuchenden Flüssigkeit werden mit einem Glasstab zwischen die Prismen gebracht. Zwischen den beiden Prismen P1 (unten) und P2 (oben) liegt die Flüssigkeit als planparallele Schicht vor. Das untere Prisma P1 ist aufgeraut, so dass das monochromatische Licht die Flüssigkeit in allen Raumrichtungen und Winkeln diffus durchdringt. Dabei treten alle diffusen Lichtstrahlen mit einem Brechungswinkel von $\beta < \beta_{Gr}$ durch das Prima P2, alle diffusen Lichtstrahlen mit $\beta > \beta_{Gr}$ nicht. Am Grenzwinkel der Totalreflexion β_{Gr} entsteht eine scharfe, beo-bachtbare Hell-Dunkel-Grenze. Dieser Grenz-winkel des austretenden Lichts wird durch ein Okular mit Skala beobachtet.

Tabelle 1: Brechungsindizes fester und flüssiger Stoffe

Stoff	**Brechungsindex n_D^{20}**
Aceton	1,359
Ethanol	1,361
Cyclohexan	1,426
Benzol	1,501
Fensterglas	1,51
Quarzglas	1,5442
Diamant	2,4173

Mit dem Refraktometer sind qualitative und quantitative Bestimmungen möglich. So kann zum Beispiel nach der Herstellung eines flüssigen Präparats mit Hilfe der Brechzahl die herzustellende Substanz identifiziert werden. Falls das Produkt verunreinigt ist, wird der Brechungsindex von dem bekannten tabellierten Wert abweichen. In **Tabelle 1** sind die Brechungsindizes einiger ausgewählter Flüssigkeiten und Feststoffe angegeben.

Auch Konzentrationsbestimmungen (Quantifizierungen) sind möglich durch refraktometrische Messungen verschiedener Standardlösungen mit bekannter Konzentration. Dabei muss die Abhängigkeit des Brechungsindex von der Konzentration linear sein, so dass man eine **Kalibrierfunktion** und eine dazugehörige Kalibriergerade erhält. Nach der Messung der unbekannten Probe kann dann ihre Konzentration entweder aus der Kalibriergeraden abgelesen oder aus der Kalibrierfunktion errechnet werden.

17.3 Fotometrie

Die **Fotometrie** ist eine quantitative Bestimmungsmethode, die durch ihren relativ geringen apparativen Aufwand und ihre vielfältigen Anwendungsmöglichkeiten bei der Spurenanalyse häufig im Labor, aber auch vor Ort angewendet wird.

Wie bei jeder quantitativen Analyse kommt es darauf an, den Gehalt eines ganz bestimmten Stoffs in einer Probe zu bestimmen. Dieser zu analysierende Stoff wird als **Analyt** bezeichnet.

17.3.1 Absorption und Emission

Wird einzelnen Atomen eines Gases Energie zugeführt (z. B. Wärmeenergie eines Brenners), dann kann ein Elektron eines Atoms von seinem Grundzustand E_1 (z. B. 3. Schale) in einen angeregten, energiereicheren Zustand E_2 (4. Schale) übergehen (**Bild 1a**). Das Elektron hat also eine bestimmte Energie aus der Strahlung aufgenommen. Man spricht in diesem Fall von einer **Absorption** von Energie.

Fällt nun das Elektron wieder auf die energieärmere 3. Schale zurück, dann geschieht dies nur unter Abstrahlung des vorher aufgenommenen Energiebetrags $\Delta E = E_2 - E_1$. Es wird dabei ein Photon mit dem Energiebetrag $\Delta E = E_2 - E_1$ freigesetzt. Man sagt: elektromagnetische Strahlung wird emittiert. Den Vorgang bezeichnet man als **Emission** (**Bild 1b**).

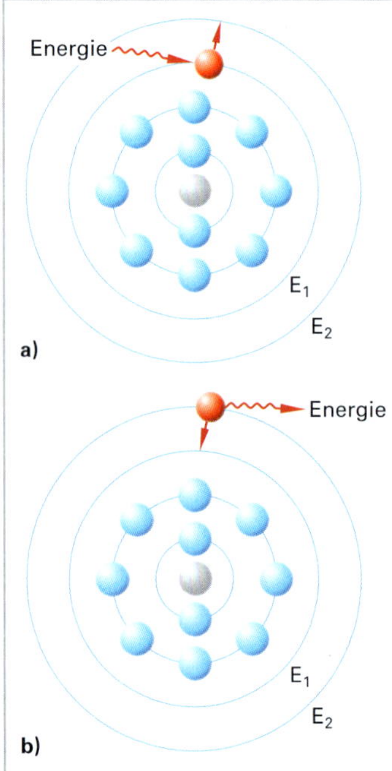

Bild 1: a) Absorption und b) Emission beim Natrium-Atom

Nach den behandelten Gesetzmäßigkeiten beträgt die Energie ΔE eines Photons:

$\Delta E = h \cdot f$

Mit der **Gleichung 17.1** erhält man:

$$\Delta E = \frac{h \cdot c}{\lambda} \qquad \textbf{Gl. 17.7}$$

ΔE	h	c	λ
J	J · s	m · s^{-1}	m

Bei steigender Frequenz f sowie abnehmender Wellenlänge λ steigt der Energiebetrag ΔE. Die Energiebeträge, die beim Übergang von Elektronen von einer Schale zur anderen frei werden, entsprechen ganz bestimmten Wellenlängen. Das zeigt sich bei der Anregung von einatomigen Gasen und Metall-Dämpfen (gasförmige Metalle) durch thermische Energie im Aussenden von **Linienspektren**.

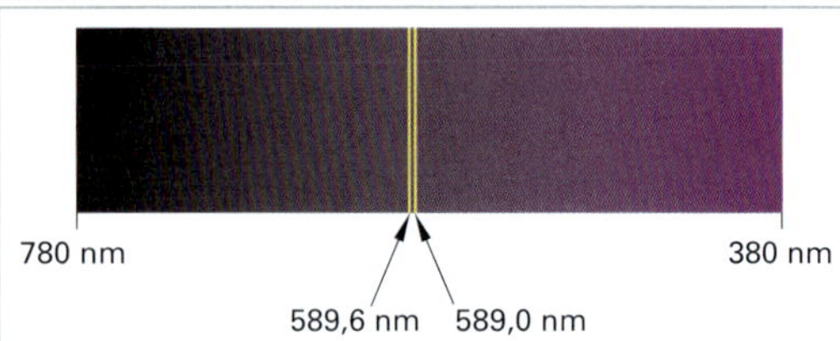

Bild 2: Linienspektrum des Natrium

So beobachtet man bei der Anregung der Außenelektronen von Natrium-Atomen zwei besonders intensive gelbe Linien, die den Wellenlängen 589,6 und 589,0 nm entsprechen. Diese Linien liegen im gelben Bereich des sichtbaren Spektrums (**Bild 2**).

So kann für jede emittierte Linie aus der Wellenlänge die Energie des Photons (Energie des Lichtquants) bestimmt werden.

Beispiel 17.5: Berechnung des Energiebetrages eines Photons

Es soll der kleinste Energiebetrag (das Energiequant), den gelbes Licht der Wellenlänge λ = 589,0 nm enthält, berechnet werden.

Lösung:

Nach **Gleichung 17.7** gilt:

$$\Delta E = \frac{h \cdot c}{\lambda} = \frac{6{,}626 \cdot 10^{-34}\ \text{Js} \cdot 2{,}99727 \cdot 10^{8}\ \text{m} \cdot \text{s}^{-1}}{5{,}890 \cdot 10^{-7}\ \text{m}} \approx 3{,}372 \cdot 10^{-19}\ \text{J}$$

Werden **Moleküle** energetisch angeregt, so sind die Verhältnisse komplizierter. Durch den komplexeren elektronischen Aufbau sind bei Molekülen vielfältigere Energieübergänge (unter anderem die Übergänge der π-Elektronen) möglich als bei Atomen. Deshalb erhält man bei der energetischen Anregung von Molekülen kontinuierliche Spektren, sogenannte **Bandenspektren** (**Bild 1**). Sie kommen dadurch zustande, dass bei den Molekülen im Gegensatz zu den Atomen der **Elektronenübergang** nicht die einzige mögliche Art der Änderung des Energieinhalts ist. Moleküle bestehen aus mindestens zwei über eine feste Bindung miteinander verbundenen Atomen. Diese Atome schwingen innerhalb des Molekülverbands.

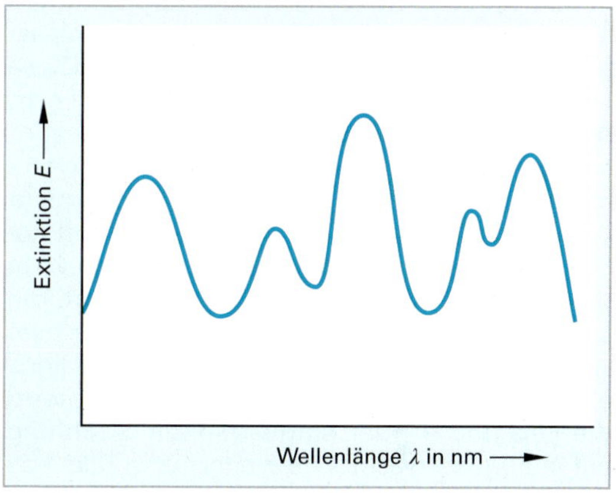

Bild 1: Bandensprektrum

Die für diese **Schwingungen** erforderliche Energie besteht aus kleinsten Energiepaketen (Energiequanten). Die zur Anregung erforderlichen Energiequanten ΔE sind aber sehr viel kleiner als die zur Elektronenanregung benötigten Energiebeträge. Zusätzlich kann ein Molekül noch Energie in Form von **Rotationsenergie** (Drehung um Molekülachsen) aufnehmen. Auch hier sind die zur **Rotation** erforderlichen Energiebeträge im Vergleich zu den Werten für die Anregung von Elektronen sehr klein.

Jeder Schwingungs-, Rotations- und Elektronenübergang besteht aus einer Folge dicht benachbarter Linien, die bei komplizierten Molekülen mit handelsüblichen Spektrometern im Allgemeinen nicht mehr aufgelöst werden und zu **Absorptionsbanden** im infraroten, sichtbaren und ultravioletten Spektralbereich zusammenfließen.

Emission von Licht aus Molekülen (sog. **Lumineszenz**) kann die Folge chemischer Reaktionen oder die Bestrahlung mit elektromagnetischer Strahlung sein. Dabei wird ein Molekül angeregt, d. h. es nimmt Energie auf. Bei Abgabe dieser Energie leuchtet es entweder selbst oder es gibt seine Energie an ein anderes Molekül ab, das dann Licht emittiert. Bestrahlt man zum Beispiel eine alkalische Lösung des organischen Farbstoffs Fluorescein mit blauem Licht, dann leuchtet die Lösung intensiv grün auf. Bei der Bestrahlung mit energieärmerem roten Licht zeigt sich diese Erscheinung nicht, weil der Betrag der Anregungsenergie nicht erreicht wird. Wird die Emission von elektromagnetischer Strahlung durch vorherige Absorption von ultravioletter, sichtbarer oder infraroter Strahlung hervorgerufen, so spricht man von **Fotolumineszenz**. Beträgt die Abklingzeit der Emissionsstrahlung weniger als 1 ms so spricht man von **Fluoreszenz**. Auf der quantitativen Messung dieser Strahlung beruht die **Fluorimetrie**. Allerdings zeigt die Mehrzahl der organischen Verbindungen keine Fluoreszenzerscheinungen. Von **Phosphoreszenz** spricht man, wenn die Emission der elektromagnetischen Strahlung länger als 1 ms dauert.

Jeder Stoff, ob seine kleinsten Teilchen Atome, Moleküle oder Ionen sind, erzeugt bei der Wechselwirkung mit elektromagnetischer Strahlung ein für diesen Stoff charakteristisches Spektrum. Das bedeutet, dass man jeden Stoff anhand seiner Spektren (Emissions- oder Absorptionsspektren) eindeutig identifizieren kann.

17.3.2 *Bouguer-Lambert-Beer*-Gesetz

Beim Durchtritt elektromagnetischer Strahlung durch eine Lösung wird die Intensität der Strahlung durch Absorption verringert. Die Fotometrie beschäftigt sich mit der Messung der Absorption oder der Durchlässigkeit von Lösungen im ultravioletten oder sichtbaren Bereich (UV/Vis-Bereich). Dabei zeigt sich ein definierter mathematischer Zusammenhang zwischen dem durch die Lösungen absorbierten Licht und der Konzentration der Lösungen.

In **Bild 1** ist ein monochromatischer Lichtstrahl abgebildet, der eine **Küvette** (lichtdurchlässiges Gefäß) mit einer Lösung durchquert. Diese Lösung enthält den Analyten in gelöster Form. **Analyt** ist der Fachbegriff für die zu bestimmende Substanz bzw. Spezies. In der Küvette mit einer bestimmten lichten Weite (Schichtdicke *d*) befindet sich die Analytlösung mit der Stoffmengenkonzentration *c*. Dieser Analyt in der Lösung nimmt einen Teil der eingestrahlten Lichtenergie auf. Das heißt, durch die Wechselwirkung zwischen Photonen und den Valenzelektronen der absorbierenden Teilchen wird die Leistung Φ_0 der eingestrahlten Strahlung auf Φ abgeschwächt. Wie weiterhin in **Bild 1** zu erkennen ist, folgt die Schwächung der Strahlungsleistung Φ beim Durchgang durch die Analytlösung einer exponentiellen Funktion.

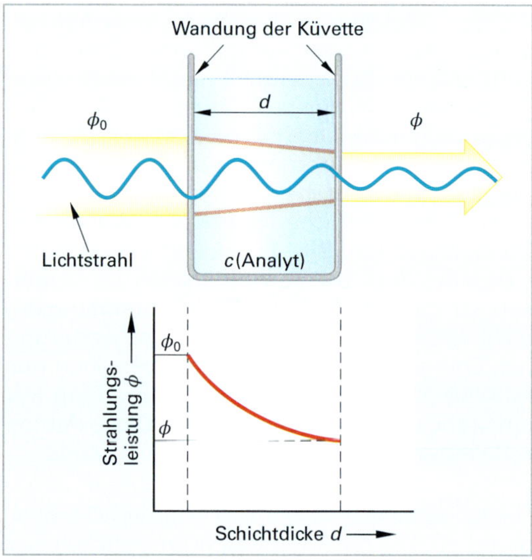

Bild 1: Strahlengang durch eine Küvette

Der Quotient aus beiden Strahlungsleistungen entspricht damit dem Bruchteil der einfallenden Strahlung, der von der Lösung durchgelassen wird:

$$\tau = \frac{\Phi}{\Phi_0} \qquad \frac{\tau \mid \Phi}{1 \mid \mathrm{W}} \qquad \textbf{Gl. 17.8}$$

τ wird als **spektraler Transmissionsgrad** bezeichnet. Die Strahlungsleistung wird im Folgenden auch mit dem Begriff Lichtintensität bezeichnet.

Für den Ausdruck $-\lg \tau$ hat man den Begriff **Extinktion *E*** eingeführt. Synonym wird das spektrale dekadische **Absorptionsmaß *A*** verwendet:

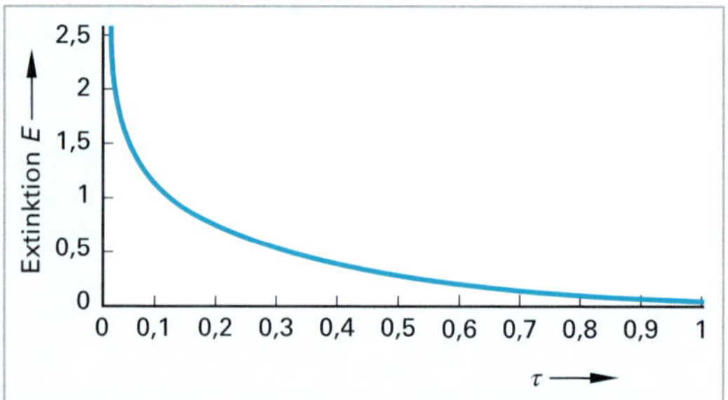

Bild 2: Logarithmischer Zusammenhang zwischen Extinktion und Transmission

$$E = -\lg \tau \quad \text{bzw.} \quad A = -\lg \tau \qquad \frac{E = A \mid \tau}{1 \mid 1} \qquad \textbf{Gl. 17.9}$$

In **Bild 2** wird der logarithmische Zusammenhang zwischen Extinktion und Transmission deutlich. Zur Berechnung der Extinktion verwendet man die spektrale Transmission in Teilen von Eins.

Beispiel 17.6: Berechnung der Extinktion aus der spektralen Transmission

Wie groß ist die Extinktion, wenn 70 % der Strahlung absorbiert werden?

Lösung:

Wird 70 % der Strahlung absorbiert, wird der Rest von 30 % durchgelassen.

Dann ist τ (in %) = 30; dies entspricht $\tau = 0{,}3$.

Für $E = -\lg \tau = -\lg 0{,}3$ erhält man die Extinktion $E \approx 0{,}52$.

Beispiel 17.7: Berechnung der spektralen Transmission, wenn die Extinktion gegeben ist.

Es soll der folgende Wert für die Extinktion $E = 0{,}822$ in den spektralen Transmissionsgrad τ (in %) umgewandelt werden.

Lösung:

$E = -\lg \tau \quad \Rightarrow \quad \tau = 10^{-E} = 10^{-0{,}822} \approx 0{,}150 \quad \Rightarrow \quad \tau\,(\text{in }\%) = 15{,}0$

Schickt man einen Lichtstrahl durch eine Lösung, so wird er um so mehr absorbiert, je höher die Anzahl der gelösten absorbierenden Teilchen des Analyten ist, auf die der Lichtstrahl trifft. Diese Zahl hängt von der Stoffmengenkonzentration des Analyten und der Länge des Lichtwegs durch die Lösung (Schichtdicke *d*) ab.

Die Extinktion *E* bzw. das spektrale dekadische Absorptionsmaß *A* ist demzufolge proportional zur **Schichtdicke *d*** und zur Stoffmengenkonzentration *c* des Analyten:

$E \sim d \cdot c$

Durch Einführung eines Proportionalitätsfaktors ε erhält man folgende Gleichung, das ***Bouguer-Lambert-Beer*sche Gesetz**:

$E = \varepsilon \cdot d \cdot c(\text{Analyt})$	E	ε	d	c	Gl. 17.10
	1	$L \cdot (mol \cdot cm)^{-1}$	cm	$mol \cdot L^{-1}$	

Der Proportionalitätsfaktor ε wird entweder **molarer Extinktionskoeffizient** oder **molarer Absorptionskoeffizient** genannt. Er ist von der verwendeten Wellenlänge abhängig.

Daneben wird auch noch der **spezifische Extinktionskoeffizient** ε' verwendet, da die Extinktion anstelle der Stoffmengenkonzentration *c* auch von der Massenkonzentration β abhängig ist.

Man erhält folgende Funktion:

$E = \varepsilon' \cdot d \cdot \beta(\text{Analyt})$	E	ε	d	β	Gl. 17.11
	1	$L \cdot (g \cdot cm)^{-1}$	cm	$g \cdot L^{-1}$	

Beispiel 17.8: Berechnung von Extinktionskoeffizienten

Zu berechnen sind a) der molare und b) der spezifische Extinktionskoeffizient für eine Substanz B mit der molaren Masse $M(B) = 185{,}221\ g \cdot mol^{-1}$.

Dazu ergab die Messung einer Lösung mit $c(B) = 0{,}003\ mol \cdot L^{-1}$ eine Extinktion $E = 0{,}248$ bei einer Schichtdicke von $d = 2{,}0$ cm.

Lösung a):

Zunächst muss Gleichung 17.10 umgestellt werden

$$E = \varepsilon \cdot d \cdot c(B) \quad \Rightarrow \quad \varepsilon = \frac{E}{d \cdot c(B)} = \frac{0{,}248}{2{,}0\ cm \cdot 0{,}003\ mol \cdot L^{-1}} \approx 41{,}33\ L \cdot (cm \cdot mol)^{-1}$$

Lösung b):

Zuerst muss die Stoffmengenkonzentration $c(B)$ in die Massenkonzentration $\beta(B)$ umgerechnet werden $\beta(B) = c(B) \cdot M(B) = 0{,}003\ mol \cdot L^{-1} \cdot 185{,}221\ g \cdot mol^{-1} \approx 0{,}5556\ g \cdot L^{-1}$

Danach wird die Massenkonzentration $\beta(B) = 0{,}5556\ g \cdot L^{-1}$ in die umgestellte Gleichung 17.11 eingesetzt:

$$E = \varepsilon' \cdot d \cdot \beta(B) \quad \Rightarrow \quad \varepsilon' = \frac{E}{d \cdot \beta(B)} = \frac{0{,}248}{2{,}0\ cm \cdot 0{,}5556\ g \cdot L^{-1}} \approx 0{,}223\ L \cdot (cm \cdot g)^{-1}$$

17

Beispiel 17.9: Fotometrische Manganbestimmung nach der Methode der Einpunktkalibrierung

Bei einer fotometrischen Manganbestimmung wurde für eine Kalibrierlösung mit $\beta(\text{Mn}) = 140\ \text{mg} \cdot \text{L}^{-1}$ eine spektrale Transmission von $\tau(\text{K}) = 0{,}64$ gemessen. 500 mg Probensubstanz (Einwaage) ergaben nach Probenvorbereitung und Auffüllen zu 100 mL messfertiger Lösung eine Transmission von $\tau(\text{P}) = 0{,}80$. Es soll der Massenanteil $w(\text{Mn})$ in Prozent angegeben werden.

Lösung:

Aus den spektralen Transmissionen der Kalibrierlösung $\tau(\text{K})$ und der Probelösung $\tau(\text{P})$ müssen nach **Gleichung 17.9** die Extinktionen berechnet werden.

$E(\text{K}) = -\lg \tau(\text{K}) = -\lg 0{,}64 \approx 0{,}1938 \qquad E(\text{P}) = -\lg \tau(\text{P}) = -\lg 0{,}80 \approx 0{,}0969$

Zur Berechnung der Massenkonzentration $\beta(\text{MnP})$ in der Probenlösung wird die **Gleichung 17.11** benötigt: $E = \varepsilon' \cdot d \cdot \beta(\text{Mn})$

Hieraus ergibt sich für jede Messung eine Gleichung:

Messung 1: $E(\text{K}) = \varepsilon' \cdot d \cdot \beta(\text{Mn}) \Rightarrow \varepsilon' \cdot d = \dfrac{E(\text{K})}{\beta(\text{Mn})}$

Messung 2: $E(\text{P}) = \varepsilon' \cdot d \cdot \beta(\text{Mn, P}) \Rightarrow \varepsilon' \cdot d = \dfrac{E(\text{P})}{\beta(\text{Mn, P})}$

Da für beide Messungen der spezifische Extinktionskoeffizient ε' und die Schichtdicke d gleich sind, kann man beide Gleichungen gleichsetzen:

$$\frac{E(\text{K})}{\beta(\text{Mn})} = \frac{E(\text{P})}{\beta(\text{Mn, P})} \Rightarrow \beta(\text{Mn, P}) = \frac{E(\text{P}) \cdot \beta(\text{Mn})}{E(\text{K})} = \frac{0{,}0969 \cdot 140\ \text{mg} \cdot \text{L}^{-1}}{0{,}1938} = 70\ \text{mg} \cdot \text{L}^{-1}$$

Die Massenkonzentration in 100 mL Probenlösung beträgt $70\ \text{mg} \cdot \text{L}^{-1}$. Das heißt, dass sich in 100 mL der Probelösung nur 7 mg Mangan befinden. Aus der Einwaage $m(\text{E}) = 500$ mg lässt sich der Massenanteil $w(\text{Mn})$ errechnen:

$$w(\text{Mn}) = \frac{m(\text{Mn})}{m(\text{E})} = \frac{7\ \text{mg}}{500\ \text{mg}} = 0{,}014 = 1{,}4\ \%$$

Die Gültigkeit des *Bouguer-Lambert-Beer*-Gesetzes ist nur dann gegeben, wenn eine streng lineare Abhängigkeit zwischen der gemessenen Extinktion (spektrales Absorptionsmaß) und der Konzentration (Stoffmengen- oder Massenkonzentration) bei konstanter Schichtdicke besteht.

Diese streng lineare mathematische Beziehung ist nicht immer erfüllt. Die Abweichungen können folgende Ursachen haben:

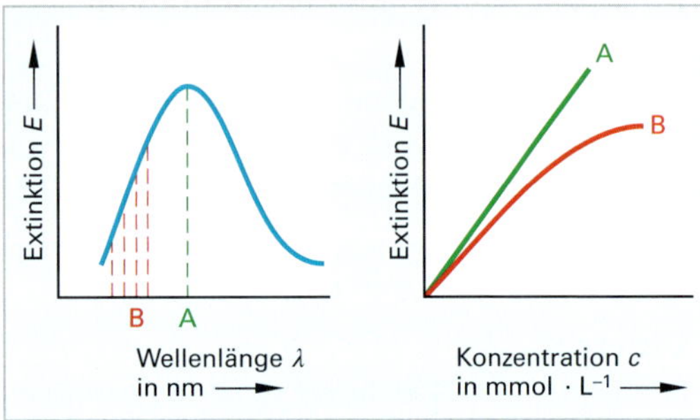

Bild 1: Auswirkung polychromatischer Strahlung auf das *Bouguer-Lambert-Beer*-Gesetz

- Die Analytkonzentration ist zu hoch, so dass vermehrt Anziehungskräfte zwischen den geladenen Analytteilchen auftreten. Das hat zur Folge, dass sich die Analytteilchen nicht mehr als einzelne Teilchen in der Lösung bewegen können. Damit ist auch die spektrale Absorption nicht mehr direkt proportional zur Stoffmengenkonzentration des Analyten (**Bild 1** rechts, Kurve B).

  Abhilfe schafft hier eine Verdünnung der Probe in einem definierten Volumenverhältnis.

- Der Analyt kann mit dem Lösemittel komplizierte Nebenreaktionen eingehen. Dadurch ändert sich der Absorptionskoeffizient ε, der für jeden Analyten spezifisch ist.

  Eine Änderung der Lösemittelzusammensetzung, ein völlig anderes Lösemittel oder eine gezielte Verdünnung können zu einer Problemlösung führen.

17

- Im Fotometer kann Streulicht durch Staubpartikel oder durch fehlerhafte Herstellung optischer Geräteteile entstehen. Da durch Streuung ein mehr oder weniger großer Anteil an Licht mit sehr unterschiedlicher Wellenlänge entsteht, wird auch hier der molare Absorptionskoeffizient ε verändert.
- Das Lösemittel darf nicht selbst im Messbereich Strahlung absorbieren.
- Besteht die für die Messungen benutzte Strahlung aus verschiedenen Wellenlängen (sog. polychromatische Strahlung), dann führt das ebenfalls zu einem uneinheitlichen molaren Absorptionskoeffizienten ε bzw. einer Krümmung der Kalibriergeraden (Wellenlängenbereich B).

  Dieser Effekt kann insbesondere an den Flanken einer Absorptionsbande auftreten, so dass üblicherweise im Maximum der Bande (Wellenlänge A) gemessen wird (**Bild 1**, S. 508).

17.3.3 Durchführung einer fotometrischen Bestimmung

Die quantitative Analyse mit Hilfe der Strahlungsabsorptionsmessung ist eine **Relativmethode**. Die Absorption eines Stoffes bekannter Konzentration wird mit der Absorption desselben Stoffs mit unbekannter Konzentration verglichen. Voraussetzung ist, dass in dem Konzentrationsbereich, in dem gemessen werden soll, zwischen Analytkonzentration und gemessener Extinktion (spektraler Absorption) ein linearer, mathematischer Zusammenhang besteht, so dass das *Bouguer-Lambert-Beer*sche Gesetz gilt.

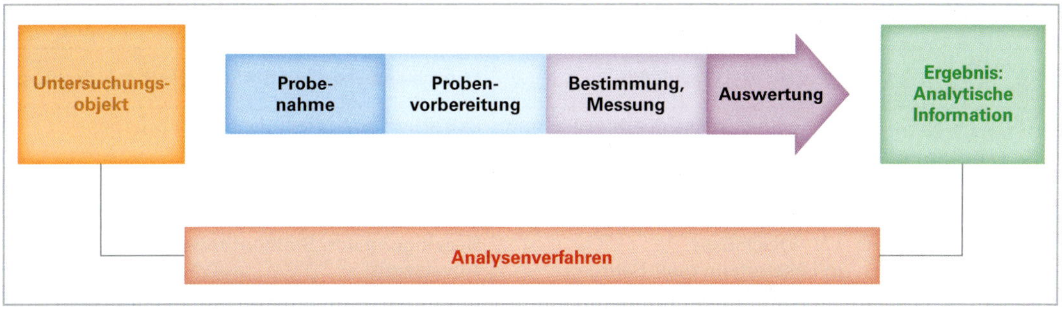

Bild 1: Phasen des analytischen Prozesses

Am Beispiel eines fotometrischen Analysenverfahrens soll im folgenden der Ablauf jedes analytischen Prozesses aufgezeigt werden (**Bild 1**).

Am Anfang einer Analyse steht in der Regel die **Probenahme** (bei der Entnahme mehrerer Proben spricht man von **Probennahme**), bei der unter genau vorgeschriebenen Bedingungen eine Probe gezogen werden muss. Eine exakte Durchführung ist von grundlegender Bedeutung. Fehler die dabei gemacht werden, lassen sich auch durch die beste Analytik im Labor nicht wieder wettmachen (**Tabelle 1**).

Tabelle 1: Fehlerwahrscheinlichkeit bei einzelnen Analyseschritten

Analysenschritt	Rel. Analysefehler
Probennahme	bis zu 10 %
Probenvorbereitung	bis zu 10 %
Bestimmung, Messung	5 bis 1 %
Auswertung	bis zu 1 %

Im Gegensatz zu gasförmigen und flüssigen Proben sind Festproben häufig inhomogen, was die Probenahme z. B. eines Bodens kompliziert gestaltet.

Soll zum Beispiel auf einer 5 ha großen Industriebrachfläche ein Einkaufszentrum gebaut werden, müssen **Bodenuntersuchungen** besonders auf Schadstoffe durchgeführt werden. Dieser Fläche entspricht bei 25 cm Bodentiefe eine Masse von ca. 25000 t. Da man auch nicht annähernd 25000 t Boden untersuchen kann, müssen Proben (Stichproben) genommen werden. Je genauer man die Schadstoffe erfassen will, desto mehr unterschiedliche Proben müssen gezogen werden.

Dabei bereitet die Auswahl der Probenahmeorte solcher inhomogener Objekte große Schwierigkeiten. So kann man die Verteilung der Orte, von denen Proben gezogen werden sollen, rein zufällig oder aber in einem regelmäßigen Raster festlegen. Danach muss geklärt werden, aus welcher Bodentiefe die Proben zu nehmen sind. Die sogenannte **Beprobungstiefe** ist wiederum abhängig von den zu untersuchenden Schadstoffen. Sind die Probendichte und die Beprobungstiefe festgelegt, muss das geeignete Probenahmegerät ausgesucht werden.

Nach Abschluss der Beprobung des ehemaligen Industriegeländes liegt die **Rohprobe** vor. Wird diese zerkleinert und gemischt und somit homogenisiert, so spricht man von einer **Laborprobe**. In den meisten Praxisfällen ist eine Überführung der Laborprobe in einen bestimmungsgerechten Zustand notwendig. So muss deren Aggregatzustand der geplanten Bestimmungsmethode angepasst werden.

Das bedeutet im Fall einer fotometrischen Bestimmung, dass entweder die Probe oder aber mindestens der Analyt vollständig gelöst vorliegen muss. Bei thermisch instabilen Analyten wird eine Extraktion (s. Kap. 2.5, S. 64) der Probe durchgeführt. Zersetzt sich der Analyt bei Druck- und Temperaturerhöhung nicht, so gibt es verschiedene Methoden von druck- und drucklosen Säure- oder Schmelzaufschlüssen.

Eine Auswahl dieser Methoden ist in Tabelle 1 aufgeführt.

Tabelle 1: Wichtige Aufschlussmethoden

Aufschluss-methode	Art der Technik	Anwendungsbeispiele
Schmelz-aufschlüsse	Offen oder im Druckgefäß	Mineralanalysen mit Soda-Pottasche-Aufschluss
Nass-aufschlüsse	a) Als Teilaufschluss durch Auflösung des Analyten in einem Lösemittel	Extraktion von Mineralstoffen aus Lebensmitteln
	b) Druckaufschlüsse mit Mikrowellenanregung	Auflösung von Natur- oder Kunststoffen mit H_2SO_4, HNO_3, $HClO_4$ bzw. Gemische davon
	c) UV-Aufschlüsse in Lösemitteln oder Säuren	Beseitigung von Störkomponenten in Abwässern
Trocken-veraschung	Erhitzen im offenen Gefäß oder in einem Druckgefäß	Beseitigung von organischen Begleitstoffen bei Mineralstoffanalysen
Verbrennungs-verfahren	Aufschlüsse mit Sauerstoff in speziellen Apparaturen	Elementaranalyse von Schwefel, Halogenen, Phosphor in organischen Verbindungen

Im Anschluss daran oder parallel dazu müssen eventuell störende Komponenten abgetrennt werden. Wichtige Trennmethoden sind die Destillation (s. Kap. 3.2, S. 73), die Fällung (s. Kap. 4.3, S. 124), die Extraktion (s. Kap. 2.5, S. 64), der Ionenaustausch (s. Kap. 4.2.1, S. 119) und die Festphasenextraktion (Bd. 2, Kap. 5). Am Ende der **Probenvorbereitung** liegt die Analysenprobe als klare Lösung in einem definierten Volumen (Messkolben) gelöst vor.

Vor der eigentlichen Messung werden die Kalibrierlösungen angesetzt. In ihnen ist der Analyt in äquidistanten (gleichen Konzentrationsabständen), bekannten Konzentrationen (Stoffmengen- oder Massenkonzentrationen) im linearen Absorptionsbereich enthalten. Damit die Kalibrierreihe den Konzentrationsbereich des Analyten in der Probe abdeckt, sollte die ungefähre Konzentration des Analyten in der Probe bekannt sein. Befindet sich die Analytkonzentration außerhalb des Konzentrationsbereichs der Kalibrierreihe, so muss entweder vor oder nach der fotometrischen Messung eine Verdünnung der Probe bzw. der Kalibrierlösungen erfolgen.

Aromatische und farbige Verbindungen, die im UV-Bereich bzw. im sichtbaren Bereich (Vis-Bereich) des elektromagnetischen Spektrums absorbieren, können direkt bestimmt werden. Ein Beispiel für die Bestimmung aromatischer Stoffe ist die Messung von Phenol in Wässern. Zu den Verbindungen, die im sichtbaren Bereich zur direkten Konzentrationsbestimmung geeignet sind, gehören z. B. farbige anorganische Ionen (violettes MnO_4^--Ion oder gelbrotes $Cr_2O_7^{2-}$-Ion) oder hydratisierte Metall-Ionen (blaues $[Cu(H_2O)_4]^{2+}$-Ion). Selbstverständlich können auch farbige organische Stoffe, wie z. B. Indikatoren, fotometrisch bestimmt werden.

Zur Bestimmung von farblosen Metall-Kationen oder -Anionen muss der Analyt erst einmal mit einem geeigneten Reagenz versetzt werden, um eine farbige Verbindung zu erhalten. Hierzu werden sowohl organische als auch anorganische Reagenzien verwendet. Ein anorganisches Reagenz ist Ammoniumthiocyanat NH_4SCN, welches mit Eisen(III)-Ionen rote Thiocyanat-Komplexe bildet. Bis(cyclohexanon)-oxaldihydrazon (BCO), eine organische Verbindung, bildet mit Cu^{2+}-Ionen einen blauen, löslichen Farbstoff.

Meistens müssen genaue, wiederholbare Bedingungen (z. B. gleicher pH-Wert, gleiche Anfärbezeit) bei den Farbreaktionen eingehalten werden. Gleichzeitig und unter den gleichen Bedingungen wie die Probe müssen auch die Kalibrierlösungen angefärbt und gemessen werden.

Zur **Messung** benutzt man absorptionsspektroskopische Geräte (**Fotometer**, **Spektralfotometer**), die prinzipiell immer aus folgenden fünf Komponenten bestehen:

- Einer Strahlungsquelle, die eine bestimmte, stabile Strahlung bezüglich Wellenlänge und Intensität aussendet.
- Einer Vorrichtung zur Auswahl einer Wellenlänge eines bestimmten Spektralbereichs für die Messung (Wellenlängenselektor: Prismen- oder Gittermonochromator oder Filter).
- Einem licht- bzw. strahlungsdurchlässigen Probenbehälter (Küvette).
- Einem Strahlungsdetektor, der die Strahlungsenergie in ein elektrisches Signal umwandelt.
- Einer Registrierungseinheit, bestehend aus Signalprozessor und Ausgabegerät.

Ergänzend ist zu bemerken, dass bei Geräten zur Messung von emittiertem Licht (Emissionsspektroskopie) die zu messende Strahlung durch Anregung des Analyten durch eine Energiequelle (z. B. Brenner) erfolgt. Strahlungsquelle und Probenbehälter ist also der Brenner mit dem zur Strahlung angeregten Analyten. Im Anschluss daran folgen der Monochromator, der Strahlungsdetektor und die Registrierungseinheit.

In der UV-Vis-Spektroskopie benutzt man kontinuierliche **Strahler** (Lampen), die über einen bestimmten Spektralbereich ein kontinuierliches Spektrum abgeben. Für den ultravioletten Bereich ist die Deuterium-Lampe die gebräuchlichste. Sie erzeugt ein kontinuierliches Spektrum von 160 bis 375 nm. Im sichtbaren Bereich wird die Wolfram-Lampe fast universell eingesetzt. Eine Wolfram-Lampe eignet sich für die Wellenlängenregion zwischen 350 und 2500 nm. Ganz neu sind Xenon-Lampen, welche den gesamten UV-Vis-Messbereich abdecken. Es gibt aber auch Fotometer mit diskontinuierlichen Strahlungsquellen, wie z. B. Quecksilberdampf-Lampen, die nur ganz bestimmte Wellenlängen emittieren.

Wie oben beschrieben, gilt das *Bouguer-Lambert-Beer*sche Gesetz nur für monochromatische Strahlung, d. h. Licht einer bestimmten Wellenlänge. Aus diesem Grund darf bei einer fotometrischen Bestimmung nur Strahlung einer bestimmten Wellenlänge benutzt werden. Deshalb muss vor dem Probenraum eine Vorrichtung bestehen, die aus einer Strahlungsquelle, die meistens Strahlung verschiedener Wellenlänge aussendet, nur eine ganz bestimmte Wellenlänge zum Probenbehälter durchlässt. Diese Bauteile werden mit dem Oberbegriff **Wellenlängenselektoren** bezeichnet. Dazu gehören **Filter** und **Monochromatoren**. Filter selektieren nur jeweils eine bestimmte Wellenlänge.

Es muss für jede, zur Messung benutzte Wellenlänge, ein spezieller Filter eingesetzt werden. Die Filter beruhen entweder auf dem Interferenz- oder dem Absorptionsprinzip.

Für die Aufnahme eines **Absorptionsspektrums** (Bandenspektrum) im UV/Vis-Bereich ist es notwendig, dass man die Wellenlänge kontinuierlich von 190 bis 800 nm variieren kann. Optische Bauteile mit dieser Fähigkeit werden **Monochromatoren** genannt. In diesen Bauelementen wird die Strahlung des oben genannten Wellenlängenbereichs in einzelne Wellenlängen aufgespalten (Dispersion).

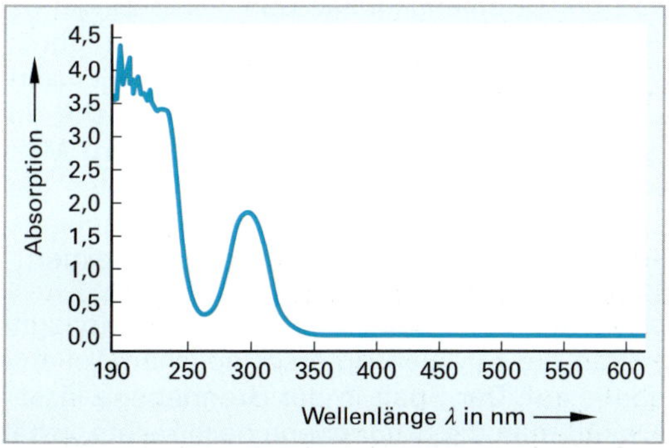

Bild 1: Wellenlängenscan von Acetylsalicylsäure

17

Bild 1, S. 511 zeigt die Aufnahme des Absorptionsspektrums von Acetylsalicylsäure ASS (Wellenlängenscan). Aus diesem Spektrum kann man die Wellenlänge herausfinden, bei der der Analyt die Strahlung maximal absorbiert. Ein **Absorptionsmaximum** der ASS liegt bei 300 nm. Bei dieser Wellenlänge werden dann später die Messungen der Kalibrierreihe und der Proben durchgeführt, denn am Absorptionsmaximum kann man mit der größtmöglichen Empfindlichkeit messen.

Man unterscheidet entsprechend den Dispersionselementen zwei Arten von Monochromatoren: **Prismen-** und **Gittermonochromatoren**.

Beim Prismenmonochromator (**Bild 1**) trifft das durch den Eintrittsspalt einfallende Licht zuerst auf eine Sammellinse, welche die Lichtstrahlen parallel verlaufen lässt (Kollimatorlinse). Die Dispersion erfolgt in einem Prisma, wobei die eintreffende Strahlung entsprechend ihrer Wellenlänge beim Ein- und Austritt aus dem Prisma unterschiedlich gebrochen wird.

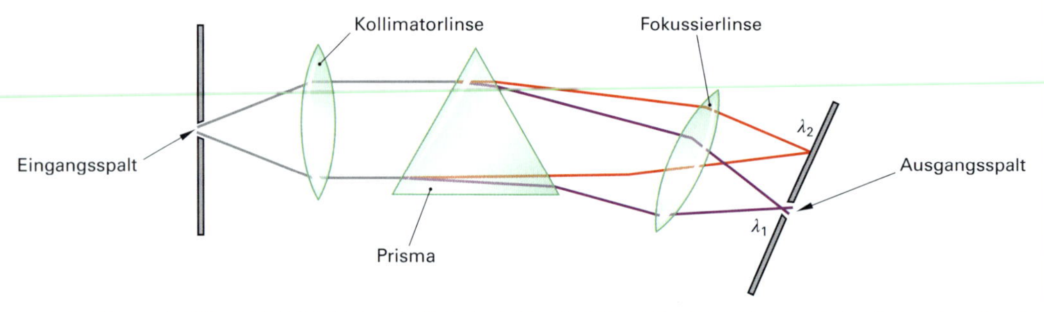

Bild 1: Prismenmonochromator

Die so erhaltenen Strahlungsanteile unterschiedlicher Wellenlänge werden durch die Sammellinse (Fokussierlinse) auf die Brennebene projiziert. Durch Drehen des Dispersionselements (Prisma) oder durch Verschiebung des Spalts kann erreicht werden, dass die gewünschte Wellenlänge λ_1 den Ausgangsspalt gebündelt verlässt.

Heute sind nahezu alle in Spektrometern eingebauten Monochromatoren mit Reflexionsgittern (optische Gitter) ausgestattet, weil sie billiger herzustellen sind und eine höhere Wellenlängenauflösung aufweisen. Ihre Wirkung beruht auf der **Lichtbeugung**. **Bild 2** zeigt die Lichtzerlegung in einem **Gittermonochromator**. Von der Strahlungsquelle durch den Eingangsspalt kommendes Licht wird zunächst durch einen Hohlspiegel (Konkavspiegel) parallelisiert und trifft dann auf eine ebene Glasfläche, in die sehr viele Furchen (300 bis 2000 pro Millimeter) eingraviert wurden. Dabei werden die Lichtstrahlen mit unterschiedlicher Wellenlänge auch in unterschiedliche Richtungen reflektiert.

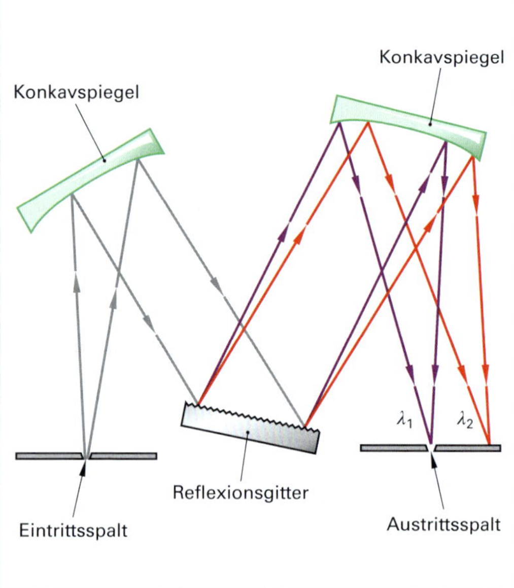

Bild 2: Lichtzerlegung in einem Gittermonochromator

Nach der Bündelung des vom Reflexionsgitter kommenden Lichts in einem Konkavspiegel treffen die Strahlen unterschiedlicher Wellenlängen auch an verschiedenen Stellen der Brennebene auf. Der Spalt in der Brennebene lässt also nur Strahlung der Wellenlänge λ_1 durch. Verschiebt man die Brennebene nach rechts, erhält man die Wellenlänge λ_2. Der gleiche Effekt kann durch Drehung des Reflexionsgitters erzielt werden.

Den Probenraum stellen die **Küvetten** dar. Diese quaderförmigen, strahlungsdurchlässigen Behälter, in welchen die Proben vermessen werden, sind meistens aus optischem Glas (Kennzeichnung: OS), Quarzglas (Kennzeichnung: QS) oder aus Kunststoff.

Zwei gegenüberliegende Seiten sind matt geschliffen, während die beiden anderen klar und durchlässig erscheinen.

Die Messung der Strahlungsleistungen kann praktisch nur in Küvetten erfolgen, die für Licht der verwendeten Wellenlänge durchlässig sind. Deshalb sind für den UV-Bereich (< 350 nm) Quarzküvetten (QS) oder geeignete Kunststoffküvetten notwendig. Im sichtbaren Bereich lassen sich optische Gläser aus Silikat (OS) und bisweilen auch Plastikgefäße einsetzen.

Der gebräuchlichste Innendurchmesser (Schichtdicke d) beträgt 1 cm, jedoch sind auch Schichtdicken von 0,1 bis 10 cm im Handel erhältlich.

Bei den Messungen des Transmissionsgrads τ und der Extinktion E muss berücksichtigt werden, dass an den Grenzflächen Luft/Glas sowie Glas/Lösung Reflexionen auftreten. Diese Reflexionen schwächen den Lichtstrahl ebenso wie die Lichtstreuung an großen Molekülen in der Lösung. Auch nicht vollständig gelöste Moleküle können zu diesem Effekt führen (**Bild 1**).

Das bedeutet, dass die eingestrahlte Strahlungsleistung zum Teil durch die Absorption des Analyten und zum kleineren Teil durch Reflexionen Φ_{Re} oder Streuungen Φ_{St} an der Küvette geschwächt wird. Der Detektor misst die ankommende Strahlungsleistung Φ_0.

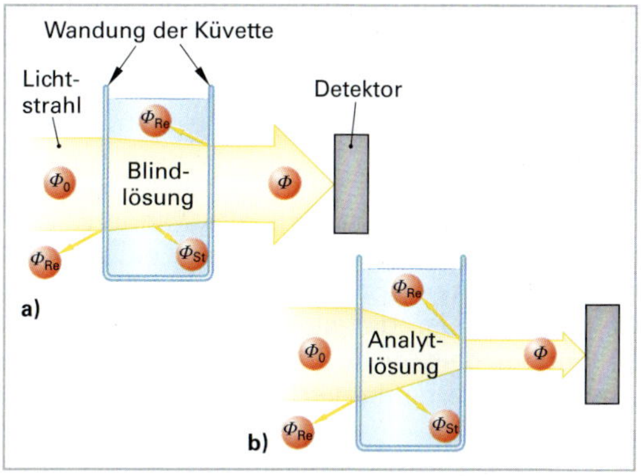

Bild 1: Lichtverluste durch Streuung und Reflexion in a) Blindlösung und b) Analytlösung

Um die möglichen Reflexionen zu kompensieren, wird der gleiche Lichtstrahl, der die Analytlösung durchquert, durch eine praktisch identische Küvette geschickt, die nur Lösemittel (alle Komponenten außer des Analyten) enthält (Blindlösung). Die Lichtintensität, die am Detektor gemessen wird, wird dann als Nullwert oder Φ_0 verwendet. Die Extinktion am Gerät wird auf Null eingestellt. Sie entspricht einem spektralen Transmissionsgrad von $\tau = 1{,}000$.

Zusammen mit der dann gemessenen Lichtintensität Φ der Analytlösung kann das Fotometer die Extinktion entsprechend den oben genannten Gesetzmäßigkeiten anzeigen. Für die Bestimmung der Extinktion einer Analyt-Lösung sind immer zwei Messungen nötig: zuerst die Messung der Strahlungsleistung Φ_0 der Blindlösung (Nullabgleich) und die Ermittlung der Stahlungsleistung Φ der Analytlösung.

Man kann sowohl die Blindlösung (z. B. Lösemittel) als auch die Proben in einer Küvette vermessen. Das bedeutet, dass man die Küvette abwechselnd mit Blind- und Probelösung befüllen muss, was zusammen mit den Reinigungsarbeiten an der Küvette arbeitsintensiv ist.

Die Verwendung von zwei Küvetten erlaubt ein ökonomischeres Arbeiten. Dabei benutzt man eine Küvette für die Blindlösung, während die zweite Küvette jeweils mit der Probelösung befüllt wird. Hierfür müssen die vom Hersteller gelieferten zusammengehörigen Küvetten benutzt werden. Da selbst Küvetten, die aus einem Herstellungsprozess stammen, nie absolut genau gleich sind, muss durch Vergleichsmessungen der sogenannte **Küvettenfehler** bestimmt werden. Hierbei bestimmt man die Abweichung der Extinktionen von beiden Küvetten. Der Küvettenfehler muss dann bei den Messungen der Proben und Kalibrierlösungen mit einem Einstrahlfotometer (**Bild 1,** S. 516) rechnerisch berücksichtigt werden.

Die Genauigkeit der Extinktionswerte hängt in starkem Maße davon ab, wie die Küvetten behandelt werden. Fingerabdrücke, Fett und andere Ablagerungen beeinträchtigen die Durchlässigkeit der Küvetten. Deshalb ist eine gründliche Reinigung durch geeignetes fusselfreies Reinigungspapier vor und nach dem Gebrauch unabdingbar. Die Küvetten dürfen außerdem nur an den matten Seiten berührt werden. Beim Füllen der Küvetten ist zu beachten, dass keine Luftblasen in die Probenbehälter gelangen.

17

In der UV-Vis-Spektroskopie muss die durch die Küvette gelangende Strahlung gemessen werden. Bei den am häufigsten eingesetzten Strahlungsempfängern laufen fotoelektrische Prozesse ab. Dabei wird Strahlung in elektrischen Strom umgewandelt. Die wichtigsten **Strahlungsdetektoren** sind Fotodioden und Fotomultiplier.

Bei **Fotodioden** bestehen die lichtempfindlichen Bauteile aus einem **pn-Übergang**. Ein pn-Übergang entsteht bei einer Kombination aus einem p- und einem n-Halbleiter (s. Kap. 6.4.2, S. 205). Als Grundmaterial für Halbleiter verwendet man Silicium oder Germanium. Die Atome beider Elemente sind vierwertig. Zur Erhöhung der Leitfähigkeit baut man in den Silicium- oder Germaniumkristall entweder fünfwertige Atome (z. B. Arsen) mit fünf Außenelektronen oder dreiwertige Atome (z. B. Bor) mit drei Außenelektronen ein. Man spricht bei diesem Vorgang von **Dotierung**. So entsteht im ersten Fall pro Fremd-Atom (z. B. Arsen) ein Überschuss von je einem Elektron im Kristallgitter, das als zusätzliches Leitungselektron zur Verfügung steht. Man spricht dann bei einem derartig präparierten Halbleitermaterial von einem **n-Halbleiter**. Beim Einbau von dreiwertigen Atomen (z. B. Bor) in den Halbleiter bilden sich sogenannte Störstellen, an denen jeweils ein Elektron zu wenig vorhanden ist (**p-Halbleiter**).

Diese positiven Fehlstellen („Löcher") können innerhalb des Halbleiterkristalls wandern, das heißt sie erhöhen die elektrische Leitfähigkeit des p-Halbleiters. Sowohl bei p- als auch bei n-Halbleitern ist die elektrische Leitfähigkeit gegenüber dem nicht dotierten Halbleiter Silicium oder Germanium erhöht.

Beim p-Halbleiter transportieren die mobilen positiven Störstellen den elektrischen Strom, während im n-Halbleiter die überschüssigen Elektronen die beweglichen Ladungsträger sind. Kombiniert man p- und n-Halbleiter miteinander, so erhält man einen pn-Übergang (**Bild 1a**).

Bei einem pn-Übergang eines Silicium-Chips (**Bild 1b**) wird an den n-Bereich der Pluspol, an den p-Bereich der Minuspol geschaltet und eine Spannung angelegt. Dadurch orientieren sich die Ladungen entsprechend entgegengesetzt geladener Pole. Es fließt kein Strom, da eine ladungsfreie Zone, ein nichtleitender Bereich (Sperrschicht) an der Grenzfläche von p- und n-Halbleiter entstanden ist. Wenn Photonen der Strahlung im Bereich von 190 bis 1100 nm auf den Chip treffen, werden durch den lichtelektrischen Effekt im Inneren der Sperrschicht freie, nicht gebundene Elektronen und entsprechende positive Ladungen („Löcher") gebildet, was zu einem Stromfluss führt. Dieser durch das Licht erzeugte Fotostrom ist proportional zur Strahlungsleistung, die auf die Diode trifft.

Fotodioden können, in einer Matrix einer integrierten Schaltung angeordnet, bei allen Wellenlängen eines bestimmten Wellenlängenbereichs gleichzeitig messen. Solche Kombinationen von Fotodioden mit Transistoren in integrierten Schaltungen werden **Fotodiodenarrays** genannt.

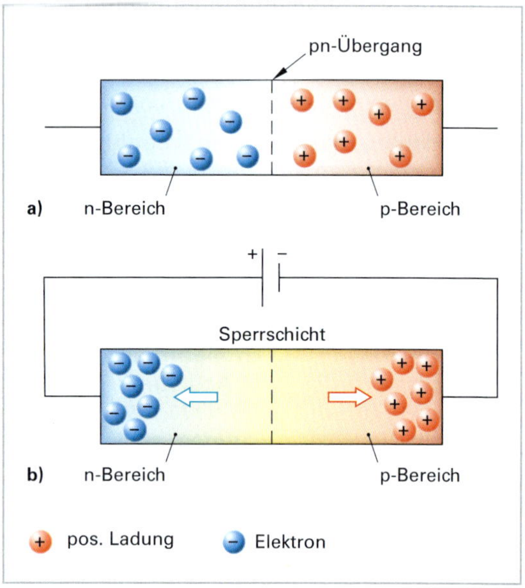

Bild 1: pn-Übergang
a) ohne und
b) mit Gegenspannung

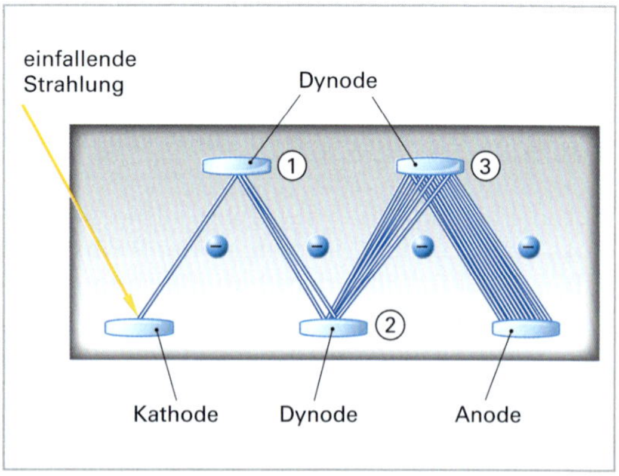

Bild 2: Prinzip eines Fotomultipliers

Der **Fotomultiplier** enthält außer einer Fotokathode und einer Anode noch zusätzliche, positiv geladene Hilfselektroden, die als **Dynoden** bezeichnet werden.

In **Bild 2**, S. 514 ist seine Funktion dargestellt: an Dynode 1 wird gegen die Kathode eine Spannung von + 90 V angelegt. Trifft ein Photon auf die Fotokathode, so wird ein Elektron daraus freigesetzt und in die Richtung der Dynode 1 beschleunigt. Trifft dieses Foto-Elektron auf die Dynode 1 auf, so bewirkt es dort die Emission mehrerer zusätzlicher Elektronen. Diese Elektronen werden durch die anliegende Spannung von + 90 V zwischen Dynode 1 und Dynode 2 zur Dynode 2 hin beschleunigt. Wieder werden mehrere Elektronen für jedes auftreffende Elektron ausgesandt.

Bei einer insgesamt siebenmaligen Wiederholung dieser Vorgänge werden pro Photoelektron ca. 10^5 Elektronen freigesetzt und an der Anode gesammelt. Der resultierende Strom wird elektronisch verstärkt und gemessen. Fotomultiplier, auch **Sekundärelektronenvervielfacher** genannt, sind aufgrund des hohen Verstärkungsfaktors empfindlicher als Fotodioden.

Wichtige Bauelemente in der Absorptionsspektroskopie sind die **Wellenlängenselektoren** (Prismen- und Gittermonochromatoren) und die **Detektoren** (Fotodioden und Fotomultiplier).

Tabelle 1 verdeutlicht die Systematik der im UV-Vis Bereich eingesetzten Absorptionsmessgeräte.

Für die fotometrischen Messungen kann man Fotometer oder Spektralfotometer benutzen. Man unterscheidet Einstrahl- und Zweistrahlgeräte. Mit beiden Geräten lassen sich Absorptions- bzw. Transmissions-Messungen durchführen.

Mit **Spektralfotometern** kann man ein UV-Vis-Spektrum aufnehmen, mit Fotometern nicht. UV-Vis-Spektralfotometer besitzen die Möglichkeit der Speicherung der Basislinie eines Spektrums, um einen stetigen Nullabgleich mit der Basislinie durchführen zu können. Bei dem Absorptionsspektrum wird die spektrale Absorption bzw. die Transmission in Abhängigkeit der kontinuierlich ansteigenden Wellenlänge im UV-Vis-Bereich aufgezeichnet.

Tabelle 1: Spektralfotometertypen

Bezeichnung	Wellenlängenselektor	Zahl der Detektoren	Vorteile	Nachteile
Einstrahlfilterfotometer	Absorptions- oder Interferenzfilter	1	Robuste bequeme Handhabung preisgünstige Geräte	Nur Messungen bei wenigen, bestimmten Wellenlängen
Einstrahlfotometer	Gitter- oder Prismenmonochromator	1	Einfache Absorptionsmessung bei beliebig einstellbarer Wellenlänge	Messungen von Blindprobe und Probe nacheinander, Einfluss bei Schwankungen des Lampenstroms
Zweistrahlfilterfotometer	Absorptions- oder Interferenzfilter	2	Kompensation des Küvettenfehlers	Nur Messungen bei wenigen, bestimmten Wellenlängen systematischer Fehler bei unterschiedlichem Detektorverhalten
Zweistrahlfotometer bzw. Zweistrahlspektralfotometer	Gitter- oder Prismenmonochromator	1	Keine Messwertschwankungen durch leichte Veränderungen des Lampenstroms Absorptionsmessung bei beliebig einstellbarer Wellenlänge Spektrenaufnahme	Aufwändigere Bedienung und Wartung höhere Anschaffungskosten

Das in Bild 1 dargestellte **Einstrahlfotometer** besteht aus einer Wolfram-Lampe für den sichtbaren Bereich, einer Sammellinse, die das Lampenlicht parallelisiert, einem auswechselbaren Filter, der nur eine bestimmte Wellenlänge durchtreten lässt, einer variablen Blende, die zur Transmissionsmessung benötigt wird, den zwei Probegefäßen und einer Fotozelle (z. B. eine Fotodiode) mit einem empfindlichen Amperemeter, auf dessen Skala die Extinktion (spektrale dekadische Absorption) ablesbar ist.

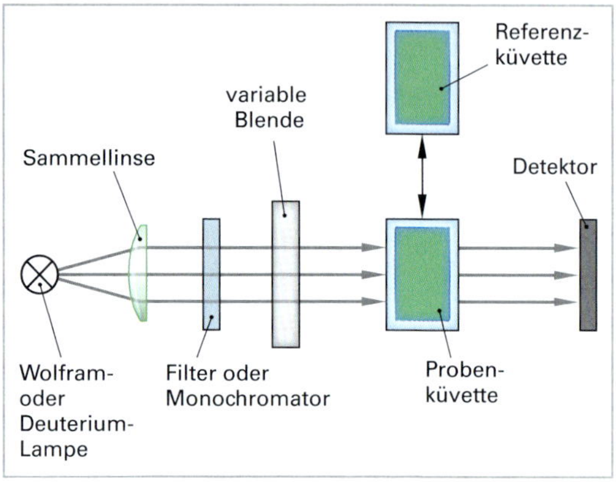

Bild 1: Einstrahlfotometer

Vor der Messung muss die Wellenlänge bekannt sein, bei der der zu bestimmende Analyt die maximale Absorption zeigt. In das Fotometer wird dann der Filter eingesetzt, welcher nur Strahlung dieser Wellenlänge durchlässt. Kennt man diese Wellenlänge nicht, dann muss mit einem Spektralfotometer ein UV-Vis-Spektrum aufgenommen werden, um das Absorptionsmaximum zu bestimmen.

Die Messung mit einem Einstrahlfotometer wird folgendermaßen durchgeführt: zuerst wird die Küvette mit dem Lösemittel bzw. mit der Blindprobe in den Strahlengang gebracht und die Extinktionsskala auf „0,000“ eingestellt. Anschließend befüllt man nacheinander die Küvette mit den Kalibrierlösungen sowie der Probe, bringt die befüllten Küvetten nacheinander in den Strahlengang und liest die Messwerte für die jeweilige Extinktion (spektrale Absorption) ab.

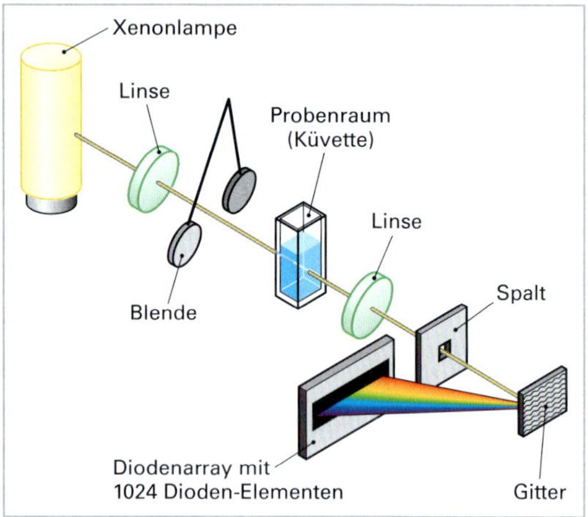

Bild 2: Diodenarray-Spektralfotometer

Besitzt das Fotometer auch eine Skala auf der die spektrale Transmission τ angezeigt wird, dann muss zur Messung der Transmission folgendermaßen vorgegangen werden: die 0 % τ-Messung wird durch Unterbrechung des Lichtstrahls bei geschlossener Blende durchgeführt. Die Einstellung des Maximalausschlags (100 % τ) entspricht der Referenz, d.h. dem Lösemittel, in dem die Probe vorliegt. Diese 100 % τ werden durch eine variable Blende im Lichtweg eingestellt. Weil das Signal des Fotoelements linear mit der eintreffenden Strahlungsleistung zunimmt, wird auf der Skala der prozentuale Transmissionsgrad angezeigt, wenn sich die Probe im Strahlengang befindet. Die Lösemittel- und die Probenküvette müssen also nacheinander in den Lichtweg gebracht werden.

17

Besonders **Diodenarray-Spektralfotometer** (Bild 2) sind für die Auslegung als Einstrahlgerät gut geeignet, weil sogar ganze Spektren sehr schnell erfasst werden. Dies ist durch die gleichzeitige Messung der Lichtintensität bei allen Wellenlängen des Spektralbereichs von 190 bis 1100 nm möglich. Der Detektor besteht aus einem Chip, auf dem sich 1024 Dioden befinden, wobei jede Diode die Absorption bei einer anderen Wellenlänge misst. Die Dioden werden elektronisch einzeln ausgelesen, so dass man bei der Messung einer Probe deshalb 1024 Messwerte für die Lichtintensität erhält, die in Abhängigkeit von der Wellenlänge ein Sprektrum ergeben. In Bild 2 ist das optische System eines modernen Dioden-Spektralfotometers dargestellt, mit dem auch Lichtintensitäten bei einzelnen Wellenlängen mit guter Auflösung und hoher Empfindlichkeit durchgeführt werden können. Dieses Fotometer ähnelt bis auf den Detektor stark den herkömmlichen Fotometern mit Gittermonochromator. Der Diodenarray-Detektor DAD kommt auch in der HPLC als Detektor zur Anwendung (s. Fachwissen Chemie 2, Kap. 5).

Moderne Zweistrahlgeräte weisen nur einen Detektor und zwei Probenräume auf. Hier muss, wie in **Bild 1** zu sehen ist, der Lichtstrahl der Strahlungsquelle durch einen Drehspiegel, den sog. **Chopper**, geteilt werden. Der Chopper lenkt den Lichtstrahl abwechselnd durch beide Probenräume.

Die Strahlungsleistung oder Lichtintensität Φ_0 erhält man durch die Messung der Küvette, die nur Lösemittel enthält. Die Anzeige des Gerätes wird auf die Extinktion (spektrale Absorption) E = 0,000 eingestellt. Alle modernen Geräte haben hierfür eine *„Autozero"*-Funktion. Anschließend wird die entsprechende Messung mit der Probe in der Küvette durchgeführt und die durch Absorption geschwächte Lichtintensität Φ gemessen. Dabei wird die spektrale Absorption der Probelösung angezeigt.

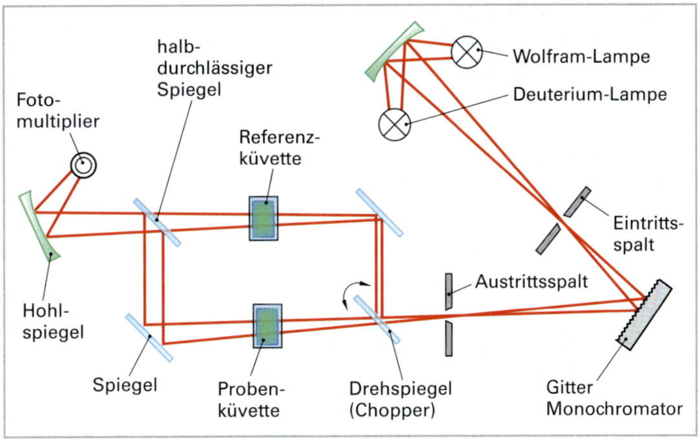

Bild 1: Zweistrahlfotometer mit Chopper

Wird die Küvette mit der Probe in den Probenstrahl gebracht, so registriert man eine Abnahme der Leistung der Strahlung, die das Fotoelement hinter der Probe erreicht. Dadurch fließt am Fotomultiplier hinter der Probe ein kleinerer Strom. Man misst nun gegenüber der Referenzküvette eine Stromdifferenz, die sich proportional zur spektralen Absorption der Probe verhält. Das bedeutet, dass man die Skala in Absorptionseinheiten und/oder Transmissionseinheiten einteilen kann.

> In der Absorptionsspektroskopie werden für die spektrale Absorption **Einstrahl-** und **Zweistrahlgeräte** eingesetzt.

Nach der Messung erfolgt die **Auswertung** der Messsignale. Die Abhängigkeit eines Messsignals (hier: Extinktion; spektrale Absorption) von der Konzentration eines Analyten wird als **Analysen-** oder **Kalibrierfunktion** bezeichnet. Sie kann durch die ***Bouguer-Lambert-Beer*-Gleichung 17.10** beschrieben werden:

$$E = \varepsilon \cdot d \cdot c(\text{Analyt})$$

In dieser linearen Funktion ist E als Messwert die abhängige Größe, c(Analyt) als vorgegebene Konzentration die unabhängige Größe. Das Produkt $\varepsilon \cdot d$ ist der Proportionalitätsfaktor bzw. die Steigung der Kalibrierfunktion.

Die Kalibriergerade wird durch Messung mehrerer Kalibrierlösungen, die den Analyten in bekannter Konzentration enthalten, bei einer bestimmten Wellenlänge ermittelt. Man trägt die jeweiligen Konzentrationen der Kalibrierlösungen und die zugehörigen Extinktionen (spektralen Absorptionen) in ein Koordinatensystem ein. Im Idealfall liegen alle Messpunkte einschließlich der Blindprobe (Ursprung) auf einer Geraden. Die Gerade folgt dann der oben beschriebenen Kalibrierfunktion. Diesen Fall zeigt **Beispiel 17.10**.

Beispiel 17.10: Ermittlung der unbekannten Konzentration einer Probe aus einer Kalibrierreihe

Bei der Vermessung einer Kalibrierreihe mit einem Fotometer wurden die Messwerte aus **Tabelle 1**, S. 518, erhalten.

Zur Ermittlung der Stoffmengenkonzentration einer Probenlösung wurde eine Extinktion von E = 0,413 gemessen. Wie groß ist die Konzentration der untersuchten Probe?

Lösung:

Die gemessenen Extinktionen werden gegen die Konzentration in einem *x*-*y*-Diagramm auf Millimeterpapier oder in einem Tabellenkalkulationsprogramm aufgetragen. Man liest dann im Diagramm bei der Extinktion $E = 0{,}413$ die Stoffmengenkonzentration $c = 48\ \text{mmol} \cdot \text{L}^{-1}$ ab.

Die Funktionsgleichung der Kalibrierfunktion wird mit Hilfe der Tabellenkalkulationsprogramme ohne großen Aufwand ermittelt.

Aus den Messwerten der hier bestimmten Kalibrierreihe ergibt sich die Kalibrierfunktion

$$y = 0{,}0086 \cdot x \quad \Rightarrow \quad E = 0{,}0086 \cdot c(\text{Analyt})$$

Durch Einsetzen der Extinktion $E = 0{,}413$ lässt sich die Stoffmengenkonzentration c des Analyten berechnen:

$$c(\text{Analyt}) = \frac{0{,}413}{0{,}0086}\ \text{mmol} \cdot \text{L}^{-1}$$

$$\approx 48{,}0\ \text{mmol} \cdot \text{L}^{-1}$$

Die Stoffmengenkonzentration der untersuchten Probe beträgt rund 48,0 mmol · L^{-1}.

Tabelle 1: Messwerte einer fotometrischen Kalibrierreihe

Lösung	Stoffmengenkonzentration c in mmol · L^{-1}	Extinktion E
Blindprobe	0	0,000
Kalibrierlösung 1	20	0,172
Kalibrierlösung 2	40	0,344
Kalibrierlösung 3	60	0,516
Kalibrierlösung 4	80	0,688
Kalibrierlösung 5	100	0,860

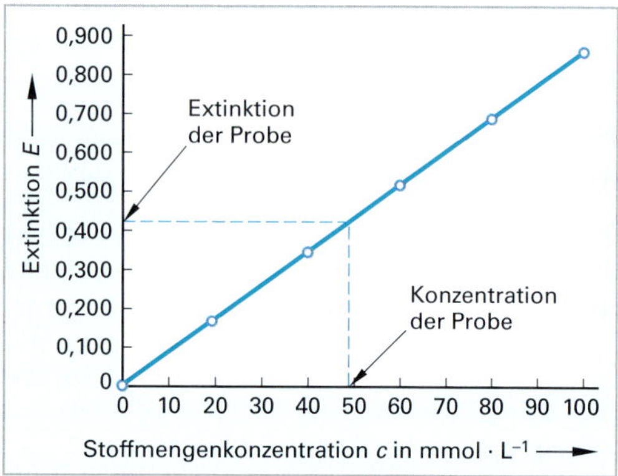

Bild 1: Kalibriergerade zu Tabelle 1

Selten erhält man bei Messungen in der Praxis eine Analysenfunktion, deren Messwerte so gut auf einer Geraden liegen wie in **Bild 1**. Wenn die Messpunkte mehr oder weniger um die Gerade streuen, muss eine **Ausgleichsgerade** ermittelt werden. Dabei müssen die Abweichungen der einzelnen Messpunkte von der Ausgleichsgeraden minimal sein.

Tabellenkalkulationsprogramme errechnen zusätzlich die Funktionsgleichung für eine Ausgleichsgerade durch eine sogenannte Ausgleichsrechnung. Mit dieser Funktionsgleichung lassen sich dann aus den gemessenen Werten die Stoffmengenkonzentrationen berechnen.

Die Extinktionswerte der Probe und der Kalibrierreihe sollten nach Möglichkeit im Bereich von 0,2 bis 1,2 liegen. Außerhalb dieses Bereichs, der auch vom Gerät abhängig ist, nimmt der Einfluss von Messfehlern auf das Ergebnis stark zu.

Die Probenmesswerte sollten möglichst im mittleren Konzentrationsbereich der Kalibrierreihe liegen, um Auswertungsfehler zu minimieren.

17

Ist bekannt, dass die Extinktion einer Lösung von der Stoffmengenkonzentration c linear abhängig ist, also dem ***Bouguer-Lambert-Beer*-Gesetz** direkt folgt, kann statt einer Kalibrierreihe mit mehreren Kalibrierlösungen auch die **Einpunktkalibrierung** erfolgen. Hierbei wird nur die Extinktion einer einzigen Kalibrierlösung gemessen, die in der Nähe der Extinktion der zu untersuchenden Probelösung liegt.

Die Auswertung fotometrischer Messungen erfolgt mit der **Kalibriermethode**. Neben der Mehrpunktkalibrierung mittels einer Kalibriergeraden sind auch Einpunktkalibrierungen üblich.

17.4 Chromatografie

Die Wortschöpfung „Chromatografie" (griech. *chroma*: Farbe; griech. *grafia*: Schreibkunst) wird dem russischen Botaniker *Michail S. Tswett* (1872–1919) zugeschrieben, der im Jahre 1906 seine „chromatografische Adsorptionsanalyse" vorstellte. Er trennte in einer mit Calciumcarbonat gefüllten Glassäule Chlorophyll-Farbstoffe, indem er einen Extrakt dieser pflanzlichen Farbstoffe auf die Säule gab und Petrolether nachgoss. Dabei trennten sich die grünen und gelben Chlorophyll-Farbstoffe in der Säule. Dieses Resultat nannte *Tswett* „Chromatogramm". In **Bild 1** sind die verschiedenen Farbstoffzonen des nachgestellten Experiments gut zu erkennen.

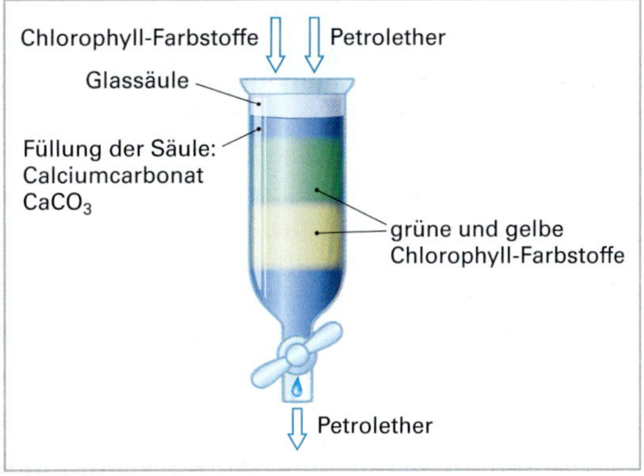

Bild 1: Chromatogramm nach *Tswett*

Tswett formulierte seine Beobachtungen folgendermaßen: „wie die Lichtstrahlen im Spektrum, so werden in der mit Calciumcarbonat gefüllten Säule die verschiedenen Komponenten eines Farbstoffgemisches gesetzmäßig auseinandergelegt".

Die Gesetzmäßigkeit der Zerlegung des Farbstoff-Gemisches besteht darin, dass die verschiedenen Gemischkomponenten jede für sich mit dem Calciumcarbonat in Wechselwirkung treten und dabei verschieden stark festgehalten werden. Die Komponenten müssen nach dem Anhaften aber auch wieder freigegeben werden. Dabei erfasst sie der permanente, von oben nach unten gerichtete Lösemittelstrom und transportiert die unterschiedlichen Bestandteile des Farbstoff-Gemisches weiter, bis sie erneut von der festen Phase des Calciumcarbonat festgehalten werden. Dieser immer wiederkehrende Vorgang resultiert dann in unterschiedlichen Laufgeschwindigkeiten. So wird in **Bild 1** der gelbe Farbstoff vom Calciumcarbonat weniger stark festgehalten als der grüne Farbstoff, da die Stoffe von oben nach unten wandern.

Tswett erkannte als erster, dass für eine chromatografische Trennung das zu trennende Stoffgemisch an einem unbeweglichen Stoff, der sogenannten **stationären Phase**, vorbei bewegt werden muss. Das Lösemittel und das sich mit dem Lösemittel bewegende Gemisch bezeichnet man als **Fließmittel** oder auch als **mobile Phase**.

Unter **Chromatografie** versteht man Verfahren zur Auftrennung von homogenen Stoffgemischen. Die Trennungsmethode erfordert eine **stationäre Phase**, an der Wechselwirkungen mit den Komponenten des Gemisches stattfinden sowie eine **mobile Phase** für den Transport der zu trennenden Substanzen des Stoffgemisches.

17.4.1 Physikalisch-chemische Grundlagen

Die Vorgänge, die sich im Einzelnen bei der Auftrennung eines Stoffgemisches abspielen, sollen eingehender betrachtet werden.

Das Trennprinzip beruht vor allem auf zwei Vorgängen, der **Adsorption** und der **Desorption** (s. Kap 2.6, S. 70).

Die **Adsorption** ist die Anreicherung eines Stoffes (**Adsorbat**) an der Oberfläche eines Festkörpers (**Adsorbens**). Das Anhaften von Stoffen an einer Festkörperoberfläche kommt z. B. durch *van-der-Waals*sche Kräfte, Wasserstoffbrückenbindungen oder Dipol-Dipol-Wechselwirkungen zustande.

Wichtig für die chromatografische Trennung ist, dass die Anziehungskräfte zwischen Adsorbens und Adsorbat (in **Bild 1** als kleine Kugeln dargestellt) nicht so stark sind, dass das Adsorbat dauerhaft auf der Festkörperoberfläche anhaftet.

Es muss auch der umgekehrte Vorgang, d. h. die Ablösung des Adsorbats von der Oberfläche (Desorption) erfolgen, so dass sich jeweils dynamische Gleichgewichte zwischen Adsorption und Desorption an verschiedenen Stellen der Oberfläche einstellen können.

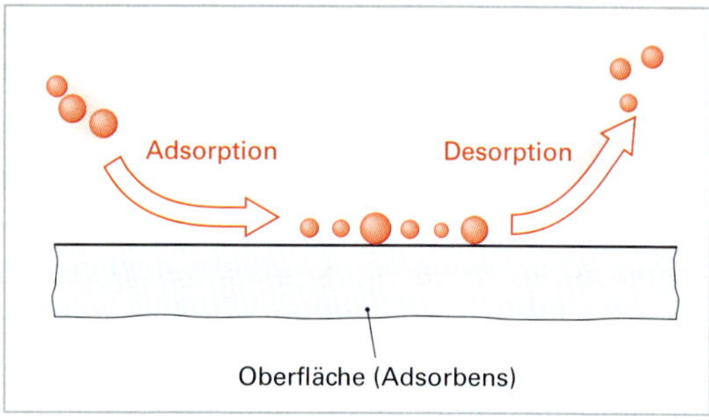

Bild 1: Gleichgewicht zwischen Adsorption und Desorption

Betrachtet man die Adsorption des Gases Stickstoff am Adsorbens Aktivkohle, so stellt man fest, dass die adsorbierte Menge an Stickstoff auf der Oberfläche des Adsorbens Aktivkohle von der Temperatur und vom Druck des Adsorbats (Stickstoff) abhängig ist.

Trägt man die Menge des adsorbierten Stoffes als Volumen pro Masse Adsorbens in Abhängigkeit vom Druck des Stickstoffs auf, so ergibt sich bei konstanter Temperatur, eine **Adsorptionsisotherme** (Kurve in **Bild 2**).

Anfangs verhalten sich die adsorbierten Teilchen ideal: mit steigendem Druck steigt linear auch das adsorbierte Gasvolumen bezogen auf die Masse der Aktivkohle an. Sobald aber die Oberfläche zunehmend mit adsorbierten Stickstoff-Molekülen belegt ist, nimmt die Adsorption auch bei weiter steigendem Druck nicht mehr im gleichen Maße zu wie bei niedrigem Druck.

Bereits angelagerte Gasteilchen hemmen die Adsorption weiterer N_2-Moleküle. Dies führt zu einem Abflachen der Isotherme mit steigendem Druck und erreicht schließlich einen Grenzwert. Das bedeutet, dass kein weiterer Stickstoff adsorbiert wird (**Bild 2**).

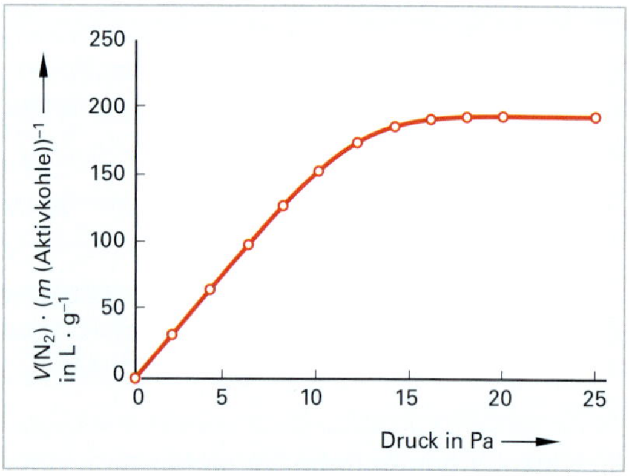

Bild 2: Adsorptionsisotherme des Stickstoffs an Aktivkohle

Analog zur Adsorption von Gasen an Feststoffen verhalten sich gelöste Teilchen in Lösungsgemischen, die ebenfalls an Feststoffen adsorbiert werden können. Ein Beispiel ist die bereits erwähnte Trennung des Gemisches der Chlorophyll-Farbstoffe, die in Petrolether gelöst und an Calciumcarbonat verschieden stark adsorbiert werden. Dabei hängt hier die adsorbierte Menge Farbstoff von den Farbstoffstoffmengenkonzentrationen in der Lösung ab, wenn die Temperatur konstant ist.

Der zweite noch häufiger vorkommende Wechselwirkungstyp in der Chromatografie beruht auf dem **Verteilungsprinzip**.

Man spricht vom **Prinzip der Verteilung**, wenn zwei praktisch nicht miteinander mischbare Flüssigkeiten vorliegen und eine dritte Komponente sich in diesen zwei Flüssigkeiten löst. Nach *Walther Nernst* (1864–1941) bildet sich zwischen den beiden Flüssigkeitsphasen ein temperaturabhängiges, dynamisches **Verteilungsgleichgewicht** aus.

Das nach *Nernst* benannte Verteilungsgesetz lautet (s. Kap. 2.5.2, S. 66):

$K = \dfrac{c_1}{c_2}$	K	c	**Gl. 17.12**
	1	$mol \cdot L^{-1}$	

K ist eine temperaturabhängige Konstante und wird als ***Nernst*scher Verteilungskoeffizient** bezeichnet. Während c_1 die Stoffmengenkonzentration eines gelösten Stoffes in der flüssigen Phase 1 und c_2 die Stoffmengenkonzentration dieses gelösten Stoffes in der Phase 2 bedeuten.

Für die Verteilung von Iod zwischen den nicht mischbaren Flüssigkeiten Wasser H_2O und Chloroform $CHCl_3$ gilt dann:

$$K = \frac{c(I_2/CHCl_3)}{c(I_2/H_2O)}$$

Das folgende **Beispiel 17.11** zeigt die Berechnung des Verteilungskoeffizienten von Iod zwischen den Lösemitteln Wasser und Chloroform. Dabei ist immer zu beachten, dass die Konzentrationen, die nach der Einstellung des Gleichgewichts vorliegen, in die Gleichung eingesetzt werden.

Beispiel 17.11: Berechnung des Verteilungskoeffizienten

Bei 20 °C lösen sich in Chloroform 200 mmol · L^{-1} I_2, während sich in Wasser nur 1,67 mmol · L^{-1} lösen. Daraus soll der Verteilungskoeffizient von Iod zwischen den beiden Lösemitteln Chloroform und Wasser berechnet werden.

Lösung:

Wendet man den *Nernst*schen Verteilungssatz (**Gleichung 17.12**) an, so erhält man folgende mathematische Beziehung:

$$K = \frac{c(I_2/CHCl_3)}{c(I_2/H_2O)} = \frac{200 \text{ mmol} \cdot L^{-1}}{1{,}67 \text{ mmol} \cdot L^{-1}} \approx 119{,}8$$

Der Verteilungskoeffizient K beträgt 119,8.

Festes Iod löst sich in diesen Flüssigkeiten molekular (I_2 im **Bild 1** als Doppelkreise symbolisiert) und verteilt sich zwischen ihnen im Verhältnis der betreffenden Löslichkeiten. Wenn sich Iod zwischen Chloroform und Wasser verteilt, so wird ungeachtet der Menge der flüssigen Phasen, die Stoffmengenkonzentration des Iods in der Chloroform-Phase ca. 120mal größer als in der wässrigen Phase sein.

Im **Beispiel 17.11** verteilt sich das Iod durch seine unterschiedliche Löslichkeit in den beiden nicht miteinander mischbaren Flüssigkeiten Wasser und Chloroform. Der Grund für diese unterschiedliche Löslichkeit liegt in der Polarität der beteiligten Stoffe. Das unpolare Iod löst sich besser im schwach polaren Chloroform als im stark polaren Wasser.

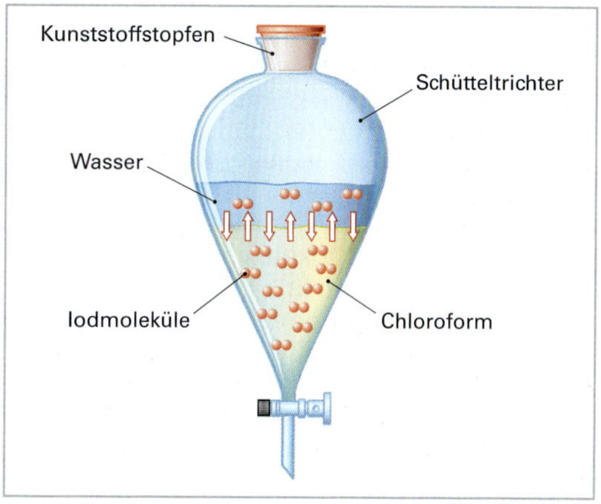

Bild 1: Verteilungsgleichgewicht von Iod-Molekülen zwischen Wasser und Chloroform

Ein zweiter zugegebener Stoff wird sich unabhängig vom Iod ebenfalls entsprechend seinen eigenen Löslichkeiten in den beiden Flüssigkeiten verteilen. Diese Tatsache eröffnet einen Weg zur Trennung von Stoffgemischen durch die verschiedene Verteilung der Gemischkomponenten in den beiden Lösemitteln.

Die Anwendung dieses Verteilungsprinzips erfolgt auch bei der Flüssigchromatografie in Säulen.

17.4.2 Flüssigchromatografie in Säulen

Man kann entsprechend der mobilen Phase die chromatografischen Methoden auf einfache Weise einteilen (**Tabelle 1**). Die in der Tabelle erwähnten chromatografischen Methoden Hochleistungs-Flüssigchromatografie HPLC oder Gaschromatografie GC werden ausführlich in „Fachwissen Chemie 2" behandelt.

Die stationäre Phase kann ein festes Material oder ein mit einem Flüssigkeitsfilm belegter Feststoff (also eigentlich eine Flüssigkeit) sein.

Tabelle 1: Chromatografische Methoden

Mobile Phase	Stationäre Phase in oder auf	Name	Abkürzung
Flüssigkeit	Säule	Flüssigkeitschromatografie	LC
Flüssigkeit	Platte	Dünnschichtchromatografie	DC
Gas	Säule	Gaschromatografie	GC

Im Hinblick auf die bei den genannten Verfahren vorkommenden Wechselwirkungen ist keine eindeutige Zuordnung möglich. Adsorptions- und Verteilungsvorgänge laufen häufig nebeneinander in jeweils unterschiedlichem Umfang ab. Soll ein Gemisch aus verschiedenen Komponenten durch Chromatografie getrennt werden, müssen die einzelnen Komponenten unterschiedlich von der stationären Phase adsorbiert und desorbiert werden. Beim Einsatz einer Trennsäule benötigen die Einzelkomponenten unterschiedliche Zeit für das Durchlaufen der Säule.

Das **Bild 1** zeigt ein typisches **Chromatogramm** einer Zweikomponentenmischung, das mit einem **Säulenchromatografen** erhalten wurde. Diese Komponenten könnten zwei Farbstoffe aus dem Chlorophyll-Gemisch von *Tswett* sein, die hier der Einfachheit wegen A und B genannt werden. Während die Auftrennung der Chlorophyll-Farbstoffe auf der Säule mit bloßem Auge sichtbar ist, erfordert die Auftrennung der meisten Stoffgemische eine elektrische Anzeige (Detektion) durch ein besonderes Geräteteil, den Detektor. Ein Detektor misst am Ende der Säule ständig eine bestimmte physikalische Größe, wie zum Beispiel die UV-Absorption. Diese Größe wird meistens in eine elektrische Größe (zum Beispiel die Stromstärke), auch **Signal** genannt, umgewandelt und mit einem Schreiber in Abhängigkeit von der Zeit t aufgezeichnet.

Die elektrischen Signale des Detektors werden von den Teilchen der Komponenten im Detektor erzeugt. Die Stärke der Signale ist von der Anzahl der Teilchen im Durchflussvolumen bzw. von der Konzentration abhängig. Im Chromatogramm sind dann entsprechend der Anzahl der Komponenten zwei Detektorsignale in Form sogenannter **Peaks** erkennbar.

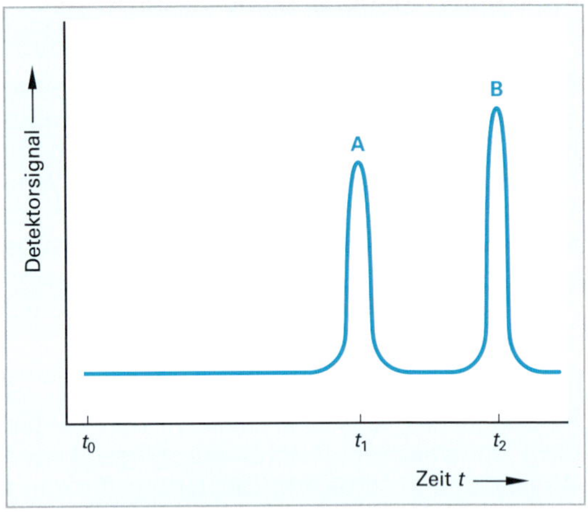

Bild 1: Chromatogramm einer getrennten Zweikomponentenmischung

Im Chromatogramm von **Bild 1** ist das Detektorsignal in Abhängigkeit von der Zeit aufgezeichnet. Zum Zeitpunkt t_0 wird das Substanzgemisch mit den Komponenten A und B auf die Säule gegeben. Sobald Teilchen der Substanz A bzw. später auch der Substanz B am Detektor ankommen, ist das Detektorsignal erhöht. Wie aus der Form der Peaks zu erkennen ist, sind einige wenige Teilchen des jeweiligen Stoffs schneller als die Mehrzahl, die das Maximum des Peaks bilden. Die Maxima der Detektorsignale erscheinen zu verschiedenen Zeiten (t_1 und t_2), die man **Retentionszeiten** oder **Bruttoretentionszeiten** nennt. Sie entsprechen den Zeiten der Peakmaxima, also den Zeiten, an denen jeweils die meisten Teilchen einer Komponente am Säulenende ankommen.

Je schmaler ein Peak ist, desto enger bleiben die Teilchen einer Gemischkomponente bei ihrer Wanderung von der Probenaufgabe bis zum Detektor zusammen.

Durch Diffusionsvorgänge in der Säule wird die Geschlossenheit der Teilchen einer Komponente beeinträchtigt. Diese Diffusionsvorgänge treten besonders bei zu langen Säulen oder langsamen Wanderungsgeschwindigkeiten der mobilen Phase auf. Die Folge ist eine Verbreiterung der Peaks, was dann auch eine schlechtere Trennung der Komponenten bedeuten kann (**Bild 1**).

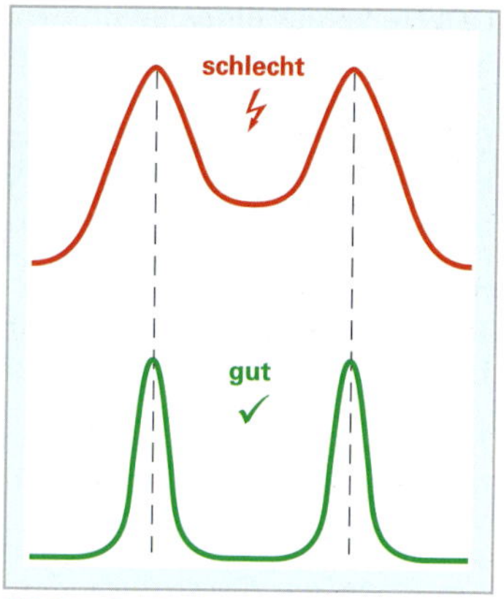

Bild 1: Peakverbreiterung und Trennung

Aus den Retentionszeiten der unbekannten Probenkomponenten kann man durch Vergleich mit Retentionszeiten von **Referenz-** oder **Vergleichssubstanzen** eine Aussage über die Identität des Stoffs treffen. Jedoch sind stark verbreiterte Peaks nicht mehr eindeutig identifizierbar, da sich unter Umständen die Peaks mehrerer Komponenten überlagert haben können. Die Substanzidentifizierung durch Vergleich der Retentionszeiten ist aber nicht sehr aussagekräftig, vor allem dann, wenn das Chromatogramm relativ viele Peaks enthält.

Bei guter Trennung können die Flächen unter den Peaks bestimmt werden. Diese Peakflächen können zur quantitativen Analyse der Probenkomponenten herangezogen werden (s. S. 531). Die Chromatografie ist ein Trennverfahren und dient vor allem zur **quantitativen Analyse** und zur Substanzidentifizierung.

Für die Säulenchromatografie in ihrer einfachsten Ausführung genügt eine Säule mit entsprechender Füllung als stationäre Phase. Die Säule ist oben mit einem Vorratsgefäß für das **Elutionsmittel** verbunden. Das Elutionsmittel (mobile Phase) ist ein **Lösemittel** oder ein **Lösemittelgemisch**, das die zu trennenden Substanzen durch die Säule transportiert. Zwischen den zu trennenden Substanzen an der stationären Phase und dem Elutionsmittel bilden sich ständig neue dynamische Gleichgewichte aus. Dabei muss die Wechselbeziehung zwischen den Substanzen und dem Elutionsmittel größer sein als zwischen den Substanzmolekülen und der stationären Phase. Diesen Ablöseeffekt der Substanzen von der stationären Phase verbunden mit dem Teilchentransport durch die Säule nennt man **Elution**. Am Ende der Säule sollten die getrennten Gemischkomponenten nacheinander und einzeln detektiert werden können.

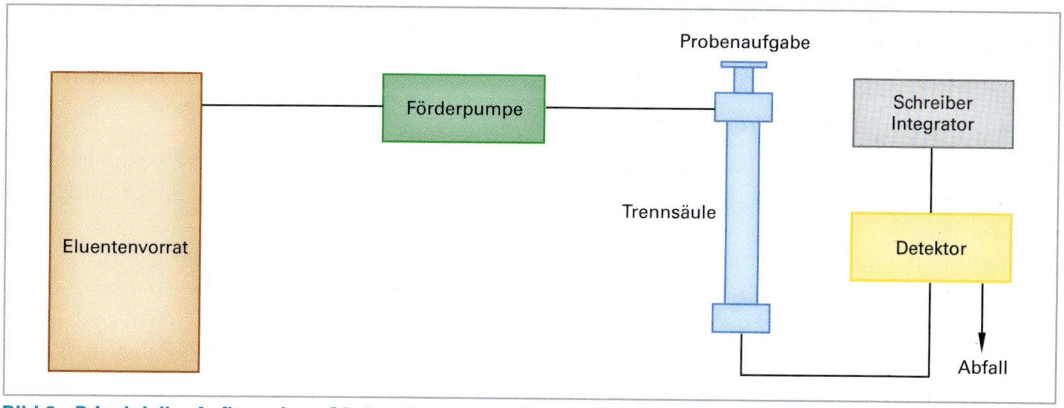

Bild 2: Prinzipieller Aufbau eines Säulenchromatografen

Weiter entwickelte **Säulenchromatografen** (**Bild 2**) sind komplizierter aufgebaut. Aus einem Behälter wird der Eluent mit Hilfe einer Förderpumpe durch die Säule und den Detektor transportiert. Da die Messung der Retentionszeiten sehr wichtig ist, muss die mobile Phase (Elutionsmittel und Probenkomponente) mit einem sehr konstanten Volumenstrom über die Trennsäule und das Detektorsystem gefördert werden. Das Probengemisch selbst wird am Säulenkopf entweder manuell mit einer Spritze über ein Ventil oder durch ein automatisches Probenaufgabesystem auf die Säule gegeben (injiziert). Dieser Vorgang erfolgt am besten bei kontinuierlich strömender mobiler Phase.

Das Herzstück eines jeden Chromatografen stellt die **Trennsäule** dar. Als Hülle für das Säulenmaterial werden hauptsächlich Edelstahl- oder Glasrohre eingesetzt. Die darin befindliche stationäre Phase (Säulenmaterial) füllt den gesamten Säulenquerschnitt über die gesamte Säulenlänge aus. Diese Säulen werden als **gepackte Säulen** bezeichnet. Früher war es üblich, die Säulen mit der entsprechenden stationären Phase selbst zu füllen. Diese hatten meistens den Nachteil, dass sie nicht optimal gefüllt waren, so dass sogenannte Totvolumina entstanden, die eine Peakverbreiterung und damit eine Verschlechterung der Auflösung des Chromatogramms verursachten.

Totvolumina sind Bereiche innerhalb des chromatografischen Systems, die nicht zur Trennung beitragen, da dort keine stationäre Phase vorhanden ist.

Heute werden daher nur noch industriell hergestellte gepackte Fertigsäulen mit optimalen Füllungen eingesetzt. Die Säulen sind an beiden Enden mit einer Metall-Fritte bzw. Glas- oder Metall-Wolle verschlossen.

Am Ende der Säule befindet sich der **Detektor**. Man unterscheidet universelle, selektive und spezifische Detektoren. Universelle Detektoren sprechen auf alle detektierbaren Stoffe an, die die Säule verlassen (Messung der elektrischen Leitfähigkeit, Messung der Änderung von Brechungsindizes). Dagegen zeigen selektive Detektoren nur Stoffe mit bestimmten Elementen oder Strukturen an (Fluoreszenzdetektor, amperometrische Detektoren). Mit spezifischen Detektoren können sogar qualitative Bestimmungen einer Substanz durchgeführt werden (Massenspektrometer, s. Band 2).

Wie in **Bild 1** dargestellt ist, wird das Probengemisch, das aus den Komponenten A (blau) und B (rot) besteht, zum Zeitpunkt t_0 auf den Anfang der Säule gegeben.

Die Probenkomponenten verteilen sich zwischen stationärer und mobiler Phase und werden durch Zugabe von weiterer mobiler Phase, dem Elutionsmittel oder Eluent, gezwungen, mit der mobilen Phase nach unten zu wandern. Dabei findet immer wieder eine neue Verteilung von A und B zwischen mobiler und stationärer Phase statt.

Durch die kontinuierliche Zugabe von weiterem Eluent werden die jeweils nicht an der stationären Phase gebundenen Teilchen weitertransportiert bis sie an anderer Stelle weiter unten wieder eine Wechselwirkung mit der stationären Phase eingehen.

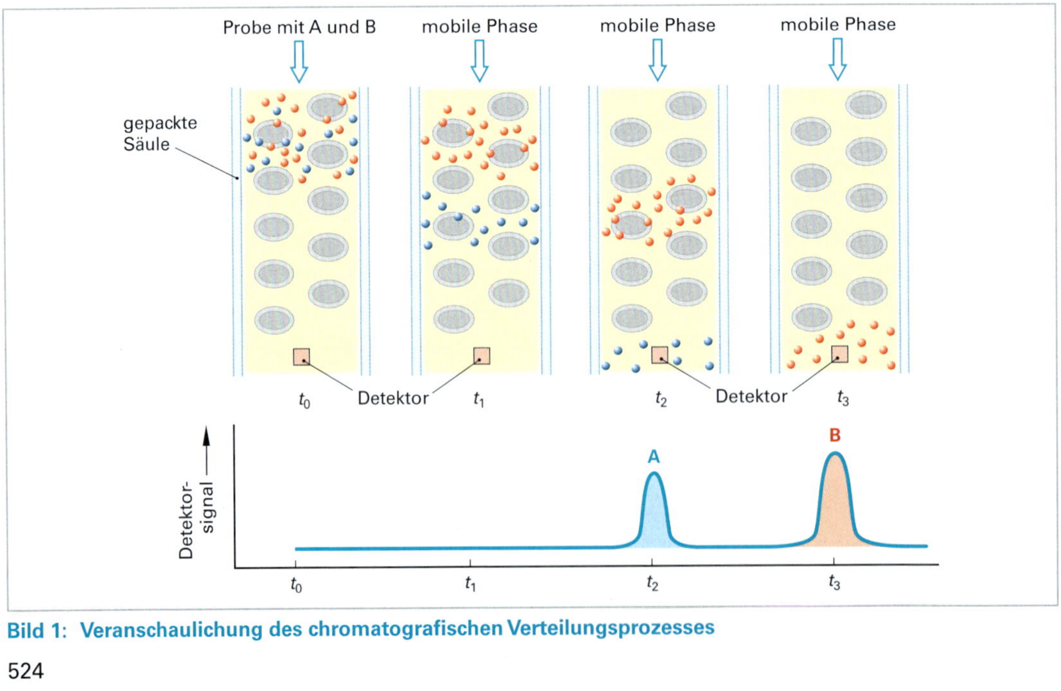

Bild 1: Veranschaulichung des chromatografischen Verteilungsprozesses

Die **Wanderungsgeschwindigkeiten** der einzelnen Probenkomponenten hängen von der Zeit ab, während der sie sich mit der mobilen Phase bewegen. Wird eine Komponente stärker gebunden (B) als die andere (A), so bedeutet das, dass Komponente B langsamer wandert als A.

Die vier Säulen in **Bild 1**, S. 524 zeigen den Fortschritt des chromatografischen Trennprozesses zu den vier Zeitpunkten t_0, t_1, t_2 und t_3. Dabei ist der längere Aufenthalt der Komponente B in der stationären Phase zu erkennen, was zu einer längeren Retentionszeit t_3 führt. Außerdem zeigt die größere Peakfläche für B an, dass von B eine höhere Teilchenanzahl vorhanden ist.

An dieser Stelle sei noch einmal darauf hingewiesen, dass je nach Beschaffenheit und Aufbau der stationären Phase sowohl Verteilung aufgrund unterschiedlicher Löslichkeiten als auch Adsorption und Desorption die Ursache für die unterschiedliche Retention der Gemischkomponenten sein können.

Aus Chromatogrammen lassen sich Aussagen zur Wanderungsgeschwindigkeit machen.

Der Übergang einer Analytsubstanz A zwischen der mobilen und der stationären Phase wird durch ein Verteilungsgleichgewicht bestimmt:

$A_{mobil} \leftrightarrows A_{stationär}$

Den Verteilungskoeffizienten K für dieses Gleichgewicht erhält man, indem man den Quotienten aus der Konzentration in der stationären Phase $c(A)_S$ und der Konzentration der mobilen Phase $c(A)_m$ bildet:

$$K = \frac{c(A)_S}{c(A)_m}$$

K	$c(A)_S$	$c(A)_m$
1	$mol \cdot L^{-1}$	$mol \cdot L^{-1}$

Gl. 17.13

Der Verteilungskoeffizient kann jedoch nicht direkt aus dem Chromatogramm entnommen werden. Unmittelbar ablesbar hingegen ist die Retentionszeit. Sie wird mit dem Symbol t_R charakterisiert.

Bild 1 zeigt ein Chromatogramm von zwei getrennten Komponenten. Der Unterschied zum Chromatogramm aus **Bild 1**, S. 522, besteht darin, dass eine der beiden Substanzen nicht von der stationären Phase retardiert, d. h. nicht festgehalten wurde.

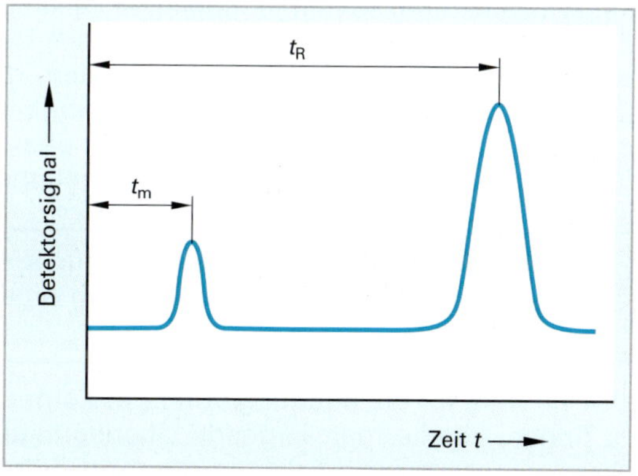

Bild 1: Mobilzeit und Retentionszeit

Der kleine Peak bei der Zeit t_m stammt von einer Verbindung, die nicht zurückgehalten wird, deren kleinste Teilchen also keine Wechselwirkung mit der stationären Phase erfahren haben. Der Index m steht hier für mobil, d. h. die **Mobilzeit t_m** (Totzeit) entspricht gerade der Zeit, welche die Moleküle der mobilen Phase brauchen, um die Säule zu passieren. Häufig wird sie auch als **Durchflusszeit** bezeichnet und entspricht der Zeit, die der Eluent (mobile Phase) benötigt, um vom Injektor zum Detektor zu gelangen. Da die mobile Phase in der Regel kein Signal erzeugt, werden zur Bestimmung der Durchflusszeit sogenannte **Inertsubstanzen** injiziert. Diese Substanzen dürfen nicht von der stationären Phase zurückgehalten werden, der Detektor muss sie aber registrieren können.

Für die Moleküle des Eluenten errechnet sich die **mittlere Lineargeschwindigkeit $\bar{u}$** aus der Säulenlänge l und der Durchflusszeit t_m:

$$\bar{u} = \frac{l}{t_m}$$

$\bar{u}$	l	t_m
$cm \cdot s^{-1}$	cm	s

Gl. 17.14

17

Die mittlere Wanderungsgeschwindigkeit $\bar{v}$ einer Substanz kann aus der experimentell ermittelten Retentionszeit t_R dieser Komponente und der Säulenlänge l errechnet werden.

$$\bar{v} = \frac{l}{t_R}$$

$\bar{v}$	l	t_R
$cm \cdot s^{-1}$	cm	s

Gl. 17.15

Der **Kapazitätsfaktor k'** oder **Retentionsfaktor** ist ein Maß dafür, um wie viel länger sich Moleküle einer Probe an oder in der stationären Phase als in der mobilen Phase aufhalten. Der Retentionsfaktor lässt sich mit der folgenden Gleichung einfach berechnen:

$$k' = \frac{t_R - t_m}{t_m}$$

k'	t_R	t_m
1	min	min

Gl. 17.16

Der Kapazitätsfaktor k' kann also direkt aus dem Chromatogramm über die Retentionszeiten der interessierenden Komponente und der Durchflusszeit ermittelt werden.

Bild 1 verdeutlicht den Begriff des Kapazitätsfaktors: von 5 Teilchen befinden sich jeweils eines in der mobilen und vier in der stationären Phase (Gleichgewicht). Dieses Stoffmengenverhältnis entspricht gleichzeitig auch dem Verhältnis der Verweil- bzw. Retentionszeiten, wobei die sogenannte **Nettoretentionszeit $t_R - t_m$** dem Zeitanteil der in der stationären Phase befindlichen Teilchen entspricht. t_m entspricht dem Zeitanteil der Teilchen in der mobilen Phase (Durchflusszeit).

Kapazitätsfaktoren sollten in günstigen Fällen im Bereich von 1 bis 5 liegen. Ist der Kapazitätsfaktor deutlich kleiner als 1, dann werden die Verbindungen zu schnell eluiert, da sich deren Retentionszeit von der Retentionszeit der mobilen Phase kaum unterscheidet. Liegt der Kapazitätsfaktor über 5, ergeben sich für die Praxis oft unerwünscht lange Retentionszeiten.

Der **Kapazitätsfaktor k'** ist ein Maß für die Wanderungsgeschwindigkeit bzw. für die Retention einer Substanz in einer Säule.

$$k' = \frac{\text{Menge (Verweilzeit) in der stationären Phase}}{\text{Menge (Verweilzeit) in der mobilen Phase}}$$

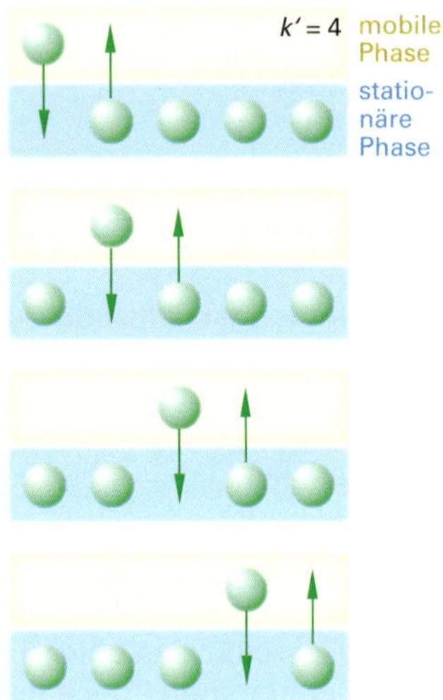

Bild 1: Modellvorstellung zum Kapazitätsfaktor

Um ein **Maß für die Trennung** von zwei Komponenten A und B zu finden, könnte man folgende Überlegungen anstellen: die Wanderungsgeschwindigkeiten der zwei Substanzen in der Säule werden umso unterschiedlicher, je verschiedener die Verteilungskoeffizienten sind. Besitzen beide den gleichen Verteilungskoeffizienten, so werden sich beide Komponenten gleich häufig in der stationären bzw. der mobilen Phase aufhalten, d. h. ihre Retentionszeiten wären gleich. Es erfolgt keine Trennung. Als Maß für die Trennwirkung kann man den Quotienten der Verteilungskoeffizienten zweier zu trennender Substanzen benutzen. Das Symbol für den **Trennfaktor** oder **Selektivitätsfaktor** ist α.

Die Verteilungskoeffizienten K_B und K_A sind schwer zugänglich. Dagegen können aber die Kapazitätsfaktoren $k'(A)$ und $k'(B)$ aus dem Chromatogramm berechnet werden. Diese sind wiederum proportional zu den Verteilungskoeffizienten. Deshalb gilt:

$$\alpha = \frac{k'(B)}{k'(A)}$$

α	$k'(A)$	$k'(B)$
1	1	1

Gl. 17.17

α gibt Auskunft über das Verhältnis der Nettoretentionszeiten zweier getrennter Substanzen A und B. Der Selektivitätsfaktor α von zwei Substanzen ist bei gleichbleibenden chromatografischen Bedingungen konstant.

Der **Selektivitätsfaktor** α sagt allerdings nichts über die Überlappung zweier Peaks aus. Deshalb wurde ein zweiter Parameter zur Beurteilung der Trennung zweier Peaks eingeführt: die **Auflösung** oder **Resolution** R_S. Dieser Parameter wird im Gegensatz zum Selektivitätsfaktor α von den Peakfußbreiten W_A und W_B mitbestimmt.

Die Formel für die Auflösung R_S lautet:

$$R_S = \frac{2(t_{RB} - t_{RA})}{W_A + W_B}$$

R_S	t_R	W
1	min	min

Gl. 17.18

Ist der R_S-Wert größer als 1,5 spricht man von **basisliniengetrennten Peaks**.

Beispiel 17.12: Aussagen über die Peaktrennung

An einem Chromatogramm verschiedener pharmazeutischer Substanzen (**Bild 1**) sollen Aussagen über die Peaktrennung getroffen werden. Die Daten des Chromatogramms sind in **Tabelle 1** zusammengefasst.

Lösung:

Aus **Tabelle 1** sind die Daten zu dem obenstehenden Chromatogramm zu entnehmen. Dabei handelt es sich bei dem Peak mit der Nummer 0 um den Peak einer Inertsubstanz. Die Durchflusszeit t_m ist notwendig zur Berechnung der Selektivitätsfaktoren zwischen den Substanzen 2 und 3 ($\alpha(2/3)$) sowie den Substanzen 3 und 4 ($\alpha(3/4)$).

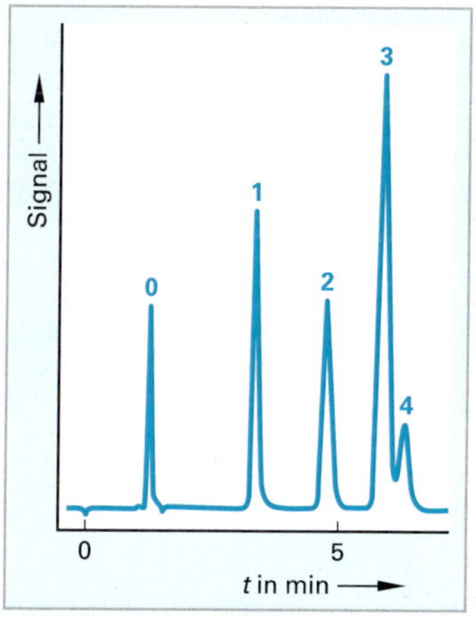

Bild 1: Chromatogramm von Pharmazeutika

$$\alpha(2/3) = \frac{t_{R3} - t_m}{t_{R2} - t_m} = \frac{5{,}78 - 1{,}16}{4{,}69 - 1{,}16} \approx 1{,}31$$

$$\alpha(3/4) = \frac{t_{R4} - t_m}{t_{R3} - t_m} = \frac{6{,}25 - 1{,}16}{5{,}78 - 1{,}16} \approx 1{,}10$$

Bei beiden Werten könnte man auf eine Trennung der Substanzen 2 und 3 sowie 3 und 4 bei entsprechend schlanken Peaks, d. h. geringer Peakfußbreite, schließen. Um aber sicher ohne Chromatogramm zu erkennen, ob die Peaks 2 bis 4 basisliniengetrennt sind, müssen die Auflösungen $R_S(2/3)$ und $R_S(3/4)$ berechnet werden:

$$R_S(2/3) = \frac{2\,(t_{R3} - t_{R2})}{W_2 + W_3} = \frac{2\,(5{,}78 - 4{,}69)}{0{,}42 + 0{,}44} \approx 2{,}5$$

$$R_S(3/4) = \frac{2\,(t_{R4} - t_{R3})}{W_3 + W_4} = \frac{2\,(6{,}25 - 5{,}78)}{0{,}44 + 0{,}55} \approx 0{,}9$$

Tabelle 1: Komponententafel zum Beispiel-Chromatogramm

Peak-Nr.	t_R in min	W in min
0	1,16	0,24
1	3,23	0,31
2	4,69	0,42
3	5,78	0,44
4	6,25	0,55

Ergebnis:

Die Auflösung R_S der Peaks 2 und 3 ist mehr als ausreichend, während die Peaks 3 und 4 nicht vollständig getrennt sind. Aus dem R_S-Wert von 0,9 kann man diese Tatsache auch ohne Chromatogramm erkennen.

17

> Der **Selektivitätsfaktor** α gibt nur Auskunft über das Verhältnis der Nettoretentionszeiten zweier getrennter Substanzen, für die Beurteilung der Trennung zweier Peaks bis zur Basislinie muss auch die Auflösung R_S berechnet werden.

In **Bild 1** wird das Verteilungsprinzip, das sowohl bei der Flüssig- als auch bei der Gaschromatografie zur Trennung ausgenutzt wird, veranschaulicht. Das Bild zeigt den Stoffaustausch und den Stofftransport einer Komponente durch eine Säule. Man kann sich eine Säule in einzelne Bereiche (theoretische Böden) unterteilt vorstellen. Am Säulenanfang sind alle Teilchen einer Substanz sehr eng beisammen. In jedem Bereich stellen sich Phasengleichgewichte zwischen der stationären und der mobilen Phase senkrecht zur Transportrichtung ein. Die Gleichgewichtseinstellung ist abhängig von der flüssigen oder gasförmigen Substanz.

Durch die Bewegung des Eluenten oder des Trägergases bewegt sich die Substanz, die sich jeweils in der mobilen Phase befindet, entlang der stationären Phase. Dies bedeutet einen schrittweisen Übergang von einer Trennstufe, in der Gleichgewicht herrscht, zur nächstfolgenden. Am Detektor sind die Teilchen einer Substanz nicht mehr so eng zusammen wie am Beginn. Die zeitliche Verteilung, bei der die Teilchen am Detektor ankommen, hängt von der Zahl der Gleichgewichtseinstellungen bzw. der Zahl der theoretischen Böden (HETP) ab. Je schmaler ein Peak ist, desto enger bleiben die Teilchen einer Komponente zusammen und desto kleinräumiger sind demnach auch die Trennstufen, in denen man sich die Gleichgewichtseinstellung modellhaft vorstellen kann.

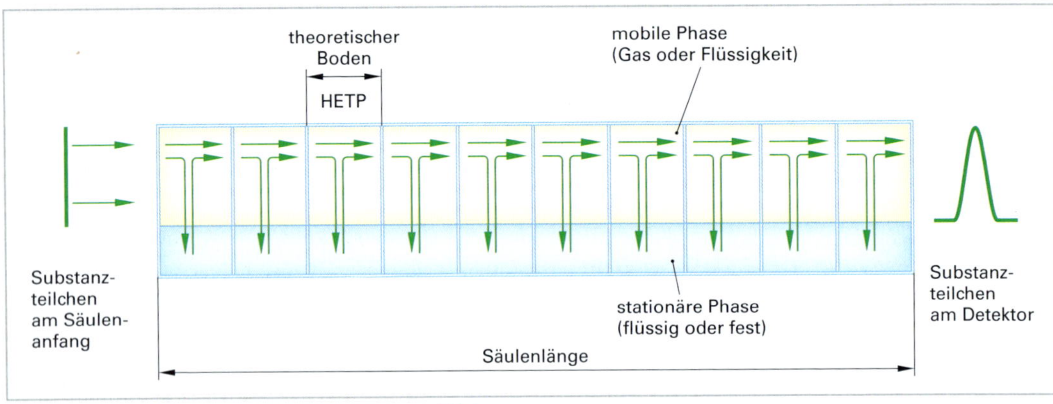

Bild 1: Modellvorstellung der theoretischen Böden

Aus der Destillationstechnik, bei der es auch um die Trennung von Stoffgemischen geht, hat man für jede Trennstufe den Begriff des theoretischen Bodens übernommen (s. Kap. 3.6.3, S. 93). Die Abkürzung HETP steht für ***height equivalent of a theoretical plate*** – Höhenäquivalent eines theoretischen Bodens. Je kleiner das Höhenäquivalent, desto mehr Trennstufen sind für das Trennproblem erforderlich.

Daraus ergibt sich die qualitative Überlegung, dass die **Trennstufenzahl *N*** umso größer sein muss, je schmaler der Peak ist. Das Maß dafür ist entweder die Basislinienbreite oder auch **Peakfußbreite *W*** bzw. die **Peakbreite auf halber Peakhöhe $W_{1/2}$** (**Bild 2**).

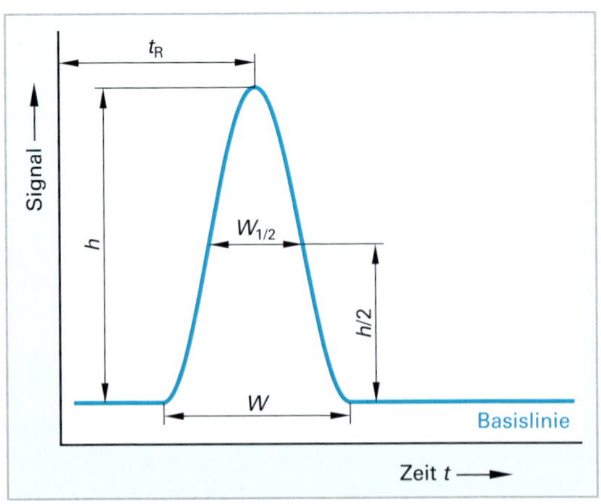

Bild 2: Wichtige Kenngrößen eines Peaks

Die Trennstufenzahl *N* kann man durch folgende Gleichung berechnen:

$$N = 16 \left(\frac{t_R}{W}\right)^2$$

N	t_R	W
1	min	min

Gl. 17.19

Die Trennstufenzahl lässt sich aus einem Chromatogramm durch Bestimmen der Retentionszeit und der Basislinienbreite des Peaks bestimmen.

Da man die Peakbreite auf halber Peakhöhe eines Peaks etwas genauer ermitteln kann, vorausgesetzt, der Peak ist nicht zu schmal, erhält man mit der untenstehenden Gleichung bessere Ergebnisse:

$$N = 5{,}54 \left(\frac{t_R}{W_{1/2}}\right)^2$$

N	t_R	$W_{1/2}$
1	min	min

Gl. 17.20

Durch den Quotienten aus Länge der Säule l und die Trennstufenzahl N erhält man die Trennstufenhöhe H:

$$H = \frac{l}{N}$$

H	l	N
m	m	1

Gl 17.21

Je kleiner die **Trennstufenhöhe *H*** bzw. je größer die **Trennstufenzahl *N*** ist, desto höher ist die **Säuleneffizienz** und damit die erzielbare Auflösung.

Am Anfang jeder chromatografischen Trennung steht die Optimierung des Trennsystems. Der Chromatograf muss effektive Trennungen in möglichst kurzen Analysenzeiten liefern.

Die Optimierung erfolgt systematisch nach stationärer und mobiler Phase. Bei der **stationären Phase** spielt zunächst die Polarität der Festkörperteilchen (Adsorption) bzw. der Flüssigkeit auf dem festen Trägermaterial (Verteilung) eine Rolle. Dabei gilt in erster Näherung die Faustregel: „Gleiches löst sich in Gleichem". Das bedeutet, dass man ein polares Gemisch auch mit einer polaren stationären Phase in der Säule trennt. Entsprechendes gilt natürlich auch für unpolare Mischungen. Da es aber dafür keine geeigneten unpolaren Feststoffe gibt, können nur mit unpolaren Flüssigkeiten beschichtete Trägermaterialien eingesetzt werden (s. Band 2).

Diese Feststoffe sollten eine möglichst geringe Korngröße oder im Fall der mit Flüssigkeitsfilm beschichteten Trägermaterialien eine möglichst geringe Filmdicke besitzen.

Durch eine größere Säulenlänge l erhöht man die Trennstufenzahl N (Bodenzahl) und damit auch den Trenneffekt. Je länger die Säule, desto breiter werden aber auch die Peaks.

Schließlich erreicht man mit einem kleinen Säulendurchmesser eine bessere Trennung als mit einem größeren, weil die Substanzen enger zusammenbleiben. Man erhält so schmalere Peaks.

Die **mobile Phase** ist flexibler zu handhaben, so dass zuerst hier Änderungen der Parameter vorgenommen werden sollten. Dies ist möglich über die Messbedingungen und über die Auswahl eines geeigneten Fließmittels.

Eine weitere Möglichkeit der Optimierung besteht in der Änderung der **Fließgeschwindigkeit**. Eine zu hohe Fließgeschwindigkeit führt zu einer schlechten Auflösung der Peaks. Ist dagegen die Eluentengeschwindigkeit zu niedrig, verbreitern sich die Peaks und die Analysenzeiten werden zu lang. Wie bei der stationären Phase beeinflusst die Polarität des Lösemittels die Trennung. Auch hier trennt man am besten polare Gemische mit polaren Lösemitteln sowie unpolare Mischungen mit unpolaren Eluenten.

Im **Bild 1** sind zwei Chromatogramme eines Gemisches aus sechs Komponenten zu erkennen, die beide mit jeweils einem anderen Lösemittel (A und B) getrennt wurden. In Chromatogramm a (mit Lösemittel A) sind nur die Peaks 1 und 2 optimal getrennt. Die Analysenzeit für die Substanzen 5 und 6 ist viel zu lang, außerdem sind diese Peaks so stark verbreitert, dass es schwierig sein kann, sie eindeutig zu identifizieren bzw. zu quantifizieren.

Im Chromatogramm b (mit Lösemittel B) sind die Peaks 1 und 2 gar nicht, 3 und 4 nur unvollständig getrennt. Die Peaks 5 und 6 weisen eine gute Trennung auf bei insgesamt stark verkürzter Analysenzeit.

Die Substanzen besitzen in den beiden Chromatogrammen a und b ein sehr unterschiedliches Retentionsverhalten.

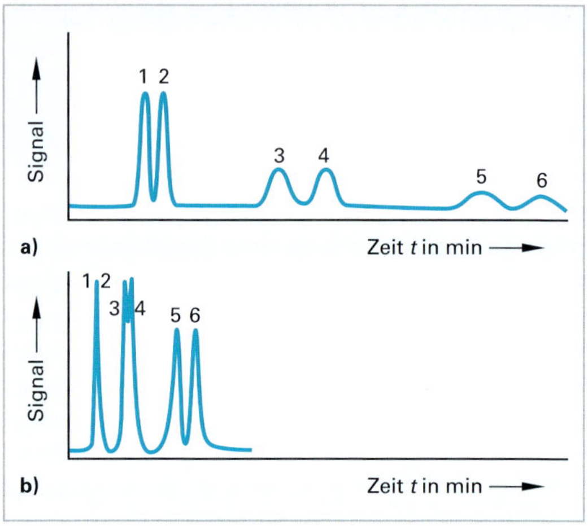

Bild 1: Das Trennungsproblem bei der Flüssigkeitschromatografie

Will man nun alle dieser sechs Komponenten zufriedenstellend voneinander trennen, so muss man während des Trennungsvorgangs die chromatografischen Bedingungen ändern, indem man die Zusammensetzung der mobilen Phase während des Trennungsvorgangs kontinuierlich verändert. Dadurch erreicht man in diesem Beispiel auch eine Verringerung der Analysenzeit sowie schmalere und besser getrennte Peaks.

Praktisch erfolgt dies dadurch, dass aus zwei Lösemittelgefäßen, welche die Lösemittel A bzw. B mit unterschiedlicher Polarität enthalten, mit Hilfe regulierbarer Pumpen ein sich in der Zusammensetzung ständig und definiert veränderndes Gemisch in einer Mischkammer hergestellt wird und auf die Trennsäule gepumpt wird.

Im oben genannten Fall würde man zuerst das Lösemittel A durch das System pumpen, um dann sukzessive die Zusammensetzung des Eluentengemisches definiert so zu verändern, dass der Anteil von Lösemittel B ständig größer und der Anteil von Lösemittel A entsprechend kleiner wird. Wenn zum Beispiel das Lösemittel A polarer ist als das Lösemittel B, so verändert sich die Polarität des Eluentengemisches von polar nach unpolar. Dieses Verfahren wird **Gradientenelution** genannt.

Behält das Lösemittelgemisch dagegen während der gesamten Trennung die gleiche Zusammensetzung, so spricht man von **isokratischer Elution**.

Die **qualitative Information** (qualitative Analyse) von Chromatogrammen steckt im Wert für die Retentionszeit. Man muss sich aber bewusst sein, dass Retentionszeiten eine relativ geringe Reproduzierbarkeit besitzen. Trotzdem kann man mit den Retentionszeiten eine Peak- bzw. Substanzidentifizierung in einem bestimmten Rahmen durchführen. Eine Voraussetzung ist, dass die Zahl der Peaks in einem Chromatogramm nicht zu groß ist.

Übersteigt die Anzahl der in einer Probe vorhandenen Komponenten die Zahl der Peaks, die auf ein Chromatogramm passen, sind überlagerte Peaks sehr wahrscheinlich.

Die Zahl der in ein Chromatogramm passenden Peaks kann man anhand der durchschnittlichen Peakfußbreite dadurch abschätzen, dass man die Gesamtretentionszeit aller Substanzen durch die durchschnittliche Peakfußbreite dividiert.

Wenn man also sicher sein kann, dass keine verdeckten Peaks im Chromatogramm enthalten sind, ist eine Peakzuordnung sinnvoll. Durch Messungen der Retentionsdaten im Vergleich zu einer Standardsubstanz lässt sich die An- bzw. Abwesenheit einer Substanz relativ gut nachweisen.

Häufig wird aber die Chromatografie zur Trennung eines Stoffgemisches benutzt, um die einzelnen, abgetrennten Komponenten z. B. mit spektroskopischen Methoden zu identifizieren.

Grundlage der **quantitativen Analyse** ist für die Säulenchromatografie die Auswertung der Höhe oder Fläche eines Peaks.

Die **Peakhöhe** ist leichter bestimmbar als die **Peakfläche**. Bei der Auswertung der Peakhöhe muss aber garantiert sein, dass keine Veränderungen der Peakform infolge von sich ändernden chromatografischen Bedingungen auftreten. Die Peakhöhe würde dann nicht mehr proportional zur Konzentration sein. Alle Variablen müssen genau kontrolliert werden. Außerdem muss eine Überladung der Säule vermieden werden. Dies äußert sich oft durch eine Aufspaltung von Peaks.

Da die oben genannten Voraussetzungen für eine Peakhöhenauswertung häufig nicht gegeben sind, benutzt man zur Auswertung die Peakfläche. Hierzu bedient man sich heute meistens der computergestützten **Integratoren**. Diese Geräte ermitteln die Flächen unter den Peaks. Bei der Auswertung der Peakflächen spielt eine Peakverbreiterung keine Rolle.

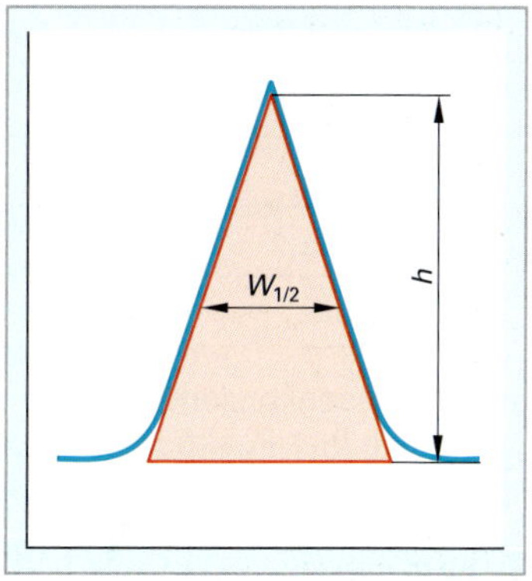

Bild 1: Peakflächenberechnung

Per Hand lassen sich Peakflächen durch Auswertung des Produkts aus Höhe und Breite des Peaks auf halber Höhe näherungsweise erhalten: $A = h \cdot W_{1/2}$ (**Bild 1**). Eine weitere Methode zur Flächenbestimmung besteht darin, die Peaks auszuschneiden und zu wiegen. Durch den Vergleich mit der Masse einer bekannten Fläche an Schreiberpapier lassen sich die Peakflächen bestimmen.

Die chromatografischen Methoden sind **Relativmethoden**, das heißt, eine Kalibrierung erfolgt über einen Vergleich mit Standardsubstanzen.

Die Verwendung von äußeren als auch von inneren Standards ist üblich.

Die Methode der **Kalibrierung durch äußere Standards** besteht darin, eine Standardlösung oder eine Reihe von Standardlösungen herzustellen, die annähernd die gleiche Analytkonzentration wie die unbekannte Probe besitzen.

Bei einer **Einpunktkalibration** setzt man die Fläche unter dem Standardpeak mit der Fläche des Analytpeaks aus der Probe ins Verhältnis und erhält auf einfache Weise die gesuchte Analytkonzentration. Voraussetzung dafür ist, dass die Substanzen der Probe und die Standardsubstanz bei gleicher Stoffmengenkonzentration praktisch gleiche Detektorsignale (z. B. Brechungsindex oder UV-Absorption) liefern.

Beispiel 17.13: Quantifizierung von Pharmazeutika mit Hilfe der Säulenchromatografie

Von einer Probe, die Pharmazeutika enthält, wird unter optimierten Bedingungen ein Chromatogramm erhalten (**Bild 2**).

In dieser Probe sollen die Analyten Doxepin und Trimipramin quantifiziert werden. Die Peaks der zu bestimmenden Analyten Doxepin und Trimipramin sind im Chromatogramm gekennzeichnet. Zusätzlich sind die durch Integration erhaltenen Flächen angegeben. Die Angaben des Kalibriergemisches sind in der **Tabelle 1**, S. 532 aufgelistet.

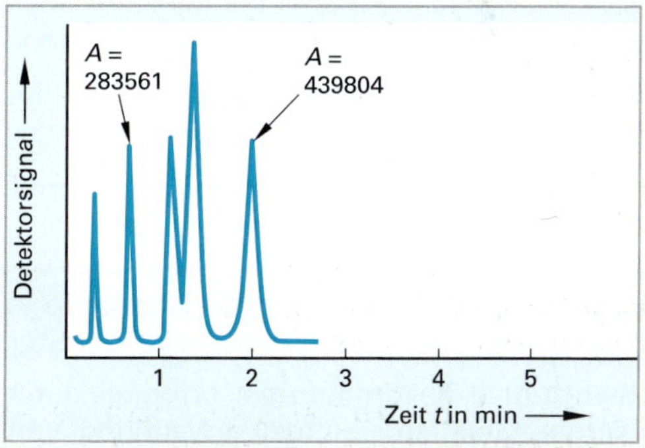

Bild 2: Chromatogramm von Pharmazeutika

Lösung:

Tabelle 1: Komponententabelle des Kalibriergemisches zur Bestimmung von Pharmazeutika			
Substanz	**β in mg · L^{-1}**	**t_R in min**	**Peakfläche A in cts**
Chlorpheniramin	1,855	0,42	2557610
Doxepin	0,625	0,71	237290
Propranolol	2,013	0,94	134896
Dimipramin	1,760	1,14	1875897
Trimipramin	1,153	1,91	499835

Die Massenkonzentrationen des Analyten in der Probe und in der Standardlösung verhalten sich wie ihre Peakflächen im Chromatogramm:

$$\frac{\beta(\text{Analyt})}{\beta(\text{Standard})} = \frac{A(\text{Analyt})}{A(\text{Standard})}$$

$$\beta(\text{Doxepin}) = \frac{\beta(\text{Doxepin} - \text{Standard}) \cdot A(\text{Doxepin} - \text{Probe})}{A(\text{Doxepin} - \text{Standard})} = \frac{0{,}625\ \text{mg} \cdot \text{L}^{-1} \cdot 283561}{237290}$$

$$\beta(\text{Doxepin}) \approx 0{,}747\ \text{mg} \cdot \text{L}^{-1}$$

$$\beta(\text{Trimipramin}) = \frac{\beta(\text{Trimipramin} - \text{Standard}) \cdot A(\text{Trimipramin} - \text{Probe})}{A(\text{Trimipramin} - \text{Standard})}$$

$$\beta(\text{Trimipramin}) = \frac{1{,}153\ \text{mg} \cdot \text{L}^{-1} \cdot 439804}{499835} \approx 1{,}015\ \text{mg} \cdot \text{L}^{-1}$$

Um sicher zu sein, dass über einen größeren Konzentrationsbereich eine lineare mathematische Beziehung zwischen der Analytkonzentration und dem gemessenen Signal (Peakfläche) besteht, und um eine höhere Genauigkeit zu erhalten, wendet man die Mehrpunktkalibration an.

Man nimmt dazu die Chromatogramme der Standards mit ansteigender Konzentration auf und bestimmt die Peakhöhen oder -flächen in Abhängigkeit von der Konzentration. Die Punkte dieser ermittelten Wertepaare sollten eine Gerade ergeben, die durch den Ursprung verläuft. Man misst dann die Peakhöhe oder -fläche der zu bestimmenden Substanz (Analyt) und schließt über die lineare Beziehung, die sich aus der Kalibriergeraden ergibt, auf den Gehalt in der Probe.

Eine große Fehlerquelle bei diesen beiden Varianten der Methode des äußeren Standards besteht in der Unsicherheit des Probevolumens, manchmal auch der Injektionsgeschwindigkeit. Diese Fehler sind bei manueller Injektion relativ groß, können aber durch automatisierte Probenaufgabe (Mehrweginjektionsventil) reduziert werden.

17

Bei der Anwendung der Methode des **internen Standards** wird höchste Genauigkeit erzielt, da hier die Unsicherheiten der Probeninjektion nicht auftreten können.

Da diese Methode sehr häufig bei gaschromatografischen Bestimmungen benutzt wird, soll sie erst später eingehend erläutert werden (Bd. 2, Kap. Gaschromatografie).

Qualitative Aussagen liefert ein Chromatogramm über die Retentionszeiten der zu identifizierenden Komponente(n) im Vergleich mit Standardsubstanzen.

Quantitative Bestimmungen erfolgen durch Anwendung der Methoden des äußeren bzw. internen Standards unter Verwendung von hochreinen Standardverbindungen bekannten Gehalts.

17.4.3 Dünnschichtchromatografie (DC)

Zur Trennung von Stoffgemischen sind nicht nur mit stationärer Phase besetzte Säulen geeignet, sondern auch ebene Flächen. Besonders einfach lässt sich das auf Papier realisieren. In **Bild 1** kann man deutlich die Trennung der verschiedenen Lebensmittelfarbstoffe erkennen, die als Gemisch in die Mitte eines Filterpapiers aufgetropft wurden. Hier wird besonders der Name Chromatografie („mit Bildern malen") deutlich.

Diese den chemischen Musterbildern von *Runge* nachempfundenen „Bildern, die sich selber malen" sind Vorläufer der Papierchromatografie. Die Papierchromatografie als Stofftrennungsmethode besitzt heute im Labor kaum eine Bedeutung mehr. Die eigentliche stationäre Phase im Papier ist die Cellulose. Daraus wird der große Nachteil des Papiers deutlich: die stationäre Phase kann nicht variiert werden.

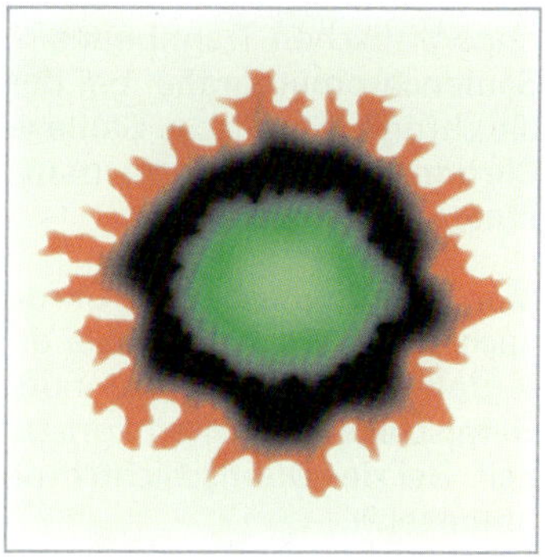

Bild 1: *Runge*-Bilder

Deshalb entwickelte man die **Dünnschichtchromatografie** (kurz: DC), bei der die stationäre Phase als flächenförmiges Trennbett mit dünnen Schichten von etwa 0,1 bis 0,25 mm Dicke auf flachen Glas-, Aluminium- oder Kunststoffplatten aufgebracht wird.

In der Dünnschichtchromatografie besteht die stationäre Phase entweder aus polaren Substanzen (z. B. Aluminiumoxid, Cellulose, Kieselgel) oder aus unpolaren Adsorptionsmaterialien (z. B. Aktivkohle, Polyamid) mit großer Oberfläche, die auf einer Trägerplatte aus Glas oder Kunststoff aufgebracht ist. Das Fließmittel besteht wie bei der Säulenchromatographie (s. Kap. 17.4.2, S. 522) aus organischen Lösemitteln oder Lösemittelgemischen. Bewegt sich die mobile Phase entlang der stationären Phase (**Bild 2**), so können die Substanzteilchen von der stationären Phase mehr oder weniger stark adsorbiert werden oder von der mobilen Phase wieder abgelöst werden (Desorption). Fließmittelmoleküle lösen in der stationären Phase die adsorbierte Substanz ab.

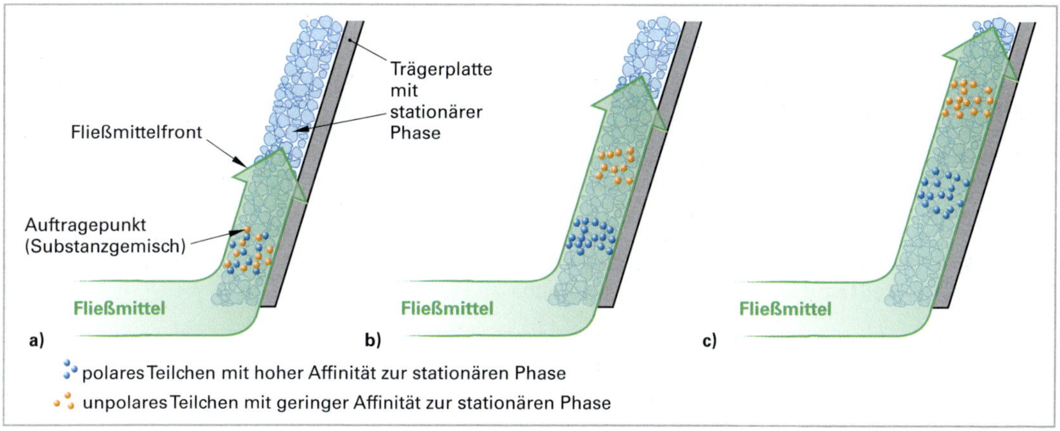

Bild 2: Adsorptionschromatografisches Prinzip auf einer DC-Platte

Man benötigt also ein Lösemittel, dessen Anziehungskraft zwischen den Molekülen der zu trennenden Stoffe und denen des Lösemittels größer ist, als zwischen den Substanzmolekülen und dem Adsorbensmaterial auf der Platte. Das heißt, die Fließmittelmoleküle verdrängen die Substanzteilchen und schleppen diese ein Stück weiter, wo sich solche Adsorptions-/Desorptionsvorgänge wiederholen können.

Je stärker die Affinität eines Teilchens zur stationären Phase ist, desto schwerer lässt sich dieses von seinem Platz verdrängen. In **Bild 2** besitzen die blau gezeichneten Teilchen eine höhere Anziehungskraft zur polaren, stationären Phase, als die orangefarbenen Teilchen, die durch geringere Affinität zur stationären Phase schneller wandern als die blauen.

Bei der Dünnschichtchromatografie verbleiben die getrennten Substanzen innerhalb des chromatografischen Trennbettes. Im Vergleich zur Säulenchromatografie, bei der die Substanzen die chromatografische Säule verlassen (**äußere Chromatografie**) spricht man bei der DC von **innerer Chromatografie**.

Man könnte die beiden Chromatografie-Arten auch so unterscheiden: bei der Säulenchromatografie hält man die Trennungsstrecke für die Gemischkomponenten konstant und misst die Zeit. Bei der Dünnschichtchromatografie ist es umgekehrt.

Die Gerätetechnik der Dünnschichtchromatografie ist im Vergleich zu den anderen Trennverfahren der Chromatografie sehr einfach und auch preisgünstig.

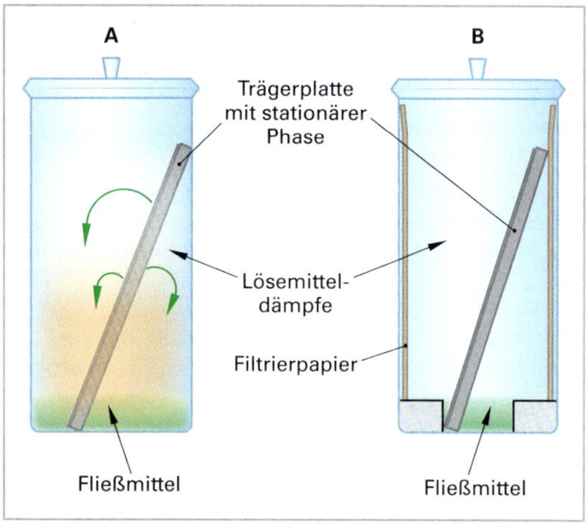

Bild 1: Fließmittelsättigung in DC-Trennkammern

Prinzipiell besteht die Apparatur für die Dünnschichtchromatografie aus einer Trennkammer, welche ein Fließmittel enthält. In dieses Fließmittel tauchen die Dünnschichtplatten ein (**Bild 1**). Die Trennkammer muss verschlossen sein, um sie mit Fließmitteldämpfen zu sättigen (A). Diese Sättigung gelingt besser, wenn man die Innenwand der Kammer mit Fließmittel getränktem Filterpapier auslegt (B). Ist die Kammeratmosphäre nicht gesättigt, so verdampft das Fließmittel während des chromatografischen Prozesses von der Schicht, das bedeutet, dass sich die Fließmittelgeschwindigkeit nicht reproduzieren lässt.

Die Probenaufgabe erfolgt mit Mikropipetten oder -spritzen (Kap. 1.5.6, S. 35). Nach dem Eintauchen in das Fließmittel steigt dieses infolge der Kapillarkräfte zwischen den feinverteilten Partikeln der stationären Phase hoch und nimmt die Gemischkomponenten mit. Durch unterschiedliche Wanderungsgeschwindigkeiten der einzelnen Komponenten steigen diese verschieden hoch. Die Auswertung erfolgt entweder durch Ausmessen von Hand oder durch Detektion mit spektralfotometrischen Dünnschicht-Scannern.

Wie bei der Säulenchromatografie muss zuerst das **Adsorptionsmilieu** ermittelt werden. Darunter versteht man die Kombination von **Adsorbens (stationäre Phase)** und **Elutions- (Fließ-)mittel (mobile Phase)**.

Stationäre Phasen in Form der dünnschichtchromatografischen Platten werden industriell optimal hergestellt und sind im Handel erhältlich.

Bei den Platten ist darauf zu achten, dass für eine Identifizierung mit Hilfe von UV-Strahlung ein Adsorbensmaterial verwendet wird, welchem ein **Fluoreszenzindikator** zugesetzt ist.

Jede DC-Platte, die zur Anwendung kommt, sollte konditioniert sein. Das heißt, dass alle verwendeten Platten gleichmäßig und reproduzierbar behandelt werden müssen, z. B. im einfachsten Fall durch Trocknen bei genau festgelegten Bedingungen.

Die **Aktivität** oxidischer Sorbentien wird wesentlich durch deren Wassergehalt bestimmt. Nach *Brockmann* unterscheidet man dabei fünf Aktivitätsstufen. Dabei bedeutet Stufe I die höchste und Stufe V die niedrigste Aktivität. Die Aktivität des Sorbens nimmt bei oxidischen Sorbentien mit steigendem Wassergehalt ab (**Tabelle 1**, S. 535).

> Unter **Aktivität** des Adsorbensmaterials versteht man die Fähigkeit des Materials, Substanzen an die Oberfläche zu binden.

Kieselgel ist das wichtigste Adsorbens in der Dünnschicht-Chromatografie. Obwohl es sich für die meisten Trennprobleme einsetzen lässt, zieht man für eine Anzahl empfindlicher Substanzen dennoch die Verwendung weniger aktiver Sorptionsmittel vor, um einer zersetzenden Wirkung vorzubeugen.

Tabelle 1: Aktivitätsstufen oxidischer Sorbentien		
Stufe	**Wassergehalt in %: Kieselgel**	**Wassergehalt in %: Aluminiumoxid**
I	0	0
II	10	3
III	12	6
IV	15	10
V	20	15

Kieselgel ist eine hochporöse amorphe Kieselsäure in Form von harten, etwas opalisierenden Körnern. Fäll- und Aufarbeitungsbedingungen verleihen dem Kieselgel seine speziellen Eigenschaften. Spezifische Oberfläche, spezifisches Porenvolumen, mittlerer Porendurchmesser und Wassergehalt sind wichtige Parameter zur Klassifizierung und Spezifizierung des Trennmaterials, da sie die Aktivität des Adsorbensmaterials bestimmen (Tabelle 1).

Außerordentlich wichtig ist auch die Gleichmäßigkeit und Feinheit des Kieselgels. Verschiebungen in der Kornverteilung führen mitunter zu starken Schwankungen im Trennergebnis.

Aluminiumoxide werden in der DC seltener benutzt als Kieselgel, obwohl sie sich besonders für adsorptionschromatografische Trennungen mit gutem Erfolg einsetzen lassen, z. B. zur Trennung von Terpenen, Alkaloiden, Steroiden, aliphatischen und aromatischen Verbindungen.

Ausgangsmaterial für die Herstellung chromatografischer Aluminiumoxide sind verschiedene Aluminiumhydroxide, die bei Temperaturen zwischen 400 und 500 °C entwässert werden.

Zur Erzielung reproduzierbarer Trennungen ist es auch bei Aluminiumoxid-DC-Platten wichtig, besonders auf den Wassergehalt der Schichten zu achten, da die leicht adsorbierbaren Wasser-Moleküle die aktiven Stellen der Oberfläche blockieren können. Für die meisten Trennungen genügen bei bekannter relativer Luftfeuchtigkeit luftgetrocknete oder aber schwach aktivierte Schichten.

Durch gezielten Wasserzusatz zur mobilen Phase können auch verteilungschromatografische Effekte für Trennungen an Aluminiumoxid nutzbar gemacht werden.

Aktivkohle wird als Adsorbens eingesetzt. Sie besitzt eine sehr große Oberfläche und kann je nach Herstellungsprozess mehr oder weniger polar eingestellt werden. Aktivkohle wird überwiegend benutzt, um große Moleküle aus Lösungen zu adsorbieren.

Polyamid wird in der Dünnschichtchromatografie zur Trennung von Substanzen verwendet, die Wasserstoffbrückenbindungen ausbilden können. Dazu gehören z. B. großmolekulare Alkohole und Phenole.

Als **stationäre Phase** werden Kieselgel, Aluminiumoxid, Aktivkohle und Polyamid verwendet.

Das **Lösemittel** bzw. **Elutionsmittel** muss eine am Adsorbens gebundene Gemischkomponente ablösen können. Dieser Ablöseeffekt wird **Elution** genannt. Dazu bedarf es einer bestimmten Elutionsstärke des Lösemittels bzw. Fließmittels. Die Elutionskraft eines Lösemittels ist aber auch vom Adsorbens abhängig. Die **Fließmittelstärke** bzw. **Elutionskraft** wurde relativ zum Lösemittel Pentan mit $\varepsilon_0 = 0$ definiert (Fließmittelstärke nach *Snyder*). ε_0-Werte können prinzipiell aus der Adsorptionsenergie eines Lösemittels abgeleitet werden.

In Tabelle 1, S. 536, ist die Elutionskraft einiger Fließmittel auf Kieselgel-Platten dargestellt. Die Reihenfolge der Fließmittel entspricht einer sogenannten **elutropen Reihe** mit zunehmender Elutionsstärke von oben nach unten. Die Gemischkomponenten adsorbieren an der Oberfläche der stationären Phase. Je nach Polarität und Ladung werden die Substanzen mehr oder weniger stark gebunden.

In der folgenden Reihe nimmt im Großen und Ganzen die Adsorption an Kieselgel als stationärer Phase von links nach rechts zu:

Kohlenwasserstoffe, Ether, Nitroverbindungen, Ketone, Amine, Alkohole, Phenole, Amide, Carbonsäuren.

Mit zunehmender Adsorption muss auch die Elutionskraft des Fließmittels zunehmen.

Ist die Stärke der Adsorption der zu trennenden Komponenten nicht bekannt, so beginnt man mit einem Eluenten mittlerer Elutionsstärke, z. B. Aceton. Bei einer guten Trennung des Gemisches, aber einer zu langen Elutionszeit, empfiehlt sich die Benutzung eines polareren Fließmittels. Ist die Trennung zu schlecht, sollte ein Fließmittel mit geringerer Elutionsstärke ausprobiert werden.

Ist die Polarität des Substanzgemisches ungefähr bekannt, kann die Auswahl des Elutionsmittels und die Aktivität des Adsorbens mit Hilfe eines Dreieck-Schemas (**Bild 1**) erfolgen. Das Dreieck ist in der Mitte drehbar, mit einer Spitze wird die ungefähre Polarität des zu trennenden Gemisches eingestellt. Die beiden anderen Ecken zeigen dann auf die günstigsten Eigenschaften von mobiler und stationärer Phase (hier auf die Aktivität des Adsorbens mit den Aktivitätsstufen I bis V).

Trennt ein ausgesuchtes Fließmittel das Gemisch nicht, müssen Lösemittelgemische ausprobiert werden. Für die Auswahl solcher Fließmittelgemische ist in der Regel eine ausreichende Erfahrung notwendig.

Tabelle 1: Elutrope Reihe

Fließmittel	**Fließmittelstärke nach *Snyder***
Pentan	0,00
Toluol	0,30
Benzol	0,32
Chloroform	0,36
Diethylether	0,38
Dichlormethan	0,40
Dioxan	0,56
Aceton	0,58
Essigsäureethylester	0,60
Propan-2-ol	0,82
Ethanol	0,88
Methanol	0,95

> Die Lösemittelkraft eines Eluenten ist in **elutropen Reihen** tabelliert und hängt von der Aktivität der stationären Phase ab.

Bild 1: Dreieck-Schema zur Ermittlung der chromatografischen Bedingungen

Hat man ein geeignetes Adsorptionsmilieu (stationäre und mobile Phase) gefunden, dann stellt man von dem zu trennenden Substanzgemisch Lösungen geeigneter Konzentration her. Die Analytanteile liegen im Allgemeinen im Bereich zwischen 0,01 % und 1 % und richten sich nach der verwendeten Art der Detektion. Die gelöste Probe wird auf die Startlinie der Dünnschichtplatte aufgetragen. Die Startlinie befindet sich normalerweise etwa 1 bis 2 cm vom unteren Plattenrand entfernt.

Besonders für quantitative Bestimmungen ist eine hohe Präzision beim Dosieren der Volumina notwendig. Die Auftragezonen sollten in der Chromatografierrichtung eine möglichst geringe Ausdehnung haben (< 5 mm Durchmesser).

Die manuelle Auftragung erfolgt mit Hilfe von Auftragsschablonen. Am genauesten arbeiten jedoch vollautomatische Auftragsgeräte.

Nachdem die Probelösung auf die Startlinie aufgebracht und getrocknet ist, bringt man die Platte in die Trennkammer, die bei dem meist verwendeten **aufsteigenden Verfahren** 0,5 bis 1 cm hoch mit dem Fließmittel gefüllt ist. Die Startflecken befinden sich damit oberhalb des Flüssigkeitsspiegels. Nun erfolgt das sogenannte Entwickeln der DC-Platten. Man versteht darunter, dass ein Fließmittel bzw. -gemisch meistens aufgrund von Kapillarkräften in die DC-Schicht eindringt und beim Vorwärtsbewegen die aufgetragenen Substanzen in Fließrichtung transportiert. Dabei werden diese aufgrund der beschriebenen Wechselwirkungen zwischen Probe sowie mobiler und stationärer Phase in die Einzelkomponenten aufgetrennt. Hat das Fließmittel die gewünschte Trennstrecke (< 10 cm) zurückgelegt, bricht man den Entwicklungsvorgang ab. Die Platten sollen unmittelbar nach Erreichen der gewünschten Laufstrecke aus der Trennkammer entnommen werden. Das Fließmittel ist mittels eines Föns möglichst schnell von der Platte abzudampfen, da sonst in der flüssigen Phase eine Rückvermischung der getrennten Substanzen durch Diffusion eintritt.

Im Prinzip gibt es drei Möglichkeiten, Dünnschichtchromatogramme zu entwickeln:

- Lineares Entwickeln (aufsteigend oder horizontal),
- Kreisförmiges Entwickeln vom Mittelpunkt nach außen (zirkular),
- Kreisförmiges Entwickeln zum Mittelpunkt hin (antizirkular).

In den meisten Fällen lässt man die Chromatogramme aufsteigend linear entwickeln.

> Unter der **Entwicklung von Dünnschichtchromatogrammen** versteht man den Vorgang der Trennung der Gemischbestandteile, wobei die einzelnen Substanzen bei gleicher Laufzeit möglichst verschiedene Trennstrecken zurücklegen.

Die **Auswertung** von Dünnschichtchromatogrammen richtet sich danach, ob qualitative oder quantitative Aussagen getroffen werden sollen.

Qualitative Auswertungen von Dünnschichtchromatogrammen werden vorgenommen, um Substanzen aus einem Gemisch zu identifizieren, aber auch für Reinheitsprüfungen oder zur Auftrennung von Gemischen. Sie dienen besonders der Kontrolle von Synthesen oder von Reaktionsverläufen. Dazu kann man aufgetragene Vergleichs- oder Standardsubstanzen verwenden. Oder die getrennten Substanzen werden durch die sogenannten **R_f-Werte** charakterisiert. Auf dem nebenstehenden, fertig entwickelten Dünnschichtchromatogramm (**Bild 1**) sind zwei Substanzflecken zu sehen: der von Substanz A sowie der von Standardsubstanz St. Von jeder Substanz ist die auf der Platte zurückgelegte Strecke mit Maßpfeilen skizziert: a und s. Zusätzlich ist die Strecke c eingezeichnet. Sie ist gleich der Strecke, die das Laufmittel zurückgelegt hat.

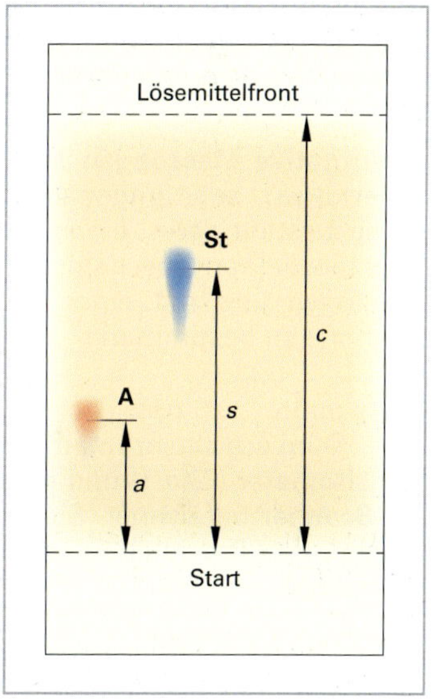

Bild 1: Auswertung eines Dünnschichtchromatogramms

Zur qualitativen Auswertung wird die von der Substanz A zurückgelegte Strecke a ins Verhältnis zur Strecke des Lösemittels c gesetzt. Diesen Quotienten bezeichnet man als **Retentionsfaktor R_f(A)**.

$$R_f(\mathrm{A}) = \frac{a}{c}$$ **Gl. 17.22**

R_f(A)	a	c
1	cm	cm

Wegen der zahlreichen, nur schwer kontrollierbaren Einflüsse auf das Laufverhalten eines Stoffes ist der R_f-Wert nur als Richtwert zu betrachten. Läuft mit der Substanz A unter identischen Bedingungen eine Standardsubstanz St mit, so kann die Substanz A über den R_{St}-Wert eindeutiger identifiziert werden:

$$R_{St} = \frac{a}{s}$$

Stimmen die R_{St}-Werte einer Substanz A mit einer unbekannten Substanz überein, so kann mit einer bestimmten Wahrscheinlichkeit annommen werden, dass es sich bei der unbekannten Substanz um die Substanz A handelt.

Nach der Entwicklung und der Trocknung müssen die getrennten Substanzen auf der DC-Platte detektiert werden. Eine visuelle Auswertung ist meistens nicht möglich, da nur wenige Substanzklassen (z. B. Farbstoffe, Pflanzenpigmente) eine Eigenfärbung besitzen.

Zur Detektion sind viele Platten für die Dünnschichtchromatografie mit UV-Indikatoren markiert. Einer dieser Indikatoren besteht aus durch Mangan aktiviertes Zinksilikat, das bei Bestrahlung mit UV-Licht mit der Wellenlänge 254 nm im sichtbaren Bereich grün-gelb fluoresziert. Ist auf der DC-Platte ein Bereich mit einer Substanz belegt, die in diesem Wellenlängenbereich absorbiert, so wird die Fluoreszenz an dieser Stelle geschwächt. Man erhält dann einen dunklen Fleck, der sich von dem fluoreszierenden Hintergrund abhebt.

Sollten die Gemischkomponenten auf der Platte nicht mit den oben genannten Methoden zu lokalisieren sein, kann die Plattenoberfläche chemisch derart behandelt werden, dass hieraus farbige oder fluoreszierende Substanzflecken entstehen. Die Reagenzien können dabei einmal als Sprühlösung mit einem Zerstäuber aufgebracht werden oder die Platten werden in spezielle Tauchkammern getaucht, wodurch die Reagenzlösung sehr gleichmäßig verteilt wird.

Es gibt einige Reagenzien, die sich allgemein zur Detektion organischer Verbindungen eignen. Hierbei werden meistens Schwefelsäure oder deren Mischungen mit Essigsäureanhydrid, Natriumdichromat oder Salpetersäure verwendet. Nach dem Sprühvorgang wird das Kohlenstoff-Gerüst der organischen Verbindungen entweder sofort oder nach dem Erhitzen zersetzt. Zurück bleiben braune bzw. schwarze verkohlte Flecken.

Quantitative Messungen sind, wenn sie visuell erfolgen, sehr ungenau. Eine andere Methode besteht darin, einen zu analysierenden Substanzflecken mechanisch von der Platte abzulösen und mit einer anderen Analysenmethode zu bestimmen.

Messgeräte zur optischen Direktauswertung von Dünnschichtchromatogrammen heißen **Densitometer** (**Bild 1**) und werden oft auch als **DC-Scanner** bezeichnet. Sie arbeiten mit Lichtquellen im ultravioletten und sichtbaren Spektralbereich.

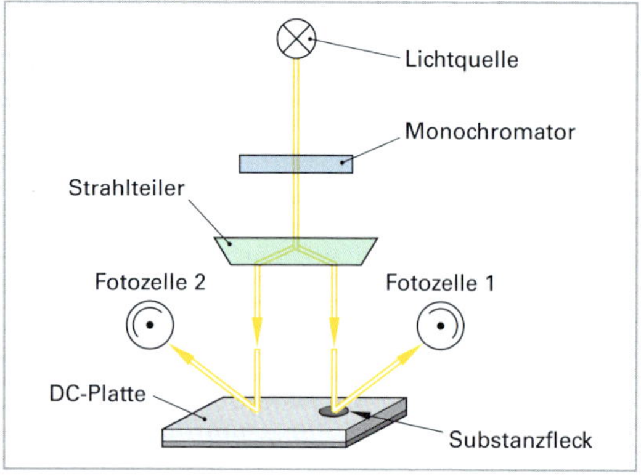

Bild 1: Prinzip des Densitometers

Das mit einem Monochromator zerlegte Licht wird mit Hilfe eines optischen Systems ausgerichtet auf die Plattenoberfläche eingestrahlt. Dabei wird von der Chromatografieschicht Licht diffus reflektiert, d. h. die Lichtstrahlen besitzen keine gemeinsame Richtung. Man sagt auch, das Licht wird **remittiert**. Diese remittierte Strahlung wird von Fotozelle 1 gemessen. Befindet sich eine absorbierende Substanz auf der Platte, so wird durch sie die Remission verkleinert. Um diese verringerte Remission messen zu können, muss auch die Remission der DC-Platte ermittelt werden. Dies erfolgt durch Fotozelle 2. Aus der Differenz der beiden Remissionen kann auf die Menge der zu analysierenden Substanz geschlossen werden.

17

Der **R_f-Wert (Retentionsfaktor)** errechnet sich aus dem Quotienten der Strecke von Startpunkt bis Substanzfleck und der Strecke von Startpunkt bis Laufmittelfront. Er ist stets kleiner als 1 und sagt aus, wie beweglich eine Substanz bei einer definierten stationären und einer mobilen Phase ist.

Aus einem Vergleich der R_f-Werte kann man auf die Trennung von verschiedenen Substanzen schließen.

Aufgaben:

1. **a)** Berechnen Sie die Wellenlänge einer Strahlung mit der Frequenz $6{,}15 \cdot 10^{13}\ s^{-1}$.

   b) Berechnen Sie die Frequenz einer Strahlung, die eine Wellenlänge von 230 nm besitzt.

   c) Welche Entfernung legt das Licht in 1,00 h zurück? $c = 3 \cdot 10^8\ m \cdot s^{-1}$

2. Angeregte Barium-Atome senden eine Strahlung der Wellenlänge 455 nm aus. Berechnen Sie die Frequenz dieser Strahlung.

   $c = 3 \cdot 10^8\ m \cdot s^{-1}$

3. Berechnen Sie die Energien eines Photons im ultravioletten Bereich der Wellenlänge 107 nm und eines Photons im infraroten Bereich der Wellenlänge 44 µm und vergleichen Sie.

   $c = 3 \cdot 10^8\ m \cdot s^{-1}$, $h = 6{,}63 \cdot 10^{-34}$ Js

4. Damit ein Elektron aus einer Nickel-Oberfläche austreten kann, ist die Energie von $8{,}05 \cdot 10^{-19}$ J erforderlich. Wie groß muss die Wellenlänge eines Photons sein, das mindestens die dafür erforderliche Energie besitzt? Wie verändert sich die Emission, wenn die Intensität der Strahlung dieser Wellenlänge verdoppelt wird?

   $c = 3 \cdot 10^8\ m \cdot s^{-1}$, $h = 6{,}63 \cdot 10^{-34}$ Js

5. Durch Bestrahlung mit Licht kann man die Einfachbindungen in Chlor-Molekülen homolytisch spalten: $Cl_2 \rightarrow 2Cl$. Die Dissoziationsenergie für die Einfachbindung in einem Mol Chlor-Moleküle beträgt $\Delta_{Diss}H = 242\ kJ \cdot mol^{-1}$. Berechnen Sie die Wellenlänge des Lichts, die mindestens erforderlich ist, um die homolytische Bindungsspaltung (Dissoziation) zu ermöglichen.

   $c = 3 \cdot 10^8\ m \cdot s^{-1}$, $h = 6{,}63 \cdot 10^{-34}$ Js

6. Wandeln Sie folgende Werte für die Extinktion E bzw. das das spektrale dekadische Absorptionsmaß A in den spektralen Transmissionsgrad τ (in %) um:

   a) 0,372 **b)** 1,343 **c)** 0,021

7. Bei 580 nm Wellenlänge besitzt der Komplex $[FeSCN]^{2+}$ ein Absorptionmaximum. Bei dieser Wellenlänge beträgt der molare Extinktionskoeffizient für diesen Komplex $\varepsilon = 7{,}00 \cdot 10^3\ L \cdot cm^{-1} \cdot mol^{-1}$. Berechnen Sie

   a) die Extinktion E der $[FeSCN]^{2+}$-Lösung mit $c([FeSCN]^{2+}) = 2{,}28 \cdot 10^{-4}\ mol \cdot L^{-1}$ in einer 1,25 cm-Küvette bei einer Wellenlänge von 580 nm.

   b) den spektralen Transmissionsgrad einer $[FeSCN]^{2+}$-Lösung mit $c([FeSCN]^{2+}) = 4{,}14 \cdot 10^{-4}\ mol \cdot L^{-1}$ unter den ansonsten gleichen Parametern wie in a).

   c) die Extinktion (spektrale Absorption) einer Lösung mit halb so großem Transmissionsgrad wie dem für a) angenommenen.

8. In neutraler wässriger Lösung ist der dekadische Logarithmus des molaren Extinktionskoeffizienten für Phenol bekannt. Er beträgt $\lg \varepsilon = 4{,}318$ bei einer Wellenlänge von $\lambda = 211$ nm. In welchem Konzentrationsbereich kann das Phenol in einer 2,00 cm-Küvette bestimmt werden, wenn die Werte für die Extinktion (spektrale Absorption) auf einen Bereich von 0,200 bis 0,900 begrenzt sind?

9. Das Chromatogramm eines Medikamentengemisches wurde mit einem Flüssigchromatografen erhalten. In der Tabelle 1 sind die detaillierten Angaben enthalten.

a) Skizzieren und erklären Sie möglichst genau den verwendeten Geräteaufbau.

b) Erläutern Sie das Trennungsprinzip der Verteilung in der Säule unter der Annahme, dass es sich bei den Medikamenten um relativ polare Substanzen handelt.

c) Berechnen Sie die durchschnittliche Bodenzahl der Säule mit der Länge 2,50 m. Erläutern Sie den Begriff der Bodenzahl.

d) Berechnen Sie die durchschnittliche Bodenhöhe der Säule. Erläutern Sie den Begriff.

e) Berechnen Sie die Kapazitätsfaktoren für die Komponenten 1 und 4.

f) Berechnen Sie den Selektivitätsfaktor für Imipramine und Dimipramine.

g) Berechnen Sie die Auflösung für Imipramine und Dimipramine.

Tabelle 1: Retentionszeiten und Peakfußbreiten von Substanzen eines Medikamentengemisches

Substanz	t_R in min	W in min
0 Durchflusszeit	0,21	–
1 Lidocaine	0,28	0,10
2 Doxepine	0,71	0,17
3 Imipramine	1,14	0,21
4 Dimipramine	1,34	0,41
5 Trimipramine	1,91	0,50

10. Erklären Sie das Verteilungsprinzip am Beispiel eines binären Flüssigkeitsgemisches in einer Flüssigkeitschromatografiesäule.

11. 1 L einer wässrigen I_2-Lösung enthält $n(I_2)$ = 2 mmol.

a) Die Lösung wird ein Mal mit 100 mL CCl_4 extrahiert. Die Trennung der Phasen erfolgt mit Hilfe eines Scheidetrichters.

b) Die Lösung wird zwei Mal mit je 50 ml CCl_4 ausgeschüttelt.

Wieviel Millimol I_2 bleiben jeweils in der wässrigen Phase gelöst, wenn der Verteilungskoeffizient K = 80 (bei 20 °C) beträgt?

12. Erklären Sie den Ablauf einer Gradientenelution.

13. Eine Säule zur Flüssigkeitschromatografie ist 24,7 cm lang. Das Chromatogramm eines Gemisches der Substanzen A, B, C und D lieferte die in Tabelle 2 aufgelisteten Daten.

Berechnen Sie

a) die Bodenzahlen eines jeden Peaks,

b) den Mittelwert und die Standardabweichung von N,

c) die Bodenhöhe der Säule,

d) für jede Substanz den Kapazitätsfaktor,

e) für die Substanzen B und C den Selektivitätsfaktor.

Tabelle 2: Parameter des Chromatogramms

Substanz	Retentionszeit t_R in min	Peakbreite auf halber Peakhöhe ($W_{1/2}$) in min
Durchflusszeit	3,1	–
A	5,4	0,41
B	13,3	1,07
C	14,1	1,16
D	21,6	1,72

14. Erklären Sie ausführlich das Vorgehen bei der Trennung eines Substanzgemisches mit Hilfe der Dünnschichtchromatografie.

15. Eine dünnschichtchromatografische Trennung zweier Substanzen mit einem polaren Lösemittel ergibt R_f-Werte von 0,05 bis 0,1. Beurteilen Sie die Trennung und schlagen Sie gegebenenfalls andere Trennbedingungen vor.

Liste ausgewählter Gefahrstoffe

Die Zielorgantoxizität (CMR) kann sein: kanzerogen (C), mutagen (M) oder reproduktionstoxisch (R).

Zur weiteren Beurteilung der Gefahrstoffe sind auch die H- und P-Sätze heranzuziehen, die in einschlägigen Tabellenwerken verfügbar sind (z. B. GESTIS-Stoffdatenbank).

Stoff	explosiv	Gas unter Druck	entzündbar	oxidierend	ätzend	giftig	CMR	wasser-gefährdend	Zusatzinformation
Acetamid							x		farblose, geruchslose hygroskopische Kristalle
Aminobenzol (Anilin)					x	x	x	x	basische Flüssigkeit
Ammoniaklösung, $w \leq 35$ %					x	x		x	aggressive, basische Flüssigkeit
Ammoniumnitrat				x					farbloser Feststoff
Anthracen						x		x	weiße Blättchen mit aromatischem Geruch
Bariumchlorid						x			wasserlösliches Salz
Benzol, Benzen			x			x	x		Flüssigkeit
Brom					x	x		x	braune, hustenreizende Flüssigkeit
Brombenzol			x			x		x	flüchtige Flüssigkeit
Brommethan		x				x	x	x	giftiges Gas
Bromwasserstoff(Hydrogenbromid)		x			x	x			in Wasser: starke Säure
Buta-1,3-dien		x	x				x		Gas; < – 4,5 °C flüssig
But-1-en		x	x						Gas; < – 6,2 °C flüssig
But-2-in			x			x			farblose, flüchtige, feuergefährliche Flüssigkeit
Cadmium						x	x	x	silbrig glänzendes Metall
Chlor		x		x		x		x	hustenreizendes Gas
Chlorbenzol			x			x		x	flüchtige Flüssigkeit
Chlorwasserstoff (Hydrogenchlorid)		x			x	x			farbloses, stechend riechendes Gas
Coffein						x			giftiger Feststoff
Cyanwasserstoff			x			x		x	farblose, nach Bittermandeln riechende Flüssigkeit
Cyclohexan			x			x	x	x	Flüssigkeit; < +7 °C fest
Cyclohexen			x			x	x	x	farblose Flüssigkeit
Dibrommethan						x	x	x	farblose bis gelbliche Flüssigkeit
Dichlormethan							x		farblose Flüssigkeit mit süßlichem Geruch
Diethylether			x			x			Flüssigkeit, Siedetemp. 35 °C
Dioxan			x			x	x		brennbare, ölige Flüssigkeit
Ethanol			x						Flüssigkeit, Siedetemp. 78 °C
Ethanoylchlorid (Acetylchlorid)			x		x				aggressive Flüssigkeit
Ethen		x	x			x			Gas, leichter als Luft
Ethin, Acetylen		x	x						Gas, leichter als Luft
Fluor		x		x	x	x			blass-gelbliches Gas
Fluorwasserstoffsäure (Hydrogenfluorid)					x	x			farblose Flüssigkeit
Furan				x		x	x		farblose Flüssigkeit

Stoff	explosiv	Gas unter Druck	entzündbar	oxidierend	ätzend	giftig	CMR	wasser-gefährdend	Zusatzinformation
Hexan			GHS02			GHS07	GHS08	GHS09	farblose Flüssigkeit
Kaliumdichromat				GHS03	GHS05	GHS06	GHS08	GHS09	orange-gelbe Kristalle
Kaliumhydroxid, Kalilauge ($w \leq 50$ %)					GHS05	GHS07			aggressive, korrosive Flüssigkeit
Kaliumnitrat				GHS03					farbloser bis weißer Feststoff
Kaliumperchlorat				GHS03		GHS07			weißes Pulver
Kaliumpermanganat				GHS03		GHS07		GHS09	violett-schwarze Kristalle
Kohlenstoffmonoxid		GHS04	GHS02			GHS07	GHS08		farb- und geruchloses Gas
Kupfer(II)-sulfat						GHS07		GHS09	weiße bzw. blaue Kristalle
Methan		GHS04	GHS02						farbloses Gas, leichter als Luft
Methanol			GHS02			GHS06	GHS08		Flüssigkeit, Siedetemp. 65 °C
Methansäure (Ameisensäure)			GHS02		GHS05				aggressive, saure Flüssigkeit
Natrium			GHS02		GHS05				weiches, silbrig glänzendes Metall
Natriumhydroxid, Natronlauge					GHS05				aggressive Base, Lauge
Natriumfluorid						GHS06			weißer bis grünlicher Feststoff
Nitroanilin, Isomerengemisch						GHS06	GHS08		wasserlösliche Flüssigkeit
Nitrobenzol						GHS06	GHS08		Flüssigkeit, < 6 °C fest
4-Nitrophenol						GHS06	GHS08		Feststoff, Schmelztemp. 114 °C
Perchlorsäure				GHS03	GHS05				Explosionsgefahr beim Erhitzen!
Phenol					GHS05	GHS06	GHS08		weiße Kristalle, Schmelztemp. 41 °C
Phosphorsäure					GHS05				stark hygroskopischer Stoff
Phosphortrichlorid					GHS05	GHS06	GHS08		farblose, rauchende Flüssigkeit mit stechendem Geruch
Phosphorpentoxid					GHS05				stark hygroskopischer Feststoff
Propanol			GHS02			GHS07			farblose Flüssigkeit
Propranolol						GHS07			weißer Feststoff
Propen		GHS04	GHS02						Gas, schwerer als Luft
Pyridin			GHS02			GHS07			übel riechende Flüssigkeit
Quecksilber						GHS06	GHS08	GHS09	flüssiges, silbrig glänzendes Metall
Sauerstoff		GHS04		GHS03					farb- und geruchloses Gas
Salpetersäure, $w \leq 65$ %				GHS03	GHS05				aggressive, starke Säure
Salzsäure, $w \leq 36$ %					GHS05	GHS07			aggressive, starke Säure
Schwefelsäure, $w \leq 98$ % (Oleum)					GHS05	GHS07			aggressive, starke Säure
Schwefeldioxid		GHS04			GHS05	GHS06			farbloses, stechend riechendes Gas
Schwefelhexafluorid		GHS04							farb- und geruchloses Gas
Schwefeltrioxid					GHS05				Feststoff, Schmelztemp. > 17 °C
Schwefelwasserstoff (Hydrogensulfid)		GHS04	GHS02			GHS06		GHS09	farbloses, nach faulen Eiern riechendes Gas
Stickstoffmonoxid		GHS04		GHS03	GHS05	GHS06			farb- und geruchloses Gas
Toluol			GHS02			GHS07	GHS08		farblose Flüssigkeit
Trichormethan (Chloroform)						GHS06	GHS08		farblose Flüssigkeit mit süßlichem Geruch
Wasserstoff		GHS04	GHS02						annähernd ideales Gas, leichter als Luft
Wasserstoffperoxid, $w \leq 100$ %				GHS03	GHS05	GHS07			farblose Flüssigkeit

Sachwortverzeichnis

A

B

G

H

L

M

Q

R

S

T

Bildquellenverzeichnis

Anneberg Rare Book and Manuscript Library, University of Pennsylvania, Philadelphia, USA (293-1)

asecos GmbH, Sicherheit und Umweltschutz, Gründau (325-1, 325-2)

Brackmann, Peter (36-2b, 123-1)

Brand GmbH & Co. KG, Wertheim (27-1, 32-3, 32-4, 33-1, 34-2, 35-1, 35-3, 36-1, 36-2a, 42-1)

Breuell Ingenieurbüro GmbH, Hamburg (314-1, 314-2, 314-3)

Chemieverbände Rheinland-Pfalz, Ludwigshafen (293-3)

Dr. Grote-Wolff, Astrid (423-2)

Heju Juchheim GmbH & Co. KG, Solingen (28-2a)

IKA-Werke GmbH & Co. KG, Staufen (28-2b)

Keim, Helmut (214-2, 219-1, 478-1, 484-1)

Kern & Sohn GmbH & Co, Balingen-Frommern (31-1, 32-1, 32-2)

Metrohm, Filderstadt (393-1)

Dr. Meyer, Thomas
(17-1, 21-1, 90-2a, 90-2b, 203-2, 237-1, 248-1, 250-1, 251-1, 254-1, 296-1, 298-2, 332-1a)

Minimax GmbH & Co. KG, Bad Oldesloe (321-1)

Physikalisch-Technische Bundesanstalt (PTB), Braunschweig und Berlin (317-2)

Rhein-Nadel Automation GmbH, Aachen (317-3)

sia Fibral Ltd., Greetland, Halifax, UK (317-4)

Simon Spycher & Axel Schunk, Computer-Chemie-Centrum, Erlangen (318-1)

U.S Government, National Institute of Standards and Technology, Gaithersburg, MD, USA (293-2)

Vögtlin Instruments AG, Aesch, Schweiz (37-1)

DAS PERIODENSYSTEM DER ELEMENTE

EUROPA LEHRMITTEL

1, 2 ← Gruppen-Bezeichnung nach IUPAC

I, II ← Traditionelle Gruppennummer

Hauptgruppen (1, 2; 13–18) – Nebengruppen (3–12)

Erklärung

29 I, II 63,546 $[Ar]3d^{10}4s^1$ **Cu** Kupfer

Ordnungszahl → 29; Atommasse → 63,546; Elektronenkonfiguration → $[Ar]3d^{10}4s^1$; Elementsymbol → Cu; Elementname → Kupfer; Oxidationszahl (häufigste **fett** gedruckt) → I, II

Periode	1	2	3	4	5	6	7	8	9	10	11	12	13	14	15	16	17	18	Außenschale
	I	II	IIIa	IVa	Va	VIa	VIIa	VIIIa	VIIIa	VIIIa	Ia	IIa	III	IV	V	VI	VII	VIII	
1.	1 –I, I 1,008 $1s^1$ **H** Wasserstoff																	2 4,003 $1s^2$ **He** Helium	K
2.	3 I 6,94 $1s^22s^1$ **Li** Lithium	4 II 9,012 $1s^22s^2$ **Be** Beryllium											5 III 10,81 $1s^2 2s^2 2p^1$ **B** Bor	6 II, IV 12,011 $1s^2 2s^2 2p^2$ **C** Kohlenstoff	7 –III, II, III, IV, V 14,007 $1s^2 2s^2 2p^3$ **N** Stickstoff	8 –I, –II 15,999 $1s^2 2s^2 2p^4$ **O** Sauerstoff	9 –I 18,998 $1s^2 2s^2 2p^5$ **F** Fluor	10 20,1797 $1s^2 2s^2 2p^6$ **Ne** Neon	L
3.	11 I 22,99 $[Ne]3s^1$ **Na** Natrium	12 II 24,305 $[Ne]3s^2$ **Mg** Magnesium											13 III 26,982 $[Ne]3s^23p^1$ **Al** Aluminium	14 IV 28,085 $[Ne]3s^23p^2$ **Si** Silicium	15 –III, III, IV, V 30,974 $[Ne]3s^23p^3$ **P** Phosphor	16 –II, II, IV, VI 32,06 $[Ne]3s^23p^4$ **S** Schwefel	17 –I, +I, III, V, VII 35,45 $[Ne]3s^23p^5$ **Cl** Chlor	18 39,948 $[Ne]3s^23p^6$ **Ar** Argon	M
4.	19 I 39,098 $[Ar]4s^1$ **K** Kalium	20 II 40,078 $[Ar]4s^2$ **Ca** Calcium	21 III 44,956 $[Ar]3d^14s^2$ **Sc** Scandium	22 III, IV 47,867 $[Ar]3d^24s^2$ **Ti** Titan	23 II, IV, V 50,942 $[Ar]3d^34s^2$ **V** Vanadium	24 II, III, VI 51,996 $[Ar]3d^54s^1$ **Cr** Chrom	25 II, III, IV, VI, VII 54,938 $[Ar]3d^54s^2$ **Mn** Mangan	26 II, III 55,845 $[Ar]3d^64s^2$ **Fe** Eisen	27 II, III 58,933 $[Ar]3d^74s^2$ **Co** Cobalt	28 II, III 58,693 $[Ar]3d^84s^2$ **Ni** Nickel	29 I, II 63,546 $[Ar]3d^{10}4s^1$ **Cu** Kupfer	30 II 65,38 $[Ar]3d^{10}4s^2$ **Zn** Zink	31 III 69,732 $[Ar]3d^{10}4s^24p^1$ **Ga** Gallium	32 IV 72,630 $[Ar]3d^{10}4s^24p^2$ **Ge** Germanium	33 –III, III, V 74,922 $[Ar]3d^{10}4s^24p^3$ **As** Arsen	34 –II, II, IV, VI 78,971 $[Ar]3d^{10}4s^24p^4$ **Se** Selen	35 –I, I, III, V, VII 79,904 $[Ar]3d^{10}4s^24p^5$ **Br** Brom	36 83,798 $[Ar]3d^{10}4s^24p^6$ **Kr** Krypton	N
5.	37 I 85,468 $[Kr]5s^1$ **Rb** Rubidium	38 II 87,62 $[Kr]5s^2$ **Sr** Strontium	39 III 88,906 $[Kr]4d^15s^2$ **Y** Yttrium	40 IV 91,224 $[Kr]4d^25s^2$ **Zr** Zirkonium	41 III, V 92,906 $[Kr]4d^45s^1$ **Nb** Niob	42 II, III, IV, V, VI 95,95 $[Kr]4d^55s^1$ **Mo** Molybdän	43 VII (98) $[Kr]4d^55s^2$ **Tc** Technetium	44 III, IV 101,07 $[Kr]4d^75s^1$ **Ru** Ruthenium	45 I, II, III 101,07 $[Kr]4d^85s^1$ **Rh** Rhodium	46 II, IV 106,42 $[Kr]4d^{10}5s^0$ **Pd** Palladium	47 I 107,868 $[Kr]4d^{10}5s^1$ **Ag** Silber	48 II 112,414 $[Kr]4d^{10}5s^2$ **Cd** Cadmium	49 III 114,818 $[Kr]4d^{10}5s^25p^1$ **In** Indium	50 IV, II 118,710 $[Kr]4d^{10}5s^25p^2$ **Sn** Zinn	51 –III, III, V 121,760 $[Kr]4d^{10}5s^25p^3$ **Sb** Antimon	52 –II, IV, VI 127,60 $[Kr]4d^{10}5s^25p^4$ **Te** Tellur	53 –I, I, III, V, VII 126,904 $[Kr]4d^{10}5s^25p^5$ **I** Iod	54 131,293 $[Kr]4d^{10}5s^25p^6$ **Xe** Xenon	O
6.	55 I 132,905 $[Xe]6s^1$ **Cs** Cäsium	56 II 137,33 $[Xe]6s^2$ **Ba** Barium	57 III 138,905 $[Xe]5d^16s^2$ **La** Lanthan	72 IV 178,49 $[Xe]4f^{14}5d^26s^2$ **Hf** Hafnium	73 V 180,948 $[Xe]4f^{14}5d^36s^2$ **Ta** Tantal	74 II, III, IV, VI, VII 183,84 $[Xe]4f^{14}5d^46s^2$ **W** Wolfram	75 –II, II, IV, VI, VII 186,207 $[Xe]4f^{14}5d^56s^2$ **Re** Rhenium	76 II, III, IV, VI, VIII 190,23 $[Xe]4f^{14}5d^66s^2$ **Os** Osmium	77 I, II, III, IV, VI 192,217 $[Xe]4f^{14}5d^76s^2$ **Ir** Iridium	78 II, IV 195,084 $[Xe]4f^{14}5d^96s^1$ **Pt** Platin	79 I, III 196,967 $[Xe]4f^{14}5d^{10}6s^1$ **Au** Gold	80 I, II 200,592 $[Xe]4f^{14}5d^{10}6s^2$ **Hg** Quecksilber	81 I, III 204,38 $[Xe]4f^{14}5d^{10}6s^26p^1$ **Tl** Thallium	82 II, IV 207,2 $[Xe]4f^{14}5d^{10}6s^26p^2$ **Pb** Blei	83 III, V 208,980 $[Xe]4f^{14}5d^{10}6s^26p^3$ **Bi** Bismut	84 II, IV (209) $[Xe]4f^{14}5d^{10}6s^26p^4$ **Po** Polonium	85 –I, I, III, V (210) $[Xe]4f^{14}5d^{10}6s^26p^5$ **At** Astat	86 (222) $[Xe]4f^{14}5d^{10}6s^26p^6$ **Rn** Radon	P
7.	87 I (223) $[Rn]7s^1$ **Fr** Francium	88 II (226) $[Rn]7s^2$ **Ra** Radium	89 III (227) $[Rn]6d^17s^2$ **Ac** Actinium	104 – (267) $[Rn]5f^{14}6d^27s^2$ **Rf** Rutherfordium	105 – (268) $[Rn]5f^{14}6d^37s^2$ **Db** Dubnium	106 – (271) $[Rn]5f^{14}6d^47s^2$ **Sg** Seaborgium	107 – (272) $[Rn]5f^{14}6d^57s^2$ **Bh** Bohrium	108 – (270) $[Rn]5f^{14}6d^67s^2$ **Hs** Hassium	109 – (276) $[Rn]5f^{14}6d^77s^2$ **Mt** Meitnerium	110 – (281) $[Rn]5f^{14}6d^97s^1$ **Ds** Darmstadtium	111 – (280) $[Rn]5f^{14}6d^{10}7s^1$ **Rg** Roentgenium	112 – (285) $[Rn]5f^{14}6d^{10}7s^2$ **Cn** Copernicium	113 – (284) $[Rn]5f^{14}6d^{10}7s^27p^1$ **Nh** Nihonium	114 – (289) $[Rn]5f^{14}6d^{10}7s^27p^2$ **Fl** Flerovium	115 – (288) $[Rn]5f^{14}6d^{10}7s^27p^3$ **Mc** Moscovium	116 – (293) $[Rn]5f^{14}6d^{10}7s^27p^4$ **Lv** Livermorium	117 – (294) $[Rn]5f^{14}6d^{10}7s^27p^5$ **Ts** Tennessine	118 – (294) $[Rn]5f^{14}6d^{10}7s^27p^6$ **Og** Oganesson	Q

→ Lanthanoide und Actinoide

Legende:

Metalle | Halbmetalle | Nichtmetalle

Hohlschrift = künstlich hergestelltes Element

Aufgrund von Schwankungen in der Isotopenverteilung werden von der IUPAC seit 2013 für einige Elemente Intervalle für die Atommassen angegeben; für Berechnungen werden die hier angegebenen Werte empfohlen.